우리말 문법, 그 총체적 모습

우리말 문법, 그 총체적 모습

고영근

집문당

우리말 문법, 그 총체적 모습

2018년 6월 30일 1판 1쇄

저 자 | 고영근
발행인 | 임동규
발행처 | **집문당**
등 록 | 1971. 3. 23. 제300-2012-69호
주 소 | 03134 서울시 종로구 돈화문로 82 집문당빌딩 5층
영업부 | (02)743-3192~3 팩스(02)742-4657
sale@jipmoon.co.kr
편집부 | (02)743-3096~7 팩스(02)743-0227
edit@jipmoon.co.kr
홈페이지 | www.jipmoon.co.kr

ISBN 978-89-303-1790-0 93700

가격 70,000원

이 도서는 한국연구재단 저술연구비 (2013~2016)로 저술되었습니다.
(과제번호: 2013S1A6A4014447)

이 도서의 국립중앙도서관 출판시도서목록(CIP)은 e-CIP홈페이지(http://www.nl.go.kr/ecip)와
국가자료공동목록시스템(http://www.nl.go.kr/kolisnet)에서 이용하실 수 있습니다.
(CIP제어번호: CIP2018012221)

이 글은 今世界에 두로 쓰이는 文法으로 웃듬을 삼아 꿈임이라. 그러하나 우리 나라 말에 맞게 하노라 함이라.

이 글은 지금 세계에 두루 쓰이는 문법으로 으뜸을 삼아 꾸몄다. 그러나 우리나라 말에 맞게 한 것이다.

周時經, 『國語文法』, 博文書館 1910, 『이온글의 잡이』

國語를 科學的으로 硏究하려면 國語 속에 包含되어 있는 모든 言語 現象을 細密히 觀察 · 吟味하고 言語的 事實을 檢討 · 究明하여 國語의 特質을 밝히는 同時에, 言語 一般에 通하는 普遍的 法則을 國語 중에서 發見하여, 國語學으로서의 體系를 樹立하기에 努力하지 않으면 안 된다.

국어를 과학적으로 연구하려면 국어 속에 포함되어 있는 모든 언어 현상을 세밀히 관찰 · 음미하고 언어적 사실을 검토 · 구명하여 국어의 특질을 밝히는 동시에, 일반 언어에 통하는 보편적 법칙을 국어 중에서 발견하여 국어학으로서의 체계를 수립하기에 노력하지 않으면 안 된다.

李熙昇, 『國語學槪說』, 民衆書館, 1955, 10면, 『一石李熙昇全集』 2000, 서울대학교 출판부

책 머리에 부쳐

우리말의 문법 현상에 대한 과학적 연구는 갑오경장 (1984)을 계기로 하여 움트기 시작하였다. 물론 전통 시대에도 우리말 문법에 대한 사색이 없었던 것은 아니나 일정한 학적 체계의 바탕 위에 선 것이 아니었다. 대한제국 시절에는 대표적으로 주시경 같은 학자는 어문 민족주의를 등에 업고 독립 자존의 기반으로서 우리말 문법을 연구하였고 일제 강점기에는 대표적으로 이극로, 최현배, 이희승, 정인승 같은 학자는 문화 민족주의를 등에 업고 민족어를 수호하는 데 헌신하였다. 그러나 우리가 일제 강점기에서 벗어나자 국토는 분단되고 동시에 우리말과 우리글도 분화의 길을 걷게 되었다. 남쪽의 표준어와 북쪽의 문화어가 바로 분화의 대표적 예이다. 우리의 국토는 앞으로 어떤 형태로든지 하나로 합치든지 아니면 정체 (政體)는 그대로 둔다고 하더라도 언어 문화는 반드시 통합되어야 한다.

우리말은 현재 남북은 물론, 재외 교민으로 분화의 양상이 심각하다. 더욱이 최근에는 북쪽에서 남쪽으로 삶의 길을 찾아오는 새터민을 비롯하여 외국 근로자와 결혼 이주민도 적지 않게 흘러 들어오고 있다. 그러는가 하면 한류의 바람을 타고 우리말을 외국어로서 학습하는 기운이 나날이 늘어가고 있다. 더욱이 세계 각처에 설치되어 있는 세종학당은 우리말 보급의 교두보 (橋頭堡) 역할을 수행하고 있다. 이러한 기운이 확산되고 자리를 잡는다면 우리말과 한글이 머지 않은 장래에 국제어와 국제 문자의 위상을 차지하게 될 가능성이 없지 않다.

저자의 『우리말 문법, 그 총체적 모습』은 우리말과 한글을 국제어와 국제 문자로서 발돋움할 수 있는 기반 구축과 깊은 관련이 있다. 우리 나라에는 지난 100여년 동안 수많은 문법서가 출간되었다. 개화기와 일제 강점기에는 난마 (亂麻)와 같이 흐트러져 있던 우리말을 정리하고 문법적 사실을 밝혀 내는 데 많은 힘을 기울였다. 해방 후에는 학교 문법의 확립에 노력하면서 중세 및 고대어의 문법을 구성하는 데도 적지 않은 성과를 거두어 왔으며 외래 문법 이론을 우리말 문법에 접목시킴으로써 우리말의 문법적 특징을 대외적으로 알리는 데 많은 성과를 거두어 왔다. 북한은 국토 분단후 유물론과 주체 언어 이론을 배경으로 하여 문법 연구에 많은 업적을 쌓았고 해외, 특히 미주 유학파는 생성 문법 이론을 등에 업고 우리말 문법을 그 나름대로 분석해 왔으며 최근에는 외국인들도 우리말 문법 연구에 관심을 기울이는 일이 나날이 늘어 가고 있다. 저자는 우리말 문법에 관한 나라 안팎의 업적을 디딤돌로 삼되 남북한 공통어인 표준어와 문화어를 중심에 놓고 고대에서부터 당대까지의 역사적 변화형과 방언 및 재외 교민의 우리말에서 실현되는 공간적 변이형을 한 그릇에 담아 누구든지 이 책 한 권이면 우리말의 전 모습을 한 눈으로 굽어 볼 수 있도록 하는 총체 서술의 관점을 취하였다,

이 책은 문법 체계를 음성자소부, 품사부, 형태부, 형태통사부, 통사부, 통보화용부의 6개 부문에 걸쳐 세우되 지난 세기 60년대 이후 독일어 사용 지역에서 발전한 자소론, 자연성 이론, 결합가

이론, 텍스트 이론을 바닥에 깔았으며 다른 지역, 이를테면 미주에서 발전한 생성 문법에 의한 긍정적 성과도 배제하지 않는 태도를 취하였다. 이 책에는 저자가 지난 세기 90년대 초에 체계 세운 형태소의 하위 단위로서 형성소와 구성소의 개념을 전 부문에 걸쳐 적용함으로써 우리말 문법을 새로운 관점에서 바라볼 수 있는 바탕을 마련해 놓기도 하였다.

이 연구는 한국연구재단의 저술 연구비 (2013~2016)의 지원으로 이루어졌으며 독일 훔볼트재단의 두 차례에 걸친 갱신 연구 장학금 (Erneutes Stipendium) (2009, 2014)의 혜택도 컸다는 것도 밝혀 둔다. 저자가 이 책을 완성하기까지는 많은 인사들과 기관의 도움을 받았다. 이는 다음에 이어지는 감사의 말씀 (acknowledgement)에서 밝히기로 한다.

2018년 6월 5일
현충일을 하루 앞두고
분당 열락재에서
지은이 적음

감사의 말씀

『우리말 문법, 그 총체적 모습』을 완성하는 데 있어서 저자는 많은 인사들과 기관의 도움을 입었다. 독일 Leipzig 소재 막스플랑크 진화인류학연구소 언어학 부장 B. Comrie 교수 (현재 미국 거주)는 저자를 수차례에 걸쳐 초청함으로써 언어 유형론의 기본 개념을 비롯하여 우리말의 문법적 유형성을 파악하는 데 많은 도움을 주셨다. 역시 막스플랑크 연구소에서 Comrie 교수와 함께 저자에게 언어 유형론에 관련된 지식과 정보를 제공하여 주신 M. Haspelmath 교수의 도움도 적지 않았다. Konstanz대학 언어학부의 F. Plank 교수는 지난 세기 80년대 중반부터 수 차례에 걸쳐 저자를 초청하여 언어 유형론에 관한 기본 지식과 이를 개별 언어에 적용하는 문제의 해결에 대하여 많은 도움을 주셨다. 이는 모두 1970년대 중반부터 인연을 맺기 시작한 훔볼트 재단 (Alexander-von-Humboldlt Stiftung)의 연구 장학금 덕택이다.

저자는 본서의 이론적 기반을 단단히 한다는 뜻에서 2011~2014년 사이에 대양주, 미주, 유럽 등지를 방문하여 전문가들과 만나 우리말 문법을 유형론적 관점에서 조명할 수 있는 이론적 바탕을 마련하였다.

뉴질랜드 Otago 대학에서는 언어 유형론 분야에서 국제적으로 명성을 떨치고 있었던 송재정 (宋在晶) 교수를 만나 유형론적 조명의 대상이 될 수 있는 우리말 문법 현상의 이모저모를 점검하였다. 송 교수는 이 책이 완결 단계에 있었던 작년 4월 25일에 이승을 떠나고 말았다. 나의 『국어 문법의 연구』 (1983)를 통하여 우리말 문법에 입문하였던 송 교수는 언어 유형론 관계의 좋은 업적을 속속 펴 내어 국제 언어유형론 학계를 선도한, 한국을 대표하는 언어학자의 한 사람이었다.

미국 하와이대학에서는 이미 우리말을 유형론적 관점에서 저술한 *Korean* (1994)을 내어 우리말의 특징을 대외적으로 부각시킨 바 있는 손호민 (H. Sohn) 교수를 만나 가르침을 받았다. 그리고 Boston의 MIT와 Harvard에서는 일본학자 S. Miyagawa, 대만 출신의 중국 학자 C. T. Hwang 교수를 만나 한자와 한문을 기반으로 하는 "동북아 언어문화연합"의 성립 문제를 논의하기도 하였으며 Indiana대학에서는 이효상 (H.S.Lee) 교수와 함께 우리말 문법 연구에서 대두되는 문어와 구어의 통합 문제를 논의하였고 Illinois대학에서는 윤혜석 (H. Yoon) 교수와 함께 생성 문법에 의한 우리말 연구의 결과를 수용하는 문제를 다각도로 논의하기도 하였다.

독일어 사용권에서는 먼저 70년대 중반부터 얼굴을 익힌 Bochum 대학의 R. Harweg 교수와 텍스트 형성 및 수사학의 통합 문제를 논의하였다. Würzburg 대학의 N.R. Wolf 교수와 Mannheim 소재 독일어연구소 (IDS)의 E. Eichinger 교수와는 결합가 이론을 우리말 통사론 연구에 수용하는 문제를 논의하였다. 이 과정에서 당시 객원 연구원으로 그곳에 머물고 있었던 조원형 박사 (서울대)의 도움이 적지 않았다. Vienna에서는 W. Dressler 교수와 자연성 이론을 동양의 생극론과 관련시키는 문제를 제기하기도 하였다. Budapest에서는 그곳에서 알타이 어학을 전공하고 있는 권혁양 박사의 도움으로 과학원 언어학연구소의 현황과 설계도를 청취하였다. 원래는 F. Kiefer 교수를 만나기로 되어 있었으나 출타중이어서 선임 연구원인 Bartos 박사로부터 연구소의 현황과 헝가리어 역사 문법과 생성 문법의 저술에 관한 이야기를 들었다. 그리고 The *Handbook of Korean Linguistics* (2015)를 펴내어 한국 어학의 국제적 위상을 높이는 데 기여하고 있는 London 대학의 연재훈 (J. Yeon) 교수와는 메일을 주고 받으면서 우리말의 유형론적 문제를 상의하기도 하였다. 현재 우리나라에 거주하고 있는 Hamburg 대학의 W. Sasse 교수와도 수시로 정보를 교환하였다.

저자가 이 책을 집필함에 있어서 일본어 등의 알타이 제어와 중국어 등의 비알타이어의 유형론적 설문에 답하여 준 분들의 방명을 밝히기로 한다. 이들은 본문의 설문지에서 방명을 밝혀 놓기도 하였으나 이 자리에서 일괄하여 제시하기로 한다. 괄호 안에는 재직처와 설문 대상의 언어를 밝히기로 한다.

가와사키 (河崎啓剛),(전 서울대, 숭실대, 현재 일본 帝京大学, 일본어), 권혁양 (Szeged대, 헝가리어), 김동소 (효성여대, 만주 문어), 김주원 (서울대, 만주 문어), 석혜매 (石惠梅, 중국어), 유원수 (서울대, 몽골 문어), 을지바트 (한국외대, 몽골 구어), 이용성 (서울대, 터키어), 칼리나 (서울대, 어윙키어)

다음으로 우리말의 방언 수집에 협력한 분들의 방명을 적기로 한다. 괄호 안에 소속 기관과 조사 지역을 밝혔다.

고재환 (제주교대, 제주어), 곽충구 (서강대, 동북 및 육진 방언과 고려말), 김영배 (동국대, 서북 방언), 김옥영 (강릉원주대, 영동 방언), 박경래 (세명대, 중부 방언), 이기갑 (목포대, 서남 방언), 배주채 (가톨릭대, 서남 방언), 유필재 (울산대, 서울 방언), 이태영 (전북대), 최명옥 (서울대, 동남 방언), 한성우 (인하대, 서북 방언)

이밖에도 동학 여러분들로부터 이론적 측면과 자료 제공에 걸쳐 도움을 많이 입었다

원고 내용과 문면 검토를 비롯하여 편집에 대하여 도움말을 주시거나 자료 수집에 협력해 주신 분들의 방명을 밝히기로 한다.

조동일 (서울대), 한재영 (한신대), 장소원 (서울대), 구본관 (서울대), 임석규 (원광대), 송원용 (인천대), 최형용 (이화여대), 김혜영 (서울대)

다음 분들은 이 책의 영문 요지와 독문 요지를 만드는 데 협력하셨다.

R. King (UBC), W. Traulsen (Bochum), 정은주 (저자의 맏며느리),

저자가 이 책의 기초 연구를 위하여 대양주, 미주, 유럽 등지를 여행함에 있어서 재정적 보조를 아끼지 않은 집문당 대표 임동규 님께 고마운 인사를 표하는 바이다.

저자가 이 책을 집필하는 도중에 격려를 아끼지 않으셨고 같이 서울대학교에 봉직하는 동안은 물론, 퇴임 후에도 공석이나 사석에서 토론의 상대가 되어 주신 이정민 선생께 고마운 인사를 드리는 바이다. 그리고 지난 8년 동안 〈한국언어유형론학회〉에서 토론을 통하여 저자의 미숙한 면을 많이 일깨워 주신 홍재성 (대한민국 학술원/서울대), 목정수 (서울시립대), 한정한 (단국대), 정상철 (한국외대), 박진호 (서울대), 임근석 (국민대) 선생께 대하여도 고마운 인사를 표하는 바이다.

저자가 서울대학교에서 정년한 지 벌써 15년이 넘었다. 정년 이후부터 현재까지 서울대학교의 시설을 자유롭게 이용할 수 있도록 온갖 편의를 제공해 준 서울대학교 당국에 대하여 고마운 인사를 표하는 바이다. 그리고 경상대학교 중앙도서관은 저자가 정년 후 기증한 장서를 〈금산문고〉라는 문고를 설치하여 책을 보관해 오고 있으며 저자가 필요한 책을 요청하면 언제든지 지체 없이 보내 주곤하였었다. 경상대학교 도서관의 사서 여러분께 역시 고마운 인사를 표하는 바이다. 저자가 살고 있는 성남 분당의 구미 도서관 사서들은 저자가 연구에 몰두할 수 있도록 갖은 편의를 제공하여 주셨다. 이 책을 집필하는 동안 저자의 서투른 컴퓨터 조작 능력의 부족한 점을 보필하여 준 서울대학교 명예교수동의 박혜진, 이지은, 표혜숙 조교 (부임 순서)에게 고마운 인사를 표하는 바이다. 그리고 저자의 책을 펴 내는 과정에서 1,000쪽에 가까운 책의 교정과 편집에 얽힌 숱한 문제를 해결해 낸 권장미 님 등 집문당 편집부 직원들의 노고도 이만저만이 아니었다. 이 자리를 빌어 고마운 인사를 표하는 바이다.

나의 이 책은 우리 나이로 79세 되던 해에 붓을 잡았으니 올해까지 꼭 4년이 걸렸다. 나는 이 책을 쓰면서 몇 번이나 좌절 (挫折)을 겪었는지 모른다. 그때마다 나는 우리말 연구의 큰 스승의 한 분이셨던 허웅 선생을 거울로 삼아 왔다. 허웅 선생은 당대 우리말 문법을 체계화한『20세기 우리말의 통어론』을 82세에 냄으로써 30년에 가까운 세월에 걸쳐 우리말 문법 연구를 그 나름대로 결산하시었다. 어쩌면 나의 마지막 석상 (石像)이 될지도 모르는 이 책을 쓰는 동안 섭생(攝生)과 건강을 챙겨 준 아내에게 우선 고마운 인사를 표한다. 나의 사랑하는 아들들과 며느리들, 딸과 사위, 무럭무럭 커 가고 있는 손자들의 소리 없는 성원도 큰 힘이 되었다. 나의 피붙이들의 무언의 이해가 없었더라면 이 책이 제 모습을 갖추지 못하였을 것이다. 80이 넘도록 저술에 몰두할 수 있도록 돌봐 주신 천지신명 (天地神明)과 조상님들의 음덕 (陰德)에 삼가 머리숙여 고마운 뜻을 표하면서 붓을 놓는다.

일러두기

1. 이 책은 모두 9장으로 구성되어 있다. 장별 목차는 책의 머리 부분에 배치하고 절 이하의 목차는 각 장의 첫 머리에 배치하되 '§2.1, §2.4.1, §6.2.2.1, A, B'와 같이 세부 목차를 보였다. 전체 목차는 집문당 홈페이지에 공개하려고 하니 필요하면 찾아볼 수 있도록 하였다. 그리고 앞에 나온 내용과 유기적으로 관련시킬 필요가 있을 때에는 '§6.2.4'와 같이 표시하고 쪽수도 밝힘을 원칙으로 하였다.

2. 찾아보기 (색인, 索引)는 〈사항〉과 〈문법 형태〉로 구분하여 제시하였다.
   (1) 사항 가운데서 찾아보기의 대상이 될 수 있는 복합적 표현들은 공통된 사항의 앞뒤에 '~' 표시를 하여 종속시키는 이른바 부색인 (subindex) 장치를 도입하였다.
   (2) 이 책에는 알타이어 문법에서 사용되는 용어를 가져온 것이 있는가 하면 (예: 정동사, 부동사). 저자가 개발한 용어도 있다 (예; 형성소, 구성소). 이런 용어들에 대하여는 해당 용어 다음에 대괄호 [ ] 안에 학교 문법 용어를 병기하였다. 대당 용어가 없으면 그대로 두었다 (예: 형성소 연쇄체).
   (3) 영어, 독일어, 프랑스어 등 유럽어 사항은 역시 부색인 장치를 도입하되 역어 (譯語)를 가리킴으로써 우리말 사항과 상호 관련을 짓도록 하였다.
   (4) 문법 형태는 선행 어미, 어말 어미, 어미부와 의존 명사, 의존 동사 등의 준자립 형식을 포함하였다. 여기에는 문법적으로 의의가 있는 특수 어휘가 들어 있는 것도 있다.
   (5) 분간성을 띤 어미류는 모음을 괄호 안에 넣어 해당 자모의 행에 넣었다, 이를테면 '-(으)니'는 'ㄴ'에 넣는다는 뜻이다.
   (6) 동음적 형태와 기타 특수한 형태는 괄호 안에 그 의미를 밝히었다.
   (7) 문법 용어나 특수 사항이 설명된 곳에서는 다음과 같이 별표를 두었다.
   예: 형성소 연쇄체; *26, 556, 557

3. 형태소 분석이나 문장 분석에서 사용된 부호에 대한 설명은 다음과 같다;
   ( ) 문장 또는 내포문
   { } 형성소 연쇄체
   [ ] 모문장
   ~: 음성적 이형태
   ∞: 어휘적 이형태
   /: 자유 변이형, 제한된 활용형, 원전과 전재 문헌 사이, 번역문 또는 의역문, 약어 뒤
   //: 수의적 이형태
   / /: 음운 표시

X, Y: 숨은 (미실현) 성분

4. 영문 등의 유럽어의 문법 용어의 약호 (略號)의 완전한 이름은 다음과 같다. 특히 알타이 제어의 문법 용어는 제보자에 따라 조금씩 다르다는 것을 밝혀 둔다.
Acc: Accusative, 대격
adj: adjective, 관형사
adv: adverb. 부사
ANP: Accusative Noun Phrase, 대격 명사구 보족어
AV: action verb, 동작 동사
CAU: Causative, 사동사
cl: clauses, 절
cf: chains of formatives, 형성소 연쇄체
CV: Converb, 부동사
CVI: Imperfective converb marker
DIR: Directive case marker
DL: Dative-Locative case marker, 여-처격 표지
E: Ending
EC: Emphatic and/or concessive marker
EP: Experienced/Immediate past imperfective tense aspect marker
Fin: Finite verb
Imp: Imperfective, 미완료상
Loc: Locative, 처격
LNP: Locative NP, 처격 명사구
MVN: Modifying Verbal Noun, 수식적 동명사형
NNP: Nominative NP, 주격 명사구
Nom: Nominative, 주격
Pas: Passive
Pas: Past
PF: Present future imperfective tense aspect marker
PP: Past perfective tense aspect marker
Pref: Prefix, 접두사
PreN: Prenoun, 관형사
Proh: Prohibitive
Prop: Propositive
R: Root, 어근

RP: Reflexive possessive marker
S: Sentence, 모문장
(S)OV: (주어+)목적어+동사
St: Stem, 어간
Suff: Suffix, 접미사
s: embedded sentence 내포문
t: embedded Text
T: Text. 모 (母)텍스트
Top: Topicalization
VF: Verba Finita, 정동사
VNF: Verbal noun future imperfective marker
VNP: Verbal noun past perfective marker
VNHA : Verbal Noun Habitual Act marker
VNI: Verbal noun imperfective marker
WHQ: WH-Question marker
VNP: Verbal noun past perfective marker
YNQ: Yes-No-Question marker
3PPSM = 3rd Person Possessive Singular Marker. It functions as a Topic Marker like *bol*.

차 례

I. 총 론

I. 총 론

1.1. 문법 연구의 목표[1)]

현대적 의미의 우리말[2)] 문법 연구는 19세기 전반기부터 시작되었다. 2세기에 가까운 세월에 걸쳐 수행된 우리말 문법은 대부분 표준 공통어라는 동질적 언어 현상을 중심으로 서술되어 왔다. 그런데 21세기 10년대를 기준으로 하여 우리말의 실상을 자세히 들여다보면 사정이 그리 간단하지 않다. 우리 당대[3)]의 구어 (口語)에만 국한하더라도 상황, 계층, 지역에 따른 변이 (變異)의 폭이 심상치 않으며 문어 (文語)라 하더라도 현재는 언어 중심지가 서울과 평양으로 갈라져 있어 맞춤법과 발음에서부터 어휘, 문체에 이르기까지 변이의 폭이 예사롭지 않다. 다시 말하면 서울 중심의 표준어와 평양 중심의 문화어[4)]가 그 나름의 변종을 이루어 나가고 있다[5)].

한 (韓) 민족은 지나간 1세기 반에 걸쳐 러시아, 중국, 미주, 일본 등지로 유랑의 길을 걸어왔다. 이들은 해당 사회에 동화되어 모어를 잊은 경우도 있고 해당 국가의 소수 민족어 교육의 혜택을 입어 모어를 간직해 오는 경우도 적지 않다. 이를테면 중국 연변 조선족 자치주를 비롯하여 동북 삼성 (三省)에서 사용되는 우리말 문어는 그 나름의 독자성이 없는 바 아니나 북한 문화어의 영향을 강하게 받아 왔으며 구어도 반도의 제주도를 제외한 팔도의 방언이 보존되어 있기는 하여도 중국어의 간섭이 매우 심하다. 일본 교민 사회의 우리말 구어는 일본어의 영향이 크고 미국과 옛 소련/러시아 사회의 구어는 영어와 러시아어가 큰 영향을 미쳐 왔다. 최근에는 위의 지역에 설립된

---

1) 『총론』 부분은 졸저 (1993: I, V장)의 내용을 중심으로 다시 쓴 것이다. 특별히 달라진 곳이 있다면 각주를 통하여 밝히기로 한다.

2) 본서를 집필할 때에는 "한국어, 조선어, 고려어"로 분화되어 있는 우리말을 "민족어"라는 개념으로 포괄하였으나 결혼 이주민의 언어까지 포괄하려면 "우리말"이 경직성이 있는 민족어보다 포용적이라는 조동일 교수의 의견을 수용하였음을 밝혀 둔다.

3) 이곳의 "당대"란 말은 "국문", 곧 "한글"이 국자 (國字)로 지정된 갑오경장 (1894) 이후부터 21세기 10년대까지의 120년 동안을 가리킨다. 이 시기의 우리말의 실상에 대한 종합적 정보는 홍종선 편 (2000가, 나, 다)와 홍종선 (2017: 865-879)를 통하여 볼 수 있다.

4) 표준어가 서울말 중심의 중부 방언을 모태로 하고 있는, 인위적으로 손질을 가한 공통어이듯이 평양 문화어 역시 평양말을 바탕으로 하고 있는, 인위적으로 손질을 가한 북한의 공통어이다. 북한 문화어와 평양 지역어, 표준어와 중부 방언과 관계에 대하여는 유필재 (2001, 2006)과 이금화 (2007가, 나)를 비교・참조.

5) 봉건 시대에는 관찰사 소재의 8도의 중심 도시에는 그 관아를 중심으로 통용되던 "지역 공통어"가 성립되어 있었다. 이를테면 제주목 (濟州牧)에 딸린 이솔 (吏率)이나 기기 출입하는 사마들이 진라도 밀투에 가까운 인어를 사용함으로써 의사 소통이 가능하였다는 예가 그것이다 (김완진 2006). 앞으로 이 방면의 연구가 진척된다면 우리말 공통어의 성립을 밝히는 데 도움이 크리라 믿는다.

한국 문화원이 주축이 되어 모국의 언어와 문화를 보급하고 있어 그 장래가 어둡다고만 말할 수 없다. 그러나 1세는 대부분 고인 (故人)이 된 경우가 많아 그대로 두었다가는 우리말의 장래가 어떻게 될지 헤아리기 어렵다. 재외 교민들이 모국의 언어와 문화를 보존할 수 있도록 항구적 대책을 세울 필요가 있다[6].

한편, 지난 세기 90년대 이후로는 그 사이 막혀 있었던 옛 사회주의 국가에 살고 있는 우리 교민들의 모국 방문이 잦아지고 북한 주민들이 딴 나라를 거쳐 남한으로 입국하는 이른바 탈북자 내지 새터민의 수효가 늘어남에 따라 우리말이 서로 접촉하는 일이 잦아졌다. 더욱이 지난 20여년 동안에는 남북의 언어의 동질성을 확인하고 이질성을 극복하는 연구 실적을 많이 쌓아 왔으며 북한의 간행물도 어느 정도 자유로이 볼 수 있어, 적어도 언어에 관한 한, 상호 이해의 통로가 마련되어 있다고 말할 수 있다. 그러나 남북 민족이 오해 없이 의사 소통을 하는 데는 아직 많은 어려움이 가로 놓여 있다[7]. 더욱이 동남아 등지의 여성들이 국제 결혼을 하여 우리나라에 정착하거나 이주민 근로자들이 흘러드는 일이 날로 늘어감에 따라 "또 다른 한국어"라 하여 이들의 언어 문제에 접근하는 노력도 발견할 수 있다 (왕한석 2007, 민병곤 밖에 2016).

또 역사적으로는 고대에는 구결과 이두, 또는 한자에 의하여, 중세 이후에는 한글과 이두에 기대어 각 시대의 우리말의 모습이 그런 대로 적혀져 있어 우리말 문법의 역사를 더듬어 볼 수 있다. 한글 창제 후에는 한글의 우수한 표음성에 힘입어 우리말의 역사를 이전의 어느 시대보다도 정확하게 재현 (再現)할 수 있다. 그러나 문헌의 성격에 따라 표기법이 다른가 하면 지역과 계층에 따른 변이의 양상도 목격된다. 또 독자층에 따른 어휘나 문체의 차이도 적지 않다. 당대를 기준으로 근대, 중세, 고대로 소급 (遡及)할수록 변화의 폭이 넓어진다. 이는 서울 중부 지방에서 변방 (邊方) 지역 (동남, 동북, 서북, 서남, 제주도)로 발걸음을 옮길수록 변이의 폭이 넓어진다는 사실과 관련이 있어 보인다.

지역, 계층, 시대에 따라 조금씩 다른 모습을 보여 주는 우리말의 문어 (文語, 글말) 형태와 구어 (口語, 입말) 형태를 어떻게 하면 한 그릇에 담아 공간적 변이와 시간적 변화의 모습을 한 눈으로 굽어 볼 수 있겠는가 하는 것이 흔히 말하는 총괄 기술 (總括記述)의 목표이다[8]. 이러한 방법론이 우리말 연구에 적용된 것은 지난 세기 70년대였다 (최석규 1979). 그러나 저자는 당대의 방언뿐만 아니라, 당대 이전의 문헌어는 물론[9], 70년이 넘는 세월 동안 담을 쌓은 채 발전을 거듭해 온 북한의 우리말과, 이중적 언어 상황 속에서 그 나름대로 발전해 온 해외 교민들의 우리말도 서술의 대상으로 삼아 시대적 요청에 부합하는 우리말의 문법 모형을 만들어 보자는 데 본서 집필의 근본적 목표를 둔다. 따라서 저자는 "총괄 기술"이라는 단체적 (單體的) 용어보다는 복합적인 "총체 서술"

6) 러시아 지역의 우리말과 우리 문화에 대한 보급 문제는 고영근 (2010가)에서 몇 가지 방안을 제안한 바 있다.

7) 북한 이탈 주민, 곧 새터민은 남한 사람들이 의례적으로 사용하는 인사, 감사, 칭찬, 사과 표현을 제대로 표현하지 못하며 윗사람에게 거절하기 힘든 상황에서 거절을 함으로써 사회 생활의 미숙함을 보인다는 보고를 접할 수 있다. 관련 논의는 고윤석 · 김영주 (2013) 참조.

8) 이승재 (1980)에서는 이러한 방법론에 기대어 서울 공통어와 서남 방언인 구례 지역어와의 "총괄 기술"을 시도한 바 있다.

9) 서정목 (1987)에서는 공통어, 방언, 문헌어를 서로 관련지어 총체 서술을 깊고 폭 넓게 시도하였다.

(總體敍述)이라는 말을 쓰기로 한다. 이러한 모형은 "우리말"이라는 같은 언어 실체가 관점에 따라 달리 불리는 "모어, 제2언어[10], 외국어"의 규범 문법의 이론적 토대를 구축하는 방면과 직접 이어진다는 것을 밝혀 둔다.

1.2. 기존 모형에 대한 검토와 그 문제점

주시경 이래의 전통 문법은 <음성, 품사, 문장>의 3부 체제를 지켜 왔다. 그러나 자세히 보면 사정이 간단치 않다. 주시경 문법으로 대표되는 초기의 우리말 문법은 문자론과 철자법이 음성론과 함께 문법 서술의 대상이 되었다. 이를테면 주시경의 『國語文法』 (1910)[11]에는 "國文의 소리"라 하여 문자와 음성에 관한 지식을 먼저 베풀고 이어 "國文記習"이라 하여 철자법에 관한 사항을 다루었다. 주시경은 당대의 통사론에 해당하는 그의, 이른바 "짬듬갈"을 품사론 사이에 배치함으로써 통사론 중심의 문법 모형을 지향하였다[12]. 그러나 최현배 (1937)에 이르러서는 음성론, 품사론, 문장론의 3부 체계를 지향하되[13], 주시경 (1910)에서 다루었던 문자나 철자법에 관한 사항이 제외되었으며 주시경의 통사 중심의 모형 대신 품사 중심의 모형이 채택되었다. 문장론에서는 이전의 문법에서 보기 어려웠던 구두점을 추가하였다[14]. 정렬모 (1946)과 이희승 (1949)에서는 음성론을 문법에 포함시키는 것은 과학 문법의 정신에 맞지 않다고 하여 문법 체계 안에서 제외하였으며 최현배가 포함시켰던 구두점도 이후의 문법서에서는 대부분 외면을 당하였다.

이숭녕 (1961)은 람스테트 (1939) 등의 역사 문법의 영향을 받아 "품사론" 대신 "형태론"을 설정하였는데[15], 이는 이전의 전통 문법에서 중심적인 자리를 차지해 오던 품사론을 상대적으로 위축

---

10) "제2언어"라 함은 재외 교포, 특히 일본어를 제1언어로 배운 2세 이상의 재일 교포가 모국 유학이나 기타의 방법으로 모어인 우리말을 배울 때에 쓰는 사회 언어학적 용어이다. 이 말은 지난 세기 후반부터 활성화하기 시작한, 미주 지역을 비롯한 세계 각 지역의 2, 3세의 교민에게도 적용할 수 있다. 관련 논의는 고영근 (1970/2001나: 346-347) 참조.

11) 주시경의 『國語文法』은 그 조판용 원고본이 나타남에 따라 활판본 『國語文法』의 형성에 얽힌 많은 비밀을 캐어 낼 수 있었다 (고영근 1995나, 고영근·이용·최형용 교감 2010: 17-69 참조). 그리고 주시경의 문법은 간행 100돌을 맞아 이용, 최형용 그리고 저자의 3인 합동으로 교감과 현대역이 시도된 바 있다 (고영근·이용·최형용 교감 2010, 고영근·이용·최형용 2011).

12) 주시경의 『國語文法』이 통사론 중심의 문법 모형이라는 점은 고영근 (1979, 1982/1983: 268-310, 2010나: 113-170)에서 행위 이론적 기호학과 관련하여 지적되었다.

13) 최현배 (1937)은 그 사이 여러 번 중판을 거듭하였다. 현재는 최종판인 최현배 (1971)이 많이 읽히고 있다. 최현배의 문법에 대한 총체적인 검토는 고영근 (1995가: 249-450)에서 이루어졌다.

14) 최현배 (1937) 이전에 우리말의 문법에 구두점을 처음으로 도입한 문법서는 이상춘 (1925), 오창환 (1930)이다. 그러나 이들은 구두점에 언어학적 의의를 부여하지 못하였다.

15) 재외 (옛 소련)에서 나온 문법서이기는 하나 우리말 문법 연구에서 "형태론"을 처음으로 도입한 문법서는 유시욱 (1947)이다. 이 책은 프린트 형태의 책인데 해방 후 사할린의 우리말 교사 지침서로 사용되었다. 자세한 사정은 고영근 (2006나) 참조.

시키는 결과를 가져왔다. 이어 구조·기술 문법이 도입됨에 따라 굴절법과 조어법을 주축으로 하는 형태론 중심의 모형이 성황을 이루었다. 그러나 생성 문법의 영향을 받으면서부터는 형태론의 많은 부분이 음운론과 통사론으로 넘어가는 결과를 빚는 일도 많았다. 구조 문법에서는 문법의 하위 분야가 형태론과 통사론으로 구성되어 있었는데 생성 문법이 도입되면서 음운론과 의미론이 문법의 한 부분으로 편입되었으며 통사론이 문법의 중심 부문의 자리를 차지하게 되었다[16]. 지난 세기 90년대부터는 한동안 올바른 자리매김을 받지 못하던 형태론이 나라 밖의 움직임의 영향을 받아 다시 고개를 들면서 지난 20여 년 동안 적지 않은 업적을 쌓아 왔다[17]. 통사론은 그 영역이 차츰 확대되어 우리말의 실용적 (pragmatic) 측면을 다루는 이른바 화용론과 수사학의 방면으로 눈을 돌리고 있으며 결과적으로는 문장 층위와 텍스트 층위로 나누어 서술하는 움직임 또한 만만치 않다[18].

앞에서 든 문법 모형은 주시경 이후의 전통 문법과 해방 뒤로부터 21세기 10년대의 중반에 이르기까지 남쪽에서 이루어진 우리말 문법을 대상으로 한 것이지만 북한은 그들 나름의 문법 모형을 만들어 연구에 임하였다. 조선어문연구회 (김수경)의『조선어문법』(1949)[19]는 이전의 주시경, 김두봉, 최현배 등의 우리말 전통 문법의 성과와 주로 소련의 "서술 문법 이론"을 섭취하여[20], 문법 체계를 〈어음론-형태론-문장론〉의 3부 체계로 구성하였다. 이전의 전통 문법의 품사론을 앞의 람스테트 (1939)나 유시욱 (1947)과 같이 "형태론"이란 더 포괄적인 부문에 포함시키되 단어의 구성과 철자법 문제를 추가하였다. 철자법 문제가 문법 서술의 대상이 된 것은 이 문법서가 바로 새로 만든『조선어 신철자법』(1948/1950)[21]을 이론적으로 뒷받침할 목적으로 저술된 사정과

16) 그 대표적인 업적이 서정수 (1994)를 모태로 한 서정수 (1996, 2006, 2013)과 남기심 (2001), 박창해 (2007)을 들 수 있다. 그리고 서정목 (1998, 2000), 임홍빈·이홍식 (2002), 김종복 (2004, 2016가), 양정석 (2005/2010), 이정훈 (2012) 등은 지난 세기 80년대 이후의 생성 문법 이론을 바닥에 깔고 우리말의 통사 구조를 서술하였다.

17) 이를 대표하는 것으로 1999년에 간행된『형태론』(반연간)의 창간을 들 수 있으며 우연의 일치인지는 모르지만 현대 우리말 형태론을 서술한 허웅 (1995)가 나와 통사론 중심의 문법 연구에 제동 (制動)을 걸었다. 이 책은 4년 후에 나온, 현대 국어 통사론을 서술한 허웅 (1999)에 비할 때, 분량이 1/3이 많다. 그러나 문법 체계의 구성에 있어 다듬어지지 않은 면이 적지 않다.

18) 텍스트 층위를 우리말 문법에 도입한 문법서는 남기심·고영근 (1985/1993/2011/2014: 13장)이다. 이곳에서는 "Text"를 "이야기"라 불러 문법의 단위로 삼았다. 1991년에 〈한국텍스트언어학회〉가 창립됨에 따라 이 방면에 대한 연구가 성황을 이루기 시작하였으며 고영근 (1999다, 2011가), 한국텍스트언어학회 (2004)에서 종합화가 이루어졌고 학회지『텍스트언어학』에 관련 논문이 발표되고 있다.

19)『조선어문법』은 표면상으로는 그 저자가 "조선 어문 연구회"로 되어 있으나 실질적 집필자는 북한의 이론 언어학자였던 "김수경" (金壽卿)이라는 점을 감안하여 괄호 안에 실명 (實名)을 넣었다. 김수경에 대하여는 2013년 11월 9일 (토)에 일본 도시샤 (同志社)대학 인문과학연구소 주최로 김수경 (1918~2000)을 조명하는 국제 심포지엄이 한일 언어학자의 공동으로 개최되었으며 2016년도 국어학회 제432회 전국학술대회에서 일본의 同志社대학의 이타가키 류타 (板垣龍太) 교수의 "해방 전후 金壽卿의 연구 업적과 그 활동"이라는 발표가 있었다.

20) 초기 북한의 소련의 문법 이론을 수용한 대표적 학자는 김수경이었다. 김수경은 앞에서 든『조선어문법』을 집필하였을 뿐만 아니라 러시아어로 된 많은 언어학 논문과 서적을 번역하였다. 관련 논의는 고영근 (1994, 475-525, 1999가: 276-293) 참조.

관련되지마는 결과적으로는 주시경이 일찍이 시도하였던 철자법을 다시 문법 체계 안에 끌어들인 것으로 해석된다. 그러나 과학원 언어문학연구소의『조선어문법』(1960, 1963)에서는 초기의 3부 체계는 그대로 지키되 철자법 문제는 제외하였다.

북한은 지난 세기 80년대에 접어들면서 〈조선어이론문법〉이라는 총서를 기획하였다. 이곳에서는 〈품사론, 형태론, 단어 조성론, 문장론〉의 4부 체계를 지향하였다. 북한의 문법에서 반드시 앞 자리를 차지해 왔던 "어음론" 부문이 빠져 있다. 종전의 형태론을 〈품사론, 형태론, 단어 조성론〉의 세 부분으로 다시 쪼개고 여기에 다시 "문장론"을 덧붙여서 4부 체계를 지향하는 모형을 제안함으로써 규범 문법을 이론적으로 뒷받침하였다[22]. 이러한 모형은 그대로 정착하여 김용구의『조선어문법』(1989)에서 실용화로 옮겨졌다[23]. 그런데 2005년에 나온 〈조선어학전서〉에는 문법 체계를 〈형태론, 품사론, 문장론, 문장성분론〉의 4부 체계로 수정하였다. 문장론에서 "문장성분론"을 분리시킨 것이다.

이상과 같이 해방 전 우리의 선학들의 손으로 다듬어진 전통 문법의 서술 모형과 해방 뒤 남북에서 이루어진 서술 모형을 현재 나라 안팎에서 움직이고 있는 문법 연구의 움직임과 관련시켜 볼 때, 문제가 되는 것이 무엇인가를 검증하여 보기로 한다.

첫째, 주시경의 문법과 북한의 초기 문법에 잠시 도입되었던 문자와 표기법에 관한 사항은 문법 체계 가운데 다시 끌어들일 필요가 없는가. 우리말이 구어와 문어의 두 실체로 구성되어 있음이 판명되어 있고 문헌어도 진작부터 문법 서술의 대상이 되고 있는 어제와 오늘의 상황을 두루 살펴볼 때, 구어의 한 부문인 음운부와 대등한 자리를 차지하고 있는 자소부 (字素部)는 설정할 수 없겠는가? 다시 말하면 문어의 기본 단위로 자소 (字素)를 설정하고 그 기능적 측면을 다루는 자소부의 설정 가능성에 대한 물음을 던져 볼 수 있다. 이와 함께 그 사이 언어 실체의 대우를 받지 못하던 구두점에 대하여도 일정한 기능을 부여할 수 없겠는가 하는 물음도 던져 볼 수 있다.

둘째, 품사론은 독립된 부문으로 세워야 할 것인가? 아니면 형태론에 포함시켜야 할 것인가? 단어 형성법은 구조 문법의 모형에 따라 형태론의 하위 부문으로 두어야 할 것인가, 아니면 단어 형성부라는 독립된 부문으로 처리해야 할 것인가? 오래 전부터 독자적인 영역의 확보를 위하여 물밑 작업을 하고 있는 형태론은 문법 체계의 어느 곳에 자리를 매겨야 하고 그것이 본질적으로 다루어야 하는 대상은 무엇인가? 단어 형성 문제는 어휘론과는 어떤 관계를 맺고 있는가?

셋째, 과거에 형태론의 대상이었던 문법 형태의 기능과 의미는 생성 문법과 같이 통사론의 영역에 그대로 두는 것이 옳은가? 문법 형태는 거죽만 보면 형태론의 소관이라고 하겠으나 속살을 들여다보면 통사론이나 의미론과 분리할 수 없을 정도로 융합되어 있다. 이를 형태론이나 통사론과

---

21)『조선어 신철자법』은 1948년에는 프린트판으로 나왔고 1950년에는 정식 책자로 간행되었다. 관련 논의는 고영근 (1989/1994: 94-107)를 보고 자료는 고영근 (편) (2001: 1-114) 참조.

22) 북한 문법 연구의 계보에 대하여는 고영근 (1988/1994: 408-425/2001가: 2장), 임홍빈 (1989/1998다: 529-569)를 보고 전자 (1988)을 보완한 것이 고영근 (2001가: 171-214)에 실려 있다.

23) 1989년에 나온 김용구의『조선어문법』(1989)는 〈품사론, 형태론, 문장론, 단어 조성론〉의 순서로 편성되어 있다.

구별되는 "형태통사부"라는 부문을 세울 수 없겠는가?[24)]

넷째, 통사 구조를 설명함에 있어 <주어-동사>의 서술 모형을 탈피할 수 없겠는가. 지금까지 우리말의 통사 구조는 대부분 <주어-동사>의 모형을 준수하여 왔다. 동사를 중심 성분으로 보고 주어, 목적어 등은 보족어로 볼 수 없겠는가[25)].

다섯째, 전통 문법에도 더러 눈에 띄었고 최근에 들어와서 활발하게 연구되고 있는 이른바 통보화용부와 텍스트 형성부는 정말 독립된 문법 부문으로 설정될 가치를 충분히 지니고 있는가? 그렇지 아니하면 구조 중심의 기본 문법부의 보조 부문으로만 인정해야 하는가?

1.3. 서술 방법론의 모색

앞에서 저자는 시대적 요청에 부응하는 우리말 문법의 서술 모형은 전통적 표준 공통어와 북한의 문화어는 물론, 공간적 변종과 시간적 변화의 모습을 한 그릇에 담을 수 있어야 한다고 하였다. 이들 이질적 우리말의 모습을 한 눈으로 볼 수 있도록 하는 서술 장치를 어떻게 마련해야 하는가? 저자가 이곳에서 주로 사용하는 방법론은 "통합 이론" (統合理論)이다. "통합"이란 두 개나 그 이상의 구성 요소들이 하나로 합친다는 뜻이다. 통합에는 체계 구성을 위한 개별 부문의 통합과 언어 사실의 통합이 있다.

체계 구성과 관련되는 통합의 문제는 네 갈래로 나뉘어진다. 첫째, 원래는 한 울타리 안에서 독자적인 존재 가치를 지니고 있던 구성 요소들이 뒤에 어떤 까닭으로 갈라져 있다가 다시 벽을 헐고 그 전과 같이 공존 (共存)하되 서로 기대어 가며 더 큰 체계를 이루어 나갈 때 이를 통합이라는 말로 부르는 일이 많다. 둘째, 성격이 전혀 다른 한 구성원이 특별한 계기로 말미암아 딴 집 울타리에 편입되는 현상에 대하여서도 통합이란 말을 쓸 수 있다. 셋째, 같은 성격의 구성원들이 원래는 '甲'이라는 부문에 속해 있었지만 시세 (時勢)의 흐름에 영향을 받아 '乙'이라는 부문으로 소속을 옮겼는데 그러고 보니 '乙'이라 보기에는 '甲'에 가깝고 '甲'에 그대로 두자니 '乙'과의 관계를 떨칠 수 없어 갑과 을이 융합된 새로운 '丙'이라는 부문을 두는 경우에도 통합이라는 말을 쓸 수 있다. 넷째, 비록 큰 집의 울타리 밖으로 내침을 당하지는 않았지만 자율성이 약하여 다른 구성 요소에 매달려 있다가 뒤에 다시 자율성을 되찾아서 다른 요소와 대등한 자리를 차지하는 경우에도 통합이란 말을 쓸 수 있다.

통합의 선결 요건은 통합된 요소가 그 나름의 자율성을 지니고 있어야 함은 물론, 기존의 큰 체계의 구성 요소에 의존하는 관계를 맺고 있어야 함을 요구한다. 이를 "자율 · 의존의 원리"라고 하여 체계 통합의 원리로 삼는다.

앞의 첫째 경우에 해당하는 예를 들어 보기로 한다. 자소부는 구어만 연구 대상으로 삼는 문법 서술에서는 자율성을 논의할 수 없으나 문어에 대하여도 독자적인 언어 실체의 자격을 주면 마땅

24) 이 부분은 고영근 (1993)에 없던 내용이다.

25) 단 김민수 (1958/1960: 92-101)에서는 서술어 중심의 문법 모형을 제안한 바 있다. 뒤에서 다시 논의된다.

히 옛 자리를 되찾을 수 있으며 이는 동시에 다른 부문과 밀접한 관계를 맺는다. 옛 자리를 되찾는다고 해서 옛날처럼 다른 부문과 고립되어 있는 것이 아니고 서로 기대면서 자율성을 견지한다는 뜻이다. 한때 문법 서술에서 도입된 구두점 역시 문어를 언어 실체로 인정하는 문법 모형에서는 훌륭한 문법 단위가 될 수 있으며 특히 통사부와는 그 관계가 밀접하다.

다섯째 경우에 해당하는 사항은 통보화용부와 텍스트 형성부의 통합이다. 통보화용부는 현실적 발화 상황과 화자의 마음으로 구성되어 있는 실용적 측면의 부문인데 문법의 기본 부문과 밀접한 관련성이 인식됨에 따라 문법 체계 가운데 그 통합이 활발하게 논의되고 있다 (장경현 1995). 텍스트 형성부는 전통 문법 시대부터 그 성립에 대하여 찬반의 의견이 대립되어 왔으나 지난 세기 60년대 후반부터 그것을 세워야 한다는 기운이 굼틀거리기 시작하여 지금은 어엿한 한 부문으로 자리를 차지하고 있다. 실제로 관련 학술지가 오래 전부터 나오고 있는가 하면[26], 대학의 교과 과정에는 〈화용론〉과 〈텍스트 과학〉 (또는 〈텍스트언어학〉)이라는 강좌가 오래 전부터 개설되어 있고 그에 따른 교재가 개발되고 있음이 이를 뒷받침한다[27]. 이와 함께 어조 (억양)의 문제도 그 통합이 적극화하여야 한다. 특히 그것이 통사부와 맺는 관계가 밀접한 만큼 그 고유한 자리를 확인하고 어떤 방식으로 다른 부문과 영향을 주고 받는가 하는 문제가 깊이 논의되어야 한다[28].

셋째 경우에 해당하는 예는 "형태통사부"라는 부문의 설정이다. "형태통사부"는 甲이라는 형태부와 乙이라는 통사부가 합쳐서 丙이라는 제3의 부문을 구성하는 새로운 부문이다. 이를테면 문법 형태와 같이 형태론과 통사론이나 의미론이 분리할 수 없을 정도로 융합된 부문을 가리킨다[29]. 중간점을 두지 않은 것이 그것을 의미한다.

둘째 경우에서 문제 삼은 것은 품사부와 형태부의 통합이다. 전통 문법에서 가장 높은 자리를 차지하고 있었던 품사부는 그 사이 별로 주목을 받지 못하였었는데 문법가에 따라서는 독자적인 부문으로 인정해야 한다는 의견도 나오고 있다[30]. 일단은 독립 부문의 자격을 주기로 한다. 형태

---

26) North-Holland에서 1977년부터 나오는 *Journal of Pragmatics*와 1978년부터 나오는 *Discourse Processes*, 1980년부터 나오는 *Text&Talk*를 가리킨다. 국내에서도 『텍스트언어학』, 『담화와 인지』가 지난 세기 90년대부터 나오고 있다.

27) 페르슈렌 (1999)와 하이네만 (2008)을 보면 "화용론"과 "텍스트 과학"의 자족성이 합리적으로 부각되어 있다. 특히 텍스트 과학은 21세기에 들어오면서 표준 이론이 정립되기도 하였다 (고영근 2017다).

28) 헬비히 · 부샤 (2001: 623-625)에는, 1991년 판에 없던 "Grammatik und Text"가 설정되어 있다. 1960년대부터 독일어 사용권에서 활발하게 수행된 텍스트 과학에 대한 연구 성과를 받아들인 것으로 보인다. 한국의 학교 문법 (1985)에서 "문장과 텍스트"를 설정한 것보다 16년이 뒤진다.

29) 퀘예 (1993)의 『독일어 문법』에서는 문법을 제1부 (음운론, 음성학, 자소론), 제2부 (형태통사론), 제3부 (어휘광)의 3부로 편성하되 "형태통사론"은 문법의 중추 부문으로서 형태론과 통사론의 미분리 상태로 보았다. 하스펠마트 (2011)에서도 형태론과 통사론의 구분보다는 "morphosyntax"라는 통합된 영역 (unified domain)의 설정을 제안하였다.

30) 개별 부문의 통합에 대하여는 생성 문법이 등장한 이후, 많은 사람들이 관심을 기울여 왔다. 대체로 음운부, 의미부, 형태부, 통보화용부, 자소부, 어휘광이 통합 대상이 되어 왔다. 저자는 고영근 (1993: 16)에서 "어휘 의미론"의 관장 영역은 "어휘부"로, 생성 문법의 "lexicon"은 "사서부"라 불렀으나 이곳에서는 양자를 모두 "lexicon" 속에 넣되 "어휘광"이라 부르기로 한다 (고영근 2015다). 베루필라이 (2013)에서는 단어 형성법과

부는 생성 문법의 초기 이론이나 표준 이론이 힘을 떨칠 당시에는 음운부나 통사부에 분속 (分屬)되어 거의 그 독자적인 자리를 확보하지 못하고 있었는데 생성 형태론이 등장하자 독립된 문법 부문으로 그 자리를 매기고 있으며 국내외에서 관련 전문 학술지가 나오고 있다[31].

넷째 경우에서 문제 삼은 것은 문장의 기본 틀을 "주어-동사"로 볼 것인가, 아니면 동사를 기본 성분으로 삼고 나머지는 보족어 아니면 부가어로 볼 것인가였다. 1950년대 말 프랑스에서 발아(發芽)하며 독일어 사용권과 동유럽에서 개화·발전된 결합가 문법 내지 의존 문법은 동사를 필수 성분으로 보고 나머지는 보족어 내지 수의 성분으로 간주한다. 이 모형은 현재 격 문법 등 생성 문법과의 접점을 통하여 새로운 탈바꿈을 모색하고 있다 (고영근 2014나). 저자는 한국의 독어학계/독어교육학회의 한독 대조 분석에서 이루어진 성과를 수용하여 동사 중심의 문법을 구성해 보고자 한다.

이상의 논의를 간추리면 다음과 같다.

(1) 문법 체계의 구성을 위한 개별 부문의 통합 원리
체계 통합은 자율·의존의 원리가 만족되어야 한다. 어느 한 부문이 문법 체계라는 큰 울타리 가운데 통합될 수 있으려면 일차적으로는 그 나름의 자율성을 지니고 있어야 하고 다른 부분과 밀접하게 의존하는 관계를 지니고 있어야 한다.

위의 (1)과 관련하여 저자가 이곳에서 구상하는 문법 체계를 그림으로 보이면 다음과 같다[32].

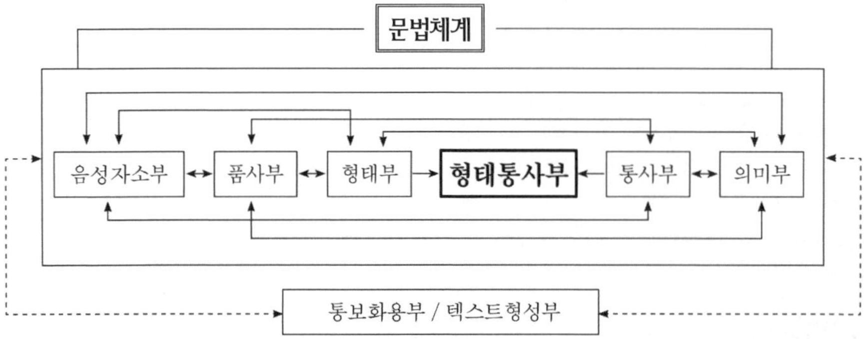

품사를 "lexicon and its classes" 속에 넣고 있다.

31) 나라 밖에서는 1988년부터 나오던 *Yearbook of Morphology*가 발전적으로 해체되고 2006년부터는 Foris 출판사에서 한 해 세 번 *Morphology*를 내고 있으며 나라 안에서는 어학전문 국제학술지 『형태론』이 1999년부터 한 해 두 번씩 도서출판 박이정에서 나왔으며 2011년부터는 전자책으로 나오고 있다.

32) 저자가 이 곳에서 보이는 나무 그림은 고영근 (1993: 202)를 약간 보완한 것이다. '보완하였다'고 함은 "형태통사부"라는 새로운 부문을 세우고 그것이 형태부와 통사부의 융합이라는 사실을 밝혔다는 뜻이다. 이는 이미 고영근 (2014가)에서 설정의 타당성을 제시한 바 있다.

5개 부문을 실선으로 에우고 다시 하나의 실선으로 묶어 문법 체계 아래 종속시킨 것은 그것이 기본 부문임을 뜻하고 다시 통보화용부와 텍스트 형성부를 기본 부문과 점선으로 이은 것은 그것이 보조 부문이라는 뜻이다. 개별 부문을 양 화살표로 직접 잇거나 건너뛰어서 활 모양으로 서로 이은 것은 모든 기본 부문끼리 서로 의존해 있다는 뜻이다. "형태통사부"를 1호 크게 만들고 진하게 표시한 것은 그것이 핵심 부문이라는 뜻이고 형태부와 통사부를 형태통사부에 홑화살표로 이은 것은 그것이 "형태통사부"라는 핵심 부문으로 융합된다는 뜻이다. 또 통보화용부를 기본 부문과 양 화살표로 이은 것은 보조 부문과 기본 부문이 상호 의존 관계에 있음을 뜻한다. 개별 기본 문법 부문과 보조 문법부문은 그 나름의 자율성을 지니고 있음은 물론, 다른 부문과의 의존 관계에 놓여 있다는 뜻이다[33]. 저자가 이곳에서 보인 문법 체계는 이 책의 첫 머리에서 보인 주시경의 "금세계에 두루 쓰이는 문법으로 으뜸"으로 삼지마는 "우리나라 말에 맞게 한다"라는 문법 모형상의 보편성과 특수성을 바닥에 깔고 있다는 것을 밝혀 둔다[34]. 문법 체계의 하위 부문에 '-부 (部)'라는 접미사를 붙인 것은 그것이 한 언어의 문법의 부문을 뜻하는 것이고 '-론 (論)'이라는 접미사를 붙인 것은 문법론의 하위 부문의 하나라는 것을 뜻한다[35].

언어 사실의 통합 문제는 앞에서 든 "총체 서술"을 가리킨다. 한 언어를 총체 서술하는 데 있어서는 지난 40여년 동안 그 사이 몇몇 모형이 제시되어 왔다.

첫째, 한 사회의 문법이 이질적인 문법의 집합, 곧 문법족 (Grammatikfamilie)임을 전제하고 그 공통성을 바탕으로 하여 상위의 공통어로, 다시 특정 어족으로 묶어 나가는 설명 방식을 우선 들 수 있다. 이 이론은 공시태와 통시태를 통합하여 공존 문법 (koexistierende Grammatik)을 구성하는 것을 이상으로 삼는다. 공존 문법으로 설명되지 않을 때에는 확대 규칙 (Extensionsregel)을 설정한다[36]. 이러한 확대 규칙은 일부에서 시도되고 있는 적응 규칙과 어긋나지 않는다[37].

둘째, 자연 언어의 무표적인 (unmarked) 현상을 중심으로 핵 문법 (core grammar)을 구성하고 유표적인 현상을 중심으로 주변 규칙 (periphery rule)을 설정하여 한 언어의 문법이 구성된다고 보기도 한다 (촘스키 1981: 7-8/이홍배 역 1989, 래드포드 1988: 39-43, 서정목 · 이광호 · 임홍빈 1987, 유동석 1995: 19-24). "무표적 현상"은 앞의 공존 문법과 큰 차이가 없고 주변 규칙은 앞에서 든 "확대 규칙", "적응 규칙"과 거리가 멀어 보이지 않는다. 확대 규칙이나 적응 규칙은 촘스키류의 보편문법의 매개 변인적 속성과 큰 차이가 없다.

---

33) 이 문제는 카탐바 (2006)/김진형 · 김경란 역 (2008, 15-18)을 통해서도 밝히 알 수 있다. 이곳에서는 형태부와 음운부, 형태부와 통사부, 형태부와 의미부의 상호 의존관계를 다루고 있다.

34) 각 부문의 자율성과 부분 간의 상호 의존성에 관하여는 고영근 (1993: 111, 121, 135)에서 자세히 다루었다,

35) 보이즈 (2005: 23)에서는 "morphology"를 두 가지 의미로 사용하였다. 그러나 저자는 양자를 구별하여 사용하여 왔다 (1985/1999나: 5, 1993: 95).

36) 자세한 것은 칸기서 (1972. 1976가, 나)를 보고 이에 대한 평설은 분더리히 (1974: 401-409), 체루빔 (1975: 43-44) 참조. 비에르비쉬 (1976)의 "Extension rule"도 비슷한 개념이다.

37) 적응 규칙은 앤데르센 (1973)에서 체코어의 음운 변화와 방언의 변종을 통합하는 자리에서 제안되었고 부르첼 (1978)에서 독일 방언의 음운 변종을 다루는 자리에서도 논의된 바 있다. 디스터헤프트 (1990)에서는 적응 규칙을 세대 사이에서 일어나는 언어 변화와 관련시켜 논의하고 있다.

셋째, 자연 언어의 변이와 변화의 모습을 시간과 공간을 넘어서서 범시적 (汎時的)으로 서술[38] 하는 방안을 내 놓기도 한다. 이를 범시론 (汎時論, panchronie)이라고 하는데[39], 공간, 계층, 상황을 가로질러 변이의 양상을 구명하거나 시간을 세로로 꿰뚫으면서 변화의 질서를 탐색한다는 뜻이다. 언어 변이와 언어 변화는 규칙에서 불규칙으로, 또는 그 반대의 방향으로 그 나름의 유형을 형성하면서 수행된다. 이는 어떤 문법 현상이 유표성을 상실하여 무표성을 띤다든지 그 반대의 길을 걷는 사실을 의미한다. 이를 "자연성 이론" (Natürlichkeitstheorie)이라고 한다. 무표성의 획득은 앞의 핵 문법의 구성에 기여하고 유표성의 출현은 주변 규칙으로 처리된다[40].

넷째, 언어 유형론적 지식을 개별 언어의 문법에 접목시키는 것이다. 지배·결속 이론으로 대표되는 생성 문법은 언어 간의 차이가 "원리와 매개 변인" (principles and parameters)에 있다고 보고 차이점을 극복하여 인류 언어의 공통성을 추구하는 방면으로 나아가고 있는 반면, 언어 유형론은 다수의 경험적 언어 자료를 바탕으로 언어 간의 차이점을 밝히는 방향으로 나아가고 있다. 양자는 배타적이라기보다는 상보적이다. 다양성의 기저 (基底)에는 보편성이 도사리고 있고 공통성의 기저 (基底)에는 매개 변인과 같은 다양성이 산재해 있다. 언어 유형론과 생성 문법은 같은 목표를 향하되 가는 길만 다르다고 말할 수 있다 (고영근 2012가). 저자가 이 책의 첫머리에서 이희승의 어록을 인용한 것은 생성 문법과 언어 유형론에 근거한 우리말 문법 연구의 테제가 벌써부터 우리 나름대로 확립되어 있었음을 보이기 위한 것이었다.

이상과 같이 저자는 한 언어를 총체 서술하는 네 가지 모형을 소개하였다. 마지막을 제외하고는 한 언어의 변이와 변화의 양상을 총체 서술하는 데 있어서는 공통성과 차이점의 식별이 중요하며 차이점, 곧 매개 변인의 극복을 위해서는 확대 규칙을 적절하게 세우는 것이 중요하다. 이러한 확대 규칙은 다른 언어와의 유형적 특징을 밝히는 데도 적용될 수 있다. 한 언어의 유형적 특징을 밝히는 데 있어서는 지금까지 전국적 (全局的, global) 유형론에 치중하였으나 이제는 국지적 (局地的, local) 유형론에 관심을 돌려야 할 때라고 생각한다. 한 언어를 총체 서술하는 데 있어서는 공간적으로는 지역적 유형론과 지대적 유형론을 세울 수 있다. "지대적 (地帶的) 유형론"이라고 함은 언어 구조는 다르지만 한자와 같은 자소나 유교·불교 등의 문화적 요소를 공통으로 갖는 동북아시아의 일본어, 중국어, 한국어 등의 언어 문화 연합을 생각해 볼 수 있다. 관점에 따라서는 고아시아 어족에 속한다는 길략크어와 아이누어도 지대적 유형론의 대상이 될 수 있다. 유럽의 발칸 언어 연합과 같이 계통은 다르지만 어휘나 종교 등의 공통성을 기반으로 하여 성립하는 유형론을 가리킨다. 지역적 유형론이라고 함은 한 언어의 방언 간에 성립하는 유형론을 가리킨다. 우리

---

38) 저자는 흔히 쓰는 "기술"이라는 말을 피하고 "서술"을 택하였다. "기술"이 언어 사실을 있는 그대로 포착하는 데 중점이 주어진다면 "서술"은 변이 및 변화의 원인과 그 결과까지를 추적한다는 포괄적 뜻을 품고 있다. 이는 문법을 특정 공시적 (idiosynchronique)에서 탈피하여 언어를 동적인 관점에서 바라보는 파울 (1880/1968: 제1장)로 회귀한다는 것을 함의한다. 관련 논의는 고영근 (2013나)를 참조.

39) "범시론"은 "공시론, 통시론"과 함께 소쉬르 (1916)/김현권 역 (2012)에서 도입되었다.

40) "자연성 이론"은 원래 음운론 연구에서 단서를 찾았으며 뒤에 독일어 사용권의 마이에르트할러 (1981), 부르첼 (1984), 드레슬러 (ed) (1987) 등에서 개화 (開花)하여 형태론, 통사의미론, 화용론에 걸쳐 많은 업적을 쌓아 왔으며 영어, 로망스어, 슬라브어에까지 적용 범위를 넓혀 왔다. 관련 논의는 고영근 (2013나) 참조.

말의 방언 간에는 공존 규칙으로 접근할 수 있는 방언별 유형이 있는가 하면 그렇지 않고 일정한 확대규칙을 적용하지 않으면 상대방 방언에 접근하기가 어려운 유형도 적지 않다. 중요한 것은 구조적 유형론을 세우는 것이다[41]. 통시적 유형론이라고 함은 시대에 따라 실현되는 변화 유형을 탐색하여 궁극적으로는 공간적으로 확인되는 변이 유형과의 접점을 탐색함으로써 공존 규칙을 세우거나 그렇지 않을 때는 모종의 확대 규칙을 세워 상대방의 방언에 접근해야 한다 (고영근 2016가).

저자는 통시적 변화와 공시적 변이의 상관 관계를 다음과 같이 도식화한 일이 있다.

(2) 상태 (state) ＞ 변화 (change) ≒ 변이 (variation)

위에서 "상태"라 함은 공시적 좌표를 뜻하고 그것이 '＞'라는 과정의 단계를 거치면 좌표 이동을 겪어 변화의 단계를 밟는다 '≒'는 공시태 속의 변이를 뜻한다. 그러나 변화와 변이 사이에 접점 (接點)이 탐색되지 않으면 모종의 확대 규칙을 세우지 않으면 안 된다.

(3) 상태 ＞ 변화 ≠ 변이

'≠'는 통시적 유형과 지역적 유형 사이에 하등의 접점이 발견되지 않는다는 뜻이다. 한 언어의 총체 서술에는 변화와 변이의 질서를 탐구하고 그 과정에서 괴리가 일어나면 확대 규칙에 의하여 극복하는 절차를 밟아야 한다.

저자가 세운 확대 규칙이란 한 언어의 방언 사이 또는 시간을 달리하는 언어 사이에서 음성 실현에서부터 형태 · 통사 구조에 이르기까지 화자 자신의 일차적 언어 능력과 괴리 현상이 나타날 때, 새로운 언어 환경에 적응하는, 이차적 언어 능력을 획득하는 데 필요한 규칙을 말한다. 이를테면 'ㄷ' 구개 음화가 나타나지 않은 지역의 화자가 구개 음화가 나타나는 지역인 함경도 지방을 여행할 때에는 /i, y/ 앞에서 구개 음화한다는 확대 규칙을 알고 있어야만 상대방의 말을 들었을 때 이해가 빠르고 그 규칙이 2차적 능력으로서 몸에 배어 있어야만 함경도 사람들과의 의사 소통도 원활해진다. 이 경우 규칙이 몸에 배어 있지 않았다든지 지나치게 확대 · 적용한다든지 하면 의사 소통이 제대로 이루어지지 않는다. 이는 생성 문법에서 말하는 매개 변인의 극복과 관련이 있다[42]. 이러한 확대 규칙은 현대 표준공통어에 대한 문법 지식을 1차적으로 획득한 고등학교 학생이 중세의 옛글을 학습할 때에도 적용된다. 이러한 원리는 지역적으로 거리가 떨어진 변방 지역의 언어나 역사적으로 당대와 시간상으로 멀리 떨어져 있는 중세나 고대의 언어를 학습할 때에도 같이 적용되며 구조적으로 차이가 현격한 언어를 학습할 때에도 마찬가지로 적용된다.

한 사회의 국어, 곧 "나랏말" (Nationalsprache)의 변이와 변화 양상을 총체 서술하려면 공통점

---

41) 계통적 · 지대적 유형론은 구조적 유형론의 응용 분야로 보기도 한다. 관련 논의는 고영근 (2009가, 2018가: 91) 참조.

42) 함경도에서는 평안도의 'ㄷ' 계통의 소리를 'ㅈ' 계통으로 발음한다는 사실만을 알고 함경도에 여행한 평안도 화자가 '떡'을 '쩍'으로 발음하였다는 일화는 방언 화자들 사이에 더러 있을 수 있는 확대 규칙의 과잉 적용을 풍자한 민담으로 해석된다. 저자가 군에 있을 때, 함흥 출신의 장교로부터 들은 이야기다.

과 차이점의 확인이 중요하다. "공통성"은 "공존 규칙"으로 설명하고 차이점은 확대 규칙으로 설명함으로써 총체 서술의 기준을 삼는다. "공존 규칙"에 기대는 것이 많으면 많을수록 시간적으로나 공간적으로 그만큼 가까울 것이고 "확대 규칙"에 기대는 것이 많으면 많을수록 거리가 멀 것은 당연하다. 현재 엄존하고 있는 남북의 두 공통 문어는 원래 같은 서울말을 바탕으로 하는 "표준말"[43]에서 갈라져 나왔다. 이런 경우는 어떤 계기만 주어지면 하나로 쉽게 통합될 수 있어 총체 서술이 그리 어렵지 않다. 교민 사회의 문어 역시 같은 방식으로 통합할 수 있다[44]. 문자/음성에서부터 어휘에 이르기까지 많은 공통성이 있기 때문이다. 방언은 오랜 역사를 두고 공통어에서 끊임없이 갈라져 나온, 그 나름의 독자성을 지닌 언어 실체이지마는 서울 공통어와는 공존 규칙이 많이 확인된다.

이상의 논의를 간추리면 다음과 같다.

(2) 언어 사실의 통합 규칙

언어 사실의 통합에는 공존 규칙과 확대 규칙을 세워야 한다. 공존 규칙은 공통성을, 확대 규칙은 차이점을 바탕으로 설정된다.

앞에서 언급한 바와 같이 우리말은 남쪽의 표준어와 북쪽의 문화어, 그리고 교민의 우리말로 구성되어 있다. 이를 나무 그림을 통하여 나타내면 다음과 같다.

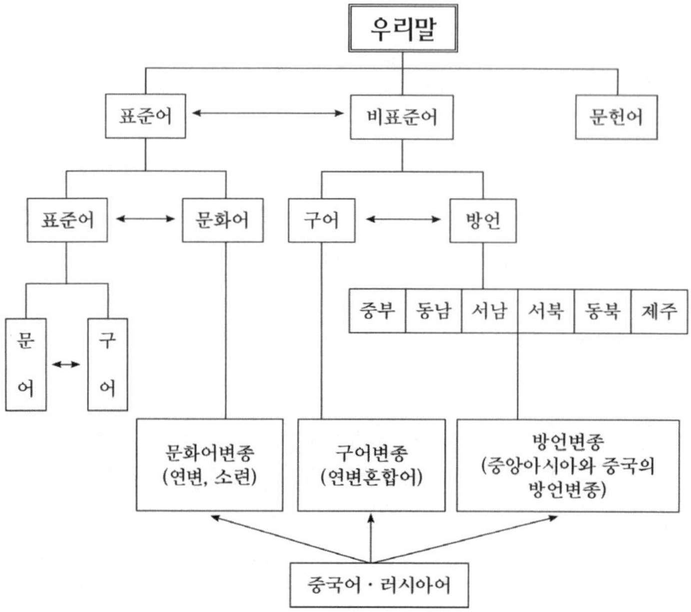

43) 이 곳의 "표준말"은 1930년대에 〈조선어학회〉에서 사정한 서울 공통어를 가리킨다. 남한의 "표준어"와 북한의 "문화어"는 모두 이를 모태로 하고 있다.

44) 세계 방방곡곡에서 삶을 누리고 있는 우리 교민들은 본국의 교재를 가져가거나 따로 교과서를 제작하여 사용하기도 하고 신문을 간행하여 상호 연락이나 친목을 도모하여 오고 있다.

표준어와 비표준어를 화살표로 이은 것은 서로 영향을 주고 받음이 많음을 표시한다. 표준어와 문화어를 양화살표로 이은 것은 현실적으로 남북의 언어가 접촉되고 있음을 가리킨다[45]. 국립국어원은 1989년부터 2009년까지 남북한 언어의 동질성 회복을 위한 기초 연구를 수행해 왔으며 1996년부터 2011년까지는 제3국에서 국제회의를 10여 차례 가진 바 있다. 북한의 국어 사전은 1980년대 후반부터 시판 (市販)되었으며 북한 간행물의 열람이 쉬워지고 여러 경로를 통한 남북 주민의 접촉[46]으로 남북한의 언어가 통합되는 분위기가 조성되어 가고 있다. 일부에서 시도되고 있는 분야별 사전 편찬[47]은 전문 기술 용어의 동질성 회복에도 기여하는 바가 많을 것이다. 일상 생활에서 쓰이는 구어는 화자의 출신 지역의 말씨가 끼여 드는 일이 많은데 이는 방언과의 밀접한 상호 접촉을 의미한다. 문화어의 변종인 중앙 아시아나 연해주의 고려인들의 문어는 러시아어와 중국어의 영향이 컸으며 그들의 구어도 역시 그러한 언어의 영향권 안에 있다. 이는 물론 개방 이전의 상황을 염두에 둔 것이다. 그러나 개방 이후는 그 지역에서 나오는 〈고려신문〉과 〈새고려신문〉을 보면 표준어의 영향을 많이 받고 있음을 느낄 수 있다. 최근에는『歷代韓國文法大系』(1: 1977~1986, 탑출판사; 1, 2: 2008, 2015, 박이정)을 통하여 반도 안은 물론 반도 밖의 중국과 옛 소련의 우리말 문법서가 집성됨으로써 당대 우리말의 전 모습과 연구의 흐름을 한 눈으로 굽어 볼 수 있게 되었다. 특히 재외 교민들의 문법서를 보면 두 지역의 문어와 구어는 러시아어와 중국어의 영향을 많이 받았음이 실증되고 있다. 그러한 사실을 일방적인 화살표로 표시하였다. 위의 그림에서는 일본어와 영어와의 혼합 현상은 특별히 표시하지 않았다[48]. 문헌어도 사라진 아름다운 옛말을 살려 쓰자는 운동이 오래 전부터 확산되어 오고 실제로 '가람'과 같은 말은 현대 시인들이 즐겨 쓰는 어휘임을 고려하면 문헌어가 현대의 문어에 미치는 영향 또한 지나칠 수 없으나 앞의 그림에서는 특별히 표시하지 않았다.

---

45) 저자는 고영근 (1989/1994: 91, 1999가: 103)에서 남북한 공동의 '한국어 사전' 편찬을 제안한 일이 있고 그 성과의 하나가 국립국어연구원의『표준 국어대사전』(1999)이며 현재 남북 공동으로 편찬하고 있는『겨레말 큰사전』도 남북 언어의 이질화를 극복하기 위한 노력의 산물이다. 중국에서는 중국 본토의 언어와 대만 중국어의 이질성을 극복하기 위하여『兩岸辭典』의 편찬을 성사하였다.

46) 대표적으로 수년 전부터 실시해 오다가 중지된 금강산 이산가족 상봉 등을 들 수 있다. 다행히 2014년 2월과 2015년 9월에 3일 동안의 이산 가족 상봉이 성사됨에 따라 앞으로 남북 주민의 만남이 활기를 띨 것으로 보인다. 그러나 그 이후로는 또다시 중단되었다.

47) 최근에 나온『남북한 IT 용어 사전』,『남북의학 용어집』은 전문기술 용어의 통합을 위한 시도의 한 고리로 볼 수 있다.

48) 오고시 (生越直樹) (동경대) 교수의 자료 제공 (2011. 11. 21. 메일)에 의하면 일본의 언어학계에는 재일 한국인/조선인은 물론, 재중 조선족과 재미 한국인의 일본어, 중국어, 영어와의 접촉에서 일어나는 언어적 갈등에 대한 연구를 많이 수행해 오고 있다. 이들 업적을 면밀하게 검토하면 우리말과 일본어 및 영어와의 혼합 현상이 분명히 드러날 것으로 보인다.

II. 우리말 문법의 단위

II. 우리말 문법의 단위[1)]

2.1. 들어가기

앞에서 제시한 문법 체계에 따라 우리말의 문법 현상을 서술하기에 앞서 문법의 단위 문제를 논의해 보고자 한다. 우리말 문법 연구에서 단위를 세울 필요가 있는가. 그렇다면 무엇을 어떤 과정을 밟아 설정해야 할 것인가가 제기된다. 우리말이 주로 교착적 절차에 의하여 문법적 관계가 표시된다는 유형적 특징 등을 고려할 때, 단위 문제는 문법 체계의 수립에 있어 우선적으로 해결되어야 해야 한다고 믿는다[2)].

우리말 연구에 종사한 우리의 선학들은 문법 연구의 초창기부터 특히 학교 문법의 "조사"와 "어미"를 둘러싸고 적지 않은 고민을 되풀이하였다[3)].

첫째, 명사 어미 구조체와 동사 어미 구조체[4)]에 다 같이 단어의 자격을 줄 것인가. 아니면 주지 말아야 할 것인가[5)], 구별하되 전자에는 단어의 자격을 주고 후자는 단어의 한 부분으로 처리해야 할 것인가[6)], 현행 학교 문법에서는 명사 어미 구조체는 단어로, 동사 어미 구조체는 활용형으로 처리하고 있다. 한때는 알타이어 문법의 영향을 받은 역사 문법가나 일부 진취적인 문법가들은 양자에 단어의 자격을 주지 않았으나 현재는 대부분의 문법가가 현행 학교 문법의 처리를 따르고 있다. 북한은 정도의 차이는 있지만 처음부터 동사 어미 구조체는 물론, 명사 어미 구조체에 대하여도 단어의 자격을 주지 않고 "토"의 범주에 소속시켜 왔다[7)].

---

1) 이 장은 고영근 (1993)의 "II, 우리말 문법의 단위 설정의 문제"를 보충하는 방향을 취하기 때문에 내용이 부분적으로 겹치는 데가 있음을 밝혀 둔다.

2) 교착성을 중심으로 한 우리말의 유형적 특수성에 대하여는 고영근 (1989/2004가: 11-23, 2009가, 2018가: 3-35), 최형용 (2013나: 33-59) 참조. 북한에서는 언어의 유형적 특징을 "언어 구조의 민족적 특성"이라 불러 언어 일반의 특징과 대립적으로 사용한다. 박재용 (1985: 140-144) 참조.

3) 우리말 문법의 단위에 대한 논의로 대표적인 것은 김민수 (1960: 46-54), 이남덕 (1963), 허웅 (1995: 79), 유현경 밖에 (2015)가 있다.

4) 본서의 초고에는 프랑스의 언어학자 J. Vendryes의 "의미부" (sémantème)의 대 (對)가 되는 "형태부" (morphème)를 모형으로 하여 "명사 형태부"와 "동사 형태부"를 도입한 바 있으나 초고를 읽은 오규환 박사가 문법 부문의 하나인 "morphological component"의 역어 "형태부"와 혼동될 우려가 있다고 하여 저자가 고영근 (1967/1999나): 226: 226)에서 도입한 "어간 구조체"와 "어미 구조체"를 활용하기로 하였다. 이 두 개념은 현재 중세 및 고대어를 비롯하여 우리말의 형태론 연구에서 폭 넓게 응용되고 있다.

5) 이곳에서는 학교 문법과는 달리 "명사"는 체언을, 동사는 "용언"을 대표하는 뜻으로 사용하기로 한다.

6) 우리말 문법 단위에 대한 학설사적 유형화는 이극로 (1935/1948: 41-59), 김민수 (1954/1960: 229-232), 김윤경 (1959) 참조.

둘째, 품사론과 통사론의 단위가 다 같이 단어인가, 아니면 전자의 단위는 "단어"로, 후자의 단위는 "어절"로 삼을 것인가. 어절은 이희승 (1949) 이래로 널리 보급되어 현행 학교 문법에도 도입되어 있고 우리말 전산 처리에서도 긴요하게 사용되고 있으며 명사 형태부를 단어로 인정하는 문법가들에게 선호되고 있다[8].

셋째, 단어를 세울 필요가 있는가. 품사론이 문법의 중심 부문을 이루던 전통 문법 시대에는 단어의 정의나 그 책정 기준이 큰 문제로 대두되었다. 그러나 형태론이 성황을 이루던 구조 문법 시대에는 형태소 식별과 그 분포 문제에 관심이 많았고 생성 문법이 도입되면서 통사 구조와 그 의미 해석에 몰두한 나머지, 단어에 대한 관심이 줄어들었다. 한편 생성 형태론이 정립되면서부터는 단어에 대한 인식이 과거 어느 때보다도 높아 가고 있다. 그것은 단어가 형태론 이해에 있어서 중심 역할 (pivotal role)을 하기 때문이다 (보이즈 2005: Preface).

넷째, 형태소 설정의 근거는 어디에 있는가. 형태소를 의미/기능을 가진 가장 작은 단위라고 규정할 때, 그렇게 분석하는 의의는 어디에 있는가. 이를테면 단어를 세우면 일차적으로는 품사론의 단위로 활용될 수 있고 단어 형성 문제를 논의하는 데 여러 가지로 쓰임새가 많다. 이와 마찬가지로 형태소를 설정하는 데 있어서도 어떤 의의를 주지 않으면 안 된다.

다섯째, 문장의 상위 단위로 텍스트를 인정해야 할 것인가, 아니면 인정하지 말아야 할 것인가 (고영근 1990가, 나, 1999/2011가: 1-9). 텍스트를 인정한다면 문장과의 경계선은 어디이며 그 상한선은 어디인가. 우리 선학들은 텍스트는 수사학의 단위라 하여 문법 단위가 될 수 없다고 하였다[9]. 그러나 지난 세기 60년대로 접어들면서부터는 국제적으로 이에 대한 중요성이 인식되기 시작하였으며 1960년대 중반부터는, 제I장에서 본 바와 같이, 텍스트 과학과 화용론의 영향을 받아 설정의 필요성을 느끼는 분위기가 성숙되어 가고 있다.

2.2. 명사 어미 구조체와 동사 어미 구조체

첫째의 논점을 중심으로 명사 어미 구조체와 동사 어미 구조체의 처리를 논의해 보기로 한다. 명사 형태부란 명사에 붙는 학교 문법의 이른바 조사류 전반을 가리킨다.

---

7) 대표적으로 조선어문연구회 (김수경) (1949: 72-73), 정순기 (2005: 57-94)를 보고 북한 문법의 "토"에 대한 포괄적 연구는 고영근 (1988/2001가: 206-208), 볼프 (1992) 참조.

8) 이희승 (1949)의 "어절"은 직접적으로는 일본의 언어학자 긴다이치 (金田一京助)의 『增補國語硏究』 (1942)에서 영향을 받았음이 실증되었으며 (고영근 2010나: 276), 최근 어절에 대한 종합적 검토가 이루어지기도 하였다 (유현경 밖에 2015: 165-206).

9) 주시경 (1910: 37), 주시경 (1910)/고영근 · 이용 · 최형용 교감 (2010: 297, 고영근 · 이용 · 최형용 (2011: 37, 143)에서는 "미"라는 단위를 세워만 놓고 이를 문법 서술의 대상으로 삼지 않았다. 최현배 (1937/1971: 736)에서는 "텍스트"에 해당하는 단위를 "글월"이라고 하여 문법에 넣을 수 없는 이유를 들었다. 자세한 내용은 고영근 (1995가: 390-391)을 통하여 그 사정을 알 수 있다. 김민수 (1960)도 최현배와 같은 태도를 취하고 있다. (뒤에 나옴)

(1) 아이가 책을 읽는다.

(1)에서 명사 '아이, 옷'에 붙은 '-가, -을'이 조사류이다. 이들은 의존 형식으로서 자립 형식인 명사에 붙어야만 그 기능을 다할 수 있다. 또 명사의 음성 환경에 따라 그 모습이 교체되는 일이 있으며 중세어에서는 교체의 정도가 심하다. 하나의 언어 형식이 의존 형식으로서 선행 명사의 음성 환경에 따라 형태 교체가 일어난다는 것은 조사류가 형태론적 범주에 속함을 뜻한다.

그러나 기능상으로는 형태론적 범주에 속한다고 말하기가 어렵다.

(2) 저 아이가 책을 읽는다.

(1)의 '아이'와 같이 단순한 명사일 때에는 조사류 '-가'의 기능 영역이 명사에 국한되어 한 단어의 울타리를 넘어서지 않으나 (2)의 '저'와 같은 관형사류가 앞서 있을 때에는 명사의 울타리를 벗어나 명사구에 붙는다. 그것은 관형사류 '저'가 명사와 통합되어 먼저 "구" (句)[10]를 이루고 여기에 조사류가 붙기 때문이다. 이를 분명히 표시하면 다음과 같다.

(2') [저 아이]$_{NP}$가 책을 읽는다.

(1)과 (2)의 분석 결과를 바탕으로 하면 조사의 기능은 단어의 울타리를 뛰어넘어 구나 절에 미치므로 통사적 범주에 속한다고 규정할 수 있다.

조사류는 의존 형식이라는 점과 교체가 일어날 때, 앞선 명사 어간의 음성 환경에 직접 영향을 받아 모습을 달리한다는 점으로는 그 성격이 형태론적이라 할 수 있으나 기능상으로는 통사론적이라 할 수 있다. 이런 관점으로는 어절이 문장 구성의 직접 재료가 된다는 견해는 수정되어야 한다. 조사류의 기능이 궁극적으로 구에 미치므로 차라리 구절 (句節)을 성분의 재료라고 하는 것이 현상에 합당하다. 구절이 성분의 재료라고 하는 것은 '저 아이'라는 명사구가 조사류와 결합하여 주어로 쓰인다는 뜻이다. 이런 점으로 보면 조사류는 다른 어휘 항목과 같이 문장 형성소의 자격을 충분히 지니고 있음을 확인할 수 있다. "문장 형성소"란 문장의 형성에 직접적으로 참여하는 기능이 있음을 뜻한다[11].

동사 어미 구조체는 어간에 붙는 어미 전체를 가리킨다. 이 경우도 명사 어미 구조체에 준하여 형태적 및 통사적 성격을 부여할 수 있다. (1)의 예를 다시 가져 온다.

(3) 아이가 책을 읽는다.

어간 '읽-'에 붙은 어미 '-는다'는 의존 형식으로서 동사의 음성 환경에 따라 '-ㄴ다'로 교체를 일으킨다. 이런 점으로는 앞의 조사류와 같이 어미류 역시 형태적 범주에 속한다. 조사류와는 달리 어

10) 최근 "구"와 "절"에 대한 반성이 일고 있다 (유현경 밖에 2015: 207 248) (뒤에 나옴).

11) 저자의 "문장 형성소"는 서정수 (1989)의 "문장 구성소"의 개념 (뒤에 나옴)이나 A. M. Di Sciulla와 E. Williams의 "syntactic atom"과 비슷하다. 박진호 (1994: 7)에 그런 견해가 보인다.

미류는 의존 형식인 어간에 직접 붙는다. 그러나 통사론적으로는 문장 전체를 끝맺는 기능을 띠고 있다. (3)이 평술문이 되는 것은 '-는다'에 기대어 결정되기 때문이다. 이를 분명히 표시하면 다음과 같다.

(4) [(아이가 책을 읽)는다]$_S$

(4)의 분석 결과를 토대로 하면 어미도 앞의 조사류와 같이 기능적 측면은 통사적 범주에 속함을 알 수 있다[12].

어미류도 조사류와 같이 의존 형식이며 교체가 일어날 때 어간의 음성 환경에 직접 영향을 받는다는 점에서는 형태론적이라 할 수 있으나 기능상으로는 통사론적이라 규정할 수 있다. 단어의 울타리를 뛰어넘어 문장 형성에 직접 참여하기 때문이다. 지금까지 어미류를 동사의 활용형으로 처리하던 전통 문법의 견해나 단어 중심의 구조주의적 처리는 기능적 측면을 고려하지 않았다는 비난을 면치 못한다. 어미류도 조사류와 같이 문장 형성소의 기능을 충분히 지니고 있음을 알 수 있다[13].

조사류와 어미류를 문장 형성소로 보게 되면 종전의 제2유형의 문법 모형이나 이를 받아들인 현행 학교 문법의 형태론의 체계는 근본적으로 바뀌어야 한다. 명사류에 대하여도 동사류처럼 어간을 인정해야 하고 조사류에 대하여도 어미와 같은 이름을 주어야 한다 (이기갑 1990나). 이는 제3유형이나 북한의 문법 체계와 그 맥을 같이한다. 저자는 잠정적으로 명사 어간과 동사 어간에 대하여는 "어간"이라는 용어를 사용하고 조사류와 어미류에 대하여는 알타이 문법 모형을 따라 모두 "어미"에 포섭하기로 한다[14]. 기능적 측면보다는 어간의 환경에 따라 모습을 달리한다는 단어 내적 측면을 중시한 것이다. 이는 우리말을 알타이 제어 등 구조적 친근성이 있는 언어와 통언어적으로 비교하는 언어 유형론적인 배려와도 깊은 관계가 있다[15]. "어간" 대신 고유어의 "몸",

---

12) 권재일 (1982)에서 시도한 어미의 체계화도 어미의 통사론적 기능을 기준으로 한 것이다.

13) 어미류의 통사적 기능은 생성 문법이 도입되면서 분명히 부각되기 시작하였다. 전통적인 어미류에 대하여 "문말 (文末) 어미, 선문말 어미"라는 이름을 주는 일 (서정목 1987: 1)도 통사적 기능을 중시한 것과 관련이 있다. 더욱이 서정수 (1989, 1990: 39-68)에서 모든 어미류를 주시경과 같은 방식으로 품사의 자격을 주는 분석적 체계가 최현배의 종합적 체계보다 합리적이라고 주장한 바 있는데 이는 저자와 의견이 같다. 그러나 모든 선행 어미가 직접 문장 형성에 참여하지 않는다는 것을 유의할 필요가 있다. 이 문제는 뒤에서 다시 논의된다.

14) 저자는 고영근 (1993: 25)에서 조사류와 어미류를 포괄하여 "토"라는 범주 속에 넣을 것을 제안한 일이 있다. "토"는 전통적으로 경서 언해의 구결을 가리키며 (김희상 1909, 주시경 1914)를 비롯한 초기의 많은 문법서에서 조사류와 어미류를 포괄하는 뜻으로 사용되었고 『한글 맞춤법통일안』 (1933)의 띄어쓰기 규정에서도 조사를 "토"라 불렀다 이 문제는 일찍이 이극로 (1935/1948:41-59)에서 제기된 일이 있다. 북쪽에서는 "토"를 조선어문연구회 (김수경)의 『조선어문법』 (1949)에서 격조사와 어미류 전반을 포괄하는 뜻으로 사용하였으며 언어문학연구소의 『조선어문법』 (1960)부터는 조사류 전부와 어미류, 곧 통사적 기능을 자유로이 발휘하는 요소에 대하여도 이 말을 썼다. 겨레말 사전 편찬을 위한 <남북 단일어문규범 작성위원회> (2006. 11. 28.)에서는 명사류에 붙는 조사류와 동사류에 붙는 어미를 "토"로 처리한다는 데 합의하였음을 덧붙여 둔다. 이는 저자의 고영근 (1993: 25)에서 제안한 체계가 반영된 것이다.

15) 우리말의 문법 모형이 람스테트 등의 알타이 문법 모형을 준수해야 한다는 견해는 일찍이 이숭녕 (1966) 등

"어미" 대신 역시 고유어의 "발"을 쓸 수도 있다[16].

2.3. 단어와 어절

둘째 논점과 셋째 논점을 중심으로 단어와 어절[17]에 얽힌 문제를 풀어 보기로 한다.

앞에서 논의한 바와 같이, 우리말의 단어는 명사 어미 구조체와 동사 어미 구조체를 어떻게 처리하느냐에 따라 세 가지 문법 모형이 설정되었으며 현행 학교 문법은 명사 어미 구조체만 단어로 인정하고 동사 어미 구조체는 활용 어미로 보는 견해를 받아들였다고 하였다. 그러나 저자의 단어 획정법에 기대면 명사 어미 구조체와 동사 어미 구조체는 다 같이 "어미" 범주를 형성하는 것으로서 단어의 일부분이었다. 결과적으로는 이른바 제3유형의 극도의 종합적 모형을 선택한 셈이다. 그러나 이 경우의 "어미"는 인도·유럽어와 같은 굴곡어[18]의 어미 변화와 그 개념이 같아진다는 데에 문제점이 있다.

인도·유럽어는 내부 굴절은 말할 것도 없거니와 외부 굴절에 있어서도 형태와 기능은 일 (一) 대 다 (多)의 관계가 성립한다. 이를테면 영어의 동사 'take'의 과거형 'took'는 내부 굴절의 예인데 어느 것이 '취하다'를 뜻하는 어간이고 어느 것이 과거를 뜻하는 문법 형태인지 꼬집어서 말하기가 어렵다. 어간과 어미의 경계가 분명히 그어지지 않는다는 뜻이다. 외부 굴절인 'He comes'의 's'는 3인칭, 단수, 직설법의 세 가지 기능을 띠고 있다.

그러나 우리말은 알타이 제어와 같이 하나의 문법 형태에 대하여 언제나 하나의 기능만 대응될 뿐이다[19]. 이런 점을 고려하면 종전의 전통 문법이나 현행 학교 문법에서 활용을 세운 것은 그 나

에서 강력하게 주장되었으나 별로 호응을 받지 못하였는데 우리말 문법을 유형론적 관점에서 조명하는 기운이 일어나자 다시금 볕을 쐬게 되었다. 관련 논의는 고영근 (2012나, 2018가: 163-192)에서 볼 수 있다.

16) "몸"은 주시경의 국어 문법 (1910: 115)에서 쓰인 말이다. 주시경의『말의 소리』(1914: ㄴ)에서는 "몸씨"란 말이 나오는데 이는 이전의 "원체부" (原體部)를 바꾼 것이다. 이는 저자의 "어간"과 같으며 말의 소리 (1914)에 와서 "몸씨"로 바뀌었다. "발"은 김민수 밖에 (1960)에서 "몸"과 함께 쓰인 말이다.

17) 저자가 이곳에서 논의하는 "단어"는 문법론적 단어 (grammatical word)를 의미하고 "어절"은 음운론적 단어 (phonological word)를 가리킨다. 딕슨·아이켄발트 (2002: 1-41)에서는 두 개념을 구분하면서 "단어"의 통언어적 매개 변인을 탐색하는 작업도 겸하고 있다. 주시경 (1910) 등의 분석적 체계의 단위는 대체로 문법론적 단어에 일치하고 정렬모 (1946)과 이숭녕 (1953)에서 취하는 종합적 체계로서의 "단어"는 대체로 음운론적 단어에 가깝다. 저자의 문장 형성소 (뒤에 나옴)는 바로 문법론적 단어에 해당한다. 박진호 (1994)에서 문법론적 단어를 디 시올로·윌리암스 (1988)에 근거하여 "통사 원자" (뒤에 나옴)를 도입한 바 있다. "원자"의 개념은 통사부에만 적용되나 저자의 "형성소"는 통사부와 단어 형성부에 고루 적용된다는 이점이 있다 (뒤에 나옴).

18) 지금까지 우리 학계에서는 어형 변화인 "inflection"과 언어의 형태적 분류의 하나인 inflecting language"도 다 같이 "굴절법"과 "굴절어"로 사용하여 왔는데 (대표적으로 최형용 2016), 최근 프런지언 (2001)에서 후자에 대하여는 "flective language"라 쓸 것을 제안하고 있어 저자도 이를 따르되 허웅 (1963)을 비롯하여 허웅 학파에서 "inflecton"에 대하여 사용되고 있는 "굴곡"을 가져와서 "굴곡어"라는 용어를 만들어 쓰기로 한다.

19) 우리말의 교착적 특성을 인도·유럽어와 관련시켜 논한 업적으로 대표적인 것은 이희승 (1955: 200-206, 2000/2008: 148-152), 리근영 (1985: 6-18), 서정수 (1990: 59)가 있다. 특히 두 번째의 리근영의 문법에서는 우

름의 타당성이 있으며 체언에 격 조사류가 붙는 현상을 역사 문법가나 일부 문법가들이 "곡용" (曲用)이나 "첨용" (添用)이라 부른 것[20]도 그 나름의 타당성이 인정될 수 있다. 저자는 명사나 동사에 붙는 어미 구조체를 "어미"라는 범주 속에 넣되 이를 다시 기능별로 나누어 고유한 기능을 탐구하는 방향의 서술법을 취하고자 한다 (뒤에 나옴).

명사 어미 구조체와 동사 어미 구조체를 같은 "어미"라는 울타리 가운데 포괄하게 되면 어미는 단어의 일부분이 될 뿐이다. 단어의 범위를 실질적 개념을 뜻하는 어간 구조체에 국한한다면 종래의 어절 모두가 단어라는 범주에 포괄되어 "어절"은 불필요한 단위가 된다[21]. 앞에서 본 바와 같이, 어절은 음운론적 단어에 속한다. 그러면 품사론의 단위는 명사와 동사의 어간 구조체를 비롯하여 관형사, 부사 등의 불변어 등의 큰 범주와 접속사, 간투사 등의 바깥 범주 (뒤에 나옴)만 대상으로 하는 셈이 된다. 그러나 통사론의 단위는 어절이 아니라, 명사, 동사의 어간 구조체는 물론, 어미 구조체인 "어미"까지 대상으로 할 수 있다.

2.4. 형태소

넷째 논점을 중심으로 형태소에 관련된 문제를 풀어 보기로 한다[22].

형태소 분석의 기준은 무엇이고 설정의 의의는 어디에 있는가. 지금까지 저자는 대체로 계열 관계와 통합 관계의 기준을 만족시키되 일정한 의미 · 기능을 띠고 있으면 독립된 형태소의 자격을 주어 왔다. 단어 파생의 층위에서는 주로 접사 형태소를 확인하여 파생 접사의 체계를 확립하거나 새로운 단어 파생의 질서를 찾는 데 이용하였고 굴절 층위에서는 주로 문법 형태소를 확인하여 그 의미 · 기능을 탐구하는 면에 힘을 쏟아 왔다.

그런데 지난 세기 80년대 후반에 들어와서 형태소의 개념에 대한 이의 (異議)가 남북에서 거의 때를 같이하여 제기되었다. 종전의 형태소를 새로운 단어 형성에 적극적으로 참여하는 요소와 그렇지 않은 요소로 분간하되 전자는 "어휘소" (語彙素), 후자는 "형태소"로 불러야 한다는 것이었다[23]. 북쪽은 『조선어문법』 (1949) 이후로 남쪽의 형태소에 해당하는 개념에 대하여 "형태부"라 불러 형태론의 단위로 삼아 오다가 단어를 분석적 연구 각도와 종합적 연구 각도에서 고찰할 수

리말의 유형적 특성을 일본어의 활용에서 나타나는 굴절적 특성과 비교하여 교착성의 정도가 높다고 하였다.

20) "곡용"은 이숭녕 (1954: 33)에서 적극적으로 쓰이기 시작하였으며 "첨용"은 김민수 (1960: 150 등)에서 쓰이기 시작하였다. 첨용이란 말은 우리말이 첨가어에 속한다는 관점에서 붙여진 것으로 보이나 그렇게 잘 쓰이지 않는다. 단 남광우의 『古語辭典』 (교학사, 1960/1996)의 『附錄』으로 마련된 〈15世紀 國語의 添用 및 活用 形態〉에는 활용과 함께 "添用"이라는 용어가 보인다.

21) 이기갑 (1990나)에서 사용된 "어절"의 개념은 저자의 단어의 개념과 일치한다.

22) 이 부분은 고영근 (1992, 1993: 28-42)를 부분적으로 더하고 다듬은 것이다. 한편 고영근 (1992)는 이병근 밖에 공편 (1993)에 실리기도 하였다.

23) 형태소의 분석 기준과 그 절차에 대하여는 고영근 (1978/1999나: 16-24, 1981/2011나: 제2장), 남기심 · 고영근 (1985/2014: 36-41) 참조.

있다고 보고 전자의 단위를 "형태부", 후자의 단위를 "의미부"라 불렀다[24]. 남쪽에서는 주로 음운 현상과 관련하여 변별 기준을 마련하였고 북쪽에서는 주로 단어 형성의 문제와 관련하여 설정의 타당성을 주장하였다 (고영근 1989/1999나: 570-571).

요컨대 파생적인 단어의 접사 부분을 관찰할 때에 단어 구성의 관점에 서느냐 그렇지 않으면 단어 형성의 관점에 서느냐 하는 것이다. 이러한 이론은 아직도 뚫고 다듬어야 할 구석이 많기는 하지만 근본 취지는 크게 잘못이 없어 보인다. 단어의 형성뿐만 아니라 문장의 형성에 있어서도 이러한 접근법이 유효하다고 믿고 지금까지 사용해 온 "형태소"의 개념을 되씹어 보고 우리말 문법 연구의 단위가 무엇이 되어야 하는가 하는 문제를 풀어 보고자 한다.

2.4.1. 단어 구성소와 단어 형성소

단어의 구성을 논함에 있어 저자는 편의상 파생적 단어와 한자어를 분석 대상으로 삼기로 한다.

저자는 '지붕' (<집웅)과 같은 단어를 명사 어근 '집'과 접미사 '-웅'이 결합한 것으로 보아 분석하는 태도를 취한다. '집웅'은 이와 의미상의 공통성을 띤 명사 '집'과 비교하여 보면 통합 관계를 만족시키므로 두 개의 요소로 분석된다[25]. 그러나 위의 경우의 '-웅'은 그 쓰임이 퍽 고립적·불구적이어서 다른 명사 어근에 붙어서 새로운 명사를 형성하는 일이 없다. 고립적·불구적이라고 함은 매우 불규칙적이고 비생산적이라는 뜻이다[26]. 단어 구성소에는 앞서 든 '집웅'의 '-웅'을 비롯하여 '무덤, 지팡이, 꼬락서니'에 나타나는 '-엄, -앙이, -악서니' 등 많은 불규칙적 접미사를 들 수 있다. 단어 구성소는 전통적으로 『큰사전』을 비롯하여 우리말 사전에서는 종합적으로 처리하여

---

24) 김동찬 (1987가, 1987나)에 이런 견해가 제안되어 있다. "분석적 연구 각도"란 단어의 구성 성분을 분해한다는 뜻이고 "종합적 연구 각도"란 단어의 구성 성분을 형성의 관점에서 고찰한다는 뜻이다. 김동찬 (1987가, 나)의 견해는 김동찬 (2005: 33-38)에도 되풀이되어 있다. 김동찬의 조어법 이론에 대한 비판적 고찰은 이윤하 (1991, 2011), 하치근 (2010: 18) 참조.

25) '지붕'에 대한 저자의 분석이 어원론적 분석이라는 비판도 있고 중세어에는 '집우ㅎ'와 같은 합성어였기 때문에 현대어에도 그렇게 보아야 한다는 견해가 있다 (양주동 1954: 163, 이기문 1972/1998: 208). 그러는가 하면 중세어의 '집'에는 '지붕'의 의미도 있었기 때문에 '지붕'은 '집'에 접미사 '-웅'이 붙어 형성된 파생어라는 비교적 신빙성 있는 견해가 나오기도 하였다 (최형용 2006). 어원적 분석이란 현대어에는 형태소 분석의 원리가 적용되지 않아 단일어로 처리할 수밖에 없지만 옛 시대의 어형을 고려하면 어느 정도의 분석이 가능한 방법을 가리킨다. 예를 들면 '메아리'는 당대에서는 더 이상의 분석을 허용하지 않는 단일어이지만 이의 직접적 소급형인 중세어의 '뫼사리'를 고려하면 '메'와 '아리'로 분석될 수 있는 방식을 가리킨다. 아무리 중세어에서 합성어였다고 하더라도 당대어에서 그것이 접사로 바뀌었으면 그대로의 실체를 인정해야지 통시성을 고려하여 접사로 처리하지 않는 것은 형태소의 분석 원리에 어긋난다. 공시적 형태소의 분석과 어원적 분석법에 대한 정밀한 방법론의 탐색이 절실하다. 이와 관련된 논의는 고영근 (1989/2004가: 65)에서 이미 언급한 바 있다. 이와 비슷한 견해는 렴종률 (1980: 76)에서도 볼 수 있다.

26) 저자는 이런 접사를 고영근 (1972/1999나: 541)에서 "매우 불규칙한 것"의 범주에 넣은 일이 있다. 렴종률 (1980: 76)에서는 이런 접사를 "비생산적인 형태부"라고 하였다.

왔다. 종합적으로 처리한다는 것은 단어 구성소를 분석해 내어 따로 사전에 싣지 않고 어근에 붙은 채로 싣는다는 뜻이다[27]. 생성 문법에 기댄다면 이들 접사가 붙은 단어는 그대로 어휘광(lexicon)에 등재되어 있는 것이다.

한편 '덮개'의 '-개'[28]는 이와 의미상의 공통성을 지닌 동사 '덮다'의 어간 '덮-'과 비교하면 통합 관계의 기준을 만족시키므로 접사로서 분리될 수 있으며 이밖에 구조적 자율성[29]을 지닌 많은 동사에 붙어 새로운 단어를 파생하는 힘을 지니고 있다. 단어 형성력이 없는 앞의 '매우 불규칙적인 접미사'와 비교할 때, 단어 형성력이 높다는 점에서 꽤 규칙적인 성격을 띠고 있다고 말할 수 있다. '덮개'를 비롯하여 '가리개, 꾸미개, 깔개' 등과 같이 형성의 연대가 오랜 어휘도 있고 '지우개, 손톱깎개'[30] 등과 같이 당대에 와서 이루어진 낱말도 적지 않다. 이런 점을 감안하면 '-개'는 규칙적·생산적 접미사의 동아리에 들어온다고 규정할 수 있다[31]. 이런 요소는 새로운 단어의 형성에 참여한다는 뜻에서 "단어 형성소"라 부를 수 있다[32]. 당대 우리말에는 통합 관계와 계열 관계의 기준을 적용할 때, 600여 개의 접미사를 확인할 수 있고 (고영근 1973/1999나: 650), 접두사도 그런대로 확인된다[33]. 이 가운데서 새로운 어휘의 창조에 생산적으로 이용될 수 있는 접사가 어느 정도인가 하는 문제는 양을 따지기에 앞서 질적인 변별 기준을 마련하는 것이 중요하다[34]. "꽤 규칙적인 접사"는 앞의 "매우 규칙적인 접사"와는 달리 한편으로는 분석적으로 처리하고 다른 한편으로는 종합적으로 처리하는 것이 온당하다[35]. 분석적이라고 함은 어떤 요소가 독립된 단어 형성소의 자격이 있기 때문에 사전에 올릴 수 있다는 뜻이고 종합적이라고 함은 어근과 합쳐서 새로운 단어가 되었기 때문에 그대로 사전에 실려야 한다는 뜻이다. 이를테면『큰사전』에서 접미사 '-이'가 붙은 '먹이'도 사전에 올리고 이의 접사 부분 '-이'도 사전에 실려 있는 것이 그러한 예이다. 생성 문법에 기댄다면 '먹이'와 '-이'는 다 같이 어휘광에 등재되어 있는 것이다[36].

---

27) 접미사의 사전 등록에의 기준에 대하여는 고영근 (1972/1999나: 565) 참조. 단 마틴 (Martin et al 1968)에는 불규칙적 접미사를 사전에 올리고 있다. 이는 사전 편찬의 목적과 관계가 있지 않나 한다.

28) 이곳의 접미사 '-개'는 '간단한 기구'를 뜻한다.

29) "구조적 자율성"이란 규칙적 어근과 같이 품사가 명백하여 단어 형성에서 자율적 기능을 발휘한다는 뜻이다 (고영근 1989/2004가: 54, 2014다, 2018가: 342-360) 참조.

30) '손톱깎이'는 표준어이고 '손톱깎개'는 북한의 문화어이다.

31) 저자는 '-개"가『큰사전』에 실려 있지 않다는 점에 근거하여 불규칙적 접미사로 간주한 바 있으나 (고영근 1972/1999나: 571), 김성규 (1987)의 논의를 받아들여 규칙적 접미사로 처리한 일이 있다 (고영근 1999나: 571 [붙임말]).

32) 저자는 고영근 (1972/1999나: 542)에서 이런 접미사를 "다소 규칙적인 것"의 동아리에 소속시킨 일이 있다. 렴종률 (1980: 76)에서는 이런 접미사를 "생산적 접미사"라고 하였다.

33) 여영택 (1971)에서는 200여개, 안효경 (1993)에서는 69개로 나와 있다. 이 차이는 확립 기준이 다르기 때문에 생긴 것이다.

34) 고영근 (1999나: 570-571 [붙임])에서 저자는 느낌의 한 가닥을 베푼 일이 있다. 접사의 생산성에 대하여는 형태론이 독립된 부문으로 자리매김을 받음에 따라 구조주의 시대의 유산을 계승하는 관점에서 논의가 활발하게 전개되어 가고 있다. 우선 시정곤 (2006가: 68-74), 이광호 (2009), 김민국 (2011) 참조. 뒤에서 다시 논의된다.

35) 이곳의 "분석적/종합적"이라고 함은 김동찬 (1987가, 나, 2005)의 "분석적 연구 각도, 종합적 연구 각도"와는 의미가 다르다. 전자는 사전 등록 시의 처리 방식을 가리키고 후자는 단어의 성분을 고찰하는 태도를 가리킨다.

접미사에는 "매우 규칙적"인 접미사의 동아리가 있다. '들, 끼리, 쯤'이 그러하다. 이들 접사는 앞의 두 동아리와는 달리, 명사구에 붙을 수 있다는 점 등을 들어 조사와 같은 굴절 접사로 보아야 한다는 견해가 대두되고 있다[37]. 어떤 요소에 대한 범주화 작업은 그것이 중간적인 성격을 띨 때 큰 어려움에 부딪힌다. 여러 가지 기준 가운데서 어느 것을 선택하는 것이 문법 서술에 더 이득이 많으냐 하는 것을 고려해야 한다. 접사 가운데는 통사적 구성에 참여하는 것이 더러 있다는 점[38] 등을 고려할 때, 세 요소를 접사로 파악하는 것이 문제점을 줄일 수 있다고 생각한다. 접사의 범주에 들기는 하여도 특정한 단어의 부류에는 크게 제한을 받지 않고 붙으므로 사전에 등록할 때에는 분석적으로 처리해야 한다. 이러한 접사는 매우 불규칙적 접사와 대조를 이루는 것인데 이는 생성 문법에 기댄다면 활용 어미나 곡용 어미와 같이 그 자체가 어휘광에 등재되어 있다는 뜻이다. 이를테면 '사람들'과 같은 말은 사전에 실을 필요가 없고 '-들'만 실으면 된다.

파생 접사에 이어 한자어의 분석 문제를 제기해 보고자 한다. 한자는 근본적으로 글자 하나가 독립된 뜻을 지니고 있기 때문에 서로 결합시키면 많은 어휘를 만들어 낼 수 있다. 한자 가운데는 그에 대응하는 고유의 우리말이 없으면 문장이나 단어를 형성할 때 그를 대신하여 자립성을 충분히 발휘하기도 한다. 이를테면 '창 (窓), 문 (門), 산 (山)'은 고유의 우리말과 조금도 다름이 없이 자립하여 쓰일 수 있으며 '창살, 문턱, 산기슭'과 같이 고유의 우리말과도 얼마든지 어울릴 수 있다[39]. 그러나 '인' (人)은 이에 대응하는 고유의 우리말 '사람'이 있기 때문에 자립적으로 쓰이는 일은 없고 대신 다른 한자와 어울려 '인류 (人類), 인생 (人生)'과 같은 많은 어휘를 생성할 수 있다[40]. '인류'는 '수류' (獸類)와는 계열 관계를 이루고 '인생'과는 통합 관계를 이루고 있다는 점에서 각 글자는 독립된 형태소의 자격이 충분하다. 그러나 이때의 '인'과 '류'는 한자어의 구성 요소일 뿐이지, 그 자체가 고유의 우리말과 어울려 합성어를 이루는 일은 없다. 이런 한자가 합성어를 형성할 수 있으려면 '인류, 인생'과 같이 딴 한자와 먼저 결합되어야 한다. '인류 문명, 인생 항로'가 그것이다.

'인류, 인생'의 각 글자는 앞의 고유의 우리말 '집웅'의 '-웅'에 미룬다면 매우 불규칙적이고 고립

---

36) 저자는 실용 사전은 "사전", 심성 사전은 "어휘광"으로 부르기로 하였다 (고영근 2015다). 어휘광에 관한 자세한 논의는 구본관 (1990) 참조. 이곳에서는 어휘광이 저장부와 단어 형성부로 구성되어 있다는 흥미 있는 의견을 제시하고 있다. 어휘광과 우리말 문법과의 관계에 대하여는『국어학』66 (2013)에 실린 <어휘부 특집>에 종합되어 있다. 이 방면의 최근의 업적으로는 정한데로 (2014), 이은섭 (2014)가 있다. 이곳의 어휘부는 저자의 "어휘광" (고영근 2015다)에 해당한다.

37) 이들 어휘 항목의 접사성에 대하여는 지난 40여 년 동안 논의가 많았다 (고영근 1993: 32). 최근의 이 방면의 업적으로는 유하라 (2006)이 있다. 저자는 현재 이들 어휘 항목에 대하여 다른 생각을 가지고 있지만 뒤로 미루고 여기서는 일단 전통적 방식대로 접미사로 보고 논의를 시작한다.

38) 접미사 '-님'이나 피동, 사동의 접미사, 중세어의 접미사 '-이, -오' (업시, 니르리, 조초) 등이 그러하다 (뒤에 나옴).

39) 의존적인 한자어와 어울린 '창사 (窓紗), 문루 (門樓), 산세 (山勢)'에 나타나는 '창, 문, 산'도 자립적 요소로 보아야 하는가는 쉽게 단정할 수 없다.

40) 본서의 초고를 검토한 장소원 교수는 '인적 교류'에 나타나는 '인' (人)은 어떻게 다루어야 하느냐고 질의를 하였다. '인적'은 '물적'과 대립하여 쓰이는데 이런 경우는 '인간적, 물리적'의 축약된 형태로 볼 수 있다.

적이므로 단어 구성소는 될지언정 단어 형성소는 되지 못한다[41]. 단어 형성소가 되려면 '인류, 인생'과 같이 딴 한자와 결합되어야 한다. 이에 대하여 '한국인 (韓國人), 외국인 (外國人)'에 나타나는 '인'은 원칙적으로 자립성이 있는 단어에 붙어 '어떤 특징을 가진 인물'을 뜻할 때에는 접미사로서 단어의 형성에 적극적으로 참여하기 때문에 단어 형성소로 처리된다. 이렇게 한자어에도 단어 구성소와 단어 형성소를 설정할 수 있다. 단어 구성소로서의 개별 한자는 한자 옥편에만 실리고 단어 형성소로서의 한자나 한자어는 우리말 사전에 올라 있다는 것은 우리의 사전 편찬가들이 구성소와 형성소의 개념을 직관적으로나마 파악하고 있었음을 뜻한다[42].

2.4.2. 문장 구성소와 문장 형성소

앞에서 저자는 파생적 단어의 형성 요소는 꽤 규칙적인 접사라고 하였으며 한자어 가운데는 단어 형성의 자격이 있는 접사적인 부류가 있다고 하였다. 그러면 문장의 형성 요소는 어떻게 결정해야 할까. 문장은 일반적으로 어휘 형태소, 곧 '어간' (몸)에 곡용 어미와 활용 어미가 붙어 형성된다. '사람이 간다'라는 문장을 보면 쉽게 알 수 있다. 이때의 문법 형태소는 어떻게 규정해야 하는가[43]. 앞의 단어 형성소와 관련시키면서 현대어의 동사 어미 구조체를 중심으로 이 문제를 풀고 이어 중세어의 어미 구조체로 눈을 돌려 보기로 한다. 우선 어미는 폐쇄성과 개방성을 기준으로 하면 어말 어미와 선행 어미[44]로 나누어진다. 선행 어미는 크게 보아 세 부류를 둘 수 있다.

선행 어미 가운데서 '-시-, -었-, -겠-'의 세 요소는 대부분의 어미와 자유롭게 결합하며 또 분석이 쉽다는 점을 감안하여 "분리적 선행 어미"라 부르기로 한다. 분리적 선행 어미는 앞에서 언급한 "매우 규칙적인 접미사"와 병행하는 특징을 지니고 있기도 한데 사전에 하나의 어휘 형태소처럼 독자적으로 실려 있다. 이러한 선행 어미는 다른 어휘적 요소와 마찬가지로 문장 형성의 직접적 요소가 된다는 점에서 "문장 형성소"라 부르기로 한다. 그것은 어미 구조체에서 자유롭게 자리를

---

41) 두 한자가 결합된다고 해서 형성소가 되는 것은 아니다. 이를테면 상태 동사 '화려 (華麗)하다'의 '화려'는 두 한자의 결합이기는 하지만 그 자체로는 단어가 되지 않는다. 대부분의 한자어 계통의 상태 동사가 이런 성격을 띠고 있다. 이런 경우의 한자어 어근은 '따뜻하다'와 같은 우리 고유어의 어근 '따뜻-'과 같은 기능을 발휘한다. 이와 관련된 언급은 고영근 (1972/1999나: 526) 참조.

42) 최근에 나온 백문식 (2002)는 개별 한자까지 망라한 우리말 형태소 사전이다. 이는 옥편과 국어사전을 겸하고 있다는 점에서 의의가 있어 보인다. 마틴 et. al. (1968)과 성격이 비슷하다.

43) 현행 학교 문법에서는 전통 문법의 "실사/허사"와 보조를 맞춘다는 뜻에서 "실질 형태소/형식 형태소"로 정하여 쓰고 있으나 본서에는 국제적 관례에 보조를 맞추어 "어휘 형태소/문법 형태소"를 사용하기로 한다. 관련 논의는 고영근 · 구본관 (2008/2018: 29) 참조.

44) "선행 어미"란 "선어말 어미"를 가리킨다. 현행 학교 문법에서 사용하고 있는 "선어말 어미"란 "prefinal ending"을 번역한 것인데 그 번역이 잘못되었다고 보고 "선행 어미"로 바꾸었다. 이 말은 오래 전에 작고한 유창돈 (1964가: 256-281, 1964나: 凡例)에서 도입한 일이 있다. 유창돈의 저술에서는 어미를 크게 "末語尾"와 "先行語尾"로 양분하고 있다. 선행 어미의 유래와 구조에 대하여는 고영근 (1989/1999나: 225-242, 243-245 [붙임말]) 참조.

잡아 문장의 의미를 여러 가지로 바꾸는 힘을 지니고 있기 때문이다. 생성 문법에서는 이러한 단위들이 어휘광에 그대로 등재되어 있다고 말한다.

선행 어미 가운데는 앞의 분리적인 것과 대조적 위치에 서는 것이 있다. '잡다'의 활용형 '잡는다, 잡는구나; 잡느냐, 잡습니다, 잡는'을 보기로 한다. '잡는다'는 '잡았다, 잡겠다'와 계열 관계를 이루고 있고 일기문에서 흔히 쓰이는 '오늘 오후 2시 밭에서 잠자리를 잡다'에 나타나는 '잡다'와 통합 관계를 이룰 수 있다는 점에서 훌륭한 형태소의 자격이 있다. '잡는구나'는 '잡았구나, 잡겠구나'와 계열 관계를 이루고 있으니 이곳에서도 '-는-'이 확인된다. 전자는 앞의 어간이 'ㄹ'과 모음으로 끝나 있으면 '-ㄴ-'으로 교체되는 데 대하여 후자는 그러한 교체를 보여 주지 않는다. 다시 말하면 전자는 분간적인 데 대하여 후자는 통용적이다. '잡느냐, 잡습니다'는 '잡더냐, 잡습디다'와 계열 관계를 이루고 있으므로 '-느-'와 '-니-'가 다 같이 독립된 형태소로 분리되고 '잡는'은 '잡던'과는 계열 관계를 이루고 '잡은'과는 통합 관계를 이루므로 이곳에서도 역시 '-느-'라는 형태소가 확인된다[45]. 그러나 위의 경우에 나타나는 선행 어미 '-는~ㄴ-, -는-, -느-, -니-' 들은 그 분포가 매우 제약되어 있다. '-는~ㄴ-'은 평술 정동사 어미 '-다' 앞에서, '-는-'은 감탄 정동사 어미 '-구나' 앞에서, '-느-'는 의문 정동사 어미 '-냐, -ㄴ가'와 동명사 어미 '-ㄴ' 앞에서. '-니-'는 합쇼체의 표지 '-ㅂ-'과 평술 정동사 어미 '-다' 사이에서 각각 나타난다. 이들 어미는 반드시 다른 어미를 뒤에 세우거나 앞세워야만 문장 형성에 참여할 수 있다. 이런 점에 근거하여 저자는 이들 선행 어미를 "교착적 선행 어미"라 부르기로 한다. 이런 어미는 "문장 구성소"[46]에 귀속된다.

한편 당대의 우리말에는 앞의 분리적 선행 어미와 교착적 선행 어미의 중간에 서는 것이 있다. 전통적으로 겸손 표시의 '-옵-' (예: 가옵고)과 같은 선행 어미가 그것이다. 이 요소는 분리적 성격과 교착적 성격을 겸하고 있기 때문에 "수의적 선행 어미"로 처리할 수 있다 (고영근 1967/1999나: 234-236).

문장 구성소란 문장 형성에 직접 참여하지 않고 문장 형성소의 구성 요소가 된다는 뜻이다. 문장 구성소의 이러한 기능은 '집웅'에서 확인되는 매우 불규칙적 접미사나 의존적인 한자와 비슷한 면이 있다. 형태소의 분석 기준에 기대면 독립된 단위의 자격이 있으나 문장 형성에는 직접 관여하지 못하는 것이다. 문장 형성에 참여하려면 먼저 어말 어미와 결합되어야만 한다. 앞에서 든 '아이가 책을 읽는다'에서 '-는-'이 비록 형태소로 분리된다고 하더라도 후행하는 어말 어미 '-다'와 결합되지 않으면 문장 형성에 직접 참여할 수 없다 (고영근 2004/2007: 162-163). 사전, 대표적으로 『큰사전』에서 위의 형태소들을 따로 싣지 않고 종합적으로 처리한 것은 문장 형성에서 차지하는 소극적 기능을 의식하였기 때문으로 보인다. 생성 문법에 따른다면 '-는 ~ -ㄴ다, -느냐, -ㅂ니다, -는' 등은 모두 어휘광에 등재되어 있는 것이다[47]. 『큰사전』에는 회상법의 '-더-'도 싣지 않고 있다. '-더

---

45) '-는/ㄴ-'과 '-는-', 그리고 '-느-'의 형태소 식별 과정에 대한 상세한 논의는 고영근 (1965/1999나: 154-158, 2007: 137-144) 참조. 최근 이 문제에 대한 논의가 많다. 뒤에서 다시 거론된다.

46) "교착적 선행 어미"에 나타나는 "교착적"이라는 말은 우리말의 형태적 특성인 "교착성"과는 개념이 다르다. 후자는 "굴곡성"과 상대되는 개념인데 형태와 기능이 1:1로 대응된다는 뜻이고 전자는 뒤에 오는 형태소와의 결합에 있어 제약이 심하여 곧 붙어 있어서 떼어 내기가 쉽지 않다는 뜻이며 "분리적"과 대립된다.

라, -던가, -더니, -던, -ㅂ디다'와 같은 방식으로 종합적으로 처리되어 있다. 이는 회상법의 '-더-'가 문장의 형성에 직접 참여하지 못함을 의식한 데서 비롯된 처리로 보인다[48]. 당대 우리말 문법 연구에서 '-느-'는 고려하지 않고 '-더-'만을 떼어 내어 "회상 시제, 회상법, 회상문"과 같은 문법 범주를 설정하는 것은 이의 교착적 성격을 고려하지 않은 지극히 표면적인 관찰의 소산이다. 물론 여기에는 부차 서법에 들어오는 원칙법 '-(으)니-', 확인법 '-것- ∝ -엇-'도 들어온다. 복합적인 단어에서 단어 구성소와 단어 형성소가 있었듯이 복합적 어미부에서도 문장 구성소와 문장 형성소를 설정할 수 있다[49].

중세어의 어미부도 당대 우리말의 그것에 유추하여 세 동아리로 나눌 수 있다. 겸손법의 선행 어미 '-습-', 존경법의 선행 어미 '-(으)시-'는 모든 선행 어미와 어말 어미에 거의 제약을 받지 않고 다 붙을 수 있다 (고영근 2010다: 136-145). 더욱이 후자는 한 형태소 속을 뚫고 들어가 그것을 불연속 형태가 되게 하는 기능도 띠고 있다 (고영근 1991/2004가: 37-51, 2012가). 이는 '-(으)시-'의 분포가 그만큼 자유로움을 뜻한다. 중세어의 분리적 선행 어미는 당대어의 분리적 선행 어미 '-(으)시-, -었-, -겠-'과 같이 독립된 항목으로 사전에 등재될 수 있으며 따라서 이들은 어휘광에 독자적으로 저장되어 있다고 말할 수 있다. 곧 문장 형성소의 기능을 띠고 있다. 그러는가 하면 이와 대가 되는 교착적 선행 어미도 있다. 중세어의 부차 서법이 바로 그러한데 원칙법 '-(으)니-', 확인법 '거 ∝ 어 ∝ 나', 감동법 '-옷-//-돗-', ᄒᆞ쇼셔체 표지 '-이- ∝ -잇- ∝ -ㅅ-'이 그것이다. 부차 서법은 분포가 매우 좁아 특정한 일부의 정동사형과 부동사형서만 실현된다 (고영근 1981/1998/2011나: 40-60). 이들은 물론 단어 구성소의 자격만 띠고 있다. 사전에 이들 형태들이 종합적으로 처리되어 있는 까닭을 알 수 있다.

중세어에도 당대어와 같이 수의적 선행 어미를 둘 수 있다[50]. 여기에는 기본 서법 형태소인 '-ᄂᆞ-,

---

47) 최명옥 (1985가)에서는 이미 서북 방언의 정동사를 중심으로 정동사 전체가 기저형으로서 어휘광에 들어 있다는 논의를 편 일이 있다. 이곳의 기저형이란 어휘광에 등록되어 있다는 뜻이다.

48) 남한에서 나온 『표준국어대사전』 (1999)를 비롯한 모든 사전에는 '-더-'를 사전에 싣고 있다. 그것은 지난 세기 우리말 문법 연구에서 '-더-'를 주제로 연구가 많이 수행되었다는 것과 학교 문법에서 '-더-'를 독립된 형태소의 자격을 준 것과 관련이 있다. 최근에 나온 북한의 『조선말대사전』 (2006)에는 『큰사전』 과 같이 '-더-'에 독립된 표제형의 자격을 주지 않고 있다. 북한의 사전은 처음부터 이런 태도를 취하여 왔다.

49) 저자의 "문장 구성소"에 대한 북한의 견해는 문법서에 따라 차이가 난다. 『문화어문법규범』 (초고) (1972: 205-207)에서는 정동사에 나타나는 것에 국한하여 "뜻쪼각"이라 부르고 하나의 형태소도 되지 못하고 토도 되지 못하여 독립적인 토를 구성하는 요소일 뿐이라고 하였다. 그러나 『조선문화어문법규범』 (1976: 260-265)에서는 앞의 뜻쪼각 대신에 "맺음토의 쪼각"이라고 하면서 엄밀히 말하면 "형태부", 곧 형태소로서 문법적 뜻을 나타내고 있으나 관습상 하나의 정동사 어미를 이룬다고 하여 상반된 진술을 하고 있다. 북한의 뜻쪼각은 어떤 뚜렷한 기준에 기대지 않고 직관적으로 분리한 것이 많으며 더욱이 형태소의 자격이 없다고 했다가 번복하고 있는 것은 아직 형태소의 분석 방법론이 올바로 정립되지 아니하였음을 뜻하는 것으로 보고자 한다. 더욱이 뜻쪼각 가운데는 어미의 일부분에 지나지 못하는 '-ㄴ가'의 'ㄴ', '-거든'의 '거', '-ㄴ가'의 '가'를 포함하고 있어 미심쩍은 데가 많다.

50) 저자는 고영근 (1987/1997/2010다: 140-145)에서 위의 두 부류의 선행 어미를 앞에서 든 확인법, 원칙법, 감동법과 함께 교착적 부류에 넣은 바 있다.

-더-, -리-', 화자 내지 대상 표지 '-오-'를 넣을 수 있다. 기본 서법 형태소 (고영근 1981/1998/2011나: 17-49)는 평술·의문 정동사, 접속의 부동사 '-(으)니', 동명사 앞에서 실현된다. 화자와 대상 표지의 '-오-'는 평술 정동사, 접속의 부동사 '-(으)니', 동명사에서 실현된다 (고영근 1987/1997/2010다: 141). 이들은 분포가 제약되어 있다는 점으로는 교착적 선행 어미라 할 수 있으나 정동사, 부동사, 동명사에 걸쳐 체계적으로 실현된다는 점에서 수의적 성격을 인정할 수 있다. 곧 기본 서법은 '-ᄂᆞ-. -더-, -리-'를 사전에 표제어로 올리고 그것이 붙은 어미 구조체 '-ᄂᆞ다, -ᄂᆞ녀, -ᄂᆞ니, -ᄂᆞᆫ' 등도 같이 올리는 것이다[51]. 전자도 어휘광에 실리고 후자도 어휘광에 실리는 것이다[52].

2.4.3. 구성소와 형성소, 그리고 형태소

이상과 같이 저자는 복합적 단어, 그리고 당대 우리말과 중세어의 복합적 어미부를 중심으로 단어 구성소와 단어 형성소, 문장 구성소와 문장 형성소를 설정하였다. 저자의 논의에 기댄다면 단어 형성소와 문장 형성소는 『큰사전』 이래 남북의 우리말 사전에서 대체로 그 실체를 올바르게 파악해 왔다고 할 수 있으며 단어 구성소와 문장 구성소는 구조 문법이 도입된 이래 그 실체가 분명해졌다고 할 수 있다. 그러나 구조 문법의 성격 탓으로 단어나 문장의 형성에 관련되는 기능적 측면은 크게 고려되지 않았다. 그러다가 생성 문법에 대한 이해가 깊어지고 이를 바탕으로 한 우리말의 형태 구조와 통사 구조에 대한 안목이 넓어지면서 단어 형성소와 문장 형성소를 달리 설정할 필요성이 제기되어 왔다. 이는 결국 기능적 측면을 돌보지 않는 기계적인 분석이 우리말의 형태 구조와 통사 구조의 설명에 큰 효과를 거둘 수 없음을 깨달았기 때문이다 (최명옥 1985가). 『큰사전』에서 시도된 전통 문법의 정신으로 되돌아가면서도 단어 형성과 문장 형성의 기본 단위를 설정할 수 있는 기틀을 마련해 왔다.

그 동안의 형태소의 사용 양상을 검토해 보면 단어 구성소나 문장 구성소로 보아야 할 것을 전혀 분석하지 않는 일도 있었고 문장 형성소로 보아야 할 것을 지나치게 분석하는 일도 있다. 전자에는 '집웅 (>지붕)', '죽엄'의 '-웅, -엄', 현재 시제의 선행 어미 '-는- ~ -ㄴ-'과 직설법 '-느- ∝ -니-', 회상법 '-더- ∝ -디-', 추측법 '-(으)리-', 원칙법 '-(으)니-' 등이 속하고 후자에는 '-는다 ~ -ㄴ다', -(으)ㅂ니다, -(으)ㅂ디다, -(으)ㅂ닌다' 등이 속한다. 구성소는 구성소대로, 형성소는 형성소대로 식별의 가치가 있다. 우리말 어휘의 구성 체계를 밝히고 접사의 목록을 정비하여 새로운 단어를 의식적으로 창조하는 방향의 연구를 추진하는 데 있어서는 단어 구성소의 확인이 필수적이다. 한편 우

51) 대표적으로 유창돈 (1964가), 금성판 『국어대사전』 (1996)이 그러하다. 그러나 한글학회의 『우리말 큰사전』 (1992)와 남광우의 『敎學 古語辭典』 (1997)에는 종합적으로 처리되어 있다.

52) 최명옥 (1985가)에서는 중세어의 교착적 선행 어미를 고영근 (1967, 1981/1986/1998/2011나: 제2장)에 기대어 분리될 수 있는 독립된 형태소였다고 말하고 있다. 어떤 요소가 분리될 수 있다는 것과 어휘광에 등재되어 있다는 것은 의미가 다르다. '-ᄂᆞ-, -더-, -리-'등의 어미는 분석 가능한 요소이긴 하지만 분포가 제약되어 있으므로 다른 어미와 결합된 채로 어휘광에도 등재되어야 한다는 점을 인식할 필요가 있다.

리말의 어미 체계를 정비하고 그에 기대어 표시되는 문법 범주의 확인을 위해서는 문장 구성소의 확인이 또한 필수적이다.

저자의 논의 결과에 기대면 "형태소"란 말은 이제 더 쓰기가 어렵지 않겠느냐는 생각이 들기도 한다. 그것은 형성의 개념과 구성의 개념을 아무 분별 없이 섞어 썼기 때문이다. "어소" (語素)란 말이 두 개념을 포괄하는 적절한 용어라고 생각되나[53], 호응을 받지 못하고 더욱이 학교 문법에까지 침투되어 있다는 사정을 감안하여 "형태소"란 말로써 구성소와 형성소를 포괄하는 뜻으로 쓰기로 한다[54]. 먼저 "구성소"란 이름 아래에는 "단어 구성소"와 "문장 구성소"가 포함되고 "형성소"라는 이름 아래에는 "단어 형성소"와 "문장 형성소"가 들어간다. 형성소는 문장의 형성이나 단어의 형성에서 기능적 자율성을 띠고 있다는 점에서 "기능소" (機能素)라 부를 수 있다. 위에서 논의된 바를 간단히 표로 보이면 다음과 같다.

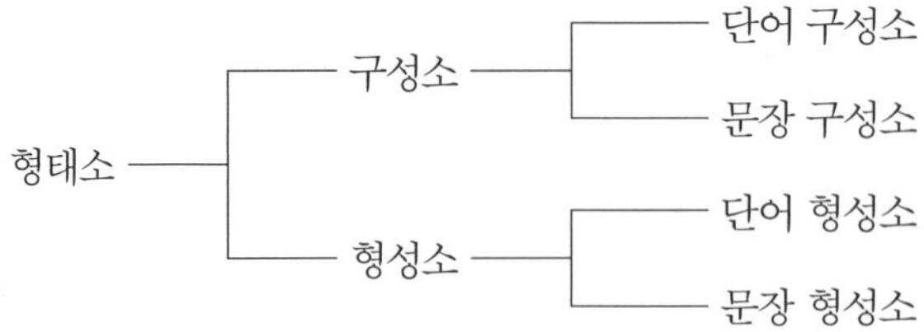

실지의 예를 들어 이해를 돕도록 한다.

(5) 가. 지우개를 서랍에 넣는다.
나. 지우개를 서랍에 넣었다.
다. 지우개를 서랍에 넣었습니다.

(5가)를 구성소의 관점에서 분석하면 '지우-, -개, -를, 서랍, -에, 넣-. -는-, -다' 의 8개의 형태소로 나눌 수 있다. 그러나 형성소의 관점에 서면 '지우-, -개, -를, 서랍, -에, 넣-, -는다'의 7개의 형태소로 쪼개진다. '지우-'와 '-개'는 구성소와 형성소가 일치한다. (5나)는 구성소와 형성소가 완전히 일치하여 '지우-, -개, 서랍, -에, 넣-, -었-, -다'의 8개의 형태소로 되어 있다. 이 가운데서 '-다'는 동사의 기본형을 만들 때, 사전 표제어 등으로 사용하고 있으나 이는 문장 형성소이기 때문에 '가다'와 같이 '-다'를 붙이는 것은 옳지 않다. 앞으로 경우에 따라서는 '가 (다)'와 같이 적어 어미 '-다'가 형성소임을 표시하기도 할 것이다. (5다)는 (5가)와 같이 구성소와 형성소가 다르다. 구성소로는 '지우-, -개, -를. 서랍, -에, 넣-. -었-, -습-, -니-, -다'의 10개의 형태소로, 형성소로는 '지우-, -개, -를, 서랍, -에. 넣-, -었-, -습니다'의 8개의 형태소로 되어 있다. 단어 구성소와 문장 구성소를 같은 구

[53] "어소"는 일찍이 김민수 (1955/1960: 52-54)에서 "morpheme"을 뜻하는 말로 쓰이어 왔으나 그렇게 널리 쓰이지 않고 있다. "단어의 요소"라는 점에서 적합한 용어라 생각하여 고영근 (1993: 41)에서 도입한 일이 있고 이를 고영근 (1995/2011나: 279-299)에서 응용한 바 있다.

[54] 저자는 이미 남기심 · 고영근 (1985/1993/2014: 41), 고영근 · 구본관 (2008/2018: 36)에서 구성소와 형성소를 포괄하는 의미로 "형태소"란 개념을 도입한 일이 있다.

성소의 테두리에 넣기는 하였지만 한 단어 안에서 차지하는 자리가 반드시 같지는 않다. 전자는 단어 형성소와 계열 관계를 이루는 일이 많지마는 후자는 문장 형성소의 한 부분이라는 차이점이 있다.

문장 형성소는 연쇄를 이루어 형성소 연쇄를 이루기도 한다.

(6) 가. (달이 밝)기가 대낮 같다.
　　나. [{토끼는 (앞발이 짧)다$_1$}다$_2$].

(6)의 소괄호 안의 형성소들은 연쇄체만 이루고 있을 뿐이다. 그것이 온전한 단위를 이루려면 원칙적으로 보문자가 붙어야 한다. 보문자란 고전 생성 문법의 보문의 표지를 가리키는 것으로 대체로 학교 문법의 보조적 연결 어미나 명사형, 관형사형 어미와 일치하는 면이 있다. (6가)에서는 '달이 밝-'이라는 형성소 연쇄체에 명사 형성의 보문자 '-기'가 붙어야만 명사절이 될 수 있고 (6나)에서는 '앞발이 짧-'이라는 형성소 연쇄체에 동사 형성의 보문자 '다$_1$'이 붙어야만 동사절이 될 수 있다. 지금까지는 (6나)와 같은 동사절 (흔히 서술절)은 딴 절과는 달리 절 표지가 없다고 생각하여 왔으나 (남기심 · 고영근 1985/2014: 47), '-다'에 '-다$_1$, 다$_2$'의 두 기능을 부여하면 '-다$_1$'은 훌륭한 동사절 표지가 될 수 있다. '앞발이 짧다$_1$'이라는 동사절은 앞에 나오는 주제어 '토끼 (는)'에 대하여 평언의 기능을 하는데 {　} 안의 부분 '토끼는 (앞발이 짧)다$_1$'이라는 보문이 평술 정동사 어미 '-다$_2$'에 의하여 주제문으로 성립한다. '-다$_2$'는 이른바 수행 억양, 곧 문장 종결의 어조가 됨으로써 평술문이라는 자족적 문장으로 성립된다. 물론 문어$_1$에서는 마침표가 문장 종결의 기능을 수행한다. 이를 그림으로 표시하면 다음과 같다.

(6) 나'. 토끼는　　앞발이 짧　다$_1$　다$_2$

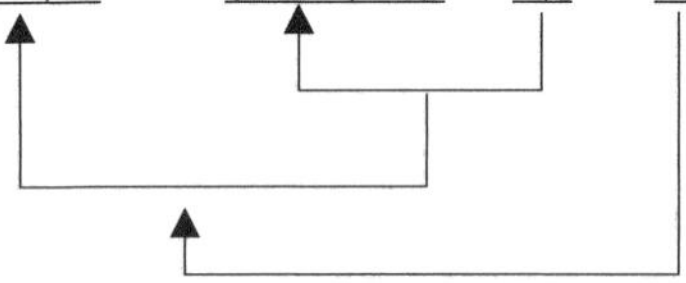

동사절 표지 '-다$_1$'과 평술 정동사표지 '-다$_2$'는 기능은 다르지만 형태가 같기 때문에 구체적 문장으로 실현될 때에는 하나로 통합되는 것으로 설명한다. 통합의 원리는 동음성이다. 그러니까 저자는 종래 평술 정동사 어미의 자격만 주었던 '-다'에 대하여 보문자와 정동사의 자격도 인정하는 태도를 취한다. 화살표를 왼쪽 방향으로 표시한 것은 문장의 중추 요소인 동사 내지 서술부가 주어 내지 주제부를 거느린다는 뜻이다.

저자가 제기한 구성소와 형성소 (기능소)의 개념은 아직도 가설의 단계에 머물러 있다[55]. 이것이 우리말의 문법 단위로서 일반성을 얻으려면 특히 단어 형성소를 식별하는 객관성 있는 기준이 설정되어야 하고 한자어에 대한 설득력 있는 분석 기준은 물론, 합성어를 비롯한 모든 복합적인 단어에 대해서도 그 적용 문제가 일관성 있게 논의되어야 한다. 저자가 고영근 (1965) 이래 사용

---

55) 저자의 형성소와 구성소의 개념은 최형용 (2016: 47-52)에서 수용되어 우리말 형태론 연구에 적용되고 있다.

해 온 형태소의 개념은 구성소와 완전히 일치하며 남한의 몇몇 사람들의 형태소의 개념과 북쪽의 형태부의 개념은 구성소와 형성소의 개념이 섞여 있고 경우에 따라서는 구조적 양상을 돌보지 않은 매우 기계적인 분석도 있었다는 사실을 덧붙여 둔다[56]. 형성소와 구성소에 대한 저자의 가설은 단어 형성부와 형태통사부, 통사부, 통보화용부에서 실증되어 가설의 굴레를 벗게 될 것이다(뒤에 나옴).

2.5. 문장과 텍스트

흔히 문장 (文章) (sentence)은 주어와 서술어를 갖추어 완결된 생각을 나타내는 문법 연구의 가장 높은 단위로 인식되고 있다. 문장을 문법 연구의 최대 단위로 삼는 문법을 문장 문법 (sentence grammar)이라고 하는데 문법 현상 가운데는 문장 문법의 이론에 국한하여서는 그것을 일관성 있게 설명하기가 어렵다고 하여 문장 위의 단위인 "텍스트" (Text)[57]를 세워 텍스트 문법을 구성하여 문법 현상을 폭 넓게 설명하려는 움직임 또한 만만치 않다[58]. 텍스트 문법에서도 취향에 따라 텍스트를 단순히 문장 위의 단위로 보는 명제적 견해가 있고 인간의 통보 행위 관련의 단위로 보는 동태적 견해가 맞서 있기는 하나 이곳에서는 번잡을 피한다는 의도에서 주로 명제적 견해에 따라 텍스트를 문장 위의 단위로 보는 태도를 취하기로 한다.

다음의 자료들을 중심으로 텍스트 설정의 가능성을 따져 보기로 한다.

(1) 가. 오늘은 눈이 온다. 나는 지하철을 타기로 하였다.
나. 오늘은 눈이 온다. 그래서 나는 지하철을 타기로 하였다.
다. 오늘은 눈이 와서 나는 지하철을 타기로 하였다.

(1가)는 독립된 두 문장이 중간에 아무런 접속 장치가 없이 단순하게 병렬되어 있다. 이 경우 특히 뒤의 문장은 주어와 서술어가 갖추어져 있어 문장의 성립에는 아무런 흠이 없지마는 그 자체로는 완결된 생각이 표현되었다고 할 수 없다. 다시 말하면 어떤 까닭으로 지하철을 타게 되었는지 알 수가 없다, 이를테면 지하철을 타게 된 동기가 눈이 왔기 때문이라는 의미의 문장이 앞에 와 있지 않으면 안 된다. 이런 경우 (1나)와 같은 통사적 수단인 접속사 '그래서'가 들어가면 두 문장의 응결성 (cohesion)은 그만큼 강해진다. 통사적 수단에는 학교 문법에서 보조사로 불리는 첨사도 포함된다. 그러나 두 문장이 (1다)와 같이 부동사형에 기대어 이어지면 복합적 성격을 띤 하나의 문

---

56) 이 문제에 대하여는 저자가 고영근 (1999나: 26-29)에서 논한 일이 있다.

57) 저자는 고영근 · 남기심 (1985/2014: 418-420), 고영근 (1990/2004가: 269)에서 "텍스트"를 우리말 "이야기"로 부른 일이 있으나 (앞에 나옴), 이곳에서는, 고영근 (1999다: 4, 2011가: 4)에서 밝힌 바와 같이, 원어를 한글로 "텍스트"라 전사하여 사용하기로 한다.

58) 지난 세기 중엽부터 활발하게 연구되어 온 "텍스트 문법" 내지 "텍스트 언어학"의 성과와 그 표준이론은 브링커 et al. (Hg) (2000)에서 볼 수 있다.

장으로 처리된다. 이런 점으로 보면 우리말 문장의 경계 표지는 일차적으로 정동사형임을 알 수 있다. 다시 말하면 문장과 텍스트의 경계를 긋는 통사적 장치는 정동사가 된다.

텍스트 형성의 기제 (機制)로 가장 분명한 것은 통사적 연결 장치인 접속사이지만 앞뒤의 문장이 의미·기능적 등가성에 기대어 하나의 텍스트로 엉길 수 있다. 이어지는 문장들 사이에 나타나는 명사적 표현들이 어휘·의미 내지 통보·기능상으로 연관을 맺어 명사적 연쇄를 이루는 장치를 의미·기능적 등가성에 기댄 텍스트의 형성이라고 한다.

다음의 예를 보기로 한다.

(2) 가. 주민 센터의 아저씨가 찾아오셨다. 그분은 우리 집에 몇 식구가 사느냐고 물으셨다.
　　나. 영순이는 영식이의 손을 잡고 냇가로 나갔다. 영식이는 누나의 등에 업혀 냇물을 건넜다.

(2가)의 뒤의 문장에 나타나는 '그분'은 앞에 '주민 센터의 아저씨'라는 명사구를 대용하는데 이러한 경우 같은 명사가 되풀이되기도 하고 상·하의어에 기대기도 하여 명사적 연쇄가 이루어져서 하나의 텍스트를 형성하기도 한다. (2나)의 뒷 문장에 나오는 '누나'는 상황의 특수성을 고려하면 앞의 '영순이'와 명사적 연쇄를 이루어 하나의 텍스트로 엉긴다는 것을 알 수 있다. 전자가 의미적 등가성에 기댄 텍스트의 형성이라고 한다면 후자는 기능적 등가성에 기댄 텍스트의 형성이라고 할 수 있다 (고영근 1999/2011가: 111-118).

텍스트의 하한선은 정동사라는 가시적 단위가 있어 그 구별이 어렵지 않으나 텍스트의 상한선은 그 경계를 잡기가 쉽지 않다. 극단적으로는 텍스트의 범위가 한 권의 책 전체에까지 미칠 수 있기 때문이다. 그러나 텍스트 형성에 관한 앞의 기준들을 실제의 산문 자료에 적용시켜 보면 텍스트는 그 위의 단위인 "단락"과는 여러 가지 면에서 구별되는 특징을 지니고 있다[59]. 텍스트는 반드시 둘 또는 그 이상의 문장으로 성립된다는 뜻에서 문장과는 다르다. 단락은 텍스트보다 큼이 원칙이나 때로는 문장이나 텍스트와 같을 수도 있다는 점에서 텍스트와는 다르다[60]. 이를 보기 쉽게 나타낸다면 다음과 같다.

(3) 문장<텍스트<단락
　　(다만, 단락은 문장이나 텍스트와 같을 수 있음)

텍스트는 물음과 대답 사이에서도 성립된다.

(4) 갑: 너 지금 가니?
　　을: 그래.

---

59) 본서의 초고를 읽은 조원형 박사는 "텍스트" 위의 단위로 "단락"을 설정하는 것은 문제가 있어 보이며 "단락"을 두지 않는 것이 문제점을 줄일 수 있다는 견해를 피력한 바 있다. 앞으로 이 문제가 깊이 있게 논의되어 한국 텍스트 과학의 발전에 공헌하기 바란다.

60) 텍스트가 문장이나 단락과 맺는 관계에 대하여는 강복수 (1961), 전병선 (1988), 고영근 (1992/1999/2011가: 151-160) 참조.

(4)의 갑의 물음은 그 자체로는 문장 성립에 하등 결함이 없으나 완결된 의미가 표현되었다고 할 수 없다. 을의 대답이 뒤따라야 하나의 완결된 표현으로 성립한다. 더욱이 '그래'와 같은 간투사는 발화 상황을 떠나서는 쓰일 수 없다. 전형적인 텍스트의 예가 된다[61].

그러나 중세 우리말의 번안물이나 대부분의 고대 소설은 정동사만으로는 문장과의 경계가 잘 그어지지 않는다. 의미 · 기능적인 등가성의 기준을 적용하면 분명히 독립된 문장의 자격이 있음에도 불구하고 부동사에 기대어 문장이 길게 늘어나는 일이 많기 때문이다. 이런 기능은 대부분 독립성이 강한 부동사가 띠고 있는데 이런 부동사 뒤에는 문장의 경계에 나타나는 논리적 접속사, 시간적 접속사 등이 자유롭게 분포된다는 점에서 문장 단위로 끊을 수 있는 경우가 많다. 이런 관점에 선다면 중세어 연구에서 텍스트를 설정하는 것이 당대의 우리말에 비하여 문법 서술상의 이득이 더 큼을 알 수 있다[62].

2.6. 간추림

지금까지 논의해 온 우리말 문법의 단위는 대체로 다음과 같이 간추릴 수 있다.

(5) 우리말 문법의 단위
음소/자소, 형태소 (형성소/구성소), 단어, 문장, 텍스트

이상과 같은 문법 단위를 중심으로 우리말의 문법 단위를 구성해 본다면 음소는 음운부의 단위가 되며 자소는 자소부의 단위가 된다. 경우에 따라 양자는 일치할 수도 있다. 형태소 가운데서 문장 형성소는 문장 형성부, 곧 통사부의 단위가 되고 단어 형성소는 단어 형성부의 단위가 된다. 또 형태소 가운데서 단어 구성소는 형태부의 단위가 되고 문장 구성소는 의미부의 단위가 된다 (뒤에 나옴). 한편 단어는 품사부의 단위가 됨은 물론, 어휘광의 단위로도 이용할 수 있다. 문장/텍스트는 통사부의 최소 단위 내지 최대 단위로 이용될 수 있고 텍스트를 사람의 통보 활동으로 간주하는 태도를 취하게 되면 텍스트는 통보화용부의 단위도 될 수 있다.

---

61) 물음과 대답의 텍스트성에 대하여는 고성환 (1987), 장경희 (1997)을, 간투사의 사용상의 특성은 신지연 (1988, 1989, 2001), 오승신 (1995, 2006) 참조 (뒤에 나옴).

62) 중세어의 문장 분석법과 텍스트의 설정에 대하여는 고영근 (1990/2004가: 265-311, 2010다: 385-386) 참조.

III. 음성부와 자소부

III. 음성부와 자소부[1)]

3.1. 들어가기

우리말의 "소리"는 음성학과 음운론의 층위에서 논할 수 있으나 이곳에서는 양자를 특별히 구별하지 않고 "음성부"라는 부문에서 문법 서술과 직접 관계가 있는 사항을 주로 다루기로 한다. 이곳의 음성부란 주시경과 그 후계들에게 전승되어 온 "소리갈"과 큰 차이가 없다[2)]. 한국 어학계에서는 음성과 음운의 문제만 중시하고 문어의 구성 요소인 문자에 대하여는 문법의 영역이 아니라고 하여 크게 관심을 두지 않고 있다. 그런데 나라 밖에서는 뜻을 구별하는 문어 (文語)[3)]의 최소 단위를 "자소" (字素, grapheme)라 불러 자소론 (字素論, graphemics)이라는 분야에서 문자와 표기법에 관련된 제반 문제를 다루는 일이 많다. 이는 구어 (口語)의 최소 단위인 음소 (phoneme)와, 그에 관련된 제반 음운 현상을 다루는 음소론이나 음운론과 밀접한 유추의 기반을 이룬다. 자소론은 음운론과는 구별되는 자율적인 성격을 지니는가, 아니면 음운론에 종속된 타율적 분야인가 하는 문제는 사람에 따라 견해가 다를 수 있다. 지난 세기 후반에 들어오면서 자소론에 자율성을 주고 자소부 (字素部)라는 독자적인 층위를 문법 체계 안에 설정하려는 움직임이 눈에 띌 정도로 뚜렷해져 가고 있다 주시경은 국문은 국어의 그림자일 뿐만 아니라 국어의 사진이라고 하였는데 이는 두 단위가 표리일체 (表裏一體)임을 함의한다[4)]. 앞의 총론 (I장)에서 음성부와 자소부를 중

---

1) 이 부분, 특히 자소부는 고영근 (1993: 48-77)의 내용과 부분적으로 겹치는 데가 있음을 밝혀 둔다.

2) 저자는 고영근 (1993: 16)에서 "음운부"라는 이름을 주었으나 이곳에서는 중립적인 "음성부"를 택하였다.

3) "문어"의 구체적인 개념 규정은 뒤에서 논의된다. 주로 문자로 적혀진 일방적인 통보 과정에서 나타나는 말씨를 가리키는 뜻으로 쓴다. 우리 고유어로는 "글말"이라고도 하며 북한에서는 "서사어" (書寫語)고 한다. 저자는 고영근 (1991, 1993: III장)에서 위의 용어가 현상에 맞다고 생각하였으나 통용되는 "문어"로 대치하였음을 밝혀 둔다.

4) 주시경 (1908: 60)의 다음 구절은 자소의 언어학적 의의를 중시하는 사람들에게 중요한 이론적 지침이 될 수 있다.

> 국문은 국어의 그림자요 국어의 사진이다. 그림자가 그 체 (體)와 같지 아니하면 그 체의 그림자가 아니요 사진이 그 형 (形)과 같지 아니하면 그 형의 사진이 아니다. (현대역)

위의 구절은 당시의 전통적 표기법이 아무런 전범 (典範)이 없음을 개탄한 끝에 나온 말이지만 언어와 표기법의 밀접한 상관성에 대한 주시경의 견해가 표출된 것으로 보인다. 이를 신구현 (1957)에서는 문어를 구어에 일치시킨 것으로 해석하고 있다. 한편 같은 시대의 소쉬르 (F. de Saussure)는 언어학의 유일한 대상은 입말 (mot parlé)이라고 하였고 (뒤르사이트 2006/김종수 역 2007: 26), 얼마 뒤진 시대의 예스페르센 (1924)/이환묵 · 이석무 역 (1987: iii)에서는 문법 연구가 실제로 쓰이고 있는 말을 대상으로 해야 한다는 견해를 피력한 바 있는데 주시경의 사고는 이들과 비교하여 볼 때 수십 년을 내다본 견해의 표출이며 이는 우리의 언어 연구

간점을 치지 않고 붙여 쓴 것은 두 단위가 궁극적으로 분리 불가능한 부문이 됨을 뒷받침한다. 이는 앞으로 나올 "형태음운부, 형태통사부, 통사의미부, 통보화용부"에 대하여도 같이 적용되는 기준이다.

한편 문어는 구어와는 어떤 관계를 맺고 있는가 하는 문제 또한 앞의 자소론의 자율성과 함께 논의가 엇갈리고 있다. 그 사이 오랫동안 구어를 일차적인 것으로, 문어를 이차적인 것으로 보아 문어의 자율성을 인정하지 않는 움직임이 큰 흐름을 이루어 왔으나 지난 세기 후반에 들어오면서 문어를 구어와 대립되는 독자적 언어 실체로 간주하려는 움직임 또한 만만치 않게 고개를 들고 있어 앞의 자소 문제와 함께 그 처리가 수월하지 않다는 사실을 알 수 있다[5].

우리의 경우도 나라 밖의 사정과 크게 다르지 않다. 자소론에 관련되는 문제를 문자론이나 표기법의 이름으로 다루어 오기는 하였지만 음운론 연구의 보조 수단이나 어문 문제의 표준화와 관련시키는 범주에서 크게 벗어나지 못하였다. 우리말의 문어적 기능에 대하여도 부분적 시도를 제외하고는 본격적 접근이 이루어지지 않고 있다[6]. 이 자리에서는 자소론과, 문어의 기능적 측면에 관한 나라 안팎의 움직임과 우리 문자와 맞춤법의 기능적 자율성을 확인함으로써 우리말 문법 체계 안에 과연 자소부라는 독자적인 부문이 설정될 수 있는가 하는 문제를 논의하고 이어 문어의 기능적 자율성과 그 특수성을 밝혀 보고자 한다. 음성부와 자소부의 통합체인 음성 자소부는 음운부와 형태부의 통합체인 형태음운부, 형태부와 통사부안 형태통사부, 통사부와 의미부의 통합체인 통사의미부와 밀접한 유추의 기반을 이룬다.

3.2. 구어와 문어, 구어체와 문어체

자소부를 문법 체계 안에 끌어들이기에 앞서 저자는 먼저 문어를 구어와 관련시키면서 그 자율성을 논의해 보기로 한다[7].

의 우수성을 대외적으로 선양할 수 있는 계기를 마련하여 주었다고 평가할 수 있다.

5) 자소론의 자율성, 문법 체계 안의 자소부의 설정 가능성, 문어의 기능적 측면의 우위성 문제를 다룬 대표적 업적으로는 볼린저 (1946), 하르베크 (1966, 1973, 1989), 비에르비쉬 (1972)가 있다. 지난 세기 90년대까지의 이 방면의 성과는 귄터 · 루드비히 (Hg.) (1994, 1996)에 집성되어 있으며 자소론을 포함한 문어, 문어성에 관한 분야를 "문자 언어학" (Schriftlinguistik)이라고 하여 체계화를 시도한 업적으로 앞에서 든 뒤르샤이트 (2002/2004/2006)/김종수 (역) (2007)가 참조된다. 연규동 (2014)의 "자용론" (字用論) (문자 화용론)도 위와 같은 국제적 동향의 영향을 받아 제안된 것이다. 자용론이란 기표의 외형적 특성이나 물질성에 따라 기의가 변하는 과정을 탐구하는 분야를 가리킨다.

6) 지난 세기 80년대 중반 이후로 자소의 자율적 기능과 문어의 기능적 측면을 부각시키려는 업적이 그런대로 눈에 띈다. 대표적인 업적으로는 장소원 (1984, 1986가, 나, 1991), 리정룡 (1990), 고영근 (1991, 1993: 50-77), 간노 (1993가, 나), 권종성 (1987, 1992) 등이 있다.

7) 문어와 구어에 대하여는 일찍이 강상호 (1964, 1989), 장소원 (1986가, 나, 1991)에서 연구의 실마리가 잡혀졌고 고영근 (1991, 1993)에서 자소부의 설정과 함께 문어 연구의 필요성이 제기된 바 있다. 노대규 (1996)도 그런 업적 가운데 하나이다. 신지연 (1998가)는 표준어의 구어 문법을 처음으로 구성하였다는 평가를 받을 수 있고

저자가 이곳에서 사용하고 있는 "문어" (文語)란 "구어" (口語)에 반대되는 개념이다. 그동안 우리의 어학계에서는 위의 두 언어 실체에 대하여 "문어/문자 언어" (文字言語)와 "구어/음성 언어" (音聲言語)란 말도 써 왔으며 (최태호 1957: 11, 장소원 1986가, 나), 우리말로는 "입말"과 "글말"이란 말도 그런대로 쓰이어 왔다 (정렬모 1946: 6, 김민수 밖에 1960: 3, 강상호 1989: 5). "구어/음성 언어/입말", "문어/문자 언어/글말"에 대한 적절한 개념 규정이 필요함을 느낀다. 입으로 표출되는 것은 전부 "구어" 등으로 말할 수 있고 글[문자]로 표출되는 것은 전부 "문어" 등으로 부르는 것이 옳은가. 역대의 문헌에 기록된 언어도 글로 표출되어 있다고 하여 모두 "문어" 등으로 불러야 하는가. 다른 지역과 다른 계층의 사람들의 입으로 표출되는 말도 모두 "구어" 등의 울타리 안에 싸잡아 넣을 수 있는가. 이 문제는 나라 밖의 학계에서도 의견이 구구하여 같은 용어라 하더라도 사람과 학파에 따라 그 내포가 다르다[8]. 우리의 어학계에서는 일찍부터 "음성 언어/문자 언어"와 "구어/문어"의 구별이 필요함을 깨닫고 양자를 조화시킨 문법의 필요성을 주장한 문법가가 없지는 않았지만 저자가 이미 지적한 대로 대부분의 문법가들은 구어와 문어를 섞는다든지 아니면 구어에 국한하여 문법을 서술하여 왔다[9].

"문어"는 "글말/문자 언어"와 함께 문자로 기록된 언어 자료 전부를 가리킬 수도 있다. 이런 관점을 취한다면 당대의 모든 한글 자료는 물론, 역사적인 문헌어까지도 이 테두리에 넣을 수 있다. 그러나 저자는 문어의 개념을 "문어$_1$"과 "문어$_2$"로 나누기로 한다. "문어$_2$"[10]는 지나간 어느 시대의 언어의 골격이 그대로 정착되어 공용어가 된 경우에 국한하여 사용하기로 하고 "문어$_1$"은 앞에서 잠깐 비친 대로 문자로 적혀진, 일방적인 통보 행위에서 나타나는 말씨에 국한하기로 한다. 이를테면 문어$_2$는 한자 문화권에 있어서의 한문 (漢文) (정렬모 1946, 아미로바 1980), 몽골 문어 (김방한 1983: 57), 아랍 공통 문어 (이규철 1991), 일본 문어 (도키에다 1954) 등도 그러한 예이다.

우리말의 경우에도 위와 같은 "문어"의 개념과 비슷한 상황이 없지 않다. 이두문은 고려나 그 이전부터 조선조 말기까지 형태 · 통사 · 어휘에 걸쳐 구어와는 상당한 거리를 유지하면서 공공의 문자 생활에 쓰이어 왔다는 점에서 앞의 몇 경우와 같이 전형적인 문어의 테두리에 넣을 수 있다[11].

21세기로 접어들면서는 구어 전사 말뭉치와 대학생 대화 말뭉치를 대상으로 한 공동 연구 성과가 나오고 있다 (서상규 · 구현정 공편 2002). 한편 구어 문법 연구를 회고함으로써 연구의 방향을 제시하는 일도 있고 (장경희 2009), 구어 문법과 문어 문법을 통합하려는 노력도 접할 수 있다 (목정수 2010).

8) 이를테면 영어의 "spoken language/written language", 독일어의 "Umgangssprache/Schriftsprache, Buchsprache, Literatursprache, Standardsprache, Hochsprache"를 비교해 보면 그 사정을 어느 정도 이해할 수 있다. 이 문제에 대한 자세한 논의는 우선 세레브레니코프 (Hg.) (1973: 412-453) 참조.

9) 정렬모 (1928)에서는 구어와 문어의 개념 정립을 비롯하여 새로운 문어의 성립에 관한 언급을 볼 수 있고 정렬모 (1946: 60)에서는 "소리말/글씨말"과 "입말/글말"의 차이를 지적하고 입말과 글말을 조화시킨 문법의 필요성을 스스로 그런 방면의 문법 서술을 시도하였다.

10) "문어$_2$"는 고영근 (1993)에서는 그냥 "문어"라 하였고 "문어$_1$"은 "서사어"라 불렀었다.

11) 지난 세기 80년대에 발견된 석독 구결에 대한 연구와 함께 이두문에 대한 연구도 과거 어느 시기에 뒤지지 않게 연구가 활발하다. 대표적으로 고구려, 신라, 고려 시대의 이두에 대하여는 남풍현 (2000)에서 그 해독이 시도되었고 조선 초기 이두문에 대하여는 박성종 (2006)에 그 해독이 집성되어 있으며 박성종 (2016)에는 그 문법이 서술된 바 있다.

그리고 지난 세기 90년대부터 얼굴을 내밀어 고대어 연구에 새로운 지평을 연 석독 구결 및 부호 구결에 의한 불교 경전 번역물은 또 다른 형태의 문어라 할 수 있다[12]. 그러나 한글로 기록된 역대의 언어 자료는 "문헌어" (文獻語)라는 말 속에 넣기로 한다. 한글로 적혀진 15세기의 불경 언해문은 한문의 번역 과정에서 형성되어 그 뒤의 모든 경서류의 언해에 영향을 미쳤다 (시부 1989). 특히 그 뒤의 경서언해는 동사의 어미 부분이 상당히 보수성을 띠고 있으며 개화기와 일제 강점기 초기의 교과서, 신문의 논설 · 기사문, 서간문도 당시의 구어와는 거리가 먼 것이 적지 않다[13]. 고대 소설과 개화기의 소설도 그러한 영향을 받고 있음은 물론이다. 그러나 이러한 언어 자료는 공용성이 없었다는 점과 활용 어미나 곡용 어미 등에 국한하여 보수성을 지니고 있다는 점에서 문어$_2$의 범주에 드는 이두문과 성격을 달리한다. "의고체"라는 말로 그 성격을 규정할 수 있다. 의고체라는 말은 문어$_2$ 자체는 아니면서 특수한 문법 형태가 의고성 (擬古性)을 띠고 있다는 뜻이다. 역대 한글 문헌의 언어 자료를 문헌어라고 부르는 까닭이 여기에 있다[14].

한편 "문어$_1$"은 한글로 쓰인 공공성 (公共性)을 띤 말씨를 가리키는 뜻으로 사용하기로 한다[15]. 공공성을 띤 말씨란 주로 공개 문장과 같은 서사 (敍事) 세계에서 나타나는 일방적 통보 행위를 가리킨다[16]. 문헌어가 종속적인 자소 방언[17]으로서의 한글의 자소와 표기법을 바탕으로 한 비공용적 (非公用的) · 역사적 산물이라면 문어는 "한글"이라는 지배적 자소 방언과 그 맞춤법으로 정제된 공용적 · 근대적 산물이라고 할 수 있다[18].

"구어" (口語)란 말은 "입말/음성 언어"와 함께 앞의 문어에 대립하여 입으로 표출되는 언어 형

---

12) 대각국사 의천 (義天)은 화엄경 등을 "方言", 곧 우리말로 번역하였다고 하는데 (박종홍 1972: 154, 158, 159), 현재 전하는 석독 구결류의 자료가 그것일 가능성이 많다. 앞으로의 연구를 기다린다.

13) 이완응 (1929: 137)에서 구어 조동사와 문어 조동사를 비교해 놓은 표를 보면 양자 사이의 차이가 어느 정도였던가를 짐작할 수 있다. 개화기와 일제 강점기 초기의 문어적 특수성에 대하여는 강윤호 (1969), 안병희 (1968), 고영근 (1982나, 2004가: 163-212) 참조.

14) 문헌어는 예들리쓰카 (1964)의 "Buchsprache"와 개념이 비슷하다.

15) 권재일 (2010: 15)에서는 격식적 언어를 "문어"라고 하는데 이는 문어의 개념을 확대한 것이다. 권 교수의 문어는 표준어나 문화어 중심의 공통어에 맞는 용어이다.

16) 저자는 종전에 써 오던 "단독적 장면"과 "상관적 장면"을 고영근 (2010다: 271 각주 7)에서 "서사적 세계"와 "상담적 세계"라 고쳐 불렀다. 그러나 필요한 경우에는 전자도 쓰는 일이 있을 것이다.

17) "자소 방언"의 개념에 대하여는 하르베크 (1973) 참조. 하르베크는 동일한 형태소나 단어가 서로 다른 문자 체계에 기대어 적혀질 때 그들 문자를 "자소 방언"이라 부르고 터키어가 아라비아 문자와 터키 문자로 적혀지는 경우를 그 예로 들었다. 이밖에 고유 명사의 표기, 원전의 전사된 텍스트도 이 테두리에 넣었다. 문자나 표기의 같고 다름을 방언의 분포에 유추한 것으로서 설득력 있는 견해라 여겨진다.

18) 우리말의 문어가 언제 성립되었는가 하는 문제는 공통어의 성립 문제와 함께 그 해답이 간단치 않다. 공통어의 성립과 그 발전에 대하여는 안병희 (1967가), 고영근 (1990/1994: 135-145, 1992/1994: 473-528, 1999가: 274-297)를 참조할 수 있다. 문어와 민족어의 성립에 대하여는 일찍부터 북한에서 많은 관심을 기울여 왔다. 대표적으로 정용호 (1963) 참조. 이 문제는 한글이 공용 문자가 된 19세기 말엽부터 20세기 초의 주시경의 우리말 연구와 보급, 그리고 이를 바탕으로 한, 일제 강점기의 맞춤법 제정, 표준말 사정, 사전 편찬은 물론, 해방 후의 남북의 우리말 정리 사업 등을 포괄적으로 분석한 토대 위에서 논의되어야 한다. 이 방면에 대하여는 고영근 (1998/2008나: 제2부)에서 대체적 해답을 찾을 수 있다.

태를 가리키는 뜻으로 쓰이는 일이 많다. 그러나 이런 경우, 저자는 앞의 문자 언어와 짝이 되는 음성 언어를 사용하고자 한다. "구어"란 말은 격식을 차리지 않는 대화에서 쓰이는 짜임새가 없는 말씨를 가리키는 뜻으로 사용하고자 하는데 이를 "구어$_2$"라 표시하기로 한다. 또 음성 언어에는 지역 방언과 사회 방언도 포함된다. 역대의 한글 자료를 대상으로 하는 문헌어와 짝을 이루는 면이 없지 아니하다.

한편 "구어$_1$"은 앞의 "문어$_1$"과 짝을 이루는데 주로 표준적인 구어에 국한하기로 한다[19]. 표준적인 문어가 입으로 표출되면 상황에 따라 그대로 구어$_1$이 되는 일이 없지 아니하여 겹치기도 한다. 이런 의미의 구어는 우리말 교육을 정상적으로 받은 사람이라면 누구든지 표출하고 이해할 수 있는 공공성을 띤 일상어를 말하는데 "표준 회화어"라고도 말할 수 있으며 이는 문자 언어로 나타나는 문학 작품, 곧 소설의 대화에서도 얼마든지 목격할 수 있다. 이는 표준 생성 문법이 표방하고 있는 동질적 언어 사회의 이상적 화자가 표출하고 이해하는 말씨의 개념과 거리가 멀지 않다. 이곳에는 방언 화자들이 말하는 각 고장 특유의, 다른 방언 화자들에게는 이해가 어려운 방언 회화어, 곧 사투리는 제외된다[20]. 문어$_1$이 현대의 문자 표준어라면 구어$_1$은 현대의 음성 표준어가 된다 (이익섭 1983: 9-15). 이러한 의미의 구어는 개화기 이후의 우리 선인들의 꾸준한 노력이 밑거름이 되고 해방 후의 표준어의 보급과 우리말 교육을 계기로 하여 발전 기틀이 마련되었으며 지금은 남한과 북한이 앞의 문어$_1$과 함께 어느 문명한 나라의 언어에 뒤지지 않게 우리 민족의 구어$_1$을 발전시켜 나가고 있다고 말할 수 있다.

지금까지 논의해 온 바를 간추리면 다음과 같다.

(1) 우리말의 실체

문자 언어 {
- 문어$_2$: 이두문 및 (역대의 경서언해)
- 문헌어: 역대의 한글 자료
- 문어$_1$: 현대의 표준 문자 언어

음성 언어 {
- 구어$_2$: 짜임새 없는 말씨
- 방언: 지역 방언 및 사회 방언
- 구어$_1$: 현대의 표준 음성 언어

앞에서 규정한 문어$_1$이 기능적 자율성을 간직하고 있다는 사실이 밝혀진 것은 그리 오래지 않다 (고영근 1993: 65 각주 48). 1930년대에 들어서면서 음운론 연구에 새로운 기원을 마련하였던 프라그학파는 구어에 대립하여 문어에 대하여도 구조·기능적 측면을 밝혀 내었다. 그 이전에는 문어를 민중어 (Vokssprache)와 대립되는 문헌어 (Buchsprache)와 같은 성격을 지닌 것으로 파악

19) 저자는 고영근 (1993: 63)에서 이를 "구두어"라 불렀었다.

20) 한국방송 (KBS)이 오래전부터 방영하는 〈6시 내고향〉을 시청하면 등장 인물들이 자기의 고장말, 곧 사투리로 말을 하여도 자막 (字幕)에서는 구어$_1$, 곧 표준 회화어로 바뀐다는 사실과 관련시키면 구어$_1$과 구어$_2$ 의 차이점을 알 수 있다. 최현배는 일찍이 "두루말, 시골말, 표준말, 사투리"의 관계를 적실하게 설명한 일이 있다 (고영근 1995가: 452-453). 이에 대한 당대적 평가를 가할 필요가 있다.

하였으며 문자로 쓰여진 독백적 보수성을 띤 언어로 간주하였다. 그러나 1932년 프라그 학파가 창단되자 문어는 단기능적인 민중어에 대하여 다기능적인 구성물 (polyfunktioneles Gebilde)로 파악되었다. 그들은 문어에도 구어와 같이 그 나름의 규범이 있다고 보고 양자는 서로 끊임없이 영향을 주고 받으며 자율성을 유지한다고 보았다. 이런 경우의 규범이란 정서법과 같은 인위적 규범이 아니라 한 언어 사회에서 자연적으로 형성된 일종의 관습적 · 구속적 체계의 산물이다[21]. 문어의 규범은 문자에 기대어 실현되는 언어 요소의 체계로서 정적 (靜的)인 방식에 따라 주어진 자극에 반응하는, 순수한 통보적 기능을 수행한다. 이에 대하여 구어의 규범은 음성적으로 실현되는 언어 요소의 체계로서 동적 (動的)인 방식으로 주어진 자극에 반응하는 것인데 통보적 기능 밖에 정감적 요소까지 더한다. 결과적으로 두 언어 실체의 규범은 기능적으로 상보적이어서 쓰이는 경우가 정해져 있다고 보았으며 문화적으로 발전된 언어 사회에 속하는 언어 사용자는 두 가지 규범을 잘 통어할 수 있다고 하였다 (바체크 1973: 15-16).

규범은 표준어에만 있는 것이 아니라 지역 · 사회 방언에도 있을 수 있으며 단지 성문화 (Kodifikation)의 필요성만 느끼지 않는다는 것뿐이다. 방언 화자들이 서로 만나 이야기를 할 때에는 그 방언 특유의 관습적 구두 규범을 지켜야 한다. 서사 규범을 정서법과 같은 뜻으로 보아서는 안 된다. 정서법이 구두 발화를 대응되는 서사항 (書寫項)으로 이끌어 주는 일종의 다리, 곧 발화를 문자로 정착시켜 주는 규칙의 집합이라는 점에서 그렇게 볼 수 있다. 정서법이란 『훈민정음해례』나 현대의 한글 맞춤법과 같이 성문화된 문자의 운용 규칙을 뜻하고 서사 규범이란 맞춤법은 물론, 문어에 고유한 제반 특징과 문장 작법과 같은 글 쓰는 준칙을 설명한 책자도 포함될 수 있다. 프라그학파는 이상적 정서법 체계는 음소와 자소의 체계적인 대응에 기초를 두어야 하지만 현실적으로는 전통적 철자가 오히려 뜻의 구별에 도움이 된다고 하여 두 체계의 적절한 타협이 필요하다고 하였다.

이상과 같은 프라그학파의 연구 성과와 관련시키면서 구어와 구별되는 우리말 문어의 기능상의 특징은 무엇이고 그 규범상의 특징은 어떻게 규정되어야 하는가 하는 문제를 검토해 보기로 한다.

흔히 우리말의 문어가 전통적인 문헌어의 문어체에서 벗어나 구어의 모습에 가까이 다가선 데에는 개화기를 징검다리로 삼아 1920년대의 김동인의 힘이 큰 것으로 보고되어 있다[22]. 김동인은 전통적인 문어체를 구어체에 접근시켰으나 3인칭 대명사 '그'를 만들어 낸 것은 결과적으로 "새로운 문어체"를 낳았으며 (조동일 2005: 236-237), 김동인의 언문일치의 노력은 당시의 일본의 언문일치운동에서 영향을 받았다는 점도 알려져 있다 (김완진 1983: 250, 김윤식 1985: 93-95). 아무리 언문 일치가 이루어졌다고 하더라도 구어와 문어의 기능적 차이는, 앞에서 본 바와 같이, 명

---

21) 프라그학파의 규범 (Norm)은 코세리우 (1952/1988: 293-302)의 "Norm"의 이론을 받아들인 것인데 "체계"보다는 포괄적인 일종의 관습적 언어 규범이다. 자세한 내용은 고영근 (1993: 57 각주 26) 참조.

22) 이 점은 문어체의 굴레를 벗어나지 못하였다고 이광수를 비판한 김동인의 『근대 소설고』 (1929)에서 분명히 지적된 바 있다. 한편 안병희 (1968)에서는 문어체의 구어화가 개화기의 이인직 등과 이광수를 거쳐 점진적으로 이루어졌다는 실증적 분석을 행한 바 있다. 북한의 박찬우 (1987)에서도 비슷한 견해를 볼 수 있다. 한편 고영근 (2008/2011나: 326-334)에서는 19세기 중반부터 진행되어 온 구어화 과정을 세밀하게 검토하였다.

백하며 더구나 새로운 형태의 언문 불일치 현상이 지적되고 있는 마당에 있어 새로운 문어는 그 나름의 규범이 있을 것임에 틀림없다. 사실 우리도 그 동안 다른 나라의 경우와 같이 대부분 문어는 구어에 종속되는 것으로만 파악하였고 자율적 기능은 물론, 그 나름의 규범이 있다는 것을 주목하지 못하였다. 그러나 우리의 문법가 가운데서도, 이미 본 바와 같이, 문어의 실체를 어렴풋이나마 파악한 업적을 볼 수 있고 지난 세기 후반에 남북에서 문어의 자율적 기능을 물론, 그 규범까지도 밝히고자 한 업적을 쌓아 왔다 (앞에 나옴).

강상호 (1964)는 언어를 물질적 수단의 차이에 의하여 "입말 (구두어)"와 "글말 (서사어)"로 나누고 전자를 기본 유형으로 하는 언어 유형을 "회화형", 후자를 기본으로 하는 언어 유형을 "서사형"이라고 규정하면서 이를 다음과 같은 표로 나타내었다.

(2) 강상호 (1964)의 구두어와 서사어 체계

구두어, 곧 구어와 회화형을 바로 이은 것은 구두어, 곧 구어의 전형적인 언어 유형이 회화형이란 뜻이고 구두어와 서사형을 빗금으로 이은 것은 서사형이 강연, 보고, 연설, 토론 등의 구두어, 곧 구어에서도 사용될 수 있다는 뜻이다. 서사어, 곧 문어와 서사형을 바로 이은 것은 서사어의 전형적인 언어 유형이 서사형이란 뜻이며 서사어와 회화형을 빗금으로 그은 것은 회화형이 희곡이나 시나리오 등의 문학 작품에 쓰일 수 있음을 뜻한다. 서사어와 구두어는 물질적 표현 수단상의 차이인 데 대하여 회화형과 서사형은 언어 행위의 유형상의 차이라고 하였다[23].

한편 장소원 (1986가, 나)에서는 언어를 크게 구어 (口語)와 문어 (文語)로 나누되 "어체" (語體)의 개념을 도입하여 "구어체" (口語體)와 "문어체" (文語體)로 다시 묶는 방식을 취하였다.

(3) 장소원 (1986)의 구어와 문어 체계

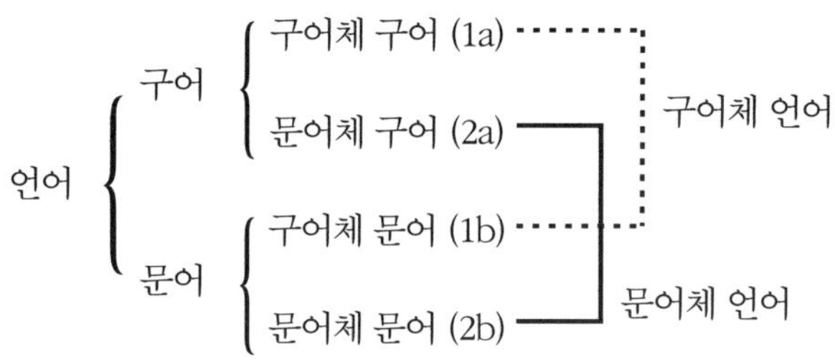

구어와 문어는 표현 수단이 음성이냐 문자냐를 기준으로 삼고 있다. 어체, 곧 구어체와 문어체의 구별은 정보가 대인적이냐 기술적이냐를 기준으로 삼았다. 구어체는 화자와 청자 사이에 어떤 통보 행위가 이루어질 때, 양자 사이에 상하 관계가 성립하고 그것이 발화에 반영되는 언어 체계의

23) "회화형"과 "서사형"은 강상호 (1989: 5-10)에서 "입말체"와 "글말체"로 바꾸었다. 개념상으로는 차이가 없다.

유형을 가리키고 문어체는 화자가 청자를 중립적으로 대우할 때 반영되는 언어 체계의 유형을 가리킨다. 그리고 이곳에서는 "구어체/문어체"는 분포상으로나 지칭 대상에 있어서 배타적이지도 않고 상보적이지도 않은 별개의 개념임을 분명히 하였다.

남쪽의 (3)을 북한의 (2)와 비교하여 보면 "구두어/서사어"에 대하여는 "구어/문어"가, "회화형(입말체)/서사형 (글말체)"에 대하여는 "구어체/문어체"가 직접 대응되어 용어의 차이만 발견된다. 전자는 정보의 성격에 중점을 두었고[24], 후자는 언어 행위의 유형에 초점을 두었지만 이는 궁극적으로 같은 내용을 달리 표현한 데 지나지 않는다. 양쪽에서 시도한 우리말의 두 언어 실체의 파악은 우리말의 언어 사실 전반을 고려하지 못하였다는 흠이 없지 않지만 "구어/구두어, 문어/서사어"와 "구어체/문어체"가 제대로 구별되지 않고 사용되어 온 남북한의 문법 연구나 수사학, 화법 연구에 새로운 빛을 던져 주었다고 말할 수 있다. 앞에서 저자가 규정한 구어와 문어는 남북의 구어체/회화형 (입말체), 문어체/서사형 (글말체)"과 비슷하다[25].

문어는 구체적으로 어떤 특징을 지니고 있을까. 구어는 어떤 통일적 구조를 가지지 못한다고 말한다. 프랑스어는 말씨에 따라 연음 (連音)이 달리 실현된다. 이곳의 말씨란 친밀체, 정중체, 회의체, 시낭송체의 넷을 가리킨다. 언어 L_1이라고 부르는 문체층 A에서는 수의적인 연음은 물론, 도치에 기댄 의문문이 성립되지 않고 단순 과거가 없는 데 대하여, 언어 L_2라 부르는 문체층 B에서는 수의적인 연음은 물론, 도치에 기댄 의문문과 단순 과거가 있다 (키퍼 1973: 8-10). 이곳의 L_1은 구어체의 특성을 지닌 일상 구어[26]에, L_2는 문어의 영향을 받아 성립된 표준 문자 언어, 곧 문어$_1$에 각각 일치한다. 우리말의 구어와 문어 사이에도 이런 문체층의 차이를 발견할 수 없을까.

15세기의 문헌어는 대부분 중국 고전 문어인 한문의 원전을 번역하는 과정에서 토[구결]를 달아 이를 바탕으로 하여 형성되었기 때문에 한문의 간섭을 받은 측면이 많기도 하지만 이전의 이두문이나 석독 구결 자료에서도 상당한 영향을 받았을 가능성도 없지 않다. 문체는 한문의 영향이 적지 않겠지만 토와 같은 문법 형태는 대개 전통적인 구결의 유산을 그대로 물려받은 측면도 상당하다는 것이 알려져 있다 (고영근 2010다: 36-39). 그러나 당시의 문헌어는 구어와 문어 사이에 1:1의 대응 관계가 성립되는 것이 많다.

(4) 가. "네 아비 ᄒᆞ마 주그니라" (월인석보 17, 12)
　　나. 五百 사ᄅᆞ미 …… 銀 돈 ᄒᆞᆫ낟곰 받ᄌᆞᄫᆞ니라 (월인석보 1, 9)

(4)는 이른바 보수성을 평술 정동사의 부정법 (不定法, Aorist) '-니라'[27]가 구어와 문어에 두루 쓰

24) 언어가 물질적 수단의 차이에 의하여 문어와 구어로 나누어진다는 견해는 유물론적 언어 철학의 영향을 받은 것이다 (고영근 밖에 2004: 14).

25) 담화 · 텍스트 차원의 문법 연구가 자리를 잡아 가고 있고 (신지연 1999), 동시에 인터넷 언어가 보급되는 새천년에 들어서면서 지난 세기 80년대에 확립된 구어/문어, 구어체/문어체에 대한 개념을 보완해야 한다는 목소리가 높아지고 있다. 장경현 (2003) 참조.

26) 키퍼 (1973)에서는 이를 독일어의 "Umgangssprache"로 표현하였다.

27) 저자가 고영근 (1981/1997/2011나: 20)에서 "둘째 설명법"으로 불렀던 어미다.

이는 예이다. 이런 예는 부정법뿐만 직설법, 회상법, 추측법, 추측·회상법에 걸쳐 두루 확인된다 (고영근 1981/1986/1998/2011나: 17-127). 원래 문어는 언어의 문자화와 함께 발생한다. 문자화의 첫 단계에는 일반적으로 구어와 형태상으로 차이가 나지 않는다. 그러다가 시간이 흐르면 양자 사이에 틈이 벌어지는 것이 보통이다. 문어는 문자의 보급에 힘입어 그대로 주저앉거나 변화의 속도를 늦추면서 사용 기반을 넓혀 나가는 데 대하여 구어는 끊임없는 변화의 과정을 밟게 된다. 앞에서 든 이두문의 경우와 같이 구어와는 거리가 먼 고전적 문어, 곧 문어$_2$가 생기고 경서언해에 보는 바와 같은 특수한 문어체가 발생하는 것도 이러한 사정에 말미암는다. 구어의 변화가 자연적인 것이라면 문어의 변화는 개화기 이후에 있었던 작가들의 언문 일치 운동과 같이 인위적인 요인에 의하여 일어난다.

문어는, 앞에서 더러 본 바와 같이, 기술적 정보를 전달함을 목표로 삼는다. 문어는 대부분 문자 언어로 실현되고 부분적으로는 음성 언어에 기대기도 한다. 문자 언어로는 서사적 (敍事的) 세계에 쓰이는 모든 종류의 텍스트가 포함된다. 각급 학교의 교과서 종류를 비롯한 일반 저서의 문장, 신문 기사, 소설, 희곡이나 시나리오의 지문 (地文)[바탕글], 신문 기사, 일기문, 시문, 공고문, 구호, 표어, 메모, 광고 등이 있고 음성 언어로는 연설, 방송 매체의 보도문, 소견 발표, 구두 광고 등을 들 수 있다. 후자는 표면상으로만 음성 언어로 되어 있을 뿐이지 대부분 문자로 쓰여진 원고를 보고 읽는다든지 암송하는 일이 많다는 점에서 문어의 테두리에 들어온다. 이에 대하여 구어는 대인적 정보를 전달함을 목표로 삼는다. 구어는 대부분 음성 언어로 실현된다. 음성 언어로는 상담 (相談) 세계에 쓰이는 모든 종류의, 입을 거쳐 나오는 말씨가 다 포함된다. 앞에서 든 표준 음성 언어, 곧 구어$_1$, 짜임새 없는 일상 회화어, 곧 구어$_2$와 방언 회화어 등이 포함된다. 문자 언어로는 문학 작품에 등장하는 대화가 전형적이다. 문어는 그것이 어떤 형태로 표현되는가에 상관없이 상담적 세계에서 기술적 정보를 일방적으로 전달하는 말씨를 가리키고 구어 역시 그 매체와는 관계없이 상담적 세계에서 대인적 정보를 양방적으로 전달하는 말씨를 가리킨다.

문어와 구어는 쓰이는 세계와 전달 정보의 질이 다르다는 고유의 자율성에 부수하여 그 나름의 언어적 특징이 문법의 전 부문에 걸쳐 확인된다. 앞에서 살펴본 프랑스어와 같은 뚜렷한 특징은 발견되지 않지만 자소음성부, 형태부, 통사부에 걸쳐 그 나름의 특징을 찾아 낼 수 있다 (고영근 1993: 73-77).

3.3. 음성부

앞에서 저자는 문어를 구어와 관련하여 그 특수성을 검토하였다. 이곳에서는 문법 서술과 직접 관련을 맺고 있는 음성에 관한 제 문제를 당대 우리말과 중세어를 중심으로 다루어 보려고 한다.

당대 우리말은 1945년을 분수령으로 하여 전후 두 시기로 나누어 볼 수 있다. 전기는 국문이 공용 문자가 된 1894년부터 1945년의 해방까지로, 후기는 1945년부터 2010년대 전반기까지로 잡을 수 있다. 전기에는 1930년대의 우리말 규범 제정이 계기가 되어 서울 중심의 "표준말"이 형성되었고 후기에는 반도가 남북으로 나뉘어 서울 중심의 "표준어"와 평양 중심의 "문화어"의 두 공통어가 성립되었다[28].

전기의 표준말의 음성부는 자음이 19개이며 폐쇄음과 마찰음은 평음, 기음, 경음의 3계열로 성립되어 있었다, 모음은 9~10개로 상정 (想定)되고 있으며 이 체계는 방언에 따라 조금씩 기복이 관찰된다. 특히 모음이 그러하였다. 서울을 중심으로 한 중부 방언에서는 '외', '위'의 음가가 유동적인 상태에 놓여 있었다. 표준 발음에서는 두 모음을 단모음으로 처리하고 있으나 사람에 따라서는 이중 모음으로 보기도 한다[29]. 방언의 모음은 변이의 폭이 매우 넓다. 제주어에서는 다른 방언에서는 보이지 않는, 중세어의 'ᄋᆞ'음에 대응하는 후설 저모음 'ʌ'가 확인된다. 동남 방언에서는 '에' (e)와 '애' (ɛ), '으' (ɨ)와 '어' (ə)가 합류하여 한 음소의 기능을 한다. 자음 체계에서 변이의 폭이 큰 것은, '더워 (暑), 이어 (續): 더버, 이서'의 대응에서 보듯이, 중부 방언의 'w, ∅'가 비중부 방언의 'p, s'에 대응되는 현상이다. 남부 · 영동 · 동북 방언의 'k, h' 구개 음화, 비서북 방언의 't' 구개 음화 등도 자음 체계에서 논의의 대상이 되는 지역 방언 사이의 분화 현상이다. 운율 자질은 다른 음운 현상과는 분포 양상이 특이하다. 고저가 반도의 동쪽에, 장단이 서쪽에 분포되어 있다[30]. 방언 간의 차이는 앞에서 제안한 일정한 확대 규칙 (§1.3)을 활용하여 상대방 방언에 접근해야 한다.

후기의 음성부는 문화어에서 두드러지게 나타난다. 가장 문제가 되는 것은 말 첫머리의 'ㄹ, ㄴ'을 밝히는 것이다. 『한글 맞춤법통일안』 (1933)에서는 한자의 원음이 'ㄹ'과 'ㄴ'을 가지고 있더라도 그것이 어두에 오면 소리 나는 대로 적기로 하였는데 북한은 처음부터 형태소를 고정시킨다는 의도에서 원음대로 적기로 하였다[31]. 초기에는 원음대로 적기로 하고 발음은 바뀐 대로 할 수 있다고 허용하였으나 지금은 원음대로 발음할 것을 규정하고 있다. 탈북자들의 말에서도 그런 사실을 확인할 수 있으니 음성부의 두음 규칙이 북한에서는 적용되지 아니함을 알 수 있다. 남한 사람들이 북한 출신의 사람들의 말을 들을 때에는 두음 규칙이 적용되는 것이다. 이 역시 합리적 기준에 의하여 단일화가 추구되어야 하겠지만 우선은 쌍방이 확대 규칙에 따라 상대방의 발음에 익숙해지는 수밖에 없다. 이밖에도 남북 공통어의 음성부에는 '애/에'와 '으/우'의 변별, '돐'과 같은 겹받침의 발음 등 차이 나는 것이 많다[32].

운율 방면은 전기의 동쪽과 서쪽을 기준으로 한 고저와 장단[33]이 후기에 와서는 휴전선을 경계

---

28) 표준어와 문화어의 성립 경위에 대하여는 고영근 (1993: 156-158) 참조.

29) 표준어의 기층인 서울 지역어에 대한 최근의 음운론적 연구로는 유필재 (2001, 2006)이 있다. 이곳에서는 10모음에다 장모음을 더하여 20개를 잡고 있다.

30) 운율 자질의 전국적 분포에 대하여는 이기문 · 김완진 (편집 주간) (1993)과 김완진 (1990/1996: 168-175) 참조.

31) 1920년대 후반의 『東光』 설문지의 통계를 보면 어두에 'ㄹ, ㄴ'을 밝혀 적어야 한다는 의견은 소수 의견이었다는 것을 덧붙여 둔다 (고영근 1998/2008나: 352-358). 북한이 두음 규칙을 지키지 않는 것은 형태주의 원리를 관철하기 위한 것이었으며 이는 북한이 처음부터 계획한 가로풀어쓰기에 대비하여 취한 조처였다는 것을 밝혀 둔다 (고영근 1989/1994: 94-119).

32) 문화어의 음성부에 대하여는 『언어학론문집』 6 (평양: 과학원 언어학연구소, 1985)에 실려 있는 김형룡의 문화어 받침, 어창수의 문화어 모음에 대한 기고 참조,

33) 이 문제를 처음으로 거론한 것은 이극로 (1932/1948: 62-63)이다. 이에 대한 평가는 고영근 (2008/2010나:

로 또 다른 형태의 운율이 형성되어 가고 있다. 북한은 그들의 이른바 조국 전쟁이 계기가 되어 극장 무대와 라디오, 영화 등에서 고저와 장단 중심의 표준 악센트가 형성되어 가고 있는 것으로 보았다. 이는 방언의 수평화 작용에 의하여 표준 공통조가 형성되는 현상이다. 물론 북한에도 전기에 있었던 동서의 차이가 실재한다. 남한도 북한처럼 서울말을 중심으로 한, 그 나름의 표준 공통조가 형성되어 왔다. 대표적으로 방송 언어와 무대의 대사, 영화의 말씨에서 그런 현상이 두드러진다. 그러는가 하면 전기부터 있었던 동서의 운율적 차이가 엄존하고 남한 나름의 표준 공통조가 형성되어 왔다[34]. 우리가 북한의 방송 매체나 귀순자, 탈북자의 말씨를 들으면 어딘지 모르게 이질감을 느끼는 것은 남북한 사이에 그 나름의 표준조가 형성되어 왔다는 것을 증명한다고 하겠다. 평양 중심의 문화어와 서울 중심의 표준어의 운율은 공통점도 있고 차이점도 있는 것으로 알려져 있다. 두 언어가 어조 (억양)와 음장을 가지고 있다는 점은 공통성이고 문화어의 두 번째 음절에 "소리마루", 곧 악센트가 걸리는 점은 차이점이라고 하겠다. 북한 사람들의 말투가 특이한 것이 바로 악센트의 위치에 있다고 해석하고 있다[35].

중세어의 음성부는 당대 우리말과 다른 점이 많다 (이기문 1998: 81, 100, 137, 205, 김무림 1998). 자음 체계에서는 평음과 격음이 쉽게 확인되고 경음도 그런대로 확인된다. 근대어와는 달리 유성 마찰음 /z/, /β/, /ɦ/이 확인된다. 7개의 단모음 중의 후설 저모음 /ʌ/는 근대에 와서 소멸되었고 'ㅐ, ㅔ, ㅚ' 등의 이중 모음은 단모음으로 음가가 변화하였다. /i, y/ 앞의 /t, th/는 구개음으로 바뀌고 모음 조화 규칙이 허물어졌다. 소리의 높이를 표시하던 고조와 저조의 운율 자질은 단음과 장음으로 바뀌었다. 그러나 동남 방언에서는 '지서, 더버와 같이 /s/, /p/가 표준 공통어의 소멸된 자리에 대응되는 많다는 점에서 상호 간의 이해가 비교적 쉽다. 후두 유성 마찰음은 근대에 들어서면서 대부분 소멸되었으나 '달아'가 '달라'로 변하는 예를 통하여 어느 정도의 유추의 바탕을 찾을 수 있다. 이중 모음의 단모음화도 방언에 '가이 (犬), 오이 (瓜)'와 같은 흔적이 남아 있어 유추의 바탕이 비교적 단단하다. /t/ 구개 음화는 서북 방언에서는 변화를 겪지 않았기 때문에 이 방언의 화자에게는 특별한 확대 규칙이 필요하지 않다. 공존 규칙으로 접근할 수 있다. 모음 조화 규칙은 일부의 동사 활용에서 확인되는 만큼 적응이 쉽다. 운율 자질은 동남 방언과 동북 방언에 뚜렷한 줄기를 이루며 분포되어 있기 때문에 이 지역의 화자들에게는 접근이 어렵지 않다.

고대어의 음성부는 자료가 모두 차자 자료인 관계로 실상을 파악하기 어렵다. 자음 체계에서는 평음과 기음이 확인되고 음절말의 자음은 내파화가 일어나지 않았다. 순경음 'ㅸ'과 반치음 'ㅿ'도 존재했을 가능성이 많다. 모음도 7개였으리라고 짐작되나 중세어와는 성격이 달랐다고 보고 있

209-210) 참조. 그 사이 연구된 결과를 보면 호남과 강원, 충청, 평북 지역에서도 성조가 관찰된다는 보고 (이문규 2017)가 있다.

34) 북한에서는 1950년대 초부터 반도 각 방언의 운율을 조사함으로써 표준조 형성을 위한 기초 연구를 수행하였다 (리극로 1957, 1966, 고영근 2008/2010나: 197-201), 남한에서는 최근에 와서 방언 간의 비교 운율론에 관련된 업적이 많이 나오고 있다. 대표적으로 김차균 (1999, 2003), 이병운 (2002), 이문규 (2011) 등을 들 수 있다.

35) 관련 논의는 이호영 (1998) 참조. 홍종선 · 이봉원 (1998)에서는 방송 언어를 중심으로 남북한 방송 언어의 공통성과 차이점을 실험 음성학적으로 밝힌 바 있다.

다. 고대어도 중세어와 같이 성조 언어였을 가능성이 많다 (이승재 2016: 259-261).

3.4. 자소부[36)]

앞에서 저자는 문어를 구어와 비교하는 관점에서 그 자율적 성격을 논의하였고 이를 바탕으로 하여 우리말의 음성부를 당대에서 시작하여 중세를 거쳐 고대에 이르기까지 그 특징을 소묘하여 보았다. 이곳에서는 우리말의 그림자인 자소부를 음성부와 관련하여 그 특수성을 밝혀 보려고 한다.

사람의 생각을 표출하는 데 있어서는 원초적으로는 음성의 힘을 빌었고 인지가 발달함에 따라 문자 등의 일정한 기호에 기대는 일이 나날이 더해 가고 있다. 한편 상대방의 사상·감정을 인지함에 있어서도 원초적으로는 음성에 기대었으나 문자 등의 각종 기호가 나타나면서부터는 음성을 개입시키지 않고 기호를 통하여 직접 정보를 획득하는 일이 또한 늘어 가고 있다. 이러한 관점에 선다면 구어의 최소 단위는 음소이며 문어의 최소 단위는 자소라고 할 수 있다[37)]. 최근 얼굴을 내민 점토 구결의 점도 (點圖)는 그 자소론적 기능을 면밀히 추구할 필요가 있어 보인다 (장경준 2016, 문현수 2017).

우리말은 한글 창제 이전에는 향찰, 이두, 구결 등 한자의 음과 훈을 빌어 고안한 차자 표기법 (借字表記法)이 그런대로 자소 구실을 하였으며 15세기 중엽에 이르러 우리말을 거의 완벽하게 적을 수 있는 자소 체계가 창안되었다[38)]. 우리말을 당대로부터 중세를 거쳐 고대에까지 범위를 넓혀 구조적 특징을 밝힌다고 할 때, 세 시기의 자소론적 문제는 일련의 공통성과 차이점을 바탕으로 하여 논의될 수 있다.

가장 중요한 공통성은 한글의 자소가 음운 변화 등의 언어 내적 요인과 사용상의 문제 등의 언어 외적 요인으로 말미암아 폐기된 4 자모[39)]를 제외하고는 글자 수에 있어서 근본적인 변화가 없다는 점이다. 중세에는 기본 자모가 28자였고 현대는 24자인 것이다. 그 사이 북한에서는 동사의 불규칙 활용을 규칙화시킨다는 의도에서 새 자모 6자를 만들기도 하였으나 실용화의 단계에는 이르지 못하였다[40)]. 기본 자모의 책정 기준이나 배열 순서에 있어 다소 차이 나는 점이 없지 않으나

---

36) 이 부분은 고영근 (1993: 50-59)와 부분적으로 겹침을 밝혀 둔다.

37) 볼린저 (1946)의 "가시 (可視) 형태소" (visual morpheme)도 당대의 언어 생활에서 차지하는 문자의 중요성을 인식한 데서 제안된 일종의 자소론의 단위이다. 볼린저는 벙어리가 손가락 끝으로 독서를 한다는 사실을 환기하면서 음성·청각적 (vocal-auditory)인 기호와 직접 관련을 가지지 않는 가시 형태소를 세울 수 있다는 의견을 피력한 일이 있다. 문자를 아는 사람들에게는 눈의 움직임과 목젖의 움직임은 결국 같다고 보고 언어를 문자와 관련시키지 않고 연구되어야 한다는 구조주의자들의 교리 (敎理)는 수정되어야 한다는 견해를 표명한 바 있다. 가시 형태소는 요즘 우리 사회에서 논의되고 있는 수화 (手話)와도 관련이 깊어 보인다. 관련 정보는『새국어생활』23.2 (2013)에 실린 김아영, 원성옥, 이영재, 윤석민, 홍성은의 기고 참조.

38) "문자 체계" 대신에 "자소 체계"를 선택한 것은 문어의 기본 단위가 음소에 대립하는 "자소"라는 사실을 분명히 한다는 뜻에서 취하여진 조처이다.

39) 이곳의 폐기된 문자란 'ㅿ, ㆆ, ㆁ, ㆍ,'의 4자를 가리킨다.

40) 북한의 초기 맞춤법의 특수성에 대한 평가는「홀도비치의 1949년 〈조선어 철자법〉 개정안에 관하여」

현재 남북 양쪽은 전통적 기본 자모 24자를 고수하거나 바닥에 깔고 있다[41].

다음으로 당대어와 중세어의 자소론적 공통성은 훈민정음 예의의 붙여쓰기 (附書)의 규정을 그대로 지키고 있다는 점이다. 낱자를 글자[42] 단위로 묶어쓰는 이 규정은 우리 당대에 와서 표음문자의 속성에 맞지 않고 기계화에 불편이 많다고 하여 개화기 이후 가로풀어쓰기의 방향으로 개혁을 시도한 일이 없지 않으나 현재는 그 필요성을 크게 느끼지 못하고 있다[43].

자소부는 음운 변화나 사용상의 이유 등으로 말미암아 기본 자모 가운데서 'ㅿ, ㆆ, ㆁ, ㆍ'의 4자모가 폐기되었으며 그밖에 'ㅸ, ㆅ, ㅴ, ㅵ, ㅶ, ㅺ, ㅼ, ㆎ' 등의 복합 글자와 소리의 고저 (高低)를 표시하던 방점도 폐기되었다. 'ㅐ'와 같은 복합 모음글자는 근대에 와서 단모음으로 바뀌었으나 글자를 달리 바꾸지 않고 그대로 사용하고 있다. 자소와 음소 사이에 괴리가 생긴 것이다. 중세어의 지배적 철자법의 원리였던 음소적 표기는 형태·음소적 표기로 바뀌고 이와 함께 이어적기는 밝혀적기로, 붙여쓰기는 띄어쓰기로 바뀌었다. 이는 물론 철자 개혁에 의한 개변이라는 점에서 사회적 요인에 의한 변화이다.

한편 두 시기의 자소론적 문제 가운데는 차이점도 상당하다. 한글은 15세기로부터 19세기까지 공용 문자의 자격을 얻지 못하였다. 공용 문자는 한글 창제 이전과 마찬가지로 한자였다. 한글이 창제되자 처음은 불경과 유교 경전을 우리말로 옮길 때에 주로 사용하였고 후대로 내려오면서 서민층과 부녀자들에게 뿌리를 내림으로써 문학 작품의 창작에 이용되기는 하였으나 당시의 공용 문자였던 한자의 보조 역할밖에는 그 기능을 발휘할 수 없었다 (정광 2009). 경전류의 번역에서 한자어가 나올 때에는 그 음을 한글로 다는 것이 처음부터 보편화되어 있었다. 그리고 『훈몽자회』, 『유합』, 『천자문』 등의 한자 학습서에서 훈 (訓)과 함께 그 음을 한글로 달아 주는 전통은 오늘날까지 이어지고 있다. 이들 학습서의 성격이 특수하기는 하지만 한글과 한자는 앞에서 언급한 자소 방언의 역할을 띠고 있었다. 그러나 한글은 지배적인 자소 방언이었던 한자의 종속적 테두리를 벗어나지 못하였다.

한편 19세기 말부터는 상황이 달라진다. 문자 생활에서 종속적 자소 방언이었던 한글이 한자와 대등한 자소 방언의 자리를 차지하게 되었으며 원칙적으로는 모든 문자 생활이 한글을 중심으로 이루어졌다. 이 역시 사회적 요인에 의한 변화이다. 그러나 1910년 나라를 일본에게 빼앗김에 따라 모처럼 지배적인 자소 방언의 자리를 차지하였던 한글이 다시 일본 문자인 가나 (假名)에 종속되어 자소 방언으로서의 기능이 줄어들다가 1930년대 후반부터는 종속적 기능마저 박탈당하였다. 그러나 1945년 해방이 계기가 되어 한글이 지배적인 자소 방언으로서 권리를 되찾았으며 그 사이 일본의 가나 문자와 함께 지배적인 자소 방언의 자리를 지키고 있던 한자는 완전히 종속적인

(1949)에 자세하다. 『주시경학보』 6 (1990)에 김진원 교수의 번역문이 실려 있다.

41) 북한의 문자 개혁과 맞춤법의 변동에 관한 정보는 고영근 (1989/1994: 167-234) 참조.

42) "낱자"는 한글의 개별 자소를, "글자"는 낱자가 묶여서 이루어진, 음절에 대응하는 자소 바로 위의 단위를 가리키는 뜻으로 쓴다.

43) 북한은 초기부터 가로풀어쓰기 문제를 끊임없이 연구하여 통일에 대비한 문자 개혁을 추진하여 왔다. 자세한내용은 고영근 (1989/1994: 42, 170-197), 권종성 (1987) 참조.

자소 방언으로 격하되었다. 각급 학교 교과서가 같은 지칭 대상에 대하여 한글을 먼저 내세우고 한자를 괄호 안에 넣기 시작한 것이 한자의 종속적 방언으로서의 변질을 뜻한다.

이 점 남북 사이에 큰 차이가 없다. 북쪽은 남쪽에 비하여 시행에 적극성을 보였고 한자를 문자 생활에서 깡그리 없애 버렸다는 차이점이 있을 뿐이다[44]. 실시 시기와 시행 방법에서 차이가 있기는 하지만 현재 남북한은 적어도 공공 (公共)의 문자 생활에서는 한글이 지배적인 자소 방언의 역할을 하고 있다. 현재 남한의 문자 영역에서는 한글과 한자 밖에 로마 글자가 자소 방언으로서 자리를 굳혀 가고 있다. 큰 거리 이름을 적을 때 한글 아래 작은 글씨로 로마 글자와 한자를 곁들여 적는다. 한자는 쓰지 않는 일은 있어도 로마 글자를 적지 않는 일은 거의 없다. 최근에 와서는 영어 어휘를 예사로 드러내는 일이 자주 눈에 띈다. 이는 국제화 시대를 맞아 동양의 한자 사용권이나 영어 등의 로마자 사용권의 사람들에게 편의를 주고자 하는 뜻에서 취하여진 조처이지만 결과적으로는 당대 남한의 자소 방언의 실상을 잘 대변하여 준다[45]. 반면 북한은 남한과는 달리 1950년대 중반부터 모든 문서를 한글로만 적고 있으며 부분적으로는 남한과 운용상의 차이를 보인다.

한글이 처음 창제되었을 때, 그 기능이 비록 한자에 종속된 자소 방언이었다고 하더라도 그것이 우리말을 적기 위한 자소로 고안되었고 그것이 오늘의 자소 체계와 직접 이어진다는 점에서 두 시기의 철자법의 원리를 밝혀 둘 필요가 있다[46]. 앞서 언급한 부서 (附書)는 중세어의 맞춤법이 자음과 모음을, 글자 곧 음절 단위로 묶어쓰는 원리를 채택하였다는 뜻이고 연서 (連書), 병서 (竝書), 가점 (加點)의 규정도 모두 부서와 관련시켜 해석할 수 있는 철자법상의 규정이다. 가점의 규정만 제외하고는 모두 우리 당대에도 거의 그대로 계승되고 있다는 점에서 특별히 문제될 것이 없다. 문제는 종성과 사잇소리의 표기이다. 사잇소리는 문헌에 따라 미세한 표기를 보이는 것이 없지 않으나[47], 곧 'ㅅ'으로 통일되었으며 현대에도 그대로 이어진다는 점에서 큰 문제가 없다[48].

44) 남북의 한자 폐지와 문맹 퇴치 운동에 대하여는 안병희 (1983), 전혜정 (1987)을 보고 이에 대한 종합적 고찰은 고영근 (1994: 197-213, 1999가: 230-253) 참조.

45) 자소 방언으로서의 한글, 한자, 로마 글자의 전용 (專用), 병용 (倂用), 혼용 (混用)의 문제는 문자 체계와 정서법의 함의적 측면의 관점에서도 해석할 수 있다. 남북한이 다 같이 다른 문자, 특히 한자를 배제하고 한글만으로 쓰는 방향을 취한다면 언어 통일의 바탕을 이룰 수 있는 반면, 한글의 절대화를 불러일으켜 우리 어문의 특성을 강조하는 결과를 낳을 수 있다. 혼용이나 병용을 지향한다면 중국이나 일본과 언어 · 문자상으로 접근될 가능성이 있는 반면에, 우리 어문의 개별적 특성이 약화된다고 하는 이론이 그것이다. 이 문제는 하르베크 (1989)에서 제기된 바 있다. 일본, 중국, 한반도는 전통적으로 한자 문화권이었고 최근에 와서 남한에서 초등학교 한자 교육 부활 문제를 비롯하여 한자 교육 강화 문제가 논의되고 있음과 관련시켜 볼 때 <동북아 언어 문화 연합>의 결성은 필연적인 역사적 요구라 믿는다. <동북아 언어 문화 연합>이란 전통 사회와 같이 세 나라끼리 한자의 자체를 표준화하여 각종 정보 교환에 이용할 수 있는 언어 문화 연합체를 구성하자는 것이다. 이는 유럽의 발칸 언어연합에 유추한 언어 · 문화 연합체이다. 고영근 (2009가, 2015가, 2018가: 249-251)에서 이 문제를 제기하였다.

46) 최근에 김상태 (2005, 2012)에서 훈민정음과 한자를 자소론적 관점에서 조명하고 있어 앞으로 이 방면의 연구가 활성화될 것으로 믿는다. 더욱이 2008년에 창립된 <훈민정음학회>와 그 기관지 *SCRIPTA*의 간행으로 한글에 대한 문자론적 위상이 이전보다 더 분명히 조명될 가능성이 증대하고 있다.

47) 『훈민정음언해』가 대표적이다.

48) 북한은 초기에는 사이소리를 사이표 (')로 대신하였는데 1966의 『조선말규범집』부터는 이를 폐기하였다.

그러나 종성의 표기는 당대와 다르다. 다 아는 바와 같이, 중세 문헌어의 종성은 8자가 원칙이었다, 훈민정음 해례본에 그렇게 규정되어 있고 많은 문헌에 그대로 응용되고 있었다는 점에서 그렇게 볼 수 있다, 받침을 8자에 국한시킨 것은 한 형태소의 음성적 교체를 표기상에 반영한다는 뜻인데 흔히 "음소적 표기법" 또는 "표음적 표기법"이라고 한다. 이에 대하여 우리 당대의 철자법은 형태소의 기본형만 밝힐 뿐이고 음성적 교체는 고려하지 않는다고 하여 "형태음소적 표기법" 또는 "표의적 표기법"이라고 한다[49]. 중세어의 철자법은, 적어도 받침에 관한 한, 음성적 실현을 바탕으로 마련되었기 때문에 원칙적으로 자소는 음소와 일 (一)대 일 (一)의 대응 관계를 이루었다. 이리하여 자소를 통하여 음운의 실체를 파악할 때에는 특별한 자·음소 대응 규칙 (GPK 규칙)[50]을 설정할 필요가 없다, 이를테면 '곳 잇는 싸홀'에서 '곳'은 '곶'이 휴지 사이에서 실현된 형태인데 그것을 바로 표기상에 반영하였기 때문에 자소와 음소 사이에 1:1의 대응 관계가 성립되는 것이다. 중세어의 철자법이 당시의 소리의 모습을 거의 그대로 반영한다는 견해가 틀림없다면 중세어의 자소론은 특별히 세울 필요가 없다는 의견도 나올 수 있다[51]. 그러나 우리 당대의 받침은 자·음소 대응 규칙을 적용하지 않고는 음운의 실체를 파악할 수 없다. 이를테면 '낟, 낫, 낮, 낱'이 휴지 사이에 오면 모두 [nat]이 되는데 이를 표기상에 반영하지 않고 대표형인 "형태음소"를 표기에 반영한다는 점에서 음소와 자소 사이에는 일 (一) 대 다 (多)의 대응 관계가 성립한다. 이 때에는 귀로 들으면 뜻의 구별이 쉽지 않으나 눈으로 보면 그 뜻의 차이가 쉽게 분간된다. 이를 통해 우리는 자소의 언어학적 의의가 얼마나 큰가 하는 것을 알 수 있다.

앞의 받침 등의 표기와 관련되는 철자법의 규정으로서 들어야 할 것은 모음으로 된 문법 형태나 매개 모음을 취하는 어미와 결합될 때, 받침을 어떻게 적느냐 하는 것이다. 중세어에는 8종성 밖의 종성이 휴지 사이에 쓰일 때에는 모두 8종성으로 적혔음을 보았는데 그렇지 않은 환경, 모음으로 된 문법 형태가 뒤따를 때에는 원칙적으로 이어적기를 하였다[52]. 명문화된 규정이 있는 것이 아니고 당시의 자료를 통하여 이끌어 낼 수 있는 불문율 (不文律)인 것이다. 15세기 당시에도 받침의 성질에 따라 밝혀적기를 하는 문헌이 없지 않았으나[53], 지배적인 표기 방식은 이어적기였

---

49) 8자 종성을 비롯한 중세어의 철자법에 대하여는 논의가 많다. 훈민정음의 '終聲復用初聲'은 처음에는 받침 규정으로 해석하였으나 그 뒤 제자 규정으로 해석하였고 최근 정우영 (2015)에서는 양자를 겨냥한 규정이란 비교적 신빙성 있는 견해가 제안되었음을 언급해 둔다. 이곳에서는 당분간 이기문 (1963, 1981)을 따라 제자 규정이라는 해석을 따라 둔다.

50) "자·음소 대응 규칙"이란 자소와 음소 사이에 성립되는 대응 규칙을 뜻하는데 비에르비쉬 (1972)의 "graphemische-phonologische Korrespondenzregel)" (흔히 GPK-Regel)에서 따 왔다. 독일어와 같이 철자와 발음 사이에 괴리가 많은 문어 자료를 대상으로 설정한 규칙이다.

51) 이 문제는 중세어의 표기법과 음운론에 관한 종합적 연구가 이루어지면 재검토의 여지가 없지 않을 것이다.

52) "이어적기"란 말은 연철 (連綴)이란 말을 띄어쓰기에 미루어 만든 고유어 용어이다. "연철"이란 『큰사전』에도 실려 있지 않은 일본식 용어이다. "분철" (分綴)은 "끊어적기"라 부르는데 이 역시 일본식 용어이다. 저자는 고영근 (1987/2010다: 11)에서 "끊어적기"란 번역식 용어보다는 사실에 맞는 "밝혀적기"가 합리적이란 견해를 비친 바 있다. 앞으로 이곳에서는 "밝혀적기"란 말을 쓰기로 한다. 북한은 전자는 "하서" (下書), 후자는 "상서" (上書)라 부르고 있다.

53) 『월인천강지곡』이 그러하다. 이에 대하여는 여러 가지 해석이 있다. 우선 고영근 (1993/1995/2004가: 350-

다. 받침을 8종성에 국한하게 되니 그에 상응하여 필연적으로 이어적기가 채택된다. 그래야만 형태소의 기본 형태에 상관하지 않는 음소적 철자법으로서의 조건이 갖추어지기 때문이다. '곳도, 곳이'라 적으면 음소적 원리와 형태음소적 원리가 섞이는 것이니 절름발이 맞춤법이 될 수밖에 없다. 이에 대하여 우리 당대의 철자법은 밝혀적기를 택하고 있다.

한 형태소의 대표형을 고정시키는 일은 휴지 사이에만 국한하여서는 충분하지 않다. 이를테면 '꽃도, 꼬치'라고 적어서는 어휘 형태소 전체가 한 눈에 안기지 않으니 역시 절름발이 철자법이 될 수밖에 없다. 어휘 형태소를 일관성 있게 고정시키는 일은 대표 형태의 밝히기와 어간의 밝혀적기를 동시에 수행하는 데서 이루어지기 때문이다. 어휘 형태소의 고정적 표기 역시 형태소의 시각성을 부각시키는 당대의 철자법의 표의적 원리에서 결과된 산물이다[54].

중세어와 당대의 문어 자료 사이에는 몇 가지 정서법 방면의 차이를 더 지적할 수 있다. 우선 중세어의 한글 자료는 모두 당시의 지배적인 자소 방언이었던 한문과 마찬가지로 세로쓰기로 작성되어 있었으며 띄어쓰기를 하지 않았다[55]. 또 구두점이나 이에 비길 만한 어떤 구두 기호도 볼 수 없다. 이런 사실은 개별 자소의 묶어쓰기[56]와 함께 한글이 한자라는 자소 방언에 속한다는 함의적 기능과 깊은 관련이 있다. 이런 점 역시 명문화되지 않은, 당시로서는 관습적으로 몸에 배어 있었던, 앞에서 언급한 규범과 관련되는 것으로 보인다. 이에 대하여 현대의 문자 언어의 자료는 날이 갈수록 가로쓰기의 방향으로 나아가고 있으며 북한은 오랫동안 가로쓰기를 철자법에서 규정한 바 있고 (고영근 1990/1994: 123, 1999가: 214-215), 남한에서는 적어도 국민 교육에서는 가로쓰기를 원칙으로 삼고 있다. 또 문자 언어는 빨리 읽고 뜻을 정확하게 파악할 목적으로 띄어쓰기를 하며 구두점도 이용하고 있다. 특히 구두점은 음성면에서는 휴지의 역할을 하고 통사적으로는 문법 구조를 나타낼 수 있다 (이환묵 1999: 187). 띄어쓰기를 하지 않고 중세처럼 붙여쓰기를 하면 독서의 능률이 오르지 않고 경우에 따라서는 '아버지가방에들어가신다'와 같이 두 가지나 그 이상의 뜻으로 이해될 수 있다.

문자 언어의 띄어쓰기는 음성 언어의 휴지와 어느 정도 대응되는 언어적 실체이다. 현재 남북한은 다 같이 띄어쓰기를 하고 있으나 남한은 그 규정이 간단하고 북한은 자세하다는 차이점이 있다. 한글 전산 처리에 있어서는 한때 띄어쓰기의 공간이 중요한 역할을 한 일이 있다[57]. 공간을

---

351) 참조.

54) 근대어의 표기법은 음소적 표기법과 형태음소적 표기법의 과도적 양상을 보여 주는 것 같다. "거듭적기", 이른바 중철 (重綴) 표기법과 간간이 나타나는 밝혀적기를 대상으로 할 때, 그러한 사실을 이끌어 낼 수 있다. 근대어 표기법에 대한 언어학적으로 의의 있는 연구가 요망된다. 관련 업적은 곽충구 (1980), 홍윤표 (1986/1994: 137-284), 이익섭 (1992) 참조.

55) 『용비어천가』에 우리 당대의 띄어쓰기를 방불케 하는 권점 표시가 나와 있기는 하나 그것이 당대와 같이 독해를 도울 목적으로 쓰였는가 하는 문제는 깊이 생각해 볼 필요가 있다. 띄어쓰기의 역사에 대하여는 리의도 (1983), 장소원 (1984) 참조. 당대의 띄어쓰기에 대하여는 불경언해에 사용된 구두점과 관련시키기도 하고 초기 서양인들의 영향으로 보기도 한다 (고영근 1983/2001가: 48 주 62).

56) "묶어쓰기"는 전통적으로 "모아쓰기"라고 불러 왔다. "풀어쓰기"란 말의 짝이 되려면 이의 반의어 (反意語)인 "묶어쓰기"가 더 적절하다. 북한에서 해방 전부터 써 오던 모아쓰기를 버리고 "묶어쓰기"를 선택한 것은 위의 사정을 고려했을 가능성이 충분하다.

사이에 두고 성립되는 어절 단위는 바로 단어의 기능을 수행한다[58]. 띄어쓰기와 마찬가지로 독서 능률을 올리고 중의성 (重義性)을 방지할 목적으로 많은 구두 (句讀) 기호를 사용한다[59].

구두 기호는 음성 언어의 어조에 대응된다. 특히 반말에 있어서 어조가 발휘하는 기능은 중요한 의미를 띠고 있으며 그에 대응하여 그에 알맞은 구두 기호를 사용해야 한다. 우리말에는 부동사 어미나 정동사 어미가 바로 구두점 역할을 한다는 사실을 고려하면 현행 맞춤법의 구두점 규정을 다시 손질하여야 한다. 예를 들면 부동사 어미 다음에 쉼표 (더러 반점)를 치기로 되어 있는데 이는 옥상옥 (屋上屋)이나 다름이 없다[60]. 북한의 『조선말 규범집』 (1988)에는 부동사 어미 다음에 쉼표를 두는 규정이 없는데 이는 부동사 어미가 갖는 쉼표의 기능을 간파한 것과 관련이 있지 않나 한다[61]. 구두 기호 역시 한글의 전산 처리에서 중요한 기능을 한 적이 있다. 마침표를 두어야 할 곳에 그것을 빠뜨리면 인쇄가 되지 않은 일이 있었다는 것을 보아도 그 기능의 중요성을 깨달을 수 있다.

띄어쓰기와 구두 기호는 서양 문화의 유입에서 영향을 받은 것이지만 중국어, 일본어와 함께 우리 민족의 문자 언어의 체계가 서양과 어느 면으로 닮아 가고 있음을 함의한다. 단락 짓기도 마찬가지다. 이 역시 서양 문화의 영향이지만 독서 능률을 높이는 데 크게 기여한다. 단락이 달라지면 새 줄을 잡되 앞에 공간[칸]을 두는 것은 시각적으로 독서 효과를 거두기 위한 조처인데 이는 음성 언어에서 목소리를 바꾸는 행위와 병행된다 (하르베크 1989).

이상의 검토 결과에 기대면 적어도 당대의 우리말의 문법 체계를 세우는 마당에 있어서는 자소부가 충분히 설정될 수 있음을 확인할 수 있다. 자소부는 음성 언어의 음성부와 대등한 자리를 차지하는 문법의 가장 아래쪽에 자리잡는 부문으로서 다음과 같은 문어적 사실이 포함된다. 오른쪽에 구어적 사실을 들어 대조를 보인다.

(5) 자소부의 구성 요소
　가. 한글/민족 문자/우리글　cf. 우리말의 음성/우리말의 소리
　나. 자소　cf. 음소
　다. 글자　cf. (음절)
　　1) 묶어쓰기　2) 밝혀적기
　라. 띄어쓰기　cf. 휴지[쉼]

---

57) 우리말의 전산화에 대하여는 지난 세기 후반에 많은 연구가 이루어졌다. 대표적으로 정인상 (1991)과 한국전산학회의 기관지 『한국어 전산학』 창간호 (1991) 참조.

58) 현재 우리말 전산 처리에서 기본 단위가 되고 있는 "어절"은 이희승 (1949)로 거슬러 올라간다 (앞에 나옴). 어절의 도입 경위에 대하여는 고영근 (2010나: 275-276) 참조.

59) 구두 기호의 언어학적 의의에 대하여는 발머 (1978: 73-102)에 실려 있는 "On Punctuation"에 자세히 언급되어 있으며 이는 장소원 (1984)에서 우리말 텍스트에 응용되었다.

60) 현행 맞춤법에서 대등적 내지 종속적 부동사 어미 뒤에 쉼표를 두기로 한 규정은 아무런 언어학적 의의가 없다. 부동사 어미 자체가 쉼표의 역할을 하기 때문이다. 이에 대하여는 리델 (1881: 176)에서 이미 지적되었다.

61) 쉼표는 의미 파악에 지장을 줄 경우에만 사용해야 한다. 관련 논의는 고영근 (2013마) 참조.

마. 구두 기호 cf. 어조
바. 새 줄 잡기 cf. 목소리의 바뀜

(5다)에서 음절에 괄호를 한 것은 글자 단위와 음절 단위가 일치하지 않음을 의미한다. 이를테면 '닭'이라는 글자는 음절로는 [닥]이 되는 것과 같다.

지금까지는 당대의 우리말과 중세어를 대상으로 자소부의 설정 문제를 논의하였지만 이를 바탕으로 고대어의 자소부 설정 문제를 논의해 보려고 한다[62].

중세에 창제된 한글은 음운 문자라는 점으로 보면 이전의 차자 표기 자료와 불연속성이 인정되나 운용 과정에서는 음절 문자의 속성을 지니고 있고 더욱 그것이 차자 표기의 불완전성을 극복하기 위한 필요에서 창제 동기를 구할 수 있다는 점[63]에서 차자 표기와의 연속성이 인정된다. 더욱이 부호 구결의 자형이 훈민정음의 초성자 및 중성자와 일치하는 많아 양자의 동일 기원론이 제기되고 있는 실정 (이승재 2002: 61-78)을 감안할 때, 두 표기 체계가 연속선 위에 있다는 것은 부인할 수 없다. 이런 점들을 감안할 때, 앞에서 저자가 세운 바 있는 자소부에서 차자 표기의 문제가 한글 자소와 큰 무리 없이 통합될 수 있어 보인다. 이제 그 사정을 자세히 보기로 한다. 향찰에는 한 단어의 끝 음절 내지 끝소리를 표기하는 이른바 "말음 첨기" (末音添記)라는 특이한 표기법이 목격된다. 이 가운데는 한 단어의 끝소리[받침]의 정체를 파악할 수 있는 정보를 전해 주는 표기가 적지 않게 발견된다. 몇 가지 예를 들면 다음과 같다 (이건식 1995가, 나, 신중진 1998나).

(6) 必只 (반ᄃᆞᆨ)/千隱 (ᄌᆞᄆᆞᆫ)/道尸 (길)/心音 (ᄆᆞᅀᆞᆷ)/城ヒ (ᄌᆞᆺ)

(6)을 통하여 우리는 중세어의 받침 'ㄱ, ㄴ, ㄹ, ㅁ, ㅅ'에 해당하는 소리가 말음 첨기라는 표기법에 의하여 그 흔적을 남기고 있음을 알 수 있다.

이러한 표기법은 석독 구결에도 그대로 이어지고 있다.

(7) 但ハ (오직)/一ㄱ (ᄒᆞᄃᆞᆫ)/十ㄕ (열)/壽ㅎ (목숨)/物ヒ (갓)

(6)의 향찰은 한자의 본 글자에 기대어 끝소리가 표기되어 있고 (7)의 석독 구결은 한자의 약자에 기대어 표기된다는 차이점이 있으나 궁극적으로는 같은 차자 표기의 원리를 바닥에 깔고 있다는 점에서 표기상의 연속성이 인정된다. 최근 이승재 (2017: 440-441)에서는 말음 첨기의 표기법이 훈주 음종 (訓主音從)과 함께 6세기 중엽 신라에서 자리를 잡았다고 하여 주목을 끌고 있다.

향찰과 석독 구결에 나타나는 말음 표기의 전통은 15세기의 훈민정음 자료에도 그대로 이어진다. 낱낱의 글자를 결합시킬 때 받침 글자를 글자의 끝에 붙이는 운용법은 향찰과 석독 구결의 말음 첨기와 근본적으로 같은 원리를 바닥에 깔고 있다고 말할 수 있다. 이런 사실 역시 자소부의 소관이 될 수 있으며 궁극적으로는 총체 서술의 과제가 될 수 있다.

62) 이 부분은 고영근 (1998나, 2001나: 320-322)의 내용을 보충한 것임을 밝혀 둔다.

63) 이 문제는 정인지의『훈민정음 해례』의 서문에서 명백히 진술되어 있고 차자 표기의 연구 과정에서도 확인된 바 있다. 안병희 (1977: 129), 이승재 (1989), 강창석 (1992) 참조.

3.5. 음운부와 자소부의 유형론

당대의 우리말은 자음 19, 모음 9~10개라고 하였는데 모음만 세계 언어의 평균 (19~25개)에 속하며 (WALS 2011). 모음은 10개로 많은 편 (7~14개)에 속하고 자음과 모음의 비율은 1.9로 낮은 편 (2.0 이하)이다. 자음에서 평음, 기음, 경음의 세 구분이 있다는 것은 매우 독특하다. 음절 구조는 최대 평판 (template)을 CGVC로 본다면 중간 정도의 복잡한 (moderately complex) 구조를 지니고 있다. 우리말은 음절 언어이고 약강조 언어이며[64], 음장 언어로 음절 마침 (syllable cut)의 운율 자질을 가지고 있다 (권경근 2008).

자소부의 유형적 특징에 대하여는 음운부에 가려 정체가 드러나지 못하였는데 최근에 와서 그에 대한 관심이 증대하여 관련 업적이 나오고 있다 (§3.4, 고영근 1993: 48-77, 간노 1993가, 나). 한글은 단음 문자이면서 운용면에서는 음절 문자의 특징을 지니고 있다. 음절 문자적인 속성은 이두 및 구결자로부터 물려받은 것이다. 앞에서 언급한 바와 같이, 음절을 해체하여 가로풀어쓰기가 보편화되면 이는 단음 문자에 속할 것이다. 그러나 한글은 태생에서부터 부서 규정에 의하여 음절 단위로 묶어 썼고 컴퓨터가 보급된 마당에서도 이러한 철자 방식은 변함이 없다. 한글은 근본적으로 알파벳처럼 단음 문자이며 그 운용면에서는 음절 문자로 기능하기 때문에 문자 유형론에서 본다면 "음절적 단음 체계" (syllabic-phonemic system) 라 규정할 수 있다[65]. 네모 가운데 단자 (單字)를 배치하고 세로로 적되 오른쪽에서 왼쪽으로 나아가는 방식은 한자를 모방한 것이나 이는 문자 유형론에서 유례를 구할 수 없을 정도로 고립된 문자 체계이다. 중세어의 성조 기호는 고대 그리스어의 악센트 부호와 유사하고 형태음운론적 교체가 풍부하여 정서법이 복잡하게 된 것은 슬라브어와 비슷하다 (간노 1993가).

---

64) 우리말이 다른 언어와는 달리 말음 규칙이 단어의 최종음뿐만 아니라 단어의 중간에서도 적용될 수 있다는 것은 유형론적으로 조명될 수 있다. 이 문제는 이희승 (1955, 2000/2008: 138-142)와 고영근 (2010나: 265) 참조. 우리말에 유포니 (euphony)라 불리는 활음조 (滑音調) 현상이 풍부하다는 점 또한 유형론적 특징으로 꼽힐 수 있다. 대표적으로 '사람'과 같이 어중에 'ㄹ' 받침을 가진 어휘가 많고 받침 가운데서도 '닭, 삶다'와 같이 'ㄹ' 받침을 가진 어휘가 많다는 것이 그러한 예이다. 우리말의 음운부의 특징으로 유포니 현상을 든 것은 이희승 선생의 일련의 업적에서 확인된다. 이 문제에 대한 종합적 논의는 고영근 (2010나: 266-267)을 참조. 고대로 올라 갈수록 말음이 미파 상태였고 중세어에는 그것이 심하여 8종성만 허용하였으며 근세를 거치는 사이에 'ㅅ'이 'ㄷ'에 합류하여 7종성이 된 것은 음운부의 통시적 유형론의 과제가 될 수 있다. 관련 논의는 이기문 (1998: 84-85) 참조.

65) 쿠르마스 (1996: 1380-1387)에 의하면 한글을 음절 문자의 범주에 넣고 있다. 콤리 (WALS 2013)에는 한글에 대하여 남북으로 나누어 다음과 같은 의견을 제시하고 있다.

> The mixed logographic-syllabic system used by Japanese has already been described in Section 1. Until recently, a similarly mixed logographic-alphabetic writing system was used by Korean. At present, only the alphabetic system is used in North Korea, and it is also dominant in South Korea.

북한에서는 벌써부터 한글 전용이 실시되었고 남한도 우세하다는 것이다. 그러나 세월이 흐를수록 한글 전용이 뿌리를 내릴 것이나 한편에서는 한자 교육 강화와 함께 혼용을 추진하고 있어 앞으로의 귀추를 단정할 수 없다.

IV. 품사부

IV. 품사부[1)]

4.1. 들어가기

품사부란 전통 문법의 품사론의 관할 영역을 가리킨다. 품사부는 전통 문법 시대에는 문법의 중추 부문으로서 우리말 문법 연구가 온통 여기에 힘을 기울였고 구조 문법이 들어옴에 따라 형태론에 가려지기는 하였지만 그래도 어느 정도는 "류" (類) (word-class) 라는 이름 아래 형태적 특성에 따른 단어의 분류를 시도하였다[2)]. 그러나 생성 문법의 수용 이후로는 품사 문제에 거의 관심을 기울이지 않다가 1990년대 전반에 우리말을 총체 서술하려는 기운이 성숙되자 생성 문법에 기반을 둔 품사론이 고개를 들기 시작하였다. 이러한 경향은 나라 밖의 흐름과 무관하지 않지만 (라이온스 1965, 베이커 2003), 나라 안에서도 그런대로 이 문제에 관심을 쏟는 없지 않았다는 사실과 관련시킬 때[3)], 우리의 문법 연구의 불모성의 한 단면이 드러났다고 할 수 있다.

나라 밖에서는 20세기 90년대 후반 (1997년)에 인류의 역사를 구명할 목적으로 설립된 독일 라이프치히 소재 막스플랑크 진화인류학연구소에서 언어 유형론을 체계적으로 연구할 수 있는 터전을 마련하게 되자 품사론도 연구 과제의 하나로 등장하였다. 보겔 · 콤리 (2000) (eds)에 기고된 업적들을 보면 지금까지 개별 언어 중심으로 연구되고 있었던 품사론이 통언어적으로 (cross-linguistically) 연구되기 시작하였음을 알 수 있다[4)]. 뒤이어 나온 HSK 20. 1/2의 *Language Typology and Language Universals* (2001), 송재정의 *The Oxford Handbook of Linguistic Typology* (2011)에도 품사를 유형론적 관점에서 조명하는 기고가 들어 있어 품사론이 개별 언어를 넘어서서 지구상의 모든 언어를 대상으로 연구되는 기풍이 조성되기 시작하였다. 저자가 2012년부터 발표하고 있는 〈언어 유형론 노트〉 (1) (고영근 2012가)에는 지금까지 우리말의 한계를 벗어나지 못하고 있는 우리말의 품사론을 통언어적 관점에서 조명한 것으로 이상과 같은 국제적 동향에 대처하기 위한 것이었다[5)].

---

1) 이 부분은 고영근 (1993: 76-92)을 바탕으로 다시 썼다는 것을 밝혀 둔다.

2) 박창해 (1964/1990: 202)에 구조주의적 모형에 기댄 4개 "류", 곧 "명사류, 동사류, 관형사류, 부사류"의 분류가 시도되어 있다.

3) 서정수 (1990: 38)에서는 문법적 기능을 바탕으로 하여 범주 구분을 시도하고 있는데 이는 생성 문법의 틀 안에서 품사 문제를 다룬 최초의 시도로 간주된다.

4) 이 책은 1부에서는 단어의 범주화, 2부에서는 개별 언어의 단어류와 단어류 체계, 3부에서는 유형 · 보편적 관점과 통시적 관점 및 통언어적 관점이 단어류에 대한 논이를 답고 있다.

5) 국어학계에서는 1990년대 전반부터 21세기 초두에 이르기까지『주시경학보』와 어학전문 국제학술지『형태론』을 중심으로 품사론 연구가 성행하였으나 대부분 지정사의 형태통사론을 다루는 수준에서 벗어나지 못하였

전통 문법에서 우리말의 품사가 다섯에서 열한 개에 걸쳐 있다는 것은 일찍부터 지적되어 왔다 (김민수 1954/1960: 229-232, 이희승 1955/2000/2008: 250). 규범적 차원에서만 보더라도 남북한은 현재 품사 체계를 달리하고 있다. 남한은 9품사, 북한은 8품사로 되어 있어 의견이 엇갈려 있다. 품사 체계가 다른 근본적인 원인은 단어를 보는 눈이 다르기 때문이었다. 품사 체계의 구축에 있어 가장 격렬한 논의를 불러일으킨 것은 이른바 지정사 '-이다'에 단어의 자격을 줄 것인가, 아니면 단어의 자격을 주되 용언의 한 가지로 볼 것인가, 격 어미의 테두리에 넣을 것인가 하는 문제였다. 다음으로 논점이 된 것은 명사의 어미 구조체인 이른바 조사에 단어의 자격을 줄 것인가, 아니면 단어의 자격을 주지 않되 이를 인도 · 유럽어에서처럼 곡용 어미로 처리할 것인가, 우리말의 지배적 형태적 특징인 "교착성" (膠着性)에 바탕을 두어 "토"라는 범주를 따로 세울 것인가 하는 문제였다. 또 현행 학교 문법의 접속 부사를 부사 속에 편입시킬 것인가, 아니면 따로 세울 것인가 하는 문제도 심심찮게 논의되었다. 이밖에 존재사, 수사, 대명사, 관형사의 설정 문제에 대하여도 논의가 없지 않았으며 특히 21세기로 접어들면서는 대명사, 수사, 관형사의 설정 문제에 논의가 집중되었다[6].

생성 문법, 특히 표준 이론 (1965)가 도입된 이후, 우리말의 구절 규칙을 세울 때에 설정된 품사 범주는 명사 (N), 동사 (V), 관형사 (D), 부사 (Adv)의 넷이었다[7]. 이는 결과적으로 구조 문법 모형에 기댄 박창해 (1965/1990)과 일치되기도 하였다. 전통 문법에서 거의 예외 없이 독립된 품사의 대접을 받았던 간투사가 설정되지 않은 것을 우선 지적할 수 있다[8]. 그리고 접속 부사도 보이지 않는다. 이러한 사실을 머리에 두면서 우리말의 단어류를 범주화하는 문제를 논의하여 보기로 한다[9].

다. 그러나 남기심 밖에 (2006)가 계기가 되어 말뭉치에서 찾아낸 언어 자료를 중심으로 통사론의 시각에서 품사론을 바라보게 되자 고영근 (1993) 이후 소강 상태에서 벗어나지 못하던 품사론 연구에 새로운 바람을 불어넣었다. 그러나 이러한 연구도 우리말의 울타리를 벗어나지 못하고 있다.

6) 우리말 품사 분류의 문제점과 논의에 대하여는 대표적으로 이희승 (1955: 369-408, 2000/2008: 220-288), 김민수 (1960: 145-200) 참조. 고영근 (1983: 2-98, 2001가: 3-168)에서는 19세기 전반기부터 20세기 중반기까지의 문법 연구의 역사를 품사론 중심으로 서술하였고 고영근 (2001가: 173-239)에서는 북한과 재외 교포의 우리말 문법 연구를 역시 품사론 중심으로 엮었다. 21세기에 들어오면서 쌓은 품사론 방면은 목정수 (2003: 421-456)을 비롯한 일련의 업적과 신지연 (2008)에서 볼 수 있다. 전자에서는 관형사를 형용사라는 새로운 범주에 넣어 그 외연을 확대하였고 후자에서는 대명사 부정론을 전개하였다. 구본관 (2001가)에서는 수사와 수량 관형사를 통합하는 견해를 제시하였다.

7) HPSG를 배경으로 하고 있는 김종복 (2004: 38-49)에서는 "용언, 체언, 관형사, 부사어"의 넷을 두고 있는데 이는 구조 주의나 표준 이론에 근거한 품사 체계와 차이가 없고 GB나 그 이후의 생성 이론에 근거를 둔 이정훈 (2012: 109)에는 "체언, 용언, 수식언, 관계언, X언, 독립언"의 여섯을 두었다. 그러니까 이른바 조사와 어미를 모두 품사 단위로 인정하고 있다.

8) 주시경의 강의안으로 알려져 있는 『국문문법』(1905)에서는 감탄사를 뜻하는 "警覺"이 설정되어 있었으나 자필 원고본인 『말』(1908?)에서는 감탄사가 빠져 있다. 지난 세기 90년대 초에 공개된 조판용 원고본 『國語文法』(한힌샘연구 3, 1991/『歷文』1 123, 고영근 1995나, 고영근 밖에 교감 2010)에서도 원고에서는 감탄사를 두지 않았었는데 교정 과정에서 감탄사를 뜻하는 "놀"이 추가되어 있다. 감탄사의 설정에 기복이 많았던 것이 어떠한 까닭에 말미암는가 하는 것은 정확하게 알 수 없지만 생성 문법에서 이 품사가 논의되지 않는 사실과 관련시킬 때, 음미의 대상이 된다. 뒤에서 다시 논의된다.

4.2. 단어와 구의 범주화

단어의 범주화에 있어서는 음운론, 의미론, 형태론, 통사론에 걸쳐 그 기준을 세울 수 있으나 가장 중요한 것은 통사론적 기준이고 다음으로는 형태론적 기준이 고려될 수 있다[10]. 앞에서 저자는 명사 형태부와 동사 형태부는 일단 단어의 범주에서 제외하였다 (§2.2). 이러한 관점에 선다면 품사 분류의 대상이 되는 단어는 명사류, 동사류, 관형사류, 부사류에 국한한다 (§2.3). 이곳에서는 주로 형태 · 통사론적 기준에 한정하기로 한다.

명사류는 우선 분포상으로 볼 때 휴지 사이와 휴지 및 격 어미나 첨사[11] 사이에 나타난다[12].

(1) 가. #나무#, #이것#, #하나# …
    나. #나무가#, #그것이#, #하나가#, #나무도# …

휴지 사이에 나타난다는 것은 (1가)의 '나무'와 같이 자립성이 있다는 뜻이다. 이러한 분포상의 특징을 검증하는 데 있어서는 어떤 단어류가 미정 (未定) 대명사 '무엇'의 자리를 채울 수 있는가를 알아 보는 것이 가장 객관성 있는 틀이 될 수 있다. 휴지와 격 어미 사이에 나타난다는 것은 (1나)의 '#나무가#' 등과 같이 격 어미의 도움도 받을 수 있음을 뜻한다.

그러나 단어류 가운데는 부사는 명사와 같이 첨사의 도움을 받는 것이 있으므로 첨사를 취하는 것이 명사를 성립시키는 절대적 기준이 되지 못한다. 명사류를 부사류와 구별시킬 수 있는 더 강한 기준이 설정될 필요가 있다.

(2) 가. 나무가 푸르다.
    나. 나무가 서 있다.

부사류는 첨사류 가운데서도 소수의 첨사만 취하는 데 대하여 명사류는 (2)와 같이 부사가 취하지 못하는 격 어미를 마음대로 거느릴 수 있으며 무엇보다 중요한 것은 주어와 목적어의 자리에 나타날 수 있다는 것이 부사와의 큰 차이점이다. (1)에서 든, 종전의 대명사 '이것', 수사 '하나'를 명사류에 포함시킨 것은 분포상으로나 기능상으로 보아 명사인 '나무'와 조금도 다름이 없기 때문이다.

동사류는 앞의 명사류와는 달리 휴지와 형태소 경계 사이에 나타난다.

---

9) 단어 층위를 비롯한 구의 범주화에 관련된 논의로 참고할 만한 것은 헬비히 · 부샤 (1987: 19-22), 래드포드 1988/임홍빈 · 이광호 · 서정목 공역 (1990: 2장)이 있다.

10) 이 가운데서 의미론, 형태론, 통사론은 우리말 전통 문법의 "의미, 형식, 기능"에 해당한다. 이와 관련된 논의는 남기심 · 고영근 (1985/1993/2011/2014: 49-52) 참조.

11) 이선웅 (2014)에서는 격 어미의 부착을 명사성 검증의 첫째 기준으로 정하여 34개의 표본 명사를 중심으로 명사성을 검증하고 중요도에 따라 상대적 위계를 제시하였다. 이곳의 "첨사"는 학교 문법의 "보조사" (뒤에 나옴)를 가리킨다.

12) 품사를 의미론적 기준에 기대어 책정하면 순환론에 빠진다는 비판이 오래 전부터 있었다. 이에 대하여는 라이온스 (1968: 318), 남기심 · 고영근 (1985/1993/2011/2014: 50) 참조.

(3) 가. 아기가 #웃-는다.
　　나. 나무가 #푸르-다.

(3가, 나)에 나타나는 '웃-, 푸르-'는 앞의 명사류와는 달리 자립성이 없다. 반드시 활용 어미류의 도움을 받아야만 한다. 이는 이들 단어류가 형태소를 경계로 하여 어미류와 결합한다는 사실을 뜻한다. 이러한 분포상의 특징을 검증하는 객관적인 틀은 이들 단어류가 '어찌하다'나 '어떠하다'라는 미정 (未定) 동사의 자리를 채울 수 있는가를 검증하는 일이다. 이런 분포상의 특징과 함께 이들 단어류는 그 나름의 기능상의 특수성도 지니고 있다. 이들은 활용 어미와 결합하여 한 문장의 서술어로 쓰이는 기능을 공유하고 있다. 한편 이들 단어류는 형태론적으로 구별되는 특징도 지니고 있다. (3가)의 '웃다'는 활용 어미가 '-는다'를, (3나) '푸르다'는 '-다'를 취하여 형태론적 차이를 보인다. 그러나 이러한 차이는 극소수의 어미에 한정되기 때문에 두 단어류의 통사론적 특징을 앞지를 만큼 의미가 크지 않다. 필요에 따라서는 동사를 동작 동사, 상태 동사, 심리 동사로 구분할 수 있다[13]. "동작 동사"는 학교 문법의 "동사", 상태 동사는 "형용사", "심리 동사"는 주관성 동사 (나진석 1964)로 불려 오던 것이다. 앞의 둘은 객관 동사, 후자는 주관 동사라 달리 부르기도 한다.

(3) 나'. 나는 지금 배가 몹시 고프다.

위의 예문의 '고프다'처럼 주제어 명사구가 제1인칭일 때 선택되는 형용사를 "심리 동사" 또는 "주관 동사"라 부르고 (3)과 같이 인칭의 제약을 받지 않고 사용되는 동사를 일반 객관 동사라고 한다.

이상과 같은 분포상의 특징과 기능상의 특징에 근거하여 이들 단어류를 "동사"라는 범주에 묶을 수 있다. 이는 명사류가 격 어미류와 결합하여 주로 한 문장의 주어나 목적어로 쓰인다는 사실과 대칭을 이루는 것이다.

관형사류는 앞의 명사류나 동사류와는 다른, 그 나름의 특징을 지니고 있다.

(4) 가. **저** 연필을 가져오너라.
　　나. **새** 책이 많이 쌓였다.

(4가)의 '저'와 (4나)의 '새'는 휴지 사이에서 나타난다. 그러나 자세히 살펴보면 이들 단어류는 자립해서 쓰이는 일이 없으므로 실제로는 휴지와 형태소 경계 사이에도 쓰였다고 할 수 있다[14]. 이러한 분포상의 특징을 검증하는 틀로는 이들 단어류가 '어떤'이라는 미정 관형사의 자리를 채울 수 있느냐 하는 것이다. 이렇게 본다면 '덧버선'에 나타나는 접두사 '덧-'이나 '새로운 환경'에 나타나는 수식적 동명사형 '새로운'과 하등 다른 점이 없다. 분포상의 특징만으로는 독립된 어류의 자

13) 동사의 하위 분류에 대하여는 목정수 (2003: 424)를 참조하였다. 그러나 용어에는 차이가 있다.

14) 관형사류는 자립적인 단어와 의존적인 단어의 중간에 자리잡는다. 자세한 논의는 남기심 · 고영근 (1985/2014: 57), 고영근 · 구본관 (2008/2018: 123) 참조. 최근 들어 전통적 관형사류에 대한 재검토가 시도되고 있다. 목정수 (2003: 421-456, 2015: 485-511)에서는 기존의 형용사와 관형사 대신 새로운 형용사 범주를 세울 것을 제안하였다 (앞에 나옴).

격을 얻기가 어렵다는 것을 알 수 있다.

그런데 위의 단어류는 활용 어미나 곡용 어미가 붙는 일이 없다. 활용 어미가 붙지 않는다는 점만으로는 수식적 동명사형 '새로운'과는 분명히 구별된다. 그러나 부사류도 활용하는 일이 없다는 점을 고려하면 형태론적 특성만으로는 관형사류를 독립시킬 수 있는 절대적인 기준은 되지 못한다. 우선 이들 단어류는 계열 관계로 볼 때 '이 연필, 헌 책'과 같이 비슷한 성격을 띤 단어류와 마음대로 갈아들 수 있고 통합 관계로 볼 때, '저 좋은 책'과 같이 다른 단어가 끼어들 수 있다 (남기심 · 고영근 1985/2014: 167-168). 관형사류는 명사 앞에만 쓰이되 곡용 어미가 붙는 일이 없으며 이와 비슷한 성격을 띤 단어류와 자유로이 갈아들 수 있거나 다른 단어가 끼여드는 것을 허용한다. 이상과 같은 형태 · 통사적 특징에 근거하여 관형사류에 독립된 어류의 자격을 줄 수 있다[15].

부사류도 그 나름의 설정 조건을 갖추고 있다.

(5) 가. 나무가 매우 푸르다.
나. 빨리 오너라.

(5)의 '매우'와 '빨리'는 동사 앞에 놓인다는 분포상의 특징을 공유 (共有)하고 있으며 경우에 따라서는 동사와 자리를 바꾸어 문장의 끝에 자리잡기도 한다. 이런 특징과 함께 동사를 한정하는 기능상의 특수성도 지니고 있다. 부사류는 앞의 관형사류와 같이 활용을 하는 일이 없다. 부사를 검증하는 틀로 잘 이용되는 것은 '어찌'라는 미정 부사의 자리를 채울 수 있느냐 하는 것이다. 이런 자리를 채울 수 있다고 하여 모두 부사가 되는 것이 아니다. (5나)의 '빨리'의 자리에는 큰 의미의 차이 없이 '빠르게'가 나타날 수 있는데 이 단어 역시 '어찌'의 자리를 채울 수 있다. 그러나 이 단어는 앞의 '새로운'과 같이 '빠르다'의 활용형이므로 '빨리'와는 형태론적 양상을 달리한다.

앞에서도 잠시 언급한 바 있듯이, 부사 가운데는 일부의 첨사를 취하는 일이 있다. (5가)의 '매우'는 첨사를 취하지 못하는 데 대하여 (5나)의 '빨리'는 '빨리만 가거라'와 같이 첨사를 취하는 것이 그러한 예이다. 부사의 이런 형태론적 특징이 부사 전체에 걸치지는 않지만 앞의 관형사와 구별되는 중요한 형태론적 특징이 될 수 있다. 활용을 하지 않는다는 점에서는 관형사와 같으나 일부의 첨사를 취한다는 점에서는 관형사와 구별된다. 동사 앞에서 동사를 한정한다는 통사론적 특징과 함께 일부의 첨사를 취할 수 있다는 형태론적 특수성이 부사라는 어류를 설정하는 기준이 된다.

앞에서 논의한 네 가지 품사 범주가 그 앞에 꾸미는 말이 덧붙을 때에는 또 그 나름의 구 (句) 범주를 이룰 수 있다 (래드포드 1988/임홍빈 밖에 공역 1990: 100-110, 남기심 · 고영근 (1985/2014: 35, 240).

(6) 가. 저 연필을 가져오너라.
나. 비행기가 높이 뜬다.
다. 집 앞에 아주 새 차가 서 있다.
라. 오늘은 차가 무척 빨리 달리는 것 같다.

---

15) 이는 언어 유형론에서 거론되는 형용사와 그 내포가 같다. 그러나 전통적으로 사용되어 온 "관형사"를 그대로 쓰되 그 내용만 확대하기로 한다.

(6가)의 '연필'은 관형사 '저'의 꾸밈을 받아 구를 이루는데 '무엇'이라는 분포적 틀로 바꿀 수 있기 때문에 명사구 (NP)가 된다. 같은 원리에 기대어 (6나)의 '높이 뜬다'는 '어찌한다'라는 틀에, (6다)의 '아주 새'는 '어떤'이라는 틀에, (6라)의 '무척 빨리'는 '어찌'라는 틀에 각각 해당하므로 동사구 (VP), 관형사구 (DP), 부사구 (AdvP)가 된다.

우리말에는 분포상으로나 형태상으로는 분명히 명사나 동사로 볼 수 있지마는 기능상으로는 자율성이 약하거나 그것이 결여되어 있는 한 무리의 단어류가 있다.

(7) 가. 그것이 책이다.
　나. ① 유치원 앞에 나무가 서 있다.
　　② 우리는 사회 복지 문제에 대하여 광범하게 토론하였다.
　다. 일본 제국주의자들은 가정에서도 우리말을 못 쓰게 하였다.

(7가)의 어절 '책이다'에 붙은 '이다'는 '그것'이 지시하는 사물이 '책'임을 지정 (指定) 내지 확인하는 기능을 띠고 있다. 그런데 이 '이다'는 자립성이 없어 선행하는 명사구 '책'과 결합해야만 독립된 어절이 될 수 있다. 앞 부분 '-이-'는 보통의 어미 구조체와 같이 자립성이 없고 뒷 부분은 앞의 동사와 같이 활용한다. 곧 명사 어미 구조체와 동사 어미 구조체의 양면을 지니고 있다. 이곳에서는 앞 부분에 근거하여 일단 동사와 분리하는 태도를 취한다[16].

(7나)는 우리말의 전통 문법에서는 크게 주목하지 않았던 단어류이다. ①의 '앞'의 앞 부분에는 부정격 '∅'과 같은 격 어미가 오고 뒷 부분에는 '-에, -로'와 같은 격 어미가 붙는다. 물론 '앞'과 같은 단어류는 '앞에 서라'와 같이 자립성을 발휘하기도 하지만 명사 뒤에 붙을 때에는 영어의 전치사 'in front of'와 같은 기능을 띤다. ②의 '(-에) 대하여'는 격 어미도 '-에'와 같이 제한되어 있고 활용 어미도 '-여, -ㄴ'과 같이 한정되어 있다. 이러한 단어류를 종전의 학교 문법에서는 불완전 동사로 처리하였지만 저자는 이를 부치사의 하나인 후치사로 처리한다. (7다)의 '도'는 의미격 '-에서'에 붙은 것인데 그것이 붙음으로써 통사 구조를 바꾸는 일이 없고 선행하는 어절 '학교에서'에 모종의 의미만 더해 줄 뿐이다. 다시 말하면 핵 (核, head) (뒤에 나옴)의 기능이 없다는 뜻이다. 이를 학교 문법에서는 보조사로 처리하였지만 저자는 알타이 제어의 "Partikel-particle", 곧 첨사 (添詞)에 유추하여 품사의 한 가지로 처리한다[17].

---

16) 저자의 "계사"는 최현배 (1930)와 박승빈 (1935)의 "지정사"와 차이가 없다. 계사라 부르는 것은 용언의 범주로 처리한 종전의 지정사와는 달리 "작은 범주" (뒤에 나옴)의 하나로 처리한다는 관점에서 붙인 이름이다. 지정사를 부인한다는 의도에서 붙인 이름이 아니라는 것을 밝혀 둔다. 계사의 통사론적 특수성에 대하여는 논의가 많다 (뒤에 나옴).

17) 위와 같은 의미의 "첨사"는 우리말 역사 문법에서 "添辭"로 표기하여 독립된 단어류의 자격을 주지 않았으나 (이숭녕 1961, 1981: 289-291), 저자는 독립된 단어의 자격을 주는 관점을 취하기 때문에 한자로 "添詞"로 쓰기로 하였다. 저자의 첨사에 독립 품사의 자격을 준 것은 유시욱 (1947: 223-227)이다. 이 책에는 저자의 후치사 일부와 전통 문법의 보조사를 합하여 "助詞"라 불렀으며 이는 곧 북한 최초의 규범 문법서 조선어문 연구회 (김수경)의 『조선어문법』 (1949: 165-169)에 계승되었으며 "보조적 품사"라 하여 "자립적 품사"와 함께 독립된 품사로 처리된 바 있다. 관련 논의는 고영근 (2006나) 참조. 홀로도비치 (1954)/간노 (菅野裕臣) 飜譯

위에서 범주화한 "계사, 후치사, 첨사"는 자립성이 없거나 희박하여 일단 "형식사"18)란 범주에 넣기로 한다19). 계사 '이다'의 부정형 '아니다'는 자립 형식이기는 하나 명사 부정문의 서술어로서 그 의미는 형식적이다20). 앞의 네 가지 품사가 "큰 범주"21)라면 형식사는 "작은 범주"라 부를 수 있다. 작은 범주는 큰 범주와는 달리 그 자체로써는 통사적 자율성이 없다.

앞에서 더러 언급한 바 있는 학교 문법의 감탄사와 접속 부사가 품사의 테두리에 들어올 수 있는가 하는 문제를 논의해 보기로 한다. 감탄사는 그 이름부터 "간투사" (間投詞, interjection)로 바뀌어야 한다. 그것은 감탄이라는 의미와는 관계 없이 통사론적으로 보아 문장과 독립된 기능이 파악되기 때문이다22). 간투사는 문어보다는 구어, 특히 짜임새 없는 구어$_2$에 많이 (cf.§3.2) 사용되며 인칭, 시간, 처소의 제약을 받아 나타나는 발화상의 단위이다. 저자는 앞에서 문장의 상위 단위로 텍스트를 세운 바 있는데 (cf.§2.5), 이런 관점에 선다면 감탄사는 마땅히 품사의 자격이 있다23). 문장 문법의 틀을 벗어나면 둘 또는 그 이상의 문장이 이어지거나 발화 상황이 문제가 되는데 간투사는 발화 상황 속에서 나타나므로 어엿한 품사 실체가 될 수 있다24).

(2010: 89-94)에는 학교 문법의 보조사를 러시아어의 "chastica" (영어의 "particle")라 불러 품사의 자격을 주었다. 그러나 보조적 단어로서의 "조사"는 북한에서도 계승되지 못하였으며 격토, 복수토와 함께 토의 한 갈래로 처리되어 오고 있다. 러시아 어학 전공의 홍택규 교수 (한림대)에 의하면 홀로도비치 (1937)의 문법에도 유시욱의 "조사"에 해당하는 범주가 설정되어 있지 않다고 하는 것을 보면 유시욱으로부터 북한의 김수경의 문법으로 계승된 것이 틀림없어 보인다. 저자는 유시욱 문법의 해제를 쓸 때에 영향 관계는 숙제로 미루어 두었었는데 "조사"의 설정이 유시욱으로부터 비롯한다는 것을 밝힐 수 있었다.

18) 저자는 고영근 (1993: 85-84)에서 의존 명사, 보조 동사, 계사의 세 범주를 "형식사"에 넣었으나 이곳에서는 "계사, 후치사, 첨사"의 세 범주를 넣었다는 것을 밝혀 둔다. 한편 목정수 (2003: 436)에서는 '이다'를 '-하다, -답다, -스럽다'와 함께 기능 동사로 처리하였다. 김창섭 (2011)에서는 '답-, 이-, 같-, 시작하-'를 묶어서 "부접 동사"라는 특이한 범주를 세우고 있는데 이 가운데서 '답-'은 물론 구를 지배하기도 하나 이는 파생 접사의 확대된 용법으로 처리해야 한다 (뒤에 나옴). '책상이다, 책상 같다'는 가능하여도 '*책상답다'는 불가능하다는 점을 보면 같이 묶을 수 없다는 것을 지적하여 둔다.

19) 정순기 (1988)에는 의존 명사, 후치사, 접속 부사, 첨사의 네 부류를 한데 묶어서 "보조적 단어"라는 범주에 넣고 있는데 문제가 많아 보인다. 의존 명사를 넣는다면 보조 동사도 넣어야 한다. 그리고 접속 부사가 과연 위의 범주에 넣을 수 있는지 재고의 여지가 많다. 김의수 (2006: 133)에서는 '하다'와 '이다'를 형식 용언의 대표적 예로 들고 있다.

20) 부정문은 문장의 뜻을 근본적으로 바꾸지 않고 다만 문세 (文勢)만 바꾼다고 하는 우리의 전통 문법가의 견해나 표준 생성이론에서 부정법을 변형 규칙으로 처리하는 태도는 모두 부정문의 형식적 성격을 뒷받침한다 (고영근 1983/2001가: 81).

21) 김동찬 (2005: 246)에서는 저자의 큰 범주를 "중심 품사", 바깥 범주를 "외곽 품사"라 처리하고 있다. 전자에는 명사, 동사, 부사, 형용사를 두었고 후자에는 "수사, 대명사, 관형사"를 두어 약간의 차이가 보인다.

22) 감탄사의 이름이 옳으냐 그르냐 하는 문제를 비롯하여 그 문법적 위상에 대한 전반적인 고찰은 신지연 (1988, 1989, 2001) 참조.

23) 주시경『국어 문법』(1910)의 검열용 원고본에서 감탄사를 두지 않았다든지 (앞에 나옴), 우리말 생성 문법에서 감탄사가 설정되지 않은 것은 두 문법 이론이 문장 중심의 문법을 지향한 데 그 까닭이 있어 보인다. 주시경 문법의 특수성에 대하여는 고영근 (1982/1983/2010나: 113-170) 참조.

24) 장소원 (1994)에서는 간투사를 "소형 발화"의 하나로 처리하고 있다.

접속 부사는 문장을 이어 주어 더 큰 문장, 곧 텍스트를 형성하는 기능을 띠고 있다는 점에서 일반적 부사와는 그 기능을 달리한다. 이런 점을 고려하여 저자는 접속사[25)]라는 독립된 범주의 설정을 제안하는 바이다[26)]. 간투사와 접속사는 문장 바깥의 발화 상황에서 발생하거나 문장을 이어 주는 기능을 띠고 있다는 점에서 이 둘을 뭉뚱그려 "바깥 범주"라는 테두리에 넣는 바이다. 바깥 범주는 큰 범주와는 달리 구를 이루는 일이 없다는 점도 큰 차이점이라고 할 수 있다.

이상 주로 통사론적 특징에 기대어 논의한 우리말의 품사 범주를 간추리면 다음과 같다.

(8) 우리말의 품사 범주

큰 범주	명사 동사 관형사 부사
작은 범주 —	형식사 (계사, 후치사, 첨사)
바깥 범주	접속사 간투사

(8)에 보인 품사 체계는 계열적 어류이다. 계열적 어류라 함은 같은 문법적 성격을 가진 단어끼리 묶여졌다는 뜻이다. 이를테면 '무엇이 있다'라는 미정 구문의 '무엇'의 자리에는 명사류가 묶일 수 있고 '어떤 무엇이 있다'의 '어떤'에는 관형사류가 묶일 수 있으며 '무엇이 어찌 있다'의 '어찌'의 자리에는 부사류가 묶일 수 있다. 그러나 통합 관계를 고려하면 공통된 의미 · 기능을 공유하고 있는 어류끼리 묶일 수 있다. '그것, 거기, 그, 그리' 등은 품사류는 다르지만 "중칭"이라는 거리 표시의 공통성이 있다. 이러한 통합 관계에 의한 의미 · 기능적 공통성을 기반으로 한 어휘의 묶음에는 "-어"(語)를 접미하여 "지시어" 등으로 부르기로 한다. 이는 품사의 "사" (詞)와 대응되는 의미를 띠고 있다. 의미상의 공통성에 따른 어휘의 분류에는 다음 네 가지를 들 수 있다.

(9) 가. 미정어 (未定語):
　　① 미지 (未知) 미정어: 누구, 언제, 어찌한다, 어떠하다, 무슨, 왜
　　② 부정 (不定) 미정어: 아무, 아무데, (누구, 어디)
　나. 지시어 (指示語):

---

25) 도수희 (1987: 39-87)에서는 저자의 접속사를 활용형으로 보고 있다. 그러나 이들 어휘는 재구조화되어 한 단위로 굳어졌다는 사실을 놓쳐서는 안 된다 (뒤에 나옴).

26) 전통 문법에서 접속사의 설정을 둘러싼 논의가 있었을 때 이런 문제는 크게 부각되지 않았다. 예외가 있다면 강복수 (1961)을 들 수 있다. 이곳에서는 일본의 문장 문법 이론을 수용하여 우리말의 텍스트 구조를 밝힌 일이 있다. 그러나 이런 시도는 문장 중심 문법에 가려 더 이상 계승되지 못하였으며 지난 세기 90년대에 텍스트 과학의 수용에 힘입어서 그 기능이 제대로 밝혀지기 시작하였다 (고영근 1990/2004가: 265-311, 1999/2011가: 108-110) 참조.

① 대명사: 이이, 이것; 그이, 그것; 저이, 저것
② 상태 동사: 이러하다, 그러하다. 저러하다
③ 관형사: 이, 그, 저; 이런, 그런, 저런
④ 부사: 이리, 그리, 저리

다. 수량어 (數量語):
① 수사: ㄱ. 하나, 둘, 셋 …
ㄴ. 혼자. 둘이, 셋이 …
② 단위성 의존 명사: 사과 (한) 개, 연필 (두) 자루, 배 (세) 척 …
③ 수 관형사: 한 (사람), 두 (사람), 세 (사람) …

라. 부정어 (否定語):
① 부정 명사: 아니
② 부정 부사: 아니 (>안 간다)
③ 부정 동사의 어근: 아니한다 (>않는다)
④ 부정 간투사: 아니

(9가)는 전통 문법의 미지칭과 부정칭을 포괄하는 뜻으로 사용한다. 미정어는 대명사, 동작 동사와 상태 동사, 관형사, 부사에 걸쳐 분포되어 있다. 학교 문법의 미지칭은 "미지 미정어", 부정칭은 "부정 미지어"라 불러 구별하기로 한다. 그러나 '누구, 어디, 언제'와 같은 대명사는 미지와 부정으로 통용된다. (9나)는 '이, 그, 저' 계열의 대명사, 상태 동사, 관형사, 부사에 걸쳐 있다. (9다)는 수량에 관계되는 수사, 흔히 분류사로 불리는 단위성 의존 명사, 그리고 수 관형사가 포함된다. 수사에는 물수 (ㄱ)와 인수 (ㄴ)를 둘 수 있다. (9라)의 부정어는 일차적으로는 계사 '이다'의 부정형인 '아니다'의 어간 '아니'를 가리킨다. ①이 그것이다. '아니'는 명사의 성격이 매우 강하였고[27], 당대에는 '그것은 책이 아니라 연필이다, 그것을 책이 아니라고 해도 좋다'와 같은 예를 보면 명사성이 뚜렷하다 (뒤에 나옴). 어미 '-라'는 '그것은 하얀 종이라 (서) 쓰기가 좋다; 그것은 책이라고 한다'와 비교하면 명사적 성격을 잘 알 수 있다, '아니'는 ②와 같이 부사로서 동사 앞에 나타나기도 하는데 '안'으로 실현되기도 하고 ③과 같이 어근으로서 접사 '-하다'와 결합하여 동사로 실현되기도 하며 ④와 같이 '아니! 이럴 수가'와 같이 간투사로 쓰이기도 한다. 이때의 '아니'는 '기대의 어긋남에 대한 강조적 표현으로 보는 것이 좋다 (김영욱 1983). '못'은 부정 부사인데 '아니'와 같이 능력 부정 부사의 어근으로 쓰인다. 현재 우리 학계에서는 이들을 "부정사"라 부르는 것이 관행화되어 있는데 (가~다)와 같이 '-어'를 접미한 "부정어 (否定語)"가 옳다.

저자가 제안하는 "미정어, 지시어, 수량어, 부정어"는 종전의 우리말 문법, 특히 생성 문법에 기울어진 사람들은 "의문사. 지시사, 수량사, 부정사"로 불러 왔으나, 앞에서 지적한 바와 같이, 단어의 통합 관계를 고려하여 '-어'를 붙였다는 것을 밝혀 두는 바이다.

이상은 당대 우리말을 대상으로 하였으나 중세어와 고대어의 품사 체계를 들여다보기로 한다.

---

27) 박정규 (2002: 276-286)에서 명사설 (안병희 1959/1992: 11-19)을 부인하고 있으나 설득력이 부족하여 보인다.

중세어도 당대어와 같이 큰 범주에는 명사, 동사, 관형사, 부사를, 작은 범주에는 계사, 후치사, 첨사를, 바깥 범주에는 접속사와 간투사를 둘 수 있다[28]. 그러나 세부적으로는 차이가 있다. 첫째로 들 수 있는 것은 한 어휘가 둘 또는 셋의 품사로 통용되는 현상이 당대어보다도 빈번하다. 이를테면 명사와 부사 (명부류), 대명사와 관형사 (대관류), 대명사와 부사 (대부류), 관형사와 부사 (관부류), 동작 동사와 상태 동사 (동상류), 수사와 관형사 (수관류)는 두 품사 통용의 예이다 (고영근 1987/1997/2010다: 167-171).

고대어는 자료의 미비함과 해독상의 문제가 걸려 있어 품사 체계를 세우기가 매우 어렵다. 수사와 명사를 포함한 명사류와 상태 동사를 포함한 동사류. 부사류는 어렵지 않게 식별되고 바깥 범주인 간투사도 확인된다. 그러나 관형사는 그 존재 여부를 확인하기가 쉽지 않다[29].

끝으로 형태적 특성에 따른 단어 분류표를 제시함으로써 뒤의 형태론 전개의 기반으로 삼고자 한다.

(10) 형태론적 특징에 따른 단어 분류표[30]

- 단어
  - 불변어
    - 관형사
    - 부사
    - 접속사
    - 간투사
  - 형식사
    - 부치사(후치사)
    - 첨사
    - 계사 } 활용어
  - 가변어
    - 동사 } 활용어
    - 명사 — 곡용어

활용어를 세운 것은 "계사" '이다'가 동사와 같이 활용한다는 점을 고려한 조처임을 밝혀 둔다.

---

28) 최근 트라울센 (2012: 4-9)에서는 중세어의 품사를 "명사 (N), 동사 (V), 부사 (ADV), 관형사 (D), 수사 (Z), 감탄사 (I)"로 세우고 있다.

29) 고대어의 품사 체계에 대하여는 고영근 (1987/2004가: 374-376), 최남희 (1996: 442-443), 박성종 (1998: 91-102) 참조. 저자는 양주동의『古歌硏究』의 색인을 이용하여 관형사를 제외한 명사, 대명사, 부사, 간투사 (조동사, 조사 제외)를 확인하였고 최남희 (1996)에서는 관형사까지도 확인하였다. 박성종 (1998)에서는 대명사, 수사를 포함한 명사류와, 형용사를 포함한 동사류, 부사류를 세웠다.

30) 아래의 표를 고영근 (1993: 88)과 비교하면 그 사이의 저자의 취향의 변화를 알 수 있다. "형식사"에는 의존명사와 보조 동사가 빠지고 대신 부치사와 첨사가 대치되었으며 가변어에는 명사를 곡용어라 하여 활용어인 동사와 함께 가변어에 넣었다.

4.3. 품사부의 자리 매김

품사부는 어디에 두는 것이 문법 서술에 이득이 많을까. 통사·형태 범주인 품사를 전통 문법처럼 "품사론"이란 이름 아래 다루되 형태론을 포괄하는 방식을 취할 것인가[31], 아니면 통사부의 첫머리에 놓아야 할 것인가[32], 아니면 범주 개념인 품사와 관계 개념[33]인 문장 성분을 총설의 방식으로 먼저 베풀고 품사와 문장의 순서로 나아가야 할 것인가, 아니면 품사부를 형태부와 통합·서술할 것인가[34]에 대한 자리 매김의 문제를 논의하여야 한다[35].

품사 범주가 일차적으로는 단어의 통사론적 특징을 바탕으로 하고 다음으로 형태론적 특징을 고려하며 경우에 따라서는 의미론적 특징도 원용된다는 사실을 감안하면 형태부에서 독립시킬 필요가 있다. 또 품사와 문장 성분은 동전의 양면과 같아서 분리시킬 수 없다. 품사를 이야기하면 필연적으로 문장 성분이나 통사론에 관한 지식이 필요하며 문장 성분이나 통사 구조를 논하면 품사에 관한 지식이 전제되어 있지 않으면 안 된다[36].

우리가 우리말을 대할 때 현실적으로 만나는 언어 자료는 텍스트 (Text)이다. 주어진 텍스트를 문장 단위로 분석하고 다시 이를 관계 개념인 주어, 서술어로 분석하고 이어 형태·통사적인 특성에 따라 범주 개념인 품사의 영역으로 들어간다. 품사부는 본질적으로 통사부와 형태부가 접합된 독립 부문이지만 그 설정 과정에는 통사부와 형태부와는 물론이려니와 경우에 따라서는 의미부와도 관련을 맺을 수 있다. 제1장의 문법 체계에서 보인 바와 같이, 음성 자소부에 이어 설정해야 할 부분은 품사부라고 생각한다. 품사부는 텍스트를 문장으로, 문장을 다시 문장 성분으로 분단

---

31) 이러한 방식은 의존 문법에 기댄 헬비히·부샤 (1987)에서도 볼 수 있는데 먼저 품사 분류 (Einteilung des Wortklassen)의 원칙을 베풀고 이어 동사, 명사와 같은 개별 품사를 상론하고 끝으로 구두점을 포함하여 통사론에 이르는 접근법을 택하였다.

32) 이희승 (1956)은 텍스트에 해당하는 "글"을 문장에 해당하는 "글월"로 분석하고 이를 다시 기능적 범주인 "주어, 서술어"로 나누고 마지막으로 문법적 범주인 품사로 나아가는 방식을 취하였다.

33) 범주 개념 (kategorialer Begriff)과 관계 개념 (relationaler Begriff)은 하이돌프 et al. (1981: 176)에서 가져왔다. 촘스키/이승환·임영재 (역) (1965: 70-83)에서는 문법적 범주 (grammatical category)와 문법적 기능 (grammatical function)이라고 하였다.

34) 남기심·고영근 (1985/1993/2011/2014: 33-48)에서는 형태론에서 형태소와 단어를 식별한 다음에 이를 기초로 하여 품사론에 관련된 문제를 다루었다.

35) 이희승 (1949)는 총설에서 품사와 성분을 먼저 베풀고 이어 품사론과 문장론으로 나아가는 방식을 취하였다, 쿼크 et al (1972: 33-48)에서는 총설적인 장에서 문장을 주어, 서술어 등의 문장 성분으로 나누어 이를 바탕으로 품사로 나아가는 방식을 취하였으며 하이돌프 밖에 (1981: 176)에서는 문법 체계에 관련된 제반 사항을 베푼 다음에 통사론과 품사론에 관련된 사항을 다루었다. 아이젠베르크 (1986)에서는 의존 문법의 모형 위에서 총설적 서술에 이어서 품사와 문장에 관련된 사항을 다루었다. 엥엘 (1988)도 비슷하다. 총설적 서술을 바탕으로 하여 텍스트, 문장, 단어의 순서를 취하였다. 어떤 방식을 취하는 것이 좋은가 하는 것은 문법 서술의 태도에 달려 있다.

36) 주시경 (1910)에서 품사 개설을 베풀고 이어 통사론 전반을, 마지막으로 품사 상론을 베푼 것은 품사론과 통사론 사이의 밀접한 상호 의존성을 간파한 조처로 보인다. 관련 논의는 고영근 (1983/2001가: 143-144, 2010나: 145) 참조.

하는 작업과 병행하여 이루어지는 문법 체계의 총설적 부문이다.

4.4. 어류 유형론[37]

이상과 같이 저자는 당대의 우리말과 중세 및 고대어의 품사 체계를 확인하고 그 특성을 확인하여 보았다. 우리말의 품사적 특징을 드러낸다는 점에서 우리말과 계통적으로 관련이 있다는 일본어를 비롯한 알타이 제어와 고아시아족의 언어인 아이누어 및 길랴크어 등 여러 언어와의 비교를 시도하여 보고자 한다[38].

저자가 앞에서 시도한 세 품사 체계, 곧 "큰 범주, 작은 범주, 바깥 범주"는 주로 분포를 기준으로 삼아 책정한 것이다. "품사"는 "part of speech"를 번역한 말인데 원래의 의미는 '문장의 부분'을 뜻하였다는 점에서 국제적으로 기피하는 일이 많다 (송경안 2008가: 9-11). 이런 점을 감안하여 저자는 "어류" (語類)라 불러 그 개념을 뚜렷이 하고자 하나 필요에 따라서는 "품사"라는 말도 쓸 것임을 덧붙여 둔다.

어류, 곧 품사의 통언어적인 유형론을 논한다는 것은 사실상 수수께끼를 푸는 것과 같다. 같은 언어라 하더라도 단어를 보는 관점이 다르면 품사가 달라지는데 지구상의 모든 언어를 대상으로 품사 유형론을 세운다는 것이 어쩌면 연목구어 (緣木求魚)일지 모른다. 라틴 문법을 주축으로 하는 유럽풍의 품사에 대한 개념에서 벗어나지 않으면 통언어적인 품사 유형론을 세우기가 어렵다. 앤워드 밖에 (1997)에서는 통언어적인 품사 유형론을 세우는 조건으로 다음과 같은 네 개의 매개 변인을 들었다.

(11) 품사 유형론의 매개 변인
- (i) 품사 자질 (part-of-speech features)
- (ii) 품사 (parts of speech)
- (iii) 품사 체계 (part-of-speech systems)
- (iv) 외적 조직 맥 (the extra-systemic context)

언어 유형론에서 매개 변인을 도입하여 통언어적 보편성을 찾는다는 것은 지난 세기 80년대 초부터 생성 문법의 한 대안으로 각광을 받아 온 지배 · 결속이론 (GB)의 영향이라고 생각한다. 생성 문법이 언어 유형론의 영향을 받아 복수 언어를 대상으로 보편성을 추구하였듯이 이제는 언어 유형론이 생성 문법의 매개 변인의 방식을 도입하고 있는 것이다. 앞에서 비친 바와 같이, 두 이론은 보거상의 (輔車相依)의 관계를 맺고 있다.

앞에서 보인 우리말의 어류 체계의 유형적 특징을 검토해 보기로 한다. 언어 유형론에서 논의하

37) 이 부분은 고영근 (2012가)의 내용과 부분적으로 겹친다는 점을 밝혀 둔다.

38) 품사 유형론을 전개한 업적으로는 샤흐터 (1985), 삿세 (1993), 앤워드 밖에 (1997), 크로프트 (2000), 송경안 (2008)을 들 수 있고 우리말의 품사를 유형론적 관점에서 조명한 업적으로는 이건한 · 송경안 (2008)이 있다.

는 어류 범주는 다음과 같다.

(12) 어류 범주

열린 어류 (open class)	명사 동사 형용사 부사
닫힌 어류 (closed class)	대명사와 기타 대형 (pro-form) 명사 부가어 (adjunct) 동사 부가어 접속사 기타 닫힌 어류

저자의 "큰 범주"는 대체로 "열린 어류" (open class)와 일치하고 "작은 범주"는 "닫힌 어류" (closed class)와 일치한다. 한편 어류를 내용어 (content word)와 기능어 (function word)로 가르기도 한다. 기능어는 달리 "첨사"라고 부르기도 하는데 이는 쓰레기통 범주를 이루고 있어서 "초점 첨사, 의문 첨사, 담화 첨사" 등이 포함된다. 내용어와 기능어는 그 경계를 긋기가 어려운 일도 많다. 두 범주는 우리말의 전통 문법에서 사용되어 온 "실사" (實詞)대 "허사" (虛詞)와 가깝고 현행 학교 문법의 "실질 형태소"대 "형식 형태소"에 일치하는 면이 많다. "내용어"대 "기능어"는 "큰 범주"대 " 작은 범주"와 반드시 일치하지 않는다.

최소 주의자들은 보편 문법의 어휘 범주로서 동사, 명사, 형용사를 들고 있다. 이점 유형론자들도 마찬가지다. 품사가 하나나 둘 밖에 없는 언어도 있다고 하나 현재는 명사, 동사, 형용사가 유형론적 원형이라는 관점에 대체로 동의하고 있다 (베이커 2003, 리크호프 2007, 크로프트 2000). 물론 부사도 어휘 범주 속에 넣는 일도 있다. 우리말은 명사가 자립 형식이고 동사가 의존 형식이라는 점에서 명사구와 동사구가 구별되는 언어 유형에 속한다. 그런데 저자가 보인 큰 범주 속에는 대명사와 수사가 들어 있는데 앞의 샤하터의 표에 기대면 닫힌 어류에 속한다. 물론 대명사와 수사가 명사를 대신한다는 존재론적 기능을 고려한다면 열린 범주에 든다고도 할 수 있다.

큰 범주 가운데서 가장 큰 문제는 관형사의 처리이다. 우리말의 관형사에는 지시 관형사, 성상 관형사, 수 관형사의 셋을 두고 있다. 유형론자들이 거론하는 형용사에는 학교 문법의 "형용사"가 아니고 관형사 가운데의 '새, 헌'과 같은 성상 형용사를 가리킨다[39]. 학자들 가운데는 현행 학교 문법의 "동사"와 "형용사"는 구분할 필요가 없고 "관형사"는 유형론적 관점에 설 때 "애매한 품사"라고 규정하면서 "관형사" 범주의 설정에 이의를 제기한다, 이들은 '새, 헌'과 같은 일부 성상 관형사만

39) 웨처 (1996: 4)에서는 "adjectival (word/item)"을 "property concept"라고 하여 형용사 유형론을 펼치고 있다. 우리말을 예로 든다면 "property concept"는 관형사, 형용사의 관형사형, 이른바 형성소나 관형 명사 등으로 실현되는 것을 가리킨다.

형용사로 보아야 한다고 주장하기도 하고 전통 문법의 형용사를 폐기하고 새로운 형용사 범주를 세울 것을 제안하기도 한다 (이건환 · 송경안 2008: 59, 목정수 2003: 421-456, 김용하 2012). 성상 관형사만을 형용사로 보아야 한다는 견해는 언어 유형론적으로 볼 때 하등 하자 (瑕疵)가 없다.

사실 당대에는 우리말 고유의 성상 관형사는 몇 되지 않는다. 중세어에는, 앞에서 언급한 바 있듯이, 성상 관형사의 수효도 당대어보다 더 적고 다른 품사와 통용되고 있어 성상 관형사를 세우기가 쉽지 않다. 대표적으로 '새'가 그러하다. 당대어에서 관형사로 드는 '헌'은 동사 '헐다'의 동명사형이 굳어진 것이다. 이렇게 보면 우리말에서는 성상 관형사, 곧 유형론에서 언급하는 "형용사"는 설정 의의가 없다고 말할 수 있다. "형용사"가 모든 언어에 발견되지 않는다는 보고도 있다 (샷세 1993: 661)[40]. 이 견해에 따른다면 우리말의 어휘 범주에는 명사, 동사. 부사만 세울 수 있다.

우리말 문법가들이 관형사를 세울 때에는 명사 앞에 놓인다는 분포적 측면을 중시하였다. 저자는 이런 전통을 계승하여 관형사를 세웠다. 그러나 언어 유형론의 관점에 서면 수 관형사는 수량어에, 지시 관형사는 지시어에 분속 (分屬)시켜야 한다는 견해가 그르다고 할 수 없다. 만약 기능론자의 관점에 선다면 "성상 부사"는 형용사에, "지시 부사"는 지시어에 넣어야 할 것이다. 분포와 같은 구조적 측면에 입각하여 세워진 우리말의 품사 체계를 유형론자의 기능적 측면과 절충시키는 지혜의 창출이 필요하다. 앞에서 본 매개 변인을 활용하여 차이점을 극복하는 길도 있을 것이다. 앞의 (8)은 이상과 같은 고민 끝에 마련한 저자의 최종안이라는 것을 밝혀 둔다.

당대의 우리말은 같은 단어가 두 범주의 품사로 사용되는 일이 보인다. 이는 학교 문법에서 "품사의 통용"이란 이름 아래 처리하고 있다 (남기심 · 고영근 1985/2014: 183-186). 이런 현상은. 앞에서 잠깐 비친 바와 같이, 중세어에 더 흔하다 (고영근 2010다: 167-171). 성상 관형사 '새'는 명사, 관형사, 부사의 세 품사로 쓰였다. '새' 밖에 대명사 '어느'도 세 품사의 기능을 지니고 있었다. 두 품사로 통용되는 것은 명사와 부사로 통용되는 '아니', 'ᄀᆞ장', '그에', 대명사와 관형사로 통용되는 '이, 그, 뎌, 므슴' 등을 들 수 있다. 한편 중세어에는 학교 문법의 형용사가 동사로 겸용되는 일이 매우 흔하였다 (이영경 2003). 이른바 품사의 통용을 언어 유형론적으로 어떻게 처리해야 하는 문제가 우리 앞에 서 있다.

중세어에는 같은 어간이 곡용 어미가 붙느냐 활용 어미가 붙느냐에 따라 명사와 동사의 기능을 표시하는 일이 많다. 당대의 우리말에도 '신'과 같은 말은 곡용 어미가 붙으면 명사가 되고 활용 어미가 붙으면 동사가 된다. 이를테면 '신을 신을 가져 오너라'에서 뒤의 '신'은 대격 어미가 붙었기 때문에 명사이고 앞의 '신-'은 추측 관형사형 어미 '-ㄹ'이 붙었기 때문에 동사이다. 중세어에는 이런 현상이 매우 흔하였다 (고영근 2010다: 183). 종전에는 이를 영 (∅) 접사가 붙어 명사에서 동사로 전성된다고 설명하였다. 그러나 언어 유형론의 관점에 서면 명사와 동사의 구별이 없는 언어 유형의 잔해 (殘骸)가 남은 것으로도 볼 수 있다.

---

40) 웨처 (1996: 3)에서는 형용사가 유형론적으로 볼 때 보편 범주를 구성할 수 없다고 말하고 지구상의 모든 언어는 명사와 동사는 구별하는 경향이 있으나 많은 언어는 형용사가 열린 범주로 실현되지 않는다고 하면서 그것을 보상하는 것은 속성이나 성질을 표시하는 동사나 명사라고 하였다, 이 견해에 따른다면 우리의 전통 문법이나 학교 문법의 형용사나 형용사의 관형사형 내지 관형 명사 등이 논의의 대상이 될 수 있어 보인다.

끝으로 우리말과 함께 알타이 제어를 형성하고 있는 일본어, 퉁구스어, 몽골어, 튀르크어 제어 등 다른 언어의 어류를 보기로 한다.

일본어는 "명사, 동사, 형용사, 형용 동사, 부사, 연체사, 접속사, 감동사, 조동사, 조사"의 10품사가 알려져 있다 (박선옥 · 양경모 2008가: 67). 구조주의에 기울어진 재외 일본 어학계에서는 "noun, verb, adjective, adverb, postposition, case particle, adjectival noun, verbal noun"의 8품사를 세우고 있다 (쓰지무라 1996: 126-141). 전자를 기준으로 할 때 유형론의 대상이 되는 것은 명사, 동사, 형용사, 형용 동사이다. 이곳의 "형용 동사"는 후자의 "adjectival noun"과 그 지칭 대상이 같다. 일본어 역시 명사와 동사로 나누어질 수 있다는 점에서 우리말과 같이 명사구와 동사구가 구별되는 언어 유형에 속한다. 형용사와 형용 동사는 어형 변화가 확인되고 통사 기능에 있어서 차이가 없기 때문에 유형론적인 관점에서는 같은 어류로 다루어도 좋다는 견해도 있다. "연체사"는 우리말의 관형사와 같은데 우리말의 관형사와 같이 형용사나 지시어로 해체해야 한다"는 견해도 있다 (박선옥 · 양경모 2008: 69, 72). 현행 학교 문법의 형용사는 동사와 큰 차이가 없고 그 대신 관형사 중의 성상 관형사가 유형론에서 언급하는 형용사와 비슷한 점이 있는데 일본어의 형용사는 활용을 한다는 점에서 그 나름의 유형적 특징을 지니고 있다. 우리말에는 "존재"와 "지정"을 표시하는 절차가 '있다'와 '이다'로 분화되어 있으나 인도 유럽어와 알타이 제어는 통합되어 있다 (홍재성 2010).

퉁구스어는 전통적으로 명사, 대명사, 수사, 형용사, 동사, 부사, 후치사, 어기사 (語氣詞), 감탄사, 조사의 10품사가 설정되어 왔다 (김방한 밖에 1986: 235-272). 한편 만주 구어에서는 명사, 동사, 형용사, 불변어 (invariant word)를 두었으며 불변어에는 후치사, 첨사, 간투사를 두고 있다 (김주원 밖에 2008: 35-47). 이 가운데서 유형론의 관심의 대상이 되는 것은 명사, 형용사, 동사이다. 명사에는 수, 격과 소유의 인칭 어미가 붙을 수 있다는 점에서 동사와 구별되는 언어 유형에 속한다. 우리말, 일본어와 다른 점은 퉁구스어에는 소유의 인칭 어미가 붙을 수 있다는 점이다. 형용사는 형태상의 변화 없이 명사로도 쓰일 수 있다. 중세어의 성상 관형사 '새'가 명사로 통용되는 현상과 방불한 면이 있다. 동사에는 명사의 소유 인칭어미와 같이 동작주의 인칭을 나타내는 문법적 장치가 있다. 이러한 현상은 인도 · 유럽어의 인칭 어미와 방불한 것으로 우리말이나 일본어에는 볼 수 없다[41].

몽골 구어 (할하 방언)는 전통적으로 명사, 대명사, 수사, 형용사, 동사, 형동사, 후치사, 접속사, 지정사, 조사의 10품사를 두어 왔다 (김방한 밖에 1986: 92-145). 한편 몽골어의 한 분파인 다구르 (Dagur)에서는 명사, 형용사, 수사, 대명사, 동사, 부사. 후치사, 첨사, 간투사의 9개를 두고 있다 (유원수 밖에 2008: 39-80). 전자에 설정되어 있는 지정사가 빠져 있다. 여기서 논의의 대상이 되는 것은 명사, 형용사, 동사, 부사이다. 명사에는 수와 격이 있고 명사의 소유 인칭어미가 실현된다는 것은 퉁구스어와 유사하다. 형용사가 그대로 명사가 되기도 하고 부사로 쓰이기도 한다. 앞에서 본 퉁구스어, 중세어와 비슷한 면이 있다. 형용사가 부가어로 쓰일 때나 서술어로 쓰일 때

41) 중세어의 평술형에 나타나는 화자 표지 및 의문형에 나타나는 청자 표지와 관련을 시키는 문제는 뒤에서 논의된다.

에 형태 변화가 없는 것은 일본어와 비슷하다. 동사에는 시제, 동작상, 서법이 실현되며 명령법과 기원법에서는 인칭 어미가 남아 있다. 물론 몽골어의 한 분파인 브리야트어에는 인칭 어미가 보존되어 있다. 형동사는 동사의 특성과 명사의 특성을 겸한 것이다 (김방한 밖에 1986: 137). 앞에서 본 일본어의 "형용 동사"와 차이가 없어 보인다.

튀르크어계의 한 분파인 출름 튀르크어 (Chulym)의 중류 출름 방언은 "noun, pronoun, adjective, numeral, adverb, postposition, particle, conjunction, verb"의 9품사를 두고 있다 (이용성 밖에 2008: 29-98). 여기서 유형론적으로 논의의 대상이 되는 품사는 명사, 형용사, 부사, 동사이다. 명사에는 퉁구스, 몽골어와 같이 수와 격 범주가 확인된다. 형용사는 명사의 부가어로 쓰이거나 서술어로 사용된다. 중류 출름 방언은 형용사가 명사나 부사로 통용된다. 중세어의 성상 관형사 '새'나 대명사 '어느'와 비슷하다. 또 이 방언에는 형용사가 문말에 놓이기도 하는데 이는 일본어의 형용사와 같은 현상이다. 동사에서 중류 출름 방언은 다른 터키어와 마찬가지로 인칭 어미가 붙는다. 퉁구스어에는 이런 현상이 현저하였고 몽골어에서는 부분적으로 포착되었다. 터키어도 일본어나 다른 알타이 제어와 같이 명사와 동사가 분리되는 언어 유형에 속한다는 사실이 확인되었으며 같은 단어가 여러 품사로 통용되는 현상도 포착되었다,

이상과 같이 저자는 우리말의 어류 체계를 세운 바탕 위에서 그 유형적 특징을 당대 우리말과 중세어에 걸쳐 부각시켜 보았으며 이어 일본어, 퉁구스어, 몽골어, 터키어와 같은 알타이 제어의 어류 체계와 비교하는 관점에서 우리말 어류체계의 특징을 그런대로 조감하여 보았다. 같은 단어가 둘 또는 셋의 품사에 걸치는 이중 또는 다중 기능을 어떻게 유형론적으로 형식화할 것인가에 대하여는 손을 대지 못하였다. 플라센 (1997: 제2부)에는 한 단어의 다중적 기능 전환 (switchung)의 문제를 통언어적으로 고찰하여 형식화를 시도하고 있다.

V. 문법 서술에 필요한 몇 가지 기초 개념

V. 문법 서술에 필요한 몇 가지 기초 개념

이곳에서는 우리말 문법의 총체적 모습을 서술함에 있어 이론적 기반이 되는 몇몇 기초 개념을 도입하려고 한다. 그 몇 가지를 들면 다음과 같다.

핵, 논항 구조, 결합가, 대용

"핵" (核, head)을 도입하는 것은 우리말이 유형론적으로 핵-말 언어 (head-final language)임을 부각시키기 위한 배려에서 비롯되었다. 논항 (argument) 구조를 도입한 것은 우리말의 통사 구조를 의미론적 관점에서 들여다보기 위한 배려와 관련이 있다. 결합가 (結合價, valency)를 도입한 것은 우리말의 통사 구조를 동사로부터 서술한다는 태도와 깊은 관련이 있다. 대용 (代用, substitution)을 도입한 것은 저자의 문법 체계 안에 통보화용부/텍스트 형성부를 끌어 넣은 배려와 직접 관련이 있다.

5.1. 핵

지난 세기 70년대 말부터 국제 언어학계에는 "핵" (核, head)이란 말이 유포되어 왔다. '예쁜 꽃'과 같이 수식을 받는 '꽃'과 같은 말이 바로 핵이며 이를 수식하는 '예쁜'은 의존어 (dependent)이다. 의존어에는 필수 성분인 보족어 (complement)와 수의 성분인 부가어가 있다.

(1) <u>예쁜</u> **꽃**이 <u>많이</u> 피었다.

위에서 '예쁜'과 '많이'는 수의 성분인 부가어이다. 부가어는 학교 문법의 수의 성분에 해당하며 여기에는 수식어와 한정어를 둔다 (뒤에 나옴).

그러나 다음 예는 사정이 다르다.

(2) 영수는 (책을) 읽는다.

위에서 대격 보족어 명사구 '책 (을)'이 생략되면 '영수'가 무엇을 읽는지 알 수 없다. 이와 같이 생략할 수 없는 필수 성분을 보족어라고 한다. 보족어는 결합가를 도입할 때 다시 논하기로 한다. 학교 문법의 "필수적 부사어"가 연상된다.

중세어에는 동작 동사의 수식적 동명사형이 핵을 수식할 때에는 선행 어미가 붙기도 하였다.

(3) 鹿母夫人ᄋᆡ 나혼 고ᄃᆞᆯ (<**곶**ᄋᆞᆯ) 어듸 ᄇᆞ린다 (석보상절 11, 32)

위에서 '나혼'은 뒤에 오는 대격 보족어 명사구 '곶'의 의존어인데 그로 말미암아 일치가 일어나 선행 어미 '-오-'가 실현되었다 (뒤에 나옴).

핵의 개념은 문장의 성격을 표시하는 정동사 어미에 대하여도 적용할 수 있다. 앞에서 잠시 비친 바와 같이, 우리말은 핵말 언어로서 통사 구조의 표지가 핵 말에 자리잡는다.

(4) 철수는 학교에 간다 (<**가ㄴ다**).

위에서 동사 '간다'에 붙어 있는 어미 '-ㄴ다'는 한 문장을 평범하게 서술하는 곧 평술문[1]을 만들어 주는 역할을 한다. 만약 '-ㄴ다'의 자리에 '-느냐'를 바꾸어 넣으면 문장의 성격을 바꾸어 의문문이 되게 한다.

정동사와 함께 부동사와 동명사도 핵의 기능을 띠고 있다.

(5) 가. 인생은 짧**고** 예술은 길다.
나. 봄이 오**니** 꽃이 핀다.

(5)의 예는 (4)와는 달리 부동사 어미 '-고'와 '-(으)니'가 선행절과 후행절을 이어 주는 역할을 한다. (5가)는 대등적으로, (5나)는 종속적으로 이어 준다[2].

다음 (6)은 동명사의 범주에 드는 예이다.

(6) 가. 이순신전을 **읽은** 학생들이 많다.
나. 책을 **읽기** 싫어하는 학생들도 많다.

(6가)의 '읽은'의 '-은'은 핵 명사 '학생들'을 수식하는 의존어가 되게 하고 (6나)의 '읽기'의 '-기'는 동작 동사 '읽-'에 명사의 자격을 부여하는 기능을 부여한다.

핵의 개념은 격 어미에 대하여도 적용할 수 있다.

(7) 철수는 **학교에서** 공부하였다.

위의 예문은 (4)의 '학교에'를 '학교에서'로 바꾼 것인데 문장의 성격이 달라졌다. 전자는 곡용 어미 '-에'가 '학교'에 붙음으로써 '학교'가 동작 동사 '간다'의 지향점이 되는 데 반하여, (7)은 격 어미 '-에'에 후치사 '서' (뒤에 나옴)가 붙어 격 어미 상당의 역할 (뒤에 나옴)을 함으로써 '학교'가 동작 동사 '공부한다'의 "정처" (되는 곳)[3] 임을 표시한다. 격 어미가 핵이냐 아니냐를 둘러싸고 논쟁이

---

1) 저자는 현행 학교 문법의 "평서문"을 "평술문"이라 부를 것을 제안한 바 있다 (고영근 1993: 134).

2) 이정훈 (2008나)에서는 대등 접속소를 핵으로 보는 데 대하여 임동훈 (2009: 123-124)에서는 핵으로 보지 않는다.

3) 최현배 (1971: 450항)과 고영근 (1995가: 728)을 비교 · 참조. 서술의 편의상 최현배의 "되는 곳"을 "정처" (定處)로 바꾸기로 한다.

읽고 있지마는 저자는 격 어미가 일단 핵이라는 편에 서 있다[4]. 이에 대하여 첨사, 곧 학교 문법의 보조사는 비핵이다. 그것은 (5)의 처소 (정처) 보족어 명사구 '학교에서'에 첨사 '도'를 붙여 보면 분명히 알 수 있다.

(7') 철수는 (학교에서)도 공부하였다.

그러니까 '도'의 붙고 안 붙음이 통사 구조와는 관련이 없음을 알 수 있다.

핵의 개념은 선행 어미에 대하여도 적용할 수 있다. 선행 어미 가운데는 통사론적 핵뿐만 아니라 의미론적 핵을 인정하는 것과 관련되기도 한다 (츠위키 1985, 허드슨 1987). 먼저 당대어의 시간이나 앎에 관련되는 선행 어미를 보기로 한다. 다음 선행 어미는 한 문장에서 현재, 과거, 미래 시제를 표시하는 핵의 기능을 발휘한다.

(8) 가. 나는 책을 읽는다.
나. 나는 책을 읽었다.
다. 나는 책을 읽겠다.

다음은 의존 동사가 진행, 완료, 예정 등의 동작의 양상, 곧 동작상을 표시한다. 동작상이 문법 범주로서의 자격이 뚜렷한 이상, 핵으로 인정하지 않을 수 없다.

(9) 가. 의자에 앉고 있다.
나. 의자에 앉아 있다.
다. 의자에 앉게 한다 (<하ㄴ다).

(9가)는 진행상. (나)는 완료상, (다)는 예정상이다.

다음은 당대어와 중세어의 존경법과 겸손법의 선행 어미인데 이의 통합 여하에 따라 주어 명사구의 신분이 달라진다.

(10) 가. 아버지가 오신다 (<오시ㄴ다).
나. X 부텨ᄅᆞᆯ 보ᅀᆞᄫᆞ면 (보ᅀᆞᇦᄋᆞ면).

(10가)는 '아버지'처럼 주격 보족어 명사구가 존경의 대상일 때, (나)는 주격 보족어 명사구 X가 대격 보족어 명사구 '부텨'보다 신분이 낮을 때 사용되므로 역시 핵의 기능을 표시한다.

다음은 당대어와 중세어의 아주높임의 선행 어미가 쓰인 것이다.

(11) 가. 저는 학교에 갑니다 (<가브니다).

---

4) 격 어미, 곧 학교 문법의 격 조사가 핵이냐 아니냐 하는 문제는 지난 세기 90년대부터 논쟁의 대상이 되어 오고 있다. 임동훈 (1991가, 2008), 한정한 (2003, 2010)을 비교 · 참조. 전자는 격 어미를 핵으로, 후자는 비핵으로 보고 있다.

나. 내 호리이다.

(11가)는 당대어의 예인데 이곳에 쓰인 선행 어미 '-(으) ㅂ-'는 청자가 화자보다 사회적 지위가 높을 때 사용되고 (나)의 '이'는 중세어의 예인데 청자의 지위가 화자보다 높을 때 사용되었다.

다음은 중세어의 시간과 관련되는 기본 서법 형태소이다.

(12) 가. 須達이 가∅다.
나. 須達이 가ᄂᆞ다.
다. 須達이 가더라.
라. 須達이 가리라.

(12)의 '∅, -ᄂᆞ-, -더-, -(으)리-'는 과거, 현재, 회상, 미래 등의 시제나 발화 방식에 관련되는 내용을 표시한다.

다음은 중세어의 화자의 앎이나 느낌을 표시하는 선행 어미다.

(13) 가. 아기 가거다.
나. 아기 가ᄂᆞ니라.
다. 아기 가도다.

(13가)의 '거'는 주관적 앎, '니'는 객관적 앎, '-도-'는 느낌을 표시하는 선행 어미로서 앞의 (12)과 같이 그 나름의 핵의 기능을 표시하고 있다.

다음은 중세어에 보이는 화자 표지 '-오-'가 핵의 기능을 발휘하는 것인데 당대어에는 거의 자취를 감추어 버린 선행 어미이다.

(14) 가. 내 호라 (<ᄒᆞ오)라.
나. 내 ᄒᆞ노 (<ᄂᆞ오)라.
다. 내 ᄒᆞ다라 (<더오)라.
라. 내 ᄒᆞ과 (<거오)라.
마. 내 ᄒᆞ노소 (<ᄂᆞ옷오)라.
바. 내 ᄒᆞ다소 (<더옷오)라.

(14)는 주격 보족어 명사구가 화자일 때 그 활용형에 '-오-'가 붙은 것이다. (가)는 부정법 -∅-에, (나)는 직설법 '-ᄂᆞ-'에, (다)는 회상법 '-더-'에, (라)는 확인법 '-거-'에, (마)는 직설 감동법 '-ᄂᆞ옷->-ᄂᆞᆺ'에, (바)는 회상 감동법 '-더옷>-닷-'에 화자 표지가 붙어 문장의 성격을 바꾸어 놓는다.

다음은 수식 구성에 선행 어미 '-오-'가 사용된 것인데 피수식어 명사구가 목적어로 전개될 때 사용된다. 통사 구조에 따라 '-오-'의 통합 여부가 결정되니 핵으로서 손색이 없다.

(15) 가. 나혼 아기 비교: 아기를 낳다.

나. 낳논 아기　비교: 아기를 낳ᄂᆞ다.
다. 낳단 아기　비교: 아기를 나터라.
라. 나홀 아기　비교: 아기를 나ᄒᆞ리라.

핵의 개념은 단어 형성론에서도 적용된다.

(16) 철수가 영수에게 밟혔다 (<밟**히**었다).　비교: 영수가 철수를 밟았다.

위의 '밟히-'는 오른쪽의 능동사 어근 '밟-'에 접사 '-히-'가 붙어 형성된 피동사이다. 접미사 '-히-'가 붙음으로써 통사 구조를 바꾸어 놓았다. 통사 구조를 바꾸는 기능을 띠고 있으니 핵의 범주에 들어온다.

다음 예는 합성어가 핵과 의존어로 구성된 것이다.

(17) 논밭, 새마을

'논밭'은 핵으로만 구성된 합성어이고 '새마을'은 의존어 '새'와 핵 '마을'의 합성어이다. 핵과 핵, 핵과 의존어가 결합하여 의미의 변질이 일어난 것은 문제 삼지 않기로 한다.

5.2. 논항 구조[5)]

문법 연구에서 논항 구조를 논의할 때에는 주어진 동사가 취하는 논항의 수뿐만 아니라 개별 명사구에 의미역이나 성분 이름을 붙이는 일을 놓쳐서는 안된다. 이를테면 'Bertha killed Cato'에서 'Bertha'와 'Cato'는 'kill'의 명사구인데 'Bertha'는 동작주 (agent) 또는 주어 (subject)이고 'Cato'는 피동작주 (patient) 또는 목적어 (object)이다. 동작주와 피동작주는 각 명사구에 부여되는 의미론적 개념인데 이를 "의미론적 논항" (semantic argument)이라고도 한다 . 주어와 목적어는 각 논항에 부여되는 통사론적 개념이다. 이를 통사론적 논항이라고도 한다. 한 서술어의 논항 구조는 통언어적으로 동일할 필요가 없다. 논항 실현의 유형론이 대두되는 까닭을 알 수 있다.

그러면 우리말의 문법 현상을 서술함에 있어 논항 이론이 문법 체계의 각 부문에 어떻게 응용될 수 있는가 하는 문제를 논의하여 보기로 한다.

첫째, 형태론에서는 굴절법과 조어법에서 논항 설정의 의의가 확인된다.

먼저 명사 중의 동작성 명사와 상태성 명사가 논항의 적용을 받는다.

(1) 과학고등학교 **입학**이 어렵다.
(2) 경제적 **곤란**을 어떻게 이겨내는가가 문제이다.

5) 이 부분은 고영근 (2013다, 2018가: 110-129)의 내용을 간추렸음을 밝혀 둔다.

(1)의 '과학고등학교 입학'은 '무엇이 어려우냐'라는 '무엇'의 자리를 채울 수 있다는 점에서는 일반적인 명사와 다름이 없지마는 계사 '이다'와 결합하여 서술어로 쓰이는 일은 드물고 대부분 '입학하다'와 같이 '하다'와 통합된다. 이런 경우의 '입학하다'는 '과학고등학교에 입학하다'와 같이 처소역 논항을 지배하고 있으니 '입학'은 명사와 동사의 두 기능을 띠고 있다고 말할 수 있다. 이러한 현상은 한자어나 영어 등 외래어에서 흔히 나타나며 '감, 먹음'과 같은 동명사와 비슷하다. (1)과 같은 동작성 명사는 '일본으로부터의 독립'과 같은 명사구를 보면 '일본으로부터 독립하다'로 전개될 수 있으니 '독립'이 출발점 의미역을 표시한다고 할 수 있다. 요컨대 한자어나 이에 준하는 외래어는 명사나 명사구로 압축되어도 주어진 명사구를 지배할 수 있으므로 어휘의미상으로는 동사나 형용사와 같다고 말할 수 있지 않을까[6].

(2)의 '곤란'은 명사적 성격이 더 희박하다. 서술어로 '곤란하다'만 실현되지 '*곤란이다'는 불가능하다. '곤란하다'는 '그런 일이면 곤란합니다'와 같이 대상역을 지배하고 있으니 '그런 일이면 어렵습니다'와 같은 고유어 형용사와 큰 차이가 없다.

우리말에는 의존 동작 동사, 의존 상태 동사 등 의존 동사가 많다. 그 가운데는 자립 동작 동사와 형태가 같아서 기능 식별이 쉽지 않은 것이 있다.

(3) 먼지를 말끔히 떨어 버려라.

위의 (3)은 자립 동사와 의존 동작 동사가 결합된 예인데 다시 두 문장으로 분해하여 본다.

(3') 가. 먼지를 말끔히 떨어라.
나. *먼지를 말끔히 버려라.

자립 동사만으로 성립된 (3'가)는 '먼지를 떨다'로 표현하여도 본래의 의미와 차이가 없지마는 (3'나)는 문장이 성립되지 않는다. 설사 성립된다고 하더라도 자립 동사로 구성되었을 때와 의미가 같지 않다. (3'가)의 '떨다'는 대상역 '먼지'를 지배하지마는 (나)의 '버리다'에는 이와 관련된 명사구가 없다. 이는 '버리다'가 정상적 명사구를 취하는 자율성을 띤 동작 동사가 아닌 문자 그대로의 의존 동작 동사임을 실증한다고 하겠다.

동사의 연결 중에는 자립 동사끼리의 연결도 있다. 다음 예를 보자.

(4) 어머니가 바구니를 들고 가셨다.

위의 예는 흔히 말하는 연속 동사 (serial verb) (뒤에 나옴)의 한 가지인데 다음 두 문장으로 분해할 수 있다.

(4') 가. 어머니가 바구니를 들었다.

---

6) 김의수 (2006: 140-148, 173)에서는 동작성 명사와 상태성 명사를 "서술성 명사"라 하여 V 범주가 아닌 N 범주라는 사실을 논증하기도 하였다.

나. 어머니가 가셨다.

(4'가, 나) 모두 독립된 문장으로서의 자격에 흠이 없다. (4'가)의 동사 '들다'는 '바구니'라는 대격 보족어 명사구를 지배하고 있고 (4'나)의 동사 '가다'는 숨어 있는 도착점역, 이를테면 '시장'과 같은 명사구를 지배한다. 각 동사에 그 나름의 일정한 명사구가 배당되어 있는 것이다.

다음으로는 단어 형성법에서 활용되는 명사구를 보기로 한다.

(5) 가. 해돋-이 (움직임)
나. 고기잡-이 (대상)
다. 손잡-이 (대상)
라. 안잠자-기 (사람)
마. 글짓-기 (움직임)

(5)는 당대어의 단어 형성법에서 많이 사용되는 접미사 '-이, -기'에 의한 종합 합성어이다. 같은 접미사 '-이, -기'는 그 의미가 다의적이어서 '행위, 물건, 사람' 등 여러 가지 의미를 표시한다. 그런데 (5)의 예를 보면 어근의 명사구의 의미역이 여러 가지로 분화된다는 것을 알 수 있다.

(5가)의 '해돋-'은 '해가 돋다'에서 '해'를 대상역으로 하는 자동사문이 주격 어미의 소거를 거쳐 합성 어근 '해돋-'이 형성되고 여기에 접사 '-이'가 붙어 움직임을 뜻하는 '해돋이'라는 합성어의 파생형이 도출되었다. (5나)는 '(x) 고기를 잡다'에서 '고기'를 대상역으로 하는 타동사문이 대격 어미의 소거를 거쳐 합성 어근 '고기잡-'이 형성되고 여기에 접사 '-이'가 붙어 대상 내지 사람을 뜻하는 '고기잡이'라는 합성어의 파생형이 도출되었다[7]. 여기에서는 외재 논항 x는 단어 형성에 참여하지 않았다. (5다)의 '손잡-'은 '(x y) 손으로 잡다'에서 '손'을 도구역으로 하는 타동사문이 격 어미 '-(으)로'의 소거를 거쳐 합성 어근 '손잡-'이 형성되고 여기에 대상을 뜻하는 '손잡이'가 형성되었다. (5나)와 같이 내부 명사구가 단어 형성에 참여하였다. (5라)는 '(x) 안에서 잠자다'에서 '안'을 처소역으로 하는 자동사문이 격 어미 '-에서'의 소거를 거쳐 합성 어근 '안잠자-'가 형성되고 여기에 사람을 뜻하는 '-기'가 붙어 '안잠자기'가 형성되었다. 여기서도 역시 내부 명사구가 단어 형성에 참여하였다. (5마)의 '글짓기'는 앞의 '고기잡이'와 같이 '(x) 글을 짓다'에서 '글'을 대상역으로 하는 타동사문이 대격 어미의 소거를 거쳐 합성 어근 '글짓-'이 형성되고 여기에 접사 '-이'가 붙어 움직임을 뜻하는 '글짓기'가 형성되었다. (5나)와 같이 내부 명사구가 단어 형성에 참여하였다.

둘째, 통사론에서도 논항 설정의 의의를 발견할 수 있다. 먼저 기본 문형의 설정에서 명사구가 차지하는 위치를 검토해 보기로 한다. 우리말의 기본 문형을 몇 개를 두는 것이 좋겠는가는 사람에 따라 견해가 다를 수 있지만 현행 학교 문법에서는 다음의 다섯 가지를 두고 있다.

(6) 기본 문형과 명사구
가. **무엇**이 어떠하다.

---

7) '고기잡이'에는 '물고기를 잡는 일'과 '물고기를 잡아 살아가는 사람'의 두 가지 의미가 결부되어 있다.

나. **무엇**이 어찌한다.

다. **무엇**이 **무엇**이다.

라. **무엇**이 **무엇**을 어찌한다.

마. ① **무엇**이 **무엇**이 아니다.

② **무엇**이 **무엇**이 된다.

위의 예에서 '무엇'에 해당하는 명사구는 문장의 주성분인데 여기에 의미적 역할, 곧 의미역을 부가하면 바로 명사구의 자격을 얻는다. (6가), (나), (다), (마)의 '무엇'에는 대상역이 부여된다. (6마)①은 (다)의 부정 (不定) 문형인데 서술어 '아니다'를 계사 '이다'의 부정어로 본다면 (다)에 통합할 수 있다. (6라)의 주격 명사구 보족어의 자리에 나오는 '무엇'은 타동사문의 주어로서 동작주역이 배당되고 대격 명사구 보족어의 자리에 나오는 '무엇'에는 피동작주역이 배당된다. (6마)②의 '무엇'에는 결과 상태역이 부과된다.

이렇게 의미역을 도입하면 주동문을 피동문으로 바꿀 때 적지 않은 이득이 생긴다.

(7) 가. 경찰이 도둑을 잡았다.

나. 도둑이 경찰에게 잡히었다.

(7가)는 능동문이고 (7나)는 피동문이다. 지금까지의 대부분의 문법가들은 '경찰'과 '도둑'을 각각 "주어 명사구" 또는 "주어", "부사어 명사구" 또는 "여격"으로 불러 왔다 (고영근 · 구본관 2018: 369, 남기심 · 고영근 2014: 306). 그러나 논항 이론을 도입하면 (7)의 두 예문에 나오는 '경찰'과 '도둑'에 '동작주, 피동작주'의 의미역을 줄 수 있어 구조가 어떻게 변하더라도 설명을 간소화할 수 있다[8].

복합문을 만들 때 같은 성분이 반복되면 생략되는 현상에 대하여도 논항 이론을 적용할 수 있다.

(8) 저 사람이 노래하면서 가오. (주시경 1910/고영근 · 이용 · 최형용 교감 2011: 47)

위의 문장에서 '노래하다'의 주격 보족어 명사구 '저 사람 (이)'의 서술어는 '노래하다'일 뿐만 아니라 '가다'도 될 수 있다. 주시경은 (7)의 예문에 대하여 다음과 같이 복합문으로 분석하고 생략된 성분을 괄호 안에 넣었다.

(9) 저 사람이 노래하면서 (저) (사람) (이) 가오.

곧 통사상의 잠재 성분을 괄호 안에 넣어 복합문으로 처리하였다. (9)에서 '저 사람'에 동작주 내지

8) 현재 우리의 국어 학계에는 "주어 명사구, 목적어 명사구"를 표시할 때 '사람이, 사람을'과 같이 격 어미를 붙이는 것이 관례가 되어 있다. 대표적으로 최근에 나온 이정훈 (2012) 참조. 앞에 통사적 범주인 '주어, 목적어'를 붙였기 때문에 옥상옥 (屋上屋)의 표현을 쓸 필요가 없다. 굳이 밝히고 싶다면 주어 명사구의 예를 '사람 (이)'와 같이 표기할 수 있으나 이는 궁여지책이다. 주격 조사가 붙었으면 "주어 명사구"라 적으면 그만이다.

대상의 의미역을 줄 수 있다면 괄호 안의 성분 '사람'은 은 잠재적 명사구라고 할 수 있다. 주시경은 통사상의 잠재 성분은 "숨은 뜻"이라 하여 'ㅅ'으로 표시하였다. 그러니까 생략된 성분에 대하여도 명사구의 자격을 줄 수 있다는 것을 확인할 수 있다.

우리말의 논항 구조는 변화를 거듭하였다. 중세어에는 조격에 대상역이 부과되기도 하였고 처격에 피동작주역이 부과되기도 하였다 (황국정 2009: 147, 154).

(10) 가. 外道ㅣ 씌여 ᄀᆞᄆᆞ니 갈ᄒᆞ로 衣葉中에 너허 (월인석보 25: 23장앞)

나. 虛空을 바다 千里에 머리 녀 다ᄅᆞᆫ 나라해 이받ᄃᆞᆺ ᄒᆞ니 (능엄경언해 2: 120장)

(10가)는 조격 명사구 보족어 '갈ㅎ (ᄋᆞ로)'에 대상역이 부과된 것이고 (10나)는 처소 보족어 명사구 '나라ㅎ (애)'에 대상역이 부과된 것이다. 전자는 '칼을'로 해석되고 후자는 '나라를'로 해석되기 때문이다. 근년에 들어 활발하게 연구되고 있는 고려 시대의 석독 구결 자료와 중세 문헌을 중심으로 우리말 명사구 구조의 변천 양상을 드러내는 방향으로 힘을 쏟아야 한다고 믿는다.

5.3. 결합가[9)]

앞에서 본 바와 같이 명사구 구조를 설정하면 굴절법과 조어법을 포괄하는 형태론과, 통사론뿐만 아니라 역사적으로 격 표지의 변화 양상을 합리적으로 설명할 수 있는 이득을 얻을 수 있다. 결합가는 간단히 말하면 동사가 요구하는 빈 자리 (Leerstelle, empty place)를 가리키고 명사구는 그 빈 자리에 들어가는 요소를 가리킨다. 빈 자리는 명사구의 자리에만 나타나는 것이 아니라 자립성이 없는 단어 앞에서도 상정되어야 한다. 그런데 명사구 구조와 결합가를 다룬 나라 안팎의 관련 논저를 보면 양자가 넘나드는 면이 있어 이를 어떻게 처리할 것인가 하는 문제를 해결할 필요가 있다.

통사론적 결합가란 동사가 어떤 보족어를 취하느냐 하는 질적 측면을 다룬다. 이곳의 보족어는 학교 문법의 "보어"에 해당하는데 생성 문법에서는 "보충어"라 부르기도 한다. 이곳에서는 생성 문법의 보충어와 혼동을 피하기 위하여 "보족어"라는 용어를 선택하였다 (김정남 1991). 동사 밖의 모든 성분은 동사에 의존해 있다고 보는 것이다. 이를테면 우리말의 동작 동사 '주다'는 주격 보족어 명사구와 대격 보족어 명사구는 물론, 여격 보족어 명사구 등의 보족어를 요구한다. 우리말 명사구의 통사 기능은 격 표지 (고영근 2012나, 2018가: 163-192)에 의하여 표시되는데 독일어 등 인도·유럽어와는 달리, 성과 수에 영향을 받지 않는 등 다른 점이 많다. 자동사문은 주격 보족어 명사구를 취하고 타동사문은 대격 보족어 명사구를 취한다. 자동사문과 타동사문은 여러 가지 의미격 보족어를 취하는데 이는 종전의 학교 문법에서 "부사격 부사어"로 불려 오던 것이다. 명사 어간이 부정적 (indefinite) 기능을 표시할 때에는 부정격 ∅을 취하여 부정 보족어를 형성하기도 한다.

---

9) 이 부분은 고영근 (2014나, 2018가: 130-160)의 내용을 간추렸다는 것을 밝혀 둔다.

의미론적 결합가란 "논리 · 의미적 결합가"라 부르기도 하는데 통사론적 결합가가 만족되었다고 하더라도 보족어 자리에 나타날 수 있는 명사의 종류는 논리 · 의미론적으로 제한되어 있다. 이를테면 '읽다'라는 동사의 주격 보족어 명사구의 자리에는 '사람'을 의미하는 명사구가 와야 하고 대격 보족어 명사구의 자리에는 일정한 행위의 대상이 되는 "가독형 시각 자료"를 의미하는 명사가 와야 한다. 풀어 말하면 '읽다'에 결부되어 있는 통사론적 결합가는 주격 보족어 명사구, 대격 보족어 명사구를, 의미론적 결합가는 동작주역, 피동작주역과 같은 의미역을 가리킨다. 그리고 '주다'와 같은 동사는 동작주역과 피동작주역 밖에 도착점역 (더러 "수혜자역")을 요구한다.

의존 문법은 한 문장을 분석할 때 동사를 중심 성분으로, 나머지는 보족어 (앞에 나옴)로 처리한다. 이를테면 '철수가 책을 열심히 읽는다'를 그림으로 그리면 다음과 같다.

(1)

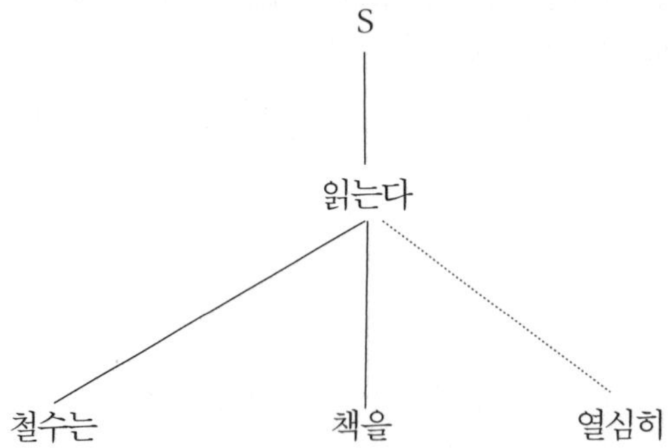

'열심히'를 '읽는다'와 점선으로 이은 것은 그것이 부가어란 뜻이다. 부가어는 문장 성립에 필수적인 요소가 아니다. 의존 문법을 도입함으로써 얻게 되는 문법 서술상의 이점 (利點)을 들어 보기로 한다.

첫째, 우리말은 독어, 영어 등 동작주 중심의 언어인 인도 · 유럽어와는 달리 주어가 잘 나타나지 않는 "사건 중심의 언어"에 속한다 (이케가미 1978, 고영근 · 구본관 2018: 20). 이를 뒷받침하는 예를 들면 다음과 같다.

(2) 갑: 너 춥니?
    을: 안 춥다.

(2갑)의 물음에는 분명히 주격 보족어 명사구가 나타나 있는데 (을)의 대답에는 주어임을 표시하는 어떤 요소도 가시화되어 있지 않다. 어떤 학자는 논문의 제목에 '보이나 안 들리는 나와 너'를 보임으로써 (장석진 1974, 1985: 43-56) 우리말이 사건 중심의 언어라는 사실을 부각시키기도 하였다. 이런 문장 형성상의 특징을 잘 반영하려면 의존 문법이 다른 문법 모형보다 설명력이 더 크다고 볼 수 있다. 우리말의 통사 구조가 동사 중심의 언어라는 사실은 이미 지난 세기 5~60년대에 지적되었지만 생성 문법에 가려 발전의 기회를 얻지 못하였다. 그런데 지난 세기 90년대 초에 이르러 결합가 문법의 수용에 힘입어서 동사 중심으로 통사 구조를 바라보게 된 것이다[10].

둘째, 이른바 주어 중출문에 나타나는 문법 현상을 잘 설명할 수 있다 (김정남 1991). 이를 앞

(§2.4.3)에서 든 '토끼는 앞발이 짧다'에 유추하여 괄호 매김으로 표시하면 다음과 같다.

(3) [{코키리는 (코가 길)다$_1$}다$_2$]

위에서 '길 (다)'를 문장의 핵심 성분으로 보면 그 앞에 오는 내부 명사구인 주격 보족어 명사구 '코(가)'는 동사 '길 (다$_1$)'의 빈 자리를 채워 주는 보족어가 되고 그 앞에 오는 외부 명사구인 주제어 명사구 '코키리 (는)'은 평언인 '코가 길다$_2$'의 보족어가 된다. 이를 화살로 표시하면 다음과 같다.

(4) <u>코끼리는</u> <u>코가</u> <u>길</u> <u>다$_1$</u> <u>다$_2$</u>

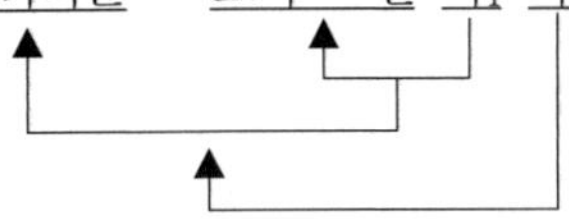

셋째, 의존 명사의 동명사형과 의존 동작 동사의 본동사를 보족어로 처리하면 전통 문법의 설명의 한계를 극복할 수 있다.

(5) 가. 먹을 <u>것</u>이 많다.
　　나. 나도 한번 읽어 <u>보자</u>.

위의 예를 종전에는 동명사형 '먹을'이 주격 보족어 명사구 '것'을 수식 · 한정해 준다고 설명하여 왔다. 이런 설명법은 아무런 의의가 없다. 그러나 결합가 이론을 적용하면 자립성이 없는 '것'이 빈자리를 채워 줄 것을 요구한다. 이는 '읽다'라는 타동사가 그 빈자리에 '책'이라는 대격 보족어 명사구를 요구하는 것과 같은 현상이다. 뒤의 예도 같다. 전통 문법에서는 활용 어미 '-어'를 '-게, -지, -고'와 함께 부사형 어미라고 하여 '읽다'가 '보다'를 한정하여 주는 부사어로 보았다. 그렇다면 '읽다'가 부사어가 되고 '보다'가 서술어가 되는 불합리한 면이 초래한다. 이를 극복하기 위하여 종전의 부사형 어미를 버리고 "보조적 연결 어미"로 보아 거꾸로 '보다'가 '읽다'를 한정해 주는 것으로 해석하기도 하고 두 형식을 합쳐서 서술어로 보기도 하였다. 그러나 '읽다'를 앞의 의존 명사와 같이 보조 동사 '보다'의 빈자리를 채워 주는 보족어로 본다면 문제가 깨끗이 해결된다[11].

넷째, 학교 문법의 서술격 조사, 곧 본서의 계사는 앞의 의존 명사, 의존 동작 동사와 같이 자립성이 없기 때문에 그 앞에 명사를 보충하지 않으면 안 된다. 앞에서 본 바와 같이, 독어학계에서 이를 "NmlE", 곧 명사 보족어라고 한 것이 이를 대변한다 (이광숙 · 홍미경 2003). '이다'의 부정어인 '아니다' 앞에 오는 명사구는 종전에 보어로 처리하기도 하였는데 (최현배 1937/1971: 768-771), 이 역시 의존 문법의 관점에 서면 올바른 처리로 볼 수 있다.

다섯째, 후치사의 기능을 합리적으로 설명할 수 있다. 저자는 지난 세기 중반에 잠깐 그 설정의 필요성이 강조되던 부치사, 곧 후치사를 다시 찾아 문법 체계 안에 도입한 일이 있고[12], 이를 앞

10) 김정남 (1991)에서 의존 문법에 기댄 우리말 통사론 연구가 첫 발을 내디기 시작하였다.

11) 임동훈 (1991나: 96)에서 형식 명사는 보어를 필요로 하는 명사라고 하였는데 같은 맥락으로 이해된다.

12) 저자는 고영근 (2012나, 2018가: 130-160)에서 격 조사를 격 어미로, 보조사를 첨사로, 의존 명사의 일부분과

(§4.2)의 품사부에서 적극적으로 활용한 바 있다. 이를테면 명사적 후치사 ‘X 앞으로’와 동사적 후치사 ‘X에 대하여’는 그 자체만으로는 온전한 성분 노릇을 할 수 없다. 다시 말하면 빈 자리를 채워 주지 않으면 안 된다. ‘집’이라든지 ‘경제 문제’라든지 하는 보족어가 없이는 자립할 수 없다.

여섯째, 사동 동작 동사나 피동 동작 동사는 주동사와 능동사에서 파생된 것인데 그 변화 과정을 결합가로써 설명할 수 있다. 사동사를 예로 들어 설명하기로 한다.

(6) 가. 고양이가 죽었다.
　　나. 개가 고양이를 죽였다 (죽이었다).

(6나)에 나오는 접사 ‘-이-’는 핵으로서 (6가)의 자립 동사를 사동 동작 동사로 바꾸었다. 그러니까 핵인 접사 ‘-이-’가 붙음으로써 그 앞에 빈자리를 요구하여 결과적으로 대격 보족어 명사구 ‘고양이’가 채워졌다. 이러한 현상을 “결합가의 증가”라고 한다. 한편 (6나)에서 핵 ‘-이-’가 빠지면 주동사 ‘죽다’가 형성된다[13]. 앞의 결합가의 증가에 대하여 “결합가의 감소”라 부른다. 이를 논항 이론과 관련시키면 (6가)에는 동작주만이 실현되었으며 (6나)에는 동작주가 피동작주로 바뀌었고 새로운 동작주가 도입되었다. 이런 예들에서는 관점에 따라 결합가가 논항 구조로 이해되어 양자의 개념이 넘나들기도 한다고 하여 결합가의 도입을 보류하는 일도 있다[14].

다음 예는 파생법과 합성법에 적용할 수 있는 결합가의 예이다.

(7) 가. 잠, 덮개
　　나. 힘들다, 본받다
　　다. 해돋이, 끝맺음

(7가)의 ‘잠’은 1가 동작 동사에서, ‘덮개’는 2가 동작 동사에서 파생되었다. (7나)는 합성어에서 파생된 것인데 ‘힘들다’는 1가 동작 동사를, ‘본받다’는 2가 동작 동사를 기반으로 삼아 형성되었다. 그러나 전자는 주격 보족어 명사구 ‘힘’이 외현되었으나 후자는 대격 보족어 명사구 ‘본’만 외현되었다. (6다)의 ‘해돋이’는 1가 동작 동사 (<해 돋다)에서, ‘끝맺음’은 2가 동작 동사 (<끝맺다)에서 형성되었다. 후자 역시 주격 보족어 명사구만 외현되었다. 단어 형성법에 결합가 이론을 적용하면 단어 형성의 한계를 확인할 수 있고 그 나름의 통언어적인 사실을 이끌어 낼 수 있다[15].

결합가 이론을 적용하면 통사 구조의 변화 양상을 더 분명히 파악할 수 있다. 다음의 예는 중세어의 예이다 (황국정 2008: 147, 154).

학교 문법의 불완전 동사를 묶어 후치사의 범주에 넣은 일이 있다. 이 문제에 대하여는 뒤에서 다시 언급된다.

13) 위의 예는 우형식 (1994)에서 가져온 것이다. 그러나 설명 방식은 다르다. 피동사와 능동사의 관계를 결합가로써 설명하는 문제는 하스펠마트 (2002: 209-236)에 자세하다.

14) 이런 문제는 ‘철수의 아버지’ (이선웅 2005: 44)와 같은 예에 대하여 명사구 구조로 설명하기도 하고 결합가로 설명하기도 하여 중복 기술되는 면이 없지 않다.

15) 북한의 김동찬 (2005: 278-291)에서는 결합가 이론을 단어 형성론에 도입하고 있다. 이 문제는 다른 기회로 미룬다. 위의 책에 대한 내용 소개는 이윤하 (2011) 참조.

(8) 가. 外道ㅣ 씌여 ᄀᆞᄆᆞ니 갈ᄒᆞ로 衣葉中에 너허(월인석보 25: 23장앞)
　　나. 虛空을 바다 千里에 머리 녀 다른 나라해 이받ᄃᆞᆺ ᄒᆞ니(능엄경언해 2: 120장)

(8가)는 3가 동작 동사 '넣다'가 대격 보족어 명사구로 '갈ᄒᆞ로'와 같은 조격형을 취하였는데 근대어 단계에서는 '갈홀'과 같은 대격 보족어 명사구를 취하였다. (7나)는 2가 동작 동사 '이받다'가 대격 보족어 명사구로 처소격형 '나라해'를 취하였으나 근대에 와서는 대격 보족어 명사구를 취하였다 이러한 현상은 경주 지역어를 비롯한 동남 방언에 널리 분포되어 있으며 고대로 올라갈수록 대격 어미와 조격 어미가 미분화되었다는 보고 (황국정 2015나)가 있다는 것을 덧붙여 둔다[16].

5.4. 대용

우리말에는 '이, 그, 저'로 시작하는 일련의 지시어가 있다[17].

(1) 가. 이이를 잘 보아라.
　　나. 그이가 어디로 갔나.
　　다. 바로 저이가 내가 찾는 사람이다.

위의 세 계열의 3인칭 대명사는 원래 지시 관형사 '이, 그, 저'에 사람을 뜻하는 의존 명사 '이'가 붙어 3인칭 대명사가 된 예이다. 일상 구어에서는 '이이, 그이, 저이'보다 '이 사람, 그 사람, 그 남자, 그 여자'가 상용된다. (1)은 예사말이지만 의존 명사 '이' 의 자리에 의존 명사 '분'을 대치하면 다음과 같이 공대말이 된다.

(1') 가. 이분을 잘 보아라.
　　나. 그분이 어디로 가셨나.
　　다. 바로 저분이 내가 찾는 어른이시다.

이들은 제3자가 발화 현장에서 화자에게 거리의 멀고 가까움에 따라 선택된다. 단 '그이 (그분)'는 현장에 없어도 사용할 수 있다 (뒤에 나옴).

다음은 처소를 가리키는 지시어의 예이다.

(2) 가. 여기 오너라.
　　나. 거기 가 보아라.

---

16) HSK 25.2에서는 "언어사 연구에 있어서 결합가 개념"이란 주제 아래 결합가 변화의 원리를 비롯하여 고대 고지 독어, 중세 고지 독어, 근대 고지 독어와 고대 작센어, 고대 프랑스어, 고대 헝가리어의 결합가 변화를 다루었다. 그리고 전문어, 문학어, 방언, 번역에 있어서의 결합가 개념을 다루었다.

17) 최근에 장경희 (1990), 김광희 (2011)에서 대용 표현에 대한 연구사적 검토가 시도되었다.

다. 저기 바다가 보인다.

'여기, 거기'는 (1)의 '이이, 그이'와 모습이 약간 다르지만 역사적으로는 모두 '이, 그'에서 유래하였다. 지시의 기능은 (1)과 차이가 없다.

다음은 지시 관형사에 나타나는 지시어의 예이다.

(3) 가. 이 책을 보아라.
나. 그 책은 보지 말아라.
다. 저 책이 이 책보다 더 마음에 든다.

위의 예는 (1)과 아무런 차이가 없다. (1)이 '이, 그, 저'가 의존 명사와 합쳐서 3인칭 대명사가 된 데 대하여 (3)에서는 후행하는 명사구 '책'을 수식하는 관형사라는 차이밖에 없다.

다음은 지시 부사에 나타나는 지시어의 예이다.

(4) 가. 이리 오너라.
나. 그리 가 보아라.
다. 저리 가 보아라.

지시 기능은 (1)~(3)과 차이가 없다.

위의 세 계열의 지시어는 '이리하다, 그리하다, 저리하다'와 같이 동작 동사로 바뀌기도 하고 '이렇다, 그렇다, 저렇다'와 같이 상태 동사를 형성하는 데 관여하기도 하며 '이런, 그런, 저런'과 같이 상태 그대로의 뜻을 표시하는 관형사를 만들기로 한다.

앞의 세 계열의 지시어 가운데서 '이, 그' 계열은 전술 언급 (anaphoric function)의 기능도 띠고 있다[18]. 전술 언급이란 앞에 나온 명사구를 가리킨다는 뜻이다.

(5) 나는 그때 그 사람이 거기 있는 줄을 몰랐다.

위의 (5)의 예만 가지고는 '그때, 그 사람, 거기'가 무엇을 가리키는지 알기가 어렵다.

(5') **집을 잘 고치는 사람**이 지금 **영수 옆집**에 살고 있어. 나는 **지난 25일**에 집을 고칠 일이 있었어. (그런데 그때는 그 사람이 거기 사는 줄을 몰랐어.)

(5')에는 이미 말한 내용으로부터 '그때'는 '지난 29일'을 가리키고 '그 사람'은 '집을 잘 고치는 사람', '거기'는 영수 옆집을 가리킨다.

---

18) 이 부분은 남기심 · 고영근 (1985/1993/2011/2014: 430-433), 장경희 (1980)을 참고하였다. 박철우 (1998: 107)에 의하면 대한성서공회 (1956), <성경전서 개역 한글판> 성경에 '저'가 전술 언급의 기능을 띠고 있다는 예를 들고 있다 (뒤에 나옴). 그러나 박 교수의 회신 (2017. 1. 17.)에 의하면 개정판 (1998)에서는 '그는'으로 조정되었다고 하였다.

대용은 비가시적, 곧 '∅'의 모습으로 나타나기도 한다.

(6) 가. 영수는 **자기**가 시험에 떨어졌다고 말했다.
나. 영수는 (∅ 시험에 떨어졌다])고 말하였다.
다. ∅ 어서 오너라.

(6가)의 '자기'는 주격 보족어 명사구 '영수'를 되가리키는 이른바 재귀 대명사인데 상황에 따라서는 (6나)와 같이 ∅의 형태로 나타날 수 있음을 보이는 예이다. 이 경우의 '∅'를 영 대용어가 적극적으로 실현된 것으로 보기도 한다. 이 경우 생성 문법에서는 PRO를 둘 것인가 pro를 둘 것인가를 두고 논의가 많다. (6나)의 '∅'는 모문의 '영수'를 되가리킨다는 점에서 PRO에 해당하고 (6다)의 '∅'는 상황에 따라 '철수야, 영수야' 등 매우 가변적이다. 주시경 (1910)에서는 전자는 "숨은뜻"으로, 후자는 "속뜻"으로 파악하여 구별하였으나 사람에 따라서는 그런 구별의 의의를 인정하지 않기도 한다[19]. (6나)와 같이 ∅의 논항이 분명한 경우는 통사부의 소관이고 후자와 같이 ∅의 논항이 가변적인 경우는 통보화용부의 소관으로 보기로 한다 (뒤에 나옴).

대용은 통사 구조를 분석하는 데도 많이 활용된다.

(7) 가. 나리가 층계를 <u>오르내린다</u>. 유리도 [*그래내린다/*오르그랜다, 그런다].
나. 철수가 우유를 단숨에 <u>마셔 버렸고</u> 영수도 [그래 버렸다/*마셔 그랬다].

(7가)의 '오르내리다'는 합성 동사인데 어느 한 어근이 대용이 될 수 없고 전체가 한 단위가 되어 '그런다'와 같이 대용이 된다. (7나)의 '마셔 버리다'는 동작 동사와 의존 동사의 구성인데 자립 동작 동사 '마시다'만 '그래'로 대용이 되고 보조 동작 동사는 불가능하다.

19) 이 문제에 관하여서는 양동휘, 서정목 교수와의 의견 교환이 있었음을 밝혀 둔다.

VI. 형태부

VI. 형태부

6.1. 들어가기

형태론은 전통 문법 시대에는 품사론의 테두리 안에서 올바른 위치를 차지하지 못했었는데 역사 문법이 확립됨에 따라 어느 정도 바른 자리를 차지하였다. 그러나 굴절론과 단어 형성론을 별개의 부문으로 처리하여 형태론의 위상이 제대로 정립되지 못하였다[1].

우리말 문법론에서 형태론이 올바른 위상을 정립한 것은 허웅 (1963: 174-193)이다. 이곳에서는 당시 한국에 수용되었던 "구조 · 기술 문법"의 틀을 준수하여 굴절법과 단어 형성법을 주축으로 하는 "형태론"을 정립하였다. 그러나 통사론 중심의 변형 생성 문법이 상륙하자 문법의 핵심 분야로 군림하던 형태론이 음운론과 통사론으로 분속 (分屬)되어 형태론은 한동안 그 정체성이 매우 위태로운 상태에 놓여 있었다. 그러나 통사론 중심의 생성 문법이 변천을 거듭함에 따라 한동안 정체 상태에서 벗어나지 못하던 형태론이 어휘광 (lexicon)[2]을 중심으로 올바른 위상을 차지하기 시작하였으며 국내외적으로 많은 업적을 쌓아 왔다[3]. 우선 이론적으로는 지난 세기 90년대에 들어서면서 활기를 띠어 "생성 형태론"을 비롯한 이론 형태론의 제 분야를 평설하는 업적이 나와[4], 적어도 이론적 목마름은 해소할 수 있었다. 여기서 하나 특기할 것은 옛 소련 출신으로서 현재 캐나다에서 활동하고 있는 멜추크 (I. A. Melčuk)가 지난 세기 90년대 5권 4책의『일반 형태론강의』

---

1) 나라 밖은 대표적으로 파울 (1916~1920)에서 "굴절론" (Flexionslehre)과 "단어 형성론" (Wortbildungslehre)이 각각 다른 권에 배치되어 있고 람스테트 (1939)도 파울의 굴절론을 "형태론"으로 바꾸고 "단어 형성론"도 형태론과 독립시키고 있다. 재소 민족 어학자인 유시욱의『朝鮮文典』(1947)에서는 우리 어학자 가운데서 처음으로 "形態學"을 세우되 단어 형성론은 첫 머리에 놓고 품사와 함께 우리말의 형태론적 사항을 다루었다. 조선어문연구회 (김수경) (1949)도 "形態論"을 세우기는 하였으나 단어 형성론 다음에 배치하였다. 과학원 언어문학연구소 (1960)에서도 "형태론"을 세우기는 하였으나 유시욱과 같이 단어 형성론을 도입하고 품사 중심의 형태론을 지향하였다. 국어 학계의 대표적인 역사 언어학자인 이숭녕의『中世國語文法』(1961)을 보면 굴절론만을 형태론에 넣고 단어 형성론을 음운편과 형태편에 앞세웠다,

2) "lexicon"을 지금까지 "어휘부"로 번역하였으나 그 번역이 잘못되었다고 보고 저자는 "말광"에 유추하여 "어휘광"이라 번역하였다. 어휘광은 그것이 심리 사전이든 종이 사전이든 형태론의 연구 대상은 될지언정 그 자체가 문법 부문이 아니라는 점을 고려하였기 때문이다. 고영근 (2015다)에 그 전말 (顚末)을 자세히 베풀었다.

3) 이 방면의 정보는 고영근 (1983: 180-181) 참조. 저자는 고영근 (1985, 1986, 1989/1999나: 3-14)에서 당시 활성화의 바람을 타고 있었던 형태론 연구의 국제적 움직임에 힘입어 우리말의 자료를 중심으로 우리말의 문법 체계 안에 형태부 설정의 당위성과 통사부와의 관련성을 논의한 바 있다.

4) 대표적으로 전상범 (1995), 안상철 (1998) 참조. 여러 종류의 형태론 관련 서적의 번역이 나오는가 하면 우리말 자료를 중심으로 한 단행본도 얼굴을 내밀었다. 이상억 · 김영석 (1992) 참조.

(Cours de morphologie générale) (1992~1996)을 출간하였다는 사실이다. 이 책을 보면 구조 문법의 형태론은 물론, 생성 문법에서 다루고 있는 문법 범주에 관한 사항도 모두 형태론에서 다루고 있어 위축되어 있던 형태론의 영역 확보에 참고되는 바 많다.

형태론 연구로 특기할 것은 형태론 부활에 영향을 받아 지난 세기 80년대에 창간된 연간 뮤크지 *Yearbook of Morphology*가 발전적으로 해체되고 2006년부터 *Morphology*가 연 3회 나오고 있으며 국내적으로는 어학전문 국제학술지『형태론』이 창간되었다는 것이다. 저자에 의하여 1999년에 창간된『형태론』[5]은 형태론이 옛날과 같이 문법의 중추 부문의 지위를 되찾음으로써 시대적 요청에 부응하는 한편, 머지 않은 장래에 우리말이 국제 학술어로 발돋움한다는 목표를 세우고 우리말로만 된 원고를 받기로 하였다[6]. 창간 목적은 다음과 같다.

> 어학전문 국제학술지『형태론』은 한국어를 중심으로 한 개별 언어의 굴절법과 조어법에 관련된 제반 문제를 공시적 · 통시적으로 다룬 논문, 비평, 서평을 실어 형태론 연구의 발전을 도모함.

이와 함께 형태론 편집위원회에서는 2004년 11월에 <21세기 형태론 어디로>라는 국제 형태론 워크숍 (IWOM)[7]을 열어 우리말 형태론 연구의 성과를 대외적으로 선양하고 동시에 외국의 형태론 전문 연구가와 토론의 기회를 가지기도 하였다.

앞에서 저자는 생성 형태론에 의한 연구가 단어 형성론에 치우쳐 있었다고 하였다. 그것은 굴절 형태론을 엮을 수 있는 문법 모형이 나오지 않은 사실과 밀접한 관련이 있다. 저자가 알기로는 굴절 형태론과 조어 형태론을 균형 있게 서술할 수 있는 형태론 이론은 지난 80년대부터 꾸준히 연구되어 온 자연 형태론이다. 그 밖에도 "paradigm function morphology"를 제창한 스텀프 (G. T. Stumpe) et al. (2001)도 있으나 개별 언어의 형태론 연구에 어느 정도 적용할 수 있는가 하는 문제가 검증되지 않았기 때문에 그 사이 여러 번 검증의 과정을 거친 자연 형태론을 우리말의 형태 구조 분석과 그 서술에 적용함으로써 우리말의 형태 구조의 유형론적 특징을 부각시키고자 한다[8]. 앞에서 저자는 우리말이 동사 중심의 언어이고 동시에 이를 합리적으로 서술하는 데 있어서는 결합가 문법을 적용하는 것이 설명력을 높일 수 있다고 하였다. 이런 점을 고려하여 동사 형태부부터 먼저 다루고 이어 명사 형태부를 보기로 한다.

---

5) 편집진으로는 편집 대표, 편집 위원, 자문 위원으로 구성되어 있다. 창간호 (1999) 참조.

6) 21세기에 들어오면서 <한국학술진흥재단> (현재는 <한국연구재단>)의 등재지 요건을 충족시키느라고 우리말 요약과 함께 외국어 (주로 영어) 요약을 붙이지 않을 수 없었다는 것을 밝혀 둔다.

7) 이 행사는 당시 형태론 편집 주간이던 서울시립대학의 김영욱 교수가 주관하여 개최되었다.

8) 앤더슨 (1985가, 나)와 아이켄발트 (2008), 비켈 · 니콜스 (2008)은 굴절 형태부와 단어 형성부의 서술에 큰 지침이 되었음을 밝혀 둔다.

6.2. 동사 형태부 <형태부 1>

우리말의 동사는 어간 구조체와 어미 구조체로 나눌 수 있다. 어간부는 자립적인 것이 있는가 하면 의존적인 것도 있고 자립적인 것 가운데서도 활용이 갖추어지지 못한 불완전 동사가 있다. 다음 문장에는 두 개의 동사가 들어 있다.

(1) 철수가 책을 읽고 있다.

위에서 '읽다'는 대격 논항이 요구되는 빈 자리에 '책'이라는 명사가 채워져 있어 논항 구조상 하등 하자가 없다. 그러나 '있다'의 논항은 아무데도 찾을 수 없다. 빈 자리를 채울 수 있는 어떤 논항도 찾을 수 없다. 이곳의 빈 자리는 고영근 (2014나, 2018가: 130-160)와 앞 장 (§5.3)에서 도입한 결합가를 의미한다. 선행하는 '읽다'에 기대야만 자족적 서술어가 될 수 있다. '읽다'와 같이 자립성이 있는 동사를 "자립 동사", '있다'와 같이 다른 단어에 의존해야만 올바른 기능을 발휘할 수 있는 동사를 "의존 동사"라 부르기로 한다. 자립 동사에 기댈 때에는 반드시 부동사 어미 (고영근 2013가, 2018가: 193-228) '-어, -게, -지, -고'를 매개로 한다. 의존 동사는 뒤의 의존 명사와 함께 "준자립 형식" (quasi-free form)이라 부르기도 한다 (고영근 1970/1989/1999나: 63).

이 자리에서는 우리말 의존 동사의 형태론을 먼저 공통어 중심으로 서술하고 다음으로 중세어와 고대어 및 각 방언의 의존 동사 형태론을 전개하려고 한다.

6.2.1. 의존 동사

의존 동사는 학교 문법의 보조 동사를 가리키는데 이는 19세기 후반부터 서양인에 의하여 그 정체가 드러나다가 최현배 (1937)에 와서 어느 정도 윤곽을 드러내었으며 생성 문법의 도입이 계기가 되어 통사의미론적 문제가 깊이 천착되기 시작하였다[9]. 먼저 공통어부터 중세어를 거쳐 방언에 이르기까지 우리말의 의존 동사의 형태론적 특수성을 검토하기로 한다.

6.2.1.1. 공통어

앞 (§4.2)에서 저자는 전통 문법과 현행 학교 문법의 동사와 형용사의 구분은 시의 (時宜)에 맞지 않을 뿐만 아니라 일반 문법 체계에도 어긋나기 때문에 동사로 통합되어야 한다고 하였다. 그러나 세부적으로는 활용 및 통사상의 차이가 있다는 점을 감안하여 동작 동사와 상태 동사, 심리

9) 의존 동사의 연구의 흐름에 대하여는 고영근 (1983: 169-171, 1995가: 351-353), 박진호 (1998나) 참조. 서정수 (1994/1996/2006/2013: 631-663)에서 의존 동사의 목록과 그 통사의미론적 특징이 논의된 바 있으나 일관된 기준 아래에서 책정된 것이 아니어서 많은 문제를 내포하고 있다. 최근에는 의존 동사에 대한 유형론적 연구가 이루어지고 있어 (서울대학교 언어연구소 2011), 우리말의 의존 동사에 대한 인식을 새로이 할 수 있는 계기가 마련되어 가고 있다.

동사로 구분하였다. 전통 문법과 현행 학교 문법에서 사용하고 있는 보조 동사는 앞 (§5.3)에서 지적한 바와 같이, 의존 명사와 함께 빈 자리를 채워 주고 있다는 점에서 "의존 동사"라 부르기로 한다. 그렇게 본다면 의존 동사에는 자립 동사와 마찬가지로 "동작 의존 동사"와 "상태 의존 동사"로 구분할 수 있다[10].

우리말 동사는 그 어근이 고유어, 한자어, 서양 외래어로 구성되어 있다. 세 어휘에 나타나는 자립 동작 동사와 의존 동작 동사를 판별함으로써 의존 동사와 자립 동사의 성격을 검토하여 보기로 한다. 앞에서 도입한 논항 구조에 대한 지식을 활용하여 우리말의 의존 동사의 목록을 다시 정비해 보려고 한다[11].

(2) 가. 민족 경제가 발전하고 있다.
　　나. 민족 경제가 발전한다.
(3) 가. 나는 사과 세 개를 다 먹어 버렸다.
　　나. 나는 사과 세 개를 다 먹었다.
(4) 가. 철수는 아내와 키스하고 있다.
　　나. 철수는 아내와 키스한다.

(2가)에서 '있다'에 선행하는 '발전하다'를 삭제한 다음의 문장을 보기로 한다.

(2) 가'. 민족 경제가 발전한다.
　　가". *민족 경제가 있다.

'있다'가 삭제된 (2가')는 진행이라는 동작의 양상이 삭제된 것밖에는 기본 의미에 있어서 하등 변함이 없다. 그러나 '있다'만으로 구성된 (2가")로는 기본 의미가 달라지니 비문법적이라고 할 수밖에 없다.

(3가)에 나오는 '-(어) 버리다'는 이미 앞 (§5.2)에서도 언급한 바 있다. 이곳에서 '버리다'를 삭제한 (3나)가 성립하는 것은 자립 동작 동사 '먹다'의 논항 '사과 (세 개)'가 있어 자립 동작 동사라고 할 수 있으나 (3가)의 '-(어) 버리다'는 관련되는 어떤 논항도 찾을 수 없다. '-(어) 버리다'를 삭제한 (3나)는 문법적으로 하자 (瑕疵)가 없으나 선행하는 '먹다'를 삭제한 구성은 성립할 수 없다.

(3) 가'. 나는 사과 세 개를 한꺼번에 다 먹었다.
　　가". *나는 사과 세 개를 버렸다.

물론 (3가")가 문장이 안 되는 것은 아니나 의미가 달라진다는 것을 명심할 필요가 있다.

의존 동사 가운데는 논항을 지배하는 것이 있어 논항 구조만으로 의존 동사를 세우기가 어려운

---

10) 정순기 (1988: 252-253)에서는 의존 동사를 자립 동사의 전의적 (轉義的) 용법으로 보고 있다 (뒤에 나옴).

11) 의존 동사의 성립 문제를 논항 구조와 관련하여 논의한 업적으로는 손세모돌 (1996), 김기혁 (1995: 399-506), 호광수 (2003)이 있다.

경우가 있다.

(3-1) 가. 형이 철수에게 책을 읽어 주었다. 비교: 형이 책을 읽었다.
나. 그분의 신분이 밝혀 졌다 (<지었다). 비교: 그분의 신분을 밝혔다.

(3-1가)의 '(-어) 주다'는 오른쪽 예와 비교하면 여격 논항 '철수'를 요구하고 있어 의존 동사가 논항 구조에 영향을 미치고 있음을 알 수 있다. 전통적으로는 위의 '주다'는 봉사의 의존 동사로 처리하여 왔다. 다음의 예를 보기로 한다.

(3-2) 철수는 인수를 도와 주었다. 비교: 철수는 인수를 도왔다.

오른쪽 예와 비교하면 '주다'의 붙음이 논항 구조를 바꾸지 않았다. 그러나 (3-1가)는 '철수'라는 도착점역 (수혜자역) 논항을 요구하고 있기 때문에 의존 동사가 논항 구조에 영향을 미치는 예로 활용하기도 한다 (신선경 1994, 유시종 1995, 박진호 1998나). 이런 경우는 의존 동사로 볼 것이 아니라 자립 동사로 해석하여야 한다. 그렇지 않으면 의존 동사의 정체성 확립이 어려워진다. 그리고 (3-1나) 역시 '(-어) 지다'의 붙음이 대격 논항을 주격 논항으로 바꾸었기 때문에 의존 동사라고 할 수 없다. 같은 '지다'라는 동사라고 하여도 다음과 같은 예는 의존 동사로 보아야 한다.

(3-1) 나'. 자전거는 페달을 밟지 않아도 잘 가 졌다. 비교: ~ 간다.

(4)는 서양 외래어 (영어) 동작 동사로서 고유어나 한자어와 같이 논항 구조에 의하여 의존 동사와 자립 동사를 판별해 낼 수 있다[12)].

(4) 가'. 철수는 아내와 키스하고 있다.
가''. *철수는 아내와 있다.

물론 (4가'')가 비문법적이지는 않지만 기본 의미에서 벗어나 있다.

위에서 든 '버리다, 있다'와 같이 의존 동작 동사로 기능하는 동사에는 '가다, 오다, 나다. 내다, 주다, 보다, 두다' 등을 들 수 있다 (남기심 · 고영근 2014: 116-120). 그러면 다음과 같은 동사도 위의 기준에 따라 의존 동사로서의 자격을 갖추고 있는가 하는 문제를 풀어 보기로 한다.

(5) 가. 철수는 가지 않는다.
나. 철수는 간다.
(6) 가. 그 꽃은 (나에게) 좋아 보인다.
나. 그 꽃은 좋다.
(7) 가. 하루에 꼭 한 알씩 먹어야 한다.

12) 외래어, 곧 영어 기원의 동사의 논항 구조는 이홍식 (2004)에서 자세히 다루어졌다. 이곳에서는 외래어 동사의 논항 구조가 원래 동사의 논항 구조와 일치한다는 점이 지적되어 있다.

나. 하루에 꼭 한 알씩 먹는다.

(8) 가. 하루에 한 알씩 먹기는 한다.

나. 하루에 한 알씩 먹는다.

(9) 가. 기어이 이루어 내고야 말았다.

나. 기어이 이루어 내었다.

(5가)의 '(-지) 않다'는 (5나)의 부정형인데 부정 (否定)이라는 의미밖에는 문장 구조에 아무런 변개가 가해지지 않았다[13]. (6가)의 '(-아) 보이다'는 전통적으로 "짐작"의 보조 동사로 처리되어 왔다. (6나)의 상태 동사가 동작 동사로 바뀌면서 잠재적이기는 하지만 경험주 논항 '나' (에게)가 도입되어 논항 구조에 변화가 생겼다. 보통의 의존 동사와 성격이 다르다. (7가)의 '(어야) 하다'는 전통적으로 "당위"의 보조 동사로 처리되어 온 것인데 (7나)와 다르지 않으며 양태성만 가미되었을 뿐이다. (8가)의 '(-기는) 하다'는 전통적으로 "시인"의 보조 동사로 처리하여 오던 것인데 역시 양태성에 있어서만 차이가 난다. 양태성이 진하게 느껴진다는 점에서 의존 동사로 처리하는 데 대하여 이의 (異議)를 제기할 수도 있으나 여기서는 일단 전통적 처리에 따라 의존 동사의 범주에 넣기로 한다. (9가)의 '(-고야) 말다'는 전통 문법에서는 "종결" 보조 동사로 처리하여 왔으나 (9나)와 비교하여 보면 "결심"이라는 모종의 양태성을 부여할 수 있다.

그런데 다음 예는 성격이 다르다.

(10) 가. 누구를 가게 하느냐.

나. 누가 가느냐.

(11) 가. 눈부신 업적이 이루어 졌다(지었다).

나. 눈부신 업적을 이루었다.

(10가)의 '(-게) 하느냐'는 (10나)와 비교하면 1가 동사 '가-'에 '(-게) 하다'가 붙음으로써 2가 동사를 만들었다. 그러니까 자동사문을 타동사문으로 바꿈으로써 논항 구조에 변화를 일으켰다. (11가)의 '(-어) 지다'도 성격이 비슷하다 (앞에 나옴). (11나)의 '이루다'는 2가 동사로서 의존 동사 '-(어) 지다'가 붙음으로써 1가 동사의 문장으로 자격을 바꾸었다. 이 역시 논항 구조에 변화가 생긴 것이다. 논항 구조를 달리함으로써 문장의 성격을 바꾸었으니 보통의 의존 동사의 범주에서 떼어내어야 한다[14].

다음으로는 전통 문법에서 보조 형용사로 다루던 상태 동사를 보기로 한다.

(12) 가. 오늘은 날씨가 춥지 않다.

나. 오늘은 날씨가 춥다.

(13) 가. 나는 이 자리에 앉아 있다.

---

13) 정순기 (1988: 220-232), 손세모돌 (1996: 83)에서는 '않다'류를 보조 동사에서 제외하고 있다.

14) 손세모돌 (1996: 90-97)에서는 이를 보조 동사의 목록에서 제외하고 있다.

나. 나는 이 자리에 앉는다.

(12)의 '(지) 않다'는 앞의 (5)의 '않다'와 같이 단순한 부정형이다. 상태 의존 동사로 보는 데 아무런 문제가 없다. (13가)는 (13나)에 '(-아) 있다'를 붙임으로써 앞의 (3)과 같이 완료의 양상을 표시한다. 논항 구조에 아무런 변화가 없다.

그러나 다음 예는 그 처리가 간단치 않다.

(14) 가. 나는 죽이 먹고 싶다.

나. 나는 죽을 먹는다.

(15) 가. (나에게는) 저 집이 동대문인가 보다.

나. 저 집이 동대문이다.

(14가)의 '싶다'는 (14나)에 '-(고) 싶다'를 붙임으로써 상태 동사문을 만들었다. '나 (에게는)'이라는 경험주 논항이 설정되고 자립 동작 동사 '먹다'의 논항이 동작주역에서 대상역으로 바뀌었다. '(-고) 싶다'의 부착이 논항 구조를 바꾼다는 점에서 보통의 의존 동사의 목록에서 제외해야 한다[15]. (15)의 '보다'도 비슷한 구성이다. (15가)의 (ㄴ가) 보다'는 2항 동사인 계사 구문에 의문 정동사 어미 '-ㄴ가'를 붙임으로써 상태 동사 구문으로 만들었다. 이 경우 '보다' 자리에 '싶다'가 대치될 수 있다. 잠재적이기는 하나 경험주 논항 '나' (괄호 안)가 설정될 수 있다는 점에서 (14가)와 같이 보통의 의존 동사로 보기가 어렵다[16].

의존 동사에는 두 갈래가 확인되었다. (2)~(9), (12), (13)의 예는 의존 동사의 사용 여하가 논항 구조에 전혀 영향을 미치지 않았다. 그런데 (10), (11)과 (14), (15)는 논항 구조에 영향을 미친다는 점에서 전자와는 성격이 다르다. 전자가 보통 의존 동사라면 후자는 특수 의존 동사라 불러야 할지 모르겠다. 두 종류의 동사가 비록 논항 구조에는 차이가 있더라도 자립성이 결여되어 있다는 점에서 의존 동사로 보는 데는 이의를 제기할 수 없지만 논항 구조의 같고 다름은 지적해 둘 필요가 있다.

당대 공통어를 대상으로 할 때 의존 동사는 그 사용 빈도가 '소설>학술>산문>대화'의 순서로 나타난다. '소설'에서는 의존 동사의 사용 빈도가 높은데 이는 자립 동사의 빈도와 일치한다. 의존 동사는 자립 동사 뒤에만 나타나기 때문에 자립 동사의 빈도가 높아지면 자연스럽게 의존 동사의 빈도가 높아지기 때문이다 (배진영 밖에 2013: 128-129). 신문의 의존 동사의 빈도를 보면 '있, 하, 않'의 순서로 나와 있다 (정유진 밖에 2013: 37). 앞으로는 각종 텍스트 유형별로 의존 동사의 빈도를 조사할 필요가 있다, 최근에는 유아의 의존 동사 습득에 관한 연구도 성황을 이루고 있다 (장경희 밖에 2015: 111-139). 의존 동사는 24개월부터 습득되기 시작하는데 1단계는 '주다, 말다, 싶

15) 정순기 (1988: 230)에는 '말다, 않다'와 함께 '싶다'를 보조 동사에서 제외하고 있다,

16) 엄정호 (1990/2005: 15-145)에서는 "SEA 동사"라 불러 통사 특징을 구명하고 있으며 양정석 (2007)에서는 (10가), (12가), (14가), (15가)를 복합문 구조의 특성을 지녔다고 하였다. 어쨌든 앞으로 논의의 대상이 되는 과제라 하겠다.

다', 2단계는 '되다. 지다, 아니하다', 3단계는 '있다. 하다, 버리다, 오다, 놓다', 4단계는 '가지다. 가다, 계시다, 못하다'의 순서를 보이고 있다. 물론 성별에 따른 차이도 있다. 앞으로는 그 까닭을 구명해 볼 필요가 있다.

6.2.1.2. 중세 및 고대어

중세어에도 의존 동사가 확인된다 (허웅 1975: 416-439, 고영근 2010다: 118-122).

(16) 가. 須達이 病ᄒᆞ얫거늘 (<病ᄒᆞ야 잇거늘) (석보상절 6, 44)
　　나. 됴ᄒᆞᆫ 香 퓌우고 잇거늘 (석보상절 24, 26)

(16)의 예는 중세어에서 의존 동사 '(-고) 잇다'가 붙어 완료상과 진행상을 표시하는 예인데 당대어의 (1), (2), (13) 의 '(-고) 있다, (-아) 있다'의 직접적 소급형이다. 이들은 화자의 양태성이 거의 파악되지 않는 중립적 동작상 형태이다. 동작상의 차이는 두 동작상 형태를 소거한 다음 예와 비교할 수 있다.

(16) 가'. 須達이 病ᄒᆞ거늘
　　나'. 됴ᄒᆞᆫ 香 퓌워늘

중세어에는 당대어와 같이 화자의 태도가 결부되는 의존 동사가 있었다.

(17) 가. 룡(龍)ᄋᆞᆯ 자바 올오리 쁘저 다 머거 ᄇᆞ리니 (월인천강지곡기 161)
　　나. 迦葉이 世間 ᄇᆞ리고 뫼해 드러 (석보상절 6, 12)

(17가)의 '(-어) ᄇᆞ리다'는 당대어 (3가)의 '먹어 버리다'의 '(-어) 버리다'의 직접적 소급형이다. 중세어에 대한 직관이 없어 당시의 문헌에서 관련 예문을 가져왔다. (17나)의 'ᄇᆞ리다'는 그 앞에 '世間'이라는 대상 논항을 가지고 있으나 (17가)의 'ᄇᆞ리다'는 배당되는 논항이 없다. 이런 경우는 당대어와 같이 'ᄇᆞ리다'를 소거하여도 문법성에 하등 하자가 없다. 선행하는 자립 동작 동사인 '먹다'에만 '룡'이라는 피동작주 내지 대상 논항이 부여되기 때문이다. 이러한 의존 동사에는 '가다, 오다, 보다, 두다, 아니ᄒᆞ다, 몯ᄒᆞ다, ᄒᆞ다' 등이 있다.

다음은 보통 의존 동사와는 성격이 다르다.

(18) 가. 뫼히여 돌히여 다 노가 디여 (월인석보 1, 48)
　　나. … 다 녹다
(19) 가. 부텨 ᄀᆞᄐᆞ시긔 ᄒᆞ리이다 (석보상절 6, 4)
　　나. … 부톄 ᄀᆞᆮ다

(18가)의 '디다'는 (18나)와 비교하면 논항 구조에 변화가 안 생겼다고 할 수 있으나 다음과 같이 타동사에 붙는 예가 있음을 보면 논항 구조를 바꾸므로 앞의 (11가)와 같이 논항에 영향을 미친다

고 할 수 있다.

(18) 가'. 드트리 ᄃᆞ외ᄋᆡ 붓아 디거늘 (석보상절 6, 30-31)

나'. 내 모ᄆᆞᆯ 엇뎨 … ᄇᆞᄉᆞ디 몯관ᄃᆡ (월인석보 21, 219)

(18나')를 보면 'ᄇᆞᄉᆞ (다)'가 타동사이기 때문에 (18가')의 '(-아) 디다'는 타동사에 붙어 논항 구조를 바꾸었다는 것을 알 수 있다. (19가)는 (19나)를 보면 '(-게) ᄒᆞ다'가 붙음으로써 논항 구조를 바꾸었으니 당대어의 (10가)와 같이 역시 보통 의존 동사로 보기가 어렵다.

다음 예는 심리 동사로서 역시 문제가 된다.

(20) 가. (너) 나고져 식브녀 (월인천강지곡기 132)

나. … 나다

(21) 가. (나) 다ᄃᆞ른가 식브거늘 (구급간이방 6, 16)

나. … 다듣다

(20), (21)의 두 예에 나타나는 '(-고져) 식브다'는 희망과 추측의 보조 형용사로 처리되어 왔으나 앞의 (14), (15)과 같이 1가 동사에 잠재적인 경험주 논항 '너'와 '나'를 상정할 수 있기 때문에 논항 구조가 바뀌었다. 당대어의 '싶다, 보다'와 마찬가지로 특수 의존 동사로 처리하기로 한다.

고대어에 의존 동사가 존재하였는가 하는 것은 아직도 정식으로 보고된 바 없다. 중세어에 당대어와 큰 차이 없는 의존 동사류가 확인된다는 점을 고려하면 실재하였을 가능성이 충분하다. <서동요>에 '善化公主主隱 他密只 嫁良 置古 (두고) 薯童房乙…'와 나오는 '-(良) 置古'가 그러한 예이다. 석독 구결이나 이두문에 대한 해독이 깊이 있게 진척되면 의존 동사류가 발굴될 가능성이 없지 않다.

6.2.1.3. 방언

끝으로 방언의 의존 동사류를 검토해 보기로 한다.

우리말의 각 방언에도 앞서 검토한 의존 동사가 확인된다. 먼저 저자가 생장한 동남 방언의 한 의존 동사를 보기로 한다.

(22) 가. 그그 우째 뻿노? '그것 어떻게 해 버렸느냐'

나. 그그 우쨋노? '그것 어떻게 했느냐'

(23) 가. 그그 치아 삐라 '그것 치워 버려라'

나. 그그 치아라 '치워라'

(22), (23)의 '삐다'는 앞에서 든 공통어의 (3)의 '(어) 버리다'의 동남 방언형이며 중세어의 (17)의 '(어) ᄇᆞ리다'의 한 후계형이다. '버리다'의 방언형은 상당히 넓게 분포되어 있다 (뒤에 나옴).

우선 각 방언에는 양태 중립적인 '-고 있다'와 '-어 있다'의 방언형을 확인할 수 있다. 전자는 대부분 '(-구) 잇다'로 실현된다 (권재일 1986/1994: 109-150).

(24) 가. 동남
① (지금 머 하노) 지금 밥 묵고 잇다 '지금 밥 먹고 있다'
② 가는 지금 서울 가 잇다 '걔는 지금 서울 가 있다'
나. 동북
① 밥우 먹구 잇소 '밥을 먹고 있소'
② 닭이 닭굴에 갇게 잇다 '닭이 닭장애 갇혀 있다'

자료의 한계성 때문에 서남 및 서북 방언의 예를 들지 않았지만 공통어와 큰 차이가 없는 것으로 보인다[17].

다음으로는 양태성이 결부되는 의존 동사의 방언형을 보기로 한다. 다음은 공통어의 '버리다'의 방언형이다[18].

(25) 가. 동남, 앞의 (23), (24) 참조.
나. 서남, 다 가 불었다 '다 가 버렸다'
다. 충남, 부서 뻐리다 '부수어 버리다[19]
라. 서북, 돈을 다 써 삐리다 '돈을 다 써 버리다' (김이협, 평북방언사전)

'(-어) 버리다'의 방언형은 방언에 따라 통합 관계에 있어 차이가 많다. 이를테면 서남 방언과 제주어의 '버리다'는 다음과 같이 상태 동사에 붙어 "놀라움"이나 "강조"의 의미를 표시하기도 한다.

(25) 나'. 오매 추워 붕게 '아이고 춥네' (서남)
그 물 좍 먹으면 직접 좋아 불어 '그 물 쭉 먹으면 직접 좋아져' (제주)

다음은 반복의 동작상을 표시하는 '(-어) 쌓다'의 예인데 대체로 공통어의 '(어) 대다'에 대응된다. 지금까지 나온 대부분의 학교 문법서에는 '쌓다'를 표준어로 보아 보조 동사 항목에서 처리하여 왔으나 이는 잘못이다. '쌓다'는 동서남 방언과 충남 방언에 널리 분포되어 있다. 동작 동사뿐만 아니라 상태 동사에도 붙는다.

(26) 가. 그런 말을 해 쌓더마는 '그런 말을 해 대더니마는' (경남 거제)
나. 걱정해 쌓구 '걱정해 대고' (충남 보령)
다. 하도 졸라 쌓기에… '하도 졸라 대기에' (서남)

---

17) 이에 대하여는 이기갑 교수와 의견 교환이 있었음을 밝혀 둔다.
18) 이혁화 (2005)에서는 자립 동사와 의존 동사의 '버리다'의 방언형을 조사 · 비교하였으며 특히 후자의 방언 분포가 훨씬 다양하여 '버 (뻐)X- 비 (삐)X, 부 (뿌)X' 등으로 실현된다는 것을 밝혔다.
19) 충남 부여, 대덕, 보령 지역에는 '뻔자-'형도 보인다는 보고가 있다 (한영목 2000/2008: 241-252, 이기갑 2003: 648).

라. 이렇게 추와 쌓다가는 올 농사도 베례 불겄네 '이렇게 자꾸 추워 대다가는 올 농사도 버려 버리겠네' (서남)

(26라)의 예가 바로 형용사에 통합되는 예이다.

함북 북부 지역, 곧 육진 지역의 의존 동사에 공통어의 '놓다, 보다, 주다' 등에 대응하는 방언형이 확인되는 것을 보면 앞에서 확인한 공통어의 대부분의 의존 동사가 분포되었을 가능성이 많다 (최명옥 밖에 2002).

지금까지 본 것은 보통 의존 동사이지마는 방언에는 특수 의존 동사, 특히 공통어의 희망과 추측의 '싶다'는 '푸-, 십-, 접-, 잡-' 등 여러 가지 형태로, 추측과 의도의 '보다'는 '비-, (는)갑-, -(으)ㄴ갑, -(으)깨미. -베' 등으로 실현된다 (이기갑 2003: 638-647).

6.2.1.4. 의존 동사의 유형론

우리말의 의존 동사는 자립성이 없을뿐더러 논항을 지배하는 능력이 없으며 동시에 동작상이나 시제, 양태, 태 (사동 및 피동) 등의 기능적 내지 문법적 의미를 자립 동사에 덧붙여 준다는 점에서 유형론에서 논의하는 "Auxiliary verb"와 차이가 없다. 그런 점에서 우리말의 의존 동사는 통언어적 비교 가치가 충분하다는 것을 알 수 있다 (앤더슨 2000: 808-820, 이기갑 2008: 309-337, Wikipedia 2015. 10. 8.)[20]. 그러면 의존 동사가 일본어를 비롯하여 알타이 제어와, 우랄어에 속하는 헝가리어에 어떻게 실현되는가 하는 문제를 짚어 보기로 한다[21].

일본어에서는 전통적으로 "助動詞"라는 범주를 세웠는데 이는 우리말의 선행 어미에 해당하기 때문에 이곳의 의존 동사와는 관계가 없고 유형론에서 논의하는 "Aux"는 우리말의 학교 문법과 같이 "補助動詞"라 부른다 (박선옥 · 양경모 2008나, 정상철 2011, 서정수 2013: 633-634).

일본어에도 통언어적인 Aux와 같은 의존 동사의 설정이 가능하며 동작상과 무드 (mood)를 표시하는 일련의 의존 동사가 확인된다. 대표적으로 존재를 표시하는 'iru'의 보조 동사의 기능을 보기로 한다.

(27) 가. Inu-ka **iru**
dog Nom exist
나. Hito-ka rui -te - iru
man walks Conv exist

(27가)의 'iru'는 우리말의 '있다'에 대응되는 상태 동사인데 (나)에서는 부동사 'te' 와 함께 진행의

---

20) 특히 이기갑 (2008)에는 하이네 (1993)의 "Auxiliary"의 특징을 소개하고 있어 의존 동사의 유형적 특징을 이해하는 데 참고되는 바 많다.

21) 저자는 2015년 10월 15일에 일본어는 가와사기 교수 (숭실대), 민주 문어는 김주원 교수 (서울대), 어웡키어는 칼리나 (Kalina) 여사 (서울대 대학원), 몽골 문어는 유원수 교수 (서울대), 몽골 구어 (할흐방언)는 Ulzibat 강사 (단국대). 터키어는 이용성 교수 (서울대)에게 메일을 보내어 의존 동사의 실현 양상을 조사한 바 있다.

동작상을 표시한다. 진행상의 표시 방법이 우리말과 같다. 'iru'에 의한 동작상의 표시는 일본어의 전 방언에 걸쳐 다양한 변종을 낳고 있어 이에 대한 연구가 활발하다.

앞에서 저자는 의존 동사 '버리다'를 중심으로 방언에 나타나는 변이형을 검토한 바 있는데 이와 보조를 같이하여 일본어에 대하여도 같은 방식으로 접근하고자 한다.

(27-1) 가. zyoN-wa soto - ni **de**-ta
John Top outside Loc exit PAST V.F.
나. zyoN-wa soto-ni de-**te** simaQ-ta

(27-1가)는 '나가다'를 뜻하는 자립 동사 'de'가 쓰인 것이고 (나)는 의존 동사 '버리다'를 뜻하는 'simaru'가 부동사 'te'를 매개로 하여 자립 동사에 연결되었다. 앞의 '있다'를 뜻하는 iru'를 비롯하여 '두다'에 해당하는 'okeru', '보다'에 해당하는 'yomu' 등도 모두 부동사 'te'를 매개로 하여 자립 동사에 붙는다.

다음은 알타이 제어의 의존 동사이다. 먼저 만주 문어와 어웡키어를 보기로 한다.

(28) 가. jon tulesi tuci-he
John outward go_out-PART
가'. jon tulesi tucI- me waliya-ha
John outward go_out-CONV throw_away-PART
나. on tullə yuu - səə.
John outside go out-3 PAST
나' Jon tullə yuu-ci nəə-səə.
John outside go out-CV put-3PAST

(28가, 가')는 만주 문어인데 의존 동사에 해당하는 'waliya'가 부동사 'me'를 매개로 하여 자립 동사 'tuci'에 연결되어 있다. (28나, 나')는 어웡키어인데 역시 부동사 'ci'를 매개로 하여 자립 동사에 연결되어 있다. '놓다, 보다'에 해당하는 의존 동사도 예외 없이 부동사를 매개로 하여 연결되어 있다. 실제로 만주 문어에는 'bi'와 같이 어휘적 의미를 상실하여 의존 동사가 되는 예가 있다는 것이 보고되어 있다 (고렐로바 ed. 2002: 232).

다음은 몽골어이다.

(29) 가. ǰon ɣadaɣ-a ɣar-ba
John outside go out-Fin pas
가'. ǰon ɣadaɣ-a ɣar-ču orki-ba
John outside go out-CON imp throw-Fin pas
나. Jon gadaa gar-(a)b
John(Nom) outside go out-Fin pas

나'. Jon gadaa gar - č orhi-v

John outside go out - CON imp throw-Fin pas

(29가, 가')는 몽골 문어인데, 'ɣar-ču'에서 보는 바와 같이, 미완료 부동사 'ču'를 매개로 하여 의존 동사와 연결되어 있다. 몽골 구어인 할흐 방언도, (나') 'gar-č'에서 보는 바와 같이, 부동사 'č'를 매개로 하고 있다.

다음은 터키어의 예이다.

(30) Con dışarı çık -tı

John outwards go out - 3P Sn Fin past

(30') Con dışarı çık - ı -ver - di

go out - CON imp - give-3P Sn Fin past

터키어도 다른 알타이어와 같이 부동사를 매개로 하고 있다.

앞에서 저자가 특수 의존 동사로 처리한 일련의 의존 동사를 일본어와 알타어 제어 등으로 번역시켜 보면 보편적인 의존 동사와는 달리 부동사를 매개로 하는 것이 확인되지 않았다. 우리말의 의존 동사는 대부분 부동사를 매개로 하여 자립 동사와 연결되어 있는데 일본어를 비롯한 알타이 제어는 그런 일이 없이 추측 구문으로 환언되어 있으며 알타이어의 일반적 의존 동사 구문과는 거리가 멂을 확인할 수 있었다. 보편적인 의존 동사 구성은 알타이 제어에 편재하여 있어 그 나름의 구조적 유형성을 형성하고 있음을 확인할 수 있다.

6.2.2. 자립 동사

자립 동사란 앞의 의존 동사에 대하여 자립성이 있는 동사를 가리킨다. 동사가 자립성이 있다고 함은 홀로 문장의 서술어가 될 수 있다는 뜻이다.

(1) 가. 아기가 웃는다.

나. 진달래가 예쁘다.

위에서 '웃는다'는 동작 동사, '예쁘다'는 상태 동사이다. 이들은 앞의 의존 동사와는 달리 주격 보족어 '아기'와 '진달래'를 거느리고 있다.

6.2.2.1. 유정 동사와 무정 동사

공통어의 자립 동사 가운데는 유정 동사와 무정 동사가 구별되고 유정 동사에는 공대 동사를 세울 수 있나.

(2) 가. 동생을 이리 데리고 오너라.
나. 소를 몰고 오너라.

(2가)의 '데리고'는 앞에서 불완전 동사라고 하였는데 이는 사람, 짐승 등의 유정물 (有情物)을 취하는 선택 제약을 지니고 있다. 이 경우 무정물이면 다음과 같이 '가지다'가 선택된다.

(2) 가'. 연필을 이리 가져 오너라.

(2나)는 사람의 힘을 덜어 주는 '소, 말, 송아지' 같은 가축에 대하여 쓸 수 있는 동사이다. 그런데 사람에게 해를 입히는 '여우, 늑대, 까마귀, 까치, 참새, 이, 벼룩, 진드기, 하루살이'가 그 자리에 갈아들면 '잡다'가 선택된다.

유정 동사에는 주격 보족어 명사구가 공대성을 띠고 있을 때에는 '계시다'가 선택된다.

(3) 할아버지가 거실에 계신다.
비교: 동생이 거실에 있다, 개가 마당에 있다, 주머니에 돈이 있다.

(3)에서 '계시다'가 선택된 것은 주격 보족어 명사구 '할아버지'가 공대성을 띠고 있기 때문이다. 오른쪽 비교의 주격 보족어 명사구는 평대 명사 '동생', 동물 명사 '개', 무정 명사 '돈'이기 때문에 그에 일치하여 평대 동사가 왔다.

당대 공통어를 대상으로 할 때 의존 동사는 그 사용 빈도가 '소설>학술>산문>대화'의 순서로 나타난다. '소설'에서 의존 동사의 사용 빈도가 높은 것은 뒤에서 보게 될 자립 동사의 빈도와 일치한다. 의존 동사는 자립 동사 뒤에만 나타나기 때문에 자립 동사의 빈도가 높아지면 자연스럽게 의존 동사의 빈도가 높아지기 때문이다 (배진영 밖에 2013: 128-129).

6.2.2.2. 불완전 동사

A. 공통어

자립 동사 가운데는 활용이 소수의 어미에 국한하는 불완전한 것이 있다. 이는 다음의 불완전 명사의 소수의 곡용 어미와 함께 "불완전 계열"이라고 한다 (고영근 1987/1999나: 35-60).

(4) 가. 철수는 동생을 데리고 왔다.
나. 철수야 동생을 데려 오너라.
다. 철수는 동생을 데리러 갔다.
라. 그는 형님의 딸을 데려다가 길렀다.

(4)는 동사 '데리다'가 '-고, -어. -러, -어다가' 등의 부동사 어미와만 붙을 수 있음을 보이는 예이다. 이런 동사를 "불완전 동사"라고 한다.

(4') 가. *동생을 데려라.

나. *동생을 데리느냐.
다. *동생을 데리자.
라. *동생을 데리는 형.

(4')가 바른 말이 되려면 다음과 같이 '오다, 가다' 등의 의존 동사의 도움을 받아야만 한다.

(5) 가. 동생을 데리고 오너라.
나. 동생을 데리고 오느냐.
다. 동생을 데리고 오자.
라. 동생을 데리고 오는 형.

(4)의 '데리다'와 같이 제한된 활용 어미만 허용하는 동사를 "불완전 동사"라 부른다[22].

'데리다'가 불완전 동사인 것은 이의 겸사말 '모시다'의 활용형과 비교하면 잘 알 수 있다.

(6) 가. 선생님을 모시고 왔다. cf. (5가)
나. 선생님을 모시고 오너라. cf. (5나)
다. 선생님을 모시러 갔다. cf. (5다)
라. 선생님을 모셔다가 방으로 안내하였다. cf. (5라)

'데리다'와 '모시다'는 [겸손] 자질의 유무에 의하여 구별될 뿐 사실은 같은 의미의 동사인데도 불구하고 활용상의 차이가 생기고 있다[23].

불완전 동사로는 다음과 같은 상태 동사 '같다'도 들 수 있다 (안주호 2007: 445).

(6-1) 수면제 같은 것은 아주 조심해서 다뤄야 한다.

위의 '같은'에 나타나는 '같-'은 '조개류 같이, 평일 같으면, 마음 같아서는, 말 같은 (말)'을 보면 활용이 불완전하다는 것을 알 수 있다.

당대의 불완전 동사에는 위의 '데리다, 같다' 밖에 '갈다' (曰) 정도를 들 수 있다[24]. 구어에는 안 쓰이고 다음과 같이 한문의 번역문에 쓰여 왔다.

---

22) 최현배 (1937/1955/1971: 348)에서는 저자의 불완전 동사 (이희승 1949)를 "불구 동사"라 부르고 '달다, 닥다, 더불다, 가로다'의 네 예를 들었다. 이들은 불완전 동사의 예로 적합하지 않다. 이 문제에 대하여는 고영근 (1995가: 345)에서 언급한 일이 있다.

23) 유현경 (1998: 876)에서는 불완전 동사의 예로 다음을 들고 있다.
맞는다-*맞고 있다. 지친-*지치는, 치솟았다-*치솟아라, 매우 붐볐다-*잘 붐볐다

24) 대부분의 우리말 사전에는 '도사리다'의 활용형을 '도사리고, 도사려'의 둘만 들고 있어서 불완전 동사임을 함의하고 있다. 그러나 고려대 『한국어 사전』에는 위의 두 활용형 밖에 더 많은 활용형을 들고 있으나 상당히 어색하게 들린다. 한편 정경재 (2015: 320)에서는 '너르다'와 같은 동사도 활용이 불완전하여 조만간 불완전 동사로 변화할 가능성이 있다고 예측하였다.

(7) 가. 孟子ㅣ 對曰 王은 何必曰 利잇고 (正本孟子集註 卷之一, 世昌書館, 1966, 一面)
　　나. 孟子 對하야 갈아사대 王은 엇지 반다시 利를 반다시 이르나니잇고

(7가)의 '曰'을 (7나)에서 '갈아사대'로 번역하였고 주격 보족어 명사구가 존경의 대상이 되지 않을 때에는 다음과 같이 '갈오대'가 쓰인다.

(8) 가. 曰 伯夷伊尹은 何如하니잇고 (앞의 책 六八面)
　　나. 갈오대 伯夷와 伊尹은 엇더하니잇고 (앞의 책 六九面)

B. 중세어

중세어의 불완전 동사에는 앞의 '갈다'의 소급형인 'ᄀᆞᆯ다' 밖에 '더블-, ᄃᆞ리-'를 들 수 있다[25].

(9) 가. 孔子 ᄀᆞᄅᆞ샤ᄃᆡ (소학언해 1. 11장)
　　나. 羅雲이(耶輸)…羅喉羅 더브러 노ᄑᆞᆫ 樓 우희 오ᄅᆞ시고 (석보상절 6, 2)
　　다. 內外眷屬 ᄃᆞ리고 (석보상절 19, 21)

(9가)는 현대어의 '갈다'와는 달리 'ᄀᆞ로ᄃᆡ, ᄀᆞᄅᆞ샤ᄃᆡ, 갈온'과 같이 활용형이 더 추가되나 역시 한정되어 있다. (9나)는 당대에서는 후치사로 기능 전환이 일어났는데 (뒤에 나옴), 중세에는 불완전 동사였다. '더브러' 밖에 '더브러셔, 더브렛고, 더브르샤'와 같이 소수의 활용형에서 나타난다. (9다)의 'ᄃᆞ리다'는 'ᄃᆞ려, ᄃᆞ리샤, ᄃᆞ리시고'와 같은 활용형을 보여 준다. 'ᄃᆞ리다'는 중세에 이미 '날ᄃᆞ려'와 같이 후치사로 기능 전환을 하기도 하였는데 (뒤에 나옴), 그 활용이 매우 제한되어 있었다.

방언에도 당대 공통어나 중세어와 같이 불완전 동사가 확인될 가능성이 많으나 이에 대한 구체적 정보를 아직 접할 수 없다. 앞으로의 연구를 기다린다.

C. 유형론

저자는 우리말의 불완전 동사의 유형론을 전개할 목적으로 2015년 12월 15일에 일본어, 중국어, 몽골어, 독일어, 영어 화자들에게 다음과 같은 설문을 전자 우편으로 보내어 회신을 받았다[26]. 설문 내용은 우리말의 '데리다. 모시다. 가지다, 몰다'를 자신의 모어로 어떻게 표현하는가를 묻는 것이었다.

다음 (10)에 그 설문을 보인다.

---

25) 안병희 (1959/1978: 51)에는 저자가 '주다'의 보충법으로 처리한 '달다'와 함께 'ᄀᆞᆯ다, 더블다, ᄃᆞ리다'를 불완전 동사에 넣었고 허웅 (1975: 440-443)에는 "불구 풀이씨"라고 하여 'ᄀᆞᆯ-, 발-, ᅎ-, ᄆᆞᆯ ᄋᆞᆽ-, 답-/닿-, ᄂᆞ외-, 실-, 가ᄫᅡ-' 등을 추가하고 있으나 문제가 적지 않다고 보고 전면적인 수용을 보류한다. 후자에는 저자가 불완전 동사로 든 'ᄀᆞᆯ-'만 들어 있고 '더블-, ᄃᆞ리-'는 빠져 있다.

26) 설문에 응하여 준 사람과 배경 모어 및 소속을 보인다.
가와사키 (일본어, 서울대 대학원), 석혜매 (중국어, 서울대 대학원), Ulzibat (몽골어, 한국외대 몽골어과), Lucien Brown (영어, University of Oregon), Werner Sasse (독일어, Universität Hamburg).

(10) 가. (철수야) **동생**을 데리고 오너라.
나. (철수야) **선생님**을 모시고 오너라.
다. (철수야) **연필**을 가져 오너라.
라. (철수야) **소 (양)**을 몰고 오너라.

독일어는 '동생, 선생님'과 같은 사람의 경우는 'holen'을, '연필'이나 '소' 등의 가축일 경우는 'bringen'을 선택하여 인간과 비인간의 차이를 두지마는 영어는 모두 'bring'을 선택하고 있다. 중국어는 영어와 같이 모든 경우에 'dài'로 일관되어 있다. 그러는가 하면 몽골어는 '데려' (데리다)와 '모셔' (모시다)'는 'daguul-aad'로서 차이가 없고 '가져' (가지다)와 '몰고' (몰다)는 'av-aad', 'tuu (g)-aad'로서 구별되어 있다.

일본어는 어느 언어보다도 우리말과 가깝다.

(10') 가. (철수야) **동생**을 데리고 오너라.
tyorusu, otoRto-o ture-te ko-i.
나. (철수야) **선생님**을 모시고 오너라.
tyorusu, seNseR-o o-ture si-ro.
다. (철수야) **연필**을 가져 오너라.
tyorusu, eNpitu-o moQ-te ko-i.
라. (철수야) **소**를 몰고 오너라.
tyorusu, usi-o ture-te ko-i.

(10')를 보면 우리말은 대격 보족어 명사구가 예사말이냐, 공대말이냐에 따라 동사가 '데리다' (가)와 '모시다' (나)와 같이 다른 어휘로 분화되어 있지마는 일본어는 예사말 'ture'에 겸손의 접두사 '-ㅇ'가 붙어 겸사말을 형성하고 있다. 무정물과 가축물에 대하여 다른 어휘가 배당되는 것 또한 우리말과 공통되어 있다. 우리말의 불완전 동사는 통언어적으로 볼 때 특이한 곳이 많아 여러 언어와 유형론적으로 비교하면 재미 있는 현상이 많이 발굴되리라 믿는다.

6.2.3. 동사 어간 구조체와 동사 어미 구조체의 변이

6.2.3.1. 어간 구조체

동사 어간 구조체는 음성적 조건에 의하여 변이를 일으키기도 하고 어휘적 조건에 의하여 변이를 일으키기도 한다[27].

27) 전통적으로 국어학계에서는 음성적 조건에 의한 변이를 "자동적 교체"라 부르고 비음성적 조건에 의한 변이를 "비자동적 교체"라 불러 왔다. 저자는 두 용어가 음운론과 형태론의 정체성 확인에 도움이 되지 않는다고 생각하여 전자에 대하여는 "음성적 교체" (phonetic alternation), 후자에 대하여는 "어휘적 교체" (lexical

위의 교체 조건은 이어지는 다음 장의 명사 형태론에도 그대로 적용된다. 우리말의 동사 어간 구조체의 변이 양상을 두 방면에 걸쳐 검토하기로 한다.

A. 음성적 교체[28]

〈공통어〉

동사의 어간부가 어미와 결합하여 활용을 할 때에는 어간이 자동적으로 변이를 일으키는 일이 많다. 이곳에서는 의무적이고 필연적인 음성적 교체만 언급하고 수의적이고 우발적인 교체는 보류한다.

(1) 가. 씻어 ~ 씻고[씯꼬], 맺어 ~ 맺고[맫꼬], 좇으니 ~ 좇고[졷꼬], 맡아 ~ 맡더니[맏떠니]
 나. 볶아서 ~ 볶고[복꼬], 있지[읻찌]
 다. 읽어 ~ 읽지[익찌] ~ 읽던[익떤], 없었다 ~ 없고[업꼬], 밟아 ~ 밟더니[밥떠니], 읊어 ~ 읊지[읍찌], 앉아 ~ 앉지[안찌], 넓어 ~ 넓더니[널떠니], 핥아 ~ 핥더니[할떠니]

(1)의 예들은 동사의 말음에 평자음 (가), 경자음 (나), 자음군 (다)이 오는 예인데 모음 어미[29] 앞에서는 제 음가대로 발음되지마는 자음 어미 앞에서는 평폐쇄음으로 교체된다. 그러나 당대의 표기법에서는 이러한 음의 변이를 표기상에 반영하지 않는다. 이는 전통적으로 받침 규칙에 의한 대표음의 실현이라고 설명하여 왔다. 이러한 현상은 4개 방언에 공통적이다 (최명옥 1998나: 369, 404). 단 말음 'ㄼ'을 가진 동사 중에서 동작 동사 '밟-'이 자음 어미 '-고'와 결합되면 '밥-'으로 교체되지마는 상태 동사 '넓-'이 '-고'와 결합되면 말자음 'ㄼ' 중 'ㄹ'만 발음되고 뒤에 오는 평자음은 경음소로 교체된다. 이런 현상은 어휘를 가리지 않고 일정한 음성적 환경에서는 예외 없이 발생하기 때문에 "음성적 교체"라 부르기로 한다. 음성적 교체는 규칙 활용의 범주에 속한다. 규칙 활용이란 교체가 예외 없이 일어나는 보편적 교체를 의미하기 때문이다. 그러나 방언에서는 그 실현 양상이 매우 불규칙하다 (뒤에 나옴).

---

alternation)라 부르기로 한다. 하스펠마트 (2002: 181)에서는 전자를 "자동적 교체" (automatic alternation), 후자를 "형태 · 음운적 교체" (morphophonological alternation)라 부르면서 앞의 용어도 덧붙이고 있다. 저자가 "비자동적" 대신에 "어휘적"이란 말을 붙인 것은 형태론의 정체성을 대변할 수 있고 동시에 그것이 어휘광 (lexicon) (고영근 2015다)에 등재되어 있음을 고려하였기 때문이다. 이와 관련된 논의는 고영근 (2005: 28-29)에 자세하다. 최근 이진호 (2014) 에서는 형태소 교체의 규칙성을 정도에 따라 여러 등급으로 나눌 수 있다는 견해를 피력하고 있어 주목을 끌고 있다.

28) 당대 공통어의 음성적 교체에는 다음 논저를 참조하였다.
허웅 (1995: 158-205, 최명옥 (2004: 128-198), 배주채 (2003/2013: 163-356), 김성규 · 정승철 (2013: 134-280), 이진호 (2005: 119-150, 222-222, 남기심 · 고영근 1985/2014: 129-134).

29) 모음 어미는 매개 모음 어미와 어-계열 어미를 포괄하는 뜻으로 사용하고 특별히 구별할 필요가 있을 때에는 "매개 모음 어미"와 "어-계열 어미"로 구별한다. 유필재 (2001: 73)에서는 자음 어미는 "I 활용형", "어-계열의 어미"는 II 활용형, 매개 모음 어미는 "III 활용형"으로 구분하고 있다. 이는 일본의 조선어학계의 "語基論"과 비슷한 면이 있다. 관련 논의는 가와사키 (2011) 참조.

우리말의 음성적 교체는 도처에서 발견할 수 있다.

(2) 가. 입어 ~ 입는[임는], 덮어 ~ 덮는[덤는] …
　나. 받아 ~ 받네[반네], 벗어 ~ 벗는다[번는다], 쌓아 ~ 쌓는[싼는] …
　다. 먹어 ~ 먹는다[멍는다] …

(2)의 예는 말음에 무성 자음을 가진 동사가 유성 자음으로 된 어미 앞에서 비음소로 교체되는 것인데 (2가)는 'ㅁ'으로, (2나)는 'ㄴ'으로, (2다)는 'ㅇ'[ŋ]으로 각각 바뀐다. 이러한 비음화 현상 역시 명사 곡용에서도 목격되고 (뒤에 나옴), 전 방언을 통하여 공통적으로 확인된다. 평폐쇄음화와 비음화에 의한 어간의 변이는, 앞에서 언급한 바와 같이, 당대어에는 예외없이 보편적으로 일어난다. 변이에 대한 조건만 알고 있으면 어떤 경우에도 그 교체를 점칠 수 있다 (최명옥 1998나: 397-399). 그러나 중세어에도 이런 음성적 교체가 있었는가 하는 것은 섣불리 단정할 수 없다 (뒤에 나옴). 다음 예는 동사 어간의 말음이 자음 어미와 매개 모음 어미 앞에서는 변동이 없는데 어-계열의 모음 어미 앞에서는 탈락하는 것이다.

(3) 가. 쓰고 ~ ㅆ어<*쓰어, 크지 ~ ㅋ었다<*크었다
　나. 잠그며 ~ 잠ㄱ아<*잠그어, 고프고~고파<*고프어
　다. 따르니 ~ 따ㄹ아<*따르어, 치르고 ~ 치ㄹ어<*치르어

(3가)는 한 음절로 된 어간의 변이이고 (3나, 다)는 두 음절로 된 어간의 변이다. 'ㅡ' 탈락 어간은 모두 괄호 안의 가상형 (*표시)을 거쳐 형성된 것이다. 최현배 (1937)로 대표되는 일부의 전통 문법과 『한글 맞춤법』 (1988)에서는 'ㅡ'의 탈락을 불규칙 활용으로 다루어 왔으나 이곳에서는 앞의 평폐쇄음화와 비음화와 같이 음성적 조건에 의한 자동적 교체로 보기로 하였다[30].

다음 예는 'ㄹ' 말음 동사의 활용 양상을 보인 것이다.

(4) 가. 알고, 알지, 알더니 …
　나. 알면서, 앎 …
　다. ① 아는<*알는, 안<*알은 (친구), 아니까<*알으니까, 운<*울은 (친구)

---

30) 우리말의 동사 어미에는 세 계열이 있다 (앞에 나옴). 자음 어미, 모음 어미, 매개 모음 어미가 그것이다. 마지막에 대하여 생성 문법에서는 기저에 '으'가 있는 것으로 상정하여 모음 어미에 편입하고 있으나 보통의 모음 어미와 성격이 다르다. 어떤 때는 자음과 행동을 같이하기도 하고 어떤 때에는 모음 어미의 성격을 띠기도 하여 수륙 양서 (水陸兩棲) 동물에 비유하기도 한다. 매개 모음에 대하여는 연구 업적이 많다. 관련 논의는 배주채 (1993/2008: 307-350) 참조. 우리말이 역사적으로 그 말음이 미파화 (未破化)의 음운 변화를 입음에 따라 어형을 유지하고자 하는 심리적 동기에서 매개 모음이 생성되었다는 견해도 있고 (김성화 1992), 고대어의 단계에도 폐음절이 존재하였다는 견해도 나오고 있다 (이승재 2017: 449). 그것은 어쨌든 저자는 일정한 조건 아래에서는 매개 모음이 삽입된다는 전통적 견해가 어느 대안보다도 문제를 줄일 수 있다고 생각하여 매개 모음을 취하는 어미를 활용과 곡용을 통하여 '-(으)면; -(으)로'와 같이 표기하기로 한다. 이러한 표기는 저자가 우리말 연구에 몸 담으면서 취하여 온 태도였다는 것을 밝혀 둔다.

② 압니다＜*알읍니다
③ 아오＜*알으오
④ 아느냐＜*알느냐
⑤ 우시고＜*울으시고

(4가)는 'ㄹ' 말음 동사 '알다'의 어간 '알-'이 자음 어미 앞에서 어간이 제 모습을 보존하는 예이다. (4나)는 어간 말음 'ㄹ'이 모음 어간과 같이 'ㅁ'계열의 어미 앞에서 보존되는 예이다. 'ㅁ' 계열의 어미는 'ㄹ' 밖의 자음 뒤에서는 매개 모음을 요구하는데 'ㄹ' 말음 아래에서는 매개 모음이 삽입되지 않는다. 그런데 (4다)는 성격이 다르다. 동사의 말음 'ㄹ'이 직설법 -느-(예: -는, -느냐), 'ㄴ' 계열의 어미, 정동사 어미 '-(으) ㅂ니다, -(으) 오'와 그리고 존경의 선행 어미 '-(으)시-' 앞에서 탈락되는 것이다[31]. 당대어에서는 사람과 지역에 따라 유동적인 면이 없지 않지만 (4다)의 환경에서는 'ㄹ'이 거의 예외 없이 탈락한다[32]. 탈락 조건을 둘러싸고 논의가 많지마는 'ㄹ' 말음을 가진 동사는 예외 없이 위의 규칙의 적용을 받는다. (4다)의 환경이 무슨 까닭으로 말음 'ㄹ'을 삭제하도록 하는가 음성적인 요인은 탐색하기가 쉽지 않다. 과거의 어느 시기에 표면적인 음성적 제약으로 말미암은 것이 당대어에 그 흔적이 남은 것으로 보되 기저에 과거의 음성적 제약이 남아 있는 것으로 보면 역시 음성적 교체의 범주에 넣을 수 있다. 이를테면 곽충구 (1980: 68, 70)에서와 같이 '읍', '오'의 기저 구조로 '-습-, -소-'를 설정한다는 것이다[33].

당대어의 동사 가운데는 단음과 장음이 대립되는 것이 있고 장음을 가진 동사가 특정한 어미 위에서 단음으로 바뀌기도 한다.

(5) 가. 묻: 다 '問': 묻다 '埋'
나. 울어 비교: 울: 고

(5가)는 같은 모습의 두 동사 '묻-'이 음의 장단에 의하여 의미를 달리하는 예이다. 전자는 장음[:]으로서 'ㄷ' 불규칙 동사이고 후자는 단음으로서 'ㄷ' 규칙 동사란 점도 한 특징이다. (5나)는 같은 동사 '울-'이 자음 어미 위에서는 장음으로, 모음 어미 앞에서는 단음으로 교체됨을 보이는 예이다.

이상은 남한의 공통어인 표준어의 음성적 교체이다. 북한의 공통어인 문화어도 (1)~(4)에 관한

---

31) 북한의 초기 철자법인『조선어신철자법』(1948/1950) (고영근 편, 2001: 11)을 보면 전통 문법의 'ㄹ' 불규칙 활용에 나타나는 말음 'ㄹ'을 'ㄹ'로 적어 규칙화를 시도한 일이 있다.

32) 예외가 있다면 부정의 의존 동사 '말-'을 들 수 있다. 이 동사는 다른 'ㄹ' 말음 동사와는 달리 'ㄹ'탈락이 불규칙적으로 발생한다. 관련 논의는 유필재 (2004)에서 볼 수 있다.

33) 이 문제에 대하여는 다른 불규칙 활용과 같이 역사적 표기법 (과학원 언어문학연구소 1960)이나 활용형의 화석으로 처리하는 견해 (김성규 1989. 이진호 2002)까지 제안되었다. 'ㄹ' 탈락을 동기관적 이화 (이병근 1981)로 보는가 하면 강도가 작용하였다고 보기도 하고 (도정업 2007), 음성적 제약 밖에 형태론적 제약이 가미되었다고 보기도 한다 (이상철 2010). 동기관적 이화는 "이화"의 본질에 어긋나는 해석이다. 이화는 한 단어 내부에서 일어나는 동화의 역현상인데 'ㄹ' 탈락은 형태소 경계에서 나타난다는 점을 유의하면 단순히 말음 'ㄹ' 탈락이라고 수정해야 한다.

한, 표준어와 차이가 없다. 남북 공통어에 대한 지식을 발판으로 삼아 중세 및 고대어와 방언의 음성적 교체를 보기로 한다.

〈중세어〉

중세어는 중세의 화자들이 남긴 육성 (肉聲) 자료가 없기 때문에 부득이 당시의 한글 문헌의 표기법을 중심으로 음성적 실체를 복원할 수밖에 없다[34]. 중세의 한글 자료는 당대와는 달리 "음소적 표기법" (또는 표음적 표기법)으로 적혀 있다. 음소적 표기법이란 한 형태소가 환경에 따라 소리가 바뀌면 바뀐 대로 적는 표기법을 가리킨다. 이에 대하여 당대의 우리말은 남북을 가리지 않고, (1), (2)에서 보듯이, 한 형태소의 모습을 일정하게 표기하고 있다. 이를 앞의 음소적 표기법에 대하여 "형태음소적 표기법" (전통적으로는 "표의적 표기법")이라 부른다.

다음 (6)은 앞의 (1)과 같이 형태소의 끝 자음이 환경에 따라 달라지는 예이다.

(6) 가. 느저 '晩'[늦어] ~ 늣고 (비교: 늦고), 브터 '附'[븥어] ~ 븓거늘 (비교: 붙거늘), 노파 '高'[높아] ~ 놉더라 (비교: 높더라), 노하 '放'[놓아] ~ 노쑵고〈놋숩고〈놓숩고 (비교: 놓삽고)

나. 불가 '明'[붉아] ~ 붉도다 (비교: 박도다), 올마 '遷'[옮아] ~ 옮거늘 (비교: 옴꺼늘), 불바 '踏'[볿아] ~ 볿돗 (비교: 밥듯)

(6가)는 앞의 (1)과 같이 '늦-'과 '늣-', '븥-'과 '븓-', '높-'과 '놉-', '놓-'과 '놋-'으로 음이 변하는데 다른 점은 표기상에 그 이형태를 그대로 반영하는 것이다, 중세어에는 어간의 말자음이 8종성 (ㄱ ㆁ ㄷ ㄴ ㅂ ㅁ ㅅ ㄹ) 밖의 'ㅈ ㅌ ㅍ ㅎ'로 되어 있으면 자음 어미 위에서는 8종성만 실현되었다. (6나)는 'ㄺ, ㄻ, ㄼ' 등 'ㄹ' 계열의 자음군을 가진 동사가 자음 어미와 결합할 때에는 당대어와는 달리 이중자음으로 발음되었을 가능성이 많다.

다음 예는 앞의 (2)에서 든 비음화와 성격이 비슷한 음성적 교체이다.

(7) 가. 둔눈, 단놋다, 든노라

나. ① 논는, 전노라 ② 단ᄂᆞ니라, 디난

다. 건니다

라. 멍ᄂᆞ니〈먹ᄂᆞ니

(7가)의 예들은 (2나)와 같이 말자음이 'ㄷ'인 동사가 'ㄴ' 위에서 비음으로 교체되는 것이다. '둔눈'은 어간 '돋-' (走)이 보문자인 수식적 동명사 어미 '눈' 위에서, '단놋다'는 어간 '닫-' (閉)이 직설 감동법 '-놋-'위에서, '든노라'는 어간 '듣-' (聞)이 제1인칭 직설 평술형 어미 '-노라' 앞에서 각각 같은 조음 위치의 비음 'ㄴ'으로 교체되고 있다. (7나)①은 '녿는' (〈놓는), '젇노라' (〈젛노라)가 기대되는데 어간 '놓-'의 말자음 'ㅎ'가 8종성의 'ㄷ'로 바뀌고 다시 그것이 수식적 동명사 어미 '-는' 앞

34) 중세어의 표기법을 음운론적 관점에서 조명한 업적으로는 송철의 (1987)이 볼 만하다.

에서 비음화한 것이다. (7가)와 함께 15세기 후반의『두시언해』에서 나타난다. (7나)②의 '다ᄂᆞ니라'는 '닫ᄂᆞ니라', '닿ᄂᆞ니라)'에서 'ㄷ'이 비음화한 것이고 '디ᄂᆞᆫ'은 '딯-'이 '딛-'으로, 다시 직설법 '-ᄂᆞ-' 앞에서 '딘-'으로 바뀌고 마침내 뒤의 수식적 직설 동명사 어미 '-ᄂᆞᆫ'과 함께 병서를 이루어 '-ᄂᆞᆫ'으로 적혔다. 이들 예는『훈민정음언해』와『석보상절』에 나타난다. (7다)는 '걷니다'에서 어간 '걷-'이 접미사적인 '-니-' 앞에서 비음으로 변한 것이다. (7라)는 16세기 중엽의 자료인『부모은중경』에 나오는 예인데 (남광우 편 1997: 555). 'ㄷ'에 이은 'ㄱ'의 비음화이다. 이상의 사실은 당대어의 비음동화는 필수적 규칙의 적용을 받지만 (앞에 나옴), 중세 당시의 비음동화는 수의적으로 적용되었을 가능성을 비친다고 할 수 있다. 이것이 사실이라면 비음 동화의 통시적 유형론 (고영근 2016가, 2018가: 93-109)의 대상이 될 수 있다.

위의 비음화 예는 중세어 자료에서 매우 드물게 나타난다. 대부분은 다음과 같이 비동화형으로 나타난다.

(7') 먹노소니, 믿놋다, 돋ᄂᆞ니, 먹ᄂᆞ니, 업ᄂᆞᆫ, (맛나) 잇ᄂᆞ니

(7)과 같은 비음화가 무엇을 뜻하는지 단정하기 어렵다. 중세어의 표기법이 표음적이었던 만큼 이를 존중하면 (7')의 표기법이 정상이고 (7)의 표기법은 비음화의 단초를 보이는 예로 해석할 수 있다. 비음화한 예의 말음이 'ㄷ'인 점이 주목된다.

중세어에도 당대와 마찬가지로 동사 어간의 말음 'ㅡ'가 탈락되었다. 중세어에는 'ㅡ'와 짝을 이루는 'ㆍ' 말음을 가진 동사도 있었다.

(8) ① ᄑᆞ고 ~ 폼<*ᄑᆞ옴 '堀'
② 큼<크ㅁ ~ 커ᅀᅡ<*크어ᅀᅡ '大'

(8)은 당대어의 (3)의 'ㅡ' 탈락과 같은 성격의 활용형이다. ①의 오른쪽의 '폼'은 'ᄑᆞ-'의 말음 'ㆍ'가 모음 어미 '-옴' 앞에서 탈락된 것이고 ②의 오른쪽의 '커ᅀᅡ'는 '크-'의 말음 'ㅡ'가 모음 어미 '-어ᅀᅡ' 앞에서 탈락된 것이다.

다음은 당대어와 같이 'ㄹ'을 말음으로 가진 동사가 일정한 환경에서 탈락되는 것이다

(9) 가. 알어뇨<*알거뇨, 아로라<알오라, 아라<알아, 아롬<알옴, 아ᄅᆞ시니, 아ᄅᆞ쇼셔, 알리로다[35)]
나. 아디<*알디, 사져<*살져, 안<*알은, 알<*알을, 아ᄂᆞ니라<*알ᄂᆞ니라, 아ᅀᆞᆸ고<*알ᅀᆞᆸ고

(9가)는 동사 어간 '알-'이 'ㄱ' 계열의 자음 어미와 모음 어미 '-아, -옴' 및 매개 모음 어미 (-ᄋᆞ시, -ᄋᆞ쇼셔, -ᄋᆞ리) 앞에서 유지되는 예이다. 당대의 공통어는 '아시니, 아소서'가 되어 'ㄹ'이 탈락하는데 중세어는 그대로 유지되는 점이 다르다. 탈락 유형이 달라졌다. (9나)는 'ㄹ' 말음 어간이 탈

35) 문헌에 나타나는 예는 '울리로다'이다. 한글학회 (1992: 5294) 참조.

락되는 예이다. 당대어와의 차이점은 당대어는, (4가)에서 보는 바와 같이, 'ㄷ, ㅈ' 계열의 어미 앞에서 말음 'ㄹ'이 유지되는데 중세어는 '아디, 사져'와 같이 'ㄹ'이 탈락되었다[36]. 변이의 유형이 달라졌다.

중세어에는 'X호-'의 어근의 말음이 'ㄱ, ㄷ, ㅂ'으로 되어 있을 때에는 그 말음이 완전히 소거된 ∅의 모습으로 실현되었다.

(9-1) 利樂긔, ᄀᆞᄐᆞᆨ다, 몯다가, 深入게

비교: 便安케, 證케, 利케 (고영근 1966/1994: 348-349)

오른쪽에 보인 바와 같이, 유성음 아래에서는 모음 'ᄋᆞ'만 떨어지고 'ㅎ'은 남는데 무성음 아래에서는 송두리째 탈락된다. 이 역시 통시적 유형론의 대상이 될 수 있다.

중세어는 당대와는 달리 성조 언어였다. 당대어의 장음은 대체로 중세어의 상성과 연결되고 단음은 거성이나 평성과 연결된다[37].

(10) 가. 묻 (R)더시든 (問): 묻 (L) ᄌᆞ봃 (埋)

나. 울 (R)오<*울고 ~ 우러<울 (L)어

(10가)는 당대어의 (5)를 중세어에 대당시킨 것이다. 성조의 차이에 의하여 두 동사 '묻다'의 동음성이 해소된다. (10나)는 자음 어미 앞에서는 상성이던 것이 모음 어미 앞에서는 평성으로 교체되는 예이다.

〈방언〉

공통어에 이어 각 방언의 음성적 교체의 실상을 보기로 한다. 그 순서는 사용 인구수가 가장 많고 연구가 많이 쌓인 동남 방언과 이와 여러 가지 면으로 성격이 비슷한 동북 방언과 영동 방언을 우선적으로 다루며 이들은 필요에 따라 동부 방언으로 묶기도 할 것이다. 세 방언은 모음 체계만 차이가 있을 뿐이고 자음 체계와 성조 체계는 같다고 보고되어 있다 (최명옥 1997/1998가: 469-516). 다음으로는 표준어의 기층인 서울 중심의 중부 방언과 서남, 서북을 다룬다. 이들 방언은 필요에 따라 서부 방언으로 묶기도 할 것이다. 끝으로는 반도의 방언과는 여러 가지 점에서 성격이 다른 제주어를 다룬다. 방언 사이에 특별한 차이가 없을 때에는 공존 규칙으로 설명할 것이다. 그 사이 방언 형태론에 관한 업적이 많이 쌓였음에도 불구하고 방법론이 다르고 주제 선정이 일치하지 않기 때문에 포괄적인 서술을 하기가 쉽지 않다.

각 방언의 동사 어간의 음성적 교체를 보기로 한다. 대체로 표준어와 중세어를 중심으로 서술한 항목을 기준으로 삼기로 한다.

---

36) 도정업 (2007)에서는 15세기로부터 당대까지의 어간말 'ㄹ' 탈락을 통시적으로 고찰함으로써 'ㄹ' 탈락의 발자취를 더듬었다.

37) 관례에 따라 평성은 'L', 상성은 'R'. 거성은 'H'로 표시한다. 이 부호는 성조 방언인 동남 방언과 동북 방언에 대하여도 적용한다.

먼저 경북 북부의 문경, 영주, 울진 지역어의 실상을 다룬 임석규 (2007다: 97-183)을 중심으로 음성적 교체의 실상을 보기로 한다[38].

음절 말에 'ㅅ, ㅍ, ㅌ, ㅊ, ㄲ, ㅋ'을 가진 어간은 자음 앞이나 어말에서 평폐쇄음하여 'ㄷ, ㅂ, ㄱ'으로 교체되고 'ㅂ, ㄷ, ㄱ'을 말자음으로 가진 어간은 비음 계열의 어미와 결합되면 비음화한다.

(11) 가. 우서<웃어/우사 (웃아) ~ 욷끄든<웃끄든 '笑', 가파<갚아 ~ 갑쎄<갚세 '報', 가테<같에 '唾' ~ 갇끄든<같그든, 쪼차<쫓아 '從' ~ 쫃고<쫓고, 까까<깎아 ~ 깍쩨<깍제 '削'

나. 가파<갚아 '報' ~ 감노<갚노, 이순는다<이는다 ~ 이수코 '連'

(11가)는 평폐쇄음화의 예이고 (11나)는 비음화의 예이다. 표준어와 차이가 없다.

동남 방언의 자음군 단순화 현상을 보기로 한다. 어간말 자음군이 'ㄵ, ㄶ, ㅀ, ㅄ'과 'ㄻ'이면 두 번째와 첫 번째 자음이 탈락한다.

(12) 가. 안자 (도/두) ~ 안떠라 (<앉더라) '坐', 만터라 (<많더라) ~ 만소 (쏘) '多'

나. 쌀/살마도 ~ 쌈는 '蒸'

(12가)는 두 번째 자음이 탈락하면서 뒤에 오는 자음 어미를 경음소로 바꾸는 예이고 (12나)는 첫 번째 자음이 탈락하는 예이다. 이 현상은 동북 방언과 차이가 없다[39].

다음 예는 (3)에서 본 표준어의 'ㅡ' 탈락과 성격이 같거나 비슷하다.

(13) 가. 끄고 ~ 꺼도<*끄어도 '消'

나. 달르고 ~ 달라도 '異'<*달르어도

(13가)는 (3가, 나)와 같은 성격의 것이고 (13나)는 다소 설명이 필요하다. 학교 문법에서는 (13나)의 표준 어형을 '다르다'로 잡아 같은 '르'를 가진 '따르다'와 비교하여 '*다라' 아닌 '달라'로 변한다는 사실을 중시하여 불규칙으로 처리하고 있으나 중부 방언을 비롯한 전역에서 '달르-'로 활용하므로 '달라'는 단순한 'ㅡ' 탈락으로 볼 수 있다[40].

다음은 당대어 (4)와 중세어 (9)에 대응하는 'ㄹ' 말음 동사의 예이다.

---

38) 경북 방언의 음운론적 연구에 대하여는 임석규 (2007다) 밖에도 방언 음운론 연구의 선편 (先鞭)을 쥔 최명옥 (1980)을 비롯하여 정철 (1989), 오종갑 (2007), 권시현 (2008), 김세환 (2012)을 들 수 있다.

39) 어간 말 자음군이 'ㄺ, ㄼ'일 때에는 두 방언 사이에 차이가 난다. 경북 방언과 동부 경남 방언에서는 언제나 'ㄱ'이나 'ㅂ'이 탈락하는 데 대하여 동북 방언과 경남 방언 (동부 경남 방언 제외)에서는 언제나 'ㄹ'이 탈락한다 (최명옥 1997/1998가: 469-516). 확대 규칙을 몸에 익혀 접근할 수 밖에 없다.

40) 최명옥 (1998나: 362)에는 'ㅡ' 탈락과 학교 문법의 '르' 불규칙 동사를 같은 범주에 넣어 "어간말 '으'의 삭제" 가운데 넣고 있다. '따르다'가 학교 문법의 '르' 불규칙 동사와 행태를 달리하는 것은 역사적으로 'ᄯᅳᆯ구>ᄯᅡᆯ오'의 변화를 겪은 사실과 '~에 따라'와 같은 관용적 표현으로 자주 쓰인다는 사실과 관련시키기도 한다 (김경아 2008/2016: 44-73).

(14) 가. 멩그라/맹그러 < 멩글아/맹글어 '造' ~ 멩그니꺼, 멩근데이 …
나. 고드러/고드라 < 고들어/고들아 '枯' ~ 고드니꺼, 고든데이 …

모음 어미 앞에서만 '멩글-, 고들-'과 같이 'ㄹ' 말음이 실현되고 모든 자음 어미 앞에서는 모두 탈락한다 (임석규 2007다: 160-162). 표준어 및 중세어와 비교해 보면 탈락 규칙이 확대되어 그 나름의 탈락 유형이 형성되었다고 말할 수 있다.

동남 방언은 중세어와 같이 성조 언어이다[41]. 동남 방언이라고 하여도 경북 방언과 경남 방언은 차이가 있다. 경북 방언은 상승조와 고조가 교체되어 나타나고 경남 방언은 저조와 고조가 교체되어 나타난다. (5)에서 든 '묻다'의 두 예로써 성조에 의하여 동음성이 해소되는 문제를 다음과 같이 명시할 수 있다.

(15) 가. 묻다 (問) (RH) ~ 묻다 (埋) (HL)
나. ① 경북: 묻고 (RH) ~ 물어 (HL)
② 경남: 묻고 (LH) ~ 물어 (HL)

(15가)는 '묻다'가 'RH', 'HL'라는 성조의 차이에 의하여 동음성이 해소되는 예이고 (15나)는 경남과 경북의 성조의 차이점을 보이는 예이다.

다음은 동북 방언의 어간 말음 '으'와 'ㄹ'의 탈락의 예이다[42].

(16) 가. ㄲ고/구 ~ 꺼도/두, 씨/쓰구 ~ 써도/두
나. ① 살아서, 살구 ~ 사이 < 살으니, 사능 < 사는 게 '活'
② 가물고, 가물어서 ~ 가무지/가물지, 가무던지/가물던지 '旱'

(16가)는 동사 말음의 모음 'ㅡ'가 자음 어미 앞에서는 'ㄲ, 씨/쓰'로 실현되는 것이 어-계열의 부동사 어미 앞에서 탈락하는 예이다[43]. (16나)①은 어간 말음의 'ㄹ'이 어-계열의 어미와 자음 어미 앞에서는 유지되는 데 대하여 매개 모음 어미 '-이' (< 사니)와 느-계열의 직설법 앞에서는 탈락되는 예이다. (16나)②는 'ㄹ'이 ㄷ-계열의 어미 앞에서 탈락되는 예이다. 어간 말음 'ㄹ'은 원칙적으로 설정 자음 /ㅅ, ㄴ, ㄷ, ㅈ/과 직설법 '-느-' 앞에서는 필수적으로 탈락되나 /ㄷ, ㅈ/ 앞에서는 수의적이다. 중세어에서 당대의 중부 방언으로 이행하는 과정에 있었던 탈락 유형이다. 이는 육진 방언뿐만 아니라 중앙 아시아의 고려말, 중국의 육진 방언에 공통적으로 나타나는데 중세어에서 동사 말음 'ㄹ'이 'ㄷ' 계열의 어미 앞에서 탈락되는 현상과 같다. 변화의 유형이 통시적으로뿐만 아니라 통공적 내지 지역적으로도 확인된다. 'ㄹ' 말음은 정동사 어미 '-오/-소', '-읍구마 ~ -습구

41) 이 부분은 임석규 교수의 도움으로 이루어졌음을 밝혀 둔다.
42) 동북 방언은 최명옥 (1997)과, 중국 길림성 용정에 거주하고 있는 육진 지역의 회령 출신의 화자를 대상으로 한 정향란 (2010: 54-80, 197-198)에서 수집된 자료를 이용한 것이다.
43) 곽충구 교수에 의하면 '짧다' (短)의 경우, '따르다 (육진), 짜르다 (비육진)'류의 'X르다' 어간은 '따르구, 딸가서 (육진), 짜르고, 짤가서~짜라서 (비육진)'처럼 교체된다고 한다 (2014. 3. 16. 메일).

마', '-읍지/-습지' 등의 매개 모음 어미 앞에서도 필수적으로 탈락한다. 공통어, 동남 및 동북 방언, 그리고 서울 방언, 서남 방언의 검토 결과를 보면 어간 말음 'ㄹ'의 탈락 유형이 매우 복잡하다는 것을 알 수 있다. 지역에 따라 탈락 유형을 정밀화할 필요가 있다.

다음으로 동부 방언의 하나인 영동 방언의 음성적 교체를 보기로 한다. 영동 방언은 남북이 차이가 나기 때문에 중간 지대인 강릉 지역어를 대상으로 한다 (김옥영 2005: 81-97, 115-128).

(17) 가. 굵어 ~ 굴찌, 앉어요 ~ 안찌
나. 끄고 ~ 꺼라, 따르고 ~ 따러
다. 놀아/놀어라 ~ 놀드라/노드라, 노자
라. 들어 '居' ~ 드나 (<드는가), 드니 (<드느냐)

(17가)는 동사 '굵-, 앉-'이 자음 어미와 만나면 첫째 자음 'ㄹ, ㄴ'만 선택된다. 강릉 방언의 동사의 자음군에는 'ㄺ, ㄵ, ㄾ, ㄶ, ㅀ, ㄻ, ㄼ'이 확인된다. 이 가운데서 'ㄺ, ㄵ, ㄾ, ㄶ, ㅀ' 말음 동사가 자음 어미 앞에서는 첫 자음만 선택되고 'ㄻ'은 뒤의 자음이 남는다. 표준어와 문화어에서는 상태 동사 '넓다'와 동작 동사의 발음을 달리 규정하고 있으나 강릉 지역어에는 구별되지 않는다 (김옥영 2006: 95). 동사의 자음군은 명사의 자음군과 관련하여 검토할 필요가 있다 (뒤에 나옴). 자음군의 발음도 지역에 따라 그 나름의 특징이 있어 유형화의 필요성이 느껴진다. (17나)는 'ㅡ' 모음을 말음으로 가진 동사가 모음 어미 앞에서 탈락하는 예인데 표준어나 다른 방언과 차이가 없다. (17다)는 동사의 말음 'ㄹ'이 'ㄷ, ㅈ' 로 시작하는 어미 앞에서 수의로 탈락하는 예이다. 지역에 따른 유형화가 요청된다. '불구/부구'와 같이 'ㄱ'으로 시작하는 어미 앞에서 수의로 탈락하는 예도 보인다. 개인에 따라 달리 실현되는 음성적 교체도 유형화할 필요가 있다. (17라)는 직설법 '-느-'의 이형태 'ㄴ' 앞에서 탈락하는 예인데 이는 전 방언에 걸쳐 차이가 없다.

다음으로는 서울을 중심으로 서부 방언에 대하여 검토하기로 한다. 서울 지역어의 동사 어간의 음성적 교체에 대하여는 표준어의 그것과 큰 차이가 발견되지 않는다. 그 중 몇 가지만 언급하기로 한다 (유필재 2001: 74-144). 이 지역어에는 먼저 어간 말음이 폐쇄음이면서 비평음 (ㅍ, ㅌ, ㄲ)인 경우에는 다음과 같이 어간 확장형으로 재구조화된 어형이 발견된다.

(18) 갚다:갚으구, 갚으지; 뱉다:뱉으구, 볶다:볶으는지

원래 매개 모음 '으'는 보문자인 수식적 부정 동명사 어미 '-ㄴ', 합쇼체의 표지 '-ㅂ-', 하오체의 평술 정동사 '-오', 존경의 선행 어미 '-시-' 앞에서 삽입되는 것으로 표준어에서 규정되고 있으나 (18)은 매개 모음 '으'가 'ㄷ' 계열의 자음 어미 앞에서도 실현되는 예이다. 어간 말음 'ㄹ' 탈락과 함께 매개 모음 '으'의 삽입에 대한 지역적 유형론의 수립이 요망된다. 어간 말음이 'ㅅ'인 경우도 '씻으다'와 같이 어간 확장형으로 나타난다.

(4)에서 저자는 'ㄹ' 말음을 가진 동사 어간이 'ㄹ, ㄴ, ㅁ' 계열의 어미 앞에서는 매개 모음 '으'가 실현될 수 없다고 하였는데 서울 지역어와 충청, 전북 일부까지는 다음과 같은 예를 흔히 들을 수

있다.

(19) 가. 갈은 (<간) 것, 맨들은 (<맨든) 거, 시들으니까 (<시드니까)
나. 굽닐을 (<굽닐) 쑤가
다. 얼으면 (<얼면), 저물으믄 (<저물믄), 털으니까 (<터니까)

괄호 안의 어형은 표준어의 형태이다. 'ㄴ, ㄹ' 계열의 어미는 물론 'ㅁ' 계열의 어미 앞에서도 매개 모음이 들어간다. 'ㄹ' 말음 동사의 탈락 역시 지역에 따라 편차가 심하다. 지역뿐만 아니라 개인이나 세대 간의 차이도 고려해야 한다. 이들 변종을 유형화할 필요가 있다.

서울 지역어에 이어 서남 방언의 어간 구조체의 음성적 교체를 보기로 한다. 이곳에서는 형태론적 서술이 비교적 자세한 고흥 방언과 부안 지역어의 양상을 보기로 한다 (배주채 1998; 125-131, 2008: 238-141, 김옥화 2001: 165-170). 서남 지역어에도 공통어와 마찬가지로 폐쇄음화와 경음화, 비음화가 확인되고 어간 모음 '으'와 'ㄹ'이 탈락된다. 이곳에서는 'ㄹ' 탈락만 다루기로 한다. 먼저 고흥 지역어를 보기로 한다.

(20) 가. 들어, 들고, 들소, 들재 ~ 드까, 드신다, 드마 …
나. 놀아, 놀았다, 놀고, 놀먼 ~ 노까, 노신다, 노씨오, 노마 ….

(20가)는 '들다'의 어간 말음 'ㄹ'이 모음 어미 '어' 앞에서는 물론, 자음 어미 앞에서도 실현되는 예이다. 표준어 같으면 '드마'는 '들마'가 되어 어간말의 'ㄹ'이 유지되지마는 고흥 지역어에서는 탈락한다. (20나)도 차이가 없다. 자음 앞에서는 어간말의 'ㄹ'이 탈락하는 동남 방언 (14)와 비교하면 그 정도가 덜하지마는 규칙에 일반성이 없는 것은 마찬가지다. 부안 지역어도 규칙성을 찾기가 어려운 것으로 보고되어 있다.

다음은 음장 언어인 서남 방언의 장단의 교체이다.

(21) 가. 골:드라 (<골:-드라), 골:먼 (<골:-먼) ~ 고라 (<골아)
나. 신:뜨라 (<신:뜨라) ~ 시느먼 (<신-으먼), 시너 (<신-어)

(21가)는 '골-'이 자음 어간과 매개 모음 어미 '-먼' 앞에서는 장음이던 것이 '어' 계열의 모음 어미 앞에서는 단음으로 교체되는 예이고 (21나)는 (가)와는 반대로 '신-'이 자음 어미 앞에서는 장음이던 것이 매개 모음 어미와 '어' 계열의 모음 어미 앞에서는 단음으로 교체되는 예이다. 지역에 따른 장단음의 교체 유형의 탐색도 필요해 보인다.

끝으로 제주어의 음성적 교체를 보기로 한다[44].

(22) 가. 숣아 ~ ᄉᆞᆸ다[ᄉᆞᆸ따], ᄆᆞᆰ아 ~ ᄆᆞᆨ지[막찌]

---

44) 자료는 고재환 (2011/2013가: 66, 89, 172-178)을 이용하였다. 위의 책에는 학교 문법의 '으, ㄹ' 탈락을 불규칙 동사로 처리하였으나 이곳에서는 규칙 동사로 보아 음성적 교체에 넣었다.

나. ᄃᆞᆯ아 ~ ᄃᆞ니, 불어 ~ 부난, 더불어 ~ 더부니

다. 아 ~ 가끄고, 썽 ~ 쓰다

제주어의 동사 어말의 자음군은 표준어와는 달리 'ㄺ, ㄻ, ㅺ, ㅭ'에 국한한다. (22가)를 보면 표준어와 같이 모음 어미 앞에서는 제 음가대로 발음되지마는 자음 어미 앞에서는 평폐쇄음으로 귀착된다. (22나)는 'ㄹ' 말음 동사가 'ㄴ' 계열의 어미 앞에서 탈락한다. 탈락 환경이 더 명세될 필요가 있다. 끝의 '더불다'는 표준어에서는 동사성 후치사인데 제주어는 'ㄹ' 말음 동사에 속한다. 고재환(2011/2013가: 175-176)에서는 '더불고, 더불게, 더불지, 더부니, 더부난'의 예를 들어 일반적인 'ㄹ' 탈락 동사로 보고 있다[45]. (22다)는 'ㅡ' 말음 동사가 모음 어미 '-아. -엉' 앞에서 탈락하는 예이다. 제주어의 운율 체계는 특별한 것이 없다는 것으로 보고되어 있다[46].

이상과 같이 남북 우리말 공통어에서 시작하여 중세어를 거쳐 당대 지역 방언에 이르기까지 음성적 교체의 면면을 살펴보았다. 표준 공통어의 음성적 교체가 가장 질서가 잡혀 있고 중세어는 표준 공통어에는 미치지 못하지만 그래도 정제 (整齊)된 양상을 보여 주었다. 전자는 1930년대의 우리말 규범을 바탕으로 한 표준어와, 문화어의 규범에 의한 우리말 통제 정책에서 그 동인 (動因)을 찾을 수 있고 중세어는 15세기 중엽의 훈민정음 해례를 바탕으로 한 우리말 규범과 관련시킬 수 있다. 특히 중세의 문자화 규범은 음소적 표기법을 지향하고 있어 철자와 발음 사이에 거의 거리를 둘 수 없었다. 그러나 지역어에 이르면 그 나름의 관습적 규범[47]이 있기도 하지만 지역 간의 변종이 심하여 지역적 유형론의 대상이 되기도 하였다. 그 가운데서 가장 심한 것이 어간 말음의 자음군 단순화와 동사 어간 말음의 'ㄹ' 탈락이었다.

최명옥 (2000)에서는 대조 방언학의 관점에서 당대 우리말에 나타나는 자음군 단순화 현상을 남북 전역을 대상으로 형식화하였는데 동사의 경우, 자음군 'ㄹC'의 경우, 동북 방언과 서남 방언에서는 'ㄹ'이 탈락하고 서북 방언과 동남 방언 (경북 방언과 경남 동부 방언)에서는 C가 탈락하는 것으로 관찰하였다. 어간말 자음군의 단순화에 대한 종합적 논의는 다음의 명사 어간말의 자음군 단순화에서 종합하기로 한다. 한편 김수영 (2014)에서는 당대의 남한의 방언에서 확인되는 동사의 어간말 자음군 'ㄺ, ㄼ, ㄿ'을 대상으로 방언 분포를 확인하고 변화 과정을 형식화한 다음, 이를 현재의 방언 분포와 관련시켜 음운 현상의 전파 과정도 추적하였다. 이 문제도 다음 장의 명사의 자음군 단순화와 종합적으로 논하기로 한다.

B. 어휘적 교체

동사 어간의 어휘적 교체에는 학교 문법의 불규칙 활용을 들 수 있다. 앞의 음성적 교체와 같은

---

45) 학교 문법과 남기심 · 고영근 (2014: 128)에서는 불완전 동사 (더러 불구 동사)로 처리하고 있으나 저자는 동사적 후치사로 처리한다 (뒤에 나옴).

46) 김완진 (2006)에 의하면 돌아가신 전 제주대학교 총장 현평효 선생의 증언을 기초로 하여 제주어를 "무성조 무음장" 지역이라고 하였다. 저자가 2008년 4월에 최규일 교수의 초청으로 제주대학에서 강연을 한 적이 있는데 당시 원어민 출신의 학생과의 대화에서도 그것을 확인하였다.

47) 코세리우 (1979, 1988: 293-302)에서는 이를 "Norm" 이라고 하였다. 관련 논의는 고영근 (1993: 57) 참조.

방식으로 남북 공통어를 대상으로 한다.

〈공통어〉

표준어의 어휘적 교체에는 'ㅅ', 'ㄷ', 'ㅂ', '르', 'ㅎ' 불규칙 활용과 보충법 어간의 활용을 들 수 있다[48].

먼저 'ㅅ' 불규칙 활용을 보기로 한다.

(23) 'ㅅ' 불규칙 활용
가. 짓-고, 짓-지, 짓-더라 … '作, 建' 비교: 벗-고. 벗-지, 벗더라 '脫' …
나. 지-어, 지-으니, 지-으면 … 비교: 벗-어. 벗-으면, 벗-으니 …

'ㅅ' 말음을 가진 동사 중에는 말음 'ㅅ'이 'ㅇ'으로 교체되는 것이 있다. (23가)에서는 다른 'ㅅ' 말음 동사와 같이 '-고, -지, -더라' 등의 자음 어미 앞에서 변화가 없으나 (23나)에서는 모음 어미 앞에서 탈락되어 '지-'로 실현된다. '짓-과 '지-'는 음운론적 조건의 제약을 받는 이형태인 것이다. 그러나 이 규칙은 'ㅅ' 말음을 가진 일부의 동사에 국한되기 때문에 어휘적 교체에 속한다. 어휘적 교체에 속한다고 함은 불규칙형이 어휘광에 들어 있다는 뜻이다. 오른쪽의 'ㅅ'을 가진 '벗-'과 비교하면 그 활용이 불규칙하다는 것을 쉽게 알 수 있다. 'ㅅ' 불규칙 동사는 대부분 음장 (音長)을 가지고 있는데 모음 어미와 결합되면 음장이 상실된다. 우리는 앞의 'ㄹ' 탈락에서 이미 그런 사실을 확인하였다.

사실 당대어만 기준으로 삼으면 '짓다'의 말음이 'ㅅ'이라는 하등의 증거가 없다. '짓다'의 중세어의 활용형 '지ᅀᅥ, 지ᅀᅳ니, 지ᅀᅳ면'에 유추해서 책정한 표기형인 것이다. 사실 당대의 활용형 '지어, 지으니, 지으면'에는 눈에 보이지 않는 모종의 자음이 개재되어 있다. 그렇지 않으면 '지어'는 '지여'로. '지으니'는 '지니'로, '지으면'은 '지면'으로 발음되고 적혀져야 한다. 1930년대 우리 어학자들이 우리말 규범을 제정할 때 'ㅅ' 불규칙 활용 동사에 대하여는 'ㆆ'를 복구할 것을 제안하기도 하였고 북한에서 1940년대 말에 철자법을 개혁할 때 'ㆆ'을 복구하기도 하였다 (고영근 1994: 175-176, 1992/2008나: 402). 사실 불규칙 활용에 의한 어간의 교체는 앞의 (4)의 'ㄹ' 탈락과 함께 역사적 교체로 처리하는 것이 온당하다 (과학원 언어문학연구소 1960: 89-91). 'ㅅ' 불규칙 동사는 대부분 동작 동사에서 확인되고 상태 동사로는 '낫다' (勝) 정도를 들 수 있다. 'ㅅ' 불규칙 동사와 규칙 동사의 예는 많이 알려져 있기 때문에 들지 않는다.

다음으로 'ㄷ' 불규칙 활용을 보기로 한다.

---

48) 표준어의 어휘적 교체는 편의상 남기심 · 고영근 (1985/2014: 134-142), 보충법에 의한 어간의 어휘적 교체에 대하여는 고영근 (1974/1999나: 283-285, 1987/1999나: 48-51) 참조, 학교 문법의 '우' 불규칙 동사로 드는 '푸다'는 근대 이전의 '프다'가 근대에 이르는 사이에 '푸다'로 변하여 표기된 예가 있어 (정경재 2015: 169-171), 이를 기반으로 하여 표준어 사정에서 '우' 불규칙 동사를 세운 것으로 보인다. 그러나 언어 사실로 보면 이는 'ㅡ' 탈락의 유형에 속하는 것으로 보고 제외한다.

(24) 'ㄷ' 불규칙 활용

가. 묻고, 묻지, 묻더라 … '問' 비교: 묻고, 묻지, 묻더라 '埋'

나. 물어, 물으니 비교: 묻어, 묻으니

(24가)에서는 일반적인 'ㄷ' 말음 동사와 같이 '-다, -지, -더라' 등의 자음 어미 앞에서는 아무런 변이도 목격되지 않으나 (24나)에서는 모음 어미 앞에서 '물-'로 실현된다. 앞의 'ㅅ' 불규칙 동사와 같이 음성적인 조건에 제약을 받아 실현되는 이형태이다. 그러나 'ㄷ~ㄹ'의 교체는 모든 동사에 적용되지 않는다. 오른쪽의 'ㄷ'을 가진 '묻다'와 비교하면 그 불규칙성을 쉽게 알 수 있다. 'ㄷ' 불규칙 활용 역시 특정한 동사에 국한되어 일어나는 현상이기 때문에 그 요인이 어휘적이다, 앞의 'ㅅ' 불규칙 동사와 같이 대부분의 'ㄷ' 불규칙 동사는 음장을 가지고 있다. 그러나 모음 어미가 와서 불규칙 활용을 일으키면 그 음장이 소멸된다. 'ㄷ' 불규칙 활용 역시 앞의 'ㅅ' 불규칙 활용과 같이 역사적 교체이다. 'ㄷ' 불규칙 동사는 동작 동사에만 확인된다. 'ㄷ' 불규칙 동사와 규칙 동사의 예는 많이 알려져 있기 때문에 들지 않는다[49].

셋째로는 'ㅂ' 불규칙 활용을 보기로 한다.

(25) 가. 돕고, 돕지, 돕더라 … 비교: 뽑고. 뽑지. 뽑더라 …

나. 도와, 도우니, 도우면 … 비교: 뽑아, 뽑으니, 뽑으면 …

(25가)에서는 오른쪽에 보인 일반적인 'ㅂ' 말음 동사와 같이 자음 어미 앞에서는 아무런 변동이 없으나 (나)에서는 오른쪽의 일반적인 'ㅂ' 말음 동사와는 달리 그 말음이 '오 (우)'로 변하고 있다. 문자상으로는 '오 (우)'이지만 실제의 발음은 /w/이다. 앞의 'ㅅ, ㄷ' 불규칙 활용과 마찬가지로 'top-'과 'tow-'는 음성적 조건에 제약을 받아 실현된 이형태들이다. 'p~w'의 교체는 'ㅂ' 말음을 가진 일부의 동사에 국한하기 때문에 어휘적 교체의 범주에 들어온다. 'ㅂ' 불규칙 동사도 'ㅅ, ㄷ' 불규칙 동사와 같이 음장을 가진 것이 많은데 모음 어미와 결합되면 그 음장은 소멸된다. 'ㅂ' 불규칙 동사는 동작 동사와 상태 동사에 두루 분포되어 있다. 'ㅂ' 불규칙 동사는 많이 알려져 있기 때문에 더 들지 않는다.

넷째로는 '르' 불규칙 활용을 들 수 있다.

(26) 가. 흐르지, 흐르고, 흐르더라, 흐르며 … 비교: 치르지, 치르고, 치르며 …

나. 흘러, 흘렀다 … 비교: 치러 치렀다 …

(26가)에서는 어간 '흐르-'가 '-지, -고, -더라' 등의 자음 어미와 매개 모음 어미 '-며' 앞에서는 아무런 변화가 없지마는 (26나)에서는 '어' 계열의 모음 어미 앞에서 '르'의 '으'가 탈락되고 'ㄹ'이 덧생겨 '흘ㄹ-'로 교체된다. 곧 '흐르-'와 '흘ㄹ-'은 음성적 조건에 제약을 받아 실현된 이형태이다. 그러나 (26나)에서 비교한 '치르다'는 같은 '르'로 되어 있음에도 불구하고 'ㅡ'만 떨어지니 '흐르-'의 '흘

49) 북한의 초기 철자법인 『조선어신철자법』 (1948/1950) (고영근 편 2001: 1-115)에는 'ㄷ' 불규칙 동사의 말음을 'ᇀ-'과 같이 중세어의 반치음으로 표기한 바 있다.

러-'의 교체는 어휘적이라고 할 수밖에 없다[50]. 그러나 앞에서 본 바와 같이, 서울 지역어를 비롯한 전국의 방언에는 '흘르고'와 같이 활용하기 때문에 구어$_2$를 기준으로 삼으면 '으' 탈락 동사에 넣을 수 있다. '르' 불규칙 동사는 동작 동사와 상태 동사에 고루 분포되어 있다. '르' 불규칙 동사의 예는 많이 알려져 있기 때문에 더 이상 들지 않는다.

다섯째로는 'ㅎ' 불규칙 활용을 들 수 있다. 'ㅎ' 불규칙 활용은 사실 어간과 어미가 동시에 바뀌는 것이다. 이곳에서는 어간의 불규칙 활용에 대해서만 논의하고 어미의 불규칙성에 대하여는 뒤에서 다른 어휘 항목과 같이 다루기로 한다.

(27) 가. 노랗다[노라타], 노랗고[노라코], 노랗지[노라치] …
　　 나. 노란, 노라면, (노래지면) …　비교: 좋은, 좋으면, (좋아지면) …

'ㅎ' 말음을 가진 대부분의 동사가 보통의 자음 어미와 결합되면 (27가)와 같이 그 어미가 유기음(有氣音)으로 바뀌는 것밖에는 아무런 변화가 없다. 그러나 그것이 매개 모음 어미와 어- 계열의 어미와 결합되면 말음 'ㅎ'이 탈락하기도 하고 어미도 동시에 변한다. 곧 다음과 같은 과정을 밟는다.

(27) 나'. *노랗은>노란, *노랗은>노란, *노랗아지다>노래지다

(27나)의 오른쪽에서 보인 '좋다'의 활용형과 비교하면 'ㅎ' 불규칙 동사의 활용상의 특수성을 이해할 수 있다[51].

지금까지 검토한 어간 구조체의 불규칙성은 어간 말음이 음성적 조건에 제약을 받아 발생하는 것이었는데 동사의 어간 가운데는 특정한 어미 앞에서 형태를 송두리째 바꾸어 버리는 것이 있다. '주다'가 그것이다. 이 동사는 두 가지 용법을 가지고 있다. '남에게 건네다'와 '자기에게 건네다'가 그것이다. 두 용법의 '주다'의 활용형을 보이면 다음과 같다.

(28) 가. 주어라, 주게, 주오, 주십시오, 주어, 주어요
　　 나. 다오 (아주낮춤), 달라 (중립형)　비교: 주어라, 주라[52]

---

50) 이희두 (2003)에서는 뒤에 나오는 중세어의 'ᄅ~르' 불규칙 활용과 함께 현대어의 '르' 불규칙 활용에 대하여 "잠재음"을 설정하여 불규칙성을 설명하려는 한 대안을 제시하였다. 잠재음은 부동 자질과 달리 자신의 독자적인 분절음으로 실현되는데 그 출현 위치가 고정되어 있으며 문법에 의해 결정된다고 하였다.

51) 송철의 (2004/2008: 160)에서는 'ㅎ' 불규칙 활용을 "'앟~엏' 불규칙"으로 부를 것을 제안하고 있으며 정경재 (2015: 172-190)에서도 같은 태도를 취하고 있다. 그러나 같은 'ㅎ' 말음을 가진 '좋다'와의 대비가 어렵다는 점에서 전통적 'ㅎ' 불규칙 동사를 취하는 것이 문제점을 줄일 수 있다고 생각한다. 음운론자들 사이에는 'ㅎ' 규칙 동사인 '좋다'의 활용형 '좋은, 좋으면'이 현실 발화에서 '존, 조면'으로 발음된다고 하여 'ㅎ' 탈락으로 보는 일이 많다. 대표적으로 이진호 (1999) 참조. 이 경우는 탈락이 아니고 약화이다. 만약 이것이 탈락이라면 '-어 지다'와 결합하면 '*좋애지다'가 되어야 할 것인데 그렇지 않다는 데서도 분명히 알 수 있다. 이 문제에 대하여는 저자가 남기심 · 고영근 (1985/2014: 147), 고영근 (2005)에서 소견의 한 가닥을 베푼 바 있다.

52) 저자는 지금까지 존비법의 명칭을 전통적인 해라체 등과 하라체로 불러 왔으나 우리말을 총체 서술하는 본

앞의 용법으로 쓰일 때에는, (28가)에서 보는 바와 같이, 존비법에 걸쳐 어간 '주-'가 공통적으로 확인된다. 이를테면 활용표 '철수에게 주어라, ~주게, ~주시오, ~주십시오, ~주어, ~주어요'를 보면 그런 사실을 분명히 알 수 있다. 그러나 뒤의 용법으로 쓰일 때에는, (28가)에서는 모든 존비법에 걸쳐 '주-'가 공통적으로 확인되지만 (28나)의 아주낮춤과 중립형, 이른바 하라체에서는 '주-'의 자리에 모습이 다른 '다-'와 '달-'이 보충되어 있다. '다-'는 '달-'이 어미 '-오' 앞에서 말음 'ㄹ'이 탈락된 것이다. 이는 (4)의 'ㄹ' 말음 동사가 하오체의 정동사 어미 앞에서 탈락되는 것과 질서를 같이 하는 것으로 해석한다. '달-'은 '다-'와는 달리 앞의 어간말 'ㄹ' 탈락과 같이 음성적 조건에 의한 이형태이고 '주-'와는 어휘적으로 제약되어 있다.

보충법에 의한 어간의 교체에는 부정 (否定) 명령법 어미 앞에 나타나는 '말-'을 더 들 수 있다.

(29) 가. (읽지) 않는다, 않느냐, 않는구나 … 않아도, 않으면 …
　　나. (먹지) 말아라, 말자, (먹든지) 말든지, (먹거나) 말거나 …

(29가)에서 보는 바와 같이 '-(지) 않-'은 평술형, 의문형, 감탄형 등의 정동사와 일반적인 부동사에서 나타나고 '-(지) 말-'은 (29나)에서 보는 바와 같이 명령형과 제안형을 비롯하여 반복성을 띤 대등적 부동사에서 실현되므로 양자는 어휘적 조건에 제약을 받아 실현되는 이형태인 것이다. (29가)의 환경에서는 '말-'이 쓰일 수 없고 (29나)의 환경에서는 '않-'이 쓰일 수 없다. '*않아라, *않자, *않든지, *않거나'가 되어야 할 것이 '말아라, 말자, 말든지, 말거나'가 되었으므로 '말-'은 '않-'의 보충법적 이형태인 것이다[53].

〈중세어〉

중세어의 불규칙 활용은 당대어의 그것과 큰 차이가 없다. 'ㅅ, ㅂ, ㄷ. ᄅ/르' 등을 들 수 있다. 당대어에 보이는 'ㅎ' 불규칙 동사는 형성된 흔적을 찾기 어렵다.

먼저 'ㅅ' 불규칙 활용을 보기로 한다.

(30) 가. 짓고, 짓ᄂᆞᆫ, 지ᅀᆞ보니 … 비교: 벗고, 벗ᄂᆞᆫ, 벗디 …
　　나. 지ᅀᅥ, 지ᅀᅳ니, 지ᅀᅩ니 … 비교: 벗어, 벗으니 …

(30)의 '짓다'의 '짓-'이 (가)에서는 다른 'ㅅ' 말음 동사와 같이 자음 어미 앞에서는 변화가 없으나 (나)에서는 '짓-'이 '지ᅀ-'으로 교체된다. 당대어의 'ㅅ' 불규칙 활용 (23)과의 차이점은 말음이 'ㅿ'이

서에서는 "아주낮춤, 예사낮춤, 예사높임, 아주높임"과 "중립형"으로 바꾸기로 하였다 (뒤에 나옴). 한편 서정목 (1988/1994: 292 각주 3)은 현재 통용되고 있는 "해라체, 하오체" 등의 비합리성을 지적하고 "온다체, 오네체"로 부르고 있으며, 이윤하 (2001: 267)에서는 동사 '하다'의 평술법의 활용형 '한다, 하네, 합니다'에 '체'를 붙이고 있다. 한편 이승희 (2007: 36)에서는 존비법의 변천을 다루는 마당에서 'ᄒᆞ다'의 직설법 어형에 '체'를 붙여 "ᄒᆞᄂᆞ다체" 등으로 부르고 있다.

53) '않다'의 보충형 '말다'는 정동사뿐만 아니라, 부동사와 동명사에서도 실현되는 등 그 분포가 다양하다. 이에 대한 자세한 논의는 고영근 (1987/1999나: 53-58) 참조.

라는 점뿐이다. 그러나 'ㅿ'로의 교체는 모든 'ㅅ' 말음 동사에 적용되지 않는다. 그러니까 어휘적이라고 말할 수 있다. 당대어와 조금도 차이가 없다. 중세어에서 'ㅅ' 불규칙 활용을 하던 동사 중 '웃다'는 당대에 와서 규칙 동사로 성격을 바꾼 것이 있기는 하나 대부분은 당대어에 그대로 남아 있다. 중세어에는 'ㅅ' 불규칙 상태 동사가 확인되지 않는다.

다음으로는 'ㅂ' 불규칙 활용을 보기로 한다.

(31) 가. 덥고, 덥더니 … 비교: 잡고, 잡ᄂᆞᆫ다 …
나. 더ᄫᅥ, 더ᄫᅳ니 … 비교: 자바, 자브니 …

(31)의 '덥다'의 '덥-'이 (가)에서는 다른 'ㅂ' 말음 동사와 마찬가지로 자음 어미 앞에서는 변화가 없으나 (나)에서는 '덥-'이 모음 어미 앞에서 '더ᇦ-'으로 교체된다. 그러나 'ㅸ'로의 교체는 모든 'ㅂ' 말음 동사에 적용되지 않는다. '잡다'는, 오른쪽에서 보는 바와 같이, 아무런 교체의 흔적이 없다. 중세어의 'ㅂ' 불규칙 동사 가운데는 당대어에 그대로 계승된 것도 있고 'ㄼ' 말음을 가진 동사는 전부 규칙 동사로 바뀌었다[54].

셋째로는 'ㄷ' 불규칙 활용을 보기로 한다. 'ㄷ' 말음을 가진 동사 가운데는 모음 어미 앞에서 그 'ㄷ'이 'ㄹ'로 바뀌는 일이 있다.

(32) 가. 긷고, 긷더라 … '汲' 비교: 얻고져, 얻ᄂᆞ다 …
나. 길어, 길으니 … 비교: 묻어, 묻으니 …

---

54) 국어학계에서는 많은 사람들이 저자가 불규칙 활용으로 처리한 중세어의 'ㅅ, ㅂ' 말음 동사의 기저형을 '더ᇦ-, 지ᇫ-'과 같이 잡아 규칙 동사로 처리하고 있다. 이러한 처리는 멀리는 일본의 조선어사 연구가인 마에마 (前間恭作)의『龍歌古語箋』(1924)로 거슬러올라간다. 이들은 'ㅸ, ㅿ'의 소실 이후에는 /Xㅸ/>/Xㅂ/와 같은 재구조화를 거쳐 규칙 동사가 불규칙 동사가 되었다고 보고 있다. 대표적으로 최근에 나온 김남미 (2006)와 오래전의 허웅 (1965: 426-427) 참조. 나카지마 (2003)과 저자로 대표되는 불규칙 활용론은『한글 맞춤법 통일안』(1933)의 제정을 계기로 하여 이윤재 (1932)에서 표준적인 틀이 형성되어 (고영근 1992/1998가: 147, 2008나: 402), 학교 문법에 응용되어 왔다. 그런데 1960년대 이후의 구조 문법과 생성 문법의 수용이 계기가 되어 규칙 동사로 처리하는 것이 큰 흐름을 형성하고 있다. 우리말 연구 자료가 중세어만 있고 그 이후는 사어 (死語)가 되어 버렸다면 모르겠으나 우리말은 고대로부터 당대에 이르기까지 자료가 풍부하고 지역에 따라 분화가 심하니만큼 저자와 같이 우리말을 총체 서술하는 태도를 취하면 전통 문법과 같이 중세어에 대하여도 불규칙 활용을 인정하는 것이 합리적이다. 만약 규칙 활용론을 계속 고집한다면 문법 변화의 보편적 원리를 거스르는 우 (愚)를 범하게 된다. 중세어에는 'ㄼ' 말음 불규칙 동사가 많은데 이들은 후세에 모두 규칙 동사로 변하였다. 만약 'ㄼ' 말음 동사의 기저형을 'Xㄹㅸ'로 잡는다면 '열ᄫᅳᆫ>열운>엷은'과 같이 규칙이 불규칙으로 불규칙이 규칙으로 바뀌니 문법 변화의 일반적 원리 곧 "자연성 원리"를 거스르게 된다 (고영근 2013나, 2018가: 56-74). 그러나 'ㄼ' 말음 동사를 처음부터 불규칙 동사로 보게 되면 '열ᄫᅳᆫ>열운>엷은'과 같이 되어 불규칙에서 규칙으로 바뀌니 문법 변화의 자연성 원리를 조금도 거스르지 않는다. 저자의 중세어의 'ㅂ, ㅅ' 불규칙 활용론은 사전 편찬과 고등학교 고전 교육에도 그 타당성이 증명된다. 이상의 내용은 저자가 고영근 (1997/1999나: 687 715)에서 그 소종래를 밝힌 일이 있다. 지자가 위의 논문을 발표한 뒤, 이진호 (1999), 김성규 (2000), 신승용 (2007), 김현 (2013가) 등 후학들의 비판이 뒤따랐으며 저자는 고영근 (2005: 29-42)에서 답변을 가함으로써 불규칙 활용의 정당성을 다시 한번 천명 (闡明)한 바 있다.

위의 예는 공통어의 (24)와 병행하는 것인데 (32가)에서는 다른 'ㄷ' 말음 동사와 같이 변함이 없지마는 (32나)에서는 '긷-'이 '길-'로 교체된다. 그러나 'ㄹ'로의 교체는 모든 'ㄷ' 말음 동사에 두루 적용되지 않는다. '얻다'는 오른쪽의 어형과 비교하면 아무런 변화의 흔적이 없다. 당대어의 'ㄷ' 규칙 동사와 조금도 차이가 없다.

넷째로는 'ᅀᆞ~ᅀᅳ' 불규칙 활용을 보기로 한다.

(33) 가. ᄇᆞᅀᆞ디, ᄇᆞᅀᆞ며 ~ ᄇᆞᇫ아<*ᄇᆞᅀᆞ아, ᄇᆞᇫ온<*ᄇᆞᅀᆞ온 '碎'
　　나. 그ᅀᅳᆸ고, 그ᅀᅳ더니 ~ 긇어<*그ᅀᅳ어, 긇우믈<*그ᅀᅳ우믈 '牽'

(33가)의 오른쪽의 'ᄇᆞᇫ아'는 'ᄇᆞᅀᆞ-'의 말음절 'ᅀᆞ'의 'ㆍ'가 모음 어미 앞에서 탈락하여 일음절로 축약된 것이고 (33나)의 오른쪽의 '긇어'는 '그ᅀᅳ-'의 말음절 'ᅀᅳ'가 모음 어미 앞에서 탈락하여 일음절로 축약된 것이다. 이런 현상은 'ᅀᆞ~ᅀᅳ'를 말음으로 가진 명사에 격 어미가 붙을 때, 'ᅀ'가 앞 음절에 부착되고 뒤의 음절에 후두음 'ㅇ'가 얹히는 '아ᇫᄋᆞᆫ, 여ᇫᄋᆞᆫ'과 비슷하다 (뒤에 나옴). 그런데 중세어에는 'ᄇᆞᇫ아, 긇어'로 나타나야 할 것이 'ᄇᆞᆺ아, 긋어'와 같이 'ㅅ'로 나타나는 것이 많다,

다섯째로는 'ᄅᆞ~르' 불규칙 활용을 들 수 있다.

(34) 가. 다ᄅᆞ디 ~ 달아<*다ᄅᆞ아, 달온<*다ᄅᆞ온 '異'
　　나. 흐르는 ~ 흘러<*흐르어, 흐루미<*흐르움

(34가)의 오른쪽의 '달아, 달온'은 '다ᄅᆞ-'의 말음절 모음 'ㆍ'가 탈락하여 일음절로 축약되었다. 이러한 현상은 말음절 'ᄅᆞ'를 가진 명사 가운데서 말음절의 모음 'ᄋᆞ'가 줄고 'ㄹ'가 앞 음절에 부착되고 뒤의 음절에 'ㅇ'가 얹히는 'ᄀᆞᆯᄋᆞ로'와 비슷하다 (뒤에 나옴). (34나)의 오른쪽의 '흘러, 흘루미'는 '흐르-'의 말음절 '르'의 'ㅡ'가 탈락하여 '흘ㄹ-'이 된 것으로 당대어의 '르' 불규칙 동사의 활용형과 차이가 없다. 중세 말부터는 'ㄹㅇ'이 'ㄹㄹ'로 합류된다. 이런 현상은 'ᄅᆞ'를 말음절로 갖는 명사에 격 어미가 붙을 때 'ㄹ'가 덧생겨 'ᄒᆞᆯᄅᆞᆫ' 등으로 변하는 것과 비슷하다[55] (뒤에 나옴).

중세어에는 개별 어간들이 특정한 어미와 결합될 때 두 가지 형태로 교체를 일으키기도 하였다.

(35) 가. 시므ᄂᆞᆫ 시믈<시므ㄹ (植) ~ 심거<시ᇚ어, 심군<시ᇚ운, 심곰<시ᇚ옴
　　나. 이셔<이시어, 이쇼니<*이시오니, 이시며, 이시나 ~ 잇다, 잇고, 잇더니

---

55) 'ᅀᆞ, ᄅᆞ'를 말음으로 가진 동사의 활용에 대하여 소견을 밝혀 둔다. 안병희 (1967나: 200)과 안병희 · 이광호 (1990: 212)에서는 'ᅀᆞ~ᅀᅳ, ᄅᆞ~르' 말음 동사의 활용을 자동적 교체 (저자의 "음성적 교체")로 보아 규칙 활용으로 다룬 바 있다. 저자도 이를 따라 규칙 활용으로 다룬 바 있고 (고영근 1987/2010다: 125-126), 저자가 관여한 고등학교『문법』(1992)의『옛말의 문법』에서도 이를 따른 바 있다. 배주채 (2013: 234)에서는 'ᄅᆞ~르' 말음 동사 중 '달아' 형은 규칙 동사로, '몰라' 형은 불규칙 동사로 처리하기도 하였었는데 이는 이기문 (1962)를 따라 모두 비자동적 교체로 보아 불규칙 활용으로 간주한 것이다, 그것은 어쨌든 한편 유창돈 (1962)에서는 같은 'ᄅᆞ~르, ᅀᆞ~ᅀᅳ' 말음 어간이 명사의 유사한 현상과 함께 "配分 活用"이란 이름으로 처리한 바 있다. 배분 활용이란 한 형태소가 환경에 따라 교체되는 현상을 가리키는 용어이다. "배분 활용"이니 "특수 어간 교체"이니 하는 표현은 불규칙 활용의 어간 교체에 지나지 않는다. 굳이 어려운 표현을 쓸 필요가 없다.

다. 넚, 녀 (<어 보니), 녀실 (씨라) ∝ 니거시든, 니거늘

라. 주쇼셔 ∝ 도라, 달라

(35가)는 선행 어미 '-ᄂᆞ-'와 매개 모음을 요구하는 어말 어미 '-(으)ㄹ' 앞에서는 '시므-'이던 것이 모음 어미 앞에서는 '싦-'이 되어 어간 단축과 함께 'ㄱ'가 덧생긴 것이다. 곧 '시므 ~ 싦-'의 교체가 일어났다. '모/무'와 'ᄂᆞ'를 말음절로 갖는 명사가 모음 격 어미와 결합되면 '남기, 굼글, 년글'로 되는 현상과 비슷하다 (뒤에 나옴). (35나)는 존재 동사가 모음 어미와 매개 모음 어미 앞에서는 '이시-'로, 자음 어미 앞에서는 '잇-'으로 단축되는 것이다. (35다)는 모음 어미와 매개 모음 어미 앞에서는 '녀-'이던 것이 거-계열의 어미와 결합되면 '니-'로 교체하는 것이다. (35라)는 당대어 (28)의 '달라'의 직접적 소급형이다. 당대어는 직접 인용과 간접 인용이 '달-'과 '다-'로 실현되는 데 대하여 중세어에는 직접 인용 구문의 예는 보이지 않고 다음과 같이 간접 인용 구문의 예가 나타나는데 수의로 교체되었다.

(35) 라'. ① 가시며 子息이며 도라 ᄒᆞ야도 (월인석보 1, 13)

② 수를 달라 ᄒᆞ야 먹ᄂᆞ다 (두시언해 25, 18)

고대어에 대하여는 그 존재 가능성이 탐색 중이나 체계적인 서술은 시기상조 (時期尙早)인 처지에 있다. 그 하나는 'ㄷ' 불규칙 동사인데 대표적으로 '싣-' (得)과 '*ᄀᆞᆮ-' (曰)이다. 전자는 『훈민정음언해』의 '실-'과 관련시킬 수 있고 후자는 합성 동사 '일ᄏᆞᆮ' (<잃ᄀᆞᆮ-)에 그 흔적이 남아 있고 최근에 나온 『월인석보』 19의 'ᄀᆞᆮᄂᆞ니'에서 그 존재가 실증되었다[56].

중세 이후의 동사의 활용의 변화에 대하여는 '르' 불규칙 동사의 활용형을 대상으로 변화 과정을 추적한 장윤희 (2002가)를 통하여 본 것처럼 기복이 매우 심하였다. 이 문제는 정경재 (2015)에서 다루졌기에 이곳에서는 보류하기로 한다.

〈방언〉

남북한의 공통어에 이어 각 방언의 실상을 보기로 한다. 그 순서는 앞의 음성적 교체와 마찬가지로 동남과 동북 등의 동부 방언, 표준어의 기층인 서울 중심의 중부, 서남, 서북의 서부 방언과 제주어의 순서를 취한다.

공통어의 불규칙 활용이 동남 방언과 동북 방언, 곧 동부 방언에 어떻게 실현되는가를 보기로 한다.

(35-1) 가. 고바서 '麗', 치부니, 더븐깨내 '暑' ~ 곱꼬/꾸, 칩뜨라, 안 덥다 (정인상 1982)

나. 실을 이서서/이사라 '續' ~ 잇고/구, 잇드라

56) 이 문제에 대한 종합적 논의는 이현희 (2002), 유필재 (2010)에서 볼 수 있다. 'ᄀᆞᆯ-'이 'ᄀᆞᆮ-'의 불규칙 활용 어간이라는 점은 '일ᄏᆞᆮ-'을 '잃-'과 'ᄀᆞᆮ-'의 합성 동사로 분석한 이기문 (1971)에서 볼 수 있다. 그러나 1920년대 중반 "白定木"이라는 천재적 어학자가 이미 같은 사실을 지적하였음을 밝혀 둔다. 이진호 (2000)에서 이 문제를 거론하였다.

다. 무러서/무라사 ~ 물꼬 '問' (임석규 2007다: 89)

라. 무라, 무서, 무으라 ~ 묵고, 묵지 (정연찬 1980, 박창원 2001: 65, 김혜영 2004)

(35-1)의 예는 동남 방언이다. 동북 방언의 함경남도의 중부 이북 지역에서도 같은 규칙 활용을 하는 것으로 알려져 있다, (35-1가)의 공통어의 'ㅂ' 불규칙 동사가 동남 방언과 함경남도의 중부 이북 지역에서 규칙 활용을 하는 예이다. 경북 동해안 지역에서는 'ㅂ' 불규칙 동사가 지역과 세대에 따라 불규칙 활용을 보이는 곳도 있고 규칙 활용을 하는 곳도 있다 (최명옥 1980: 194). 동사의 'ㅅ' 말음 어간은 (35-1나)와 같이 대부분 규칙 활용을 하나 어떤 지역에서는 어간 말에 'ㆆ'를 가진 것으로, 어떤 지역에서는 'ㅎ'를 가진 것으로 재구조화되어 있기도 하다 (최명옥 1980: 196). 경북 서북 지역에는 '더워라'와 '더버라'가 공존한다는 보고가 있다 (이상규 1999: 90). 세대에 따라 다르겠지만 동부 지역의 'ㅂ, ㅅ' 불규칙 활용은 학교 교육이나 군대 생활 등 언어 외적 조건에 영향을 받았을 가능성이 많다. (35-1다)는 경북 북부 지역의 'ㄷ' 불규칙 활용의 예인데 경북 동해안에서도 비슷한 양상이 목격된다 (최명옥 1980: 191). 이 점 동북 방언과 중앙 아시아의 고려어도 마찬가지다. 예를 들면 '듣고, 들어서, 들으니'와 같이 말하다가도 어간을 단일화하여 '듫-고[들꼬], 듫-지[들찌], 듫-더라[들떠라]'라 말하기도 한다 (곽충구 2010). (35-1라)는 남부 경남 방언에서 확인되는 '묵다' (食)의 불규칙 활용이다. 같은 'ㄱ' 말음 동사 '죽다, 익다'의 활용형과 비교하면 '묵다'가 불규칙 동사라는 것이 분명해진다. 앞으로 각 방언의 동사의 활용형을 면밀히 조사하여 규칙성 여하를 유형화할 필요가 있다.

동부 방언 중 영동 방언에 나타나는 공통어의 불규칙 활용의 실현 양상을 보기로 한다[57].

(36) 가. 더워, 더우니 ~ 덥구, 덥드니 '暑'

나. 이어/잉어, 이으니 ~ 잇구, 잇드니 '續'

다. 들어, 들으니 ~ 들꾸, 들뜨니 '聞'

영동 방언에는 공통어와 같이 'ㅂ, ㅅ' 불규칙이 실현되고 'ㄷ' 불규칙 활용은 존재하지 않는다. '듣-'은 '들-'로 재구조화하였다[58].

동부 방언에 이어 서부 방언의 불규칙 활용을 보기로 한다. 먼저 표준어의 기층인 서울 중심의 중부 방언에는 다음과 같은 불규칙 동사가 확인된다[59].

(37) 가. 밉게 ~ 미워서, 미우면 등

나. 걷지, 걷구 ~ 걸어라, 걸으면성 등

다. (금을) 긋다 ~ 그어

라. 누렇구 ~ 누러면, 누래서

57) 자료는 강릉 출신의 김옥영 박사 (강릉 원주대)의 도움을 입었다.

58) 양양 지역어는 강릉 지역어와 큰 차이가 없다. 김세환 (2010)에는 'ㅂ' 불규칙 동사는 'X웁 ~ X우', 'ㅅ' 불규칙 동사는 'Xㅇ', 'ㄷ' 불규칙 동사는 'Xㅀ'으로 단일화되어 있다고 보고하고 있다.

59) 이 부분은 유필재 (2001: 74-112)를 참고하되 저자 나름의 기준에 따라 다시 정리한 것이다.

대체로 표준어의 불규칙 활용과 같지마는 세부적으로는 차이점이 발견된다. (37가)는 자음 앞에서는 'ㅂ', 모음 앞에서는 '우'로 실현되는 예를 대표한 것이다. 표준어나 문화어의 그것과 차이가 없다. 그러나 '깁다' (縫)와 같은 동사는 '깃는다, 기운다'와 같이 재구조화된 어형도 목격된다. 그리고 모음 앞에서 '의심스러서'와 같이 '우'가 아닌 '어'와 같은 이형태를 보이는 일도 있고 '더웁다'와 같이 어간 'ㅂ'에 대하여 '웁'을 갖는 동사도 있다. 일종의 어간 확장형이다. '여쭙다'는 자음 앞에서는 '여쭙지 (마라)'로 되어 표준어와 같으나 모음 앞에서는 '여쭈어서'가 되어 '우'가 탈락하여 표준어와 차이가 난다. (37나)는 'ㄷ'불규칙 동사인데 표준어와 차이가 없다. 그러나 개중에는 표준어와 양상을 달리하는 것이 있다. '다닫다'는 중세어의 '다ᄃᆞᆮ다'의 후속형인데 문화어에서는 이를 표준으로 삼고 있다. 표준어에서는 '다ᄃᆞᆮ다'가 재구조화되어 이루어진 '다다르다'를 바른 어형으로 잡고 있다. (37다)는 전통 문법에서 'ㅅ' 불규칙 동사로 처리하여 오던 것인데 중세어의 'ㅅ' 불규칙 동사의 직접적 계승형이다[60]. 차이점은 반치음 'ㅿ' 자리에 후두 마찰음 'ㆆ'이 대치된 것뿐이다[61]. (37라)는 'ㅎ' 불규칙 동사인데 표준어와 차이가 없다. 'ㅎ' 말음이 매개 모음 어미 앞에서는 탈락이 되고 '어'계 어미와 결합되면 융합이 일어나 어간과 어미가 동시에 모습을 바꾼다.

다음으로 서남 방언에 나타나는 공통어의 불규칙 동사의 실현 양상을 보기로 한다. 서남 방언은 전남과 전북으로 나눌 수 있는데 일단 전남 고흥 지역어를 표준으로 삼아 (배주채 1998: 98-99, 131) 그 실상을 보고 전북 방언은 보조적으로 이용한다.

(38) 가. 고우면, 고웅께, 고와 ~ 곱고, 곱드라
　　나. 잇어서, 잇으니 ~ 잇고, 잇드니
　　다. ① 드르면, 드릉께, 드러 '聞' ~ 듣뜨라
　　　　② 1) 시러 (<싫어) '載', 시르면 (<싫으면) ~ 실코 (<싫고)
　　　　　 2) 시러 (<싫어), 시르면 (<싫으면) ~ 실꼬 (<싫고), 실코 (<싫고)

(38가)는 공통어의 'ㅂ' 불규칙 동사의 불규칙 활용 예이다. 그런데 서남 방언의 동부 지역은 이를테면 광양, 구례 등지에서는 동남 방언의 영향을 받아 규칙 활용을 하는 곳도 있다. (38나)는 서남 방언에서 'ㅅ' 말음 동사가 규칙 활용을 하는 예이다. (38다)는 공통어의 'ㄷ' 불규칙 동사 가운데서 불규칙 활용을 하는 것도 있고 규칙 활용을 하는 것이 있음을 보이는 예이다. ①의 '듣-'은 유일하게 불규칙 활용을 보이는 예이고 ②는 '싣다'의 '싣-'이 '싫-$_{1)}$, 싫-$_{2)}$'로 재구조화되었음을 보이는 예이다. 전북 방언에서는 공통어에서 불규칙 활용을 하는 '줍-' (拾)과 같은 동사는 '주꼬, 주서, 주승게'와 같이 'ㅅ' 규칙 동사로 바뀐 것이 있고 '끌-' (牽)과 같은 동사는 지역에 따라 다양한 모습을 보여 준다 (김규남 1991).

서북 방언의 불규칙 활용은 서남 방언이나 영동 방언과 부분적으로 차이를 보이면서 그 나름의

---

60) 한국의 국어학계에서는 많은 사람들이 중세어의 'ㅅ' 불규칙 동사를 'ㅂ' 불규칙 동사와 함께 규칙 동사로 처리하고 있다. 이에 대한 부당성은 고영근 (1997/1999ㄴ: 687-715, 2005)에서 자세히 밝혔다.

61) 유필재 (2001: 104-105)에서는 이를 자음 어미 앞의 발음 '짇-'에 근거하여 'ㄷ' 불규칙 동사로 처리하였으며 이를 "ㄷ 불규칙 (B)"이라 부르고 있다.

특수성을 보인다[62].

(39) 가. 가차우니까, 가차와도 ~ 가잡다, 가잡꾸 (<가잡구), 가잡떠라 (<가잡더라) ‘近’ (이금화 2007가: 71)
나. 주스니께 (<줏으니께), 주워두 ~ 구 (<줏구), 떠라 (<줏더라) ‘拾’ (이금화 2007가: 50)
다. 니으니까, 니어도 ~ 닌는다 (<닝는다), 니떠라 (<닝더라) ‘續’ (이금화 2007가: 55)
라. ① 걸으니까, 걸어두 ~ 건는다, 걱구 (<걷구), 걷떠라 (<걷더라) ‘步’ (이금화 2007가: 78)
② 듣으니까, 듣어도 ~ 든는다, 듣꾸 (<듣구), 듣떠라 (<듣더라 ‘聞’ (이금화 2007가: 50)

(39가)는 공통어와 같이 ‘ㅂ’ 불규칙 활용이 그대로 실현된 것이다. (39나)는 공통어의 ‘ㅂ’ 불규칙 동사 ‘줍-’이 ‘ㅅ’ 규칙 동사로 재구조화한 것이다. (39다)는 공통어의 ‘ㅅ’ 불규칙 동사가 ‘ㆁ’ 말음 동사로 재구조화한 것이다. (39라)는 공통어의 ‘ㄷ’ 불규칙 동사의 대부분은 ①과 같이 공통어와 행태를 같이하나 ‘듣-’만은 ②와 같이 규칙 활용을 함을 보이는 것이다. ‘듣-’이 규칙 활용을 하는 것은 평안남북도와 황해도 북부 지역에 한정된다[63]. 이밖에도 ‘잇다’의 ‘잇-’이 중세어와 같이 ‘이시-’로 실현된다는 보고가 있으나 (김영배 편저 1992: 346), 그 분포를 명세하기가 쉽지 않다.

끝으로 제주어에 공통어의 불규칙 활용이 실현되는 모습을 보기로 한다[64].

(40) 가. 돕다 ~ 도와/도왕 ‘造’
나. 짓다 ~ 지어/지엉 ‘作’
다. ᄃᆞᆮ다 ~ ᄃᆞᆯ아/ᄃᆞᆯ앙 ‘走’
라. 눅다 ~ 누어/누엉, 누난/누민 ‘臥’

(40가)는 제주어도 공통어와 같이 ‘ㅂ’ 불규칙 동사가 실재함을 보이는 예이다. (40나)는 공통어의 ‘ㅅ’ 불규칙 동사가 제주어에 실현되는 예이다. (40다)는 공통어의 ‘ㄷ’ 불규칙 동사의 실현형이다. (40라)는 제주어에만 보이는 ‘ㄱ’ 불규칙 동사로 알려져 있는데 모음 어미 앞에서는 ‘ㄱ’이 탈락하여 불규칙 활용을 한다. 이는 경남 방언에서 확인되는 (35-1라)의 ‘묵다’와 성격이 비슷하다. 공통어의 ‘눕다’의 말음이 재구조화하여 ‘눅다’가 된 것으로 보인다.

(28)의 당대어와 (35라)의 중세어에서 본 ‘달라’의 방언 실현형을 보기로 한다. 다음은 동부 방언의 예이다.

62) (39)의 예는 저자가 중국 남경대학 한국학과의 초청으로 2015년 7월 10~13일 사이에 현지에서 중국 전역에서 모여 든 대학생을 상대로 강연을 한 일이 있었는데 저자가 USB에 담아간 자료를 중심으로 남경대학의 이금화 교수가 다시 수정한 것임을 밝혀 둔다.

63) 평안도 방언의 ‘ㄷ’ 불규칙 활용은 김영배 (1973/1984: 41-62)에서 종합적으로 고찰되었다. 이곳에서는 ‘ㄷ’ 규칙 동사의 [-t]는 ‘*t>d’. ‘ㄷ’ 불규칙 동사의 [-t]는 ‘*d>r’이라고 발음상의 차이를 구별하였으며 10세기 경의 어형으로 추정하였음을 덧붙여 둔다.

64) 자료는 앞의 음성적 교체와 같이 고재환 (2011/2013가: 173-178)에서 가져왔다.

(41) 가. (이리) 도오/도고. (경북 청송)
나. (이리) 주라. (경남 삼천포)
다. (이리) 다/다구/다오. (육진)
라. (인) 다와. (강릉)

(41)은 요청을 의미하는 '주다'의 방언형인데 경남 삼천포 지역어를 제외하고는 모두 '다-' 내지 '도-'가 실현된다. 저자는 1950년 마산에서 중학교 다닐 때 김해 진영 출신의 학우로부터 '도고'란 말을 들은 일이 있다. 동부 방언에는 남북을 가리지 않고 '도-/다-'가 분포되어 있다. 특히 경주 지역어에는 '도가, 두가'라는 어형이 발견된다고 한다 (뒤에 나옴) (이상신 2010가, 나).

다음은 서부 방언과 제주어의 예이다.

(42) 가. 다우. (서울)
나. 다구. (충북 괴산)
다. (이리) 주그라/줘라. (전남 고흥)
라. 줘라 (<*주어라). (평북 의주)
마. (이레) 도라. (제주)

(42가)는 공통어의 '다오'의 서울 방언형이다. (42나)의 '다구'는 (41다)의 육진 방언과 형태가 같다. (42다)는 거-계열의 '그라' 또는 어-계열의 정동사 명령형 어미의 결합인데 서남 방언에는 '다-' 계열의 어간이 확인되지 않는다[65]. (42마)는 제주어의 예인데 '다-' 계열의 어간임에 틀림없다. 서남과 서북 방언에만 '주-'로 바뀌고 서울 지역어와 충북 지역어에는 동부 방언과 마찬가지로 중세의 '도-' 계가 분포되어 있다[66].

이상과 같이 저자는 당대 공통어를 기준으로 하여 중세 및 고대어는 물론, 중부 방언으로부터 변경 지역에 이르기까지 동사 어간 구조체의 역사적·지역적 변종을 음성적 관점과 어휘적 관점으로 나누어 그 실상을 검토하여 보았다. 지금까지 논의한 결과를 종합하면서 자연성 이론의 관점에서 이를 해석해 보기로 한다[67].

먼저 음성적 교체에서는 평자음 어간의 폐쇄음화는 역사적으로는 어디까지 거슬러 올라갈 수 있는가를 단언할 수 없으나 이미 중세어에서는 'ㅅ, ㄷ, ㄹ'를 제외하고는 폐쇄음화가 완성되어 있었거나 과도기에 놓여 있었다. 지역적으로는 평폐쇄음화가 고루 분포되어 있었다. 그러나 육진 방언과 그 변종인 고려어와 연변 지역어에서는 어말의 'ㄹ'이 외파되었다는 보고 (소신애 2008)이 있어 평폐쇄음화도 일률적으로 재단 (裁斷)하기가 어렵다는 것을 알 수 있다. 지역적 유형화의 필

65) 이상신 (2010가)에 의하면 전남 영암 지역어에도 '주라'로 실현된다고 하니 서남 방언에는 '다-' 계열의 동사가 없음을 알 수 있다.

66) 이상신 (2010가)에서는 요청을 의미하는 '달-'계 어간의 변종을 조사하여 그 형성 과정을 밝히고 있다.

67) 자연성 이론에 대하여는 부르첼 (1984, 1994), 부르첼/쉔케 (trans. 1989), 최형용 (1999), 고영근 (2013나) 참조. 특히 맨 끝에는 자연성 이론에 의한 우리말 형태부, 형태·통사·의미부와 통사부의 제 문제가 논의되어 있다.

요성이 느껴진다. 그러나 동사의 어말 자음군은 지역에 따라 매우 유동적이었다. 그리고 동사 어간말 'ㄹ' 탈락은 역사적으로도 그렇거니와 지역적으로는 어떤 규칙을 세우기가 힘들 정도로 기복이 심하였다. 그 나름의 유형화를 추구할 필요가 있다. 어간말 모음 'ㅡ'의 탈락은 전 시대와 전 지역에 걸쳐 큰 변화가 없이 실현되고 있었다. 역사적으로 보면 어간말 'ㄹ'은 후대로 내려올수록 평폐쇄음화의 길을 걸어왔고 지역적으로는 육진 방언에만 외파의 흔적이 남아 있다. 자연성 이론의 관점에 서면 우리말의 동사 어간 말음이 역사적으로는 외파라는 무표성에서 내파라는 유표성으로 발전하고 지역적으로도 그러한 과정을 밟아 왔다. 통시적 · 지역적 유형화를 논의할 수 있다. 그러나 당대에 와서는 중세 및 고대의 무표적인 외파가 유표적인 내파로 진화하였고 일부 방언에 그 흔적이 남아 있으니 이는 궁극적으로는 굴절 체계 안정성을 지향하는 자연 형태론의 원리에 부합한다고 할 수 있다.

동사 어간말의 'ㄹ'의 탈락은 당대어가 중세어보다 제약이 해이 (解弛)해지고 방언에서는 자음어미 앞에서는 예외 없이 'ㄹ'이 탈락하는데 이를 자연성의 관점에서 어떻게 해석해야 할까. 제약이 풀어진다는 것은 규칙의 무표화를 지향하는 것이니 자연성의 개념에 부합한다고할 수 있다. 매개 모음은 그와 반대의 방향을 걸어 왔다. 동사 어간 말음 'ㄹ'이 중세어에서는 존경의 선행 어미 '-(으)시-' 앞에서 탈락하지 않으며 또 서울 중심의 중부 방언에서는 '-(으)시-'뿐만 아니라 'ㄴ, ㅁ' 계통의 어미 앞에서도 매개 모음이 실현되는데 이를 어떻게 해석해야 할까. 제약의 늘어남과 줄어짐을 어떻게 해석해야 할까. 제약이 적다는 것은 그만큼 무표적이고 많다는 것은 유표적으로 볼 수 있지 않을까. 또 중세에는 앞에서 든 '-(으)시-' 앞에는 'ㄹ'가 탈락하지 않으나 같은 'ㅅ'로 된 의문 감동법 '三摩地에 드순다 (<*들순다)' (능언경언해 5, 31)에서는 탈락한다. 당대어에도 같은 'ㅅ'로 된 제안형 어미 '-세' 앞에서는 '노세' (<*놀세)와 같이 'ㄹ'이 탈락된다. 음성적인 제약도 아니고 그렇다고 몰아서 어휘적인 제약으로 설명하기도 어렵다.

어휘적 교체에 있어서는 음성적 교체보다 훨씬 변화가 심하였다. 중세어의 'ㅂ' 불규칙 동사는 불규칙 어간의 말음 'ㅸ'의 음가가 'w'로 바뀌어도 공통어에서는 다른 'ㅂ' 규칙 동사를 고려하면 여전히 불규칙 동사로 존재한다. 중세의 'ㅂ'불규칙 동사 가운데는 당대 공통어에서 규칙 동사로 바뀐 것이 없지 않은데 (앞에 나옴), 이는 'ㄼ'을 말음으로 가진 동사에 이끌린 것과 관련이 있어 보인다. 이는 체계 안정성을 추구하는 사실과 관련이 있어 보인다. 친구들이 모두 모자를 쓰는 것을 보고 갓을 벗어 던지는 구한말의 풍속도가 연상된다. 갓을 벗고 모자를 쓰면 다른 친구들과 어울릴 수 있으니 이는 형태론에서 굴절 체계 안정성을 추구함으로써 굴절 체계조화성을 확보하는 것과 차이가 없어 보인다 (고영근 2013나). 그러나 방언에서는 사정이 다르다. 'ㅂ' 규칙 활용이 유지되는 동부 방언에서는 공통어의 '눕다'가 후두 마찰음을 말음으로 가진 '눟-'로 재구조화되기도 하였다. 이 역시 후두 마찰음을 말음으로 가진 'ㅅ' 불규칙 활용에 이끌린 것으로 볼 수 있다. 중세의 'ㅅ' 불규칙 동사 '잇다' (連)는 동부 방언에서는 규칙 동사로 활용을 하고 있고 이의 중세의 불규칙 활용형 '이서'의 말음 'ㅿ'은 16세기 중엽 이후로는 후두 마찰음으로 바뀌었으며 이는 서남 방언과 서북 방언 등의 서부 방언에 분포되어 있다. 이는 'ㅂ' 불규칙 활용과 함께 장단과 고저가 서부와 동부에 분포하는 사실과 병행하는 현상이다. 'ㄷ' 불규칙 활용은 많은 지역에서 'ㅀ'로 재구조화되어 규칙 동사로 바뀌는가 하면 서북 방언에서는 '듣다'만 제외하고는 모두 불규칙 활용을 한다. 유독 '듣다'만 불규칙 활용을 하는 까닭을 앞으로 밝혀야 할 것이다.

앞에서 저자는 표준어의 '르' 불규칙 동사는 실제의 구어에서는 '흘르다'로 실현되기 때문에 말모음 'ㅡ'의 탈락으로 처리한 바 있다. 표준어의 '르' 불규칙 동사는 대부분 중세어의 'ᄅᆞ~르' 불규칙 동사의 직접적 계승형이지만 개중에는 전혀 근본을 달리하는 동사가 당대에 와서 재구조화에 의하여 '르' 불규칙 동사가 된 것이 적지 않게 보인다[68].

(43) 가. 치운 사ᄅᆞ ᄆᆞᆯ 키 그늘워 (장윤희 2002가: 66)
나. 사ᄅᆞ ᄆᆞᆯ 골와 (위와 같음)
다. ① 저품 업슨 고대 다ᄃᆞᆮ거늘 보고 (장윤희 앞의 논문 75쪽)
② 그날 다ᄃᆞ라 金 부플 티니 (위와 같음)
라. ① ᄒᆞᆫ 바ᄅᆞᆳ ᄀᆞᅀᅢ 다ᄃᆞᄅᆞ니 (장윤희 앞의 논문 75쪽)
② 뎌 ᄀᆞᅀᅢ 시러 다ᄃᆞᄅᆞ며 (위와 같음)

(43가)의 '그늘우-' (庇)는 당대어의 '그느르-'로 이어졌으니 재구조화를 겪었음을 알 수 있다. (43나)의 '골오-' (選)는 당대에 와서 '고르-'로 변하였는데 역시 재구조화를 겪었다. 이러한 재구조화는 17세기 후반에 이루어진 것으로 보고되어 있다. 이들은 중세어에서 규칙 동사였던 것이 'ㄹ' 불규칙 동사로 변화한 경우이다. 이와는 반대로 (43다)는 중세어의 불규칙 동사가 당대에서 '르' 말음을 가진 규칙 동사로 변화한 경우이다. 중세어에서 '다ᄃᆞᆮ-'은 (43다, 라)에서 보듯이 'ㄷ' 불규칙 동사였다. 그랬던 것이 (43라)와 같은 활용형에서 어간을 '다ᄃᆞᄅᆞ-'로 재분석한 결과, 규칙 동사 '다다르-'로 변화하였다. 근본을 달리하는 동사가 재구조화에 의하여 '르' 불규칙 동사가 되는 현상은 앞의 'ㄿ' 말음 불규칙 동사가 규칙 동사로 바뀌는 것과 같이 체계 안정성을 확보하려는 책략과 관련이 있어 보인다.

6.2.3.2. 동사 어미 구조체의 변이

동사 어간 구조체에 이어 동사 어미 구조체의 변이 양상을 음성적 교체와 어휘적 교체로 나누어 살펴보기로 한다. 먼저 남북 공통어인 표준어와 문화어의 실상을 보기로 한다.

A. 음성적 교체

〈공통어〉

어미 구조체도 어간 구조체와 같이 특정한 환경에서 음성적 교체를 일으킨다.

(44) 가. ① 먹어, 개어 ~ 보아, 잡아; 먹었다, 개었다 ~ 보았다, 잡았다

68) 이 문제는 장유희 (2002가)에서 폭 넓게 조사되었다. 이곳에서는 'X오/X우>X르'형의 용언을 비롯하여 'ㄷ' 불규칙 동사가 '르' 불규칙 동사로 변하는 문제가 자세히 다루어져 있다. 대표적인 몇 가지만 들기로 한다. 관련 논의는 곽충구 (1994)에서도 볼 수 있다.

② 괴로워, 괴로웠다 ~ 도와, 도왔다

나. ① 잡은, 잡을, 잡으오, 잡습니다, 잡으며 ~ 본 (<보ㄴ), 볼 (<보ㄹ), 보오, 봅니다 (<보ㅂ니다), 보며

비교: 운 (<*울은), 울 (<*울을), 우오 (<*울으오), 웁니다 (<*울읍니다), 우시고 (<*울으시고), 울며 (<*울으며)

② 잡으시고 ~ 보시고

다. 가더라, 가지, 가고 ~ 잡더라[잡떠라], 잡지[잡찌], 잡고[잡꼬]

(44가)①은 어-계열의 어미가 모음 조화 규칙에 따라 'ㅏ, ㅗ' 말음을 가진 어간과 결합하면 아-계열의 어미로 교체되는 예를 보인 것이다. 어간 말의 끝 모음이 전설 모음일 때에는 '[개여, 개였다]'와 같이 '여'로 교체를 일으키나 표준어에서는 이를 맞춤법에 반영하지 않는다. 그러나 문화어에서는 발음을 따라 그대로 맞춤법에 반영한다 (국어사정위원회 1989: 11항 3). (44가)②는 표준어에서 'ㅂ'불규칙 동사 중 '도와'와 같이 단음절 어간 뒤에 결합하는 '-아'의 경우만 제외하고는 '워'로 표기함을 보이는 예이다 (국어연구소 1988, 제18항 다만과 이희승 · 안병희 · 한재영 2010: 18항 6 참조). (44나)는 매개 모음 어미와 비매개 모음 어미가 교체되는 예이다. 매개 모음 어미는 모음 어간은 물론, 비교에서 보인 바와 같이, 'ㄹ' 말음 동사 아래에서도 선택되지 않는다. 평자음 어미가 왼쪽의 (44다)와 같이 모음 어간과 결합되면 유성음화하는 정도에 그치지만 'ㄱ, ㄷ, ㅂ' 등의 평폐쇄음과 결합되면, [ ]에 보인 바와 같이, 경음소화의 과정을 밟는다. 이런 경우는 사전에 발음을 일일이 적을 필요가 없다.

<중세 및 고대어>

공통어에 이어 중세어의 어미 구조체의 음성적 교체 양상을 보기로 한다.

(45) 가. ① 주거 (<죽어), 그처 (<긏어) ~ 싸호아, 몰라 (<모ᄅᆞ아)

비교: 미다, 무라, 지ᅀᅡ, 연자ᄂᆞᆯ

② 업수ᄃᆡ (<없우ᄃᆡ), 두리ᄫᅮᆷ (<두렇움), 어두라 (얻우라) ~ ᄉᆞᆯᄫᅩᄃᆡ (ᄉᆞᇒ오ᄃᆡ), 고ᄫᅩᆷ (<곻옴), 노포라 (<높오라)

나. ① 업슨 (<없은), 업슬 (<없을), 업스며 (<없으며) ~ 자ᄫᆞᆫ (<잡ᄋᆞᆫ), 자ᄫᆞᆯ (<잡ᄋᆞᆯ), 자ᄫᆞ며 (<잡ᄋᆞ며)

② 아ᄅᆞ시고 (<알ᄋᆞ시고), 업스이다 (<없으이다)

다. ① 뿌ᅀᅩ, 둣ᄯᅩ다 (<*뒷도다) (김현 2013가: 4)

비교: 安否ᄒᆞᅀᆞᆸ고 (석상 6, 1), 니셋고 (두시언해 21, 28)

② 잇써늘, 그리놋싸 (김현 2013가: 5)

(45가)는 모음 조화 규칙에 따라 어-계열의 부동사 어미가 두 갈래로 분간됨을 보이는 어미의 예이다. ①은 음성 모음 어간 아래에는 부동사 어미 '-어'가, 양성 모음 어간 아래에는 부동사 어미 '-아'

가 선택됨을 보이는 예이다. 그런데 중세어 자료 가운데는 오른쪽에 보인 바와 같이, 어-계열의 부동사 어미가 모음 조화 규칙과 관계 없이 일률적으로 아-계열로 표기되기도 하였다. 이는 음운 현상이 아니고 표기상의 기교일 뿐이다 (고영근 1993/2004가: 348-350). ②는 설명 · 인용의 부동사형 어미 '-우듸 ~ -오듸', 보문자인 동명사형 어미 '-움 ~ -옴', 제1인칭 평술 정동사 어미 '-우라 ~ -오라'가 어간 모음이 양성이냐 음성이냐에 따라 선택됨을 보이는 예이다. (45나)는 (44나)와 같은 매개 모음 어미인데 당대어와는 달리 모음 조화 규칙에 따라 두 갈래로 분간된다. ①은 매개 모음 '으~ᄋᆞ'가 'ㄴ, ㄹ, ㅁ' 계열의 어미 앞에서 실현되는 것이고 ②는 '으 ~ ᄋᆞ'가 선행 어미 '-시-, -이-' 앞에 나타나는 예이다. (45다)①은 15세기의 'ㄱ, ㄷ' 계열의 평파열음 어미 (비교 참조)가 경음화하는 예인데 당시의 일반적인 발음은 비교에 보인 비경음형이었다. 17세기부터는 이런 현상이 많이 발견된다[69]. ②도 ①과 같은 예이다. 아직은 분명히 말할 수 없지마는 중세어에도 당대와 같이 형태소 내부는 물론, 형태소 경계에서도 규칙적은 아니었지만 경음화 현상이 있었던 것만은 부인할 수 없다[70].

〈방언〉

먼저 동남 방언과 동북 및 영동 방언의 어미 구조체의 음성적 교체의 예를 보기로 한다.

(46) 가. ① 앉아 '坐' ~ 열어 '開', 가도 '去' (<*가아도) ~ 서도 (<*서어도), 조도 (<*주어 도 '授')
② 싸워도 (<*싸우어도) '爭', 배워도 (<*배우어도) '學' (최명옥 1980: 160-161)
나. ① 자븐, 자블, 자브모 '捕' ~ 본, 볼, 보요, 봄미더, 보모 '見'
비교: 운, 울, 우요, 움미더, 울메 '泣'[71]
② 자브시고 ~ 보시고
다. 가직떠라, 가직꼬 '近', 가직찌

(46가)는 어-계열의 부동사의 활용형이다. 위의 두 활용형은 경북 동해안 지역어의 것인데 이 활용형은 반촌과 민촌에 따라 차이가 심하다. 우선 (가)를 중심으로 동남 방언의 교체 양상을 보기로 한다. ①은 1음절 어간인데 'ㅏ, ㅗ' 뒤에서는 '아'가, 그 밖의 모음 뒤에서는 '어'가 선택된다. 이러한 현상은 경남 서남 방언도 같다 (최명옥 1976/1998가: 88). 그런데 표준어의 '주어도'는 동남 방언 일대에는 '조도'로 바뀌는데 이에 대한 음운론적 설명이 요망된다. ②는 어간의 제2음절이 자음을 선행시키지 않는 '우'이면 어-계열의 부동사 어미가 붙으나 50대 이하의 세대에서는 아-계열을 취하는 것으로 보고되어 있다 (최명옥 1980: 161). (46나)는 동남의 삼천포 지역어의 매개 모

---

69) 김현 (2013가)에서는 평파열음 뒤에서 경음화하는 현상을 형태소 내부, 형태소에 경계에 걸쳐 세밀하게 조사하고 있다. 그러나 이런 예를 논의의 대상으로 삼을 때에는 비경음화의 예, 곧 긍정적인 어형도 동시에 보여야 한다.

70) 이 문제는 김현 (2013나)에서 제기된 바 있다. 그러면 경음화되지 않은 평파열음은 단순한 무성음이었는지 음성학적 접근이 필요하다,

71) 동남 방언의 매개 모음 활용표는 최명옥 교수와 임석규 교수의 제보에 의하였음을 밝혀 둔다.

음 어미의 교체 양상인데 표준어의 '잡으오, 잡읍니다'에 대응하는 어미에는 모두 '잡소 잡습니다' 만 실현된다. 그러니까 동남 방언에는 보문자인 동명사형 어미 '-(으)ㄴ, -(으)ㄹ', 존경의 선행 어미 '-(으)시-, 조건·가정의 부동사 어미 '-모' 앞에서만 매개 모음이 선택된다. 오른쪽의 'ㄹ' 말음 동사의 활용형을 보면 그것은 모음 어간의 활용과 같다는 사실을 알 수 있다. '우요'는 하오체 정도의 존비법에 해당한다. (46다)는 평음 어미가 파열음 아래에서 경음소로 바뀌는 예인데 이는 물론 전 방언에 걸쳐 공통으로 확인된다.

다음으로는 육진 방언을 포함한 동북 방언의 어미의 음성적 교체를 보기로 한다[72].

(47) 가. ① 먹어, 먹엇다, 개애, 개앳다 ~ 바/봐, 잡아, 밧다 (<보았다), 잡앗다
② 게룹아/궤룹아, 게룹앗다/궤룹앗다, 돕아, 돕앗다
나. 잡은, 잡을, 잡으시구, 잡으메 ~ 본, 볼, 보오/보옵메, 보옵메다, 보시구, 보메
비교: 운, 울, 우오, 우웁메다, 우시구, 울메
다. 끅꾸 (<끗구), 읏찌 (<읏지), 뻿짜무 (<뻿자무)
비교: 바 주구, 키 크구 (정향란 2010: 113, 172)

(47가)는 동북 방언에 어/아-계열의 어미가 모음의 종류에 따라 구별되는 예이다. ①의 '어' 계열에 -애-계열이 선택되는 것이 특이하다. 음운론적 제약에 의한 이형태일 가능성이 많다. 먹엇다'의 '엇'을 '엇'으로 적은 것은 노년층에서 표준어의 '-었-'을 '먹어시니~먹어스니, 먹엇어서[먹어서서], 먹엇다[머거따]'로 활용한다는 점을 고려하였기 때문이다. ②는 'ㅂ' 규칙 동사에 아-계열의 어미가 붙는 것이 특이하다. 이 경우, 표준어나 중부 방언에서는 불규칙 활용을 하여 어-계열의 어미가 붙는다는 점에서 그러하다. (47나)는 매개 모음 어미의 교체의 예인데 표준어와 큰 차이가 없다. 표준어의 '잡으오, 잡읍니다'에 대응하는 형태는 '잡소/잡습메, 잡습메다'로 실현되어 매개 모음이 들어가지 않는다. 육진 방언에서도 '잡습꾸마'로 실현되어 매개 모음이 들어가지 않는다. [비교]에서 보인 바와 같이, 동북 방언에서도 존경법의 선행 어미 -(으)시-'는 서울 및 중부 방언 밖의 방언과 마찬가지로 'ㄹ' 말음을 탈락시킨다. (47다)는 다른 방언과 마찬가지로 평파열음 다음에 경음소가 오는 예이다. 앞에서 우리는 형태소 경계에서 평파열음이 경음소화하는 것이 보편화되어 왔음을 확인한 바 있다.

다음은 영동 방언의 강릉 지역어와 삼척 지역어의 예이다[73].

(48) 가. ① 먹어(서), 개 ~ 바/봐, 잡어 (서); 먹었다, 갰다 ~ 밨다, 잡었다
② 게루워, 게루웠다 ~ 도와, 도왔다
③ 먹아, 먹았어, 먹아두; 막았아, 막아두; 고왔아, 미왔아 (삼척)
나. ① 잡은, 잡을, 잡으우, 잡으미 ~ 본, 볼, 보우, 보미
비교: 운, 울, 웁니다, 우시고, 울미

72) 이 부분은 대부분 저자가 만든 표준어의 활용표에 따라 곽충구 교수가 메꾸어 준 것임을 밝혀 둔다.
73) 활용표는 김옥영 박사가 제공한 것에다가 김봉국 (2002: 31)로 보충한 것이다.

② 잡으시고 ~ 보시고

다. 가더라, 가지, 가구 ~ 잡뜨라, 잡찌, 잡꾸

(48가)는 어-계열 어미의 활용 양상이다. ①은 'ㅗ' 밖의 모음 어간 뒤에서는 '어'가 선택되나 그것이 줄어진 형태로도 나타나고 'ㅗ' 모음 어간 뒤에서는 아-계열 어미가 붙는다. 이는 대체로 서울 방언과 일치한다. 그러나 같은 영동 방언이라도 삼척 지역어는 모두 아-계열로 실현된다. 과거 시제의 '-았-' 뒤에서 '-았-'을 취하는 것은 다른 방언에서는 보기가 어렵다 (뒤에 나옴). 지역에 따라 교체 유형이 다르다. (48나)는 매개 모음 어미의 사용 양상인데 표준어와 차이가 없어 보인다. ①은 'ㄹ' 밖의 자음 아래에서는 '으'가 삽입되고 모음 어간과 'ㄹ' 말음 어간 뒤에서는 매개 모음을 요구하지 않는다. (48다)는 평폐쇄음 뒤에 오는 평파열음 어미가 경음소로 바뀌는 것이다.

서울 지역어는 표준 공통어와 큰 차이가 없다 (유필재 2001: 144-157, 158-160).

(49) 가. ① 좁아서, 솟아난다 ~ 갚어야지, 앉어서

② 도와서, 더와서, 아름다워서,

나. ① 떠들으니까/머니깐, 먹우, 조으니 (<좋으니)

② 받으십시오, 받으세요 ~ 가십시오, 가세요

다. 비웃지[비웃찌], 닦지[닥찌] 마라

서울 지역어의 매개 모음 어미에는 '-ㄹ, -ㄴ, -믄, -면, -니까, -ㅁ세, -니깐, -ㄹ려구' 등이 확인되어 있다. (49가)①은 'ㅗ' 모음 어간 뒤에서는 아-계열의 어미가 선택되고 'ㅏ' 모음 어간 뒤에서는 어-계열의 어미가 선택됨을 보이는 예이다. 후자는 표준어와 차이가 있다. (49가)②에서 '도와서'는 표준어와 같으나 '더와서'는 표준어와 다르다. '아름다워서'는 표준어에서도 표준으로 인정하고 있다. (49나)의 '떠들으니까/머니깐'은 표준어와는 달리 매개 모음의 사용이 동요하고 있는 예이다. '먹우'는 표준어의 '먹으오'와는 달리 매개 모음이 탈락된 것이다. '조으니'는 동사 말음 'ㅎ'이 약화된 형태이다. (49다)는 앞의 표준어 (48다)와 같이 자음 어미가 평폐쇄음 아래에서 경음소로 바뀌는 예이다.

다음은 서남 방언의 어미부의 교체 양상이다 (배주채 1998: 70-81).

(50) 가. 녹아, 볿아, (갈아), (따듬아) ~ 딛어, 젊어, (갈어), (가물어)

나. ① 먹은, 먹을, 먹음사 ~ 본, 볼, 봄사

② 잡우시고 ~ 보시고, 먹으께/먹으께이 ~ 가께/께이

다. 익꼬 (<익고), 밖고 (<받고), 박꺼쏘 (<받겄소)

서남 방언의 어-계열 부동사 어미의 교체 양상을 보면 아-계 어미는 말음절 어간 모음이 'ㅗ'일 때에는 예외없이 선택되고 나머지 환경에서는 어-계열이 선택된다. 단 '갈-, 따듬-'과 같이 어간 말모음이 'ㅏ'나 'ㅜ, ㅡ'로 되어 있을 때에는 양쪽 괄호 안의 이형과 같이 '아'와 '어'를 수의로 취한다. 표준어나 중부 지방과 큰 차이가 없어 보인다. 대한민국 학술원 (1993: 5, [한5ㄷ])의 『서남 방언

의 부사형 어미 '-아~어'의 교체를 보면 부동사 '-아, 어'의 교체 양상을 다음과 같이 7개 지역에 걸쳐 지도로 표시하고 있다.

충청북도〈단양〉: 고워서, 몰:러서, 가러서/가라서, 가무러서, 춰:서
충청북도〈영동〉: 고와서, 몰:라서, 가라서, 가무러서, 춰:서
전라북도〈부안〉: 고와서, 몰:라서, 가러라, 가무라서, 춰:서
전라북도〈정읍〉: 고와서, 몰:라서, 가러서, 가무러서, 추와서
전라북도〈고창〉: 고와서, 몰:라서, 가러서, 가무러서, 추워서/추와서
전라남도〈완도〉: 고와서, 몰:라서, 가러서, 가무러서, 추워서/추와서
전라남도〈광양〉: 고:바서/고:와서, 몰:라서, 가라서, 가무라서, 추바서/추워서

선택된 동사는 '곱-', '모르-', '갈-', '가물-', '춥-'의 네 종류이다. 이곳의 서남 방언이란 호남과 호서 지방을 아우르는 의미로 사용하고 있다. 이 방언은 전통적 모음 조화 규칙과는 달리 동사 어간의 모음이 'ㅏ'인데도 'ㅓ'가 통합되는 지역이 있는가 하면 어간의 모음이 'ㅓ'나 'ㅜ'인데도 'ㅏ'가 통합되는 지역이 있다는 사실을 지적하고 있다. 편집위원들은 5개 지역의 부동사의 분포에 대하여 다음과 같은 소견을 진술하고 있다

(51) 중부 지역에 가까울수록 어간 모음 '오'나 '아'는 음성 모음으로 행동하는 경향이 심하고 남쪽으로 내려갈수록 양성 모음으로 행동하는 경향이 강하다는 것을 알 수 있다. 그리고 전라남도의 대부분에서 '춥-'과 '덥-'에 통합되는 어미가 '아'인 것으로 보아 어미 '-아 ~ -어'는 이른 시기에 교체를 보이지 않고 '아'로 고정되어 있었을 것 으로 보인다.

(46가)에서 본 바와 같이, 동남 방언도 서남 방언에 뒤지지 않는 변이를 보이고 있는데 그에 대한 언어지리학적 연구도 필요해 보인다[74]. (50나)는 매개 모음 어미의 교체 양상이다. 표준어와 큰 차이가 없다. 단 특징은 선행 어미 '꺼, 꺼이'가 매개 모음을 취하는 것이다. 이는 표준어의 '-(으)ㄹ것이'가 문법화한 것으로 특별한 것이 아니다.

다음은 서북 방언의 어미 구조체의 음성적 교체를 보기로 한다.

(52) 가. 까마두 (〈깜아두), 가파두 (〈가프어두), 마촤도 (〈마추어도), 쪼차두 (〈좇아두) ~, 써두 (〈쓰어도), 눠두 (〈누어두, 尿)
나. ① 막으니꺼니 '防' ~ 바꾸니꺼니 '換', 막으러 ~ 자러 '宿', 먹으문 ~ 헤문 '算'
비교: 살문 '生', 날문 '飛'
② 주갓습마 (〈주갔읍마) '주겠다', 안즈라 (〈앉으라)~감마
다. 갑떠라 (〈갚더라), 갑꾸 (〈갚구[75])

74) '어' 계 부동사의 실현 양상에 대하여는 남부 방언을 중심으로 많은 연구가 수행되었다. 서남 방언에 대하여는 최전승 (2004: 195-242) 등이 있고 동남 방언에 대하여는 최명옥 (1980, 1982: 102-105, 1992/1998가: 63-88), 오종갑 (2007) 등 많은 연구가 이루어졌다.

(52)는 '어' 계의 부동사 어미, 매개 모음 어미, 평파열음 뒤의 경음소화의 예인데 공통어와 차이가 거의 없다.

끝으로 제주어의 어미의 음성적 교체를 보기로 한다

(53) 가. ① 안앙 '안아서', 앙 '앉아서', 받안 '받아서', 족안 '작아서' ~ 누엉 '누어서, 이엉 '이어서' 지언 '지어서'

② (늬빨) 박앗수다 '(이빨) 박았습니다' ~ '(꼿이 고영) 피엇다 '꽃이 곱게 피었다'

③ (뽕닙) ᄐᆞ암져 '(봉잎) 따고 있다' ~ (밥) 먹엄세라 '(밥) 먹고 있다'

④ 거돤 (<거두안)

나. ᄀᆞ트민 (<ᄀᆞᇀ으민) '같으면' (고재환 2011/2013가: 31), ᄀᆞ트난 (<ᄀᆞᇀ으난) '같으니' (고재환: 위와 같음), 먹으멍 '먹으면서', 녹으키여 '녹겠다' (고재환 2011/2013가: 439), ᄌᆞᆽ인<ᄌᆞᆽ은 '짙은' (고재환 2011/2013가: 456), 엽은 (고재환 2011/2013가: 457)

다. 먹꼭<먹곡 '食', ᄀᆞᆮ꼭<ᄀᆞᆮ곡 '말하고', ᄃᆞᆮ따<ᄃᆞᆮ다 '走'

(53가)는 어간에 어-계열의 어미가 붙은 것이다. ①은 '어' 계열의 부동사 어미인데 양성 모음 아래에는 아-계열의 어미가, 음성 모음 아래에는 어-계열의 부동사 어미가 붙는 예이다. ②는 완료상의 '앗, 엇'인데 역시 모음 조화 규칙을 따르고 있다. ③은 진행상의 '암, 엄'이 역시 모음 조화 규칙에 따라 선택된다. ④는 다음절 어간에 아-계열의 어미가 붙는 예이다. 다음절 어간에 모음 조화가 지켜지지 않는 예는 다른 방언에서도 더러 보인다 (앞에 나옴). (53나)는 모두 매개 모음이 사용된 어미인데 매개 모음이 'ㅁ, ㄴ' 계열의 어미 앞에 선택되는 것은 육지의 방언과 차이가 없으나 표준어의 '-겠-'에 대응하는 '-키-'에 매개 모음이 붙는 것은 육지의 방언과 다르다. 육진 방언 중에서도 서남 방언의 선행 어미 '-꺼-(<-*ㄹ꺼-), -꺼이 (<-ㄹ 꺼이)'가 매개 모음을 취하는 것과 병행하고 있어 그 나름의 유형을 형성하고 있다. (52다)는 육지 방언과 같이 평파열음으로 된 어간에 붙는 어미가 경음소로 바뀌는 예이다. 육지어와 조금도 다름이 없다.

이상과 같이 저자는 어-계열의 부동사 어미, 매개 모음 어미, 그리고 'ㄱ, ㄷ, ㅈ'계 어미의 경음소화 문제를 검토하여 보았다. 매개 모음 어미는 하오체와 합쇼체의 평술·의문법과 합쇼체의 평술·의문법을 제외하고는 대개 'ㄹ' 밖의 말음과 'ㄴ, ㄹ, ㅁ' 계 어미와 선행 어미 '-시-' 사이에 부착되는 경향을 보여 주었다. 그리고 어미의 경음소로의 변이는 역사적으로는 근대 이후부터 나타나며 지역적으로는 모든 지역에 공통적으로 확인되었다. 그러나 어/아-계열 어미의 교체는 시대와 지역에 따라 기복이 심하다. 특히 그 지역적 분포가 대한민국 학술원의 이기문·김완진 (편집) (1993)과 이익섭 밖에 (2008)에서 작성한 한국 언어지도집류를 보면 그 실현이 어느 정도 복잡한가를 알 수 있다. 그 사정을 검토함으로써 어-계열 부동사의 시대별 지역별 윤곽을 그려 내어 보고자 한다[76].

---

75) 자료 출전은 다음과 같다.

Ross 1877[歷文 ② 02: 6, 38], 이금화 2007가: 120-126, 한성우 2003: 123-124, 최명옥 1985가, 김영배 1982).

76) 이 문제는 최명옥 (1992), 오종갑 (2007), 임석규 (2007가, 나)를 중심으로 종합한 것임을 밝혀 둔다.

앞에서 본 바와 같이, 중세어의 어-계열의 부동사는 당시의 모음 조화 규칙에 따라 상당히 질서 있게 적용되었다. 그러나 중세어의 맥을 잇는 중부 방언의 경우 어간 말음절이 '오'인 경우를 제외하면 어간 말음절 모음에 관계 없이 '어'로 실현되는 경향이 강함을 지적할 수 있다. 이는 어-계열 부동사의 모음 조화가 근대어에서 당대에 이행되는 어느 시기에 소멸되었음을 뒷받침한다고 할 수 있다. 19세기 자료를 면밀하게 검토하면 서남 방언을 제외한 이를테면 동남, 동북, 서북 방언에서는 어-계열의 부동사 어미가 19세기 후기까지 모음 조화를 지키고 있음을 확인할 수 있다. 이러한 사실은 '어' 부동사 어미의 모음 조화는 서남 방언으로부터 북상하면서 소멸되었음을 의미한다. 한편 지역별 모음 조화 지수를 보면 충남 방언이 76으로 가장 낮고 경남 방언이 가장 93으로 가장 높다는 통계가 나오기도 하였다. 모음 조화의 붕괴는 어느 어간에서 시작되었을까. 지역에 따라 단음절 어간에서 시작되었다고도 할 수 있고 다음절 어간에서 시작되었다고 할 수 있다.

어-계열 부동사 어미, 매개 모음 어미, 평음계 어미의 통시적 · 지역적 변이 양상을 자연성 이론에 따라 유형론적으로 조명하는 문제가 남아 있다 (고영근 2013나, 2018가: 55-74).

B. 어휘적 교체

〈공통어〉

공통어 어미의 어휘적 교체는 학교 문법의 어미의 불규칙성을 가리킨다 (남기심 · 고영근 1985/1993/2010/2014: 143-147). 먼저 '어' 계열의 어미가 여-계열의 어미로 변하는 현상을 보기로 한다.

(54) 가. 하고, 하면, 하지 …
　　나. 하여 (>해), 하여라 (>해라), 하였다 (>했다)
　　　비교: 파아 (>파) '堀', 파아라 (>파라), 파았다 (<팠다), 파아서 (<파서)

'하'로 된 동사나 그것이 붙어 이루어진 동사에 (54가)와 같이 평파열음으로 된 어미와 결합되면 어미에 변화가 생기지 않으나 (54나)와 같이 어-계열의 모음 어미가 붙으면 어미가 불규칙적으로 변한다. 이런 동사를 학교 문법에서는 '여' 불규칙 동사라 불러왔다. 같은 모음 'ㅏ'로 되어 있는 '파다'의 경우는, 오른쪽에 보인 바와 같이, 모음 조화 규칙에 따라 아-계열의 어미를 취하는 데 대하여 '하다'의 경우는 여-계열의 어미를 취한다. 여-계열의 어미는 음성적 제약을 받는 어-계열의 어미와는 달리 형태론적 제약을 받기 때문에 어휘적 교체의 대상이 된다. '여' 계열의 어미는 대부분의 경우, '하'와 함께 융합 내지 화합을 일으킨다, 이런 현상이 (27)의 'ㅎ' 불규칙 동사에도 있음을 확인하였다, 차이점은 '하여'의 융합은 수의적인 데 대하여 'ㅎ' 불규칙 동사에서는 융합이 필수적으로 일어난다는 것이다[77].

---

77) 송철의 (2003/2008: 161)에서는 '해' 형을 단순한 수의적 변이형으로 보기보다는 별개의 패러다임으로 보아야 한다는 견해를 내놓고 있다. 중부 방언 중심의 구어를 다루는 곳에서는 타당한 처리로 생각하지마는 규범성을 우선하는 공통어에서는 전통적 처리대로 '해'를 '하여'의 준말로 보는 것이 문제점을 줄일 수 있다. '너라, 거라, 러' 불규칙 활용과 비교하면 역시 전통적 명명 (命名)이 옳아 보인다. 이희승 (1949: 74, 98)에서는 '하' 변칙 동사 등으로 불렀었다.

'르' 말음 동사 가운데서 일부의 동사는 규칙적 '어' 계열의 자리에 '러' 계열의 어미가 선택된다.

(55) 가. 이르고, 이르지, 이르면 … '至' 비교: 이르고, 이르면, 이르지 … (謂, 早)
나. 이르러, 이르러서, 이르렀다 비교: 일러, 일러서, 일렀다 …

어간 말음절이 '르'로 된 동사에 (55가)와 같은 자음 어미가 붙으면 아무런 변화가 없지마는 (55나)와 같이 '어' 계열의 모음 어미가 오면 '러' 계열의 어미로 바뀐다. 이런 동사를 학교 문법에서는 '러' 불규칙 동사라 부르고 있다. 같은 '르'로 된 동사라 하더라도 오른쪽의 동사의 경우에는 모음 어미 앞에서 불규칙 활용을 하여 어간만 변한다. 동작 동사에는 '이르다' 하나뿐이고 상태 동사에는 '누르다, 푸르다'가 있다[78].

다음은 동사 '가다'에 특수한 명령형 어미가 붙는 예이다.

(56) 가. 가 (<가아), 가고, 가면, 가니 …
나. 가거라 비교: 사라 (<*사아라) …

(56가)와 같이 동사 '가-'에 보통의 어미가 붙으면 아무런 변화가 없으나 (56나)와 같이 명령형 어미가 붙으면 어미가 달라진다. '가-'와 같이 'ㅏ'로 끝나는 자동사의 명령형은 그 표준형이 '가라'가 아니고 '가거라'이다. 오른쪽의 '사다'는 'ㅏ'로 끝나 있으나 타동사이기 때문에 규칙적인 '-아라'가 붙는다는 사실을 고려하면 '가다'의 불규칙적 성격을 알 수 있다[79]. '거라' 불규칙 동사에는 '가다, 자다, 자라다, 일어나다'가 있다. 그러나 방언에서는 변화가 심하다 (뒤에 나옴).

다음은 동사 '오다'에 특수한 명령형 어미가 붙는 예이다.

(57) 가. 와 (<*오아), 오고, 오면, 오니 …
나. 오너라 비교: 보아라, 모아라 …

자동사 '오다'의 '오-'에 보통의 어미가 붙으면 (57가)와 같이 어미에 변화가 없으나 정동사의 명령형에서는 '-너라'를 취한다. 같은 'ㅗ' 모음을 가진 '보다'의 경우는 '-아라'를 취한다는 사실과 비교하면 그 불규칙성이 분명해진다. 이런 동사를 학교 문법에서는 '너라' 불규칙 동사라 부르고 있다. 동사 '오다'의 불규칙성은 중세어에도 넓게 펴져 있었다 (뒤에 나옴). 한편 나이가 든 어른이 아기들에게 친근감을 주려고 할 때 쓰이는 '온'과 같은 활용형은 어미 '-ㄴ'을 붙이기도 하는데 이는 '-너

---

78) '이르러'의 '러'의 'ㄹ'을 동사 어간의 일부분으로 처리하여 '이를어'로 보면 어미 체계가 간결화되는 이점은 있으나 자음 어미 위에서 'ㄹ'이 떨어지는 현상을 설명할 수 없다. 자음 어미 '-고, -지, -면' 앞에서 'ㄹ'이 떨어지는데 그 조건은 유음 'ㄹ' 탈락의 조건과는 다르다. 중세어에는 '이르다, 누르다, 푸르다'가 대부분 음절 말음에 '니를-'과 같이 말음 'ㄹ'을 지니고 있었는데 당대로 오는 과정에서 'ㄹ'이 어-계열 어미에서만 화석으로 남게 되어 불규칙 동사로 처리되었다. 관련 논의는 유창돈 (1964가: 196), 장윤희 (2002가) 참조.

79) 1985년의 학교 문법에서는 관례를 따라 '거라' 불규칙 동사로 처리하였으나 2002년의 학교 문법에서는 '거라' 불규칙을 인정하지 않고 있으며 『표준국어대사전』에서는 별개의 어미로 처리하고 있다. 이는 표준어 문제이므로 가부간 결단을 내려야 할 것이다.

라'의 축약형으로 보인다.

다음은 '주다'의 명령형 어미가 불규칙한 것이다.

(58) 가. 주어라, 주게, 주시오, 주십시오, 주어. 주어요, 주라고 '授'
　　나. (다오), 주게, 주시오, 주십시오, 주어, 주어요,(달라고) '請'

앞의 (28) (131쪽)에서 저자는 '주다'가 '자기에게 건네다'를 의미하면 어간이 아주낮춤의 정동사 명령형과 간접 인용의 정동사 명령형에서는 '달-, 다-'로 교체된다고 하였다. (58나)가 바로 그것인데 이를 '남에게 주다'의 (58가)와 비교하면 정동사 명령형이 어간에 이어 어미도 '-어라'가 되어 그 불규칙성이 뚜렷해진다. 이를 학교 문법에서는 '오' 불규칙 동사라고 한다 (성균관대학교 대동문화연구원 1985나: 48).

활용어에 속하는 동작 동사, 상태 동사, 계사는 정동사, 동명사에 걸쳐 조금씩 모습이 다르다.

(59) 가. 먹는다 ~ 간다 (평술), 먹는구나, 가는구나 (감탄), 먹느냐, 가느냐, 먹는, 가는 …
　　나. 검다, 희다, 검구나, 희구나, 검으냐, 희냐, 검은, 흰 …
　　다. (책) 이로구나, (책) 일세, (책) 이로구려, -라서, -라도 …

(배주채 2008: 43)

(59가)는 평술 정동사형에서는 '-는다'와 '-ㄴ다'가 동사 말음이 폐음절이냐 개음절이냐에 따라 구별되는 음성적 이형태이고 '-는구나'는 어간 말음에 관계없이 동작 동사에 붙는다. 평술형과 의문형에 나타나는 현재 시제의 '-는- ~ -ㄴ', 감탄형에 나타나는 '-는-'은 특정한 어미 앞에서 나타나기 때문에 문장 구성소이다. 문장 구성소는 뒤에 오는 어말 어미와 결합되어야만 문장 형성소가 될 수 있다 (§2.4.2, 29쪽). 그러나 상태 동사에서는 (59나)에서 보는 바와 같이 '-구나'만 붙는다. 의문 정동사형과 보문자인 동명사형에서는 구성소인 직설법 '-느-'가 쓰인다. 계사의 감탄형에서는 계사 표지인 '로'가 붙는다. '-ㄴ/는-, -느-'도 동사의 표지이나 현재 시제와 직설법의 기능도 표시한다는 점에서 '로'와는 다르다[80].

'ㄴ, ㅁ'을 가진 동사의 말음에 평파열음으로 된 어미가 붙을 때에는 경음소로 교체된다.

(60) 가. 신고[신꼬], 신더니[신떠니], 신지[신찌], 신기[신끼] …
　　가'. 신기다
　　나. 남고[남꼬]. 남더니[남떠니], 남지[남찌], 남기[남끼] …
　　나'. 남기다

위의 (60)에서 같은 'ㄱ' 평파열음이라고 하더라도 (60가',나')와 같이 사동의 접사 '-기-'가 붙을 때

80) 프랑스 한국 선교단이 저술한 *Grammaire coréenne* (1881)[歷文 ② 19]을 비롯하여 개화기의 신소설과 1930년대의 문학 작품에도 '(책) 일다'와 같은 어형이 보인다. 관련 논의는 고영근 (1976/1983/2010나 436; 1974/1999나: 252) 참조.

에는 유성음으로 바뀔 뿐이다[81]. 모음 어간이나 평파열음 어간 아래에서 'ㄱ, ㄷ, ㅈ' 계열의 어미가 자동적으로 유성음이나 경음소로 바뀌는 것은 음성학적으로 설명할 수 있지만 'ㄴ, ㅁ' 아래에서 경음소로 변하는 것은 음성학적 설명이 불가능하다[82]. 형태론적 제약에 의한 음성 교체이다. 이런 경우는 사전에 발음을 명세하지 않으면 안된다. 곧 어휘광에 들어 있는 것이다. '울다'와 같은 'ㄹ' 말음 동사의 경우와 비교하여 보면 그 불규칙성을 알 수 있다[83].

〈중세어〉

다음 예는 'ㄷ' 계열의 어미가 특정한 어미 아래에서 'ㄹ' 계열의 어미로 교체되는 예이다[84].

(61) 가. 同氣라 (<*다), 아ᄃᆞ리러니 (<*아ᄃᆞᆯ이더니), 이리로다 (<*일이도다), 慧眼이라가 (*이다가) …
비교: 외다, 도ᄌᆞᆨᄒᆞ더니, 오도다, 돋다가 …
나. ᄒᆞ리라, ᄒᆞ리러니, ᄒᆞ리로다, ᄒᆞ리라가 …

(61가)는 'ㄷ' 계열의 어미가 계사 '-이-' 아래에서 'ㄹ' 계열의 어미로, (61나)는 'ㄷ' 계열의 어미가 추측법 '리' 뒤에서 'ㄹ' 계열의 어미로 교체되는 예이다. 특정 형태소에 국한되기 때문에 형태론적으로 제약되어 있다. 당대어에서는 (61나)의 'ᄒᆞ리라. 하리러라'는 의고체에서 더러 볼 수 있으나 나머지 예는 자취를 감추었다.

다음 예는 ㄱ-계열의 어미가 'ㄹ' 말음 동사 및 하향 이중 모음의 부음 'ㅣ' (y)을 가진 동사를 비롯하여 계사, 추측법 '-리-' 뒤에 출현하면 후두 유성 마찰음 'ㅇ'[ɦ][85]으로 교체된다.

(62) 알어늘, ᄃᆞ외오, 하ᄂᆞ리히어늘 (<하ᄂᆞᆶ이어늘), 떠러디리어늘 … 비교: 가거늘, 가고

같은 모음으로 된 어간이라고 하더라도 그것이 동사 어간의 일부분일 때에는 'ㅇ'의 교체를 허용하지 않는다. 이를테면 '가지오'와 '가지고'에서 전자는 '가지' (枝)에 계사의 활용형 '∅고'가 붙었기 때문에 'ㅇ'로 교체되었으나 후자는 동사 어간 '가지-'의 활용형이기 때문에 교체가 일어나지 않았다. '-어늘' 등은 특정한 환경 아래 나타나므로 '-거늘'과는 형태론적으로 제약되어 있는 것이다.

오-계열의 어미나 선행 어미 '-오-'가 계사 뒤에서 출현하면 로-계열의 어미로 교체한다.

---

81) 방언에 따라서는 '신기-'가 '싱기-, 싱키-'로 실현되는 지역이 있으나 (이익섭 밖에 편 2008: 311), 이는 문제 삼지 않는다. 구본관 (1990)에 의하면 피동과 사동의 경우, 경주 방언에서는 '안끼다'와 같이 경음으로 발음된다는 보고가 있다.

82) 『표준어 규정 해설』 (1988) 제24항에는 현상만 기술하고 있다.

83) 허웅 (1965: 273)에서는 '신다. 검다'와 같이 'ㄴ, ㅁ' 말음 동사 아래에서 경음소로 바뀌는 현상에 대하여 변격으로 처리한 바 있다.

84) 이 부분은 고영근 (2010다: 133-136)과 부분적으로 겹친다는 것을 밝혀 둔다.

85) 'ㅇ'의 음가에 대하여는 논의가 많다. 관련 논의는 고영근 (1910다: 각주 18) 참조. 최근에는 동실인 후두 유성 마찰음에 대한 반론이 나오고 있어 선불리 그 음가를 단정하기가 어렵다는 것을 알 수 있다. 김성규 (2008)에 문제점이 지적되어 있다.

(63) 가. (第一) 이롬, 이로ᄃᆡ　비교: 닷곰, 닷고ᄃᆡ; 주굼, 주구ᄃᆡ
　　나. (第一) 이로라, 이론 비교: 닷고라, 닷곤; 주구라, 주군

(63가)는 오-계열 어미의 앞 부분에 계사 표지 '로'가 덧붙은 것이고 (63나)는 선행 어미 '오/우'에 계사 표지 'ㄹ'이 덧붙은 것이다. 그러니까 로-계열의 어미와 오-계열의 어미는 형태론적으로 제약되어 있는 것이다. 문법사의 관점에 서면 계사의 형태를 '*일-'로 잡을 수 있다 (유동석 1987, 김정대 2005). 그렇다면 오-계열의 어미를 따로 두지 않아도 좋은 점이 있으나 다른 활용형, 이를테면 '(第一) 이라, 이니'와 같은 활용형에서 'ㄹ'이 탈락되는 원인을 설명할 수 없는 어려움에 부딪친다.

중세어의 중립적 완료상은 어-계열의 부동사 어미에 상태의 의존 동사 '잇-'이 붙은 '-어/아 잇-'이나 이의 축약형 '-엣- ~ -앗-'에 의하여 형성되는데 동사 '두다' (置)에는 다음과 같이 '- ᅟᅵᆺ-'이 붙는다.

(64) 뒷더시니, 뒷논, 둣더시니　비교: 드리웻노니 '垂'

같은 '우'를 말음으로 가진 '드리우-'는 '-엣-'이 붙어 '드리웻-'이 되는데 '두-' 뒤에는 '-어'가 탈락된 'ᅟᅵᆺ' 또는 'ㅅ'이 붙는다. 이현희 (2006가)에서는 '뒷-'을 '두우 잇-'으로 보아 종전의 중세어의 단어 형성에서 문제되던 부동사 어미의 속성을 지닌 '오~우'와 관련시키고 있어 관점을 돌리면 새로운 사실이 얼마든지 발굴될 수 있다.

중세어에는 어/아-계열의 어미가 자동사나 동사 '오-' (來) 뒤에서 '거'나 '나'로 교체되는 일이 있다.

(65) 앉거늘, 앉거든, 앉거다; 오나ᄂᆞᆯ, 오나ᄃᆞᆫ, 오나다, 오나다 …
　　비교: 바다ᄂᆞᆯ, 바다ᄃᆞᆫ, 바다다 …; 머거늘, 머거든, 머거다 …

오른쪽의 비교란의 어형에서 식별되는 '-아ᄂᆞᆯ ~ -어늘, -아ᄃᆞᆫ ~ -어든, -아다 ~ -어다'는 타동사 '받-, 먹-'에 통합되어 있다. 당대어의 '먹어라' 등에 그 그루터기가 남아 있다[86]. '-아늘 ~ -어ᄂᆞᆯ, -어든 ~ -아ᄃᆞᆫ'은 '-아 ~ -어'로 시작하는 어미이고 '-어다 ~ -아다'의 '-어 ~ -아'는 확인법의 선행 어미다. 이는 (63가, 나)와 사정이 같다. 거-계열의 어미는 당대어에서는 '가다'의 명령형 '가거라'에 그 그루터기가 남아 있고 '거'로 시작하는 '-거든, -거늘, -거든, -거니와'도 그 흔적으로 볼 수 있다. 사실 중세어의 ᄒᆞ라체의 명령형은 타동사에는 '-아라 ~ -어라'가 쓰이고 '-거라'는 '니거라' (行)밖에는 보이지 않는다. 특히 구어 자료가 많이 발견되면 '-거라'를 취하는 자동사 예가 확보될 가능성이 있다. 중세의 나-계열의 어미는 당대에 와서는 (57)의 '-너라'에만 그 흔적이 남아 있고 다른 환경에서는 모두 거-계열의 어미로 합류되거나 소멸되었다. 거-계열의 어미는 자동사뿐만 아니라 이른바 존재사, 계사 등의 비타동사에 붙는다 (고영근 1980/1999나: 443-491).

다음은 아-계열의 부동사가 동사 'ᄒᆞ-'나 'ᄒᆞ-' 접미 동사 뒤에서 어-계열의 어미로 교체되는 예이다.

---

86) 김두봉 (1916: 116-117)에는 명령형 어미 '-어라'는 타동사에. '-거라'는 자동사에 쓰인다고 증언한 바 있다. 고영근 (2014가)에서 그런 점을 부각시킴으로서 전통 계승에의 필요성을 강조하였다.

(66) ᄒᆞ야. ᄒᆞ야셔, ᄒᆞ야도 비교: 파, 파셔, 파도

오른쪽의 '파, 파서. 파도'는 '*ᄑᆞ아, *ᄑᆞ아셔, *ᄑᆞ아도'에서 'ㆍ'가 탈락된 것인데 이것과 비교하면 (66)도 '*하, *하셔, *하도'가 되어야 할 것이나 'ᄒᆞ야' 등으로 교체되었다. 'ᄒᆞ-'가 '-옴, -오ᄃᆡ'와 결합할 때, 'ㆍ'가 탈락되기도 하고 유지되기도 하는데 (고영근 2010다: 125), 이런 일은 모두 동사 어간 'ᄒᆞ-'의 특수성과 관련된다. 'ᄒᆞ-'에 붙는 야-계열의 어미는 당대어의 '여' 불규칙 활용의 직접적 소급형이다. 중세어에서부터 '여'가 보이며 시대가 내려올수록 확산되지 않았나 한다. 다른 부동사 어미 '-어'에 이끌린 유추적 평준화가 아닌가 한다.

(61)~(66)에 나타나는 어미의 교체는 어간 형태소에 제약을 받아 실현되므로 그 조건은 어휘적이다. 어간 말음이나 어간의 모음의 종류에 영향을 받는 음성적인 조건과는 성격이 다르다.

앞의 (60)에서 본 바와 같이, 중세어에도 당대 공통어와 같이 'ㄴ, ㅁ' 말음 동사가 평파열음 어미와 결합될 때 경음소로 변이를 겪었는가 하는 문제가 제기될 수 있다[87].

(67) 가. (신) 신고 '履', 안고, 안ᅀᆞᄫᅡ '抱'

가'. 엿고 (<*옂고), 연ᄌᆞᆸ고 (<*옂ᄌᆞᆸ고); '加' 안ᄶᅥ나 (<*앉거나), 안ᄶᅩ (<*앉고), 앉고, 안ᄶᅵ (<*앉기), 안ᄯᅵ (<*앉디) (마롬) '坐'

비교: 언ᄶᅡ, 안ᄶᅡ

나. 남거시든, 남ᄃᆞ록 '餘'; 넘디 (아니ᄒᆞ시며) '過'; 졈고, '少' 옮거늘, 옮고 '遷'; 갊게 (ᄒᆞ시니), 갊고 '藏'

비교: 넘ᄯᅵ고, 넘ᄣᅵ거든

(67)은 중세어에 나타나는 'ㄴ, ㅁ' 말음 동사가 평파열음 어미와 결합하는 예이다. (67가)는 'ㄴ' 말음 동사에 평파열음 어미가 붙은 예인데 '신다, 안다'의 경우는 '-고'와 같이 평파열음으로 표기되어 있어 중세어에 현대의 공통어에서 실현되는, 같은 환경의 경음소화는 없었지 않았나 한다. (67가')의 '엿고, 연ᄌᆞᆸ고, 안ᄶᅥ나' 등은, 괄호 안에 보인 바와 같이, '옂-, 앉-' 등의 음소적 표기로 보는 것이 순리일 것 같다. 오른쪽의 비교에 보인 근대어의 '언ᄶᅡ, 안ᄶᅡ'와 같은 예는 '엱-, 앉-'의 음소적 표기인지 아니면 경음소를 반영하는 표기인지는 더 많은 예가 확보되어야 할 것이다. (67나)는 'ㅁ' 말음 동사 뒤에 평음 어미가 따르는 예인데 (67가)와 같이 경음소로 발음되었다는 증거를 찾기가 쉽지 않다. 비교에서 보인 '넘ᄯᅵ고, 넘ᄣᅵ거든'에서 의존 동사의 활용형격인 'ᄯᅵ, ᄣᅵ'를 보면 경음소의 경향을 파악할 수 있다고 추측할 수 있으나 이는 어미가 아니고 그렇다고 하더라도 합용 병서의 발음이 아직 정확하게 밝혀지지 않은 상황에서 어떻다고 말하기가 어려워 보인다.

〈고대어〉

고대어의 어미 구조체의 어휘적 교체는 그 정체가 분명치 못한 데가 많다. 이를테면 석독 구결

87) 어례는 劉昌惇 (유창돈), 『李朝語辭典』(1964); 한글학회 『우리말사전』(1992), 南廣祐 (남광우), 『教學 古語辭典』(1997)에서 찾았음을 밝혀 둔다,

에서는 어미 활용에서 'ㄋ'와 '厺'가 보이기는 하나 그것이 타동성의 자질 여하에 따라 변별되는 이형태인가 하는 문제가 분명하게 해결되어 있지 않다 (고영근 1998/2001나: 330). 그러나 향가 자료에서는 중세어와 같이 동사의 어휘적 자질 여하에 따라 구별되는 예를 찾을 수 있다.

(67-1) 가. 奪叱良乙 何如爲理古 (처용가)
　　나. 露曉 邪隱 (찬기파랑가)
　　다. 涌出 去 良 (칭찬여래가)

(67-1가)의 '奪叱'이 '앗-'으로, '良乙'이 '아늘'로 해독되는 것이 틀림없다면 '良乙'의 '良'은 타동사 표지임이 틀림없고 (다)의 '涌出'이 자동사 '솟나-'로 해독되는 것이 틀림없다면 명령형 어미 '去良'의 '去'는 자동사, 곧 비타동사 표지임이 분명하다.

향가에 나타나는 '거 ∝ 어'의 교체는 『대명률직해』를 비롯한 후세의 이두 자료는 물론, 유가서와 불가서에 '去 ∝ 良', '也' 등의 형태로 나타나며 『계림유사』, 『조선관역어』에도 글자를 조금씩 달리 하면서 나타난다. 이를 통하여 보면 중세어에 나타나는 동사 표지 '거 ∝ 어'는 고대에서부터 당대에 이르기까지 큰 변화 없이 존속되어 왔음을 확인할 수 있다.

〈방언〉

이상과 같은 공통어, 중세어, 고대어의 어미 구조체의 어휘적 교체를 발판으로 삼아 방언의 상황을 보기로 한다. 방언에 나타나는 어미의 불규칙성은 어간의 불규칙성에 비하여 지역적 특성이 뚜렷하지 못하기 때문에 특수한 경우를 제외하고는 통합하여 서술하기로 한다.

앞의 (54)에서 동사 '하다'나 그것이 접미된 동사가 부동사 어미의 어휘적 이형태 '-여'와 결합하면 '해'로 변한다는 사실을 지적한 바 있고 (27)에서 저자는 공통어의 'ㅎ' 불규칙 동사가 어-계열의 모음 어미와 결합되면 어간과 어미가 동시에 변화를 일으킨다는 점도 지적한 바 있다. 그러면 이들 변화 양상이 각 방언에 어떻게 실현되는가 하는 문제를 풀어 보기로 한다.

(68) 가. 하고, 허고, 해고, ᄒᆞ고 '爲'　비교: 하고
　　나. 같아서, 같어서, 같애서, 같이서 '如', ᄀᆞᆴ안　비교: 같아서

(68가)는 오른쪽의 공통어의 '하고'의 방언형인데 그 분포가 다양하다 (이익섭 밖에 2008: 314-315). '하-'는 강원, 경남북, 충북 그리고 경기와 충남의 동부, 전남의 남서부에 분포되어 있다. '허-'는 '하-'의 분포 지역을 제외한 지역, 특히 서부 해안에 분포되어 있다. '해-'는 공통어의 축약된 부동사형 '해-'의 유추형으로 해석되고 있는데 경기의 양평, 여주, 이천, 평택 지역에, 'ᄒᆞ고'는 제주 지역에 각각 분포되어 있다. (68나)는 공통어의 '같아서'의 방언형인데 역시 분포가 다양하다 (이익섭 밖에 2008: 294-295). '같-'은 중세어의 'ᄀᆞᆮᄒᆞ다'의 후계형인데 'ᄀᆞᆮᄒᆞ-'가 재구조화여 이루어진 형태이다. '많다'도 마찬가지다. 이 어휘는 중세어의 '만ᄒᆞ다'가 재구조화를 거쳐 형성되었음은 널리 알려져 있다 (이익섭 밖에 2008: 292-293). '같아서'는 공통어 어형이지만 경기 북부 등에 한정되어

있다. 사실 개화기의 신소설 등이나 1920년대로부터 1930년대의 서울 출신 작가들의 작품에는 '같애'와 같은 어형이 보인다 (고영근 1974/1999나: 258-259). '같어서'는 충북과 충남, 전남북에 걸쳐 있는데 이는 'ㅏ' 모음 어간의 부동사 어미 '어'의 통합 분포와 대체로 일치한다. '같애서'는 앞의 두 지역을 제외한 나머지 지역에 분포한다. 이 어형은 중세어의 'ᄀᆞᆮᄒᆞ-'의 부동사형 'ᄀᆞᆮᄒᆞ야셔'의 'ᄀᆞᆮᄒᆞ-'가 'ᄀᆞᇀ-'으로 재구조화되고 부동사 '-야셔'의 '야'가 'ᄀᆞᇀ-'의 기저에 남아 있던 'ᄒᆞ-'와 융합되어 결과된 것이다. 이는 중세어의 'ᄑᆞᄅᆞᄒᆞ-'의 부동사형 'ᄑᆞᄅᆞᄒᆞ야'가 '*ᄑᆞᄅᆞᇂ아-'를 거쳐 '파래-'로 재구조화되는 것과 같은 과정을 밟았다. '같이서'는 전북의 일부에 분포하는데 이 지역에 한하여 이런 형태가 실현되는 소종래를 밝힐 필요가 있다. 'ᄀᆞᇀ안'은 제주어에 분포한다. 'ᄀᆞᇀ안'은 중세어의 어근 'ᄀᆞᆮ-'이 어간 'ᄀᆞᇀ'으로 재구조화한 것으로 보인다.

어휘적인 조건에 영향 받는 어미 가운데서 그 분포가 다양한 것은 정동사의 명령형 어미다. 편의상 공통어의 형태를 들고 이에 대응하는 방언형을 들어 분포를 논하기로 한다[88].

(56)에서 들었던 '가다'와, 이에 준하는 불규칙 동사를 기준으로 삼아 '거라' 불규칙 동사의 활용형을 보기로 한다. 서술의 편의상 중부 및 동부 지역과 중부 및 서부 지역 (제주 포함)으로 나누기로 한다.

먼저 동부 지역을 보기로 한다

(69) 동부 지역
　가. 가그라, 자그라, 일나그라 (경북 청송)
　나. 가아라/가거라. 자아라/자거라, 일아나아라/이러나거라 (경남 삼천포)
　다. 가가라, 자거라, 닐어라/닐어나라 (육진 및 동북)
　라. 가그라, 자그라, 일어나그라 (영동 강릉)

(69)를 보면 '거라' 불규칙 동사는 동남 방언에 형태를 달리하면서 잔존하여 있다. (가)의 경북 청송에서는 '-그라'로 실현되고[89] (나)의 경남 삼천포 방언에서는 어간 '가, 자-' 등을 장음화하면서 표준어의 타동사의 정동사 명령형 어미 '-아라'가 비타동사 어간 '가-'에 붙고 있으며 동시에 공통어의 '-거라'도 남아 있다. (다)의 육진 및 동북 방언에서는 공통어의 '가거라'가 '가가라'로 변형을 하여 남아 있으나 젊은 세대는 공통어 어형으로 기울어지고 있다. 육진 방언을 보유하고 있는 중앙 아시아에서는 여전히 '가가라'를 사용하고 있다. 한편 '닐어나다'는 동북 방언에서는 '일어나라'로 실현된다. (라)의 영동 방언에서는 '-그라'를 비롯하여 '-거라, 거라이, 그라이, 거래이, -그레이'

88) 서울을 포함한 중부 방언은 박경래 (세명대), 유필재 (울산대), 동남 방언은 최명옥 (서울대), 임석규 (원광대), 김세환 (영남대), 동북 방언은 곽충구 (서강대), 서남 방언은 배주채 (가톨릭대), 서북 방언은 한성우 (인하대), 영동 방언은 김옥영 (원주대), 제주어는 고재환 (제주대) 등 여러 국어학 교수들이 전자 우편을 통하여 제공한 것이다. 그리고 이상규 (1999: 156-171), 이상신 (2010가, 나), 배주채 (2009)도 참고하였다.

89) 이상규 (1999: 165-167)를 보면 중부 방언에서 '-거라'를 취하지 못하는 타동사도 동부 방언에서는 '-거라'를 취한다고 한다. 특히 '가거라'는 함남과 영동 방언을 포함하는 동부 지역에 분포하는 상황을 지도에 표시하고 있다.

로 실현되어 대체로 공통어의 '거라' 형이 유지되고 있음을 알 수 있다.
두 번째로 중부 및 서부 지역과 제주도를 보기로 한다.

(70) 가. 가거라, 자거라, 나가거라, 들어가거라[90)]
나. 가그라/가거라, 자그라/자거라 (충북 괴산)
다. 가그라. 자그라, 인나그라 (서남 고흥)
라. 가라, 자라, 일어나라 (서북 의주)
마. 가라, 자라, 일어나라 (제주)

(70가)에는 서울 방언을 구사하는 20세기 전반기의 염상섭과 박태원의 작품에서 뽑은 것이다. '있거라'나 그 통합형 '누웠거라' 등을 제외하고는 표준어와 완전히 일치한다. (70나)는 충북 괴산 지역어의 예로서 (69가)의 청송 지역어와 차이가 없다. (70다)는 서남 방언에서 공통어의 '-거라'가 '-그라'의 형태로 보존되어 있는 예이다. '인나그라'는 '일어나거라'가 모종의 음운 변화를 거쳐 형성된 것으로 보인다. 같은 형태가 충북 괴산 지역에도 나타난다. (70라, 마)는 공통어의 자동사 표지 '거'가 결락된 것이다. 서부 방언은 서남 방언과 충북 방언을 제외하고는 '거라' 불규칙 동사가 규칙 동사로 성격을 바꾸었음을 알 수 있다.
'거라' 불규칙 동사의 활용에 이어 이른바 존재 동사 '있다'의 활용형을 보기로 한다. '있다'의 명령형 어미의 공통어 어형은 '있어라'이지만 현실적으로 '있거라'로 활용하는 일이 많다.
동부 방언에서는 어-계열과 거-계열이 섞여 있다.

(71) 가. 잇어라 (경북 청송)
나. 잇어라/잇거라 (경남, 삼천포)
다. 잇어라 (육진)
라. 잇그라 (영동)

'있다'는 경남 삼천포 지역어에서는 '-어라'와 함께 '-거라'를 취하고 영동 방언의 강릉 지역에서는 '-그라'의 형태로 남아 있다. 나머지 지역어에서는 표준어형인 '-어라'를 취한다.
다음은 서부 방언과 제주어의 예이다.

(72) 가. 있거라, 누웠거라 (서울)
나. 있어라 (충북 괴산)
다. 잇어라/잇그라 (서남, 고흥)
라. 잇으라/잇어라 (서북, 의주)
마. 이시라 (제주)

---

90) 서울 지역어의 '거라' 불규칙 동사는 유필재 교수가 염상섭의 <삼대>, 박태원의 <천변풍경>에서 수집하여 제공하였음을 밝혀 둔다.

(72가)는 서울 지역어에서 '있-'이 '-거라'를 취하는 예이다. (70가)를 통하여 서울 지역어에 '-거라'가 'ㅏ' 말음 자동사에 넓게 분포되어 있음을 보았었는데 '있-'도 표준어와는 달리 '-거라'를 취하고 있다. 서부 방언은 서남 방언에서만 어-계열과 거-계열이 혼재하고 제주어를 포함한 나머지 지역은 어-계열만 보인다. 동부 방언과 사정이 비슷해 보인다.

다음은 '너라' 불규칙 동사의 지역별 분포를 보기로 한다. 먼저 동부 방언을 보기로 한다.

(73) 가. 오느라 (경북 청송)
나. 와라/오그라 (경북 영주)
다. 오이라 (경남 삼천포)
라. 오나라/오나 (육진)
마. 오너라 (영동, 강릉)

(73)은 동부 방언인데 경북 영주 지역을 제외하고는 공통어의 '너라' 활용형의 실현형 내지 그와 가까운 활용형이 보인다. (가)의 '-느라'는 공통어의 '-너라'의 변종이고 (라)의 '-나라, -나'는 중세어의 '-나라'의 직접적 계승형으로 간주된다. (다)의 '-이라'도 '-너라'의 한 변종으로 간주된다. (나)의 영주 지역어에서는 '와라'가 가장 많이 쓰이고 '오그라'는 격식을 갖춘 형태로 보기도 한다 (임석규 교수 소견). '오그라'는 '가그라'의 '그'에 이끌린 유추형으로 보인다. 경북 및 경남 지역에는 '이리 온나'와 같이 '오-'에 '-ㄴ나'를 붙여 명령을 표시하기도 한다. 육진 방언에서는 두 형태가 수의적으로 실현되는데 전자가 더 격식적이라고 한다 (곽충구 교수 의견). (마)의 '-너라'는 공통어와 형태가 같다.

다음은 서부 방언의 '-너라' 형의 실현형이다.

(74) 가. 오나라 (서울)
나. 오느라/오그라/오너라 (충북 괴산)
다. 온나 (서남, 고흥)
라. 와라 (평북 의주)
마. 오라 (제주)

위에서 (74가)는 서울 지역어의 아주낮춤의 명령형 어미다. 이는 중세어의 '오나라'가 그대로 계승된 것이다. (74나)의 충북 방언에는 느/너-계열의 어미와 그-계열의 어미가 혼재하고 있다. (74다)의 '-ㄴ나'는 동남 방언에도 실현되는데 남부 방언에 공통적이다. (74라)는 서북 지역어의 명령형 어미인데 중부 방언에도 흔히 들을 수 있다. (74마)는 중세어의 형태가 그대로 실현된 제주어의 형태이다. 중세어의 ᄒᆞ라체의 명령형 어미는 '-(ᄋᆞ/으)라'이기 때문이다.

당대어의 '러' 불규칙 활용은 지역에 따라 확인되지 않는 곳도 있다.

(75) 가. 누르러서, 너르러서 (육진)
나. 푸르러서　비교: 푸르르구, 푸르르면 (서울)

다. 누러서, 누렀다, 푸러서, 푸렀다 (경북 청송)

표준어의 '러' 불규칙 동사 '이르다' (至), '누르다, 푸르다'는 (75가)와 같이 육진 방언에서만 확인되며 특히 '누르다'류는 'ㅎ' 불규칙 동사 '누렇다'의 활용형 '누레지다, 파래지다'밖에 보이지 않는다고 회신하여 왔다 (임석규 교수). 그리고 서울 방언에는 '푸르러서'가 확인되는데 오른쪽에 보인 바와 같이 '푸르르-'라는 확대 어간이 확인된다고 한다 (유필재 교수의 회신), 그렇다면 서울 방언에는 '푸르러서'는 '푸르르-'의 이른바 '으' 불규칙 활용으로 볼 수 있다. 경북 청송 지역어에서는 '누러서, 푸러서'가 보인다고 하는데 (김세환 교수 회신), 그것이 사실이라면 '누르-, 푸르-'가 '러' 불규칙 활용을 하는 것이 아니라 'ㅡ'가 탈락하는 전통 문법의 '으' 불규칙 동사로 성격을 바꾸었다고 말할 수 있다.

저자는 앞 (§6.2.3.1.B.(28), 131쪽)에서 당대 공통어에서는 해라체의 직접 인용 정동사에서는 '다오', 간접 인용 정동사에서는 '달라'였고 중세어에는 간접 인용 정동사에서 '도-'와 '달-'이 수의로 교체하였음을 보았다, 이제 당대 및 중세어와 당대 방언의 '주다'의 보충 어형을 정리하여 보기로 한다,

(76) 가. 도오, 도고, 도과, 도가, 도라
나. 달라, 다고, 다구, 다오, 다, 다과, 다오, 다와

(76)은 한반도 전역에서 실현되는, 요청을 의미하는 '주다'의 보충법 어형을 정리한 것이다. 크게 도-계열과 다-계열로 나눌 수 있으며 당대와 중세어를 포함시키면 '달-'도 추가할 수 있다.

그것은 어쨌든 '주다'의 보충법 '달-'의 해라체 어미는 다음과 같이 정리할 수 있다.

(77) 가. -오/-와
나. -고/-구/-과/-가
다. -라

(77가)는 공통어의 해라체의 명령형 '-오'의 계통을 잇는 것이고 (77나)는 전자의 한 변이형이다. (77다)의 '-라'는, '달라고 한다'에서 보는 바와 같이, 간접 인용에 나타나는 것인데 현실적으로 직접 인용에서 자주 나타난다. 우리말 '주다'의 형태론적 특징은 유라시아 제어와의 유형론적 비교를 활성화시키는 계기가 될 수 있다 (홍재성 2015).

끝으로 (60, 150쪽)에서 보인 지역어의 어간말 평파열음 어미의 경음소 양상을 보기로 한다. 편의상 '신다' (履), '남다' (餘)의 두 어례의 변종에 국한하기로 하되[91]. 그 지리적 분포를 감안하여

91) 대상으로 한 방언은 동남 (임석규, 최명옥), 동북 (곽충구), 영동 (김옥영), 서울 (유필재), 중부 (박경래), 서남 (배주채), 서북 (한성우), 제주 (고재환)이다. 괄호 안은 제보자이다. 설문지의 내용은 다음과 같다.
가. (신을) 신고[ ], 신더니[ ], 신지[ ], (혼자 신을) 신기[ ]를 좋아한다 …
비교: (신을) 신기다[ ]
나. (음식이) 남고[ ], 남더니, 남지[ ], (혼자) 남기 (어렵다)[ ] …

동부, 서부, 제주어로 묶기로 한다.

먼저 동부 방언을 보기로 한다. 이 방언권에는 동북, 동남, 영동 방언이 포함된다.

(78) 가. 동남 방언 (영주)
① 신꼬, 신떠니 신찌, 신끼
비교: 신기다/신끼다
② 남꼬, 남떠니, 남찌, 남끼
비교: 남기다
나. 동북 방언 및 육진 방언
① 신구/싱구, 신더니/신떠니, 신지/신띠, 신기/신끼
비교: 싱기다/싱끼다
② 남구/남구, 남더니/남떠니, 남지/남찌
비교: 기티다, 기치다, 남구다
다. 영동 (강릉)
① 신꾸, 신뜨니, 신찌
비교: 신키다/싱키다
② 남꾸, 남뜨니, 남찌
비교: 냄기다/냉기다

(78가)는 동부 방언권의 영주 지역어이다. '신다, 남다' 모두 공통어와 마찬가지로 평자음 어미가 경음소로 발음된다. 비교란의 '신기다'에 해당하는 영주와 울진 방언형에 '신끼다'가, 문경 지역어에 '신키다'가 발견되는 것은 같은 평파열음 'ㄱ'이라도 접사냐 어미냐에 따라 실현 방식이 다르다는 것을 알 수 있다. 동남 방언이라도 경남 방언에는 동북 방언과 같이 유성 평음으로 실현되는 지역이 있는가 하면 경음으로 실현되는 지역도 있고[92], 경북 방언도 동해안 지역에는 경음소와 유성 평음소가 공존하기도 한다는 보고가 있다 (최명옥 1980: 194). (78나)의 동북 및 육진 방언은 공통어와는 달리 유성 평자음으로 발성된다. 이를테면 80세 이상의 여성 연령층은 'singu, siŋgu'와 같이 유성 자음으로 발음하고 그 이하의 세대는 중부 방언과 마찬가지로 '싱꾸'와 같이 경음소로 발음하기도 한다. '신지 (않는다)'도 육진 방언의 화자들은 [sindi]와 같이 비구개 음화형을 보여 준다. 그러나 동북 방언에서는 경음소 [신찌]로 발음한다. 드물게는 '싱끼다'로 발음하는 일도 있어 다른 방언권, 이를테면 서남 방언의 영향을 입었을 가능성도 있다. 공통어의 '남기다'는 육진 방언 화자들은 '기티다'란 다른 어휘를, 동북 방언권에서는 '지치다'를 쓰고 있어 비교가 어렵다.

비교: 남기다[ ]
비교란에 '신기다, 남기다'를 넣은 것은 접미사 '기'의 발음이 지역에 따라 차이가 많다는 점을 고려하였기 때문이다.

92) 이에 대하여는 임석규 교수의 도움을 받았다. 임 교수는 고성, 창원, 함안, 김해 지역에서 이런 비경음소가 많이 확인된다고 하였다 (2014. 4. 15. 메일).

그밖에 '남구다'도 발견되는데 이는 '남기다'와 같은 계통으로 보인다. 육진 방언권은 공통어의 경음소 환경에 유성음으로 발음되어 중세어의 발음 상태가 그대로 남아 있음을 확인할 수 있다. 동남 방언에서도 이런 현상이 있었다. (78다)의 영동 방언은 'ㄴ, ㅁ' 말음 동사는 공통어와 같이 평파열음 어미를 모두 경음소화한다. '신기다, 남기다'에 대하여 '신키다, 냄기다'와 같은 어형이 발견된다. 전자는 다른 방언에서도 발견되고 후자는 '남기다'의 움라우트형이다[93]. 지역에 따른 변이의 유형을 세울 수 있다.

다음은 서울 방언을 중심으로 한 서부 방언, 곧 중부, 서남, 서북 방언의 경음소화의 자료이다.

(79) 가. 서울
① 신꾸/싱꾸, 신뜨니, 신지 비교: 신키다
② 남꾸, 남뜨니, 남찌, 남끼 비교: 냉기다
나. 중부 (괴산)
① 신꼬/싱꼬, 신떠니/신뜨니, 신찌, 신끼/싱끼 비교: 싱키다
② 남꾸/낭꾸, 남뜨니, 남찌, 남끼/낭끼 비교: 낭기다/냉기다
다. 서남 (고흥)
① 싱꼬, 신뜨니, 신찌, 싱끼 비교: 싱끼다
② 남꼬, 남뜨니, 남찌, 남끼 비교: 냉기다
라. 서북 (의주)
① 신꼬, 신떠니, 신찌, 신끼 비교: 신기다
② 남꼬, 남떠니, 남찌, 남끼 비교: 남기다

위의 네 지역은 공통어와 큰 차이가 발견되지 않는다. 공통어와 같이 평파열음으로 된 어미는 'ㄴ, ㅁ' 말음 동사 아래에서 예외 없이 경음소화한다. 서울과 중부 및 서남 방언에 '신키다, 낭기다/냉기다'가 보이고 사동 접사의 경우는 통일된 발음 경향을 찾기가 쉽지 않다. 파생 접사라는 사실과 관련이 있지 않은가 한다. 그러나 평파열음 어미와는 달리 동남, 동북, 서남 방언의 '신끼다류'를 제외하고는 경음소로 바뀐 예를 찾기가 어렵다.

끝으로 제주어의 'ㄴ, ㅁ' 말음 동사에 후행하는 평파열음의 음성 실현을 보기로 한다.

(80) 제주어
가. 신고
나. ᄀᆞᆷ지 '浴'
다. ᄉᆞᆱ게[ᄉᆞᆷ게] '烹'

(80)의 예는 정승철 (2013: 169)에서 가져온 것인데 일부 노년층이나 젊은 층에서는 경음소로 발

93) 김봉국 (2002: 57)에는 강원도 남부 지역의 영동 방언권에는 'ㄴ, ㅁ' 밖의 'ㅇ'[ŋ] 말음을 가진 동사 '잉-' (繼)도 '잉꾸, 잉찌, 잉떠라, 잉쏘'와 같이 경음소로 발음된다고 한다.

음된다고 한다. 실제로 고재환 (2011/2013가: 67)이나 저자가 보낸 설문지에서도 모두 경음소로 적어 보내었다. 이는 젊은 층과 일부 노년층을 대상으로 한 조사 결과로 믿어진다. 제주어에는 '신기다'가 '신지다'와 같이 구개 음화되는 것이 특이하다.

평파열음 계열의 'ㄱ, ㄷ, ㅈ'로 시작하는 어미가 'ㄴ, ㅁ' 말음 동사의 뒤에서 경음소로 변하는 현상은 특정한 어간 말음 동사에 국한한다는 점에서, 이미 앞에서 언급한 바와 같이, 어휘적 내지 불규칙적 현상으로 처리할 수밖에 없다. 그런데 육진 지역, 경남 중부 지역, 제주어에는 비경음화, 곧 유성음화한 음이 분포한다는 것은 언어지리학적으로 볼 때 흥미 있는 문제를 제기한다[94]. 앞의 (67, 153쪽)에서 저자는 중세어에는 평파열음 어미가 'ㄴ, ㅁ' 말음 동사 뒤에서 경음소로 발음되지 않았다고 하였는데 육진 방언과 경남 방언에 그 흔적이 남아 있는 것으로 해석할 수 있지 않을까[95].

이상과 같이 저자는 우리말의 시간적 축과 공간적 축에 분포하는 동사 어간 구조체와 동사 어미 구조체의 교체 양상을 음성적 측면과 어휘적 측면으로 나누어 살펴보았다. 대체로 우리말의 교착적 특성에 부응하여 어간은 어간대로, 어미는 어미대로 자율적 교체 질서를 보여 주었다. 그러나 개중에는 어간의 뒷 부분과 어미의 첫 부분이 하나로 융합되어 굴곡어적인 측면을 드러내기도 하였다.

6.2.4. 동사 활용 체계 - 활용론[96]

앞에서 저자는 당대어를 중심으로 하되 중세 및 고대어 및 지역어를 포괄하는 관점에서 우리말 동사의 어간 구조체와 어미 구조체의 형태음운론을 확인하여 보았다. 저자는 앞에서 정동사, 부동사와 같은 알타이어 문법 용어를 더러 흘린 바 있다. 알타이 어학의 창시자인 람스테트는 일찍이 람스테트 (1903)에서 할흐 몽골어의 동사 활용 체계를 정립한 바 있는데 그는 이곳에서 "Verba finita (finite verb, 정동사), Nomina verbalia (nominal verb, 동명사), Converbalia (converb, 부동사)"의 세 범주를 세웠으며 이는 람스테트 (1928, 1939)를 거치고 람스테트/아알토 (Bearb/ Hrsg) (1952)에 이르는 사이에 명사 형태론과 함께 동사 형태론을 균형 있게 기술할 수 있는 기반을 닦은 바 있다[97]. 우리 어학계에서도 이숭녕 (1966)을 전후하여 특히 역사 문법에 기울어진 어학도

---

94) 이 문제에 대하여는 정승철 (2013: 209-214)에서 '신고'를 대상으로 단일 개신파에 의한 방언 분화를 지도로 그려 내기도 하였다. 또 이곳에는 아주높임의 평술형 '-습니다'의 방언 분화를 지도로 표시하고 있다.

95) 이 문제는 김성규 (1987: 59-61)에서도 논의된 바 있는데 역사적으로는 17세기에 경음화 현상이 나타난 것으로 보았다 그리고 소신애 (2008)에서는 19세기 초의 키릴 문자 전사 자료를 비롯하여 중앙 아시아 및 중국에 거주하는 육진 방언 노년층 화자들의 음절말의 유음에 대한 자료에 근거하여 중세어의 음절말의 'ㄹ'의 음가를 추정한 일이 있는데 'ㄴ, ㅁ' 말음 동사 다음의 평파열음 어미의 비경음소에 대하여도 유추적 해석이 가능해 보인다.

96) 이 부분은 고영근 (2013가, 2018가: 193-228)와 부분적으로 겹친다는 것을 밝혀 둔다.

97) 이숭녕 (1966)에서는 우리말 문법이 발전하려면 모름직이 람스테트의 문법 모형을 준수해야 한다고 역설하였으나 명사 형태론에서만 적용하고 동사 형태론은 전통 문법의 모형을 따랐다. 관련 논의는 고영근 (2013

들 사이에서 람스테트의 알타이어 문법 모형에 따라 중세 및 고대어 문법과 방언 문법을 서술하는 기운이 싹트기는 하였으나 일본 문법 모형에 가려 올바른 발전의 계기를 얻지 못하였다.

저자는 이미 현상학적인 관점에서 당대로부터 고대에 이르는 우리말의 활용 체계를 람스테트 문법 모형에 따라 개편한 일이 있다 (고영근 2013가, 2018가: 193-228). 이 자리에서는 우리말의 어미에 대한 저자의 현상학적 탐색을 기반으로 삼아 우리말의 동사 활용 체계를 다시 세우되 공통어, 중세어, 지역어의 순서로 논의를 진행해 나가기로 한다.

6.2.4.1. 공통어의 동사 활용 체계

A. 정동사

다음은 문장을 종결 짓는 활용형이다.

(1) 철수가 책을 읽는다.
(2) 철수가 책을 읽느냐.
(3) 철수야 책을 읽어라.
(4) 철수야 책을 읽자.

(1)~(4)는 모두 하나의 정돈된 생각이 종결되고 있다. 종결의 기능은 어간 '읽-'에 붙은 말끝 '-는다, -느냐, -어라, -자'가 맡고 있다. 현상학적 말끝을 최현배 (1930)에 따라 "어미"라 부르기로 한다. 이희승 (1949)과 학교 문법 (1985)에서는 "종결 어미"라고 하였으며 람스테트 (1939)에서는, 앞에서 잠깐 비친 바와 같이, "verba finita"라 하였다. 이를 관례에 따라 "정동사"라고 부르기로 한다 (안병희 1967나: 217-234, 이승욱 1973: 182, 이기문 1972/1998: 90, 안병희 · 이광호 1990: 239-362). 람스테트의 용어는 라틴어와 같은 굴절어에는 합당하지마는 우리말과 같은 교착어에는 더 다듬을 필요가 있다. 이를테면 "정동사 어미"와 같이 "어미"를 붙이는 것이다. 한편 어미가 붙은 어형은 "정동사형"을 쓰기를 제안한다. 이는 현행 학교 문법에서 "어미" 자체를 가리킬 때에는 "종결 어미"를 사용하고 어미가 붙은 단어 전체를 가리킬 때에는 "종결형"을 선택하는 것과 같다. (1)~(4)의 베풂, 물음, 시킴, 부추김의 현상학적인 말 끝에 대하여는 다음과 같은 문법적 명칭을 붙일 수 있다.

(1) 가. 평술형
(2) 나. 의문형
(3) 다. 명령형
(4) 라. 제안형[98]

한편 문체법을 표시할 때에는 "평술법, 의문법, 명령법, 제안법"을 만들 수 있고 기능이나 성질에

가: 2, 2018가: 194) 참조.

98) 현행 학교 문법에서는 "청유형"을 사용하고 있으나 저자는 "제안형"이 사실에 적합하다고 하다는 점을 오래 전에 피력한 바 있다 (고영근 1976/1999나: 339).

의한 문장의 종류를 둘 필요가 있을 때에는 "평술문, 의문문, 명령문, 제안문"이라는 이름을 붙일 수 있다. 그리고 각 문체법에는 상대방의 사회적 지위를 반영하는 "아주높임, 예사높임, 예사낮춤, 아주낮춤, 두루낮춤, 두루높임"의 6등급의 존비법을 세울 수 있다. 북한에서는 초기에는 "계칭"이라고 하여 전통적 4등급과 반말을 두었었는데 문화어 운동 이후로는 "말차림"이라 하여 "높임, 같음, 낮춤"의 세 등급만 두었다[99]. 그러나 체계만 간소화되었을 뿐 언어 사실에서는 큰 차이가 없다. 남한의 학교 문법에는 "해라체, 하게체"와 같이 공통어의 명령형 형태를 문법 용어화하여 사용하고 있으나 (이희승 1949: 121, 고영근 1974/1999나: 364), 중세어와 방언을 대상으로 할 때에는 명령형의 형태가 다르므로 성기철 (1970/2007나: 185-243)과 이기갑 (2003: 203-206)을 절충하여 위와 같이 용어화하였다.

우리말의 동사는 어말 어미를 필수적으로 요구한다. 같은 어미라도 선행 어미는 단어를 완성하지 못한다 (고영근 1989/1999나: 242-245). 어말 어미가 붙은 다음에야 여러 가지 선행 어미가 붙는다.

(1) 가'. * … 책을 읽는, *책을 읽으시 cf. … 책을 읽는다, 책을 읽으신다.
　　나'. * … 책을 읽느, *책을 읽으시느 cf. … 책을 읽느냐, 책을 읽으시느냐.

위에서는 선행 어미로 '-는-'과 '-느-'를 들었지만 과거 시제의 선행 어미를 붙여도 마찬가지다.

(1) 가". *철수가 책을 읽었
(2) 나". *철수가 책을 읽겠

고대어 자료인 이두에 '去'와 같은 글자가 단어의 끝에 온다든지 근대 및 당대의 서간문에 'ᄒᆞ옵, 계시압'과 같이 선행 어미기 어말에 자리잡는 일이 없지 않으나 이는 예외적 현상으로 주목의 대상이 되지 않는다 (뒤에 나옴).

앞에서 보인 정동사는 형태가 단순한 것만 보이었지만 당대의 정동사 가운데는 간접 인용형과의 합성형이 모든 존비법에 걸쳐 확인된다[100]. 그러는가 하면 간접 인용형은 평술형과 의문형으로도 쓰일 수 있다[101].

최근 들어 장경희 밖에 (2015)에서 유아의 정동사, 부동사, 동명사형 어미에 대한 연구가 얼굴을 내밀고 있다. 먼저 정동사형 어미의 습득 양상을 보기로 한다 (앞의 책 13-23쪽). 24개월 이전 시기에는 평술형 어미가 차지하는 비율이 상당히 높은 편이었으나 그 이후로는 점점 줄고 대신 의문, 명령, 감탄형 어미가 비율을 높여 가고 있었으며 제안형은 아주 낮게 나타났다.

---

99) 관련 논의는 고영근 (2001가: 207)과 정순기 (2005: 242-254)를 비교하여 보라.

100) 이 방면의 정보는 과학원 (1960: 289-295)와 고영근 (1974/1999나: 260-263, 273-274, 289, 292)를 보고 합성형에 대한 통사의미론적 분석은 김수태 (2005) 참조.

101) 이런 예로 유현경 (2017가: 75)
　　우리가 무슨 죄가 있다고.
　　여자가 우주 비행사를 하겠다고?

B. 부동사

다음은 앞의 (1)~(4)과는 성격이 다르다.

(5) 철수가 책을 읽고 영희가 피아노를 친다.
(6) 철수가 책을 읽으니 나도 읽겠다.
(7) 철수가 책을 읽으면 나도 읽겠다.
(8) 철수가 책을 읽는데 너는 뭘 하느냐.
(9) 철수가 돈을 물 쓰듯이 쓴다.
(10) 철수가 책을 읽고 있다.
(11) 철수가 의자에 앉아 있다.
(12) 철수가 영수에게 책을 읽게 하였다.
(13) 하늘이 맑게 개었다.

위의 (5)~(13)은 (1)~(4)와는 달리 절이나 단어를 접속해 주거나 제한해 주는 말끝이다. 접속과 제한의 기능은 현상학적으로 가려낸 '-고, -으니, -으면, -는데, -듯이, -고, -아, -게'가 맡고 있다. 현상학적 말끝을 앞의 정동사와 같이 "어미"로 대치한다. 학교 문법 (1985)에서는 모두 연결 어미로 보고 있다. (10)~(13)을 최현배 (1929, 1937: 둘재매)와 이희승 (1949: 69)에서 부사형 어미로 처리하였는데 이곳에서는 모두 부동사에 포괄하였다. 그런데 (13)은 (12)의 '-게'와 모양은 같지마는 뒤의 단어의 의미를 더 분명히 밝혀 준다. 일찍이 정인승 (1949: 58)에서는 이들을 "보조 접속법"으로 다룬 바 있다. 한편 언더우드 (1890)에서는 그리스 문법을 따라 "verbal participle"로 처리하였고 람스테트 (1939)에서는, 앞에서 잠깐 본 바와 같이, "converb"에 넣었으며 최근 엔드라쉐크 · 신용민 (2012)에서는 우리말의 연결어미를 람스테트 (1939)와 같이 "converb"로 복귀하는 움직임을 보이고 있다. 성격이 다른 것이 포함되어 있기는 하지만 다의적인 것으로 보고 관례에 따라 "부동사"라 부르기로 한다[102]. 어미를 가리킬 때에는 "부동사 어미", 어미가 붙은 어형은 "부동사형"을 쓰기를 제안한다.

(12)의 '읽게'는 뒤에 오는 '하다'와 함께 어울려 서술어 노릇을 하게 한다. 그것은 다음과 같이 어순을 바꾸면 비문법적인 문장이 됨을 통하여 잘 알 수 있다.

(12') *철수가 영수에게 읽게 책을 하였다.

이는 '읽게 하다'의 '-게'가 문장을 접속하는 데서 나아가 두 단어를 이어 하나의 단어처럼 기능하게 한다. 이러한 현상은 "중간 기능의 접사"로 처리할 수 있다[103].

앞에서 보인 부동사는 단순한 것만 제시하였으나 후치사 '서, 다가'가 붙거나 첨사가 붙어서 자

102) 이러한 경향은 자유 백과사전 Wikipedia (2017. 4. 7.)에서도 볼 수 있다. 이곳에서는 "converb"에 대하여 통사적으로 다른 동사 형태에 의존하며 논항이 아니라고 하였다.

103) 이양혜 (2000: 115-146)에서는 부동사 중 '-게, -도록, -어/아, -(으)니'를 대상으로 접속과 파생의 기능을 확인하고 그 과도적인 기능을 "중간 기능의 접사"로 처리한 바 있다.

족적 부동사의 기능을 발휘하는 것도 적지 않다. 그리고 부동사는 간접 인용형과 결합하여 합성형을 이루기도 한다.

부동사 어미 가운데는, 앞의 간접 인용형과 같이, 정동사형으로 전용되기도 한다[104]. 한편 앞의 정동사형 어미에 이어 유아들의 부동사형 어미의 습득에 대한 통계도 나와 있다. 장경희 밖에 (2015: 23-28)을 보면 35개월 이전에는 대등적인 '-고'만 나오고 '-지만'은 보이지 않는다. 한편 학교 문법에서 보조적 연결 어미라 부르는, 앞의 (10)~(12)의 부동사형 어미는 24개월 이전에 습득하는 양상이 관찰된다.

C. 동명사형 어미

다음 예는 앞의 부동사형과는 또 다른 활용형으로 전통 문법의 관형사형을 가리킨다.

(14) 가. 철수가 읽은 책을 가져오너라.
　　나. 철수가 읽을 책을 가져오너라.
　　다. 철수가 읽을 것을 가져오너라.
(15) 대학에 들어가기가 매우 어렵다.
(16) 나는 철수의 성격이 원만함을 알고 있다.

(14)는 (5)~(13)과는 달리 뒤에 오는 사물 표시의 낱말, 곧 명사를 제한해 주는 말끝이다. (14)에서 확인되는 '-(으)ㄴ, -(으)ㄹ'은 구조적으로는 '*-(으)린'으로 단일화할 수 있다 (고영근 1981/2011나: 33)[105]. 관례를 따라 어미라 부르고 역대 문법가들이 이를 어떻게 처리하였는가를 보기로 한다. 언더우드 (1890)에서는 "relative participle"이라 불렀는데 이는 그리스어 문법의 "verbal adjective"에 영향을 받은 것이다. 람스테트 (1939)에서는 알타이 문법의 모형을 따라 "nomina verbalia"라는 범주 아래 "verbal substantive"와 함께 "verbal adjective"를 두었다. 명사를 제한하는 관형사형, 곧 "verbal adjective"를 동명사의 범주에 넣는 것이 과연 옳겠는가 하는 회의에 잠길 수 있다 (뒤에 나옴). (15)와 (16)은 동사가 명사처럼 쓰이는 예이다. 이희승 (1949: 68)에서는 "명사형"으로 처리하여 관형사형, 부사형과 함께 전성 어미 속에 넣었다. 이들은 모두 생성 문법의 보문자에 해당한다. (15)의 '-기'는 "안박인법", 곧 동적 (정인승 1956: 105) 이고 (16)의 '-(으)ㅁ'은 "박인법", 곧 정적 (정인승 1956: 105)이며 이는 현실적으로는 '-(으)ㄴ 것'으로 실현된다. 이곳에서는 (14)와 같은 종전의 관형사형을 수식적 동명사형, (15), (16)과 같은 종전의 명사형을 독립적 동명사형이라 하여 구별하는 태도를 취하지마는 그렇지 않은 일도 있다는 것을 덧붙여 둔다.

---

104) 다음과 같은 예가 그러하다 (유현경 17: 292).
　　벌써 집에 <u>가게</u>.
　　그 돈을 어디에 <u>쓰려고</u>.
105) 명사는 일반적으로 수식적 동명사형 어미를 다 취하지마는 특정한 어미만을 취하는 것도 있다 (유현경 2017: 113).
　　나는 <u>할 말</u>을 잊고 멍하니 서 있었다.

동명사에도 정동사와의 합성형이 확인된다 (고영근 1975/1999나: 429-430).

앞에서 저자는 동사 가운데는 그 활용이 불완전하여 소수의 어미만 취하는 동사가 있음을 지적한 바 있다 (§6.2.2.2, 114쪽). 겉으로는 모든 활용형을 다 취하는 것 같으면서도 실제의 활용 양상을 보면 구멍이 많이 나 있다는 것을 알 수 있다. 다시 말하면 어떤 언어에 동사의 활용형의 패러다임이 n개의 유형이 있다고 해서 그 언어의 모든 동사가 n개의 활용형이 있다고 말하기가 어렵다는 것이다. 최운호 (2015)에 의하면 '힘없다'라는 상태 동사는 '힘없는, 힘없고'의 두 가지 활용형이 전체 사용 빈도의 95.9%를 차지하고 있다.

동명사 어미 어미 가운데서 보문자인 '-(으)ㄴ'과 '-는', '-(으)ㄹ'은 24개월 이전에 출현하고 뒤에 '-던'이 습득되는 것으로 나와 있다 (장경희 밖에 2015: 28-34). 사실 '-는'과 '-던'의 '-느-, -더-'는 저자의 체계에서는 구성소로서 '-(으)ㄴ, -(으)ㄹ'과 같은 열에 놓기가 어렵다. 동명사형 어미 가운데서 보문자인 독립적인 '-기'와 '-(으)ㅁ' 중에서 전자만 24개월부터 얼굴을 내밀기 시작하는 것으로 나와 있다.

6.2.4.2. 중세어의 동사 활용 체계

A. 정동사

다음은 중세어의 정동사형이다.

(1') 阿難이 부텻긔 묻ᄂᆞ다.

(2') 阿難이 부텻긔 묻ᄂᆞ니여.

(3') 阿難아 오나라.

(4') 阿難아 出家ᄒᆞ져.

중세어도 근·당대어에 맞추어 정동사 체계를 세울 수 있다. (1')~(4')는 평술형, 의문형, 명령형, 제안형이라는 이름을 붙일 수 있다. 중세어에는 당대어보다는 적은, 셋 내지 넷의 존비법을 세울 수 있다. 중세어 자체만 대상으로 하면 "ᄒᆞ라체, ᄒᆞ야쎠체, ᄒᆞ쇼셔체"와 같이 쓸 수 있으나 총체 서술의 관점을 위하면 공통어와 같이 "높임, 보통, 낮춤"과 그리고 "반말"로 부를 수 있다.

B. 부동사

다음은 중세어의 부동사형이다.

(5') 梵王은 왼녁 겨틔 셔ᄉᆞᆸ고 帝釋은 올ᄒᆞᆫ 겨틔 셔ᄉᆞᆸ고 …

(6') 婢 ᄒᆞᆫ 아ᄃᆞᄅᆞᆯ 나ᄒᆞ니 사ᄋᆞᆯ 몯 차셔 말ᄒᆞ며 …

(7') 바ᄂᆞᆯ 아니 마치시면 어비아ᄃᆞ리 사ᄅᆞ시리잇가

(8') ᄒᆡ ᄯᅩ 이리 느젓ᄂᆞᆫᄃᆡ 뎌 ᄇᆞ라ᄂᆞᆫ 黑林이 곳 夏店이라

(9') 나라해 빌머그라 오시니

(10') 내 풍류바치 ᄃᆞ리고 됴ᄒᆞᆫ 차반 먹고 이쇼ᄃᆡ

(11') 大愛道ㅣ 드르시고 흔 말도 몯호야 잇더시니
(12') 道理를 일티 아니케(<아니호게) 호시누니
(13') 어ᄉᆡ아두리 입게 사노이다

중세어의 부동사도 근·당대어와 큰 차이가 없다. 단, 설명의 부동사 '-(으)니'는 정동사와 같이 그 앞에 기본 서법 형태소를 둘 수 있어 정동사와 기능이 비슷하다. (5')는 대등적이고 (6')~(8')은 종속적이며 (9')는 부사적이다. (10')~(12')는 후행하는 '잇다'와 '호다'가 선행 동사에 의존하여 있다. (13')은 근·당대어의 (13)과 같이 부사적 기능이 절대적이지만 역시 다의적인 것으로 보아 부동사 어미로 간주하였다. 중세어에는 문법화의 과정을 밟아 재구조화된 통합형 어미도 적지 않게 보인다 (정재영 1996가: 42).

C. 동명사

다음은 중세어의 동명사이다.

(14') 가-1. 내 이제 네 어미 간 (가 ㄴ) 짜홀 (짜ㅎ) 뵈요리라.
가-2. 밍ᄀ론 바롤 브터.
가-3. 德이여 福이라 호놀 (<혼 + 올) 나ᄋ라 오소이다.
가-4. 如來 닐온 나 이슈미 곧 나 이슈미 아니어늘.
나-1. 호마 命終홇 (<호 + ㅭ) 사루물 善惡 묻디 말오.
나-2. 내 천량앳 거시 다읈 (<다ᄋ + ㄹ + ㅅ) 업스니.
(15') 내 겨지비라 가져 가디 어려불씩.
(16') 안좀 (<앉 + 옴) 건뇨매 (<건니 + 옴) 어마님 모르시니.

중세어의 동명사형 어미는 근·당대어보다 더 복잡하다. (14'가-1, 2, 나-1)는 현대어와 차이가 없다. 모두 뒤에 오는 명사를 제한해 주고 있기 때문이다. 그런데 드물기는 하지만 (14'가-3)은 동명사 어미 뒤에 대격 어미 '-올'이 붙어 있고 (14'나-2)는 동명사형 어미 '-ㅭ'이 명사형 어미의 기능을 수행하고 있다. 더욱이 (14'가-4)는 '이르되'로 번역됨을 보아 부동사의 기능이 파악된다. 이런 경우의 '-ㄹ'과 '-ㄴ'에 대하여 동명사 등으로 파악하기도 하였고[106], (14'가-2)에 나오는 의존 명사와 같은 것이 생략된 것으로 보기도 하였다 (허웅 1975: 644). 이 문제는 뒤에서 종합적으로 논의될 것이다. (15')와 (16')의 끝 '-디, -옴'은 동사를 명사되게 하는 어미로 역시 동명사 어미다. (15')는 당대에 사용되지 않으며 (16')은 중세어에 넓게 분포되어 있었다.

106) 양주동 (1942), 김완진 (1957)을 보고 이에 대한 종합적 고찰은 고영근 (1987/2004가: 393) 참조

6.2.4.3. 고대어의 동사 활용 체계[107)]

A. 정동사

다음은 고대어의 정동사 체계이다.

(1") 一一國土七 中阝七 一一佛： 及ハ 大衆：ノ今ケ丨 各ラ各ラ尒 般若波羅密乚 說ヒハニ丨 (니르ᄂᆞ기시다) (구인 2, 6~7)

(2") 奪叱良乙 何如爲理古 (엇더ᄒᆞ리고) (처용가)

(3") 其 逼迫 免支ヒ立 (벗ᄂᆞ셔) (화엄 2, 18-19)

(4") ....

(1")~(3")은 평술형, 의문형, 명령형이다. 중세어와 얼마간의 불연속성이 보이는 것은 해독의 문제일 수도 있고 그 사이에 일어난 문법 변화의 영향일 수 있다. (1")의 '니르ᄂᆞ기시다'는 중세어의 '니르시ᄂᆞ다'와 연결되는데 부분적인 유사성만 보인다. 중세어나 고대어 모두 현대어와 같이 정동사 어미에 의하여 문장이 종결되고 이를 기반으로 하여 선행 어미, 이를테면 '-ᄂᆞ-, -더-, -리-' 등의 기본 서법 형태소와 '-시-, -ᄉᆞᆸ-' 등의 공대법 형태소가 수의적으로 붙을 수 있다[108)]. 고대어에 선행 어미만으로 단어가 형성되는 일이 있다고 하나[109)], 어말 어미의 생략일 수도 있고 앞에서 본 바와 같은 의고체적인 현상으로도 볼 수 있다. 고대어에도 존비법이 중세어와 같이 3원적 체계가 확인되지마는 모든 문체법에 걸쳐 체계를 세우기가 쉽지 않다 (뒤에 나옴). (4")는 문증되지 않는 제안법의 자리다.

B. 부동사

다음은 고대어의 부동사형이다.

(5") 가. 善化公主主隱 他密只 嫁良 置古 (두고) 薯童房乙 … (서동요)

나. 諦リ聽尒諦リ聽ㄅ(드르며) 善ㄅ 之乚 思ノ㢱 念ソ㢱 法乚 [如]𢒳修行ノㄅ (修行ᄒᆞ며)(구인 3, 19)

다. 復ソ 十方淨土乚 變ソ㢱 (변ᄒᆞ져) 百億高座乚 現ソ㢱 (현ᄒᆞ져) 百億須彌寶花乚 化ソ㢱 (화ᄒᆞ져) ノ㇀ヒ 有七ナ㇀： (구인 2, 2~3)

(7") 一リ丨 ソロㄕの㇀ (ᄒᆞᆶ돈) 亦ソ㇀續ソ今 不㇀矢の…： (구인 14, 7~8)

107) 이곳의 자료는 남풍현 (1999), 박진호 (1998가), 황선엽 (2002)에서 가져 왔으며 홍종선 (2017: 52-66)에서도 관련 정보를 얻을 수 있다.

108) 석독 구결을 중심으로 하는 고대어의 선행 어미의 분포에 대하여는 백두현 (1997/2005: 229-293) 참조.

109) 남풍현 (2012/2014가: 213, 1996/2014나: 120) 참조. 이곳에서는 이두에 나타나는 '去' (kä)가 선행 어미이면서 어말 (語末)에 쓰인 예로 보았다. 예는 다음과 같다.

法界有情 皆 佛道中 到內去 (nirɔ · a · kä) 誓內 (法界有情이 모두 확실히 佛道에 도달할 것을 맹서함) 〈선림원종〉.

이에 대한 비판은 고영근 (2017나) 참조.

(11") 가. 軍官員 … 軍官員亦 臨戰 先退爲旀 敵城乙 圍把 窮困爲有去乙 (*窮困ᄒᆞ야 잇거늘) (대명률직해 14-16앞) '곤궁해져 있거늘'

나. 功勞乙 大常旗良中 書上爲有臥乎 人 (*書上ᄒᆞ야 잇논 사ᄅᆞᆷ) (대명률직해 1-7 앞) (위와 같음) '그 공훈을 태상기에 기록한 자'

고대어의 부동사는 예가 많지는 않지만 중세어에 준하여 체계를 세울 수 있다. (5"가, 나, 다)는 대등적이고 (7")는 종속적이며 (11"가, 나)와 (5"가)의 '-嫁良置古'의 '良'은 의존적인 것으로 볼 수 있다.

C. 동명사

다음은 고대어의 동명사형이다.

(14") 가-1. 諸佛如來尸 說白ノ l (니르ᄉᆞᆸ온) 甚深法乚 心阝十 … (금강명경3, 22-24)

가-1'. 當願衆生 大悲灬 熏ノ l (혼) 所 (바) 刂罒 (바이라) (화엄 7, 14-17)

가-1". 定法乚 聽聞ソ l 彡 (청문ᄒᆞᆫ의) (청문한 이의) 得ノ l 所七 … (유가 6, 7-13)

가-2. 何ソ l 乚 十一刂丨ノ令口 謂 l (이른바) 思所成慧 … (유가 11, 12-14)

가-3. 菩薩刂 三昧七 中阝十 住在ソ阝ソ l (주재한즉, 주재하니) 種種七 自在灬 衆生乚 攝ソナ令氵 (화엄 17, 4~10)

나-1. 菩薩摩訶薩尸 初發心 l 名ノ 妙寶起 亠ノ尸 (묘보기라고 하는) 三摩提刂攝受ソ l 入灬 得阝亦 生ソ㢱 (금강명경 8, 16-25)

나-1'. 行道七 勝利乚ソ尸矢 (행도의 승리를 하는 것이) 是 波羅蜜義刂㢱 … (금강명경 5, 8-15)

나-2. 若 十地氵 十自在氵ノ尸乚 (십자재라고 하는 것들을) 獲阝亦 (화엄 13, 21-24)

나-3. 爾時十 文殊師利菩薩 l 智首菩薩乚 告ソ阝言示尸 (이르시되) 善ナ l 佛子氵 (화엄 2, 10-11)

고대어에도 (14"가-1, 1', 나-1, 1')와 같이 '-ㄴ, -ㄹ'가 수식적 동명사형으로 쓰이는 일이 있었는가 하면 (14"가-1", 나-2)와 같이 격 어미가 붙는 일이 많았고 (14"가-2, 3, 나-3)과 같이 부동사 어미의 기능을 발휘하는 일이 많았다. 그러는가 하면 중세어에 편재하였던 명사형 어미 '-옴'은, 앞에서 언급한 바와 같이, 싹만 볼 수 있을 따름이다. 근·당대어만 대상으로 문법을 기술하면 몰라도 중세어 및 고대어까지 포괄하는 총체 서술의 관점에 서면 람스테트 (1939)처럼 동명사를 설정하여 그 아래 독립적 기능과 수식적 기능을 통합·서술할 수 있다고 본다. 이 문제는 고대어의 문장 배합을 논하는 자리에서 다시금 언급될 것이다. 더욱이 우리가 언어 유형론의 주요 대상으로 삼는 알타이 제어에 독립적 동명사가 편재함에 생각이 미칠 때 그 필요성이 절실히 느껴진다 (뒤에 나옴).

6.2.4.4. 방언의 동사 활용 체계

앞의 표준어와 중세 및 고대어에 이어 각 방언의 동사 활용형을 보기로 한다. 이곳에서도 정동

사형, 부동사형, 동명사형의 순서대로 기술하기로 한다

A. 정동사

정동사는 대상 지역이 중부, 서남, 서북, 동남, 동북 (육진), 제주어의 6개 지역인 데다가 6단계의 존비법까지 가세하게 되어 모두 36개의 활용표를 만들어야 하니 작업이 여간 번거롭지 않다. 각 지역별 문체법과 존비법의 기능상의 특수성은 우리말의 결어법과 공대법을 휘갑하는 자리로 미루고 이곳에서는 활용형별로 형태론적 특징을 지적하여 공통어와 관련시키는 방향을 취하기로 한다. 그리고 지역은, 앞에서 보인 대로, 크게 동부, 서부, 제주로 나누되 다시 방언별로 세분하기로 한다. 이 방면은 이미 이기갑 (2003)에서 종합된 것이 있어 이를 이용하기로 한다. 번거로움을 피하기 위하여 '이기갑 (2003)'을 "이 03"과 같이 약호를 써서 쪽수를 밝히고 존비법에 대하여는 "아높" (<아주높임), "예높" (<예사높임), "예낮" (<예사낮춤), "아낮" (<아주낮춤), "두높" (<두루높임), "두낮" (<두루낮춤)이란 약호를 사용하기로 한다.

서부 방언은, 앞에서 구분한 바와 같이, 서울, 중부, 서남, 서북으로 나뉜다. 서울 지역어는 공통어의 예사높임의 평술형과 의문형이 '-우'이고 직설 및 회상 원칙 평술형이 '-(으)ㅂ넨다, -(으)ㅂ덴다' 정도의 차이만 있고 공통어와 크게 다른 점이 보이지 않는다 (고영근 1974/1999나: 372, 373 예문 (6)).

〈서부 방언〉

먼저 중부 지역어부터 보기로 한다.

(1) 가. 머 힘들 게 있시꺄. [아높] (황해) (이 03: 207)
나. 나눠 달라고 합디어. [아높] (충남 보령) (이 03: 208)
다. 이 방아를 몇번씩 들어노시겨. [아높] (충남 대덕) (이 03: 208)
라. 그러라구 했는디 안 오노. [반말 내지 두루낮춤] (충남 보령) (이 03: 223)

중부 지역어는 황해도 방언에 (1가)와 같이 아주높임의 '-시꺄'가 보이는 것이 특이하다. 이는 공통어의 '-습니까'에 대응하는데 아주높임의 표지 '-습-'이 탈락된 연유를 밝혀야 한다. (1나)의 '-ㅂ디여'는 공통어의 '-습디까'에 대응하는데 이는 서남 방언에도 확인된다. (1다)의 '-시겨'는 대덕 지역어의 아주높임의 명령형 어미인데 끝의 '겨'의 근원을 캐기가 쉽지 않다. 이 형태는 서남 방언과 동남 방언에서도 나타난다. '겨'를 흔히 '겨' (在)와 두루낮춤의 '-어' 뒤에 쓰여 존경법의 기능을 표시한다고 하나 그 근원을 더 깊이 캐어 볼 필요가 있다[110]. (1라)의 '오노'는 '와'에 대응하는데 중세어의 '오-'에 붙는 나-계열 어미와 깊은 관련이 있어 보인다. '오다'의 활용 표지 '나'가 무슨 연유로 반말의 활용형에 침투하였는지 깊이 구명해 볼 필요가 있다.

다음은 서남 지역어이다[111].

---

110) 중부 방언의 정동사의 일람표에 대하여는 이기갑 (2003: 226)에 잘 정리되어 있다.

(2) 가. 이리 오이다. [아높] (전남 광양) (이 03: 232)

나. ① 자네가 질이시. [예낮] (이 03: 234)

② 쩨깐헌 것이 잘도 허시. [예낮] (이 03: 234)

다. (노래 잘) 헌다~ (조놈은 항상 웃은다. [아낮] (이03: 242)

라. 빨리 가지다. [두높] (이 03: 253)

(2가)는 전남과 경남 접경 지대에서 쓰이는 두루높임의 명령형 어미인데 공통어의 '-십시오'와 어떻게 연결해야 할지 구명해 볼 만하다. 이 형태는 아직 사전에 등록되어 있지 않다. 서남 방언에는 명령형 어미 '-(으)씨오'가 널리 분포되어 있는데 공통어의 '-(으)ㅂ시오'와 어떻게 연결해야 할지 막연하다. 다른 문체법의 아주높임에는 '-(으)ㅂ'-이 보이는데 무슨 연유로 그것이 실현되지 않는가 하는 문제가 해결되지 않으면 안 된다. (2나)①의 '-시'는 계사에 붙는 예사낮춤의 평술형인데 공통어의 '-ㄹ세'에 대응한다. '-ㄹ세'의 계사 표지 'ㄹ'이 탈락되어 형성된 것으로 해석하기도 하나 그 소종래를 캐기가 쉽지 않다. 어미 '-시'는 ② 와 같이 동사 아래서도 사용된다. 계사에 사용되던 것이 동사로 확대되었다고 보는 견해가 비교적 온당하다. 공통어의 하게체 '-네'는 동작 동사에 붙는데 형용사와 계사에까지 그 영역을 확대하는 것과 차이가 없다. (2다)의 '-ㄴ다'와 '-은다'는 어간말이 개음절이냐 폐음절이냐에 따라 선택되는데 제주어에서도 목격할 수 있다 (뒤에 나옴). (2라)의 '-지다'는 전남과 경남 접경 지대에 쓰이는데 두루높임의 기능을 띤 것으로 보고되어 있다. 그 밖의 지역에서는 '이라우'가 쓰인다[112]

다음은 서북 방언이다.

(3) 가. 그 말이 옳쉐다. [아높] (이 03: 276)

나. 그 사람 약속은 틀림이 없습멘다. [아높] (이 03: 276)

다. 그 말이 옳쉐다. [아높] (이 03: 276)

라. 조심 허우. 그러다 잘못되웝다. [아높] (이 03: 279)

마. 여구레 어드메가 '여기가 어디냐.'[아낮] (이 03: 287)

(3가)는 주로 상태 동사에 붙는 아주높임의 평술형이다. (3나)는 공통어의 직설 원칙법 '-ㅂ닌다'에 대응되고 중세어의 '-ᄂᆞ니이다'로 거슬러올라간다는 견해가 비교적 신빙성이 있다. 변화 과정을 면밀하게 추적할 필요가 있다. (3다)는 중세 및 근대의 '-ᄉᆞᄫᆡ다>-ᄉᆞ오이다'와 직접 관련된다는 견해가 비교적 과녁을 맞힌 것 같다. (3라)는 중세어의 '-(으)ㄹ세라'나 당대의 공통어 '-(으)ㄹ라'와 관련됨이 틀림없겠으나 그 생성 과정을 면밀히 추적할 필요가 있다. (3마)는 공통어의 아주낮춤의 '-느냐'에 대응하는데 발생학적으로는 예사높임의 '-(으)ㄴ가'와 연결지어야 할 것이다.

---

111) 저자는 일찍이 고영근 (1993: 187-188)에서 배주채군 (현재 가톨릭대 교수)의 도움으로 서남 방언이 고흥 지역어의 존비법의 실상을 검토한 일이 있다.

112) 서남 방언의 정동사 일람표에 대하여는 이기갑 (2003: 254)에 잘 정리되어 있다.

〈동부 방언〉

앞에서 이미 언급한 바와 같이, 동부 방언에는 동남 방언, 동북 방언과 육진 방언이 있다.

먼저 동남 방언부터 보기로 한다[113]. 동남의 북부 지역어는 낮춤 (해라), 예사 (하게), 높임 (하소)의 세 등급이 있다.

(4) 가. ① 업니더. ② 안 됐디더. [아높] (경북 예천) (이 03: 256)
나. ① 떡이시더. ② 못 갈시더. [아높] (경북 예천) (이 03: 257)
다. ① 퍽 걱정일레. ② 존 줄 모를레. [예높] (경북 안동) (이 03: 262)
라. 서울은 송도라 말이래. [두낮] (이 03: 272)
마. ① 그때 신라때래요. [두높] (이 03: 273)
② 누가 예. [두높] (이 03: 273)

(4가)는 경북 전역에 분포되어 있다. ①은 직설법 현재형, 곧 공통어의 '없습니다'에 대응하고 ②는 회상법 과거형, 곧 '안 됐습디다'에 대응한다. 이 경우 남부 동남 방언에는 '-ㅂ니더' 등으로 나타난다. 왜 경북 지역에는 아주높임의 표지 'ㅂ'이 실현되지 않는가 하는 이유를 캐 볼 필요가 있다. (4나)①은 계사 아래 실현되는데 유추적 평준화에 의하여 ②와 같이 동사 아래에도 사용되는 것으로 해석하고 있으나 사정이 간단치 않다. (4다)의 '모를레'는 '좋은 줄 모르겠데'의 의미인데 계사 아래 쓰이던 '-ㄹ레'가 유추적 평준화에 의하여 동사 아래에도 쓰인 것으로 보고 있으나 이 역시 사정이 그리 간단치 않다. (4라)는 반말 내지 두루낮춤의 예인데 그 뜻은 '~ 송도라 말이야'이지만 공통어의 두루낮춤과 두루높임의 사이에 자리잡는 것으로 보고 있다. (4마)는 경북과 경남의 두루높임의 형태에 차이가 있음을 보이는 예이다. ①은 두루높임의 경북 방언형인데 공통어와 형태가 같다. ②는 두루높임의 경남 방언형태이다.

다음으로는 동북 방언을 보기로 한다. 동북 방언에는 다른 방언과는 달리 존비법이 높임, 보통, 낮춤의 세 등분밖에 없다. 이는 앞의 중세어와 같은 체계이며 문화어와도 공통된다.

(5) 가. 아바이 어데 갑니까, 머라 합데까. [높임] (이 03: 294)
나. ① 아아덜으는 잘 자라오? 지금 무스거를 하오. [보통] (이 03: 300)
② 빨리 하기오. '합시다.' [보통] (함북) (이 03: 302)
다. 일 하러 감메. [보통] (이 03: 300)
라. 먹어두 옥수꿀 쎄우 먹엇습. [보통] (이 03: 301)
마. 얼매나 좋은지 모르지배. [반말 내지 두낮]

(5가)의 '-ㅂ니까, -ㅂ데까'는 공통어의 아주높임 내지 예사높임에 해당하는데 형태론적 차이가 거의 없다. (5나)①은 형태는 예사높임이나 기능은 예사낮춤이다. 장인이 사위에게 말을 거는 상황에 쓰였기 때문이다. 이를 통하여 동북 방언은 예사높임과 예사낮춤이 하나의 층위로 통합되었음을

---

113) 저자는 고영근 (1993: 186)에서 경주 지역어를 중심으로 하여 동남 방언의 존비법의 실상을 검토한 일이 있다.

알 수 있다. ②는 제안형인데 '합세'와 같이 쓰인다. (5다)는 어조를 달리하면 의문문으로도 사용될 수 있다. (5라)는 끝 형태가 탈락된 것인데 보통 높임의 기능을 띨 수 있다. 저자는 앞에서 이두와 같은 문어$_2$에 선행 어미가 끝에 오는 현상을 지적하였는데 (5라)도 그런 예에 넣을 수 있다. 이런 현상이 광범위하게 나타난다면 우리말도 선행 어미만으로 문장을 종결시키는 측면이 있다고 해도 좋을지 모르겠다. 더욱이 인터넷 언어에는 '먹었'과 같이 선행 어미만으로 문장을 끝맺는 예가 등장함을 볼 때 그런 생각을 가질 수 있다. (5마)는 '-지배'가 두루낮춤, 곧 반말로 쓰인 예이다[114].

셋째로 육진 방언을 보기로 한다. 이 지역어는 앞의 중세어, 문화어나 동북 방언과 같이 높임, 보통, 낮춤의 세 등분이 확인된다.

(6) 가. ① 나이 어전 야든 닐굽으 먹엇스꾸마. [평술, 높임] (이 03: 307)
② 그때 소네 둘이 있습더구마. [평술, 높임] (이 03: 307)
나. 여러 사람 가티 감둥. [의문, 높임] (이 03: 308)
다. ① 날래 합소. [명령, 높임] (이 03: 308)
② 날래 가겝소. [제안, 높임] (이 03: 309)
라. ① 곽지르 가져완. '곽지를 가져왔니.' [의문, 낮춤] (이 03: 312)
② 그 사램이 뭐라든. '그 사람이 뭐라고 하더냐.' [의문, 낮춤] (이 03: 312)

(6가)는 높임의 평술형인데 ①은 직설법 과거형이고 ②는 회상법 현재형이다. 이들은 어조에 따라 의문형으로도 사용되는데 역사적으로는 근대어의 정동사형에 나타나는 'ㅂ'에 근원을 둔 것 같다. 형성 과정을 밝히는 것은 앞으로의 과제에 속한다. (6나)는 높임의 의문형인데 '-습ᄂᆞᆫ동'에서 유래한다고 말하지만 그 형성 과정을 면밀하게 추구할 필요가 있다. (6다)는 높임의 명령형과 제안형이다, ①은 명령형인데 동북 방언에서도 보인다. ②의 '소'는 중세어의 '-사이다'의 '사'와 관련되는 것 같은데 그 형성 과정을 면밀히 추구할 필요가 있다. (6라)에서 ①은 직설법 과거인데 서북 방언에서도 보인다 (앞에 나옴). ②는 회상법 현재형인데 공통어의 '-더냐'의 줄어진 '-던'과 바로 연결된다 (고영근 1974/1999나: 266). 육진 방언에는 두루낮춤 내지 반말로 '-디'가 보인다. 이는 중세어와 형태가 같은데 공통어의 '-지'의 소급형이다. 구개 음화가 안 된 것이 특징이다. 두루높임은 동북 방언과 같이 잘 발달되어 있지 않다고 보고되어 있다 (이기갑 2003: 313).

넷째로 영동 방언을 보기로 한다.

(7) 가. 가지 말고 우리집 사람을 좀 지켜 <u>주시갸</u>. [아높] (강원 강릉) (이 03: 210)
나. 그런 말씀은 그만 <u>두시기요</u>. [아높] (강원 강릉) (이 03: 211)
다. 그 스님은 또 어디로 <u>가시우</u>? [예높] (강원 강릉) (이 03: 213)
라. 나 뭣자리 하나 잡아 <u>주라나</u>? [아낮] (강원 양양) (이 03: 223)

114) 이기갑 (2003: 303)에서는 동북 방언의 '지비'를 중세어의 '디비'의 후대형으로 보고 있으나 비약이 아닌가 한다. 후자는 부동사로 쓰였으며 '콩을 심으면 콩이 나지 팥이 나지 않는다'에 나타나는 '-지'가 바로 '디비'의 후계형이다.

마. 좀 먼 산이래. (반말 내지 두루맞춤)

(7가)의 '주시갸'의 '-시갸'는 아주높임의 명령형인데 충남 지역의 '-시겨'에 연원을 두고 있는 것으로 해석하고 있다. (7나)는 동북 방언에서는 제안형으로 쓰이는데 영동 방언 (강릉)에서는 명령형으로 쓰인다. 형태가 같더라도 지역이 다름에 따라 기능상의 차이가 있다. (7다)는 서부 방언의 서울 지역어에서 흔히 들을 수 있는 말씨다 (앞에 나옴). (7나)는 '줄래, 주겠니'의 뜻인데 양양 지역어에서 쓰인다. (7마)는 영동의 강릉 지역어에서 보이는데 '산이야'의 뜻이다.

〈제주어〉

끝으로 제주어를 보기로 한다. 제주어에는 동북 및 육진 방언, 그리고 중세어, 문화어와 같이 존비법이 3등급으로 성립되어 있는데. 높임 (홉서체), 보통 (ᄒᆞ여체), 낮춤 (ᄒᆞ라체)이 그것이다[115].

(8) 가. ① 어제부터 고전을 익엄수다. '어제부터 고전을 읽고 있습니다.'[높임] (이 03: 315)
② 이디서 무싱거 ᄒᆞ염수과. '여기서 무엇을 하고 있습니까.'〈위와 같음〉
나. ① 오라 봅서. [높임] (이 03: 316)
② 읽으십주. 〈위와 같음〉
다. ① 아버님은 일찍 농장에 갓어. [보통, 반말] (이 03: 317)
② 어제 과수원에 농약을 뿌렷주. [보통, 반말]〈위와 같음〉
라. ① 구름이 으시난 오ᄂᆞᆯ 밤 ᄃᆞᆯ이 붉으이. [보통, 반말] (이 03: 319)
② ᄆᆞ리는 추석이니. [보통, 반말] (이 03: 319).
마. ① 목은 영 든다. [낮춤] (이 03: 321)
② 가아도 이젠 말 잘 듣나. [낮춤] (이 03: 321)
바. ① 먼저 감시라. '넌 먼저 가고 있어라.'[낮춤] (이 03: 323)
② 배 탕 가게. '배 타고 가자.'[낮춤] (이 03: 323)
사. 가의도 ᄒᆞ염서양. '걔도 공부하고 있어요.'[두루높임] (이 03: 324)

(8)은 높임의 평술형과 의문형을 짝을 지어 놓은 것이다. (8가)①의 평술형 어미 '-다'는 반도와 형태가 같으나 ②의 의문형 어미는 '-과'로 실현되어 있어 반도와 차이가 난다. '-과'가 중세어의 높임 (ᄒᆞᆸ쇼서체) 'ᄒᆞᄂᆞ니잇가'에 나타나는 '가'와 관련이 있는가는 쉽게 단정할 수 없다. '-수-'는 공통어의 높임의 표지 '-(으)ㅂ-'에 대응하는 것 같다. 그 형성 과정을 추구할 필요가 있다. ①과 ②에 공통되는 '-엄-'은 진행상 표지이다. 반도에서는 볼 수 없는 특이한 문법 범주의 실현이다[116]. (8나) ①의 '봅서'는 공통어의 '봅시오'와 관련되는 것 같은데 그 형성 과정을 밝히기가 쉽지 않다. '-ㅂ-'

115) 제주어의 동사 형태론에 대하여는 이숭녕 (1957), 현평효 (1974/1985: 4-133), 이기갑 (2003), 고재환 (2011/2013가, 나)를 비롯하여 업적이 많다.

116) 저자는 제주어에 나타나는 '-엄-'을 완료상 '-엇-'과 함께 동작상 범주로 처리한 일이 있다 (고영근 2004/2007: 454-455).

은 높임의 표지임이 틀림없고 '-서'는 '보사이다'의 '사'에 근원을 두고 있는 것 같으나 단언할 수 없다. (8나)②의 '-ㅂ주'에서 '-ㅂ-'은 높임의 표지이고 '-주'는 어조에 따라 평술법과 의문법으로 공용된다. (8다)에 나타나는 '-어' (①)와 '-주' (②)는 보통과 반말로 쓰인다. 전자는 공통어의 하게체와 일치하나 완전히 같지 않다. 후자는 공통어의 '-지'의 변종일 가능성이 많다. 그러면 전자는 서실법으로, 후자는 서상법으로 해석할 수 있을 것 같다 (고영근 1976/1999나: 345). (9라)는 보통 내지 반말의 어미인데 공통어의 형용사와 계사에 붙는 '-(으)이'와 '-ㄹ세'에 대응되지만 그 형성 과정을 밝히기가 쉽지 않다. 공통어의 하게체의 원칙 평술형 어미 '-(으)니, -느니'와 관련되는지 알 수 없다. 형성 과정을 밝힐 필요가 있다. (8마)는 낮춤의 활용형인데 ①은 공통어와 같이 모음과 'ㄹ' 말음 동사 뒤에 선택되는 예이고 ②는 공통어와 달리 자음 어간 뒤에서 '-나'가 선택된다. 후자는 공통어의 해라체의 의문형 어미 '-나'와 형태는 같으나 기능이 전혀 다르다. 그 형성 과정을 밝혀 볼 필요가 있다. 이밖에도 낮춤의 평술형 어미에는 계사 뒤에서는 '-여', 존재사 '잇-' 뒤에서는 '저'가 실현된다. (8바)는 명령형과 제안형이다. ①은 진행상 표지 '-ㅁ시-'와 낮춤의 명령형 어미 '-라'의 통합인데 명령 진행상이다. ②는 제안형인데 공통어의 하게체의 명령형 어미와 관련되는 것 같지만 그 형성 과정을 구명해 볼 필요가 없다. (8사)는 첨사 '양'이 붙어 형성된 두루높임이다 (뒤에 나옴)[117].

B. 부동사

부동사형의 체계는 고영근 (1975/1999나: 402-403)의 체계를 기반으로 하되 현행 학교 문법 (1985)의 체계를 부분적으로 수용하여 대등적 · 종속적 · 의존적인 것의 세 동아리로 나누었다. 방언의 부동사는 공통된 것과 일부의 방언에 쓰이는 것으로 구분할 수 있다[118].

〈공통 부동사 어미〉

먼저 전 방언에 공통적으로 실현되는 부동사 어미의 형태론적 특수성을 논하기로 한다. 논의의 필요상 공통어의 부동사 체계에 따라 공통어의 형태를 배치하고 이에 대응하는 방언의 부동사를 들어 특수성을 논하기로 한다.

《대등적 부동사형 어미》

다음은 대등적 부동사 어미다.

(9) 가. -고
나. -고서
다. -(으)며
라. -(으)면서

117) 제주어의 정동사의 활용표는 이기갑 (2003: 324) 참조.
118) 이 부분은 이기갑 (2003: 335-465)를 기반으로 하여 저자가 다시 체계를 세운 것이다.

(9가)의 나열의 '-고'는 모든 방언에 다 나타나며 지역에 따라 다음 세 가지 모양으로 실현된다.

(9) 가'. -구 (서북, 중부, 동북)
-고 (서남, 육진, 동남)
-곡 (제주)

공통어의 '-고'는 동시적 상황과 계기적 상황의 접속에 다 나타나는데 제주어를 제외한 육진 방언 또한 그러하다. 그러나 제주어에서는 계기적 용법을 보이지 않고 동시적 용법만 확인된다.

(9) 가". ① 어이가 엇언 눈물도 아니 나곡 구만 혼몽ᄒᆞ연 ᄌᆞᆷ 미쳐 불엇수다.
'어이가 없어서 눈물도 나지 않고 그만 혼몽하여서 까무라쳐 버렸습니다.'

육진 방언에서는 나열에서 동시적 용법으로 다시 계기적 용법으로 쓰이고 있지만 제주어에서는 그러한 전이 과정이 보이지 않는다. 육진 방언에서 계기적 용법으로 해석되는 것은 제주어에서는 '-곡' 대신 '-언'이나 '-엉'과 같은 부동사 어미에 의하여 표시된다

(9) 가". ② 일을 ᄆᆞᆫ ᄆᆞ찬 집으로 돌아오멍은. '일을 모두 마치고 집으로 돌아오면은.'

위와 같은 예는 중세어에서 흔히 볼 수 있는 용법인데 (고영근 1987/2010다: 373), 제주어에 위와 같이 그루터기가 남아 있다.

(9나)는 '-고'에 후치사 '서'가 붙은 것인데 (9가)와는 달리 나열의 기능이 파악되지 않는다. (9나)도 (9가)와 같이 지역에 따라 그 모습이 조금씩 다르다. '-고서'는 '-어서' (뒤에 나옴)와 함께 종속적 부동사형 어미에 넣어야 할 것이나 (고영근 1975/1999나: 411-414), '-고'와의 관계 때문에 일단 대등적 부동사에 넣었다[119].

(9) 나'. -구서 (서북, 중부, 동북)
-고서 (중부, 동남)
-언 (제주)

위의 '-구서'와 '-고서'에 첨사 '서나, 서니, 설랑' 등이 붙어 미세한 의미차를 드러내기도 한다. 우리는 앞에서 중세어 및 고대어에 복합적인 부동사형 어미가 많음을 보았는데 각 방언에도 그런 사실을 확인할 수 있다. 제주어는 다른 방언에 보이는 '-고서' 형은 보이지 않고 다른 방언의 '-어서' 등에 대응하는 '-엉/언' 등이 사용된다 (앞에 나옴).

(9다)의 '-(으)며' 역시 나열을 뜻하는데 모습을 달리하면서 모든 방언에 다 실현된다.

(9) 다'. -(으)메 (서북, 중부, 동북, 동남)

---

119) 송재정 교수는 대등성과 종속성을 함께 가진 접속류에 대하여 "대종성" (對從性, cosurbodination) 이라는 범주를 세우는 일도 있다고 하였다 (2012. 1. 사적 면담에서).

-(으)무 (서북)
-(으)며 (중부)
-(으)머 (중부)
-(으)미 (중부, 동북, 동남)
-(으)멍 (제주)

'(으)며-'계열의 대등적 부동사형 어미 역시 조금씩 모습을 달리하면서 사용되기는 하나 서남 방언에는 확인되지 않는다. 공통어에서는 '-(으)며'가 구어체에 쓰이지 않지만 중부 방언에서는 다음과 같이 '-(으)며'가 구어체에 쓰이는 일이 있다.

(9) 다'. ① 그래 굶으며 먹으며 그러며 살지. (충북, 충주)

(9라)의 '-(으)면서'는 동시에 일어남을 표시하는데 역사적으로 '-(으)며'에 후치사 '셔'가 붙고 뒤이어 'ㄴ'이 첨가되어 앞의 '-(으)며'와 구별되는 대등적 부동사 어미로 자리를 잡았다. 이 역시 복합 부동사의 범주에 넣을 수 있다. 지역적 분포를 보면 다음과 같다.

(9) 라. -(으)멘 (서) (서북, 중부, 충남, 육진)
-(으)면섬 (중부)
-(으)ㅁ서 등 (충남, 서남)
-(으)민 (강원 양양)
-(으)민서 (함남, 경남)
-(으)만서 등 (동남, 경북 예천)
-(으)멍 (제주)

제주어를 제외한 모든 방언에서 후치사 '서'가 붙어 복합 부동사를 형성하고 있다. 제주어는 '(으)멍' 형태만 사용된다는 점에서 다른 방언과 차이가 나타난다,

(9) 라'. 옮겨 댕기멍 ᄒᆞᆫ 해씩 헷주. '옮겨 다니면서 한 해씩 했지.' (제주)

여기서 주목할 것은 중세어와 같이 'ㄴ'이 첨가되지 않은 형태가 충남, 강원도 횡성, 동북 방언, 예천 지역어 등에 적지 않게 보인다는 점이다.

(9) 라". ① 그러머서 꼭 그렇게 하라구 적어 준단 말여. (충남 대덕)
② 그 시~:을 들구 댕기며서리. '그 신을 들고 다니면서.' (함북)

이들 역시 복합 부동사형이다.

《종속적 부동사형 어미》

대등적 부동사 어미에 이어 종속적 부동사를 보기로 한다. 논의의 편의상 두 묶음으로 나누기로

한다. 다음은 첫째 묶음이다.

(10) 가. -어서
나. -(으)니(까)
다. -관데
라. -다가
마. -(으)면
바. -거든
사. -어야

(10가)의 '-어서'는 이유나 원인의 의미를 표시하는데 그 지역적 분포는 다음과 같다.

(10) 가'. -어서 (서북, 서남, 동북, 동남, 중부)
-어셔 (육진)
-이서 (동남)
-느서 (중부, 태안)
-엉/언 등 (제주)

특이한 것은 중부와 제주어의 형태가 딴 지역과 다르다는 점이다. 중부의 충남 태안 등지에서는 동사 '오-' 뒤에 '-느서'가 붙는데 중세어의 동사 '오다'가 나-계열의 어미를 취하는 활용형의 잔재로 해석하고 있으나 (이기갑 2003: 368), 그 형성 과정을 면밀하게 추구할 필요가 있다. 제주어의 '-엉'과 '-언'은 공통어의 '-어서'에 해당하는데 쓰임이 같지 않다 (앞에 나옴).

(10나)의 '-(으)니 (까)'는 이유나 원인을 뜻하는데 '-(으)니'와 '-(으)니까'를 아우른 것이다. 후자의 끝에 붙는 '까'는 강세의 첨사이다. 이 역시 복합 부동사 어미다. 지역적 분포는 다음과 같다

(10) 나'. -(으)니까 (서북, 중부)
-(으)니꺼 (중부)
-(으)니께(로) (서북, 중부)
-(으)ㅇ께 (중부)
-(으)이까 (동북, 동남)
-(으)나네, (으)난

위의 활용표에서 주목되는 것은 동북 방언과 동남 방언, 곧 동부 방언에서 '-(으)니까'의 '니'가 비음 (鼻音)을 동반하면서 약화되는 현상이다. 체계 안정성을 도모하는 현상이 아닌지 모르겠다. 그리고 영동 지역어에서는 회상법 '-더-'와 결합한 '-더니까'가 보인다.

(10) 나". 날은 캄캄한데 <u>오더니깐</u> 그만에 이 횃불이 푹 꺼졌답니다. (강원 양양)

'-더니'에 유추된 것으로 보고 있으나 (이기갑 2003: 392), 그렇게 쉽게 단정하기가 어렵지 않을까 한다. 문헌어를 비롯하여 지역어 전체를 대상으로 한 회상법의 변종과 그 기능을 면밀하게 검토할 필요가 있다.

(10다)의 '-관데'는 중세어의 '-관ᄃᆡ'를 연상시키는데 이유를 뜻한다. 공통어에서는 거의 사라지다시피 하였지만 방언에는 아직도 활발하게 쓰이고 있다

(10) 다'. -관데 (서북, 중부)
-간데 (서북, 중부)
-간디 (중부, 서남)
-가디 (중부, 서남)
-가니 (중부, 서남)
-가이 (중부)
-간 (중부, 서남)
-건대 (중부, 동남)
-관대, -관듸 (제주)

서북 방언과 제주어의 예를 들어 본다.

(10) 다". ① 어드런 사람이관대 여기서 자구 있느가. (서북)
② 언매나 더윗관데 뚬을 흘렴서? (제주)

그러나 지역에 따라 조금씩 차이가 있다. 그 기능을 정확하게 규명할 필요가 있다.

(10라)의 '-다가'는 중단 내지 전환을 표시하는데. 지역적 변종을 다음에 정리한다.

(10) 라'. -다가 (서북, 중부, 서남, 동부, 동남)
-더거 (영동)
-더가 (영동)
-다네 등 (제주)

강원도 영서 지역과 육진 방언에서는 후치사 '서'나 '셔'를 붙어 복합 부동사 어미를 형성하기도 하며 제주어는 변종이 많다.

(10) 라". ① 짐을 잔뜩 지구 오다가서 거기 앉았는데 … (충북 단양)
② 사흘리란 데 있다가서 여기로 왔스꾸마. (육진)
③ 비가 오다네 오늘사 그쳣러. (제주)

(10마)는 조건이나 가정을 표시하는데 그 지역적 분포는 다음과 같다.

(10) 마'. -(으)면 (중부)
-(으)문 (서북, 동북)
-(으)만 (서북, 동남)
-(으)먼 (서남, 동남)
-(으)ㅁ (중부)
-(으)무 (동북)
-(으)머 (동남)
-(으)몬 (동남)
-(으)모 (동남)
-(으)마 (동남)
-(으)민 (제주)

형태만 조금씩 차이가 있을 뿐이고 기능상의 차이는 없는 것으로 보고되어 있다.

(10) 마". ① 그 여자를 볼 것 같음 …

근대어에서는 회상 조건의 '-더면'이 보이는데 20세기로 들어오면서 '-더라면'으로 대체되었다 (이기갑 2003: 404).

(10바)의 '-거든'은 가정을 뜻한다. 그 지역적 분포는 다음과 같다.

(10) 바'. -거던 (서북, 중부)
-거든 (중부)
-그든 (서남)
-그덩 (서남)
-거더 (동북)
-거던 (동북)

'-거든'의 '거'는 중세어의 비타동사 표지였는데 다른 어미와 결합하여 복합 부동사 어미를 형성한 것이 많다. 위의 예는 모두 '거'를 앞세운 복합 부동사 어미다.

(10사)의 '-어야'는 부동사 어미 '-어'에 첨사 '야' (<-어ᅀᅡ)가 붙어서 형성된 복합 부동사 어미인데 '필요'나 '양보'의 의미를 표시한다.

(10) 사'. -어야 (서북, 중부, 서남, 동북, 동남)
-으야 (서북, 서남, 중부)
-이야 (중부)
-어사 (동북, 동남)
-구야 (육진, 고려말)

육진 방언의 한 갈래인 중앙 아시아의 고려말은 '-구야'로 실현된다. 예를 들면 다음과 같다.

(10) 사". ① 돈이 있구야 가지. '돈이 있어야 가지.'

다음으로는 둘째 묶음의 종속적 부동사 어미를 보기로 한다.

(11) 가. -지마는
　　나. -더라도
　　다. -(으)러
　　라. -(으)려고
　　마. -듯이
　　바. -지

먼저 (11가)는 양보를 뜻한다. 그 지역적 변종을 보기로 한다.

(11) 가'. -디마는/디만 (서북)
　　-지마는/지만 (중부, 동남)
　　-재마는/재만 (서남)
　　-지마는/-지만 (동남)
　　-주마는/주만 (제주)

서북 지역의 '-디마는'은 이 지역의 비구개 음화의 상태를 반영하는 것으로 중세의 모습을 간직하고 있다. 제주어에는 '-주마는'이 보이는데 이는 이 방언의 어미 '-지'가 '-주'로 실현되는 것과 보조를 같이한다. 이들도 모두 복합 부동사 어미로 보인다.

(11나)의 양보의 지역적 변종은 다음과 같다.'

(11) 나'. -더래도 (서북, 중부)
　　-더라도 (중부)
　　-드라도 (서남)
　　-더래두 (동북)
　　-더라도 (동남)
　　-디라도 (동남)
　　-고대나/-고대라/고대고 (제주)

(11나)의 '-더라도'는 회상법 '-더'에 어미 '-아도'가 붙은 것으로 보고 있으나 (리의도 1990; 172), 그리 쉽게 단정할 수 없다. 어쨌든 이 형태는 19세기 말부터 문증된다. 그래도 각 지역어에는 위와 같이 형태를 조금씩 달리하면서 쓰이고 있다. 반도는 모두 '더'를 앞세운 형태가 나더니지마는 제주어만은 형태가 전혀 다른 '-고'로 시작하는 어미만 보인다.

(11) 나'. ① 괴로운 일이고대나 춤앙 ᄒᆞ라. '괴로운 일이 있다라도 참으면서 하라.'

어쨌든 위의 예들은 모두 복합 부동사 어미로 보인다.

다음은 (11다)의 목적을 뜻하는 부동사형 어미의 지역별 실현형이다.

(11) 다'. -(으)레 (서북, 제주)
-(으)러 (중부, 서남, 동북)
-(으)로 (서남, 동남)
-(으)ㄹ러 (동북)
-(으)라 (육진)
-(으)ㄹ라 (동북)

위에 보인 육진 방언의 '-(으)라'는 중세어부터 보였었다. 두 시기의 예를 보이면 다음과 같다.

(11) 다". ① … 出家ᄒᆞ라 가ᄂᆞ니 (석보상절 6, 9)
② 이 집 춘남이 공부하라 갔슴둥 (육진)

다음은 의도를 뜻하는 '-(으)려고'의 지역별 실현형이다.

(11) 라'. -(으)ㄹ라구 (서북, 중부)
-(으)ㄹ려구 (중부)
-(으)ㄹ랴구 (중부)
-(으)ㄹ라고 (서남)
-(으)랴르 (동북)
-(으)라꼬 (동남)
-저/-젠/-젱 (제주)

공통어의 '-(으)려고'는 중세어의 '-오려'로 소급하는데 19세기에 이르러 '고'가 붙어 형성된 것으로 보고 있으며 (리의도 1990: 182), 이기갑 (2003: 426)에서도 같은 견해가 보인다. 체계 안정성을 도모하는 책략으로 보이나 그 소종래를 더 정밀하게 구명할 필요가 있다. 동북 방언의 '-(으)랴르'는 그 형성 과정이 매우 복잡하다. 제주어의 '-저/-젠/-젱'은 육지 방언의 ' (으)ㄹ' 계의 어미와는 그 모습이 판이하다. 어미 '-저'는 공통어의 '-(으)려'에 대응되고 여기에 붙는 '인, 잉'은 인용 표지다. 예를 들어 보인다. 이들도 그 형성 과정을 추적하면 복합적으로 형상되었을 개연성이 많다.

(11) 라'. 일본 가젠 깎아 불언. '일본 가려고 깎아 버렸어.'

(11마)의 '듯이'는 '그 같음'을 의미하는데 지역별 분포는 다음과 같다.

(11) 마'. -듯이 (서북, 중부, 동북, 동남, 제주)

-드키 (중부, 서남)
-드끼 (중부)
-데끼 (중부, 서남)
-디끼 (서남)

위에서 '듯이'는 중세어에서부터 볼 수 있다.

(11) 마''. ① 눉므를 비 <u>오ᄃᆞᆺ</u> 흘리시고 (월인석보 8, 94)

'드키, 드끼'는 서울 지역어를 비롯하여 근대어 자료에서도 보인다. 알려진 바와 같이, '듯이'는 의존 명사로도 쓰인다. 의존 명사의 경우는 '데끼'와 '테끼'가 다 나타나는 데 대하여 어미의 경우는 경음화한 '-데끼'만 실현된다 (이기갑 2003: 442). 이 역시 복합 부동사 어미의 범주에 넣을 수 있을 것 같다.

(11바)의 '-지'는 대조의 부동사 어미인데 그 지역적 분포는 다음과 같다.

(11) 바'. -디 (서북)
-지 (중부)
-제 (중부, 서남)
-지비 (동북)
-지배 (동북)
-제 (동남)
-주 (제주)

(11바)의 '-지'는 중세어의 부동사 어미 '디ᄫᅵ'의 계승형이다. '-지비, -지배'가 바로 그 후계형이다. 다음 두 예를 비교하여 보면 그 상관 관계를 잘 알 수 있다[120].

(11) 바'. ① 오직 이 몸 나ᄒᆞᆫ 어미ᄅᆞᆯ 救ᄒᆞ디ᄫᅵ 뎌 먼 뉘옛 菩提ᄅᆞᆯ 救ᄒᆞᆫ호미 아니라 (월인석보 23, 93)
② 즈끔 그랫지비 전에사 틱아소 없지비 (동북)

〈일부 방언의 부동사 어미〉

이상은 각 방언에 공통되는 부동사 어미이나 일부의 방언에만 사용되는 부동사 어미도 상당하다. 그런 부동사 어미로 이기갑 (2003: 445-650)에서는 21개를 들고 있다. 그 중 10개만 들고 특수성을 논하기로 한다. 논의의 편의상 두 묶음으로 나누기로 한다.

(12) 첫째 묶음

---

120) 이기갑 (2003: 443)에서는 반말의 정동사 어미 '-지'를 부동사 어미 '-지'와 연결시키고 있다.

가. -(으)ㄹ 건
나. -(으)들사나
다. -(으)까마 등
라. -(으)ㄴ가미 등
마. -구마는

(12가)의 '-(으)ㄹ건'은 서북 방언에서 '-(으)ㄹ테니'와 같은 뜻을 표시하는 부동사형 어미다.

(12) 가'. 내래 산을 처들건 넌 바람으루 날레 보내라. '내가 산을 처들테니까 넌 바람으로 날려 보내라.'

공통어의 '-(으)ㄹ 것이니'에서 변화하였다는 해석이 온당해 보인다 (이기갑 2003: 445). 그렇다면 이 역시 복합 부동사 어미다.

(12나)의 '-(으)ㄴ들사나'는 강원도 횡성 지역에서 사용되는데 제주어에서는 약간 변형된 '-(으)ㄴ등사'로 나타난다. 공통어의 양보의 '-(으)ㄴ들'에 대응한다. 역시 복합 부동사 어미의 범주에 넣을 수 있다.

(12) 나'. 저어들으 삼형재를 본들사나 어지 아버지가 다시야 그럴랴오. (강원 횡성)

(12다)의 '-(으)까마'는 공통어의 '-(으)ㄹ봐'에 대응시키고 있는데 (이기갑 2003: 446), 'ㅂ'이 비음으로 변하는 동인을 밝힐 필요가 있다. 충청 지역과 서남 방언에서 실현된다.

(12) 다'. 만일 알먼 또 큰일 나깨미 가만히 웃방이 들어가닝깨. (충남 대덕)

역시 복합 부동사형 어미다.

(12라)의 '-(으)ㄴ가미'는 '-(으)ㄴ개미'로도 나타나는데 충남과 서남 방언에 보인다. 의미는 앞의 '-(으)까마'와 비슷하다.

(12) 라'. 누가 온가미 나가 봤더니 암도 없드라. (서남)

역시 복합 부동사 어미로 볼 수 있다.

(12마)의 '-구마는'은 서남 방언과 경남 지역어에서 보이는데 '-거마는'으로도 나타나며 공통어의 양보의 '-지마는'에 대응한다,

(12) 마'. ① 묵기도 잘 묵구마는 살이 안 찌네. (서남)
② 무남독녀 외딸이거마는 할 수 있나. (경남 거제)

이 역시 거-계열의 복합 부동사 어미에 넣을 수 있다.

(13) 둘째 묶음

가. -다 (가)나이

나. -(으)나다나

다. -그로

라. -는동. -(으)ㄹ동

마. -거니

(13가)는 동북 방언과 중앙 아시아의 고려말에 보이는데 공통어의 '-어서'나 '-(으)니까'와 비슷하다.

(13) 가'. 귀먹다나이 무슨 말으 하는지 알아 못 듣습지비. (동북)

기원적으로는 '-다가 나니'와 같은 통사적 구성이 문법화한 것으로 보기도 하나 (이기갑 2003: 456) 그 연원을 캐기가 쉽지 않다. 어쨌든 복합 부동사 어미다.

(13나)의 '-나다나'는 서북 방언에 쓰이는데 서남·동남 방언에서는 '-(으)나따나'로 나타난다. 양보의 의미를 표시한다. 서북 방언의 '-나다나'는 뒤에 '해두'가 함께 쓰인다.

(13) 나'. ① 비가 오나다나 해두 서답을 걸어 디리고 자자. (서북)
② 늦게 오나따나 탈 없이마 온나. '늦게 오더라도 탈 없이만 오너라.' (동남)

이 역시 복합 부동사 어미로 간주된다

(13다)의 '-거로'는 공통어의 '-도록'이나 '-게'에 대응하는데 동남 방언에 보편적이다.

(13) 다'. 학교 가그로 퍼뜩 일어나거라. '학교 가게 얼른 일어나거라.' (부산)

(13라)의 '-는동, -(으)ㄹ동'은 공통어의 '-는지, -(으)ㄹ지'에 대응하는데 기원적으로 중세어의 의존 명사 구성 '-(으)ㄴ동'과 관련시키는 것이 온당해 보인다 (이기갑 2003: 461). 이 역시 모습을 보면 복합 부동사 어미일 가능성이 많다.

(13) 라'. ① 몇 십년을 구불어 가는동 요량도 못 하거마는. (경남 거제)
② 역적이 될동 정승이 될동 워에 아노. (경북 애천)

(13마)의 '-거니'는 공통어의 연발의 부동사 어미 '-자 (마자)'에 대등하는데 제주어에 보인다.

(13) 마'. 헤 지거니 ᄃᆞᆯ 튼다. '해 지자마자 달 뜬다.'

이는 중세어의 거-계열의 '거'가 부동사 어미 '-니'와 결합됨에 따라 형성되었을 기능성이 많다. 역시 복합 부동사 어미임이 틀림없다.

《의존적 부동사 어미》

의존적 부동사형 어미 '-어. -게, -지, -고'는 정동사 어미나 보통의 부동사 어미와는 달리 방언에 따른 분화가 심하지 않아 보인다[121]. '-어'는 별 바른 분화가 보이지 않는다. '-게'는 동남 방언에서 '-거로, -거러' 등으로 실현되고 전남 방언에서는 '-게크롬' 정도로 분화되어 있다. 그 예를 들면 다음과 같다.

(14) 학교 가거로 퍼뜩 일어나거라. '학교 가게 얼른 일어나거라.' (부산)
알아 보지도 몬 하거로 해. '… 못 하게 …' (경남 거제)

부정문 구성에 쓰이는 의존적 부동사 어미 '-지'는 별다른 방언 분화가 보이지 않는다. 단 서북 방언에서는 비구개 음화형 '-디'가 실현되고 다만 방언에 따라 '-들'이나 '-든' 또는 '-도'가 '-지'의 자리에 실현되기도 한다.

(15) 가. 이렁데렁 방볍을 다 서 넌데두 하나두 되디 않구. (서북, 이기갑 2003: 532)
나. 울두 않구 웃두 안하고. (충북 중원, 이기갑 2003: 532)
다. 통 먹들 안러고. (서남)
라. 가든 안헌다. (서남)

위와 같은 의존적 부동사 어미는 중세어나 근대어에서 실현되던 것의 후속형으로 볼 수 있다.

(16) 나'. 보도 몯ᄒᆞ며 듣도 몯거니. (석보상절 24, 28)
다'. 法 듣ᄃᆞᆯ 아니ᄒᆞ리라. (월인석보 2, 36)
라'. 고디 듧ᄃᆞᆫ 아니ᄒᆞ외. (첩해신어 1, 19)

동작상이나 원망 구성에 쓰이는 '-고' 부동사 어미는 중부 방언에서만 '-구'로 실현되고 나머지 방언은 '-고'로 실현된다.

C. 동명사

앞에서 더러 본 바와 같이, 동명사에는 공통어와 같이 '-(으)ㄴ'과 '-(으)ㄹ'의 두 계열이 확인된다[122]. 이는 물론 구조적으로는 '*-(으)린'으로 단일화할 수 있다 (앞에 나옴).

정적 독립적 동명사 어미 "-(으)ㅁ'는 반도의 방언에서는 공통어와 같이 그렇게 생산적이 아니나 제주어는 '-(으)ㅁ' 동명사가 일반적이다. 예를 들면 다음과 같다.

(17) 지가 사는 ᄃᆡ로 돌려보냄 (내ᄆᆞ)이 마땅ᄒᆞ다. '자기가 사는 곳으로 돌려보냄이 마땅하다.'
놀멍 먹ᄋᆞᆷ이 펜ᄒᆞᆫ 게 아닌다. '놀면서 먹음이 편한 것이 아니다.'
(고재환 2011/2013나: 34-35)

---

121) 이에 대하여는 이기갑 교수의 도움을 입었음을 밝혀 둔다.

122) 최명옥 (1980: 118-120)에서는 경북 동해안 지역의 수식적 동명사형 어미의 예로 '-는, -(으)ㄴ, -(으)ㄹ'를 들었다.

동적 동명사 어미 '-기'는 전역에 걸쳐 차이가 없다. 다만 제주어에서는 공통어와 육지 방언의 동적 동명사형 어미 '-기'가 구개 음화한 '-지'로 나타난다.

(18) 이딘 놀지가 궂다. '여기는 놀기가 바쁘다.' (고재환 2011/2013나, 35)

독립적 동명사형 어미 '-기'에 구개 음화가 침투된 원인을 밝힐 필요가 있다[123].

6.2.5. 선행 어미의 구조적 특징과 역사적 · 지역적 변종

앞의 동사의 활용 체계에서는 어말 어미를 중심으로 우리말 동사의 활용 체계를 정동사, 부동사, 동명사에 걸쳐 그 현상학적 양상을 소묘하고 문법 범주화하는 문제를 거론하였었다. 이곳에서는 선행 어미의 현상학적 양상을 검토하고 당대어를 중심으로 중세 및 고대어와 방언의 배열 질서를 탐색해 보기로 한다.

당대 공통어의 선행 어미의 최대 실현형은 다음과 같은 표현에서 볼 수 있다.

(1) 가. 하시었사옵니다.
나. 하시겠사옵니다.

(1가)는 화자가 합쇼 내지 하오체의 대우를 받는 상대방에게 규범에 어그러지는 행동을 해서는 안 된다는 사실을 훈계할 때 사용되는 표현인데 현실적인 선행 어미의 최대 실현형이다. (1나)는 (1가)의 '-었-' 대신에 "올 때", 곧 앞으로 일어날 일과 관련되는 '-겠-'이 실현됨과 함께 규범과 관련되는 '-ㄴ-'이 삭제된 어형이다. 두 표현을 합하여 하나의 표현으로 만들되 형태소별로 끊고 배열 순서를 번호로 매기면 다음과 같다.

(2) *하 + 시 었 겠 사오 ㅂ 니 ㄴ + 다
1 2 3 4 5 6 7

앞으로 일어날 일이나 어림잡음 표시의 '-겠-'과 규범 표시의 '-ㄴ-'은 원래 공존할 수 없음에도 불구하고 한 표현으로 묶은 것은 선행 어미의 배열 순서를 최대한으로 매기기 위해서이다. 위의 (2)는 어간 '하-'와 어말 어미 '-다' 사이에서 최대로 수용할 수 있는 선행 어미의 실현형이다[124].

(2)에 나타나는 선행 어미는 모두 성격이 같은 것이 아니다. 다른 어미와 자유롭게 어울려서 문장 형성에 참여할 수 있는 것이 있는가 하면 일단 후행 어미와 어울려서 문장 형성에 간접적으로 참여하는 것이 있다. 전자는 제2장에서 도입한 형성소이고 후자는 구성소이다. 그리고 경우에 따

123) 제주어의 구개 음하는 동명사 '-기'를 제외하고는 동남 방언과 큰 차이가 없어 보인다.
124) 이곳에서 보이는 당대 공통어의 선행 어미의 배열 구조는 고영근 (1967/1999나: 236-240)과 남기심 · 고영근 (2014: 149-153)에서 논의된 것을 거두어들인 것이다.

라서는 형성소와 구성소의 성격을 겸비한 중립소도 있다[125]. 이를 정리하면 다음과 같다.

(3) 가. 형성소
(1) 높임: -(으)시-
(2) 때: -는-〈이때〉, -었-〈지난때〉, -겠-〈올때〉
(3) 어림잡음: -겠-
나. 중립소
(4) 낮춤: -(으)옵-
다. 구성소
(5) 합쇼: -(으)ㅂ-
(6) 사실: -느-, -더-
(7) 규범: -니-, -것-

현상학적인 (3)에 인식론적 도구를 갖다 대면 (1)은 존경[126], (2)는 시제[127] (3)은 서상법, (5)는 합쇼체의 표지, (6)은 서실법, (7)은 강조법으로 이름을 붙일 수 있다. 그리고 (4)는 당대의 의고체에 남아 있는 겸손법을 의식하고 세운 것인데 때로는 형성소, 때로는 구성소의 기능을 띠고 있다고 보고 중립소로 처리하였다. 비종결 어미에서는 후행 어미와 결합할 때 제약을 받지 않기 때문에 형성소의 자격을 띠고 있지마는 종결 어미에서는 합쇼체에 한정하여 나타나기 때문에 구성소의 자격을 띠고 있다. 이런 점을 감안하여 중립소에 넣었다[128]. 형성소인 분리적 선행 어미는 시제 표시의 '-는-'을 제외하고는 결합형보다는 반응 시간이 짧다는 실험 결과가 나왔다 (송원용 2009). '-(으)시-'는 결합형인 '가시다, 가시었다'보다는 반응 시간이 짧으며 '-었-, -겠-'도 전자와 차이는 있지만 대체로 같은 결과가 나왔다. 구성소인 '-더-'는 앞의 '-었-, -겠-'과 같은 결과가 나왔는데 이는 '-더-'의 유표성과 관련이 되지 않나 하는데 앞으로 더 검증할 필요가 있어 보인다. (3가)의 형성소의 빈도를 신문을 대상으로 살펴보면 빈도가 높은 것은 '-었-, -겠-, -시-, -았었-'의 순서로 나타난다는 것이 밝혀져 있다 (정유진 밖에 2013: 50).

당대어는 (3)과 같이 7개의 문법 범주가 때로는 형성소의 자격으로서, 때로는 구성소의 자격으로서 일정한 문법 범주를 형성하고 있다. 그런데 중세어와 고대어는 사정이 다르다. 우선 중세어

---

125) 저자는 고영근 (1967/1999나: 238)에서 선행 어미를 순수히 형태론적 관점에서 "분리적 · 수의적 · 교착적"인 것의 세 부류로 나누었으나 고영근 (1992, 1993: 28-42, 본서 제2장) 에서는 문장 형성에 참여하는 정도에 따라 형성소와 구성소로 나눈 바 있다. 이의 응용적 서술은 남기심 · 고영근 (2014: 40-41)에서도 볼 수 있다.

126) 존경의 '-(으)시-'는 최근 들어 RRG (Role and Reference Grammar)의 영향을 받아 시상법 (TAM)과 같은 굴절적 장치가 아니고 피 · 사동 접사와 같은 어휘적 현상으로 보는 일이 없지 않으나 (양병선 2006), 저자는 굴절법 (inflection)으로 처리해 온 전통적 처리를 따르는 바이다.

127) '-는-'은 '-었-, -겠-'과 같은 서열에 속하지마는 분포가 제약되어 있다는 점으로는 구성소로 볼 수 있다 (앞의 주 참조)

128) 당대 공통어도 선행 어미의 형태와 기능은 물론, 통합 양상에 있어서도 변화가 심하다. 이에 대한 자세한 논의는 황국정 (2002) 참조.

의 선행 어미의 배열 문제를 논의하여 보기로 한다[129]. 이곳에서는 현상학적 소묘 대신 통용되는 인식론적 용어를 사용하기로 한다.

중세어의 평술형에는 두 가지가 있다. 하나는 보수적인 이른바 둘째 설명법 (고영근 1981/1998/2011나: 20-21)이고 다른 하나는 개신형인 이른바 첫째 설명법이다. 이곳에서는 작업의 편의상 '-다'로 끝나는 "첫째 설명법", 본서의 체계에 맞춘다면 정동사의 첫째 평술형에 나타나는 선행 어미를 대상으로 한다. 선행 어미의 순서 매김에 필요한 평술 어형을 몇 가지 들기로 한다. 괄호 안의 형태는 형태소 단위로 끊은 것이다[130].

(4) 가. ᄒᆞᅀᆞᄫᆞ시ᄂᆞ니이다 (<ᄒᆞᄉᆞᆸᄋᆞ시ᄂᆞ니이다)
나. ᄒᆞ노라 (<ᄒᆞᄂᆞ오라)
다. ᄒᆞ노소이다 (<ᄒᆞᄂᆞ옷ᄋᆞ이다)
라. ᄒᆞ거리랏다, ᄒᆞ야리로다, ᄒᆞ야리아[131]
마. ᄒᆞ리어다/ᄒᆞ려다, ᄒᆞ려니오, ᄒᆞ리어니$_1$/ᄒᆞ려니$_1$, ᄒᆞ리어며

위의 복합 어형 가운데서 선행 어미가 가장 많이 실현된 어형은 (4가)이다. 직설법 '-ᄂᆞ-'는 이와 계열 관계에 있는 회상법 '-더-'와 추측 회상법 '-리러-'[132]가 그 자리를 대치할 수 있다. '-ᄂᆞ-'의 자리에 대치되는 '-더-'는 존경법의 '-시-'를 앞세울 수도 있고 (예: -시더-), 이를 뒤에 거느릴 수도 있다 (예: -더시-). 또 '-ᄂᆞ-'의 자리에는 확인법 '-거-'도 대치될 수 있으나 이는 환경에 따라 '-(으)리-' 뒤에 놓일 수도 있다 (뒤에 나옴). (4나)는 화자 표지의 선행 어미 '-오-'가 직설법 다음에 실현된 것이다. 이를 (4가)에 통합시키면 다음과 같은 연쇄체가 만들어진다.

(4) 가'. *ᄒᆞ ᄉᆞᆸ ᄋᆞ 시 ᄂᆞ 오 니 이 다

원래 존경의 '-(으)시-'는 화자 표지의 '-오-'와 공기 (共起)할 수 없다. 그런 점을 고려하여 앞에 별표를 붙였다. 그것은 어쨌든 대상법 어형인 'ᄒᆞ샨' (<ᄒᆞ시온) 등을 고려할 때 '-시-'가 '-오-'에 선행하는 것이 틀림없다.

(4다)는 직설 감동법형인데 여기서 석출되는 '-오-'를 (4가')에 대입하면 다음과 같은 어형이 만들어진다.

---

129) 중세어의 선행 어미의 배열 순서와 이를 지배하는 동인 (動因)에 대하여는 유창돈 (1961/1980: 272), 안병희 · 이광호 (1990: 1236-1237) 이후, 많은 대안이 제안이 제시되었으나 아직까지 선행 어미의 구조적 양상에 근거한 설득력 있는 해결안이 나와 있다고 할 수 없다 (뒤에 나옴).

130) 실현 과정에 나타나는 형태 교체에 대하여는 특별히 언급하지 않는다. 관련 정보는 고영근 (1981/1998/2011나: 17-60) 참조.

131) 저자는 고영근 (1980/2011나: 44)에서『樂章歌詞』소재의 '두어리마ᄂᆞᄂᆞᆫ'을 근거로 부동사형 "*ᄒᆞ야리마ᄅᆞᄂᆞᆫ'을 세운 바 있으나 예가 하나밖에 없어 이곳에서는 논의의 대상으로 삼지 않는다.

132) 저자는 '-(으)리러-'가 '-(으)리-'와 '-더-'의 합성형이기는 하여도 '-더-'가 나타나는 모든 환경에서 '-(으)리-'가 나타나지 않는다는 점을 고려하여 묶어서 한 단위로 간주하였다 (고영근 1981/1998/2011나: 35).

(4) 가". *ᄒᆞᅀᆞᄫᆞ시노소 (<ᄂᆞ옷오)니이다

(4라)와 (4마)는 확인법 '-거 ∝ 어-'의 앞뒤에 추측법 '-(으)리-'가 실현되는 예이다. 그 실현 환경이 배타적이어서 (4라)의 'ᄒᆞ거리랏다, ᄒᆞ야리로다'는 '*ᄒᆞ려닷다', '*ᄒᆞ려로다'로 나타나지 않는다. (4마)의 'ᄒᆞ리어다'는 '*ᄒᆞ거리라'로, 'ᄒᆞ려다'는 '*ᄒᆞ야리라'로 나타나지 않는다. 이 경우의 '-거 ∝ 어-'는 대체로 감동법의 '-옷-'과 서열이 같다[133]. 이는 감동법의 '-옷-'과 같은 단어에서 공존할 수 없다는 뜻이다.

앞의 (4)의 5개 어형을 대상으로 책정한 중세어의 선행 어미의 최대 실현형은 (4가") 와 같다. 이를 다시 형태소별로 정리하여 번호를 매기면 다음과 같다. 매개 모음은 편의상 반영하지 않았다.

(5) *ᄒᆞ + ᅀᆞᆸ 시 ᄂᆞ 옷 오 니 이 + 다
1 2 3 4 5 6 7

(5)는 앞의 당대어의 (2)와 같이 그 성격이 한결같지 않다. 다른 어미와 자유롭게 어울릴 수 있는 것이 있는가 하면 소수의 어미와 어울릴 수 있는 것이 있다. 이를 형성소와 구성소에 따라 배열하면 다음과 같다[134].

(6) 가. 형성소
(1) 겸손: -ᅀᆞᆸ-
(2) 존경: -(으)시-
나. 구성소
(3) 기본 서법: 직설법 -ᄂᆞ-, 회상법 -더-, 추측법 -(으)리-
(4) 부차 서법: 확인법 -거-, 감동법 -옷-
(5) 화자 및 대상 표지: -오-
(6) 원칙법 -(으)니-
(7) ᄒᆞ쇼셔 표지; -(으)이-

중세어는 중립소를 세울 필요가 없다. 형성소와 구성소의 자리를 왕래하는 형태소가 보이지 않기 때문이다. 음성 · 어휘적 조건에 따라 모습이 조금씩 달라지기도 하나 이곳에서는 대표형만 들었다.

당대어는 존경의 선행 어미 '-(으)시-'가 가장 앞 자리를 차지하는데 중세어는 겸손의 '-ᅀᆞᆸ-'이 앞자리를 차지한다. '-(으)시-'에 비하여 다른 어미와 어울릴 때 제약을 덜 받기 때문이다. 이를테면 '-ᅀᆞᆸ-'은 '보ᅀᆞᄫᆞ라 (<보ᅀᆞᆸᄋᆞ라)'와 같이 정동사의 ᄒᆞ라체의 명령법에도 실현될 수 있다. 그런데 존경의 '-(으)시-'는 그 자리잡음이 유동적이다. 회상법 '-더-'의 앞에도 올 수 있고 뒤에도 올 수 있

---

133) '대체로'와 같은 표현을 쓴 것은 'ᄒᆞ과소라'와 같이 확인법 '-거-'에 '-옷-'이 붙은 '-괏-' (<*거옷)이 존재한다는 점을 고려한 것이다. 관련 논의는 고영근 (1981/1998/2011나: 209) 참조.

134) 저자가 고영근 (1992, 1993)을 통하여 세운 "형성소"와 "구성소"의 개념은 이용 (2003: 50-56)에서 중세 및 고대어에 적용되어 그 타당성이 검증되었음을 지적하여 둔다.

다 (예: -더시-, -시더-). 뿐만 아니라 '-(으)시-'는 확인법 '-거/어-'과 이에 준하는 거-계열 어미[135]의 앞뒤에도 놓일 수 있고 거-계열의 어미 사이에 놓여 어미 구조체를 불연속적으로 만들어 주기도 한다[136]. 이를테면 'ᄒᆞ시거다/ᄒᆞ거시다, ᄒᆞ야시다/ᄒᆞ샤다<ᄒᆞ시어다'는 '-(으)시-'가 확인법의 '-거- ∝ -야- (>-어-)' 앞뒤에 놓이는 것이고 'ᄒᆞ시거늘/ᄒᆞ야시ᄂᆞᆯ' 등은 '-(으)시-'가 거-계열의 어미 사이에 놓여 역시 어미 전체를 불연속적으로 만들어 준다. 회상법 '-더-'[137]는 직설법 '-ᄂᆞ-'와 서열이 같아서 서실법 (fact-mood)를 형성한다. 양태성의 관점에 서면 서실법은 "인식 양태"에 속한다 (고영근 · 구본관 2018가: 419). '-더-'는 다른 어미와의 결합에 제약이 많음에도 불구하고 배열상으로 보면 '-더시-'와 같이 '-시-'에 앞서기도 하여 배열 순서가 반드시 다른 어미와의 결합상의 다과 (多寡)와 관계가 없다는 것을 알 수 있다. '-거시-' 마찬가지다.

중세어에 이어 석독 구결을 중심으로 한 고대어[138]의 선행 어미의 배열 양상을 검토하여 보기로 한다[139].

(7) 爲 (ᄒᆞ) 白 (ᄉᆞᆸ). 三 (시) ㅌ (ᄂᆞ) 阝 (아) 七 (ㅅ) ㄅ (오) 音 (ㅁ) ㅣ (다)
1 2 3 4 5 6 7'

(7)은 앞의 (5)를 기반으로 하여 석독 구결에 나타난 선행 어미의 대표적 구결자를 어간 '爲 (ᄒᆞ)'와 어말 어미 'ㅣ (다)' 사이에 배치한 것이다. 이해를 위하여 구결자의 괄호 안에 대당되는 한글 자모를 병기하였다. 석독 구결에는 중세어의 '-(으)이-'에 해당하는 ᄒᆞ쇼셔체의 표지가 보이지 않으며 14세기의 음독 구결부터 표기상에 나타난다. 이곳에서는 향가의 〈獻花歌〉에 나오는 '獻乎理音如'의 '音'을 ᄒᆞ쇼셔체 표지로 보고 석독 구결의 빈 자리를 채우는 바이다[140].

고대어의 선행 어미의 체계는 (5)의 중세어의 그것과 큰 차이가 없어 보인다. 우선 형성소가 중세어와 같이 "겸손 (1)-존경 (2)"의 순서로 배열되어 있다는 점에서 그러하다. 고대어의 '白/ㅗ巴'의 기능이 중세어의 '-시-'의 기능과 겹치는 면이 있기는 하나 중세어의 선행 어미 '-ᄉᆞᆸ-'과 큰 차이가 보이지 않는다 (백두현 1995/2005: 341-366). 석독 구결에는 '겨'로 읽히는 구결자 'ナ'가 보이

135) 중세어의 '거/어' 어미는 고대어 단계에서는 후행하는 '늘'과 분리되어 확인법을 형성하였다는 견해가 이용 (2003: 79-107)에서 제기되어 학계에 충격을 주기도 하였다.

136) 형태소의 불연속성에 대하여는 고영근 (1991/2004가: 37-51)에 자세하다. 허웅 (1989: 202, 1992: 135)에서는 저자의 견해를 수용하되 "잘린 형태소"라고 용어를 달리하였다. 저자의 불연속 형태는 현재 학계에서 폭넓은 지지를 받고 있다. 관련 논의는 고영근 (2004가: 422)에 자세하다.

137) 회상법 '-더-'를 최동주 (1995: 90)에서는 "과거 · 비완료상"으로 보고 있다. 이에 대한 비판적 견해는 고영근 (2004/2007: 387) 참조.

138) 저자는 석독 구결을 고대 국어의 자료로 간주한다 (고영근 1998/2001나: 341). 이는 김동소 (1998)의 국어사 시대 구분과 일치한다. 최근 남풍현 (2003/2009: 16-36)에서도 같은 견해가 피력되어 있다.

139) (7)의 부분은 고영근 (1998나)를 기반으로 하되 그 내용을 약간 수정하였다. 고대어의 선행 어미의 배열에 대하여는 이승재 (1998: 63)에서 이미 시도되기도 하였다. 이곳에는 "(어간)-과거-겸양-확인-존경-강조-현재-의도-가능- (어말 어미)"의 8개를 두었다. 갯수는 같지만 설정 기준이 다르다.

140) 〈獻花歌〉의 '獻乎理音如'에 나타나는 '音'은 서재극 (1974)에서 'ㅁ'으로 읽어 '받ᄌᆞ보림다'로 해독하였는데 김완진 (1980: 70)에서 이를 수용하되 '받즐보림다'로 고쳐 해독한 바 있다.

는데 이를 둘러싸고 논의가 분분하다. 저자는 고영근 (1998/2001나: 329)의 (다)와 (마) 사이에 'ナ'를 두면서 물음표를 둔 일이 있다. 이에 대하여는 중간 단계의 존경의 선행 어미로 보기도 하고 서법 표지로 보기도 한다. 현재로는 어느 견해가 옳다고 하기가 어려운 처지에 있다[141]. 전자를 취하면 고대어의 존경법 범주를 다시 세워야 하는 문제점에 부딪히고 후자를 취하면 서법 표지 'ろ' 와의 관계가 문제된다 'ㅌ' (3)은 계사 아래에도 통합되었다. 'ㅌ'와 'ㅏ'가 합류하여 중세어의 '-ᄂᆞ-'가 형성된 것으로 보기도 한다 (정재영 2000). 어쨌든 'ㅌ'는 고대어의 기본 서법의 하나이다. (4)는 중세어의 확인법 '-어-'와 유사한 면이 있으며 부차 서법의 하나로 간주된다 . (5)의 'ㅊ' 은 중세어의 부차 서법의 하나인 감동법과 연결된다[142]. (6)의 'ㄅ'는 중세어의 동명사 구성에 나타나는 대상 표지의 '-오-'를 가리킨다. 화자 표지의 '-오-'는 그 예를 찾기가 매우 어렵다. (7)의 '音'은, 앞에서 언급한 바와 같이, ᄒᆞ쇼셔체의 표지다. 중세어와의 차이점은 확인법과 감동법이 서열을 달리하는 것이다. 중세어에도 두 범주가 서열을 달리하는 일이 없지 않으나 대체로 같은 단어에 공존하는데 고대어는 양자가 분리 · 표기되는 일이 많다는 점을 고려하여 서열의 번호를 달리 매겼다. 그러나 자료가 많이 확보되면 중세어와 같이 서열을 같이할지도 모르겠다.

저자는, 위와 같이, 당대어, 중세어, 고대어의 선행 어미의 배열 순서를 확인하여 보았다. 그 가운데서 가장 눈에 띄는 차이점은 배열 순서의 차이이다. 중세어까지는 겸손법의 'ㅂ'이 맨 앞 자리를 차지하였지마는 근대어부터 당대어에 이르는 사이에 서열의 뒤바뀜과 함께 질적인 변화를 경험하였다. 한편으로는 정동사의 합쇼체의 표지 '-(으)ㅂ-'[143]은 앞의 '먹으옵니다'와 같이 '-(으)오-'로 변화하여 구성소가 되고 다른 한편으로는 비종결어미에서 '먹사오며'와 같이 형성소로 변질되었다. 앞의 (3)에서 중립소라고 한 것이 바로 중세어의 겸손법이 기능을 달리함과 함께 서열의 변화를 경험하여 형성되었다는 것을 뜻한다. 여기서 기능을 달리하였다는 것은 중세어에서는 화자가 주격 보족어 명사구가 대격 보족어 명사구나 여격 보족어 명사구로 실현된 인물인 "남"보다 낮다고 여길 때 사용되지마는[144], 근대어부터는 화자가 말듣는 상대방에 대하여 자신을 낮출 때 사용되는 방향으로 기능이 달라졌음을 의미한다. 이와 함께 중세어에서 '-ᄉᆞᆸ-'의 뒷자리를 차지하던 '-시-'가 앞 자리를 차지하였다[145]. 중세어에서는 존경법의 '-시-'는 회상법 '-더-' 앞에도 놓일 수 있었고 뒤에도 놓일 수 있었는데 14세기의 음독 구결에는 '-ニ-' (시)가 항상 'ホ' (드>더) 뒤에 자리잡았다 . 그러다가 중세어에는 규칙을 세울 수 없을 정도로 자리잡음이 유동적이었다. 확인

141) 이승재 (1996)와 정재영 (2002)의 견해가 그것이다. 두 견해의 문제점에 대하여는 김영욱 (1999) 참조.

142) 고대어의 서법 체계에 대하여는 김영욱 (1999), 고영근 (2004/2007: 388)에 자세하다.

143) 당대어의 합쇼체의 표지 '-(으)ㅂ-'은 단순한 겸손의 요소가 아니라 합쇼체를 규정하는 표지로서 평술법, 의문법, 명령법, 제안법에 분포되어 있는데 이는 중세어의 ᄒᆞ쇼셔체 표지 '-(으)이-'에 대응되는 면이 많다. 현재 국어학계에서는 이를 "화자 겸양"으로 처리하고 있다. (뒤에 나옴)

144) 저자는 중세어의 '-ᄉᆞᆸ-'에 대하여 종전의 "객체 높임법" 대신에 "겸손법"을 택하면서 대격 보족어 명사구와 여격 보족어 명사구가 가리키는 인물을 이희승 (1949)에 근거하여 "남"으로 표현한 일이 있다. 관련 논의는 고영근 (2011다)를 참조.

145) '-ᄉᆞᆸ-'의 기능 변질과 함께 서열을 달리하는 문제에 대하여는 허웅 (1954/1963: 59-75, 이현규 1995: 357-376, 이승희 2007) 참조.

법 '-去-∝-ろ-'도 음독 구결에서는 앞의 회상법 'ホ' (ᄃᆞ>더)'와 같이 '-ニ-'를 뒤에 거느리고 있었으며 중세어에는 앞의 회상법과 같이 극치의 혼란상을 보여 주었다. 그러다가 근대어에 들어서면서 당대어와 같이 '-(으)시-'가 '-거-/-어-'에 선행하면서 중세어부터 실현되었던 불연속 형태가 소멸되었다[146]. 그리고 근대어에 와서는 중세어의 완료상 '-어 잇-'이 형태 변화와 함께 과거 시제로 변질되고 '-게 ᄒᆞ얏다'라는 우언적 사동 구문이 미래 시제 '-겟-'으로 바뀌었으며 이와 함께 존경법의 '-(으)시-'도 이들 형태를 앞 자리에서 거느리는 동적인 변화가 일어났다.

당대 공통어, 중세 및 고대어의 선행 어미의 배열 순서의 확인에 이어 방언의 사정을 검토하기로 한다. 방언에도 형태를 조금씩 달리하면서 공통어에서 확인되는 선행 어미가 보인다. 존경법의 '-(으)시-'는 제주도를 제외하고는 대부분의 방언에서 확인된다. 전남, 전북 등의 서남 방언과 동남 방언의 경북 북부에서는 '겨'가 쓰이지만 이는 의존 동사 구성에서 문법화한 것으로 보인다는 점에서 선행 어미로 보기가 어렵다 (이기갑 2003: 665-668). 시제와 서법은 공통어와 같이 선행 어미에 의존하고 동작상은 우언적 구성에 의존한다[147]. 그러나 제주어의 회상법은 반도와는 형태도 다르고 동작상은 반도와는 달리 선행 어미에 의존한다. 각 방언의 선행 어미의 배열 순서를 제대로 매기려면 이 방면 연구가 활성화기 전에는 그 모습을 그려 내기가 쉽지 않을 것이다. 단 제주어는 특이한 면이 있어 동작상 형태가 서법 형태 앞에 자리 잡는다.

(8) 철순 아적의 학교레 <u>감서라</u> (<가 <u>ㅉ</u> <u>어</u> 라). '철수는 학교에 가고 있더라.'

(8)은 회상법 현재 진행형인데 회상법 '-어-' 위에 진행상 '-ㅉ-'이 붙는다. 앞으로 제주어의 선행 어미의 순서를 결정할 때에는 진행상이 회상법에 선행한다는 점을 유의해야 할 것이다. 곧 동작상이 서법에 선행하는 것이다. 반도의 방언에서는 우언적 형태 '-고/-어 있다'가 어간에 직접 붙는 것과 매우 대조적이다 (뒤에 나옴).

이상과 같이 저자는 당대 공통어, 중세어, 고대어를 거쳐 방언에 나타나는 우리말의 선행 어미의 배열 순서를 그런 대로 확인하여 보았다. 배열 순서는 시대와 지역에 따라 차이가 있다는 것을 쉽게 포착할 수 있다. 저자는 고영근 (1967/1999나: 225-246)에서 당대 공통어의 선행 어미의 배열 순서를 지배하는 질서를 구명한 일이 있다. 최현배 (1937/1971: 364)에서는 피동 및 사동 접미사를 비롯한 7개의 선행 어미를 들고 서열을 번호로 표시하였을 뿐이었다. 그런데 저자는 고영근 (1967/1999나: 235-240)에서 선행 어미의 배열 순서가 해당 형태소의 분포상의 제약의 다과 (多寡)나 생산성의 여하에 비례한다는 점을 밝힌 바 있다. 선행 어미의 배열 순서를 다룰 때에는 저자의 견해가 항상 비판의 대상이 되곤하였다. 1970년대에도 그런 반론이 없지 않았으나 저자의 견해는 생성 문법 연구가 자리를 잡기 시작한 20세기 후반부터 혹독한 비판의 도마에 올라섰다[148]. 그러는가 하면 20세기 말부터는 중세어 및 고대어의 선행 어미의 배열에 대하여도 관심을

146) 우리말 선행 어미의 통합 순서에 대한 통시적 변화는 박부자 (2000, 2005가, 나)에서 문헌별로 환경에 따른 변화의 양상이 거울에 비추듯이 선명히 드러나고 있다.

147) 방언의 시상법은 고영근 (2004/2007나: 435-462)에서 다룬 것을 취하기로 한다.

148) 저자의 견해에 대하여 도전의 화살을 당긴 문법가는 이승욱, 서태룡, 안명철, 이효상, 조일영, 최동주 등이

기울이기 시작하였다. 이곳에서는 선행 어미의 배열에 대한 최신의 업적인 최동주 (1995가, 나, 2006)[149]를 중심으로 당대어의 배열 질서를 점검해 보고 아울러 앞에서 확인한 중세 및 고대어에 대하여도 그 나름의 견해를 피력하여 보려고 한다.

최동주 (2006)에서는 선행 어미의 배열 서열이 분포의 광협에 비례한다는 것은 기술적 의의만 있을 뿐 원리적 설명이라고 하기가 어렵다고 하였다. 당연한 지적이다. 저자는 1950년대 말부터 불어닥친 유럽의 구조주의와 미주의 기술 언어학에 경도되어 있었기 때문에 언어 현상을 기술적 관점에서 관찰한다는 것은 당연한 시대적 요청이었다. 그런데 최동주 (2006) (이하 '최 (06)'으로 줄여 부름)에는 저자의 견해를 잘못 이해하거나 소홀히 한 부분이 있다는 것을 미리 밝혀 둔다. 저자는 합쇼체 표지인 '-(으)ㅂ'을 서실법 (직설법과 회상법) '-니- ~ -디-'보다 분포가 넓다고 하였는데 최 (06)은 그렇지 않다고 하면서 '-더-'가 결합하는 어미를 해라, 하게, 합쇼 내지 하오체에 걸쳐 9개를 들었다. 저자가 '-(으)ㅂ-'를 분포가 넓다고 한 것은 그것이 평술형, 의문형, 명령형, 제안형과 같은 네 문체법에 두루 실현되는 것을 존중한 것이다. 어느 어미의 분포를 따질 때에는 어느 한 존비법의 정동사의 활용형에 기반을 두어야지 존비법 전반을 고려할 필요가 없다. 중요한 것은 활용형이기 때문이다. 그리고 '-(으)ㅂ-'을 "겸양"이라고 하였는데 이는 이미 언급한 구성소로의 합쇼체의 표지일 뿐이다. "겸양"은 당대의 의고체에 남아 있는 중립소로서의 '-(으)옵-'을 가리킨다. 다음으로 최 (06)은 저자가 선행 어미의 배열 순서의 대상으로 삼은 '-(으)리-, -것-, -(으)니-'를 당대어에서 잘 쓰이지 않는다는 점을 들어 제외하였으나 이는 옳은 태도가 아니다. 위의 세 선행 어미는 당대어에서는 비록 소극적이나 근대 및 중세 그리고 고대어로 거슬러 올라가면 그 쓰임이 매우 활발하여 중요한 문법 범주의 형성에 참여하였기 때문에 우리말을 총체 서술하는 태도를 취하면 결코 소홀히 할 수 없다.

최 (06)은 선행 어미의 결합 제약은 배열 순서와 관련된다기보다 기능과 관련된다는 점을 부각시켰다. 이곳에서는 "국어의 선어말 어미는 그 기능과 관련되는 요소가 명제의 핵인 동사로부터 구조적으로 가까운 것일수록 동사의 어간 가까이 위치한다"라는 명제를 세웠다. 중세어에서 '-숩-'이 어간 다음에 자리잡는 것은 겸손의 대상이 되는 대격 보족어 명사구와 거울 영상을 형성한다는 유동석 (1991/1995: 34-35)의 견해를 고려하면 설득력 있는 대안이라고 할 수 있다. 그리고 근대어에 와서는 "남"으로 포괄되는 대격 보족어 명사구나 여격 보족어 명사구 논항에 대하여 주격 보족어 명사구를 낮추는 겸손법 '-숩-'이 상대방에 대하여 자신을 낮추는 방면으로 성격이 변질됨에 따라 존경법의 '-(으)시-'와의 순서가 바뀌었다는 점을 고려하면 최 (06)의 견해가 일면의 타당성을 지니고 있다고 말할 수 있다. 그러나 13, 14세기의 음독 구결에서 발견되는 '-ㅋ-' (시)는 15세기 중엽부터 '-시더-'로 순서가 바뀌어 근대어에 와서는 완전히 '-더시-'로 변하고 말았다. '-더-'가 '-(으)시-' 뒤로 물러감에 따라 '-더-'의 기능에 변화가 일어났다는 증거가 없다. 최 (06) 등에서는 '-더-'에 기능 변화가 일어났다고 보고 있다. 15세기에는 '-더-'가 동작상의 기능을 띠었는데 뒤에

다. 이 방면의 견해는 박부자 (2000: 3-10, 2005: 2-4)에 잘 정리되어 있기 때문에 그리로 미룬다.

149) 최동주 (2006)은『형태론』의 〈지상토론〉란에 기고한 것으로 저자의 1967년의 기고에 대한 비판과 그에 대한 대안의 제시이다. 따라서 이 부분은 그에 대한 답변의 성격을 띤다는 것을 밝혀 둔다.

양태 내지 서법의 기능을 띠면서 배열 순서도 달라졌다고 해석하고 있다. 저자가 보기에는 중세어의 회상법과 당대어의 회상법은 화자가 주격 보족어 명사구일 때 형태가 '-다-' (<더 + 오)로 바뀌고 인칭 제약이 해소된다는 점을 제외하고는 아무런 차이가 없다[150].

당대어는 선행 어미의 서열을 분포의 광협이나 생산성과 관련시킬 수 있지마는 중세어는 그것이 쉽지 않다. 이를테면 '-(으)시-'는 '出家ᄒᆞ시면'과 같이 부동사와 결합하는데 '-더-'는 조건 가정의 부동사 '-(으)면'과 결합한 '*ᄒᆞ더면'이 실재하지 않는다. 그럼에도 불구하고 15세기에는 '-더시-'형이 지배적이었다. '-거 ∝ -어'도 사정이 다르지 않다. '-(으)시-'는 '만ᄒᆞ실ᄊᆡ'와 같이 이유 원인의 부동사 '-(으)ㄹᄊᆡ'와 결합하는데 '-거- ∝ -어-'과 결합한 '*만ᄒᆞ걸ᄊᆡ'는 실현되지 않는다[151]. 그럼에도 불구하고 '-거시/-어시-'가 절대적이었다. 이렇게 중세어에서는 선행 어미의 서열과 분포는 아무런 관계가 없다는 것을 실증할 수 있다. 중세 및 고대어의 선행 어미의 배열 순서를 밝히는 일은 상담 세계와 서사 세계에 나타나는 선행 어미의 분포를 면밀하게 조사하여 그 배열 원리를 탐색하는 데서 실마리를 찾을 수 있지 않을까 한다[152].

6.2.6. 동사 형태부의 유형론

이상과 같이 저자는 우리말의 동사 형태부, 곧 동사 굴절론을 당대의 공통어를 중심축으로 삼아 고대로부터 당대에 이르는 통시적 측면과 동서부 방언을 건너지르는 지역적 특성을 소묘하여 보았다. 동사 형태부의 눈에 띄는 특징은 유기음과 경음이 확인되지 않는다는 것이다. 이점 다음 장에서 논할 명사 형태부에 대하여도 적용할 수 있다[153]. 지금까지 논의한 우리말 동사의 형태적 특성을 유형론적 관점에서 조명하여 보기로 한다[154].

당대의 우리말은 동사의 말음이 'ㄹ' 밖의 자음으로 끝나 있으면 매개 모음이 삽입된다. 그러나 이 현상은 모든 시기와 모든 지역에 다 적용되지 않는다. 그 나름의 변이와 변화 유형이 목격된다. 표준어의 기층을 이루고 있는 서울 방언만 하더라도 자음 'ㄹ' 아래 '울은'과 같이 매개 모음이 삽입될 수 있고 지역에 따라 '-께'와 같은 경음 어미 앞에서 '으'가 삽입되기도 하고 15세기에는 '아ᄅᆞ시고'와 같이 존경의 선행 어미 '-시-' 앞에서도 매개 모음이 삽입되는 일도 있다. '알 (다)'와 같은 ㄹ 말음 동사도 시대와 지역에 따라 다양한 유형을 보여 준다. '알다'와 같은 동사의 말음 'ㄹ'은 'ㄷ' 등의 어미 앞에서 '아디'와 같이 탈락되기도 하여 당대의 공통어와 변화 유형을 달리한다. 어-계열

---

150) 이 점은 저자가 고영근 (2004/2007: 394-403)에서 근본적인 차이가 없음을 밝힌 바 있으며 박부자 (2005나: 172)에서도 순서의 바뀜이 의미 · 기능의 차이를 동반한다는 견해에 대하여 강한 의심을 표시하고 있다. 김영욱 (1995: 160)에서도 이동의 문제가 제기되어 있다.

151) 선행 어미의 다른 어미와의 결합에 관한 자료는 허웅 (1975: 956-978)에 자세하다.

152) 서사 세계와 상담 세계에 나타나는 어미에 대하여는 고영근 (2008/2011나: 319-357) 참조.

153) 서태룡 (1996)에서는 어미에 활용 어미, 격 어미, 후치 어미의 셋을 두고 유기음, 경음, 외파음, 내파음, /j/ 상향 이중 모음, /w/ 상향 이중 모음에 걸쳐 음소 분포를 분석한 바 있다.

154) 이 부분은 고영근 (2009가, 2013가)의 내용과 부분적으로 겹친다는 것을 밝혀 둔다.

의 부동사는 중세어에는 모음 조화 규칙에 따라 그 나름의 변이 유형을 보이며 그러는 반면에 모음 조화로써는 설명할 수 없는 인위적인 표기도 보인다. 부동사 어미는 시대가 하강할수록 어-계열로 단일화되는가 하면 당대에 와서도 지역에 따른 변이의 폭이 심상치 않다. 동사 활용에 나타나는 매개 모음은 당대의 표준어에는 '먹으며'와 같이 '으'가 삽입되고 중세에는 'ᄋᆞ~으'가 모음 조화에 따라 분간되었다. 지역적으로는 남부에서 북부로 올라갈수록 어-계열의 유형으로 통일되는 양상이 보이는데 이는 역사적 변화 유형과 보조를 같이한다. 매개 모음 현상은 몽골어, 터키어, 퉁구스어와 길랴크어 등의 Altaic type 언어들에서 "binding vowel" (람스테트 1939: 34), "Bindevokal" (람스테트/아알토 1952/김동소 역 1985: 23), "媒介母音" (이토 2009: 8), "connective vowel" (야후넨 2012: 85)이란 이름으로 불려지는 현상과 비슷한 면이 있다. 우리말은 동사와 명사에 있어서도 차이가 있고 당대어와 중세어 사이는 물론 방언 사이에도 그 나름의 변이 유형이 있다 (뒤에 나옴).

우리말의 정동사는 알타이 제어와 유사성을 거의 찾을 수 없었다. 알타이 제어는 인도·유럽어와 같이 인칭 어미가 어말에 오고 그 앞에 주어의 인칭과 수가 오고 시제와 서법 관련의 문법 요소가 그 앞에 온다. 일본어는 동사의 과거형이 어말에 오기도 하는데 이는 알타이제어와 비슷한 면이기도 한다. 그런데 우리말은 어말 어미가 문장을 마무리하고 겸손, 존경, 시제, 서법 등의 요소가 그 앞에 자리잡는다[155]. 그러는 반면 고아시아족의 언어인 길랴크어는 문장의 종결 표지가 확인되고 더욱이 그것은 우리말의 평술 정동사 '-다'와 유사한 'd'가 발견되고 그 앞에 시제 및 양태 요소가 온다는 면을 존중하여 우리말과 길랴크어를 계통이 같은 것으로 간주하기도 한다 (강길운 2012). 우리말이나 길랴크어와 같이 시제, 서법 등의 문법 범주가 어말 선행 위치에 앞서는 언어는 Sora, Waunana, Mundari 밖에는 달리 찾기가 어렵다. 그만큼 우리말은 유형론적으로 주목의 대상이 되는 언어이다. 우리말에는 주격 보족어 명사구가 가리키는 인물이 사회적으로 존경의 대상이 되면 '-(으)시-'가 붙기도 하는데 일본어에 비슷한 현상이 보인다. 그리고 우리말의 동사는 상대방의 사회적 지위에 따라 높이고 낮추는 문법적 절차가 갖추어져 있는데 이는 일본어와 자바어와 비슷한 면이기도 하다. 알타이 제어가운데는 튀르크어파의 카작어 (Kazakh)에 이런 현상이 포착된다는 보고가 있다 (뒤에 나옴). 중세어에는 일부의 부동사를 포함하여 평술 정동사에는 주격 보족어 명사구가 화자이면 그 활용형에 '-오-'가 붙는데 이런 현상 역시 다른 알타이어에 확인되지 않는다 (고영근 2009가: 157). 또 중세어에는 동사가 타동사냐 비타동사냐에 따라 활용형이 달리 표지되기도 하는데 이 현상 역시 다른 알타이 제어에는 볼 수 없고 동코카스어에 속하는 체치크어 (Tsezic)에 비슷한 현상이 존재한다는 보고가 있다 (고영근 2009가: 156). 중세어의 의문법에 2인칭과 1·3인칭이 대립되어 있다는 것도 유형론적 특징으로 거론될 수 있다.

다음으로 우리말의 부동사와 동명사의 유형론적 특수성을 조감하기로 한다. 부동사는 알타이 제어와 일본어, 길랴크어에도 확인된다. 이 가운데서 우리말에 부동사가 제일 많다. 특히 우리말의 부

155) 김창섭 (1997: 821-825)에서는 이승욱 (1974/1997: 169-209)의 논의를 발판으로 하고 중세어의 동사의 비통사적 합성법과 차자 자료를 근거로 하여 어간이 바로 동사를 수식하는 이른바 "無語尾 活用"이 존재하였다는 가설을 제기한 바 있다. 이것이 사실이라면 우리말도 다른 알타이어와 같은 활용 체계를 보유하였을 가능성이 없지 않다. 뒤에서 다시 논의된다.

동사는 복합형이 많다. 알타이 제어도 그 성격이 한결같지 않다. 퉁구스어의 부동사는 인칭과 수에 따라 활용하는 것이 있는가 하면 몽골어는 동명사가 화석화한 것도 있다. 길랴크어의 부동사는 동작상과 서법이 표시되며 일본어는 우리말과 같이 2차적으로 형성된 부동사가 많다. 끝으로 우리말의 동명사의 유형론적 특징을 검토하기로 한다. 우리말은 고대어에는 *-n* (ㄴ), *-l* (ㄹ)-계열의 어미가 자립적으로 쓰이기도 하였고 수식적으로 쓰이기도 하였으며 중세어에는 전자는 그 여맥만 남아 있고 대부분 자립적으로 바뀌었다. 퉁구스어군에는 동명사가 명사의 기능은 물론 부가어(수식어)와 서술어로 사용되고 있으며 몽골어군에는 동명사가 서술어, 문장 전체, 부가어 등 그 분포가 매우 넓다. 튀르트어군 중 고대 터키어에는 자립적, 부가어적, 서술어적 용법이 다 확인된다. 길랴크어와 일본어에는 동명사에 대한 사정이 밝혀져 있지 않다. 우리말에는 동명사가 다른 알타이어와 같이 서술어로 쓰인 예는 아직 발견되지 않았다. 여기서 하나 놓치고 싶지 않은 것은 동작상의 표시이다. 저자는 앞에서 반도의 당대어 및 당대 이전에는 모두 우언적 구성 'x -ə is-' (-어 잇)이 어간에 바로 붙음으로써 동작상이 표시되었거나 표시되고 있으며 제주어는 동작상이 서법을 바탕으로 하여 어간에 직접 붙는다는 것을 확인한 바 있다. 이는 동작상이 통언어적으로 볼 때 어간에 직접 통합된다는 사실 (바이비 1985: 196)을 뒷받침하는 예로 활용할 수 있다.

6.3. 명사 형태부 - 명사 곡용론 〈형태부 2〉

동사 형태부에 이어 우리말의 명사 형태부를 다루기로 한다. 명사 형태부도 동사 형태부와 같이 어간 구조체와 어미 구조체로 나눌 수 있다. 명사 어간 구조체는 동사 어간 구조체와는 달리 자립성이 있어 다음과 같이 어미 구조체가 붙지 않아도 얼마든지 문장 형성에 참여할 수 있다[156].

(1) 네 책 많다.　비교: 네 책**이** 많다.

(1)의 '책'을 오른쪽의 곡용형 '책이'와 비교하면 격 어미 '-이'가 나타나지 않았다. 이 점 동사와 대조적이다. (1)에 나오는 동사 '많-'은 '-다'와 같은 어미가 붙지 않으면 문장 형성의 자격을 얻지 못한다. 그런데 우리말의 대부분의 명사는 (1)의 '책'과 같이 명사의 자격을 지니고 있기는 하지만 자립성을 지니지 못하는 부류도 있다.

(2) 네 것이 많다.

(2)의 '것'은 앞에 '네'라는 대명사의 속격형 수식어가 있고 뒤에 격 어미 '-이'가 붙어 있기 때문에 명사됨에는 부족한 점이 없지만 자립성이 없다. 앞에서 도입한 결합가 문법 (§5.3, 87쪽)의 빈 자리를 요구한다. 빈 자리가 채워지지 않으면 문장 형성에 참여할 수 없다. 이런 명사를 **의존 명사**라

156) 명사 어간부에 대한 분류는 노마 (2002: 262-321) 참조. 이곳에서는 우리말의 명사를 "완전 명사"와 "불완전 명사"로 나누고 전자에는 가산 명사와 불가산 명사를 두었다. 한편 이선웅 (2014)에서는 명사 검증의 첫째 기준으로 격 어미와의 통합을 들었다.

고 한다.

6.3.1. 의존 명사

의존 명사에 대하여는 우리말 문법 연구가 시작된 이래 관계 대명사 등으로 인식되어 오다가 최현배 (1932)에 이르러서 명사의 하나임이 밝혀져 그 사이 이에 대한 연구가 한우충동 (汗牛充棟)이라고 할 정도로 많이 쌓여 왔다[157]. 전형적 의존 명사는 자립 명사와 같이 수식적 동명사형과 격 표지 사이에 놓인다[158]. 이곳의 동명사형이라고 함은 생성 문법의 보문 형성소을 가리킨다. 의존 명사는 명사형 어미 '-기' 아래에도 쓰이는데 이 역시 동명사형과 마찬가지로 보문의 일종이다. 실제로 의존 명사 가운데는 보문 명사로 기능하는 것이 많다. 이 문제는 뒤에서 따로 다루기도 하고 이곳에서는 전통적 관점의 의존 명사를 논의의 대상으로 삼는다.

(1) 먹을 **것**이 많다.

그런데 의존 명사 가운데는 속격 어미나 그 미실현형 아래 쓰이는 것도 있다.

(2) 가. 내 **것**이 더 많다.
　　나. 이것은 철수∅**것**이다.

(2가)의 '것'은 앞에 '나'의 속격형 '내' (<나의)가 와 있고 (4나)의 '것'은 앞에 속격 미실현형 ∅이 와 있다. (2)의 예는 (1)과 같이 동명사형, 곧 보문을 이끌지 못하기 때문에 명사라고 하기가 어렵다. 이런 점을 감안하여 저자는 이러한 부류의 의존 명사를 명사적 후치사로 처리한 바 있다 (고영근 2012나, 2018가: 181).

의존 명사 가운데는 앞의 '것'과 같이 그 의미가 형식적인 것이 있는가 하면 다음과 같이 사물의 수량을 단위화하는 것도 있다.

(3) 철수는 신 두 켤레를 샀다.

(3)의 '켤레'는 선행하는 명사구 '신'의 수량을 '두 (<둘) (二)'이라는 수 관형사로 표시하고 동시에 그것이 신발류임을 부류화한다. (2)의 '것'을 "형식성 의존 명사"라고 한다면 (3)의 '켤레'는 "단위성 의존 명사"라 부를 수 있다. 단위성 의존 명사는 그 8할이 단음절이라는 형태론적 특성을 공유

157) 의존 명사에 대하여는 구조 문법과 생성 문법의 수용을 계기로 하여 특히 1970년대를 전후하여 많이 연구되었다. 이 방면의 연구사적 검토는 왕문용 (1988), 민현식 (1998: 77-105), 안효경 (2001: 18-28) 등에서 볼 수 있다. 국내에 비교적 늦게 알려진 니콜스키 (1958)은 구조주의적인 틀 안에서 우리말의 의존 명사를 다룬 것이다,

158) 최형용 (1997가)에 의하면 그의 "형식 명사", 곧 저자의 의존 명사는, 원형성의 관점에 설 때, 관형어, 곧 수식어의 선행을 본질적 속성으로 하고 있음을 밝히고 있다.

하고 있다 (왕문용 1988: 67)[159]. 두 의존 명사의 형태론적 특징을 검토하여 보기로 한다.

6.3.1.1. 형식성 의존 명사

A. 공통어

형식성 의존 명사 가운데는 앞의 '것'과 같이 수식적 동명사형과 격 어미를 두루 취하는 것이 있는가 하면 제한된 어미나 격 어미를 취하는 것도 많다. 당대 공통어에 의존 명사가 얼마나 되는가 하는 것은 의존 명사의 책정 기준에 따라 달리 산정될 수 있다. 저자는 고영근 (1970/1999나: 86)에서 57개를 확정하였으나 그 가운데서 '깐, 해' 등은 후치사로 보내야 하고 '중' (中) 등 몇 개를 추가할 수 있다[160]. 의존 명사는 역사적으로 자립 명사에서 발달하였고 당대에도 그러한 문법화가 계속되고 있기 때문에 늘 "개방적"이다. 자료의 분석 방법과 설정 기준에 따라 목록이 가변적인 것은 의존 명사의 개방적 성격 때문이다[161]. 의존 명사 가운데는 동명사형과 격 어미를 취함에 있어 크게 제약을 받지 않는 것도 있고 제약을 받아 특수한 몇 개의 수식적 동명사형과 격 어미를 취하는 것도 있다[162].

의존 명사는 수식적 동명사형과 격 어미와의 통합 관계에 따라 몇 부류로 나눌 수 있다.

먼저 수식적 요소와의 통합 관계에 따라 이를 나누면 다음과 같다.

(4) 가. 보편성 의존 명사
  나. 현재성 의존 명사
  다. 미래성 의존 명사

(4가)의 예로는 다음을 들 수 있다. 번호는 고영근 (1970/1999나: 70-71)에서 의존 명사의 식별 자료로 삼기 위하여 붙인 것이다.

(4) 가'. 5. 것, 17. 따위, 49. 분, 59. 이, 61. 자 (者), 73. 쪽, 78. 지경, 85.축, 86. 치

대표적으로 '49. 분'을 예로 들어 보이기로 한다.

---

159) 최근 이선웅 (2004)에서 의미는 실질적이나 기능은 의존적인 일련의 한자어에 대하여 "한자어 의존 명사"를 세우기도 하였으나 우리말 문법 기술에서 한자어가 차지하는 위치 문제가 해결되기 전에는 적용하기가 쉽지 않다는 것을 지적하여 둔다.

160) 안주호 (2006)에 기대면 연구자들이 모두 의존 명사로 보는 것은 30여 개 정도이고 기타 60여 개는 연구자(고영근, 권재일, 이주행, 고신숙, 이병모)에 따라 기복이 있다고 말하고 그 차이를 표로 제시하고 있다.

161) 이런 관점의 의존 명사는 권재일 (1985), 윤용선 (1989), 호정은 (2008)에서 자세히 다루었다. 왕문용 (2001)에서는 근대 및 당대어를 중심으로 의존 명사의 산생 문제를 폭 넓게 다루고 있어 참고되는 점이 많다.

162) 이 문제는 고영근 (1970/1999나: 103)의 분석 결과를 이용한다는 것을 밝혀 둔다. 한편 이병모 (1995: 158-311)에서는 통합 관계에 따라 의미 특성을 가려 내는 작업을 시도한 바 있다.

(4) 가''. { 그 / 가신 / 가시는 / 가신 } —— **분**

다음으로 격 어미류와의 통합 관계에 따라 나누면 다음과 같다[163].

(5) 가. 보편성 의존 명사
　나. 주어성 의존 명사
　다. 서술성 의존 명사
　라. 부사성 의존 명사

(5가)에 속하는 의존 명사에는 다음을 넣을 수 있다[164].

(6) 6. 것, 13. 녘, 15. 놈, 17. 따위, 24. 데. 30. 등, 31. 등지, 40. 무렵, 41. 바, 49, 분, 59. 이, 61. 자(者), 66. 적, 73. 쪽, 75. 즈음, 85. 축, 95. 치

대표적으로 '41. 바'를 예로 들어 보이기로 한다.

(6') (생각하는) **바** { 가 / 를 / 이다 } { 많다 / 말해라 }

'바'에는 주격, 대격, 계사가 붙기 때문에 보편성 의존 명사로 볼 수 있다

(5나)에 속하는 의존 명사에는 '나위, 리, 수, 지, 턱'이 있다. 대표적으로 '지'를 든다.

(5) 나'. 내가 여기 온 지가 벌써 두 달이다.

'지'는 시간의 경과를 표시하는 의존 명사로서 이의 중세 어형은 '디'였다[165].

(5다)에 속하는 의존 명사에는 '나름, 노릇, 때문, 마련, 뿐, 짝, 지경, 참, 터, 폭, 해'가 있다. 대표

---

163) 의존 명사의 하위 분류에 대하여는 몇 대안이 제안되기도 하였다. 대표적으로 이진호 (1997)에서는 의존 명사를 크게 "일반 의존 명사"와 "수량단위 의존 명사"로 분류하고 전자에는 "보편적 의존 명사"와 "제약적 의존 명사"를 두었으며 제약적 의존 명사에는 다시 "주어적 · 서술적 · 부사적" 의존 명사를 두었다,

164) "보편성 의존 명사"는 "대상성 의존 명사"라 부르기도 한다. 이는 의미론적 관점에서 붙여진 명칭으로 형태론적 제약 관계를 기준으로 하는 저자의 견해와는 분류 기준이 다르다.

165) 임동훈 (1991나: 53)에서는 '지'를 주격의 실현이라고 보기보다 강조나 초점 표시로 보아야 한다고 하고 있다. 설사 주격 표지의 복원이 어렵다고 해도 통합 관계로 볼 때 서술부에 대하여 주어부의 역할을 하는 것이 분명한 이상, 주어성 의존 명사로 보는 것이 옳다고 생각한다.

적으로 '마련'을 들기로 한다[166].

(5) 다'. 말이란 자꾸 퍼지기 마련이다.

(5라)에 속하는 의존 명사에는 '김, 만, 바람, 섟, 짝, 차 (次), 통'을 들 수 있다. 대표적으로 '김'을 들어 보인다.

(5) 라'. 일어난 김에 저것 좀 가져 오너라.

부사성 의존 명사 중 처격을 취하는 의존 명사 구성은 부동사와 같은 기능을 띠고 있어 통사론적으로는 부동사와 함께 다룰 수 있다 (뒤에 나옴)[167].

이상의 사실을 기반으로 삼아 의존 명사의 선후행 통합 관계에 따른 질서를 탐색해 보기로 한다.

다음 예는 수식적 동명사형 어미는 물론, 격 어미도 큰 제약 없이 붙을 수 있다[168].

(6) 6. 것, 7. 따위, 24. 데, 41. 바, 49. 분, 59. 이, 61. 자(者), 66. 적, 73. 쪽, 85. 축, 86. 치

대표적으로 처소를 뜻하는 '24. 데'를 가지고 예를 들어 보인다.

(6') { 간 / 가는 / 갈 / 가던 } 데 { 가 어디냐 / 를 일러 보아라 / (에) / (이)다 }

'데' 앞에는 동사의 모든 동명사형이 다 올 수 있고 '데' 뒤에는 주격, 대격, 처격, 계사가 올 수 있다[169].

의존 명사의 대부분은 그 쓰임이 제약적이다. 선행 형식과의 통합이 제약적이면 이에 병행하여 후행 형식도 제약적이다. 저자가 확인한 것은 28개였다. '따름'을 예로 들어 보인다.

(7) 물끄러미 쳐다볼 **따름**이었다.

---

166) '마련'에 대하여 권재일 (1985)에서는 동명사형 어미를 취하지 못한다고 하여 의존 명사의 목록에서 제외하고 있다. 의존 명사는 선행 활용형과는 관계 없이 절을 이끌고 있으면 의존 명사의 자격이 있는 것으로 간주한다 (고영근 1970/1999나: 78). 한편 이양혜 (2005)에서는 '마련이다'를 '법이다'와 비교하며 [당연성]이라는 공통된 양태적 의미를 세우는가 하면 차별성도 지적하고 있다.

167) 이러한 의존 명사를 저자는 고영근 (1970/1999나: 105)에서 P. Guiraud의 *Grammaire* (문법론)의 문법화 과정에 대한 도식에 따라 "$2^{0}>3^{0}$"로 처리한 바 있고 안주호 (1997: 95-94)에서는 문법화 제2단계로 처리하고 있다.

168) 번호는 고영근 (1970)/1999나: 70-71)에서 매긴 것을 가져왔다.

169) '데'와 의미가 비슷한 자립 명사 '곳'과 비교하여 보면 실제로 자립 명사로 쓰이는 것은 '곳곳마다, 곳에 따라' 정도이고 '데'와 같이 의존 명사처럼 쓰인다. 백춘범 (1992: 218)에서는 어휘론적 의미의 추상화로 볼 때, 자립적 단어인 '장소'와 보조적 단어인 '데'의 중간형이라고 언급한 바 있다. 남북의 언어 변화가 거의 같은 방향으로 흘러감을 볼 수 있다.

위의 '따름'은 그 앞에 미래 내지 추측의 동명사형 어미 '-ㄹ'이 와 있다.

통합 관계가 병행하지 않는 일도 있다. 선행 통합 관계는 보편성을 보이지만 후행 통합 관계는 제약적인 것이 있고 그 반대의 현상도 보인다. 예외가 없지 않으나 선행 형식과의 다과 (多寡)는 후행 형식의 그것에 병행한다는 사실을 발견할 수 있다.

한편 자립 명사 가운데는 통합 관계에 따라 의존 명사의 기능을 띠기도 한다. '모양'은 자립 명사이지만 특수한 통합 관계 속에서 실현되면 의존 명사 노릇을 한다.

(8) 철수는 간 모양이다. 비교: 모양이 흉하다.

(8)의 '모양'은 동명사형과 계사라는 통합 관계 속에서 추측의 양태성이 파악되지만 오른쪽에 보인 '모양'은 자립 명사로서 구체적인 의미를 표시한다. 앞에서 보인 의존 명사들은 순전히 의존적으로만 쓰이지만 (8)의 '모양'은 자립 명사로서 의존적인 기능을 발휘하는 것이다[170]. 이러한 의존 명사에는 다음과 같은 것을 들 수 있다.

(8') 8. 길, 20. 때, 33. 마음, 52. 셈, 60. 일, 65. 정도, 67. 점, 93. 판, 98. 한

(8')와 같은 부류의 의존 명사에는 보문 명사로 불리는 일련의 명사가 포함된다. 보문 명사에는 다음과 같은 것을 들 수 있다 (강범모 1983).

(8") 가. ① 행위, 연기, 눈치, 소리 … ② 진의, 이유, 목적 …
나. ① 소문, 명제, 보도 … ② 명령, 제안, 질문 …
다. ① 사실, 진실, 약점 … ② 죄, 전력, 소식 …
라. 일쑤

(8"가)는 수식적 동명사 어미로는 '-는'만 취하고 (8"나)는 긴 동명사형 어미 '-고 하는'만 취한다. (8"다)는 짧은 동명사형 어미 '-는' 또는 긴 동명사형 어미 '-고 하는'을 취하고 (8"라)는 동명사형 어미 '-기'를 취한다. 관련 예문을 들어 둔다.

(8"') 가'. 피아노 **치는** 소리가 들린다.
나'. 철수가 **이혼하였다는** 소문이 들린다.
다'. 그가 범인**이라는** 사실은 명백하다.
라'. 그는 차만 탔다 하면 **졸기가** 일쑤다.

(8")의 범주에는 시간과 공간을 표시하는 '전' (前) '후' (後) 또는 '뒤', '가운데' 가 속하며 추상적 '경우'도 포함된다. 이를 기능 명사라 부른다[171].

---

170) 이러한 의존 명사를 저자는 고영근 (1970/1999나: 105)에서 "$1^0>2^0$"로 처리한 일이 있다. 한편 안주호 (1997: 55-94)에서는 문법화 제1단계인 "의존 명사화"로 처리한 바 있다.

171) 이영제 (2013)에서는 의존 명사의 범위를 넓혀 자립성이 있는 명사 가운데서 그 쓰임이 제약적인 일련의 자

(8'''') 라. ① 서울로 **떠나기** 전에 한번 들르겠다.
비교: 그 전에 한번 들르겠다.
② 서울로 **떠난** 후 (뒤)에는 소식을 모른다.
비교: 그 후 (뒤)에는 소식을 모른다.
③ 300여명의 **어머니들이 참석한** 가운데 행사에 참가한 교육장으로부터 국회의원, 시장 … 등 이름만 들어도 알만한 지역의 유지들이 줄줄이 소개되었다.
④ 아무리 **위급한** 경우라도 정신만 차리면 면할 수 있다.

위의 명사는 문장 형성에서 접속 기능을 하고 있다. 이 문제는 뒤의 문장의 접속을 다루는 마당에서 다시 논의된다.

당대 공통어의 의존 명사 가운데는 활용 어미나 격 어미 등의 문법 형태소로 완전히 전화되기도 한다. 활용 어미화하는 예를 들어 보인다[172].

(9) 가. 벌써 갔을께야 … 비교: *간거야
나. 벌써 갔을테니 … 비교: *간테니

(9)의 '갔을께야'의 '-을께'는 의존 명사 '것'이 추측동명사형 어미 '-ㄹ'과 융합되어 어말 어미로 전화한 예이다. 의존 명사로서의 속성이 남아 있다면 '*간 거야'가 될 터인데 그 자리에 과거 시제 '-았-'이 대치되었음을 보면 완전히 어말 어미로 전화하였음을 알 수 있다. (9나)도 같이 해석될 수 있다. '을터'가 선행 어미화하였다[173]. 자립 형식이 임시로 의존 형식이 된다든지 의존 형식이 한정된 특수한 통합 관계 속에서 접사와 같은 기능을 발휘하는 것은 공시태 속의 변이 현상으로 처리할 수 있다. 고여 있는 물이 흘러내리는 물의 압력에 의하여 소용돌이치는 현상에 비유할 수 있다.

B. 중세어, 고대어 및 근대어

중세어에도 당대에는 미치지 못하지만 의존 명사를 발견할 수 있다. 중세어에 미루면 고대어에도 의존 명사가 있었을 가능성이 충분하나 아직 이 방면에 대한 연구가 되어 있지 않기 때문에 중세어와 근대어를 중심으로 의존 명사의 사용 양상을 검토하고 이를 당대어와 연결시키기로 한다.

저자는 고영근 (1982/2004가: 69-94)에서 중세어에서 의존 명사의 후보 목록을 46개로 정하여

립 명사를 합하여 "기능 명사"라는 포괄적 범주를 설정하고 있다. 기능 명사는 원래 아바솔로 (1982)에서 제안되었다. 그리고 최운호 (2005나)에서는 '가운데'와 '경우'에 대하여서도 기능 명사의 측면을 드러내고 있다고 보았으며 북한에서는 "성구적 보조 명사" (고영근 2009나: 383)라 부르기도 한다.

172) '것'의 문법화에 대하여는 저자가 일찍이 고영근 (1970/1999나: 107)에서 제기한 바 있고 이의 발전적 접근은 신선경 (1993)에서 볼 수 있는데 이곳에서는 "재구조화"의 기제를 이용하여 제2단계의 문법화인 "접사화"를 양태성의 관점에서 다루었다.

173) 이 문제는 저자가 고영근 (1970/1999나: 105)에서 지적한 바 있고 안주호 (1997: 243-254)에서 문법화의 과정이 세밀하게 추적되었다. 이곳에서는 이러한 문법화를 "문법화 3단계"로 간주하였는데 앞의 제2단계의 접어 (clitic) 구성이 접사 (affix) 구성으로 전화한 것으로 처리하였다.

의존 명사의 성립 가부를 논의한 바 있다. 당시에는 격 어미 부재형 'Ø'과 속격 아래 붙는 것도 모두 의존 명사로 처리하였으나 고영근 (2012나)에서 '간, 긔, 녁, 힉' 등은 후치사로 보내었다. 이전의 두 편의 졸고의 논의 결과를 종합하면 중세어의 의존 명사를 다음 33개로 확정할 수 있다. 번호는 의존 명사의 확립 기준을 논의하기 위하여 매긴 것이다.

(10) 1 ᄀᆞ장, 3 거긔, 4 것, 5 게, 6 곶, 7 곧, 9 그에, 15 ᄃᆞ '줄', 16 ᄃᆞ '것', 17 ᄃᆞ '까닭', 18 ᄯᆞ름, 19 ᄃᆞᆺ, 20 ᄃᆡ '곳', 21 대 '바', 22 덛 '사이, 덧', 24 동, 25 디 '시간의 길이', 26 디 '의심', 27 디 '줄', 28 만 '단독'[174], 29 만 '한도', 30 바, 31 분, 32 ᄲᅮᆫ, 34 ᄉᆞ '줄', 35 슻, 36 앛, 37 양, 38 이, 40 자히, 41 적, 44 줄 '것', 45 줄 '까닭'

다음은 중세어의 의존 명사가 당대어에 이어지는 것이다.

(11) 4 것, 18 ᄯᆞ름, 19 ᄃᆞᆺ, 20 ᄃᆡ, 24 ᄃᆞᆼ, 25 디, 28 만, 30 바, 31 분, 32 ᄲᅮᆫ, 37 양, 38 이, 41 적

이 가운데는 음운 변화에 의하여 모습이 달라진 것도 들어 있는데 그런 점은 개의치 않았다. 이를테면 '시간의 길이'를 표시하는 '디'는 당대어에서 구개 음화에 의하여 '지'로 변하였는데 의미 기능에 있어서는 차이가 없기 때문에 같은 것으로 보았다.

중세어의 의존 명사 33개 가운데서 당대어에 이어지는 13개를 제외하면 20개가 폐기된 셈이다. 폐기된 것을 몇 개 보기로 한다.

(10') 가. 9 그에
부톄 (本來 至極 寂靜ᄒᆞᆫ) 그에 住ᄒᆞ샤 (석보상절 23, 44)
나. 15 ᄃᆞ
가히 쎠를 너흘면 (입시울 ᄒᆞ야디ᄂᆞᆫ) ᄃᆞᆯ (<ᄃᆞ ㄹ) 모ᄅᆞ고 (월인석보 7, 18)
다. 26 디
(아모 고ᄃᆡ) 간 디 모ᄅᆞ노이다 (월인석보 21, 27뒤)

(10'가)의 '그에'는 'ᄂᆞᄆᆡ 그에'와 같이 속격 아래에도 사용되나 수식적 동명사형 (괄호 안) 뒤에 쓰이기도 한다. 당대어에는 보이지 않는다. (10'나)의 'ᄃᆞ'는 당대어의 '줄'로 번역되는데 당대어에는 보이지 않는다. (11다)의 '디'는 당대의 같은 의미의 어미 '-ㄴ지'의 소급형이다. 중세어에는 의존 명사였으나 당대어에서는 어미로 변하였다. 이렇게 중세어에는 의존 명사였던 것이 통합 관계가 달라짐으로써 활용 어미로 변한 것이 있다[175].

---

174) 고영근 (1982/2004: 70, 76)에서는 중세어의 '만'을 "정도"를 의미하는 의존 명사로 보았는데 박진호 (1995)의 견해를 수용하여 "단독"을 의미하는 의존 명사로 보기로 한다. 다시 말하면 당대어의 "단독"의 첨사 '만'은 중세어에서는 의존 명사였다.

175) 당대어의 의심의 '-ㄴ지'를 수식적 동명사형 어미와 의존 명사의 구성으로 처리하려는 견해가 나온 것도 중세어 당시의 '-ㄴ디'의 구성에 이끌린 것과 관련이 있지 않나 한다. 관련 논의는 고영근 (2004/2007: 154 각주 32) 참조.

고대어에도 의존 명사가 확인된다는 보고가 있다 (박진호 1998가: 196-200). 'ᄂᆞ'로 읽히는 'ㅌ', '다'로 읽히는 'ㅣ', '둘'로 읽히는 'ㅅㄴ', '신'으로 읽히는 'ㄱㅔ'를 중심으로 의존 명사를 가려내고자 하는 시도가 보인다. 고대어의 의존 명사를 확인하려면 우선 해독의 질서가 잡혀야 하고 중세어와의 연속성이 확인되어야 한다.

우리말의 의존 명사는 시대가 내려올수록 증가하는 추세를 보인다. 중세어에는 확인되지 않았던 것이 근대 후기의 단계에서 형성된 의존 명사도 상당하기 때문이다. 앞에서 본 바와 같이, 의존 명사는 문법화의 산물이기 때문에 우리말의 전 역사를 통하여 언제든지 목격할 수 있다.

(12) 가. (길 ᄭᅡ에 내여 ᄇᆞ린) 류ᄅᆞᆯ ᄲᅧ 죽 먹이고 (왕문용 1988: 36)
　　나. (짐이 림어(臨御)ᄒᆞᆫ) 이ᄅᆡ로 (위와 같음)
　　다. 쇼셜은 … (정치ᄅᆞᆯ 언론ᄒᆞᆫ) 자도 있고 (위와 같음: 37)
　　라. (리준용으로써 ᄃᆡ리ᄒᆞᆯ) 차로 일본으로서 병정을 다리고 나와 (위와 같음)

근대로 올수록 한자어가 고유어와 같은 층위에서 의존 명사화하는 예를 많이 찾을 수 있다.

당대어에 와서 의존 명사가 60개에 이르는 것은 위와 같은 사정에 말미암는다[176]. 물론 이 가운데는 '26 디'와 같이 중세어에는 의존 명사인데 당대어에 와서 활용 어미로 문법화한 것도 많다. 우리말의 의존 명사의 형성과 그 변이 및 변화는 우리말의 문법화의 세 단계를 극명하게 보여 주고 있다는 점에서 통시적 유형론의 좋은 소재가 될 수 있다[177].

C. 방언

방언의 의존 명사는 연구가 미진하여 포괄적 서술이 어렵다. 그러나 공통어와는 다른 개별 방언 특유의 의존 명사가 보고되어 있다 (이기갑 2003: 631-637).

(13) 가. **(온)** 중을 알면서. '온 줄을 알면서.' (충남 아산)
　　나. 쩌그서 내리야 **헐** 놈을 깜빡 잊어 불고 안내렜네. '저기서 내려야 할 것을 깜박 잊어 버리고 안 내렸네.' (서남)
　　다. 하늘에 구름이 찌난 ᄃᆞᆯ이 **튼** 송 **만** 송 ᄒᆞ다. '하늘에 구름이 끼니 달이 뜬 듯 만 듯 ᄒᆞ다.' (제주)
　　라. 하루는 해가 **질** 임세에. '~ 무렵에.' (충남 부여)

앞으로 각 방언별로 의존 명사 연구가 계획적으로 이루어지면 공통어와는 물론, 고대어, 중세어, 근대어와의 포괄적 서술이 가능해지리라 믿는다.

---

176) 왕문용 (1988)에서는 중세어, 근대어, 당대어의 의존 명사를 제1부류, 제2부류, 제3부류로 나누어 의존 명사의 소장 (消長) 양상을 면밀하게 검토한 바 있다. 이주행 (2009)는 의존 명사의 변화 과정을 더 깊이 있게 구명하고 있다,

177) "문법화"에 관련된 우리말의 통시적 유형론에 대하여는 고영근 (2014라, 2018가: 75-92)에서 음운 · 형태 · 통사부에 걸쳐 틀을 세운 바 있다.

D. 유형론

의존 명사는 통언어적으로 볼 때 그리 흔하지 않다. 일본어에는 우리말의 제1단계의 접어화에 해당하는 구문을 "人魚構文" (mermaid construction)으로 처리하는 일을 볼 수 있다. 인어구문 (人魚構文)이란 앞 부분은 우리말의 수식적 동명사형 어미처럼 동사 구문이고 뒷부분은 명사 구문이라는 데서 붙여진 이름으로 이를 "人魚"에 비유한 것이다. 그리고 의미에 있어서도 자립 명사일 때와는 달리 양태나 동작상의 의미뿐만 아니라 문체적인 효과를 노리는 기능이 파악된다. 일본어 밖에도 아시아의 타갈로그어, 오키나와어, 아이누어, 한국어, 중국어 등 7개 언어와 아프리카어에도 보이는 것으로 보고되어 있다[178]. 알타이어도 비슷한 현상이 보인다[179]. 우선 몽골어의 'yum'은 자립 명사로 쓰이면서 의존성을 발휘하여 우리말의 '것'과 같이 대용의 기능을 발휘하며 문장의 끝에서는 양태성을 띠기도 하여 접어화의 단계를 밟고 있다. 만주어의 'ngge'는 우리말의 '것'과 같이 항상 의존성을 띠고서 대용의 기능을 띠고 있으며 문장 끝에서는 몽골어나 우리말과 같이 양태성을 표시한다.

6.3.1.2. 단위성 의존 명사

앞 (§4.2, 69쪽)의 (9다)에서 본 바와 같이, 우리말에는 선행하는 명사의 수량을 부류화하는 의존 명사가 확인된다[180]. 이는 영어로는 "classifier"라고 하는데 이를 학계에서는 "분류사" (分類詞)로 번역하고 있다. 저자는 명사의 수량을 일정한 범주로 부류화한다는 점을 고려하면 "분류어"라 부르는 것이 좋다고 생각하나 전통 문법을 따라 의존 명사의 하나로 보아 "단위성 의존 명사"라 부르기로 한다. 그러나 그 통사적 특성이나 유형론을 전개할 때에는 "분류어"란 말을 쓰기도 할 것이다. 단위성 의존 명사에는 고유어계와 한자어계가 있다. 고유어계는 이에 대응되는 한자어계가 있으나 역은 참이 아니다. 이를테면 월 수를 세는 단위성 의존 명사는 고유어는 '달'이고 한자어는 '개월' (個月)이다. 고유어는 비격식적 상황에 어울리고 한자어는 격식적 상황에 어울린다. 이에 맞추어 한자어 앞에는 한자어 수 관형사가 오고 (예: 일 개월), 고유어 앞에는 고유어 관형사가 어울린다 (한 달)[181].

---

178) 쓰노다 (2012)에서는 일본어의 의존 명사 구문, 곧 그의 "人魚構文"을 형식화하고 통언어적 탐색도 곁들이고 있다. 일본어에서는 전통적으로 위의 명사 구문을 "形式名詞", "吸着語"라 불러왔다. 우리말의 의존 명사 구문을 일본어의 "吸着語"와 관련시키는 논의는 서정수 (2013: 467)에서 볼 수 있다.

179) 최동권 (2009)에서는 우리말의 의존 명사 '것'을 알타이 어족에 속하는 몽골어, 만주어와 비교함으로써 의존 명사의 통언어적 연구에 물꼬를 텄다.

180) 김지홍 (1995/2010: 151)에서는 단위성 의존 명사를 보통의 의존 명사와는 달리 수식적 동명사절을 대동하지 않는다는 점을 중시하여 다른 범주로 처리해야 한다는 견해를 피력하고 있어 주목을 받고 있다. 그러나 적어도 그 품사를 이야기할 때에는 명사에 넣지 않을 수 없고 그렇게 한다면 의존 명사에 넣는 수밖에 딴 방도가 없다.

181) 관련 논의는 남기심 · 고영근 (2014: 83-84)와 이의 발전적 서술인 이윤석 (2014: 32-34, 116-118), 그리고 후자에 대한 서평 논문인 우형식 (2015) 참조. 이윤석 (2014)에는 고유어계 수 관형사 '다섯'과 한자어 '5'를 기준으로 하여 고유어계와 한자어계 단위성 의존 명사의 결합 상황을 조사하고 자립 형식과 의존 형식으로 공용되는 단위성 의존 명사와의 통합 관계를 표로 제시고 있어 참고되는 바 많다.

A. 특수성

공통어와 중세어에 국한하여 특수성을 구명하기로 한다[182]. 단위성 의존 명사에는 대부분 단위를 표시하는 명사가 있는가 하면 자립 명사가 단위성 명사로 쓰이기도 한다.

(14) 가. 새 한 마리가 날아 왔다.
  나. 철수는 막걸리 두 사발을 단숨에 마셔 버렸다.

(14가)의 '마리'는 고유어의 수단위 의존 명사이고 (14나)의 '사발'은 자립 명사가 의존 명사로 대용되는 것이다. 단위성 의존 명사를 사물군 (Sachgruppe)에 따라 분류하면 다음과 같다. 이곳에서는 자립 명사가 의존 명사로 대용되는 것은 괄호 안에 넣는다. 고유어는 앞쪽에, 한자어는 뒤쪽에 배치한다[183].

(15) 가. 인간류: 분, 놈 (사람); 명 (名), 인 (人)
  나. 동물류: 마리; 필 (匹), 두 (頭), 수 (首)
  다. 식물류: 포기, 송이, 그루, 알, 톨, (뿌리); 주 (株), 통 (桶)
  라. 가옥류: 채, 간; 동 (棟), 호 (戶), 좌 (座)
  마. 기계 · 선박류: 대 (臺), 척 (隻), 정 (艇)
  바. 무기 · 탄약류: 정 (挺), 병 (柄), 문 (門), 발 (發)
  사. 의류 · 침구류: 벌, 자리
  아. 책 · 악곡류: 마리, 가락, 마디, 마당; 권 (卷), 책 (冊), 편 (篇)
  자. 모양류: 자루, 덩이, 잎; 정 (廷), 병 (柄), 장 (張)
  차. 보편류: 낱; 개 (個)

우리말의 단위성 의존 명사는 현재 변화를 겪고 있다. 사회 · 문화적 변동에 따라 없어지기도 하고 단일화되기도 한다. 이를테면 도량형의 단위가 미터법으로 바뀜에 따라 '홉, 되, 말'과 같은 어휘는 사멸 직전에 있으며 사용자에 따라 변이가 심하다. 이들 단위성 의존 명사가 다른 수 표시어와 함께 문장 구성에서 차지하는 역할에 대하여는 뒤에서 종합적으로 논할 것이다.

당대 공통어의 계량을 보면 사용 빈도는 '신문>학술>대화>소설'의 순서이고 어휘 다양도는 '대화>소설>학술>신문'의 순서이다. 뒤에서 볼 일반 의존 명사와 비교하면 '소설'과 '대화'의 순서가 바뀐 것밖에는 차이가 없다. 어휘 다양도는 사용 빈도와는 반대되는 양상을 보인다 (배진영

---

182) 이승재 (2017: 115-161, 421-427)에 의하면 우리의 고대 목간에 단위성 의존 명사가 확인된다는 보고가 있다. 앞으로 해독이 정밀화되어 고대로부터 당대에 이르는 단위성 의존 명사의 통시적 유형론이 정밀화되기를 바란다.

183) 다음의 분류표는 운터베크 (1992, 1994), 우형식 (2001: 414-433), 이윤석 (2014: 40-80)을 참고하여 만든 것이다. 사물군에 따른 단위성 의존 명사의 분류는 우리말의 문화적 특성을 파악하는 기초 자료로 이용될 수 있다. 한편 서정수 (1995)에서는 "길이, 넓이, 부피, 무게, 액수, 시간, 수량, 사람, 동물" 의 9개 묶음으로 나누고 있다. 가장 합리적 분류 체계는 형태 및 통사 구조와 관련을 지을 수 있도록 배려해야 한다.

밖에 2013: 98-105).

중세어에도 단위성 의존 명사가 확인된다[184].

(16) 가. 百千 <u>디위</u> ᄇᆞ려도 (월인석보 21, 216)

나. ᄲᆞᆯ리 짓ᄂᆞᆫ 그른 즈믄 <u>마리</u>오 (두시언해 21, 42)

(16가)의 '디위'는 의존 명사로만 쓰는 예이고 (16나)의 '마리'는 자립 명사가 의존 명사로 대용되는 예이다. 단위성 의존 명사가 발달되기 시작한 것은 16세기에서 시작하여 17, 18세기인 것으로 추정하고 있다 (석주연 2009).

B. 유형론

단위성 의존 명사는 우리말을 비롯하여 중국어, 일본어, 버마어, 베트남어 등 동남아 언어에 널리 분포되어 있고 아메리카의 기호 언어 (sign language)에도 확인된다. 위의 언어들에서는 가산 명사를 셀 때에는 의무적으로 단위성 의존 명사가 사용된다. 태평양 북서부 (Pacific Nothwest)를 비롯하여 아마존 분지 (Amazon Basin) (예를 들면 Yagua) 와 소수의 서아프리카에도 분포되어 있다. 그러나 우리말과 친근 관계가 있다고 하는 알타이 제어에 이런 종류의 명사가 있다는 보고는 아직 없고 태평양 연안 언어권과 환 (環) 일본어 제어에 분포되어 있는 것으로 알려져 있다. 이렇게 보면 전통적 계통 문제와는 별도로 언어 접촉에 의한 언어의 유사성의 확인에도 주의를 기울일 필요가 있다[185].

6.3.2. 자립 명사

앞의 의존 명사에 이어 당대 우리말 공통어의 자립 명사의 면면을 보기로 한다. 자립 명사에는 자족적인 것과 지시적인 것이 있다. 전자에는 보통 명사와 고유 명사를 들 수 있고 후자에는 대명사와 수사를 둘 수 있다.

6.3.2.1. 명사의 분류

명사는 보통 명사, 유정 명사, 인성 명사, 동물 명사, 고유 명사와 같은 하위 구분이 가능하다.

(1) 가. 아버지, 어머니; 동생, 친구; 소, 개. 여우; 빈대, 벼룩 …

나. 꽃, 풀, 개나리 …

다, 바위, 돌, 의자, 집 …

라. 아침, 저녁, 바람, 번개 …

184) 허웅 (1975: 294-295)에는 단위성 의존 명사에 22개를 두고 있다.

185) 관련 논의는 자유백과사전 Wikipedia, WALS (2005), 아이켄발트 (2000), 마쓰모토 (2007)에서 볼 수 있다.

마. 민족, 학자, 개념, 명제 …

(1가)의 예는 사람이나 동물을 가리키는 명사이다. 특히 '빈대, 벼룩'은 사람에게 해를 입히는 미생물이다. 이러한 명사는 움직이고 감정을 표출할 줄 안다고 하여 유정 명사 (有情名詞)라고 한다, 유정 명사는 격 어미 상당의 후치사로 '-에게, 한테'를 취하여 처격 어미를 취하는 무정 명사와 구별된다, 그러나 유정 명사라 하여도 동물과 미생물에는 후치사 '더러'가 쓰이지 못한다 (노마 2002; 278), 인성 명사에는 재귀 대명사 '자기'가 자연스럽게 쓰이나 동물 명사에는 '자기'는 자연스럽지 못하고 '저'가 어울린다. 이는 유정물 전반에 걸쳐 경험주의 자격을 주기 어렵다는 사실을 뒷받침하는 좋은 예가 될 수 있다 (김홍수 1989: 25). 또 인성 명사에는 의문 대명사 '누구'를 쓸 수 있으나 동물 명사에는 쓸 수 없다.

(1) 가'. ① 동생<u>에게</u> 물을 주었다. 비교: 꽃<u>에</u> 물을 주었다.
② 친구<u>한테</u> 매달렸다. 비교: 나무<u>에</u> 매달렸다.
가''. ① *개더러 주어라.
② *돼지가 자기 새끼를 핥아 주고 있다.
③ *(개보고) 누구냐.

(1나)는 식물 이름이고 (1다)는 무생물이다. 감정이 없고 활동 능력이 없다는 점에서 무정 명사 (無情名詞)라 부른다. 무정 명사에는 (1가')에서 보는 바와 같이, 처격 어미 '-에'에 후치사 '게' (뒤에 나옴)'가 붙는다. 그러나 식물과 무생물의 성격이 완전히 같지 않다. 전자는 재배나 가꿈의 대상이 될 수 있는 생명체이지만 후자는 그렇지 않다. (1라)는 자연 현상을 가리키는 말이고 (1마)는 추상적 개념을 지시하는 말이다. 이상과 같은 명사를 보통 명사라고 한다.

보통 명사 가운데서 특히 사람 표시의 명사에 대하여는 특정한 사람을 다른 사람과 구별하기 위하여 이름을 붙일 수 있다, (1가)의 '아버지, 어머니'에 대하여는 다음과 같은 이름을 붙일 수 있다.

(1) 가'''. 병권, 영숙 …

전통 사회에서는 남자들은 각 문중의 항렬 (行列)에 따라 이름을 지었으나 요즈음에는 전통적 작명법을 따르지 않고 한글 이름이라 하여 고유어 어휘로 이름을 짓는 일을 더러 볼 수 있다. 그리고 이름의 끝 음절에 받침이 있을 때에는 '병권이, 영숙이'와 같이 접미사 '-이'를 붙인다[186]. 이런 명사를 고유 명사라 불러 왔다. 고유 명사에는 인명을 비롯하여 지명, 국명, 강, 산악, 바다 이름 등을 들 수 있다[187]. 고유 명사에는 수 관형사 및 지시 관형사와 복수 접미사 '-들'이 붙지 못한다는 형태론적 특징이 있다.

---

186) 인명에 붙는 접미사 '-이'는 [-성년] (미성년)과 [-존경] (낮춤)의 자질이 부여되는 명사에 붙는다 (고영근 1989/2004가: 58-62).

187) 고유 명사는 고유명과는 성격이 다르다. 영화 이름 "번지 점프를 하다", 식물 이름 "도둑놈의 지팡이"와 같은 것은 "규약화"라는 단어 형성 과정으로 설명된다. 관련 논의는 송원용 (2002나) 참조.

(2) 가. ① *한 철수가 왔다.　비교: 한 사람이 왔다.

② *그런 숭례문은 처음 본다.　비교: 그런 대문은 처음 본다.

나. *서울들에는 사람이 많이 모인다.　비교: 도시들에는 사람이 많이 모인다.

명사 가운데는 명사의 모습을 띠고 있어도 의미적으로는 동작 동사나 상태 동사로 해석되는 것이 있다.

(3) 가. 과학고등학교 입학이 어렵다.

나. 경제적 곤란을 어떻게 이겨 내는가가 문제이다.

위의 예는 이미 우리말의 논항 구조를 설명할 때 들었던 동작성 동사와 상태성 명사인데 (§5. 2, 83쪽), 의미적으로는 동작 동사나 상태 동사와 구별하기 쉽지 않다. 그러나 앞에는 수식어를 둘 수 있고 뒤에는 격 어미를 취할 수 있다는 점에서 명사의 자격을 띠고 있다.

(3) 가'. 이름난 X 대학 입학의 어렵다.

이름난 X 대학 입학을 원한다.

나의 소원은 이름난 X 대학 입학이다.

나'. 경제적 곤란의 가장 중요하다.

경제적 곤란을 극복하겠다.

문제는 경제적 곤란이다.

동작성 명사와 상태성 명사를 합쳐서 서술성 명사라 부르기로 한다.

6.3.2.2. 불완전 명사

자립 명사 가운데는 곡용형이 갖추어지지 않은 명사가 있는데 이를 불완전 명사라 부르기로 한다[188]. 이는 활용형이 갖추어지지 않은 불완전 동사와 밀접한 유추의 기반을 이룬다 (§6. 2. 2)[189].

(4) 가. 공전의 베스트 셀러, 모종의 밀약, 불굴의 의지, 불후의 명작 …

---

188) 최현배 등의 전통 문법가나 북한의 문법에서는 저자의 의존 명사를 "불완전 명사"라 부르는데 이곳의 "불완전 명사"와 혼동해서는 안된다. 일반적으로 명사는 각종 수식 성분이 붙을 수 있으나 명사에 따라서는 수식 성분의 선행을 허락하지 않는 "수식 불허 명사"가 있다. 최근 이 방면에 대한 관심이 고조되고 있다 (오민석 2017).

189) 이 문제에 대하여는 고영근 (1987/1999나: 35-41)에서 제안한 "不完全系列"을 발전시킨 김영욱 (1994)에서 볼 수 있고 발전된 논의는 송철의 (1995/2008: 125-154), 노명희 (2005: 58, 188, 240, 243, 244), 오규환 (2008)에서 접할 수 있다. 특히 노명희 (2005)에서는 '적' (的), '별' (別), '상' (上), '하' (下) 등 명사 상당어에 붙는 어휘들의 불완전 계열을 들고 있다. 한편 시정곤 (2001/2006가: 78-111)에서는 이곳의 불완전 명사를 "명사성 불구 어근"이라고 부르고 격 어미, 첨사의 부착 등에 의하여 3개 유형으로 분류하고 있다. 마지막 제3의 유형에는 저자가 관형사의 범주에 넣은 이른바 관형 명사와 'x적' 파생어도 포함되어 있다.

가'. 소정 (의) 수강료, 만반 (의) 준비, 일련 (의) 사태, 추호 (의, 도) …
나. 박차를 (가하다), 물고를 (내다)
나'. 발버둥 (을)(치다), 용 (을) 쓰다
다. 만면에 (웃음을 띠다). 암암리에 (이루어지다), 잠결에 (우는 소리 듣다) …
다'. 극비리 (에) (모의하다), 은연 중 (에) (내비치다), 진두 (에) 서다
라. 저것과 마찬가지로…, 그것과 마찬가지다
마. ① 북한산성은 난공불락 (難攻不落)의 요새로 알려져 있다.
② 적군은 파죽지세 (破竹之勢)로 몰려 왔다.

위의 명사는 그 앞에 수식어가 오지 않아도 자립하는 데 아무런 장애를 받지 않는 자립 명사이다. 그러나 뒤에 일정한 격 어미가 붙지 않으면 독립된 성분 내지 어절을 형성하지 못한다, 물론 (가'), (나'), (다')는 속격 미실현을 허용할 수 있지만 일반적으로 한자어는 격 어미를 필수적으로 요구한다. (4가)가 그러한 예이다 (김영욱 1994, 최형용 2003: 249-255). 특히 격 어미를 필수적으로 요구하는 명사는 그것이 한 덩어리가 되어 어휘광 (lexicon) (고영근 1915다)에 저장되어 있다고 말할 수 있다. 이는 관형사로 재구조화한 것으로 보기도 한다 (김선효 2004) (뒤에 나옴). 이상과 같은 불완전 명사에 대하여 격 어미를 자유로이 취할 수 있는 명사는 완전 명사라고 한다. 이는 어미를 취함에 있어서 제약을 받지 않는 완전 동사와 밀접한 유추의 기반을 형성한다 (§6.2.2.2, 114쪽). (4라)의 '마찬가지'는 명사인데 격 어미가 '-(으)로'에 한정되어 있고 계사 정도만 붙는다. (4마)의 '난공불락'과 '파죽지세'는 고사 숙어인데 (4가)의 한자어와 같이 소수의 격 어미만 붙는다[190]. 불완전 명사는 노력 여하에 따라 더 발굴될 여지가 많다. 이를테면 '아무도 모른다. 아무나 할 수 있다'의 '아무'와 같이 격 어미는 허용하지 않고 '도, 나, 라도'와 같은 첨사만 붙는 예도 있다.

이상과 같이 자족적 자립 명사의 형태론적 특수성을 검토하여 보았다. 이를 일반 명사라 부른다면 사용 빈도는 앞의 일반 의존 명사와 달리 '신문>학술>소설>대화'의 순서이고 어휘 다양도는 역순이다. 사용 빈도에서 '신문'이 가장 높은 것은 그것이 정보 전달을 목표로 하는 사용역이기 때문이다. 어휘 다양도는 유형 빈도와는 다른 기준이 적용된다 (배진영 밖에 2013: 76-79).

6.3.2.3. 대명사와 수사

대명사와 수사는가 지시적 기능을 공유하고 있다.다음 두 예를 비교하면 그 성격을 분명히 알 수 있다.

(5) 가. 갑: 너는 어디로 가니?
을: 나는 학교로 간다.
나. 나는 사과 하나를 샀다.

190) 시정곤 (2001/2006가: 98)에 의하면 중국어에서는 원래 완전 명사, 시정곤의 "자유 어근"이었던 것이 우리말에 들어오면서 불완전 명사가 된 경우가 있다고 하였다.

(5가)의 '나. 너'는 발화 현장에 있는 사람을 가리키고 (5나)의 '하나'는 선행하는 명사 '사과'의 수량을 가리킨다. 그렇게 보면 대명사와 수사는 같은 범주로 묶을 수 있다. 그러는가 하면 차이점도 있다. 대명사는 같은 대상이 관점에 따라 '나'도 될 수 있고 '너'도 될 수 있으니 주관적이다. 그러나 수사는 그렇지 않다. 사과가 하나 있다는 것은 누가 보아도 하나이니 객관적이라고 말할 수 있다. 앞에서 본 단위성 의존 명사도 같은 기능을 띠고 있다, 그렇게 보면 수사와 단위성 의존 명사를 통합할 수 있으나 구조적 양상이 다르다. 수사는 보통의 명사와는 달리 그 자체가 자립 형식이지마는 단위성 의존 명사는 의존 형식으로서 수 관형사의 수식을 받아야 한다.

그러면 각 시기의 대명사와 수사의 형태론적 특수성을 검토하기로 한다.

A. 대명사

〈공통어〉

우리말의 대명사는 생성 문법의 영향을 받아 1960년대 후반부터 한우충동 (汗牛充棟)이라고 할 정도로 많은 연구가 이루어져 왔다[191]. 그 중에서 전통적으로 재귀칭이라 불려 온 재귀 대명사에 대한 연구가 가장 많다. 이곳에서는 최현배 (1937/1971: 227-243)과 서정수 (2013: 511-521)을 발판으로 삼아 우리말 공통어의 대명사의 특징을 그려내어 보려고 한다[192].

(1) 가. 나는 너에게 할 말이 있다.
  나. ① 나는 이것을 사겠다.
    ② 너는 거기서 뭘 하느냐.
  다. 소연이는 저 혼자 해 보겠다고 우겼다.

(1가)의 '나'와 '너'는 이야기의 현장에서 화자와 청자를 가리키는 대명사인데 이를 "인칭 대명사"라고 한다. 이에 대하여 (1나)①의 '이것'은 사람 아닌 사물을 가리키고 (1나)②의 '거기'는 처소를 가리킨다. 이런 대명사는 앞의 인칭 대명사에 대하여 "비인칭 대명사"[-인칭 대명사]라고 한다. 대명사의 기능이 지시적이라는 점을 생각한다면 "사물 대명사"가 좋으나[193], 그 하위 구성원인 '사물'과 겹친다는 점을 고려하여 학교 문법의 "지시 대명사"를 쓰기로 한다. (1다)의 '저'는 앞에 나온 명사 '소연이'를 도로 가리키는 대명사인데 앞의 지시 대명사와 구별하여 "재귀 대명사"라 부른다.

먼저 인칭 대명사를 보기로 한다.

(2) 가. 나는 지금 회사에 나간다.
  나. 너는 지금 어디로 가느냐.

---

191) 서정수 (1994/1996/2006/2013: 491-523)에서 연구사적 검토와 함께 포괄적 서술을 볼 수 있고 그밖에 장경희 (1990), 신지연 (1998나), 김광희 (2011)에서는 대명사에 의하여 표시되는 대용과 조응에 관한 인식의 발자취가 검토된 바 있다.

192) 당대 공통어의 대명사 체계는 고영근 · 구본관 (2008: 70, 2018: 72)를 통하여 볼 수 있다.

193) 이희승 (1949)를 전후한 많은 문법가들이 이 용어를 선택하였다. 대명사의 기능이 지시적이라는 사실을 고려하면 "사물 대명사"가 옳다고 생각한다.

(2가)의 '나'는 이야기의 현장에서 화자가 자신을 가리킬 때 사용되는데 흔히 제1인칭 대명사라고 한다. (2나)의 '너'는 화자가 상대방을 가리킬 때 쓰인다. 상대방이 둘 또는 그 이상, 곧 복수라면 다음과 같이 복수 접미사 '-희'가 붙은 '너희'가 사용되어야 하지만 여기에 접미사 '-들' (뒤에 나옴)이 붙은 '너희들'이 오히려 많이 쓰인다.

(2) 나'. 너희 (들)는 지금 어디로 가느냐.

(2나')에 유추한다면 (2가)의 '나'의 복수형은 "*나희'가 되어야 할 것이나 이 자리에는 '우리'라는 모습이 전혀 다른 형태가 보충되어 있다. 그리고 여기에는 '너희들'과 같이 복수 접미사 '-들'이 덧붙을 수 있다. '우리'는 청자를 포함하므로 "청자 포괄형"이라 부른다. 제2인칭 대명사에는 시문 등의 문어에 쓰이는 '그대'를 추가할 수 있다 (남기심 · 고영근 2014: 75).

전통 시대에는 제1인칭과 제2인칭 대명사로 한자어 '짐 (朕), 과인 (寡人), 본인 (本人), 소생 (小生)' 등이 쓰였으나 지금은 역사 소설이나 일제 강점기의 서한 문범 (書翰文範)에만 볼 수 있을 뿐이다 (남기심 · 고영근 2014: 74)[194].

당대어에는 화자의 사회적 지위가 청자보다 낮을 때에는 다음과 같이 겸손 대명사 '저'가 쓰이기도 한다.

(2) 가'. 저는 확실히 모르고 있습니다.

그런데 겸손 대명사 '저'의 복수형은 '나'와는 달리 접미사 '-희'기 붙은 '저희'가 선택된다. '저희'는 '우리'와는 달리 화자들만 대상으로 하고 청자는 배제한다. 이를 "청자 배제형" (뒤에 나옴)이라고 한다. '저희'에 청자가 배제되는 것은 그것이 화자가 청자에게 자신을 낮추기 때문이다[195].

(2나)의 '너'는 제2인칭 단수 대명사이다. 복수형은 (2나')와 같이 단수형 '너'에 접미사 '-희'가 붙은 '너희'가 쓰인다. 제2인칭 대명사는 존비의 등분에 따라 다른 형태가 선택된다. 예사낮춤에서는 '자네'가 선택되는데 20세기 전반기에는 많이 쓰였으나 20세기 후반부터는 쇠퇴해지기 시작하였다. 21세기부터는 70대 이상에서만 선호되고 이하의 세대에서는 잘 사용되지 않는다. 물론 군대사회와 장성한 제자를 대할 때에 부분적으로 쓰이기도 한다. 예사높임의 상황에서는 '노형'과 '댁'이 사용되기도 하였다. '노형'은 20세기 전반기에는 보편적이었으나 20세기 후반부터는 거의 폐어

194) '짐 (朕), 과인 (寡人)'은 고전 한문에서 유래한 말이다. '짐'은 갑골문이나 금문 등 초기 기록에는 제1인칭 속격으로 쓰였으며 한때 사라졌다가 진시황의 중국 통일 이후부터 황제가 자신을 가리키는 대명사로 쓰였다. '과인'은 원래 제후들이 자기 자신을 가리키는 사용되었다. '본인'은 자신뿐만 아니라 청자나 제3자를 가리키는 말로 쓰였는데 이 말은 당대에는 쓰이지 않으며 초기 백화문에 일부 보인다 (인하대 백은희 교수 제공).

195) 오래전부터 '우리 나라'를 '저희 나라'라고 말하는 것이 옳지 않다는 말이 언론에 오르내리고 있다. 대표적으로 조선일보 (2017. 11. 17. A34)에 실린 〈양혜원의 말글 탐험〉 참조. 우리말의 '저희'는 겸사말 '저'의 복수형으로서 '우리'와는 달리 청자를 배제하는 유형의 대명사이다. 우리나라를 방문하는 외국 대통령에 대하여 자신의 나라를 낮추어 말하는 것은 당연하다. '저희 회사'와 같은 말이 자연스럽게 쓰이는 표현을 상기하기 바란다. '저희'의 생성에 대하여는 이장희 (2011) 참조.

화하였다. '당신'은 부부 간에 많이 쓰이고 상급자나 상사가 하급자나 부하들을 대할 때나 이를테면 자동차 접촉 사고로 인하여 낯선 사람들끼리 잘잘못을 따질 때 많이 사용된다. 아주높임의 상황에서는 특별한 대명사가 없다. '어르신네' 또는 이의 준말인 '어르신'이 대용된다.

제2인칭 대명사로 주목할 것은 연사나 회의를 주재하는 사람이 청중을 대상으로 할 때 쓰이는 '여러분'이다. 이 말은 수 관형사 '여러'와 의존 명사 '분'의 합성어이다. 초등학교 정도의 어린이들은 이 경우 '너희들'을 쓸 수 있다. 그렇게 보면 '여러분 (들)'은 제2인칭 복수형으로 등록되어야 한다.

당대어에는 제3인칭을 표시하는 특별한 형태가 없다. 관형사와 사람 표시의 자립 및 의존 명사가 합성된 형태가 대용된다. 앞 (§5.4, 91쪽)에서 우리는 우리말 문법 서술의 기초 개념으로서 "대용"을 도입한 바 있다. 이제 첫 대용의 범주인 대명사를 보기로 한다.

(3) 가. 이이, 그, 그이, 저이
가'. 이분, 그분, 저분
나. 이애, 그애, 저애

(3가)는 '이 사람, 그 사람, 저 사람'을 약간 공대할 때 쓰이기도 하고 아내가 남편을 가리킬 때 쓰이기도 하는데 (3가')는 이들의 공대말이다. '그'는 소설의 지문과 같은 문어에서 남성을 가리키는 대명사로서 많이 사용되고 있으며 '그네'는 여성을 가리킬 때 사용된다. (3나)는 (3가)와 짝을 이루는데 '이 아이, 그 아이, 저 아이'의 줄어진 말로서 아이들을 약간 낮추어 가리킬 때 쓰인다[196]. 제3인칭 대명사는 (3)의 예와 같이 화자와의 거리가 멀고 가까움에 따라 세 갈래로 나뉜다. 제3인칭 대명사에는 '그들, 이분들, 저애들'과 같이 접미사 '-들'이 붙어 복수를 형성하기도 한다. 우리말에는 제1인칭으로부터 제3인칭에 이르기까지 단수와 복수가 정연한 체계를 이루고 있는 것이다.

청자 포괄형인 우리말의 제1인칭 '우리'는 단수적 상황에서 쓰이는 일이 많다. 저자는 방언 자료에 나타나는 복수 표지를 다루는 마당에서 이 문제를 종합적으로 거론한 일이 있다 (고영근 2012다). 그 내용의 일부를 이곳에 소개하기로 한다.

(4) 가. ① 우리 아버지 비교: *내 아버지
② 우리 어머니 비교: *내 어머니
③ 6시 내 고향
나. ① 우리 집 비교: *내 집
② 우리 나라 비교: *내 나라
③ 우리 고향 비교: ?내 고향

(4가)는 가족 관계의 지칭어인데 다른 언어와는 달리 '우리'가 단수적으로 사용되었다. 이를 영어로 번역하면 'my X'가 된다는 점을 보면 '우리'의 기능이 단수적임을 알 수 있다. 물론 1991년부터

196) (3나)의 '이애, 그애, 저애'는 남북의 우리말 사전에 나와 있지 않다. 현실적으로 아이들을 가리킬 때 쓰이므로 합성 대명사에서 다룰 필요가 있다. 마틴 밖에 엮은『한미대사전』(1968)에는 실려 있다.

방영되고 있는 대한민국 KBS의 저녁 6시 프로그램 <여섯 시 내 고향>과 같은 예도 없지 않으나 이는 인위적으로 만든 표현이다. (4가)③이 바로 그것이다.

앞에서 든 '우리'의 겸사말 '저희'도 같이 처리할 수 있다.

(4) 가'. <u>저희</u> 부모님도 서울에 사십니다. 비교: *?제 부모님도 …

별표와 물음표를 같이 둔 것은 '내 부모님' 아닌 '우리 부모님'과 비교하면 그 까닭을 알 수 있다. 공통어의 제2인칭 복수 '너희'도 다음과 같이 단수적 상황에 쓰인다.

(5) <u>너희</u> 부모님도 서울에 사느냐. 비교: *<u>네</u> 부모님도 서울에 사느냐.

공통어의 복수 대명사 '우리'는 특히 논문이나 논설문 등의 문어에서 단수 대신 쓰이는 일을 볼 수 있다.

(6) 지금까지 살펴본 <u>우리</u>의 논의는 다음과 같이 간추릴 수 있다.

이런 경우는 '나' 또는 '필자'로 바꾸어도 좋은데 사람에 따라서는 이러한 표현을 즐겨 쓰기도 한다. 프랑스에서 나온 논문에 'je' (나) 대신 'nous' (우리)가 많이 나오는데 그런 데서 영향을 받았을 가능성이 많다. 이런 경우의 '우리'를 "집단적 자아"라 부르기도 한다 (박창해 2007: 547). 그렇다고 하더라도 이런 현상은 문체의 문제이지 문법의 소관이 아니다. 이를테면 '필자' 내지 '저자', 아니면 다듬은 말인 '글쓴이'로 바꾸어도 좋기 때문이다.

당대어에는 명사적 표현 '선생님, 아버지, 사장님'이 제2인칭 내지 제3인칭으로 대용되기도 한다. 우리말에는 공대의 대상이 되는 부모 등의 친척이나 은사를 대신하는 대명사가 발달되어 있지 않기 때문에 위와 같이 명사적 표현이 대용된다.

인칭 대명사에 이어 지시 대명사를 보기로 한다. 여기에는 일이나 물건, 그리고 처소를 표시하는 대명사가 포함된다. 이곳에서도 앞의 인칭 대명사와 같이 화자와의 거리에 따라 세 계열이 구별된다.

(7) 가. 이것, 그것, 저것
나. 여기, 거기, 저기
나'. 이곳, 그곳, 저곳
다. 이쪽, 그쪽, 저쪽

(7가)는 관형사와 물건 표시의 의존 명사 '것'과의 합성어이다. 이 가운데서 '이것'은 문어에서 격어미와 첨사 결합에 제약을 받아 '이는, 이를, 이에, 이보다, 이로써, 이와, 이처럼' 등으로 사용되기도 하는데 '*이가, *이도, *이만'은 불가능하다 (주경희 1992, 최윤지 2016가: 74). (7나)는 처소 표시의 지시 대명사이고 (7나')는 관형사와 명사 '곳'의 합성어인데 양자는 큰 차이 없이 섞여 쓰인다. 앞의 처소 지시 대명사 '여기, 거기, 저기' 가운데서 '여기'는 '[여기 이] 책'과 같이 이른바 강화사

의 기능을 띠기도 한다 (홍용철 2006: 670). '*여기 저/그 책'이라는 표현이 성립되지 않는 것을 보면 처소 지시 대명사의 특이한 일면으로 보인다. 지시 대명사에 방향을 표시하는 '이리, 그리, 저리'를 넣기도 하나 격 어미와의 통합이 어렵다는 점에서 부사에서 다루는 것이 합리적이다. 대신 지시 관형사와 후치사 '쪽'과의 합성어인 '이쪽, 그쪽, 저쪽'이 대용된다. 순정 지시 대명사는 (7나)만 확인되고 나머지는 명사 내지 후치사와의 합성으로 성립되어 있다.

대명사에는 셋째로 미정 (未定) 대명사를 들 수 있다[197]. 미정 대명사는 학교 문법의 미지칭과 부정칭을 아우른 것인데 미정어 중의 하나이다.

(8) 가. 누구, 어느 분, 어느 어른
나. 어디, 어느 곳
다. ① 아무, 아무개, (누구), (어디)
② 아무것, 아무데

(8가)는 인칭 대명사의 미지칭이고 (8나)는 지시 대명사의 미지칭이다. '누구'와 '어디'만 단일어이고 나머지는 관형사와의 합성어이다. (8다)는 인칭 대명사의 미지칭인데 ①은 인칭 미정 대명사이고 ②는 사물 미정 대명사이다. 대표적으로 (8가, 나)의 '누구, 어디'는 다음과 같이 부정 (不定) 미정 대명사로 통용된다. '누구'는 '사람'을 물을 때만 쓸 수 있다. 이렇게 보면 "유정 명사"를 "사람 명사"와 "동물 명사"로 구분할 수 있다[198].

(8) 가'. ① 누군가 (<누구ㄴ가) 왔다(부정). 비교: 누가 왔느냐.
② 금덩어리가 어딘가 (<어디인가) 묻혀 있을 것이다.

부정 미지 대명사로 쓰일 때에는 의문 정동사 어미 '-(으) ㄴ가'가 붙는 것이 특징이다 (장소원 1998). 미지냐 부정이냐는 다음과 같이 강세에 의해서도 구별된다 (남기심 · 고영근 2014: 75).

(8) 가". ① 갑: 누가 왔니? ↘
을: 철수가 왔어요.
(')
② 갑: 누가 왔니? ↗
을: (누군지 몰라도) 왔나 봐요.

---

197) 정렬모 (1946: 72-75)에서는 명사를 "본명사, 대명사, 미정명사, 형식 명사"로 나누고 "미정명사"에는 학교 문법의 미지칭과 부정칭을 두었다. 그러니까 이곳에서는 미정 명사를 대명사와 분리하였다. 이곳에서는 "미정명사"를 실질적인 뜻이 있다고 보았기 때문에 대명사에서 분리한다고 하였다. 이 문제는 더 생각하여 볼 필요가 있으나 미지칭과 부정칭도 보통의 대명사와 같이 형식적이고 주관적이기 때문에 다른 전통 문법가와 같이 일단 대명사의 하나로 보는 관점을 취한다.

198) 홍재성 교수는 '누구'가 사람에 대하여만 쓸 수 있고 동물에 대하여는 '누구집 개가 짖었느냐'와 같이 사람 표시의 대명사 '누구 X'와 같은 표현에 의지한다고 하였다. 이 문제는 이미 김완진 · 이병근 (1979: 31)에서도 지적된 바 있다.

(8다)에서 '누구, 어디'에 괄호를 한 것은 미지와 부정의 의미로 통용된다는 것을 가리키기 위한 것이다.

끝으로 재귀 대명사를 보기로 한다. 앞의 (1다)에서 본 바와 같이 (212쪽), 우리말 재귀 대명사로 중세 때부터 쓰여 온 보편적인 것은 '저'이고 근대 말기부터는 '자기'와 '자신, 자기 자신'도 많이 쓰이고 있다. 미정어가 들어가는 미정 구문에 대하여는 뒤의 통사부에서 종합적으로 다루기로 한다.

먼저 '저'의 예를 보기로 한다.

(9) 가. 철수는 <u>저</u>만 잘났다고 우긴다.
나. 호랑이도 제 (<<u>저</u>의) 새끼 머리 쓰다듬으면 꼬리를 흔든다. (속담)

(9가)의 '저'는 주격 보족어 명사구 '철수'를 되가리키는데 이 때에는 요즈음 흔히 사용되는 재귀 대명사 '자기'로도 바꿀 수 있다. 생성 문법에서는 재귀 대명사가 선행사를 성분 지휘한다고 말하기도 한다, (9나)의 '제'는 재귀 대명사 '저'의 속격형인데 주격 보족어 명사구가 동물일 때에는 '자기'가 허용되지 않는다. 이런 점을 감안하면 '저'는 유정 명사에 통용되고 '자기'는 인성 명사에 국한된다는 것을 알 수 있다. 다음과 같은 쓰임은 허용되지 않는다[199].

(10) 나'. *어미 돼지가 <u>자기</u> 새끼를 핥아 주고 있다.

앞에서도 비친 바와 같이, 사람을 되가리키는 재귀 대명사로 많이 사용되는 것은 '자기'이다[200]. 이 어휘는 16세기 말부터 쓰이기 시작하여 (뒤에 나옴), 19세기 중엽 이후의 고전 소설류나 성경 및 신문 기사에서 넓게 사용되었다. 그러는가 하면 '자신' 또는 '자기 자신'도 재귀 대명사로 거론된다 (성광수 1981/2001: 241-269, 홍순성 2005: 108-111). 그리고 전통 시대에는 제3인칭의 공대말로 '당신'이 쓰이기도 하였는데 (고영근 · 남기심 2014: 77), 앞으로 이런 어휘가 어느 정도 지속될지 의문이다.

다음 예를 보면 '자기'와 '자신'이 같은 환경에서 바꾸어 놓아도 기능적 차이가 선뜻 다가오지 않는다.

(11) 가. 그 사람은 <u>자기</u>가 가겠다고 말했다.
나. 그 사람은 <u>자신</u>이 가겠다고 말했다.
(성광수 1981/2001: 247)

---

199) '저'와 '자기'는 고유어와 한자어라는 차이 때문인지 모든 경우에 서로 치환되지 않는다. '자기 만족'은 가능하여도 '제 만족'은 불가능하여 보이며 '제 자리'는 가능하여도 '자기 자리'는 약간 어색해 보인다. 이 문제는 김미형 (1990)에서 지적되었다. 이 문제는 두 재귀 대명사가 고유어와 한자어라는 차이에 까닭이 있어 보인다.

200) 강범모 (1998)에서는 말뭉치에 기반하여 '자기, 자신, 자기 자신'의 기능을 분석함으로써 직관에 의존한 문법 연구의 결함을 극복할 수 있는 바탕을 마련하였다. 이곳에서는 '자기'가 재귀 대명사 후보중 가장 많이 쓰인다는 통계 숫자도 제시하고 있다. 한편 윤혜석 · 김지혜 (2009)에서는 '자기자신'이 장거리 전술 언급 (조응)의 기능도 띠고 있음을 실험을 통하여 밝힘으로써 이 방면 연구의 새로운 경지를 열었다고 평가할 수 있다.

그러나 다음 환경에서는 두 어휘의 치환이 허용되지 않는다.

(12) 가. 너는 자신을 알아라.
나. *너는 자기를 알아라.
(홍순성 2005: 94)

'자기'는 보통 (11가)와 같이 주격 보족어 명사구가 제3인칭일 때 선택되는 데 대하여 '자신'은 다음과 같이 모든 인칭에 두루 붙는다

(13) 나 자신, 너 자신, 그 사람 자신, 자기 자신

이리하여 '자신'을 '자기'와 구별하여 명사로 보는가 하면 선행 명사를 강조하는 기능을 주기도 한다. 특히 '자기 자신'은 다음과 같이 원거리 조응에도 쓰임이 밝혀지고 있다.

(14) **혜라i-는** [동창회j-가 [**자기-자신**i-이 다음 주-에 결혼한다는 사실]을 이미 발표했다고 말하였다(윤혜석 · 김지혜 2009: 742).

문법성에 다소 문제가 없지 않지만 '자기 자신'이 지금까지 알려진 단거리 조응을 벗어나 장거리 조응에 관여할 수 있는 것만은 틀림없어 보인다.

우리말에는 사물을 가리키는 재귀 대명사가 더러 거론된다.

(15) 가. 기계 자체가 좋으니까 고장이란 더구나 없습니다.
나. ?우리는 자체의 노력으로 이 과업을 해 낸다.
(과학원 언어문학연구소 1960: 256)

(15가)의 '자체'는 앞에 오는 무정 명사를 가리킨다고 하여 사물 표시의 대명사로 보기도 하며 (15나)와 같이 유명 명사 아래에도 사용된다고 하나 그렇게 자연스럽지 못하다. 이런 경우는 '우리 자신의 노력으로'가 자연스럽다. 그러나 단체의 명사에는 '자체'가 매우 자연스럽다.

(15) 나'. 우리 **회사** 자체로는 큰 잘못이 없었음이 드러났다.

'남'은 일반적으로 명사로 처리하지마는 대명사로 쓰이는 일도 있다.

(16) 가. 그들 형제는 벌써부터 남처럼 산다.
나. 너는 자기 일도 제대로 처리하지 못하면서 왜 남만 탓하고 있느냐.

(16가)의 '남'은 타인을 뜻하는 것으로서 보통의 명사와 차이가 없다. 그러나 (16나)는 재귀 대명사로 해석할 수 있어 보인다. 선행절의 '자기'가 '너'를 되가리킨다고 한다면 후행절의 '남'은 이 말을 하는 화자를 가리킬 수 있다. 그렇다면 '남'은 당연히 재귀 대명사의 반열에 오를 수 있다, 실제로 역대 문법가들 가운데는 '남'을 재귀 대명사 (공동칭격)로 처리한 일이 있다 (최현배 1937/

1971: 233-235, 정렬모 1946: 72).

당대 공통어에는 앞에서 든 '저, 자기, 자신'과 재귀 대명사 밖에 부사적 기능을 띠고 있는 '자력으로, 스스로, 손수 (몸소)' 등도 재귀 대명사 상당의 기능을 띠기도 한다.

(17) 가. 영수는 자력으로 100억대의 재산을 모았다.
나. 너 스스로는 감당하기 어려울 것이다.
다. 할아버지는 손수 정원을 가꾸셨다.

우리말의 재귀적 표현에는 고유어 밖에 한자어 기원 어휘도 있고 부사적 표현도 심심찮게 발견된다. 모든 재귀적 표현을 대상으로 하여 재귀어에 대한 통합적 이론 정립이 필요해 보인다. 인칭 대명사와 재귀 대명사에는 한자어 기원의 어휘가 많은데 이는 일본어를 포함한 우리말과 중국어를 묶는 지대적 유형론의 바탕을 이룰 수 있다[201].

당대 공통어에서 실현되는 대명사의 사용 빈도를 보면 '대화>소설>학술>신문'의 순서이고 어휘 다양도는 '신문>대화>학술>소설'의 순서이다. 대화에서 사용 빈도가 높은 것은 화자와 청자가 같은 담화 공간에서 정보를 공유할 때에는 대용 표현이 잦기 때문이다. 어휘의 다양도가 신문에서 가장 높게 나온 것은 신문에서 대명사의 사용 빈도가 낮기 때문이다 (배진영 2013: 83-88).

〈중세 및 고대어〉

중세어의 대명사는 당대 공통어와 큰 차이가 없다. 제1인칭으로 단수는 '나'. 복수는 '우리', 제2인칭으로 단수는 '너', 복수는 '너희'가 보인다. '우리'는 당대와 같이 포괄형에 속한다. 16세기 초의 자료인 『번역박통사』와 『번역노걸대』에는 제1인칭 대명사로 '小人, 쇼신'이 쓰였다 (김미형 1990: 46). 물론 이는 원문의 '小人'을 번역한 것인데 이는 중국어로부터의 차용으로 동북아의 지대적 유형론의 자료로 이용될 수 있다. 제2인칭 대명사로 '그듸'가 보이는데 '너'보다는 약간 공대하는 상황에서 쓰였다. 중세어의 제3인칭 대명사는 지시 대명사가 제3인칭 대명사로 겸용된 것 같다. 지시 대명사는 화자와의 거리에 따라 '이, 그, 뎌'로 분화되어 있었다. 당대어의 지시 대명사는 의존명사와의 합성어인 '이것, 그것, 저것'이 사용되나 중세어는 화자와의 거리에 따라 자립 형식 '이, 그, 뎌'가 사용되었다. 다음에 그 예를 들어 보인다.

(18) 가. 내 이를 爲ᄒᆞ야 어엿비 너겨 (훈민정음 언해 2)
나. 님금 말ᄊᆞ미 긔 (<그ㅣ) 아니 올ᄒᆞ시니 (용비어천가 39장)
다. 與는 이와 뎌와 ᄒᆞᄂᆞᆫ 겨체 ᄡᅳ는 字ㅣ라 (훈민정음 언해, 1)

위의 예는 당대어의 '이것, 그것, 저것'으로 옮겨지는 전형적 지시 대명사이다. 중세어의 지시 대명사 가운데서 '그, 뎌'는 사람을 가리키는 용법도 발견된다.

201) '自己'는 중국어와 일본어에서도 대표적 재귀 대명사로 간주하고 있다. 관련 논의는 안기섭 · 송진희 (2008: 246-280), 박선옥 · 양경모 (2008다: 234-245) 참조.

(19) 가. 王ㄱ 宮中에 八萬四千夫人이 이쇼ᄃᆡ 글란 (<그ㄹ란) ᄉᆞ랑티 아니코 ᄂᆞᄆᆡ 나라해 婦女 디죵 가시ᄂᆞ니 (월인석보 7, 17)

나. 뎨 (<뎌ㅣ) 안ᄌᆞ 즐겨 슬히 너기디 아니ᄒᆞ며(법화경언해 2, 85)

(19가)의 '그'는 선행절의 '八萬四千夫人'을 가리킨다는 점에서 인칭 대명사의 용법이 파악된다. 실제로 '그네' 내지 '그 여자'로 옮겨진다. (19나)의 '뎌'는 전후 문맥으로 볼 때 제3인칭으로 파악된다.

중세어의 '뎌'는 당대어와는 달리 전술 언급의 기능도 띠고 있다 (김정아 1984: 73)

(19') 그 뎝도ᄋᆞ란 ᄀᆞᅀᅦ 지혀 ᄆᆡ오 林淨寺로 가ᄂᆞᆫ ᄆᆞᄃᆡ예 … 安樂國이 뎌를 向ᄒᆞ야 가ᄂᆞᆫ 저긔 길헤 八採를 맛나미 (월인석보 8, 99)

위의 '뎌'는 앞에 나온 '林淨寺'를 언급하고 있다. 당대어라면 '그곳' 내지 '거기'로 나타나야 할 것인데 (장경희 1980), '뎌'가 쓰이었다.

중세어에도 미정 대명사가 파악된다.

(20) 가. 아뫼어나 (아모ㅣ어나) 와 내 머릿바기며 … 도라 ᄒᆞ야도 (월인석보 1, 13)

나. 二百戶를 뉘 (<누ㅣ) 請ᄒᆞ니 (용비어천가 18장)

(20가)의 '아모'는 이른바 부정 미정어이며 (20나)의 '누'는 미지 미정어로서 당대어에 그대로 이어져 있다. 처소 표시로는 '어듸' 등이 있다. 모두 당대어와 연결된다.

중세어에도 재귀 대명사가 확인된다.

(21) 가. ① **廣熾** 깃거 제 (<저 ㅣ) 가져 가아 ᄇᆞᄅᆞᄉᆞᄫᆞ니 (월인석보 2, 9)

② 녯 風俗이 저희 서르 즐겨 ᄒᆞᄂᆞᆺ다 (두시언해 10, 42)

나. **淨飯王**이 깃그샤 부텻 소ᄂᆞᆯ 손소 자ᄇᆞ샤 ᄌᆞ갸 (<ᄌᆞ갸) 가ᄉᆞ매 다히시고 (월인석보 10, 9)

다. 그 **새** 그 거우루엣 제 그르메를 보고 우루믈 우니 (석보상절 24, 20)

(21가)①의 '저'는 당대어의 전통적 재귀 대명사 '저'의 소급형이고 그 복수형 (②) 역시 당대어와 같이 '저희'이다. (21나)의 'ᄌᆞ갸'는 한자어 '自家'와 관련이 있어 보이는데 앞에서 본 당대어의 제3인칭 공대말 '당신'과 관련시킬 수 있다. 중세어에도 당대어와 같이 부사가 재귀적으로 사용되는 일이 있었다. 이를테면 '자내'는 '몸소'나 '스스로'를 뜻하는 부사였는데 근대에 들어서면서 격 어미를 취하게 됨에 따라 제2칭 대명사 '자내>자네'로 전용된 것으로 알려져 있다 (이기문 1978, 황문환 2001). 앞에서 저자는 당대어의 재귀 대명사 '저'가 동물을 되가리킬 때에도 실현됨을 지적하였는데 중세어에도 (21다)와 같이 '새'와 같은 동물을 되가리키기도 하였다.

고대어의 대명사는 아직 그 실체가 잘 밝혀져 있지 않다. 그러나 향찰이나 석독 구결, 『계림유사』 등과 고려 가요 등을 보면 중세어와 큰 차이가 없었던 것으로 보인다. 제1인칭 단수는 '나', 복수는 '우리'[202], 제2인칭은 '너'였으리라 짐작된다 (김미형 1990: 29-43). <請佛住世歌>의 '吾里'는 고대어의 제1인칭 대명사가 중세어의 '우리'와 직접 연결된다는 사실을 알려 준다. 향가의 <제망매가>의 "於內秋察早隱風未"에 나오는 '於內'가 부정 미정어인지 미지 미정어인지에 대하여 논의가 진행되고 있다 (박진호 2008). 전후 문맥으로 볼 때 부정 미지어로 보는 것이 옳아 보인다.

<동요 및 변화>

16세기 말엽부터는 15세기의 공대말 재귀 대명사 'ᄌᆞ갸'가 예사말로 변질되면서 '당신'이라는 새로운 공대말이 등장한다. 재귀 대명사 '自ᄌᆞ근괴'도 이 시기에 나타나는데 이는 물론 한자어 '自己'를 한글로 표기한 것이며 예사말로 격하된 'ᄌᆞ갸'를 대신한 것으로 보인다 (김미영 1990: 60). 이런 예를 통하여 당대어의 재귀 대명사 '자기'의 사용 연대가 16세기 말까지 소급됨을 알 수 있다. 19세기 후반부터는 제1인칭 겸손 대명사 '저'가 나타나기 시작하였다. 전통적인 노비 제도가 폐지되고 하층민의 신분이 상승됨에 따라 전통 시대의 제1인칭의 비칭 표현 '小僕, 小人'과 같은 한자어 계통의 대명사가 '저'로 대체되었다는 보고가 있다[203]. 문제는 겸손의 '저'가 어디에서 왔는가 하는 문제를 밝힐 필요가 있다[204]. 19세기 초부터는 공대말 '당신'이 제2인칭으로 쓰이기 시작하였다. '자내'는 중세어에서는 '스스로'를 뜻하는 부사였는데 17세기 중엽부터는 제2인칭의 공대말로 쓰이기 시작하였다. 19세기 말엽까지는 중세어의 제2인칭 대명사 '그ᄃᆡ'가 쓰였으나 20세기 초부터는 문어에 한정하여 사용되었다. '이, 그, 뎌'는 19세기 말까지는 단독으로 제3인칭 대명사로 쓰이고 있었으나 19세기로 접어들면서는 '것, 사람'이 붙은 '이것, 그 사람' 등의 합성 대명사가 그 자리를 대치하기 시작하였다.

<방언>

방언에서 실현되는 대명사의 형태론적 사실로 특이한 것은 복수형이다 (고영근 2012다). 동남 방언에서 그런 사실을 발견할 수 있는데 서남 방언에도 같은 현상이 확인된다. 이곳에서는 저자가 생장한 진주 지역어를 대상으로 하여 그 특수성을 보기로 한다.

다음은 진주 지역어의 단수형과 복수형이다.

---

202) 고려 시대의 석독 구결에 원문의 '我, 吾'에 '又, 宇'라는 훈이 달려 있는 것을 가지고 복수형 '우리'도 어간 '우'에 복수 접미사가 붙은 것이 아니겠느냐는 가능성을 타진하는 일도 없지 않으나 (박진호 2007: 122 각주 10), 이는 재고해야 한다. '리'가 복수 접미사라는 근거도 없거니와 '우리'가 '*나희'의 보충법이라는 것은 우리말의 전 역사에 걸쳐 변함 없는 사실이다.

203) 김형철 (1983)에서는 인칭 대명사 '저'의 발달 과정을 중세로부터 개화기까지 추구하였으며 이장희 (2011)에서는 제1인칭 겸손 대명사의 생성 과정을 추구하였다. 그리고 박양규 (1991)에서는 고종조 초기의 한 언간에서 '저'의 예를 찾아 내었다.

204) 현재로는 재귀 대명사 '저'로부터 전용되었을 가능성이 많으나 전용 동기를 밝히는 것이 중요하다.

(22) 진주 지역어의 단수형과 복수형

	단수	복수
제1인칭	나	우리
제2인칭	니	느그
제3인칭 (재귀칭)	지	즈그

제1인칭의 단수와 복수는 공통어나 다른 지역어와 차이가 없다. 그런데 제2인칭과 제3인칭에서는 형태가 다르다. 제2인칭은 공통어의 '너'가 '니'로, 재귀 대명사의 '저'는 '지'로 실현된다. 그리고 복수는 제1인칭은 공통어와 같이 보충법 형태 '우리'로 실현되고 제2, 3인칭은 '니, 지'의 이형태 '느, 즈'에 공통어의 복수 접미사 '-희'에 대응되는 복수 접미사 '-그'가 붙어 성립한다.

앞에서 저자는 공통어에서 복수적인 '너희, 저희'가 단수적인 상황에 쓰임을 보았는데 진주 지역어에서도 같은 현상이 보인다.

(23) 가. 느그매 어디 갓노?

나. 철수 즈그매한테서 들엇다.

(23가)는 '너희 어머니 어디 갔느냐'는 뜻인데 단수형 '니X'로 나타나지 않고 복수형 '느그'의 음성적 이형태 '늑'이 선택된다. (23나)의 '즉'은 재귀칭 '즈그'의 음성적 이형태이다. 공통어에서는 재귀 대명사의 복수가 단수로 사용되는 일이 흔치 않은데 동남 방언에서는 예사로 사용된다.

동남 방언에는 공통어의 '이 친구, 그 친구, 저 친구'에 대응하는 지시 대명사 '일마, 글마, 절마'가 확인된다. 이는 지시 관형사 '이, 그, 저'에 '친구'를 뜻하는 '-ㄹ마'가 붙어서 이루어진 대명사인데 스스럼 없이 지내는 친구 (들)를 가리킬 때 쓰인다[205]. 물론 이들 대명사에는 복수 접미사 '들'이 붙은 '일마들, 글마들, 절마들'이 사용된다.

〈유형론〉

우리말의 대명사는 방언 사이는 물론, 알타어 제어 등 다른 언어의 대명사와 비교할 수 있다[206].

우리말 방언 간의 지역적 유형론을 거론하여 보기로 한다. 첫째, 동남 방언에는 '그'라는 접미사에 의하여 복수가 형성되는데 이는 다른 방언에서는 볼 수 없는 동남 방언의 특유한 복수 형성법이다. 둘째, 동남 방언에서 '그' 접미 복수형이 단수적 상황에 사용된다는 것은 지역적 유형론의 하나로 거론될 수 있다. 공통어의 재귀 대명사 '저희'에 대당되는 형태가 없다는 것도 지역적 유형론

205) 현행 남북의 모든 우리말 사전에는 이 말이 실려 있지 않다. 단 인터넷의 『네이버 국어사전』과 경남방언연구회 『경남방언사전』 (상, 하) (2017)에는 위의 세 지시 대명사 중 '일마'만 싣고 이에 대하여 '이 놈아'가 줄어든 말의 경남 방언이라고 풀이되어 있다. 그러나 위의 대명사는 경남뿐만 아니라 동남 방언 전체에 사용되고 있다.

206) 대명사의 유형론에 대하여는 바트 (2004)를 보고 우리말의 대명사를 유형론적 관점에서 조명한 것으로는 박진호 (2007) 참조.

의 특징이다.

다음으로 대명사의 통언어적 유형론과 알타이 제어 등과의 유형론을 검토하여 보기로 한다[207]. 앞에서 저자는 대명사를 인칭 대명사와 비인칭 대명사로 분류한 바 있는데 이 체계에 따라 우리말 대명사의 유형론적 문제를 논의하기로 한다.

우리말의 인칭 대명사 중, 제1, 2인칭은 치조 비음 'n'을 공통 분모로 삼아 모음 'a'와 'ə'가 교체됨으로써 형성되고 공대법에 따라 형태를 달리한다. 공대성을 띤 인칭 대명사는 후세에 형성된 것이 대부분이다. 제1인칭 복수는 보충법 형태인 '우리'이며 제2인칭 및 제1인칭 겸손형과 재귀 대명사에서는 '너희, 저희'와 같이 접미법에 의한 복수형이 존재한다. 그밖에도 인칭 대명사에는 한자어에 기원을 둔 것이 많다. 이는, 앞에서도 더러 언급한 바와 같이, 동북아 언어 · 문화 연합을 확인하는 언어재로 등록될 수 있다. 우리말의 인칭 대명사의 체계는 "환일본어 제어" (環日本海諸語)에 속하며 형태 및 사용면에서 일본어와 유사한 면이 있다고 지적되고 있다[208]. 우리말의 복수형은 지금까지 청자 포괄형에 속한다고 알려져 왔으나 제1인칭 겸손의 대명사는 청자 배제형에 속한다는 점이 보충되어야 한다 (앞에 나옴). 알타이어와 동북아 언어는 퉁구스어, 중세 몽골어와 아이누어의 두 유형으로 분화되어 있음을 고려하면 어느 정도 비교의 바탕을 마련할 수 있다. 제1인칭 복수형 '우리'가 친족 관계나 공동 소유물의 경우, 단수적으로 사용되는 것 또한 유형론적 조명의 대상이 된다. 우리말의 '우리'는 일반적으로 단수 상황에 쓰이는데 알타이 제어와 비교하면 공통되는 점도 있고 다른 점도 있다. '우리'가 문어에서 단수를 대신하는 것은 튀르크 제어와 비교될 수 있다.

지시 대명사에서 화자와의 거리에 따라 근칭, 중칭, 원칭의 세 계열로 분화되어 있는 것은 일본어와 비슷하다. WALS (2013)에 기대면 지시 대명사의 계열에는 둘, 셋, 넷, 다섯 개 (X-way contrast)의 유형이 있는데 둘의 유형이 127로 가장 많고 셋의 유형이 88, 넷의 유형이 8, 다섯 유형이 4와 같이 분포되어 있다. 특히 우리말이 속하는 셋의 유형은 세계 각 처에 고루 분포되어 있다. 알타이 제어와 아이누어는 둘의 유형이어서 우리말이나 일본어와 전혀 비교의 바탕을 세울 수 없다.

B. 수사

우리말의 수사는 앞의 대명사와 마찬가지로 문법서에서 자세히 다루어 왔다. 이곳에서는 과거에 많이 언급된 사항은 가급적 줄이고 유형론적 비교의 대상이 되는 것을 중점적으로 다루기로 한다[209].

〈공통어〉

공통어의 수사는 고유어 계열과 한자어 계열의 이원적 체계로 구성되어 있다. 두 계열의 수사는

---

207) 이 부분은 고영근 (2012다, 2018가: 252-265)의 "유형론적 함의"의 내용과 부분적으로 겹침을 밝혀 둔다.

208) 마쓰모토 (2007: 213-275, 2010: 398-415)에서는 우리말, 일본어, 아이누어, 길랴크어를 "環日本海諸語"의 북방군에 넣어 형성상의 특수성을 논하고 있다.

209) 우리말의 수사에 대한 포괄적 서술은 리델 (1881: 40-50), 언더우드 (1890: 53-71), 최현배 (1937/1971: 244-252), 람스테트 (1939: 54-60), 과학원 언어문학연구소 (1960: 234-239), 마틴 (1992: 174-188), 손호민 (1994: 379-386)에서 볼 수 있다.

학교 문법의 체계에 따르면 크게 양수사와 서수사로 나뉜다. 두 계열의 수사에는 정수 (定數)와 부정수 (不定數)를 둘 수 있다. 먼저 고유어의 양수사 중 정수를 보기로 한다.

(24) 고유어 양수사 (정수)
하나, 둘, 셋, 넷, 다섯, 여섯, 일곱, 여덟, 아홉, 열하나, 열둘 … 스물, 설흔, 마흔, 쉰, 예순, 일흔, 여든, 아흔, 백 (百), 천 (千), 만 (萬), 십만 (十萬), 백만 (百萬), 천만 (千萬) 억 (億) … 조 (兆), 경 (京)

고유어의 수사는 10진법에 따라 9까지를 기수로 하고 그 이상은 1에 0을 더한 것을 10으로 하여 순차로 10배마다 새로운 단위를 만들어 낸다. 동북아 언어 · 문화 연합의 일원인 중국과 일본도 같은 10진법을 사용한다. 11부터는 '열, 스물, 설흔 …'에 '하나~아홉'을 더하여 상위수를 만들어 나간다. 그런데 당대어에는 '100'과 '1000은 그 이상에 해당하는 고유어는 없고 한자어가 대신한다. '영' (零)에 해당하는 고유어도 없다. 1부터 99까지는 모두 고유어, 이를테면 '쉰 다섯, 예순 일곱, 아흔 둘'로 읽기로 되어 있으나 지역에 따라서는 50 이상은 '오십 둘, 육십 다섯, 칠십 일곱, 팔십 넷. 구십 셋'으로 말하는 사람이 많다.

고유어의 부정수는 다음과 같다

(25) 고유어의 양수사 (부정수)
한둘, 두셋, 두서넛, 너덧, 댓, 너더댓, 대여섯, 예닐곱, 일여덟 … 여럿

다음은 한자어 계열의 정수이다.

(26) 영 (零)[空], 一 (일), 二 (이), 三 (삼), 四 (사), 오 (五), 육 (六), 칠 (七), 팔 (八), 구 (九), 십 (十), 백 (百), 천 (千), 만 (萬), 십만 (十萬), 백만 (百萬), 천만 (千萬), 억 (億) … 조 (兆)

한자어 계열은 고유어와는 달리 영 (零)으로부터 조 (兆), 경 (京)까지 빈 곳이 없다[210]. 물론 한자어 계열에도 부정수를 들 수 있다. 일이 (一, 二), 삼사 (三, 四) 등. 일반적으로 고유어 수사는 수를 셀 때, 한자어 수사는 수를 읽을 때 쓰인다 (남기심 밖에 2006: 70).

(25') 하나, 둘, 셋, 넷, 다섯 모두 다섯입니다.
(26') 가. 2 (이)에 3 (삼)을 더하면 5 (오)입니다.
나. 교과서 25 (이십오) 페이지를 펴세요.

이상은 물건을 셀 때 쓰인다고 하여 "물수" (物數)라고 하는데 우리말의 수사 가운데는 사람의 수효를 가리키는 "인수" (人數)가 있다.

210) 중세로부터 당대에 이르는 사이에 '온, 즈믄'과 같은 고유어가 사라졌는데 이렇게 수사 내지 수량과 관계 있는 말의 대폭적인 한자어화는 유교 문화 등의 한문화의 수월성과 관련이 있어 보인다. 이에 대하여는 성환갑 (1983: 54, 68)의 해석이 경청의 대상이 된다.

(27) 혼자[一人], 둘이[二人], 셋이[三人], 넷이[四人] … 몇이[幾人], 여럿이[多數]

'一人'은 '둘이 …'등을 보면 '하나이'가 되어야 할 것이나 '혼자'가 그 자리에 보충되어 있어 보충법에 의한 형성을 보이고 있다. '둘이'[二人]부터는 물수사 '둘'에 접사 '-이'가 붙어 인수를 만든다. 그리고 인수에는, 물수에는 붙지 않는 주격 기능의 후치사 '서'가 붙는다[211] 다음 예문을 비교하면 두 수사의 차이점을 잘 알 수 있다.

(28) 가. 학생들이 **둘이**서 달려왔다.
가'. 철수가 **혼자**서 달려왔다.
나. 학생 **둘**이 달려왔다.
나'. 학생 **하나**가 달려왔다.

(28가)의 '둘이'는 선행하는 주격 보족어 명사구 '학생들'의 수효를 여동적으로 가리킨다. "여동적"이라고 함은 협동하여 달려왔다는 뜻이다. 같은 인수사인 '혼자'는 남의 힘을 빌지 않고 자력으로 달려왔다는 뜻이다. '협동'은 [+여동], '자력'은 [-여동]이다. (28나)의 '둘'은 선행사 '학생'의 수효를 개별적으로 가리킨다. (28나')와 비교하면 두 수사가 가리키는 의미가 개별성을 띠었음을 알 수 있다.

인수에 '이'만 붙었을 때에는 그것이 주격을 가리키는지 아니면 인수 형성의 요소인지 분간하기가 쉽지 않다.

(29) 가. **둘이** 다 일본 전투복 차림에 각반을 치고 있었다. <고영근 1968 예 (20)>
나. 남편에게는 서울에 본처와 어린이 **셋이** 있습니다. <같은 글 예 (24)>

이럴 때에는 그 용법이 '혼자'에 일치하느냐, 아니면 '하나'에 일치하느냐를 구별 기준으로 삼아야 한다. (29가)는 '혼자만 전투복 차림에 …'와 같이 바꿀 수 있기 때문에 인수이고 (29나)는 '… 서울에 아들 하나가 있습니다'로 바꿀 수 있기 때문에 물수이다. 그러면 전자의 '둘이'는 인수이고 후자의 '셋이'는 물수 '셋'의 주격형이다. 이런 사실을 보아도 우리말에서 인수와 물수의 구별은 필연적이라 믿는다[212].

다음은 양수사에 이어 서수사를 보기로 한다.

(30) 가. 첫째, 둘째, 세째, 네째 … 열째, 열한째, 열두째, 열세째 … 스무째 … 백째
나. 한두째, 두어째, 서너째, 댓째, 여남은째 …

---

211) 인수와 이에 붙는 '-서'에 대하여는 저자에 의하여 처음으로 발견된 바 있고 (고영근 1968/1999나: 112-125) 많은 사람들의 동의를 얻고는 있으나 반론도 발표된 바 있다 이에 대한 비판은 고영근 (2008다, 2018가: 266-290) 참조. 우선 형태론적으로는 'X + 이서'로 분석하는 일이 있는가 하면 기능적으로는 부사격이라는 새로운 주장이 나오기도 하였다. 대표적으로 김민국 (2016: 228-251) 참조.

212) 저자의 인수와 주격 상당 요소 '서'를 비판하는 논자들은 이런 문제에 대하여는 전혀 언급이 없다. 저자는 '나 하나만 빼 놓고 모두 불렀다는 것을 알고 …'와 '나 혼자만 빼 놓고 모두 불렀다는 것을 알고 …'에 나타나는 '하나'와 '혼자' 사이에 어떤 차이가 있는지 하는 문제를 놓고 고민하고 있다.

우리말 고유어의 서수사는 수 관형사에 단위성 의존 명사 '째'가 붙어 형성된다. '세째, 네째, 열한째, 열두째, 열세째'가 그러한 예이다. '첫째'의 '첫'은 '열 한째'와 비교하면 '*한 째'가 되어야 할 것이나 '한'의 자리에 '첫'이 보충되어 있다. '둘째'는 '열 두째'를 고려하면 '두째'가 되어야 함이 옳으나 20세기 전반기의 서울말의 발음을 따라 '둘째'를 표준말로 정하였다[213].

다음은 한자어계 서수사이다.

(31) 제일 (第一), 제이 (第二), 제삼 (第三) …

(31)에서 보는 바와 같이 한자어 계열의 서수사는 한자계 수사의 앞에 접두사 '제'를 붙인다.

당대 우리말의 공통어에는 '하루, 이틀, 닷새' 등 수사와 관련이 있어 보이는 일수가 있다. 이 문제는 중세어의 수사에서 다루기로 한다.

공통어의 수사의 사용 빈도는 '대화>신문>소설>학술'의 순서이고 어휘 다양도는 '소설>학술>신문>대화'의 순서이다. 대화에서 수사가 많이 사용되는 것은 다른 문어 사용역에서는 수사보다는 숫자로 수량을 표시하는 일이 많기 때문이라는 해석이 온당해 보인다. 어휘 다양도는 사용 빈도와는 다소 어긋난다. 대화에서 수사의 다양도가 낮게 나타나는 것은 우리의 일상 대화에서 한정된 수량 표현을 사용하는 것을 반영하는 결과로 보인다 (배진영 밖에 2013: 92-95).

〈중세 및 고대어〉

중세어에도 당대어와 같이 고유어 계열과 한자어 계열이 있다. 먼저 고유어 계열의 수사를 보기로 한다[214].

(32) ᄒᆞ나ㅎ, 둘ㅎ, 세ㅎ. 네ㅎ, 다ᄉᆺ, 여ᄉᆺ, 닐곱, 여듧, 아홉, 열ㅎ … 스믈ㅎ, 셜흔, 마ᅀᆞᆫ, 쉰, 여ᄉᆔᆫ, 닐흔, 여든, 아ᄒᆞᆫ, 온, 즈믄, 만 (萬), 억 (億) (고영근 2010다: 82)

중세어에는 당대어에는 사라진 '온' (百)과 '즈믄' (千)이 실재하고 있었다. 그리고 '一 ~ 四, 十, 二十'은 말음에 'ㅎ'가 공통적으로 실현되어 있고 '셜흔'부터 '즈믄'까지는 어말에 'n' (ㄴ)이 공통되어 있다. '즈믄' 이상은 한자어 계열이 보충하고 있다[215]. 한자어 계열의 수사는 당대어와 차이가 없다. 중세어에도 당대어와 같이 부정수가 보인다. 'ᄒᆞᆫ둘 (1, 2), 두ᅀᅥㅎ (2, 3), 너덧 (4, 5), 몇, 현 (幾), 여럿 (諸)'가 그런 예이다.

---

213) 1936년에 나온 표준말 사정안에는 '세째, 네째 …'로 되어 있는데 1989년의 표준어 규정에서는 '셋째, 넷째' 등으로 바꾸었다. 이는 문법에 어긋나는 규정이다. 다시 1936년의 표준어 규정을 따라야 한다.

214) 우리말의 전 시기의 수 표시어에 대하여는 유창돈 (1971: 285-314) 참조.

215) '萬' 이상의 고유어로 '골'을 들기도 하나 이는 '골백번'의 예를 통하여 보면 사전의 설명과 같이 '여러 번'의 뜻에 지나지 않는다. 석독 구결에 나타나는 '萬ㄴ'을 '골'로 읽기도 하나 근거가 분명치 않다. 新字典 (1915)에 '萬'의 훈을 '골'로 달고 있으나 앞의 '골백번'에서 가져온 것으로 보인다. 한편 주시경의 자작 동요에는 '잘남' (만길), '울남' (십만길)이 나오는데 어디에 근거하였는지 분명치 않다 (고영근 2008나: 129-130) (뒤에 나옴).

중세어의 서수사는 다음과 같다.

(33) *ᄒᆞ나차히, 둘차히, 세차히, 네차히, 다ᄉᆞᆺ차히 … 열차히, 열ᄒᆞ나차히, 열둘차히 … 스믈차히 … 스믈ᄒᆞ나차히 … 여든차히 (고영근 2010다: 83-84)

서수사 중 'ᄒᆞ나차히'는 15세기 문헌에 문증되지 않는다. 16세기의 『소학언해』에 나오는 'ᄒᆞ나재'에 유추하여 재구해 본 것이다. '一'의 서수사 '*ᄒᆞ나차히'는 당대어와는 달리 수사 어근 'ᄒᆞ나'에 접미사 '-차히'가 붙었다. 당대어는 수 관형사에 단위성 의존 명사가 붙는데 중세어는 수사 어간에 '차히'가 붙는 것이 차이점이다. 두 시기의 서수 형성법의 유형이 달라졌다.

중세어에 당대어와 같이 인수가 확인되는가 하는 문제를 검토해 보기로 한다.

(34) 가. 셔블 긔벼를 알씨 **ᄒᆞᄫᆞᅀᅡ** 나ᅀᅡ가샤 모딘 도ᄌᆞᄀᆞᆯ 믈리시니이다 (용비어천가 35장)
가'. 十方世界예 二乘도 업거니 ᄒᆞᄆᆞᆯ며 **세히** (<세ㅎ이) 이시리여 (석보상절 13, 56)
나. **둘히** 어우러 精舍 ᄆᆡᇰᄀᆞ라 (석보상절 6, 26)
나'. 妙法이 **둘** 아니며 **세** 아닐씨 ᄒᆞ나히 (**ᄒᆞ나**ㅎ이)라 ᄒᆞ고 (석보상절 13, 48)

(34가)의 'ᄒᆞᄫᆞᅀᅡ'는 당대의 '一'의 인수사 '혼자'의 소급형인데 당대어와 같이 여동성이 파악된다. 돌궐이 서울의 정황을 알고 침범해 오는 것을 당태종이 자력으로 물리쳤다는 내용이다. 이에 대하여 (34가')는 "십방세계에 '二乘'도 없는데 하물며 셋이 있겠는가"라고 자문하는 것이니 '二乘'의 수효를 개별화하는 것이다. 그런데 중세어에는 당대어와 같이 많지는 않지만 'ᄒᆞᄫᆞᅀᅡ'에 주격 표지 '셔'가 붙은 예가 문증된다.

(34) 가". 辟支ᄂᆞᆫ 예셔 닐오맨 **ᄒᆞ오ᅀᅡ**<u>셔</u> 아다 호미라 無學ᄋᆞᆫ 곧 羅漢이라 (능엄경언해 1, 29앞)[216]

대의는 자력으로 깨달았다는 뜻이다. 이에 대하여 (34나')는 '妙法'이 둘은 물론, 셋 내지 하나가 아니라는 것을 개별적으로 지시하는 것이다. 중세어에도 당대어와 같이 'ᄒᆞᄫᆞᅀᅡ'라는 인수를 확인할 수 있을 뿐만 아니라 주격적 후치사 표지 '셔'가 쓰이기 시작하였음을 확인할 수 있다. 그러나 그것이 매우 소극적이어서 다른 인수에 붙는 예를 찾기가 쉽지 않다는 문제점을 지니고 있다.

마지막으로 양수사와 관련을 맺고 있는 중세의 일수 (日數)를 분석함으로써 양수사와의 관련성을 탐색해 보기로 한다.

(35) ᄒᆞᄅᆞ (一日), 이틀 (二日), 사ᄋᆞᆯ (三日), 나ᄋᆞᆯ (四日), 닷쐐 (五日), 엿쐐 (六日), 닐웨 (七日), 여ᄃᆞ래 (八日), 아ᄒᆞ래 (九日), 열흘 (十日) (고영근 2010다: 84)

216) 이 예는 박진호 교수가 uniconc를 통하여 검색한 것이다. 15세기 자료에서 모두 4개가 검색되었는데 출전 문헌은 『능엄경언해』, 『원각경언해』, 『선종영가집』 등의 간경도감본과 『두시언해』이다. 이들 예는 일찍이 이태영 (1988: 82)에서도 주목된 바 있다.

위의 일수는 대부분 2음절로 구성되어 있다. 단 '여ᄃᆞ래, 아ᄒᆞ래'는 3음절이다.

첫째 음절은 양수와 관련되고 둘째 음절은 날[日]과 관련된다. 'ᄒᆞᄅᆞ'는 현상학적으로는 'ᄒᆞ + ᄅᆞ'로 분석될 수 있다. 그러나 중세어의 대부분의 일수가 수 관형사에 단위성 의존 명사가 붙어 이루어진다는 사실에 생각이 미친다면 (뒤에 나옴), 'ᄒᆞᆯ + ᄋᆞ'로 분석된다. 그렇게 본다면 'ᄋᆞ'에는 일수의 의미를 줄 수 있다[217]. '이틀'은 '읻 + ᄒᆞᆯ'로 분석된다. 그것은 중세어의 2년을 뜻하는 '읻ᄒᆡ'에 바로 '읻'이 나타난다. '사ᄋᆞᆯ, 나ᄋᆞᆯ'의 '사, 나'는 수 관형사 '서, 너'의 어휘적 이형태이다. 그리고 두 일수에 공통되는 'ᄋᆞᆯ'에는 역시 '날'의 의미를 줄 수 있다. '닷ᄽᅫ, 엿ᄽᅫ'는 수 관형사 '닷, 엿'에 'ᄽᅫ'가 붙은 것인데 역시 '날'의 의미를 줄 수 있다. '닐웨'에는 양수사 '닐굽'과 비교하면 어근 '닐'이 공통되고 동시에 일수를 의미하는 '웨'가 확인된다. '여ᄃᆞ래'에는 양수사 '여ᄃᆞᆲ'의 수 관형사 '여ᄃᆞᆯ'과 일수 표시의 '웨'가 확인되고 '아ᄒᆞ래'에는 양수사 '아홉'의 수 관형사 '*아ᄒᆞᆯ'이 확인되고 동시에 일수를 의미하는 '애'가 식별된다. '열흘'에는 수 관형사 '열'에 단위성 의존 명사 '흘'이 붙은 것으로 해석할 수 있다[218].

지금까지 일수 표시어에서 분석된 수 관형사와 단위성 의존 명사를 정리하면 다음과 같다. 기호 ∝는 제약 조건이 어휘적임을 뜻한다

(36) 가. 수 관형사: ᄒᆞᆯ ∝ ᄒᆞᆫ, 읻 ∝ 두, 사 ∝ 세, 나 ∝ 네, 닷 ∝ 다ᄉᆞᆺ, 엿 ∝ 여ᄉᆞᆺ, 닐 ∝ 닐굽, 여ᄃᆞᆯ ∝ 여ᄃᆞᆲ, 아ᄒᆞᆯ ∝ 아홉, 열

나. 단위성 의존 명사: ᄋᆞ ∝ ᄋᆞᆯ ∝ ᄽᅫ ∝ 웨 ∝ 애 ∝ ᄒᆞᆯ

일수의 단위성 의존 명사는 3일과 4일이 'ᄋᆞᆯ'을 공유하고 있고, 2일과 10일이 'ᄒᆞᆯ'을 공유하고 있다. 5일과 6일은 'ᄽᅫ'를 공유하고 있으며 8일과 9일에는 '애'를, 2일과 10일에는 'ᄒᆞᆯ'을 공유하고 있다. 그러나 1일과 7일은 'ᄋᆞ'와 '웨'로 실현되어 고립적이다. 중세어의 일수를 (36)과 같이 분석함으로써 수 관형사에서는 9개의 어휘적 이형태를 확인할 수 있다. 일수를 표시하는 단위성 의존 명사에는 6개를 확인할 수 있는데 그 중 2일과 10일, 3일과 4일, 5일과 6일, 8일과 9일은 공유항이 있고 1일과 7일은 고립항이라고 규정할 수 있다.

고대어의 수사는 자료가 적은 데다가 차자로 표기되어 있고 그것도 훈독자가 많아 고대어 수사의 참 모습을 파악하기가 쉽지 않다. 신라어의 뒤를 잇고 있는 고려어는 12세기 초의 『계림유사』를 보면 중세어와 큰 차이가 있는 것 같지 않다. 다음은 중세 이전의 수사이다. 괄호안은 당시의 형태로 재구한 것이다 (유창돈 1971, 이기문 1998, 남풍현 2012).

(37) 一等 河屯 (*ᄒᆞᄃᆞᆫ), 途孛 二尸 (*두블)/二音 (*이듬), 洒 (*세)/密 (*밀), 迺 (*네), 打戊 (다ᄉᆞᆺ)/兮次 (*우차), 一戌 (*여ᄉᆞᆺ), 一急 (*닐굽)/難隱 (*난은), 逸荅 (*여ᄃᆞᆲ), 鴉好 (*아호),

---

217) 이기문 (1998: 92)에는 중세어의 'ᄒᆞᄅᆞ'는 '*ᄒᆞᄅᆞᆯ'에 소급하고 이는 다시 '*ᄒᆞᄃᆞᆯ'로 소급한다고 보고 여기서 날을 뜻하는 'ᄋᆞᆯ'을 분석하여 '사ᄋᆞᆯ, 나ᄋᆞᆯ, 열흘' 등과의 관련성을 추적하였다.

218) '열흘'을 양수사 '열ㅎ'에 일수 표시의 단위성 의존 명사 '을'이 붙었다고 볼 수 있으나 일수 표시의 단위성 의존 명사가 수관형사에 후행한다는 원칙에 벗어나기 때문에 취하지 않는다는 것을 덧붙여 둔다.

噎 (*열)/德 (*덕) … 溫 (온), 千隱 (*즈믄), 萬尸 (*골)

이상은 향가와 『계림유사』 및 『삼국사기』 지리지, 고려 시대의 석독 구결에 나오는 수사 관련의 어휘를 원전대로 적고 해독한 어형이다. '二音' (*이듬)은 석독 구결의 표기를 중세어의 '이듬'으로 해독한 것이다. '萬尸' (*골)은 석독 구결의 말음첨기형 '萬尸'을 해독한 것인데, 앞에서 언급한 바와 같이, '골백번'의 '골'에서 가져온 것이다[219]. 3, 5, 7, 10의 빗금 뒤의 어형은 『삼국사기』, 『지리지』에 나오는 고구려 계통의 수사로서 고대 일본어의 수사와 일치되는 점이 있어 두 언어의 계통론 연구에 자주 인용되고 있다 (보충주). 고려어와 신라어에 국한하면 고대어의 수사는 중세어와 큰 차이가 없었다고 단언할 수 있다. 최근의 목간 자료도 북방계와 남방계의 수사가 같지 않음을 뒷받침하고 있다 (이승재 2017: 421).

우리말의 수사는 일수뿐만 아니라 짐승의 나이나 수량을 표시하는 어휘에도 나타난다.

(38) 가. 사랍 (3), 다습 (5) (유창돈 1971: 309)
　　나. 하릅/한습 (1), 이습/두습 (2), 사릅 (3), 나릅 (4), 다습/다간 (제주어) (5), 여습 (6), 이롭 (7), 여듭/여드롭 (8), 아습/구릅 (9), 담불/나여릅 (10)[220]

위의 어휘는 짐승의 나이를 가리킬 때 쓰이는데 괄호 안의 숫자는 짐승의 나이를 가리킨다. (38가)는 문헌에 나오고 (나)는 당대에 쓰이는 말이다[221]. 대부분 앞의 일수와 같이 수 관형사 뒤에 '살'을 뜻하는 단위성 의존 명사가 결합되어 이루어진다. '하/한, 이/두, 사, 나, 다, 여, 이, 여, 아'가 바로 수 관형사이고 '릅/랍, 롭, 듭, 습, 솝, 곱'이 나이를 가리키는 단위성 의존 명사이다. 10을 뜻하는 '담불'은 구성을 밝힐 수 없다.

〈동요 및 변화〉

중세 및 고대어의 수사는 특히 근대어를 거치는 사이에 변질된 것이 더러 보인다. 우선 '온' (百)과 '즈믄' (千)이 폐어화한 것을 들 수 있다, '온'은 17세기 중엽의 『家禮諺解』까지 사용되었고 '즈믄'은 16세기 전반기의 『訓蒙字會』까지만 보인다. 서수사 형성에서 '하나차이'와 같은 규칙적인 서수 형성이 '첫재'와 같은 보충법에 의한 불규칙적 형성으로 바뀌고[222], 서수사의 형성이 "양수사 + 접미사 차히"형에서 "수 관형사 + 단위성 의존 명사"형으로 바뀌었다 (앞에 나옴). 15세기 당시의 지배적인 서수형은 'X차히'였는데 『원각경언해』에 '둘채'와 같은 예가 나오는 것을 보면 (한글학회 1992: 5007), 당시의 'X차히'형은 'X채'형으로 변화하는 단초를 열었음을 알 수 있다. 무엇보다 주목할 것은 인수칭 주격 상당의 요소가 'ᄒᆞ온자>혼자'에서 벗어나 그 이상의 인수에도 붙기 시작

---

219) '二音'을 '이듬'으로 읽고 '萬尸'을 '골'로 읽은 것은 이승재 (2000)에 의하였다. 후자는 앞에서 언급한 바와 같이 『新字典』 (2015)과 당대에 사용되는 '골百番'을 근거로 삼았다.

보충주) 도수희 (2007, 2010: 36)에 의하면 종전에 고구려 수사하고 하는 것이 실상은 백제 전기어라고 말한다.

220) 9의 '구릅'과 10의 '나여릅'은 리델 (1881: 50)에 나오는 말이다.

221) 당대의 짐승의 나이 이름은 문법서와 각종 사전을 종합하여 표준어로 제시한 것이다.

222) '첫재'의 '첫'은 '첫 소리, 첫 ᄀᆞ슬ᄒᆞ'등에 나타나는 관형사 '첫'이 'ᄒᆞ나차이'의 'ᄒᆞ나'를 보충한 것이다.

하였다는 사실을 지적할 수 있다.

(39) 가. 이제ᄂᆞᆫ 주거도 **혼자셔** 주그로다 (순천김씨간찰 36: 8).
　　나. 우리도 ᄒᆞ나 **둘히셔** 되디 못ᄒᆞᆯ 거시니 (첩해신어 초간본 4:27앞).
　　다. 어머님ᄒᆞ고 **셋이셔** 작년 봄쳐럼 평양 ᄃᆡ성산에 가 고사리를 ᄏᆡ야지 (신소설, 두견성)

위의 (39나, 다)가 '1인'에서 벗어나 '2인, 3인'에까지 파급되고 있음을 보이는 예이다.

〈방언〉

우리말의 방언의 수사는 동남 방언과, 동북 방언 그리고 제주 방언만 보고되어 있다. 차례로 그 실상을 보기로 한다. 동남 방언은 경북 동해안 영덕군의 방언을 분석한 최명옥 (1980: 149-150)을 이용하기로 한다.

(40) 가. 하나/한나, 두리, 서이, 너이, 닷, 여서, 일고, 여덜, 아고-아호, 열
　　나. 하니기/한키, 두리/두키, 서이/세키, 너이/네키, 다서비/여서비, 일고비/여덜비, 아호비, 열비

(40가)는 일반 수사, 곧 물수이고 (나)는 인수이다. 그런데 표준어에서는 인수가 '혼자' (한이), 둘이, 셋이 …' 등으로 실현되는데 위의 지역에서는 4까지는 '니' 내지 '키'가 붙은 특수한 어형이 존재한다. 다소의 거리가 있지마는 방언에 인수사가 확인된다는 것은 고영근 (1968/1999나: 112-124)과 관련시킬 때 주목의 대상이 된다[223].

동북 방언의 양수사는 다음과 같다.

(41) 한내, 하낙씨 '하나씩', 한나; 두울이 (상승조), 서이, 너이, 다슷이, 여슷이, 닐굽이 (육진), 일굽이 (동북), 야듭, 아홉/아흡, 얄/열

기본 골격은 공통어와 차이가 없다. '한내, 하낙'이 좀 특이하나 모두 공통어 '하나'를 기반으로 하고 있다. 2부터 7까지는 접미사 '이'가 붙어 형성되었다. 앞의 (27) (225쪽)의 공통어의 인수사와 형태가 같다. '얄'과 '열'은 수의적으로 사용되나 전자가 더 우세하다. 전자는 공통어의 같은 '여'로 시작하는 '야듭'과 공통되어 있다.

다음은 제주 방언의 수사의 한 모습이다.

(42) 가. 양수사: ᄒᆞ나 (一) … 싓 (三) … 다ᄉᆞᆺ, ᄋᆞᄉᆞᆺ (六) … ᄋᆞᄃᆞᆸ (八), … 일른 (七十)
　　나. 첫채/첫차 (第一), 둘채/둘차 (第二) … 멧채/멧차 (몇째)

(42)의 양수사 중, 중세어 (32)의 'ᄒᆞ나, 다ᄉᆞᆺ'과 같이 아래 '아'가 보존되어 있고 'ᄋᆞᄉᆞᆺ … ᄋᆞᄃᆞᆸ'에

223) 저자는 '인수'에 '한이'가 아닌 '혼자'를 대치하였지만 말뭉치에 '한이'가 나타난다는 보고가 있다. (고영근 2008다: 각주 23).

서는 ' ᆢ' 가 역시 보존되어 있다[224]. 그것이 동북 방언의 '야듧, 얄'과 맺는 관계를 밝힐 필요가 있다. 그리고 제주 방언에는 서수에 '첫차, 둘차'와 같이 '차'가 붙기도 하는데 이는 중세어의 서수사의 한 변종이 계승되어 있는 것으로 보인다 (고영근 2010다: 84).

〈유형론〉

우리말의 수사 유형론은 구조적 유형론과 계통적 유형론의 관점에서 조명될 수 있다[225].

먼저 구조적 유형론을 보기로 한다. 우리말의 수사 체계는 십진법 (decimal) 유형론에 속한다고 하였는데 우리말, 동북아 및 알타이 제어를 비롯한 대부분의 언어는 십진법에 속한다, WALS (2013)에 의하면 지구상 언어의 수사 유형을 6개로 두었는데 196개 언어 중에서 십진법은 125개, 20진법과 10진법의 혼종 (hybrid vigesimal-decimal)은 22개, 순수 20진법 (pure vigesimal)은 20개, 제한형 (restricted)은 29개, 확대신체 부분체계 (extended body-part system)은 4개, 기타 기어 (other base)는 5개로 알려져 있다. 우리말의 서수는 중세어는 수사에 '차히' 등이 접미되어 형성되었고 당대어는 수 관형사에 단위성 의존 명사가 붙음으로써 통시적 유형론에 변화가 생겼다. 그리고 중세어는 양수사에 접미사 '-차히'를 붙이면 서수가 형성되었는데 근대어부터는 '第一'에 해당하는 'ᄒᆞ나채' 대신 보충법에 의한 '첫재'를 쓰기 시작하여 당대에 와서는 그것이 표준 어형으로 정착되었다. WALS (1913)에는 서수사의 유형을 8개를 두었는데 그 가운데서 가장 빈도가 높은 유형은 '第一'이 보충법인 언어가 110개로 가장 많다. 우리말은 양수에 'th'가 붙은 언어 유형으로 등록하고 있으나 이는 중세어에 해당하는 것이지 당대어는 'First, two, three' 유형에 속한다[226].

앞에서 저자는 우리말에서 짐승의 나이를 표시하는 어휘가 발달되어 있음을 지적하였는데 퉁구스어와 몽골어에도 비슷한 현상이 발견된다. 퉁구스의 야쿠트 어웡키족은 순록 (馴鹿)을 암수, 털의 색과 무늬, 나이 등에 따라 매우 정교하게 분류하여 부르고 있는데 그 가운데서 나이의 명칭이 매우 복잡하다. 당년생과 두 살배기로부터 여덟 살배기에 이르기까지 이름이 다양하다[227]. 이들이 수사와 관련이 없다고 하는 것을 보면 (김주원 교수 2014. 10. 12. 메일), 유목 민족 특유의 어휘 체계의 소산일 가능성이 많다.

몽골의 중요한 가축에는 양, 염소, 소, 말, 낙타가 있는데 가축의 나이는 짐승의 종류에 따라 다양하며 소, 말, 낙타 같은 큰 짐승은 태어나 6~7살까지, 양이나 염소 같은 작은 짐승은 태어나 2~3살까지 나이마다 이름이 다르다. 세 살과 네 살짜리는 수사와 일치한다[228]. 터키어에는 가축의 나

---

224) "겹 (쌍) 아래 아"는 고재환 (2011/2013가: 55-56)에서 붙인 이름이다. 이는 훈민정음 해례에 나오는 'ᆝ'와 비슷한데 반모음 'ㅣ'[j]와 아래아 '·'가 합쳐진 [jɐ] 정도의 음가로 보고 있다 (이기문 1998: 152).

225) 수사 유형론의 기초 이론에 대하여는 그린버크 (1978), 그보즈다노비츠 (ed) (1999), 콤리 (2005, mimeo) 참조. 두 번째 문헌에는 〈수사 체계와 변화 패턴〉, 〈유럽과 아시아에 있어서의 주요 언어군의 수사 재구〉에 대한 기고가 실려 있다. 한편 한케 (2005)에서는 280여개의 언어를 대상으로 수사의 형성 방식을 유형론적으로 조명하고 있다.

226) WALS가 참고한 문법은 손호민 (1994)인데 이곳에서는 第一이 '한째'가 아니고 '첫째'가 보충된다고 하였다.

227) 어웡키족의 순록의 나이에 대하여는 http://www.cld-korea.org/diversity/diversity1_3_3.php (김주원 교수 제공) 참조.

이가 다르면 다른 이름이 사용된다 (이용성 2013). 유목 민족의 가축 나이에 대한 통언어적 연구가 절실하다.

우리말의 인수는 일본어, 아이누어 및 어웡키어와 비슷한 점이 있다. 일본어의 인수사는 다음과 같다.

(43) ひとりで (혼자서), ふたりで (둘이서), さんにんで (셋이서), よにんで (넷이서) … (가와사키 교수 제공)[229]

일본어에서 3인 이상일 때 'さんにんで'와 같이 한자어계에 의존하는 것은 우리말에서 '셋이서' 등보다 '세 명이서'와 같이 말하는 것과 비슷하다. 아이누어의 'sine-n'과 'sine-p'는 일본어의 'ひとり' (혼자)와 'ひとつ' (하나)에 대응하는데 같은 현상이 퉁구스어파의 어웡키어와 대만의 고사족 (高砂族) 언어에도 보인다 (마쓰모토 2007: 116). 물수사와 인수사가 우리말, 일본어, 아이누어, 어웡키어[230], 고사족 언어 밖에 다른 언어에서 어떻게 표현되는가 하는 문제를 밝혀 인수사의 유형론을 정립할 필요가 있다.

우리말의 수사는 계통적 유형론의 조명도 받을 수 있다. 앞에서 본 바와 같이 고대어 가운데서 고구려 지명에서 발견되는 三, 五, 七, 十의 수사는 고대 일본어와 유사한 점이 있어 고구려어와 일본어와의 친근성이 논의되기도 한다[231]. 수사의 일치가 언어의 계통을 밝히는 결정적 증거가 된다는 교훈을 인도·유럽어 비교언어학에서 얻을 수 있는데 알타이 제어에는 그런 점이 발견되지 않아 알타이 어족설을 지탱하기가 어려운 처지에 놓여 있었다. 그런데 최학근 (1964, 1971)에서는 우리말의 '설흔 … 즈믄'에 공통적으로 나타나는 'ㄴ' 계열의 말음을 '*gan'으로 재구하여 만주어와 여진어의 11~19에 나타나는 'hon' 등의 접미사의 재구형인 '*gon' 등과 관련시키고 중세어의 '둘ㅎ'의 고대형인 '*두블'을 동사 '더블-'에서 유래하였다는 견해도 제기하였다. 김방한 (1983: 197-201)에서는 우리말 수사의 구성을 면밀하게 검토한 바탕 위에서 만주어와 여진어, 몽골어의 10~19에 나타나는 유사성을 확인하기는 하였으나 그것이 각 언어 사이의 친근성을 입증할 수 있는 근거가 되지 못한다고 말하고 수사의 비교보다는 각 언어의 수사 자체에 대한 연구가 더 중요하다

228) 몽골어의 가축들의 나이에 대하여는 http://www.cld-korea.org/diversity/diversity1_3_1.php (유원수 교수 제공) 참조.

229) 일본어의 'ひとり, ふたり'를 우리말의 인수와 관련하여 논한 것으로는 서정수 (2013: 532)이다. 일본어에도 우리말과 같이 인수와 물수가 다르다는 점이 지적되어 있다.

230) 서울대학교 국문학과에 유학 와 있는 Kalina 여사에 의하면 어웡키어에는 인수를 형성하는 절차로 '-kən'과 '-i/-nii'를 들었다. 전자는 '하나'를 뜻하는 'əmən'에 붙는다. 후자의 '-i, -nii'는 둘 이상의 수사에 붙는데 '-nii'는 다섯을 뜻하는 'toŋ'에, '-i'는 나머지 수사에 붙는다고 한다. 어웡키어의 인수사에 대한 보고가 기대된다. 우리말은 '하나'의 보충법인 '혼자'가 인수를 표하는 데 대하여 어웡키어는 수사 'əmən'에 인수 표지 '-kən'이 붙어 인수를 형성한다.

231) 이 방면의 최근의 업적은 정광 (2011: 728-729), 로비츠 (2005: 88, 407, 567, 874) 참조. 전자는 고구려어를 통하여 일본어가 알타이어의 한 지파로 보는 한국 학계의 통설을 지지하였고 후자는 고구려어를 일본어의 한 분파로 보고 있다.

는 견해를 밝힌 바 있다. 성급한 비교보다는 개별 언어의 문헌어와 방언을 기반으로 삼아 내적 재구가 성실하게 이루어지는 단계를 밟아 구조적 유형론의 지원을 받으면 지금까지 막혀 있던 알타이 비교 언어학이 새로운 지평을 알 수 있지 않을까 한다[232].

C. 명사구와 통범주에서 실현되는 복수 범주

〈공통어〉

우리말에는, 앞의 대명사에서 본 바와 같이, 공통어와 방언에 걸쳐 그 나름의 복수 범주가 확인된다. 공통어의 복수 표지[233]는 앞에서 본 대명사 밖에도 가산 명사에서도 확인된다. 복수 표지는 규칙적으로 실현되기도 하고 불규칙적으로 실현되기도 한다. 대명사는 단수에 접미사 '-희'가 붙기 때문에 그 형성이 규칙적이었다. 방언도 형태는 다르지만 역시 복수 형성은 규칙적이었다. 그런데 명사는 대명사만큼 규칙적이지 못하다.

(44) 가. 운동장에 **학생**이 많이 모여 있다.
　　나. 운동장에 **학생**들이 많이 모여 있다.

(44가)에 '들'이 붙지 않아도 '많이'와 같은 부사가 있기 때문에 '학생'의 수가 복수라는 것은 저절로 추론된다[234]. 이런 경향은 무정 명사일수록 심하다. 말뭉치를 보면 복수 접미사 '들'은 주로 가산 명사 가운데서도 인성 명사에 많이 붙는 경향을 발견할 수 있다 (강범모 2007, 김정남 2005).

그런데 명사 가운데서도 지시 관형사 '이, 그, 저'와 결합되어 대명사 내지 대명사 상당의 구와 결합되면 단수와 복수의 구별이 명확해진다.

(45) 가. **그 사람**이 왔다: **그 사람**들이 왔다.
　　가'. **그 친구**가 왔다: **그 친구**들이 왔다.
　　나. **저분**은 누구냐: **저분**들은 누구냐.
　　다. **그분**은 누구냐: **그분**들은 누구냐.

앞에서 잠깐 비친 바와 같이, 제3인칭 대명사에서 제1, 2인칭과 마찬가지로 복수의 형성이 규칙적이라고 하였는데 지시 관형사의 수식을 받는 명사구에서도 복수 형성이 규칙적으로 실현됨을 알 수 있다[235].

---

232) 이 문제는 필자가 김방한 교수 10주기 맞아 펴 낸『김방한 선생님을 만나다』(태학사, 2011)에 기고한『역사 언어학과 통시 유형론』에서 언어 유형론과 비교 연구는 상보적 관계에 있다고 언급한 일이 있다.

233) 우리말의 복수에 대한 연구사적 검토는 고영근 (1983: 138-139)에서 볼 수 있다. 복수 문제는 다른 주제와 마찬가지로 생성 문법의 틀 위에서 그 특징을 구명하려는 노력을 많이 기울여 왔다. 대표적으로 송석중 (1975/1988: 19-23, 1993: 32-37), 박소영 (2006), 조윤경 (2010), 전영철 (2009/2013: 171-246), 정대호 (2013) 등이 있다.

234) 북한에서 나온 책을 보면 전통적으로 '들'을 붙이지 않았던 가산 명사에 '-들'을 붙여 쓰는 경향이 많다는 것을 발견할 수 있다.

그런데 가산 명사라 하여도 이와 소절 관계에 있는 단위성 의존 명사에는 '-들'이 붙지 못한다.

(46) *나는 **토끼** 두 마리들을 샀다.

이는 우리말의 복수 접미사 '-들'이 단위성 의존 명사에는 붙지 못한다는 것을 보이는 예로 활용할 수 있다. 이는 형식성 의존 명사가 '저기 서 계시는 분들'에서 보는 것처럼 '들'을 취하는 것과는 상반되는 현상이다. 그 대신 선행사 '토끼'에 '-들'이 붙으면 어느 정도 적격한 문장이 된다.

(46') ?나는 **토끼**들 두 마리를 샀다.

그러나 '토끼' 대신 '학생'을 넣은 다음 문장은 거리낌 없이 받아들일 수 있다.

(46") 이 교수는 학생들 두 명을 불렀다.

유정성이 강할수록 자연스러움의 정도가 높아진다는 것이 말뭉치에서 실증되고 있다 (강범모 2007, 전영철 2013: 183). 다음 문장은 큰 거부 반응은 없으나 그렇게 자연스럽지 못하다.

(46"') ?이 교수는 두 명의 학생들을 불렀다.

위의 문장은 정상적인 우리말 표현이 아닌 듯하다. 영어 등의 인도 · 유럽어의 영향을 받은 표현으로 보인다.

지금까지는 우리말의 명사 복수를 가산 명사에 국한하여 논의하였으나 '위원회, 가족, 경찰'과 같은 집합 명사구에 대하여도 적용될 수 있다는 견해가 나와 우리말의 복수 범주를 새로운 시각에서 볼 수 있는 가능성이 모색되고 있다 (전영철 2015). 현재는 위의 세 항목에 국한하여 집합 명사의 복수성이 논의되고 있으나 앞으로는 '대중, 청중, 군중'과 같은 집합 명사를 대상으로 우리말의 복수 표시가 거시적으로 조망될 필요가 있다. 앞에서 저자는 송석중 (1975/1988: 19-23)를 통하여 복수 접미사가 필수적으로 실현되는 예를 보았는데 집합 명사에도 그런 사실이 지적되고 있어 우리말의 복수 범주가 생각보다 복잡하다는 것을 알 수 있다. 비슷한 현상은 이른바 교호사라 불리는 '서로'가 쓰인 맥락에서도 발견할 수 있다 (전영철 2013: 204).

(46-1) 가. 학생들이 **서로**를 알아봤다.
나. *학생이 서로를 알아봤다.

위의 (가)에서 명사구 '학생들'에서 '-들'이 소거되면 (나)와 같이 비문법적이 되고 만다. 교호 부사에 복수성이 함의되어 있으니 그것이 주어 명사구의 수를 의무적으로 복수화시킨다고 일단 보아두기로 한다.

---

235) 이 문제는 일찍이 송석중 (1975/1988: 19-23, 1993: 351-368)에서 지적되어 남기심 · 고영근 (1985/2014: 87)에서 수용된 바 있다. 이러한 현상을 강범모 (2007)에서는 문법화 현상으로 처리하였다. 이는 한정성이 명시적으로 표현된다는 의미로 썼다고 한다 (2014. 10. 16일자 전자 메일).

공통어에는 그 기능이 앞의 명사 내지 대명사의 복수와는 성격이 다른 복수 표시법이 확인된다.

(47) 가. **물**들을 많이 떠 오너라.
　　나. ① **빨리**들 가거라.
　　　　② **어디에서**들 놀다가 지금 오느냐.

(47가)의 '물'은 비가산 명사, 곧 질량 명사이다. 셀 수 없는 명사에 붙었으니 이때의 '들'은 앞의 가산 명사에 붙는 '-들'과는 성격이 다르다. (47나) ①은 부사에 '들'이 붙었다. 같은 부사라도 '안, 못'과 같은 부정 부사는 '들'이 붙지 못한다 (김종복 2016가: 197).

(47) 나'. ① *그 사람들 **못**들 갔다.
　　　　② *그 사람들 **안**들 갔다.

그러나 '안'의 본디말 '아니'에는 다음과 같이 '들'이 붙을 수 있다

(47) 나'. ②' 그 사람들 <u>아니들</u> 갔다.

그 까닭이 무엇인지 밝혀져야 한다. (47나)②는 대명사의 후치사 상당의 처격형에 붙었다. (47)에 나타나는 같은 '들'이라고 하여도 (46-1가)와는 구조적 양상이 다르다. 후자가 접미사라면 전자는 첨사라 규정할 수 있다 (뒤에 나옴)[236]. 이런 경우의 '들'은 주격 보족어 명사구가 복수임을 가리키는 기능을 띠고 있다.

(47') (너희들) 물들을 많이 떠 오너라.

위의 예는 주격 보족어 명사구에 붙어 있던 첨사 '들'이 다른 질량 명사에 옮겨 붙은 것인데 '들'과 같이 두 범주에 동시에 실현되는 현상에 대하여 통범주적 접사법 (cross-categorial affixation)으로 처리할 수 있다[237].

〈중세 및 고대어〉

중세어에도 당대어와 같이 복수 범주를 세울 수 있다. 하나는 당대어와 같이 복수 접미사 '-ᄃᆞᆯ ㅎ'을 붙이는 것이요 다른 하나는 공대 명사에 '-내'를 붙이는 것이다.

다음에 나오는 '-ᄃᆞᆯ ㅎ'은 당대어의 '들'의 직접적 소급형이다.

(48) 가. ① 그저긔 臣下ㅣ며 **百姓**<u>ᄃᆞᆯ</u> 一千 나문 사ᄅᆞ미 出家ᄒᆞ고 (월인석보 2, 76)

---

236) 저자는 고영근 (1972/1999나; 514-515)에서 가산 명사에 붙는 '-들'은 접미사로, 그렇지 않은 경우에 붙는 '들'은 특수 조사, 현재의 저자의 체계로는 첨사에 소속된다.

237) 이 문제는 윤혜석 (1995)에서 제안되었다. 이곳에서는 명사와 동사에 붙는 '-들' 등을 비롯하여 '도, 만'등의 첨사에 대하여도 같은 논리를 적용하고 있다. 앞으로 논의가 전개되어 우리말의 격 어미 및 첨사 범주의 본질이 더 선명히 드러나기를 바란다.

② 鬼神ᄃᆞᆯ콰 (ᄃᆞᆯㅎ과) 사람과 … (석보상절 13, 24)

나. 有情ᄃᆞᆯ흔 (ᄃᆞᆯㅎ은) 이에셔 주그면 (석보상절 9, 12)

다. 이 **寶樹**ᄃᆞᆯ히 (ᄃᆞᆯㅎ 이) … 닙니피 서르 次第로 나고 닙 ᄉᆞ싀에 고ᄫᆞᆫ **곶**ᄃᆞᆯ히 (ᄃᆞᆯㅎ 이) 프고 (월인석보 8, 12)

라. ① 門ᄃᆞᆯ홀 (**門**ᄃᆞᆯㅎ 올) 다 구디 ᄌᆞᆷ겨 뒷더시니 (석보상절 6, 2)

② 오직 西天 나라ᄐᆞᆯ히 (**나라**ᄃᆞᆯㅎ익) (월인석보 2, 31)

(48가)①의 '百姓'은 인성 명사이고 (가)②의 '鬼神'도 같은 범주에 넣을 수 있다. (48나)는 사람과 동물 등 감정이 있는 유정 명사이다. (다)는 식물이다. (라)는 무정 명사이다.

이상의 사실을 종합하면 복수 접미사 '-ᄃᆞᆯㅎ'은 사람과 동물을 포괄하는 유정물은 물론, 식물에도 사용되었음을 알 수 있다[238]. (48라)의 두 예는 무정 명사이다. 당대어는 '-들'이 인성 명사에 가장 자연스럽게 통합하는 데 대하여 중세어는 동물은 물론, 하등 동물과 식물 등의 생물체에도 붙었고 무정 명사에도 붙었다. 중세어는 당대인의 직관이 미치지 못하기 때문에 그 자연스러움의 정도를 측정할 수 없으나 자료를 중심으로 한다면 가산 명사에는 두루 붙을 수 있음을 확인할 수 있다.

중세어에도 당대어와 같이 분명히 복수적인 상황인 데도 단수로 실현되는 예가 있고 같은 내용이 어떤 데서는 단수로, 어떤 데서는 복수로 실현되는 일이 있는 것을 보면 명사의 복수 접미사 부착이 필수적이 아니었던 것으로 보인다.

(49) 가. 부톄 도녀 … 굴근 **比丘 八千人**과 ᄒᆞᆫᄃᆡ 잇더시니 (석보상절 9, 1)

나. 臣下의 그에 가 닐오ᄃᆡ (석보상절 11, 18)

다. 臣下ᄃᆞᆯ희게 (ᄃᆞᆯㅎ익게) 가 닐오ᄃᆡ (월인석보 11, 18)

(49가)의 '**八千人**'은 복수적인 개념인데도 불구하고 명사구 '比丘'에 'ᄃᆞᆯㅎ'이 붙지 않았다. (49나, 다)는 같은 내용인데도 불구하고『석보상절』에서는 '-ᄃᆞᆯㅎ'이 붙지 않았고『월인석보』에는 붙었다. 이런 점을 보면 중세어의 가산 명사에도 'ᄃᆞᆯㅎ'의 사용이 수의적이었음을 알 수 있다.

중세어에도 언간과 같은 구어 자료에는 앞의 (47)의 당대어와 같이 비가산 명사나 부사적 표현에 'ᄃᆞᆯㅎ'이 붙는 예가 보인다.

(47') 그리 간 후의 안부 몰라 ᄒᆞ노라 엇디들 인는다.

이밖에도 '게으르기ᄃᆞᆯ, 조심ᄃᆞᆯ, 근심들'을 들 수 있다 (하귀녀 2005: 224). 이런 경우는 당대어와 같이 첨사로 처리해야 할 것이다.

다른 하나는 중세어에는 인성 명사 가운데서도 공대 명사는 그 나름의 복수 표지를 가지고 있었다.

---

238) 중세어에는 복수 접미사로 '-트렛'이 거론된다 (이승재 1987). 이는 '-ᄃᆞᆯㅎ,-내'와 함께 접미사가 아닌 명사로 처리하기도 한다 (이현희 1994나: 54). 다음의 예가 그것이다.

므별에 트렛 ᄆᆞ싀여ᄫᅳᆫ 이리 이셔도 (석보상절 9, 24)

(50) 가. **그듸내** 各各 ᄒᆞᆫ 아ᄃᆞᆯ곰 내야 내 孫子 조차 가게 ᄒᆞ라 (석보상절 11, 9)

나. **아바닚긔와 아ᄌᆞ마닚긔와 아자바닚내**긔 다 安否ᄒᆞᅀᆞᆸ고 (석보상절 6, 1)

(50가)의 '그듸'는 제2인칭 대명사 '너'의 공대말로서 당대어의 '자네들'에 대응하는데 제2인칭 대명사가 복수이기 때문에 '-내'가 붙었다. (50나)의 '-내'는 그 선행 명사가 모두 서술자에게 존경의 대상이 되기 때문에 접미사 '-님'이 붙었고 따라서 복수 표지 '-내'가 붙었다. 이러한 2원적 복수 표시의 질서가 언제 '들'에 의한 1원적 질서로 바뀌었는지 모르지만 그 원인과 경위를 자세히 밝힐 필요가 있다.

고대어에도 복수 표지는 중세어와 같이 '-ᄃᆞᆯㅎ'이 실재하였던 것 같다. 향가의 '等, 冬'이 'tər'로 해독된다는 점에서 그러하다. 고대어에 중세어의 존경의 '-내'로 해독될 수 있는 어형을 탐색할 필요가 있다.

〈유형론〉

우리말은 당대어와 중세어에 걸쳐 대명사나 그에 준하는 명사구에는 단·복수가 규칙적으로 실현되지마는 보통의 가산 명사에는 복수 접미사 '-들'이 수의적으로 실현되었다. 이는 명사에서는 수 표시가 의무화되지 않는 언어가 있어도 인칭 대명사에서는 그것이 의무화되어 있는 언어가 많은 경우에 부합한다 (마쓰모토 2007: 109). 그리고 중세어에는 공대 복수 접미사가 확인되었다. 구조적 유형론의 관점에 설 때, 복수 접미사는 1,066개 언어 중에서 513개가 유라시아 대륙의 언어에 분포되어 있고 남북 아메리카에도 적지 않게 분포되어 있다 (Dryer 2013 in WALS). 한편 우리말의 명사의 복수 표시는 수의적인 것으로 나와 있는데 (Haspelmath 2013 in WALS), 이는 앞에서 저자가 확인한 결과에 부합한다. 우리말의 독립적 대명사의 복수는 "인칭 - 수 - 어간 + 명사 복수 접사" (person-number-stem + nominal plural affix)에 속하는 것으로 되어 있다 (Daniel 2013 in WALS). 260개의 언어 중에서 22개가 이 유형에 속하는 것으로 나와 있다. 계통적 유형론에서 보면 우리말을 제외한 다른 알타이어에는 알타이 공통 조어에서 유래한 복수 접미사가 확인된다. 그 가운데서 't, n'과 같은 복수 접미사는 피노-우그리아어에도 보인다는 보고가 있다 (포페 1952). 중세어에 보이는 존경법의 복수는 우리말만이 가진 특유의 유형론적 특징이라고 생각한다. 아이누어에는 복수성이 동사에 표지된다는 보고가 있는데 (마쓰모토 2007: 109), 앞에서 언급한 통범주적 접사법과 어느 정도 유사한 면이 없지 않다.

6.3.3. 명사 어간 구조체와 명사 어미 구조체의 변이

앞의 동사 어간 구조체에 유추하여 명사 어간부와 어미부의 형태음운론을 소묘하여 보기로 한다. 명사 어간은 동사 어간과는 달리 자립 형태소인 만큼, 특히 음성적 교체에서도 그 나름의 특징을 지니고 있다. 그러나 동사에 나타나는 활용 현상에 비하면 명사 곡용은 단순한 편이다[239].

6.3.3.1. 어간 구조체

명사 어간 구조체는 앞의 동사 어간 구조체와 같이 음성적 · 어휘적 조건에 의하여 변이를 일으킨다. 먼저 음성적 조건에 의한 교체를 보기로 한다.

A. 음성적 교체

〈공통어〉

앞의 동사 어간 구조체와 같이 어미와 결합할 때에는 어간이 자동적으로 변이를 일으키는 일이 많다. 이곳에서도 의무적이고 필연적인 음성적 교체만 언급하고 수의적 · 우발적인 교체는 보류하기로 한다.

(1) 가. 옷이 ~ 옷[옫], 옷도[옫또]; 꽃에 ~ 꽃[꼳], 꽃도[꼳또]; 밭에 ~ 밭[받], 밭도[받또], 잎에[이페] ~ 잎[입]
나. 밖이 ~ 밖[박], 밖도[박또]
다. 넋이 ~ 넋[넉], 넋도[넉또]; 닭이 ~ 닭[닥], 닭도[닥또]; 삶을 ~ 삶[삼], 삶도[삼도]; 여덟에[여덜베] ~ 여덟[여덥], 여덟도[여덥또]; 돐이[돌시] ~ 돐[돌]; 값이[갑시] ~ 값[갑], 값도[갑또]

(1)의 예들은 명사의 말음에 단자음 (가), 쌍자음 (나), 자음군 (다)가 오는 예이다. (1가)는 단자음 명사인데 모음 어미 앞에서는 제 음가대로 발음되지마는 휴지 앞과 평파열음 첨사 '도' 앞에서는 'ㄷ, ㅂ'으로 바뀐다. (1나)는 쌍자음 'ㄲ'을 가진 명사가 휴지 앞과 평파열음 첨사 앞에서 단자음 'ㄱ'으로 바뀌는 예이다. (1다)는 자음군 'ㄳ, ㄺ, ㄻ, ㄼ, ㄽ240), ㅄ'을 가진 명사가 휴지 사이나 자음 첨사 앞에서 단자음으로 바뀌는 예이다. 이러한 명사 어간 교체는 음성적 조건에 의하여 필연적으로 일어나므로 규칙 곡용의 범주에 속한다. 그러나 방언에서는 앞의 동사와 같이 그 실현 양상이 매우 불규칙하다 (뒤에 나옴).

우리말의 명사 어간의 음성적 교체는 도처에서 발견할 수 있다.

(2) 가. 떡이 ~ 떡만[떵만], 값은 ~ 값만[감만] …
나. 밭이[바치], 밭이다[바치다] …

(2가)는 무성 자음으로 된 말음에 비음 첨사 '만'이 이어나면 비음으로 교체되는 예이고 (2나)는 치경음 'ㅌ'가 전설 모음 어미 '이', 곧 주격과 계사 '-이다' 앞에서 경구개음으로 바뀌는 예이다.

(1)과 (2)는 '돐'을 빼고는 남북한에 걸쳐 차이가 없다. 차이가 나는 것은 북한 공통어인 문화어

---

239) 송철의 (1991/2008: 11-35)에서는 곡용상에 나타나는 음운 현상을 "glide화, 短母音化, 'ㄴ, ㅁ' 뒤에서의 경음화"에 걸쳐 고찰하고 명사는 동사 어간과는 달리 어간을 단순화시킬 뿐만 아니라 그것을 고정화하는 방향으로 변화하였다는 범시론적 안목도 보여 주고 있다.

240) 'ㄽ'의 예 '돐'은 북한 문화어이다. 남한도 표준말 규정 (1989)이 바뀌기 전에는 문화어와 같이 '돌' (생일)과 '돐'을 구별하였는데 지금은 '돌'로써 두 가지 의미를 표시하고 있다.

에서 어두에 'ㄹ'과 'ㄴ'을 밝혀 적고 발음도 표기대로 하는 것이다.

(3) 가. 로동당 (勞動黨), 려관 (旅館), 론문 (論文), 누각 (樓閣), 리론 (理論) …
나. 녀자 (女子), 뇨소 (尿素), 니탄 (泥炭) …
다. 라지오 (radio), 뉴톤 (Newton) …

(3)과 같은 어휘는 한자어와 서양 외래어에 국한된다. (가)는 어두에 본음 'ㄹ'을, (나)는 본음 'ㄴ'을 밝혀적고 그대로 발음한다. 어두에 'ㄹ, ㄴ'을 밝혀적는 문제는 이미 1920년대 중반 교양지『東光』편집부의 설문 조사에서 소리대로 적자는 안이 다수였고 원음대로 적자는 안은 소수였다 (고영근 1998/2008나: 352-354). 북한에서도『조선어신철자법』(조선어문연구회 1948/1950)에서는 원음대로 적기만 하고 발음은 탈락된 대로 적기로 하였으나 뒤에는 발음도 원음대로 할 것을 규정하였다 (고영근 1990/1994: 130; 1999가: 224). (3다)는 외래어인데 남한에서도 원음대로 적고 있다. 한때 서북 방언에는 본음이 'ㄴ, ㄹ'인 단어가 단어의 첫 머리에서 'ㄴ'으로 발성된다는 사실 (김영배 1984: 69)과 관련하여 해석하기도 하였으나 이는 철저한 형태주의 철자법과 가로풀어쓰기에 대비한 의도적인 발음 규범 (고영근 1989/1994: 101, 1993/1994: 225)이었다는 것을 명심하여야 한다.

(3') 낭심<(량심), 너름<(녀름), 누월<(뉴월), 니자<(리자)

〈중세어〉

중세어의 표기법은 당대어와는 달리 음소적이었다. 그러니까 중세어의 문헌은 당시 사람들의 음성 실현체를 그대로 표기에 반영하였다.

(4) 가. 오ᄉᆞ로 (<옷ᄋᆞ로) ~ 옷 닙고, 옷과 뵈와로
나. 고지 (<곶이) 프며 ~ 곳 닐굽 줄기ᄅᆞᆯ; 還丹 ᄒᆞᆫ 나치 (<낯이) ~ ᄒᆞᆫ 낫ᄀᆞ티; 바ᄐᆡ셔 (<밭ᄋᆡ셔) ~ 平ᄒᆞᆫ 받, 받도 제요곰 ᄂᆞᆫ호며; 버들 니페 (닢에) ~ 닙 ᄉᆞᄉᆡ예, 닙마다
다. 넉시 (<넋이) ~ 넋 일후믈; ᄃᆞᄅᆞᆯ (<ᄃᆞᆰᄋᆞᆯ) ~ ᄃᆞᆰ과ᄅᆞᆯ, ᄃᆞᆰ 소릐; ᄒᆞᄀᆞ로[ᄒᆞᆰᄋᆞ로] ~ ᄒᆞᆰ 爲土; 하ᄂᆞᆳ ᄃᆞᆯ기 (<ᄃᆞᆰ이) ~ 여들비라 (<여듧이라) ~ 여듧 나랏王, 여듧곰; 갑새 (<값애) ~ 값 기드리ᄂᆞ니; 낙ᄉᆞᆯ (<낛ᄋᆞᆯ) ~ 낛 드리워

(4가)는 'ㅅ'을 말음으로 가진 명사 '옷'이 당대어와는 달리 휴지 앞과 평파열음 공격 'ㄱ' 앞에서 'ㅅ'으로 발음되었음을 보이는 예이다. 알려진 바와 같이, 중세어의 자음 말음은 8개였다. (4나)는 'ㅈ, ㅊ, ㅌ, ㅍ'을 말음으로 가진 명사가 휴지나 자음 첨사 아래에서는 8종성으로 귀착됨을 보이는 예이다. (4다)는 앞의 당대어의 (1다)와 같이 자음군 명사가 휴지 앞이나 자음 첨사 내지 격 어미 앞에 사용되는 예이다. 이들 자음군이 과연 발음되었는가 하는 문제에 대하여는 회의론이 대두되어 있으나 (허웅 1975: 65), 당시의 표기법으로 미루어 때 발음되었다고 보는 것이 옳아 보인다. 그러나 모음 어미 앞에서 실현되는 자음군과는 같지 않았을 것이다. 내파성을 동반한 정도였던 것으로 보고 있다 (이기문 1972/1998: 80).

중세어에는 명사 어간에 'ㅎ'을 가진 어휘가 많았다.

(5) 하ᄂᆞᆯᄒᆞᆫ<하ᄂᆞᆯㅎᄋᆞᆫ), 하ᄂᆞᆯ콰<하ᄂᆞᆯㅎ과), 하ᄂᆞᆯ토<하ᄂᆞᆯㅎ도) ~ 하ᄂᆞᆯ 우희, 하ᄂᆞᇗ<(하ᄂᆞᆯ ㅅ)ᄯᅡᇂ

앞의 예는 'ㅎ' 말음 명사가 모음으로 된 격 어미 '이'나 평자음 첨사 '도' 앞에서 실현되었는데 휴지 앞과 속격 '-ㅅ' 앞에서 탈락되었다. 공명음 'ㅁ' 앞에서도 '짜마다'와 같이 탈락한다. 그러는가 하면 중세어에는 말음 'ㅎ'이 실현되는 환경에서 실현되지 않는 일도 있어 이미 중세 당시에 명사의 'ㅎ' 말음이 동요되고 있었음을 확인할 수 있다.

(5') 하ᄂᆞ ᄅᆞᆫ<(하ᄂᆞᆯ ᄋᆞᆫ), ᄒᆞ ᄂᆞᆯ과, 하ᄂᆞᆯ도, 하ᄂᆞᆯ로

위의 예는 (5)에서는 'ㅎ'이 실현되던 것이 중세 당대에 'ㅎ'이 탈락됨을 보인 것이다 (한글학회 1992, 이준환 2009). 'ㅎ'의 탈락이 언제부터 시작되었는가 하는 것은 확실히 알 수 없으나 15세기 당시에 동요하는 예가 많이 나오는 것을 보면 훈민정음 창제 이전부터 약화 내지 탈락이 시작되었을 가능성이 많다. 어말의 'ㅎ'이 약화 · 탈락하는 것을 그 활음적 성격과 관련시키는 해석 (이준환 2010)이 있다. 'ㅎ'는 후두 마찰음으로서 [+구강성], [+유기성], [+긴장성]을 지니는 것으로 알려져 있다.

다음은 성조의 교체이다.

(6) 갈ㅎ, 고ㅎ ~ 갈해, 고해

거성을 가진 명사가 모음으로 된 격 어미와 결합되면 평성으로 교체된다. 그러나 불규칙적 교체도 보인다 (뒤에 나옴).

〈방언〉

앞의 동사와 같이, 동남, 동북, 영동의 동부 방언, 중부, 서울, 서남, 서북의 서부 방언과, 제주 방언의 순서로 음성적 교체의 실상을 보기로 한다. 앞의 (1)의 공통어의 명사의 말음 'ㅅ, ㅊ, ㅌ, ㅍ'의 음성 실현을 기준으로 조사하였다[241].

먼저 동부 방언의 동남 북부 방언부터 보기로 한다.

동남 북부 방언에서는 우선 '옷'과 같은 'ㅅ' 말음 명사는 공통어와 차이가 없다. '밖'과 같은 쌍자음도 차이가 없어 보인다. 나머지 말음 명사의 음성 실현형을 방언별로 검토하기로 한다.

(7) 동남 북부 방언 (문경, 영주, 울진)

가. ① 꽃: [(꼬치<꽃이, 꼬철<꽃얼, 꼬천<꽃언) ~ 꼳] ∞ 꼬테<꼳에

② 밭: [(바치<밫이, 바철<밫얼, 바천<밫언) ~ 받] ∞ 바테<밭에

나. 밖: 바끼<밖이, 바께<밖에 ~ 박, 박또

241) 해당 방언권과 제보자는 다음과 같다.
동남 북부 (임석규), 동남 남부 (최명옥), 육진 및 동북 (곽충구), 제주 (고재환), 중부 (박경래), 영동 (김옥영), 서울 (유필재), 서남 남부 (배주채), 이태영 (서남 북부), 서북 (한성우).

다. ① 넋: 넉씨<넋이, 넉쓸<넋을 ~ 넉

② 닭: (다리<달이, 다를<달을) ~ 닥또 비교: 흙: 흐를<흘을 ~ 흑, 흑도

③ 여덟: 여덜비<여덟이 ~ 여덜, 여덜또

④ 돐[242]: 도리<돌이, 도레<돌에, 돌

⑤ 값: 갑시<값이, 갑쓸<값을 ~ 갑

⑥ 삶

먼저 단자음 말음 명사 어간의 실현형을 보기로 한다. (7가)①의 'ㅊ' 말음 어간은 표준어와는 달리, 두 개의 이형태 '꽂, 꼳'을 보인다. 양자의 교체 환경은 음성적인 것이 아니고 격 어미에 따라 달라지는 것이니 어휘적이다. (7가)②의 'ㅌ' 말음 어간은 구개 음화 환경은 물론, 비구개 음화 환경에서도 치조음화한 [빛]으로 실현되고 처격 어미와 결합되면 표준어와 같이 '밭'으로 실현된다. 교체 조건이 어휘적이다. 경주 방언에는 '달이, 달또'와 같이 '달'로 나타나기도 한다. (7가)①의 'ㅊ' 말음 환경의 음성 실현형과 차이가 없다. 이 방언에서는 명사 어간 말음의 'ㅊ'과 'ㅌ'이 모음 어미 앞에서 하나로 합류되었다.

(7나)의 쌍자음은 표준어와 차이가 없다.

(7다)①의 '넋'도 표준어와 차이가 없다. (7다)②의 '닭'은 표준어와는 달리 모음 격 어미와 휴지 앞에서는 '달'로, 자음 첨사 앞에서는 '닥'으로 실현된다. 음성적 교체형을 보여 준다. 자료에는 제시하지 않았으나 모음 격 어미 앞에서는 '달' 밖에 '닥'도 실현되어 '달'과는 수의로 교체된다. 비교에 보인 '흙'은 같은 'ㄺ' 말음인데도 음성 실현형이 다르다. 휴지와 자음 첨사 앞에서는 [흑], 모음 격 어미 앞에서는 '흘'로 교체된다. 역시 음성적이다. 모음 격 어미 앞에서 '닭, 흙'으로도 실현되는데 이는 표준어의 영향으로 보인다. (7다)③, ⑤의 'ㄼ, ㅄ' 말음 명사는 표준어와 차이가 없다. (7다)④는 모음 격 어미 앞에서도 생일의 '돌'과 발음이 같다. (7다)⑥의 'ㄻ' 말음의 '삶'은 '삶'과 '삼'으로 분화되어 있어 표준어와 차이가 없다.

다음은 동남 남부 방언에 속하는 사천과 삼천포 지역어의 명사의 말음 실현 양상이다. 이 지역도 'ㅅ' 말음 명사의 음성 실현형은 공통어와 차이가 없다. (8나)도 (7나)와 차이가 없다. (8다)의 '넋'은 (7)과는 달리 '넉'으로만 실현된다.

(8) 가. ① 꽃: (꼬치<꽃이 ~ 꼳, 꼳도) ∝ 꼬테<꽅에

② 밭: (바치<빛이 ~ 받, 받또) ∝ 바테<밭에

나. 밖: 바끼<밖이, 바께<밖에 ~ 박, 박또

다. ① 넋: (너기<넉이. 너글<넉을) ~ 넉, 넉또

② 닭: 다키<닥이, 다클<닥을 ~ 닥, 닥또

비교: 흙: 흐키<흑이, 흐클<흑을 ~ 흑, 흑또

242) '돐'은 지금은 표준어에서 폐기된 '주기'의 뜻으로 생일인 '돌'과는 구별된다. 1936년의 표준말 사정안과 북한의 문화어를 기준으로 하였다 (앞에 나옴).

③ 여덟: 여드리<여들이 여드레<여들에, 여들도, 여들
④ 돐 '주기': 돌시<돐이
⑤ 값: 가비<갑이, 갑슬<값을 ∞ 갑, 갑또

'꽃'의 음성 실현형은 (7가)①의 동남 북부 지역어와 차이가 없다. (8가)②의 '밭'의 음성 실현형 또한 (7가)②와 차이가 없다. 처격 어미 앞에서 '밭'이 실현되니 그 제약이 어휘론적이다.

(8나)의 쌍자음은 표준어와 차이가 없다.

(8다)는 (7다)와는 달리 어말 자음군이 대부분 단음화되어 있다. (8다)①은 표준어의 어말 자음군 '넋'이 '넉'으로 단음화되어 있다. (7)과는 다르다. (8다)②는 표준어의 명사 어간 '닭'이 모음 격 어미 앞에서 '닥'으로 재구조화되어 있다. 비교에 보인 '흙'도 '닭'과 같이 '흑'으로 재구조화되어 있다. (8다)③은 모든 경우에 '여들'로 재구조화되어 있다. 이점 음성적 조건에 따라 '여덟'과 '여덜'로 교체되고 있는 (7다)③과 다르다. (8다)④는 동남 북부와는 달리 주격 어미 '-이' 앞에서 자음군이 실현되고 있다. 저자도 같은 동남 남부 방언 지역의 출신으로서 어렸을 때 많이 들었었다. (8다)⑤는 북부 지역과는 달리 같은 모음 어미라 하더라도 대격 어미 앞에서는 자음군으로 실현되는데 주격 어미 앞에서는 단자음으로 실현된다. 어미에 따라 실현이 다르니 교체 조건이 어휘적이라 할 수밖에 없다,

다음은 육진 방언이다. 동북 방언은 자료 제공자 (곽충구 교수)의 회신에 따라 육진 방언과 다를 때에만 소견을 적기로 한다. 이 방언도 'ㅅ' 말음 명사는 공통어와 같다.

(9) 가. ① 꽃: 꼬지<꽃이, 꼬제<꽃에 ~ 꼳, 꼳또
② 밭: 바티<밭이, 바테<밭에 ~ [받], [받도]
③ 잎: 니피<닢이, 니페<닢에 ~ 닙
나. 밖: 바그티<바긑이, 바가티<바같이, 바그테<바긑에, 바긑, 바같 ∞ 바귿도, 바갇도
다. ① 넋: 너기<넉이. 너글 <넉을 ~ 넉, 넉또
② 닭: 달기<닭이, 달그<닭으 ~ 닥, 닥또
③ 여덟: 야들비<야듧이, 야들베<야듧에 ~ 야듭, 야듭또
④ 돐: 돌씨<돐이, 돌쎄<돐에 ~ 돌
⑤ 값: 갑씨<갑ㅆ이 갑쓸<갑ㅆ을 ~ 갑, 갑또
⑥ 삶: 삶 ~ 삼

육진 방언의 '꽃'은 모음 어미 앞에서는 '꽃', 휴지와 자음 첨사 앞에서는 '꼳'으로 교체되고 있다. '꽃'의 말음이 중세어와 일치하는 것은 이 방언의 'ㄹ' 음이 외파적이었다는 사실 (소신애 2008)과 함께 주목의 대상이 된다. (9가)②는 표준어와는 달리 구개 음화의 영향을 받지 않고 모음 격 어미 앞에서 '밭'으로, 휴지와 자음 어미 앞에서는 '받'으로 실현된다. 이 점 동북 방언도 같다. 물론 형태소 내부에서는 구개 음화가 완료되었다. 구개 음화의 영역 밖에 있다는 것은 이 지역의 언어가 중세어와 상당히 가깝다는 것을 증명한다. (9가)③의 '잎'은 '닢'으로 실현되는데 역시 중세어의 영향권 내

에 있음을 증명한다. '닢'과 '닙'의 교체는 물론 음성적이다. 동북 방언은 육진과는 달리 '잎'이다.

(9나)의 '밖'은 자음 첨사 위에서만 '바긑'으로 실현되고 나머지 환경에서는 'ㅌ'이 실현되어 중세어의 권역임을 연상케 한다. 자음 첨사 '도' 앞에서만 '바긑'으로 실현되어 있으니 어휘적인 교체라 할 수 밖에 없다.

(9다)①의 '넋'은 모든 환경에서 '넉'으로 실현되고 있으니 동남 남부의 (8다)①과 차이가 없다. (9다)②, ③의 '닭'과 '여덟'은 '닭'과 '닥', '야듧'과 '야듭'이 교체되고 있으니 공통어와 일치한다. 소수의 화자들은 '닭'을 [tark]로 발음한다. 다른 경우에 유추한다면 이 역시 중세어의 음성 실현과 가까운 것으로 추상할 수 있다. (9다)④의 '돐'은 동남 남부 방언보다 실현 범위가 넓어서 '돌세'도 보인다. 역시 중세어적인 면모가 보인다 (남광우 편 1997: 423-424). (9다)⑤의 '값'은 어간이 '갑ㅆ'으로 실현되는 것을 제외하면 동남 북부 지역어나 표준어와 차이가 없다. (9다)⑥의 'ㄻ' 말음의 '삶'은 표준어와 같이 '삶'과 '삼'으로 분화되어 있다.

다음으로는 동남 방언과 동북 방언의 연장선 위에서 있는 영동 방언을 보기로 한다. 자료 제공자 김옥영 박사의 회신을 주로 이용하고 김옥영 (2006)도 참조하였다. 이 지역도 'ㅅ' 명사 말음은 표준어와 차이가 없다. 표준어와 차이 나는 어형만 보이기로 한다.

(10) 가. 꽃: (꼬치<꽃이 ~ 꼳, 꼳두) ∞ 꼬테<꽅에
　　나. 밖: 배끼<백이, 배께<백에 ~ 백, 백뚜
　　다. ① 넋: 너기<넉이, 너그<넉으 ~ 넉, 넉뚜
　　　② 닭: 달기<닭이, 달그<닭으 ~ 달, 달뚜　비교: 흙: 흘기<흙이, 흘그<흙으 ~ 흘, 흘뚜
　　　③ 여덟: 여덜비<여덟이, 여덜베<여덟에 ~ 여들, 여들뚜
　　　④ 값: 갑시<값이, 갑쓰<갑ㅆ으 ~ 갑, 갑뚜

(10가)에서는 모음 격 어미 위에서는 '꽃', 휴지와 자음 첨사 위에서는 '꼳'으로 실현된다. 그러나 처격 어미 '에' 앞에서는 동남 방언과 같이 '꽅'으로 실현된다. 따라서 앞의 실현형과 어휘론적으로 제약되어 있다.

(10나)는 '백, 백'이라는 특이한 형태가 발견된다. 표준어 '밖'의 중세어는 '밝'이었고 다른 방언도 이 계통을 잇고 있다.

(10다)①의 '넋'은 동남 남부 방언 및 육진 방언과 같이 단자음 '넉'으로 실현된다. (10다)②의 '닭'은 '달'이나 '닥'으로도 실현된다. 비교에 보인 '흙'도 같다. (10다)③에서는 '여듧'은 모음 어미 앞에서, '여들'은 휴지와 자음 첨사 앞에서 실현된다. (10다)④에서는 어간말 자음이 경음화하는 것만 제외하고는 표준어와 같다. '삶'에 대하여는 자료 제시가 되어 있지 않다.

영동 방언은 그 지리적 특성과 함께 육진 및 동북 방언과 남부의 동남 방언과 공통되는 면을 보여 준다.

동부 방언에 이어 서부 방언을 보기로 한다.

서부 방언으로는 먼저 서울 방언을 보기로 한다. 유필재 교수의 제공 자료와 유필재 (2001, 2006)에 의거한다. 이 지역어도 'ㅅ' 말음 명사는 표준어와 차이가 없다.

(11) 가. ① 꽃: 꼬시<꼿이, 꼬세<꼿에 ~ 꼳, 꼳또

② 밭: (바시<밧이 ~ 반, 받또) ∞ 바테<밭에

③ 잎: 솔리비<솔립이, 떡니블<떡닙을 ~ 입

나. 바끼<밖이 등

다. ① 넋: 너기<넉이, 넉, 넉또 ∞ 넉쓸<넉ㅆ을

② 닭: 다기<닥이, 다글<닥을, 닥, 닥또   비교: 흐기<흑이. 흐글<흑을, 흑, 흑도

③ 여덟: 여덜비<여덟이 ~ 여덜, 여덜두

④ 돐: 돌시<돐이, 돌쓴<돐은[243]~돌

⑤ 갑씨<갑ㅆ이, 갑쓸<갑ㅆ을~ 갑, 갑또

(11가)는 단자음의 실현 양상이다. ①의 '꽃'은 모음 격 어미 앞에서는 '꼿'으로, 휴지와 자음 첨사 앞에서는 '꼳'으로 실현된다. 앞의 환경에서 '꽃'도 실현된다, 그러나 대세는 '꼿'이다. 다른 방언과 같이 표준어의 영향으로 보인다. ②의 '밭'은 모음 어미 위에서는 '밧', 휴지와 자음 첨사 앞에서는 '받'으로 실현되어 음성적 제약을 받는다고 할 수 있으나 처격 어미 '-에' 앞에서는 '밭'으로 실현된다. 특정한 어미 앞의 실현형이란 점에서 그 제약 조건은 어휘적이다. ③의 '잎'은 모음 어미 앞에 나타나고 '입'은 휴지 앞에서 나타나기 때문에 그 제약 조건은 음성적이다. 서울 방언에서는 표준어의 'ㅊ, ㅌ, ㅍ' 말음 명사가 'ㅅ, ㅂ'으로 동요하고 있는 것으로 관찰되고 있다[244].

(11나)의 '밖'의 음성 실현형은 표준어와 같다. ①의 '넋'은 표준어와는 달리 '넉'으로 단일화되어 있다.

(11다)의 자음군의 실현 양상을 보기로 한다. ①의 '넋'은 주격 어미 '이' 앞과 휴지 및 자음 첨사 위에서는 '넉'으로, 대격 어미 위에서는 '넉ㅆ'으로 실현되니 그 조건이 어휘적이라고 볼 수밖에 없다. ②는 모든 환경에서 '닥'으로 단일화되어 있다. '흙'도 마찬가지다. ③의 '여덟'은 '여덟'과 '여덜'로 분화되어 있는데 전자는 모음 어미 앞에서, 후자는 휴지와 자음 첨사 앞에서 실현된다. 교체 조건은 음성적이다. 같은 현상을 영동 방언과 동남 북부 방언에서 보았었다. ④의 주기를 뜻하는 '돐'은 서울 방언에서는 아직도 건재하고 있다. 이를 보면 표준어에서 '돌'로 표준형을 바꾼 것은 성급한 조처가 아닌가 한다 (앞에 나옴). ⑤의 '값'은 표준어와 같이 둘째 말음의 발음이 표준어와 같이 경음으로 발음된다.

서울 방언에 이어 중부 방언 (충남, 충북)의 명사 말음의 실현 양상을 보기로 한다[245]. 주로 괴산, 청주 지역어를 중심으로 하되 나머지 지역어는 참고 정도로 언급한다. 중부 방언도 마찰음 'ㅅ'의 음성 실현은 다른 방언과 차이가 없다.

---

243) 유필재 교수의 제보에 다음과 같은 예가 있다.

(쌀을) 돐은 대 먹겠지 새 쌀 날 때거정

244) 이는 유필재 교수가 회신을 보내 오면서 붙인 소견인데 'ㅍ' 말음 명사의 'ㅂ'으로의 동요는 저자가 추가한 것이다.

245) 제보자인 박경래 교수가 해외 출장으로 회신을 늦게 보내와 번호를 (11-1)로 매긴다는 것을 덧붙여 둔다.

(11-1) 가. ① 꽃: 꼬시<꽂이, 꼬세<꽂에 ~ 꼳, 꼳뚜
② 밭: (바시<밧이 ~ 받, 바뚜) ∝ 바테<밭에
③ 잎: 이베<입에, 이벌<입얼, 입, 입뚜
나. 밖: (바까테가, 바까태두) ∝ (바까틀<바깥을, 바까테<바깥에) ~ 바깓),
다. ① 넋: 너기<넉이, 너글<넉을 ~ 너그, 넉뚜
② 닭: 달기<닭이, 닥걸<닥얼 ~ 닥, 닥뚜 비교: 흐기. 흐글, 흑, 흑또
③ 여덟: 여덜비<여덟이, 여덜베<여덟에 ~ 여덜, 여덜뚜
④ 값: 가비<갑이, 갑, 갑또
⑤ 돐: 돌씨, 돌씨가, 돌씨에

(11-1가)는 'ㅊ, ㅌ, ㅍ'의 실현형이다. (11-1가)①의 '꽃'은 모음 어미 앞에서는 '꽂'으로 단일화되어 있고, 휴지 앞이나 자음 첨사 앞에서는 '꼳'으로 실현된다. 충남 지역어도 비슷하다. 음성적 제약에 의한 교체이다. 그런데 음성과 단양 지역어에서는 '꼬테, 꽅으루, 꼬철' 로 실현되기도 하여 격 어미의 종류에 따라 모습을 달리하기도 한다. 충남 지역은 대부분 '꽂'으로 단일화되어 있다. (11-1가)②의 '밭'은 처격 어미 앞에서는 'ㅌ'로 실현된다. 어미 종류에 따른 교체이니 그 조건은 어휘적이다. 충주, 제천, 단양에서는 주격형 '밭이'가 구개 음화된 '바치'로 실현된다. 'ㅌ' 말음 명사와 ①의 '꽃'은 전반적으로 'ㅅ'으로 실현되어 가고 있다. 전국적 현상으로 보인다. ③은 공통어의 '잎'과 '입'의 교체형이 '입'으로 단일화되어 가고 있다.

(11-1나)는 모음 어미 앞에 나타나는 '바깥'이 주격과 자음 첨사 앞에서는 '바까테'로 교체되고 있으니 제약 조건은 어휘론적이다.

(11-1다)①의 '넋'은 다른 몇몇 방언과 같이 '넉'으로 단일화되어 있다. 충주, 보은 지역에는 '넋쓸'과 같은 실현형도 보인다. 최근에는 충남 지역도 '넉'으로 단일화되어 간다고 한다. ②의 '닭'은 다른 지역에서는 모두 단일화되고 있으며 '흙'은 모든 지역에서 '흑'으로 단일화되어 있다. ③의 '여덟'은 '여덟'과 '여덜'이 음성적 조건에 따라 교체된다. 그러나 많은 지역에서 '닥'으로 단일화되어 가고 있다. 비교에 보인 '흙'은 '흑, 흨'으로 단일화가 이루어져 있다. ④의 '값'은 일부 지역에서는 '갑씨, 갑쓸'과 같이 자음군이 실현되기도 하나 점차로 단일화되어 가고 있다. '돐'은 '돌씨, 돌씨에'와 같이 주격 어미와 재구조화가 되어 기본형이 '돌씨'로 굳어져 가고 있다.

다음은 서남 남부 방언인 고흥 지역어를 보기로 한다. 배주채 교수의 회신 내용과 배주채(1998)을 이용하였다. '옷'과 같은 'ㅅ' 말음 명사의 음성 실현은 다른 지역과 차이가 없다.

(12) 가. ① 꽃: 꼬시<꽂이, 꼬새<꽂애 ~ 꼳, 꼳또
② 밭: (바시<밧이 ~ 받, 받도) ∝ 바테<밭에
나. 밖: (배가시<배갓이 ~ 배갇, 대갇또) ∝ 배가테<배같에
다. ① 넋: (넉시<넋이 ~ 넉, 넉또) ∝ 너글<넉을
② 닭: 다기<닥이, 다글<닥을, 닥, 닥또 비교: 흙: 흐기<흑이, 흐글<흑을 ~ 흑, 흑또
③ 여덟: 여더리<여덜이, 여더레<여덜에, 여덜, 여덜도

④ 값: 가비<갑이, 가블<갑을, 갑, 갑또

(12가)①의 '꽃'은 모음 어미 위에서는 '꼿', 휴지와 자음 첨사 앞에서는 '꼳'으로 실현된다. 음성적 제약을 받는다. 다른 방언은 모음 어미 앞에서 '꽃, 꼿, 꼳'으로 실현되었다, ②의 '밭'은 '밧'과 '받'으로 음성적 조건의 제약을 받는 데 대하여 처격 어미 앞에서는 '밭'으로 실현되어 앞의 두 이형태와 어휘적 조건의 제약을 받는다. 일반적으로 명사 어간은 동사 어간과 비교해 보면 위와 같이 재구조화가 흔하나 동사 어간은 그렇지 않다는 사실을 떠올리게 한다.

(12나)의 '밖'은 '배갓'이라는 재구조화한 어간이 '배갇'과 음성적으로 제약되어 있고 처격 어미 앞에 실현되는 '배깥'과는 어휘적 조건의 제약을 받는다.

(12다)①의 '넋은 '넋'과 '넉', '닭'과 '흙'은 모든 환경에서 '닥, 흑'과 같이 단일형으로 실현된다. 앞에서 본 모든 방언이 둘 또는 그 이상의 이형태를 보여 주고 있었다. ③도 '여덜'로 단일화되어 있으며 ④의 '값' 또한 '갑'과 같이 단일형으로 실현된다. 고흥 지역어는 명사 말음에서 자음군을 잃어 버렸다고 말할 수 있다. 'ㄻ'의 '삶'에 대하여는 자료 제시가 되어 있지 않다. 부안 지역어에서도 비슷한 현상을 볼 수 있다 (김옥화 2001).

서남 남부 방언에 이어 서남 북부 방언인 전주 방언을 보기로 한다. 이 지역도 마찰음 'ㅅ'는 다른 지역과 차이가 없다. 이태영 교수의 회신 내용에 근거하였다.

(13) 가. ① 꽃: 꼬시<꼿이, 꼬세<꼿에 ~ 꼳, 꼳또
　　　② 밭: (바시<밧이 ~ 받, 받또) ∞ 바테<밭에
　나. 밖: (배끼<백이 ~ 박, 박또) ∞ 바케<밬에
　다. ① (넉시<넋이 ~ 넉, 넉또) ∞ 너글<넉을
　　　② 닭: 다기<닥이, 다글<닥을, 닥, 닥또
　　　　비교: 흙: 흐기<흑이-흐이기<흐익이, 흐글<흑을 ~ 흑, 흑또
　　　③ 여덟: (야달비<야덟이 ~ 야달도) ∞ 야다레<야달에
　　　④ 값: (갑시<값이 ~ 갑, 갑또) ∞ 가블<갑을

(13가)의 '꽃, 밭'은 앞의 서남 남부와 차이가 없다.

(13나)의 '밖'은 움라우트된 '백'과 처격 앞의 '밬'이 특이하다. 후자는 전자와 어휘론적으로 제약되어 있다.

(13다)①의 '넋'은 주격 어미 앞에서는 자음군대로 실현되지마는 대격 어미 앞에서는 단자음으로 실현된다. 특정 격 어미 앞의 교체란 점에서 그 조건은 어휘적이다. ②의 '닭'과 '흙'은 단일형 '닥, 흑'만으로 실현된다. 후자는 '흐익'이라는 변종이 있으나 교체의 양상은 같다. (8다)②의 동남 남부 방언과 서울 방언의 (11다)②에서도 비슷한 현상이 목격되었다. ③의 '여덟'은 주격 어미 앞에서는 '야덟', 자음 첨사 앞에서는 '야달'로 실현되어 음성적 제약을 받으나 처격 어미 앞에서는 '야달'로 실현되어 어휘적 제약을 받는다. ④의 '값'은 같은 모음 어미인데도 주격 어미 앞에서는 자음군 '값'으로 실현되지마는 대격 어미 앞에서는 '갑'으로 실현된다. 특정한 격 어미 앞의 실현이

라는 점에서 어휘론적이다.

서남 방언에 이어 서북 방언을 보기로 한다. 이 지역도 'ㅅ' 말음 명사는 다른 지역과 차이가 없다.

(14) 가. ① 꼬치<꽃이, 꼬체<꽃에 ~ 꼳, 꼳뚜
② 바티<밭이, 바테<밭에 ~ 받, 받뚜
③ 니피<닢이, 니페<닢에 ~ 니브, 닙뚜
나. 밖: 배캐니<배캔이, 배캐네<배캔에, 배캔도
다. ① 넋: 넉씨<넉ㅆ이, 넉쓸<넊ㅆ을~넉, 넉뚜
② 달기<닭이, 달글<닭을 ~ 달, 달뚜
③ 야들비<야듧이, 야들블<야듧을 ~ 야들, 야들뚜
④ 돌씨<돐이, 돌쎄<돐에 ~ 돌씨, 돌씨두
⑤ 갑씨<갑ㅆ이, 갑쎄<갑ㅆ에, 갑쓸<갑ㅆ을 ~ 갑, 갑두

(14가)①의 '꽃'의 교체는 표준어와 차이가 없다. ②의 '밭'은 (9가)②의 육진 방언과 같다. ③도 (9가)③의 육진 방언과 같다. 중세어의 모습이 연상된다.

(14나)의 '배캔'은 '밖'의 서북 방언인데 중세어의 '밝'과 관련하여 그 형성 과정을 밝힐 필요가 있다.

(14다)①의 '넉ㅆ'은 교체 환경은 표준어와 같고 실현형은 (7다)①의 동남 북부 방언과 같다. (14다)②는 (7다)②의 동남 북부 방언과 그 실현형이 같다. '닭'과 '달'이 음성적 조건에 따라 교체된다. (14다)③의 '야듧'은 반도의 딴 지역과 달리 첫 음절이 '야'인 것을 제외하고는 그 교체 양상이 (7다)③의 동남 북부 방언과 (10다)③의 영동 방언과 일치한다. '돐'이 (14다)④에 '돐'의 형태로 남아 있는 것은 (9다)④의 육진 방언의 '돐'과 함께 문화어에 '돐'을 두는 법적 근거가 되었을 가능성이 없지 않다. (14다)⑤의 '갑ㅆ'과 '갑'의 교체 조건은 말음의 둘째 음이 경음화하는 것을 제외하고는 표준어와 완전히 일치한다. 'ㄻ'의 '삶'에 대하여는 자료 제시가 되어 있지 않다.

끝으로 제주 방언의 명사 말음의 실현 양상을 보기로 한다[246]. 이 지역어도 'ㅅ' 말음 명사는 반도의 다른 지역과 같이 아무런 변함이 없다.

(15) 가. ① 꽃: 꼬시<꼿이, 꼬세<꼿에 ~ (줄) 꼳 '(귤) 꽃', 꼳또
② 밭: 바시<밧이 ~ 보리받, 받또
③ 잎: 이비<입이, 이베<입에, 나밉 '나뭇잎'<남입
나. 밖: 밧기<밖이, 바ᄁᆞᆺ시<밧ᄁᆞᆽ이, 밧게<밖에 ~ 문받, 받또
다. ① 넋: 너기<넉이, 너글<넉을 ~ 넉뚜리, 넉또
② 닭: ᄃᆞ기<ᄃᆞᆨ이, ᄃᆞ글<ᄃᆞᆨ을 ~ (온)ᄄᆞᆨ<(온)ᄃᆞᆨ, ᄃᆞᆨ또
비교: ᄒᆞ기<ᄒᆞᆨ이, ᄒᆞ글<ᄒᆞᆨ을 ~ 지ᄂᆞᆨ<진ᄒᆞᆨ '진흙'
③ 여덟: ᄋᆢᄃᆞ비<ᄋᆢᄃᆞᆸ이, ᄋᆢᄃᆞ베<ᄋᆢᄃᆞᆸ에 ~ (ᄉᆞ물)ᄋᆢᄃᆞᆸ, 여ᄃᆞᆸ도

---

246) 제주 방언은 고재환 교수의 회신 내용과 고재환 (2011/2013가: 24-48)을 참조하였다.

④ 돐: 도세<돗에 ~ 흔 돌, 두 돌, 세 돌… 으슷돌

⑤ 값: 까비<깝이, 까블<깝을 ~ 밥깝, 깝도

(15가)①의 '꽃'은 반도의 서울 방언과 서남 남부 방언과 같이 모음 어미 앞에서는 모두 '꽃'으로, 휴지와 자음 첨사 앞에서는 '꼳'으로 실현된다. 제주 방언의 'ㅊ' 말음 명사는 모두 'ㅅ'로 실현된다, '슻, 윷, 몇, 몇몇'은 '숫, 멧, 멧멧'으로 발성된다. ②의 '밭'은 음성적 환경에 따라 '밧'과 '받'으로 분화되어 있다. '밧'은 '왓'으로 실현되기도 한다. 제주 방언에는 앞의 'ㅊ' 말음 명사와 같이 'ㅌ' 말음 명사는 모두 'ㅅ'로 실현된다 (풋 '팥', 솟 '솥', 머리맛 '머리맡', 밋 '밑'). ③의 '잎'은 '입'으로 단일화되어 있다. 딴 방언에서는 볼 수 없는 현상이다. 요컨대 제주 방언은 표준어의 'ㅊ, ㅌ, ㅍ' 말음 명사는 모두 'ㅅ'로 합류되어 있다.

(15나)는 모음 어미 앞에서는 '밨', 휴지나 자음 첨사 앞에서는 '받'으로 교체되는데 이는 중세어의 '밨, 밧'의 교체형과 완전히 일치한다. 앞의 육진 방언과 같이 중세어적 모습이 그대로 남아 있다.

(15다) ①의 '넋'은 '넉'으로 단일화되어 있다. '넋'뿐만 아니라 넉두리 '넋두리', 목목이 '몫몫이', 품삭 '품삯' 등도 그 어간이 단일화되어 있다. (8다)①의 동남 남부 방언과 (9다)①의 육진 방언에서도 같은 현상을 목격하였다, ②의 '닭'과 '흙' 역시 '득'과 '흑'으로 단일화되어 있다. (12다)②의 동남 남부와 (11다)②의 서울 방언과 흡사하다. ③의 '여덟'은 '으듭'으로 단일화되어 있다. (8다)③의 동남 남부 방언과 (12다)③의 서남 남부 방언과 병행한다. ④의 '돐'은 '돗'으로 재구조화되어 있다. 현재 주기의 '돐'은 서울, 육진, 서부 방언에서만 남아 있고 다른 지역에서는 생일의 '돌'과 합류하여 버렸다. ⑤의 '값'은 '깝'으로 단일화되어 있는데 이는 (12다)③의 서남 남부 방언인 고흥 지역어와 일치한다. 'ㄻ' 명사의 교체는 표준어와 같다. 제주 방언에는 어말 자음군이 모두 자취를 감추었다는 것을 알 수 있다. 이는 'ㅊ, ㅋ, ㅌ' 말음 명사가 'ㅅ'로 합류된 것과 보조를 같이한다.

이상과 같이 저자는 마찰음 'ㅅ' 말음을 비롯하여 유기음 'ㅊ, ㅋ, ㅌ' 말음 명사와 쌍자음 'ㄲ', 어말 자음군의 방언별 실현 양상을 검토하여 보았다. 마찰음 'ㅅ' 말음 명사는 전 방언에 걸쳐 변이형을 전혀 찾을 수 없었다. 우리말 종성의 미파화는 먼저 파열음에서 일어나고 그 뒤에 마찰음과 파찰음으로 번져 나간 것으로 보인다 (김무림 1998: 12). 중세어에는 'ㅅ' 말음 마찰음 명사가 'ㄷ' 말음 명사와 구별되었는데 근대를 거치는 사이에 공통어를 비롯하여 전 방언에 걸쳐 변별적 특징이 상실되었음을 확인할 수 있다[247]. 유기음 계열의 말음 명사는 휴지나 자음 첨사 앞에서는 폐쇄음으로 교체되지마는 모음 어미 앞에서는 규칙적으로 실현되기도 하고 불규칙적으로 실현되기도 하였다. 쌍자음 'ㄲ'는 규칙적 교체는 드물고 어간이 재구조화되기도 하였으며 제주 방언에서는 중세어의 모습을 유지하고 있었다. 어말 자음군 역시 방언에 따라 그 실현 양상이 대부분 불규칙

247) 김완진 (1976)에서는 노걸대언해류의 초간 (1515?)과 중간 (1670)의 비교를 통하여 17세기 중반 경에 어말의 'ㄷ'가 'ㅅ'로 합류되었다고 하였고 권인한 (1990)에서는 18세기 후반의 왜학서류를 통하여 앞의 것과는 반대로 'ㅅ'이 'ㄷ'로 합류하였다고 하였다. 어쨌든 어말의 'ㅅ'와 'ㄷ'는 중세에서 근대로 오는 사이에 서서히 그 변별적 기능을 잃은 것으로 보인다.

적이었다. 그러나 제주 방언은 유기음 계열의 말음 명사와 자음군 명사는 모두 평음 계열로 합류하였다는 사실이 확인되었다. 이는 지역적 유형론의 관점에 설 때 앞에서 검토한 동사 어간 말음의 실현 양상과 병행하는 흥미로운 현상으로 보인다. 앞의 분석 대상에는 올리지 않았지만 유음 'ㄹ'의 명사 말음은 지역에 따라 동요가 목격된다. 육진 방언의 'ㄹ' 명사 말음은 'ㄹ' 동사 말음과 같이 외파적이었다는 점을 지적해 둔다. '물, 날, 쌀'의 'ㄹ'은 다른 지역과는 달리 외파적인 [r]였다(소신애 2008).

B. 어휘적 교체

앞의 음성적 교체에 이어 명사 어간부의 어휘적 교체를 보기로 한다.

〈공통어〉

당대 공통어의 명사 어간은, 앞에서 본 바와 같이, 대부분 음성적 교체에 의지하고 어휘적 교체는 흔하지 않다. 명사와 대명사, 수사의 순서로 교체 양상을 보기로 한다.

(16) 가. 나무, 나무가, 나무를, 나무에, 나무다
　　나. 구멍, 구멍이, 구멍을, 구멍에, 구멍이다

위의 예는 남북 공통어, 곧 표준어와 문화어에서는 휴지 앞이건 모음 어미나 계사 '이다' 앞이건 아무런 변동이 없다. 그러나 중세어와 방언을 보면 그 교체 양상이 매우 복잡하다. 중세어와 방언의 교체 양상을 서술하기 위하여 편의상 들었다.

〈중세어〉

당대 공통어는 명사에 격 어미가 붙을 때 대명사만 어휘론적 교체가 확인되나 중세어는 대명사는 큰 변동이 없고 명사에서 어휘론적 교체를 접할 수 있다.

앞의 (16)에서 본 바와 같이, 당대의 공통어는 '나무'와 '구멍'은 아무런 변이가 목격되지 않으나 중세어는 다음과 같이 곡용에서 'ㄱ'이 생기는 등 변동이 심하다[248].

(17) 가. 나모 '木', 나모도, 나모와, 나못 불휘 ~ 남기, 남ᄀᆞᆫ, 남ᄀᆡ, 남ᄀᆞᆯ, 남ᄀᆡ셔, 남기라
　　나. 구무 '孔', 구무와, 구무마다, 구무도, 구무ᄃᆞᆯ해 ~ 굼기, 굼ᄀᆞᆫ, 굼근, 굼글, 굼긔셔, 굼기라
　　다. 녀느 '他', 년기, 년근, 년글, 년긔, 년기라 ~ 녀느 아니라, 녀느 夫人, 녀늣 이ᄅᆞᆯ

(17)의 예들은 '나모, 구무, 녀느'와 같이 휴지 앞이나 '나모와, 구무와, 나모도, 구무도, 구무ᄃᆞᆯ히, 나못 불휘, 녀늣 이ᄅᆞᆯ'과 같이 자음 격 어미 및 자음 첨사 앞에서는 '나모, 구무, 녀느'와 같이 명사의 기본형이 유지되는 데 대하여 모음 격 어미 앞에서는 '낡, 굵, 녆'으로 어간이 일음절로 단축된

248) 자료는 남광우 편저의『教學 古語辭典』(1997)에서 뽑았다.

다. 어간 말음절이 '모, 느'로 된 '아모, 어느' 같은 어휘는 '*아ᇚ이, *아ᇚᄋᆞᆯ; *어ᇅ이, *어ᇅ을' 등으로 교체되지 않는다는 사실과 비교하면 어휘적 조건에 의하여 교체된다는 사실을 알 수 있다[249]. 그런데 15세기에는 '나모ᄂᆞᆫ'과 같이 규칙 곡용을 하는 예가 보인다 (이기문 1962: 123). 공시태 속의 동요라 할 것이다. '시므 ~ 심ㄱ'과 함께 근대어까지 유지되다가 일부 방언에서 흔적을 남기고 공통어에서는 단일화되었다. '구무'의 '구멍'으로의 변화는 『新增類合』에서 목격할 수 있다는 보고도 있다 (강은국 1993: 233).

다음 예도 마찬가지다.

(18) 가. ᄂᆞᄅᆞ 津, ᄂᆞᄅᆞᆺ 머리예 ~ ᄂᆞᆯᄋᆡ, ᄂᆞᆯᄋᆞᆯ, ᄂᆞᆯ이로다
나. ᄒᆞᄅᆞ 세 번식, ᄒᆞᄅᆞᆺ 內예 ~ ᄒᆞᆯᄅᆞᆫ, ᄒᆞᆯᄅᆞᆯ, ᄒᆞᆯᄅᆡ, ᄒᆞᆯ리어나
다. 부텻 아ᅀᆞ, 아ᅀᆞ와 ~ 아ᇫ이, 아ᇫᄋᆞᆫ, 아ᇫᄋᆞᆯ, 아ᇫ이라
라. ᄣᅳᆯ>ᄣᅳㄹ, ᄣᅳ로 ∝ ᄣᅵ<ᄣᅳㅣ, ᄣᅴ<ᄣᅳ의, ᄣᅵ라<ᄣᅳㅣ라
마. ① 업슬 ᄉᆞᆫ<ᄉᆞㄴ, 發明ᄒᆞᆯ ᄉᆞᆯ<ᄉᆞㄹ ~ 업슬 시, 글지슬 씨<씨니
② 뷘 ᄃᆞᆯ<뷘ᄃᆞㄹ ~ 나논 디, ᄡᅮᆶ디면

(18)은 모음으로 성립된 명사의 끝 음절이 모음 격 어미나 계사와 결합되면 탈락하는 예이다. (18가)는 'ᄅᆞ'로 끝나는 명사가 모음 어미 및 계사 앞에서 모습을 달리하는 예이다. 휴지 앞이나 자음 'ㅅ'으로 된 격 어미 앞에서는 'ᄂᆞᄅᆞ, ᄒᆞᄅᆞ'와 같이 아무런 변화가 없으나 모음 격 어미나 계사 앞에서는 'ᄂᆞᆯㅇ'과 'ᄒᆞᆯㄹ'로 일음절로 단축된다. 그러나 단축의 양상이 같지 않다. (18가)는 말음이 'ㄹㅇ'인 데 대하여 (18나)는 말음이 'ㄹㄹ'이다. 어간에 따라 실현형이 달라지는 것이니 어휘적 요인에 의한 교체이다. 그 예를 들면 다음과 같다.

(18) 가'. ᄀᆞᄅᆞ, 노ᄅᆞ, ᄌᆞᄅᆞ, 시르
나'. ᄆᆞᄅᆞ

앞에서 저자는 동사의 활용에서도 비슷한 현상이 있음을 언급하였다. 앞 장 (§6.2.3.1, 134쪽)의 (34가)에서 든 '다ᄅᆞ다'는 (18가)와 같이 활용하였고 '흐르다'는 (18나)와 같이 활용하였다.

(18다)는 휴지 앞이나 공격 '와' 앞에서는 기본형 '아ᅀᆞ'로 실현되던 것이 모음 격 어미와 계사 앞에서는 일음절 어간 '아ᇫㅇ'로 단축되는 예이다. 물론 15세기 당시에 '앗이, 앗ᄋᆞᆯ' 등으로 실현되는 일도 있었다 (이기문 1962: 138). 'ᅀᆞ'를 말음으로 가진 명사라도 'ᄌᆞᅀᆞ'와 같은 명사는 '아ᅀᆞ'와 같은 곡용을 하지 않는 일이 있었다. 그렇기 때문에 '아ᅀᆞ'와 같은 명사의 곡용형을 어휘적으로 처리하지 않을 수 없다. (18나, 다)는 근대어를 거치는 사이에 단일화가 형성된 것으로 보인다.

(18라)의 '*ᄣᅳ'는 가상적 어간인데 대격과 조격 어미 앞에서만 실현되고 주격, 처격, 계사 앞에서는 어간 말음 'ㅡ'가 탈락한다. 말음 'ㅡ'의 탈락이 주격과 속격 그리고 계사 등의 특정한 환경에서

249) '아모, 어느'의 성조형이 '나모, 녀느'와 달라 특수 어간 교체의 변수가 된다는 견해가 있기는 하나 (한재영 1997: 801 각주 16), 여기서는 이런 문제는 일단 접어 두기로 한다.

일어나기 때문에 어휘적이라고 할 수 밖에 없다.

(18마)는 앞에서 본 의존 명사 'ᄉᆞ, ᄃᆞ'의 교체이다. 'ᄉᆞ'는 주제격과 대격 어미 앞에서, 'ㅅ'는 주격 어미와 계사 앞에서 실현된다. 'ᄃᆞ'는 대격 앞에서, 'ㄷ'는 주격과 계사 앞에서 실현된다. 앞의 예와 마찬가지로 그 교체 조건이 어휘적이다.

다음은 말음에 '이'를 가진 명사가 속격 어미와 결합되면 탈락한다.

(19) 가. 아비 ∝ 아ᄇᆡ<아비ᄋᆡ (本貫), 아기 ∝ 아ᄀᆡ<아기ᄋᆡ (빈)
　　나. 늘그니 ∝ 늘그늬<늘근이의 (허될), 다ᄅᆞ니 ∝ 다ᄅᆞᄂᆡ<다ᄅᆞᆫᄋᆡ (이를)
　　다. 가히 ∝ 가ᄒᆡ<가히ᄋᆡ (모미)

(19)는 유정 명사 중에서 'ㅣ' 말음 명사의 말음 'ㅣ'가 속격 어미 앞에서 탈락하는 예이다. 음성적 제약에 의한 음의 탈락이다. (가)는 일반 명사이고 (나)는 사람을 뜻하는 의존 명사 '이'와의 합성 명사이다. (다)는 동물 명사 '가히'가 모음 속격 어미 'ᄋᆡ' 앞에서 탈락하는 예이다. 다른 모음 격 어미 앞에서는 아무런 변동이 없는데 속격 어미 앞에서 탈락하는 것이니 교체 조건은 어휘적이다.

말모음 'ㅣ'의 탈락이 모든 명사에 걸치는 것이 아니고 인간, 동물 등의 유정 명사에 국한한다는 것은 교체의 요인이 어휘적임을 대변한다. 비교를 위하여 말음 'ㅣ'를 가진 무정 명사를 들어둔다.

(19') 가. 쇠고리, 허리, 소리, 터리, 다리 등
　　나. 가지, 보리, 미나리 등
　　다. 서리, 자리, ᄉᆞᅀᅵ 등

(허웅 1975: 323)

(가)는 사람이나 동물의 부분이고 (나)는 식물이며 (다)는 일반 명사이다.

중세어에는 유정 명사라도 말모음 'ㅣ'가 탈락하지 않는 일이 있었다.

(19") 諸子ㅣ 아비의 便安히 안ᄌᆞᆫ ᄃᆞᆯ 보고 (법화경언해 2, 138)
　　비교: 諸子ㅣ 아ᄇᆡ 주구믈 (<죽움) 듣고 (법화경언해 5, 158)

공시태 속의 동요 현상으로 처리한다. 이런 현상은 동명사절에서 많이 나타난다.

〈방언〉[250]

공통어와 중세어에 이어 방언에 나타나는 명사의 형태적 교체를 보기로 한다. 방언은 중세어와 같이 대명사뿐만 아니라 명사에서도 형태 교체가 일어난다[251]. 명사의 교체를 먼저 다루고 다음

250) 방언의 명사, 대명사의 어간 교체는 서북 (김영배), 육진 및 동북 (곽충구), 제주 (고재환), 중부 (박경래), 강릉 (김옥영), 서울 (유필재), 동남 경북 (임석규), 동남 경남 (최명옥), 서남 남부 (배주채), 여러 방언학 전공 교수들의 협조를 받았음을 밝혀 두는 바이다.

251) 동남 북부 방언은 임석규 교수의 회신 내용과 임석규 (2007다: 58-72)을 참고하였다.

으로 대명사로 나아가기로 한다.

먼저 동남 북부 방언을 보기로 한다[252]. 곡용형은 주격, 주제격, 대격, 속격, 여격, 처격, 계사, 기본형의 순서로 제시한다.

(20) 가. 나무: 나무 ~ 낭기, 낭근, 낭글, 낭게, #나무#
　　나. 구멍: 궁기, 궁근, 궁게, 궁글, #구글#

위의 (20)은 **영주 지역어**의 자료이다. 전반적으로 이 지역의 '나무'의 곡용형은 중세어와 일치한다. (20)의 '나무'와 '구멍'은 중세어처럼 모두 어간이 단축되고 'ŋ' 이 덧생긴다. 이곳의 'ŋ'은 어간 말음의 순음 'ㅁ'이 연구개음 'ㄱ' 앞에서 동화된 것이다. '나무'는 중세어와 같이 휴지나 자음 첨사 '도, 만' 앞에서 실현되고 '낭ㄱ'는 모음 어미 앞에서 실현된다. '아무'와 비교하면 '나무'의 '낭ㄱ'으로의 교체는 어휘적 요인에 의한 교체라고 말할 수 있다. '나무'를 기준으로 하면 '낭ㄱ'는 모음 어미 앞에서 나타나므로 실현 조건은 음성적이다. 기본형 '나무'는 경북 서부 지역에서 '낭구'로도 실현된다. '구멍'의 기본형은 '궁글'인데 대격형 '궁글'과 형태가 같다. 대격형이 화석화하여 기본형이 된 것과 같다. 영주 지역어에는 중세어와는 달리 '자루' (袋)와 '가루' (粉)가 '잘기, 잘걸; 갈기, 갈걸'과 같이 어간의 단축과 함께 연구개음 'ㄱ'이 실현된다. '낭ㄱ, 궁ㄱ'에 유추된 것으로 보인다. 울진 지역어에서는 '나무'가 '낭지, 남'으로 나타나기도 한다. 그리고 합성어 형성에 참여할 때에는 '매시리나무, 콧구무'와 같이 실현되기도 하지만 '호두남, 콧궁'도 보인다 (임석규 2007다: 69).

다음은 동남 남부 방언의 사천 · 삼천포 지역어에 나타나는 명사의 곡용 양상이다. 이는 최명옥 교수의 회신 내용을 참조한 것이다.

(21) 가. 나무: 나무가, 나무는, 나무에, 나무로 (대격), #나무#
　　나. 구멍: 구녕이, 구녕은, 구녕에, 구녕을, #구녕#

(21가)는 대격으로 '-로'가 쓰인다는 점을 제외하고는 표준어와 차이가 없다. 이는 동남 방언에 공통되는 현상이다 (뒤에 나옴). 명사 '나무'에는 공통어와는 달리 아무런 변화가 없다. '구멍'은 '구녕'으로 실현되는데 역시 아무런 변동이 없다. 동남 북부 방언은 (20)에서 본 바와 같이, '낭ㄱ, 궁ㄱ'으로 분화되는데 남부에는 그렇지 않다. 그러나 당대 이전에는 '낭ㄱ, 궁ㄱ'으로 분화되지 않았나 한다. 경남 지방의 민요 '새는 새는 <u>낭게</u> 자고 쥐는 <u>궁게</u> 자고 …'를 참고할 때 그렇게 추론할 수 있다.

동남 방언에 이어 육진 방언과 동북 방언을 보기로 한다. 곽충구 교수의 회신 내용과 곽충구 (2001)을 중심으로 진행된다

(22) 가. 나무: (낭기, 낭게) ∝ 낭그느 ∝ 낭그, #나무# - #낭기#[253]
　　나. 구멍: ① 궁기 (주격), 궁그느 (주제격), 궁게 (처격), 궁그 (대격), #구무# ~ #궁기#

---

252) 제보자는 앞의 음성적 교체와 같다.

253) 러시아 카잔 자료에는 '냉기'로 많이 나타나지만 현재는 대부분 '낭기'를 사용한다.

② 구내 (주격), 구냐느 (주제격), 구냐에 (처격), 구냐 (대격), #구내#

(22)에서 보는 바와 같이, 함북 방언의 '나무'와 '구무'의 형태적 교체는 (20)의 동남 북부 방언과 같이 중세어와 거의 일치한다. (가)의 '나무'는 모음 어미 앞에서는 '낭ㄱ', 주제격 '느' 앞과, 'Ø'로 실현되는 부정적 대격 앞에서는 '낭그'로 실현된다. 세 이형태는 음성적 조건의 영향을 받지 않으므로 어휘적으로 제약되어 있다고 해야 한다. '나무'의 기본형은 '나무'와 주격형 '낭기'가 공존한다. 전자는 합성어의 어근으로만 확인된다. 이를테면 '나무글기' (나무그루터기), '나무구시' (나무구유), '나무신' (나막신)과 같다. '나무'는 자음 첨사 '도, 꺼지'와 공격 '-가' 앞에서도 실현되는데 그 분포가 중세어와 차이가 없다. (22가)의 나무를 가리키면서 무엇이냐고 물으면 한결같이 '남기'로 대답한다는 사실에서 그것을 추론할 수 있다. (22나)①은 동북 방언에서 주로 쓰이고 ②는 육진 방언에서 주로 쓰인다. 전자의 이형태의 실현은 (가)의 '나무'와 같고 후자는 형태만 다소 다를 뿐 교체 양상은 같다.

다음으로는 동남 방언과 동북 방언의 연장선 위에 있는 영동 방언에 속하는 강릉 지역어를 보기로 한다. 자료 제공자 김옥영 박사의 회신을 이용하기로 한다.

(23) 가. 나무: (낭기, 낭게, 낭글) ∝ 낭그는, #낭그/낭기#
　　나. 구멍: 궁기거, 궁기는, 궁기에, 궁기르, #궁기/구영#

(23가)의 '나무'는 모음 격 어미 앞에서는 '낭ㄱ'로 실현된다. 물론 대격형이 '낭그르'로 실현되기도 한다. 같은 격 어미의 교체라 하더라도 주제격 앞에서는 '낭그'로 교체된다. 특정한 격 어미 앞의 교체란 점에서 어휘적으로 제약되는 것으로 본다. '나무'의 기본형은 '낭그'와 '낭기'가 수의적으로 실현되고 있다. 전자는 주제격의 '낭그'가 기본형으로 굳어진 것이고 후자는 주격형이 기본형으로 굳어진 것이다. (22가)의 동북 방언에서도 비슷한 현상을 보았었다.

다음은 서울 방언이다. 유필재 교수의 회신 내용을 참고하여 정리한 것이다.

(24) 가. 나무: 나무가, 나무에, 나무를, #나무#
　　나. 구멍: 구녀기<구녁이/구녕이, 구명은/구녀근<구녁은, 구녕에, 구녕을, #구멍/구녁#

(24가)의 '나무'는 표준어와 차이가 없다. '구멍'의 기본형은 '구멍'과 '구녁'이 수의로 동요한다. 두 어휘 모두 단일형으로 실현된다.

다음은 충청도로 포괄되는 중부 방언이다. 박경래 교수의 회신 내용을 정리한 것이다.

(25) 가. 나무: 낭구가, 낭구는/낭군, 낭구에, 낭굴<낭구ㄹ, #낭구#
　　나. 구멍: 구녕이/구녀기<구녁이, 구녕언/구녀건<구녁언, 구녕에/구녀게<구녁에, 구녀걸<구녁얼/구녕얼, #구녕# - #구녁#

(25가)의 '나무'는 '낭구'로 단일화되어 있나. 재구조화된 '낭구'가 기본형이 되어 격 어미가 붙는다. 그러는가 하면 공통어와 같이 기본형 '나무'에 격 어미가 붙은 '나무가, 나무넌, 나무에, 나무럴'

도 공존한다. 전자가 보수형이라면 후자는 개신형이다. (나)의 '구멍'은 '구녕'과 '구녁'이 공존하는데 전자는 개신형, 후자는 그 형성 과정에 대하여 아직도 구명된 바 없다고 한다.

다음은 서남 남부 방언인 전남 고흥 지역어의 명사의 곡용 양상이다.

(26) 가. 나무: 나무가, 나무는, 나무에, 나무를, #나무#
　　나. 구멍: 구네기<구넥이, 구녀근<구녁은, 구녀게<구녁에, 구녀글<구녁을, #구녁#

(26가)의 '나무'는 공통어와 차이가 없다. 모두 단일형이다. (나)의 '구멍'도 '구녁'으로 단일화되어 있다. 주격형 '구넥이'에 나타나는 '구넥'은 움라우트된 어형이다.

다음은 서남 북부 방언의 영변 지역어이다. 김영배 교수의 회신 내용을 정리하기로 한다. 김영배 교수 (1931년생)는 1948년에 월남하여 서북 방언을 집중적으로 연구해 온 학자로서 고향 친구분들과 만나 저자의 설문에 대한 응답을 보내 주었다.

(27) 가. 나무레, 나무는, 나무를, 나무에, #나무#
　　나. 구멍이, 구멍은, 구멍을, 구멍에, #구멍#

(27가)의 '나무'와 (나)의 '구멍'은 표준어와 완전히 일치한다. 서북 방언에도 중세어와 같이 곡용할 때, 'ㄱ'이 출현하였던 흔적이 있다. '나무'는 '낭기, 낭글'로 곡용을 하고 '쌀 자루'가 주격과 결합되면 '쌀잘기'로 실현되는 데 (김영배 1984: 63, 89-90)서 그런 사실을 추론할 수 있다. '자루'의 중세어 어형은 'ᄌᆞᄅᆞ'로서, (18가)에서 본 바와 같이, 모음 어미 앞에서는 'ᄌᆞᆯㅇ'로 어간이 단축되었다. 비슷한 현상이 (20)의 동남 북부 방언에서도 목격되었다.

끝으로 제주 방언의 명사의 교체 양상을 보기로 한다. 고재환 교수의 회신 내용과 고재환 (2013가: 46-47)을 참고하여 정리한 것이다.

(28) 가. 나무: 낭ㄱ (낭기, 낭게, 낭글) ∝ 남그르, #남그/남기#
　　나. 구멍: 궁기거, 궁기는, 궁기에, 궁기르, #궁기#

(28가)의 '낭ㄱ'는 주격, 처격, 대격에서 실현되고 '남그'는 대격 '남글'의 수의적 이형태인데 다른 곡용형과 어휘적으로 제약되어 있다. '나무'는 기본형이 '남그'와 '남기'가 수의로 교체되고 있는데 대격형과 주격형이 재구조화의 단계를 거쳐 기본형으로 굳어진 것이다. 비슷한 현상을 (22)의 동북 방언에서도 목격한 바 있다. (28나)의 '구멍'은 '궁기'로 단일화되어 있다. 기본형은 '궁기'로 책정되는데 이는 모두 중세어의 '구무'의 이형태 '굶'의 재구조화한 어형으로 보인다.

명사 '나모, 구무'의 교체에 이어 대명사의 실현 양상을 검토하여 보기로 한다[254].

다음은 공통어의 대명사에 나타나는 형태적 교체의 예이다.

---

254) 대명사의 총체 서술은 이기갑 (2003: 651-662)에서 전면적으로 시도된 바 있다. 그러나 제1인칭 대명사의 겸손형 '저'에 대하여는 조사 대상에 넣지 않았다. 이곳에서는 대명사의 실현 양상을 지역별로 검토하는 방향으로 서술한다,

(29) 가. 인칭 대명사 (단수)

① 제1인칭: 〈단수〉 내가, 나는, 내 (〈나의), 나를, 나에게, 나다, #나#; 〈복수〉우리

①' 제1인칭 (겸손): 〈단수〉 제가, 저는, 제〈저의, 저를, 저에게, 접니다 (〈저ㅂ니다), #저#; 〈복수〉 저희

② 제2인칭: 〈단수〉 너, 네가, 너는, 네〈너의, 너를, 너에게, 너다; 〈복수〉 너희

나. 재귀 대명사

〈단수〉 제가, 저는, 저의, 저를, 저에게, 접니다〈저입니다, #저#, 〈복수〉 저희

다. 지시 대명사

① 사물: 이것, 그것, 저것, 무엇, 어느것

② 처소: 여기, 저기, 거기, 어디, 아무데

(29가)는 단수 인칭 대명사의 계열표이다. 제1인칭의 기본형 '나'는 주제격, 대격, 여격, 계사 앞에서 실현되고 나머지는 불규칙하다. 주격은 기본형 '나'가 주격 표지 '가'와 결합되면 '내'[nɛ]로 교체한다. 특정한 격 어미 앞에서 형태를 바꾸는 것이니 그 조건은 어휘적이다[255]. 속격형 '내'는 '나의'의 융합인데 주격의 '내'와는 다르다. 전자는 후자의 수의적 형식이라는 점에서 그 이형태화 과정은 다루지 않는다. 여격형 '나에게'는 '내게'로 축약되기도 하는데 기본형 '나'와 처격 '에'가 융합되어 '내'가 되고 여기에 유정물 표지 '게'가 붙었다. 속격형 '내'와 같이 수의적 형식이다, 그렇다면 제1인칭 대명사 '나'의 이형태는 주격 표지 '가' 앞에 실현되는 '내' 밖에 없다. 제1인칭 복수형은, 앞에서 언급한 바와 같이, 보충법에 의한 형성이다. 제1인칭의 겸손형과 제2인칭의 복수형은 어간에 접미사 '-희'가 붙어 형성된다. 보충법에 기대는 제1인칭 복수형과는 다르다. 그리고 재귀 대명사도 같이 처리할 수 있다. 재귀 대명사에는 한자어 기원의 '자기'가 있으나 앞 (§6.3.2.3.A, 217쪽)에서 그 기능을 설명하였기 때문에 이곳에서는 고유어 '저'에 국한하였다. 이들 대명사의 이형태의 교체를 다음과 같이 표시하기로 한다.

(29-1) 나 ∞ 내 (제1인칭)

저 ∞ 제 (제1인칭 겸손형 및 재귀 대명사)

너 ∞ 네 (제2인칭)

(29다)①의 사물의 '이것, 그것, 저것, 무엇, 어느것'은 빠른 말씨에서는 '이거, 그거, 저거, 무어, 어느거'로 변이를 일으키기도 하나 필수적이 아니므로 다루지 않는다. 또 이들 대명사는 격조사와 결합되면 다음과 같이 변이를 일으키기도 한다.

(29) 다. ①' 주 격: 이게, 그게, 저게, 무에, 어느게

주제격: 이건, 그건, 저건, 무언, 어느건

대 격: 이걸, 그걸, 저걸, 무얼, 어느걸

255) 교체의 원인은 통시적 요인을 고려해야만 설명될 수 있다 (뒤에 나옴).

계　사: 이거다, 그거다, 저거다, 무언가, 어느건가

이들 변이형 역시 수의성을 띠고 있기 때문에 이형태화 과정을 특별히 논의하지 않는다. (29다)② 의 처소 지시 대명사는 적어도 표준어에서는 특별한 변이가 눈에 띄지 않는다.

〈중세어〉

중세어의 대명사는 특별한 형태 교체가 보이지 않는다. 방언과의 비교를 위하여 계열표를 제시한다.

(30) 가. ① 제1인칭: 〈단수〉 내, 나ᄂᆞᆫ, 내 (몸), 나ᄅᆞᆯ, 나ᄋᆡ 그에, 내라, #나#
〈복수〉 우리 (ᄃᆞᆯㅎ)
② 제2인칭: 〈단수〉 :네, 너는, 네, 너를, 너의 그에, 네라, #너#
〈복수〉 너희 (ᄃᆞᆯㅎ)
나. 재귀 대명사: 제, 저ᄂᆞᆫ, 제 (ᄠᅳᆮ), 저를, #저#
〈복수〉 저희
다. 지시 대명사
① 사물: 이, 그, 뎌
② 처소: 이어긔, 그어긔, 뎌어긔
라. 미정 대명사
① 사물: 어느, 므슥, 아모것
② 처소: 어듸, 아모ᄃᆡ

(30가)①의 제1인칭의 단수 주격과 속격은 형태는 같지마는 성조가 다르다. ②의 제2인칭 대명사도 같다. (나)의 재귀 대명사도 격에 따라 성조가 다르다. 재귀 대명사에는 제3인칭의 공대말 ‘ᄌᆞ갸’가 있다. (다)의 지시 대명사 ①은 당대어와는 달리 그 자체로 자립하여 쓰인다. 중세어의 대명사는 인칭 대명사의 제1, 2인칭에서 성조의 차이가 있을 뿐, 외형에는 차이가 없다.

공통어와 중세어의 대명사를 바탕으로 하여 동남 북부 방언의 대명사 형태의 교체 양상을 보기로 한다. 이곳에서도 곡용형은 주격, 주제격, 대격, 속격, 여격, 처격, 계사, 기본형의 순서로 제시한다. 임석규 교수의 회신 내용을 정리한 것이다.

(31) 가. 인칭 대명사의 형태와 곡용형
① 제1인칭: 〈단수〉 내가, 나는, 나럴, 내 (것), 내인테/내한테, 내다, #나#
〈복수〉 우리들
①' 〈단수〉 제1인칭 겸손형: 지가/저가, 저는, 저를/지:럴, 지(책), 저인테/저한테, 접니다, #저#
〈복수〉 저희들
② 제2인칭 〈단수〉 니:가, 니넌/니:는, 니럴/니:럴, 니인테/니한테, 니:다, #니#

〈복수〉 너:들

나. 지시 대명사의 형태와 곡용형

① 사물: 이거, 그거, 저거

①' 이게, 이걸/이거럴, 이거다; 그게, 그걸/그거럴, 그거다; 저게, 저걸/저거를, 저거다

② 처소: 여게, 거게, 저게/여어, 거어, 저어

다. 미정 대명사

① 인칭: 누구가/누가, 누구넌, 누구럴/누:럴, 누구인테/누구한테/누한테

② 사물: 뭐, 어든거

③ 처소: 어데, 아문데

라. 재귀 대명사; 지:가, 지:는, 지럴/저럴, #지:#

(31가)①의 인칭 대명사의 제1인칭은 단·복수에 걸쳐 표준어와 차이가 없다. ①'의 제1인칭 겸손형의 주격과 속격은 '지'와 '저'가 동요하고 있는데 후자는 표준어의 영향인 것 같다. 나머지는 표준어와 차이가 없다. ②의 제2인칭은 표준어와 거리가 있다. 단수는 모든 곡용형에 걸쳐 '니'로 실현되고 기본형도 같다. 그러나 복수에서는 '너'로 실현된다. 지시 대명사 모두 표준어와 같이 '이, 그, 저'의 세 계열로 실현된다. (다)의 미정 대명사는, '무엇'은 '뭐'와, '어느것'은 '어든 것'과 대응되어 형태가 조금 차이가 있다. (라)의 재귀 대명사는 (가)①의 겸손형과 같이 '지:'가 압도적이고 '저'로 동요하기도 한다. 후자는 표준어의 영향이 아닌가 한다.

다음은 동남 남부 방언인 사천 지역어이다.

(32) 가. 인칭 대명사의 곡용형

① 제1인칭: 〈단수〉 내가, 내는, 낼로, 내 (책), 내한테, 내다, #내#; 〈복수〉 우리

② 제2인칭: 〈단수〉 니가, 니는, 닐로, 니한테, 니다, #니#; 〈복수〉 너거 (뜰)

나. 지시 대명사의 형태와 곡용형

① 이거, 그거, 저거

①' 이기이 (주격), 이거로 (대격), 이기다 (계사); 그기이, 그거로, 그기다; 저기이, 저거로, 저기다

② 여어, 거어, 저어

다. 미정 대명사

① 인칭: 누가, 누는, 눌로 (대격), 누한테 #누#

② 사물: 머어, 어느거

③ 처소: 오데, 아무데

라. 재귀 대명사

① 지

①' 지가, 지는, 질로 '저를', 시한네, #시#

(32가)의 인칭 대명사는 기본 체계에 있어서는 표준어와 차이가 없다. 제1인칭은 (31가)①의 동남 북부 방언과는 달리 모든 곡용형에 '내'가 공통되어 있다. 제보자 최명옥 교수는 제1인칭 겸손형을 들어 본 일이 없다고 하나 저자의 어릴 때의 기억으로는 '지'라는 형태로 쓰인 것 같다. (32가)②의 제2인칭 대명사의 단수는 '니'로 일원화되어 있고 복수형은 '너거 (들)'로 조사되어 있는데 이는 저자가 앞 (§6.3.2.3)의 (23가) (222쪽)에서 언급한 제2인칭 복수형 '느그'와 일치한다. 어쨌든 제2인칭에서는 '니'와 '느'로 분화되어 있다. '느'는 복수 접미사 '그' 앞에서 실현되기 때문에 양자는 어휘적으로 제약되어 있다. 이를 표시하면 다음과 같다.

(32) 가. ②' 니 ∝ 느

(32나)의 지시 대명사의 '이거, 그거, 저거'는 표준어 '이것, 그것, 저것'의 계통을 잇는 것인데 어말의 'ㅅ'이 잘려 나간 것밖에는 차이가 없다. 대격이 '이거로' 등으로 실현되는 것이 특이하다. 동남 방언에는 보통 대격이 '-로'로 실현된다 (뒤에 나옴). ②의 처소 대명사도 표준어의 계통을 잇고 있는데 어중의 'ㄱ'이 약화되어 있다. (다)의 미정 대명사에서 ①의 '누구'는 '누'로 단일화되어 있다. ②, ③의 사물과 처소는 부분적으로 변형이 가하여지기는 하였으나 표준어의 계통을 잇고 있다. (라)의 재귀 대명사는 '지'로 단일화되어 있다, 앞의 (31)의 동남 북부 방언과 같다.

다음은 동부 방언권에 속하는 동북 방언을 보기로 한다. 곽충구 교수의 회신 내용을 정리한 것이다.

(33) 가. 인칭 대명사의 형태와 곡용형
① 제1인칭: 〈단수〉 내, 나느, 나르, 내게, 내 (속격), 내다, #나#; 〈복수〉 우리덜
①' 겸손형은 안 쓰임
② 제2인칭: 〈단수〉 네, 너느, 너르, 네게, 네다, #너#; 〈복수〉너어들
나. 지시 대명사의 형태와 곡용형
① 사물: 이거, 그거, 뎌거/져거
①' 이게, 이걸, 이게다; 그게, 그걸, 그게다; 뎌게/져게, 뎌걸/져걸, 뎌게다/져게다
② 처소: 영게/여기, 경게/거기, 뎡게/정게
다. 미정 대명사
① 인칭: 누기냐/뉘기냐, 누께냐 '누구 것이냐', 누께서 '누구에게서', 뉘 '누구의'
② 사물: 무스거/무시기/무슥
③ 처소: 어드메, 어드르 '어디로'
라. 재귀 대명사
① 저
①' 제 '제가', 저느, 저르, 제게

(33가)의 제1인칭과 제2인칭의 단수와 복수 모두 표준어의 계통을 잇고 있다. 제1인칭의 겸손형은 쓰이지 않은 것으로 조사되었다. (나)의 지시 대명사의 원칭은 구개 음화형과 비구개 음화형

이 공존하고 있다, 육진 방언에는 양자가 공존하고 있으나 동북 방언에는 구개 음화형이 실현된다. 육진 방언의 비구개 음화형은 서북 방언과 공통되는 면이기도 하다 (뒤에 나옴). 처소 대명사에서 '영계' 계열은 육진 방언에서, '여기' 계열은 동북 방언에서 실현된다. 육진 방언이 기반이 되어 있는 중앙 아시아의 고려인들의 자료에도 그런 현상이 나타난다 (곽충구 1991).

(33다)①의 인칭 미정 대명사는 '누기'가 식별되는데 드물게는 '누이' 또는 '누'가 보이기도 한다, '누' 계열의 미정 대명사는 표준어와 중세어에서 확인되었으며 앞의 동남 방언에서도 확인되었다. ②의 사물과 ③의 처소도 마찬가지다. 후자의 '**어드메**'는 중세어의 미정 대명사를 그대로 이어받은 것이다. (라)의 재귀 대명사도 표준어와 같은 계통을 잇고 있다,

동남 방언과 동북 방언에 이어 영동 방언의 대명사의 실현 양상을 보기로 한다.

(34) 가. 인칭 대명사의 형태와 곡용형
① 제1인칭: 〈단수〉 내거, 나는/난, 나르, 나인데 '에게', 내다, #나#; 〈복수〉 우리
①' 겸손: 〈단수〉 지거, 지는, 지르/질, 지인데, 접니다, #지#; 〈복수〉 저희들
② 제2인칭: 〈단수〉 니거, 니는/닌, 니르/닐, 니인데, 니다, #니#; 〈복수〉 느덜/느들
나. 지시 대명사의 형태와 곡용형
① 사물: 이그, 그그, 저그
①' 이기, 그기, 저기; 이글, 그글, 저글; 이기다, 저기다, 그기다
② 처소: 여, 거, 저
다. 미정 대명사
① 인칭: 누기거, 누기는, 누기르, 누기인데, #누기#
② 사물: 워느그, 어데 (나), 아문데
라. 재귀 대명사
① 지/저
② 지거, 지는, 지르, 지인데, 접니다, #지#

(34가)①의 제1인칭 대명사는 공통어와 거의 일치한다. 제1인칭의 겸손형은 '지'로 단일화되어 있는데 동북 방언과 동남 남부에서는 확인되지 않은 어형이다. 복수형 '저희들'은 서울 방언과 일치한다. 서울 방언을 비롯한 중부 방언의 영향으로 보인다. ②의 제2인칭 대명사는 '니'로 단일화되어 있다. 복수형 '느들'은 '너희들'의 음성적 변이형으로 보인다. 지시 대명사의 '이그, 그그, 저그'는 주격과 계사 앞에서는 '익, 극, 적'으로 교체한다, 그 관계를 표시하면 다음과 같다.

(34) 나. ①" 이그 (그그, 저그) $\propto$ 익 (극, 적)

②의 처소 대명사 '여' 등은 '여기' 등에서 '기'가 삭제되어 형성된 것이다. 다른 방언에서는 보기 힘든 어형이다.

(34다)①의 인칭의 미정 대명사는 '누기'로 단일화되어 있는데 표준어의 '누구'를 바탕으로 형성된 것으로 보인다, ②의 사물의 '워느그'는 표준어의 '어느 것'으로 연결되고 '아문데'는 (31다)③의

동남 북부 지역에서도 보았다. (33라)의 재귀 대명사는 아주높임의 존비법에서만 '저'로 실현되고 나머지는 '지'로 실현된다. 그 관계를 다음과 같이 표시할 수 있다.

(34) 라'. 지 ∝ 저

동부 방언에 이어 서부 방언을 보기로 한다.

먼저 서울 방언을 보기로 한다. 유필재 교수의 회신을 중심으로 정리하기로 한다.

(35) 가. 인칭 대명사의 형태와 곡용형
① 제1인칭: 〈단수〉 내가, 나는/난, 나:를/날: 나에(책), 날더러, 나다, #나#;
〈복수〉 우리
①' 겸손: 〈단수〉 지:가, 저는/전, 저를/절, 제(책), 제게, 접니다, #저#;
〈복수〉 저이
② 제2인칭: 〈단수〉 니:가, 너는/넌, 널, 네게, 너다 #너#; 〈복수〉 느이/너이
나. 지시 대명사의 형태와 곡용형
① 이거, 그거, 저거
①' 이게, 이걸, 이거다; 그게, 그걸, 그거다; 저게, 저걸, 저거다
② 여기, 거기, 저기
다. 미정 대명사
① 인칭: 누가, 누구는/누군, 누구를, 누구한테 #누구#
② 사물: 뭐, 어느거
③ 처소: 여기, 저기, 거기, 어디, 아무데
라. 재귀 대명사
① 지
①' 지:가, 지 손을/제 손을/즈 어머니

(35가)의 인칭 대명사는 발음상의 차이를 제외하고는 표준어와 차이가 없다. 제1, 2인칭의 주제격과 제1인칭의 대격은 두 어형이 수의로 교체된다. 겸손의 '저' (①')는 다른 방언과 같이 '지'와 '저'로 교체된다. 제2인칭의 복수 '느이/너이'는 표준어 '너희'의 음성적인 변이형이다. (35나)의 '이거, 그거, 저거'는 말음 'ㅅ'이 탈락된 것이다. 처소 대명사는 차이가 없다. (다)의 미정 대명사는 표준어와 완전히 일치한다. 재귀 대명사는 주격형은 장모음 ':지'로 실현되고 속격형은 '지, 제, 즈'로 자유 변이형으로 실현된다.

다음은 충청남북도, 곧 중부 방언의 대명사의 실현 양상을 박경래 교수의 회신을 중심으로 살펴보기로 한다.

(36) 가. 인칭 대명사의 형태와 곡용형
① 제1인칭: 〈단수〉 내가, 난/나넌, 날/나럴, 나다, #나#; 〈복수〉 우덜

①' 겸손: 〈단수〉 지가/제가, 절/저럴, 지/제 (책); 〈복수〉 즈:/즈:들

② 제2인칭: 〈단수〉 니가, 너를, 늬 (책), 너다; 〈복수〉 느:가/느덜이 '너희가', 늬덜 (집)

나. 지시 대명사

① 이거/이기, 그거/그기, 저거/저기

①' 이거다/이기다

② 여기, 저기, 거기

다. 미정 대명사

① 인칭: 누/누구, 아무개

② 사물: 어너기, 아무기

라. 재귀 대명사

〈단수〉 지가, 지 집 〈복수〉 즈:/즈: 들

(36가)의 제1인칭 대명사 단수형은 표준어와 같이 '내'와 '나'가 상보적으로 분포한다. 복수도 표준어의 '우리들' 계통을 잇는다. 제1인칭의 겸손의 단수형은 주격, 대격, 속격에서는 '지'와 '제'가 수의적으로. 복수형은 '즈:'와 '즈:들'이 수의적으로 각각 교체되고 있다. 복수형의 어간 '즈:'는 표준어 '저희'의 지역적 변이형이라고 할 수 있다. 제2인칭 단수형에 나타나는 '니'와 '너'는 상보적으로 분포한다. 후자는 대격과 계사 앞에서, 전자는 주격 앞에서 실현된다. 속격형 '늬'는 '의' 융합형으로 보인다. (나)의 지시 대명사는 '이거'와 '이기'가 수의로 교체한다. 처소 대명사는 표준어와 형식이 같다. (다)의 미정 대명사는 사물만 형태가 다를 뿐이고 표준어와 차이가 없다. (라)의 재귀 대명사는 제1인칭 겸손형과는 달리 단수에서는 '지'로 단일화되어 있고 복수형은 겸손형과 같다.

다음은 서남 남부 방언을 보기로 한다. 배주채 교수의 회신을 중심으로 살펴보기로 한다.

(37) 가. 인칭 대명사 형태와 곡용형

① 제1인칭: 〈단수〉 나:가, 나는, 나:를, 나(책), 나한테, 나다, #나#; 〈복수〉 우리 (들)

①' 제1인칭 겸손형: 안 쓰임

② 제2인칭: 〈단수〉 니:가, 니는, 니:를, 니한테, 니다, #니#; 〈복수〉 느그 (들)

나. 지시 대명사

① 사물: 이거, 그거, 저거

①' 이거다/이거이다, 그거다/그거이다, 저거다/저거이다

② 처소: 여그, 거그, 저그

②' 여그다, 저그다, 거그다

다. 미정 대명사

① 인칭: 누구

①' 누가, 누구는, 누구를, 누구한테, #누구#

② 사물: 머:, 어뜬 거

③ 처소: 어디

라. 재귀 대명사

〈단수〉 지, 〈복수〉 즈그

(37가)의 제1인칭에서는 대부분의 방언의 '내 ∝ 나'와는 달리 '나'로 단일화되어 있다. 그리고 주격형과 대격형이 장음 ':나'인 점도 특이하다. 제1인칭의 겸손형은 동북 방언 및 동남 남부 방언과 같이 실현되지 않는 것으로 알려져 있다. 제2인칭은 '니'로 단일화되어 있으며 복수형 '느그'의 '그'는 동남 남부 방언과 형태가 같다, (나)의 지시 대명사는 (35)의 서울 방언, (33)의 동북 방언, (31), (32)의 동남 방언과 완전히 일치하고 (36)의 중부 방언과는 부분적으로 일치한다. 처소 대명사는 '여그, 거그, 저그'로 되어 있어 다른 방언형과 차이가 심하다. (다)의 미정 대명사는 표준어와 큰 차이가 없다, 재귀 대명사의 단수와 복수가 '지'와 '즈그'로 성립되어 있는 것은 동남 남부 방언과 같다

다음은 서북 방언의 영변 지역어를 보기로 한다. 앞의 (27)과 같이 김영배 교수의 회신을 중심으로 대명사의 실현 양상을 보기로 한다.

(38) 가. 인칭 대명사 형태와 곡용형

① 제1인칭: 〈단수〉 내레, 나는, 내(책), 나에게-나한테, 나다, #나#; 〈복수〉 우리들

①' 제1인칭 겸손형

〈단수〉 제레, 저는, 저를, 제(책), 접니다 #저#; 〈복수〉 저어들

② 제2인칭: 〈단수〉 네레, 너는, 너를, 너에게/너한테, 너다 #너#; 〈복수〉 너덜

나. 지시 대명사

① 사물: 이거, 그거, 저거

①' 이거이, 이걸, 이거다; 그거이, 그걸, 그거다; 데거이, 데걸, 데거다

② 처소: 여기, 거기, 더기/저기

②' 여기다, 거기다, 데기다

다. 미정 대명사

① 인칭: 누구레, 누구는, 누구를, 누구에게/누구한테 #누구#

①' 사물: 무어, 어느거

② 처소: 어디, 아무데

라. 재귀 대명사

〈단수〉 제레, 저는, 저를, 제(책), 저에게, #저#; 〈복수〉 저의들

(38가)의 제1인칭 대명사 ①은 '내'와 '나'로 교체된다. 전자는 주격 표지 '-레' 앞에서 실현된다. 복수형은 표준어와 같은 '우리들'이다. ①'의 제1인칭 겸손형도 앞의 제1인칭과 같이 '제'와 '저'로 교체되는데 전자는 주격 표지 '-레' 앞에서, 후자는 다른 환경에서 실현된다. 제1인칭과 마찬가지로 양자는 어휘적으로 제약되어 있다. 복수형은 '저어들'인데 표준어의 '저희들'의 음성적 변이형

으로 보인다, ②의 제2인칭 대명사도 제1인칭과 같이 '네'와 '너'로 교체된다. 복수형 '너덜'은 표준어의 '너희들'의 음성적 변이형이다. (나)①의 지시 대명사는 동남, 서울, 서남 방언과 형태가 같다. ②의 처소 대명사는 비구개 음화형 '더기'를 제외하고는 서울 방언이나 중부 방언과 비슷하다. (다)의 미정 대명사 모두 표준어와 큰 차이가 없다. (라)의 재귀 대명사는 앞의 제1, 2인칭 대명사와 같이 '제'와 '저'가 환경에 따라 교체된다.

끝으로 제주어의 대명사의 실현 양상을 보기로 한다. 이는 고재환 교수의 회신 내용과 고재환(1913가: 115-131)을 참고하였다.

(39) 가. 인칭 대명사 형태와 곡용형

① 제1인칭: 〈단수〉 나가, 나는/난, 나를/날, 나/나이 '나의', 나신디 '나에게', #나#;
〈복수〉 우리/우리덜/우리네/우리네들

①' 제1인칭 겸손형: 없음

② 제2인칭: 〈단수〉 너가/느가/니가; 너는/넌, 느는/는, 니는/닌; 너를/널, 느를/늘, 니를/닐, 니신디/느신디/니신디, #너/느/니#;
〈복수〉 너네/니네/너덜/니네들

나. 지시 대명사

① 사물: 이것, 그것, 저것

①' 이것이/이게, 이것을/이걸, 이것이다/이거다; 그것이/거시/게, 그것을/그럴/걸, 그것이다/그거다; 저것이/저게, 저것을/저걸, 저것이다/저거다

② 처소: 이디/요기/요디, 그디/거기, 저디/저기

다. 미정 대명사

① 인칭: 누게/누, 아모/아모개

①' 누게가/누가, 누게는/누겐, 누그를/누겔, 누게신디/누신디

② 사물; 무스것/무슨 것, 무시것덜, 아모것

③ 처소: 어디 (덜), 아모디 (덜)

라. 재귀 대명사

지가/이녁이/니ᄂᆞᆨ이, 지는/진 …, 지를/질, 지 (책), 이녁 (책) …, #지/이녁/니ᄂᆞᆨ#

(39가)의 제주 방언의 제1인칭 대명사 단수형은 ①을 보면 '나'로 단일화되어 있다. 실제의 말씨에서는 줄어진 형태 '난, 날' 등이 사용된다. 복수형은 '우리, 우리덜, 우리네, 우리네들'과 같이 다원화되어 있다. '우리네'가 좀 특이한데 반도에서도 목격되는 형태이다. 제1인칭 겸손형은 식자층 사이에서만 들을 수 있다. 육진 방언과 동남 남부와 서남 남부에서도 겸손형이 보이지 않았다. 겸손형 '저'가 19세기 말경에 봉건 제도가 무너짐에 따라 공통어에서 생성된 것 (§6.3.2.3.A.〈동요 및 변화〉, 221쪽)이 변방 지역까지 영향을 못 미친 것이 아닌가 한다. ②의 제2인칭 대명사는 '너, 느, 니'가 수의로 교체되고 '넌'과 같은 순말도 흔히 듣는다. 복수형은 조금씩 형태가 다르기는 하나 모두 공통어의 계통을 잇고 있다.

(39나)①의 지시 대명사는 표준어와 완전히 일치한다. 준말도 '그것을'의 준말 '그럴'만 제외하고는 차이가 없다. ②의 처소 대명사도 외형만 조금 다를 뿐이고 표준어의 '이, 그, 저' 계열과 일치한다. 차이는 표준어의 '여기' 등의 어말 음절 '기'가 비구개 음화형 '디' ('이디, 요디, 그디, 저디')로 나타난다는 점이다. 이는 '기'가 과도 교정된 것으로 보인다. (다)의 미정 대명사 '누게'는 '누'와 수의로 교체되는데 표준어 '누구'와 같은 계통이다. (라)의 처소 대명사도 모습은 조금 다르지만 표준어와 계통이 같다.

(39라)의 재귀 대명사 '지'는 중세 이래의 공통어 '저'의 음성적 변이형인데 모든 환경에서 단일화되어 있다. 공통어와 다른 것은 '이녁'이 변이형 '니녁'과 함께 재귀 대명사로 쓰인다는 점이다(고재환 2011/2013가: 125). 표준어의 '이녁'은 하오할 자리에 상대방을 가리키거나 자신을 가리킬 때 사용하는데 제주 방언에서는 재귀 대명사로 쓰인다. 물론 '지'와는 수의로 교체된다.

(39) 라'. ① 가인 어디 가도 이녁을 내섭나. '걔는 아디 가도 자기를 내세운다.'
② 그 사름은 지냥으로 질 (<질ㄹ)을 학대ᄒᆞᆫ다. '그 사람은 자기대로 저기를 학대한다.'

물론 제주 방언에는 공대말인 '당신. 그분, 그이, 지놈, 지년'이 쓰이며 복수형으로 '당신네덜, 지네더르, 이녁네, 지네덜' 등이 사용된다.

이상과 같이 저자는 명사 중 '나무'와 '구멍' 등의 명사, 대명사를 공통어로부터 방언에 이르기까지 그 실현 양상을 검토하여 보았다. '나무'와 '구멍'은 중세어는 기본형 '나모, 구무'가 모음 격 어미 앞에서 '낡, 굵'으로 교체를 보였지만 표준어에서는 단일화되었다. 그러나 방언에 따라서는 중세어의 '낡, 굵'의 교체형이 잔존하여 있다. (20)의 동남 북부 방언, (22)의 육진 방언, (23)의 영동 방언, (25)의 중부 방언, (26)의 서남 남부 방언, (28)의 제주 방언에서 그런 모습을 볼 수 있다. (24)의 서울 방언에는 '구멍'에 그 잔재가 남아 있다. 대명사는 제2인칭 대명사와 제1인칭의 겸손 대명사 및 재귀 대명사가 '니, 지'로 교체되는 일이 많았다. 그리고 동남 남부 방언에는 복수 접미사로 표준어의 '희'에 대응하는 접미사 '그'가 확인되고 제주 방언에는 반도에서 제2인칭으로 사용되는 '이녁'이 재귀 대명사로 쓰이기도 하였다.

6.3.3.2. 어미 구조체

명사의 어미 구조체는 동사의 어미 구조체와는 달리 대부분 음성적 교체이기 때문에 특별히 어휘적 교체와 구별할 필요성을 느끼지 못한다. 이런 점을 감안하여 두 교체 양상을 통합하여 처리하되 차이나는 점이 있으면 개별적으로 언급하기로 한다.

A. 공통어

당대 공통어의 명사 어미 구조체는 명사 말음의 자음 여하에 따라 두 갈래로 나누어진다[256].

256) 김무림 (1999)에서는 조사 중의 격 어미에 대한 저자의 현상학적 기술 (남기심 · 고영근 1985/2014: 89-91)을 극복하는 관점에서 설명적 타당성을 추구하는 생성 음운론적 접근법을 시도한 바 있다.

'ㄹ' 말음 명사는 모음 명사와 행동을 같이한다. 이곳에서는 명사의 9격 어미 중 격 어미 부재형 'Ø'은 가시적 형태가 없기 때문에 제외하고 8격만 대상으로 한다. 그리고 계사도 적어도 앞 부분에 국한하면 격 어미와 행동을 같이하므로 격 어미와 같이 처리한다[257].

(40) 가. 명사의 곡용 어미표

① 유정 명사

주격: 사람이 ~ 소가, 아버지께서; 주제격: 사람은 ~ 소는, 대격: 사람을 ~ 소를, 계사; 사람이다 ~ 소다, 속격: (그) 사람의 (집), 소의 고기>쇠고기, 여격: 사람에게, 아버지께, 공격: 사람과 (함께)/소와 (함께), 호격: 인숙아/철수야

② 무정 명사

주격: 집이 ~ 소리가. 주제격: 집은 ~ 소리는, 대격: 집을 ~ 소리를, 계사: 집이다 ~ 소리이다/소리다, 속격: 집의, 소리의, 처격: 집에, 소리에, 조격: 집으로/소리로, 공격: 집과, 물과 (같다) ~ 소리와 (같다)

③ 'ㄹ' 말음 명사의 곡용

조격: 소로 ~ 떡으로 ~ 돌로

나. 인칭 대명사의 곡용

① 제1인칭: 내가, 나는, 나를, 나다, 내 (책), 나에게, 나와 (같이)

② 제2인칭: 네가, 너는, 너를, 너다, 네 (책), 너에게, 나와 (같이)

③ 미지 인칭 대명사: 누구가, 누구를, 뉘 책, 누구에게

(40가)는 명사의 곡용을 유정 명사와 무정 명사로 우선 구분하고 그것이 'ㄹ' 말음 명사 뒤에서 실현되는 양상을 보인 것이다. 유정 명사와 무정 명사의 '사람/소; 집/나무'의 주격, 주제격, 대격, 공격, 호격은 명사 말음의 음성이 자음이냐 모음이냐에 따라 두 형태로 교체된다. 주격 보족어 명사구가 공대 명사일 때에는 '아버님께서, 선생님께서'와 같이 주격 상당의 공대 후치사 '께서'가 붙는다. 특히 주제격과 대격은 모음 명사 아래 붙던 '-는, -를'이 자음 명사 뒤에서는 첫 머리의 'ㄴ, ㄹ'이 탈락하여 '-은, -을'이 된다[258]. 계사 '이다'도 겉으로 보기에는 명사 말음의 종류에 따라 분간되는 것 같으나 이는 수의적이다. 모음 어간 아래에서도 '소리이다'와 같이 '이'를 복원하면 명사의 형태가 분명해지며 의미 파악에 도움이 된다. 주격, 주제격, 대격은 형태를 바꾸면 격 형태가 파괴된다.

(40) 가. ①' *사람가/*소이, *사람는/*소은; *집가/*소리이, *집는/*소리은 … (곽충구1994: 140)

(40가)의 ①과 ②를 비교하여 보면 유정 명사인 '사람'과 '소'에는 여격 상당의 후치사로 '-에게'가

257) 저자는 고영근 (2012가)에서 당대 공통어에서는 '(으)로'를 "조격" 내지 "향격"으로, 중세어에서는 "조격-향격"을 두었으나 유동석 (1984나)과 이광호 (1985/1991: 115-145) 및 홍윤표 교수와의 메일 교환 (2016. 5. 27.)에 의거하여 모두 "조격"으로 통합하기로 하였다.

258) 위의 현상에 대하여 김완진 (1975/1996: 75)에서는 형태소의 중가 (重加)라는 기제로 설명하고 있다.

붙고 무정 명사의 처격에는 유정 명사의 표지인 '게'가 삭제된다. 여격 보족어 명사구가 공대 명사이면 '아버지께'와 같이 여격 상당의 공대 후치사 '-께'가 붙는다. 그리고 유정 명사 가운데서도 인성 명사에는 '인숙아 ~ 철수야'와 같이 호격 어미 '-아 ~ -야'가 말음이 자음이냐 모음에 따라 교체된다. 동물, 이를테면 '개'를 부를 때에는 전통적으로 '워리워리'란 말을 썼다. 애완견을 부를 때에는 사람 이름과 같다 (왕한석 교수의 제보). 결과적으로는 모음 어간 밑의 반모음 'j'가 탈락하여 '아'로 교체된다. 이에 대하여 ③에서는 '말로, 돌로'과 같이 명사 어간의 말음이 자음 'ㄹ'로 되어 있으면 자음 어미 아래 붙는 '으로' 대신, 모음 어간 아래 붙는 '-로'가 선택된다. 그러니까 당대의 표준어에는 'ㄹ' 말음 명사는 '소'와 비교하여 보면 모음 명사와 행태를 같이한다. 그러니까 적어도 조격 '-(으)로'의 선택에 있어서는 'ㄹ' 말음 명사와 모음 명사는 그 나름의 자연 부류를 이룬다. '아기'를 부를 때에는 '아가'로 바뀌는데 이는 규칙형 '*아기야'가 재구조화된 것으로 보고 있다 (송철의 2008: 141).

명사에 붙는 첨사 가운데서 'ㄷ, ㅂ, ㅈ'으로 시작하는 것은 'ㄴ. ㅁ' 말음 명사 아래에서 경음으로 바뀌는 일이 없다.

(40) 가". 첨사: 신도, 신부터, 신조차, 신밖에; 감도, 감부터, 감조차, 감밖에

단순히 [do, buthə, ʤotsa]로 바뀔 뿐이다. 이는 유성 자음 'ㄴ, ㅁ'을 가진 동사가 활용할 때 후행하는 'ㄱ, ㄷ' 계열의 어미를 경음소로 바꾸는 현상과는 어긋난다. 이러한 발성상의 차이가 첨사와 어미의 범주상의 차이에 말미암는 것인가 시대에 따른 발성상의 차이에 말미암는 것인가 하는 문제가 대두될 수 있다[259].

(40나)의 인칭 대명사의 곡용은 앞의 대명사의 어간 교체에서도 보았지만 제1, 2인칭 대명사의 주격형이 '내가, 네가'로 교체하는 것밖에는 모음 어간에 붙는 어미와 차이가 없다. 앞에서 저자는 '내, 네'가 주격 '가' 앞에서 어휘적으로 교체된다고 하였다. 이 문제는 주격 어미 '가'의 발생 및 변화에 관련된 문제를 풀 때에 다시 한번 논의될 것이다.

B. 중세어

중세어의 명사 어미의 교체를 당대어에 준하여 그 사정을 검토하기로 한다.

(41) 가. 명사의 곡용

① 유정 명사

주격: 사ᄅᆞ미 ~ 쇠 ~ 소리∅, 주제격: 사ᄅᆞᄆᆞᆫ ~ 소ᄂᆞᆫ, 대격: 사ᄅᆞᄆᆞᆯ ~ 소ᄅᆞᆯ, 계사; 사ᄅᆞ미라 ~ 쇠라, 속격: 사ᄅᆞᄆᆡ (집) ~ 쇠 (고기), 여격: 사ᄅᆞᄆᆡ 그에, 부텻긔, 공격: 사ᄅᆞᆷ과 (ᄒᆞᆫᄢᅴ) ~ 나모와, ᄆᆞᆯ와, 호격: -아 ~ -야, -하

② 무정 명사

259) 송철의 (2008: 11-35)에서는 범주상의 차이와 관련시켜 해석하였고 저자는 시대에 따른 발성상의 차이로 보았다.

주격: 지비 ~ 소리∅, 주제격: 지븐/지ᄇᆞᆫ ~ 소리는/소리ᄂᆞᆫ, 지블/지ᄇᆞᆯ ~ 소리를/소리ᄅᆞᆯ, 계사: 지비라 ~ 소리라, 속격: (그) 짒 (兄弟), 처격: 지베/지븨/지ᄇᆡ, 조격: 지ᄇᆞ로/지브로 ~ 소리로, 공격: 집과 (ᄀᆞᆮ-) ~ 소리와 (ᄀᆞᆮ-), 믈와 (ᄀᆞᆮ-)

③ 조격: 말로 ~ 돌ᄒᆞ로, 쇼로 ~ 써그로

나. 인칭 대명사의 곡용

① 제1인칭: 내, 나ᄂᆞᆫ, 나ᄅᆞᆯ, 내라, 나ᄋᆡ 그에, 나와 (ᄒᆞᆫᄢᅴ)

② 제2인칭: 네, 너는, 너를, 네라, 너ᄋᆡ 그에, 너와 (ᄒᆞᆫᄢᅴ)

③ 미지 인칭 대명사: 뉘, 눌, 눌 (<누ㄹ)ᄃᆞ려, 뉘 ᄯᆞᆯ, 뉘ᅀᅡ, 누고

다. 이중 곡용

① 엄**과** 니왜 <**와ㅣ** (다 됴ᄒᆞ며), ② 저와 ᄂᆞᆷ**과ᄅᆞᆯ** (어즈려), ③ 하ᄂᆞᆯ콰 (<하ᄂᆞᆯㅎ**과**) ᄯᅡ쾃 (<ᄯᅡㅎ**과ㅅ** ᄉᆞᅀᅵ 예), ④ 믈**와** 묻**과에** (나ᅀᅡ 가리라), ⑤ 東都앳 (**애ㅅ**) 도ᄌᆞᆨ

(41가)의 중세어의 명사의 곡용은 당대어와는 달리 모음 조화에 의한 또 한 쌍의 어미가 실현된다. 주제격과 대격이 그러하고 유정 명사의 속격과 무정 명사의 처격과 조격도 같다. 주격과 계사는 모음 조화에는 관여적이 아니고 명사의 말음이 자음이냐, 비 i계냐, i계냐에 따라 '이 (라), ㅣ (라), ∅라'가 선택된다. 속격은 유정 명사에는 '-ᄋᆡ ~ -의 (ㅣ)'가, 무정 명사에는 '-ㅅ'이 선택된다. 유정 명사의 여격에는 속격 '-ᄋᆡ ~ -의'에 후치사 '그에'가 붙은 '-ᄋᆡ 그에'가 대용되고 무정 명사의 처격에는 '-에 ~ -애'가 붙는다. 여격 보족어 명사구가 공대 명사구일 때에는 '부텻긔'와 같이 속격 '-ㅅ'에 후치사 '긔'가 붙은 'ᄭᅴ'가 붙는다. '집, 소리'와 같이 끝에 중성 모음으로 된 말이 오면 음성 모음 어미가 붙는 경향이 지배적이고 양성 모음 어미가 붙기도 한다. 다른 말로 바꾸어 말하면 중성 모음 어간은 어미 선택이 음성 모음 어간 쪽으로 기울어지고 있었다[260]. 공격은 당대어와는 달리 'ㄹ' 말음 명사는 모음 명사와 자연 부류를 이룬다. 당대어는 'ㄹ' 말음이 자음과 자연 부류를 이루는데 (앞에 나옴), 중세어는 모음 어미와 자연 부류를 이루었다. 자연 부류도 시대에 따라 달랐다는 것을 알 수 있다. 통시적 유형론의 과제가 될 수 있다. 조격 '-로' 앞에서도 'ㄹ' 말음 명사는 ③에서 보다시피 모음 말음 명사와 자연 부류를 이루었다. 이는 당대어와 차이가 없다. 호격에는 당대어와 같이 명사 말음에 따라 인성 명사에 '아 ~ 야'가 붙기도 하고 부름의 대상이 존경의 인물일 때에는 '하'가 붙었다.

(41나)의 대명사의 곡용도 명사와 큰 차이가 없다. 당대어는 대명사 어간이 주격과 결합되면 'nɛ, ne'로 교체되었다. 중세어는 당시의 모음 체계에 따르면 ①, ②의 '내, 네'는 'nay, nəy'로 발성되었었다. 그렇다면 주격 어미는 'y'이므로 명사가 곡용할 때의 형태와 일치한다. ③의 미지 인칭 대명사는 대격만 'ㄹ'로 실현될 뿐 명사와 차이가 없다. 명사의 대격형에도 'ㄹ'로 실현되는 경우가 있다.

(41다)는 공격으로 결합된 명사구의 격을 지정하는 이중 곡용[261]이 확인된다. 당대어 같으면

---

260) 중세어의 격 어미의 모음 조화가 문헌에 따라 변수가 많다는 사실이 한영균 (1994)에서 지적되었다.

261) 이중 곡용은 김완진 (1966)에서는 명사 상당의 간접 인용 구문에 격 어미가 붙는 현상에 대하여 "집단 곡용"

'A와 B'와 같이 두 명사구가 결합할 때 'B' 뒤에 바로 격 어미가 붙는데 중세어에는 'A와 B왜, A와 B와롤' 등과 같이 명사구의 끝에 공격을 반복하고 그 뒤에 해당 격 어미를 붙였다. ①에는 주격 '-ㅣ'가, ②에는 대격 '-롤'이, ③에는 속격 '-ㅅ'가, ④에는 처격 '-에'가 붙었다. 그러나 이 현상은 15세기 당대에도 'ᄇᆞ롬과 구르믄<구름은'과 같이 공격 명사구의 끝에 '-과 ~ -와'가 실현되지 않은 일이 많았다. 규칙의 동요 현상이 보이며 16세기 말에는 이중 곡용 현상이 완전히 소멸되다시피 하였다. 『번역소학』과 『소학언해』를 비교하면 그런 사실이 드러난다. ⑤에는 처격에 속격 '-ㅅ'이 붙었다. 앞의 것과는 성격이 다르지만 역시 이중 곡용으로 볼 수 있다.

C. 고대어

고대어의 격 표지[262]는 중세어와 같이 유정 명사와 무정 명사, 인칭 대명사에 걸쳐 종합할 수 있다. 대체로 이두, 향찰, 구결 자료의 순서로 배치한다. 이두 자료에는 호격이 보이지 않는다. 앞에서 격 어미 부재형으로 불렀던 것에 대하여 우선 부정격 (不定格, ∅)이라 불러 둔다.

(42) 가. 구조격
① 주격: 亦[이] 등; 是[이], 伊[이]; 刂[이]
② 속격: 叱[ㅅ], 矣[의]; 叱[ㅅ], 矣[의] 등; ㇇[의], ㄷ[ㅅ]
③ 대격: 乙[을]; 肹[흘]; ㄴ[을]
④ 접속격: 果[과]; 人[과], 亠[여], 氵[여]
⑤ 부정격: ∅
나. 의미격
⑥ 처 · 여격: 中[히, 긔][263]; 良[아], 衣[의]; ㇇ (이/의)
⑦ 조격: 留 (로)
⑧ 공격: 人 (과), 亠/氵 (여)
다. 특수격

이라는 이름을 붙였고 이기문 (1972: 177, 1998: 186)에서는 공격 어미에 격 어미가 붙는 현상에 대하여 위의 이름을 붙였으며 안병희 · 이광호 (1990: 323-324)에서도 이를 따르고 있다. 관련 논의는 고영근 (2017나) 참조. 저자는 포뻬 (1951)의 Khalkha 몽골어 문법을 따라 "이중 곡용" (doppelte Deklination)을 쓰는 것이 현상에 맞는 용어라 생각한다 (고영근 2012나: 94, 2017나: 184). 한편 플랑크 ed (1995:3-110)에는 "double case" 라고 하였다. 모두 같은 개념이다. 그러나 집단 곡용은 잘못된 현상 파악이다.

262) 고대어의 격 표지는 이승재 (1992, 1998), 서종학 (1995), 고영근 (1998/2001나: 327), 박진호 (1998: 42-50), 남풍현 (2012: 58)에서 종합화가 이루어졌다. 한편 최성규 (2016)에서는 고대어의 자료를 대상으로 주격, 대격, 속격, 여처격, 조격 (도구격), 호격에 걸쳐 연구사적 관점에서 그 정체를 확인하고 있어 앞으로의 연구에 한 이정표를 마련하였다고 평가할 수 있다. 한편 김지오 (2012)에서는 『균여전』 향가를 대상으로 첨사를 포함한 격 어미 전반에 대한 기능적 측면을 구명하였고 유민호 (2014)에서는 "一讀"의 원리를 기반으로 삼아 처격과 속격을 단독형과 결합형에 걸쳐 체계를 세우되 '中'을 '矣, 衣'와 함께 처격형을 표기한 것으로 보았다.

263) <용비어천가> 69장의 '드르헤 龍이 싸호아'의 한문 가사가 '龍鬪野中'임을 참조하면 '中'을 처격 '히'등으로 읽는 것이 잘못이 아님을 알 수 있다. 이 자료는 왕문용 (1991: 480)에서 얻었음을 밝혀 둔다.

① 주제격: 隱 (ㄴ), 焉 (ㄴ); ㄱ
② 대제격: 乙良 (으란)
라. 독립격 (호격): 也[여], 良[아]; 下 (하), 阝 (아), ⺀ (여)
마. 이중 곡용: 之叱 (엣), 阿叱 (앗)

위의 격 형태는 논자에 따라 견해의 차이도 있고 시대에 따라 출현에 차이가 많다. 고대어의 속격에 대하여는 '-*긔'로 재구하는 일도 있어 (조재형 2014), 그 정당성을 옳게 평가할 필요가 있다. 처격의 '中'은 5세기부터 보이는가 하면 주격의 '是'는 14세기부터 보이는 것이 그러하다 (이용 2016). (마)의 이중 곡용형 '之叱 (엣), 阿叱 (앗)'은 남풍현 (2014가: 204)에서 제기된 바 있어 중세어의 이중 곡용의 뿌리가 고대어에까지 박혀 있음을 알 수 있다[264]. (42마)를 (41다)와 비교하면 그것을 잘 알 수 있다 (뒤에 나옴).

D. 방언

앞에서 취한 순서에 따라 방언의 격 어미의 실현을 보기로 한다. 이 작업은 이미 이기갑 (2003: 29-115)에서 시도된 바 있으나 이곳에서는 관점을 달리하여 각 방언별로 격 어미의 실현을 검토하기로 한다.

다음은 동남 북부 방언의 격 어미의 곡용표이다. 조사 지역은 영주 지역어이고 임석규 교수가 조사한 내용을 정리한 것이다. 격 어미의 이름을 특별히 제시하지 않는다. 주격, 대격, 계사. 속격, 여격 내지 처격, 공격, 조격의 순서로 자료를 배열한다.

(43) 가. ① 유정 명사의 곡용
사람이 ~ 소가, 사람얼 ~ 소럴, 사람이다 ~ 소다, (그 사람)에 손/(소)에 뿔, (사람)한테/인테/인데, (소)한테/인테/인데, (나)하고 (같이), 먹하고 붓하고 종이하고, 영숙아 ~ 철수야
② 무정 명사의 곡용
집이 ~ 조우가, 집얼 ~ 조우럴, 집이대이/집이다 ~ 조우대이/조우다, (우리)∅집 (재산), (우리) 집에, 집에서, 집으로, 나하고
③ 물로 (씻어라) 비교: 나무로
나. 대명사의 곡용
① 내가, 나럴, 내다, 내 (책), 내한테/내인테/내인데
② 니:가, 니럴, 니다, 니 (책), 니한테/니인테/니인데, 니하고 (같이)
③ 누가,:누럴,:누 책, 누인데/누인테

유정 명사, 무정 명사, 대명사에 걸쳐 확인되는 동남 북부 방언의 곡용 어미는 다음과 같이 정리할

264) 유민호 (2014; 204-216)에서는 이중 곡용형을 처격과 속격의 결합형이라고 말하고 있으나 내용인 즉 차이가 없다.

수 있다.

(43') 이 ~ 가, 얼 ~ 럴, 이다/다, 에/∅, 한테/인테/인데, 로

대체로 공통어의 격 형태에서 거리가 멀지 않다. 대격이 '-얼 ~ -럴'로 실현되고 속격이 유정 명사에서는 '-에'로, 무정 명사에서는 '∅'로 실현되는 것이 공통어와의 차이점이다. 중세어라면 전자는 '-익 ~ -의'로, 후자는 '-ㅅ'으로 실현되는 환경이다. 공통어의 여격성 후치사 '-에게'에 해당하는 격 어미가 없으며 공통어의 당면적인 '한테'가 '한테/인테/인데'로 수의로 분화되어 있다. (42가)③의 'ㄹ' 말음 명사 아래 '-으로'가 아닌 '-로'가 붙는 것 또한 공통어 및 중세어와의 공통점이다. 호격은 공통어와 차이가 없다. (나)의 대명사의 곡용도 명사 곡용과 큰 차이가 없다. ③의 '누구'의 속격형이 '누 (책)'라고 하여 속격 표지가 ∅로 실현되면서 장음화되는 점이 다소 특이하다.

다음은 동남 남부 방언의 곡용표이다, 최명옥 교수의 회신 내용을 중심으로 격 어미의 실현 양상을 보기로 한다.

(44) 가. ① 유정 명사의 곡용

사람이 ~ 소가, 사람을 ~ 소로, 사람이다/소다, (그 사람)∅ 손, 소∅뿔, 사람한테/소한테, 내하고 (같이), 머가고<먹아고, 부다고<붇아고, 종우하고, 영수야 ~ 철수야

② 무정 명사의 곡용

집이 ~ 종우가, 집을 ~ 종우로, 집이다/조우다, (우리집)∅재산, 집에, 집에서, 집으로

③ 물로 (씻어라) 비교: 나무로

나. 대명사의 곡용

① 내가, 낼로, 내다, 내 (책), 내한테, 내하고

② 니가, 니로, 니다, 니 (책), 니한테, 니하고

③ 누가, 눌로, 누 책, 누한테

(44가)가 앞의 (43가)와 다른 점은 유정 명사와 무정 명사의 속격형이 공통적으로 격 어미 부재형 '∅'로 실현된다 (가①, ②, 나①, ②, ③). 동남 남부 방언권에서 생장한 저자에게도 대격 어미가 '-로'로 실현되고 동남 북부 방언권인 경주 지역어에 조격 '-로'에 대상역이 부여된다 (앞에 나옴). 그리고 대격 어미 중 모음 명사와 대명사 뒤에서는 '-로'로 실현된다는 보고가 있다는 사실을 우선 언급하여 둔다 (뒤에 나옴). (43)에서는 모음 명사 뒤에서 '-럴'로 실현되었다, 유정 명사에 붙는 여격 어미에는 '한테'만 실현되고 '에게'는 보이지 않는다. 공격의 '하고'가 '아고'로 실현된다. (가)③의 조격 '로'는 공통어와 같이 'ㄹ' 말음 명사 아래 실현된다. 이 지역어에도 (나)③의 '누구'의 속격은 부재형 '∅'으로 실현된다.

다음은 육진 및 동북 방언의 곡용표이다. 곽충구 교수의 회신 내용을 중심으로 서술한다.

(45) 가. ① 유정 명사의 곡용

사름이 ~ 쉐, 사람우 ~ 쉐르, 사름이다 ~ 쉐다, 사름이다 ~ 쉐다, 사람우 (손) ~ 쉐뿔, 사름게 ~ 쉐게, 내가 (같이) ~ 먹가 붇가 조애가, 영숙아 ~ 철수야

② 무정 명사의 곡용

집이 ~ 죠애, 집우 ~ 죠애르, 집이다 ~ 죠애다, (우리) 짓 (재산), 집에, 집에서, 집우르

③ 물르/물루 (씻어라)

나. 대명사의 곡용

① 내, 나르, 내다, 내 (책), 내게, 내가 (같이 가자)

② 네, 너르/네르, 네다, 네 (책), 네게, 네가 (같이)

③ 뉘기/누기, 뉘기르/누기르, 뉘: (책), 뉘기게/누기게

육진 방언의 주격은 자음 말음 명사에서만 공통어의 '이'가 확인되고 모음 명사는 부재형 '∅'으로 실현된다. (45가)①, ②의 '쉐, 죠애', (나)①, ②, ③의 대명사 '내, 네, 뉘기'를 보면 아무런 격 표지가 보이지 않는다. 대격은 자음 명사 아래에서는 '우<으', 모음 명사 아래에서는 '르'로 실현된다. 유정 명사와 무정 명사에 공통으로 실현된다. 계사는 자음 명사 아래에서는 '이다', 모음 명사 아래에서는 '다'가 붙는데 서울 방언과 일치한다. 속격은 유정 명사 아래에서는 '우<으' (가①), 무정 명사 아래에서는 'ㅅ'[265] (가)②가 선택된다. 중세어의 '집'의 속격형 '짓' (그 짓ᄯᆞ리, 유창돈 1964b: 688)과 유사한 면이 보인다. 여격에는 동남 방언의 '한테'류는 보이지 않고 공통어와 중세어의 '게' 계열의 여격 어미가 보인다 (가①, 나①, ②, ③). 공통어의 '과 ~ 와'는 모두 통용적인 '가'로 실현되며 공통어나 다른 방언의 '하고'는 보이지 않는다. 공통어의 조격 '-로'는 '-르' 또는 '-루'로 실현된다. 인성 명사에 붙는 호격은 공통어와 차이가 없다. (나)③의 미정 대명사 '누구'의 기본형은 계열표를 보면 '뉘기'나 '누기'로 책정되고 주격형은 부재형 '∅'으로 실현되는 것이 특이하다, 그리고 '누구'의 여격형이 '뉘기게/누기게'와 같이 '게'로 실현되는 것은 중세 이래의 여격 표지 '의게 ~ ᄋᆡ게'의 잔재로 보인다. 앞에서 본 동남 방언이나 다른 방언에서는 대부분 '한테' 계열로 실현된다.

다음은 영동 방언, 강릉 지역어의 곡용이다. 1936년생의 조인규 (여)를 제보자로 삼아 조사한 김옥영 교수의 회신 내용을 정리한 것이다

(46) 가. ① 유정 명사의 곡용

사램이 ~ 쇠거, 사람으 ~ 쇠르, 사램이다 ~ 쇠다, (그 사램)어 (손) ~ 쇠뿔, 사램인데 ~ 쇠인데, 먹하구, 붓하구, 영숙아/영숙어 ~ 철수야/철수여

② 무정 명사의 곡용

집이 ~ 종우거, 집으 ~ 종우르, 집이다 ~ 종우다, (우리) 집∅ 재산, 집에, 집에

---

265) 곽충구 교수의 회신에 의하면 후행 명사가 자음으로 시작하면 '짓', 모음으로 시작하면 '지'로 실현된다고 한다. 그뒤에 보내온 곽 교수의 메일 (2014. 11. 27.)에 의하면 모음 앞에서도 '이 짓 아덜' (이 집 아들)처럼 '짓'이 실현되는 예가 보인다고 한다.

서, 집으루

③ 물루 (씻어라)

나. 대명사의 곡용

① 내거, 나르, 내다, 내 (책), 내인데, 나하구/내하고

② 니거, 니르, 니다, 니 (책), 니인데, 니하고

③ 누기거, 누기르, 누기 (책), 누기인데

자음 명사 뒤에서는 공통어와 같이 '-이'가 선택되나, 모음 명사 밑에서는 유정 명사, 무정 명사, 대명사에 걸쳐 공통어의 '-가'가 '-거'로 실현된다 (가①, ②). 대격은 육진 방언과 같이 '으/르'로 실현된다 (가①, ②, 나). 이는 영동 방언의 강릉 지역어가 동북 및 육진 방언과 같이 동해안 방언권에 속하는 사실과 관련이 있는지 구명해 볼 만하다. 속격은 유정 명사에는 '어'가 (가①), 무정 명사에는 ∅가 실현되는데 (가②), 전자는 중세어의 유정물 속격과, 후자는 중세어의 무정물 속격 표지 'ㅅ'와 관련시킬 수 있을 것 같다. 여격으로는 '인데'가 보이는데 (가①), (43가)①의 동남 북부 방언과 비슷한 점이 있다. 인성 명사에 붙는 호격 어미가 '아 ~ 야' 밖에 '어 ~ 여'로 실현되는 것도 특징의 하나이다.

다음은 서부 방언에 속하는 서울 방언의 곡용표이다. 임귀동 (1907년생)을 제보자로 삼아 조사한 유필재 교수의 회신 내용을 정리한 것이다.

(47) 가. 명사의 곡용

① 유정 명사의 곡용

사람이 ~ 소가, 사람을 ~ 소를, 사람이다 ~ 소다, (그 사람)에 (손), (소)에 뿔, 사람에게/사람헌테, 쇠게, 나와 (같이), 영숙아 ~ 철수야

② 무정 명사의 곡용

집이 ~ 종이가, 집을 ~ 종이를/종일, 집이다 ~ 종이다, (우리) 집 ∅ (재산), 우리 집이 '우리 집에', 집이서 '집에서', 집으루, 먹과 붓과 종이와

③ 물로 (씻어라)

나. 대명사의 곡용

① 내가, 나를/날, 나다, 내 (책), 나에게/내게, 나와 (같이)

② 니가, 널, 너다, 네/니 책, 네게, 너와 (같이)

③ 누가, 누구를, 뉘/누 (책), 누구에게/누구헌테

(47)은 표준어의 기층인 서울 방언의 곡용 실현 양상이다. 몇 가지 차이 나는 점만 지적하기로 한다. (가)①의 속격 '에'는 표준어의 유정물 속격 '의'의 실현형이다. (가)②의 무정물의 속격 표지가 ∅로 실현되는 것은 다른 방언과 공통적이다. (가)①의 여격 형태가 '헌테'와 '에게'로 실현되는 점 또한 표준어와 같다. 공격은 유정 명사와 무정 명사를 통틀어서 '과 ~ 와'가 보인다 (가①, 나②). 중세 이래의 보편적인 형태가 보존된 것으로 보인다. 무정물의 처격이 '이, 이서'로 실현되는

것 (가)②도 표나게 다르다.

다음은 충북 중심의 중부 방언의 곡용표이다. 80대 이상의 제보자를 중심으로 조사한 박경래 교수의 회신 내용을 정리한 것이다.

(48) 가. ① 유정 명사의 곡용
사램이 ~ 소가, 사람얼 ~ 소럴, 사람이다 ~ 소다, (그 사람)에 손, 쇠뿔, (그 사람)얼 (줬다)/소럴 (줬다), 나하구 (같이), 영숙아 ~ 철수야
② 무정 명사의 곡용
집이 ~ 종이가, 집얼 ~ 종이럴, 집이다 ~ 종이다. 우리집∅ 재산, 우리집이, 우리집이서, 집으루, 먹하구 붓하구, 종이하구
③ 물루 (씻어라)
나. 대명사의 곡용
① 내가, 나럴. 나다, 내 책, 나한티, 나떠루, 나하구 (같이)
② 니가, 너럴, 너다, 니 책, 너한티, 너떠루, 너하구 (같이)
③ 누가, 누굴럴, 누 (책), 누구한티, 누구떠루

(48가)①을 보면 대격 어미만 '-얼 ~ -럴'로 실현되어 서울 방언과 음상의 차이가 보인다. 주격과 계사는 차이가 없다. 속격도 '-에'와 부재형 '∅'으로 분화되어 있는 점 서울 방언과 같다. 여격이 '얼'로 실현되는데 이는 중세어의 대격 표지 '를 ~ 올'에 여격의 기능이 파악되는 것과 일치한다 (고영근 2010다: 218). 대격과 형태가 같으나 이는 통합 관계에 의하여 문법적 기능이 결정된다. 호격은 표준어와 일치한다. ②에서 무정 명사의 처격이 '-이, -이서'로 실현되는 것은 (47)의 서울 방언과 같다. ②의 조격과 ③의 조격이 '-루'로 실현되는 것은 영동 방언과 완전히 일치하고 육진 방언과 부분적으로 일치한다. 공격은 유・무정 가리지 않고 '하구'로 실현된다. 여격은 '한티'와 '떠루'로 실현되는데 후자는 다른 지역에서는 보기 어렵다. (나)②의 제2인칭 대명사 '너'의 속격형이 '니 (책)'으로 실현되는데 이는 (44, 46)의 동남, 영동 방언과 일치한다. 이런 경우 속격을 '∅'로 처리해야 할지 단언하기가 어렵다. (나)③의 미지 대명사 '누구'의 대격형이 '-ㄹ럴'로 실현되는 것은 매우 특이하다.

다음은 서남 남부 방언의 고흥 지역어의 명사 곡용표이다. 배주채 교수의 회신 내용을 중심으로 곡용표를 정리하여 보기로 한다.

(49) 가. ① 유정 명사의 곡용
사램이 ~ 소가, 사람을 ~ 소를, 사램이다 ~ 소다, (그) 사람∅ (손), 쇠뿔, 사람한테, 소한테, 나하고 (같이), 나하고 (같이)
② 무정 명사의 곡용
집이 ~ 종우가, 집을 ~ 종우를, 집이다 ~ 종이다, (우리) 집∅재산, 집이, 집이서, 집으로, 먹하고 붓하고 종이하고

③ 물로 (씪어라)

나. 대명사의 곡용

① 나가, 나를, 나다, 나 (책), 나하고 (같이)

② 니가, 니를, 니다, 니 책, 니한테, 니하고

③ 누가, 누구를, 누구∅책, 누구한테

(49가)를 보면 유정 명사와 무정 명사를 가리지 않고 주격, 대격, 계사는 공통어와 같다. 그리고 유정 명사와 무정 명사의 명사 속격형이 ∅로 실현되는 점이 특이하고 ①에서 모음 명사 '소'의 속격형이 '쇠'로 실현되는 것은 중부 (48), 영동 방언 (46), 육진 방언 (45)와 공통된다. ①, ②의 공격 모두 '하고'로 실현된다, ②에서 처격이 '이, 이서'로 실현되는 것은 (47)의 서울 방언, (48)의 중부 방언과 공통된다. ②의 조격과 ③의 조격은 표준어와 같다. (나)①의 대명사의 속격에서 특이한 것은 제1인칭 '나'의 속격형이 딴 방언과는 달리 '나 책'과 같이 '∅'로 실현된다는 것이다. 제2인칭 대명사의 속격형이 '니'인 것은 (46)의 영동 방언, (48)의 중부 방언과 공통된다. 여기에도 속격형을 ∅로 보아야 할 것인가가 문제로 대두된다. 대명사에서도 (가)의 유정 명사와 같이 공격은 후치사 '하고'로 실현되고 여격은 후치사 '한테'로 실현된다.

다음은 서북 방언의 명사, 대명사의 곡용표이다. 김영배 교수가 제공한 (38)의 회신 자료와 김영배 (1984: 63-121, 1997: 467-477), 이금화 (2007가: 52-72)를 종합하여 정리하기로 한다. 그러나 다른 방언과 같이 곡용의 전 계열을 채우지 못하였다.

(50) 가. ① 유정 명사의 곡용

아버지레/아버지가, 소레/소가, 노무해 (<놈우해)

② 무정 명사의 곡용

나무레/나무가 ~ 구멍이, 나무는 ~ 구멍은, 나무를 ~ 구멍을

나. 대명사의 곡용

① 내레, 나는, 나를, 나한테/나에게, 나와

② 네레, 너는, 너를, 너한테/너에게

③ 누구레, 누구는, 누구를, 누구한테/누구에게

서북 방언의 곡용표 중의 특이한 것은 모음 명사 뒤에 붙는 주격 '레'이다[266]. '레' 주격형은 (50가)의 유정 명사와 무정 명사는 물론, (나)의 대명사에 고루 붙으며 심지어는 동명사 '-기'에도 붙을 만큼 분포가 넓다. 주격 어미 '-레'는, (가)에서 보인 바와 같이, 보편적 주격 표지 '-가'와 수의로

266) '레'의 기본형을 김영배 (1997)에서는 '레'로 잡았고 이기갑 (2003: 34)에서는 제주 방언의 '래'를 고려하여 '래'로 잡았으나 저자는 전자를 취하여 두 방언의 총체 서술을 도모한다.

[붙임말] 제주 방언의 '래'는 '라'의 변이형이며 연노한 층에서 더러 들을 수 있으나 토박이인 고재환 교수의 메일 (2014. 12. 2.)에 의하면 한국 전쟁 중 반도에서 유입된 것이지 제주 방언의 본래의 형태가 아니라고 하여 적극적으로 다루지 않았다.

교체된다. 공시태 속의 통시태, 곧 동요의 현상이 파악된다. 연령이 내려올수록 주격 표지 '-가'를 사용하는 경향이 우세하다고 한다 (이기갑 2003: 38). 서북 방언의 주격 어미 '-레'는 '어드러, 어드러로' 등에 보이는 '러'에 'ㅣ'가 붙어 '레'가 되었다는 유창돈 (1964가: 230)의 어원설에 동조하기도 하나 (김영배 1997: 476), 쉽게 단정할 문제가 아닌 것 같다. 제주 방언에도 비슷한 형태가 보인다고 한다 (이기갑 2003: 37)[267]. 서북 방언의 또 하나의 특징은 여격 어미로 전통적인 '에게'가 '한테' 등과 공존하는 현상이다. (나)의 대명사의 곡용표에서 그런 현상을 볼 수 있다.

다음은 제주 방언의 곡용표이다. 고재환 교수의 회신 내용과 고재환 (2011/2013가: 135-158)을 종합하여 정리하였다.

(51) 가. ① 유정 명사의 곡용
사름이 ~ 쉐가, 사름을 ~ 쉐를, 사름인다/사름이다, 쉐다/쉔다, (그 사름)이 손, 쉐이뿔, 사름신디/사름안티, 쇠신디/쇠안티, 영숙아 ~ 철수야
② 무정 명사의 곡용
집이 ~ 종이가, 집을 ~ 종이를, 집이다/집인다 ~ 종이다/종인다, (우리집)∅재산, (우리) 집이/집에, 집이서/집에서, 먹광 붓광 종이광/종이왕, 집더레/지드레/집 디레
③ 물으로/물로 (씻어라)
나. 대명사의 곡용
① 나가, 나를, 나다/나인다, 나∅책, 나신디/나안티, 나광
② 너가/느가/니가, 너를/니를, 너다/닌다, 너/니∅ (책), 니신디/니인티, 너광ᄀ치
③ 누게가/누가, 누게를/누를, 누게 책/누∅책, 누게신디/누게안

(51가)를 보면 제주 방언은 유정·무정 명사를 묻지 않고 주격과 대격 표지가 표준어와 같이 '-이 ~ -가'가 명사 말음의 음성적 조건에 따라 선택된다. 계사는 '인다'와 '이다'가 수의로 교체되고 있는데 제주 방언의 '-ㄴ-'은 동작 동사는 물론 상태 동사와 계사에 공통적으로 붙는다. 이는 제주 방언의 평술법 어미가 공통어와는 달리 '-ㄴ다'임을 뒷받침한다. 속격은 유정물에는 '-이'가 붙고, 무정물에는 '∅'이 붙는다. 다른 방언과 공통된다. 유정 명사에 붙는 여격 어미에는 '-신디', '-안티'가 보인다[268]. 후자는 당대 공통어의 '한테'의 변이형이 틀림없고 전자는 당대 공통어나 중세어의 여격 형태와 대응시키기가 쉽지 않다. 앞으로의 연구 과제로 돌릴 수 밖에 없다. 처격은 '-이'와 '-에'가 수의로 교체되는데 전자는 (47가)②의 서울 방언, (48가)②의 중부 방언, (49가)②의 서남 남부 방언에도 보았었다. 제주 방언에는 다른 방언과는 달리 공격의 '과 ~ 와'가 선행 명사의 음성적 조건에 따라 선택되는 것이 아니라 '광'이 두 환경에 통용된다. 물론 모음 명사 아래 붙는 '왕'도 보인다. (가)②와 (나)②에서 그런 사실을 확인할 수 있다. 공통어의 조격 '로'가 '-더레' 등으로 나타나

267) 고재환 (2011/2013가: 135-137)에는 그런 주격 형태가 등록되어 있지 않다.

268) 제주 방언에는 적어도 서민층의 말씨에서는 표준어의 존경의 주격 '께서'와 여격 '께'에 해당하는 형태가 확인되지 않는다 (고재환 2011/2013가: 145 각주 43).

는 것이 특이하다. 다른 방언에서 대응 예를 찾기가 어렵다. (가)③의 조격 '로'가 'ㄹ' 말음 명사 아래에서 '물으로'와 '물로'의 두 형태로 실현되는 데 이는 다른 방언에서는 볼 수 없는 현상이다. 대명사의 곡용도 (나)에서는 보는 것처럼 명사와 차이가 없다. 앞에서 본 바와 같이, 미정 대명사 '누구'가 '누게'로 실현되고 이를 바탕으로 하여 격 어미가 붙는 것 또한 명사의 곡용 어미와 같다.

이상과 같이 저자는 당대 공통어에서 시작하여 중세·고대어를 거쳐 방언에 이르기까지 우리말의 격 어미의 실현 양상을 확인하여 보았다. 명사 어간 구조체와 마찬가지로 명사 어미 구조체에서도 시대와 지역에 따른 변종이 많이 확인되었다. 당대의 공통어에는 주제격과 대격에서 명사 말음의 음성적 조건에 따라 '-는 ~ -은, -를 ~ -을'과 같이 한 쌍으로 실현되던 것이 중세어에는 여기에 모음 조화 규칙이 작용하여 '-ᄂᆞᆫ ~ -는, -ᄋᆞᆫ ~ -은; -ᄅᆞᆯ ~ -를, -ᄋᆞᆯ ~ -을'의 두 쌍으로 실현되었다. 조격의 '-로'에서는 '-으로' 밖에 '-ᄋᆞ로'가 실현되었으며 이러한 현상은 처격 '-애/-에', 속격 '-ᄋᆡ/-의'에서도 목격되었다. 그러나 이러한 현상은 공통어는 물론, 지역 방언에서도 그 상관 짝을 잃었지만 기본 골격은 변하지 않았다. 한편 당대어와 중세어 사이에는 자연 부류의 변화도 목격된다. 중세어의 공동격의 교체를 보면 'ㄹ' 명사 말음과 모음 명사가 자연 부류를 이루었는데 당대의 공통어에는 그 성격이 바뀌어 'ㄹ' 말음 명사는 보통의 자음 말음 명사와 자연 부류를 이루었다. 그러는가 하면 육진 방언에서는 공통어의 공격의 '-과 ~ -와'가 '-가'로 합류되어 있어 자연 부류가 인식되지 않는다.

조격의 '로'는 제주 방언에서는 'ㄹ' 말음 명사 아래에서 '-로'와 '-으로'가 수의로 교체되고 있는데 이는 자연 부류의 동요 현상으로 설명할 수 있다. 격 어미의 실현도 방언에 따라 편차가 심하다. 중세어의 유정 명사와 무정 명사에 붙는 '-ᄋᆡ ~ -의'와 '-ㅅ'이 방언에 '-에' 등과 '-∅'로 남아 있기도 하다. 대격이 동남 방언에서는 모음 명사 아래에서 '-로'로 실현된다. 육진 방언에서는 대격이 '-으 ~ -르'로 실현되어 공통어와 부분적 유사성을 보이며 모음 명사 아래에서 주격이 '∅'로 실현되는 등의 변이가 목격된다. 처격이 '-이, -이서'로 실현되는 지역이 있는가 하면 중부 방언과 제주 방언에서 여격이 특수한 형태로 나타나고 그러는가 하면 중세어의 여격의 계통을 잇는 '(에)게'가 육진 방언에 잔존하여 있기도 하다. 서북 방언에는 다른 지역에서는 보기 힘든 주격 '-레'가 모음 어미 뒤에서 실현되기도 한다. 다른 문법 현상과 마찬가지로 공통어와 부분적 유사성을 보이는 것은 공존 규칙에 의하여, 공통성이 전혀 없는 것은 모종의 확대 규칙에 의존할 수밖에 없다.

우리말의 격 어미가 고대로부터 당대에 이르기까지 겪은 변화의 자취도 단순치 않다. 고대어로부터 중세어에 이르는 변화의 자취는 자료의 제약으로 분명히 밝히기가 쉽지 않다. 그러나 중세로부터 근대 및 당대에 이르는 변화의 자취는 그 추적이 그렇게 어렵지 않다. 가장 큰 변화는 주격 어미로 모음 어간 아래 쓰이던 '-ㅣ'와 '-∅'가 없어지고 '-가'라는 새로운 형태가 생성되었다. 이 '-가'의 기원에 대하여 여러 학설이 제안되어 있으나[269], 누구든지 동의할 수 있는 어원론이 나오지 않고 있다. 주격 '가'는 16세기 후반부터 'i'계 모음 아래에서 나타나기 시작하여 18세기 중반에 들어서면서 비'i'계 모음 어간으로 확대되어 간 것으로 추정하고 있다[270]. 격 어미의 부재형 '-∅'를 가

269) 홍윤표 (1994: 382-383)에서는 주격 표지 '가'의 기원론을 일곱 가지로 간추리고 있다.

270) 중세로부터 근대를 거쳐 당대에 이르는 격 어미의 변화에 대하여는 홍윤표 (1994: 381-423)을 참조하였다.

운데 두고 인수에 붙는 '셔'는 중세어에서 싹을 보이기 시작하여 근대를 거치는 사이에 후치사로 자리를 잡았다 (앞에 나옴). 근대에 들어와서 '겨시다'의 부동사형 '겨오셔'가 공대의 주격 어미로 정착된 것 또한 큰 변화의 하나이다. 중세어에서 무정물과 공대 명사에 붙던 속격 표지 '-ㅅ' 은 16 세기부터 점차로 격의 기능을 잃어 버리고 합성어 형성의 표지로 기능이 축소되었다. 이른바 특이 처격 어미가 일반 처격 어미로 합류한 것도 큰 변화의 하나이다. 그밖에도 호격 어미 '하'의 소실 등 크고 작은 변화를 많이 목도할 수 있다 (홍윤표 1994: 604-650).

6.3.4. 명사 어미 구조체의 곡용 체계

위에서 논의한 바를 바탕으로 하여 명사 어미부의 곡용 체계를 시대별, 지역별로 얽어 보기로 한다. 저자는 고영근 (2012나)에서 당대 공통어와 중세어의 곡용 체계를 얽은 바 있다. 이곳에서는 위의 졸고에서 세운 체계를 형태통사부 (뒤에 나옴)의 격 범주 서술에 도움이 되는 방향으로 다시 다듬기로 한다.

다음 (1)의 체계는 역대 문법가들의 견해를 검토 · 수용하는 과정에서 정립된 것이다. 구조격을 인정하지 않는 일도 없지 않으나 (허웅 2000: 1346, 고석주 2004, 홍용철 2013, 박소영 2014가 등), 저자는 그 사이의 논의를 종합하여 구조격을 세우지 않을 수 없다는 최기용 (2009: 51), 이종근 (2015) 등을 따라 구조격을 세우기로 하였다. 특이한 것은 전통 문법의 접속 조사와 관형격 조사를 접속격으로 통합하되 전자는 대등 접속격, 후자는 종속 접속격으로 처리하는 견해를 들 수 있다. 그러나 본서에서는 관례를 따라 전자는 접속격, 후자는 속격이라 부르기로 한다. 대등 접속격, 곧 접속격도 속격과 같이 정격과 부정격으로 실현된다. '책과 연필'은 "정격"으로, "책∅, 연필"은 부정격으로 실현된 것이다. 이럴 때 구어에서는 휴지를, 문어에서는 쉼표를 두어야 한다 (§3. 4)[271].

(1) 당대 공통어의 격 체계
  가. 구조격: 주격 (-이 ~ -가), 대격 (-을 ~ -를), 속격 (-의), 접속격 (-과 ~ -와), 부정격 (-∅).
  나. 의미격: 처격 (-에, -에서), 조격 (-(으)로), 공격 (-과 ~ -와)
  다. 특수격: 주제격 (-는 ~ -은)
  라. 독립격: -아 ~ 야

주제격은 첨사의 기능도 지니고 있다는 점에서 특수격이라는 이름을 붙였다 (뒤에 나옴). 주격, 대격, 주제격, 조격, 공격의 형태 분화는 잠정적으로 음성적 조건에 의한 이형태로 처리하여 '~'로 표시하였다[272]. 이곳의 주격에는 학교 문법에서 보격 조사로 처리하고 있는 '이/가'도 들어간다.

이곳에서는 주격 표지 '가'가 '이라가'에서 파생되었다고 하였다. 일단 "첨사화"라는 중간 단계를 거쳐 주격 표지로 발달하였다고 하였다.

271) 저자가 속격 어미와 접속격 어미를 묶어서 구조격에 포함시킨 것은 허웅 (1995/2000: 1237)과 이광호 (1988: 38)을 통합한 것이다.

물론 조격 뒤에는 '써'와 같은 후치사가 붙기도 한다. 호격을 독립격으로 다룬 것은 그것이 비논항 구성이라는 점을 고려하였기 때문이다. 여격을 없앤 것은 그것이 격 표지 '-의' (속격)와 후치사 '게'의 통합이라는 점을 고려하였기 때문이다. 그러나 처격과 구별할 필요성이 있을 때에는 여격 범주를 세우기도 하였다.

부정격을 구조격의 비실현에만 국한할 것인지 (안병희 1966, 이남순 1988, 1987/1998나: 219-248), 아니면 과학원 언어문학연구소 (1960)의 "절대격"과 같이 의미격까지 포괄할 것인가 하는 문제가 논의될 수 있으나[273], 여기서는 전자를 취하기로 한다[274]. 전통 문법의 접속 조사는 일음절로 된 '과 ~ 와'만 공격으로 처리하고 나머지 이음절로 되었거나 실사의 기원이 확실한 것은 후치사로 처리하기로 한다 (뒤에 나옴). 격 어미 가운데서 일반 명사에 가장 많이 결합되는 것은 대격 '-를 ~ 을'이고 그 다음이 주격 '-가 ~ -이', 처격 '-에', 주제격 '-는 ~ -은', 속격 '-의', 조격 '-(으)로', 공격 '-과/-와' 의 순서를 보여 준다 (최운호 2005나). 대격이 격 어미 중 출현 빈도가 높다는 것은 북한에서도 주목된 바 있다 (고영근 2009나: 69).

당대 우리말의 격 표지는 명사 어간의 말음의 성격에 따라 두 가지의 이형태를 보여 준다. 또 단음절로 되어 있다는 점도 지적할 수 있다. 이 문제는 19세기 전반기의 지볼트 (Fr. von Siebold)부터 지적되어 왔다 (고영근 1980/2010나: 413). 이렇게 격 표지가 선행 어간의 종류에 따라 분간된다는 것은 어미로서의 성격을 강하게 보증한다.

의미격 가운데서 처격과 조격은 선행 어간과 어울려 파생 접사로 넘어가는 중간적 모습을 보이는 일이 있다.

(1) 나'. ① 그는 <u>후에</u> 크게 될 사람이다. (이양혜 2000: 72)
② 나는 책을 <u>공짜로</u> 한 권 받았다. (이양혜 2000: 110)

위에서 ①은 시간 표시어 '후'가 처격과 결합됨으로써 선행 요소와 긴밀하게 결합되었음을 보이는 예이다. 그것은 '후에'의 위치를 함부로 바꿀 수 없고 '에' 자리에 다른 격 어미를 대치할 수 없다는 데서도 알 수 있다. ②도 마찬가지의 해석을 받을 수 있다. '이리로, 저리로'와 같이 지시 부사에 조격 '-(으)로'가 붙은 것도 성격이 같다. 이양혜 (2000: 108-113)에서는 앞의 부동사 '-게' (§6.2.4.2, 164쪽)와 함께 "중간 기능의 접사"로 처리한 바 있다.

당대의 공통어에 이어 앞에서 간간이 흘려 놓은 중세어나 그 이전의 고대어의 격 체계도 논의의 대상으로 삼아야 한다. 중세어의 격 체계는 일찍이 홍윤표 (1969)에서 후치사와 첨사를 세우는 관점에서 포괄적으로 다루어졌으며 근대 국어를 중심으로 한 격 표지와 후치사에 대하여는 홍윤표 (1994: 339-650)에서 종합적으로 다루어진 바 있다.

먼저 중세어의 격 체계를 앞의 현대어와 관련하여 세워 보면 다음과 같다.

---

272) 최명옥 (2015: 121)에서는 "어휘화한 이형태"란 흥미 있는 기술을 제안하고 있다.

273) 민현식 (1982)에서는 "不定法, 否定法"" 등과 혼동을 "不定格" 대신 "無標格"을 택하였다. 근거 있는 용어 선택으로 보이나 관례를 따라 "不定格"을 택하기로 한다.

274) 최기용 (2009: 428)에서는 처격, 조격 등 의미격에도 격 어미 미실현 현상이 있음을 지적하고 있다.

(2) 가. 구조격: 주격 (-이 ~ -ㅣ, ∅), 속격 (-ᄋᆡ/의, -ㅅ), 접속격 (-과 ~ -와), 대격 (-ᄋᆞᆯ ~ -ᄅᆞᆯ/-을 ~ -를), 부정격 (-∅)

나. 의미격: 처격 (-애 ~ -에 ~ -예), 조격 (-ᄋᆞ로), 공격 (-과 ~ -와)

다. 특수격: 주제격 (-ᄋᆞᆫ ~ -ᄂᆞᆫ/-은 ~ -는)

라. 독립격: 호격 (-하, -아/-야)

중세어에는, 앞에서도 언급한 바 있지마는, 당대어와는 달리 격 표지가 모음 조화 규칙과 명사 어간의 말음의 종류에 따라 갈라지기도 한다. 격 표지의 이형태가 현대어보다 더 다양화되어 있으며 경우에 따라서는 명사와 밀착되어 있어서 인도·유럽어의 격 표지의 굴곡성을 연상케 하는 면이 포착되기도 한다. 이를테면 시간을 뜻하는 '*ᄢᅳ'가 'ᄢᅵ, ᄢᅳᆯ, ᄢᅴ'로 곡용하는 것을 들 수 있다. 이는 굴곡으로 번역되는 "flection" 현상과 다를 바가 없다 (뒤에 나옴). 속격에는 체언의 유정성과 공대성 여부에 따라 두 종류의 격 표지가 실현된다. 여격을 두지 않은 것은 그것이 격 표지와 후치사의 합성으로 표시되기 때문이다. 당대어와 같다. 탈격은 처격 표지와 후치사 '이셔/셔'가 붙어 실현된다는 점에서 설정의 필요성을 느끼지 않는다. 호격은 체언의 공대성 자질과 말음의 성격에 따라 둘로 분간되기도 한다. 당대어와 같이 격 표지가 대부분 단음절로 되어 있다.

석독 구결로 대표되는 고대어의 격 체계는, 앞의 (42, 268쪽)에서 본 바와 같이, 표기상의 차이만 제외하고는 중세어와 차이가 없다.

우리말의 격 체계는 근대어를 거치면서 큰 변화를 겪는다. 주격 표지로 모음 명사 아래에서 '가'가 등장하는가 하면 주격 상당의 후치사 '께서'가 형성되고 속격과 후치사에 기대던 여격 표시 장치가 재구조화를 거쳐 '에게'라는 새로운 형태가 형성되었다. 존칭 속격과 호격이 소멸된 것도 큰 변화로 간주된다.

6.3.5. 명사 형태부의 유형론

우리말 명사 형태부의 유형론은 통시적·지역적·통언어적 관점에서 논의될 수 있다. 격 어미로 대표되는 명사 형태부도 동사 형태부와 같이 원칙적으로 유기음과 경음이 확인되지 않는다 (서태룡 1996). 다음으로는 명사 어간의 교체를 들 수 있다. 당대의 공통어는 곡용할 때 어간이 단축된다거나 하는 형태적 교체가 눈에 띄지 않는다. 그러나 중세어로 소급하면 모음 어미와 결합될 때, 명사 어간이 단축되는 것 등의 유형적 변화가 목격되고 당대의 방언, 특히 제주도나 함경도 같은 변방 지역으로 가면 중세어의 흔적이 남아 있어 지역적 유형론도 세울 수 있다. 다음으로 명사 어미의 교체를 들 수 있다. 명사 어미는 전 시대와 전 지역에 걸쳐 주격, 주제격, 대격, 처격, 조격, 공격, 호격은 단음절로 성립되어 있다. 당대의 공통어는 명사 어간 말음의 성격에 따라 한 쌍의 어미만 확인되는데 중세어는 어간 모음과 어간 말음의 성격에 따라 또 한 쌍의 어미가 성립되어 두 쌍의 어미가 실현되는 유형론적 변화, 곧. 통시적 유형론이 성립한다. 그리고 방언 간에도 조금씩 차이가 있어 그 나름의 지역적 유형론이 성립되기도 한다. 앞에서 본 동사 형태론에서도 같은 사실을 확인한 바 있다. 중세어는 공격과 단독의 첨사 '곳'의 실현에서 'ㄹ'이 모음과 같은 자연 부류를 이루고 있는데 당대어는 자음과 자연 부류를 이루어 자연 부류의 유형적 변화가 목격되었다. 조격은 두 시기에 걸쳐 유음 'ㄹ'은 모음과 함께 자연 부류를 이루는 통시적 유형론의 한 유형을 볼 수 있다. 지역적으로도 공통어와 같이 명사 말음의 성격에 따라 한 쌍의 어미가 교체된다.

당대어에는 어간 말음의 성격, 중세어에는 어간 모음의 성격에 따라 명사의 격 어미가 또 한 쌍으로 교체된다고 하였는데 몽골, 튀르크 제어, 퉁구스 등 알타이 제어에도 음성 환경에 따라 격 어미가 분화되고 우리말의 격 어미들이 근원적으로 단음절로 되어 있다는 것도 알타이 제어와의 통언어적 비교를 가능하게 한다. 그리고 중세어에는 공격이 주격, 대격, 속격, 처격과 결합하는 이중 곡용이 있다는 것을 (41다) (267쪽)에서 보았는데 같은 현상이 몽골 구어에서도 목격할 수 있다.

우리말 명사 형태부는 통언어적으로 볼 때 특이한 점이 많다. 같은 교착어에 속하는 알타이어나 우랄어는 주격이 '-∅'으로 실현되는데 우리말은 중세어에는 '-이'[i] 또는 [y], 당대어는 '-이'와 '-가'가 상보적으로 실현되고 있다. 통시적 유형론의 대상으로 등록될 수 있다. 람스테트 (1939: 36-37)에서는 두 주격 어미를 "particle"로 처리하여 격 어미 체계에서 제외하였다. 이는 인도·유럽어나 알타이 문법에 기울어진 사고의 산물이기는 하나 오히려 주격과 대격이 무표지로 나타난다는 통언어적 사실과 관련지을 수 있다 (김민국 2016). 주격 어미는 근대어에 접어들면서 모음 어간 아래 '-가'가 붙음으로써 격 체계에 큰 변화가 일어나 통시적 유형론의 대상으로 등장하였다[275]. 서북 방언에는 모음 어간 아래 여타 방언과는 달리 '-레'가 붙는다. 주격 어미의 지역적 유형론의 좋은 주제가 될 수 있다.

6.4. 관형사와 부사 <형태부 3>

앞 (§6.2, §6.3)에서 저자는 큰범주 중 명사류와 동사류의 형태론을 다루었다. 이곳에서는 큰범주의 나머지 품사인 관형사와 부사의 형태론을 다루어 보려고 한다. 명사는 원칙적으로 격 어미가 붙어 곡용하는 것을, 동사는 활용 어미가 붙어 활용하는 것을 기준으로 삼아 그 정체성을 확인할 수 있다. 그러나 관형사와 부사는 활용하지 않는 단어, 곧 불변어에 속하기 때문에 그 정체성 확인이 쉽지 않다. 이제 관형사와 부사의 성립에 관련된 문제를 논의하면서 통사부 서술의 기반이 되는 방향으로 논의를 끌어 나가려고 한다.

275) 주격 어미 '가'의 생성에 대하여는 연구가 많다. 대표적으로 이태영 (1988), 홍윤표 (1994: 381-423), 고광모 (2014) 참조. 특히 마지막에서는 새로운 문법 형태는 반드시 기존의 형식으로부터 발달한다는 명제를 기반으로 하여 일찍이 이숭녕 (1958)에서 제기된 첨사 '가' 기원설을 발전시키고 있어 주목을 받고 있다. 한편 북한의 김영황 교수도 비슷한 견해를 피력하였다 (이득춘 편 2001: 221-241). 이들 업적은 최근에 왕성하게 연구되고 있는 문법화 이론의 영향을 받아 이루어진 것으로 보인다.

6.4.1. 관형사

6.4.1.1. 관형사의 확립 기준[276)]

전통적으로 관형사는 명사 앞에서 명사를 수식하여 그 의미를 분명히 제한하는 품사로 알려져 왔다. 다음 예문을 보기로 한다.

(1) 가. 이 **거리**에는 새 **집**과 헌 **집**이 서로 이웃하여 있다.
　　나. 서울역은 신 (新) **역사** (驛舍)와 구 (舊) **역사의 두 역사**로 구성되어 있다.

(1가)의 '이, 새, 헌'과 (1나)의 '신, 구'가 모두 관형사인데 이들은 모두 명사 '거리, 집'과 '역사'를 수식하고 있다. 전자는 고유어 관형사이고 후자는 한자어 관형사이다[277)]. 이러한 단어류를 독립된 품사로 세우지 않을 수 없는 것은 관형사와 명사 사이에 다음과 같이 휴지가 오고 동시에 그 자리에 다른 관형사가 대치될 수 있기 때문이다.

(1) 가'. 저#거리, 이#집, 그#집
　　나'. 한#역사

우리말의 관형사 가운데는 고유어는 많지 않고 한자어가 많다. 물론 한자어 관형사 가운데는 다음과 같이 고유어로 바꿀 수 있는 것도 있고 그렇지 않은 것도 있다.

(1) 나'. 서울역은 새 **역사** (驛舍)와 ??옛 **역사**로 구성되어 있다.

위에서 '신'은 '새'로 바꾸어도 의미상의 차이가 두드러지지 않으나 '구'는 그렇지 않다. 후자의 '구'와 '옛'은 의미가 1:1로 대응되지 않는다.

앞에서 언급한 바와 같이, 관형사는 격 어미도 붙을 수 없고 활용 어미도 붙을 수 없다.

(2) 가. ① *새 { 가 / 를 / (이)다 }　　② *새 { 다 / 고 / ㄴ }

　　나. ① ??신 { 이 / 을 / 이다 }　　② *신 { 는다 / 고 / ㄴ }

(2가)는 관형사 '새'가 ①과 같이 격 어미와 계사를 취하지 못함을, ②와 같이 활용 어미를 취하지

276) 관형사의 정체성에 대하여는 논의가 많다. 대표적으로 이정택 (2003), 김선효 (2004, 2011), 임유종 (2005) 참조. 전통적으로 관형사는 문법가에 따라 설정되기도 하였고 부정되기도 하였다. 숫자가 적다고 하더라도 그 자체가 뚜렷한 정체성을 지니고 있으면 독립된 품사로 인정해야 한다.

277) 채희락 (2007)에서는 한자어 계열의 접두사를 접어 (affix)로 처리하고 있다,

못함을 보인 것이다. (2나)에서 ①은 한자 '신 (新)'에는 격 어미와 계사의 붙음이 매우 어색하고 ②는 활용 어미가 붙지 못한다는 것을 보인 것이다. 고유어와 한자어는 같은 개념을 표시하는 경우라 하더라도 곡용 및 활용 양상이 다름을 확인할 수 있다. 이는 한자어의 단어 형성론 (뒤에 나옴)을 언급할 때 나오겠지만 고유어와 한자어는 형성 방식과 운용 체계가 근본적으로 다른 데 이유가 있다.

6.4.1.2. 관형사의 종류

관형사에는 보통 성상 관형사, 수량 관형사, 지시 관형사를 둔다[278]. 이 밖에 저자는 이른바 관형 명사도 관형사에 넣기로 한다. 그것이 관형사임을 분명히 한다는 뜻에서 휴지 표지 #를 둔다[279]

먼저 성상 관형사를 보기로 한다.

(3) 가. 새# (집/살림/책 …), 헌# (집/살림/책 …), 헛# (말/고생/생각 …), 옛# (집/말/사람 …)
나. 구 (舊)# (중앙청 청사, 소련, 서울대학교 …), 신 (新)# (한국/세대/장관 …) , 순 (純)# (한국산/독일산/일본산 …), 대 (大)# (사건, 공사, 주주 …)

(3가)는 고유어 성상 관형사이다. '새, 헌'은 이미 (1)에서 든 바 있다. '새'와 같은 단어는 뒤에 오는 명사와 합쳐서 합성어를 만들기도 한다. (3나)는 한자어 관형사인데 '신'과 '구'는 이미 (1나)에서 든 바 있다. 한자어 관형사 중 '구, 신, 대'는 이에 대응되는 고유어 '옛, 새, 큰'으로 대치되고 있으며 이 현상은 소극적 한자 교육과 무관하지 않은 것 같다. '순'과 같은 관형사는 이에 대응하는 고유어가 없는 탓인지 그대로 쓰이고 있다. 언어 대중에게는 그것이 한자어라는 인식이 없는지도 모른다. 앞에서 든 한자어 관형사는 '신구 (新舊), 순금 (純金), 대길 (大吉)' 등의 단어 구성 요소로 나타나기도 하는데 이 때에는, 이미 앞에서 잠깐 도입한 바와 같이 (§2.4.2, 28쪽), 단어 구성소에 지나지 않는다 (뒤에 나옴).

이른바 관형 명사[280]는 다음의 (4가)와 같이 '두 단어 사이에 휴지가 개재되기 때문에 명사로 볼 수 있으나 (4나)와 같이 격 표지를 취하지 못하기 때문에 관형사로 간주하기로 한다[281].

---

278) 우리말 관형사는 김선효 (2011: 232-283)에서 『표준국어대사전』 (1999), 『연세한국어사전』 (1998), 『세종계획 최종 결과물』 (2009) 등을 대상으로 목록화하고 사전별 출현 양상을 '0'으로 표시하였다.

279) 이하의 예와 설명은 남기심 · 고영근 (1985/2014: 167-172)와 부분적으로 겹친다는 것을 밝혀 둔다.

280) 관형 명사는 김영욱 (1994)에서 제안된 것인데 많은 사람들이 이에 호응하고 있다 (이선웅 2000, 김선효 2011). 김창섭 (1999: 39-55)에는 관형 명사의 목록이 종합되어 있다. 관형 명사에 대하여 사람에 따라서는 어근으로 처리하는 일이 없지 않으나 (노명희 2009), 어근에 대한 부정확한 개념이 적용되었다는 사실을 지적하여 둔다. 목정수 (2003, 2015)에도 그에 대한 문제점이 지적되어 있다.

281) 이른바 관형 명사는 전통적으로 명사로 처리되어 왔다. 『연세한국어사전』 (1998)에는 '간이 주택'의 '간이'와 같은 단어에 대하여 "형성소"라는 이름을 주고 있으나 이는 편법에 지나지 않는다 (고영근 1999라). 저자는 목정수 (2002/2003: 421-456, 2015: 479-513)을 따라 이를 관형사로 처리한다. 이선웅 (2000)에서는 한자어 관형 명사의 목록을 제시한 바 있다.

(4) 가. 간이#주택, 국제#질서, 가전#제품 …
　나. *간이의 주택, *국제의 질서, *가전의 제품 …

만약 이른바 관형 명사를 명사로 간주한다면 (4나)와 같이 중간에 속격 표지가 쓰여야 할 것인데 그렇지 않으니 이는 관형사의 범주로 처리하는 것이 가장 합리적이다. 의미상으로 볼 때 (4)의 예는 성상 관형사에 속한다. 다음과 같이 '주, 재, 대, 반' 등의 준접두사가 붙어 관형사화하는 다음 예도 관형사에 넣을 수 있다[282].

(4') 주미 (駐美) 대사, 재미 (在美) 교포, 대북 (對北) 통로, 반국가 (反國家) 단체, 친일 (親日) 세력, 항독소 (抗毒素) 물질

다음은 수량 관형사이다.

(5) 가. 한, 두, 세 (석, 서), 네 (넉, 너), 다섯 (닷), 여섯 (엿), 일곱, 여덟, 아홉, 열, 열한, 열두, 열세, 열네, 스무 …
　나. ① 한두, 두세, 서너, 두서너 (二, 三, 四), 너댓 (四, 五) … 모든, 온, 온갖, 몇 (몇몇)—여러, 갖은, 뭇, 반 (半), 전 (全) …
　　② 일이 (一, 二), 이삼 (二, 三) …

수량 관형사는 전통적으로 관형사로 처리되어 왔고 현행 학교 문법에서도 수량 관형사를 인정하고 있다. 앞에서 저자는 우리말의 수사를 고유어와 한자어에 걸쳐 살펴본 일이 있는데 (§6.3.2.3, 223쪽) 수사의 체계에 따라 그 특수성을 검토하기로 한다[283]. (5가)는 정수 관형사이고 (5나)는 부정수 (不定數) 관형사인데 ①은 고유어, ②는 한자어이다[284].

(5가)의 '한'은 수량 관형사이지만 그 용법이 다양하다 (유현경 2008).

(5) 가'. ① 왼손 손가락에는 얇은 은반지 한 **개**가 끼여 있었다.
　　② 평생 한 **이불**을 덮고 잤건만 이젠 은근히 구박을 준다.
　　③ 안개 냄새가 빈민가에서 살던 한 **소년**을 상기시킨다.

---

282) 예는 노명희 (2004)에서 가져왔으며 이들의 관형사성에 대하여는 목정수 교수와 상의한 바 있다. 노명희 (2004)에서 이들을 관형사로 보게 되면 폐쇄 부류인 관형사의 속성과 어긋난다고 하였으나 목정수 (2003)과 같이 이른바 관형명사를 관형사로 보게 되면 관형사는 개방 부류로 볼 수 있다.

283) 문법가 가운데는 수 관형사를 따로 두지 않고 수사와 통합하기도 하는데 (대표적으로 허웅 1995/2000: 318), 이는 옳지 않다. '하나, 둘, 셋' 등이 '한, 두, 세' 등으로 바뀌는 것을 형태적 이형태로 보고 있는데 이는 사실과 다르다. 형태적 이형태란 같은 환경에서 형태가 바뀌는 현상을 가리킨다. 이를테면 '세, 석, 서'가 뒤에 오는 명사의 성격에 따라 선택되는데 '하나'와 '한'은 실현되는 환경이 다르다. 전자는 휴지 사이에서, 후자는 명사 앞에서 실현된다. 이 문제는 저자가 남기심·고영근 (1985/2014: 170)에서 자세히 논증하였다. 최근 유현경 (2008)에서 학교 문법을 비롯한 전통적 견해를 지지한 바 있다.

284) 수량 관형사 상호 간의 의미 차이는 정영주 (1989)에서 분석된 일이 있다. 이러한 작업은 어휘 의미론의 소관이기는 하나 수량어의 통사·의미 구조의 파악과 밀접한 관련을 맺고 있다.

①의 '한'은 단위성 의존 명사 '개' 앞에 실현되었으므로 수량 관형사이다. 수사가 '하나 내지 두 개, 둘 내지 세 개'와 같이 단위성 의존 명사를 건너뛰어서 수식하면 수 관형사로 실현된다는 것 (김창섭 2008: 각주 30)을 주의할 필요가 있다. ②의 '한'은 '같은'의 뜻이니 성상 관형사로 볼 수 있다. 이때에는 붙여쓰는 것이 좋다는 북한 학계의 의견도 있다 (고영근 2009나: 23). ③의 '한'은 '어떤'의 뜻이니 미정 지시 관형사이다[285].

마지막으로 지시 관형사를 보기로 한다. 지시 관형사는 앞에서 도입한 두 번째 개념인 대용(cf.§5.4, 91쪽)의 예이다.

(6) 가. ① 1) 이, 그, 저; 2) 이런, 그런, 저런; 3) 다른, 딴
② 어느, 어떤, 무슨, 웬
나. ① 해 (該) (지역 …), 귀 (貴) (회사 …), 본 (本) 연구소 … , 동 (同) 시험장 …, 현 (現) 장관, 전 (前) 교육 부총리
② 모 (某) (년, 월, 일)

(6가)는 고유어 지시 관형사로 기정칭 (既定稱)이다. 1)은 단순형으로서 근칭, 중칭, 원칭의 세 갈래의 지시성을 띠고 있다. 이 가운데서 '그, 이'가 빈도가 높고 '저'는 그 다음 차례이다 (박병선 2003). 2)는 1)에 접미사 '-러'가 붙어 '이 (그/저)와 같음'을 지시할 때 사용된다. 1)과 2)는 '요, 고, 조; 요런, 고런, 조런'과 같이 'ㅗ' 등의 양성 모음으로 바꿈으로써 비하 (卑下)하거나 귀여워 하는 의미를 표시하기도 한다. 3)의 '다른, 딴'은 '당장 문제되거나 해당되는 것 이외의'를 가리키는 지시 관형사이다. '다른'은 '다르다' (異)의 수식적 동명사형 '다른'과 혼동해서는 안된다.

(6) 가. ① 3)' <u>다른</u> 사람들도 같은 생각을 가지고 있다.
비교: 철수는 영수와는 <u>다른</u> 사람이다.

왼쪽의 '다른'은 화자나 청자 아닌 제3자를 뜻하고 오른쪽의 '다른'은 상태 동사 '다르다'의 수식적 동명사형이다. 전자는 후자가 어휘화 과정을 거쳐 형성된 것이다 (뒤에 나옴).

'다른'과 같은 의미의 '딴'은 표준어에서는 평술 정동사형이 확인되지 않으나 동북 방언에서는 다음과 같은 예를 흔히 들을 수 있다[286].

(6) 가. ① 3") 그것은 이것과 <u>따지요</u>. '… 다르지요.'

(6가)②는 모두 미지의 지시 관형사에 속하지만 분포나 의미에 있어 조금씩 차이가 있다 (이은섭 2005: 125-160). 이 문제는 미지어 구문을 다루는 자리에서 다른 미지어와 함께 종합적으로 다

---

285) '한'은 다음과 같이 부사로 쓰이기도 한다.
<u>한</u> 일 년간 집에서 쉬었다.

286) 저자는 1990년대 중반 독일 보훔대학에서 머물고 있을 때, 함흥 출신의 돌아가신 박치호 박사로부터 이런 말을 많이 들었다. 실제로 「표준국어대사전」에도 함경 방언이라고 적혀 있다.

루게 될 것이다.

(6나)에서 ①은 정적 (定的) 의미를, ②는 미정 (未定)의 의미를 표시한다. ①의 '해, 귀, 동'은 지시성을 띤 관형사이나 한글 전용이 정착됨에 따라 현재는 거의 폐어화되어 가고 있다. 그러나 '현, 전'은 그를 대신할 적당한 고유어가 없어서인지 실용도가 높다. (6나)②는 그런대로 쓰이고 있다.

6.4.1.3. 관형사의 배열

관형사는 그 놓이는 순서가 어느 정도 정해져 있다. 고유어 관형사만 대상으로 한다.

(7) 가. <u>이</u> **새** 집, <u>그</u> **새** 다리, <u>저</u> **헌** 집
　　나. <u>저</u> **모든** 군중, <u>이</u> **한** 목숨, <u>어느</u> **한** 사람의 게으름
　　다. <u>저</u> <u>모든</u> <u>새</u> 건물

(7가)는 지시 관형사 '이, 그, 저'가 성상 관형사 '새, 헌'에 앞서는 것이고 (7나)는 지시 관형사가 수량 관형사 앞서는 것이다, 그리고 (7다)는 관형사가 지시 관형사, 수량 관형사, 성상 관형사의 순서로 배열됨을 보이는, 관형사 종류의 전형적 순서이다.

당대 공통어의 관형사의 사용 빈도를 보면 '대화>소설>학술>신문'의 순서이다. 이는 뒤에 나오는 부사의 사용 양상과 같은 것이다. 대화에서 관형사의 사용 빈도가 높은 것은 대화 상황에서 관형사가 담화 표지로 쓰이는 경우가 많기 때문이다 (배진영 밖에 2013: 137-148).

6.4.1.4. 중세어의 관형사

당대어에 이어 중세어의 관형사를 보기로 한다[287]. 당대어도 관형사가 적은데 중세어는 더 적다. 그리고 당대어의 관형사가 중세어에는 여러 품사로 통용되기도 하였다[288].

(8) 가. <u>새</u> 구스리 나며 (월인석보 1, 7)
　　나. <u>이</u> 곧 <u>뎌</u> 고대 後ㅿ 날 다ᄅᆞ리잇가 (용비어천가 26)

위의 예는 당대어와 같이 관형사로 쓰이는 것이다. (8가)의 '새'는 성상 관형사로서 명사 앞에 놓였고 (8나)의 '이, 뎌'는 지시 관형사로서 역시 명사 앞에 놓였다. 그런데 다음과 같은 예는 명사 내지 대명사로 쓰이고 있어 당대어와는 다르다.

(8) 가'. ① <u>새</u>∅ 업거든 <주격> (구급간이방 상 24)
　　　② 다시 <u>새</u>ᄅᆞᆯ 비허 (법화경언해 3, 94)
　　　③ 新은 <u>새</u>∅라 (훈민정음언해)
　　나'. ① 내 <u>이</u>ᄅᆞᆯ 爲ᄒᆞ야 (훈민정음언해)

---

287) 이 부분은 고영근 (2010다: 157-159)와 부분적으로 겹친다는 것을 밝혀 둔다.

288) 중세어의 관형사와 그 형성에 대하여는 유창돈 (1971: 372-393), 허웅 (1975: 979-981), 고영근 (2010다: 157-159) 참조.

② 뎌옷 이긔면 (석보상절 6, 26)

(8가')는 '새'에 주격, 대격, 계사 표지가 붙는 예이기 때문에 명사임이 틀림없고 (8나')는 '이, 뎌'가 그 자체로서 대명사로 쓰이고 있다.

중세어에는 위와 같이 관형사가 다른 품사로 통용되기도 하지만 그렇지 않은 것도 있다. 다음은 중세어에 확인되는 성상 관형사이다

(9) 가. 진딧 '순수한', 갓갓 '갖가지; 뭇 '衆', 웃 '上' 외 '孤', 샹 '凡'
　　나. 種種 (고지)

(9가)는 고유어인데 이 중 '진딧'은 한자 '眞'과 관련이 있을 가능성이 많다, '뭇'은 명사 '물' (群)에 속격 'ㅅ'이 붙어 만들어진 관형사로 보이고 '웃'은 명사 '우'에 속격 'ㅅ'이 붙어 형성된 것이다. (9나)는 한자어 관형사인데 (6나)에서 본 당대어의 한자어 관형사 '해 (該), 귀 (貴), 본 (本), 동 (同), 현 (現), 전 (前)' 등의 관형사가 쓰였는지는 아직 알 수 없다

다음은 중세어의 지시 관형사이다.

(10) 가. 이 곧 뎌 고대 (비교: 8나), 그 긔별 드르시고 (석보상절 6, 2)
　　나. ① 어느 뉘 請ᄒᆞ니 (용비어천가 18)
　　　　② 그디 子息 업더니 므슷 罪오 (월인석보 1, 7)

(10가)는 당대어와 같은 세 계열의 지시 관형사로서 모두 대명사로 통용되었다. (10나)는 미지 관형사인데 ①의 '어느'는 대명사와 통용되었으며 ②의 '므슷'은 관형사의 예만 보인다.

중세어의 수량 관형사의 기본 구조는 당대어와 차이가 없다. 몇 개의 예만 들어 둔다.

(11) 가. ᄒᆞᆫ, 두, 세 ∝ 석 ∝ 서 … 열두/열두 … 온, 즈믄, 현, 여러
　　나. ᄒᆞᆫ두, 두세 … 여다홉

(가)는 정수이고 (나)는 부정수이다. 중세어의 수량 관형사도 당대어와 같이 수사와 형태를 같이 하는 것이 대부분이다 (구본관 2001가).

고대어의 관형사에 대하여는 아직 연구가 제대로 되어 있지 않기 때문에 포괄적 서술을 하기가 쉽지 않다.

(6가)①-3)에서 저자는 당대어의 관형사 '다른' (他)이 '다르다' (異)의 동명사형 '다른'이 어휘화하여 형성된 것으로 해석하였다. 앞의 '다른'과 같이, 역사적으로 동사의 활용형이 어휘화하여 관형사로 굳어진 것을 도처에서 볼 수 있다 (김선효 2011: 39, 서형국 2010).

(12) 가. 그 얼굴에서 보이는 갖은/*갖을/*갖던 풍상, 거칠어진 손.
　　나. 이들은 법이 모든/*모들/*몯던 사람에게 공평하기를 바란다.

(12가)의 '갖은'은 중세어의 '궃다' (具)의 동명사형 '가준'이 어휘화한 것이고 (12나)의 '모든'은 중세어의 동작 동사 '몯다' (聚)의 동명사형 '모둔'이 어휘화한 것이다. 이들이 관형사로 어휘화하였다는 것은 수식적 동명사형 어미 '-을, -던'과의 통합이 불가능하다는 데서도 알 수 있다. 우리말의 관형사 중에서, 특히 고유어는 위로 소급할수록 다른 품사와 통용되는 것이 많고 당대어의 대부분의 관형사도 명사의 곡용형과 동사의 활용형이 어휘화를 거쳐서 이루어졌다는 점을 감안하면 고대나 그 이전의 단계에는 매우 드물지 않았나 한다[289]. 중세 이후의 관형사가 어휘화를 거쳐 형성되는 과정을 면밀하게 추적할 필요가 있다.

6.4.1.5. 관형사의 유형론

마지막으로 관형사의 유형론을 엮어 보기로 한다. 당대어의 고유어 관형사는 곡용형이나 활용형이 굳어져서 형성된 것이 많다는 점에서 폐쇄 부류에 속한다. 이는 다른 언어의 경우도 마찬가지이니 그 나름의 공통성을 지니고 있다고 할 수 있다. 앞의 (3나)에서 보인 '구' (舊), '신' (新) 등은 일본어는 물론, 중국어에도 보인다. (4가)와 같은 것은 일본어에 보이는데 한일 언어 문화 연합의 어휘재로 활용할 수 있다. (6나)에서 보인 한자어 관형사가 언제 우리말에 함입 (陷入)되었는지 모르지만 당대의 일본어와 중국어에도 보인다. 그렇다면 이들 어휘는 동북아 언어 문화 연합의 한 어휘재로 등록될 수 있다. 그것은 어쨌든 고유어든 한자어든 불변어로서 명사 앞에 와서 그 명사를 수식하여 주는 공통성이 있다는 점에서 다른 언어의 형용사와 비슷한 면이 있다

6.4.2. 부사[290]

6.4.2.1. 부사의 확립 기준

부사는 관형사와 같은 불변어에 속하기는 하나 동사나 다른 부사를 한정한다는 점에서 차이점이 인정된다[291].

(1) 가. 개나리가가 <u>활짝</u> **피었다**.
　　나. <u>과연</u> **그 아이는 몸이 튼튼하다**.
　　다. 바람이 <u>매우</u> **많이** 분다.
　　라. 우체국 <u>바로</u> **뒤**가 우리집이다.

---

289) 이 문제는 일찍이 유창돈 (1971: 372)에서 지적된 바 있다.

290) "부사"는 "adverb"의 번역인데 문자 그대로 번역하면 "부동사'라 번역하는 것이 옳으나 "converb"의 역어 "부동사"와 혼동되는 문제점이 있어 종래의 역어를 그대로 사용한다.

291) 이곳의 부사에 대한 서술은 남기심 · 고영근 (1985/2014: 172-177)의 내용과 부분적으로 겹친다는 것을 밝혀 둔다. 부사에 관한 연구 업적은 연구사를 엮을 정도로 많다. 그 중 김경훈 (1996)은 수십 년의 온축 (蘊蓄)이 결집된 것이고 이밖에 손남익 (1995), 임유종 (1999), 서정수 (2005) 등 중후한 업적이 많다.

(1가)의 '활짝'은 동사 '피었다'를 한정하고 (나)의 '과연'은 '그 아이는 몸이 튼튼하다'라는 문장을 한정한다. 그리고 (다)의 '매우'는 다른 언어의 부사와 같이 딴 부사 '많이'를 한정한다. 그러는가 하면 (라)의 '바로'는 특이하게도 명사 '뒤'를 한정한다. 많은 부사는 부사임을 표시하는 특별한 표지가 없으나 경우에 따라서는 부사로서의 표지가 나타나기도 한다.

부사는 관형사와 같이 활용을 하지 않으나 부사임을 표시하는 표지가 드러나는 일이 있다.

(2) 가. 올해는 사과가 <u>많이</u> **열렸다**.
나. 아이들이 놀이터에서 <u>즐겁게</u> **놀고 있다**.
다. 나는 목이 <u>터지게</u> 울었다.
라. 영수는 <u>정말로</u> **뛰어난** 학생이다.

(2가)의 '많이'는 형용사 '많다'에 접미사 '-이'가 붙어 부사가 된 예인데 부사 가운데는 형용사에 접미사가 붙어 형성된 것이 많다. (나)의 '즐겁게'는 형용사 '즐겁-'에 활용 어미 '-게'가 붙어 부사로 쓰이고 있다. 활용 어미가 붙으면 품사의 성격을 바꾸지 않는 것이 보통인데 위의 '-게'는 (가)의 접미사 '-이'와 같이 품사를 부사적으로 바꾸어 주고 있다. (다)의 '터지게'는 자동사에 붙어 '-(으)ㄹ 만큼'의 의미를 표시하는 부동사로 쓰였다. 실제의 기능은 부사와 차이가 없다. (라)의 '정말로'는 명사 '정말'에 격 어미 '-로'를 붙여 그 성격을 부사로 바꾸어 뒤에 오는 상태 동사 '뛰어난'을 한정하여 주고 있다.

앞에서 우리는 관형사의 경우는 격 조사는 물론, 첨사도 붙지 못한다는 것을 확인하였는데 부사에 따라서는 첨사는 물론, 격 어미도 붙을 수 있다.

(3) 가. <u>아직</u>**도** 시간이 많이 남았다.
나. <u>천천히</u>**만** 걸어라.
다. <u>빨리</u>**를** 걸어라.

(3가, 나)는 부사에 첨사 '도, 만'이 붙었고 (다)는 부사에 대격 어미 '-를'이 붙었다. 특히 '아직'은 (1라) '바로'와 함께 고빈도 부사의 하나인데 부정어(否定語)를 동반하는 일이 많다(박병선 2003).

같은 불변어에 속하는 관형사에는 고유어계와 한자어계로 나뉘어 있는데 부사에는 그런 구별이 없다. 설사 어근이 한자어계라고 하더라도 일단은 접미사 '-하다'가 붙어 고유어화한 다음에 어근이나 어간에 접미사 '-히'나 활용 어미 '-게'를 붙여 부사 내지 부사적 성격의 단어로 만들어 준다.

(4) 가. 그들 내외는 <u>성실히</u> 살아왔다.
나. <u>정직하게</u> 사는 것이 중요하다.

(4가)는 상태 동사 '성실하다'에 접미사 '-히'가 붙었고 (나)는 '정직하다'에 활용 어미 '-게'가 붙었다. 전자는 '성실하게'로 바꾸어도 좋으나 후자는 '정직히'로 바꾸면 자연스럽지 못하다.

6.4.2.2. 부사의 종류

부사에는 크게 성분 부사와 양태 부사를 두기로 한다[292].

먼저 성분 부사부터 보기로 한다. 성분 부사는 동사를 직접 한정하여 주는 부사이다. 성분 부사에는 성상 부사, 지시 부사, 부정 부사를 둘 수 있다.

다음은 성상 부사의 예이다. 성상 부사는 앞의 성상 관형사와 짝을 이룬다.

(5) 가. 공이 잘 **굴러 간다**.
　나. 언덕이 꽤 **높다**.
　다. 꿈터 유치원 바로 **앞**에 주민 센터가 있다.
　라. ① 아이들이 도란도란 **이야기하고 있다**.
　　② 아기가 사뿐사뿐 **걷고 있다**.

(5)는 동사의 내용을 실질적으로 한정하는 것이다. (가)의 '잘'은 동작 동사 '굴러 간다'를, (나)의 '꽤'는 상태 동사를 한정하고 있다. (다)의 '바로'는 명사 '앞'을 한정한다. '바로'는 부사 가운데서도 높은 빈도의 부사로 알려져 있다 (박병선 2003). 명사를 수식하고 있어 겉으로 보기에는 수식어같이 보이지만 사실은 뒤에 오는 명사가 정도성의 의미를 지니고 있기 때문에 정도성의 의미를 한정하는 것으로 보는 것이 온당하다. 비슷한 예를 더 들면 다음과 같다[293].

(5) 다'. ① 저애는 꼭 **바보**같이 생겼다.
　　② 한 달 중에 겨우 **이틀**을 놀았다.
　　③ 고작 **이것**이 전부냐.

(5라)는 상징 부사인데 ①은 의성 부사, ②는 의태 부사이다. 상징 부사는 동사의 의미를 실질적으로 한정한다는 점에서 성상 부사의 일종이다.

다음은 지시 부사인데 앞의 지시 관형사와 짝을 이룬다. 이곳의 지시 부사는 앞에서 도입한 대용의 세 번째 범주이다 (cf.§5.4, 91쪽).

(6) 가. 이리 **오너라**.
　가'. 여기 **오너라**.
　나. 기어코 오늘 **가느냐**.
　다. 내가 그것을 어찌 **아느냐**.
　다'. 내가 그것을 어떻게 **아느냐**.

---

292) 남기심 · 고영근 (1985/2014: 175-177)에서는 부사에 "성분 부사"와 "문장 부사"을 두고 문장 부사에 "양태 부사"와 "접속 부사"를 두었었는데 이곳에서는 접속 부사를 "접속사"로 독립시킴에 따라 (§4.2), 부사를 크게 성분 부사와 양태 부사로 나누었다는 것을 밝혀 둔다.

293) 체언을 한정하는 부사를 정도성의 개념으로 해석한 것으로는 김규철 (1980: 89), 김선희 (1985)가 있다. 이곳에서는 명사 앞에 오는 부사를 어떻게 처리할 것인가 하는 문제는 숙제로 남겨 놓고 있다.

(6가)의 '이리'는 '이' 계열의 지시 부사인데 '그리, 저리'와 함께 3계열의 지시 체계를 형성하고 있다, (가')의 '여기'는 '거기, 저기'와 함께 처소 대명사이나 단독으로 쓰이면 (가)와 같이 부사의 기능을 띠기도 한다. (다)의 '오늘'은 '어제, 내일, 모레'과 함께 시간 부사로 보기도 하나 특정한 날짜를 대신한다는 점에서 지시 부사에 넣었다. (다)의 '어찌'는 미정 지시 부사인데 (다')의 미정 상태동사 '어떻다'의 활용형으로도 교체될 수 있다.

성분 부사에는 동사의 의미를 부정하는 방식으로 한정하는 부정 부사가 있다.

(7) 가. 그 애는 어쩐 일인지 물을 안 **마신다**.
 나. 철수는 술을 못 **마신다**.

(7가)의 '안'은 의도 부정이고 '못'은 능력 부정인데 모두 뒤에 오는 동사의 의미를 한정하고 있다. 이들은 모두 부정어에 포섭된다 (§4.2. 69쪽).

성분 부사가 배열될 때에는 일정한 순서가 있다.

(8) 가. 저리 잘 뛰는 사람은 처음 본다.
 나. 저리 잘 안 먹는 아이는 처음 본다.
 다. 어찌 저리 잘 안 먹을 수 있나.

(8가)는 지시 부사가 성상 부사에 앞서는 예이고 (나)는 지시 부사, 성상 부사, 부정 부사의 순서로 배열되는 예이다. 이 경우 부정 부사는 성상 부사에 앞설 수 없다 (김종복 2016가: 216). (다)는 지시 부사끼리 어울릴 때에는 미정 부사는 기정 부사에 앞섬을 보이는 예이다. 그러니까 '미정-기정-성상-부정'의 순서로 배열된다. 기정 지시 부사가 미정 지시 부사에 앞서는 다음과 같은 배열은 불가능하다.

(9) *저리 어찌 잘 안 먹을 수 있나.

다음은 양태 부사의 예이다.

(10) 가. 과연 **건물 한 귀퉁이에 그가 찾는 회사의 간판이 걸려 있었다.** (연세한국어사전)
 나. 설마 **산 사람 입에 거미줄이야 치겠습니까?** (금성판 국어대사전)
 다. 재화는 아무쪼록 **빨리 이 자리를 벗어나고 싶었다.** (고대 한국어사전)

(10가)의 '과연'은 화자의 사태에 대한 믿음이 틀림없다든지 단정할 필요가 있을 때 사용된다. 이와 같은 부사는 '건물 … 걸려 있었다'라는 사태에 대하여 확신을 가질 때 사용된다. 비슷한 의미의 양태 부사에는 '실로, 모름지기, 물론, 정말' 등을 추가할 수 있다. (나)의 '설마'는 화자의 사태에 대한 믿음이 의심스럽다든지 단정을 회피할 때 사용된다. '산 사람 … 치겠습니까'가 바로 의심을 표시하는 구절이다. 이러한 양태 부사에는 '아마, 만일, 설령, 비록, 아무리' 등을 추가할 수 있다. (10다)의 '아무쪼록'은 희망을 표시하거나 가상적 조건 아래에서 일이 이루어지기를 바랄 때 사용

된다. 이러한 양태 부사에는 '제발, 부디' 등을 추가할 수 있다. 양태 부사에는 그 의미에 상응하여 어미도 그에 알맞은 것이 선택된다. (가)에는 평술형 정동사가, (나)에는 의문 정동사가, (다)에는 조건의 부동사형이 온다. 이상의 양태 부사를 "제약 부사", 성상 부사와 같이 동사를 한정하는 성분 부사를 "자유 부사"라 부르기도 한다 (임유종 1999: 66)[294].

당대 공통어의 부사의 사용 빈도는 '대화>소설>학술>신문'의 순서이다. 이는 앞에서 본 관형사의 사용 양상과 같은 것이다 (배진영 밖에 2013: 137).

6.4.2.3. 중세어 및 고대어

중세어도 당대어와 같이 부사를 성분 부사와 양태 부사로 나눌 수 있다[295].

다음은 중세어의 성상 부사의 예이다.

(11) 가. <u>그르</u> **알면** 外道ㅣ오 (월인석보 1, 51)
　　나. 去聲은 <u>뭇</u> **노픈** 소리라 (훈민정음언해)
　　다. <u>오직</u> **太子 祇陁ᄋᆡ 東山**이 ᄡᅡ토 平ᄒᆞ며 (석보상절 6, 23)
　　라. ① <u>구믈구믈</u> **ᄒᆞᄂᆞᆫ** 衆生이 다 佛性이 잇거시니 (몽산법어언해 13)
　　　② <u>듥긔동</u> **방해나 디히** (시용향악보 33)

(11가)는 성상 부사 '그르'가 동사 '알 (면)'을 한정하는 것이고 (나)의 '뭇'은 형용사 '노픈 (<높은)'을 한정하는 것이다. (14다)의 '오직'은 당대어의 (5다)와 같이 명사구 '**太子 祇陁ᄋᆡ 東山**'을 수식하는 것이다. (라)①은 의태어, ②는 의성어이다.

중세어에도 지시 부사를 들 수 있다.

(12) 가. <u>이리</u> **火災ᄒᆞᆫ** 後에 … (월인석보 1, 49)
　　나. <u>그리</u> 아닝다 (석보상절 6, 16)
　　다. 제 간ᄋᆞᆯ <u>뎌리</u> 모ᄅᆞᆯᄊᆡ (월인천강지곡 40)
　　라. <u>엇뎨</u> 羅睺羅ᄅᆞᆯ 앗기ᄂᆞᆫ다 (석보상절 6, 9)
　　마. 國人 ᄠᅳ들 <u>어느</u> **다 ᄉᆞᆯᄫᆞ리** (용비어천가 118)

(12가)는 지시 관형사의 '이'에 대응하는 지시 부사인데 지시 관형사와 같이 '그' 계열의 '그리' (나), '뎌' 계열의 '뎌리' (다)가 보인다. 중세어에도 미정 지시 부사가 있다. 대표적으로 (라)의 '엇뎨'와

294) 저자의 "양태 부사"는 전통적으로 "양상 부사"라 불러 왔다. 화자의 태도를 표시하는 부사를 "양태 부사"라 부르면 종전의 "양태 부사"는 "양상 부사"라 불러야 한다. 용어 사용에 혼동이 있어서는 안된다. 논리학에서 "양상"이라 부른다고 하여 굳이 이를 따를 필요가 없다. "양상"이라고 하여서는 화자의 태도가 선명히 드러나지 않고 (장경희 1985: 14), 더욱이 "aspect"를 "양상" (권재일 2006: 172)이라 부르기도 하여 혼란이 깊어가고 있다. 북한에서는 과학원의 조선어문법 (1960: 456, 463)에서부터 그렇게 써 왔으며 자세한 정의는 김일성종합대학의『언어학사전』(1986)을 참조할 수 있다.

295) 중세어의 부사와 그 형성 문제에 대하여는 유창돈 (1971: 393-453), 고영근 (2010다: 160-164) 참조.

(마)의 '어느'가 그것이다.

중세어의 부사도 당대어와 같이 첨사를 취한다.

(13) 가. 이리**곰** 火災호몰 여듧번 ᄒᆞ면 (월인석보 1, 49)
나. ᄃᆞᆯ하 노피**곰** 도ᄃᆞ샤 (악학궤범 5, 10, 정읍사)
다. 고우닐 스싀**옴** 녈셔 (악학궤범 5, 8, 동동)

첨사 중 여운의 '곰 ∝ 옴'만 부사에 붙고 다른 첨사가 부사에 붙는 예는 보이지 않는다.

중세어의 부사는 당대어와 다른 것이 많다. 중세어의 단어 형성법을 다루는 자리 (뒤에 나옴)에서 종합적으로 논의되겠지만 몇 가지 특징을 들기로 한다. 당대어의 (4나) (288쪽)와 같이 동사와 형용사에 활용 어미 '-게 (-긔)'를 붙여 부사화하는 용법이 당대어만큼 생산적이 아니지만 그런 대로 보인다.

(14) 가. 向公이 피나게 우러 (두시언해 25, 47)
나. 어ᄉᆡ아ᄃᆞ리 입게 사노이다 (월인천강지곡 142)
다. 虐政이 날로 더을씨 (용비어천가, 12장)

(14가)는 (2나)와 같이 자동 동작 동사에 활용 어미 '-게'가 붙어 부사적으로 사용되었고 (14나)는 (2다)와 같이 일반 상태 동사에 활용 어미 '-게'가 붙어 부사적으로 사용되고 있다. (14다)의 '날로'는 (2라)와 같이 명사에 격 어미 '-(으)로'가 붙어 부사로 만들어 주고 있다.

중세어에는 동사 어간이 바로 부사 노릇을 하는 용법이 보인다.

(14) 바ᄅᆞ 自性을 ᄉᆞᄆᆞᆺ 아ᄅᆞ샤 (월인석보 서, 18)

위의 '바ᄅᆞ'는 상태 동사 '바ᄅᆞ다'의 어간이 부사로 통용된 것이다. 이는 당대어의 '바로'의 소급형이다.

고대어의 부사에 대하여는 향가를 중심으로 목록이 작성된 바 있으나 (박성종 1998: 102), 어떤 경향을 추출하기에는 자료가 너무 부족하다. '-只'가 첨가된 것과 '不喩' 등의 부정 부사가 주류를 이루고 있을 정도이다.

중세어에서 당대어까지의 부사의 변화의 양상은 뒤의 단어 형성론에서 언급하기로 한다.

6.4.2.4. 부사의 유형론

언어에 따라서는 부사 형성의 특수한 접미사가 있는가 하면 부사가 형용사와 형태를 같이 하는 언어도 있다. 영어는 'slow' (느리다)와 같은 형용사에 접미사 '-ly'를 붙여서 'slowly' (느리게)와 같은 부사를 형성하는 것이 그것이다. 우리말에는 전 역사를 통하여 상태 동사 '많-, 느리-'에 '많이, 느리게'와 같이 접미사 '-이'나 부동사 어미 '-게'를 붙여 부사를 만들기도 한다. 중세어에는 상태 동사 '하-' (많다)가 그대로 부사로 쓰이기도 한다. 그리고 '진실로'와 같이 명사에 격 어미 '-로'

를 붙여 부사를 만드는 형성법도 있다. 이렇게 보면 부사는 개방 범주로 보는 것이 어떨까 한다. 영어의 형용사 '스마트'에 '-하게'라는 접미사를 붙여 부사로 만들어 주는 형성법을 보면 그러하다. 부사의 유형론은 뒤의 단어 형성법에서 다시 다루게 된다.

6.5. 형식사 <형태부 4>

저자는 앞의 품사부 (§4.2)에서 품사를 크게 "큰범주", "작은범주", "바깥범주"의 셋으로 나누었으며 작은범주를 달리 형식사라 부르고 계사, 후치사, 첨사를 둔 바 있다. 이곳에서는 고영근 (2012나, 2018가: 163-192)에서 논의한 것을 거두어들이되 내용을 수정 · 확충하는 방향으로 전개된다.

6.5.1. 계사

앞에서 밝힌 바와 같이, 계사 '이다'는 격 어미와 동사의 양면을 지니고 있다. 앞 부분은 일반적인 격 어미와 같이 선행하는 명사와 함께 한 어절을 이루고 뒷 부분은 일반적인 동사와 같이 활용한다, 다음은 당대 공통어의 계사의 활용으로 특이한 것이다.

(1) 가. 정동사
① 평술형: 돌이다/돌일다 (아주낮춤), 돌일세 (예사낮춤), 돌입니다/돌이올시다 (아주높임)
② 감탄형: 돌이로구나 (아주낮춤), 돌이로구먼 (예사낮춤), 돌이로구료 (예사높임)
나. 부동사: (돌)이라도 (좋다), (돌)이라서, (돌)이라야
다. 동명사: (돌)인 (<이ㄴ) (까닭), 돌임 (<돌이ㅁ)

(1)은 계사의 활용에서 그 나름의 특수성을 보이는 활용형을 모은 것이다. (가)①은 아주낮춤의 평술형인데 보통 '-이다'가 실현되나 19세기 중엽의 프랑스 선교사들의 문법과 지난 세기의 개화기 자료에는 '-일다'도 보인다. 'ㄹ'은 고대 이래의 계사 '*-일'의 잔재로 보인다[296]. 예사낮춤의 '일세'의 'ㄹ'도 중세 이래의 계사 '*-일'과 관련되는 것 같다. ②의 감탄형에 나타나는 '로' 역시 고대와 중세 이래의 '-*일'의 잔재로 보인다. (나)의 '라' 계의 부동사는 동사에 붙는 '-어도 (먹어도), -어서 (먹어서), -어야 (먹어야)의 '어'와 비교하면 계사 '-이-' 아래 실현되는 이형태의 하나라는 사실을 이끌어 낼 수 있다. (다)의 동명사는 당대에 있어서는 수식적인 것이든 자립적인 것이든 계사의 표지가 나타나지 않는다.

당대 공통어의 계사 '이다'와 그 부정어인 '아니다'의 계량 결과를 보기로 한다. '이다'는 '학술>소설>대화>신문'의 순서이고 '아니다'는 '대화>소설>학술>신문'의 순서이다. '아니다'는 모든

296) 계사 '이다'의 통시적 변화는 이현희 (1994가)에 종합되어 있다.

사용역에서 '이다'보다 사용 빈도가 훨씬 낮다. 그러나 사용역에 따른 '아니다'의 사용 양상은 사용역에 따른 '이다'의 사용 양상과 일치하지 않는다. '아니다'는 일반 상태 동사와 사용 양상에 있어 비슷하다 (배진영 밖에 2013: 133-135). '아니다'가 '이다'의 부정형이기는 하여도 상태 동사의 속성을 지니고 있는 것과 관련이 있는지 모르겠다. 실제로 현행 학교 문법에서는 '아니다'를 형용사로 처리하고 있다.

다음은 중세어의 계사의 활용형 중 특이한 것을 고른 것이다;

(2) 가. 정동사: 돌히라 (비1인칭), 돌히로라 (1인칭)
　나. 부동사: 돌히로딕
　다. 동명사: 돌히론 (젼ᄎ로), 돌히롬

(2가)는 정동사의 비1인칭형과 1인칭형이다. '돌히라'는 '돌ㅎ'의 비1인칭의 아주낮춤의 평술형인데 당대어와는 달리 '이라'로 실현되었다. 그런데 1인칭은 화자 표지 '-로-'가 실현되어 있다. 19세기와 20세기 초에 보이는 (1가)①의 '돌일다'와 관련이 있어 보이나 속단할 수 없다. (나)의 부동사 '-로딕'는 '-오딕'의 '오'가 계사 아래에서 '로'로 교체한 것이고 (다)의 동명사 '-론, -롬'은 '오'가 계사 아래에서 '로' 계의 어미로 교체한 것이다.

(2)와 같은 중세어의 계사 활용형은 이미 중세 당시에 동요하기 시작하였다. 계사 표지인 'ㄹ'이 'ᄒᆞᆫ가지롬' 등에서 'ᄒᆞᆫ가좀' 등으로 나타나는 것이 그것이다 (안병희 1992: 17-19). 그리고 계사 뒤에 붙는 평술 정동사 어미 '-라'가 19세기부터 '-다'로 일원화되는 예가 보인다, '즘싱이라'가 '즘싱이다'로 나타나는 것이 그러한 예이다 (이현희 1994가: 98).

다음은 방언에 나타나는 계사의 활용형이다. 저자는 앞에서 든 방언 연구가들에게 계사 활용표를 보내어 그것을 메꾸어 달라고 부탁하였다. 다음 활용표는 당대 표준어와 중세어의 계사 활용을 바탕으로 하여 작성한 것이다.

(3) 가. 정동사
　① 평술형: 돌이다, 돌이냐: 아니다, 아니냐 (아주낮춤) (　　　　)
　　돌일세: 아닐세 (예사낮춤) (　　　　)
　　돌입니다: 아닙니다 (아주높임) (　　　　)
　② 감탄형: 돌이로구나: 아니로구나 (아주낮춤) (　　　　)
　　돌이로구먼: 아니로구먼 (예사낮춤) (　　　　)
　　돌이로구료 (예사높임): 아니로구료) (　　　　)
　나. 부동사: (돌)이라도: 아니라도 (　　　　)
　　(돌)이라서: 아니라서 (　　　　)
　　(돌)이라야: 아니라야 (　　　　)
　다. 동명사: (돌)인: 아닌 (까닭) (관형사형) (　　　　)
　　(돌)임/아님 (명사형) (　　　　)

저자는 부정 계사인 '아니다'도 조사의 대상으로 삼았다. 긍정 계사와 구별하기 위하여 ':'로 대립시켰다. 저자는 '아니다'의 '아니'는 중세어에서는 명사로서 자립성도 있었고 곡용 방식도 일반적 명사와 차이가 없었으나 당대에 이르는 동안 동사로 재구조화하여 긍정 계사인 '이다'와 짝을 이루어 '이다'와 똑 같은 활용을 보여 주고 있다고 하였다 (§6.2.3.2). 따라서 설문지에도 같이 제시하였다.

지역에 따라 차이가 심하지 않기 때문에 어미별로 통합하여 서술하기로 한다.

정동사의 아주낮춤의 평술형은 제주 방언의 '(돌)이어, (돌)인다'와 동남 북부 방언의 '(돌)이래/아이래'를 제외하고는 큰 차이가 없다. 예사낮춤의 평술형은 육진 방언과 서남 남부 방언을 제외하고는 표준어의 계사 표지인 'ㄹ'이 보인다. 육진 방언에서는 '(돌)입니/애닙니'로 실현된다.

(3) 가. ①' 돌일세/돌이쎄: 아일세 (동남 북부), 돌입니: 애닙니 (육진), 돌일세: 아일세 (영동), 돌일세: 아닐세 (중부), 돌이시: 아니시 (서남 남부)

감탄형은 영동, 서울, 중부 방언에서 '돌이로구나: 아니/아이로구나'와 같이 실현되어 표준어와 공통성을 보인다. 제주어에서도 '돌이로구낭, 돌이로고만, 돌이로구ᄅᆢ'와 같이 실현되어 계사 표지 '로'가 보인다. 그밖의 지역어에서는 '로'가 거의 보이지 않는다. 부정 계사 '아니다'는 서울, 중부, 제주 방언을 제외하고는 '아이'로 실현된다. 물론 이들의 활용은 '이다'와 같다.

부동사형 '(돌)이라도, 이라서, 이라야'는 동남 북부, 육진, 영동, 중부 방언에서는 '-이래도, -이래서, '-이래도'로 실현된다. 나머지는 표준어와 차이가 없다. 동명사는 모든 방언에 걸쳐 계사의 흔적이 남아 있지 않다. 적어도 동명사에서는 근대어를 거치고 당대어에 이르는 동안 모든 지역에서 계사 표지가 완전히 소멸되었음을 확인할 수 있다.

표준어의 긍정 자립 형식인 '기다'와 부정 자립 형식인 '아니다'의 방언형을 보기로 한다. 『표준국어대사전』에는 '기다'를 '그것이다'의 준말로 보고 있으나 신빙성이 희박해 보인다. 사물 대명사에는 '그것' 밖에 '이것, 저것'도 있는데 하필 '그것'이 선택될 이유가 없다. 설사 '그것이'의 준말이라고 하여도 이미 재구조화의 과정을 밟아 자립 형식으로 굳어져 긍정 계사 '이다'와 상보적으로 사용되고 있다. 의존 형식일 때에는 '이다', 자립 형식일 때는 '기다'로 실현된다. 지금까지는 '기다'를 문법 서술에 올리지 않았으나 앞으로는 '아니다'와 짝을 지어 자립 긍정 계사로 등록할 필요가 있다. 그러면 이 두 어휘가 방언에 어떻게 실현되는가를 보기로 한다. 예를 들면 '도대체 기다, 아니다 무슨 말이 있어야 할 것이 아닌가' (『표준국어대사전』)의 예를 물었는데 다음 (4)와 같은 회신을 보내왔다.

(4) 가. "도대체 긴지 아닌지 무신 말을 해야 될 거 아니여." '그런지 안 그런지'
"내 말이 맞지? 기여 아니여./기여 안 기여." '그래 안 그래?'
"기면 기다 아니면 아니다 대답을 해야 할 거 아니여?" '그러면 그렇다 아니면 아니다'
나. "맞나 아이라 말 좀 해라." '맞다 안 맞다 무슨 말이 있어야 하지'
다. "기다/거다 아니다 무신 말이 셔샤 홀 거/게 아닌가."

(4가)는 중부 방언의 예인데 표준어와 같이 '기다'와 '아니다'가 한 짝이 되어 사용되고 있다. 서남 방언도 '기다'[297]와 '아니다'를 표준어와 같이 짝을 짓고 있다. 동남 남부 방언에서는 '기다'와 '아이다'로 실현된다. 그런데 동남 북부 방언에서는 (4나)와 같은 말씨가 사용된다. 표준어의 긍정의 의미는 '맞다'라는 형용사로 표시되고 부정의 의미는 부정 계사로 표시된다. 그러는가 하면 안동 지역어에서는 아주낮춤에서는 '기레/아이레'로, 아주높임에서는 '기니껴/아니껴'로 실현된다 (윤동재 박사 제보). (다)는 제주 방언의 예인데 표준어의 테두리 안에서 이해할 수 있는 표현이다.

또 자립적 계사를 딴 표현에서도 발견할 수 있다. 『표준국어대사전』과 『조선말대사전』에는 '꿈인지 생신지 <u>긴가</u> <u>민가</u> 하다'에 나오는 '긴가 민가'를 '기연 (其然)가 미연 (未然)가'의 준말이라고 하였으나 이는 재구조화되어 '긴가'의 '기'는 앞에서 든 '기다'의 '기'와 같은 자립 계사이고 '민가'의 '미'는 '아니'가 어미 '-ㄴ가' 앞에서 '미'로 형태 교체된 것으로 보고자 한다. 그렇다면 당대어에는 자립 부정계사에는 '아니'와 '미'가 확인된다고 말할 수 있다.

우리말의 계사는 의존형과 자립형이 있는데 전자는 방언에 따라 조금씩 형식이 다르나 긍정형은 '이-' 계열이고 부정형은 '아니, 미' 계열이다.

6.5.2. 후치사

우리말의 후치사는 부치사의 하위 범주인데 초기 서양인들의 우리말 문법에서 단서가 잡혔고 람스테트 (1939: 150-158), 홀로도비치 (1954, 1954/간노 역 2010: 81-89)를 거치는 사이에 자리가 잡혔다. 이곳에서는 이들의 사색을 거두어들이면서 우리말 문법 서술에서 후치사를 세워야 하는 당위성을 논하기로 한다. 우리 나라에 들어와서는 이승욱 (1957)에서 실사와 허사의 중간적 형태로서의 후치사의 설정을 제안하였고 이숭녕 (1966)에서는 몽골 문법에서 논의되고 있는 후치사를 우리말 문법에 도입할 것을 주장하였다. 그 뒤를 이어 서종학 (1982)에서는 중세 우리말의 후치사를 포괄적으로 다루었고 이성하 (2004)에서는 20세기 후반부터 일기 시작한 문법화에 관한 국제적 동향에 영향을 받아 우리말의 후치사를 새로운 관점에서 조명하였다[298]. 저자는 이상과 같은 국내외의 흐름을 머리에 두고 우리말의 후치사를 당대어와 중세어에 걸쳐 체계화하여 보려고 한다.

(1) 명사적 후치사

가. 부정격을 사이에 두는 공간·시간 표시어:

(NP∅) 가운데 (에, 로), (NP∅) 뒤에/로, (NP∅) 무렵, (NP∅) 밑 (에/으로), (NP∅) 사이에, (NP∅) 아래 (에/로), (NP∅) 앞에/로, (NP∅) 위에/로

나. 부정격을 사이에 둔 종전의 접미사 및 조사 상당 어류:

297) 『표준국어대사전』에는 전남 방언의 '기다'를 형용사 '그렇다'로 풀이하고 있다.

298) 정순기 (1988: 118-157)에는 후치사 설정에서 제기되는 문제를 다각도로 파헤치고 있다.

(NP∅) 끼리, (NP∅-에) 쯤, (NP∅) 밖에[299)]

다. 의존 명사와 통용되는 명사 상당어류:

(NP∅) 녘, (NP∅) 노릇, (NP∅) 따위, (NP∅) 대로, (NP∅) 등, (NP∅) 등지, (NP∅) 만큼, (NP∅) 무렵 (에), (NP∅) 바람에, (NP∅) 뿐, (NP∅) 적에, (NP∅) 족족, (NP∅) 중에 , (NP∅) 채, (NP∅) 통에

라. 속격 지배의 명사 상당 어류:

(NP의) 게>에게, (NP씌>께), (NP의) 것, (NP의) 깐, (NP의) 나름, (N의) 딴, (N의) 해

마. 부정격을 사이에 둔 한자어계의 명사 상당 어류:

(NP∅) 발 (發), (NP∅) 전 (前)에/으로, (NP∅) 중 (中)에/으로, (NP∅) 후 (後)에/로, (NP∅) 행 (行)

(1)은 부정격 '∅'을 매개로 하여 명사구에 통합되는 명사적 후치사이다. (가)는 최현배 (1971: 623)의 한계선 처소격, 이필영 (1994: 219)의 추상성을 띤 공간 및 시간 표시어, 이성하 (2004)의 한자어 후치사를 수용한 것이다. 이곳에서는 후행하는 격 표지로 의미격의 하나인 조격 '(으)로'를 추가하였다. 해당 예를 들면 다음과 같다.

(1) 가'. 나그네 한 분이 **대문** 앞에 서 있었다.
교탁 앞으로 나오너라.
이 나무들 가운데.
100미터 아래.

(1나)는 종전에 접미사로 처리되던 것인데 (고영근 1972/1999나: 513-515), 실질적 의미를 띠고 격 표지 아래 붙는다는 점에서 후치사로 보기로 한다[300)].

(1) 나'. 너희들 끼리 재미있게 놀아라.
어디 (에) 쯤 갔겠느냐.

(1다)는 종전에 의존 명사로 처리되던 것인데 동명사형에 붙을 때는 의존 명사로, 부정격 '∅'를 매개로 하여 명사에 붙을 때에는 후치사로 처리한다. (1다)의 '(NP∅) 중에'의 '중'은 종전에 명사구 아래 붙건 관형사형 아래에 붙건 몰아서 의존 명사로 처리하였는데 저자는 전자에 대하여는 후치사로 처리하고 후자에 대하여는 의존 명사로 처리한다.

299) '밖에'는 고영근 (2012나: 88-89)의 ((10)가ㄱ)의 부정격을 사이에 둔 공간 표시어에서 놓친 것을 이곳에서 보충하는 바이다.

300) 황화상 (2012가)에서는 종전에 그 처리를 둘러싸고 이견이 분분하였던 '쯤'을 의존 명사로 보았다. 이는 기준은 다르지만 저자의 처리와 일치한다. 한편 채희락 (2007)에서는 "접어"라는 문법 단위를 세워 저자의 명사적 후치사를 접어로 보고 있어 경청의 대상이 된다.

(1) 다'. 지금 **수업하고 있는** 중이다. (의존 명사)
지금 **수업** 중이다. (후치사)

저자는 (1다)를 고영근 (1970/1999나: 88)에서 "준조사"로 처리한 바 있는데 그것이 명사와 동사의 중간 범주의 기능을 띠고 있다고 보았기 때문이다. 사람에 따라 보조사. 의존 명사 등 그 처리가 구구하였다.

(1라)는 속격 표지 아래 나타나는 의존 명사이다. 이 가운데서 '에게'는 중세어를 감안하면 속격 '의'에 후치사 '게'가 붙은 것이나 양자가 통합하여 여격이라는 새로운 형태로 재구조화하였다. 이런 사실을 통하여 후치사는 실사에 그 유래를 두고 있으며 그것이 다시 문법화하면 격 어미로 발달한다는 통언어적 사실을 이끌어 낼 수 있다. '께'는 중세어의 속격과 후치사 '긔'의 복합형인 'ᄭᅴ'로 소급한다는 점에서 일단 속격과 후치사의 융합으로 재구조화하였다. 새로운 형태의 격 표지의 형성 유형이라고 할 수 있다. 나머지는 전일에는 의존 명사가 조사적인 기능을 띤다고 하여 준조사로 처리하였으나 (고영근 1970/1999나: 80), 후치사에 넣음으로써 앞의 '중'과 같이 명사와 후치사의 통용 현상으로 처리한다. 곧 동명사형을 앞세우면 의존 명사가 되고 명사를 앞 세우면 후치사가 된다는 뜻이다.

(1마)는 종전에 의존 명사 내지 접미사로 처리되던 것인데 이곳에서는 모두 후치사로 처리하기로 한다. '발'과 '행'은 '서울발, 부산행'과 같이 교통 수단의 출발역과 행선지를 가리키는 데 쓰이고 있는데 남한의 대부분의 사전에는 접미사로[301], 북한에서는 명사 (의존)로 처리하고 있다. 한자어는 그 나름대로의 문법이 있어 우리말과 같이 처리하기가 어렵지만 (1마)는 일단 후치사로 처리할 수 있다고 생각한다, '전'은 명사형 어미 '-기' 뒤에 쓰이고 '후'는 관형사형 뒤에 쓰인다는 차이점이 있지만 그것들이 모두 보족절에 속한다는 사실을 감안하면 명사로 볼 수 있다. '중'과 같이 '2시간 전에/후에'의 '전, 후'는 후치사로, '가기 전에/간 후에'는 명사로 처리한다. 이 경우의 '전'과 '후'는 의존 명사의 성격이 강한 기능 명사 (§6.3.1.1.A, 202쪽)로 볼 수 있다.

다음은 당대어의 동사적 후치사이다[302]. 동사적 후치사에는 문법적 연어 (임근석 2005, 2010: 장)과 관련되는 항목이 많다.

(2) 가. (NP를) 보고, (NP∅, NPㄹ) 더러, (NP∅, NPㄹ) 가지고, (NP∅) 치고, (NP에) 따라, (NP로)써, (NP 로)서, (NP 에)서, ∅서
나. (NP에) 걸쳐서/걸친, (NP에) 관하여/관한, (NP에) 비해, (NP에) 앞서, (NP을) 데리고,

---

301) 한글학회의 『우리말 큰사전』 (1992)에는 '발'은 의존 명사로, '행'은 접미사로 처리하고 있다. '행'과 '발'은 일본어에도 공용되는데 가와사키 교수의 제보에 의하면 일본어 사전에는 명사로 처리하고 있다고 한다. 그러나 중국에는 이런 표현이 사용되지 않는다고 한다 (2014. 12. 8. 메일). 가와사키 교수 부인인 Shi Huimei (石慧梅) 여사 (서울대 대학원)에 의하면 중국어에서는 '從東京 出發的 火車' (동경에서 출발하는 기차), '開往 京都的 火車' (경도에 가는 기차) 와 같은 방식으로 사용된다고 한다.

302) 관련 용례는 백춘범 (1992: 224-226), 김의수 (2002), 마틴 (1992: 194-195), 서경숙 (2004), 임근석 (2005), 도재학 (2014), 문병열 (2015)에서 많이 얻을 수 있다. 뒤의 두 논저에는 (2)와 같은 구성을 "조사 상당어 구성"이라 부르고 있다.

데려, (NP에) 대한/대하여, (NP을) 비롯한/비롯하여, (NP를) 위하여, 위한, (NP를) 향하여/향한, (NP를) 통하여/통한, (NP를) 가리켜, (NP를) 써서, (NP를) 전후해, (NP를) 둘러싸고, (NP로) 하여금 …

다. (VP) -(고)서, (VP) -(어)서; (VP) -(어)다가

(2가)는 문법화의 중간에 자리 잡는 것으로 실사적인 성격이 어느 정도 파악되는 것이다. '보고'에 대하여는 안주호 (1997), '가지고'에 대하여는 홍윤표 (1984)에서 후치사로서의 처리를 시도한 바 있다. '써'는 동사 '쓰-<쓰어'의 문법화형이고 '서'는 앞 (§6.3.2.3.B, 225쪽)에서 거론한 인수에 붙는 조사 상당류인데 존재 동사의 활용형 '이시어'가 문법화한 것이다. 인수에 붙는 '서'는 '-로서, -로써, -에서'와의 계열 관계를 고려하면 부정격 ∅ 뒤에 붙는 후치사로 규정할 수 있다. 이는 책정 기준은 다르지만 '서'를 후치사로 본 서정목 (1984), 안명철 (1985)와 취의 (趣意)를 같이 하는 것이다. 이들은 부동사형의 문법화로 설명될 수 있다[303]. 이들은 이를테면 '복지 문제에 대해'에서 '대해' 앞에는 '신중하게'와 같은 부사적 표현이 쓰일 수 없다는 것을 통하여 형식사적 성격을 알 수 있다. (나)는 초기 서양인들로부터 주목되어 온 전형적인 동사적 후치사인데[304], 홍용철 (1994: 19)에서는 순수한 후치사 (저자의 의미격)와 구별하여 앞의 (1가)와 함께 "어휘 후치사"로 처리한 바 있다. (다)는 도재학 (2014) 등을 참조하여 고영근 (2012나)에서 빠뜨린 것을 이곳에서 많이 추가한 것이다. '서, 다가'는 기원적으로는 동사 '이시-, 다그-'가 문법화한 것인데 고영근 (1975/1999나: 419)에서는 부동사 어미 '-어, -고'의 일부분으로 처리하였던 것을 여기서는 후치사로 처리하게 되었다는 것을 밝히어 둔다.

다음은 부사적 후치사이다.

(3) 부사적 후치사

(NP와) 함께, (NP와) 더불어, (NP∅) 없이, (NP와) 달리

(3다)의 "부사적 후치사"는 서종학 (1982)의 분류안에다가 필자가 몇 예를 추가한 것이다.

전통 문법의 부사격이나 접속 조사 가운데서 2음절이나 그 이상으로 되어 있거나 실사에서 기원한 것이 분명한 격 어미 상당의 조사류는 후치사로 처리한다[305].

(3-1) 가. 한테, 에게, 보고, 더러

나. 하고, (에)다가, (으)란

(3-1가)의 '한테'는 근대에 형성되었고 '보고'와 '더러'는 동사의 활용형이 후치사로 문법화된 것이다. (나)의 '하고'는 '나하고 같이 가자'에 나오는 전통 문법의 공격 조사인데 저자는 그것이 2음절

303) 부동사 어미의 문법화에 대하여는 우선 티카넨 (1995) 참조. 이 문제는 고영근 (2013나, 2018가: 55-74)에서 자세히 다루어졌다.

304) 저자는 이러한 동사를 불완전 동사로 처리한 바 있다 (남기심 · 고영근 2014: 129).

305) 김진수 (1987: 33-71)에서는 (3-1)과 같은 접속 조사류를 명사구 접속 조사로 처리하였다.

로 되어 있다는 점에서 후치사로 처리하기로 한다. '-(으)란'은 이른바 대제격 (정연찬 1984)으로서 대격 '을'과 주제격 '-은'의 합성이라는 점에서 후치사로 처리한다. 고려 시대의 석독 구결에 그러한 증거가 나타난다 (하귀녀 · 황선엽 · 박진호 2009).

한편 중세어의 후치사는 다음과 같다. 당대어에 준하여 실상을 보기로 한다.

(4) 중세어의 후치사
가. 명사적 후치사
① 부정격을 사이에 둔 공간 표시어: (N∅) 앒, (N∅) 뒤ㅎ, (N∅) 우ㅎ, (N∅) 아래, (N∅) 밑, (N∅) ᄉᆞᅀᅵ, (N∅) 가온ᄃᆡ …
② 부정격을 사이에 둔 의존 명사류: (N∅) 녁, (N∅) ᄲᅮᆫ, (N∅) ᄯᆞ롬, (N∅) 즈슴, (N∅) 히 …
③ 속격 지배의 의존 명사: (Nㅅ) ᄀᆞ장, (Nㅅ) 긔, (N ᄋᆡ/의) 거긔, (N ᄋᆡ/의) 그에, (N ∅, N ᄋᆡ/의) 손ᄃᆡ, (Nㅅ) 만, (Nㅅ, ∅) 분, (Nᄋᆡ/의) 하, (Nᄋᆡ/의) 해, (Nㅅ) 것
나. 동사적 후치사
(N애) 다가, (N∅, 를) ᄃᆞ려, (N∅, 를) 더브러, (N∅, ㄹ) 브터, (N∅) 두고, (N∅, 애/에, 로) 셔, 이셔, (로)뼈
다. 부사적 후치사
(N∅, 과) ᄀᆞ티, (N∅) 다히/다비, (N∅, 올) 조초

(4가)①은 (1가)의 당대어의 후치사의 직접적 소급형으로서 부정격을 사이에 둔 공간 표시어이다. (가)②는 (1나)와 같이 부정격을 사이에 둔 의존 명사류로서 종전에는 모두 의존 명사로 처리하였었다. 그러나 저자는 명사구 아래 쓰이면 후치사, 수식적 동명사형 아래 쓰이면 의존 명사로 간주한다. 곧 의존 명사와 후치사의 통용이다[306]. (가)③은 속격 지배의 의존 명사로서 종전의 역사 문법에서 일부는 후치사로, 일부는 의존 명사로 다루어 왔다. (4나)는 당대어의 (2)의 동사적 후치사의 계통을 잇는 것이다 (한재영 1996: 122). (4다)의 부사적 후치사는 당대의 (3)의 부사적 후치사와 큰 차이가 없다.

중세어로 미루어 보면 고대어에도 후치사가 존재하였을 가능성이 많으나 (최성규 2016), 아직까지 구체적으로 보고된 바 없어 건너뛰기로 한다. 후치사는 어휘 형태소와 문법 형태소의 중간에 자리잡는 과도적 (過渡的) 문법 범주이다. 후치사화는 통시적으로는 물론, 당대에서도 진행되고 있으며 방언에서도 활발하게 진행되고 있다. 대표적으로 "고기를 잡아 가지고 집으로 왔다"에서 나타나는 '가지고'가 그런 예이다. 이 경우 '잡아서'로 바꾸어도 문장의 의미에 변질을 가지고 오지 않는다 (홍윤표 1984). 동남 방언에는 공통어의 '가지고'에 대응하는 후치사가 있어 많은 사람들의 관심의 대상이 되어 왔다. 그 가운데서도 경남 방언에 나타나는 '가지-'는 '가지고'계와 '가

306) 지금까지 접미사로 처리되어 온 중세어의 복수의 '-ᄃᆞᆯㅎ, -내'를 명사로 처리해야 한다는 견해가 나오고 있는데 (이현희 1994나: 49), 저자의 견해에 의하면 이들은 후치사로 처리해야 한다 (뒤에 나옴).

지어'계로 나누어지는데 전자에는 '가주고'류와 '가꼬'류가 있고 후자에는 '가'류가 있다 (박근배 2013: 69). 양자는 기원이 다른 것으로 파악하고 있다. 후치사는 실질 형태소가 문법 형태소로 변화하는 과정에 있는 문법 범주이기 때문에 이에 대한 정밀한 연구는 문법 변화에 얽힌 숱한 과제를 풀어 줄 수 있다.

6.5.3. 첨사

6.5.3.1. 공통어의 첨사

당대어의 첨사는 원칙적으로 격 어미나 격 어미 상당의 후치사 뒤에 분포하여 격 어미에 의하여 형성된 명사구를 여러 가지 의미로 첨가하여 준다[307]. '는 ~ 은'은 주제격과 첨사 두 기능을 지니고 있다. 특히 부사적 구성 뒤에서는 첨사의 기능만 파악된다[308].

다음 (5)는 여-처격 명사구 'X에/X에서' 에 첨사 '는, 도, 만'이 붙은 것이다. 첨사에는 이밖에도 더 들 수 있으나 대표적으로 위의 셋 만 보인다.

(5) N에, N에게, N에서 {
는: 학교에는, 동생에게는, 학교에서는
도: 학교에도, 동생에게도, 학교에서도
만: 학교에만, 동생에게만, 학교에서만
}

다음은 조격 명사구 'X (으)로'에 첨사가 붙은 것이다.

(6) N (으)로 {
는: 학교로는
도: 학교로도
만: 학교로만
}

위의 (5)와 (6)을 통하여 보면 첨사는 격 어미 명사구에 후행한다는 사실을 알 수 있다. 이런 현상을 "격 표지 우선의 원칙"이라 함은 이미 언급하였다. 다음 예를 보기로 한다.

(7) N {
는 ~ 은: 학교는 ~ 교실은
도: 학교도
만: 학교만
}

앞에서 저자는 우리말의 격 체계 안에 부정격 '∅'를 세운 일이 있는데 (§6.3.4, 277쪽), 위의 논

307) 한재영 (1995)에서는 이 현상을 "격 조사 우선의 원칙" (뒤에 나옴)이라고 하였으며 김지홍 (1997/2010: 251, 254)에서도 비슷한 견해를 피력하고 있다. 격 어미와 첨사의 상관적 배열을 정확하게 파악한 소치로 보인다.

308) 최형용 (1997가)에 의하면 "보조사", 곧 우리의 첨사는, 원형적으로 볼 때, 선행어로 명사 (명사 상당구 포함) 뿐만 아니라 부사나 어미와 모두 결합될 수 있음이 밝혀져 있다.

리에 기대면 (7)을 다음과 같이 다듬을 수 있다[309].

(7') N ∅ { 는/은 / 도 / 만

(5)~(7)의 연산에 의하면 첨사는 격 어미에 후행한다는 가설을 우선 이끌어 낼 수 있다. 그런데 예외로 등장하는 것이 단독의 첨사 '만'이다. 이 형태는 다음과 같이 뒤에 주격, 대격, 속격을 거느릴수 있다[310].

(8) N 만 {
이: 학교만**이**
을: 학교만**을** 그림
의 (우리) 학교만**의** (교훈)

'학교만이, 학교만을'은 '만'과 '학교' 사이에 부정격 '∅'를 세우면 그것이 주격과 대격을 표상할 수 있기 때문에 뒤에 붙는 주격과 대격을 잉여적이라고 할 수 있으나 '(우리) 학교만**의**'는 그것이 쉽지 않다. 당대어의 단독의 첨사 '만'은 다른 첨사와는 달리 격 어미 앞에 오는 것일까. 이 문제는 중세어의 단독의 의존 명사 '만'과, 같은 의미의 첨사 '곳/옷'의 관계를 파악함으로써 풀릴 수 있다 (뒤에 나옴).

당대 공통어의 첨사의 사용 빈도는 '소설>학술>신문>대화'의 순서이고 어휘 다양도는 '대화>소설>신문>학술'의 순서이다. 전자에서 첨사가 소설에 가장 높게 나타나는 것은 사건이나 상황에 대한 세밀한 묘사에 첨사가 많이 나타난다는 사실을 반영한다고 해석된다. 어휘 다양도가 대화에서 높게 나타나는 것은 대화에 구어 변이형이 많은 것과 관련이 된다 (배진영 밖에 2013: 216-219). 신문을 중심으로 조사한 첨사의 빈도는 '는, 도, 까지, 만'의 순서이다 (정유진 밖에 2013: 49). 한편 유아들의 첨사 습득 비율은 특히 만 4~6세 아동은 '은, 도, 만, 까지'의 순서를 보여 주며 여자가 남자보다 첨사를 많이 사용한다는 통계도 나와 있다 (장경희 밖에 2015: 169-195).

이밖에 당대어의 첨사에는 다음과 같은 것을 추가할 수 있다 (남기심 · 고영근 2014: 88, 99).

(8-1) 가. 어디에들 갔느냐.
나. 봄이 왔어요.
다. 봄이 왔네그려.
라. 봄이 왔구먼그래.
마. 봄이 왔다마는 돈이 없구나.

309) 이는 생략된 격 어미의 자리가 체언 뒤라는 한재영 (1995)의 견해와 일맥상통하는 것이다.

310) 당대어의 단독의 첨사 '만'의 불규칙적인 분포가 중세어의 단독의 의존 명사 '만'과 관련된다는 논의는 박진호 (1995), 하귀녀 (2005: 203-204), 박용찬 (2006: 156-159)에서 볼 수 있다 (뒤에 나옴).

(8-1가)의 '들'은 처격 어미 '-에'에 붙은 것인데 이밖에도 부사나 부사적 표현에 붙어 주격 보족어 명사구가 복수임을 가리키는 첨사도 있다[311]. (나~라)의 '요, 그려, 그래'는 학교 문법의 종결 보조사인데 이들도 (가)의 '들'과 같이 첨사의 범주에 속한다. (마)는 (나, 다, 라)와 같은 학교 문법의 "종결 보조사"인데 두 문장을 접속시켜 주는 기능을 띠고 있다. (나)는 보통 "늦침의 첨사" (뒤에 나옴)라 부르는데 문장 끝에는 물론 문장 가운데도 놓인다 (뒤에 나옴). (다)~(마)는 정동사형에 붙었다는 점에서 "종결 첨사"라 부르기로 한다. 종결 첨사라 함은 정동형, 곧 종결형에 붙는다는 뜻이다. (다)의 '그려'와 (라)의 '그래'는 그 나타남이 상보적이며 (고영근 1989/1999나: 295), 의미상으로는 "감탄"이라는 공통된 의미 범주를 형성하고 있다 (뒤에 나옴).

공통어의 첨사 가운데는 부동사 어미 (§6.2.4.1, 165쪽)와 합하여 제3의 부동사를 만드는 일이 있다 (고영근 1975/1999나: 420-423).

(8-2) 가. 아무리 먹어도 배가 부르지 않다.
　　나. 네가 와야 (<오아야) 나는 간다.
　　다. 먹고 (서)도 안 먹은 체 한다.

위의 (8-2가)에 나타나는 '어'는 의존 동사 구문의 형성에 참여하는 부동사인데 첨사 '도'와 결합하면 재구조화의 과정을 밟아 자족적 부동사 어미로 바뀌어 버린다. 그것은 '도'의 소거가 다음과 같이 문장의 의미를 파괴한다는 점을 통해서도 알 수 있다.

(8-2) 가'. *아무리 먹어 배가 부르지 않다.

(8-2나, 다)도 마찬가지다.

(8-2) 나'. *네가 와 나는 간다.
　　다'. *밥을 먹고서 안 먹은 체 한다.

6.5.3.2. 중세어, 고대어, 방언의 첨사

먼저 중세어의 첨사를 보기로 한다[312].

(9) 가. 'N ᄂᆞᆫ~ᄋᆞᆫ, 'N 도, 'N 곳 ∞ 옷 등
　　나. 'N 가 ∞ 아, N 다, N 가

(9가) 중 앞의 두 형태는 당대어의 대조의 '는 ~ 은', 역동의 소급형이고 '곳 ∞ 옷'은 당대어에서는 사라진 첨사이다. (나)는 명사나 동명사 'ㄴ, ㄹ'에 붙는 첨사로 당대어에는 볼 수 없다. (9가)의 '곳

311) 주격 보족어 명사구가 복수임을 표시하는 첨사 '들' 은 '못, 안'과 같은 부정 부사 뒤에는 붙지 못한다 (예: *아니들 간다. *못들 간다) (뒤에 나옴, 김종복 2016가: 178).

312) 중세어의 첨사에 대한 목록은 김진형 (1995)에서 비교적 객관성 있게 책정되었다. 이곳에서는 저자의 첨사를 학교 문법에 따라 "보조사"로 부르고 있다.

∞ 옷'은 당대어의 단독의 '만'에 대응된다.

앞 (§6.3.1.1.B, 203쪽, 각주174)에서 저자는 중세어의 의존 명사 '만'이 단독의 의미를 띠고 있다고 하였는데 그 한 예를 들면 다음과 같다.

(10) 이 施主ㅣ 衆生이 그에 一切 즐거븐 것 <u>布施홀</u> **만** 호야도 功德이 그지 업스니 (석보상절 19, 4) (박진호 1995: 137에서 가져옴)

대의는 '이 시주가 중생에게 일체 즐거운 것을 보시하기만 하여도 공덕이 그지 없으니 …'와 같으니 의존 명사 '만'에 "단독"의 의미가 파악된다. 중세어에 단독을 표시하는 첨사 '곳 ∞ 옷'이 폐어가 됨에 따라 단독의 의존 명사 '만'이 '곳 ∞ 옷'의 자리를 메꾸어 첨사로 바뀌기는 하였으나 중세어 당시의 그루터기가 남아 있어 당대에 와서 (8)과 같이 '만'이 주격, 대격, 속격에 선행하게 된 것으로 보인다 (뒤에 나옴). 위의 사실만 제외하면 첨사가 격 어미에 후행한다는 가설은 아무런 변동이 없다는 사실을 확인할 수 있다.

앞으로 의존 명사로서의 단독의 '만'이 첨사로 변모하는 과정을 면밀하게 검토하면 저자의 가설은 한층 더 튼튼한 기반 위에 놓이게 될 것이다. 위의 사실만으로도 첨사는 격 어미에 후행한다는 사실을 다시 한번 확인할 수 있다.

고대어에도 첨사가 확인된다. 향가에 나타나는 다음의 '古'가 그것이다.

(11) 가. 誰支上焉<u>古</u> (처용가 6행)
나. 慈悲也根<u>古</u> (도천수관음가 10행)

6.5.3.3. 방언

방언에서도 첨사가 확인된다.

(12) 가. 그럼 니가 **사람**<u>가</u>. (경남 거제)
나. 왜 해필 이것<u>고</u>? (경남 거제)

위의 예는 동남 방언의 예인데 다른 방언에서도 확인된다. 이 문제는 형식사 구문 (뒤에 나옴)을 다루는 자리에서 거론될 것이다.

6.5.4. 격 어미와 첨사와의 상호 통합

6.5.4.1. 공통어

이곳에서는 당대어와 중세어의 격 어미 및 격 어미 상당의 후치사와 첨사, 그리고 격조사 및 첨사끼리의 통합 관계를 검토함으로써 앞에서 세운 격 어미와 첨사와의 배열 질서에 관한 가설의 타당성을 다시금 확인해 보려고 한다.

먼저 당대어의 격 어미 및 격 어미 상당의 후치사와 첨사와의 통합 관계를 구체적으로 보기로 한다. 다음은 주격 상당의 후치사에 첨사가 붙은 예이다.

(1) 가. $_N$(아버지)께서 + 는, 도, 만
　　나. $_N$(혼자)서 + 는, 도, 만
　　다. $_N$(우리 학교)에서 + 는, 도, 만

(1가)는 존경의 주격 어미 상당의 '께서'에 첨사 '는, 도, 만' 붙은 것으로서 앞의 여-처격 명사구 (5)(301쪽)에 상당하는 예이다. (나)는 인수사의 주격 어미 상당의 후치사 '-서'[313]에 첨사가 붙은 것이고 (다)는 단체의 주격 어미 상당의 후치사 '-에서'에 첨사가 붙은 것이다. (1)의 예를 통하여 첨사가 주격 어미나 그에 상당하는 구성에 후행한다는 당초의 가설이 다시금 실증됨을 확인할 수 있다.

다음은 처격 어미 및 여-처격 상당의 후치사에 첨사가 붙은 것이다.

(2) 가. $_N$(아버지)께 + 는, 도, 만
　　나. $_N$(동생)에게 + 는, 도, 만
　　다. $_N$(학교)에 + 는, 도, 만
　　라. $_N$(집)에서 + 는, 도, 만

(2가)는 공대 명사의 여격 상당의 후치사 '께'에 첨사가 붙었고 (나)는 평대 명사의 여격 상당의 후치사 '에게'에 첨사가 붙었다. (1), (2)의 예만 상대로 하면 첨사가 격 어미 및 격 어미 상당의 후치사에 후행한다는 저자의 가설은 아무런 하자 (瑕疵)가 없음을 알 수 있다.

이미 언급한 바와 같이, 당대어의 첨사 '만'은 딴 첨사와는 달리 격 어미에 선행하며 경우에 따라서는 후행하기도 한다.

(3) 가. $_N$(빵)만으로
　　가'. $_N$(빵)만으로는, 도
　　나. $_N$(빵)으로만
　　나'. $_N$(빵)으로만은, 도

(3가)는 첨사 '만' 뒤에 조격 '-으로'가 붙은 것이고 (3가')는 조격 구성에 또 다른 첨사가 붙은 것이다. 그러니까 같은 첨사 범주가 한 단어 속에 공존하는 괴리가 일어난 것이다. 이런 문제 때문에 그 사이 격 어미와 첨사 사이의 관계를 제대로 파악하기가 어려웠었다. 그러는가 하면 '만'은 다른 첨사와 같이 격 어미 뒤에 서기도 한다. (3나)와 이에 첨사가 붙은 (3나')가 바로 그것이다. (3가, 가')는, 앞에서 본 바와 같이, 중세어 시기에 의존 명사였던 '만'의 그루터기이고 (3나, 나')는 의존 명사의 그루터기의 탈을 벗고 완전히 첨사의 반열에 들어서기 시작하는 징후로 볼 수 있다. 당대

313) 인수사와 그에 붙는 격 표지 '-서'는 저자가 1960년대 말에 학계에 보고한 이래 형태소 확인을 비롯하여 기능에 대하여 여러 가지 대안이 제시되고 있다. 관련 논의는 §6.3.2.3.B, 223쪽 참조.

사람의 직관으로 보아도 앞의 두 어형이 자연스럽고 뒤의 두 어형이 자연스럽지 못하다. 그러나 말뭉치에서는 선행 형태의 수와 총빈도에서 큰 차이가 나지 않는 것으로 보고되어 있다 (황화상 2012나: 270). 물론 말뭉치의 빈도와 직관의 괴리를 어떻게 해석해야 할지 문제가 많아 보인다[314]. 전자가 후자보다 발생 빈도가 높다는 데서도 자연스러움의 단서를 찾을 수 있다.

다음 예도 비슷한 논리로 설명할 수 있다.

(4) 가. $_{N}$(아버지)께만은/도
　나. $_{N}$(철수)에게만/도
　다. $_{N}$학교에만은/도
　라. $_{N}$학교에서만은/도

(4가)는 공대 명사구 '아버지'에 존경의 여격 상당의 후치사 '-께'가 붙고 다시 첨사군 '만은, 만도'가 붙었다. (나)는 여격 평대 명사구에 평대 여격 상당의 후치사 '-에게'가 붙고 다시 첨사군 '만은, 만도'가 붙었다. (다, 라)는 처격 명사구에 첨사군 '만은, 만도'가 붙었다.

다음은 첨사 '만'에 조격 '-로'가 붙고 여기에 다시 주격 '-가'가 붙은 것이다.

(5) $_{N}$(빵) 만으로가 (아니다).

(1), (2)의 예는 격 어미 뒤에 첨사가 붙었는데 위의 예는 (3), (4)와 같이 첨사 '만'에 조격 '-(으)로'가 붙고 다시 끝에 주격 어미가 붙었다. 그러나 이런 격조사끼리의 통합은 그렇게 자연스럽지 못하다. 이런 경우는 다음과 같이 조격 명사구 뒤에 모종의 다른 구성이 생략된 것으로 생각할 수 있다.

(5') $_{N}$(빵) 만으로 해결될 일이 아니니다.

그렇게 본다면 (5)의 예는 격 어미의 상호 결합에서 제외하여도 좋지 않을까 한다.

다음 예는 처격과 격 어미 상당의 후치사류에 조격 '로'가 붙은 것이다.

(6) 가. $_{N}$(학교)에 + 로, 의
　나. $_{N}$(동생)에게 + 로, 의

(6)에서 (가)는 처격에 조격이나 속격이 붙은 것이고 (나)는 여격 상당의 후치사에 조격이나 속격이 붙은 것이다. (6)의 격 어미와 격 어미 상당의 후치사끼리의 결합은 다음과 같은 계층적 결합으로 보면 큰 문제가 아니다.

---

314) 황화상 교수는 전자가 후자에 비하여 자연스럽다는 저자의 전자 우편에 의한 질의 (2014. 12. 14.)에 대하여 황화상 (2003)과 관련하여 양자는 의미 차이가 있다고 말하고 전자의 환경에 후자가 쓰인 것이라고 답변해 왔다 (2014. 12. 15. 메일). 격 어미와 첨사의 통합 문제는 말뭉치 자료와 직관에 의한 문법성 판단을 절충하는 지혜의 창출이 요망된다.

(6') 가. [N(학교)에]로, 의

나. [N(동생)에게]로, 의

'철수에게만의 승리'와 같은 구성도 같은 논리로 해석될 수 있다.

앞에서 저자는 당대어에서 첨사 '만'이 격 어미에 선행하는 것이 중세어 당시의 그루터기, 곧 노두 (露路)라고 하였는데 그것만 제외한다면 첨사가 격 어미 다음에 배열된다는 저자의 가설이 완벽하게 실증되었다는 것을 단언할 수 있다.

6.5.4.2. 중세어

첨사가 격 어미에 후행한다는 가설은 중세어의 첨사의 분포를 통하여서도 실증된다[315]. 먼저 격 어미에 첨사가 붙는 예를 보기로 한다

(7) 가. N(오시ᅀᅡ<옷) + 이ᅀᅡ

나. ① N(바ᄆᆡᅀᅡ>밤)ᄋᆡ + ᅀᅡ

② N(뒤헤<뒤ㅎ에) + 는

③ (바ᄆᆡ도<밤ᄋᆡ) + 도

④ N(앒)ᄋᆡ + 옷<곳

다. N(둘흘<둘ㅎ)을 + ᅀᅡ

라. N(臣下)란<를 + 은

(7가)는 주격 어미에 특수의 첨사 'ᅀᅡ'가 붙은 것이다[316]. (나)는 처격 'ᄋᆡ, 에'에 특수의 첨사 'ᅀᅡ (①), 대조의 첨사 '는' (②), 역동의 첨사 '도' (③), 단독의 첨사 '곳' (④)이 붙은 것이다. (다)는 대격 어미 '을'에 특수의 첨사 'ᅀᅡ'가 붙은 것이다. (라)의 '란'은 "대제격"이라 불리기도 하는 후치사인데 (정연찬 1984), 대격 '-를'과 대조의 첨사 '은'이 융합된 것이다. (7)을 통하여 보면 중세어의 첨사도 당대어와 같이 격 어미에 후행한다는 것을 확인할 수 있다. 당대어와 다른 점은 당대어와 달리 예외가 전혀 발견되지 않는다는 점이다.

중세어에는 첨사끼리 결합된다고 말하기도 하나 (허웅 1975: 395-408), 이는 후치사와 첨사에 대한 목록 작성이 제대로 되어 있지 않은 것에 탓이 있어 보인다. 공격과 다른 격 어미와의 결합에 대하여는 이미 앞에서 언급하였으므로 (§6.3.3.2, 278쪽) 반복하지 않는다.

315) 중세어의 첨사에 대하여 그 목록 작성이 제대로 되어 있지 않다. 후치사로 보아야 할 것을 첨사로 보기도 하는 등 기준이 일정치 않다. 여기서는 고영근 (2012나: 100-105, 2018가: 173-176), 김진형 (1995)를 참고하여 보이기로 한다.

316) 서술의 편의상 주격에 붙었다고 하였다. 관점에 따라서는 '옷'에 '이ᅀᅡ'가 붙었다고도 할 수 있다.

6.5.5. 형식사의 유형론

앞에서 저자는 우리말의 형식사를 계사, 후치사, 첨사로 나누어 당대의 공통어, 중세어, 고대어, 방언에 걸쳐 그 실현 양상을 검토하여 보았다. 이제 이들 범주가 통언어적으로 어떻게 실현되는가 하는 문제를 계사와 첨사 · 후치사로 나누어 풀어 보기로 한다.

6.5.5.1. 계사

우리에게 친숙한 영어, 일본어, 중국어의 계사의 실현 양상을 먼저 검토하기로 한다.

다음은 영어의 계사 실현 자료이다.

(1) This is a book.

영어에서는 'be' 동사의 제3인칭 단수형 'is'가 계사로 쓰이고 있다. 주격 보족어 명사구 'this'를 서술어 명사구인 'a book'와 이어 주어 양자를 동일시하는 기능을 띠고 있다. 그러는가 하면 소재를 표시하는 경우에도 다음과 같이 'be' 동사의 복수형을 사용하고 있다.

(1') There are books on the desk.

그러니까 우리말에는 지정과 존재를 표시하는 어휘 항목이 '이다'와 '있다'로 분화되어 있는데 영어는 'be' 동사 하나로써 양자를 포괄하고 있다.

그러면 일본어와 중국어의 경우를 보기로 한다[317].

(2) kore-ga hon <u>da</u> (これが本だ) '이것이 책이다'

(2)의 'da'는 우리말의 계사 '이다'에 상당하는 형태인데 소재를 표시하는 경우에는 우리말과 같이 딴 어휘 'iru'와 'aru'가 대응된다

(2') 가. kyoRsitu-no naka-ni gakusei-tati-ga <u>iru</u> (教室の中に学生たちがいる) '교실 안에 학생들이 있다'
나. tukue-no ue-ni hoN-ga <u>ar-u</u> (机の上に本がある) '책상 위에 책이 있다'

(2')는 소재의 예인데 (가)는 유정물 '학생'에 'iru'가 붙었고 (나)는 무정물 '책'에 'aru'가 붙었다. 일본어도 우리말과 같이 지정과 소재를 표시하는 어휘가 분화되어 있고 거기다가 선행하는 명사의 자질이 유정물이냐 무정물이냐에 따라 'iru'와 'aru'로 분화되어 있다.

다음은 중국어의 예이다.

(3) 가. na <u>shi</u> shu (那是书) '이것은 책이다'

---

317) 자료는 가와사키 교수와 그의 중국인 부인 석혜매 (石慧梅) 여사가 제공하였다.

나. zhuozi shang <u>you</u> ben shu (桌子上有本书) '책상 위에 책이 있다'

(3가)의 'shi'는 우리말의 계사 '이다'에 대응하는 중국어의 지정의 계사이고 (나)의 'you'는 우리말의 소재의 '있다'에 대응하는 어휘이다. 중국어도 일본어와 같이 지정과 존재 및 소재의 어휘가 분화되어 있음을 확인할 수 있다.

알타이 및 우랄 제어의 사정을 보기로 한다[318]. 먼저 퉁구스 제어의 계사의 실현 양상을 검토하기로 한다. 다음은 만주어이다.

(4) 가. dere dele de bithe **bi** '책상 위에 책이 있다'
책상 위 에 책 ∅ 있다
나. tere bithe ∅ '그것은 책이다'
그것이 책 이다
다. tacikūi boode šabi labdu **bi** '교실 안에 학생이 많이 있다'

(4가)의 'bi'는 소재를 뜻한다. (나)는 지정을 표시하는데 특별한 형태가 없는 경우가 많고 쓴다면 'bi'를 붙인다. 다른 퉁구스어도 비슷하다.

다음은 몽골 문어이다.

(5) 가. šireen deer nom-ø **bai**-na '책상 위에 책이 있다'
책상 위 책 있다-현재
나. ter ∅ nom **bai**-na '그것이 책이다'
그것-주격 책 이다-현재
다. angi-in dotor oyuutan uud -ø olon **bai**-na.
교실 속격 안에 학생 복수 주격 많이 있다-현재

(5가)의 'bai'는 소재를, (나)의 'bai'는 지정을, (다)의 'bai'도 소재를 뜻한다. 세 예를 통하여 보면 몽골어 역시 'bai'라는 하나의 어휘 항목으로써 소재와 지정을 두루 표시한다는 것을 알 수 있다.

다음은 터키어이다.

(6) 가. Masa-nın üst-ün-de kitap **var**.
책상-의 위-3인칭 소유어미-처격 책 있는/있다 (3인칭)
나. O, kitap (**tır**).
그 (것) 책-(이다)

---

318) 자료 제공자는 다음과 같다.
몽골어 (유원수 교수), 퉁구스어 (김주원 교수), 터키어 (이용성 교수), 헝가리어 (권혁양 교수).
알타이 제어의 계사에 대하여는 김주원 (1994)가 있어 참고되는 바 많다. 여기에는 튀르크어군에 속하는 디타르어 (Tatar)와, 몽골 문어, 할하 몽골어, 만주 문어, 어웡키어어 계사의 실현 양상을 종합적으로 개관하고 각 언어의 계사의 특수성을 언급하였다.

다. Sınıf iç - in - de çok öğrenci **var**.
교실 안 - 3인칭 소유어미-처격 많은 학생 있는/있다 (3인칭)

(6가, 나, 다)를 통하여 보면 소재는 'var'로 표시되고 지정은 단수 제3인칭을 표시하는 'tır'라는 어미에 의하여 표시된다. 지정은 퉁구스어와 같이 '∅'로 표시된다.

끝으로 우랄어에 속하는 헝가리어와 핀란드어를 보기로 한다. 헝가리어에서는 존재는 'vannak'로 표시되고 계사는 터키어와 같이 생략된다.

(7) 가. Az egy könyv.
그것 한 책

나. Az asztalon könyvek **vannak**.
그 책상 에 (처격, superessive) 책 들 있다 (복수 3인칭)

다. A tanteremben diákok **vannak**.
그 교실- 에 (처격, inessive) 학생-들 있다 (복수 3인칭)

헝가리어에서는 (7가)에서 보는 바와 같이 주어가 3인칭이고 서술어가 명사나 형용사일 때에는 존재를 나타내는 동사 'lét ige'가 생략되며 1, 2인칭에서는 생략되지 않는다. (나), (다)에 나오는 'vannak'는 복수 3인칭 형태이다. 인칭에 따라 각각 다른 형태를 취한다.

다음은 핀란드어의 예이다.

(8) 가. Pöydällä **on** kirjoja.
책상-에 (처격, adessive) 있다 책들 (복수 partitive)

나. Tämä **on** kirja.
그것 이다 (단수 3인칭) 책

다. Luokassa **on** opiskelijoita.
교실 에 (처격, inessive) 있다 (단수 3인칭) 학생들 (복수 partitive)

위의 세 예에 나오는 'on'은 3인칭 단수를 나타내며, 기본형은 'olla'이다. 이 동사도 헝가리어와 마찬가지로 인칭과 수에 따라 서로 다른 형태를 취한다. 헝가리어와 마찬가지로 존재와 계사를 표시하는 형태가 동일하다고 말할 수 있다.

6.5.5.2 첨사와 후치사

WALS에 의하면 우리말은 의문 첨사가 없다고 하나 (☛ 92), 중세어에는, 앞에서 지적한 바와 같이, 의문 첨사 '다, 가'가 확인된다. 보조사류, 곧 저자의 첨사류를 통언어적 관점에서 조명한 최규련 (2005)의 "초점사"는 바로 우리말 첨사를 유형론적으로 조명할 수 있는 바탕을 마련하였다.

후치사에는 부정격을 사이에 두는 공간 표시어, 부정격을 사이에 두는 의존 명사류, 속격 지배의 의존 명사 등의 명사적 후치사와, 동사적 후치사, 부사적 후치사의 세 범주를 두었다. WALS에 의하면 우리말을 비롯한 알타이 제어는 후치사 언어이며 어순은 "OV" (목적어-동사)로 나와 있다 (☛ 85, 95). 우리말에서 확인된 격 어미 (§6.3.4, 277쪽)와 첨사, 후치사를 우리말과 계통적 내지 구조적 친근성이 인정되는 알타이 제어와 비교한 결과를 간추리면 다음과 같다.

(1) 알타이 제어의 대부분의 격 표지는 선행 어간의 음성적 성격에 따라 하나 이상의 이형태로 교체되고 있으며 단음절로 되어 있는데 이는 우리말의 격 표지의 교체 및 단음절성과 병행된다.

(2) 알타이 제어에도 첨사가 확인되나 우리말만큼 다양하지 않으며 터키어에는 자립적으로 나타나는 것이 있어 단순 비교가 쉽지 않다. 그러나 몽골어와 퉁구스어에는 의문 첨사가 있어 중세어와과의 공통성이 확인된다.

(3) 알타이 제어는 격 표지끼리 통합되는 이른바 "이중 곡용"이 논의되고 있는데 우리말은 구조격과 의미격끼리는 물론, 격 표지와 첨사와의 결합이 매우 자유롭다.

(4) 알타이 제어에는 후치사가 명사 기원, 동사 기원, 부사 기원의 세 범주에서 확인되는데 이는 우리말에도 대체로 해당한다. 그러나 "기원"이라는 역사적 · 어원적 냄새를 제거한다는 의미에서 필자는 "성격"이라는 말로 바꾸어 후치사의 기능적 측면이 드러나도록 하였다. "성격"이라는 표현에는 통시적인 내용이 함의될 수 있다.

6.6. 바깥 범주 〈형태부 5〉

앞 (§4.2, 63쪽)에서 저자는 접속사와 간투사를 바깥 범주에 넣은 바 있다. 문장을 이어 주거나 문장 바깥의 상황에서 나타난다는 공통성을 지니고 있다는 점을 고려하였기 때문이다.

6.6.1. 접속사[319)]

6.6.1.1. 접속사의 확립 기준

흔히 접속사라 함은 '그리고, 그러나'와 같이 문장을 이어 더 큰 문장, 곧 텍스트를 형성하는 품사를 가리킨다. 그런데 접속사의 확립을 둘러싸고 의견이 통일되어 있지 않다. 우리말에는 접속사는 없고 모두 대용 동사의 활용형밖에 없다고 주장하는가 하면 (도수희 1967/1987: 1-87), 동사의 활용형이 어휘화 과정을 거쳐 형성된 단어류로 보기도 한다 (안주호 2000). 그러는가 하면 절충적 태도를 취하여 일부는 동사의 활용형으로, 일부는 활용형이 굳어진 것으로 보기도 한다 (김선영 2004). 이곳에서는 김선영 (2004)에서 논의된 바를 거두어들이면서 접속사의 확립 기준을 논의하여 보기로 한다.

---

319) 이 부분은 남기심 · 고영근 (1985/2014: 176-177)과 부분적으로 겹친다는 것을 밝혀 둔다. 접속사 문제를 집중적으로 논의한 업적으로는 도수희 (1987), 신지연 (1998: 183-227), 임유종 밖에 (2001), 김선영 (2004)를 들 수 있고 이를 국어 교육에 응용하는 문제를 다룬 것으로는 이은희 (2000)를 들 수 있다.

먼저 통사론적 기준을 적용하여 보기로 한다.

(1) 가. 신데렐라는 마음씨가 착하다. 그러나 계모는 {*그러지/그러하지>그렇지/*그리하지} 않았다.
나. 오늘 학교에 지각했어. {그러지만/*그러하지만/그리하지만} 않았어도 이렇게 벌을 서고 있지는 않을 텐데.

(1가)는 선행 문장의 서술어가 상태 동사인데 이럴 때에는 대용형으로 '그러하지'만 오고 '그러지'나 '그리하지'는 허용하지 않는다. (1나)는 선행 문장의 서술어가 동작 동사일 때에는 '그러-', '그리하-'로는 대용할 수 있지만 '그러하-'로는 불가능하다. 이렇게 선행 문장의 품사에 따라 대용의 가능 여부가 결정된다는 것은 접속사를 단순히 동사의 활용형으로 처리하기가 어렵다는 것을 알 수 있다.

다음은 의미론적 기준을 적용하여 보기로 한다,

(2) 가. … 만화는 우스꽝스러운 것에서부터 … 진지한 것에 이르기까지 무척 다양하다. 그리하여 광범한 의미이기는 하나 만화란 …
나. 그 당시의 노예는 인격의 주체가 아닌 道具的 존재에 불과했다. 그리하여 마르크스는 자본론에서 벙어리로서의 도구와 소리만 내는 도구, 그리고 말하는 도구의 세 가지를 例示했다

(2가)는 대용의 제약을 어긴다는 점에서 접속사에, (2나)는 제약을 지킨다는 점에서 대용 동사의 활용형에 속한다고 할 수 있다, 그러나 (2나)를 다음과 같이 활용형으로 연결하면 선후행 절에 의미상의 괴리가 생겨 매우 어색해진다. 이는 접속사와 활용형의 의미가 일치하지 않음을 뒷받침하는 근거가 된다.

(2) 나'. 그 당시의 노예는 인격의 주체가 아닌 道具的 존재에 불과하여 마르크스는 자본론에서 벙어리로서의 도구와 소리만 내는 도구, 그리고 말하는 도구의 세 가지를 例示했다.

접속사는 때로는 간투사의 기능도 발휘하기도 한다.

(3) 옆모습, **그니까** 콧대에 대해서 제대로 알아보기로 합시다.

접속사는 대체로 문장을 더 큰 문장, 곧 텍스트를 형성하는 역할을 하기도 하고 텍스트 내지 담화 표지[320]로 기능하는 일이 많다는 점 등을 고려할 때 독립된 품사로 인정하여 다음에 나오는 간투사와 함께 바깥 범주로 묶는 것이 문법 서술에 이로운 점이 많다는 것을 강조하는 바이다.

---

320) 신현숙 (1989)에서는 텍스트 내지 담화에서 나타나는 '그' 계열의 접속사를 "담화 대용 표지"라 불러 텍스트 분석을 시도하고 있다.

6.6.1.2. 접속사의 종류

위의 기준에 의하여 책정되는 접속사의 목록에는 다음과 같은 것을 들 수 있다[321].

(4) 가. ① 그래도, 그러니, 그러면, 그런데 …
　　　② 이리하여, 이에
　　　③ 하기야, 하지마는, 한데 …
　나. 게다가, 결국, 더군다나, 도리어, 따라서, 또, 물론, 오히려, 이를테면 …
　다. 아니나 다를까, 아닌게 아니라, 그럼에도 불구하고, 달리 말하면 …
　라. 혹은, 또는, 및; 말고, 아니면

(4가)는 '이, 그' 계열 (①, ②)과 '하' 계열 (③), (나)는 개별 어휘 자체가 접속사의 기능을 하는 것인데 부사의 기능도 동시에 표시한다. (다)는 부사적 성격의 접속사이다. (라)는 단어 접속의 접속사이다. 이곳에서는 접속사로서의 정체성이 뚜렷한 (4가)를 중심으로 그 기능적 특수성을 검토하고 (라)의 단어 접속의 접속사의 기능적 특수성을 언급하기로 한다.

다음은 '그' 계열의 접속사이다.

(5) 가. 철수가 노래를 **불렀다**. <u>그리고</u> 영이가 춤을 추었다.
　나. 철수가 노래를 **부르고** <u>그리고</u> 춤을 추었다.

(5가)의 '그리고'는 순접 접속사인데 보통은 (가)와 같이 앞의 문장을 뒤의 문장에 순접 (順接)의 방식으로 이어 주어 두 문장을 하나의 텍스트로 만들어 준다[322]. '그리고'는 문장뿐만 아니라 다음과 같이 명사를 이어 주기도 하고 부사를 이어 주기도 한다.

(5') 가. [(**철수**, **영희**)$_{NP}$, <u>그리고</u> (**순자**)$_{NP}$]$_{NP}$가 춤을 추었다.
　나. 철수는 [꾸준히]$_{Adv}$ <u>그리고</u> [열심히]$_{Adv}$ 공부를 했다.

그러나 관형사를 접속시키는 기능은 없다.

(5") *철수가 **새**, <u>그리고</u> **헌** 모자들을 사왔다.

당대의 문어$_1$에는 제안형 어미 '-자'에 의하여 문법화한 일련의 접속사 상당의 표현을 접할 수 있다 (김정남 2017).

(5-1) 간단히 말하자면, 거듭 말하자면, 미리 말하자면 …

이 문제는 뒤의 텍스트 형성에서 종합적으로 논의될 것이다.

---

321) 이 목록은 임유종 (1999)와 임유종 밖에 (2001:124-153)을 기반으로 하여 정리한 것이다.
322) 우리말의 접속사를 텍스트 형성의 관점에서 논의한 업적은 김경훈 (1996: 85-109), 김미선 (2001)을 들 수 있다.

다음은 접속사가 단어를 접속시키는 면면을 보기로 한다.

(6) **철수** 혹은/또는 **영희**가 그 일을 할 것이다.

(6)은 이접적 접속사인데 '혹은'이나 '또는'의 자리에는 첨사 '(이)나'가 대신하여 같은 기능을 표시하기도 한다. 이런 표현은 구어보다는 짜임새가 있는 문어 등에서 선호된다.

(6") **철수**나 **영희**가 그 일을 할 것이다.

(4라)의 '및'은 '원서 교부 및 접수'와 같이 공문서 등에서 흔히 쓰이기도 하는데 이 경우 '원서 교부와 접수'처럼 공격 어미로 대치할 수 있다고 하여 격 어미 (흔히 접속 조사)로 처리하자는 논의가 없지 않으나 이는 옳지 않다. 우선 '및'은 어원적으로 실사 '미치다'에서 유래하였고 앞의 공문서라는 장면의 특이성이 작용하기 때문에 그대로 접속사에 두되 단어 접속의 특수 기능을 인정하는 방향의 서술이 합리적이 아닐까 한다. 그리고 '및'의 앞 뒤에 휴지가 개재된다는 점도 '및'의 독자성을 보증하는 것이 아닐까 한다. 대부분의 접속사가 문장 접속의 기능을 띠고 있으나 (4라)는 예외적으로 단어 접속의 기능을 띠고 있다[323]. 이 가운데서 '말고'와 '아니면'은 김인균 (2003: 59-60)에서 가져온 것인데 동사의 활용형이 어휘화하여 접속사가 된 것이다[324]. 이들은 구어$_2$에 적합하다. 이들은 바깥 범주에서는 다소 이질적이나 달리 처리할 방도가 없기 때문에 일단 바깥 범주의 일원으로 소속시키는 바이다. '*[담배 및 성냥 및]을 샀다'와 같이 격 어미의 지배를 받을 수 없다는 점을 통해서도 접속격으로 처리할 수 없다는 것을 알 수 있다 (김지홍 1991/2010:326).

당대 공통어의 접속사의 사용 빈도는 '대화>학술>소설>신문'의 순서이고 어휘 다양도는 '대화>소설>신문>학술'의 순서이다. 대화에서 접속사의 빈도가 높은 것은 이들이 사용되는 담화 상황과 관련된다. 어휘 다양도가 대화에서 많이 나타나는 것은 축약형과 같은 구어 변이형이 많기 때문이다. 학술에서는 앞의 (6)과 같은 접속사가 많이 쓰이는데 이는 학술에서 명사구 나열이 높은 빈도로 쓰이기 때문이다 (배진영 밖에 2013: 149-155). 한편 신문에 나타나는 접속사 (학교문법의 접속 부사) 50개 중에서 '그러나'가 가장 빈도가 높고 (39.27%) 그 다음은 '하지만, 그리고, 그런데'의 순서로 나와 있다 (정유진 밖에 2013: 42). 앞으로 텍스트 유형에 따른 접속사의 분포를 계량화할 필요가 있다.

6.6.1.3. 중세어의 접속사

중세어에도 접속사를 둘 수 있다 (고영근 1990/2004가: 278-293, 2010다: 162-164).

---

323) 백춘범 (1992: 136)에서는 '및'에 대하여 "체언을 같은 자격으로 합쳐서 묶어 주면서도 앞 체언으로 표현되는 대상이 보다 중요하거나 기본으로 되는 대상이라는 보충적인 뜻을 나타냄"을 참고하면 공격 어미로 처리하기가 어려움을 알 수 있다. 한편 김창섭 (1996가: 180, 1996나)는 '및'에 의한 구성이 공격 어미 '-과'에 의한 구성보다 더 긴밀하다는 견해를 피력하였다.

324) 채희락 (2007)에서는 접속격 어미 '-과/-와'를 비롯하여 '및, 내지, 대' 등을 접어로 처리하고 있다. 그러나 접속격 '-과/-와'를 접어에 소속시킨 것은 재고의 여지가 많다.

(7) 가. ① 그러나, 그러면, 그럴ᄊᆡ, 그런ᄃᆞ로, 그ᄢᅴ, 그제ᅀᅡ

② 이럴ᄊᆡ, 이ᄲᅮᆫ 아니라, 이런 ᄃᆞ로

나. ᄒᆞ다가, 오히려, 출ᄒᆞ리, ᄒᆞ물며, 도ᄅᆞᅘᅧ, 비록, ᄯᅩ, 대도ᄒᆞᆫᄃᆡ

다. 밋

중세어도 당대어와 같이 접속사로 거론되는 어휘 항목들이 접속사인지 아니면 동사의 활용형인지가 논의될 수 있으나 이 문제는 다음 기회로 미루고 당대어의 접속사에 대응하는 항목을 중심으로 그 특수성을 검토하기로 한다. (7가)는 당대어의 (4가)와 같이 '그' 및 '이' 계열의 접속사이다. 이 가운데서 '그ᄢᅴ, 그제ᅀᅡ' 등은 시간 접속사인데 『석보상절』과 『월인석보』 및 불경언해에는 이런 접속사가 많이 보인다. (7나)는 (4나)에 대응하는 부사적 성격의 접속사이다. (7다)는 당대어의 (4라)의 '및'의 소급형이다.

대표적으로 (7가)①의 '그러나'를 가지고 중세어의 접속사의 분포 및 기능을 보기로 한다.

(8) 가. 諸佛 잘 ᄒᆞ시논 이리 이어긔 **ᄆᆞᄎᆞ니라** 그러나 니ᄅᆞ샨 妙法이 麤ᄅᆞᆯ 앗고 (월석 11, 13)

나. 몸과 ᄆᆞᅀᆞᆷ과로 몯 아로ᄆᆞᆫ 모ᄆᆞᆫ 나모플ᄀᆞ티 아로미 업고 ᄆᆞᅀᆞᄆᆞᆫ 섭섭ᄒᆞ야 **眞實 티** 몯 **거니와** 그러나 諸佛解脫ᄋᆞᆫ 衆生ᄋᆡ 心行ㅅ 가온ᄃᆡ 求ᄒᆞᇙ디니 (월석 9, 23)

(8가)는 '그러나'가 '마ᄎᆞ니라'로 끝나는 선행문과 '니ᄅᆞ샨 妙法이 … 앗고'의 후행문을 이어 하나의 텍스트를 응결시켜 주는 역할을 한다. 이에 대하여 (나)는 '몯거니와'로 이어지는 선행절을 '諸佛解脫ᄋᆞᆫ … 求ᄒᆞᇙ디니'로 된 후행 부동사절과 이어 주고 있다. 형성상으로는 절과 절의 접속이니 문장 형성이라고 할 수 있으나 중세어의 산문 자료는 문장이라기보다는 텍스트 단위로 끊는 것이 편리할 때가 많다는 사실을 감안하면 (고영근 1990가, 나, 2010다: 385-386), (나)의 '그러나'도 (가)와 같이 텍스트 형성의 기능을 띠고 있다는 것을 확인할 수 있다,

(7다)의 '밋'은 당대어의 (4라)의 '및'의 소급형인데 당대어와 분포가 조금 다르다, 다음 예를 보기로 한다.

(9) 가. **道國王과** 밋 **舒國王ᄋᆞᆫ** 實로 親ᄒᆞᆫ 兄弟니라 (두시언해 8, 5)

나. 아모 姓 현잿 **아자비며** 밋 **兄**이라 ᄒᆞ며 (소학언해 6, 74-75)

(9)의 예 모두 '밋'이 격 어미류 '과'와 '며'를 취한 명사구 뒤에 분포한다. 예가 적어 일반화하기가 어렵지만 중세어의 '밋'은 당대어보다 분포가 넓었음을 알 수 있다.

6.6.1.4. 접속사의 변화

우리말의 접속사는 고대어에는 별로 보이지 않고 중세 및 근대로 내려올수록 수효가 많아진다. 안주호 (2000)에 의하면 특히 '그러-' 계열의 접속사는 통사적 구성이 형태·통사적 구성으로, 다시 형태적 구성으로 변화하는, 곧 3단계의 과정을 거쳐 형성되었다고 하였다. 앞에서 본 바와 같이, 중세어에는 텍스트 단위로 문장이 구성되다가 근대로 들어서면서 문장 단위로 분단됨에 따라

접속사가 많이 생성된 것으로 해석하였다. 중세에는 접속사가 4개였는데 근대로 들어서면서 17개로 늘어나고 당대에 와서는 29개로 늘어났다. 물론 이 가운데는 접속사로 보기에는 의심스러운 것이 없지 않으나 대체적인 경향은 파악되었다고 믿는다. 그리고 중세는 물론 근대에서도 잘 보이지 않던 접속사 '그리고'가 20세기로 들어오면서 더욱 활발해져서[325], 앞의 (5')에서 본 바와 같이, 명사구나 부사를 접속하는 용법까지도 발견된다.

6.6.1.5. 접속사의 유형론

개별 언어의 접속사를 비교하여 유형론을 전개한 업적을 현재로는 대하기가 어렵다[326]. 접속사의 설정 기준이 언어마다 다른 것도 연구의 불모성과 관계가 있지 않나 한다. 이를테면 이 책에서는 "접속사"를 독립된 품사로 보았지만 학교 문법에서는 부사의 한 갈래로 보고 있다. 유형론에서 다루는 접속사의 내포는 우리말의 접속사를 비롯하여 접속의 부동사, 우리말 전통 문법의 접속 조사, 곧 우리말의 공격을 대상으로 하는데 저자의 접속사에는 공격에 의한 접속은 물론, 부동사에 의한 접속이 빠졌으므로 접속 구문을 논하는 자리 (뒤에 나옴)에서 일괄적으로 처리하기로 한다.

6.6.2. 간투사

6.6.2.1. 간투사의 확립 기준

간투사는 접속사와 함께 바깥 범주에 속한다[327]. 전통 문법 및 학교 문법에서는 "감탄사"라 불러 왔으나 이는 기능에 알맞은 용어가 아니라 하여 "간투사"로 이름을 바꾼 것 (신지연 1988)은 우리말 간투사 연구에서 획기적 사건이었다. 얼마 전까지만 해도 문법서에 나오는 간투사의 내용에 대하여는 전통 문법의 테두리에서 크게 벗어나지 못하였으나 (남기심 · 고영근 1985/2014: 177-181), 화용론적 전환이 불어닥침에 따라 나라 안팎을 통하여 그런 대로 가시적 업적이 나오고 있다[328]. 이곳에서는 지난 세기 80년대 후반부터 나오기 시작한 간투사에 대한 업적을 토대로 하여 우리말의 간투사의 기능적 측면을 부각시켜 보기로 한다[329].

---

325) 박진호 교수의 조사에 의하면 '그리고'가 처음 나타나는 문헌은 독립신문 2권 81호 (건양 2년, 1897)에 나오는 다음 예를 색출하였다.

그 근텨에 잇는 영국 일연듸가 그리고 쏘 갓다더라.

326) B. Comrie 교수의 회신 (2015. 3. 2.)에 의하면 부사나 접속사에 대한 유형론 연구는 특별한 것이 없다고 하였다. 단 대등 접속 (coordination)을 중심으로 한 접속 현상의 유형론을 전개한 하스펠마트 (2007) 참조.

327) 이 부분은 남기심 고영근 (2014: 177-180)과 부분적으로 겹친다는 것을 밝혀 둔다.

328) 간투사에 대한 나라 안팎의 연구의 흐름과 동향에 대하여는 오승신 (1995, 2006)에 잘 정리되어 있다. 간투사에 대한 나라 밖의 업적으로 대표적인 것은 에리히 (1986). *Journal of Pragmatics* 18 (1992)에 실린 Wierbicka, Ameka 등의 업적 참조. 다음 *Free Dictionary*에는 우리말을 비롯한 개별 언어의 간투사에 대한 연구 정보가 실려 있다.

http://en.wiktionary.org/wiki/Category:Interjections_by_language

329) 이현희 (2015)에서는 간투사를 확립하는 기준이 너무 넓다고 보고 그 전형성을 확립하는 기준을 논의하기

다음 예문을 보기로 한다.

(10) "아! (s부모님이 돌아가신 지 벌써 40년이 넘었구나)s.

(11) 예, (s빨리 돌아오겠어요)s.

(12) (s_1거기가 어디던가)s_1, 어, (s_2생각이 전혀 안 나네그려)s_2.

(10)의 '아'는 부모님이 돌아가신 지가 벌써 40년이 넘었다는 것을 탄식하면서 내뱉는 독백인데 사실 뒤에 딴 문장 ('S' 참조)이 따르지 않아도 그 자체로써 독립된 성분 노릇을 하는 데 조금도 부족함이 없다. 전통 문법에서 품사를 논할 때 간투사에 대하여 "독립언"이라는 이름을 붙이고 문장 성분을 논할 때 "독립어"라는 이름을 주는 것이 이러한 이유 때문이다. (11)의 '예'는 빨리 귀가하라는 아버지의 당부에 대한 아들의 답변으로 보이는데 이 예 역시 뒤에 딴 문장이 동반되지 않아도 그 자체로써 얼마든지 독립된 성분 노릇을 할 수 있다. (10)이 느낌이나 감정을 표시한다면 (11)는 자신의 태도나 의사를 표시한다. 전자는 정감성 표시의 감탄사이고 후자는 양태성 표시의 감탄사이다. (10)과 (11)는 흔히 소형 발화로서 화용론의 대상으로 삼기도 한다 (장소원 1994, 신지연 2001). 한편 (11)의 '어'는 더듬거리는 말인데 입버릇과 함께 간투사에 넣기도 한다. '불이야, 도둑이야'와 같은 표현도 비록 그것이 명사의 계사형으로 성립되어 있지만 간투사의 범주에 들어온다 (뒤에 나옴). 앞의 접속사 '그니까' (§6.6.1, 312쪽)도 같은 기능을 표시한다. 이를 "텍스트 표지" 내지 "담화 표지"라 부르기도 한다. 간투사의 텍스트 형성에 관한 문제는 마지막 장의 통보화용부에서 언급하게 될 것이다.

간투사는 인칭, 시간, 처소와 같은 지시소 (deixis)의 제약을 받는다 (신지연 1988)[330)]. 정감성의 간투사인 (10)은 독백에서도 사용될 수 있으므로 청자를 직접 의식하지 않는다는 제약을 받는다. 이에 대하여 양태성의 간투사인 (11)는 반드시 청자를 전제로 한다는 제약을 받는다. 간투사는 또 시간과 처소의 제약도 받는다. (10)과 (11)를 지각하는 시점은 현재라는 시간과 발화 현장을 벗어날 수 없다. 간투사는 음운론적으로 변칙성을 드러내기도 한다. 그것은 우리말의 음소 체계에 속하지 않는 소리를 포함하거나 우리말의 음절 구조에 맞지 않은 단어가 발견되기 때문이다 (오승신 1995: 30-35). 이를테면 혀를 차는 '쯧쯧'은 실제의 소리는 경성 (硬性)의 연구개음이 아니라 치경음에 가깝게 발성된다. 간투사에는 그 나름의 어조가 결부되기도 한다[331)].

우리말의 간투사에는 다른 품사에서 전성된 것이 더러 있다.

(13) 가. 만세, 안녕, 엄마

나. 뭐, 어디, 저기

도 하였다.

330) 이점에 대하여는 K. Bühler의 Sprachtheorie (1934)의 간투사 분석법을 현대적으로 조명한 에리히 (1986: 235-257) 참조.

331) 김하수 (1989) 는 담화 속의 '네'를 중심으로 어조에 따라 의미가 달라지는 사례를 분석하였으며 노대규 (1996)에서는 간투사 '네'를 중심으로 어조에 따라 일곱 개의 의미로 달라지는 현상을 분석하고 있다.

다. ① 가만있자, 여보세요
② 옳아, 옳지, 그래
라. 참, 정말
마. 이, 그, 저
바. 아니

(13가)는 명사에서, (나)는 대명사에서, (다)는 동사구에서, (라)는 부사에서, (마)는 관형사에서 전성되었다 (오승신 1995: 27). (바)는 명사 또는 부사에서 전성되었다 (§4.2.(9)). 이 가운데서 '뭐, 어디'와 같은 말은 미정어가 간투사로 전용된 것이다. 장소원 (1998: 702)에 이런 문제가 논의되어 있다.

6.6.2.2. 간투사의 종류[332]

앞에서 저자는 간투사를 크게 정감적인 것과 양태적인 것으로 나누고 그에 곁들여 담화 표지의 기능도 거론하였다. 이제 간투사의 종류를 오승신 (1995: 55-84)과 이정애 (2011)를 참고하면서 논의하여 보기로 한다. 특히 전자에는 간투사의 목록이 제시되어 있다.

다음은 앞의 (1)에서 든 정감적 간투사이다.

(14) 가. 아야, 시, 아뿔사, 아따, 야, 아이고 …
나. 아, 아하, 옳아, 참, 정말, 아차, 만세 …
다. 만세, 아멘, 위하여 …

(14가)는 기쁨이나 슬픔에 관련되는 간투사이고 (나)는 깨달음, 기억의 재생 등 인지 작용과 관련되는 간투사이다. (다)는 화자보다도 그 자신이 속하는 집단의 번영과 건승을 표시할 때 쓰이는 간투사이다. '아멘'은 교회에서 화자 자신의 기도가 이루어지기를 기원하는 데 사용되는 외래어 간투사인데 토착화된 간투사라고 할 수 있다. '위하여'는 한 집단을 대표하는 사람이 구성원의 건승을 비는 뜻으로 건배할 때 쓰는 말인데 간투사에 넣어도 좋지 않을까 한다.

다음은 앞의 (2)에서 든 화자 자신의 태도나 생각을 전달할 때 쓰인다.

(15) 가. ① 야, 얘, 여보게, 여보세요 …
② 예, 네, 오냐, 그래 (요), 아니요, 뭐, 글쎄 (요), 천만에 (요) …
③ 안녕, 어서 오게[333] …

---

332) 오승신 (1995: 51-54)에서는 간투사를 크게 "비의사적 간투사"와 "의사 잔달적 간투사"로 나누고 전자에는 "표출적 간투사"와 "행동 유발적 간투사"를 두었으며 후자에는 대화적 상황에 쓰이는 것과 비대화적 상황에 쓰이는 것으로 나누었다. 그러나 저자는 전자의 행동 유발적 간투사는 양태성 간투사에 넣기로 하였다. 한편 백춘범 (1992: 284)에서는 간투사를 "양태적 어울림의 단위"로 보고 "감정, 요구, 태도"를 표시하는 것을 한데 묶었다. 정감성을 양태성의 부분 집합으로 보는 견해와 관련시킬 때 일면의 타당성이 인정된다 (고영근 1981/1998/2011나: 175-176).

④ 아서라, 옛다, 거 봐

⑤ 빌어먹을 (X), 염병할 (X), 엿 먹어라

⑥ 어영차

나. 싸구려, 게저리게, 엿단쇠 …

(15가)는 대화의 상황에서 쓰이는 간투사이다. ①은 상대방을 부르는 말인데 특히 상대방의 사회적 지위에 따라 존비법이 달라지기도 한다. '야, 얘'는 아주낮춤의 상황에서 쓰이는 것이나 예사낮춤의 상황에서는 '여보게'가 쓰이고 전화로 상대방과 처음 말을 걸 때에는 두루높임의 '여보세요'가 쓰이기도 한다. ②는 대답하는 말인데 상대방의 사회적 지위에 따라 존비법이 달라진다. '예'와 '네'는 상황에 따라 구별된다. 전자는 출석 부를 때와 같이 격식적 상황에 어울리고 후자는 사사로운 대화에 어울린다. ③은 인사인데 이 경우도 존비법에 따라 형태가 달라진다. ④는 상대방의 행동을 금지하거나 훈계할 때 쓰인다. ⑤는 욕설인데 사전에는 관형사와 간투사의 두 품사로 적혀 있다. '엿 먹어라'는 사전 (이희승 민중국어대사전)에는 구로 등록되어 있으나 간투사로 등록할 필요가 있다. ⑥은 사람들이 함께 일을 하거나 힘을 쓸 때 쓰이는 간투사이다. (15나)는 비대화적 상황에서 쓰이는 간투사이다. 주로 장사꾼이 고객을 유치할 때 외치는 말이다.

마지막으로 어린 아이나 짐승을 부를 때 사용되는 간투사를 보기로 한다. 청자가 비록 대화가 불가능한 아기 내지 짐승이기는 하나 화자의 의지나 태도가 반영되기 때문에 양태성 표시의 간투사에서 처리하기로 한다.

(16) 가. 부바, 자장자장, 죔죔, 곤두곤두, 쉬, 도리도리, 에비 …

나. 구구, 워리, 오래오래, 이랴, 훠이, 굽아, 우와우와 …

(왕안석 2009)

(16가)는 어린 아이로 하여금 성장 과정에 필요한 동작이나 행동을 가르쳐 줄 때 쓰이는 간투사이다. '부바'는 아기에게 등에 업히라는 말이고 '쉬'는 아기에게 오줌을 누일 때 쓰인다. (16나)는 병아리, 개, 돼지, 소 등을 부르거나 방향을 지시할 때 쓰이는 말이다.

간투사 가운데는 앞의 (3)과 같이 텍스트 내지 담화 표지로 쓰이는 일이 많다[334]. 이 문제는 통보화용부를 다루는 마당에서 종합적으로 논의하려고 한다. 간투사라고 하여 모두 텍스트·담화 표지로 작용하는 것은 아니고 텍스트·담화 표지라고 하여 모두 간투사가 되는 것은 아니기 때문이다.

당대 공통어의 간투사의 사용에 대한 계량 결과를 보면 사용 빈도는 '대화>소설>학술>신문'의 순서이고 어휘 다양도는 '신문>학술>소설>대화'의 순서로 나타난다. 대화에서 간투사가 매우 높게 나타는 것은 간투사가 담화 표지로 기능하는 가장 전형적인 어휘 부류이기 때문이다 (배

333) '어서 오게'는 사전에 간투사로 등록되어 있으나 간투사로 보기에는 아직 일러 보인다.

334) 김하수 (1989), 이원표 (1993), 김선희 (1994), 이해영 (1994) 등은 종전의 간투사를 담화 분석의 관점에서 새로이 조명한 것이다.

진영 밖에 2013: 164-169)[335], 한편, 정유진 밖에 (2013: 43-45)에서는 신문의 간투사로서 빈도가 높은 것은 '아, 여, 뭐'의 순서를 보여 준다. 이 가운데는 뒤에서 다르게 될 담화 표지가 섞여 있어 자료 선택에 문제가 있어 보인다.

6.6.2.3. 중세 · 고대어 · 방언의 간투사

중세어에도 당대어와 같이 정감적 간투사와 양태적 간투사를 들 수 있다 (고영근 1987/2010다: 164-165).

(17) 가. ᄋᆡ, 아으
　　 나. 엥, 아소

(17가)는 정감적 간투사이고 (17나)는 양태적 간투사이다.

고대어에는 정감적 간투사가 향가에 보인다.

(18) 阿耶 (찬기파랑가, 우적가, 총결무진가), 阿邪 (원왕생가)

양태적 간투사는 아직 보고된 것이 없다.

방언의 간투사에 대하여는 관심을 기울이지 않고 있다. 정감적 간투사보다도 양태성 간투사는 방언에 따라 차이가 있을 것이다. 특히 짐승을 부르는 소리와 아기들의 성장 과정에 사용되는 간투사는 지역에 따라 차이가 있을 가능성이 많다. 특히 욕설에 대한 지역적 · 통언어적 조사는 물론, 그에 대한 연구가 필요하다[336].

6.6.2.4. 간투사의 유형론

간투사의 유형론은 다른 문법 현상과 비교하여 볼 때, 특별히 이루어진 것이 있는 것 같지 않다. 오죽하였으면 간투사의 유형론 특집 (*Journal of Pragmatics* 18, 1992)을 내는 자리에서 총론을 쓴 F. Ameka가 "Interjections : the universal neglected parts of speech"라고 하였을까.

우리말의 일상 발화에는 음성학 내지 음운론적으로 변칙적인 것이 보이며 간투사 가운데는 담화 표지로 쓰이는 것이 적지 않다는 것을 지적할 수 있다. 이런 현상은 모든 언어에 보편적인 것으로 보인다. 그러나 간투사에 대한 깊이 있는 연구가 진척되면 개별 언어의 특유한 면이 드러날 가능성이 없지 않다, 아래의 사이트에는 우리말을 비롯한 개별 언어의 간투사의 목록이 나와 있다.

http://en.wiktionary.org/wiki/Category:Interjections_by_language

---

335) 전영옥 (2009)에서는 문어, 준구어, 구어의 말뭉치에 실현되는 간투사의 빈도는 '구어>준구어>문어'의 순서로 실현된다고 보고하고 있다.

336) 우리말의 욕설에 대하여는 왕안석 (2009, 2010, 2012)에서 조사된 것이 있다. 색인을 활용하면 자료를 찾을 수 있다.

6.7. 단어 형성부 <형태부 6>

6.7.1. 들어가기

우리말의 단어 형성에 대하여는 당대의 것이 남북을 통하여 가장 포괄적으로 연구되었고 중세어의 것도 당대어에 못지 않은 성과를 거두어 왔다. 그리고 지난 세기 90년대부터는 근대어를 거쳐 당대어에 이르기까지 단어 형성법의 변화에 관련된 업적이 북한과 중국을 비롯한 전 민족 어학계에서 한우충동 (汗牛充棟)이라 할 정도로 얼굴을 내밀었다. 이를 잘 활용하면 단어 굴절법과 함께 단어 형성법에 대하여도 범시론적 서술을 할 수 있다. 그러나 단어 형성법에 대하여 규칙론과 유추론이 격론을 벌이고 있고[337], 합성법과 파생법에 대한 기존의 견해를 비판하고 대안을 제시하는 일이 있는가 하면 (최윤지 2013), 송원용 (2007)에서는 종전의 파생법과 합성법의 이분법을 비판하고 그 대안으로 위계적 4분법을 제안하고 있어 어떤 취향을 따르는 것이 효율적인 것인가 하는 문제에 직면하여 있다.

저자가 청년 시절에 당시 막 일본에서 들어온 '손톱깎이'란 도구를 어떻게 불러야 할지 몰라 어리둥절했던 기억이 있다. 사람에 따라서는 '손톱깎는 기계'가 아니면 그냥 일본어로 '쓰메키리'라 부르기도 하였다. 지금은 '손톱깎이'로 고정되어 사전에도 실려 있다. 북한 사전을 보면 '손톱깎개'로 나와 있다[338]. 양자는 동사 어근에 '-이'와 '-개'를 붙이는 단어 형성 규칙을 적용한 것이다. 그러나 이를 규칙으로 보지 않고 이미 존재하는 '먹이, 덮개'를 모형으로 삼은 것이라고도 할 수 있다. 전자는 규칙론이고 후자는 유추론이다.

21세기로 접어들면서 스마트폰이 일상 생활의 필수품이 되어 있는데 이를 우리말로 어떻게 불러야 할지 생각해 본 사람은 그리 많지 않을 것이다. 그것은 영어가 우리의 일상 언어 생활에 깊이 침투되어 있기 때문에 그것을 굳이 우리말로 불러야 할 필요성을 느끼지 않을 수 있다. 'smart'에는 '똑똑하다'란 뜻이 있으니 '똑똑폰'도 불가능하지는 않을 것이다. '알뜰저축'과 같이 불규칙적 어근에 명사가 합성되는 현상을 모형으로 삼을 수도 있다. '알뜰폰'이 실제로 사용되고 있다는 현실도 참고할 수 있고 어떤 사람은 '요술 전화'가 스마트폰의 기능에 맞는 말이 아니겠느냐고 말하기도 있다. 이 역시 규칙론과 유추론으로 설명할 수 있다. 규칙론이든 유추론이든 새로운 단어가 형성되는 이면 (裡面)에는 모종의 동기를 발견할 수 있다. 앞의 '손톱깎이'나 '똑똑폰' 내지 '요술 전화'가 만들어지기까지는 언어 대중들의 사태에 대한 인식이 작용한다[339]

저자는 단어 형성부를 전개함에 있어서 총론에서 제시한 문법의 두 가지 규칙, 곧 공존 규칙과 확

---

337) 이 방면의 정보는 어학전문 국제학술지『형태론』(1999~)의 <지상 토론>을 통하여 얻을 수 있고 송원용 (2010), 송철의 (2015: 165-167)에서 그 사이의 논의가 정리되어 있다. 규칙과 유추의 틀의 차이점은 채현식 (2005)에 일목요연하게 정리되어 있다.

338) 북한에서는 접미사 '-개'가 '잉크긁개, 우표붙이개' 등 단어 형성에서 많이 활용되고 있다 (어휘 연구실 1974: 135)

339) 송현주 (2010)에서는 "현저성, 경제성, 환유"라는 언어 외적 요인을 바탕으로 합성어 형성의 동기화를 논의하였는데 이는 파생어의 형성에도 적용할 수 있다. 이 문제는 송현주 박사와의 메일 (2015. 6. 17.)에서도 확인한 바 있다.

대 규칙 (§1.3, 11쪽)에 순응하여 규칙론을 우선하되 유추론도 배제하지 않는 관점을 취하고자 한다[340].

6.7.2. 단어 형성 체계

앞에서 저자는 문장 형성과 단어 형성의 질서를 유기적으로 설명하기 위하여 구성소와 형성소의 개념을 도입한 바 있다 (§2.4.1, 25쪽, §2.4.2, 28쪽) 이곳에서는 두 개념을 우리말의 단어 형성의 질서를 구명하는 방면에 응용하고자 한다[341].

우리말의 단어는 짜임새에 따라 크게 단일어와 복합어로 나눌 수 있다.

(1) 가. 집, 신, 높 (다) …
　나. ① 지붕, 덧신, 드높 (다) …
　　② 집안, 짚신, 높푸르 (다) …
　다. ① (광장에 모인 사람)들, (바람을 맞고 서 있는 나무)들, (거실에 널려 있는 책)들 …
　　② (가을에 피는 꽃)답다$_2$ 비교: (꽃)답다$_1$ …

(1가)는 더 분석할 수 없다는 점에서 "단일어"라 부르고 (1나)는 그 구성이 복합적이라는 점에서 "복합어" (複合語, complex word)라 부른다. 그 가운데서도 ①은 (가)의 '집, 신, 높-'에 '-웅, 덧-, 드-'가 붙었고 ②는 (가)의 '집, 신, 높-'에 '안, 짚, 푸르-'가 붙었다. ①과 같이 어휘 형태소에 문법 형태소가 붙어 이루어진 단어를 "파생어" (派生語, derived word)라 부르고 ②와 같이 어휘 형태소끼리 어울려서 이루어진 단어를 "합성어" (合成語, compound word)라 부른다[342]. (다)는 접사의 지배 범위가 단어를 뛰어넘어 구에 미치는 예이다. ①은 복수 접사의 '-들'이, 괄호 안에 보인 바와 같이, 구에 미치고 ② 의 '-답다$_2$'는 오른쪽의 '-답다$_1$'와 비교하면 ①과 같이 구에 미치고 있다. 위의 설명을 기반으로 하여 우리말의 단어의 짜임새와 그 형성법을 표로 보이면 다음과 같다.

---

340) 이곳의 단어 형성론은 남기심 · 고영근 (1985/2014; 187-231), 고영근 (1987/2010다: 173-199)과 부분적으로 겹친다는 것을 밝혀 둔다.

341) 우리말의 단어 형성론에 "구성소"와 "형성소"의 개념을 응용하는 문제는 이미 남기심 · 고영근 (1993: 48-49; 2014: 40, 150)에서 논의된 바 있고 고영근 (2015가, 2018가: 229-251)에서 그 사이의 반향에 대하여 소견을 붙이면서 전면적으로 응용한 바 있으며 최근에는 최형용 (2016: 47-52)에서 적극적으로 응용되고 있다는 것은 이미 앞 (§2.4.3)에서 언급한 바 있다..

342) 한국의 국어학계에서는 본서의 복합어를 "합성어"로, 합성어를 "복합어"로 부르는 일이 있으나 이는 옳지 않다. 일반적으로 영어의 "complex"가 "복" (複)으로 번역되고 "단수"에 대하여 "복수"와 같이 말하는 것을 보아도 "복합어"가 옳다고 믿는다.

(2) 우리말의 단어 형성 체계

단어 { 단일어 (simple word)
　　　 복합어 (complex word) { 합성어 (compound word)
　　　　　　　　　　　　　　　 파생어 (derived word)

단어 형성론은 전통적으로 당대에는 첨사 '부터, 조차'와 같이 화석처럼 굳어져서 단일어화한 단어를 분석하는 일도 없지 않았다, 그러나 생성 형태론이 수용되면서부터는 분석보다 형성을 중시하고 있다. 전통 문법이나 구조 문법 시대에는 단어 구성과 단어 형성을 구별하지 않고 섞어서 다루었는데 생성 문법 시대에 들어오면서는 화자의 단어 형성 능력을 찾아내는 방면의 연구가 성황을 이루고 있다. 저자가 앞에서 단어 구성소와 단어 형성소를 도입한 것은 구성과 형성의 층위를 구별하기 위한 배려에서 취한 조처이다. 앞의 (1나)①에서 '집, 신, 짚, 푸르-, 높-'은 단어 형성에 자유롭게 참여한다는 점에서 단어 형성소이고 '-웅, 드-, 덧-'은 주로 한정된 단어에서 발견된다는 점에서 단어 구성소이다. 그러는가 하면 단어 형성부는 통시 형태론의 소관이며 굴절부만이 공시 형태론의 대상이 되어야 한다는 견해를 펴기도 한다[343]. 물론 단어 형성부는 단어 형성 과정에서 굴절부와는 다른 형태음운론적 행태 (行態)를 보이는 것이 있어 그 원인을 통시적 요인과 관련시켜야만 풀릴 수 있는 것이 없지 않지만 크게 보면 단어 형성부 나름의 질서와 규칙을 발견할 수 있다. 이런 점에 근거하여 저자는 단어 형성부를 굴절 형태부와 함께 형태부의 한 영역으로 간주하여 작업을 진행하기로 한다[344].

6.7.3. 어근과 접사

6.7.3.1. 문제의 제기

단어 형성법은 어휘 형태소에 문법 형태소가 붙거나 어휘 형태소끼리 모여서 새로운 단어를 만들어 내는 절차를 가리키는데 이를 더러 조어법 (造語法, word-formation, Wortbildung)이라고 한다. 단어 형성에 나타나는 어휘 형태소와 문법 형태소를 더 정확하게 규정할 필요가 있다[345]. 앞 (§6.7.2)의 (1나)를 복합어라고 하였는데 복합어의 형성에서 나타나는 어휘 형태소를 "어근"

343) 이 문제는 최명옥 (2008)에서 제기되었는데 고영근 (2010라)와 송철의 (2015)에서 그 부당성이 지적된 바 있다.

344) 이러한 경향은 최근에 나온 하스펠마트 (2002: 1-10), 보이즈 (2005: 3-6)에서도 접할 수 있다. 최근에는 분산 형태론 (distributed morphology)이 대두하여 통사적 구절뿐만 아니라 단어 형성의 연산적 기능도 통사부에서 담당하는 것으로 보기도 하나 (박소영 · 김혜미 2012), 여기서는 이런 문제는 다루지 않는다.

345) 저자는 고등학교 문법 (1985)와 남기심 · 고영근 (1985/1993/2011/2014: 39)에서는 R. Langacker의 *Language and Its Structure* (1973)을 따라 "실질 형태소"와 "형식 형태소"를 취하였으나 본서에서는 국제적으로 널리 쓰이고 있는 "어휘 형태소"와 "문법 형태소"를 취하기로 한다. 전자는 우리의 전통적 "실사" 및 "허사"와 가까운 면이 있다.

(語根, root)이라 하고 문법 형태소를 "접사" (接辭, affix)라고 한다. 우리말 학계의 일부에서는 외국 학자들의 잘못된 인식에 영향을 받아 "base"를 "語基"라 번역하여 "어근"과 "어간"을 통합하는 의미로 쓰고 있으나 번역도 "기어" (基語, 바탕말)의 잘못이거니와 이는 어디까지나 이는 상대적 개념에 지나지 않는다. 곧 '먹이'는 동사 어근 '먹-'을 바탕으로 하여 형성된 명사이다. 어기란 개념을 도입하면 굴절법과 단어 형성법이 뒤섞이게 되는 불합리를 낳게 된다[346]. 어근과 어간을 상위에서 통합하는 어기를 세우게 되면 접사와 어미를 상위에서 통합하는 개념이 필연적으로 요구된다. 한편에서 불필요한 개념을 도입하면 다른 편에서는 또 하나의 불필요한 개념이 생겨 우리말 문법을 혼란에 빠뜨린다. 이곳에서는 저자가 일찍이 일제 강점기 〈朝鮮語大辭典〉 (현재의 한글 학회의 큰사전)을 편찬할 때 핵심적 역할을 한 정인승 (1997~1987)의 "뿌리"와 "가지"를 수용하여 발전시킨 "어근"과 "접사"의 개념 (고영근 1972/1999나: 499-500: 각주 11)이 우리말의 단어 형성법을 서술하는 데 가장 합리적인 체계일 뿐만 아니라 현재 국제적으로 통용되고 있는 단어 형성론의 체계와도 호흡을 같이할 수 있다[347]. 이는 동시에 남한의 국어연구소의『한글 맞춤법』(1989)과, 북한의 국어사정위원회의『조선말규범집』(1988)의 단어 구조체계와 근본적으로 일치한다. 전자에서는 규칙적 어근에 대해서 명사, 동사와 같이 품사를 밝혔으며 불규칙적 어근에 대하여서만 "어근"이라는 말을 쓰고 후자에서는 철두철미 "말뿌리"로써 두 종류의 어근을 포용하고 있다[348].

어근은 어휘 형태소로, 접사는 문법 형태소로 규정하였지만 그 성격이 단어 굴절에 나타나는 어휘 형태소와 문법 형태소와는 다르다.

(1) 가. 집-이, 집-을, 집-으로 …; 지붕 (집-웅), 집-안
　　나. 덮-고, 덮-지, 덮-으면 …; 덮-개

(1가)의 앞 묶음은 자립 어휘 형태소 '집'에 문법 형태소인 격 어미 '-이, -을, -으로'가 붙었고 (1나)의 앞 묶음은 의존·어휘 형태소 '덮-'에 문법 형태소인 어미 '-고, -지, -으면'이 붙은 것이다. 격 어미와 활용 어미 등의 어미 형태소는 명사와 동사의 어간에 자유롭게 붙어서 문법적 관계를 체계적으로 표시한다는 점에서 체계 형태소 (體系形態素, system morpheme)라 부른다. (1가)의 뒷 묶음 중 '집, 안'은 어휘 자립 형태소로서, (1나)의 뒷 묶음 중 '덮-'은 어휘 의존 형태소로서 각각 단어 형성의 중심 부분을 이루고 있다. (1가)의 뒷 묶음 중 '-웅'은 접사로서 특정한 명사 어근에 붙어 그 의미를 한정함으로써 새로운 명사를 만들어 내고 있고 (1나)의 뒷 묶음 '-개'는 특정한 동작 동사 어근에 붙어 그것을 명사로 바꾸어 준다. 이렇게 단어 형성에 참여하는 어휘 형태소와 문법 형

346) 대표적으로 이익섭 (1975)를 들 수 있는데 이에 대한 비판적 견해는 고영근 (2014다) 참조.

347) 위의 단어 형성법의 체계는 1985년부터 시행된 고등학교『문법』과 유현경 책임 편집 (2014: 151, 159)에 도입되어 있고 외국인을 위한『한국어 문법』1, (커뮤니케이션북스) (2005: 297-312), 고영근·구본관 (2018: 194-195, 242), 구본관 밖에 (2015: 110)에도 응용되어 있으며 황화상 (2013)에서도 비슷한 견해가 피력되어 있다. 더욱이 김계곤 (1996/1996: 1008-1025)에서는 정인승의 조어법 체계가 당대의 누구도 따를 수 없는 정밀하고도 정확한 기술을 보여 주었다고 평가한 바 있다. 허웅 (1995/2000: 74)에서는 "뿌리"라는 개념 속에 저자의 어근과 어간을 포용하고 있어 또 다른 면을 보인다.

348) 이기문 (1998: 156-163)에서는 한글 맞춤법과 같은 체계를 취하고 있다.

태소를 근원 형태소 (根源形態素, source morpheme)라 부른다 (고영근 1999나: 498-499).

6.7.3.2. 어근의 규칙성과 불규칙성

어근은 단어 형성의 핵심부이다. 어근에는 규칙적인 것과 불규칙적인 것이 있다. 어근이 "규칙적"이라 함은 "구조적 자율성"을 띠고 있다는 뜻이다. 구조적 자율성이라 함은 어근의 품사가 분명하고 곡용 어미와 활용 어미가 자유롭게 붙을 수 있다는 뜻이다. 구조적 자율성을 지니고 있다고 함은 자연적이며 무표적임은 물론, 투명하다고 말할 수 있다[349]. 이에 대하여 어근이 "불규칙적"이라고 함은 "구조적 자율성"이 결여되어 있다는 뜻이다. 구조적 자율성이 결여되어 있다는 것은 품사가 분명하지 않고 곡용 어미와 활용 어미가 자유롭게 붙지 못한다는 것을 뜻한다. 이는 다시 말하면 비자연적이며 유표적임은 물론, 투명성이 희박하다 (opaque)하다고 규정할 수 있다. (1나)①의 '집, 신, 높-'은 그 품사를 각각 명사, 상태 동사라고 분명히 규정할 수 있으며 곡용 어미나 활용 어미가 자유롭게 붙을 수 있다. 이러한 어근은 단어 형성소에 속한다. 단어 형성에 적극적으로 참여하기 때문이다. 단어 형성소로서의 어근은 자연적이고 무표적이다.

그런데 다음 예는 사정이 다르다.

(2) 가. 아름답 (다) 비교: 정답 (다), 참답 (다)
나. 따뜻하 (다) 비교: 가난하 (다)

(2가)의 '아름답-'의 '아름'은 오른쪽의 비교에 보인 '사람답 (다), 신사답 (다)'의 '사람, 신사'와 계열 관계를 이루고 있고 동시에 '美'와 관련되는 의미를 줄 수 있다. 그러나 자립성이 결여되어 있고 격 어미가 붙을 수 없어 그 품사를 분명히 말할 수 없다. 다시 말하면 구조적 자율성이 없어 그 품사를 분명히 규정할 수 없다는 뜻이다. 이런 어근은 앞의 규칙적 어근에 대하여 "불규칙적 어근"이라고 규정할 수 있다[350]. 불규칙적 어근은 대개 '아름답 (다)'에서 보는 바와 같이 제한된 접사와 붙는다. 이런 형태소를 "불구 형태소" (unique morpheme)라 부른다[351][352].

(2) 가'. *#아름#, *#아름이, *#아름을 … 비교: #사람#, #사람이, #사람을 …

표시는 휴지 [쉼]가 있음을 표시한다. (2나)의 '따뜻하다'의 '따뜻'도 '가난하다'의 '가난'과 계열

---

349) 자연성 이론을 단어 형성법에 적용한 업적은 드레슬러 (1985, 2005) 등이 있으며 이를 우리말에 적용한 것은 김정남 (2016), 노명희 (2008), 고영근 (2013나, 2018가: 55-74)가 있다.

350) 김일환 (2000)에서는 저자의 불규칙적 어근을 "어근적 단어"로 처리하고 있다. 고유어뿐만 아니라 한자어, 외래어 어근을 통틀어 위와 같이 처리하였다. 구조적 자율성이 있는 어근을 어떻게 처리해야 하는가 하는 문제가 제기된다는 점에 유의할 필요가 있다.

351) 한국의 어학계에서는 "unique morpheme"을 "유일 형태소"로 번역하고 있으나 이는 지칭 개념에 맞는 용어라 할 수 없다. 허웅 (1975: 37)의 "불구 형태소"가 현상에 맞는 용어라 믿고 이를 취한다. "특이 형태소"라 부르기도 한다,

352) 불규칙적 고유어 어근이 심성 어휘광 (어휘부)에서 차지하는 인지적 지위를 확인하려는 시도가 송원용 (2011가)에서 시도된 바 있다.

관계를 이루며 동시에 '溫'의 의미를 줄 수 있으나 자립성이 결여되어 있고 격 어미가 붙을 수 없다. 곧 구조적 자율성이 확인되지 않는다. 이런 어근들은 단어 구성소에 속한다. 앞에서 도입한 단어 형성소는 단어 형성에 적극적으로 참여하는 데 대하여 위의 단어 구성소는 단어 형성력이 결여되어 있거나 매우 소극적이다.

(2) 나'. *#따뜻#, *#따뜻이, *#따뜻을 … 비교: #가난#, #가난이, #가난을 …

구성소가 붙어 형성된 단어는 그대로 어휘광 (lexicon)에 등재되어 있는 것으로 처리한다. 형성소가 무표적이고 자연적이라면 구성소는 유표적이고 비자연적이며 불투명하다고 말할 수 있다.

6.7.3.3. 접사 체계

접사는 어근과 결합하는 자리에 따라 접두사와 접미사로 구분된다. 언어에 따라서는 한 단어의 중간에 들어가서 새로운 단어를 형성하는 일이 있으나 (고영근 1991/2004가: 39-40), 우리말에는 그런 문법 현상이 파악되지 않는다. (1나)의 '덧신'과 '드높다'에 나타나는 '덧-'과 '드-'는 어근 '신, 높-'의 앞에 붙는다고 하여 접두사 (接頭辭, prefix)라고 한다. (1나)의 '지붕'의 '-웅'은 어근 '집'에 붙는다고 하여 접미사 (接尾辭, suffix)라고 한다

접사는 그 기능이 어근의 의미만을 한정하느냐 아니면 더 나아가 품사까지도 바꾸느냐에 따라 "한정적 접사"와 "지배적 접사"로 나뉘며 단어의 경계를 뛰어넘어 구를 지배하는 "통사적 접사"도 세울 수 있다[353].

(1나)① (§6.7.2, 322쪽)의 '집-웅, 덧-신, 드-높 (다)'의 '-웅, 덧-, 드-'는 명사 어근 '집, 신'과 상태 동사 어근 '높-'에 붙어 그 의미를 한정함으로써 또 다른 명사 '지붕, 덧신'과 상태 동사 '드높다'를 파생하고 있다. 이런 접사가 붙은 파생어를 "한정적 파생어" (限定的 派生語, restricted derivation)라 부른다. 이에 대하여 (3나)의 '덮개'의 '-개'는 동사 어근 '덮-'에 붙어 품사를 바꿈으로써 동사를 명사로 파생시키고 있다. 이러한 접사가 붙은 파생어를 "지배적 파생어" (支配的 派生語, governing derivation)라 부르기로 한다.

한편 우리말의 접사 가운데는 그 미치는 범위가 단어의 경계를 뛰어넘어 구에 미치는 것이 있다. 이는 생성 문법의 영향을 받아 주목받은 우리말 파생법의 한 국면이다. 이를테면 (1다)① (§6.7.2, 322쪽)의 '-들'은 전통적으로 접미사로 처리되어 왔는데 그 쓰임이 규칙적이고 생산적이기 때문에 보조사와 같은 첨사 범주로 처리하는 일도 없지 않았다. 그러나 그 앞에 다른 격 어미나 첨사가 오는 일이 없다는 점[354]을 고려하면 전통적 처리대로 접미사로 처리하는 것이 가장 온당해 보인다[355]. 그런데 접미사 '-들'은 '(광장에 모인 사람)들, (바람을 맞고 서 있는 나무)들, (서가

---

353) 저자는 전통 문법의 조어적 접사가 붙어 형성된 파생어를 외국 문법 이론의 영향을 받아 "어휘적 파생법" 또는 "한정적 파생법"이라 부른 일이 있다 (고영근 1972/1999나: 576).

354) 최형용 (1997나)에서는 이러한 현상을 "분리 불가능성"이라고 하였다.

355) 저자는 이 문제에 대하여 고영근 (1989/1999나: 514)에서 접사로의 설정 가능성을 논의한 일이 있고 명사, 대명사의 복수성을 논의할 때에도 역시 접미사로 처리한 일이 있다 (§6.3.2.3.C, 233쪽).

에 꽂혀 있는 책)들'과 같이 가산 명사구 '사람, 나무, 책' 앞에 구나 절 (괄호 부분)이 오는 경우에도 붙는다. 이는 복수 접미사가 보통의 접사와 달리 접사의 고유 특성인 "어휘 고도 제약" (최형용 1997나)을 지키지 않으므로 단순한 접사로 보기가 어렵다[356]. 이런 점을 고려하면 당대어의 복수 접미사는 형성소와 구성소 사이를 왕래한다는 점에서 "준형성소"라 부를 수 있다. 앞 (§6.7.2, 322쪽)의 (1다)②의 '-답다$_2$'는 최근까지 남북의 모든 사전에서 '-답다$_1$'과 같이 처리하였다. 후자가 어휘 고도 제약을 지켜 단어의 경계선을 넘어서지 않는 데 대하여 전자는 어휘 고도 제약을 어기고 구나 절에 붙는다 (김창섭 1984, 1996나). 이밖에도 한자어 접사 가운데는 통사 구조를 바꾸는 일이 있어 (뒤에 나옴), 이들을 위한 독립된 범주의 설정이 불가피하다. 앞에서 저자는 품사를 바꾸는 접사를 지배적 파생법으로 처리하였는데 단어의 경계를 넘어 구에 붙거나 통사 구조를 변환시키는 파생법을 "통사적 파생법"[357]으로 처리하기로 한다[358].

6.7.3.4. 접사의 규칙성과 불규칙성

접사는 다른 문법 형태소, 이를테면 격 어미 및 활용 어미와는 달리 앞 뒤에 오는 어근과의 통합에 제약을 받는 것이 보통이다. 그런데 접미사는 어근과 통합될 때 차등이 심하여 규칙성의 정도를 분별하지 않을 수 없다. 이는 앞에서 어근을 규칙성의 정도에 따라 두 가지로 갈랐던 것과 사정이 비슷하다[359].

(3) 가. 지붕 (집웅), 꼬락서니 (꼴악서니), 읊조리다 …
　　나. 먹이다, 놀이, 꽃답다$_1$ …
　　다. 아이들, 신사답다$_2$

(3가)의 '-웅'과 '-악서니'는 '집'과 '꼴' 밖에는 붙지 못한다는 점에서 "매우 불규칙한 것"에 속하며 이는 동시에 불구 형태소이기도 하다. 이는 비자연적이고 동시에 유표적임을 시사한다. '지붕'에 유추하여 입천장을 뜻하는 '이붕'이라는 말을 만들어 쓰기는 하였으나 이런 부류의 접사는 생산성

---

356) 어휘 고도 제약은 접사성의 필요 조건이지 충분 조건이 아니다. 접사성의 필요 충분 조건은 분리 불가능성이 고 어휘 고도 제약은 필요 조건이다.

357) 이곳의 한정적 접사와 지배적 접사는 전통 문법의 "뜻더하는 씨가지", "말만드는 씨가지" (최현배 1937/1971: 659-660)를 고영근 (1972/1999나: 575-582, 1987/2010다: 178. 179)에서는 "어휘적 X. 통사적 X"로 부르고 남기심 · 고영근 (1985/2014: 191)에서는 "한정적 접사, 지배적 접사"라 불렀으나 이곳에서는 구에 붙는 접사를 통사적 접사로 처리함으로써 지배적 접사와 구분하였다.

358) 임홍빈 (1989)에서는 복수 접미사 '-들'과 '-답다$_2$' 밖에 어말 어미와 선행 어미에도 통사적 파생법의 논리를 적용하고 있으나 이는 언어도단이다. 이에 대하여는 김인균 (2002: 31각주 55)이 비판이 있다.

359) 규칙성의 정도에 따른 접미사의 분류는 고영근 (1972/1999나: 541-544)에서 시도하여 남기심 · 고영근 (1985/1914: 192) 등에서 반영하였으나 고영근 (2012나, 2018가: 163-192)에서 후치사를 도입함에 따라 많은 항목이 접미사에서 후치사로 이관 (移管)되었다. 이를테면 최근에 와서 그 문법적 지위를 둘러싸고 논의가 분분한 '쯤, 끼리'를 전자 (1972)에서는 접미사로 처리하였는데 후자 (2012나)에 와서는 후치사로 본 것이 대표적이다. 따라서 이곳에서는 '쯤, 끼리'를 후치사로 보고 접미사의 목록에서 삭제하였다.

이 없어 새로운 단어 형성에 거의 이용되지 않는다. 그리고 이런 접사들이 모음으로 되어 있으면 원형을 밝히지 않기로 규정하고 있는데 (문교부 1988: 제19, 20항), 이러한 조처는 접사의 불규칙성과 불투명성을 고려하였기 때문이다. 이런 접사는 단어 구성소에 속하며 구성소가 붙은 단어는 그대로 어휘광에 등재되어 있는 것으로 처리한다. (3나)의 '-이-, -이, -답-$_1$'은 (3가)에 비하면 통합되는 어근의 수효가 많다. '-이-'는 사동 접미사인데 피동의 '먹히다'와 같이 꽤 많은 동사 어근에 붙는다. 당대어에서는 접사의 첨가에 의한 사동사와 피동사의 형성이 생산적이라고 할 수 없으나 중세에서 근대로, 근대에서 당대로 내려오는 사이에 사동사가 폐기된 것이 있는가 하면 새로 생긴 것도 있고 피동사도 역사적으로는 능격 동사에서 파생된 것이 적지 않다는 사실과 관련시키면 역사적 의미의 생산성도 포착할 수 있다[360]. '놀이'에 나타나는 '-이'는 동사를 명사로 만드는 접미사인데 많은 예를 추가할 수 있다. '꽃답다'에 나타나는 '-답-'은 '정답다'의 '정'과 같은 규칙적 어근은 물론, 앞에서 든 '아름답다'의 '아름'과 같은 불규칙적 어근에도 분포되어 있다. 이런 접미사는 앞의 불구 형태소에 비하면 생산적이라고 할 수 있으나 새로운 단어 형성에 어느 정도 적극성을 띠는지는 선불리 단정할 수 없다. 일단은 단어 구성소에 넣어 둔다, 이런 단어는 물론 어휘광에 그대로 등재되어 있다. 이런 접미사는 그만큼 비자연적이고 불투명하다는 뜻이다. (3다)의 '-들, -답-$_2$'는, 앞에서 지적한 바와 같이, 구에도 결합하는 매우 규칙적 접사이다. 그러나 후자는 '영이는 매우 신사답다'와 같이 부사가 선행하면 '-답-$_1$'의 성격을 띠기도 한다. '-들'은 가산성이 있는 명사에는 제한 없이 붙고 '-답-$_2$'는 [인간]의 의미 자질이나 그와 관련된 명사[361]에는 제한 없이 붙을 수 있다는 점에서 "매우 규칙적인 것"에 속하며 동시에 단어 형성소의 역할을 한다. 이러한 접사 역시 자연성 이론의 적용을 받을 수 있다.

A. 접사의 통합 방법

이곳에서는 접사가 어근에 붙는 방식을 보기로 한다. 접사 중 접두사는 어근에 직접 붙는다. 이는 관형사와 부사가 명사나 동사 앞에 오는 것과 행태를 같이 한다.

(4) 가. **새**댁[비교]: 새 집; **한**겨울 비교: 한 이불
　　나. **드**높다[비교]: 매우 높다; **짓**밟다 비교: 막 밟다

(4가)의 '새, 한'은 대부분의 사전에서 접두사로 처리하고 있지 않으나 접두사임에 틀림없다. 오른쪽의 관형사와 같이 명사 앞에 자리잡고 있다. (4나)의 '드-, 짓-'은 오른쪽의 부사와 같이 동사 앞에 놓여 있다.

---

360) 이 방면의 정보는 고영근 (1986/2004가: 138-143), 유성기 (1998) 등에서 얻을 수 있다. 전자에서는 능격 동사가 피동사로 파생하는 예를, 후자에서는 사동사의 생성과 소멸에 관련된 정보를 얻을 수 있다.

361) 송철의 (1992: 213)에서는 '-답다$_2$'와의 결합이 가장 자연스러운 것은 어근이 구체 명사, 그중에서도 인성 명사일 때라고 진단하였으며 긍정적 가치의 어근과 결합할 때 더 자연스럽게 받아들여진다고 하였다. 한편 윤동원 (1986: 39)에서는 '가난다운 가난'과 같이 부정적 의미의 추상 명사에 '-답다$_2$'가 쓰일 때에는 동어 반복적으로 쓰인다는 점을 지적하고 있다.

그러나 접미사는 접두사와 공통되는 것도 있고 그렇지 않은 것도 있다. 접미사는, (3)에서 본 바와 같이, 어근에 직접 붙는다. 이는 접두사가 어근에 직접 붙는 것과 행태를 같이한다. 그러나 접미사 가운데는 수식적 동명사형은 물론, 부동사형을 매개로 하여 어근과 통합되는 일이 있다.

(5) 가. 앉은뱅이, 앉을깨, 멜빵 …
　나. 달음질, 귀염성, 붙임성 …
　다. 떨어지다, 떨어뜨리다, 말라깽이 …

(5가)는 접미사 '-뱅이'가 수식적 동명사형 어미를 매개로 하여 어근에 붙었다. '-뱅이'가 '가난'과 같은 명사 어근에는 직접 통합되어 '가난뱅이'가 되는 데 대하여 동사 어근에 붙을 때에는 동명사 어미를 요구한다. (가)의 예는 원래 동명사형과 자립 명사의 통합 구성이었는데 하나의 단어로 굳어진 것이다. 그것은 어쨌든 구성상으로는 접미사가 동명사형을 매개로 하여 어근에 붙었다. (5나)는 접미사가 동작 동사의 동명사형을 매개로 하여 붙은 것인데 '-질'이 명사에 붙은 '가위질'과 비교하여 보면 달음질의 형성상의 특수성을 알 수 있다. '귀염성'과 '붙임성'도 '인사성'과 비교하여 보면 그런 사실을 알 수 있다[362]. (5다)의 접미사 '-(어) 지-, -(어) 뜨리-, -깽이'는 부동사 어미 '-어 ~ -아'를 매개로 하여 어근에 붙어 있다 '-(어) 지-'와 '-(어) 뜨리-'에 대하여 합성 동사로 처리하는 일이 있기는 하나 (김창섭 1996: 106-111), 동명사형 등과 보조를 맞춘다는 뜻에서 접사로 보는 것이 일관성이 있다고 생각한다. '말라깽이'는 예가 하나밖에 없어 일반화하기가 어렵지만 고대 이전의 단계에 부동사 어미가 명사에 통합된 구성의 흔적이 남은 것이 아닐까 하는 생각도 든다.

B. 어근과 어간, 접사와 어미

어근과 어간은 다 같이 어휘 형태소란 점에서 공통성이 있고 접사와 어미는 문법 형태소란 점에서 공통성이 있다. 접사를 문법 형태소로 처리하는 견해에 대하여 "어휘 형태소"가 아니냐고 반론을 제기할 수 있다. 실제로 J. Kramsky 같은 학자는 접사를 "문법 · 의미 형태소" (grammatical-semantic morpheme)로 처리하기도 한다 (고영근 1993: 119). 여기서 문법 형태소라 함은 단어 형성의 기능을 띠었다는 뜻이지 접사가 표시하는 의미가 문법적이라는 것은 아니다[363]. 어미 가운데서도 이를테면 '-(으)려고'나 '-(으)러'는 의도와 목적을 표시하고 있어 그 의미가 반드시 문법적이라고 할 수 없다.

구성이 복잡한 단어는 어근과 어간, 접사와 어미가 다르지만 구성이 단순한 단어는 같을 수도 있어 이들에 대한 이해를 철저히 해 두지 않으면 안 된다. 먼저 동사를 예를 들어 상관 관계를 설명하기로 한다.

---

362) (5나)의 처리 문제에 대한 저자의 질의에 대하여 김창섭 교수는 "내부어" 내지 "잠재어"로 볼 것을 제안하여 왔음을 밝혀 둔다 (2015. 5. 21. 메일). 그러나 의미적으로 볼 때 동사의 기능이 완연한 이상, 활용형으로 보는 것이 온당해 보인다.

363) 이 문제에 대하여는 고영근 (편) (2010: 31)에서 그 경위를 자세히 설명한 바 있다.

(6) 가. 밟 (는다).
나. 밟히 (ㄴ다).
다. 짓밟 (는다).
라. 짓밟히 (ㄴ다).

(6가)와 같은 단어는 어근과 어간이 같고 접사는 없다고 보는 것이 보통이다. 이런 경우는 단일어이기 때문에 어근과 접사를 논의하는 것이 큰 의의가 없다. 그러나 (6나, 다, 라)는 사정이 다르다. 반드시 두 개념을 구별하지 않으면 안 된다. (나)의 어근은 '밟-', 접미사는 '-히-'이고 어간은 '밟히-', 어미는 평술 정동사 어미 '-ㄴ다'이다. (6다)의 어근은 '밟-', 접두사는 '짓-'이며 어간은 '짓밟-'이고 어미는 같다. (6라)는 (6나)와 (6다)를 합친 것으로서 어간은 '짓밟히-'이고 어미는 같다.

어근은 R (/Root), 접미사는 Suff (/Suffix), 접두사는 Pref (/Prefix)로, 어간은 St (/Stem), 어미는 E (/Ending)로 정하여 그들의 상호 관계를 표로 보이면 다음과 같다.

(6) 가'. **밟** 는다
R=St E

나'. **밟** 히 ㄴ다
R Suff. E
St

다'. 짓 **밟** 는다
Pref. R. E
St

라'. 짓 **밟** 히 ㄴ다
Pref. R Suff. E
S

(6라)의 구조는 접두 파생어 '짓밟-'에 접미사가 붙은 것으로 해석할 수도 있고 접미 파생어 '밟히-'에 접두사가 붙은 것으로 볼 수도 있다. 그 관계를 괄호 매김으로써 표시하면 다음과 같다.

(6) 라". ① ([(짓$_{Pref}$) + (밟$_{R}$)]$_{Dr}$ 히)$_{St}$
② ((짓$_{Pref}$ [(밟$_{R}$) + 히$_{Suff}$]$_{Dr}$)$_{St}$

①에서는 어근 '밟-'과 접두사 '짓-'이 합쳐서 파생 어근이 형성되고 여기에 다시 접미사가 붙어 어간 (St)을 형성한다. Dr은 derived root에서 따온 것이다. 이는 파생된 어근, 곧 "파생 어근"을 가리키며 대괄호로 표시하였다. ②에서는 반대로 어근 '밟-'에 접미사 '-히-'가 붙어 파생 어근 (Dr)이 형성되고 여기에 다시 접두사 '짓-'이 붙어 어간 (St)이 형성된다. 이곳에서도 파생 어근은 대괄호로 표시하였다[364].

다음으로는 명사에 얽혀 있는 어근과 접사의 문제를 풀어 보기로 한다.

(7) 가. [(가위)질] 이 (어렵다).

나. [덧 (버선)]을 (신어라).

다. [((너)희)들] 이 (오너라).

(7가)는 명사 어근 '가위'에 접미사 '-질'이 붙고 이어 주격 어미 '-이'가 붙었다. (7나)는 명사 어근 '버선'에 접두사 '덧-'이 붙었다. (7다)는 명사 어근 '너'에 복수 접미사 '-희'가 붙었고 (Suff.$_1$), 다시 여기에 통사적 접사 '-들'이 붙었다 (Suff.$_2$) 이를 표로 보이면 다음과 같다.

(8) 가'. **가위 질** 이 (어렵다)

R. Suff. E

St

나'. 덧 **버선** 을 (신어라)

Pref. R. E

St

다'. **너** 희 들 이 (오너라)

R Suff$_1$. E

Suff$_2$

St

(8다')는 앞의 (6라')와 같이 명사에 붙는 접사가 복합적이다. 그러기 때문에 앞의 (6라")와 같이 그 구성이 계층적이다. 먼저 명사 어근에 대명사 복수 접미사 '-희'가 붙어 파생 어근을 만들고 여기에 통사적 접사가 붙었다. 이를 표로 보이면 다음과 같다.

(8) 다". ([(너$_R$) + 희 Suff]Dr)들)s 이 (오너라))

여기에서도 파생 어근은 대괄호로 표시하였다. 이로써 우리는 단어가 접사에 의하여 복합적으로 형성되는 양상을 명사와 동사에 걸쳐 단일한 원리로 설명할 수 있음을 확인하였다.

6.7.4. 파생법

파생법에 대하여는 문법 연구의 초기에서부터 문법가들의 뇌리 (腦裏)에서 떠난 적이 없었다.

---

364) "파생 어근"은 파생 어간과 다르다. 파생 어간은 '잡히다'와 같이 어근 '잡-'에 접사 '-히-'가 붙어 파생된 어간을 가리키며 (안병희 1959/1978), 이곳의 "파생 어근"은 파생된 어근이 바탕, 곧 기어 (基語, base)가 되어 파생 어간을 형성한다는 뜻이다. 이 문제를 풀어내는 데 있어서는 유현경 교수 (연세대)와 황화상 교수 (서강대)와의 의견 교환이 큰 힘이 되었음을 밝혀 둔다. 한편 송정근 (2007: 35)에서는 '높직하다, 거무스름하다' 등에 나타나는 '높직, 거무스름'과 같은 파생 어근을 "복합 어근"이라 부르고 '-직-, -(으)스름-'을 "어근 형성 요소"라고 하였다.

전통 문법 시대에는 한때 파생법을 굴절법과 같은 층위에 놓기도 하였고 (고영근 1983: 281), 파생법에 의한 단어의 형성을 단일어로 처리하기도 하였으며 (고영근 1995가: 376), 역사 문법 시대에는 굴절론과 단어 형성론이 딴 영역을 차지하고 있었는데 (고영근 1983: 115, 2010나: 22, 469, 478), 구조 문법 시대에는 단어 형성부가 단어 굴절부와 함께 형태부의 두 기둥을 이루었다. 그러다가 생성 문법 시대에 와서는 단어 형성부가 형태부의 주요 부문으로 자리잡아 왔다. 지금까지 쌓아올린 우리말의 파생법에 대한 업적을 기반으로 삼아 우리말 파생법의 제 문제에 접근하기로 한다.

6.7.4.1. 어근 구조체와 접사 구조체의 형태음운론365)

우리말의 파생법에는 접두 파생법과 접미 파생법을 둘 수 있다. 앞에서 검토한 바와 같이 (§6.2.3, §6.3.3). 동사와 명사 어간 구조체에 활용 어미와 격 어미가 붙을 때에 형태소의 교체가 있었듯이 어근 구조체에 접사 구조체가 붙을 때에도 변이가 목격된다. 이러한 형태소의 교체는 접두사와 어근 사이에서도 목격되지만 어근과 접미사 사이에서 많이 보인다.

다음 예는 접두사가 어근과 결합할 때 그들 상호 간에 교체가 일어난 것이다.

(1) 가. 멥쌀, 휩쓸다, 오조 …
　　나. 갈가마귀, 걸터듬다 …

(1가)는 접두사가 교체된 예이다. '멥쌀'은 '메기장, 메벼' 등과 비교하면 '메-'가 '쌀' 위에서 '멥-'으로 교체되었다. '멥쌀'의 중세 어형은 '뫼ᄡᆞᆯ'로서 합성어였는데 '산'을 뜻하는 '뫼'가 폐어가 되고 어두 자음군이 소멸됨에 따라 그 초성이 '뫼'에 붙어 접두사로 변화하였다. '휩쓸다'는 '휘젓다, 휘두르다' 등과 비교하면 '휘'가 '쓸-' 앞에서 '휩-'으로 교체되었다. 이 어휘 역시 중세어의 '*휘ᄡᅳᆯ-'에서 어두 자음군의 소멸 과정을 거쳐 '휩-'으로 접두사화한 것으로 보인다. '오조'는 '올감자, 올밤'과 비교하면 접두사 '올-'의 말음 'ㄹ'가 경구개음 'ㅈ' 앞에서 탈락되었다. 사실 형태음소적 교체를 논할 때에는 역사적 정보는 중요하지 않으나 단어 형성법 자체가 통시적 산물이니만큼 그에 대한 배려를 소홀히 할 수 없다.

(1나)는 어근 구조체가 교체된 것이다. '갈가마귀'는 어근 '까마귀'가 접두사 '갈-' 아래에서 교체된 것이다. 공시적으로는 교체라 하겠지만 통시적인 관점에 서면 앞의 (가)와 같이 변화와 관련된다. 중세어의 '가마괴'는 자립적인 경우에는 '까마귀'로 바뀌었지만 파생어의 경우에는 변화를 입지 않았다. '걸터듬다'는 '이것저것을 되는 대로 더듬어 찾다'의 뜻인데 접두사 '걸-' 아래에서 '더듬다'가 '터듬다'로 교체된 것이다. 중세어의 '더듬-'이 통시적으로 어떠한 과정을 밟아 '터듬-'으로 변화하였는가 하는 문제는 숙제로 남겨 둔다.

다음 예는 접미사 구조체가 어근 구조체와 결합할 때 그들 사이에 교체가 일어난 예이다.

365) 단어 형성론에서도 단어 굴절론의 어간 구조체와 어미 구조체에 유추하여 "어근 구조체"와 "접사 구조체"란 개념을 도입하기로 한다.

(2) 가. 뿌다구니, 바느질, 모가치; 가느다랗다, 구이, 누룽지
나. 까맣다, 까그라기, 거무데데하다
다. 강아지, 무게

(2가)의 앞 묶음은 명사 어근 구조체에 접미사가 붙음으로써 변이가 일어난 예들이다. '뿌다구니'는 '뿔 + 다구니'의 구성으로 짐작되는데[366], 그렇다면 '뿔'의 'ㄹ'가 치경음 앞에서 탈락된 것이다. '바느질'의 '바느'는 '바늘'의 'ㄹ'가 경구개음 앞에서 탈락된 것이다. 이 어형은 근대에서부터 보인다[367]. 명사구에 첨사 구조체 '도, 조차'가 붙을 때에는 '바늘도, 바늘조차'와 같이 치경음과 경구개음 앞에서 'ㄹ'가 탈락되지 않는데 명사 파생에서 탈락된다는 것은 두 층위의 음운 교체가 질서를 달리한다는 것을 알 수 있다. '모가치'는 '몫 + 아치'로 분석되는데 '몫'의 'ㅅ'가 '-아치' 앞에서 탈락된 것이다. 그러나 통시적으로 보면 중세어의 '목'은 근대 이후에 'ㅅ'가 첨가되어 '몫'이 되었으며 이에 따라 곡용형과 파생형 사이에 괴리가 일어나게 되었다. '가버치' (<값 + 어치)나 '기스락' (<기슭 + 악)도 '값, 기슭'에서 'ㅅ, ㄱ'가 탈락된 것이다. 이 단어들은 앞의 '모가치'와는 달리 중세 당시에 말음에 '값, 기슭'과 같이 어말 자음군을 지니고 있었다. 근대에 들어서면서 어말 자음군이 단순화되면서 형성된 어형으로 보이나 확실히는 알 수 없다. (2가)의 뒷 묶음은 동사 어근에 접미사가 붙을 때 일어나는 교체의 예이다. '가느다랗다'는 '가늘-다'의 어간 말음 'ㄹ'가 치경음 'ㄷ' 앞에서 떨어진 것이고 '구이'는 동사 '굽다'의 말음 'ㅂ'가 모음 접미사 '-이' 앞에서 'w'로 바뀐 것으로도 볼 수 있고 탈락된 것으로도 볼 수 있다. 전자는 어간 말음을 유지하는 활용형과는 달리 'ㄹ'가 탈락되었다. 후자는 굴절법의 'ㅂ' 불규칙 활용과 교체의 행태가 같다. '누룽지'는 '눋 + 웅지'로 분석되는데 '눋다'의 'ㄷ'가 모음 접미사 앞에서 'ㄹ'로 바뀌었다. 이 현상 역시 굴절법의 'ㄷ' 불규칙 활용과 보조를 같이한다.

(2나)의 예들은 어근에 접미사가 붙을 때 접미사가 교체된 예이다. '까맣다'는 '깜앟-다'로 분석되는데 이의 큰말 '꺼멓다'는 '껌엏-다'로 분석된다. 이렇게 양성 모음 어근이 오면 '-앟-'으로 교체된다. 순서를 반대 방향으로 잡을 수도 있다. 단어 형성에서 실현되는 모음 조화는 활용에서 나타나는 모음 조화와는 질서를 달리하기 때문에 전자를 취하기로 한다. '까끄라기'는 '까끌 + 아기'로 분석되는데 '꺼끄러기'와 비교하여 보면 '-아기'가 '-어기'로 교체되었다고 할 수 있다. '거무데데하다'는 '불그데데하다'와 비교하여 보면 '검 + 으데데하다'로 분석할 수 있지만 정서법상으로는 선행 어근에 동화된 채로 적고 있다. 파생법에 나타나는 매개 모음의 용법은 활용형에 나타나는 매개 모음과는 그 성격이 판이하다는 것은 일찍부터 인식되어 왔다 (고영근 1972/1999나: 556).

(2다)는 어근 구조체와 접미사 구조체가 모두 교체되는 예이다. '강아지'는 명사 어근 '개'에 지소(指小)접미사 '-아지'가 붙은 것이다. 그러나 결과적으로는 '개'는 '가'가 되고 '-아지'는 '-아지'[ŋaji]

---

366) 마틴 (1968: 810)에 의하면 '뿔'은 'horn'을 뜻하는 것으로 보고 있다. 그러나 현행 우리말 사전에는 이 단어를 단일어로 처리하고 '물체의 삐죽하게 내민 부분'으로 풀이하였는데 의미상의 유사성을 어느 정도 인정할 수 있을 것 같다.

367) 다음 예 참조.
바ᄂᆞ질 ᄒᆞᄂᆞᆫ 이 (역어유해보 41) <유창돈『이조어 사전』1964 재인용>

가 되었으니 어근과 접사가 동시에 교체된 것으로 해석하기로 한다. 당대어 '무게'는 중세어 '므긔'의 직접적 계승형인데 그 형성 과정을 설명하기가 쉽지 않다. 당대어를 대상으로 해도 '무게'는 '묵직하다' 등을 고려할 때 '*묵 + 에'로 분석된다. 유창돈 (1971: 26)에도 그렇게 분석되어 있다.

앞의 (1), (2)에서 본 바와 같이, 단어 형성부에 나타나는 형태소의 교체는 비음운론적 동기에 의하여 유발되는 일이 많다. 이런 문제를 중심으로 발전한 이론이 1980년대 초에 서울 국제언어학자 대회에서 P. Kiparsky에 의하여 선을 보인 "어휘 음운론" 내지 "어휘 형태론"이다. 그러나 알고 보면 생성 음운론의 아이디어가 윤색된 것을 제외하고는 지난 세기 60년대 초에 E. Stankiewicz에 하여 제창된 "morphophonemic base"의 논의와 큰 차이가 없다. 저자는 이 이론에 따라 고영근 (1972/1999나: 547-560)에서 우리말의 단어 형성에 나타나는 형태음운론적 문제에 접근한 일이 있다. 앞의 파생법의 어근과 접미사의 교체에서 언급한 것이 궁극적으로는 어휘 음운론 내지 어휘 형태론으로 이어지며 앞으로 나올 합성법과 한자어 형성에서 나타나는 형태음운론적 문제도 같은 방식으로 접근할 것이다[368].

6.7.4.2. 접두 파생법

접두 파생법은 접두사에 의한 파생법을 가리킨다. 접두사에는 한자계 접두사도 포함되나 뒤에서 따로 보기로 한다. 접두사의 설정 기준은 다음과 같다[369].

(3) 가. 특정한 어근과 결합하며 휴지가 개재되지 않음.
  나. 어근의 품사를 바꾸지 않음.
  다. 어근의 품사를 가리지 않음.

(3가)는 접두사의 분포가 제한되어 있으며 동시에 휴지를 둘 수 없다는 뜻이다. 접두사와 성격이 비슷한 관형사는 휴지를 사이에 두고 비교적 많은 명사와 결합되는 데 대하여 접두사는 특정한 명사와 특정한 동사와만 결합한다. 이는 폐쇄 연접과 개방 연접을 말한다.

(3) 가'. 덧신, 덧이, 덧버선 비교: 새#신, 새#이, 새#버선

위의 예는 접두사 '덧-'이 명사와 결합한 예인데 오른쪽의 관형사 '새'와 비교하면 중간에 휴지를 둘 수 없다. 이런 접두사를 "관형사성 접두사"라고 한다. 접두사 '덧-'은 생산성이 있는 접사로 보

---

368) 어휘 음운론을 우리말에 적용하는 문제는 박창원 (1989), 김정우 (1994), 안상철 (1998: 204-274)에서 다루어졌다. 한편 신승용 (2013)에서는 아무리 단어 형성이 통시적이라 하더라도 음운 현상 자체까지도 통시적으로 다룰 수 없다는 견해를 피력하고 있는데 이는 그 나름의 질서를 탐색하고 있는 어휘 음운론의 태도와 거리가 멀지 않다.

369) 접두사의 확립 기준에 대하여는 김계곤 (1968/1996: 15-46, 109-130), 성환갑 (1972), 허웅 (1995/2000: 431)과 김명광 (2014: 587-588)을 참고할 수 있다. 특히 안효경 (1993)에서는 접두사의 확립 기준을 형태론과 의미론에 걸쳐 명세함으로써 70개에 가까운 접두사를 확정하였다. 이에 대하여 여영택 (1971)에는 235개를 들고 있는데 이희승의『국어대사전』(1961)에 실려 있는 것을 모은 것이다.

고되어 있다[370].

(3나)는 접두사가 붙음으로써 품사의 성격을 바꾸지 않는다는 뜻이다. 따라서 접두 파생법은 한정적 파생법에 속한다. 단 다음 예는 품사를 바꾸는 예로 들 수 있을지 모르겠다.

(3) 나'. 메마르다, 강마르다, 숫되다, 엇되다

'마르다'는 동작 동사인데 그 앞에 접두사가 붙으면 상태 동사로 바뀌었다고 할 수 있다 (김명광 2014: 587). 그렇다면 접두사에도 지배적 파생법을 인정할 수 있다. 한자어 접두사는 고유어 접두사와는 달리 지배적 기능이 파악된다 (뒤에 나옴).

(3다)는 접두사가 품사를 가리지 않고 어근에 붙는다는 뜻이다. 접두사와 비슷한 기능을 띠고 있는 관형사는 명사 앞에만 붙는데 접두사는 명사뿐만 아니라 동사에도 붙는다.

(3) 다'. 덧나다 (<덧 + 나다)

위의 '덧-'은 동사 '나다'에 붙은 것이다. (3가')에서는 '덧-'이 명사에 붙었는데 이를 통하여 보면 접두사는 품사를 가리지 않고 붙는다는 것을 알 수 있다. 접두사 '덧-'은 어느 정도 생산성이 있는 것으로 보고되어 있다. 동사 앞에 붙는 접두사는 그 성격이 부사와 비슷하다고 하여 "부사성 접두사"라 부르기도 한다. 이 경우도 앞의 관형사성 접두사와 같이 어근 앞에 휴지가 올 수 없다. 이밖에 부사에도 접두사가 붙는다고 말하는 일이 있으나 (김계곤 1996: 130), 신중을 기할 필요가 있다.

접두 파생법에 의한 파생어에는 명사, 동사 정도가 확인되어 있다.

(3-1) 가. 개떡, 돌배, 한여름, 암캐, 갓스믈 …
나. ① 들볶다, 엿듣다, 짓밟다 …
② 드높다, 새빨갛다 …

위의 (가)는 명사와 수사에서 파생된 접두 파생어이다. '개떡, 돌배, 한여름, 암캐'는 명사 '떡, 배, 여름, 개'에서 파생하였고 '갓스물'은 수사 '스물'에서 파생되었다. '암캐'는 '수캐' 등과 함께 명사 어근이 격음화되어 있는데 이는 중세어 당시에 '암, 수'에 말음 'ㅎ'를 가진 것이 접두사로 바뀜에 따라 후행 어근에 그 자취를 남긴 것이다. (나)는 동작 동사 (①)와 상태 동사 (②)의 어근에 접두사가 붙어 형성된 파생 동사이다.

6.7.4.3. 접미 파생법[371]

접미사는 같은 접사이기는 하여도 접두사와 같은 점도 있고 다른 점도 많다.

---

370) 최근 접사의 생산성에 대한 계량적 연구가 붐을 일으키고 있다. 대표적으로 이광호 (2009: 96-97)를 들 수 있다.

371) 이곳의 서술은 김계곤 (1996: 137-242), 고영근 (1989/1999나: 495-653), 허웅 (1995/1999: 445-467)을 기초로 하였다.

다음은 접미사의 특성을 정리한 것이다.

(4) 가. 의존성을 띰.
　　나. 특수성을 띰.
　　다. 어휘성을 띰.
　　라. 다중적 기능을 띰.
　　마. 굴절 어미와의 결합에 제약이 없을 것.

(4가)에서 접미사가 의존성을 띠었다고 함은 접미사 가운데는 자립성을 띤 것도 있음을 함의한다. 접미사도 접두사와 같이 의존적이지만 자립성을 띠는 일이 있다. (나)에서 특수성을 띠었다고 함은 접미사 가운데는 보편성을 띤 것도 있음을 함의한다. (다)에서 어휘성을 띠었다고 함은 접미사 가운데는 문법성을 띤 것도 있음을 함의한다. (라)에서 접미사의 기능이 다중적이라고 함은 한정적 · 지배적 · 통사적이라는 뜻이다. (마)에서 굴절 어미와의 결합에 제약이 없다는 것은 접미사 가운데는 굴절 어미와의 결합에 제약을 받는 일이 있음을 함의한다.

A. 명사 파생법

다음은 명사 파생법의 예이다.

(5) 가. ① 잎사귀, 눈치, 너희 … 〈명사에서〉
　　　② 모가지
　　　③ 구경꾼
　　나. ① 검댕, 노랑 … 〈상태 동사에서〉
　　　② 물음, 덮개 … 〈동작 동사에서〉
　　　③ 놀이, 쓰기 … 〈동작 동사에서〉
　　　④ 기쁨, 슬픔, 괴로움 … 〈심리 동사에서〉
　　　⑤ 길이, 크기 … 〈상태 동사에서〉
　　다. ① 곰배팔이, 먹이, 누더기, 까불이 …
　　　② 가위질, 달음박질, 딸꾹질 …
　　라. 아이들
　　마. ① 선생님　② 김길동님
　　바. ① 김씨, 이씨　② 제수씨　③ 형수님/형수씨

(5가)는 명사에서 파생된 한정적 파생법이다. ①은 한 두 어근에 붙는 불구 형태소이다. '너희'의 '-희'는 겸사말 '저'의 복수형 '저희' 밖에는 보이지 않는다. 이런 접미사는 단어 형성력이 없는 구성소에 지나지 않으며 어휘광에 그대로 등재되어 있다고 보아야 한다. 비자연적이고 불투명한 면이 포착된다. ②는 '목아지'로 분석되는데 '강아지, 망아지, 바가지' 등에도 붙는 것을 보면 ①에 비하여 생산성이 높다고 하겠으나 당대어에는 거의 조어력이 없어 보이므로 구성소로 처리해

야 하며 어휘광에 그대로 등재되어 있다고 보아야 한다. ③의 '구경꾼'은 명사 어근 '구경'에 접미사 '-꾼'이 붙은 것인데 생산성이 풍부한 편에 속한다[372]. 유형 빈도는 높아도 생산성은 '-쟁이'나 '-장이'보다 낮은 것으로 나와 있다. 갈수록 조어력이 감퇴되고 있다. 이는 '-꾼'이 선행 어근에 붙어 어휘화되어 가고 있다는 증거로 볼 수 있다. 다시 말하면 비자연적이고 불투명한 방향으로 나아가고 있다는 뜻이다. 어쨌든 '-꾼'은 형성소로 처리할 수 있다. '-꾼'에 의한 파생어의 형성은 규칙으로도 설명할 수 있고 유추로도 설명할 수 있다. 가령 정치를 직업적으로 하는 사람을 가리킬 때 사용되는 '정치꾼'은 접미사 '-꾼'의 단어 형성 규칙을 따랐다고도 할 수 있고 전통적으로 쓰여 온 '장사꾼'을 모형으로 삼았다고도 할 수 있다.

(5나)는 동사에서 파생된 지배적 파생법이다. ①은 상태 동사를 바탕으로 하여 파생되었다. '검댕'은 상태 동사 어근 '검-'에 접미사 '-댕'이 붙은 것으로서 '검-' 밖에는 달리 붙는 예가 없으므로 불구 형태소 내지 구성소라 하겠으며 전체가 어휘광에 등재되어 있는 것으로 보아야 한다. '노랑'은 상태 동사성 불규칙어근 '놀-'에 접미사 '-앙'이 붙은 것으로 분석할 수 있는데 (고영근 1973/ 1999나: 631)[373], 비슷한 예가 '빨강, 파랑, 하양, 까망' 등에서도 발견된다. '검댕'에 비하면 생산성이 높다고 하겠으나 새로운 조어력이 없다는 점에서 구성소이며 동시에 전체기 어휘광에 등재되어 있다고 보아야 한다. 모두 1가 동사가 바탕이 되어 있다 ②는 동작 동사에서 파생된 명사이다. '물음'은 동작 동사 '묻-'에 접미사 '-(으) ㅁ'이 붙어 파생된 명사인데 '얼음, 믿음, 울음' 등 예가 많으나 (고영근 1973/1999나: 619), 당대에는 생산적인 것 같지 않다. 구성소와 형성소의 중간에 자리잡는 "다소 규칙적인 것" (고영근 1973/1999나: 542) 범주에 속하는 것으로 처리해 둔다. 자연성과 비자연성, 투명성과 불투명성의 중간에 자리잡고 있다고 말할 수 있다. 그렇다면 이런 접사는 어휘광에도 실리고 동시에 그것이 붙은 단어도 어휘광에 실려야 한다. 이런 접사가 붙은 파생어는 투명하여 언어 생활에서 자주 쓰인다. 1가 내지 2가 동사를 바탕으로 하고 있다. '덮개'는 동사 어근 '덮-'에 접미사 '-개'가 붙은 것인데 도구 명사에 보편적이며 2가 동사가 바탕이 되어 있다[374]. '-개'의 생산성이 0으로 나온다고 보고되어 있는데 이는 저지 (沮止)의 결과로 보인다. '-개'에 대한 분석적 이해력과 결합력은 생산성 수치와는 무관하다 (이광호 2009: 126-127), 실제로 '-개'를 이용하여 신어를 만드는 일이 많다는 데서도 '-개'에 의한 신어의 형성이 생산적이라는 사실을 알 수 있다 (김성규 1987, 고영근 1993: 30-31). ③의 '놀이'는 동작 동사에 접미사 '-이'가 붙은 것인데 주로 자음 어근 아래 선택되고 '쓰기'는 모음 어근 아래 선택되는 면이 보이기도 한다 (송철의 1992: 159). 전자는 1가 동사, 후자는 2가 동사가 바탕이 되어 있다 (§5.3, 90쪽). ④는 심리 동사를 바탕으로 하고 있으며 ⑤는 상태 동사를 바탕으로 하고 있는데 앞의 ③과 같이 상보적인 면이 보인다.

---

372) 황화상 (2001: 244)에서는 '-꾼'은 사람 명사의 형성에 쓰이는 고유의 접사일뿐만 아니라 파생 명사의 수효가 700개를 넘어설 정도로 생산성이 높고 어근과의 결합 양상도 다양하다는 소견을 피력하였다.

373) '노랑' 등을 '노랗 + 앙' 등으로 분석할 수 있지 않느냐고 반문할 수 있으나 그렇게 된다면 '*노랭'으로 실현되야 하다 (비교: 노래지다). 이런 점을 고려하여 불규칙적 어근이라고 하였으며 앞에 '상태 동사성'이라고 붙인 것은 상태 동사 '노랗다'와의 관계를 고려하였기 때문이다.

374) '-개'는 '똥싸개, 코흘리개'와 같이 사람을 가리키는 명사를 파생시키기도 한다 (송철의 1997: 871).

접미사 '-이'에 의한 명사 형성은 거의 생산성이 없음이 보고되어 있다. 이에 대하여 '-기'는 '쓰기, 듣기, 말하기, 보기'와 같이 최근 들어 생성된 어휘에 폭넓게 분포되어 있는 것으로 보이나 동명사 어미 '-기'의 변별성 문제로 계량화가 쉽지 않다는 보고가 있다 (2015. 6. 7. 이광호 박사의 메일에 의함). 전자가 비자연적이고 불투명하다면 후자는 자연적이고 투명하다는 뜻이다.

(5다)는 명사, 동작 동사, 상태 동사, 의성 · 의태어의 어근에 접미사 '-이, -질'이 붙어 파생 명사가 된 예로서 많은 예를 들 수 있다. ①의 '-이'는 명사 형성의 접미사로서 명사, 동작 동사, 상태 동사, 의성 · 의태어 등의 규칙적 어근으로부터 불규칙적 어근에 이르기까지 폭넓게 분포되어 있다 (고영근 1973/1999나: 636-638). '-이'에 의한 신어 형성은 '-기'에 의한 단어 형성과 저지 관계를 형성하고 있기 때문에 규칙화가 어렵다. 그것은 어쨌든 접미사 '-이'는 형성소로서 '-기'와 함께 단어 형성에 적극적으로 참여한다. ②의 '-질'은 명사, 동작 동사, 의성 · 의태어 등의 규칙적 어근은 물론, 불규칙적 어근에 널리 분포되어 있으며 '선생질' 등 신어 형성에 적극적으로 참여하고 있는 형성소이다 (고영근 1973/1999나: 64). 그 연원이 매우 오래된 것 같다. 당대에 와서도 구어성이 강한 인터넷 게시판에서 '클릭질, 핸드폰질'과 같은 어휘가 나오는 것을 보면 (이광호 2009: 129-132), 생산성이 높은 접미사이며 따라서 형성소에 속한다고 단언할 수 있다. 이런 어휘는 어휘광에도 등재되어 있다.

(5라)의 '-들'은, 앞 (§6.7.3.4, 327쪽)의 (3다)에서 언급한 바와 같이, 구를 지배하고 있다는 점에서 통사적 접사에 속한다.

(5마) ①의 '-님'은 전통적으로 보통 명사에 붙어 그것이 붙는 인물을 높이는 데 사용되어 왔다 (뒤에 나옴). 그것의 부착이 통사 구조에 영향을 미친다는 점에서 역시 통사적 파생법으로 처리한다. 곧 일치 현상으로 보는 것이다 (유동석 1995: 197-230, 327-351). 그 관계를 그림으로 표시하면 다음과 같다.

(5) 마'. 선생님이 벌써 오신다 (오시ㄴ다).

②는 고유 명사에 '-님'이 붙은 것인데 최근에 와서 병원, 약국이나 관공서에서 종전의 'X씨' 대신 쓰이기 시작한 접사법이다 (뒤에 나옴).

(5바)의 '-씨'는 전통적으로 앞의 '-님'과는 대조적으로 '달성 서씨, (김)길동씨'와 같이 성이나, 성명 또는 이름과 같은 고유 인명 아래 쓰여 왔다[375]. 그러나 보통 명사라도 '제수 (弟嫂), 계수 (季嫂)'와 같은 어휘에는 '씨'만 붙고 '님'은 붙지 못한다. 그러나 '형수'는 '님'과 '씨'가 같이 붙는다. 규범화의 필요성이 느껴진다 (뒤에 나옴).

B. 동작 동사 파생법[376]

다음은 동작 동사 파생법이다,

375) 현행 맞춤법에서는 '씨'를 선행어와 띄어쓰는 것으로 규정하고 있다.

376) 동사 중심의 파생어 형성의 파생 규칙과 그 의미 변화에 대하여는 이경우 (1981)에서 처음으로 시도되었다.

(6) 가. 밀치다, 넘치다 … 〈동사에서〉

나. ① 진행하다, 공부하다 … 〈명사에서〉

② 밝히다, 낮추다 … 〈상태 동사에서〉

③ 철렁거리다, 바둥바둥하다 … 〈부사에서〉

④ 먹이다, 먹히다, 울리다, 깨뜨리다, 깨지다 〈통사 구조 바꿈〉

⑤ 1) 빼앗기다 2) 잡히다, 깎이다 …

다. ① 밟다 → 짓밟다 → 짓밟히다

② 밟다 → 밟히다 → 짓밟히다

라. 신다, 품다

(6가)는 동작 동사 어근 '밀-, 넘-'에 접미사 '-치-'를 붙여 다른 의미의 동작 동사를 만들었으니 한정적 파생법이다. 비슷한 예로 '감치다, 걸치다, 덮치다' 등 많은 예를 들 수 있다. 구성소로 보기에는 예가 많고 형성소로 보기에도 주저되는 바가 많다. 더욱이 어휘화의 정도가 심하여 딴 종류의 동사로 볼 수 있는 가능성마저 보이기 때문이다. 다소 규칙적인 부류에 넣기로 한다. 구성소와 형성소의 경계에 자리잡는다는 뜻이다. 어휘광에도 실릴 수 있다는 뜻이며 자연성과 비자연성의 어름에 자리잡는다고 할 수 있다.

(6나)는 지배적 파생법이다. ①의 '-하다'는 명사를 동사화하는 접미사이다. 문법가에 따라서는 단순한 동사로 보는 일도 없지 않으나 '-되다'와 계열 관계를 이루어 능동사를 형성한다는 점에서 접사로 보는 것이 합리적이다. '-하다'는 그 앞에 명사 등의 논항을 요구하여 자립 동사의 기능을 발휘하기도 한다. 어쨌든 '-하다'는 동작성을 띤 고유어뿐만 아니라 한자어를 포함하여 '아르바이트하다, 스터디하다' 등 서양 외래어에도 붙는 매우 생산적인 접미사라는 점에서 형성소가 되기에 부족함이 없다. 앞의 (4)에서 저자는 접미사 가운데는 자립성을 띠는 것도 있다고 하였는데 '-하다, -되다'가 그러한 예이다. ② '-히-, -추-'는 상태 동사를 동작 동사화하는 기능을 띠고 있으니 그 기능이 지배적이다. 이러한 예는 이밖에도 많이 들 수 있다 (고영근 1973/1999나: 650, 646, 김창섭 1997: 189-211, 2002/2008: 213-241, 243-282, 2006/2008: 283-318). ③은 의성 부사나 의태 부사를 동작 동사화한 것인데 '-거리-'가 붙을 때에는 '철렁철렁→철렁거리다'와 같이 네 음절로 된 부사는 첩어성을 잃는 것이 보통이다[377]. 그러나 '땡땡, 졸졸'과 같이 두 음절로 된 부사에는 이 규칙이 적용되지 않는다. '바둥바둥하다'에서는 접미사 '-하다'가 붙어 부사를 동작 동사화하였다. ④는 동작 동사 어근에 접미사, '-이-, -히-, -리-'가 붙어 통사 구조를 바꾸는 기능을 한다. ②와 함께 타동성을 부여하기도 하고 사동성과 피동성을 부여하기도 한다 (송창선 1998: 19-34, 2004), '깨뜨리다'와 '깨지다'는 계열 관계를 이루어 [타동성]의 자질이 부여되기도 하고 박탈되기도 한다 (고영근 2014가, 2018가: 295). 부동사 '-어'를 매개로 한다는 점에서 의존 동사의 성격도 파악된다[378].

---

377) 이런 경우 특히 한국의 국어학계에는 첩어성이 상실된 어근을 불규칙적 어근으로 처리하는 일이 많은데 이는 옳지 않다.

378) 김시나 (1990)에서는 우리말 동사 형성의 접사 '-하다'와 피·사동의 접사를 대상으로 단어 통사론을 전개하

⑤는 동작 동사구 'X을 빼앗다'를 피동사로 변환시키는 구형 파생법 (phrasal derivation)인데 '(돈을) 빼앗기다'와 같이 대격을 필수적으로 취하는 것이 있는가 하면 '(손을/손이) 잡히다'와 같이 주격과 대격을 수의로 취하는 것도 있다 (고영근 2017가, 2018가: 336). 구형 파생법과 통사적 파생법은 차이가 있다. 양자가 구를 파생의 대상으로 삼는다는 점에서는 공통되지마는 전자는 한 단어 속의 형성소의 지배 영역이 다르다. '빼앗기다'에서 어근 형성소 '빼앗-'은 먼저 '돈 (을)'이라는 명사구를 지배하고 접사 형성소 '-기-'는 '돈을 빼앗-'이라는 더 큰 동사구를 지배한다는 차이점이 있다.

(6다)는 앞 (§6.7.3.4, 2018가: 330)의 (6라")에서 언급한 바와 같이, 파생 어근을 바탕으로 하여 파생 어간이 성립됨을 보이는 예이다. ①의 '밟-'은 먼저 '짓밟-'이라는 파생 어근을 만들고 그것이 바탕[基語] (base)이 되어 '짓밟히-'라는 파생 어간이 형성된다. 전자는 한정적 파생법이고 후자는 지배적 파생법이다. ②의 '밟-'은 먼저 '밟히-'라는 지배적 파생법이 형성되고 그것이 바탕이 되어 '짓밟히-'라는 한정적 파생법이 형성된다. (6다)의 두 예는 한정적 파생법과 지배적 파생법이 교차하는 예로 해석할 수 있다. "이중 파생법"이라는 이름을 주기로 한다. 이런 예로는 접두사 '내리-, 덧-, 데-, 되-, 뒤-, 들-, 들이-, 맞-, 몰-, 벋-, 비-, 빗-, 설-, 엇-, 엿-, 악-, 외-, 짓-, 쳐-, 치-, 헛-, 휘-, 휩-'이 붙어 형성되는 파생어에 널리 분포되어 있다[379].

(6라)는 명사 어근 '신, 품'이 동사화한 것이다. 흔히 ∅ (영) 접사가 붙어 동사로 파생되었다고 설명하기도 한다. 이런 현상은 중세어에 보편적이다 (뒤에 나옴).

C. 상태 동사 파생법

다음으로는 동작 동사 파생법에 이어 상태 동사 파생법을 보기로 한다,

(7) 가. 말갛다, 거멓다, 높다랗다 …

나. ① 가난하다, 학생답다, 슬기롭다, 행복스럽다 … <명사에서>

② 미덥다 (<믿 + 업다), 놀랍다 (<놀라 + ㅂ다), 미쁘다 (<믿브다) … <동사에서>

③ 울긋불긋하다, 반듯반듯하다 … <부사에서>

다. 똥똥하다, 단단하다, 감감하다 … <첩어성을 띤 불규칙적 어근에서>

(7가)는 상태 동사 어근 '맑-, 검-, 높-'에 접미사 '-앟/엏-, -다랗-'이 붙어 다시 상태 동사가 되었으니 한정적 파생법이다. '동그랗다'와 같이 의태어 '동글동글'이 첩어성이 상실된 '동글-'에 붙기도 하고 '노랗다'와 같은 불규칙적 어근에 붙기도 붙는다 (고영근 1973/1999나: 632)[380].

고 있는데 통사부의 소관인 '-게 하다, -어 지다, -게 되다'를 같이 다룬 것은 문제의 성격을 흐리게 할 가능성이 많다.

379) 김계곤 (1975/1996: 243-298)에서 어근에 접사가 이중으로 붙는 현상을 "파생법의 겹침"으로 처리하면서 명사와 동사에 걸쳐 분류를 시도하고 있으나 접사로의 자격이 의심스러운 예가 많이 포함되어 있어 신중하게 접근해야 한다. 서정수 (1995/2013: 84)에서는 접사의 이중적 구조를 "양면 파생어"로 처리하였다. 관련 자료는 허웅 (2000: 484-486), 백문식 (2004: 13-123)에서 손쉽게 얻을 수 있다.

380) 최근 감각 형용사와 색채 형용사에 대한 중후한 연구가 나와 상태 동사의 형성에 관한 많은 문제가 풀리고 있다 (송정근 2007, 홍석준 2015).

(7나)는 지배적 파생법이다. ①은 명사 어근에 접미사가 붙은 것인데 접사에 따라 그 기능이 조금씩 다르다. ①의 '-하다'는 상태 동사 형성의 접미사인데 상태성 명사 '가난'에 붙어 그것을 상태 동사화하고 있다. 이런 종류의 접사는 규칙적 어근보다도 '착-, 씩씩-' 등 불규칙적 어근에 편재 (遍在)하여 있다 (고영근 1999나: 648). '스마트하다'와 같이 서양 외래어나 한자어 등에도 널리 분포하는 것을 보면 "매우 규칙적인 것", 곧 형성소에 넣을 수 있어 보인다. 그만큼 자연스럽고 투명하다는 뜻이다. '-답$_2$-'는 앞 (§6.7.3.3, 327쪽)에서 언급한 바와 같이, 지배적 기능과 통사적 기능을 공유하고 있다. 곧 '-답-'이 '매우 학생답다, 참 정답게 지낸다'와 같이 부사의 수식을 받을 때에는 '-답$_1$-'로서 단순한 지배적 기능을 표시하나 '우수한 학생답다'와 같이 명사 앞에 수식어가 놓이면 '-답$_2$-'로서 통사적 기능을 표시한다. '슬기롭다'의 '-롭-'은 앞의 '-답$_1$-'과 이형태의 관계에 놓여 있다는 견해가 있다 (송철의 1992: 212). '행복스럽다'의 '-스럽-'은 한자어 접미사 '-적-' (的)과 동의적인 면도 있고 그렇지 않은 면도 있다. 명사 어근 '신비'에는 '-롭-, -스럽-, -적-'이 모두 허용되고 명사 어근 '홍미'에는 '-롭-, -스럽-'만 허용하고 '-적-'은 어려운 것으로 보인다. 명사 어근 '사회'에는 '-적-'만 허용된다, 앞의 두 접사는 관형사 (예: 새롭다, 별스럽다)와 불규칙적 어근 (까다롭다, 시원스럽다)에도 붙는다. '-롭-'의 생산성이 거의 0에 가깝고 종전에 '-롭-'을 취하던 명사류가 '-적-'을 취한다는 보고를 보면 (이광호 2009: 261), 적어도 당대에는 "매우 규칙적"인 범주에 넣기는 어려워 보인다. '-스럽-' 역시 그렇게 생산적이 아니라는 보고를 보면 (이광호 2009: 265), 형성소로 보기는 어렵지 않을까 한다. ②의 '미덥다, 놀랍다'는 동작 동사 어근에 '-업-'이 붙어 상태 동사로 바꾼 것인데 지배적 파생법으로 볼 수 있다. 이들은 불규칙적 어근에도 붙는 등 분포가 넓기는 하나 생산성이 결여되어 있기 때문에 구성소와 형성소의 중간 단계인 "다소 규칙적인 것"에 넣을 수 있다. 그것이 붙은 말은 어휘광에도 등재된다. ③은 의태어에 접미사 '-하-'가 붙어 상태 동사가 된 것이다. 의성 · 의태어에 접미사 '-거리-'가 붙을 때에는 첩어성이 상실되는 것이 보통인데 '-하다'가 붙을 때에는 그런 변화가 보이지 않는다.

(7다)는 첩어성을 띤 불규칙적 어근에 접미사 '-하-'가 붙어 상태 동사를 형성하는 예이다. 이를 'aa-하다'로 표기하기로 한다. '똥똥하다'는 모음 상대 법칙 (정인승 1938)에 의하여 큰말인 '뚱뚱하다'가 형성되고 '단단하다'는 자음 가세 법칙에 의하여 거센말 '탄탄하다'가 형성된다. '감감하다'는 자음과 모음이 복합적으로 교체를 일으킨다. '감감하다'는 한편으로는 모음 상대 법칙에 의하여 큰말 '검검하다'가, 다른 한편으로는 자음 가세 법칙에 의하여 작센말 '깜깜하다'와 거센말 '캄캄하다'가 형성된다. '깜깜하다'와 '캄캄하다'는 다시 모음 상대 법칙에 의하여 '껌껌하다'와 '컴컴하다'가 형성된다[381].

D. 부사 파생법

다음 예는 부사 파생법이다. 부사 파생법에는 주로 지배적 파생법만 확인된다.

381) 'aa-하다' 형 상태 동사는 지금까지의 우리말 단어 형성론에서 지적되지 않았는데 김정남 (2003)에서 주목되어 이론화되었다. 우리말의 'aa하다' 형용사는 모두 506 항목으로 확인되었다.

(8) 가. 마음껏, 자연히 … 〈명사에서〉
나. 많이, 멀리, 빨리 … 〈상태 동사에서〉
다. 없이, 같이, 달리 … 〈상태 동사에서〉
라. ① 곱게, 멍하니 …
② 졸지에, 진실로 …

(8가)는 명사 어근을 바탕으로 하여 부사가 된 것이다. '마음껏'은 명사 어근 '마음'에 접미사 '-껏'이 붙어 부사화한 것인데 형용사 어근에 '-것'이 붙은 '실컷' (〈싫 + 것)에서도 보인다[382)]. '-껏'은 '기껏'과 같이 불규칙적 어근에서도 확인된다. '-껏'은 '[네 마음]껏, [자기들 마음]껏'과 같이 구에도 붙는다는 견해를 수용하면 (김창섭 2008: 700), 앞의 '-들, -답다$_2$'와 같이 통사적 파생법에 의한 단어 형성이라고 할 수 있다. 자연적이고 투명한 성격을 지닌 '재량껏'과 같이 비교적 근년에 출현한 명사에도 붙는 것을 보면 매우 규칙적인, 곧 형성소의 범주에 넣을 수 있다고 보여진다. '자연히'는 명사 '자연'에서 파생된 부사인데 이런 파생법은 관형사와 불규칙적 어근에도 분포되어 있다. (고영근 1999나: 649)[383)].

(8나)는 상태 동사에 접미사 '-이' (-리)가 붙어 부사가 된 것이다, 접미사 '-이'는 명사뿐만 아니라 반복 합성 명사, 형용사, 관형사, 의태어 어근에 붙기도 한다 (고영근 1999나: 638, 649). 그런데 이들 부사 파생의 접미사는 당대에서 비생산적이라는 계량 결과가 나와 있다. 특히 상태 동사 어근에 붙는 '-이' 접미 파생어가 비생산적인 것은 부동사 어미 '-게'의 방해를 받는다는 사실로 해석되기도 한다 (이광호 2009: 178-180). 그것은 어쨌든 '-이'는 비교적 넓은 분포 속에서 나타나기 때문에 일단은 다소 규칙적 범주에 넣기로 한다. 그만큼 자연스럽고 투명하다는 뜻이다.

(8다)는 (8나)와 함께 같은 상태 동사에서 파생되기는 하였으나 기능이 다르다. (8나)는 어휘 고도 제약을 지키는 데 대하여 (8다)는 어휘 고도 제약에서 벗어나고 있다. '없이'를 예로 들어 보면 접미사 '-이'는 어근 '없-'을 벗어나 '배 없-'이라는 구에 결합된다. 파생 접사가 어휘 고도 제약을 어기는 현상은 현대어보다 중세어에 보편적이었다 (뒤에 나옴).

(8) 다'. 배 없 이 건너기가 어렵다.

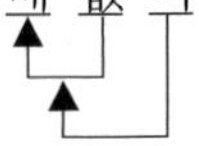

'같이, 달리'도 마찬가지다.

(8) 다". ① 영숙이는 꽃과 같이 예쁘다.
② 철수는 철호와는 달리 몸이 튼튼하다.

382) 이광호 (2009: 180-181)에서는 '-껏'을 둘로 나누었으나 저자는 '닿는 데까지'의 뜻을 갖는 부사만 상대로 하였다.

383) 저자는 남기심 · 고영근 (1985/2014: 205)에서 '비로소, 마주, 결단코'를 부사 파생법으로 다루었으나 어원적 분석에 기울어진 면이 없지 않아 이곳에서는 보류하기로 한다.

위의 '같이, 달리'는 주격 보족어 명사구 '영숙이'와 '철수'의 서술어가 되어 있다[384].

(8라)는 어간에 굴절 접사가 붙어 어휘화함으로써 부사가 된 것이다. ① '곱게, 멍하니'는 상태 동사에 활용 어미 '-게, -(으)니'가 붙어 부사화하였는데 (§6.2.4.1, 164쪽), 사실 '곱게'는 형태는 활용형이지만 기능상으로는 부사적으로 쓰이기도 한다. 실제로 윤평현 (1989: 128)에서는 이런 경우의 '-게'가 '되도록'의 '-도록'과 함께 파생 접미사로 취급되어야 한다고 말한다. ② '졸지에'는 불규칙적 어근 '졸지'에 격 어미 '에'가 붙어 굳어진 부사이고 '진실로'는 명사 어근 '진실'에 격 어미 '로'가 붙어 굳어진 부사이다. 당대어에는 격 어미 및 첨사가 특정한 어근과 결합되어 어휘화의 과정을 거쳐 파생어가 된 것이 많다[385]. 이미 앞에서 본 바와 같이 (§6.2.4.1, §6.3.4, 278쪽), 당대 우리말에는 (8라)와 같이 부동사 어미와 격 어미가 파생 접사로도 활용 어미로도 해석되는 중간 범주의 예가 적지 않게 나타난다. 이들은 물론 구성소의 자격밖에 없다. 이런 구성은 단어 형성의 관점에는 전체가 독립된 단위가 되기 때문에 분석의 필요성을 느끼지 않으며 전체가 어휘광에 등재되어 있는 것으로 보아야 한다. 그만큼 비자연적이고 투명치 못하다는 뜻이다 (구본관 밖에 2015: 112).

E. 관형사와 간투사 파생법

다음 예는 관형사와 간투사 파생법이다[386].

(9) 가. 여남은, 없는
나. 천하에, 옳지

(9가)는 관형사 파생법이다. '여남은'은 수사 '열'에 접미사 '-남은' (고영근 1973/1999나: 507-508)이 붙어 수 관형사가 된 것이다. '스무남은'도 같은 예이다. '없는'은 '없이 사는'의 뜻인데 상태 동사 '없-'에 수식적 동명사 어미 '-는'이 붙어 관형사로 파생하였다. (9나)는 간투사 파생법이다. '천하에'는 명사 어간 '천하'에 격 어미 '-에'가 붙어 간투사로 파생되었다. '옳지'는 상태 동사 '옳다'의 반말 '옳지'의 어미 '-지'가 접사화하여 간투사로 파생한 것이다. 이들 접미사는 그 분포가 지극히 제한되어 있기 때문에 구성소로 볼 수밖에 없으며 그대로 어휘광에 등재되어 있다. 그만큼 비자연적이고 투명치 못하다는 뜻이다.

F. 제1차적 파생법과 제2차적 파생법

지금까지 저자는 어근의 품사와 관련시켜 가면서 당대어의 파생법을 형성소와 구성소의 관점에서 그 기능을 살펴보고 동시에 파생어의 형성 문제를 논의하여 보았다. 많은 파생어들이 품사가 명백한 규칙적 어근을 바탕으로 형성되고 있지만 그들 가운데는 품사가 분명치 않은 불규칙적 어근에 접미사가 붙어서 단어를 형성하는 일도 있었다.

---

384) 김창섭 (1996)에서는 '같이, 없이, 달리' 밖에도 '높이, 일찍'에도 구에 접미하는 예가 있음을 들고 있다.

385) 이 문제는 저자가 고영근 (1972/1999나: 5524-525)에서 격 어미 및 첨사와 활용 어미가 특정한 어간과 결합하여 문법성을 상실함으로써 접미사로 전화한다는 사실을 지적한 바 있다.

386) 관형사와 간투사 파생법은 김계곤 (1996: 224-226)에서 다루어진 것에서 파생 관계가 확실한 것만 뽑았다.

(10) 가. 잎사귀, 걸음, 밀치다, 밝히다, 말갛다 (<맑앟다), 미덥다 (<믿업다), 많이 …
　　나. 따뜻하다, 까다롭다, 슬프다 (<슳브다), 무섭다 (<믓업다) …

(10가)는 어근의 품사를 명사, 동사, 형용사라고 말할 수 있으므로 제2차적 파생어 (secondary derivative)라 하고 (10나)는 어근의 품사가 분명치 않다고 하여 제1차적 파생어 (primary derivative)라고 한다 (고영근 1973/1999나: 582).

6.7.5. 합성법

6.7.5.1. 통사적 합성법과 비통사적 합성법

합성법이란 둘 또는 그 이상의 어휘 형태소가 결합되어 단어를 형성하는 단어 형성법을 가리킨다. 합성법 가운데는 그 형성 유형이 우리말의 정상적인 단어 배열법에 일치하는 것도 있고 그렇지 않은 것도 있다. 앞에서 비친 바와 같이, 합성법에는 그 나름의 모종의 동기화가 작용한다.

다음 예는 우리말의 정상적인 단어 배열법에 일치하는 합성법이다.

(1) 가. 논밭, 큰집, 들어가다, 밤낮 …
　　나. 늦더위, 늦잠, 검붉다 …

(1가)의 '논밭'은 두 개의 명사가 어울린 것인데 중간에 '논#밭'과 같이 휴지 (休止, 쉼, pause)를 두거나 '논, 밭'과 같이 쉼표를 치면 단순한 단어의 배열로 볼 수 있다. 후자에서 쉼표는 띄어쓰기와 함께 자소부의 단위로서 특히 문어$_1$에서 어엿한 언어 실체가 될 수 있다 (§3.4, 55쪽). '큰집'은 상태 동사의 수식적 동명사형 '큰'과 명사 '집'이 결합된 것으로서 명사 앞에 동명사형이 놓이는 것 또한 우리말의 정상적 단어 배열법을 지키는 것이다. '들어가다'는 동작 동사와 동작 동사가 부동사 어미 '-어'를 사이에 두고 어울린 합성어인데 이러한 단어 배열법 또한 우리말의 문장 구성에서 볼 수 있다. 이곳의 '밤낮'은 부사의 기능을 띠고 있으나 형성 과정은 두 명사의 결합이다. 합성어 가운데서 구성 성분의 배열 방식이 우리말의 정상적인 단어 배열법에 일치하는 합성어를 "통사적 합성어"라 부른다. 이들은 비록 그 구성은 통사적 합성법이라고 할 수 있으나 투명성이 희박하여 통사적 구성일 때와 거리가 멀어졌다.

그러나 (1나)의 구성은 (1가)와 성격이 다르다. '늦더위'는 (1가)의 '큰집'의 형성법에 따르면 '늦은 더위'가 되어야 하는데 상태 동사 어간 '늦-'이 명사 앞에 직접 와 있다[387]. '늦잠'도 '늦은 잠'이 아니고 어간 '늦-'이 직접 명사 앞에 와 있다. '검붉다'는 정상적 단어 배열법에 의하면 '검고 붉다'와 같이 부동사 어미가 개입되어야 할 것이나 형용사의 어간이 어미를 매개로 하지 않고 직접 결합되어 있다. 이렇게 구성 성분의 배열 방식이 우리말의 정상적 단어 배열법에 벗어나는 합성어를 "비통사적 합성어"[388]라 한다. 비통사적 합성어는 중세어에 흔하였다고 알려져 왔으나 근대 및

387) 『표준국어대사전』에는 '늦'이 접두사로 처리되어 있다는 것을 언급하여 둔다.

당대어에도 생산적인 단어 형성법이라는 견해가 나오고 있다[389] (뒤에 나옴).

통사적 합성어는 단어의 결합인 구 (句)나 절 (節)과 구별되지 않는 일이 많다. 일반적으로 문어$_1$에서는 합성어는 붙여 쓰고 구나 절은 띄어쓰고 있으며 쉼표를 이용하여 단어 연결임을 분명히 할 수도 있다.

(2) 논 밭; 큰 집; 깎아 먹다; 밤, 낮

이와 함께 구어$_1$일 때에는 다음과 같이 단어 사이에 휴지를 두어 합성어가 아님을 표시할 수도 있다. '#'는 휴지를 표시한다.

(2) 가'. 논#밭; 큰#집; 깎아#먹다; 밤#낮

그러나 어떤 단어의 연결체를 놓고 그것이 합성어인지 아닌지를 분간하기란 여간 어렵지 않다. (1가)의 '큰집'은, (2)에서 보인 바와 같이, 구로도 나타날 수 있는데 두 구성의 차이점을 밝히려면 그 사이에 다른 말이 끼여들 수 있는가를 시험하여 보아야 한다.

(2) 가''. 우선 대문이 큰 집부터 찾았다.

위의 밑줄 그은 '큰'은 뒤에 오는 '집'을 직접 수식하는 것이 아니라 먼저 앞에 오는 주격 보족어 명사구 '대문'의 서술어가 되고 다음으로 '집'과의 관계를 맺는다. 따라서 '큰'과 '집'은 다른 말에 의하여 분리될 수도 있다

(2) 가'''. 순이는 우선 대문이 큰 영이네 집부터 찾았다.

한편 합성어로서의 '큰집'은 '큰'이 직접 '집'을 수식하고 있으므로 다른 말이 끼어 들 수 없다. 그 차이를 표로 보이면 다음과 같다. 화살표 방향은 수식 방향을 가리킨다.

(3) 가. 큰 집

나. 대문이 큰 집…

위와 같이 '큰'의 문법적 관계가 다르니 의미 또한 다르지 않을 수 없다. (3가)의 '큰집'은 '종가' 내지 '형의 집'을 의미하는 데 대하여 (3나)의 '큰'은 주격 보족어 명사구 '대문'의 서술어가 됨과 함께 수식절이 되어 피수식 명사구 '집'을 꾸미고 있다. 이러한 의미의 특수화는 그만큼 어휘화의 정

388) "비통사적 합성어"는 L. Bloomfield (1933: 233-235)의 "asyntactic compound"를 번역한 것인데 (허웅 1963: 186), 최근에 와서는 이를 "어간 복합어" (이선영 2006) 또는 "형태적 합성어" (김창섭 1996가: 41), 동사 포함 (verb incorporation) (보빈 2015: 21, 240)이라 부르기도 한다.

389) 저자의 통사적 합성법과 비통사적 합성법을 "통사부 합성 X"내지 "형태부 합성 X" 등 여러 가지 명칭이 제안되어 있으나 관례에 따라 전자를 취하기로 하였다 (김인균 2002: 83).

도가 심해져서 투명성이 희박해졌다고 말할 수 있다 (드레슬러 1985, 2005).

(2)의 '깎아 먹다'는 같은 구성인 '뛰어나다'와 비교하면 후치사 '서'를 삽입하여 두 동사를 분리할 수 있으나 '뛰어나다'는 그렇지 않다.

(2) 가"". (사과를) 깎아서 먹었다. 비교: *뛰어서 나다.

이상 띄어쓰기, 휴지, 분리성 등에 의하여 합성어의 성립 조건을 제시하였지만 합성어에 두루 적용되는 기준을 찾기란 쉽지 않다[390].

6.7.5.2. 어근 구조체 사이에 나타나는 형태음운론

어근에 접사가 붙을 때 어근과 접사의 모습이 바뀌었듯이 어근과 어근이 결합하여 합성어를 이루는 마당에서도 그러한 음운의 교체를 목격할 수 있다. 합성법에 나타나는 음운의 교체도 파생법의 그것과 같이 어휘 음운론의 조명을 받을 수 있다. 다음 (3)의 합성어에는 일반적 단어의 배열에서는 보기 힘든 음운의 교체가 일어나는 것을 보여 주는 것이다.

(3) 가. 콧등, 귓구멍, 봄비 …
나. 댓잎, 물약 …
다. 머리카락, 안팎 …
라. 좁쌀, 접때 …
마. 소나무, 화살 …
바. 섣달, 숟가락, 이튿날 …

(3가)는 명사가 합성될 때 뒤의 명사가 경음화하는 예이다. 경음화가 일어남으로써 유성음화를 방지하는 역할도 한다 (김수경 1947, 1949)[391]. 물론, '기와집, 까치집'의 경우에는 경음화가 일어나지 않는다. 같은 '구멍'을 공유하고 있어도 선행 명사가 무정물일 때에는 '귓구멍'[귀꾸멍]과 같이 경음화가 일어나지만 유정물일 때에는 '쥐구멍'과 같이 경음화 대신 유성음화가 일어난다. 이는 중세어의 속격 어미 '-ㅅ'의 기능과 관련된다 (뒤에 나옴). 또 '장조림, 글짓기, 논갈이'와 같이 동사성 합성어의 경우는 역시 경음화가 일어나지 않는다[392]. 합성어의 경음화 현상은 규칙화가 힘들어 사전에서 하나하나 발음 표시를 할 수밖에 없다. 이런 점 때문에 합성어의 경음화 현상은 음운

390) 서정수 (1995/2013: 95-113)에서는 "비분리성"과 "외적 분포 관계"의 두 가지 기준으로 합성어를 분별하는 기준을 세운 바 있는데 이는 저자가 책정한 기준을 달리 표현한 데 지나지 않는다.

391) 최현배 (1961: 684-697)의 "다섯째 조각 겹씨의 소리됨"은 초판 (1937)에 없었던 부분으로 1955년의 "깊고 고침"부터 나온다. 관련 논의는 고영근 (1995가: 600-606)에 자세하다. 이 부분은 김수경 (1947)의 내용을 인용 없이 수용한 것으로 알려져 있다.

392) 유영미 (1994)에서는 동사성 합성어의 경우, 경음화가 차단되는 현상을 일본어의 "Rendaku" 등과 비교함으로써 통언어적 유형론을 전개하고 있다. Rendaku에 대하여는 일본어의 의성어에 나타나는 Rendaku를 다룬 카도오카 (2005)를 참조할 수 있다.

부의 연구 대상이 아니고 형태부의 소관이라고 보고 있다 (김창섭 1996가: 80-70, 권경근 2002)[393]. 다시 말하면 합성어의 경음화 현상은 심성 어휘광에 저장되어 있는 것으로 보는 것이다 (고영근 2015다).

(3나)는 명사가 합성될 때 뒤의 명사가 모음 /i/나 반모음 /j/로 되어 있을 때에는 /n/이 덧생기는 예들이다. '물약'은 표면상으로는 'ㄹ'이 덧생기는 것처럼 생각할 수 있으나 '물냑'에서 'ㄴ'이 먼저 발생하고 자음 동화 규칙에 의하여 '물략'이 되는 것으로 설명하는 것이 좋다. (3다)는 'ㅎ'이 덧들어간 것으로 보인다. '안팎'의 '팎'은 어원적으로는 '안ㅎ + 밖'의 구성의 잔재라는 점에서 그 형성 과정을 설명할 수 있다. 그러나 공시적으로는 '안'과 '밖'의 합성 과정에서 'ㅎ'이 들어간 것으로 볼 수 있다. 그런데 '머리카락'은 중세어의 '머리'에 'ㅎ' 종성이 없었기 때문에 그 형성 과정을 설명하기가 쉽지 않다. 17세기 초의『가례언해』에 '머리ㅋ락'이 나오는 것을 보면 그 유래가 그리 멀지는 않은 것 같다. 당시 격음화 현상의 영향을 입고 있었던 다른 말에 유추되었을 가능성이 많다.

(3라)는 공시적 관점에서는 'ㅂ'이 덧들어간 것이다. 이들도 중세어를 고려하면 덧붙은 'ㅂ'의 예라고 하기가 어렵다. 중세어의 '쌀'과 '때'는 'ᄡᆞᆯ'과 'ᄣᅢ'였는데 합용 병서의 첫 자음 'ㅂ'이 위의 명사의 받침으로 남아 있는 것이다. 그러나 당대어에서는 'ㅂ'가 다른 환경에서 나타나는 일이 없기 때문에 "덧쓰인 ㅂ"으로 해석하게 된다.

(3마)는 치경음 'ㄴ, ㅅ'과 경구개음 'ㅈ' 앞에서 'ㄹ'이 떨어지는 예들이다. '소나무'는 '솔'과 '나무', '화살'은 '활'과 '살', '마소'는 '말'과 '소', '싸전'은 '쌀'과 '전'의 합성어이다. (3바)는 '설'과 '달', '술'과 '가락', '이틀'과 '날'의 선행 명사의 종성 'ㄹ'이 자음 앞에서 'ㄷ'으로 바뀌는 것으로 설명하고 있다. 그러나 자음의 탈락과 변이 과정이 분명하게 설명되지 않는다.

이상과 같은 합성어 형성에 나타나는 음운 교체의 행태는 앞에서 살펴본 파생법의 그것과 일치한다. 이를테면 (3다)~(3바)의 음운 교체는 앞에서 살펴본 파생법의 그것과 근본적으로 일치한다.

(3) 다'. 암캐 (<암 + ㅎ + 개), 수범 (<수 + ㅎ + 범) …
　라'. 입쌀 (<이 + ㅂ + 쌀), 찹쌀 (<찰 + ㅂ + 쌀) …
　마'. 겨우내 (<겨울 + 내), 푸새 (<풀 + 새)
　바'. 섣부르다 (<설 + 부르다), 잗다랗다 (<잘 + 다랗다)

(3다')의 '암, 수'는 중세어에서는 말음 'ㅎ'을 가진 명사였으나 당대어에서는 접두사의 기능을 띠고 있으므로 파생법에 속하며 (3라')의 '이-, 찰-'도 모두 접두사이기 때문에 파생법으로 간주된다. (3마')는 접미사 '-내, -새'가 붙었고 (3바')는 접미사 '-부르다, -다랗다'가 붙었으므로 역시 파생법이다.

위의 음운 교체는 어느 정도 보편적으로 나타나는 현상이나 합성법에는 개별적으로, 수의적으로 교체되는 현상도 적지 않게 보인다.

(4) 개별적 음운 교체 (이지양 1998나: 35-39 등)

393) 최윤지 (2013)에서는 사이시옷을 합성어의 표지로 보는 통설에 대하여 파생법에서도 경음화가 일어난다는 사실을 들어 비판을 가하고 있다는 점을 덧붙여 둔다.

가. 누덕옷<누더기 옷, 맞서다<마주 서다, 엊저녁<어제 저녁
나. 며늘아기<*며느리 아기, 쓰레받기<*쓰레기 받기 …
다. 골고루<고루고루, 가지가지<갖가지

(4가)는 구 구성인 '누더기 옷, 마주 서다, 어제 저녁'이 하나의 단어로 합성되는 과정에서 선행 명사 어근의 말음절 모음 '이, 우, 에'가 탈락하는 예이다. (나)는 구 구성의 선행 명사 어근의 말모음이 탈락함으로써 합성어가 된 예인데 (가)와는 달리 구 구성은 실재형이 아니다. (다)는 반복 합성어 (뒤에 나옴)인데 원래의 형식과 축약된 형식이 공존하고 있다.

6.7.5.3. 합성법의 갈래

A. 명사 합성법

다음 예는 명사 합성법에 기대어 형성된 합성 명사이다. 명사 합성법에는 통사적 합성법과 비통사적 합성법이 두루 확인된다.

(5) 가. ① 논밭, 똥오줌, 마소 …
② 길바닥, 돌다리, 눈물, 샘물 …
나. 새해, 새마을, 이것, 그것 …
다. 어린이, 작은집, 작은형, 큰아버지, 날짐승, 열쇠 …
라. 갈림길, 지름길, 비빔밥, 디딤돌 …
마. 늦더위, 감발, 늦잠, 부슬비 …

(5가)는 명사끼리 결합되어 형성된 합성 명사이다. 그러나 형성 방식이 다르다. ①은 두 명사가 대등한 자격으로 결합되어 있는데 이는 핵과 핵의 결합이다. ②는 앞의 명사가 뒤의 명사를 수식하는 방식으로 성립되어 있는데 핵과 의존어로 구성되어 있다 (§5.1, 83쪽). ①을 대등적 합성어, ②를 종속적 합성어라 부른다. ①의 명사는 '책, 연필이 놓여 있다'와 같은 문장의 단어 배열인 '책, 연필'의 구성과 일치하고 ②의 명사는 '어제는 어머니 심부름을 다녀왔다'란 문장의 단어 배열 '어머니 심부름'에 일치하므로 통사적 구성법이다. 앞의 (3가)에서 살펴본 경음화 현상은 ②와 같은 종속적 합성어에 나타난다. 종속적 합성법은 명사 합성법 가운데서 가장 생산적이어서 가령 '집'만 하더라도 '집·안, 집·비둘기, 집·사람, 집·터' 등 많은 합성 명사를 만들어 낼 수 있다. 통언어적으로 볼 때 종속적 합성어가 대등적 합성어보다 선호된다는 보고가 있다 (드레슬러 2005). 종속적 합성어는 속격 '의'가 미실현형으로 실현되는 것이 보통이지만 경우에 따라서는 속격 '의'가 나타나기로 한다. '쇠고기 (<소의 고기), 남의집살이, 도둑놈의지팡이 (식물 이름)가 그러한 예인데 이런 합성 명사는 '시냇가의 조약돌'과 같은 단어 배열에 일치하는 통사적 명사 파생법이다[394]. 그러나 이런 단어는 투명성이 상실되어 구성 요소와의 관련이 쉽게 맺어지지 않는다.

394) 말뭉치를 기반으로 한 합성어의 형태소의 결합 분포는 (5가)와 같이 2~3개의 형태소의 결합이 전체의 99%를 차지하며 절반 이상은 '명사-명사' 유형임이 보고되어 있다 (최석재 2015).

(5나)는 관형사와 명사가 결합된 것이다. '새해, 새마을'은 성상 관형사와 명사가 결합된 것인데 이와 상대되는 '*헌해, *헌마을'이 성립되지 않음을 통해서도 이의 합성어적인 성격을 잘 알 수 있다. 그런데 '새 집'은 이에 상대되는 '헌 책'이 있으므로 관형사와 명사가 배열된 통사적 구성인 것이다. '이것, 그것'은 지시 관형사와 의존 명사의 합성인데 이러한 단어 형성법은 대명사에 흔하다 (§6.3.2.3.A, 215쪽). '이것, 그것'은 '저것'과 함께 사물 표시의 지시 대명사를 이루며 '이이, 그이, 저이'와 이의 공대말인 '이분, 그분, 저분'은 제3인칭 대명사로 쓰이고 있는데 역시 지시 관형사와 의존 명사의 합성이다.

(5다)는 수식적 동명사형과 명사와의 합성이다. 수식적 동명사형 어미 가운데서 단어 형성에 참여하는 것은 주로 '-(으)ㄹ, -(으)ㄴ'이다[395]. '어린이 … 큰아버지'는 '-(으)ㄴ' 동명사형 어미에 의한 합성법이고 '날짐승, 열쇠'는 '-(으)ㄹ' 동명사형 어미에 의한 합성법이다. 후자는 중세어에 'ᄂᆞᇙ 즁ᄉᆡᆼ, 열쇠' 로 나와 있어 그 연원이 매우 오래다. (5다)는 동명사형과 명사와의 합성법이다. '-는' 동명사형도 '먹는약, 따르는약, 먹는장사'에서 보는 바와 같이, 합성법에 기여할 수 없는 것은 아니나 명칭이 금방 생각나지 않을 때 쓰는 임시 방편적인 표현이다[396]. (5라)는 동작 동사의 동명사형과 명사가 합성된 것이다. '갈림, 지름, 비빔, 디딤'은 '웃음보, 잠귀, 물음표'와는 달리 자립성이 없고 기능상으로도 '길이 갈리다, 길을 지르다, 밥을 비비다, 돌을 디디다'와 같이 뒤에 오는 명사의 1가 내지 2가 동사로 성립되어 있으므로 독립적 동명사형임이 틀림없다. 독립적 동명사이기는 하지만 일반적 종속적 합성 명사에 나타나는 경음화 현상이 있다는 사실로 미루어 볼 때, (5라)의 명사들은 합성 명사의 테두리에 들어온다.

(5마)는 비통사적 합성법에 의한 명사의 합성이다. (5가)~(라)는 우리말의 문장 구성법에 일치하는 통사적 합성법에 의한 명사의 형성임에 대하여 (5마)는 이에 해당하는 문장 구성법을 찾을 수 없다. '늦더위, 늦잠'은 형용사 어간 '늦-'이 명사 '더위, 잠'과 결합되어 있고 '감발'은 동사 어간 '감-'이 명사 앞에 놓여 있다. '부슬비'는 의태어 '부슬부슬'이 첩어성 (疊語性)을 상실함으로써 명사 앞에 놓인 것인데 문장 구성에서는 이런 배열을 찾을 수 없다. 어간이 명사에 직접 붙어 명사가 형성되는 일은 그렇게 생산적이 아니나 의태어를 앞세운 형성법은 비교적 생산적이어서 '선들바람, 촐랑새, 절름발, 헐떡고개' 등 많은 예를 들 수 있다.

B. 동작 동사 합성법

다음 예들은 동작 동사 합성법에 의하여 형성된 합성 동사들이다. 동작 동사 합성법에도 명사 합성법과 같이 통사적 구성과 비통사적 구성이 두루 나타난다.

(6) 가. ① 힘들다, 빛나다, 등지다$_1$[397], 겁나다, 동트다, 멍들다 …

---

395) 황화상 (2001: 101)에는 '검은깨: 검은 깨; 작은집: 작은 집; 땔나무: 땔 나무'를 중심으로 합성 명사와 동명사형에 의한 명사구를 구별하는 문제를 제기하고 있다.

396) 북한의 문화어에서는 '오는해, 먹는물'과 같이 동명사형 '-는'을 싣어 형성의 수단으로 넣고 있으나 (리옥녀 1991: 79), 그렇게 자연스럽지 못하다. 이들은 북한의『조선어대사전』(2006)에 실려 있다.

397) '등지다'는 자동사와 타동사의 두 용법이 있다. 자동사에 대하여는 1로, 타동사에 대하여는 2로 표시하였다.

② 힘차다, 세련되다 …

나. 본받다, 힘쓰다, 등지다$_2$, 선보다, 자리잡다 …

다. ① 앞서다, 뒤서다, 마을가다 …

② 거울삼다, 벗삼다 …

라. ① 들어가다, 쓸어버리다, 돌아가다, 갈아입다, 알아듣다 …

② 들고나다, 파고들다, 타고나다 …

③ 내려다보다, 넘어다보다, 돌아다보다 …

마. 가로막다, 잘되다, 그만두다, 가만두다 …

바. 거덜나다, 용쓰다, 그러모으다, 비끌어매다, 쳐다 (<치어다)보다 …

사. 굶주리다, 뛰놀다, 지새다, 어녹다, 검기울다 …

(6가)①은 1가 동사로 형성된 구성이다. '힘이 들다, 빛이 나다, 겁이 나다, 동이 트다. 멍이 들다'란 절에서 주격 어미가 미실현형으로 나타난 것이다. 1가 동사의 보족어 '힘, 빛, 등$_1$, 겁, 동, 멍'에는 대상역이 부여된다. 이러한 유형의 합성 동사에는 이밖에도 '정들다, 길들다, 끝나다' 등 많은 예를 들 수 있다. 미실현형으로 나타나면 의미의 추상화가 일어난다 (민현식 1982: 75). ②는 북한에서 주목된 예인데 명사와 동작 동사의 합성이기는 하여도 결과적으로는 상태 동사가 되어 있다 (고영근 2009나: 61). (4나)는 2가 동사로 형성된 구성인데 격 어미 미실현형인 보족어 '본, 힘, 등, 선, 자리'에는 대상역이 부여된다.

(6다)는 보족어와 서술어의 구성이다. ①은 처소 보족어 '앞에, 뒤에, 마음에, 마을에'가 격 표지 미실현형으로 나타났다. ②의 '거울삼다'와 '벗삼다'는 조격 어미 '-로'가 미실현형으로 나타난 것이다.

(6라)는 두 개의 동작 동사가 부동사 어미를 가운데 두고 결합된 합성 동사이다. ①과 같이 부동사 어미 '-어'를 매개로 한 동사의 결합이 합성 동사냐, '본동사 + 보조동사'의 구성이냐, 아니면 단순한 두 동사의 나열, 다시 말하면 "연속 동사"[398]인가를 결정하기란 쉽지 않다. '들어 가다, 쓸어 버리다'가 자립 동사와 의존 동사의 합성이라면 '-어'는 의존적 부동사 어미가 될 수 있을 것이고 '돌아가다, 갈아입다, 알아듣다'가 두 자립 동사의 합성이라면 '-어'는 종속적 부동사 어미가 될 것이다. 부동사 어미가 "계기"나 "방법"의 의미를 가지고 있으면 합성 동사로 쉽게 발전되는 경향이 있다 (구본관 2002). ②는 대등적 부동사 어미 '-고'에 의하여 합성 동사가 된 것이다. 2가 동사와 1가 동사의 합성이다. ③은 '내리-, 넘-, 돌-'이 종속적 부동사 어미 '-어다'를 매개로 하여 '보다'와 결합한 것인데 '건너다보다, 들여다보다, 내다보다, 건너다보다, 바라다보다' 등도 같은 유형에 속한다. '-어다'가 부동사로 쓰일 때에는 2가 동사인 타동사에 붙는 것이 보통인데 (고영근 1975/1999나: 419), 단어 형성에 참여할 때에는 1가 동사인 자동사에도 붙는다. 어휘화가 진행된 탓인지 모르겠다. 투명성이 희박한 것이 이런 점과 관련되는지 모르겠다. 이 문제는 뒤의 통사부의 연속 동사 구문에서 상론된다.

---

398) 연속 동사 (serial verb)는 생성 문법의 영향을 받아 부각된 주제인데, 관련 업적이 많다. 우선 남미혜 (1996) 참조. 이 문제는 뒤의 통사부에서 자세히 논의된다.

(6마)는 '부사 + 서술어'의 구성에 일치하는 구성인데 1가 동사는 물론, 2가 동사도 보인다. 이 가운데서 '가만두다'는 의태 부사 '가만가만'이 첩어성을 상실함으로써 형성된 합성 동사이다.

(6바)는 불규칙적 어근에 동사가 붙은 것이다. 동사의 결합가를 고려할 때, '거덜나다, 용쓰다'의 '거덜, 용'은 명사적 어근이고 '그러모으다, 비끌어매다, 쳐다보다'의 '*글-, *비끌-, *치-'는 후행하는 부동사형 어미 '-어'를 고려할 때 동사적 어근이다. 그러나 이들은 모두 불규칙적 어근이다.

(6사)는 비통사적 동사 합성어이다. 제시된 예들의 앞 구성 성분을 보면 모두 동사의 어간으로서 부동사 어미를 매개로 하지 않고 뒤의 동사와 직접 결합되어 있다. '굶주리다'는 '굶어서 주리다'의 구성과 비슷하다. '뛰놀다'는 '뛰면서 놀다', '지새다'는 '지고 새다', '어녹다'는 '얼다가 녹다'와 관련시킬 수 있다. '검기울다'는 상태 동사의 어간 '검-'이 동사 '기울다'와 결합한 것인데 의미상으로 보면 '검게 기울다'로 해석된다. 모두 1가 동사이다.

C. 상태 동사 합성법

다음은 상태 동사 합성법에 의하여 형성된 상태 동사 합성어이다.

(7) 가. 손쉽다, 값싸다, 배부르다, 시름없다, 맛나다 …
　나. 눈설다, 남부끄럽다, 남다르다, 번개같다 …
　다. 깎아지르다, 게을러빠지다 …
　라. 다디달다, 떫디떫다, 붉디붉다, 머나멀다, 하고많다 …
　마. 검푸르다, 맵짜다 …

(7가)는 주격 보족어 명사가 미실현형으로 나타나 형성된 합성 상태 형용사이다. 모두 1가 동사로 이루어져 있다. '손쉽다, 값싸다, 배부르다'는 뒤의 구성 성분이 상태 동사이고 '맛나다'는 뒤의 성분이 동작 동사이다. 합성 상태 동사 가운데는 원래의 품사는 동작 동사일지라도 합성법을 거치게 됨을 따라 상태 동사로 바뀌는 것이 있다. 이런 합성 상태 동사에는 '기차다, 목마르다, 풀죽다' 등을 들 수 있다. 이를 앞의 지배적 파생법에 유추하여 "지배적 합성법"이라고 해야 할지 모르겠다.

(7나)는 처소 내지 동반의 보족어가 미실현형으로 나타난 것이다. '눈설다'는 '눈에 설다', '남부끄럽다'는 '남에게 부끄럽다', '남다르다'는 '남과 다르다', '번개같다'는 '번개와 같다'가 공격 미실현형으로 나타난 것이다.

(7다)는 동사가 부동사 '-어'를 매개로 하여 합성 동사가 된 것이다. '깎아지르다'는 동작 동사끼리의 합성이고 '게을러빠지다'는 상태 동사와 동작 동사의 합성이다.

(7라)는 평술형보다는 동명사형으로 나타나는 것이 더 자연스럽다. 다른 상태 동사에 비하여 활용이 제한되어 있을 뿐만 아니라 문어$_1$에 더 어울려 보인다.

(7) 라'. 다디단 (사탕), 떫디떫은 (감), 붉디붉은 (천), 머나먼 (길), 하고많은 (이야기)

위의 '-디, -나, -고'는 종전의 전통 문법에서는 형용사에 붙는 강세의 부동사로 다루어 왔으나 최근 들어 합성어로 보는 경향이 우세해지고 있다 (김창섭 1981, 김계곤 1996: 537). 그러나 아직도 보완의 여지가 많다.

(7마)는 두 개의 상태 동사 어근 구조체끼리 합성된 것이다. '검푸르다'는 '검-', '푸르-'가 합성되었고 '맵짜다'는 '맵-', '짜-'가 합성되었다 (송정근 2007: 4).

D. 관형사, 부사 합성법

관형사와 부사의 합성법은 명사, 동사와 비교할 때, 숫자도 많지 않고 생산성을 띠고 있지도 않다.

(8) 가. 한두, 서너, 여남은 …
　　나. ① 밤낮, 오늘날, 여기저기 …
　　　　② 한바탕, 한참, 한층, 온종일; 어느덧; 어느새, 요즈음
　　　　③ 이른바, 이를테면 …
　　　　④ 곧잘, 잘못, 좀더 …

(8가)의 '한두, 서너, 두서너'는 수 관형사끼리 결합된 합성 관형사이다. 그러나 수 관형사가가 '하나 또는 두 개'와 같이 '또는'과 같은 접속사가 개재되어 있을 때에는 앞엣것은 수사로 실현되고 뒤엣것만 수 관형사의 형태를 취한다 (§6.4.1.2, 283쪽). 다섯 이상의 숫자에서도 '대여섯 (개), 예닐곱 (개)'와 같이 합성 관형사가 없지 않으나 이들은 합성 수사와 모습이 같다. '여남은'은 '남은'을 접사로 본다면 파생어로 볼 수 있으나 '열에서 남은'으로 해석하면 합성 관형사로 해석할 수 있다. 그러나 이는 지나치게 어원을 의식한 것으로 설득력이 약하다. (8나)①은 명사 또는 대명사끼리 모여서 이루어진 부사이다. ②는 관형사와 명사가 어울린 것으로서 앞 묶음은 수 관형사 '한, 온'이 붙었고 뒷 묶음은 지시 관형사 '어느, 요'가 와 있다. ③은 '이르다'의 수식적 동명사형과 의존 명사가 합쳐졌고 ④는 부사끼리 어울려 있다.

E. 반복 합성법

다음 예는 음상이 같거나 비슷한 말이 반복되어 이루어진 반복 합성어이다[399].

(9) 가. 사람사람, 집집 …
　　나. ① 구석구석, 군데군데, 도막도막, 마디마디, 이것저것, 하나하나, 몇몇; 미주알고주알, 검불덤불 …
　　　　② 고루고루, 오래오래, 부디부디, 어서어서 …
　　　　③ 두고두고, 가나오나, 들락날락, 오다가다 …
　　다. ① 찰삭찰삭<철석철석, 콜록콜록<쿨룩쿨룩, 홍얼홍얼; 툭탁<툭턱, 왈가닥달가닥<월거덕덜거덕 …
　　　　② 고불고불<구불구불, 깡충깡충<껑충껑충, 대굴대굴<데굴데굴, 곤드레만드레, 뒤죽박죽, 알뜰살뜰 …

399) 이수연 (2016)에서는 구성 문법의 관점에서 반복 합성어를 조명하고 있다.

③ 딸랑딸랑<떨렁떨렁, 사박사박<서벅서벅, 탈탈<털털

(9가)는 명사끼리 어울려 다시 합성어가 된 것이다. 명사라고 하여 모두 반복 합성어가 되는 것은 아니다. '사람'은 '사람사람마다, 사람사람이 … '와 같은 반복이 성립되나 같은 인성 명사에 속하는 '아이'는 '*아이아이마다, *아이아이가'가 성립되지 않는다. 뒤에 나오는 '집'도 마찬가지다. 같은 의미의 '가옥'은 반복성이 허용되지 않은 것 같다. 명사 중 어떤 부류의 것이 반복 합성어가 될 수 있는가 하는 문제에 관심을 기울일 필요가 있다.

(9나)는 부사 형성의 반복 합성어이다. ①은 명사, 대명사, 수사가 어울려 부사 등으로 바뀌는 예이다. 다만 '몇몇'은 수사로 쓰이기도 하고 관형사로 나타나기도 한다, '미주알고주알'은 '고주알미주알'로도 나타나는데 '미주알'은 창자의 끝 부분을 가리키는 말이고 '고주알'은 자립하여 쓰이는 일이 없는 불규칙적 어근이다. 규칙적 어근과 불규칙적 어근이 합성하여 '미주알고주알' 또는 '고주알미주알'이라는 부사를 만들었다. '검불덤불'은 규칙적인 두 명사 어근이 합쳐서 합성 부사가 되었다. 명사가 모여서 부사가 되는 현상은 앞의 지배적 파생법에 유추한다면 일종의 지배적 합성법이라 할 수 있다. 품사를 바꾸기 때문이다. (9나)②는 부사가 어울려서 또 한 종류의 부사를 합성시켰다. (9나)③의 '두고두고'는 동사의 활용형이 겹친 것이고 '가나오나, 들락날락, 오다가다'는 첫 음절과 반의 관계에 있는 어간이 부동사 어미를 매개로 하여 겹쳐진 것이다.

6.7.6. 파생 합성법

파생 합성법이란 함은 합성법에 의해 형성된 합성어를 기반으로 하여 파생된 합성어를 가리킨다. 합성어의 파생이란 합성법에 의해 형성된 파생어를 가리킨다. 남기심 · 고영근 (1995/2014: 220)에서 "합성어의 파생"으로 처리되던 것을 앞의 "파생 어근"과 "파생 어간" (§6.7.4.3.B, 340쪽)에 유추하여 만들어 본 것이다[400)]. 다음 예들은 통사적 합성 동사에 접미사가 붙음으로써 다시 명사로 파생된 것이다.

(1) 가. 길갈림[401)], 피돌기, 해돋이 …
    나. 품갚음, 끝맺음, 몸가짐, 팽이치기, 글짓기, 달맞이, 오줌싸개 …
    다. 아래닫기, 감옥살이, 같이가기 …
    라. 손톱묶음, 앞차기, 가을걷이 …

400) 유럽어의 문법에서는 저자의 파생 합성어를 보통 "synthetic nominal compound" (통합적 명사 합성어)라고 부르고 있으나 (하스펠마트 2002: 223-225), 이곳에서는 앞의 "파생 어근, 파생 어간"에 유추하여 "파생 합성어"라 불렀다. 파생 합성어를 "괄호매김역설"로 분석하기도 한다 (채현식 2010)

401) '길갈림'은 남한의 사전에는 나오지 않는 북한의 문화어이다. 『조선말대사전』(2006)에 의하면 '길이 여러 갈래로 갈라진 곳으로 풀이되어 있다.

(1가)는 "주격 보족어 명사구 + 서술어"로 된 합성 어근 '길갈리-, 피돌-, 해돋-'에 접미사 '-(으)ㅁ, -기, -이'가 붙어서 형성된 파생 합성어이다. 접미사의 선택 조건은 앞의 파생법의 그것과 같다. 서술어는 모두 1가 동사이며 주격 보족어 명사구에는 대상역이 부여된다. (1나)는 '대격 보족어 + 서술어' 구조로 된 합성 어근 '품값-, 끝맺-, 몸가지-, 팽이치-, 글짓-, 달맞-, 오줌싸-'에 접미사 '-(으)ㅁ, -기, -이, -개'가 붙었다. (가)와는 달리, 서술어는 모두 2가 동사이며 외재 논항은 실현되지 않았다. '눈웃음'은 '품갚음'과 같은 구성이나 '웃음'이 자립성이 있으므로 단순한 합성 명사로 보아야 한다.

(1다)는 "처소 보족어 + 자동사 서술어"의 구조로 되어 있다. '아래닿기'는 '책상 서랍의 밑에 대는 나무'라는 뜻인데 '아래닿-'이라는 합성 어근에 '-기'가 붙었다. 어휘화의 정도가 심하여 투명성이 매우 흐리다. '감옥살이'는 '감옥 (에) 살다'라는 합성 동사에 접미사 '이'가 붙은 것이 아닌가 한다. 두 예 모두 처소 보족어 명사구 '아래, 감옥'이 외현되어 있다. 저자는 오래 전에 '머슴, 시집'에 붙는 '-살이'를 준접미사로 처리한 바 있으나 (고영근 1972/1999나: 505), 여기서는 '감옥살-'이라는 합성 동사에 접미사 '-이'가 붙은 것으로 보고 파생 합성법으로 처리하기로 한다. 끝의 '같이가기'는 '和聲行進의 竝行進'이라는 뜻으로 역시 같은 방식으로 형성되어 있다. 이 예에는 처소 보족어 명사구가 외현되어 있지 않다.

(1라)는 '대격 보족어 명사구 + 타동사'의 구조로 된 파생 합성어이다. '손톱묶음'은 소괄호라는 뜻인데 '손톱으로 (무엇을) 묶다'의 뜻이며 도구역만 외현되어 있고 대상역은, 괄호 안에 보인 바와 같이, 외현되어 있지 않다. '앞차기'는 '앞으로 (무엇을) 차다'의 뜻인데 도착점역만 외현되어 있고 대상역은 보이지 않는다. 그리고 '가을걷이'에 나오는 '걷이'를 준접미사로 보기도 하였으나 (고영근 1972/1999나: 505), 이곳에서는 '가을에 무엇을 거두다'의 뜻으로 해석하여 역시 파생 합성어로 보기로 한다.

다음 예도 파생 합성어로 볼 수 있다.

(2) 나들이, 여닫이, 미닫이

위의 예는 비통사적 합성어 '나들-, 여닫-, 미닫-'에 접미사 '-이'가 붙어 다시 명사로 파생된 파생 합성어이다. '나들이, 여닫이'는 비통사적 합성 동사 '나들다, 여닫다'가 존재하기 때문에 파생 합성어임을 쉽게 분간할 수 있다. 그런데 같은 구성인 '미닫이'는 비록 '*미닫다'라는 비통사적 동사가 실재하지 않지만 그 구성이 앞의 두 합성어와 같다는 점을 고려하여 파생 합성어로 보기로 한다.

다음 예도 파생 합성어로 보기로 한다.

(3) 사람사람이, 다달이, 집집이, 틈틈이, 곳곳이, 샅샅이 …

(3)의 예 가운데서 '사람사람이, 집집이, 곳곳이'는 '사람사람마다, 집집마다, 곳곳마다'로도 쓰이기 때문에 '사람사람, 집집, 곳곳'이라는 반복 합성어에 부사 형성의 '-이'가 붙어 파생 합성어가 형성되었다고 말할 수 있으나 '다달이, 틈틈이, 샅샅이'는 그런 구성이 보이지 않기 때문에 같이 처리하기가 어렵다. 그러나 조어 방식이 일치하므로 반복 합성어의 파생으로 보기로 한다.

6.7.7. 한자어 형성법[402)]

6.7.7.1. 한자어 형성에 있어서의 구성소와 형성소

우리 민족은 기원 전 2세기부터 중국으로부터 한자와 한문을 수용하여 나라의 공식 문서에 사용하여 왔으며 그러는 과정에서 우리말의 2/3에 이르는 어휘가 한자어로 채워져 있다. 우리말의 단어 형성의 원리를 올바르게 파악하려면 우리말의 많은 부분을 차지하고 있는 한자어에 대한 지식이 필수적으로 요구된다.

한자는 근본적으로 글자 하나가 독립된 의미를 가진 형태소 단위의 문자이기 때문에 서로 결합시키면 수많은 단어를 만들어 낼 수 있다 [403)]. 이를테면 '인' (人)이란 글자는 의존 형태소로서 다른 글자의 앞이나 뒤에도 설 수 있고 한 단어의 끝에도 올 수 있다[404)].

(1) 가. 인간 (人間), 인류 (人類), 인정 (人情), 인사 (人事) …
　　나. 위인 (偉人), 거인 (巨人), 살인 (殺人) …
　　다. 한국인 (韓國人), 외국인 (外國人), 예술인 …

(1가, 나)는 '인' (人)이 다른 글자의 앞이나 뒤에 붙는 것이고 (1다)는 한 단어 아래 붙어서 접사의 역할을 하는 것인데 의미가 조금 달라져 '그러한 표지를 가진 사람'을 뜻한다. 앞의 '인'이 단어 구성소라면 뒤의 '인'은 단어 형성소가 된다. 그러나 고유어에는 한 형태소가 한 단어의 구성 성분이 되었다가 접사로 나타나는 일은 발견되지 않는다. '가' (家)라는 한자도 앞의 '인' (人)과 같이 다른 글자의 앞뒤에 쓰이며 (家庭, 宗家), '小說家'와 같이 한 단어 아래 쓰여서 접사의 기능을 발휘하기도 한다. '가' (家)도 앞의 '人'과 마찬가지로 형성소와 구성소의 성격을 공유하고 있다. 앞의 예는 구성소이고 뒤의 예는 형성소이다 [405)]. 한자어의 구성소는 사전이나 어휘광에 독자적 어휘 표상을 가지지 않는 데 대하여 형성소는 대체로 독자적 표상을 가진다는 보고가 있는데 (송원용 2011나), 이는 양자의 구조적 자율성 여부를 뒷받침하는 자료로 활용할 수 있다. 어쨌든 한자어의 구성소와 형성소는 자연성 이론의 관점에 설 때 그 관계가 매우 투명하다고 말할 수 있다.

---

402) 이 부분은 주로 남기심 · 고영근 (1985/2014: 222-231)과 고영근 (2015가)의 내용을 종합한 것이다.

403) 한자어의 특성과 단어 형성법의 문제는 지난 60여년에 걸쳐 많은 업적을 쌓아 왔다. 대표적인 업적은 송기중 1992/1993), 정민영 (1994), 김광해 (1994), 김정은 (1998), 김규철 (1997), 김창섭 (1999), 김일병 (2000) 등을 들 수 있으며 특히 21세기에 들어와서는 노명희 (2005)를 전후한 업적이 나와 이 방면 연구의 한 봉우리를 형성하였다.

404) 물론 '인' (人)과 같은 한자는 '인 (人)의 장막'과 같이 자립성을 띠기도 하나 특수한 예에 속한다. 이런 한자를 송기중 (1992/1993: 391)에는 "제한적 형태소"라 하였다.

405) 저자의 한자어 형성소에 대한 발전적 연구로는 양명희 (2008)을 들 수 있다. 그리고 같은 한자가 상대적인 자립성으로써 구성소와 형성소로 전환되는 문제는 북한의 합성법의 연구에서도 지적되고 있다 (림옥녀 1991: 56-59).

6.7.7.2. 한자음의 음운 체계와 형태 · 음운론[406)]

우리말 한자음은 현재 표준어의 기층을 이루고 있는 서울 공통어와 평양 중심의 문화어만 어느 정도 정체가 파악되어 있고 방언의 한자어 발음에 대하여는 일부 성조 연구자를 제외하면 조사조차 되어 있지 않다. 자음을 보면 공통어의 고유어는 19개의 자음이 존재하는 것으로 파악되고 있으나 한자어는 15개 정도만 눈에 띈다. 초성에는 경음 'ㄸ, ㅃ, ㅉ'가 없으며 'ㄲ, ㅆ, ㅋ'는 한정된 형태소에 국한되어 있다. 종성에서는 고유어와는 달리 'ㄱ. ㄴ, ㄹ, ㅁ, ㅂ, ㅇ'의 6개만 실현된다. 모음을 보면 한자어에는 이중 모음 'ㅒ'가 보이지 않는다. 특히 이중 모음이 자음과 결합할 때에는 제약을 받기도 하고 변별력을 잃기도 한다. 운소, 곧 음장은 고유어와 같이 제1음절에만 유지되어 있고 제2음절부터는 변별력을 찾기가 어렵다.

비음화, 유음화는 대체로 고유어와 비슷하나 한자어에만 특유한 것도 있다. 경음화도 고유어와 같은 것도 있고 그렇지 않은 것도 있다. '갈등 (葛藤), 물질 (物質)'은 경음화가 일어나나 같은 환경의 '허허실실 (虛虛實實), 절절 (切切)하다'는 같은 환경인데도 경음화가 일어나지 않는다. 이는 앞에서 본 고유어의 명사 합성법에서 경음화가 불규칙적으로 실현되는 것과 성격이 비슷하다. 파생어와 합성어를 보면 '내복약'[내봉냑] (內服藥)과 같이 'ㄴ'이 덧나기도 하고 '목요일'[모교일] (木曜日)과 같이 'ㄴ'이 나타나지 않기도 한다. 어두에 'ㄴ'과 'ㄹ'을 앞세운, 이중 모음으로 된 한자어와 'ㄹ'을 가진 한자어는 '여자 (女子), 양심 (良心), 낙원 (樂園)'과 같이 어두에서 'ㄹ'이 탈락한다. 그러나 문화어에서는 '녀자, 량심, 락원'과 같이 원음을 밝혀 적고 발음도 그대로 한다 (앞에 나옴, §3.3, 48쪽).

단어 형성 과정에서 나타나는 음운 교체 중 특이한 것은 치경음과 경구개음 앞에서 'ㄹ'이 탈락하는 것이다.

(2) 가. 절단 (切斷), 일상 (日常), 열중 (熱中) …
    나. 부단 (不斷), 부실 (不實), 부재 (不在), 부자유 (不自由) …

고유어 합성법에서는, '여닫이, 마소, 싸전' 등에서 확인한 바와 같이, 'ㄹ'이 치경음과 경구개음 앞에서 떨어지기도 하나 한자어에서는 (2가)에서 보다시피 그대로 유지되어 있다. 그러나 '불' (不)이란 글자는, (2나)에서 보는 바와 같이, 'ㄹ' 말음을 가지고 있어도 'ㄷ, ㅅ, ㅈ' 앞에서 탈락되어 일관된 규칙을 찾기가 쉽지 않다. '부실 기업체' (不實企業體)에 나타나는 '不實'이라는 한자어는 흔히 '부실'이라고 발음하는 일도 없지 않으나 '불시 (不時)에, 불상사 (不祥事)' 등을 고려하면 '불실'이라고 표기해야 옳다고 생각한다. 그러나 사전에는 '부실'로 나와 있다 (이동석 2006, 109-157).

6.7.7.3. 한자어의 구성 방식과 운용

먼저 우리말 한자어의 대종 (大宗)인 2음절어를 중심으로 한자어의 구성 방식을 검토하기로 한다 (박영섭 1998: 160-172).

---

406) 한자음의 실상 및 형태 · 음운론적 교체에 대하여는 송기중 (1993), 권인한 (1997), 배주채 (2003), 안소진 (2005)을 참고하였다.

(3) 가. ① 道路, 言語, 身體 ② 監督, 教育, 戰爭 ③ 堅固, 明白, 淸潔 …
나. 國家, 日月, 天地, 善惡

(3가)①은 비슷한 의미의 명사 형태소가 결합한 것인데 고유어의 명사와 같은 기능을 지니고 있다. '도로가, 도로를, 도로이다, 도로에'와 같이 격 어미가 붙어 문장의 여러 성분으로 쓰인다. ②는 같은 의미의 2가 동작 동사가 결합된 것인데 우리말 문장에 쓰이면 명사로도 쓰이고 접사 '-하다'를 붙여 동작 동사로 쓰일 수 있다. ③은 같은 의미의 상태 동사가 결합한 것인데 물론 그 항가는 1이다. (나)는 대조적인 명사가 결합한 것인데 우리말 문장에 쓰이면 그대로 명사로 쓰인다.

다음은 통사적 방식에 의한 한자어의 형성이다.

(4) 가. ① 氣絶 ② 日沒, 月出 …
나. ① 武臣, 路上, 兵法 … ② 美女, 老人, 秀才

(4가)는 주격 보족어 명사구와 동작 동사의 구성이다. ① '氣絶'은 명사로 쓰이는 일은 흔치 않고 접사 '-하다'와 결합되어 1가 동사로 변하기도 한다. ② '日出'과 '月出'은 '해가 뜨다'와 '달이 뜨다'라는 뜻인데 주격 보족어 명사구 '月'에 자동사 '出'이 결합된 1가 동사이다[407]. (4나)①은 수식어가 명사이다. 이를테면 '路上'에서 '路'는 명사로서 뒤에 오는 명사를 수식하고 있다. ②는 상태 동사가 명사를 수식하고 있다. 이를테면 '美女'는 상태 동사 '美'가 '女'를 수식하고 있다. (4)의 구성은 우리말의 통사적 구성과 차이가 없다.

한자어 가운데는 우리말과는 반대되는 구성을 보이는 어휘가 상당히 많다.

(5) 가. 독서 (讀書), 구인 (求人), 급수 (給水), 문명 (問名) …
나. 하산 (下山), 등산 (登山), 하차 (下車), 등교 (登校) …

(5가)는 '책을 읽다, 사람을 찾다, 물을 주다, 이름을 묻다'로 해석되니 2가 동사가 대상역이 부여되는 보족어 명사구와 결합하여 동작 동사를 형성하고 있다. (나)는 '산에서 내려오다, 산에 오르다, 차에서 내리다, 학교에 출석하다'로 해석되니 1가 동사가 도착점역이 부여되는 보족어 명사구와 결합하여 동작 동사를 형성하고 있다. 이 경우 고유어는, 앞의 합성법에서 본 바와 같이, "보족어 + 동작 동사"의 순서로 배열된다. 모두 내부 논항만 실현되어 있다. 이와 대응되는 고유어는 앞의 (6나, 다), (§6.7.5.3.B, 350쪽)의 '본받다, 앞서다'이다.

"SOV" 언어의 사용자인 우리 민족이 한자어를 만들 때에는 '書讀' (책을 읽다)와 같이 우리말의 어순대로 한자어를 배치하는 것이 아니라 '讀書'와 같이 한문의 어순을 따랐다는 것을 확인할 수 있다. 한문법에 대한 인식이 몸에 배지 않았던 이른 시기에는 우리말의 어순에 따라 한자를 배열하였으나 한문에 대한 지식이 갖추어졌을 때에는 대부분 한문법에 충실하여 한자어를 형성하였다[408]. 이를 통하여 우리는 한자에 의한 단어 형성은 한문 문법을 따른다는 것을 확인할 수 있다.

407) 이곳의 동사 결합가는 우리말의 의존 결합가 문법을 구성한 고영근 (2014나; §5.3, 2018가: 131-160)을 바탕으로 하고 있다.

이를테면 생활 쓰레기를 처리하는 '쓰레기 종량제 (從量制)'의 '從量'이나 '종북 (從北) 세력'의 '종북'이 한문법에 따라 만들어졌다는 사실 한 가지만 보아도 한자에 의한 단어 형성에서 한문법이 얼마나 뿌리 깊은가를 알 수 있다. 그러나 일단 형성된 한자어가 우리말의 어휘 체계 속에 편입되면 '나는 주말마다 등산을 즐긴다'와 같이 고유어와 같은 기능을 지닌다. 한자어를 고유어와 같은 층위에서 다루어야 하는가 아니면 분리하여 다루어야 하는가 하는 문제가 첨예하게 대립되어 있으나 저자는 절충론을 취하여 형성 과정에서는 한문 문법을 따르나 우리말에서 운용될 때에는 고유어 문법을 따른다는 점을 분명히 하는 바이다[409]. 이런 점에 근거하여 김규철 (1997: 266)에서는 한자어는 고유어성과 중국어성을 동시에 지니고 있는 회색 분자의 성격을 지녔다고 말하기도 한다.

우리말의 한자어 가운데는 여러 글자로 된 말은 중심되는 두 글자를 따서 결합시키는 "따옴법" (clipping)이 있다[410].

(6) 가. 대한민국 (大韓民國) → 한국 (韓國) …
나. 임시정부 (臨時政府) → 임정 (臨政), 노동조합 (勞動組合) → 노조 (勞組) …

(6가)는 둘째, 넷째 글자를 딴 것이고 (나)는 첫 글자와 셋째 글자를 딴 것이다. 따옴법에 의한 한자어 합성법은 (6나)와 같은 방식이 보편적이다. 고유어에서도 '불고기 백반'을 '불백'으로 부르는 것처럼 따옴법 현상이 없는 바 아니나 그렇게 보편적이 아니며 그것도 고유어와 한자어의 혼합이다. 최근에 와서 '노무현을 사랑하는 모임'을 '노사모'라 줄이기도 하고 '박근혜를 사랑하는 모임'을 '박사모'로 줄여 말하는 일이 없지 않은 것을 보면 한자어와 고유어끼리의 따옴법도 보편화될 가능성이 없지 않다. 'X 모'의 '모'는 개화기에 주시경이 만든 우리말 연구 단체 "한글모" (朝鮮言文會)와 같은 형성법을 기반으로 한 유추적 형성일 가능성이 많다.

절단 현상은 일상 생활에서 자주 쓰이는 말에서 주로 나타나는데 여러 글자로 된 말이라도 동격의 관계로 배열된 것은 이런 현상이 일어나지 않는 것 같다 (김규철 1980).

(6) 나'. 축구경기 (蹴球競技) → *축경

'축구협회' (蹴球協會)는 '축구'와 '협회'가 종속적 관계로 결합되어 있기 때문에 '축협'과 같은 따옴법이 기능하나 (6나')는 '축구'와 '경기'가 동격이기 때문에 '*축경'과 같은 따옴법은 일어나지 않는

---

408) SOV 언어인 우리말과 일본어에는 중국어의 어순을 따르지 않고 일본어와 우리말의 어순을 따르는 단어 형성도 보인다. '話用論'이나 '語用論'이 그러한 예이다. 한문법에 따른다면 '用話論' 등으로 만드는 것이 옳다.

409) 이 문제에 대하여는 고영근 (2015가, 2018가: 229-251)에서 자세히 다루었다. 한편 안소진 (2014)에서는 "심리 어휘부"에 기반하여 우리 민족의 언어 직관 속에는 한자 교육과는 관계없이 한자어를 고유어와 구별하는 능력이 존재한다는 것을 증명하여 관심을 모으고 있다. 기주연 (1994: 287-312)에서는 한자어 단어 형성법은 고유어와는 다른 층위에서 논의되어야 한다고 하였다.

410) 김규철 (1980)에서는 "clipping"을 "절단"이라고 번역하였으나 김규철 (1997)에서는 외과 수술을 연상할 가능성이 있다고 하여 "따옴법"으로 바꾸었는데 이를 수용하기로 한다.

것으로 보인다.

우리말의 문장 가운데 운용되는 한자어의 구성 글자들은 자립 형태소인 것도 있지만 대부분은 의존 형태소로서 서로 결합되어야만 자립성을 발휘할 수 있다. (1가)의 '인정' (人情)의 '情'은 자립 형태소이지만 '인' (人)은 특수한 경우 (앞에 나옴)가 아니면 자립성이 없다. '인간'의 '간' (間)도 '사이'라는 뜻으로 우리말 문장 가운데 자유로이 쓰이는 일은 확인되지 않는다.

'인정'의 '정' (情)과 같이 한자 하나가 자립 형태소가 되어 고유어처럼 쓰이는 예를 들어 보기로 한다.

(7) 가. ① 산 (山), 책 (册), 상 (床), 미 (美), 복 (福), 색 (色), 종 (鍾), 막 (幕) …
② 단 (但), 즉 (卽) …
③ 근 (近), 총 (總), 약 (約), 순 (純), 전 (前) …
나. ① 자 (者), 법 (法), 리 (理), 감 (感), 식 (式), 중 (中) …
② 관 (貫), 리 (里), 명 (名), 분 (分) …

(7가)는 자립성이 있거나 이에 가까운 성질을 띤 어휘들로서 그 기능이 고유어와 동일시된다. ①은 보통 명사로서 이에 해당하는 고유어가 없어서 자립성을 획득하게 된 한자들이다. '산' (山)은 이에 대응되는 고유어 '뫼ㅎ'이 폐어화하였기 때문에 한자 '山'이 이에 대체되어 자립 형태소가 된 말이다. '들'을 의미하는 '야' (野)는 고유어 '들'이 존재하기 때문에 자립 형태소로는 쓰이지 못하고 '평' (平)과 결합된 '평야' (平野)만이 '들'의 의미로 쓰이는 것이다. ②는 부사로 쓰인다. 유의적 (類義的)인 고유어 '다만, 곧' 등과 공존하여 쓰인다. ③은 관형사로 쓰인다. 특히 ①의 한자어 가운데서 '산 (山), 책 (册), 상 (床), 색 (色)' 등은 서로 결합되어 합성어를 이룰 수 있고 고유어와도 자유롭게 결합될 수 있어서 고유어와 기능상으로 거의 차이가 없다.

(7) 가. ①' 산비탈, 책상, 책꽂이, 색종이, 종소리

(7나)는 앞에서 본 바와 같이 (§6.3.1, 202쪽) 의존 명사나 그에 가까운 기능 명사의 성질을 띠고 있다. '자 (者), 리 (理), 중 (中)'은 의존 명사이고 나머지는 의존 명사에 가까운 기능 명사의 기능을 띠고 있다. ②는 단위성 의존 명사이다.

6.7.7.4. 한자어 단어 형성법[411)]

한자어에도 파생법과 합성법을 둘 수 있다.

A. 파생법

한자어에도 고유어와 같이 접두 파생법과 접미 파생법을 둘 수 있다. 앞에서 저자는 형성소의 개념을 접미사에 한하여 적용하였지만 접두사에 대하여도 적용할 수 있다.

411) 이 부분은 고영근 (2015가, 2018가: 236-246)의 내용을 수용하되 부분적으로 수정하였다.

(8) 신세대 (新世代), 아열대 (亞熱帶), 초인간 (超人間), 친부모 (親父母) …

위의 '신, 아, 초, 친'은 형성소로서 접두사로 쓰인 것이다. 이들 한자는 '신구 (新舊), 아류 (亞流), 초월 (超越)'에서는 구성소로 실현되고 있다. (1다)에서 본 바와 같이, 한자어 접미사는 그 기능이 한정적이었다. 물론 한자어 접두사도 '가교사 (假校舍), 귀금속 (貴金屬)'의 '가'나 '귀'처럼 그 기능이 한정적이지만 한자어 접두사 가운데는 그 기능이 지배적인 것이 있다[412]. 대표적인 것이 '無. 不, 未, 非'이다.

(9) 가. 무 (無)
　나. 불 (不)
　다. 미 (未)
　라. 비 (非)

(9가)의 '無'는 다음과 같이 동작성 명사 어근 앞에 놓이면 상태 동사 (SV)로 전성한다[413].

(9) 가'. 無 + 觀心 (N) → 無關心하다 (SV)

한자 접두사 '無'가 어근의 품사를 바꾸고 있으니 그 기능이 지배적이고 동시에 형성소의 기능을 띠고 있다고 할 수 있다. 물론 이런 현상은 고유어 접두사에는 찾아 볼 수 없다, 접두사 '無 X '는 뒤에 나오는 '非'나 '未'에 비하면 저빈도어의 비율이 더 낮고 고빈도어의 비율은 높은 편으로 나와 있다 (이광호 2009: 205).

(9나)의 '不'은 앞의 '無'와는 성격이 조금 다르다.

(9) 나'. 不 + 親切 (SN) → 不親切하다 (SV)

'親切'은 상태성 명사인데 '不'이 붙으면 상태 동사로 전성한다[414].

(9다)의 '未'는 앞의 '不'과는 성격이 조금 다르다.

(9) 다'. 未 + 解決 → 未解決되다

'解決'은 동작성 명사 (AN)인데 여기에 '未'가 붙으면 피동 접미사 '-되다'가 붙는다. '被擊'이나 '被襲'과 같은 순간성 동작 명사에는 다음과 같이 접미사 '-당하다'가 붙는다. 물론 (9다')와 같이 '되다'도 붙는다.

412) 한자어의 접두사에 대하여는 사전마다 처리가 구구하다. 이에 대하여는 중국어와 한문 문법의 관점에서 사전에 나타나는 우리말의 접두사를 분석한 방향옥 (2011), 범기혜 (2012)가 참고된다.

413) "SN"는 "상태 명사" (stative noun), "AN"은 "action noun", "PreN" 는 관형사, "Suf"는 접미사를 뜻한다.

414) '조리'에는 '하다'가 붙을 수 없지만 '부조리'에는 '하다'가 붙음으로써 지배적 기능이 파악되어 (김규철 1980: 25, 1997: 299), 또 다른 유형을 형성하고 있다.

(9") 被襲당하다, 被殺당하다

접두사 '未X'는 저빈도 단어의 구성 비율이 큰 반면, 고빈도 단어의 구성 비율은 매우 낮은 것으로 나와 있다 (이광호 2009: 200).

(9라)의 '非'는 앞의 것들과 성격이 달라 보인다.

(9) 라'. 非 + (現實 N + 的 Suf) → (非 + (現實的)PreN) → 非現實的

'非X'는 최고의 생산성을 보이는 접두사로 나와 있다 (이광호 2009: 199).

다음과 같은 부정 접두사 몰 (沒)도 (8)의 예들과 비슷한 기능을 띠고 있다.

(10) 沒

'沒'은 '沒常識, 沒人情, 沒理解' 등에서 나타나는데 용법이 조금씩 다르다. '常識, 人情'에 접두사 '沒'을 붙이면 '沒常識하다, 沒人情하다'와 같이 명사를 상태 동사화하는 기능을 띠고 있으나 '沒理解'는 상태 동사적 용법이 파악되지 않는다. 사전에 따라 처리가 조금씩 다르다. 보통 상태 동사로 처리되고 있지마는 명사로도 처리되어 있다. 후자가 맞지 않나 한다.

접두사 가운데는 명사 어근 앞에 붙어 그 명사를 관형사가 되게 하는 일련의 접두사가 있다.

(11) ① 대 (對)일 (본) 외교 전략, 대국민 사과문, 대정부 질문 …
② 주 (駐)미 (국) 대사, 주유엔 대사 …
③ 친 (親)민주 세력, 친북 (한) (親北韓) 화해 정책 …
④ 탈 (脫)공해 정책, 탈근대 사회 …

(11)의 '① 대, ② 주, ③ 친, ④ 탈'은 후행하는 규칙적 어근 '① 일 (본), 국민, 정부, ② 미국, 유엔, ③ 민주, 북한, ④ 공해, 사회'를 관형사가 되게 하는 기능을 띠고 있다. 물론 이들은 앞의 부정 접두사와 같이 형성소에 속한다. 이런 단어 형성법은 얼마든지 예측할 수 있기 때문이다.

위의 (9), (10), (11)과 같은 부정 접두사는 그 처리를 둘러싸고 논의가 분분하다. 준접두 어근으로 처리하기도 하고 (김규철 1980), "접두 어근"으로 처리하기도 하며 (김창섭 1999, 24, 57-74). 임시어 (송원용 2002가: 268-270) 내지 접어 (clitic) (채희락 2007)로 보기도 한다. 한자어의 특수성을 감안한다면 앞의 김규철 (1980)과 같이 준접두사로 처리하는 것이 최선이 아닌가 한다. 그러나 이 문제는 그리 쉽게 단정할 할 수 없다.

접미사에 의한 파생법도 그 사정이 단순치 않다.

다음은, 앞의 (1)에서 언급한 바와 같이, 같은 한자가 형성소로 쓰이는 예이다.

(12) 가. 한국인, 외국인, 중국인 …
나. 관음경, 도덕경, 화엄경 …

물론 이 때에는 의미의 변화도 동반된다[415].

한자 가운데는 고유어의 접미사와 같이 원래의 의미와 거리가 멀어 접미사로만 쓰이는 것이 있다. 다음은 단순한 접미사로 처리될 수 있다.

(13) 가. 상자 (箱子), 모자 (帽子) …
　　나. 구두 (口頭), 가두 (街頭) …
　　다. 당연 (當然), 돌연 (突然) …

(13가)의 '자' (字)는 중국어에서도 역사적으로 접미사로 처리되어 왔다. (나)의 '두' (頭)는 '구, 가'에 미세한 뜻을 더해 주는 기능을 띠고 있으며 (다)의 '연' (然)은 불규칙적 구성소 '당, 돌'에 접미사 '연'이 붙었다. '정연 (整然)'도 같은 형성이다.

(14)는 명사에 접미사가 붙어 품사를 바꾸는 예이다.

(14) 가. 연구차 (研究次), 참석차 (參席次) …
　　나. 인간화 (人間化), 기계화 (機械化) …
　　다. 학자연 (然) …

(14가)는 명사 어근 '연구'에 접미사 '차' (次)가 붙어 부사의 기능을 띠었고 (나)는 명사 어근에 접미사 '화' (化)가 붙어 동작 동사화하였다. 이 경우는 접미사 '-하다'나 '-되다'가 붙는다. (다)는 명사 '학자'에 접미사 '연' (然)이 붙어 동작 동사로 만드는데 (나)와 같이 접미사 '하다'가 붙는다. (14)의 접미사는 품사를 바꾼다는 점에서 지배적 파생법으로 처리된다.

다음 예는 접미사가 명사는 물론 명사구에 붙는 것이다.

(15) 가. ① 경제적 (經濟的): N 적 (的)
　　　　② [음운론 및 통사론]적 (음운론 및 통사론적): NP적 (的)
　　나. ① 가정용 (家庭用): N 용 (用)
　　　　② [전원 주택]용 (田園住宅用): NP 용

(15가)는 같은 접미사 '적' (的)이 명사 [N]와 명사구 [NP]에 붙는 예를 보인 것이다 (김창섭 1996가: 180). '-적'은 명사나 명사구를 관형사로 바꾸는 역할을 한다. '-적'은 '경제, 음운론 및 통사론'과 같은 자립 형식은 물론 '지적 (知的), 광적 (狂的)'과 같이 불규칙적 어근에도 붙는 매우 생산적인 형성소이다. '-적'은 비슷한 의미의 고유어 접미사 '-롭-'과 공존하는 것이 있는가 하면 (예: '평화롭-'과 '평화적'), '자유롭-'과 같이 'X롭-'만 허용하는 것이 있고 '사회적-'과 같이 'X적'만 허용되는 것도 있다 (이광호 2009: 254-265)[416]. (나)의 '용' (用)은 '적'과 비슷한 기능을 띠고 있다. ①은

415) 구성소로서의 한자가 형성소인 접미사로 기능 변동을 일으키는 현상에 대하여 정원수 (1992: 99)에서는 "한자 어근의 접미사화"라고 하였다.

416) '적'의 기능에 대하여는 업적이 많다. 대표적으로 정민영 (1994: 84-86), 김창섭 (1996가: 186-190) 참조.

명사에 붙었고 ②는 명사구에 붙었다.

B. 합성법

한자 파생법에 이어 앞에서 도입한 단어 형성소와 단어 구성소의 개념 (§2.4.1, 32쪽)을 한자 합성법에 확대 적용하여 보기로 한다. 한자 합성어의 형성은 다음 세 가지로 유형화할 수 있다.

(16) 가. 형성소 + 형성소
나. ① 형성소 + 구성소
② 구성소 + 형성소
다. 구성소 + 구성소[417)]

(16가)는 다음과 같이 형성소끼리 합쳐서 새로운 합성 명사를 이루는 것이다.

(16) 가'. ① 창문 (窓 + 門), 강산 (江 + 山), 동서 (東 + 西) …
② 거실문 (居室 + 門), 휴전선 (休戰 + 線), 유리창 (琉璃 + 窓) …
③ 동서남북 (東西 + 南北), 길흉화복 (吉凶 + 禍福), 남북통일 (南北 + 統一) …

(16가')①은 1음절 형성소인 '창, 문; 강, 산; 동, 서'가 서로 결합하여 이루어진 합성어로서 우리말 '논밭, 밤낮'과 같은 구성의 합성어이다. ②는 2음절 형성소인 '거실, 휴전, 골수'와 1음절 형성소인 '문, 선, 창'의 합성어이다. ③은 2음절어 형성소인 '동서'와 '남북', '길흉'과 '화복', '남북'과 '통일'이 합쳐서 이루어진 합성어이다.

(16나)는 형성소와 구성소, 구성소와 형성소끼리 합쳐서 이루어진 합성어 유형을 가리킨다.

(17) 가. ① 오월동주 (吳越同舟), ② 백년하청 (百年河清)
나. ① 여필종부 (女必從夫), ② 앙천이타 (仰天而唾)
다. ① 약육강식 (弱肉强食), ② 와신상담 (臥薪嘗膽)

(17가)는 형성소에 의한 고사이다. ①의 '오월'과 '동주'는 우리에게는 선뜻 수용되지 않지만 모두 사전에 실려 있다. ②는 '백년'과 '하청'의 두 형성소로 구성된 성어이다. 후자는 형성소로 쉽게 다가오지 않는다. (나)는 형성소와 구성소로 형성된 성구이다. ①은 '여'만 형성소이고 '필종부'는 사전에 실려 있지 않기 때문에 구성소로 볼 수밖에 없다. (다)는 구성소로 형성된 성어이다. ①의 '약육'과 '강식'은 표제어로 실려 있지 않기 때문에 구성소로 보아야 한다. ②의 '와신'과 '상담'은 모두 구성소이다. 사전에 독립된 단어로 실려 있지 않다. 사전 등재를 기준으로 삼는 것도 문제가 적지 않으나 현재로는 딴 방도가 없다.

(17)의 검토를 통하여 고사 숙어는 (가)와 같이 형성소로 된 것도 있고 (나)와 같이 형성소와 구

---

417) 저자의 형성소와 구성소는 김일병 (2000: 228-232)의 "자립 형식" 및 "의존 형식"과 일치되는 면이 없지 않다는 것을 덧붙여 둔다.

성소로 된 것이 있는가 하면 (다)와 같이 구성소만으로 성립된 것도 있다는 것을 확인할 수 있다, 이를 앞에서 세운 합성어의 변별 기준에 적용하여 보면 (가)는 완전 한자 합성어, (나)는 준합성어, (다)는 단일어라는 것을 알 수 있다.

C. 한자 혼종어

우리말에는 고유어와 한자어 밖에 혼종어라는 또 다른 단어류를 세울 수 있다. 혼종어란 둘 또는 그 이상의 서로 다른 언어 요소가 결합하여 만들어진 단어를 말한다. 우리말은 한문과 한자의 수입으로 우리말 속에 한자 어휘가 많이 스며들어 있고 특히 20세기 이후로는 서양어, 특히 영어와 접촉함으로써 영어가 침투하는 일이 날로 늘어가고 있다. 이곳에서는 주로 한자어와의 교섭에서 발생하는 혼종어의 문제를 다루기로 한다[418].

한자 혼종어는 그 사정이 매우 복잡하다. 한자 혼종어에는 혼종 명사, 혼종 동사, 혼종 부사를 들고 있다 (정민영 1994: 109-152). 먼저 혼종 명사를 파생어, 합성어의 순서로 검토하기로 한다.

(18) 혼종 명사
　가. 혼종 파생 명사
　　① 우리말-한자어 유형
　　② 한자어-우리말 유형
　나. 혼종 합성 명사
　　① 우리말-한자어 유형
　　② 한자어-우리말 유형

먼저 각 유형에 해당하는 예를 제시하기로 한다.

(18') 가. ① **날**<u>강도</u> (强盜), **군**<u>식구</u> (食口), **덧**<u>문</u> (門) …
　　② <u>성</u> (性)**깔**, <u>산</u> (山)**지기**, <u>변</u> (邊)**두리** …
　나. ① **글**<u>구</u> (句) **담**<u>장</u> (-墻), **새**<u>댁</u> (-宅) …
　　② <u>야</u> (夜)**밤**, <u>등</u> (燈)**불**, <u>공</u> (空)**터**, <u>산</u> (山)**새** …

(18'가)는 규칙적 어근이나 불규칙적 어근에 접사가 붙어 형성된 파생어이다. ①은 규칙적 한자어 어근이며 동시에 형성소인 '강도, 식구, 문'에 접두사 '날-, 군-, 덧-'이 붙어 혼종 파생어를 만들었고 ②는 규칙적 한자어 어근이며 동시에 형성소인 '산'과 불규칙적 한자어 어근이며 구성소인 '성, 변'에 고유어 접미사 '-깔, -지기, -두리'가 붙어 파생어가 형성되었다. ①의 '문'은 역사적으로 고유어 '오래'를 대체하였기 때문에 거의 한자어라는 생각이 안 미칠 정도로 고유어화한 예에 속한다.

(18'나)는 한자어가 고유어의 앞뒤에 붙어 합성어가 된 것이다. ①은 규칙적이며 동시에 형성소인 고유어 어근 '글, 담, 새'에 한자어 어근 '구, 장, 댁'이 붙어 합성어가 된 것이다. '장'은 자립어로

418) 우리말과 한자어의 혼종 현상에 대하여는 주로 심재기 (1994)와 정민영 (1994)를 참조하였음을 밝혀 둔다.

쓰이는 일이 없기 때문에 규칙적 어근이라고 할 수 없다. ②는 규칙적 어근인 고유어 '밤, 불, 새'에 규칙적 내지 불규칙적 어근 '야, 등, 공, 산'이 붙어 합성어가 된 것이다.

다음은 혼종 동사이다.

(19) 가. 혼종 파생 동사
나. 혼종 합성 동사

(19)은 여기서도 파생 동사와 합성 동사를 둘 수 있다.

(19') 가. ① 변 (變)하다, 겸 (兼)하다, 왕래 (往來)하다 …
② 幸福하다, 可矜스럽다, 믿음性스럽다 …
나. ① 示範보이다, 結論맺다, 渴症나다 …
② 數없다, 情겹다, 珠玉같다 …

(19'가)는 접미사 '-하다'가 규칙적 어근 내지 불규칙적 어근에 붙어 동작 동사로 파생시키는 것이다. ①은 규칙적 한자 어근 '왕래'와 불규칙적 한자 어근 '변, 겸'에 접미사가 붙은 것이고 ②는 규칙적 어근 '행복' 내지 불규칙적 어근 '가긍'에 접미사 '-하다, -스럽다'가 붙은 것이다. '믿음성스럽다'는 '믿음'이라는 규칙적 어근에 한자 접미사 '-성'이 붙고 여기에 다시 접미사 '-스럽다'가 붙은 것인데 한자라는 인식이 매우 희박한 예로 보인다. (나)는 명사 어근에 동사가 붙어 혼종 합성 동사가 이루어진 것이다, ①은 동작 동사이고 ②는 상태 동사이다. '같다, 없다'는 접미사로 볼 수 있는데(고영근 1999나: 607, 634), 과연 이를 합성 동사로 볼 수 있을지 문제를 내포하고 있다.

다음은 혼종 부사이다. 혼종 부사에는 접미 파생어와 영접사 파생어만 확인된다.

(20) 혼종 부사
가. 접미 파생어
나. 영접사 파생어

해당 예를 들어 본다.

(20') 가. 面面이, 可히, 誠意껏, 別로, 白晝에 …
나. ① 한層, 百날, 眞짜 ② 本來, 結局, 暫時 …

(20'가)는 한자어 어근에 접미사가 붙어 부사가 된 것이다. '誠意'만 어근이 규칙적이고 나머지는 불규칙적이다. (나)는 명사가 영의 접사에 의하여 부사로 굳어진 것이다. ①은 한자를 앞뒤에 세운 명사가 부사로 굳어진 것이고 ②는 한자 명사가 부사로 굳어진 것이다.

6.7.8. 중세어 및 고대어의 단어 형성법과 그 변화[419)]

이곳에서는 앞에서 본 당대어의 단어 형성법을 기반으로 하여 중세어 및 고대어의 단어 형성법을 검토하고 당대어까지의 변화의 발자취를 더듬어 보기로 한다. 중세어도 당대어와 같이 한 단어가 단일한 어근으로 성립되는 것이 있고 어근에 접사가 붙어 파생어를 형성하기도 하고 어근끼리 합쳐서 합성어를 형성하기도 하였다.

6.7.8.1. 형태음운론

중세어도 당대어와 같이 어근에 접사가 붙을 때는 상호 간에 교체가 발생하였다.

(1) 가. ᄎᆞᄡᆞᆯ, ᄎᆞ조　비교: 출콩, 출떡

　　나. ᄀᆞᆯ아마괴, 대범

(1가)는 접두사 'ᄎᆞ-'에 어근 'ᄡᆞᆯ, 조'가 붙은 것인데 오른쪽의 어형과 비교하면 합용 병서의 'ㅄ'와 경구개음 'ㅈ' 앞에서 'ㄹ'이 탈락한 것이다. 'ᄎᆞ조'에서 'ㄹ'가 탈락하는 것은 당대어와 차이가 없다. 그러나 중세어에서 'ㅂ'계의 합용 병서 앞에서 'ㄹ'이 탈락하는 것은 쉽게 풀리지 않는다. 불규칙적 교체로 돌릴 수밖에 없다. 당대어에 와서는 합용 병서로 된 어근의 첫 자음이 접두사에 붙어 '찰-, 차-' 밖에 이형태 '찹-'을 더 갖게 되었다. (1나)의 'ᄀᆞᆯ아마괴'는 'ᄀᆞᆯ가마괴'와 공존하였는데 이는 '가마괴'의 첫 음절 '가'가 'ㄹ' 아래에서 후음 'ㅇ'로 교체된 것이다. '대범'은 어근 '범'이 접두사 '대-' 뒤에서 순경음으로 교체된 것이다. 동사의 활용형에서는 'ㄱ'의 약화와 'ㅂ'의 순경음으로의 변화가 규칙적이었지만 (§6.2.3.1.B, 133쪽) 단어 형성 과정에서는 규칙을 세우기가 어렵다. 이는 앞의 'ᄀᆞᆯ아마괴'와 'ᄀᆞᆯ가마괴'의 비교를 통해서 잘 알 수 있다.

다음은 어근에 접미사가 붙을 때 그들 상호 간에 교체가 일어난 것이다.

(2) 가. ① 처ᅀᅥᆷ

　　　② 들이다 (被聞), 브ᇫ이다, 올이다, 믈리다, 춤, 어려ᄫᅵ, ᄀᆞᄃᆞ기 …

　　나. 숑아지, 놀애, 구믈거리다 …

　　다. ᄆᆞ야지, 우ᇫᄫᅳ다, 구지람, 더ᄫᅴ …

(2가)는 어근이 교체된 것이다. ①은 관형사 '첫'이 구성소인 접미사 '-엄' 앞에서 '처ᇫ-'으로 교체된 것이다. '-엄'은 관형사 '첫'을 명사 내지 부사로 만들어 준다는 점에서 지배적 파생법에 의한 구성이라고 할 수 있으나 그 기능이 불구적이어서 투명치 못하다는 것을 알 수 있다. ②는 동작 동사의 어근에 접미사가 붙음으로써 교체가 일어난 것이다. '들이다, 브ᇫ이다'는 활용형 '듣긔, 븟고'와 비교하면 어근의 말음 'ㄷ, ㅅ'가 접사 '-이' 앞에서 'ㄹ, ㅿ'로 바뀌고 뒤의 음절은 후음 'ㅇ'를 가진 모

419) 중세어의 단어 형성법에 대하여는 『국어사 연구』 21 (2015)에 실려 있는 양정호, 장윤희, 석주연, 이동석의 기고가 참고된다.

습으로 바뀌었다. '올이다, 믈리다'는 활용형 '오ᄅᆞ거늘, 므르고져'와 비교하면 어간의 끝음절 모음 'ᄋᆞ~으'가 떨어져 '올ㅇ-, 믈ㄹ-'로 교체되었다. '올이다, 믈리다'와 앞의 '븕이다'의 어근의 교체는 중세어의 어간의 어휘적 교체 (§6.2.3.1.B.(31)~(33), 133쪽)와 병행하는 현상이다. '춤'은 '(춤) 츠고'와 비교하면 동사 어근 '츠-'가 접미사 '-움'과 결합함에 따라 말음 'ㅡ'가 탈락된 것으로 앞의 세 예와 같다. '어려ᄫᅵ'는 활용형 '어렵고'와 비교하면 어근의 말음 'ㅂ'가 모음 접미사 '이' 앞에서 'ㅸ'로 교체된 것이다. 이 역시 중세어의 어간의 어휘적 교체 (§6.2.3.1.(31), 133쪽)와 병행하는 것이다. 'ᄀᆞᄃᆞ기'는 활용형 'ᄀᆞᄃᆞᆨᄒᆞ니'와 비교하면 어근의 뒷부분 'ᄒᆞ-'가 완전히 소거되어 버렸다. 이러한 현상은 'ᄀᆞᄃᆞᆨᄒᆞ다'와 같은 고유어에도 나타나지마는 한자 어근에 접미사 'ᄒᆞ-'가 붙은 혼종 합성 동사에 널리 분포되어 있다. 어근의 말음이 'ㄱ, ㄷ, ㅂ'일 때 이런 교체가 발생한다.

(2) 가. ②' 利樂긔 (<利樂ᄒᆞ긔), 雜디 (<雜ᄒᆞ디) 비교: 便安킈, 利케, 正티

위의 예를 오른쪽의 유성음 어근과 비교하면 'Xᄒᆞ다의 말음절 'ᄒᆞ'가 ∅로 교체되었음을 알 수 있다[420].

(2나)는 어근에 접미사가 붙을 때 접미사가 바뀐 예이다. '숑아지'는 'ᄆᆞ야지'와 비교하면 명사 어근 '쇼'에 지소사 '-아지'가 붙음으로써 '-아지'로 교체된 것이다. 중세어에는 같은 의미의 '숑아지, 쇠아지, 쇼아지'가 공존하였다 (구본관 1999). '놀애'는 '놀개, ᄂᆞ래'로도 나타나는데 접미사 '-개'의 'ㄱ'가 'ㄹ' 아래서 후음 'ㅇ'로 교체된 것이다. 위의 (1나)에서 본 바와 같이, 'ㄹ' 밑의 'ㄱ' 약화는 활용에서 나타나는 'ㄱ'의 약화만큼 규칙적이 아니었으며 따라서 투명치 못한 면이 보인다. '구믈어리다'는 의태 부사 '구믈구믈'이 접미사 '-어리다 (<-거리다)'와 결합함에 따라 첩어성을 잃어서 형성된 것이다. 중세어에 '-거리다'의 예가 문증되지 않지만 '*구므러리다'로 표기되어 있지 않으므로 'ㄱ'가 'ㄹ' 아래에서 'ㅇ'로 교체된 것이 틀림없다.

(2다)는 어근과 접미사가 함께 변한 것이다. 'ᄆᆞ야지'는 명사 어근 'ᄆᆞᆯ'이 접미사 '-아지'와 결합됨에 따라 'ᄆᆞᆯ'의 'ㄹ'가 탈락되고 '-아지'는 '-야지'로 교체되었으니 어근과 접사가 같이 변한 것이다. 반모음 'j' 앞에서 'ㄹ'가 탈락되었으니 매우 특이한 교체에 속한다. 중세어의 '웃ᄇᆞ다'는 '웃고'와 비교하고 '깃브다'와 비교하면 유성음 사이에서 어근과 어미가 함께 바뀐 것이다. '구지람'은 '구지럼'으로도 나타난다. 동사 어근 '구짇-'에 명사 형성의 접미사 '-암'이 붙은 것인데 먼저 어근이 변하였다. 당대어의 '꾸짖다'에 대응하는 어형에는 '구짇-, 구짖-'의 두 어형이 있었는데 어느 것도 모음 어미 앞에서 'ㄹ'로 변하는 것이 없다. '구짇-'이 불규칙 활용을 하던 전대의 어형이 파생법에 남아 있는지도 모르겠다[421]. '주검' (죽엄)과 비교해 보면 모음 '이' 아래에서 '-엄'이 '-암'으로 교체되었으니 어미도 바뀐 것이다, '더뷔'는 활용형 '덥게' 등과 상태 동사에서 전성한 '기픠, 너븨'와 비교하면 어근과 접사의 동시적 교체라는 사실을 잘 알 수 있다. 어근이 유성음 사이에서 '덯-'으로 바뀜에 따라 상태 동사를 명사화하는 접미사 '-의'도 '-위'로 변한 것으로 해석된다.

---

420) 이 문제는 일찍이 안병희 (1962)에서 교체 조건이 밝혀졌고 고영근 (1966/1994: 345-350)에서 현대 정서법의 'ㅎ' 표기 문제와 관련하여 논의되었음을 밝혀 둔다.

421) 이 문제는 장윤희 (2006나)에서 화석형으로 해석한 바 있다.

단어 형성에 나타나는 형태음운론적 교체는 합성법에서도 발견된다.

(3) 가. ① 묏골, 빗시울, 빗돍, 갯버들 …
　　　② 눉ᄌᆞᅀᆞ, 솑바당, 밠둥, 니ᇝ길 …
　나. 므쇼, 화살, 뭇결, 소나모, 드나ᄃᆞᆯ다 …
　다. ᄀᆞᄅᆞᄫᅵ, 대ᄫᆞᆮ, 메ᄫᅡᆺ다 …
　라. ᄇᆡᅀᆞᆶ, 한ᅀᅮᆷ, 너ᅀᅡᆷ …
　마. 수ᄃᆞᆯ마기, 암ᄃᆞᆯ마기 …

(3가)는 명사 합성법에 나타나는 'ㅅ'의 예이다. 중세어의 사이시옷은 선행 명사의 음성 환경에 따라 'ㄱ, ㄷ, ㅂ, ㅸ, ㆆ' 및 'ㅿ'로 표기되기도 하였고 (고영근 2010다: 12), 명사구에 쓰여 속격의 기능도 표시하였다 (고영근 2010다: 92-93)[422]. 사이시옷이 쓰인 표현이 합성 명사냐, 구냐 하는 것은 결정하기가 쉽지 않다. 그러나 당대어에 적용되는 기준을 적용하면 어느 정도 객관적인 변별이 가능하다 (§6.7.5.1, 344쪽). 그런데 다음과 같이 'ㅅ'가 나타나지 않는 일도 있었다. 당대어와 마찬가지로 그 자체가 어휘광에 들어 있다고 할 수밖에 없다.

(3) 가. ①' 누비옷, 드레줄, ᄇᆡᄃᆞ리, 모시뵈, 쇠ᄇᆡ …

(3나)는 'ㄹ'로 끝나는 명사가 'ㅅ, ㄴ' 앞에서 탈락하는 것이다. '므쇼'는 '믈쇼'에서, '화살'은 '활살'에서, '뭇결'은 '믌결'에서, '소나모'는' '*솔나모'에서 'ㄹ'가 탈락하였다. 이 가운데서 '활살'과 '믈결'은 실제로 쓰이기도 하여 'ㄹ'의 탈락이 필수적이 아님을 알 수 있다. 굴절법과 비교할 때 매우 비자연적이다. '드나ᄃᆞᆯ다'는 '*들나ᄃᆞᆯ다'에서 'ㄹ'가 탈락되어 형성되었다. 이렇게 중세어의 합성법에 나타나는 형태 · 음운론적 교체도 당대어와 같이 불규칙적임을 알 수 있다[423].

(3다)는 'ㅂ'로 시작하는 명사와 동사가 모음으로 끝난 명사와 결합되면 'ㅸ'로 바뀌는 예이다. 'ᄀᆞᄅᆞᄫᅵ'는 '*ᄀᆞᄅᆞ비'에서, '대ᄫᆞᆮ'은 '*대ᄇᆞᆮ<대밭<밭'에서, '메ᄫᅡᆺ다'는 '*메밧다'에서 각각 교체되었다.

(3라)는 'ㅅ'가 반모음 'ㅣ, ㄴ, ㄹ'와 모음 사이에서 'ㅿ'로 바뀐 것인데 'ᄇᆡᅀᆞᆶ'은 '*ᄇᆡᄉᆞᆶ'에서, '너ᅀᅡᆷ'은 '*널삼'에서 교체되었다. '한ᅀᅮᆷ'은 '한숨'에서 교체된 것인데 실제로 두 어형은 공존하였다. 이렇게 합성법에서도 음운의 교체가 불규칙하였다.

(3마)는 'ㅎ' 말음을 가진 명사 '수ㅎ, 암ㅎ'이 명사 'ᄃᆞᆯ마기'와 결합됨에 따라 'ㅎ'가 탈락한 것이다. 같은 음성적 환경인데도 '닭'에서는 '수탉, 암탉'과 같이 되어 격음화가 일어나는데 '수ᄃᆞᆯ마기'에서는 그런 현상이 일어나지 않아 불규칙성을 보이고 있다.

중세어에서도 단어 형성에 나타나는 음운론적 교체는 매우 불규칙하고 개별적이어서 일정한 규

422) 김수경 (1947, 1949)에서는 당대와 마찬가지로 중세어에도 이른바 《용비어천가》의 삽입 자모를 유성화의 방지 장치로 보고 있다. 이에 대한 비판적 견해는 정우택 (1993)에 자세하다.

423) 이현희 (1991가)에서는 합성법에 나타나는 음운 탈락의 여부를 합성어의 긴밀성 및 이완성과 관련하여 해석하기도 하나 이런 사실은, 앞의 (1나)에서 보인 바와 같이, 파생법에도 목격된다는 점에서 논거를 보강할 필요가 있다.

칙을 세우기가 쉽지 않다. 이 밖에도 중세어에는 단어 형성 과정에서 나타나는 교체가 많다. 이들은 파생법과 합성법을 다루는 자리에서 언급하기로 한다.

6.7.8.2. 파생법

파생법에는 접두 파생법과 접미 파생법이 있다.

A. 접두 파생법

중세어도 당대어와 같이 접두 파생법은 어근의 의미를 제한해 주는 한정적 파생법이 확인된다. 접두 파생법에 의해 파생되는 품사에는 명사, 동작 동사, 상태 동사가 있다[424].

다음 예들은 명사 어근에 접두사가 붙어 다시 명사가 된 것이다.

(4) ᄀᆞᆯ아마괴, 댓무수, 독솔, 들기름, 새별, 싀아비, 아ᄎᆞᆫ아ᄃᆞᆯ, 출ᄏᆞᆼ, ᄎᆞᆷ기름 …

'ᄀᆞᆯ아마괴'는, 앞에서 본 바와 같이, 'ᄀᆞᆯ가마괴'의 둘째 음절의 'ㄱ'가 'ㄹ' 아래에서 후음 'ㅇ'로 교체된 것이다. 접두사 'ᄀᆞᆯ-'은 '배가 희다'는 뜻인데 'ᄀᆞᆯ거믜' 등에도 나타난다. 매우 불규칙적 접사에 속한다. '댓무수'의 '댓-'은 '크고 억센'의 뜻인데 '댓ᄡᆞ리, 댓가치, 댓두러기'에서도 나타난다. '독솔'의 '독-'은 '작고 어린'의 뜻인데 다른 어근과는 결합되지 않는 불규칙적인 형태소이다. '들기름'의 '들-'은 '야생의'의 뜻인데 '들ᄢᅢ'에서도 발견된다. 당대에도 많이 쓰인다. '새별'의 '새-'는 '희고 밝은'의 뜻인데 '새매, 새삼'에서도 발견된다. '싀아비'의 '싀-'는 '새로 된'의 뜻인데 '싀어미'에서도 보인다. '아ᄎᆞᆫ아ᄃᆞᆯ'의 '아ᄎᆞᆫ-'은 '작은'의 뜻인데 '아ᄎᆞᆫ설'에도 보인다. '출ᄏᆞᆼ'의 '출-'은 '쩍쩍 붙도록 끈기가 있는'의 뜻인데 '출기장, ᄎᆞᄡᆞᆯ'에서도 나타난다. 'ᄎᆞᆷ기름'의 'ᄎᆞᆷ-'은 '들-'에 반대되는 뜻인데 'ᄎᆞᆷᄢᅢ, ᄎᆞᆷ빗'에서도 쓰인다. 이들 접두사 가운데서 당대어에도 뿌리를 내리고 있는 '들-, 출-, ᄎᆞᆷ-'은 단어 형성소로 간주할 수 있을 것 같다.

다음 예는 동사 어근에 접두사가 붙어 다시 동사가 된 것이다.

(5) 가. 가ᄅᆞ드듸다, 것ᄆᆞᄅᆞ죽다, ᄇᆞᆯᄃᆞᆼ기다, 져ᄇᆞ리다, 티ᄎᆞ다, 횟돌다
  나. 에굳다

(5가)는 동작 동사의 접두 파생법이다. '가ᄅᆞ드듸다'의 '가ᄅᆞ-'는 '걸쳐'의 뜻인데 '가ᄅᆞᄃᆞᆫ니다, 가ᄅᆞ놀다'에서도 나타난다. '것ᄆᆞᄅᆞ죽다'의 '것ᄆᆞᄅᆞ-'는 '까무러쳐'의 뜻인데 다른 동사에 쓰인 예는 보이지 않는다. 매우 불규칙적이라 하겠다. 'ᄇᆞᆯᄃᆞᆼ기다'의 'ᄇᆞᆯ-'은 '힘주어 꽉'의 뜻을 줄 수 있는데 다른 예는 발견되지 않는다. 역시 불규칙적이다. '져ᄇᆞ리다'의 '져-'는 '남의 기대에 어긋나게'의 뜻인데 역시 불규칙적 형태소이다. '티ᄎᆞ다'의 '티-'는 '위로 올라가게'의 뜻인데 '티소다, 티디르다, 티받다'에서도 발견된다. 당대어의 '치-'로 계승되어 있다. '횟돌다'의 '횟-'은 도는 모양을 상징적으로 표현하는 것인데 '횟도니다'에서 나타나고 '훳두르다'에서는 '훳-'으로 실현되기도 한다. 위의 예들

424) 중세어의 접두 파생법은 허웅 (1975: 136-149), 강성일 (1972)에 자세하다.

은 소수의 한정된 어근과 결합한다는 점에서 단어 구성소로 보는 것이 무난해 보인다.

(5나)는 상태 동사의 접두 파생법이다. 중세어에는 동작 동사와 상태 동사의 구별이 확연하지 않은 점도 있지만 상태 동사의 접두 파생법은 당대어만큼 많지 않다. '에굳다'의 '에-'는 '옳지 않으면서 세기만 한'의 뜻인데 다른 예는 보이지 않는다.

B. 접미 파생법

중세어도 당대어와 같이 접미사는 한정적 파생법뿐만 아니라 지배적 파생법에도 쓰였다. 한편, 중세어의 접미적 파생법도 당대어와 같이 모든 품사에 고루 나타난다. 그 사정을 보기로 한다.

명사 파생법: 명사 파생법에는 한정적 파생법과 지배적 파생법이 있다[425]. '여듧곰'의 '-곰'은 당대어의 '-씩' (예: 하나씩)과 같이 수 표시어에 나타난다는 점을 고려하여 접사로 보기로 한다. 그러나 투명성이 강하여 단순한 접사로 보기 어려운 점이 없지 않다.

(6) 가. ᄇᆞᄅᆞᆷ가비, 머리맡, 글발, 말쏨, ᄉᆞ라기, 세차히, 불무질, 너희, 아ᄒᆡᄃᆞᆯㅎ, 여듧곰〈명사, 대명사, 수사에서〉
나. ① 이바디, 거름, 우숨, 무덤, ᄂᆞᆯ개, ᄀᆞᅀᅢ, 버워리〈동작 동사에서〉
② 노피 (더뷔, 치뷔)〈상태 동사에서〉
③ 아바님〈통사 구조 바꿈〉

(6가)는 명사나 대명사에 접사가 붙어 다시 명사, 대명사를 파생시키는 한정적 파생법이다. 'ᄇᆞᄅᆞᆷ가비'의 '-가비'는 'ᄇᆞᄅᆞᆷ' 이외에는 붙지 않는 불규칙적 형태소이다. '머리맡'의 '-맡'도 역시 불규칙적이다. '글발'의 '-발'은 '빗발, 힛발, 긧발'에서는 '-발'로 나타나는데 이는 곧 '-왈/-월'로 변하였다. '말쏨'은 '말씨'의 뜻인데 '-쏨'은 불규칙적 형태소이다. 'ᄉᆞ라기'는 '빨'에서 파생된 것으로 짐작되는 '슬'에 지소사 '-아기'가 붙은 것인데 역시 불규칙적이다. '세차히'의 '-차히'는 '-자히, -재, -차, -자'로 실현되기도 하는데 (고영근 2010다: 83-84), 수사나 단위성 의존 명사에 붙어 차례를 표시한다. 투명성이 강하여 접사로 보기 어려운 점이 없지 않다. '불무질'의 '-질'은 직업적인 행위를 의미하는데 달리 쓰인 예는 보이지 않는다. 그러나 당대어에 매우 생산적으로 쓰인다는 점을 고려하면 단어 형성소로서의 자격이 충분하다 (고영근 1989/1999나: 645). '너희'는 '저희'와 함께 대명사에 '-희'가 붙었는데 상당히 불규칙적이다. '아ᄒᆡᄃᆞᆯㅎ'의 '-ᄃᆞᆯㅎ'은 당대어의 복수 접미사 '-들'의 직접적 소급형인데 중세어에서도 매우 생산적이었으며 당대어와 같이 통사적 파생법으로 간주할 수 있다.

(6나)는 품사를 바꾸기도 하고 통사 구조에 영향을 미치기도 하는 지배적 파생법이다. ①은 동사를 명사로 파생시킨다. '이바디'는 동사 어근 '이받-'에 '-이'가 붙은 것인데 '하리, 마지, 마ᄍᆞᄫᅵ (<*맞ᄌᆞᄫᅵ)' 등이 이 부류에 속한다. '거름'은 '걷-'에 '-음'이 붙은 것인데 '그림, 너김, 어름, 싸홈,

---

425) 명사 파생법의 구체적 용례는 유창돈 (1971: 227-238), 강성일 (1972), 허웅 (1975: 222-239), 구본관 (1998: 77-167), 조일규 (1995) 참조.

ᄆᆞᄎᆞᆷ' 등이 이 부류에 속한다. 당대어와 큰 차이가 없다. 당대어에는 볼 수 없는 명사 형성의 접사가 있는데 그것은 '우숨'에 나타나는 '-움'이다. '춤 (<츠-), 우룸, ᄌᆞ오롬' 등이 이 부류에 속한다. 이 곳의 '-움'은 동명사형 어미 '-움'과 형태가 같아 구별이 쉽지 않다. 그러나 통사적 관계를 자세히 살펴보면 기능상의 차이를 구별할 수 있다. 이는 당대어의 '-(으)ㅁ'이 명사 형성의 접사와 동명사형 어미에 두루 쓰여 형태상으로 구별되지 않는 것과 비슷하다. '무덤'은 당대어와 같이 '묻-'에 '-엄'이 붙은 것인데 '주검, 구지람/구지럼'에도 나타난다. 'ᄂᆞᆯ개'는 'ᄂᆞᆯ-'에 '-개'가 붙은 것인데 '집게'에서는 '-게'로 나타나며 '벼개, 둡게, 받개, 놀애' 등도 다 같은 부류에 든다. 투명성이 돋보인다. 'ᄀᆞ새'는 'ᄀᆞᇫ애'로도 나타나는데 'ᄀᆞᆺ-'에 '-애'가 붙었다. '둘에 (<두르-), 부체 (<붗-)'도 같은 부류에 속한다. 투명성이 돋보인다. '버워리'는 '버우-'에 '-어리'가 붙었는데 달리 쓰인 예가 나타나지 않는 불구 형태소이다.

(6나)②는 상태 동사의 명사 파생법이다. '노ᄑᆡ'는 '높-'에 '-ᄋᆡ'가 붙은 것인데 '기릐, 기픠, 킈, 고ᄫᆡ, 구븨'도 모두 이런 부류에 든다. '기릐'는 '기리'로 나타나는 일이 있는데 이런 경우는 부사와 형태상으로 구별되지 않는다. '더뷔'도 '덥-'에 '-의'가 붙어 '더뷔'가 된 것으로 생각된다.[426] '치뷔'도 같은 해석이 적용된다. 규칙적인 면이 없지 않아 투명성이 확인된다.

(6나)③의 '-님'은 품사를 바꾸지는 않지만 통사 구조에 영향을 미치기 때문에 그것이 붙어 이루어지는 말은 통사적 파생법으로 처리된다.

(6) 나. ③' 아바니미(님이) 어듸 가시니잇고 (월인석보 권8, 97장)

존경의 복수 접미사 '-내' (§6.3.2.3.C, 236쪽); 고영근 (2010다: 87)도 이런 성격을 어느 정도 띠고 있으나 '-님'만큼 구속력이 강하지 않기 때문에 일단은 한정적 파생법으로 다루기로 한다[427].

동작 동사 파생법: 동작 동사 파생법도 한정적인 것과 지배적인 것으로 구분된다[428]. 파생 유형에 따라 세 동아리로 나누어 설명하기로 한다.

다음은 동사 어근에 접미사가 붙어 다시 동사로 파생되었으니 한정적 파생법이다.

(7) 가. 니르받다, 벗기완다, 열티다, 드위혀다, 니ᄅᆞ혀다 … 〈동사에서〉

'니르받다'는 '니르-'에 강세의 접미사 '-받-'이 붙었는데[429], '-받-'은 '벗기완다'에서 보는 바와 같이, '-완-'으로 변하였다. '벗기완다'는 파생 어근 '벗기-'에 붙은 것이 특징이다. '벗기-'는 '벗-'에서 파생

426) 같은 해석이 송철의 (1992)에도 보인다. 그런데 허웅 (1975: 229)에는 어근에 접사 '-이'가 붙은 것으로 해석하였다. 이는 물론 잘못이다.

427) 앞에서 저자는 중세어의 복수의 '-ᄃᆞᆯㅎ, -내'를 후치사로 처리할 수 있다는 견해를 피력한 일이 있다 (§6.5.2. 각주11, 300쪽, 306쪽).

428) 동작 동사 파생법에 대하여는 안병희 (1959/1978), 유창돈 (1971: 320-328), 강성일 (1972), 허웅 (1975: 150-222), 구본관 (1998: 223-296) 참조.

429) 중세어의 강세 접미사에 대한 종합적 검토는 이현희 (1997) 참조. 이병기 (2008)에서는 종전의 강세 접미사를 보조 용언으로 보기도 한다.

되었고 이를 바탕 (基語, base)로 삼아 다시 '벗기왇-'이 파생되었다. 앞에서 도입한 이중 파생법에 속한다 (§6.7.4.3.B, 340쪽). '열티다'는 '열-'에 '-티-'가 붙었는데 당대국어의 '-치-'의 직접적 소급형이다. '드위혀다' (뒤집다)의 '-혀-'는, '니ᄅᆞ혀다'에서 보는 바와 같이, '-혀-'로 나타나는 일도 있다.

다음 예는 지배적 파생법이다.

(7) 나. ① 공사 (公事) ᄒᆞ다, 그슴ᄒᆞ다, 깃ᄒᆞ다, 시름ᄒᆞ다, ᄉᆞᅀᅵᄒᆞ다, 풍류ᄒᆞ다 … 〈명사에서〉
② 기피다, 녀토다, 더러ᄫᅵ다, 어두이다, ᄆᆞᆯ기다, ᄇᆞᆯ기다, 너피다 … 〈형용사에서〉
③ 다ᄆᆞᆺᄒᆞ다, 잘ᄒᆞ다, 조초ᄒᆞ다, 고ᄌᆞ기ᄒᆞ다; 구믈어리다, ᄀᆞᆷᄌᆞ기다, 구믈구믈ᄒᆞ 다 … 〈부사에서〉
④ ᄀᆞᄆᆞᆯ다, 깃다, 너출다, 되다
⑤ ᅛᅥ다

(7나)①은 명사 어근에 '-ᄒᆞ다'가 붙어 동사가 된 것이다. 중세어도 당대어와 같이 'ᄒᆞ다'는 많은 명사에 붙어 동사를 만들었다 (허웅 1975: 86-88). ②는 상태 동사 어근에 접미사가 붙어 동작 동사가 된 것이다. '기피다'는 '깊-'에 '-이-'가, '녀토다'는 '녙-'에 '-오-'가, '더러ᄫᅵ다'는 '더럽-'에 '-이-'가, '어두이다'는 '어듭-'에 '-이-'가 (<어두ᄫᅵ다), 'ᄆᆞᆯ기다'는 'ᄆᆞᆰ-'에 '-이-'가, '너피다'는 '넙-'에 '-히-'가 각각 붙었다. 상태 동사를 동작 동사로 만드는 단어 형성법은 당대어보다 훨씬 생산적이었다. 그것은 '기피다, 녀토다, 어두이다, ᄆᆞᆯ기다'와 같은 형성이 당대어에 확인되지 않는다는 사실로 알 수 있다. ③의 '다ᄆᆞᆺᄒᆞ다, 잘ᄒᆞ다'는 부사 '다ᄆᆞᆺ, 잘'에 'ᄒᆞ다'가 붙었고 '조초ᄒᆞ다, 고ᄌᆞ기ᄒᆞ다'는 파생 부사 '조초, 고ᄌᆞ기'에 'ᄒᆞ다'가 붙어 동사로 파생된 것이다. '구믈어리다, ᄀᆞᆷᄌᆞ기다'는 '구믈구믈, ᄀᆞᆷᄌᆞᆨᄀᆞᆷᄌᆞᆨ'[430]이라는 의태 부사에 접사 '-거리-, -이-'가 붙은 것이다. '구믈구믈ᄒᆞ다'는 그대로 '-ᄒᆞ다'가 붙었다. ④는 명사가 그대로 동사가 된 것인데 이 때는 접사가 ϕ로 실현된다고 설명한다[431]. 실례를 하나씩 들기로 한다.

(7) 나. ④' 1) ᄀᆞᄆᆞ라 (**ᄀᆞᄆᆞᆯ**아) 비 아니 오ᄂᆞᆫ 싸히 잇거든 (월인석보 권10, 84장)
cf. ᄀᆞᄆᆞ래 (**ᄀᆞᄆᆞᆯ**애) 아니 그츨씨 (용비어천가, 2장)
2) 깃 기섯거니와 (**깃**엇거니와) (남명집언해 하, 16장)
cf. **깃** 기섯ᄂᆞᆫ 곳고리 (두시언해 권15, 7장)
3) ᄎᆞᆫ 藤草ㅣ 너추렛도다 (**너출**엣도다) (두시언해 권16, 14장)
cf. 너추렛 (**너출**엣) 여르미 나니 (월인석보 권1, 43장)
4) 量ᄋᆞᆫ 하며 져구믈 **되**ᄂᆞᆫ 거시라 (월인석보 권9, 7장)
cf. 네 **되** 드ᄂᆞ니라 (삼강행실도 충신도, 19장)

---

430) 'ᄀᆞᆷᄌᆞᆨᄀᆞᆷᄌᆞᆨ, 기웃기웃'은 중세어에는 문증되지 않으나 존재 가능성이 충분하다. '기웃ᄒᆞ다'의 의미를 '기우뚱하다'로 본다면 '기웃'을 '기울 + ㅅ'로 분석할 가능성이 없지 않다.

431) 이러한 부류의 파생법은 유창돈 (1971: 321-323), 허웅 (1975: 206-207), 심재기 (1980: 353-354) 참조. 그리고 이런 부류의 어휘의 발달에 대하여는 이승욱 (1974/1997: 169-209) 참조.

(7나)⑤의 ‘낛다’는 명사 ‘낛’의 겹받침 ‘ㅺ’의 순서가 바뀌어 동사로 파생된 것이다[432]. 그러나 이런 예는 달리 더 발견되지 않는다.

다음 예는 (7가)와 같이, 동사를 다시 동사로 파생시킨다는 점에서는 한정적 파생법이라고 할 수 있으나 접사의 첨가가 통사 구조를 바꾸므로 통사적 파생법으로 보기로 한다.

(7) 다. ① 그치다, 조치다, ᄂᆞᆯ이다, 니ᇫ이다, 셰다, ᄇᆡ호이다, 올이다, 믈리다;도티다, 무티다, 자피다;벗기다, 빗기다;도도다, 거두다, 기울우다, ᄢᅵ오다, 뷔우다;나토다, 머추다;솟고다;사ᄅᆞ다, 도ᄅᆞ다, 이르다 …

② 두피다, 걸이다, 브ᇫ이다, 이어이다, 브리이다, 글이다, 블리다;다티다, 머키다;ᄃᆞᆷ기다, ᄉᆞᆱ기다 …

③ 자피다, 들이다 (入), 들이다 (聞), 싯기다;디다 (落);뵈다 (見) …

(7다)①은 사동사 파생법이다. 첫째 묶음은 자동사와 타동사 어근에 접사 ‘-이-(ㅣ), -히-’가 붙어 사동사가 된 것이다. ‘그치다, 조치다’는 ‘긏-, 좇-’에 ‘-이-’가 붙었다. ‘ᄂᆞᆯ이다, 니ᇫ이다’는 ‘ㄹ, ㅿ’ 받침으로 된 동작 동사가 ‘-이-’와 결합되면 밝혀적히면서 후음이 얹히는 예이다. ‘ㄹ’ 말음 동사는 대부분 ‘드리다, 버므리다’와 같이 이어적기를 하고 있으나 ‘ᄂᆞᆯ이다’를 비롯하여 ‘굿블이다, 놀이다, 말이다 (禁), ᄊᆞᆯ이다, 울이다 (鳴)’ 등은 밝혀적기가 되면서 후음이 얹힌다. ‘올이다, 믈리다’는 ‘ᄅᆞ~르’로 끝난 동사가 ‘-이-’와 결합되면 ‘ㄹ’가 접사와 밝혀적히면서 후음을 남기는 것과 ‘ㄹ’가 겹치는 것이다. 이런 현상은 어간에 어미가 붙을 때도 목격되었고 (§6.2.3.1.B, 128쪽), 명사에 격어미가 붙을 때도 있었고 (§6.3.3.1.B, 250쪽). 둘째 묶음은 ‘-히-’가 붙은 것이다. ‘도티다’는 ‘돋-’ (起)에 ‘-히-’가, ‘무티다’는 ‘묻-’ (染)에 ‘-히-’가, ‘자피다’는 ‘잡-’에 ‘-히-’가 각각 붙었다. 셋째 묶음은 ‘-기-’가 붙은 것인데 ‘벗기다’는 ‘벗-’에 ‘-기-’가, ‘빗기다’는 ‘빗-’에 ‘-기-’가 각각 붙었다. 넷째 묶음은 ‘-오- ~ -우-’가 붙은 것이다. ‘도도다’는 ‘돋-’에 ‘-오-’가, ‘거두다’는 ‘걷-’에 ‘-우-’가, ‘기울우다’는 ‘기울-’에 ‘-우-’가, ‘ᄢᅵ오다’는 ‘ᄢᅵ-’에 ‘-오-’가, ‘뷔우다’는 ‘뷔-’에 ‘-우-’가 각각 붙었다. 다섯째 묶음은 ‘-호-/-후-’가 붙었다. ‘나토다’는 ‘낟-’에 ‘-호-’가, ‘머추다’는 ‘멎-’ (停)에 ‘-후-’가 각각 붙었다. 여섯째 묶음의 ‘솟고다’는 ‘솟-’에 ‘-고-’가 붙었다. 마지막의 ‘사ᄅᆞ다, 도ᄅᆞ다, 이르다’는 ‘살-, 돌-, 일-’에 접미사 ‘-ᄋᆞ- ~ -으-’가 붙은 것으로 ‘살이다, 돌이다, 일우다’와는 의미가 약간 다른 사동사이다. 이런 사동사에는 이밖에 ‘기ᄅᆞ다 (<길다), 니ᄅᆞ다 (<닐다)’가 있다. 뒤에 나오는 피동사에는 미치지 못하지마는 투명성이 인식된다고 말할 수 있다.

(7다)②는 피동사 파생법이다. 중세어에는 피동사가 많지 않다. 능격 동사가 피동사로 대용되는 일이 많기 때문이다 (고영근 2010다: 264; 뒤에 나옴). 첫째 묶음은 ‘-이-’가 붙은 것이다. ‘두피다’는 ‘둪-’에, ‘걸이다 (掛), 브ᇫ이다’는 ‘ㄹ, ㅅ’ 말음 동사에 ‘-이-’가 붙은 것인데 접사와 어근이, 앞의 사동사와 같이, 밝혀적기가 되면서 후음이 얹혀 있다. ‘글이다, 블리다’는 ‘ᄅᆞ~르’로 끝난 어간

432) 동사로서 받침 셋을 가진 ‘낛다’ (예: 고기 낛글 사ᄅᆞ미)가 있는데 이것이 ‘낛다’의 표기상의 변종인지 확실하지 않다. 이런 예에 대한 합리적인 해석이 가해지지 않고서는 자음의 순서 바꿈에 기댄 파생법은 문제를 내포하고 있다.

이, 앞의 사동사와 같이, 접사 '-이-'와 결합됨에 따라 'ㄹ'가 밝혀적히면서 후음이 얹히기도 하고 겹치기도 하는 것이다. 이는 'ᄅᆞ~르' 어간의 활용 양상과 같다 (§6.2.3.1.B, 134쪽 고영근 2010다: 125- 126). 둘째 묶음은 '-히-'가 붙은 것이다. '다티다'는 '닫-'에 '-히-'가, '머키다'는 '먹-'에 '-히-'가 붙었고 셋째 묶음은 '-기-'가 붙었다. 당대어도 그렇지만 중세어의 피동사는 어느 정도 규칙적이라는 점에서 투명성이 확보되어 있다고 말할 수 있다.

(7다)③은 사동사와 피동사로 공용되는 것이다[433].

(7) 다. ③' 일후미 너비 들여 (석보상절 권13, 4장)〈피동사〉
法을 닐어 沙彌를 들이니 (월인천강지곡, 기 184)〈사동사〉

첫째의 '들이다'는 주격 보족어 명사구를 지배하고 있으므로 자동사가 되고 둘째의 '들이다'는 대격 보족어 명사구를 지배한다는 점에서 타동사가 된다.

상태 동사 파생법: 상태 동사 파생법에도 한정적 파생법과 통사적 파생법이 두루 확인된다.

(8) 가. ᄂᆞᆽ갑다, 녇갑다, 맛갑다, 므겁다, 두텁다 …
나. ① 시름ᄃᆞᆸ다, 겨르ᄅᆞᆸ다, 새ᄅᆞᆸ다, 힘젓다, 새옴ᄇᆞᄅᆞ다, 간난ᄒᆞ다, 맛당ᄒᆞ다 …
② 골ᄑᆞ다, 깃브다, 웃ᄫᅳ다, 그립다, ᄉᆞ랑ᄒᆞᆸ다, 앗갑다, 붓그럽다 …
③ 외ᄅᆞᆸ다 …
④ 다복다복ᄒᆞ다, 믈ᄀᆞᆺ믈ᄀᆞᆺᄒᆞ다, 믯믯ᄒᆞ다 …
다. 아ᄃᆞᆨᄒᆞ다, ᄀᆞᄆᆞᆫᄒᆞ다, 파라ᄒᆞ다, 누러ᄒᆞ다 …

(8가)는 상태 동사 어근에 접사가 붙어 다시 형용사로 파생된 한정적 파생법이다. 'ᄂᆞᆽ갑다'는 'ᄂᆞᆽ-'에 '-갑-'이, '녇갑다'는 '녇-'에 '-갑-'이, '맛갑다'는 '맞-'에 '-갑-'이 각각 붙었다. '므겁다, 두텁다'는 '므긔, 두틔'로 미루어서 '*믁-, *둩-'에 '-업-'이 붙은 것으로 짐작된다[434]. 투명성이 확인된다고 말하기가 어렵다.

(8나)는 지배적 파생법이다. ①의 '시름ᄃᆞᆸ다'에 나타나는 '-ᄃᆞᆸ-'은 자음으로 끝난 어근 아래 쓰이고 '겨르ᄅᆞᆸ다, 새ᄅᆞᆸ다'에 나타나는 '-ᄅᆞᆸ-'은 모음이나 'ㄹ'로 된 어근 아래에 나타난다. '겨르ᄅᆞᆸ다'는 '겨를'에 '-ᄅᆞᆸ-'이 붙은 것인데 'ㄹ'가 탈락된 것이다. 한편, '-ᄃᆞᆸ- ~ -ᄅᆞᆸ-'은, '疑心ᄃᆞᄫᆡ니, 受苦ᄅᆞᄫᆡ요미'에서 보는 바와 같이, 매개 모음을 취하는 어미 '-니'나 모음 어미 '-옴' 앞에서는 '-ᄃᆞᄫᆡ- ~ -ᄅᆞᄫᆡ-'로 교체되기도 한다 (안병희 1959/1978: 70-72, 구본관 2007). '-ᄃᆞᆸ-, -ᄅᆞᆸ-, -ᄃᆞᄫᆡ-, -ᄅᆞᄫᆡ-'의 교체 양상은 '-ᄉᆞᆸ-'의 그것과 비슷하다 (고영근 2010다: 137-138). '시름다ᄫᆡ, 새롭도다'에서 보는 바와 같이, '-답-, -롭-'이 붙어 형용사가 되는 일이 있다. 당대어의 '-답-, -롭-, -스럽-'에 해당하는 것으로

---

433) 저자는 이런 파생 동사도 능격 동사로 처리한 바 있다. 고영근 (1986/2004가: 131-161) 참조.

434) '므긔'를 '므기다' ('무겁게 하다')에 명사 형성의 접사가 붙은 것으로 생각하기 쉬우나 다른 척도 명사 형성법, 이를테면 '너븨, 기릐, 노ᄑᆡ' 등을 고려할 때 무거움을 뜻하는 불규칙적 어근 '*믁-'을 바탕으로 하여 형성되었음이 틀림없다. '두틔'도 불규칙적 어근 '*틑-'에 접사 '-의'가 붙었음이 틀림없다. 앞으로 두 어형이 문증되기를 기대해 본다.

명사를 상태 동사로 파생시키는 기능을 띠고 있다. '힘젓다'의 '-젓-'은 현대어의 '-스럽-'이나 '-적-'에 해당하는 접사로서 이 밖에도 '香氣젓다' 등 몇 군데 쓰이기는 하나 생산적이라고 하기가 어렵다. '새옴ᄇᆞᄅᆞ다'의 '-ᄇᆞᄅᆞ-'는 불규칙적 접사인데 '(질투) 좋아하다'의 뜻이 주어진다. '간난ᄒᆞ다, 맛당ᄒᆞ다'는 명사에 '-ᄒᆞ다'가 붙어 상태 동사가 되었다.

(8나)②는 동작 동사에 접사가 붙어 상태 동사로 파생된 것이다. '골ᄑᆞ다'는 '곯-'에 '-ᄇᆞ-'가, '깃브다'는 '깄-'에 '-브-'가, '우ᇫ브다'는 '우ᇫ-'에 '-브-'가 각각 붙었다. '그립다'는 동작 동사 '그리-'에 '-ㅂ-'가 붙은 것인데 '두립다, 너깁다 (念), 놀랍다, 믭다' 등 예가 많다. 'ᄉᆞ랑ᄒᆞᆸ다'는 'ᄉᆞ랑ᄒᆞ다'라는 동작 동사에 '-ㅂ-'가 붙은 것인데 '怨ᄒᆞᆸ다, 愛樂ᄒᆞᆸ다, 感動ᄒᆞᆸ다, 恭敬ᄒᆞᆸ다' 등 많은 예가 나타난다. '앗갑다, 붓그럽다'는 동작 동사 '앗기-', '붓그리-'에 '-압-/-업-'이 붙었는데 끝모음 '이'가 탈락되었다. 어근이 대부분 규칙적이기 때문에 당대어에 비하여 투명성이 확보되어 있다고 말할 수 있다.

(8나)③은 관형사 '외'에 '-ᄃᆞᆸ-'의 이형태 '-ᄅᆞᆸ-'이 붙은 것이다.

(8나)④는 의태 부사나 이러한 특성을 지니고 있는 상징 부사에 '-ᄒᆞ다'가 붙어 형용사가 된 것이다.

(8다)는 불규칙적 어근에 '-ᄒᆞ다'가 붙어 형용사가 된 것이다. '아ᄃᆞᆨᄒᆞ다, ᄀᆞᄆᆞᆫᄒᆞ다'의 '아ᄃᆞᆨ, ᄀᆞᄆᆞᆫ'은 품사를 알 수 없는 불규칙적 어근으로 보인다. '파라ᄒᆞ다, 누러ᄒᆞ다'는 당대어의 'ㅎ' 불규칙 상태 동사의 직접적 소급형이다. 어근 '팔-, 눌-'이 비슷한 의미를 표시하는 '프르다, 누르다'와 형태상의 동일성이 성립되지 않으므로 불규칙적 어근에 '-ᄒᆞ다'가 붙은 것으로 해석한다[435].

부사 및 접속사 파생법: 부사 파생법은 한정적 파생법이 부분적으로 확인되고 대부분은 지배적 파생법에 의존한다[436].

(9) 가. 몬내, 본ᄃᆡ로, 나날로, 고대
나. ① 진실로, 날로, 새로, ᄆᆞᄎᆞᆷ내, ᄆᆞᅀᆞᄆᆞ라, 손소 … 〈명사에서〉
② 비르서, 다, 모다, 가ᄉᆡ야, 구틔여, 마초아, ᄂᆞ외야;비르수, 갓ᄀᆞ로, 마조, 골오, ᄂᆞᇫ우 … 〈동작 동사에서〉
③ ᄃᆞ리, 그우리, 드리, 내 … 〈동작 동사에서〉
④ 기리, 져기, ᄇᆞᆯ기, 느지, 조비, 거츠리;슬피, 키;달이, 섈리;해, 오래;ᄀᆞᄃᆞ기, ᄂᆞᄌᆞ기, 훤츨히, 펴러히;이대 … 〈상태 동사에서〉
⑤ 업시, 멀리, 니르리, 조초 … 〈상태 동사, 동작 동사에서〉
⑥ 바ᄅᆞ, ᄇᆡ브르, 하;마초, 모도, ᄀᆞ초;ᄀᆞᆮ … 〈상태 용사, 동작 동사에서〉
다. 그럴ᄊᆡ, 그러면, 그러나 … 〈상태 동사에서〉

435) '누러ᄒᆞ다'류 형용사의 성격에 대하여는 이현희 (1985)를 보고 15세기의 색채 형용사의 형성상의 특수성에 대하여는 김창섭 (1996나)를 참조할 수 있다,

436) 부사 파생법에 대하여는 유창돈 (1971: 404-426), 허웅 (1975: 239-258), 박석문 (1991), 구본관 (1998: 297-342) 참조. 부사 형성과 성조의 문제를 관련시킨 업적으로는 유필재 (2007), 이문규 (2007)이 있다. 여기서는 번잡을 피한다는 점에서 성조 문제는 접어 두기로 한다.

(9가)는 부사에 접사가 붙어 다시 부사로 파생되었다는 점에서 한정적 파생법으로 처리하였다. '몯내' (끝까지는 못하여)는 부정 부사 '몯'에 '-내'가 붙어 다시 부사가 되었다. 매우 불규칙적인 불구 형태소로 보인다. '본ᄃᆡ로, 나날로'는 '본ᄃᆡ (본디의 뜻), 나날'이 부사로 쓰이는데 여기 다시 파생 접사화한 조격 어미 '-로'가 붙어 또 부사가 되었다[437]. '고대' (즉시)는 부사 '곧'에 파생 접사화한 처소의 격 어미가 붙어 다시 부사가 되었으니 한정적 파생법이라고 할 수밖에 없다.

(9나)는 통사적 파생법이다.

(9나)①은 명사 (대명사)에 접사가 붙어 부사가 된 것이다. '진실로, 날로, 새로'는 명사에 접사화한 중간 범주의 '-로'가 붙었다. '새로'는 '새려'로 나타나기도 한다. '-로'와 '-려'가 도구격 '-로'와 관련되는가 하는 문제는 섣불리 단정할 수 없으나 여기서는 접사로 볼 수밖에 없다. 'ᄆᆞᄎᆞᆷ내'는 명사 'ᄆᆞᄎᆞᆷ'에 접사 '-내'가 붙어 부사가 되었으니 지배적 파생법이다. '내죵내'도 같이 처리된다. '므스므라' (무슨 까닭으로)는 대명사 '므슴'에 접사 '-으라'가 붙은 것인데 '므스므려'로 나타나는 일도 있다. 다른 어근에 붙는 일이 없는 매우 불규칙한 접사다. '손소'의 '-소'는 '몸소'와 같이 '몸'에도 붙는 일이 있으나 그 쓰임이 매우 제한되어 있다.

(9나)②는 동사 어근에 접사화한 중간 범주의 부동사 어미 '-어 ~ -아'와 접사 '-오 ~ -우'가 붙어 부사로 파생된 것이다. 첫째 묶음은 동사 어근 '비릇-, 다ᄋᆞ-, 몯-, 가ᄉᆡ-, 구틔-, ᄂᆞ외-'에 '-어 ~ -아'가 붙었다. '마초-'는 '맞-'에 '-호-'가 붙어 파생된 말인데 이를 기반으로 중간 범주의 '-아'가 붙어 다시 '마초아'가 파생되었다. '다'는 '다ᄋᆞ-'에 '-아'가 붙은 것인데 활용형과 형태상으로는 구별되지 않는다[438]. 둘째 묶음은 동사 어근 '비릇-, 갓ᄀᆞᆯ-, 맞-, 고ᄅᆞ-, 닛-'에 접사 '-오 ~ -우'가 붙었다. '골오, 니ᇫ우'에서 밝혀적기와 함께 후음이 얹힌 것은 전자가 'ᄅᆞ'로 끝난 어간이기 때문이고 후자가 'ㅅ'불규칙 동사의 어간이기 때문이다.

(9나)③도 동작 동사에서 파생된 부사인데 당대어에는 발견되지 않는다. 'ᄃᆞ리'는 'ᄃᆞᆯ-' (懸)에 '-이'가 붙은 것으로 현대에는 '달아'로, '그우리'는 '그울-' (轉)에 '-이'가 붙은 것으로 현대에는 '구르게'로, '드리'는 '들-' (擧)에 '-이'가 붙은 것으로 당대에는 '들어'로, '내' (앞질러, 미리)는 '나-' (出)에 '-ㅣ'가 붙은 것으로 당대에는 '나게' 정도로 각각 쓰여서 모두 활용형에 의지하고 있다. 이런 점을 고려하면 중세어의 동사에 붙는 '-이'는 굴절 접사의 기능을 띠었다고 말할 수 있다[439].

(9나)④는 상태 동사에서 파생된 부사인데 당대어에서 발견되는 것도 있고 그렇지 않은 것도 있다. 첫째 묶음은 자음으로 끝난 '길-, 젹-, ᄇᆞᆰ-, 늦-, 좁-, 거츨-'에 '-이'가 붙은 것인데 '기리, 져기, ᄇᆞᆯ기'만 당대에 그대로 계승되어 있고 나머지는 '늦게, 좁게, 거칠게'와 같이 부동사형에 기대고 있다. '져기, ᄇᆞᆯ기'는 '적이, 밝히'로 쓰이기도 하지만 '적게, 밝게'와 같이 활용형에 의존하는 것이 보

437) 격 어미나 활용 어미에 문법성이 결여되면 파생 접사로 다루는 것이 보통이며 이양혜 (2000)에서 이 문제를 "중간 기능의 범주"라 하였다 (§6.3.4, 278쪽). 고영근 (1972/1999나: 523-525)와 최형용 (2003: 4장)에서도 관련 논의를 볼 수 있다.

438) '滅와 生괘 다 다아 (능엄경언해 권4, 69장)'과 같은 예에서는 활용형이 '다아' (<다ᄋᆞ아)이어서 부사 '다'와의 구별이 쉽다. 허웅 (1975: 81) 참조.

439) '-이'계 접사의 굴절성은 이광정 (1983)에서 자세히 논의되었다.

통이다. 둘째 묶음의 '슬픠, 키'는 'ㅡ'로 끝난 '슬프-, 크-'에 '-이'가 붙었는데 '슬픠'만 남아 있고 '키'는 '크게'로 바뀌었다. 셋째 묶음의 '달이, 쌜리'는 'ᄅᆞ~르'로 끝난 형용사의 부사로서 다른 접사와 같이 어근이 접사와 밝혀적기와 함께 후음이 얹히거나 'ㄹ'가 겹쳐진 것이다. 넷째 묶음의 '해, 오래'는 모음으로 끝난 '하-(多, 大), 오라-'에 '-ㅣ'가 붙은 것이다. 전자는 폐어화하였고 후자는 그대로 남아 있다. 다섯째 묶음은 '-ᄒᆞ다'가 붙은 상태 동사를 부사로 파생시킨 것이다. 'ᄀᆞᄃᆞ기, ᄂᆞᄌᆞ기'는 'ᄀᆞᄃᆞᆨᄒᆞ-, ᄂᆞᄌᆞᆨᄒᆞ-'에서 'ᄒᆞ'를 탈락시키고 어근 'ᄀᆞᄃᆞᆨ-, ᄂᆞᄌᆞᆨ-'에 '-이'가 붙은 것이다. '훤츨히, 퍼러히'는 '훤츨ᄒᆞ-, 퍼러ᄒᆞ-'에서 'ᄋᆞ'만 떨어지고 '-이'가 붙었다. 마지막의 '이대'는 형용사 '읻-'에 '-애'가 붙은 것으로 불규칙적이다.

(9나)⑤는 형태상으로는 파생 부사이지만 기능상으로는 굴절 접사의 기능을 띠는 것이다. 당대어에서 '없이, 같이, 달리'가 굴절 접사의 기능을 띠고 있음을 보았는데 (§6.7.4.3.D. <부사 파생법>, 341쪽, 남기심 · 고영근 1985/2014: 206-207), 중세어에서는 '업시'는 물론, '멀리, 니르리, 조초'에 그런 사실이 파악된다.

(9) 나. ⑤' 1) 돈 <u>업시</u> 帝理예 살오 (두시언해 권20, 37장)
2) 城 아니 <u>머리</u> 뫼히 이쇼ᄃᆡ (석보상절 권 20, 38장)
3) 처섬 듫 적브터 百千劫에 <u>니르리</u> (월인석보 권21, 46장)
4) 그 가온ᄃᆡ 구룺 氣運이 ᄂᆞᄂᆞᆫ 龍ᄋᆞᆯ <u>조초</u> 잇도다 (두시언해 권16, 31장)

1) '업시'는 당대어의 '없이'와 조금도 차이가 없다. '없-'이 주격 보족어 명사구 '돈'에 걸려 있으므로 서술어가 되며 활용형의 성격을 띠고 있다. 2)의 '머리' (<멀이)의 '-이'는 '城이 아니 멀-'에 붙었기 때문에 굴절 접사로 보지 않을 수 없다. 3)의 '니르리'는 '니를-' (至)에 '-이'가 붙었는데 처소 (시간) 보족어 명사구 '百千劫'에 걸려 있으므로 활용형과 기능상의 차이가 없다. 4)의 '조초'는 '좇-' (隨)에 '-오'가 붙은 것인데 대격 보족어 명사구 '龍' (ᄋᆞᆯ)을 지배하고 있다[440].

(9나)⑥은 상태 동사와 동작 동사의 어간이나 어근이 그대로 부사로 파생한 것이다. 앞의 (7나)④에서 살펴본 명사가 그대로 동사로 파생하는 것과 같은 현상이다. 첫째 묶음은 상태 동사의 어간이 부사로, 둘째 묶음은 동작 동사의 어간이 부사로 각각 파생되는 예인데 파생 동사의 어간인 것이 특징이다[441]. '마초'는 '맞-'에 '-호-'가, '모도'는 '몯-'에 '-오-'가, 'ᄀᆞ초'는 'ᄀᆞᆽ-'에 '-호-'가 각각 붙었다. 셋째 묶음은 상태 동사의 어근이 부사가 된 것이다. 실례를 몇 개 들기로 한다.

(9) 나. ⑥' <u>바ᄅᆞ</u> 自性을 ᄉᆞᄆᆞᆺ 아ᄅᆞ샤 (월인석보 서, 18장)
cf. <u>바ᄅᆞ</u>게 ᄒᆞᄂᆞᆫ 거시니 (원각경언해 권하 3-1, 96장)
<u>비브르</u> 듣과라 (두시언해권7, 14장)

---

440) 중세어의 부사 형성의 접미사 '-이, -오~우'에 굴곡성이 파악된다는 사실은 허웅 (1975) 등에서 지적되어 왔다. 이 문제를 깊이 있게 다룬 업적으로는 이현희 (1996, 1994나: 76, 2006나, 2009) 등이 있다. 접미사 '-이'는 당대어에도 굴절성이 파악되는 예가 있는 것으로 보고되어 있다 (앞에 나옴).

441) 중세어의 어간형 부사의 특수성에 대하여는 민현식 (1988), 이현희 (1996) 참조.

cf. ᄇᆡ 브르긔 ᄒᆞ고ᅀᅡ (석보상절 권9, 9장)
ᄒᆞᆫ 발로 고초 드듸여 셔샤 (월인석보 권1, 52장)
cf. 부텨 向ᄒᆞᅀᆞᄫᅡ 손 고초샤 (월인석보 권1, 52장)
ᄆᆞᅀᆞᆷ ᄀᆞ초 얻긔 호리라 (석보상절 권9, 10장)
cf. 되 征代호ᄆᆞᆯ ᄀᆞ초아 ᄒᆞ놋다 (두시언해 권7, 25장)
하ᄂᆞᆳ 벼리 눈 ᄀᆞᆮ 디니이다 (용비어천가, 50장)
cf. 나 ᄀᆞᆮ게 ᄒᆞ리라 (석보상절 6,1장)

(9다)는 형용사 '그러ᄒᆞ다'에 파생 접사화한 어미 '-ᄅᆞᄊᆡ, -면, -나'가 붙어 접속사가 된 것이다.

6.7.8.3. 합성법

합성법에는 명사, 동작 동사, 상태 동사, 관형사, 부사에 걸쳐 세울 수 있으며 이밖에 반복 합성법도 둘 수 있다.

A. 명사 합성법

명사 합성법에는 당대어와는 달리 대부분 통사적 합성법이 확인된다[442].
다음 예는 명사끼리 어울려서 이루어진 합성 명사이다.

(1) 가. ① ᄯᆞᆼ오좀, 밤낮, 어ᅀᅵ아ᄃᆞᆯ, ᄆᆞ쇼, 바ᄂᆞ실, 가막가치, 아라우ㅎ, 사나ᄋᆞᆯ, 여닐굽
② 뫼ᇧ기슭, 믌새;빗믈, 곳믈;쇠붑, 믈구븨, 겨집죵, 입거웃, 거즛말;ᄃᆞᆯᄀᆡ알, 쇼의고기, 귀옛골회
③ 공쟝바치, 노ᄅᆞᆺ바치, 셩냥바지;ᄆᆞᆮ아ᄃᆞᆯ, ᄆᆞᆮ누의, ᄆᆞᆮ아기;암ᄆᆞᆯ, 수쇼
나. 외ᄡᅡᆨ, 외셤, 요ᄉᆞᅀᅵ, 요주숨, 뎌즈슴
다. 하나비, 한비, 한숨, ᄡᅳᆫ머리, 늘그니, 져므니, ᄌᆞᄆᆞᆯ쇠, 드르리

(1가) ①은 두 명사가 대등적으로 결합한 대등적 합성어이다. '밤낮'은 '낮밤'으로 나타나기도 한다. 'ᄆᆞ쇼, 바ᄂᆞ실'에서는 앞 명사 어근의 'ㄹ'가 탈락되었고, '가막가치'에서는 '가마괴'의 끝모음 '외'가 탈락되었다. '아라우ㅎ'에서는 앞 명사 어근 '아래'가 '아라'로 바뀌었다. '사나ᄋᆞᆯ'에서는 '사ᄋᆞᆯ'의 'ᄋᆞᆯ'이 탈락되고 '여닐굽'에서는 '여슷'이 '여'로 바뀌었다. ②는 앞의 명사 어근이 뒤의 명사 어근을 수식하는 방식으로 결합된 종속적 합성어이다. 종속적 합성어에서는 '쇠붑, 믈구븨'와 같은 예외가 없지 않으나 앞 명사의 끝소리가 유성음으로 되어 있고 뒤에 오는 명사의 첫 자음이 평파열음으로 되어 있으면 대부분 속격 '-ㅅ'가 나타난다. '-ㅅ'는 '빗믈'과 같이 유성 자음 앞에서도

442) 중세어의 명사 합성법에 대하여는 유창돈 (1971: 219-227), 허웅 (1975: 92-133) 참조. 당대어는 명사 합성법에서 통사적 합성법과 비통사적 합성법이 두루 확인된다. 자세한 것은 남기심 · 고영근 (1985/2014: 213-215) 참조, 중세어에도 드물기는 하지만 'ᄲᅩᆾ돌'과 같은 비통사적 합성어가 보인다 (이기문 1972/1998: 158, 허웅 1975: 96).

쓰이었다. '겨집종'과 같이 명사 말음이 무성 자음으로 되어 있으면 사이시옷이 쓰이지 않는다. 종속적 합성법에서는 '돌기알'과 같이 속격 '익'가 나타나기도 하고 '귀옛골회'와 같이 처격에 'ㅅ'가 붙은 '옛'이 나타나는 일도 있다. ③은 접사의 기능이 강한 명사와 결합하여 합성 명사가 된 것이다. '공장바치'의 '-바치'는, '셩냥바지'에서 보는 바와 같이, '-바지'로 나타나기도 한다. '-바치, -바지'는 당대어의 접미사 '-장이'에 해당하는데 중세어에서도 많은 명사에 붙기 때문에 접사의 성격이 강하다. 그러나 '匠은 바지라, 바지로이'와 같이 자립해서 쓰이기도 하고 뒤에 접사가 오는 일도 있으므로 합성법에 넣었다. '몯아돌' 등에 나타나는 '몯'은 많은 명사 앞에 쓰인다는 점에서 접두사의 성격이 강하나, '내 아드리 비록 ᄆᆞ디 (몯이)라도'에서 보는 바와 같이, 자립적으로도 쓰이므로 역시 합성법으로 처리한다. '암말, 수쇼'의 '암, 수'도 접두사의 성격이 강하나 역시 자립적으로 쓰이는 일이 있으므로 합성법에서 다룬다.

(1나)는 관형사와 명사가 결합하여 형성된 합성 명사이다. '요ᄉᆞᅀᅵ'의 '요'는 명사와 관형사로 통용되는 지시어 '이'의 작은말로 짐작된다. '뎌즈슴'은 '뎌주숨'으로도 나타나는데 '뎌'는 '이'와 성격이 같은 지시어이다.

(1다)는 수식적 동명사형과 명사의 결합에 의한 합성법이다. 중세어도 현대어와 같이, 단어 형성에 참여하는 수식적 동명사형 어미는 '-ㄴ, -ㄹ이'다. '하나비'는 '한아비'가 이어적기 된 것인데 '한'은 상태 동사 '하다'의 수식적 동명사형이다. '한비, 한숨'도 같다. '한숨'은 '한숨'으로도 실현된다. '뽄머리'의 '뽄'은 '뽀다'의 '-오-' 활용형인데 역시 동명사형 어미 '-ㄴ'에 기대고 있다. '늘그니, 져므니'는 '늙은이, 졈은이'로 분석되는데 동명사형과 의존 명사의 합성이다. 'ᄌᆞ믈쇠'는 'ᄌᆞᄆᆞ다'의 'ㄹ' 동명사형 'ᄌᆞ믈'과 명사 '쇠'의 합성이며 '드르리'는 '들을이'로 분석되는데 의존 명사 '이'와의 합성이다.

B. 동사 합성법

동작 동사 합성법: 동사 합성법에는 당대어와 같이 통사적 합성법과 비통사적 합성법이 두루 확인된다[443].

(2) 가. ① 눈멀다, 믈들다, 빗나다
　　　② 길잡다, 녀름짓다, 맛보다, 본받다, 힘쓰다
　　　③ 믈좀다, 압셔다 ; 좋들다, 뒤돌다
　나. ① 차둪다, 나ᅀᅡ가다, ᄃᆞ라들다, 살아잡다
　　　② 뻐디다, ᄉᆞ라디다, 븟어디다, 뻐러디다, ᄉᆡ라디다
　다. 닫담다, ᄀᆞᄅᆞ디르다, 업시너기다, 갓고로디다, 아니ᄒᆞ다, 몯ᄒᆞ다
　라. ① 나들다, 듣보다, 여위시들다, 오ᄅᆞᄂᆞ리다

443) 동작 동사 합성법에 대하여는 안병희 (1959/1978: 75-85), 유창돈 (1971: 318-320), 허웅 (1975: 105-115), 이선영 (1992), 한재영 (1999), 장윤희 (2006가) 참조. 특히 한재영의 기고에는 통사적 합성법과 비통사적 합성법을 변별할 수 있는 객관적 기준이 제시되어 있다.

② 값돌다, 거두들다, ᄂᆞᆯ뮈다, 뻐놀다, 딕먹다, 빌먹다, 잡쥐다

(2가)는 당대어와 그 구성이 같다 (§6.7.5.3.B, 356쪽). ①은 1가 동사로 형성된 구성이다. 주격 어미가 미실현형으로 나타나 있다. 1가 동사의 보족어 '눈, 믈, 빗'에는 모두 대상역이 부여된다. ②는 2가 동사로 구성된 형성법이다. 미실현형으로 나타난 '길, 녀름, 맛, 힘'에는 공통적으로 대상역이 부여된다. ③ 역시 1가 동사로 구성되어 있다. ①과의 차이점은 그 보족어에 처소역이 부여된다는 점이다.

(2나)는 동사가 부동사를 가운데 두고 결합한 것이다. ①은 부동사 어미 '-어 ~ -아'에 의한 동작 동사의 합성이다. '차듶다'는 '*ᄎᆞ아듶다'에서 어간의 끝모음 'ᄋᆞ'의 탈락을 거쳐 이루어졌다. 1가 동사와 2가 동사의 합성이다. '나ᅀᅡ가다'는 1가 동사끼리의 합성이다. 'ᄃᆞ라들다'도 같다. '살아잡다'는 '*사ᄅᆞ아잡다'에서 어간의 끝모음 'ᄋᆞ'가 탈락되고 'ㄹ'가 '-아'와 밝혀적기가 되면서 후음을 남겨 만들어졌다. 2가 동사끼리의 합성이다. ②는 자립 동사와 의존 동사 '-디다'의 합성이다. '뻐디다'는 '*ᄠᅳ어디다'에서 어간의 끝 모음 '으'가 떨어졌다. 모두 2가 동사에 1가 동사가 붙었다. 선행 요소가 후행 요소에 대하여 '계기'니 '방법'의 의미를 가질 때 합성 동사가 된다는 보고가 있다 (구본관 2002: 189).

(2다)는 '부사 + 동작 동사'의 구성에 일치하는 동사 합성법이다. '닫, ᄀᆞᄅᆞ, ᄎᆞ기, 업시, 갓고로, 아니, 몯'은 부사로서 다른 동사와 자유로이 결합된다. 결합되는 동사는 1가 내지 2가이다.

(2라)는 비통사적 합성 동사이다. ①은 대등적 합성 동사이다. '나들다, 오ᄅᆞᄂᆞ리다'는 당대어에도 쓰이고 있다. 그러나 '듣보다, 여위시들다'는 '듣고 보다', '여위고 시들다'와 같은 구로 바뀌었다. 1가끼리 내지 2가끼리 합성된다. ②는 종속적 합성 동사이다. '값돌다, 뻐놀다'는 당대어에서도 쓰이고 있다. 전자는 2가 동사와 1가 동사의 합성이다. '거두들다'는 '거두어 들다', 'ᄂᆞᆯ뮈다'는 '날고 움직이다', '딕먹다'는 '찍어 먹다', '빌먹다'는 '빌어먹다', '잡쥐다'는 '잡아쥐다'와 같은 구로 나타난다. 1가 내지 2가끼리의 합성으로 보인다. '빌먹다'는 통사적 합성어인 '비러먹다'와 공존하기도 하는데 의미가 다르며 (한재영 1999), 겉으로는 비통사적 합성어로 보일지라도 통사적 합성어로 보아야 하는 예가 있다는 보고도 있다 (장윤희 2006가).

상태 동사 합성법: 상태 동사 합성법에도 통사적인 것과 비통사적인 것이 확인된다 유창돈 (1971: 352-355, 허웅 1975: 111).

(3) 가. 값없다, 말굳다, 맛나다, 힘세다
　　나. 감ᄑᆞᄅᆞ다, 됴쿶다, 븓질긔다, 어위크다

(3가)는 주격 보족어 명사구와 1가 동사가 결합되어 이루어진 구성인데 주격 보족어 명사구에는 대상역이 부여된다. 당대어의 합성 형용사 '그지없다'는 중세어에도 나타난다. 그러나 이에 대립되는 '그지 잇다'란 말이 있으므로 합성어로 보기가 어렵다. (3나)는 비통사적 합성어이다. '감ᄑᆞᄅᆞ다'는 '감-'과 'ᄑᆞᄅᆞ-'의 합성인데 '검푸르다'가 되어 당대어에 남아 있지마는 나머지는 나타나지 않는다. 이런 점에서 중세어의 상태 동사의 비통사적 합성법도 동작 동사와 같이 생산적이었음을

알 수 있다. '됴쿶다'는 '둏궂다'로 분석된다. '븥질긔다'는 동작 동사 '븥-'과 상태 동사 '질긔다'가 결합하여 상태 동사가 된 것이다. '어위크다'는 서로 비슷한 의미를 가진 '어위-'와 '크-'의 합성이다. 모두 1가 동사끼리의 합성이다.

관형사 합성법, 부사 합성법: 관형사와 부사의 합성법도 당대어에 유추하여 세울 수 있다.

다음 예는 관형사 합성법이다 (허웅 1975: 115-116).

(4) 가. ① 아니한, 온갓
② ᄒᆞᆫ두, 두ᅀᅥ, 서너, 너덧
③ 여라ᄆᆞᆫ, 스므나ᄆᆞᆫ, 마ᅀᆞ나ᄆᆞᆫ, 쉬나ᄆᆞᆫ, 녀나ᄆᆞᆫ
나. ① 몯다, 잘몯 ② 외ᄠᆞ로

(4가)①의 '아니한'은 부정 부사 '아니'와 상태 동사 '하다'의 수식적 동명사형이 결합되어 합성 관형사가 된 것이다. '온갓' (<*온갖)은 '온 가지'의 준말로 역시 관형사로 굳어졌다. ②는 수 관형사끼리 결합하여 부정수 관형사가 된 것이다. '너덧'은 부정 수사와 형태가 같다. ③은 수사와 '남다'의 수식적 동명사형 '나ᄆᆞᆫ'이 결합하여 합성 관형사가 된 것이다. '십' (十) 이상의 수사와 소수의 대명사와만 결합한다. '여라ᄆᆞᆫ'은 '여나ᄆᆞᆫ'의 'ㄴ'가 'ㄹ'로 표시된 것으로 보이는데 후대 문헌에는 '여나ᄆᆞᆫ'으로 나타난다. '스므나ᄆᆞᆫ'에서는 '스믈'의 'ㄹ'가 탈락되어 있다. '마ᅀᆞ나ᄆᆞᆫ, 쉬나ᄆᆞᆫ'은 선행 어근의 말음 'ㄴ'가 '나ᄆᆞᆫ' 앞에서 탈락되었다. '녀나ᄆᆞᆫ'은 '녀느 나ᄆᆞᆫ'에서 '느'가 탈락되어 만들어진 것으로 짐작한다.

(4나)①은 부사끼리 결합해서 된 합성 부사이다. ②는 관형사 '외'와 부사 'ᄠᆞ로'가 결합되어 합성 부사가 되었다. 중세어의 합성 부사는 그리 흔하지 않다.

반복 합성법: 중세어의 반복 합성법도 당대어와 큰 차이가 없다[444].

(5) 가. 가지가지, 나날, ᄆᆞᄃᆡᄆᆞᄃᆡ …
나. 다ᄆᆞᆫ다ᄆᆞᆫ, 아ᄃᆞᆨ아ᄃᆞᆨ …
다. ᄆᆞᆯᄀᆞᆺᄆᆞᆯᄀᆞᆺ, 반ᄃᆞᆨ반ᄃᆞᆨ, 서늘서늘, 아ᄃᆞᆨ아ᄃᆞᆨ, 젹젹 …
라. 구믈구믈, 다ᄑᆞᆯ다ᄑᆞᆯ, 너운너운, ᅀᅥᆷᅀᅥᆷ, ᅀᅥᆯᅀᅥᆯ …

(5가)는 명사가 반복되어 부사가 된 것이다. 당대어는 '마디마디, 집집'처럼 명사가 반복되어 명사가 되는 일이 있으나 중세어에는 이런 형성법이 보이지 않는다. (나)는 부사가 반복되어 다시 부사가 된 것이다. 당대어에는 '미주알고주알'처럼 반복되는 말의 첫음절을 바꾸는 일이 있으나 중세어는 이런 형성법이 확인되지 않는다. (다)는 상태 동사의 어근 또는 어간이 반복되어 형성되었다. 'ᄆᆞᆯᄀᆞᆺᄆᆞᆯᄀᆞᆺ'은 뒤의 예로 미루어 볼 때, '*ᄆᆞᆯᄀᆞᆺᄒᆞ다'란 형용사의 어근 'ᄆᆞᆯᄀᆞᆺ-'이 반복된 것으로 보인다[445]. '반ᄃᆞᆨ반ᄃᆞᆨ'은 '반ᄃᆞᆨᄒᆞ다'에서, '서늘서늘'은 '서늘 (ᄂᆞᆯ) ᄒᆞ다'에서, '아ᄃᆞᆨ아ᄃᆞᆨ'은 '아ᄃᆞᆨᄒᆞ다'에

444) 반복 합성법에 대하여는 유창돈 (1971: 400, 433-450), 허웅 (1975: 115)을 보고 당대어는 남기심 · 고영근 (1985/2014: 2198), 채완 (1986)을 참조할 수 있다.

서 각각 그 어근이 반복된 것이고 '적적'은 '적다'의 어간 '적'이 반복된 것이다. 이들은 모두 당대어에는 확인되지 않는 반복 합성법이다. (라)는 의태 부사와 의성 부사이다. '다폴다폴'은 '다폴다폴'로도 나타난다. '구믈구믈 … 섬섬'은 의태 부사이고 '설설'은 의성 부사이다. (다), (라)는 (가), (나)와는 달리 그 자체가 어근으로 나타나는 일이 없으므로 당대어와 같이 의사 반복 합성어라고 해야 옳다.

6.7.8.4. 파생 합성법

중세어에도 합성어가 다시 파생법에 의하여 파생되는 단어 형성법이 보인다 (강성일 1972, 허웅 1975: 230-231).

다음 예는 통사적 합성 동사에 접미사가 붙어 다시 명사로 파생된 것이다.

(6) 가. ᄒᆡ도디, 고키리 …
　나. ① 아기나히, 글지ᅀᅵ, 녀름지ᅀᅵ, 밥머기, 모심기, 우숨우ᅀᅵ …
　　② 글스기, ᄆᆞᆯᄐᆞ기, 갈ᄡᅳ기 …
　다. ᄀᆞᆺᄇᆞᆯ기, 므ᄌᆞ미, ᄒᆞᄅᆞ사리, 겨스사리 …

(6가)는 '주격 보족어 명사구 + 동작 동사'로 된 합성 어근 'ᄒᆡ돋-, 고ㅎ길-'에 '-이'가 붙은 것이다. (6나)①은 '대격 보족어 명사구 + 동작 동사'로 된 합성 어근 '아기낳-, 글짓-, 녀름짓-, 밥먹-, 모싐-, 우숨웃-'에 접미사 '-이'가 붙었다. '모심기'는 '심-'에 '-기'가 붙은 것이 아니고 '싐-'에 '-이'가 붙은 것이다. 자음으로 시작하는 접사 앞에서는 '시므-'가 실현되므로 (고영근 2010다: 198), '-기'가 붙은 것이면 '*시므기'가 되어야 한다 (허웅 1975: 231, 462). (6나)②는 '글스-, ᄆᆞᆯᄐᆞ-, 갈ᄡᅳ-'라는 2가 합성 동사에 접미사 '-기'가 붙었다. '-기'에 의한 명사의 형성은 '-이'에 의한 형성보다 덜 생산적이었다. 당대어와는 상반된다. (다)는 '부사 + 동사'의 구조로 되어 있다. 'ᄀᆞᆺᄇᆞᆯ기'는 부사 'ᄀᆞᆺ'과 형용사 'ᄇᆞᆰ-'의 합성어로 'ᄀᆞᆺᄇᆞᆰ-'이라는 1가 동사에 접미사 '-이'가 붙었다. '므ᄌᆞ미'는 '므ᄌᆞᆷ-(<믈ᄌᆞᆷ-)'에 '-이'가 붙었다. '므ᄌᆞᆷ다'는 '므레 ᄌᆞᆷ다'에서 처격 '에'가 탈락된 것이다. 'ᄒᆞᄅᆞ사리, 겨스사리'도 처격의 소거를 거쳐 합성 어근 'ᄒᆞᄅᆞ살-, 겨스 (<겨슬)살-'이 되고 여기에 '-이'가 붙은 것으로 보기로 한다. 1가 합성 동사에 접미사가 붙었다.

다음은 합성 동사에 접미사 '-이'가 붙어 명사와 부사가 된 것이다.

(7) 가. 죽사리, 놉ᄂᆞᆺ가비
　나. 일졈그리

(7가)는 비통사적 합성 어근 '죽살-, 놉ᄂᆞᆺ갑-'에 '-이'가 붙었다. '놉ᄂᆞᆺ갑-'에서는 접미사 '-갑-'이 '(놉ᄂᆞᆺ)갑-'과 같이 두 어근에 붙는 것으로 보기로 한다. 그렇다면 이는 이중 파생법이 되는 것이다. (나)는 '일져므리'로도 나타난다. 통사적 합성어 '일졈글 -(부사 + 동사)'에 '-이'가 붙었다. 중세어

445) 문증되는 것은 'ᄆᆞᆯᄀᆞᆺᄆᆞᆯᄀᆞᆺᄒᆞ다'뿐이다.

의 고유어 부사는 접미사로 '-이'가 붙었다 (박석문 1991: 73).

다음은 반복 합성어근 '낫낯-, 귿귿-, 그릇그릇-, 겹겹-'에 접미사 '-이'가 붙어 부사가 된 것이다.

(8) 낫나치, 귿그티, 그릇그르시, 겹겨비

6.7.8.5. 한자어 형성법

A. 중세어 한자어의 구조

중세어의 어휘에도 한자어가 상당 부분을 차지하고 있다. 근대로 내려올수록 한자어의 비중이 늘어나는 추세를 보여 주고 있다. 두 시기 모두 당대어와 큰 차이는 없으나 접사에 의한 단어 형성법은 윤곽을 잡기가 쉽지 않다[446].

(9) 가. 現在, 百姓, 果樹, 國土, 根本 …
　나. 城, 門, 王, 東, 西, 南, 北, 棺, 像, 燈 …
　다. ① 東方, 東風, 東海 … ② 毒藥, 功德, 東山 …
　라. ① 漢人, 罪人, 聖人 … ② 朝鮮人, 蒙古人, 被告人; 老夫人, 老宮人 …

(9가)는 구성소, 곧 의존 형태소로 구성된 한자어이다. 당대어와 같이 대부분의 한자어는 구성소끼리 결합된다. 중세어에도 당대어의 '산' (山)과 같이 한자 하나가 형성소의 기능을 발휘하는 것이 있다. (9나)가 그러한 것인데 이들에 대응하는 고유어가 없기 때문에 한자어라도 고유어와 같은 기능을 띠고 있다. 이 가운데서 '城, 門, 王'은 고유어 '잣, 오래, 님금'과 공존하였다. (9다)①은 형성소 '東'과 구성소 '方, 風, 海'로 성립되어 있고 (9다)②는 형성소끼리 결합되어 있다. '毒, 藥, 功, 德, 東' 모두 자립 형태소로서 형성소의 기능을 띠고 있다. (라)①은 일음절 어근이며 동시에 형성소인 '漢, 罪, 聖'에 접미사 '人'이 붙었다, '野人, 狄人'과 같이 불규칙적인 구성소 뒤에서도 나타난다. ②는 이음절 어근에 접두사와 접미사가 붙는 것인데 근대어에서 확인된다[447]. 앞 묶음의 '人'은 당대어의 한자 접미사와 같은 전형적인 접미사이고 뒤묶음의 '老'는 역시 당대어에서 발견되는 한자어 접두사와 차이가 없다. 앞으로 연구 여하에 따라서는 저자의 견해에 대하여 수정의 여지가 많을 것이다.

B. 중세어의 혼종어

당대어와 같이 중세어에도 혼종어를 세울 수 있다[448].

(10) 가. 蓮ㅅ곶, 香내; 나랏法, 나랏位 …

---

446) 중세 및 근대어의 한자어에 대하여는 국립국어연구원의 『표준국어대사전』의 편찬을 계기로 하여 연구되기 시작하였다. 대표적으로 남광우 (1991), 전광현 (1992), 홍윤표 · 심경호 (1993)이 있고 조남호 (2001)은 『두시언해』에 나타나는 한자어에 대한 집중적 연구이다.

447) 이 부분은 홍윤표 교수가 제공한 중세 한자어 자료에서 뽑았다는 것을 밝혀 고마운 인사를 표시한다.

448) 관련 자료는 남광우 (1991), 박석문 (1991)에서 가져왔다.

나. ① 嫁ᄒᆞ다 (싀집가다), 從ᄒᆞ다 (좇다), 受ᄒᆞ다 (받다) …
② 渴ᄒᆞ다 (목ᄆᆞᄅᆞ다), 親近ᄒᆞ다 (자올압다), 重ᄒᆞᆫ (므거ᄫᆞᆫ) …
다. ① 無數히, 仔細히, 平히, 念念히 …
② 實로, 本來로; 卽時예, 萬一에 …

(10가)는 명사 혼종어인데 한자어가 고유어 어근 앞뒤에 배치되어 있다. (나)는 불규칙적 한자 어근에 접사 'ᄒᆞ다'가 붙어 혼종 동사가 된 것인데 ①은 동작 동사를, ②는 상태 동사를 만들었다. 물론 중세어에는 괄호 안에 보인 바와 같이, 고유어와 공존하였다. 문어에서는 혼종어가, 구어에서는 고유어가 선호되지 않았나 한다. (다)는 혼종 부사인데 ①은 한자 어근에 접미사 '히'가 붙어 부사를 만들었고 ②는 한자 어근에 중간 범주의 접미사 '로, 에'가 붙어 혼종 부사를 만들었다.

6.7.8.6. 단어 형성법의 변화

앞에서 본 바와 같이, 고유어의 단어 형성법은 우리말의 전 역사에 걸쳐 상당한 변화가 있었던 것으로 보인다. 중세 이전은 모두 한자로 기록되어 있고 거기다가 단어 형성의 모습을 파악할 수 있는 자료가 충분하지 못하기 때문에 포괄적인 서술을 하기가 쉽지 않다. 한자어는 아직도 자료 정리의 단계에 머물러 있기 때문에 변화 과정을 밝히기가 어렵지만 고유어는 중세어에서부터 당대어까지의 단어 형성법의 변화의 윤곽을 소상하게 그려 낼 수 있다[449].

먼저 접두 파생법의 변화 양상을 보기로 한다. '암ㅎ, 수ㅎ, ᄆᆞᆯ, 다ᄉᆞᆷ'은 중세에는 명사였는데 근대에 와서는 접두사로 변하였다, '암ㅎ, 수ㅎ'는, 앞 (§6.7.8.3.A, 379쪽)에서 언급한 바와 같이, 중세에는 당당한 명사였으며 '아ᄎᆞᆫ'은 '적다'를 뜻하는 상태 동사였는데 근대에 와서는 의미 변화를 수반하여 '아ᄎᆞᆫ아ᄃᆞᆯ' ('조카')에서는 접두사화하였다. 시대가 내려올수록 전대의 동사의 활용형이 접두사로 바뀌는 것이 많았다.

접미 파생법은 접두 파생법에 비하여 변화의 양상이 매우 복잡하다. 먼저 명사 파생법을 보기로 한다. 먼저 접미사의 형태 변화를 보면 중세에는 동명사는 보통 '-옴 ~ -움'과 같이 모음 '오'를 필수적으로 요구하고 명사 형성 접미사는 '-(ᄋᆞ/으)ㅁ'을 취하여 구별되었는데 근대에 들어서면서 그 구별이 사라져 '-(ᄋᆞ ~ 으)ㅁ'으로 통일되었다. 그리고 중세에는 척도 명사 형성의 접미사 '-ᄋᆡ ~ -의'가 '-이'로 통일되어 부사 형성의 접미사와 동형이 되어 버렸다. 중세 파생법의 특징은 명사가 ∅ 접사에 의하여 명사가 동사가 되는 현상이 당대어보다 생산적이었으며 동사, 형용사 어간에 ∅ 접사가 붙어 부사가 되는 현상이 매우 흔하였다.

중세에서 당대에 이르는 사이에 중세에 소극적이었던 접미 파생법이 시대가 나려올수록 생산성을 띠는 것이 있는가 하면 새로 얼굴을 내미는 것도 있고 기능의 변화를 일으키는 것도 있었다. 접미사 '-개, -게'는 도구를 표시하는 접미사로서 향가에서부터 확인되는데 (강은국 1993: 65-76), 중세는 물론, 근대를 거쳐 당대로 올수록 생산성을 띠고 명사 형성에 참여하고 있다. 접미사 '-질'에

449) 중세 및 고대로부터 당대에 이르는 단어 형성법의 변화에 대하여는 강은국 (1993), 기주연 (1994), 송철의 (1997), 김창섭 (1997), 조일규 (2011), 함희진 (2010)을 종합한 것이다. 구체적인 인증은 보류하였다.

의한 파생법은 15, 16세기에는 그 예가 많지 않았는데 (§6.7.8.2.A.(6가), 370쪽), 근대로 내려올수록 활성화된 단어 형성법이다 (§6.7.4.3.(5다)②, 336쪽), '-장이, -군'은 17세기부터 나타나는, 사람을 가리키는 접미사인데 당대에도 널리 사용되고 있다. '-내'는 중세에서 공대 명사의 복수를 표시하는 접미사였는데 (§6.3.2.3.C, 237쪽), '아기네'와 같이 비하 (卑下)의 대상이 되는 말에도 붙었다. 접미사 '-기'에 의한 동사로부터의 명사 형성법이 활성화되고 피·사동 접미사로 '-리-'가 등장하는 것도 근대 이후의 단어 형성법의 특징이다[450]. 고대어의 파생법은 자료의 부족으로 전모를 파악하기가 어려우나 그래도 몇 가지 특징을 지적할 수 있다 (장윤희 2006나). 명사 파생법으로는 '-옴, -음'에 의한 파생법을 발견할 수 있고 그밖에 중세어에서 어미와 접사의 기능을 공유하고 있었던 '⺈' (아), '丷/ㅎ' (오), '刂' (이) 등도 발견되고 있으며 특히 마지막 두 개는 어미의 성격이 매우 강하여 문법 변화의 연속성을 뒷받침하고 있다.

우리는 앞에서 중세어와 고대어의 부사 형성의 접미사 가운데는 굴곡성을 띠고 있는 것이 있다고 하였는데 이와 함께 동사의 활용형과 후치사 사이를 넘나드는 일련의 단어류가 있다. 이 문제를 종합적으로 검토함으로써 중세 당시의 문법 요소의 동요와 변이의 문제를 논의하여 보려고 한다.

다음 예는 동사 어간에 부동사 어미 '-어'와 '-고'가 붙었는데 동사와 후치사의 중간을 넘나들고 있다.

(11) ㅂ터, ᄃᆞ려; 두고, ᄒᆞ고

(11가)에서 'ㅂ터'는 '븥-'에 부동사 어미 '-어'가, 'ᄃᆞ려'는 'ᄃᆞ리-'에 부동사 어미 '-어'가 각각 붙었고 '두고, ᄒᆞ고'는 '두-, ᄒᆞ-'에 부동사 어미 '-고'가 붙었다. 그런데 경우에 따라서는 다음과 같이 앞의 격 어미를 지배하여 동사처럼 쓰이기도 한다.

(11) 가'. 同里ᄅᆞᆯ브터, 潛邸로브터, 날ᄃᆞ려

이는 중세어에서 이들 형태가 동사와 후치사의 사이를 넘나들고 있음을 증명하는 것이라고 하겠다.

다음 (11-1)은 부동사 어미가 첨사화한 것이다.

(11-1) (이)나, (이)어나, (이)ᄃᆞ록, (이)ㄴᄃᆞᆯ

위의 '-(이)나' 등은 계사의 부동사형이 굳어져 첨사화하였다. 첨사는 계사의 활용형과 모습이 같아서 구별이 어렵다. 전자는 서술어로 기능하면서 주격 보족어 명사구를 취하는데 첨사는 그렇지 못하다.

(11-1') ① 아뫼나 (아모 ㅣ나) 이 經을 디녀 (석보상절 권9, 21장)
② 이런 有情ᄃᆞᆯ히 이에셔 주그면 餓鬼어나 畜生이어나 ᄃᆞ외리니 (석보상절 권 9, 12장)

---

450) 저자는 고영근 (1973/1999나: 638)에서 피·사동과 부사 형성에 나타나는 접미사 '-리-, -리'를 공시적 관점에서 '-이-, -이'로 단일화한 바 있으나 통시적 관점을 취하면 그 형태를 '-리-, -리'로 잡을 수 있어 보인다.

앞에서 우리는 당대어의 파생 접사 가운데서도 굴절성을 띤 것이 있고 (§6.7.4.3.D, 342쪽), 중세어에는 그 정도가 심하다는 것 (§6.7.8.2.B, 377쪽)을 보았다. 그러면 이런 현상이 고대어 단계에는 그 사정이 어떠하였는지 '조초'를 중심으로 검토해 보기로 한다. 이현희 (2009)에 기대면 활용형 '조초'는 8세기부터 16세기 자료에 걸쳐 나타났으나 문법화한 첨사로서의 '조초'는 15세기에 국한하였으며 어휘화한 부사로서의 '조초'는 12세기부터 19세기에 걸쳐 목격된다고 하였다. 이상의 사실을 고려한다면 우리말의 접미사 가운데는 단순히 단어 형성의 기능밖에 단어 굴절의 기능을 띠는 요소도 적지 않았음을 확인할 수 있다. 단순히 언어 형식에만 근거하여 획일적으로 파생 접사, 굴절 접사로 양분할 것이 아니라 기능을 면밀히 검토하는 중요하다는 것을 깨달을 수 있다.

합성법에 의한 단어 형성은 파생법만큼 복잡하지 않다. 앞에서 우리는 합성 명사 형성의 표지로서 사이시옷에 의한 단어 형성을 보았는데 당대어와의 차이점은 합성어 형성 표지와 속격 표지가 동일하다는 것이다. 그리고 합성 동사에 있어서 비통사적 합성법이 편재하였다는 것이다. 그것은 '딕먹다'와 같이 중세어의 비통사적 합성어가 당대어에 와서는 통사적 합성어로 바뀌었다는 사실로써도 능히 짐작할 수 있다. 그러는가 하면 근대뿐만 아니라 당대에도 비통사적 합성어가 산생(產生)되고 있어 단순히 비통사적 합성어가 통사적 합성어로 바뀌었다고 말하기가 어려운 면이 없지 않다[451]. 중세어의 비통사적 합성어가 고대 단계의 "無標活用"의 잔재가 아니겠느냐는 의견을 제기하기도 하나 (김창섭 1997: 828), 이는 어디까지나 가설일 뿐이다. 저자는 비통사적 합성법이 전 시대에 걸쳐 편재하였다는 이선영 (2006)의 연구 결과를 수용하기로 한다. 앞서든 '딕 먹다'가 '찍어 먹다'로 바뀐 것은 단어의 소멸이지 단어 형성 방식의 소멸이 아니라고 보는 것이다. 곧 단어 유형의 변화인 것이다. 중세어의 합성법이 당대에 와서 단일어가 되는 사정에 대하여는 이동석 (2006: 47)을 통하여 볼 수 있다.

6.7.8.7. 방언과 전문어의 단어 형성법

지금까지 방언이라 하면 공통어에서 갈라져 나온 지역어만 가리켰으나 이곳에서는 가상 공간에서 탄생하는 사이버 언어도 방언의 한 가지로 보고 같이 처리하기로 한다[452], 그리고 전문어도 그 특수성을 감안하여 방언과 같이 다루기로 한다.

우리말의 방언 문법에 대하여는 명사와 동사 중심의 굴절법은 방언 연구의 초기부터 풍성한 성과를 거두어 왔다. 그러나 단어 형성법에 대하여는 지명에서 접사를 발견해 내거나 공통어와의 비교를 통하여 접사의 특수성을 지적하는 정도에 머물고 있다. 이를테면 김웅배 (1981)에서는 공통어 '거위' (蛔)의 전남 방언형 'kəsi, kəsɛgi' 등을 비교하여 각 지역어의 변이형을 비교하거나 '웃덤, 아릿덤'과 같은 지명에 나타나는 접미사를 확인하는 정도에서 크게 벗어나지 못하고 있다. 송

451) 이선영 (2006)에서는 단어의 소멸과 단어 형성 방식의 소멸은 구별해야 한다는 관점에서 비통사적 합성어가 근대어와 당대어에 계속 형성된다는 점을 들어 비통사적 합성어가 통사적 합성어로 변하는 것이 아님을 주장하고 있어 주목을 끌고 있다.

452) 이는 가상 공간에서 생산되는 이야기를 구비 문학으로 처리하는 것과 밀접한 유추의 기반을 이룬다. 이 방면의 정보는『구비문학연구』22 (2006)에 실린 심민호, 임재해의 기고와 남찬원 (2014)가 참고된다.

상조 (1991)에서는 제주 방언의 파생법을 공통어의 그것과 비교하여 공통점과 차이점을 구명한 바 있으며 고재환 (2013가; 234-258)에서는 제주 방언의 단어 형성법을 공통어 중심의 체계에 맞추는 방식의 서술을 보여 주고 있다.

방언의 단어 형성법을 확인하는 데 있어서 중요한 것은 일차적으로는 공통어에서 확립된 어근과 접사 중심의 체계에 따라 개별 방언의 단어 형성의 질서를 밝히고 다음으로 공통어와 다른 방언의 단어 형성법을 비교하여 해당 방언의 단어 형성상의 특수성을 밝히는 방면으로 나아가야 한다. 이기갑 (2005가, 나)가 바로 이러한 방법론에 근거하여 전남 방언의 명사, 동작 동사, 상태 동사 파생법을 다룬 것인데 이 방면 연구의 모범을 보였다고 할 수 있다. 지금은 과거 어느때보다 방언의 단어 형성법을 연구하기에 좋은 여건이 마련되고 있다. 경북, 경남, 전남, 평북, 함북, 제주 방언의 사전[453]이 나와 있고 각 지역어의 구술 자료[454]와 언어 민속지[455]가 나오고 있기 때문이다. 더욱이 중앙 아시아의 육진 방언사용자와 중국 동북 3성에 거주하는 조선족의 배경 방언인 평안도와 함경도 방언을 중심으로 사전과 구술 자료가 집성되고 있어[456] 앞으로 이 방면 연구가 활성화될 가능성이 많다.

사이버 언어에 대하여는 지난 세기 90년대부터 보급되기 시작한 인터넷의 영향으로 자료가 많이 집적되었으며 동시에 그에 대한 연구 성과도 적지 않게 쌓아 오고 있다[457]. 사이버 언어는 문어성과 구어성이 어울어진 제3의 새로운 언어 형식으로 규정되고 있다. 그런 만큼 사이버 언어는 그 나름의 특수한 규칙에 의하여 형성된다. 여기서는 시정곤 (2006라)에 기대어 가상 공간에서 창출되는 우리말의 또 다른 방언의 단어 형성의 모습을 앞에서 보인 공통어 등의 단어 형성의 체계에 따라 그 윤곽을 그려내어 보기로 한다. 앞의 지역 방언과 보조를 맞추어 "가상 방언"이라는 이름을 붙이기로 한다.

가상 방언도 현실 방언과 같이 형태·음운론적 변이 등이 관찰된다.

(12) 가. **즐감** 하세여, 너 **짱나게** 자꾸 건드릴래, **자방** 하시오

나. 오**널**, 안**뇽**

다. 팔짱낀 커플을 보며 **므흣한** 생각을 하는 영철씨

---

453) 사전은 김이협의『평북방언사전』(1981), 김주석·최명옥의『경주 속담·말 사전』(2001), 정석호의『경북동남부 방언사전』(2007), 김정균의『안동방언사전』(2008), 제주 특별 자치도의『제주어사전』(2009), 박성종·전혜숙의『강릉방언사전』(2009), 김정대의『경남 방언사전』(2017),『두만강 유역의 조선어 방언 사전』(2018, 태학사) 등을 들 수 있다.

454) 국립국어원에서 내는 <지역어구술 자료 총서> (경기 화성, 강원 원주, 충북 제천, 대전 서구, 전북 남원, 전남 곡성, 경주 상주, 경남 창원, 제주 환경)와 한국방언학회에서 내는 전국 <지역어 텍스트 총서> (경주)가 있다.

455) 대표적으로 왕한석의 한국의 언어 민족지 (서편) (2009) 등을 들 수 있다.

456) 이를테면 국립국어원에서 기획한 곽충구·박진혁·소신애의『중국 이주 한민족의 언어 생활』(2008), 곽충구·김수형의『중앙 아시아 이주 한민족의 언어와 생활』(2008)과, 이금화의『의주 (심양) 지역어 텍스트』(2014) 등을 들 수 있다.

457) 이 문제에 대하여는 구본관 (2001나), 이정복 (2003), 시정곤 (2000, 2004/2006다: 89-115, 193-217)에서 논의된 것을 거두어들였음을 밝혀 둔다.

라. 내일 시험 정말 **덜덜덜**이다

(12가)의 '즐감'은 '즐겁게 감상'에서, '짱나'는 '짜증나'에서, '자방'은 '스스로 반성'에서 기존의 단어를 줄인 것이다. (나)는 기존의 어형에 약간의 변개를 가하였고 (다)는 '흐뭇하-'에서 음절의 순서를 바꾸었고 (라)는 '떨리다'의 의태어를 가져왔다.

(12)와 같은 단어 형성 규칙에 따라 형성되는 단어를 파생법, 합성법의 순서로 그 형성 양상을 보기로 한다.

(13) 가. **덧**글; 싸이**질**; 누리**꾼** …
나. 몰래찰칵, 야릇후끈 …
다. 카파라치, 악플러 …

(13가)는 접두사 '덧-'과 접미사 '-질', '-꾼'에 의한 파생법이다. '싸이질'은 '싸이월드'에서에서 나온 '싸이'에 접미사 '-질'을 붙인 것이다. '-질'에 의한 파생법은 현실 언어와 마찬가지로 가상 공간에서도 매우 생산적이다. (나)의 '몰래찰칵, 야릇후끈'은 부사와 의성어가 합쳐서 된 합성어이다. (다)는 혼성어이다. '카파라치'는 'Car (차) + 파파라치'의 혼성어인데 '교통 법규를 위반하는 차를 전문적으로 신고하는 사람'을 뜻한다. '악플러'는 악의적인 댓글만 다는 사람을 뜻하는 말로 '악 (惡) + 리플 + 어 (er)'의 구조로 성립되어 있다.

가상 방언에서는 어근이 접사화하는 일이 많다.

(14) 가. 초딩, 고딩, 대딩, 직딩 …
나. 화상팅, 번개팅, 바나나팅 …
다. 떨녀, 딸녀, 개똥녀 …

(14가)의 '-딩'은 '초등'의 '등'이 변한 것으로 보이는데 접사와 같은 기능을 표시한다. (나)의 '팅'은 'meeting'의 '팅'을 만남을 뜻하는 접사로 재구조화한 것이다. (다)의 '떨녀'는 '몸을 떨면서 춤추는 여성'을, '딸녀'는 딸기를 들고 있는 여성을, '개똥녀'는 최근 지하철에서 개가 싼 똥을 치우지 않고 그냥 사라진 여성을 가리킨다. 이 경우의 '-녀'도 앞의 '-딩, -팅'과 같이 접사화하였다.

다음은 현실 언어에 익살스런 의미를 부여하는 일이 비일비재 (非一非再)하다.

(15) 가. 잠수, 날리다, 도배하다 …
나. 사오정, 오륙도, 사고무친 …

(15가)의 '잠수'라는 말은 가상 공간에서 서로 대화를 하다가 사라지는 것을 뜻하며 '날리다'는 '문자나 메일을 보내다'라는 뜻이고 '도배하다'는 한 사람이 같은 내용의 글이나 파일을 게시판에 연속적으로 올리는 행위를 말한다. (나)의 '사오정'은 서유기에 나오는 등장 인물이며 '오륙도'는 부산 앞바다의 섬이라는 사실을 모르는 사람은 없을 것이다. 이렇게 잘 알려진 단어를 음운적 유사성에 기대어 새롭게 의미를 붙여 사용하는 경우가 늘어나고 있는데 이는 심각해지고 있는 한국 사

회의 실업 문제와 명예 퇴직을 풍자하는 말이다.

가상 방언에 이어 전문어 (Fachsprache)의 형성에 관한 문제를 다루어 보기로 한다. 사전을 보면 '가입' (加入)에 대하여 일상적 용법을 먼저 설명하고 『법률』이라고 하여 전문어의 기능을 덧붙이고 있다. 전문어는 특수 목적에 부응하기 위하여 인위적으로 만들어 낸 어휘를 가리킨다. 전문어에 대하여는 유럽에서는 오래 전부터 연구가 되어 왔고 관련 학술지가 나오고 연구 인구도 적지 않으나[458], 우리나라는 이제 막 시작하는 단계에 머물러 있다[459]. 이곳에서는 이경은 (2009)를 중심으로 우리말의 법률 용어를 단어 형성론의 관점에서 조명하기로 한다.

먼저 파생어부터 보기로 한다.

(16) 가. 준계약 (準契約), 가결의 (假決議) …
　　나. 상속권 (相續權), 친권자 (親權者), 피고인 (被告人) …
　　다. 비 (非)[등록과 등기선] …

(16가)는 접두사 '준-, 가-'가 어근 '계약, 결의'에 붙어 새로운 법률 파생어를 형성하였다. 이는 일상 한자 접두어와 행태를 같이한다 (앞에 나옴). 이러한 접두사는 물론 형성소에 속한다. (나)는 어근 '상속, 친권, 피고'에 한자 접미사 '권, 자, 인'이 붙어 법률 파생어를 형성하였다. 역시 일상 접미한자어와 행태를 같이한다. (다)는 '비'가 단어의 경계를 넘어 구에 미치고 있다. 일상 어휘에는 한정적 기능이 있었는데 법률 용어에는 통사적 기능이 파악된다[460].

다음은 합성어이다.

(17) 가. 사회안전법 (社會安全法)
　　나. 생존배우자 (生存配偶者)
　　다. 사전감사 (事前監査)
　　라. 사기취재 (詐欺取財)

(17가)는 특정 범죄를 저지를 위험을 예방하고 사회 복귀를 위한 교육 개선이 필요하다고 인정되는 사람에 대하여 보안 처분을 함으로써 국가와 사회 안전의 유지를 목적으로 공포된 법인데 두 형성소가 새로운 의미를 띠고 긴밀하게 결합되어 있다. (나)는 부부 가운데서 어느 한쪽이 사망하였을 때 살아 있는 배우자를 가리키는데 역시 두 형성소가 긴밀하게 결합되어 있다. (다)는 거래가 성립되기 전에 감사인이 승낙하는 것을 가리키는데 역시 두 형성소가 긴밀하게 합성되어 있다. (라)는 남을 속여서 재물을 빼앗는 일을 가리키는데 앞의 세 유형과 같이 그 구성이 긴밀한 합성어임을 알 수 있다.

앞의 가상 공간에서 창출되는 어휘에 풍자적 의미가 덧붙음을 보았는데 법률 전문 용어에도 그

---

458) 관련 정보는 L. Hoffmann, H. Kalverkämper, E. Wiegand의 세 사람이 공동으로 편찬한 *Fachsprache/Languages for Special Purposes* 1, 2 (Berlin: W. de Gruyter, 1998)를 통하여 얻을 수 있다.

459) 이 방면의 정보는 법률 전문 용어를 어휘론적으로 분석한 이경은 (2009)를 통하여 엿볼 수 있다.

460) 이경은 (2009: 38)에서는 관형사로 처리하고 있다.

런 현상이 발견된다. 그뿐만 아니라 의미가 축소되기도 하고 바뀌기도 한다.

(18) 가. 가중 (加重) …
나. 과실 (果實) …
다. 선의 (善意) …

(18가)의 '가중'의 일상적 의미는 '책임이나 부담 등을 더 무겁게 하는 일'을 가리키는데 법률적으로는 '죄를 거듭하여 저지를 때 형벌을 더 무겁게 하'는 의미가 부여되니 의미의 축소가 일어났다고 하겠다. (나)의 '과실'은 일상적 의미가 '사람이 먹을 수 있는 열매'를 가리키는데 법률에서는 '원물 (元物)에서 생기는 이익을 비유적으로 일컬을' 때 쓰고 있으니 의미의 확대가 일어난 것이다. (다)의 '선의'는 일상적 의미로는 '착한 마음'을 표시하나 법률 용어로는 '자신의 행위가 법률관계의 발생, 소멸 및 그 효력에 영향을 미치는 사실을 모를' 때 사용되니 '선의'의 본래의 의미와는 완전히 다르다.

앞에서 본 바와 같이, 우리말의 전문어는 한자어가 주종을 이루고 있으나 특히 우리말 문법 분야에서는 고유어 어휘도 만만치 않게 탄생되었다. 특히 일제 강점기의 어문학자들은 고유어에 민족 정신이 깃들어 있다고 생각하고 문법 용어를 전면적으로 고유어화하였다. 문법 용어의 고유어화에 불을 지핀 사람은 주시경이고 김두봉, 최현배, 김윤경, 정렬모, 허웅 등의 어문학자들이 그 뒤를 이어 맥을 이루어 왔다. 문화어 운동을 전후하여 성과를 거둔 북한의 말다듬기 사업도 크게 보면 전문어의 창조와 관련이 있다[461].

그러면 우리 선학들의 전문어 창조가 어느 정도 우리말의 단어 형성법을 지켜왔는가 하는 문제를 검토하여 보기로 한다.

(19) 가. 이름말, 움즉임말, 도음말 …
나. 홋글, 줄글, 겹글, 덧글 …
다. 소리갈, 기갈/씨갈, 듬갈/씨갈

(19가)는 강매 · 김진호의『잘뽑은 조선말과 글의 본』(1925)의 품사론 용어이다. 현실적으로 쓰이는 '이름, 움즉음, 도음'에 품사를 뜻하는 '말'을 합성시킨 것이다. '이름말'은 'NN' 형의 합성 명사로서 당대어의 종속적 합성어의 유형과 일치하는 유형이다 (§6.7.5.3.(5가)②, 348쪽). 이전의 주시경은 '이름'에서 '르'를 생략하고 '임'이라고 불렀었다. '움즉임말'은 '움직임'이라는 동명사형 (VN)에 명사 '말'을 합성시킨 것으로서 표면상으로는 '갈림길' 등 (§6.7.5.3.(5라), 348쪽)과 일치하는 유형이다. '도음말'도 같은 유형에 속한다. (5나)의 '홑글' 등은 김두봉의 '홋월' 등의 문장론 용어의 '월' 대신에 '글'을 대치한 것이다. '월'은 주시경이 '글월'에서 따온 것으로서 '씨'와 함께 역시 '表'의 성격을 지니고 있다. 강매 · 김진호의 문법 용어는 현실 언어의 단어 형성법과 일치한다는 점에서 충

461) 북한의 말다듬기 사업에 대한 평가는 김창섭 (1991) 참조. 이곳에서는 북한의 말다듬기 이론이 남한의 "국어순화이론"과 큰 차이가 없다는 점이 지적되어 있다.

분히 대중의 공감을 살 수 있었으나 아직 동조자를 얻지 못하고 있다[462]. (다)의 '소리갈' 등에 나오는 '갈'은 주시경이 '갈다' (硏)에서 가져와서 '學'이나 '論'을 의미하는 접미사로 사용하였으나 (고영근 1995나, 2001나: 233-277), 현실 언어와는 거리가 멀다는 점에서 당대의 문하생에게만 전승되어 있고 현재로는 아무도 이를 따르지 않은 한시적 용어에 그치고 말았다. 학술 용어의 고유어화도 우리말의 단어 형성법을 지키지 않으면 대중의 호응을 받을 수 없다는 것을 알 수 있다.

6.7.9. 단어 형성법의 유형론[463]

먼저 앞에서 든 당대어의 파생법을 보기로 한다[464]. 교착어인 우리말은 파생어의 형성에서도 형태와 기능 사이에 1:1의 대응 관계가 성립한다. 명사 파생어 '가위질' (§6.7.4.3.A.(5다))에서는 접미사 '-질'이 어근 '가위'에 붙었고 동사 파생어 '먹이다' (§6.7.4.3.B.(6), 339쪽)에도 어근 '먹-'에 접미사 '-이-'가 붙었다. 물론 중세어도 사정은 같다. 대부분 교착적 방식으로 단어가 형성된다. 그러나 중세어를 자세히 들여다보면 '너출'과 '너출 (다)'와 같이 같은 어간이 명사와 동사로 쓰이기도 한다. 이런 현상은 부사와 상태 동사 사이에서도 발견할 수 있는데 당대에는 보기가 어렵다. 통시 유형론의 과제가 될 수 있다 (고영근 2014라, 2018가: 93-109). 그리고 비통사적 합성어가 시대가 내려올수록 증가하고 있다. 중세어의 비통사적 합성어가 당대까지 존속되는 것이 있는가 하면 근대까지만 존속되는 것도 있고 중세에만 보이는 것도 있으며 근대와 현대에만 확인되는 것 등 6개 유형으로 나눌 수 있다 (이선영 2006: 197-205). 합성어의 유형 변화만 대상으로 하여도 통시 유형론이 성립할 수 있다.

같은 어간이 명사와 동사로, 그리고 상태 동사와 부사로 공용된다는 것은 고립어적 속성을 띠었다고 말할 수 있다. 앞에서 더러 언급한 바와 같이 중세어에는 능격 동사가 많다. 같은 형태가 자동사와 타동사로 공용되니 이 역시 고립어적 속성으로 이해할 수 있다. 중세어에는 '낛~낤[465]'과 같이 어간 말음의 순서를 바꿈으로써 명사가 동사로, 동사가 명사로 범주를 바꾸는 예가 있다. 예가 하나밖에 없어 일반화가 어렵지만 주목의 가치가 있다. 일반적으로 굴절 접사는 파생 접사 다음에 놓이는데 중세어에는 '마쯧비' (<맞 + 줍 + 이)와 같이 겸손법의 선행 어미 '-줍-'이 동사를 명사화하는 접사 '-이' 앞에 놓여 있다. 할하 몽골어에는 처격을 표시하는 굴절 형태소가 범주 변환의 파생 접사에 선행하는 예가 나오는데 (아이켄발드 2008: 37), 이를 참고로 하면 종전에 그 처리를 둘러싸고 고민을 되풀이하던 앞의 어간 말 자음의 전환에 대하여도 유형론적 의의를 부여할

462) 주시경의 문법 용어의 특수성에 대하여는 고영근 (1995다, 2001나: 268-271) 참조.

463) 단어 형성론의 유형론에 대하여는 일찍이 파생법을 처음으로 언어 유형론의 대상으로 삼은 스차보 (1970)을 비롯하여 룅케 (1997: 40), 아이켄발드 (2008), 바우어 (2009: 343-356)가 참조되고 우리말 단어 형성론의 유형론에 대하여는 최형용 (2013나)가 나와 참고된다.

464) 저자는 오래 전에 굴절법과 파생법에 걸쳐 우리말의 유형론적 특징을 소묘한 바 있다 (고영근 1989/2004가: 20). 이곳에서는 당시의 논의 결과를 거두어 들이기로 한다.

465) '낛ㅅ'도 보인다 (한글학회『우리말 큰사전』1993 참조).

수 있다. 통언어적으로 보면 접미사가 접두사보다 훨씬 많은 것으로 보고되어 있다 (아이치슨 2006: 54). 우리말도 그러하다는 점에서 통언어적 보편성을 지니고 있다. 지금까지 확인된 당대 우리말의 접미사는 638개 (고영근 1973/1999: 650)인데 대하여 접두사는 69개인 것 (안효경 1993)을 보아도 두 접사 간의 차이점을 알 수 있다. 앞에서 우리는 접사 가운데는 어근의 뜻을 제한하는 한정적 것이 있는가 하면 품사 범주를 바꾸는 지배적인 것이 있고 그 지배 범위가 구에 미치는 통사적인 것이 있음을 보았는데 이러한 현상은 통언어적으로 확인된다.

다음으로 합성법의 유형론을 짚어 보기로 한다[466]. 합성법은 그사이 유형론 연구에서 소외된 분야였다. 합성어를 단어 결합체인 구 (句, phrase)와 구별하는 문제는 모든 자연 언어에 공통되어 있다. 음운론적 기준, 형태론적 기준, 형태통사론적 기준, 의미론적 기준이 논의되고 있다 이런 문제는 앞에서 대체로 논의한 바 있는데 모든 언어에 적용된다. 합성법 가운데는 명사 합성어가 가장 많은데 우리말도 같은 통계가 확인된다 (최석재 2015). 합성어는 통언어적으로 볼 때, 내심적 (endocentric), 외심적 (exocentric), 병렬적 (coordinate) 합성어가 확인되며 우리말에도 같은 분류가 가능하다. 내심적 합성어는 '앞문'과 같이 핵이 있는 합성어, 외심적 합성어는 '바보'를 의미하는 '돌대가리'에서는 '돌'과 '대가리'에 상응하는 어떤 핵도 찾을 수 없는 합성어를 가리킨다. 전자가 후자보다 빈도가 앞서는 것으로 알려져 있는데 우리말도 예외가 아닌 것 같다. 병렬적 합성어는 '논밭'과 같이 구성 어근이 대등하여 어느 것을 핵으로 정할 수 없는 합성어를 가리킨다[467]. 통언어적으로 볼 때, 합성어의 어근 사이에 연결소 (linking element)가 들어가는 언어가 많다. 좋은 예로는 독일어의 'Liebe · s · lied' (사랑의 노래)에 나타나는 's'가 그것인데 이는 속격과 복수에서 유래한 것으로 보고 있으며 그밖에도 그리스어, 크메르어, 마오리어 등에도 보인다고 한다. 여기에는 앞에서 논의한 중세 우리말 사이시옷도 추가되어야 할 것이다. 당대어의 사이시옷은 합성어에서만 실현되나 중세어는 속격 표지로도 쓰였다 (§6.7.8.1.(3), 368쪽). 우리말의 사이시옷은 통언어적인 합성어 형성의 유형론에 반드시 추가되어야 한다. 동사에서 실현되는 비통사적 합성어는 일반적으로 알타이 제어에는 보이지 않는다. 그러나 보빈 (2015: 22, 243)에 의하면 아이누어와 길략어에서도 발견된다고 한다. 그것이 사실이라면 우리말의 계통 연구에 일말의 서광 (曙光)이 비친다고 말할 수 있다.

고유어 단어 형성의 유형론에 이어 한자어 형성의 유형론을 세워 보려고 한다[468]. 앞에서 저자는 우리말 속의 한자어는 그 나름의 형태음운론적 교체를 시현 (示顯)하고 있고 그 형성법은 고전 한문의 문법을 따르지만 일단 우리말에 들어오면 우리말 문법을 따른다고 하였다. 앞 (§6.7.7.1, 355쪽)에서 언급한 (1다)와 같은 접미적 파생어는 우리말, 일본어, 중국어에 공통되고 (9)와 같은

---

466) 합성법의 유형론에 대하여는 최근에 고조되기 시작하였다. 대표적으로 아이켄발드 (2008: 24-34, 바우어 (2009: 343-356), 구에바라 · 스칼리스 (2009: 101-128)를 들 수 있다. 자연 형태론에 기댄 드레슬러 (2006: 23-44)의 합성어 유형에서도 유익한 정보를 얻을 수 있다. 이곳에서는 한 언어에 굴절법이 존재하면 파생법이 확인되고 파생법이 있으면 합성법이 존재하며 그 역은 참이 아니라는 유형론적 함의를 언급하였다.

467) 합성어의 세 분류틀은 언어 유형론에서 정형화되어 있다. 우리말에 대하여는 시정곤 (2015)에서 처음으로 시도되었다.

468) 이 부분은 고영근 (2015가, 2018가: 248-251)에서 논의된 내용을 거두어들인 것임을 밝혀 둔다.

접두사에 의한 통사적 파생법은 우리말과 일본어에 공통되며 중국어에는 확인되지 않았다 (§6.7.7.4, 360쪽)[469]. 같은 한자어이지만 세 언어에 공통적인 것도 있고 우리말과 일본어에 공통적인 것도 있었다. 이러한 요소를 많이 확인하면 세 언어권을 전통 사회와 같이 "필담" (筆談)과 같은 의사 소통 도구에 의하여 하나로 묶어 "동북아 언어 문화 연합"을 형성하는 길로 나아갈 수 있다고 생각한다. 이는 동북 아시아를 중심으로 하는 지대적 (地帶的) 유형론의 기반 형성에 기여할 수 있다[470].

469) 파생어를 중심으로 한자어와 고유어의 유사점과 차이점에 대한 유형론적 연구는 방향옥 (2011)이 참고된다.

470) 이 문제는 저자가 고영근 (2009)에서 제안한 것을 미주의 하와이 대학 (2013. 1.), 일리노이 대학, (2013. 11.), 독일의 본 대학 (2014. 5.), 중국의 남경대학 (2015. 7.), 대만의 중국문화대학 (2017. 12. 9.)에서 가진 강연회에서는 "문자" 대신 보다 포괄적인 "언어 · 문화"로 바꾸었음을 밝혀 둔다.

VII. 형태통사부

VII. 형태통사부

7.1. 들어가기

이곳에서는 제6장 (§6.2, §6.3)에서 세운 동사의 어미 구조체 및 명사의 어미 구조체의 의미 · 기능을 다루기로 한다. 이 가운데는 형성소의 기능을 띠는 것도 있고 구성소의 자격을 갖는 것도 있다. 결어법과 시제, 동작상, 공대법, 격과 그 상당어는 형성소에 의하여 표시되고 화자 표시법과 대상 표시법, 그리고 서법은 구성소에 의하여 표시된다. 저자가 종전의 문법서와는 달리 동사의 문법 범주를 먼저 다루고 명사의 문법 범주를 뒤로 돌린 것은 우리말의 통사 구조가 동사 중심으로 구성되어 있고 명사에 의하여 표시되는 격 범주는 보족어의 기능을 갖는다는 의존 및 결합가 문법 이론을 등에 지고 있기 때문이다 (§5.2, 고영근 2014나, 2018나: 130-160). 형태통사부에 속하는 위의 문법 범주들은 생성 문법에서는 비교적 최근에 통사부의 소관으로 다루어지고 있다 (서정목 2017: 131). 그러나 저자의 형태통사부는 순정 통사부는 아니고 형태부와 통사부의 교량지대인데 앞으로 생성 문법에서 이를 어떻게 평가할지 두고 볼 일이다.

7.2. 결어법[1] 〈형태통사부 1〉

앞 (§5.1)에서 저자는 정동사형 어미는 물론, 부동사형 어미와 동명사형 어미도 문장의 형성에 있어서 핵의 기능을 수행한다고 하였다. 정동사형에서 실현되는 결어법은 문장을 종결시키는 기능을 가졌다는 점에서 핵의 기능을 띠고 있다. 문체법은 한 문장을 기능적으로 종결시키고 존비법은 한 문장을 사회적 관계로 종결시키는 기능을 띠고 있다.

7.2.1. 문체법과 존비법

결어법이란 전통 문법의 종지법이나 현행 학교 문법의 문장 종결법을 가리키는데 이는 저자가 고영근 (1974가, 나, 1976/1999: 246-400)에서 이희승 (1949)의 "결어법"을 발전시킨 우리말 문법의 가장 중요한 문법 범주이다. 결어법에는, 앞에서 언급한 바와 같이, 우리말의 문장을 기능적으로 끝맺는 "문체법"과 사회적 관계로 끝맺는 "존비법"을 포괄하고 있다. 그 사이 당대의 문체법

1) 이 부분은 고영근 · 구본관 (2018: 448-477)과 부분적으로 겹친다는 것을 밝혀 둔다.

에 대하여는 독립적으로 다루기도 하였고 존비법과 상관을 맺는 방식으로 서술하기도 하였다.

1985년 이후의 학교 문법과 고성환 (1998, 2003)에서는 "문장 종결법" 내지 "문장의 종류"라는 이름 아래, 윤석민 (2000)에서는 "문장 종결법"이라는 이름 아래 문체법을 다루었으며 서정수 (1994/2013: 355-431)에서는 "마침 문장/종결문"이라 하여 문체법을 다루고 존비법은 따로 "대우법"이라는 범주에 넣어 다루었다. 허웅 (1995/2000: 527-786)에서는 문체법을 "의향법"이라는 이름 아래 다루면서 존비법을 포함시키고 있다. 그러는가 하면 저자의 존경법은 "임자 (주체) 높임법"이라 하여 〈형태론 2〉의 맨 끝에 배치하였으며 종전에 "객체 높임법"으로 불리던 공대법은 다루지 않았다. 허웅은 허웅 (1975)를 비롯하여 그 이후에 나온 문법서에는 "의향법"과 "높임법"을 분리하여 다루고 있는데 여간 큰 변동이 아니다[2]. 한길 (2002)에서는 허웅의 이전 문법과 같이 "높임법"을 "주체, 객체, 들을이"로 나누어 다루었으며 한길 (2004)에서는 "의향법"이라는 이름 아래 문체법을 다루면서 존비법을 곁들였다. 북한에서도 결어법에 대한 처리가 시대에 따라 기복이 심하였다. 21세기 초에 확립된 결어법 체계를 보면 저자의 결어법을 "맺음형"이라 불러 "법 범주"와 "말차림 범주"를 두고 있다 (정순기 2005: 225-254). "법 범주"는 저자의 문체법에 해당하고 후자는 존비법과 차이가 없다.

문체법과 존비법은 손가락으로 깍지를 끼듯이 물려 있기 때문에 두 범주의 중복 서술이 불가피하다. 이곳에서는, 고영근·구본관 (2008/2018가: 447-487)에서 시도한 바와 같이, 아주낮춤의 활용형을 중심으로 그 기능을 검토하고 뒤의 공대법에서 존비법, 존경법, 겸손법 등의 예절 범주를 종합하는 태도를 취하기로 한다. 먼저 표준어가 사정된 1930년대를 전후한 한반도 공통어의 존비법을 다루고[3], 중세 및 고대어의 그것을 논의한 다음, 방언의 존비법의 기능을 다루고 끝으로 문체법과 존비법의 유형론을 다루는 순서로 진행할 것이다.

위의 두 문법 범주는 상황의 제약을 받는다. 상황이란 의사 소통이 성립하는 텍스트 공간 내지 텍스트 세계를 의미한다. 여기에는 크게 대화와 지문이 있다. 대화의 공간은 화자와 청자가 얼굴을 맞대고 말을 주고 받는 상황을 가리키는데 이를 "상관적 장면" 또는 "상담 세계"라고 한다. 이에 대하여 지문이나 공개 문장 등은 화자가 일방적으로 독자나 대중을 향하여 정보를 전하는 상황을 가리키는데 "단독적 장면" 또는 "서사 세계"라고 한다[4].

---

2) 허웅의 공대법 체계의 변동에 대하여는 저자가 고영근 (2011다)에서 그 경위를 밝힌 바 있으며 고영근·구본관 (2008: 468-469)에서는 1985년 이후의 학교 문법 체계와의 차이점을 일목요연 (一目瞭然)하게 정리한 바 있다.

3) 1945년 이후에 쓰여진 중부 지방 출신의 작가들의 작품을 대상으로 한 문체법은 한길 (2004: 19)에서 이루어졌음을 밝혀 둔다.

4) 저자는 고영근 (1976/1999나: 303-304)와 고영근·구본관 (2018가: 404)에서는 정렬모 (1946)의 "더불가름"과 "홀로가름"을 "상관적 장면"과 "단독적 장면"으로 바꾸어 불렀었는데 고영근 (2008가: 447-448, 2011나: 330)에서는 "상담 세계"와 "서사 세계"로 바꾸었음을 밝혀 둔다. 한편 장경현 (2006/2010)에서는 저자의 곧 서사 세계에서 실현되는 문장 종결법을 "문장 종결부"라 하여 그 문체적 특성을 구명하고 있다.

7.2.2. 문체법

7.2.2.1. 공통어

문체법은 정동사에 의하여 문장이 끝맺어지는 기능적 범주를 가리키며 사회적 범주인 존비법과 이가 물려 있다. 당대어의 문체법에는 "설명법, 감탄법, 의문법, 명령법, 청유법, 약속법, 허락법, 경계법"의 8개를 두기도 하나 (고영근 1974가, 나/1999나: 299, 346), 중세어 및 고대어와는 물론, 방언과의 총체 서술을 시도하는 이 자리에서는 앞의 정동사의 활용형인 "평술형, 의문형, 명령형, 제안형" (§6.2.4.1.A, 162쪽)과 보조를 같이하여 "평술법, 의문법, 명령법, 제안법"의 네 문체법에 국한하기로 하되 나머지는 성격이 비슷한 문체법에 통합하는 방식을 취하기로 한다[5]. 접미사 'X형'은 활용형을, 접미사 'X법'은 문체법을, 접미사 'X문'은 성질이나 진술 목적에 의한 문장의 종류를 가리키는 뜻으로 사용하기로 한다.

문체법은 명제 내용이 "상태"인가 "행위"인가에 따라 문체법 (1)과 문체법 (2)로 나뉜다. 전자는 상태에 대한 정보를 담고 있고 후자는 행위에 대한 정보를 담고 있다[6]. 전자의 "상태"란 주로 "앎", 곧 "인식 양태"를 가리킨다. 여기에는 평술법과 의문법이 포함된다. 후자에는 명령법과 제안법을 넣을 수 있는데 "시킴"과 관련된다는 점에서 "의무 양태"에 포섭된다 (고영근 · 구본관 2008: 397). 물론 전자에는 감탄법도 넣을 수 있고 후자에는 약속법, 허락법, 경계법도 넣을 수 있다. 문체법 (1)은 서실법 (敍實法)과 서상법 (敍想法)을 포괄하는 "무의지적 서법"이 실현되는 범주이고 문체법 (2)는 서의법 (敍意法), 곧 "의지적 서법"이 실현되는 범주이다. 문체법은 직접 인용과 간접 인용에서 실현되나 이곳에서는 직접 인용에서 실현되는 문체법을 서술의 대상으로 삼기로 한다. 결어법 체계는 고영근 · 구본관 (2008/2018: 449)으로 미루고 문체법 (1)의 의미 · 기능을 검토하기로 한다.

결어법에 의한 문장 종결은 다음 네 가지 조건의 제약을 받는다. 윤석민 (1998, 2000: 90)에서 형식화된 종결 조건을 풀어 보기로 한다.

(1) 문장 종결 조건
 가. 담화적 조건
 나. 통사적 조건
 다. 형태적 조건
 라. 어조 조건

---

5) 북한의 문체법 체계는, 이름은 "알림법, 물음법, 시킴법, 추김법"으로 되어 있지만 내용은 차이가 없다 (정순기 2005: 234).

6) 윤석민 (2000: 67-79)에 의하였다. 상태 정보는 적어도 정보의 내용이 달라지지 않으니 정태적이라 하겠고 행동 정보는 화자의 동작이나 행동이 아직 실현되지 않았으니 동태적이라 할 수 있다. 두 문체법을 화자의 명제에 대한 의지의 표출 여부와 관련시킨 것은 고영근 (1976/1999나: 341-345)이다. 문체법 (1)은 상태 정보가 선행 어미에 의존하여 실려 있고 문체법 (2)는 행동 정보가 어말 어미에 의존하여 표시된다는 점도 분류의 기준으로 이용되었다. 이 문제에 대하여는 윤석민 교수와 메일 교환 (2015. 9. 7.)을 통해서도 확인되었다.

(1가)는 존비법이 실행되는 조건을 가리킨다. 앞에서 거론한 바와 같이, 문체법은 존비법과 깍지를 끼듯이 맞물려 있기 때문에 일정한 담화 상황에서 화자와 청자가 대면하는 상황을 벗어날 수 없다. (나)는 문체법에 따라 주어가 2인칭이 되기도 하고 1·3인칭이 되기도 하는 현상을 가리킨다. (다)는 문체법 어미 가운데는 동사에만 결합하는 것도 있고 형용사 내지 계사와만 결합하는 것이 있음을 가리킨다. (라)는 '-오'와 같은 예사높임의 어미를 비롯하여 '-어, -지'와 같은 두루낮춤이나 '-어요, -지요'와 같은 두루높임과 같은 어미는 고저와 같은 일정한 어조가 주어지지 않으면 기능을 식별하기가 쉽지 않음을 가리킨다.

A. 문체법 (1)

문체법 (1)에는 평술법과 의문법을 둔다. 감탄법도 포함시킬 수 있으나 존비법에 걸쳐 독자적인 형식이 확인되지 않는다는 점에서 평술법에 포함시켜 다루기로 한다.

다음은 문체법 (1) 중 평술법의 예이다.

(2) 가. 오늘은 날씨가 매우 춥다. 문 단속을 잘 해라.
    나. 그래, 아직 잔다.

(2가)는 청자에 대한 화자의 일방적 진술이고 (2나)는 '그래' 등으로 미루어 볼 때 질문에 대응하는 양방적 진술이다. (2가)의 '-다'는 상태 동사 어간에 붙었고 (2나)의 '-ㄴ다'는 동작 동사 어간에 붙었다. 이들은 모두 상태 정보를 명제 내용으로 갖고 있다.

(2)는 아주낮춤의 평술법이다. 존비법에 따라 형태를 조금씩 달리하기도 하나 기본 기능은 큰 차이가 없다 (고영근·구본관 2008/2018: 450).

(2) 가'. 추우이, 춥소, 춥습니다.
    나'. 자네, 자오, 잡니다.

평술법은 전통적인 아주낮춤, 예사낮춤, 예사높임, 아주높임 등의 4원적 체계뿐만 아니라 첨사 '요'의 부착 여부에 따른 두루낮춤과 두루높임의 2원적 체계에 의해서도 표시된다[7]. 이런 어미를 특히 "범용 어미"라고도 한다 (권재일 2004: 11).

(2) 가". 추워, 추워요.
    나". 자, 자요.

위와 같은 2원적 체계에 의한 평술법과 예사높임의 평술법 '-오/-소'는 어조에 의하여 문체법이 구별되는데 이는 바로 (1라)의 "어조 조건"의 제약을 받는 것이다.

동작 동사에 붙는 당대어의 평술법 어미 '-다'는 어간에 바로 붙기도 한다.

---

7) 이기갑 (1997: 210)에서는 2원적 체계를 "두루높임 체계", 4원적 체계를 "나눠쓰임 체계"라 부르고 있다.

(3) 가. 아침 5시에 일어나 탄천을 한 시간가량 걷다.
　　나. 한국 여자 농구 세계를 제패하다.

(3)은 동작 동사의 부정법 (不定法, Aorist)이 특수 문장에서 사용된 예이다. "부정법"이라 함은 시제를 표시하는 특별한 요소가 드러나 있지 않다는 뜻이다. (3가)와 같은 예는 17세기 중엽 자료인 <병자일기> (丙字日記) 등에서 출현하기 시작하여 당대까지 일기문 같은 데서 많이 쓰여 왔는데 (곽용주 1996: 58, 고영근 2008가, 2011나: 341-342), 과거형 '걸었다'로 바꿀 수도 있다. (3나)는 신문 기사의 제호로 많이 쓰이는데 현재, 과거, 미래의 사건을 간결하게 표현할 때 쓰인다 (고영근 1965/1999나: 166-168). 이밖에도 정동사의 평술법은 실용문이나 서사문에도 쓰인다 (뒤에 나옴).

평술 정동사 어미 '-다'는 앞의 (2나)에서 보인 구성소인 현재 시제의 '-ㄴ/는-', 직설법 '-느-', 회상법 '-더-', 추측법 '-(으)리-', 원칙법 '-(으)니-', 확인법 '-것 ∝ 엇-'과 결합하여 여러 가지 양태성을 표시하기도 한다 (뒤에 나옴). 어쨌든 평술법 어미 '-다'는 동사 어미 가운데서 여러 가지 선행 어미와 결합하여 여러 가지 문법 범주를 실현하는, 기능 부담량이 가장 큰 어미다 (한길 2004; 53).

21세기 초의 20대 청소년들의 대화 자료를 분석한 결과에 기대면 구어체의 평술문에는 4원적 체계가 드물고 2원적인 두루낮춤과 두루높임에 의한 실현이 거의 67%에 이르고 부동사나 문장 조각에 의한 평술문의 실현도 보이며 문장 조각으로 실현되는 평술문도 13%를 웃돈다는 보고가 있다 (권재일 2004: 17-25). 이곳의 문장 조각이라 함은 명사, 명사의 곡용형, 한정어, 독립어, 수식어를 의미한다. 문체법 (1)에는 감탄법을 더 둘 수 있다.

감탄법 가운데서 놓쳐서는 안 되는 것은 '구' 계열의 어미의 기능상의 특수성이다.

(4) 가. 지금 밖에 비가 많이 오는구나.
　　나. 설악산은 듣던 대로 과연 산세가 웅장하구나 .

(4)의 예는 아주낮춤의 예이지마는 예사낮춤에서는 '오는구먼', 예사높임에서는 '오는구려'로 활용을 한다. 그밖에도 두루낮춤과 두루높임의 '-는군'과 '-는군요'가 확인된다. '구' 계열의 어미는 처음 알게 된 사실을 영탄적으로 진술할 때 쓰인다 (장경희 1985: 93-101). (4가)의 '오는구나'를 '온다'와 비교하면 그 의미 기능이 분명해진다. 최근에는 '구' 계열의 어미를 비롯하여 혼잣말에 사용되는 '-네' 등에서 파악된 감탄적 의미 등 (고영근 1976/1999나: 306, 2004/2007: 227-231, 장경희 1985: 101, 장경현 (2006, 2010: 167)을 "의외성" (意外性) (mirativity)이라는 양태 범주에서 다루고 있다 (박진호 2011, 가와사키 2016/2017).

다음은 의문법이다.

(5) 가. 그래, 아직 자는가?
　　나. 자네는 지금 무슨 책을 읽는가?

(5가)는 (2나)를 의문법으로 바꾼 것인데 자는 상태의 여부를 묻는 문장으로서 판정 의문문이라 부른다. (5나)는 상대방에게 정보를 요구하는 문장으로서 앞의 (5가)에 대하여 흔히 설명 의문문

이라고 한다. 이런 경우는 물음표를 치지 않으면 다음과 같이 문장 가운데 놓인 어미와 구별되지 않는다 (장소원 1984: 394).

(5) 가'. 아직 자는가 물어 보아라.
나'. 너는 지금 무슨 책을 읽는가 말해 보아라.

(5)는 예사낮춤의 평술법이다. 존비법에 따라 다음과 같이 형태를 조금씩 달리하기도 하나 기본 기능은 큰 차이가 없다.

(5) 가". 자느냐, 자오, 잡니다.
나". 읽느냐, 읽으오, 읽습니다.

의문법은 앞의 평술법과 같이 '읽으오' 등의 예사높임은 물론, 두루낮춤과 두루높임의 2원적 체계에 의해서도 표시된다.

(5) 가'''. 자, 자요.
나'''. 읽어, 읽어요.

위와 같은 2원적 체계에 의한 평술법과 예사높임의 평술법 '-(으)오'는 어조에 의하여 문체법이 구별되는데 이는 바로 (1라)의 "어조 조건"의 제약을 받는 것이다.

일반적으로 의문법에는 판정 의문법과 설명 의문법을 두지마는 수사 의문으로 사용되는 일도 많다.

(6) 가. 너를 도와 주지 못하겠느냐.
나. 빈 절에 어느 누가 찾아 오랴.
다. 지금쯤이면 땅에 묻은 김치맛이 얼마나 맛이 좋으랴!

(6가)는 시제 표시의 '-겠-'을 선접하였는데 '도와 줄 수 있다'는 강한 긍정 진술, (6나)는 추측법 '-(으)리-'를 선접하였는데 '찾아오지 않는다'라는 강한 부정 진술을 표시하고 있다. 이런 의문법을 "반어 의문문"이라고 한다. 이에 대하여 (6다)는 긍정적 내용을 더욱 강하게 긍정하는 의문법인데 이런 의문법을 "감탄 의문문"이라고 한다. 이럴 때에는 물음표보다는 느낌표를 치는 것이 좋다. 이런 데서도 자소부의 언어학적 의의를 찾을 수 있다 (§3. 4).

수사 의문에는 다음과 같은 예도 포함된다.

(7) 영수는 중국에 갔지 않니?

(7)은 다음과 같이, 평술문을 확인하는 기능을 지녔다고 하여 "확인 의문문"이라고도 하며 부가 의문문으로 처리하기도 한다 (김동식 1981).

(7') 영수는 중국에 갔다.

의문법은 상황에 따라 여러 가지 미세한 의미를 표시한다.

(8) 가. 빨리 물러서지 못하겠느냐?
나. 그런 소리를 왜 하니?
다. 왜 그렇게 서둘러? 더 참지 못하겠니?

(8가)는 명령, (8나)는 금지, (8다)는 강한 권고나 명령으로 해석된다. (8)은 다음과 같은 명령문으로 바꾸어 보면 그 의미를 분명히 파악할 수 있다.

(8) 가'. 빨리 물러서라.
나'. 그런 소리를 하지 말아라.
다'. 더 참아라.

이렇게 보면 의문법과 명령법은 상당 부분 의미를 공유하고 있다 (뒤에 나옴).

의문 정동사 어미 '-(으)냐'는 (5)에서 보인 문장 구성소인 직설법의 '-느-'를 비롯하여 이와 계열 관계에 있는 회상법 '-더-', 추측법 '-(으)리-'를 선접하여 여러 가지 양태적 의미를 표현한다 (뒤에 나옴).

당대의 우리말 공통어에서는 판정 의문법과 설명 의문법의 차이가 형태론적으로 표지 (標識)되지 않으나 중세어와 동남 방언에서는 두 의문법이 구별되어 전자는 'ㅏ' 계열의 어미가, 후자는 'ㅗ' 계열의 어미가 선택된다 (뒤에 나옴).

B. 문체법 (2)

문체법 (2)는 행동이나 동작에 대한 정보를 담고 있는 명령법, 제안법을 가리키며 이밖에도 약속법, 허락법, 경계법도 넣을 수 있다.

먼저 명령법부터 보기로 한다.

(9) 철수야, 책을 열심히 읽어라.

화자는 청자인 '철수'에게 책을 열심히 읽을 것을 요구하는 것이다. 앞의 의문법은 화자가 청자에게 상태에 관련된 정보를 요구하는 것이지만 이곳의 명령법은 행동의 실현을 요구한다는 점에서 차이점이 있다. 명령형 어미 '-어라'는 어간의 모음에 따라 '-아라'로 변이를 일으키기도 하고 동사의 종류에 따라 '-거라, -너라, -오'가 붙기도 한다 (§6.2.3.2.B, 148쪽).

(9)는 아주낮춤의 명령법인데 존비법에 따라 형태를 조금씩 달리하기도 하나 기본 기능은 큰 차이가 없다 (고영근 · 구본관 2008/2018: 457).

(9') 읽게, 읽으오, 읽읍시오[읽으십시오]

예사높임의 '읽으오'는 20세기 초의 개화기 자료에는 보편적이었으나 지금은 거의 쓰이지 않고 존경의 어미 '-(으)시-'를 선접한 '읽으시오'가 보편화되어 있다. 아주높임의 '읽읍시오'는 개화기에 보편적이었기 때문에 이를 근거로 하여 "합쇼체"란 용어가 만들어졌으나 1930년대부터는 역시 선행 어미 '-(으)시-'가 선접한 대괄호 속의 '읽으십시오'가 주로 사용된다.

명령법은 앞의 예사높임 및 두루낮춤과 두루높임 등의 2원적 체계에 의해서도 실현된다.

(9") 읽어, 읽어요

명령법은 아주낮춤에서는 (9)와 같이 단순한 명령이나 지시의 의미가 파악되나 예사낮춤 이상에서는 권고나 제의로 해석되는 일이 많다.

(10) 가. 더 생각해 보게.
나. 넘어지지 않도록 조심하시오.

(10가)는 권고로 해석되고 (10나)는 제의 (提議)로 해석된다. 그러나 존비법에 따른 의미의 차이란 절대적이 아니다. 예사높임과 아주높임도 어조가 강해지면 직접적 명령의 의미를 띨 수 있고 아주낮춤도 어조 여하에 따라 권고나 소원의 의미를 띨 수 있다. 특히 '제발, 부디' 등의 양태 부사나 '좀, 어서'와 같은 양상 부사가 동반되면 존비법의 여하에 구애되지 않고 권고나 소원의 의미만 드러난다.

(11) 가. 어서 들어오너라. (권고)
나. 부디 조심해서 가거라. (소원)

명령법의 서술어는 동사에서 실현되는 것이 원칙이나 그렇지 않은 일도 있다. 우선 피동문에서는 명령법이 성립되지 않는다.

(12) *철수야, 밥이 먹혀라 비교: 철수야, 밥을 먹어라.

오른쪽의 능동문과 비교해 보면 피동문에는 명령법이 성립되지 않는다. 명령은 화자가 청자에게 자신의 의도대로 자발적으로 행동해 줄 것을 요구하는 언어 행위이다. 그런데 피동은 피해를 입는 언어 행위이기 때문에 명령의 행위가 성립할 수 없다. 피동의 의미를 가진 어휘나 피동사가 명령형을 취한다고 하더라고 기원이나 저주의 의미를 표시하는 데 그친다 (고성환 2003: 91).

(13) 가. 남편한테 소박이나 맞아라.
나. 가다가 차에나 치여라.

인지 동사인 '모르다'도 명령법으로 쓰일 때 제약을 받는다.

(14) 가. *이런 것은 좀 몰라라. 비교: 이런 것은 좀 알아라.

나. *네가 잘못한 것이 무엇인지 깨닫지 마라. 비교: ~ 무엇인지 깨달아라.
다. *네 스스로가 느끼지 마라. 비교: ~ 느껴라.

(14)와 같은 차이도 피동사의 경우와 같이 청자가 자발적으로 개입할 수 있느냐의 여부와 관련된다. '알다'의 경우는 모르는 상태에서 주격 보족어 명사구의 자발성이 개입하면 아는 상태로 나아갈 수 있으나 '모르다'의 경우는 주격 보족어 명사구가 개입하여 아는 상태에서 모르는 상태로 이행하는 것을 허용하지 않는다. (14나, 다)도 같이 해석할 수 있다. 깨닫고 느끼는 일에는 주격 보족어 명사구의 자발적인 행위가 개입할 수 있으나 반대의 경우에는 자발적 행위가 개입할 수 없기 때문에 문법성에 차이를 보이는 것이 아닌가 한다.

상태 동사는 제약 (1다)에 의하여 명령형 어미를 취할 수 없으나 다음과 같은 예외가 있다.

(15) 가. 무슨 일에든지 꾸준해라.
나. 무슨 일이 일어나더라도 냉정해라.

접미사 '-하다'가 붙는 상태 동사 중 "태도"를 나타내는 상태 동사에서 이런 용법이 간취된다. 이들을 동사로 전성된 것으로 보면 명령형 어미가 붙는다고 보기도 하나 (이승희 2005), 이 문제는 동작 동사로 겸용되었던 중세어의 상태 동사 (이영경 2003)와 관련하여 더 깊이 생각해 볼 필요가 있다.

명령법에 의한 문장, 곧 명령문은 기능에 따라 어조를 달리한다. (10)과 같이 화자가 청자에게 권위를 가지고 시키는 상황이면 낮은 수평조와 오르내림조 등이 이용되고 (11)과 같이 권고나 소원의 의미가 동반되면 낮오름조와 내리오름조가 이용된다 (이호영 1996: 230-244). 우리가 검토한 명령법은 앞의 평술법, 의문법과 같이 4원적 체계를 중심으로 하였다. 21세기 초의 20대 청소년들의 대화 자료를 분석한 결과에 기대면 4원적 체계 중 해라체 명령형 어미 '-어라'만 20% 정도로 사용되고 나머지는 2원적 체계가 80% 이상을 차지하며 합쇼체의 '-(으)십시오', 하오체의 '-(으)시오', 하게체의 '-게'는 전혀 보이지 않는 것으로 나와 있다 (권재일 2004: 35-37). 80년 전의 대학생들 사이에는 하게체가 예사로 사용되었다 (고영근 1965/1999나: 147).

명령법에 이어 제안법을 보기로 한다.

(16) 책을 많이 읽자.

제안법은 (16)에서 보는 바와 같이 화자가 청자에게 자신의 의도대로 같이 행동할 것을 요청 · 제안하는 문체법이다. (16)은 아주낮춤의 제안법인데 존비법에 따라 형태를 조금씩 달리하나 기능에 있어서는 차이가 없다. 하게체 이상의 제안법 형태를 보이면 다음과 같다.

(16') 읽세, 읽읍시다, [읽으시지요]

아주높임의 제안법에는 고유한 형태가 없고 두루높임의 한 가지인 '-지요'에 '-(으)시-'를 선접한 '-(으)시지요'가 보충되는 것이 보통이다

제안법도 다른 문체법과 같이 두루낮춤과 두루높임의 2원적 체계에 의하여 표시될 수 있다.

(16") 읽어, 읽어요

제안법은 의미상으로는 명령법과 비슷하다. 그러나 문장의 구성 방식이 다르다. 제안법의 문장 구조는 화자와 청자의 합동으로 이루어져 있다. (16)의 주격 보족어 명사구는 화자와 청자를 합친 것이기 때문에 때로는 다음과 같이 호격어 (고영근 2014나, 2018가: 152)를 비롯하여 대명사 '우리'가 표면에 실현될 수 있으며 공동의 행동을 분명히 하려면 양상 부사 '같이'를 병용할 수 있다.

(17) (철수야, 우리 같이) 책을 많이 읽자.

제안법을 독자적인 문체법으로 세우는 가장 큰 근거는 아주낮춤을 비롯하여 명령법과는 구별되는 독자적인 어미를 갖고 있기 때문이다.

문체법 (2)에는 약속법, 허락법, 경계법을 더 둘 수 있다.

(18) 내가 도와 주마.

위의 예는 화자가 청자에게 자기의 의사를 베풀어 그 실현을 기꺼이 약속하는 문체법인데 아주낮춤에서 나타나는 형태이다. 물론 예사낮춤에서는 '~ 줌세'라는 독자적 형태가 보이지 않는바 아니나 그 위로 올라가면 '주리다, 주오리다'와 같이 추측법에 의존하기도 하며 당대에 와서는 2원적 체계인 '줄게, 줄게요'에 의존하기도 한다 (고영근 1974/1999나: 292-293, 고영근 · 구본관 2008/2018: 463).

약속법은 앞의 명령법과 같이 원칙적으로 동사에 붙으며 주격 보족어 명사구는 (1나)에서 보인 통사적 제약에 따라 '나, 우리'를 취하나 보통은 문면에 드러나지 않는 일이 많다.

동사라고 하여 모두 약속법을 취하지 않는다.

(19) 가. *너를 강에 빠뜨리마.　비교: 너를 강에서 건져 주마.
　　나. *내가 죽이마.　비교: 내가 죽이겠다.

(19가)의 예는 청자에게 불이익을 주는 상황에서는 약속법이 쓰일 수 없음을 보이고 있다. 청자에게 이익이 되지 않는 상황에서는 화자가 그 실현을 기꺼이 약속할 수 없다. 그러나 오른쪽에 보인 바와 같이 청자에게 이익을 주는 '건져 주다'와 같은 표현에서는 얼마든지 약속법을 사용할 수 있다. (19나)는 사람을 죽이는 것을 직업으로 삼는 전통 사회의 망나니의 행동이 아니면 성립할 수 없다. 그러나 오른쪽에 보인 바와 같이 미래 시제의 '-겠-'을 취한 평술문은 가능하다. 그것은 '-겠-'은 화자의 일방적인 의지를 표명하고 약속법은 청자를 전제로 그 실현을 기꺼이 약속하는 태도를 표명하기 때문이다. 조선어학회의 『큰사전』 (1947~1957), 이희승의 『국어대사전』 (1993), 『금성판 국어대사전』 (1996)에만 '즐거이, 기꺼이'만 붙어 있고 북한 사전을 포함한 나머지 사전에는 단순히 약속하는 의미만 나온다. 약속법 '-(으)마'의 특징은 바로 '기꺼이'와 같은 자발적 부사를 보충할 수 있다는 것을 명심할 필요가 있다. 약속법은 "의향"을 뜻한다는 점에서 동적 양태 (dynamic modality)에 속한다 (팔머 2001: 10, 이기갑 2006).

약속법은 동사에 붙는 것이 원칙이나 (20)과 같은 태도 표시의 상태 동사에도 붙을 수 있다.

(20) 오냐, 충실하마.

약속법과 같이 '기꺼이'라는 부사를 공유하고 있는 문체법으로 허락법을 들 수 있다.

(21) 좀 더 놀다가 가려무나.

(21)과 관련하여 허락법의 예를 들어 보기로 한다.

(21') 가. *나를 강에 빠뜨려무나.　비교: ~ 빠뜨려라.
　　나. *나를 죽이려무나.　비교: ~ 죽여라.

허락법은 약속법과 같이 그 형태가 완비되어 있지 않다. (21)은 아주낮춤이지마는 예사낮춤에는 '-게나'라는 어느 정도 독자성을 띤 형태가 있다. 그리고 예사높임 이상에서는 다른 형태가 대용된다(고영근 1974/1999나: 290, 고영근·구본관 2008/2018: 464). (21')의 예가 성립하지 않는 것은 (19)와 같이 '기꺼이'라는 부사와의 공존이 어렵다는 데서 그 까닭을 찾을 수 있다.

동작 동사라고 하여 모두 허락법을 취하지는 않는다. 대체로 명령법과 제안법에 적용되었던 제약과 큰 차이가 없다.

(22) 가. *이런 것은 모르려무나.　비교: *몰라라, *모르자.
　　나. *강에 빠뜨려무나.　비교: ~ 빠뜨려라.
　　다. *네가 죽이려무나.　비교: 네가 죽여라, 우리가 죽이자.

(22가)는 부정적인 인지 동사 '모르다'에 허락법이 붙지 못하는 예이다. 오른쪽의 예는 명령법과 제안법에도 같은 제약이 적용됨을 보이는 예이다. (22나)를 통해서는 불이익을 주는 상황에서는 허락법이 쓰일 수 없음을 알 수 있다. 이는 허락법에 내재되어 있는 의미가 '기꺼이'와 관련되기 때문으로 보인다. 그러나 명령법은 그런 상황에 구애를 받지 않는다. (22다)도 마찬가지다.

다음은 경계법의 예이다.

(23) 아가, 감기 걸릴라.

경계법은 화자가 청자에게 잘못될까 염려하면서 경계하는 문체법이다. 문체법 중에서 가장 형식이 갖추어지지 않았다. 위의 예는 아주낮춤인데 예사낮춤부터는 '걸리리, 걸리리다'와 같이 추측법이 대용된다(고영근 1974/1999나: 293, 고영근·구본관 2008/2018: 465).

경계법은 명령법, 제안법, 약속법, 허락법과 같이 동작 동사에만 붙는다. 동작 동사라고 해서 모두 경계법이 실현되지는 않는다. '감기 걸릴라'와 같이 청자에게 손해를 입히는 부정적 의미의 동사에서만 경계법이 실현될 수 있다.

(24) 가. 밥 안 먹을라.　비교: *먹을라.
　　나. 떨어질라 (조심해라).　비교: *안 떨어질라.

다. 손 다칠라 (조심해라).   비교: *손 안 다칠라.

문체법 (2) 가운데서 약속법은 동적 양태에 속하고 나머지 의지적 서법은 의무 양태에 속한다 (고영근 1986/2004가: 247-263).

7.2.2.2. 중세어

앞에서 저자는 당대 공통어의 문체법을 원칙적으로 "평술법, 의문법, 명령법, 제안법"의 넷으로 잡아 통사 · 의미적인 특징을 검토하였었다. 당대어는 당대인의 직관이 작용하기 때문에 긍정적 자료는 물론, 부정적 자료까지 얽어 낼 수 있으나 당대 이전의 언어는 당대인의 직관이 미치지 못하기 때문에 포괄적 서술을 하기가 쉽지 않다. 그러나 우리가 문헌에 사용된 언어의 문법이 몸에 젖어 있으면 귀납된 문법 규칙에 따라 문법성을 검증할 수 있고 읽혀진 화자의 태도와 사태의 성격에 근거하여 의미의 적정성 여부를 판단할 수 있다 (고영근 1981/1987/1998/2011나: 6). 그러나 당대어 중심의 작업에서 얻는 수확만큼 기대하기가 쉽지 않다. 부정적인 자료를 구성하는 데는 한계가 있기 때문이다[8].

앞에서 보인 중세어의 정동사 체계 (§6.2.4.2)에 따라 문체법의 기능을 (1)과 (2)로 나누어 중세어의 문체법의 기능을 탐색하기로 한다. 중세어는 당대어와는 달리 존비법에 높임, 보통, 낮춤의 3원적 체계와 이를 보충하는 반말이 있었다 (뒤에 나옴). 먼저 문체법 (1)부터 보기로 한다.

A. 문체법 (1)

먼저 문체법 (1)의 평술법부터 보기로 한다. 다음 예는 상담 세계, 곧 대화에 쓰인 것인데 보편적 평술형 어미 '-다'에 기대어 이루어졌다. 서사 세계에 쓰인 평술법은 뒤의 통보화용부에서 따로 다루기로 한다.

중세어의 평술법은 보편적 평술형 어미 '-다'로 성립하는 일이 많고 보수적인 '-(으)니라'로 성립되는 일도 있다.

(25) 가. 닐굽 ᄒᆡ 너무 오라다 (월인석보 7, 2)
나. 내 이제 네 어믜 간 싸ᄒᆞᆯ 뵈요리라 (월인석보 21, 21)
다. 내 그런 ᄠᅳ들 몰라 ᄒᆞ댕다 (석보상절 24, 32)
라. ① 이 蓮花ㅣ 五百 니피오 닙 아래마다 하ᇇ 童男이 잇ᄂᆞ이다 (석보상절 11, 32)
② (世尊) …世間애 상녜 이셔 내 正法ᄋᆞᆯ 護持ᄒᆞ라 ᄒᆞ시이다 (석보상절 24, 45)
마. ① 四海ᄅᆞᆯ 년글 주리여 ᄀᆞᄅᆞ매 ᄇᆡ 업거늘 얼우시고 ᄯᅩ 노기시니 (용비어천가, 20)
② 聖子ㅣ 나샤 正覺 일우시리 (월인천강지곡, 기 15)

(25가, 나)는 낮춤, (25다)는 보통, (25라)는 높임, (25마)는 반말이다. 평술형 어미 '-다 ∝ -라'는

---

8) 이 부분은 고영근 (2010다: 305-322)와 부분적으로 겹치며 이밖에도 허웅 (1975: 486-521), 장윤희 (2002다)도 참조하였다.

(25가)와 같이 어간에 직접 붙기도 하나 추측법, 회상법, 직설법과 같은 서법 형태소 등과 높임의 존비법 표지 '-이-'와 같이 다른 선행 어미를 앞세우는 일이 많다. (25마)의 반말에는 어말 어미가 드러나 있지 않다. (25라)②는 부정법인데 중세어의 동사의 부정법은 단순 과거 (aorist)로 해석된다 (고영근 1981/2011나: 84-85). (25가)는 "우리 이제 안즉 出家 말오 … 五欲을 ᄆᆞ슴 ᄀᆞ장 편 後에ᅀᅡ 出家ᄒᆞ져"라는 발제 (跋提)의 제안에 대한 응답 진술이고 나머지는 화자의 청자에 대한 일방적 진술로 짐작된다. 평술법은 한 문장을 진술하는 방식으로 끝맺는 문체법인데 자세히 보면 청자의 말에 대한 대응적 진술과 화자의 일방적 진술로 구분할 수 있다. (25마)는 시가이기는 하나 전문이 대화의 방식으로 구성되어 있기 때문에 상담 세계에서 다루어도 좋다고 생각한다.

다음은 보수적 평술형 어미 '-(으)니라'에 기대어 평술법이 성립되는 예이다[9].

(26) 가. "네 아비 ᄒᆞ마 주그니라" (월인석보 17, 21)
나. "너를 외에 아니ᄒᆞ노니라" (사법어언해, 3)
다. "잇ᄂᆞ니이다" (석보상절 6, 14장)

(26가, 나)는 화자의 청자에 대한 일방적 진술이고 (26다)는 대응적 진술이다. (가)의 '주그니라'는 앞의 (25라)②와 같이 단순히 '죽었다'라는 뜻이지 여기에는 화자의 어떠한 양태적 태도도 읽을 수 없다. (나)의 '-(으)니라'는 제3인칭 관련의 어미로 보았기 때문에 (허웅 1975: 762), '-오-'와의 관계가 풀리지 않았던 것인데 단순한 평술형 어미로 보면 전혀 문제가 되지 않는다. (26다)는 호미의 딸에게 그대의 아버지가 계시느냐는 물음에 대하여 '있다'고 답변하는 것인데 역시 어떠한 양태적 의미도 파악할 수 없다. (25라)①을 참조하면 차이가 없다는 것을 알 수 있다. '-(으)니라' 계열의 평술형 어미는 부정법만 상담 세계에서 우세하고 나머지 서법은 그렇게 흔치 않다.

중세어의 평술법에는 이밖에도 다음을 추가할 수 있다[10].

(27) 노하시든 보아지이다 (월인석보 22, 「현대문학」 366, p. 107)

(27)의 '보아지이다'는 타동사 '보-'에 '-아지이다' (<-아지라)가 붙은 것이다. 이 곳의 '지라'는 '-어늘 ∝ -거늘, -어든 ∝ -거든'과 같이 (고영근 2010다: 135), 항상 동사 표지 '거 ∝ 어'를 요구한다. 비타동사 아래에서는 '니거지라'와 같이 '거'가 붙는다. '-어지라 ∝ -거지라'는 화자의 소망[바람]을 나타내는 특수한 평술형 어미인 것이다.

당대어와 보조를 같이한다는 뜻에서 감탄법도 평술법과 같이 다루기로 한다.

---

9) 보수적 평술형 어미는 저자가 고영근 (1981/1998/2011나: 20)에서 "둘째 설명법어미"라 불렀던 것인데 이에 대한 부정적 견해도 없지 않다 (장윤희 2002다: 131, 153). 최근 조규태 (2017)에서는 저자의 보수적 평술형 어미 (종전의 둘째 설명법)를 뒤에 나오는 원칙법과 함께 "단정법"으로 포괄해야 한다는 대안을 제시하기도 하였다.

10) 고영근 (2010다: 308)에서는 약속 평술문과 당위 평술문도 평술문과 같이 다루었으나 여기에서는 앞의 당대어와 보조를 맞춘다는 뜻에서 전자는 명령법 등과 같이 다루고 후자는 원칙법에서 다루기로 하였다.

(28) 가. ①"내 아ᄃᆞ리 <u>어딜쎠</u>" (월인석보 2, 7)

② 摩耶ㅣ 如來를 <u>나ᄊᆞᄫᆞ실쎠</u> (석보상절 11, 24)

나. 六祖ㅅ 큰 오ᄋᆞᆫ ᄠᅳ들 보디 <u>몯ᄒᆞᄂᆞᆫ뎌</u>" (육조법보단경언해서, 7)

중세어에서 "느낌"을 표시하는 활용형에는 '-돗-' 등의 선행 어미에 의존하는 것이 보통이나 당대어의 (4)와 같이 어말 어미에 의존하는 일이 있다. (28가)①은 왕이 자기 아들이 어질다는 것을 적극적 정감, 곧 기쁨의 태도로 진술하는 상황에 사용되었다 (고영근 1981/2011나: 175-176 각주 34). ②는 마야 부인이 여래를 출산한 상황을 역시 적극적 정감으로 표현한 것이다. 양자는 '어디도다, 나ᄊᆞᄫᆞ시도다'와 같이 감동법의 선행 어미에 의해서도 표시될 수 없는 바 아니나 그 차이를 밝히는 것도 한 과제가 될 수 있다. (28나)는 '-ㄴ뎌'라는 감탄형 어미에 직설법 '-ᄂᆞ-'가 선접한 것인데 육조의 큰 뜻을 알지 못한다는 것을 소극적 정감, 곧 슬픔의 태도로 진술하고 있다. 중세어에는 이밖에도 정감을 표시하는 활용형이 많이 있는데 그들 상호 간의 기능의 차이를 가려내는 것도 한 과제가 될 수 있다.

평술법에 이어 의문법을 보기로 한다. 중세어의 의문법은 당대어와 비교해 볼 때 특이한 점이 많다. 명사에 첨사가 붙어 의문법이 되는 것이 있는가 하면 인칭에 따른 구분도 있고 미정어의 사용 여하에 따라 의문법의 형태가 달라지기도 한다.

다음 (29)는 명사에 의문 첨사 '가'가 붙어서 된 의문문이다.

(29) 가. 이 ᄯᆞ리 너희 <u>죵가</u> (월인석보 8, 94)

나. 이 두 사ᄅᆞ미 眞實로 네 <u>항것가</u> (월인석보 8, 94)

(29가, 나)는 모두 장자 (長者)가 왕과 비구에게 하는 말이니 존비법으로는 낮춤에 해당한다. 한편, 중세어에는 첨사 '고'를 취함으로써 의문문의 성격을 바꾸는 것이 있다.

(29) 가'. 얻논 藥이 므스<u>것고</u> (월인석보 21, 215)

나'. 이 엇던 <u>光明고</u> (월인석보 10, 7)

(29가')는 태자가 대신들에게 하는 말이니 존비법으로는 낮춤에 해당하며 (29나')는 정반왕이 주위의 신하들에게 독백조로 하는 말이니 역시 낮춤의 존비법에 속한다. (29')를 (29)와 비교하면 미정어가 동반되어 있는 것이 다르다. 미정어의 동반이 (29)의 첨사 '가'를 (29')에서 '고'로 바꾸는 것이다. 당대어에서는 동남 방언을 제외하고는 미정어의 동반이 어미의 형태를 바꾸는 일이 흔하지 않다. (29)와 같이 상대방에게 가부 (可否)의 대답을 요구하는 문장을 "판정 의문문", (29')와 같이 미정어를 써서 그에 대한 정보를 요구하는 문장을 "설명 의문문"이라고 한다 (안병희 1965/1992: 136-167). '가/고'는 선행 명사의 음성적 환경에 따라 '아/오'로 교체되기도 한다[11].

---

11) 중세어에는 드물지만 동명사형 어미 '-(ᄋᆞ)ㅁ'에 첨사 '고'가 붙는 예가 두어 개 있다 (정재영 1995: 222). 하나만 제시한다.

엇뎨 모로매 相ᄋᆞᆯ 取티 아니ᄒᆞ야 如如ᄒᆞ야 뮈디 아니ᄒᆞ욤고 (구결문생략) (금강경삼가해 5, 35)

판정 의문법과 설명 의문법은 다음과 같은 활용형에서도 잘 구별된다.

(30) 가. ① 앗가ᄫᆞᆫ ᄠᅳ디 잇ᄂᆞ니여 (석보상절 6, 25)
② 이 大施主의 得ᄒᆞᆫ 功德이 하녀 져그녀 (월인석보 17, 48)
나. ① ᄒᆞ마 주글 내어니 子孫ᄋᆞᆯ 議論ᄒᆞ리여 (월인석보 1, 7)
② 아모 사ᄅᆞ미나 이 良醫의 虛妄ᄒᆞᆫ 罪ᄅᆞᆯ 能히 니ᄅᆞ려 몯니ᄅᆞ려 (월인석보 17, 22)

(30)은 모두 낮춤의 존비법이다. 편의상 두 묶음으로 나누었지만 (30나)의 '-려' (<-리여)는 '*-리녀'를 바탕으로 하고 있으므로 (고영근 2011나: 34), 그것은 (30가)와 성격이 같다. (30가)①의 직접적 주격 보족어 명사구는 제3인칭이다. (30가)②의 직접적 주격 보족어 명사구도 역시 제3인칭이다. (30나)①의 주격 보족어 명사구는 제1인칭 대명사 '나'로 상정 (想定)된다. 이 문장은 수사 의문문이다. 곧 죽을 나인데 자손을 의논할 수 없다는 강한 부정 진술을 함의하고 있다. 추측 의문법에서는 수사 의문으로 해석되는 일이 많다. (30나)②의 주격 보족어 명사구는 제3인칭이다. 이 문장은 선택 의문의 방식을 취하고 있다. 선택 의문이란 서로 대조적이거나 반대가 되는 두 가지의 의문형을 제시하여 청자에게 둘 중에 하나를 선택하도록 요구하는 의문법이다. 선택 의문도 가부의 답변을 요구하는 것이므로 판정 의문의 테두리에 들어온다.

(30)은 화자가 청자에게 가부의 답변을 요구한다는 점에서 (29)와 같이 판정 의문문이 된다. (29), (30)을 중심으로 할 때 중세어의 판정 의문문은 첨사나 어미의 모음이 '어' 또는 '아'로 되어 있음을 알 수 있다. 또 (30)은 주격 보족어 명사구가 제1인칭과 제3인칭에 국한해서 나타나기 때문에 "제1 · 3인칭 의문법"이라 부른다 (안병희 1965/1992: 150, 허웅 1975: 496, 시부 1993). 이렇게 본다면 (30)은 제1 · 3인칭 판정 의문법이 된다.

낮춤의 존비법의 제1 · 3인칭 의문법은 어미를 바꾸어 설명 의문법이 된다.

(30) 가'. ① "究羅帝 이제 **어듸** 잇ᄂᆞ뇨" (월인석보 9, 36 상, 30)
② "이 智慧 업ᄉᆞᆫ 比丘ㅣ **어드러**셔 오뇨" (석보상절 19)
나'. ① "아바닚 病이 기프시니 **엇뎨** ᄒᆞ료" (석보상절 11, 18)
② "**엇뎨** 겨르리 업스리오" (월인석보 서, 17)

(30가', 나')는 (29)에 대응하는 설명 의문법이다. 주격 보족어 명사구는 (30나')①만 제외하고는 제3인칭이다. (30나')①은 태자가 대신들에게 하는 말인데 주격 보족어 명사구는 제1인칭 대명사 '나'로 상정된다. (30나')②는 독백으로 간주되는 예인데 이런 경우는 수사 의문문이 될 때가 많다. (30가', 나')에는 모두 미정어가 쓰여 있다 (진한체 참조). 이에 맞추어 의문형도 모음이 '오'게로 되어 있다.

(29가', 나'), (30가', 나')를 종합하면 설명 의문법은 첨사나 어미의 모음이 '오'로 성립되어 있는 것이다. (30가', 나')는 제1 · 3인칭 설명 의문법이 된다.

한편 낮춤의 존비법에는 제2인칭 주어에 일치하여 쓰이는 어미가 있다. 다음 (31)의 의문형은 동명사형에 의문 첨사 '다'가 붙은 것이다 (고영근 2010다: 152).

(31) 가. ① "네 **엇뎨** 안다" (월인석보 23, 74)

② "**엇던** 行業을 지ᅀᅥ 惡道애 뻐러딘다" (월인석보 21, 56)

나. "네 信ᄒᆞᄂᆞᆫ다 아니 ᄒᆞᄂᆞᆫ다" (석보상절 9, 26)

다. "네 모ᄅᆞ던다" (월인석보 21, 195)

라. "네 **엇던** 혜ᄆᆞ로 나ᄅᆞᆯ 免케 홇다" (월인석보 21, 56)

마. "너희ᄃᆞᆯ히 므스글<므슥을) 보ᄂᆞ손다" (월인석보 10, 28).

(31가)①은 부정 동명사형 '안' (<*알은)에, (31나)는 직설 동명사형 '(信)ᄒᆞᄂᆞᆫ'에, (31다)는 회상 동명사형 '모ᄅᆞ던'에 각각 '다'가 붙었다. (31)은 모두 주격 보족어 명사구가 제2인칭 대명사 '너' (또는 '그듸')이다. (31가)②는 주격 보족어 명사구가 나타나 있지 않지만 앞뒤 이야기를 고려하면 '너'로 상정할 수 있다. 이에 일치하여 첨사는 '다'가 쓰였다. (31라)의 '홇다'는 '*ᄒᆞ린다'를 바탕으로 하고 있다고 하였으므로 (고영근 1981/2011나: 38), 나머지와 성격이 같다. (31마)는 '-ᄂᆞᆫ다'에 감동법 '-ㅅ-'이 붙은 것인데 (고영근 1980/1981/1998/2011나: 51-60, 179, 186), 이런 감동법은 복수의 주어 명사구에 일치한다는 점에서 앞 (§6.3.2.3.C, 233쪽)에서 본 복수의 첨사 '들'과 같이 복수 명사구에 일치하는 일치소로 볼 수 있다 (가와사키 2014, 2017: 31-95). 감동법 '-ㅅ-'는 명령법에도 나타난다. 이런 점에 근거하여 (31)을 "제2인칭 의문법"이라 부른다. 그러나 이 경우는 판정 의문법과 설명 의문법의 구별이 없다. (31가)①, ②는 미정어가 쓰였으므로 설명 의문법이 될 수 있는 필요 조건을 갖추고 있으나 어미의 형태는 판정 의문법인 (31나), (31다)와 같다. 따라서 '다'로 끝나는 의문법은 제2인칭 의문법만으로 족하다.

의문법에서 주격 보족어 명사구가 제2인칭이냐 그렇지 않으냐에 따라 형태를 달리하는 것은 주격 보족어 명사구가 제1인칭 (/화자)이냐 아니냐에 따라 정동사 어미 '-다'와 부동사 어미 '-니' 앞에서 선행 어미 '-오-'가 선택되는 현상과 병행되는 것으로 중세어의 중요한 문법적 특징으로 손꼽힌다 (고영근 2010다: 48).

중세어에는 다음과 같이 모문이 미정 인용절을 안고 있을 때 미정 대명사가 모문의 활용에 영향을 미쳐 설명 의문법이 되게 하는 예가 보인다.

(32) 世尊하 두 소니 다 뷔어늘 <**므스글** 노ᄒᆞ라> ᄒᆞ시ᄂᆞ니잇고 (월인석보 7, 54-1)

(32)의 예는 서정목 (1985/1994: 163-194, 2000:107-108)에서 주목된 것으로 서정목 (2015)에서 "사유"로 해석되기까지 한, 우리말 문법 현상의 통시적 유형론과 지역적 유형론을 연계시키는 좋은 사례가 될 수 있다 (고영근 2014라, 2018가: 93-109) (뒤에 나옴).

다음은 높임의 판정 의문법이다. 의문형 어미가 앞의 경우와 같이 '아'로 되어 있다.

(33) 가. ① 世尊이 ᄀᆞᆺ봄 내시게 아니ᄒᆞᄂᆞ니잇가 (법화경언해 5, 92장)

② 님금하 아ᄅᆞ쇼셔 洛水예 山行 가 이셔 하나빌 미드니잇가 (용비어천가, 125)

나. 사ᄅᆞ미 이러커늘ᅀᅡ 아ᄃᆞᄅᆞᆯ 여희리잇가 (월인천강지곡, 기143)

(33가)①의 주격 보족어 명사구는 제3인칭이고 (33나)의 그것은 이야기의 내용을 참고하면 그 명사구가 제1인칭임이 틀림없으며 (33가)②는 '님금하'로 미루어 그 주격 보족어 명사구는 제2인칭이다. 그럼에도 불구하고 활용형에 차이가 없다. (33)을 통해서 중세어의 제2인칭 의문문은 낮춤의 존비법에서 '너' 또는 '그듸'가 주격 보족어로 등장할 때 쓰인다는 것을 다시금 확인할 수 있다.

다음 (34)는 (33)에 대응하는 설명 의문법이다.

(34) 가. ① "**ᄆᆞᄉᆞ므라** 오시니잇고" (석보상절 6, 3)

② "어미 … **어느** 길헤 냇ᄂᆞ니잇고" (월인석보 23, 90)

나. ① "내 이제 **엇뎨**ᄒᆞ야ᅀᅡ 地獄 잇ᄂᆞᆫ ᄯᅡ해 가리잇고" (월인석보 21, 25)

② "이 法華經 듣고 隨喜ᄒᆞᆫ 사ᄅᆞᄆᆞᆫ 福ᄋᆞᆯ **언매나** 得ᄒᆞ리잇고" (석보상절 19, 1)

어미가 모두 '오' 계통의 모음으로 끝나 있다. 이 곳에서도 (32)와 같이 인칭의 구별에 따른 활용형의 차이가 발견되지 않는다. (34가)①은 주격 보족어 명사구가 제2인칭으로 상정되는 데도 불구하고 제1인칭과 제3인칭을 주격 보족어로 삼는 나머지 예문과 차이가 없다.

높임의 판정 의문법과 설명 의문법은 혼용되는 일이 있다.

(34) 가'. ① "**어듸** 가시ᄂᆞ니잇가" (남명집언해 상, 52)

② "여슷 하ᄂᆞ리 **어늬**ᅀᅡ ᄆᆞᆺ 됴ᄒᆞ니잇가" (석보상절 6, 35)

나'. ① 七代之王을 **뉘** 마ᄀᆞ리잇가 (용비어천가, 15장)

② **어느** 부텻긔 恭敬이 덜리잇가 (월인천강지곡, 기 169)

위의 예는 미정어와 관련시키면 '고'로 끝나야 옳겠으나 '가'로 실현되어 있다. 특히 (나')는 『용비어천가』와 『월인천강지곡』에 나타나는데 수사 의문문으로 해석된다 (안병희 1965/1992: 140).

보통의 존비법에서는 판정 의문과 설명 의문의 형태적 구별이 전혀 확인되지 않는다[12].

(35) 가. 主人이 **므슴** 차바ᄂᆞᆯ 손ᅀᅩ ᄃᆞᆫ녀 밍ᄀᆞ노닛가 (석보상절 6, 16)

나. 그딋 아바니미 잇ᄂᆞ닛가 (석보상절 6, 14)

보통의 존비법은 실례가 많지 않아 단정할 수 없으나 (35)를 통해서 보면 (가)는 미정어가 있으므로 '고'로 나타나야 할 것이나 판정 의문법인 (나)와 형태가 같다.

반말에서는 두 가지 의문법이 같은 형식으로 되어 있다 (안병희 1965/1992: 158-159).

(36) 가. ① 그듸내 ᄠᅳ디 아니 舍利ᄅᆞᆯ 뫼셔다가 供養ᄒᆞᅀᆞ보려 ᄒᆞ시ᄂᆞ니 (석보상절 23, 46)

② 님긊 말ᄊᆞ미 긔 아니 올ᄒᆞ시니 (용비어천가, 39)

③ 이제 **엇뎨** 怨讎ᄅᆞᆯ 니ᄌᆞ시ᄂᆞ니 (석보상절 권11, 34)

---

12) 16세기 언간 자료에 ᄒᆞ야쎠체의 설명 의문형이 확인된다는 보고가 있다 (허웅 1989: 163).

나. ① 昊天之心애 긔 아니 쁘디시리 (용비어천가, 116)

② 모딘둘 아니 깃ᄉᆞᄫᆞ리 (월인천강지곡, 기 190)

③ 聖人 神力을 **어누** 다 ᄉᆞᆯᄫᆞ리 (용비어천가, 87)

(36가)에서 ①, ②는 판정 의문법이고 ③은 설명 의문법이다. 그럼에도 불구하고 형태는 '니'로 끝나 있다. (36나)에서 ①, ②는 판정 의문법이고 ③은 설명 의문법이다. (36가)와 같이 이 곳에서도 '-리'로 끝나 있다. 이 곳의 판정 의문법은 의미상으로는 수사 의문으로 해석된다.

이상 살펴본 첨사 '가/고', '다', 어미 '-(으)녀'와 이의 존비법에 의한 의문법은 상대방에게 대답을 요구할 때 쓰이므로 "직접 의문법"이다. 중세어에는 이에 대립되는 간접 의문법도 설정할 수 있다(이승욱 1963/1973: 248-264, 안병희 1965/1992: 156, 김정아 1985).

(37)은 앞의 제2인칭 의문법과 같이 동명사형과 첨사의 통합으로 구성되어 있다.

(37) 가. ① 이 아니 내 鹿母夫人의 나혼 고진가 (석보상절 권11, 32)

② 어더 보ᄉᆞᄫᆞᆯ까 (석보상절 권24, 43장)

나. ① 너희 이 브를 보고 더븐가 너기건마ᄅᆞᆫ (월인석보 권10, 14)

② 둘흔 他方佛이 오신가 疑心이오 (원각경언해 권상 1-2, 23)

의문형 어미가 '아' 계통의 모음으로 되어 있으므로 판정 의문법이다. (37)의 'ㄴ가' 예문은 독립적으로 쓰인 (가)와, 모문 속에 안겨 있는 (나)로 나눌 수 있다. (37가)①은 상대방의 대답을 전제하지 않은 독백조의 말씨다. 바로 앞에 '眞實로 그러ᄒᆞ니여'라는 정상적 의문법이 온다는 사실과 관련시키면 이 문장이 독백이라는 점을 쉽게 알 수 있다. (37가)②도 성격이 같다. 앞의 이야기에서는 정상적 의문법 '上座ㅣ 잇ᄂᆞ니잇가'로 나타난다는 점에 의해 알 수 있다. 이에 대하여 (37나)는 '너기다, 疑心'과 같은 의미의 동사 또는 명사 앞에 안겨 화자의 상념 (想念)을 표시한다. 이런 점에 근거하여 (37)의 예문을 "간접 의문법"이라 부른다.

간접 의문법에서도 설명 의문이 확인된다.

(37) 가'. ① "이 이론 **엇던** 因緣으로 이런 相이 現ᄒᆞᆫ고" (법화경언해 3, 112)

② "뎨 엇던 功德을 뒷더신고" (석보상절 24, 37) (원문 대조)

나'. **엇던** 因緣으로 得ᄒᆞᆫ고 疑心ᄒᆞ시니라 (법화경언해 4, 56)

(37가', 나')는 (37가, 나)에 대응하는 설명 의문법이다. 미지 미정어 '엇던'에 일치하여 어미가 '오' 계통의 모음으로 되어 있다. (37가')는 정상적 대화가 아닌 독백이다. 이 말은 왕이 존자 앞에서 하는 말인데 앞의 이야기에는 높임의 존비법으로 응답하고 있다. (37나')는 (37나)와 같이 모문 가운데 안겨 화자의 상념을 표시하는 것이다.

간접 설명 의문법에서도 예외가 발견된다.

(38) 가". 마리를 갓ᄀᆞ시고 누비옷 니브샤 붓그료미 **엇뎨** 업스신가 (월인천강지곡, 기 124)

미지 미정어 '엇뎨'가 쓰였으므로 '업스신고'로 되어야 하는데 판정 의문형이 쓰였다. 이런 예는 『월인천강지곡』에만 보이는데 의미상으로는 수사 의문이다. (34나")에서도 그런 사실을 확인하였다. 물론 예외도 보인다 (안병희 1965/1992: 155, 허웅 1975: 503).

B. 문체법 (2)

문체법 (1)에 이어 문체법 (2)의 기능을 검토하기로 한다. 문체법 (2)에는 당대어와 같이 명령법, 제안법을 둘 수 있으며 이밖에 약속법, 경계법도 둘 수 있다.

당대어의 명령법은 직접 명령법과 간접 명령법 사이에 형태상의 차이가 어느 정도 분명하나 (남기심 · 고영근 2014: 367), 중세어는 그러한 구별을 찾기가 쉽지 않다.

(39)는 명령법을 존비법에 따라 배열한 것이다.

(39) 가. ① "**너희** 디마니 ᄒᆞᆫ 이리 잇ᄂᆞ니 ᄲᆞᆯ리 <u>나가라</u>" (월인석보 2, 6)
② "**너희ᄃᆞᆯ히** 힘 <u>ᄡᅥᄉᆞ라</u>" (석보상절 23, 13)
③ "**須達이** 뉘읏디 <u>말라</u>" (석보상절 6, 19)
나. ① "내 보아져 ᄒᆞᄂᆞ다 <u>ᄉᆞᆯᄫᅡᄡᅧ</u>" (석보상절 6, 14)
② "엇뎨 부텨라 ᄒᆞᄂᆞ닛가 그 ᄠᅳ들 <u>닐어ᄡᅧ</u>" (석보상절 6, 16-17)
다. ① "님금하 <u>아ᄅᆞ쇼셔</u>" (용비어천가 125장)
② "王이 네 아ᄃᆞᄅᆞᆯ <u>내티쇼셔</u>" (월인석보 2, 6)
라. ① "아가 아가 하 셜ᄫᅥ ᄒᆞ노니 아ᄆᆞ례나 救ᄒᆞ야 <u>내오라</u>" (월인석보 23, 87)
② "生生애 내 願을 일티 아니케 <u>ᄒᆞ고라</u>" (월인석보 1, 13)
③ "내 아기 위ᄒᆞ야 어더 <u>보고려</u>" (석보상절 6, 13)

(39가)는 낮춤의 존비법인데 시킴이나 지시의 의미가 파악된다. (39가)①, ②에는 주격 보족어 명사구가 나타났으나 ③에서는 명사구가 대신 나타났다. 당대에도 대명사 대신 '철수가 가거라'와 같이 명사구가 대명사 대신 쓰인다. ②는 앞 (§7.2.2.2.A, 414쪽)에서 본 복수 명사구에 일치하는 감동법 '-ㅅ-'이 나타난 것이다, 이렇게 중세어의 감동법 '-ㅅ-'은 의문법과 명령법에서 복수의 주어 명사구와 일치하는 현상이 있었다. (39나)는 보통의 존비법이다. 상대방을 약간 높여 대우하기 때문에 권고로 해석할 수 있다. 이 곳에서는 주격 보족어 명사구가 나타나지 않았으나 앞의 이야기를 고려하면 제2인칭 대명사 '그듸'가 틀림없다. (39다)는 높임의 존비법인데 탄원의 의미를 줄 수 있다. ①에서는 주격 보족어 명사구가 나타나지 않았으나 호격으로 쓰인 '님금'이 바로 주격 보족어 명사구로 상정할 수 있다. ②에서는 명사 '왕' (王)이 주격 보족어로 나와 있다. 중세어도 당대어와 같이 명사가 바로 대명사로 대용됨을 알 수 있다. (39라)는 반말이다. 이 곳에서는 전부 주격 보족어 명사구가 나타나 있지 않다. ①은 '너'로 상정되고 ②, ③에서는 앞의 이야기와 관련시키면 '그듸'가 틀림없어 보인다. 의미는 반말이라는 점과 관련시키면 우회적 지시나 허락으로 파악된다.

명령법은 확인법이나 감동법의 신행 어미를 취하는 일도 있나.

(40) 가. "네 바리ᄅᆞᆯ 어듸 가 어든다 도로 다가 두어라" (월인석보 7, 8)

나. "네 願다히 ᄒᆞ야라" (석보상절 24, 14)

다. "내 니마해 ᄇᆞᆯ론 香이 몯 ᄆᆞᆯ랫거든 도로 오나라" (월인석보 7, 8)

라. "너희ᄃᆞᆯ히 … ᄂᆞ외야 ᄆᆞᅀᆞᆷ 게을이 먹디 마라ᄉᆞ라" (석보상절 23, 12)

(40가~다)는 (39가)에 확인법의 선행 어미 '-어- ∝ -야- ∝ -나-'가 붙었는데 화자가 청자에게 신념 있게 행동해 주기를 요구할 때 쓰인다. (40라)는 확인법에 다시 감동법 '-ᄉᆞ-'가 첨가된 것인데 앞의 (39가)②와 같이 복수 명사구에 일치하고 있다. 화자의 태도가 더 경화 (硬化)되는 양태성이 파악된다 (고영근 1981/1986/1998/2011나: 162, 180). 앞의 세 예에 '틀림없이'와 같은 부사가 쓰일 수 있다면 끝의 예에는 '반드시'가 더 추가된다고 생각하면 된다.

이상은 일상적인 이야기에 쓰였으므로 직접 명령법이 될 수 있다. 다음은 간접 명령법으로 간주된다.

(41) 가. 오라 ᄒᆞᆫ들 오시리잇가 (용비어천가 69장)

나. 수를 달라 ᄒᆞ야 먹ᄂᆞ다 (두시언해 25, 18)

(41)은 당대어의 용법으로 미루면 간접 명령법임이 틀림없다. 그렇다면 중세어의 직접 명령법과 간접 명령법은 차이가 없는 것이다. (나)의 '달라'는 '도라'로도 나타나는데 양자는 수의로 교체되는 '주다'의 보충법이었다 (고영근 2010다: 132).

다음은 중세어의 제안법이다. 중세어의 제안법은 낮춤과 높임의 존비법에서만 나타난다.

(42) 가. ① "우리 이제 안ᄌᆞᆨ 出家 말오 … 五欲ᄋᆞᆯ ᄆᆞᅀᆞᆷ ᄀᆞ장 편 後에ᅀᅡ 出家ᄒᆞ져" (월인석보 7, 1-2)

② "이 劫 일후므란 賢劫이라 ᄒᆞ져" (월인석보 1, 40)

③ 뒷 내해 ᄆᆞᆯ 싯기라 가져 (번역박통사 상, 21)

가'. ① 世尊이 難陀와 阿難과 羅雲과 ᄃᆞ려 니ᄅᆞ샤ᄃᆡ "父王이 病ᄒᆞ야 겨시니 우리 미처 가 보ᅀᆞᄫᅡ ᄆᆞᅀᆞᄆᆞᆯ 훤히 너기시게 ᄒᆞ져라" (월인석보 10, 6)

② 郭居 제 겨집ᄃᆞ려 닐오ᄃᆡ "艱難ᄒᆞᆫ 저긔 내 아ᄃᆞ리 어미 바ᄇᆞᆯ 앗ᄂᆞ니 무더 ᄇᆞ리져라" ᄒᆞ고 (삼강행실도 효자도 10)

③ 모ᄃᆞᆫ 형뎨ᄃᆞᆯ히 의론ᄒᆞ져라 (번역박통사 상, 1)

나. ① 淨居天이 太子ᄭᅴ ᄉᆞᆯᄫᆞᄃᆡ "가사이다" (석보상절 3, 26)

② "淨土애 ᄒᆞᆫᄃᆡ 가 나사이다" (월인석보 8, 100)

다. "'내 보아져 ᄒᆞᄂᆞ다' ᄉᆞᆯᄫᅡ쎠" (석보상절 6, 14)

(42가, 가')는 모두 낮춤의 존비법으로 간주된다. (42가)가 단순한 제안형이라면 (42가')는 친근하고 은근한 제안형으로서 당대어의 '-자꾸나'와 그 기능이 비슷해 보인다. 독백에 가까운 의미가 파악된다. (42나)의 존비법은 높임이다. (42가, 가')와 함께 모두 상대방에게 같이 행동할 것을 제안한

다. (42다)는 확인법의 선행 어미 '-아-'를 앞세운 것인데 '틀림없이'의 의미를 줄 수 있다. '내가 틀림없이 보자고 한다고 말씀드리시오' 정도로 해석된다. 이 문장은 간접 제안법으로 쓰인 것이다.

이상 4개의 문체법을 설명하였다. 문체법 (2)에는 당대어의 약속법과 경계법도 보인다.

(43) 가. 내 너ᄃᆞ려 ᄀᆞᄅᆞ쵸마 (번역박통사 상, 10)
나. ᄒᆡᆫ 이스레 조히 니그니 ᄂᆞᆫ화: 주마 (<주우마) 호미 일 期約 잇ᄂᆞ니라 (두시언해 7, 39)
다. 오ᄂᆞᆯ ᄀᆞᆺ 보라 가니 사ᄅᆞᆷ 보냄새 (청주 간찰 27, 장윤희 2002: 286)

(43)은 당대어의 약속법의 직접적 소급형인데 '-옴 ~ -움, -오ᄃᆡ ~ -우ᄃᆡ, -옷-, -오려 ~ -우려' 등의 어미와 같이 모음 '오'를 의무적으로 취한다. (43가)는 당대어와 같은 직접 인용의 약속법이고 (43나)는 약속법이 간접 인용된 예이다. (43다)는 의미상으로 볼 때 당대어의 예사낮춤의 약속법과 비슷한데 존비법이 같은가 하는 문제는 섣불리 단정할 수 없다.

중세어에는 당대어의 경계형 어미 '-(으)ㄹ라'와 비슷한 의미를 표시하는 형태가 드물게 보인다.

(44) ᄒᆞᆫᄢᅴ 가면 ᄒᆞ다가 몯 일울쎼라 (삼강행실도 충신도, 30장)

'함께 가면 성취하지 못할까 두렵다 (그러기 때문에 경계하라)'라고 해석할 수 있다면 당대어의 경계법에 대응되는 예로 해석할 수 있다. 순정 자료는 (44) 밖에 안 보이고 다른 자료는 모두 악장가사에만 보인다 (고영근 1987/1998/2010다: 321-322).

7.2.3. 존비법

이곳에서는 앞의 문체법에 이어 결어법의 다른 하위 범주인 존비법의 실상을 보고자 한다. 앞에서 언급한 바와 같이, 존비법은 문체법과 표리일체 (表裏一體)의 관계를 이루고 있기 때문에 마땅히 같은 곳에서 다루어야 한다. 우리말의 존비법은 중세에는 3원적 체계, 근대를 거치는 사이에 4원적 체계로 늘어났으며 20세기 후반부터는 2원적 체계로 간소화되어 가는 추세에 있다. 이곳에서는 우선 20세기 전반기의 존비법 체계를 검토하고 이를 바탕으로 하여 20세기 중반기부터 21세기 10년대까지의 반세기에 이르는 존비법의 특징을 검토하기로 한다. 당대어라 하여도 지역과 세대, 남녀 성별에 따라 변이의 폭이 심하고 같은 지역이라고 하여도 직업 공동체와 혈연 공동체에 따라 변수가 많아 어디에 기준을 두고 존비법을 체계 세워야 할지 망설여지는 문제가 한두 가지가 아니다. 더욱이 휴전선 너머의 북한 문화어의 존비법 또한 그 나름의 특징을 지니고 있다. 여기에서는 서울말 중심의 공통어의 존비법의 실상 파악에 중점을 두어 서술하고 끝으로 북한 문화어의 존비법과 비교하는 태도를 취하기로 한다.

20세기 전반기의 존비법 체계는 아주낮춤, 예사낮춤, 예사높임, 아주높임의 4원적 체계와, 등외로 반말이 있었다. 앞의 문체법과 관련을 지어 가면서 각 존비법의 특징을 검토하기로 한다.

7.2.3.1. 공통어

A. 4원적 체계

〈아주낮춤〉

아주낮춤의 존비법에는 앞에서 본 4개의 문체법이 독자적인 형식으로 실현된다. 당대어의 "아주낮춤"은 학교 문법에서는 "해라체"라 부르고 있다. 평술법과 의문법에는 기본 서법이 고루 확인되고 특히 평술법에는 두 종류의 부차 서법이 나타난다. 기본 서법과 부차 서법은 무의지적 서법으로 묶이고 명령법, 청유법 등은 의지적 서법으로 수렴된다. 해라체는 친족, 계급 및 신분, 연령 관계의 존자 (尊者)가 비자 (卑者)를 대할 때 나타난다.

(1) 가. 그 대신 내일부터 문전걸식을 하든 나는 모른다. (염상섭, 三代)
　　나. 아범은 그저 살았느냐. (유진오, 정선달)
　　다. 게 앉거라. 그래 너의 어르신네 안녕허시냐? (심훈, 직녀성)

(1가)는 직설 평술법으로서 조부가 장성한 손자에게 하는 말로서 친족적 존비 관계가 성립한다. (1나)는 상전의 아들이 행랑 아범의 아들에게 하는 말이며 계급적 주종 관계에서 나타나는 것이다. (1다)는 장인이 나이 어린 사위에게 하는 말로서 연령적 상하 관계를 형성하고 있다. 이런 경우, 사위가 성년에 이르러 있으면 하게체를 사용한다. (1)과 같이 존자가 비자에게 사회적 요인에 따라 적정한 말씨로 말을 건네는 통보 방식을 일방적 기능이라고 한다.

다음 예는 사정이 다르다.

(2) 가. 너 이집 새아주머니 동생이냐? (유진오, 창랑정기)
　　나. 난 이네즈가 좋더라. (유진오, 화상보)

(2가)는 이어지는 답변이 "새 아가씨는 우리 작은 아씨란다"임을 보아 대등한 관계의 나이 어린 사람들의 대화임을 알 수 있고 (2나)는 혼기가 박두한 처녀들의 말인데 이 정도 나이라면 남자들은 예사낮춤의 존비법을 사용하였다. (2)와 같이 대화 참여자가 자신들의 사회적 요인에 따라 적정한 말씨로 말을 주고 받는 통보 방식을 양방적 기능이라고 한다. 일방적 통보 방식인 (1)이 수직적 존비 (尊卑) 관계라면 양방적 통보 방식인 (2)는 수평적 친소 (親疎) 관계라 할 만하다.

〈예사낮춤〉

예사낮춤의 존비법은 아주낮춤과 비교할 때 고유한 형식이 갖추어지지 않아 다른 형태로 보충되기도 하였다. "예사낮춤"은 학교 문법에서 "하게체"라 부르고 있다. 예사낮춤은 혼인에 의한 친족, 지위 및 계급, 연령 관계의 존자가 비자를 일방적으로 대할 때 나타난다. 이를 "수하존대"로 보기도 한다 (김종택 1981).

(3) 가. 처음 공고 (鞏固)라 퍽 어렵겠네. 시장할 때도 많으니. (심훈, 직녀성)
　　나. 아까 못 보았나?, 돈 십원이고 백원이고 그까짓 돈보고 하기 싫은 일 하겠느냐고 뽐

내던 말을 들으면 돈에는 더럽지 않은 위인인 모양이니 안심하게. (염상섭, 三代)

다. 서방 얻어 가는 사람이 남의 자식을 붙들고 늘어질 필요가 없지 않은가? (염상섭, 三代)

(3가)는 손아래 동서에 대한 손위 동서의 말인데 혼인에 의한 친족적 존비 관계를 형성하고 있다. 동서간은 친자매 간만큼 사이가 친밀하지 않다. 친자매 사이라면 아주낮춤의 존비법이 쓰이는데 예사낮춤이 쓰인다. '어렵겠네'는 직설 평술법이고 '많으니'는 상태 동사의 직설 원칙 평술법이다. (3나)의 '보았나'는 직설 의문법 '보았는가'의 줄어진 형태이고 '안심하게'는 명령법이다. 이 예는 성년에 이른 대학생 정도의 아들 친구에게 일방적으로 말하는 상황에서 쓰였으니 연령 관계의 상하 관계를 이루고 있다. (3다)는 내연 (內緣)의 관계에 있는 처에 대한 남편의 말인데 정식 부부라면 하오체를 사용한다. 계급 관계의 주종 관계에 소속시킬 수 있다.

다음 예는 앞의 (2)와 같이 수평적 친소 관계의 예이다.

(4) 자네 부인이야 현숙하기루 소문이 난 부인인데 옛날 생각을 허기루서니 구박을 해서는 못쓰느니. (심훈, 직녀성)

(4)의 '못쓰느니'는 동작 동사의 예사낮춤의 직설 원칙 평술법이다. 앞의 (3가)의 '많으니'는 상태 동사의 직설 원칙 평술법이었다. 나이가 같은 성년의 남자 친구들 사이에 쓰인 말이다. 장성하지 않은 친구 사이이거나 성년의 처녀들 사이에는 서로 아주낮춤의 존비법을 사용하였다. 예사낮춤의 양방적 기능의 예이다.

〈예사높임〉

예사높임의 존비법은 예사높임보다 더 고유한 형식이 갖추어지지 않아 다른 형식으로 보충되는 일이 많았다. "예사높임"은 학교 문법에서는 "하오체"라 부르고 있다. 예사높임의 존비법은 친족과 사회적 지위 관계, 지위와 연령이 상치 (相馳)되는 관계에 있을 때 비자가 존자를, 존자가 비자를 일방적으로 높일 때 나타난다.

(5) 가. 대문 밖에 고리짝 하나 갖다 났수. 디려 (<들여) 오리까? (심훈, 직녀성)
나. 일이나 잘 허우. 나도 앞으로 내 힘껏은 후원허리다. (유진오, 화상보)
다. 하두 오래 병 구완하시느라고 저렇게 지쳤구려. 병 구완하다가 먼저 돌아가리다. (염상섭, 三代)

(5가)는 손위의 누이에게 하는 말이니 친족 관계의 상황에서 사용되었다. (5나)는 사장이 사원에게 하는 말이니 지위상의 주종 관계가 성립된다. 1930년대의 서울 여자들은 하오체를 쓸 때에 일반적으로 '-우/-수'로 발음하였다. 지금도 이런 말투를 들을 수 있다 (뒤에 나옴). (5다)는 친척 아낙네들이 연하의 재취 부인에게 하는 말에 나타난 것이다.

다음 예는 수평적 친소 관계의 예이다.

(6) 가. 이리 좀 닥어와 앉구려. (심훈, 직녀성)
나. 방울이 보고 싶지 않으슈? 데려 오리까? (심훈, 직녀성)

(6가)는 남편이 부인에게, (6나)는 부인이 남편에게 서로 양방적으로 사용하는 말이다. 혼인에 의한 정식 부부간은 서로 예사높임의 존비법을 사용하였다.

〈아주높임〉

아주높임의 존비법에는 형태상으로 '-(으)ㅂ-'을 공유하고 있다. 이는 '-ㅂ-'이 아주높임의 표지임을 드러내는 것이다. "아주높임"은 학교 문법에서 "합쇼체"라 부르고 있다. '-(으)ㅂ-'이 나타나도 기능상으로는 하오체의 기능을 수행하는 일도 있고 특수 계급에만 사용되는 형태도 있다.

(7) 가. 한평생 맘만 변허지 않는 남편허구 살구 싶습디다. (심훈, 직녀성)
나. 서방님이 기침을 허셨는뎁쇼. (심훈, 직녀성)
다. 일자무식으로 남의 집 행랑살이나 다니지 말씀입죠. (염상섭, 三代)

(7가)는 형태상으로는 아주높임의 회상 평술법이다. 그러나 평소 허우하는 시누이와 올케 사이의 대화라는 사실을 고려하면 기능상으로는 예사높임임에 틀림없다. (7나)에는 '-(으)ㅂ쇼'가 확인되고 (7다)에는 '-(으)ㅂ죠'가 확인된다. (7나, 다)는 사회적 신분이 낮은 하층 계급에서 쓰였던 말이었다 (고영근 1974/1999나: 297-299). 이들 형태에 '-(으)ㅂ-'이 공유되어 있다는 점을 중시하여 일반적인 아주높임의 존비법과 묶어서 다루기로 한다.

아주높임의 존비법은 친족 관계, 사회적 신분 내지 계급적 관계, 연령 관계의 비자가 존자를 일방적으로 대할 때 나타난다.

(8) 가. 염려 마십시오. 갈 사람은 가야 합니다. (심훈, 직녀성)
나. ① 어서 옵시오. 갖추갖추 있습니다. 보십시오. (조선총독부, 속수국어독본)
② 서방님 오십니다. (심훈, 직녀성)
다. 지금 곧 나가면 되겠습니다. (염상섭, 三代)

(8가)는 며느리가 시부모에게 하는 말로서 친족적 존비 관계를 형성하고 있다. (8나)①은 사회적으로 신분이 낮은 상고 (商賈)[장사아치]가 고객을 상대로 하는 말이다. (8나)②는 행랑 계집 아이가 주인 며느리에게 하는 말로서 계급 관계의 주종 관계가 인정된다. (8나)는 친구 아버지에게 하는 말로서 연령 관계의 상하 관계가 성립한다.

다음 예는 수평적 친소 관계의 예로 간주된다.

(9) 나는 당신이 하시는 대로 맡깁니다. (나도향, 환희)

(9)는 신부가 신랑에게 하는 말로서 존비의 낙차를 인정하기 어려운 상황이다. 이런 경우 나이가 든 부부라면 서로 보통의 존비법 (하오체)를 쓸 것인데 신혼이라는 점 때문에 합쇼체가 나타난 것

으로 보인다. 합쇼체의 양방적 사용 예이다.

B. 2원적 체계

2원적 체계에는 '요-결락형'과 '요-통합형'을 둘 수 있다.

〈요-결락형〉

1930년대의 서울말에는 앞의 4원적인 존비법 밖에 이를 보완하는 반말이라는 특수한 말씨가 있었다. 반말은 형태적으로는 말끝이 분명치 않고 기능적으로는 높이고 낮추는 뜻을 드러냄이 없이 어물거리는 말씨를 가리키며 최근에 와서는 낮추는 의미로도 사용된다 (고영근 · 구본관 2008/2018: 470-471). 그러는 반면, 높이는 뜻으로 사용하려면 반말에 문장 끝 첨사 '요'를 붙인다. 이를 "요-결락형"과 "요-통합형"이라 부르기로 한다. 2원적 존비법은 20세기 초부터 자리잡기 시작하여 지금은 전통적인 4원적 존비법 체계를 압도할 정도로 큰 세력을 확보하고 있다 (뒤에 나옴).

요-결락형은 다음과 같이 아주낮춤, 예사낮춤, 예사높임의 존비법과 혼용된다. 말하는 도중에 화가 난다든지 갑자기 친밀감을 가지게 될 때 사용되는 것으로 보인다.

(10) 가. 뭐 대관원에 있어? 누가 **걸었드(더)냐**. (심훈, 직녀성)
나. 헌데, 좋은 데 있다더니 어딘가 (어디**인가**)? 자네말 눈치 같아서는 기껏해야 청요릿집에나 오뎅집에나 가는 것이 불평인 모양이니 오늘은 어디 ××관에 가서 기생이라두 불러 볼까. (염상섭, 三代)
다. 새언니 **성냈수**? 그럼 내 그런 말 안 헐게. (심훈, 직녀성)

(10가)는 자작 (子爵)이 주종 관계에 있는 청지기에게 건네는 말에 요-결락형 '있어'가 사용된 예이다. (10나)는 대학생인 덕기가 친구인 병화에게 하게체 '어딘가' (<어디인가)로 건네는 말에 '요-' 결락형인 '볼까'가 사용되었다. (10다)는 손아래 시누이가 올케에게 하오체인 '성냈수'로 건네는 말에 요-결락형인 '헐게'가 사용되었다. 일반적으로 예사높임의 존비법을 받는 청자가 남자이면 요-결락형이 쓰이기 어려우나 여자들에게 보편적인 '우'계의 예사높임에서는 요-결락형이 더러 보인다. 요-결락형은 아주낮춤으로부터 예사높임까지 보충할 수 있으며 아주높임의 존비법의 영역으로는 넘어설 수 없다.

요-결락형은 친족, 계급 및 사회적 지위 관계 등에 있어서 지위와 연령이 상치될 때 나타난다. 서조모와 적손 (嫡孫) 사이, 연하의 상전 (上典)과 연상의 하층 계급 사이, 높은 항렬 (行列)의 연하의 아저씨와 낮은 항렬의 연상의 조카 사이를 그 예로 들 수 있다. 다음은 친구의 서모와 적자의 친구 사이에서 주고받는 대화이다.

(11) 갑: 그럼 둘만이지?
을: 만난다는 사람은 누구게 (이게)?
갑: 만날 사람야 어쨌든지?

을: 무슨 소리인지 알 수가 없군.

(11)과 같은 상황에 나타나는 요-결락형이 전형적인 반말로 보인다.

〈요-통합형〉

요-통합형은 반말이라 불리는 요-결락형에 문장 끝 첨사 '요'가 붙은 것이다. 대체로 예사높임과 아주높임이 나타나는 상황에서 많이 사용되었다[13].

(12) 가. 김의경 아씨 한 잔 **드우**. 여기는 유치원과 **달러**. 염려 말구 한 잔 들어요. 우리 동창생 **아닌가**. (염상섭, 三代)

나. 아무러면 **어떻습니까**? 그 사람은 내가 부리는 사람도 아니요 내 친구예요. (염상섭, 三代)

(12가)는 '요'-통합형이 예사높임의 존비법인 '드우'는 물론, 예사낮춤의 존비법 '아닌가', 요-결락형인 '달러'와도 섞여 사용되는 예이다. (12나)는 요-통합형이 합쇼체인 '어떻습니까'와도 혼용되는 예이다. '요'-통합형은 통용 범위가 하게체에서 합쇼체에 걸쳐 있으나 해라체에는 미치지 못하고 있었다. '요'-결락형과 대척적이다.

이상의 검토 결과에 기대면 1930년대의 우리말의 존비법의 지배적인 말씨에는 아주낮춤 (해라). 예사낮춤 (하게), 예사높임 (하오), 아주높임 (합쇼)의 네 등분과 이들과 상보적으로 사용되는 반말이 있었다. 아주낮춤과 예사낮춤의 존비법은 낮추는 등분으로, 예사높임과 아주높임의 존비법은 높이는 등분으로 묶을 수 있으며 낮춤과 높임에도 "아주"와 "예사"와 같은 단계적 차이가 있다. 반말은 요-결락형이라 부를 수 있는데 아주낮춤으로부터 예사높임까지 세 존비법을 왕래하고 있으며 4원적 체계와 섞여 쓰이기도 하면서 두루낮춤의 역할을 하였다. 한편 반말에 문장 끝 첨사 '요'가 붙으면 요-통합형을 형성하여 하게, 하오, 합쇼의 3등분을 왕래하면서 4원적 체계와 섞여 쓰이기도 하였다. 앞의 두루낮춤에 대하여 두루높임의 역할을 수행하였다. 두 계열의 존비법 형태에는 친소의 기능도 결부되어 있었다. 존비법 형태에는 존비, 상하, 주종의 일방적 · 수직적 자질 밖에 친소의 양방적 · 수평적 자질이 결부되어 있었다.

요-통합형은 1930년대까지만 해도 어린이나 여성 계층 등 일부 계층에서 사용되었기 때문에 독자적인 등분의 대우를 받지 못하였다. 요-결락형과 요-통합형이 4원적 체계와 대립하여 독자적인 등분의 대우를 받은 것은 한국 사회 제도의 변화와 관련이 큰 것으로 알려져 있다. 재래의 봉건적인 수직적 사회 제도가 서서히 붕괴되고 민주적인 수평적 사회 제도가 자리 잡음에 따라 존비법에도 변화가 일어났다고 보고 있다 (서정수 1979). 각 문체법에 존재하였던 4원적 체계가 간소화되어 2원적 체계로 자리를 잡아갔다. 그 사정을 구체적으로 검토해 보기로 한다.

다음 예는 1931년에 발표한 염상섭 (廉尙燮)의 대표작 〈三代〉의 첫 머리에서 무작위로 뽑은

13) 김정대 (1983)에서는 첨사 '요'의 분포를 문중과 문말로 나누어 전자는 "화용상 쓰임"이라 하였고 후자는 "통사상 쓰임"으로 구분하여 전자가 후자에 앞서 발생하였다고 하였다. 실증적 연구가 요망되는 주제라 하겠다.

것이다 (고영근 1989/1999나: 146-148).

(13) 가. **자네** 그 여자를 아나?
나. 여보게, 난 먼저 나가서 기다림세.
다. 우는 소리 말게.
라. 하지만 **자네** 따위는 사괴기가 불찰이란 말은 아니 나오나 보이그려.
마. 그러지 말고 여기 들어가서 저녁이나 먹세.

(13)은 당시 교토 (京都) 제3고등학교에 재학하던 주인공 덕기와 그 친구인 병화가 양방적으로 주고 받는 말이다. 당시 고등학생이라면 20세 전후의 청년으로 지금의 대학교 1,2학년에 해당한다. 그런데 이들은 하게체를 예사로 구사하고 있다. (13가)의 '아나'는 의문법 '아는가'의 줄어진 형태이고 (3나)의 '기다림세'는 약속법이다. 더욱이 전자에는 하게체의 2인칭 대명사 '자네'가 구사되어 있다. (13다)의 '말게'는 명령법이며 (13마)는 제안법이다. (13)을 통하여 우리는 1930년대의 대학생들은 하게체의 모든 문체법을 거의 완벽하게 구사하였음을 확인할 수 있다.

다음 예는 30여년 뒤인 1964년에 조선일보에 연재된 안수길 (安壽吉)의 「白夜」의 316회분에서 무작위로 뽑은 것이다.

(14) 가. **너** 언제 성전환했나? 비교: ~ 했는가?
나. 이리 와. 비교: 오너라.
다. **네** 자의로는 머리를 깎지 못할 거야. 강제집행을 해야겠어. 비교: 해야겠네.
라. 빨래 같단 말 있지 않아? 비교: 않는가?
마. 마침 적당히 시장하긴 해. 비교: 하이.
바. 신체발부는 수지부모라구 머리털 베는 게 그리 아픈가?

(14)는 (13)과 같은 연배의 대학교 1학년생인데 (14바)만 제외하고는 요-결락형을 양방적으로 사용하고 있어 30여년의 세월이 흐르는 사이에 적어도 20세 전후의 대학생 사이에는 요-결락형이 지배적으로 사용되었음을 확인할 수 있다. 1930년대의 어형으로 바꾼 오른쪽의 어형과 비교하면 그런 사실을 더 분명히 알 수 있다. (14바)는 1930년대의 하게체의 의문법이 노출된 것으로 보이는데 현재는 물론이고 당시의 젊은이들이 그리 즐겨 사용한 형태로 보이지 않는다. 하게체가 요-결락형으로 변화함과 함께 2인칭 대명사도 '자네'에서 '너'로 바뀌었다. (14가, 다)에서 그런 사실이 확인된다. (14가)의 '성전환했나'의 의문법 어미 '-나'는 1930년대와는 달리 요-결락형임이 틀림없다. 그것은 대명사가 '자네' 아닌 '너'가 선택되었고 첨사 '요'를 붙이면 '~ 했나요'와 같이 요-통합형으로 바꿀 수 있음을 통하여 확인된다.

20세기 후반에 들어서면서 존비법의 또 하나의 형태로 자리 잡기 시작한 2원적 체계인 요-통합형과 요-결락형을 문체법과 서법에 걸쳐 도식화하기로 한다. 단 '요'의 통합과 결락에 의한 형태는 따로 보이지 않고 '-어 (요)'와 같이 괄호 안에 넣는다.

(15) 2원적 존비법의 어미 체계

서법 / 문체법	직설법	서상법	회상법	추측법
평술법	-어 (요)	-지 (요)	×	-ㄹ게 (요)
의문법	-어 (요) -나 (요)	-지 (요)	-던가 (요)	-ㄹ까 (요)
감탄법	-군 (요) -네 (요)	×	-더군 (요)	○
명령법	-어 (요)	-지 (요)	×	×
청유법	-어 (요)	-지 (요)	×	×

앞에서 더러 본 바와 같이, 범용 어미 중 '-어 (요)'는 구어에서 평술법, 의문법, 명령법, 제안법의 순서로 사용되고 있으며 '-지 (요)'는 제안법에서 '-어 (요)'를 앞지르고 있다.

한편 (15)와 같은 2원적 체계가 자리를 잡음에 따라 전통적인 4원적 체계는 소수의 문체법을 제외하고는 심한 동요를 일으키면서 사회 방언화하는 모습을 보이기도 한다 (노마 1996/2002: 69-108). 그 양상을 간추리면 다음과 같다. 존비법의 용어는 편의상 학교 문법의 것을 따른다.

(16) 4원적 존비법의 동요 양상

가. 해라체는 평술법, 의문법, 명령법, 제안법에 걸쳐 비교적 널리 실현된다. 의문법 어미로는 '-냐'가 평술법 어미 '-다'와 짝을 이루어 더러 쓰인다. 제안법 어미 '-자'는 앞의 두 문체법보다 사용 빈도가 높다.

나. 하게체는 앞의 (13)과 (14)의 비교에서 드러나듯이 성년의 평교 간에서는 거의 자취를 감추었으며 성년의 제자를 대하거나 장인·장모가 사위를 대하는 말에서 나타나는데 그것도 의문법과 명령법에서만 보인다.

다. 하오체는 문체법에 따라 기복이 심하다. 명령법과 의문법은 '-(으)시-'를 선접한 '하시오'가 일부 계층에서 사용되고 있어 점차 사회 방언화하는 경향을 보인다. 하오체의 변형인 하우체는 여성층에서 아직도 사용된다.

라. 합쇼체는 성년의 남성층들이 더러 사용하는데 평술법, 의문법, 명령법의 순서를 보인다. 합쇼체의 제안법은 이미 30년대부터 요-통합형인 '-(으)시지요'가 보편화되어 있었다.

지금은 4원적 체계가 위축되고 2원적 체계가 지배적이기는 하나 4원적 체계가 선호되는 상황에서 2원적 체계가 두루높임과 두루낮춤의 기능을 띠고서 4원적 체계를 보충하기도 하고 2원적 체계가 지배적인 상황에서 4원적 체계가 끼어들기도 한다. 이런 현상은 (12)에서 본 바와 같이 20세기 전반기부터 볼 수 있었다.

(17) 가. 잠깐 다니러 왔습니다. 이번에 강원도로 떠나게 **됐어요**. 작별 인사겸 찾아 뵈러 왔습니다.

나. 여보, 입은 가로 찢어졌어두 말은 똑바루 하고 댕겨요. 어디서 그 따위 본때 없는 수작을 해요. 그래 당신네는 이런 하꼬방이나 **있소**. 이래 뵈두 이층집이야.

(17가)는 4원적 체계로 구성된 대화에 2원적 체계의 공대형인 요-통합형 '됐어요'가 보충된 것이고 (17나)는 2원적 체계로 구성된 대화에 4원적 체계의 공대형인 하오체 '있소'가 보충된 것이다. 두 체계의 보충에도 제약이 있어 두루낮춤은 합쇼체를 제외한 존비법과 공존이 가능하며 두루높임은 해라체를 제외한 존비법과 공존이 가능하다.

불특정 다수를 상대로 하는 DJ talk에서는 아주높임인 존비법이 훨씬 많이 쓰이며 화자가 의도적으로 청자를 담화에 관련시키려는 경우, 노력의 정도가 클수록 해요체가 많이 쓰인다는 연구 결과가 나왔다 (유송영 1994). 이는 힘과 유대의 관계를 반영하는 것으로서 DJ talk와 같은 불특정 대중을 상태로 하는 상황에서는 아직도 아주높임의 존비법이 선호된다. 상대방이 초면일 때에는 처음에는 양방적으로 대우하다가도 개인적 관계, 이를테면 고교 동기생이거나 자신의 강의를 들었음이 확인되면 양방적 말씨가 일방적으로 바뀌고 그렇지 않으면 계속 양방적으로 주고 받는 것이 현재 한국 사회의 존비법의 실상이다[14].

21세기 초두의 2,30대의 청 · 장년층을 대상으로 하여 조사한 통계에 의하면 (권재일 2004: 64) 4원적 체계와 2원적 체계의 실현 비율은 각각 14.55%와 63.78%이였다. 그러니까 2원적 체계가 4원적 체계에 비하여 무려 4배나 많다. 문장 종결의 수단으로는 이밖에도 텍스트의 범주에 넣을 수 있는 '문장 조각'도 있고 부동사도 있지마는 2원적 체계가 4원적 체계를 압도하고 있다는 것은 우리말의 존비법이 앞으로 어떻게 변할 것인가를 어느 정도 예측할 수 있다. 그러나 지문을 비롯한 서사 세계에는 양상이 다르다 (뒤에 나옴).

북한의 존비법은 1960년대의 조선어 문법류에서는 "계칭"이라는 이름 아래 전통적인 4원적 체계와 반말을 세우고 있어서 남한과 차이가 없었다. 그러나 1970년대의 문화어 문법에서는 계칭을 "말차림범주"로 바꾸고 예의적 관계의 표현으로 보았다. 이전에는 존비법을 단순히 화자와 청자 사이에 성립되는 사회적 관계의 문법적 표현으로 보았는데 문화어 문법 시대에 와서는 예의적 관계의 표현으로 간주하였다 (심인현 1991, 권재일 2006: 159).

북한의 존비법 체계는 다음과 같다.

(18) 북한의 존비법 체계
높임: 하십시오, 해요
같음: 하오, 하게, 반말
낮춤: 해라 계열

14) 이런 문제도 언어 예절에서 규범화할 필요가 있다. 이 문제는 조동일 교수가 강원도 여행길 (2017. 5. 4.)에서 제기하였음을 밝혀 둔다.

(18)을 남쪽의 4원적 체계와 비교할 때 한 등급이 줄었지만 배치만 달라졌지 언어 현상 자체에는 변동이 없다. 4원적 체계와 2원적 체계를 의미 · 기능에 따라 달리 배치였기 때문이다. 북한이 조선어 문법류까지 견지해 오던 사회적 관계의 표현을 예절 관계 표현으로 바꾼 까닭이 무엇인지 궁금하다.

최근에는 경기 서울 지역의 31~43개월의 어린이들이 부모, 조부모 등과의 대화에서 사용하는 존비법이 조사되기도 하였다 (장경희 밖에 2015: 265-277), 합쇼체와 해라체로 대표되는 이른바 격식체와, 요-통합형과 요-결락형으로 대표되는 비격식체가 월령에 따라 습득되는 양상이 드러나 있다. 이곳에서 사용된 문법 체계와 저자의 체계가 달라 단순 비교가 어렵지만 앞으로 이런 작업이 개인과 지역에 어떤 변수를 보이는가 하는 문제에도 관심을 기울일 필요가 있다.

7.2.3.2. 중세어

중세어의 존비법은 당대어의 4원적 체계와는 달리 낮춤, 보통, 높임의 3원적 체계와 반말로 구성되어 있다 (안병희 1965/1992: 112-124, 고영근 1981/1998/2011나: 15-16, 김영욱 1989, 유동석 1995: 275-289).

A. 3원적 체계

〈낮춤〉

(1)은 낮춤의 존비법이다. 낮춤은 당대어의 아주낮춤과 큰 차이가 없다, 이곳의 낮춤의 존비법은 전통적으로 ᄒᆞ라체로 불러왔다.

(1) 가. "소리ᄲᅮᆫ 듣노라" (석보상절 6, 15)
　　나. "네 겨집 그려 가던다" (월인석보 7, 10)
　　다. "너희 大衆이 ᄀᆞ장 보아 後에 뉘읏븐 업게 ᄒᆞ라" (석보상절 23, 11)

(1가)는 직설 평술법인데 호미 (護彌) 장자 (長者)가 바라문 (婆羅門)에게 하는 말이다. 호미는 바라문보다 지위가 높기 때문에 바라문에게 ᄒᆞ라체를 썼다. (1나)는 제2인칭 회상 의문법인데 부처가 난타 (難陁)에게 하는 말이다. 부처가 제자인 난타보다 지위가 훨씬 높다. (1다)는 명령법이다. 세존이 대중에게 하는 말인데 세존 역시 대중보다 그 지위가 훨씬 높다. (1)의 낮춤의 존비법의 예들은 화자가 청자를 일방적으로 낮추는 상황에 쓰인 것이다.

(2)는 (1)과는 다르다.

(2) "내 ᄒᆞ마 命終호라" (월인석보 9, 36 상)　비교: "네 命終ᄒᆞᆫ다"

위의 예는 구라제 (究羅帝)가 선수 (善宿)에게 대답하는 말인데 선수 역시 오른쪽에 보인 바와 같이 낮춤의 존비법으로 묻고 있다. 두 대화 참여자가 낮춤의 존비법으로 응수한다는 것은 두 사람의 지위가 비슷함을 의미한다. 중세어의 낮춤의 존비법도 일방적 기능 이외에 양방적 기능을 띠고 있었음을 확인할 수 있다.

〈높임〉

(4)는 높임의 존비법이다. 이곳의 높임의 존비법은 전통적으로 ᄒᆞ야쎠체라 불러 왔다.

(4) 가. "내 그런 ᄠᅳ들 몰라 ᄒᆞ댕다" (석보상절 24, 32)
나. "어제 그딧 마ᄅᆞᆯ 드로니 ᄆᆞᅀᆞ매 來往ᄒᆞ야 닛디 몯ᄒᆞ리로쇵다" (내훈 2하, 37)
비교: ᄯᅩ 安保호미 어려우니이다 (같은 책, 36)
다. "그딋 아바니미 잇ᄂᆞᆫ닛가" (석보상절 6, 14) 비교: 잇ᄂᆞ니이다 (같음)
라. "내 보아져 ᄒᆞᄂᆞ다 ᄉᆞᆯ바쎠" (석보상절 6, 14)

높임의 존비법은 청자를 보통으로 낮추거나 보통으로 높이는 것이다 (유창돈 1964가: 211, 안병희 1965/1992: 112-124). (4가)는 회상 평술법인데 아육왕 (阿育王)이 용왕에게 하는 말이다. 아육왕은『석보상절』편찬자에게 용왕을 아주 낮출 수도 없고 높일 수도 없다고 파악되었기 때문에 보통의 존비법을 사용한 것으로 보인다. (4나)는 추측 감동 평술법이다. 제 (帝)가 후 (后)에게 하는 말인데 보통의 존비법이 사용되었다. 황제와 황후는 같은 신분의 인물로 파악되지 않았다. 오른쪽의 예는 황후가 황제에게 하는 말인데 높임의 존비법으로 나와 있다. 더욱이 이 곳에는 '너'보다는 높임의 자질을 띤 대명사 '그디'가 쓰였다. (4다)는 직설 의문법인데 바라문이 처음 대하는 호미의 딸에게 하는 말이다. 처음 대하는 남의 집 규수란 점에서 아주 낮출 수 없는 상황으로 파악하였다고 믿는다. 호미의 딸은, 오른쪽에 보인 바와 같이, 바라문에게 높임의 존비법을 쓰고 있다. (라)는 보통의 명령법이다. 이 말은 (다)와 같이 바라문이 호미의 딸에게 하는 것이다. 당대어의 예사낮춤과 예사높임의 중간을 왕래하는 것으로 보인다.

(5)는 사돈이 되기로 한 수달과 호미의 대화이다.

(5) 가. "그리 아닝다" (석보상절 권6, 16장)
나. "부텨와 즁과ᄅᆞᆯ 請ᄒᆞᅀᆞ보려 ᄒᆞ뇡다" (석보상절 권6, 16장)
다. "엇데 부톄라 ᄒᆞᄂᆞᆫ닛가" (같음)
라. "그 ᄠᅳ들 닐어쎠" (같은 책, 16-17장)

(5가, 나)는 호미의 말이고 (다), (라)는 수달의 말이다. 두 대화 참여자가 다 같이 보통의 존비법을 쓰고 있다. 보통의 존비법도 낮춤의 존비법과 같이 양방적인 기능이 파악된다.

〈높임〉

(6)은 높임의 존비법이다. 높임의 존비법은 화자가 청자를 높이는 것이다.

(6) 가. 이 못 ᄀᆞᅀᅢ 큰 珊瑚 나모 아래 무두이다 (석보상절 11, 32)
나. 니ᄅᆞ샨 양ᄋᆞ로 호리이다 (석보상절 6, 24)
다. 엇던 因緣으로 … 아디 이려본 法을 브즈러니 讚嘆ᄒᆞ시ᄂᆞ니잇고" (석보상절 13, 44)
cf. 말라 말라 다시 니르디 마라ᅀᅡ ᄒᆞ리니 (같음)

라. “王이 부톄를 請ᄒᆞᅀᆞᄫᅩ쇼셔” (석보상절 6, 38)
마. “가사이다 時節이어이다” (석보상절 3, 26)

(6가)는 부정 평술법인데 신하가 왕에게 하는 말이다. 왕이 신하보다 지위가 높기 때문에 높임의 존비법을 썼다. 이 경우, 왕은 낮춤의 존비법으로 응대한다. (6나)는 추측 평술법인데 수달이 태자에게 하는 말이다. 역시 지위상의 현격한 차이가 인정된다. (6다)는 직설 의문법인데 사리불이 세존에게 하는 말로서 지위상의 차이가 현격하다. 이 경우도, 오른쪽에 제시한 바와 같이, 세존은 낮춤의 존비법으로 응대한다. (6라)는 명령법인데 수달이 왕에게 하는 말이다. (6마)는 제안법인데 정거천(淨居天)이 태자에게 하는 말이다. 지위상의 차이가 인정된다.

높임의 존비법도 낮춤, 보통의 존비법과 같이 양방적 기능을 띠고 있다.

(7) 안ᄌᆞᆨ 閻浮罪報로 感혼 惡趣를 듣고져 願ᄒᆞ노이다 (월인석보 21, 38)
cf. 聖母하 願ᄒᆞᆫᄃᆞᆫ 드르쇼셔 내 멀톄로 닐오리이다

(7)은 마야 부인이 지장 보살에게 하는 말인데 높임의 존비법으로 되어 있다. 오른쪽의 예는 지장 보살이 마야 부인에게 응대하는 말인데 역시 높임으로 되어 있다. 이렇게 두 대화 참여자가 높임의 존비법을 쓰고 있다는 것은 석보상절 편찬자에게 두 사람의 지위가 비슷하게 파악되었음을 뜻한다.

B. 반말

중세어에도 반말의 형태가 확인된다. 중세어에 반말을 둘 수 있는가 하는 문제는 논의가 진행중이다 (고영근 2010다: 326 각주 31). (8)은 반말의 범주에 들 수 있는 예이다. 반말이란 청자를 낮추기도 어렵고 높이기도 어려울 때 쓰이는 말씨다.

(8) 가. 내히 이러 바ᄅᆞ래 가ᄂᆞ니 (용비어천가, 2장)
나. 부텻긔 받ᄌᆞ바 므슴 호려 ᄒᆞ시ᄂᆞ니 (월인석보 권1, 10)
다. 生生애 내 願을 일티 아니케 ᄒᆞ고라 (월인석보 권1, 13)

(8가)는 직설 평술형인데『용비어천가』의 예이다. 이 노래는 [i]로 끝나는 장이 대부분을 차지하고 있다.『용비어천가』는 일반 백성과 왕손을 청자로 하고 있다. 일반 백성을 청자로 할 때는 노래의 끝이 [i]로 되어 있고 왕손을 대상으로 할 때는 높임의 존비법으로 끝나 있다. (8가)는 백성 전체를 대상으로 하기 때문에 높낮이를 분명히 하기 어려워 반말 어미 ‘-니’를 쓴 것으로 생각된다. (8나)는 직설 의문법인데 직설 평술법과 형태가 같다. 미정어의 사용 여부에 기대어 문체법이 결정된다. 이 예는 석가모니 부인 야수의 전신인 구이가 석가모니의 전신인 선혜에게 하는 말인데 낮춤의 존비법을 쓰기도 하고 [i] 계통의 반말을 쓰기도 한다. 당대어의 반말의 기능과 차이가 없다. (8다) 역시 구이가 선혜에게 하는 말이다. ‘-고라’는 ‘-고려’로 나타나기도 하는데 ‘ᄒᆞ라’보다는 높고 ‘ᄒᆞ야쎠’보다는 낮추는 면이 있어서 반말의 가치를 띤 명령법으로 간주된다. 위의 예를 통해서 중

세어의 반말은 낮춤과 보통의 존비법 사이를 왕래하는 것으로 규정할 수 있다.

7.2.4. 고대어의 문체법과 존비법

고대어의 결어법은 자료상의 문제로 중세어만큼 포괄적 서술을 하기가 어렵다. 그러나 지난 세기 후반부터 얼굴을 내민 석독 구결에 힘입어 고대어의 문법을 어느 정도 엿볼 수 있게 되었다. 이 자리에서는 앞에서 도입한 고대어의 정동사 체계 (§6.2.4.3.A, 168쪽)에 따라 고대어의 문체법과 존비법의 형태통사론을 전개해 보려고 한다. <도이장가>를 포함하여 향가 26수와 석독 구결의 자료를 주로 이용하려고 한다. 향가는 김완진 (1980)을 저본으로 입력하고 원문 대조를 한 백두현 교수 (경북대)의 신라 향가 입력본 (1995)와 유창균 (1994)를 저본으로 하여 입력한 이종덕 박사 (시립대)의 균여 향가의 입력본 (1996)을 이용하기로 한다. 석독 구결은 구결학회에서 강독하여 해독 · 해석한 구결학회본과 <유가사지론> 권 20의 역주본 (장경준 밖에 2015)를 이용한다[15].

7.2.4.1. 문체법

먼저 평술법의 특징을 보기로 한다.

(1) 가. 夜矣卯乙抱遣去如 (서동요 4행)
나. 脚烏伊四是良羅 (처용가 4행)
다. 爲賜尸知民是愛尸知古如 (안민가 4행)
라. 祈以支白屋尸置内乎多 (도천수관음가 4행)

(1)은 대체로 다음과 같이 해독되고 있다. 전사형을 먼저 놓고 ‘ ’ 안에 현대역을 붙였다 (김완진 1980). 이하 마찬가지다.

(1) 가'. 바매 알ᄒᆞᆯ 안고 가다 ‘밤에 알을 안고 간다’
나'. 가로리 네히러라 ‘다리가 넷이어라’
다'. ᄒᆞ실디 民이 ᄃᆞᄉᆞᆯ 알고다 ‘하실진댄 民이 사랑을 알리라’
라'. 비ᄉᆞᆯᄫᆞᆯ 두ᄂᆞ오다 ‘祈求의 말씀 두노라’

(1가, 다)의 ‘-如’는 대체로 중세의 낮춤의 평술형 어미 ‘-다’를 표기한 것으로 보인다. (1라)의 ‘-多’는 ‘-如’와 동음 이자 (異字)의 관계에 놓인 것으로 보인다. ‘-羅’는 앞의 ‘-如’가 회상법 ‘-더-’의 이형태 ‘-러-’ 아래에서 교체된 것이다. (1다)의 ‘知古如’에서 ‘-古’의 기능이 무엇인지 분명치 않지만 시제나 양태 관련의 요소라고 할 것 같으면 ‘羅’가 나타나야 할 것이다. (1라)도 ‘多’ 앞의 ‘-乎-’를 중세어의 화자 표지 ‘-오-’의 소급형으로 본다면 역시 분포가 다르다. 중세어는 ‘*두노라’가 기대될 것

---

15) 이 자료는 박진호 교수가 정리하여 둔 것을 필자에게 제공하였다.

이기 때문이다. (1가)의 '去如'는 지금까지 현재형 '간다'로 해석하거나 부정법 '가다'로 읽어 왔다. 그러나 앞에서 본 당대어 (§7.2.2.1.A, 402쪽)와 중세어의 부정법 (§7.2.2.2.A, 410쪽)에 미루면 '갔다'로 해석해야 한다. 그렇다면 고대어에도 당대어 및 중세어와 같이 부정법을 세울 수 있다는 것을 확인할 수 있다. 해독은 전자대로 '가다'로 해독하여도 좋으나 해석은 과거 시제로 보는 것이 노래의 흐름으로 볼 때 옳아 보인다. 현재 안고 가는 것을 노래하였기보다 안고 간 것을 노래하였다고 보는 것이 순리이기 때문이다. 풍요의 '來如'도 물론 '오다'로 해독해야 하고 해석은 '왔다'여야 한다 (고영근 2017나).

다음은 의문법이다.

(2) 가. 二肸隱**誰支**上焉<u>古</u> (처용가 6행)
나. 奪叱良乙何如爲理<u>古</u> (처용가 8행)
다. **放冬矣**用屋尸慈悲也根<u>古</u> (도천수관음가 10행)

(2)는 대체로 다음과 같이 해독되고 있다.

(2) 가'. 두ᄫᅳ른 누기핸고. '둘은 누구핸고.'
나'. 아ᅀᅡᄂᆞᆯ 엇디ᄒᆞ릿고. '빼앗으니 어찌하리오.'[16)]
다'. 어드레 ᄡᅳ올 慈悲여 큰고.

(2)의 해독이 옳다면 향가 자료에는 중세어와 같이 설명 의문법이 존재하였다고 단언할 수 있다. 그러나 판정 의문법은 아직 확인되지 않았다,

다음은 명령법과 제안법의 자료이다.

(3) 가. 一念惡中<u>涌出至去良</u> (칭찬여래가 4행)
나. 惱叱古音多可支<u>白遣賜立</u> (원왕생가 3행)
다. 伊留叱餘音良他事<u>捨齊</u> (총결무진가 10행)

(3)은 대체로 다음과 같이 해독되고 있다.

(3) 가'. 一念악ᄒᆡ 솟나가라
나'. ᄀᆞᆺ곰 함ᄌᆞᆨ ᄉᆞᆲ고쇼셔
다'. 뎌롯나마 他事 ᄇᆞ리져

(3가)는 낮춤의 존비법의 명령형으로 간주된다 (고영근 1985/2004가: 318), (3나)는 높임의 존비법의 명령법이다. (3다)는 대부분의 해독자들이 감탄법으로 해독하고 있으나 석독 구결에 나타나는 제안법의 '-齊'를 참고하면 제안법으로 읽어야 하지 않을까 한다 (뒤에 나옴).

16) 위의 구절은 지금까지 '빼앗은 것을 어찌하리오'로 해석하였으나 저자는 이를 단순한 접속 구성으로 보고 위와 같이 해석하였다 (고영근 1985/2004: 313-322).

향가의 부족한 문체법 자료는 석독 구결에 의하여 보충될 수 있다. 다음은 석독 구결의 평술법이다.

(4) 가. 一一國土七 中阝七 一一佛氵 及八 大衆氵ノ令ケ丨 各ラ各ラホ 般若波羅密乚 說ㅌ八二丨 (니르ᄂᆞ기시다) (구역인왕경 上 2, 6-7)

나. 若七言二尸無七丨 (없다) ソ二ろ矛尸の7者智7不[矢丨口乙ゕ]應[七ソ7丶]二丨ㅎ丶若Ⅳ七言二尸 有七丨 (잇다) ソ二口矛尸の7者智7不[矢ろ丨]應[七ソ7丶]一丨ㅎ丶 (구인上 14, 18-19)

다. 佛言善男子阝如[支ソ7]是丶十種乙菩薩摩訶薩尸菩提心因亠ノ矛ナ7丨丨 (금광3, 02: 19-20)

(4가)는 하나하나의 국토마다 부처님과 대중들이 각각 반야바라밀을 설하였다는 사실을 평범하게 서술한다는 뜻인데 이곳의 '-丨' (다)는 중세어나 당대의 평술형 어미 '-다'와 기능이 대동소이해 보인다. (4나)는 '만약 없다고 한다면 지혜는 마땅히 둘이 아닐 것이요, 만약 있다고 한다면 지혜는 마땅히 하나가 아닐 것'이라는 뜻이다. 이곳의 '無七丨, 有七丨'는 평술형 어미 '丨' (다)가 모문에 내포된 직접 인용절인데 중세어와 큰 차이가 있어 보이지 않는다. 단순한 진술의 내용이 인용절의 형식으로 안겨 있다. (4다)는 선남자에게 보살마하살의 열 가지 인 (因)을 닦아 배워야 한다는 것을 설법하는 뜻인데 중세어의 평술법의 보수적 형식 '- (으)니라'의 직접적 소급형으로 보아 두기로 한다. 석독 구결에는 감탄법 어미도 많이 보이나 (장윤희 2002다: 105-121), 이곳에서는 생략하기로 한다17).

다음은 의문법의 예이다18).

(5) 가. 第一義七 中阝十 世諦 有七丨ソ口ろ令阝 (ᄒᆞ고오리아) 不矢丨ろ7ㅌ阝 (안디이온ᄂᆞ아 (구역인왕경 상, 14, 18-20)

나. 云何七ソ7乙 菩薩尸 內外施氵ノ令口 (호리고)ソナ禾尸入7 (화엄경소 35, 11: 15-16)

(5가)는 '제일의의 가운데 세제 (世諦)가 있습니까, 없습니까?'로 해석되니 판정 의문법임에 틀림없다. 향가 자료에는 판정 의문법의 예가 나오지 않는데 석독 구결에서 그것을 보충할 수 있다. (5나)는 '무엇을 보살의 안팎 보시라 하는가'로 해석되니 설명 의문법임에 틀림없다. 석독 구결 자료에는 중세어와 같이 의문 첨사 '-口/ろ, *可/口'가 붙어 의문문이 되는 예가 많다. 그러나 직접 의문과 간접 의문, 2인칭 의문법의 예는 보이지 않는다 (장윤희 2002다: 80).

다음은 명령법과 제안법의 예이다.

---

17) 정재영 (2001)에서는 감탄법 어미의 변천사를 고대에서부터 당대에 이르기까지 추적하고 있어 평술법과 함께 우리말 정동사의 변화 과정을 이해하는 데 기여하고 있다.

18) 석독 구결과 음독 구결에 나타나는 의문법에 대한 포괄적 기술은 정재영 (1995) 참조. 이곳에서는 고대어의 자료인 석독 구결과 중세어 자료인 음독 구결을 섞어 다루었다는 문제점이 지적될 수 있다.

(6) 가. 大小師ラ十 詣𠫔ㄱ丨十ㄱ 當 願 衆生 巧刂 師長乚 事ハ白ろハ 善法乚<u>立</u> <u>習行ソ ヒ立</u> (화엄경 14:3, 8)

나. 手ろ十 楊枝乚 執𠫔ㄱ丨十ㄱ 當 願 衆生 皆ヒ 妙法乚 得ろホ 究竟 <u>清淨ソヒ立立</u> (화엄 14:4, 10)

다. 正ヒ 出家ソ𠫔ㄱ 時⺀十ㄱ 當 願 衆生 佛㣺 <u>出家ソ彡</u> (出家ᄒᆞ져) ㅎㄱラ十 同ソ ろハ一切乚 救護ソヒ立立 (화엄경 14:3, 13)

(6가)는 동작 동사 '習行ソ-'에 어미 '-ヒ立'가 붙었는데 중세어의 보통의 존비법인 ᄒᆞ야써체에 가깝다. 큰 스승과 작은 스승에게 나아갈 때에는 모든 중생이 스승을 잘 섬기어서 선한 법을 익히고 행하기를 바란다는 욕망의 표현이다. 일반적으로 높임과 그 이상의 존비법은 행동 수행을 단순히 요구한다기보다는 기원의 의미가 강하게 동반된다. (6나)는 상태 동사 '清淨ソ-'에 보통의 존비법 '-ヒ立'가 붙었는데 고대어에도 상태 동사는 중세어와 같이 동작 동사로 겸용되고 있었다는 것(이영경 2003)을 확인할 수 있다. (6다)는 제안법으로 상정되는 예이다. 이 구절에 대하여 해석을 둘러싸고 의견이 상충되고 있으나 우선 제안법으로 해석해 두기로 한다 (장윤희 2002다: 121). 바로 출가할 때에는 마땅히 원하기를 모든 중생이 부처님 같이 출가하여 온갖 중생을 구호해야 한다는 뜻이다. (6다)는 향가 자료의 (3다)의 '-齊'와 같이 고대어에서 확인되는 제안법으로서 중세어의 '-져' (§6.2.4.2, 166쪽)와 강한 연속성 위에 놓여 있다는 것을 확인시켜 주는 소중한 자료이다.

7.2.4.2. 존비법

앞에서 저자는 우리말의 존비법이 당대어는 4원적 체계에 2원적 체계가 보충을 하고 있으며 중세어는 3원적 체계와 반말로 구성되어 있다고 하였다. 그러면 고대어의 존비법의 실상은 어떠할까. 우선 향가에서 확인되는 존비법의 예를 들어 본다.

(7) 가. 夜矣卯乙抱遣<u>去如</u> (서동요 4행)

나. 脚烏伊四<u>是良羅</u> (처용가 4행)

다. 花肸折叱可<u>獻乎理音如</u> (헌화가 4행)

라. 惱叱古音 多可支白遣賜立 (원왕생가 4행)

마. 逢烏支惡知<u>作乎下是</u> (모죽지랑가 6행)

(7가)의 '去如'는 안민가에도 나타나는데 중세어의 낮춤의 부정법 'X다'와 일치한다고 할 수 있다. (7나)는 '(네히)이라' 등 여러 해독이 있지만 '-羅'는 낮춤의 상황에 쓰인 '-如'의 이형태임이 틀림없다 (앞에 나옴). (7다)는 '바도림다'로 해석되는데 노옹이 수로 부인에게 바치는 노래이니 이는 높임의 존비법일 수밖에 없다. (7라)의 '賜立'는 균여의 <참회업장가>에도 나오는데 보통 'ᄉᆞᆲ고쇼셔'로 해독하고 있다. 그렇다면 '-賜立'는 높임의 존비법으로 볼 수밖에 없다. 향가를 대상으로 한다면 고대어에는 낮춤과 높임의 두 존비법이 있다는 것을 확인할 수 있다. (7마)는 '일오아리'로 해독되는 것이 맞다면 중세어의 [i] 계열의 반말과 연속성을 이루고 있다는 것을 알 수 있다. 고대

어와 중세어에 나타나는 [i] 계열의 반말 -ni, -li는 [i] 계열의 부동사 어미 '-니, -리'와 태생적으로 관련이 없지 않은 것 같다 (뒤에 나옴).

향가 자료에 이어 석독 구결의 존비법을 검토하여 보기로 한다.

(8) 가. 一一國土セ 中ㄋセ 一一佛ミ 及ハ 大衆ミノ令ケ丨 各ラ各ラホ 般若波羅密し 說ㅌハ二丨 (니르ᄂᆞ기시다) (구역인왕경 上 2, 6-7)

나. 大小師ラ十 詣ㄊㄱ丨十ㄱ 當 願 衆生 巧刂 師長し 事ハ白ㄋハ 善法し 習行ソㅌ立立 (화엄경 14:3, 8)

다. (諸ㄱ 大衆ㄱ … 謂言ソナㄕ … 大覺世尊ㄱ) 今日ㄋ十 如來刂 大光明し 放ソ二ト ㄋㄱのㄱ斯毛ソ巴ハ 何セソㄱ 事し 作ソセ彳 ソ二トㄱ刂ㄋセロ ソㅌハ二ㄊ (구역인왕경 상:2, 23-24)

(8가)는 (4가)의 예를 가져온 것인데 낮춤의 존비법임에 틀림없다. 객관적 사실을 어떤 의도의 개입 없이 진술하는 것으로 단독적 장면, 곧 서사 세계에 대한 진술이다. 〈월인석보〉 권1의 첫 머리 "녯 阿僧祇劫時節에 ᄒᆞᆫ 菩薩이 王 ᄃᆞ외야 겨샤"와 같은 방식의 서사적 진술이다. (8나)는 (6)에서 들었던 예인데 이곳의 '習行ソㅌ立立'는 중세어의 보통의 존비법인 'ᄒᆞ야쎠체' (보통의 존비법)에 상당하는 것으로 보고 있다 (정재영 1996가: 205, 장윤희 2002다: 89). 그것이 사실이라면 고대어의 정동사도 중세어와 같이 3원적 체계로 구성되어 있다고 단언할 수 있다. 문제는 전 문체법에 걸쳐 3원적 체계의 존비법의 체계를 얽어 내는 일이다 (고영근 2010다: 150).

7.2.5. 결어법의 변화

7.2.5.1. 문체법의 변화

지금까지 검토한 바에 의하면 고대로부터 당대에 이르기까지 문체법의 체계는 평술법, 의문법, 명령법, 제안법이 변함 없이 유지되어 있었다. 아주낮춤의 평술법을 중심으로 변화의 면면을 검토하여 보기로 한다.

앞에서 본 바와 같이, 고대어의 평술법 어미에는 '-다 ∝ -라'로 해독되는 '-如, -羅, -丨'가 사용되었다. 이 점 중세어도 큰 차이가 없었다. 중세어의 평술법은 부정법 -∅-, 직설법 '-ᄂᆞ-', 회상법 '-더-', 추측법 -(으)리-', 확인법 '-거/어-, 원칙법'-(으)니-', 감동법 '-옷/돗-' 등의 구성소의 범주에 속하는 선행 어미를 앞세우기도 하면서 (고영근 1981/2011나: 제2장), 화자의 태도를 표현하였다. 그런데 근대를 지나 당대에 와서는 선행 어미는 형태가 달라지기도 하고 없어지기도 하였으나 (이유기 2012), 그 기본 기능에 있어서는 차이가 없다. 형태상의 차이는 평술형 어미의 간소화를 들 수 있다. 중세에는 계사의 평술형 어미가 모문에서는 '사ᄅᆞ미라'와 같이 '-라'로 실현되는 데 대하여 당대에 와서는 인용설에서만 '이것을 연필이라고 한다'와 같이 '-라'로 실현된다. 그러나 모문에서는 '이것은 연필이다'와 같이 '-다'로 실현된다. 이러한 변화가 언제 시작되어 완성되었는가 하는 문제를 추적해 볼 필요가 있다.

의문법 어미는 평술법 어미에 비하여 변화의 기복이 매우 심하였다. 앞 (§7.2.2.2, 414쪽)에서 본 바와 같이, 중세어의 낮춤의 존비법의 제2인칭 의문법의 과거는 동명사형 어미 '-(으)ㄴ'에 첨사가 붙어 표시되었는데 16세기 초의 〈번역박통사〉부터는 다음과 같이 15세기의 완료상 '-앗-'에 동명사 어미 '-ㄴ'이 붙어 표시되었다.

(1) 어드메 늘거 갓는다 (<*가앗는다) (번역박통사 상 49)

그러는가 하면 같은 문헌에 15세기의 문법이 그대로 남아 있는 것도 보인다. 16세기 초부터 동요되던 제2인칭 의문법의 시제 표시가 후대로 내려올수록 당대와 같은 체계로 자리를 잡았다. 그러면서 제2인칭 의문법도 점차 사라졌다. 그 소멸의 원인은 직설법 '-ᄂᆞ-'가 '-ㄴ-'으로 바뀜에 따라 동음 충돌을 일으켜 제2인칭 의문법이 소멸되었다는 견해가 비교적 유력해 보인다 (이현규 1978/1995: 389), 그러는가 하면 15세기의 '가/고' 계열의 간접 의문법은 직접 의문법으로 바뀌게 되었으며 궁극적으로는 설명 의문법과 판정 의문법의 구별이 허물어지는 결과를 낳았다. 물론 높임의 존비법에서는 15세기에 이미 구별이 허물어지고 있었다. 그러는가 하면 의문법과 제안법 어미 '-(으)녀, -(으)려, -져'는 양성 모음 계열로 통일화의 길을 걸었다 (장경희 1977: 133-134).

중세어의 낮춤의 명령법 어미는 타동사에는 '머거라'와 같이 '어' 계열이, 자동사에는 '가거라'와 같이 '거' 계열이, '오-' 뒤에는 '오나라'와 같이 '-나라'가 붙었는데 (고영근 1980/1999나: 447), 당대에는 표준 공통어에서만 어느 정도 남아 있고, 앞에서 본 바와 같이 (§6.2.4.4, 169-175쪽), 방언에서는 실현 양상이 각이하여 지역과 개인에 따라 실현에 차이가 많아 그 나름의 변이 유형을 형성하고 있다. 당대어의 아주낮춤의 약속법 어미 -(으)마'가 이미 15세기부터 나타남을 보았는데 17세기의 「첩해신어」부터는 당대어의 예사낮춤의 약속법 '-(으)ㅁ새'가 얼굴을 내밀기 시작하였다.

7.2.5.2. 존비법의 변화

중세어의 존비법은 3원적 체계임이 틀림없고 고대어도 그럴 가능성이 많다는 사실을 앞에서 본 바 있다 (§7.2.4.1, 431쪽). 고대어에서 중세어로의 변화는 자료의 부족으로 그 과정을 추적하기가 쉽지 않으나 중세에서 당대에 이르기까지는 자료도 풍부하고 연구도 많이 되었기 때문에 포괄적 서술이 가능하다. 당대에는 중세에 없었던 하게체라 불리는 예사낮춤이 형성되어 있었고 존비법의 형태도 문체법에 따라 많이 달라졌다. 지금까지의 연구 결과를 바탕으로 하여 15세기 이후의 변화 과정을 소묘하여 보기로 한다.

중세어의 3원적 체계는 근대로 접어들면서 변화를 입는다. 이런 점은 16세기 초의 『박통사』와 『노걸대』 번역류와 17세기 중엽의 위의 두 책의 언해류, 강우성 (康遇聖)의 17세기 전반의 『첩해신어』와 18세기 중엽의 『중간 첩해신어』를 비교하면 알 수 있다. 그밖에도 16~17세기의 간찰 자료도 참고할 수 있다. 간찰 자료는 당대의 서간 자료로 미루면 좋은 자료라고 할 수 없다. 20세기 전반기에 나온 서간 자료를 보면 일상 대화에서는 서로 아주낮춤의 존비법을 사용하여도 서신을 주고 받을 때에는 한 등급 높이는 예사높임을 사용한다는 사실에 의하여 잘 알 수 있다 (고영근

1974/1999나: 376).

알려져 있다시피 근대에 접어들면서는 15세기의 보통의 존비법인 ᄒᆞ야써체 대신 ᄒᆞ소체가 등장하는가 하면 (이기문 1998: 224), ᄒᆞ오체도 보인다. 명령법을 예로 들면 다음과 같다.

(2) 가. 이고 진 저 늘그니 짐 프러 나를 주오 (경민편언해 41)[19]
　　나. 아므리커나 ᄒᆞ는대로 ᄒᆞ소 (첩해신어 7, 7)

같은 모음으로 된 어간 아래 '-오'와 '-소'가 수의로 교체되고 있다. 이는 당대의 1930년대에 사정된 표준말에서 '-오, -ㅂ니다'와 '-소, -습니다'를 표준말로 인정한 사실의 역사적 근원이 여기서 비롯된다는 것을 알 수 있다 (뒤에 나옴).

그러는가 하면 중세어의 겸손법의 선행 어미 '-ᄉᆞᆸ-'의 후계형 '-ᄋᆞᆸ-'이 선접된 어형도 보인다.

(3) 그리 아ᄋᆞᆸ소 (첩해신어 5, 7)

위의 예를 대상으로 (2)보다 한 단계 높은 ᄒᆞᄋᆞᆸ소체를 더 둘 수도 있고 (장경희 1977: 119), 아니면 'ᄒᆞᄋᆞᆸ소'를 'ᄒᆞ오'의 단순한 활용상의 변이형으로도 볼 수 있다 (이기갑 1978). 물론 전자의 견해도 그 나름의 타당성이 있으나 존비법의 통시적 변화 과정을 고려하면 후자의 처리가 일반성이 있어 보인다. 그러니까 20세기 전반기의 예사 높임의 존비법인 이른바 하오체는 근대의 초기인 17세기 전반에 형성되었다고 말할 수 있다. 중세어의 높임의 존비법인 이른바 ᄒᆞ쇼셔체에 대하여도 '-ᄋᆞᆸ-'이 붙은 'ᄒᆞᄋᆞᆸ쇼셔체를 "덧높임"이라고 하여 앞의 'ᄒᆞᄋᆞᆸ소'와 같이 독립된 존비법으로 세워야 한다는 견해가 있기는 하나 (김정수 1984: 27), 존비법 체계의 변화에 대한 합리적 기술을 위해서는 바람직한 태도라고 하기가 어렵다[20].

그러면 새로운 형태의 '오' 계통의 높임의 존비법은 어떻게 형성되었을까. 중세어의 문장 가운데 나오는 남에 대하여 화자 자신을 낮추는 겸손법 '-ᄉᆞᆸ-'은 16세기를 거쳐 17세기로 접어들면서 청자에 대하여 화자가 자신을 겸손한 태도로 대하는 면으로 기능이 축소되었다. 높임의 '-(으)오, -소' 중에서 전자는 중세의 '-ᄉᆞᆸ-'의 이형태 '-ᅀᆞᆸ-, -ᄌᆞᆸ-' 등이 기능 변화와 함께 어미의 일부분, 예를 들면 'ᄒᆞᅀᆞᄫᆞ쇼셔>ᄒᆞᅀᆞ오쇼셔>ᄒᆞ소>ᄒᆞ오'에서 보는 바와 같이, 어말 어미 '-쇼셔'가 절단을 겪음에 따라 (고광모 2000가), ᄒᆞ오체라 불리는 보통의 존비법으로 자리를 잡았고 후자는 중세어의 높임의 명령법 어미 '-(으)쇼셔'에서 끝의 '셔'가 절단됨으로써 형성되었다고 보기도 한다 (서정목 1987: 175, 1990/1994: 363, 황문환 2002: 252). 앞 (§7.2.4.2, 434쪽)에서 저자는 중세 및 고대어의 '이' 계열의 반말이 *ni, li* 계열의 부동사 어미와 밀접한 관련이 있음을 비친 일이 있는데 근대에도 이런 현상이 보인다. 당대에 보이는 서실법의 '요' 결락형의 이른바 범용 어미 '-어'는 부동사 어미 '-어'와 관련이 깊고 (임홍빈 1984/1998가: 65), 더욱이 이는 "이유"의 부동사 어미 '-어'에서 발달하였

---

19) 자료는 장경희 (1977: 119 이하), 이기갑 (1978: 36 이하)에서 재인용한 것이다.

20) 이승희 (2007: 150)에서는 17세기 존비법의 체계에 대한 장경희 (1977), 김정수 (1984), 이기갑 (1978), 이영경 (1992), 황문환 (2002)의 다섯 사람의 견해의 차이점을 표로 보이고 있어 참고되는 바가 많다.

다는 신빙성 있는 해석이 개해지기도 하였다 (고광모 2001). 서상법의 범용 어미 '-지'는 접속의 부동사 '-지'에서 전용되었다든지 (서정목 1990/1994: 423), 예사낮춤의 명령법 어미 '-게'가 부동사 어미 '-게'에서 전용되었다든지 (고광모 2006, 이승희 2004나) 하는 예가 모두 그러하다.

앞에서 저자는 당대어의 명령법 어미 '-(으)오, -소'가 어미의 일부분이 절단되어 이루어졌음을 비친 바 있는데 이런 현상은 고대로부터 목격되었다. 이런 현상은 간찰에서 많이 보인다.

(4) 이만 ᄒᆞᄋᆞᆸ, 긔후 편안ᄒᆞᄋᆞᆸ, 덕ᄉᆞᆸ, 민망ᄒᆞᄋᆞᆸ (황문환 2002: 137, 246 , 248, 252)

당대의 20세기 전반에 나온 서간 문범을 보면 (4)와 같은 표현이 많이 나오는데 이런 어미부의 절단 현상은 이두에서도 얼마든지 목격된다 (고영근 2017나).

개별 존비법의 문체법은 앞의 예사높임이나 예사낮춤 밖에도 변화를 겪은 것이 많다. 아주높임의 평술법 어미 '-(으)ㅂ니다'는 '-ᄋᆞᆸᄂᆞ니이다'의 'j' 첨가형 '-ᄂᆡ이다' (고영근 1995/1999: 281-286)에서 끝의 '이다'가 절단되어 보통의 존비법 '-ᄂᆡ>네'가 형성되었고 의문법 어미 '-(으)ㅂ니까'도 '-ᄋᆞᆸᄂᆞ잇가'에서 형성된 것으로 볼 수 있다. 명령법과 제안법 어미 '-(으)ㅂ시오, -(으)ㅂ시다'는 중세어의 제안법 '-사이다'를 바탕으로 명령법과 제안법으로 분기된 것으로 보인다 (고영근 1974/1999나: 288. 292). 당대의 예사낮춤의 '-세'는 중세어의 제안법 '-사이다'에 'j'가 첨가된 '-새이다'에서 끝의 '이다'가 절단되어 형성된 것으로 보인다. 예사낮춤의 동작 동사의 평술 직설법 어미 '-네'는 근대의 'j' 삽입형 'ᄒᆞᄂᆡ이다'에서 '이다'가 절단의 과정을 거쳐 형성된 것으로 보인다. 회상법 어미 '-데'도 역시 같은 'j' 삽입형 'ᄒᆞ데이다'에서 같은 과정을 거쳐 형성된 것이 틀림없다. 예사낮춤의 계사에 붙는 '-(으)ㄹ세'나 그 변이형 '-(으)로세'는 근대어의 '-(으)로쇠이다' 등에서 '이다'가 절단되어 형성된 것으로 보인다. 19세기에 나온 프랑스 선교사들의 문법서에 계사에 붙는 평술형 어미에 '-ㄹ다'가 등록되어 있는데 (고영근 1976/1983/2001가: 436), 이는 '-(이)로다'에서 발달한 것이다. 위와 같이 어미의 부분적인 절단은 높임의 존비법에서 예사낮춤의 존비법으로 질적 변화를 일으켰는데 이는 앞의 부동사 어미의 정동사 어미화와 함께 우리말 문법사에서 되씹어야 할 주제가 아닌가 한다.

앞에서 저자는 중세어의 겸손법의 '-ᄉᆞᆸ-'이 청자에 대하여 자신을 낮추는 방향으로 기능이 변질되었다고 하였다. 적어도 19세기까지는 '-ᄉᆞᆸ-'이 거의 모든 활용 어미에 붙었다가 20세기로 들어오면서 아주높임의 네 문체법에서만 목숨이 붙어 '합니다, 합니까, 합디다, 합디까, 합쇼, 합시다'와 같이 합쇼체의 표지로 정착되었다[21].

고대어와 중세어의 3원적 존비법이 무슨 까닭으로 4원적인 체계로 바뀌고 20세기 후반에 와서 다시 2원적인 체계로 단순화되었는지 사회적 요인과 관련하여 해석하여 보기로 한다. 존비법의 변화에 대한 사회학적 접근은 서정수 (1979), 이경우 (1990/1998), 정준영 (1995), 성기철 (1999/2007나: 414)에서 이루어졌다. 먼저 조선조 후기의 존비법을 신분 변동과 관련하여 연구한 정준

21) 현행 학교 문법에서는 아주높임의 네 문체법에서 실현되는 '-(으)ㅂ-'에 대하여 "공손"의 기능을 주고 있는데 이는 잘못이다. 이는 어디까지나 합쇼체의 표지일 뿐이다. 이는 중세어의 높임의 존비법 표지 '-(으)이-'와 성격이 같다. 이를테면 '가옵니다'에서 '-오-'는 겸손이고 '-ㅂ-'은 합쇼체의 표지임과 같다.

영 (1995)에서는 고대로부터 지속되어 오던 3원적 존비법 체계가 19세기의 4원적 체계로 변모한 것을 신분 변동과 관련하여 해석하였다. 요-결락형, 이른바 반말과 보조를 같이하여 요-통합형이 자리를 잡은 것은 신분제의 약화의 산물로 보고 있다. 존비법의 변화에는 남녀의 성뿐만 아니라 연령도 크게 작용하였다. 이경우 (1998: 106-197), 성기철 (2000/2007가: 397-417)에서는 개화기의 신소설을 중심으로 최근세 우리말의 존비법의 등급을 결정하는 요인으로 신분은 물론, 부부간, 친족 관계, 연령, 성별 등 비언어적 요소가 존비법의 변화에 미치는 문제를 다루었다. 최근세 우리말은 조선조 후기와 당대 초기의 교량적 위치를 차지하고 있기 때문에 당대에는 의고체의 성격을 띠고 있는 이른바 하소서체도 보인다. 그렇게 보면 최근세의 존비법은 5원적 체계에다가 이를 보완하는 "요-결락형"과 "요-통합형"으로 구성되어 있다고 말할 수 있다.

한편 서정수 (1979)에서는 1945년의 광복을 기준으로 하여 수직적인 4원적 체계가 수평적 2원적 체계로 변한 사실을 종래의 수직적 사회 구조가 수평적인 민주 사회로 바뀌는 사회 구조의 변동과 관련하여 해석하였다. 저자가 어렸을 때 겪은 일화 한 토막을 소개한다. 6·25 사변을 겪을 때의 일이었다. 전에는 안사돈과 바깥사돈이 내외를 하였는데 이제는 세상이 바뀌었으니 서로 터놓고 지내자고 하여 자유롭게 대화하던 것이 기억난다. 이런 사실은 언어의 변화가 사회 구조의 변화에 영향을 받는다는 것을 뒷받침하는 자료로 활용할 수 있다. 20세기 말의 조사에 의하면 예사높임의 이른바 하오체는 사회 방언화되어 가고 있고 하게체도 존비법으로서의 위치를 박탈당하고 있다는 보고도 있다 (앞에 나옴). 그러나 언어 내적 문제도 소홀히 할 수 없다. 19세기에 들어서면서 하게체가 자리를 잡은 것은 신분제의 철폐에 역행하는 변화이다. 언어 내적인 요인을 찾는 데서 해결의 실마리를 찾아야 하지 않을까 한다.

7.2.6. 방언의 결어법 변이

이곳에서는 지역 방언뿐만 아니라 사회 방언도 같이 다루기로 한다.

7.2.6.1. 문체법의 변이

앞에서 저자는 공통어와 중세어의 문체법을 크게 평술법, 의문법, 명령법, 제안법의 넷으로 나누어 그 특수성을 검토하였다. 방언의 문체법도 이 체계에 따라 특수성을 검토하기로 하기로 한다. 아주낮춤의 존비법에 국한할 때, 평술법은 '-는 ~ ㄴ다'가, 명령법은 '-어라'가, 제안법은 '-자'가 공통적으로 실현된다. 예사낮춤의 존비법은 다음의 존비법의 변이에서 보기로 한다. 네 문체법 중 특이한 것은 동남 방언의 의문법이 중세어와 같이 판정 의문과 설명 의문으로 갈라져 있다는 것이다 [22]. 이 문제를 중점으로 다루어 보기로 한다.

다음 (1)은 명사에 첨사 '가, 고'가 붙은 것이다.

22) 동남 방언의 의문법에 대하여는 최명옥 (1976/1998가: 241-179)의 서남 경남 방언을 비롯하여 강신항 (1978)의 안동 지역어, 서정목 (1987)의 창원 지역어 등 중후한 업적이 많다.

(1) 가. 저기 여시가 '저것이 여우냐'
　　나. 저기 멋[23]고 '저것이 무엇이냐'
(최명옥 1998가: 250-255, 이하 같음)

(1)은 명사에 첨사 '가, 고'가 붙은 것인데 앞 (§7.2.2.2.A, 412쪽)의 중세어의 (29, 29')에 대응하는 의문법이다. (1가)는 판정 의문법, (1나)는 설명 의문법이다. 미정어의 유무에 따라 분화된다. 후자에는 미정어 '머엇'이 와 있어 이에 일치하여 끝에 '고'가 선택되었다. 계사가 붙지 않고 바로 서술어가 되었기 때문이다 (최명옥 1998가: 250). 동남 방언도 중세어와 같이 첨사 범주를 인정할 수 있다.

다음은 활용 어미에 나타나는 판정 의문법과 설명 의문법이다.

(2) 가. 이분에는 내가 (<*나가) 가나 '이번에는 내가 가느냐'
　　나. 가가 우나 '걔가 우느냐'
(최명옥 1998가: 252)

(2)는 1·3인칭 판정 의문법이다. (2가)는 제1인칭, (2나)는 제3인칭 의문법이다. 대체로 중세어의 1·3인칭 의문법 '-(으)녀'에 대응한다.

다음은 제2인칭 의문법이다.

(3) 가. 니는 공부하나. '너는 공부하느냐.'
　　나. 니는 무신 공부하노. '너는 무슨 공부하느냐'

(3)은 중세어의 제2인칭 의문법 (§7.2.2.2, 414쪽)에 대응하는데 구성이 다르다. 중세어의 제2인칭 의문법은 동명사형 어미 '-는'에 첨사가 붙었는데 동남 방언은 활용 어미로 바뀌었다.

동남 방언에는 중세어와 같이 (§7.2.2.2.(32), 414쪽), 모문이 미정의 인용절을 안고 있으면 미정어가 모문의 활용에 영향을 미쳐 설명 의문법으로 만들어 주는 현상이 보인다.

(4) 니는 철수가 눌로 (<누ㄹ로) 좋아한다고 생각하노 '너는 철수가 누구를 좋아한다고 생각하느냐'

(4)의 피인용절 속의 미정 대명사 '누'와 모문의 활용형 사이의 일치 문제는 다음 예와 비교하면 그 특수성을 잘 간파할 수 있다.

(4') 니는 철수가 영이로 좋아한다고 생각하나 '너는 철수가 영이를 좋아한다고 생각하나'

중세어의 미정어와 활용 어미 간의 일치 현상은, 앞에서 이미 언급한 바와 같이, 우리말의 통시적 유형론과 지역적 유형론을 연계시키는 대표적 예가 될 수 있다.

---

23) 원문에는 '머엇'과 같이 두 음절로 되어 있으나 여기에서는 편의상 단음절로 처리한다. 임석규 교수가 지적하여 주었다.

앞 (§7.2.2.1.(7), 404쪽)에서 검토한 공통어의 확인 의문법은 방언에서도 확인된다 (이기갑 2015, 331-356). 동북, 서북, 중부, 제주, 전북 방언에서는 의존 동사 부정형을, 충북, 강원, 경북, 전남 북부 방언에서는 의존 동사 부정형과 동사 한정 부정형을 혼용하고 동남 남부 방언과 서남 남부 방언은 후자를 통하여 확인 의문이 표시된다.

(4-1) 가. 손을 가 퐁당퐁당 **안** 숭굽니까. '손을 가지고 퐁당퐁당 심잖습니까.' (경남 남해)
  나. 큰 통개가 있잔헤. '큰 통개가 있잖아.' (전북 임실)

현재는 매스컴의 영향으로 동사 한정 부정형이 의존 동사 부정형에 의하여 한반도 전역으로 파급되어 가는 것으로 보고 있다.

7.2.6.2. 존비법의 변이

방언에 나타나는 존비법은, 앞에서 본 바와 같이 (§6.2.4.4.A), 지역과 계층에 따라 실현 양상이 복잡 다기하여 특히 기능상의 특수성을 가려내기가 쉽지 않다. 이곳에서는 앞의 형태론적 개관을 바탕으로 하여 동남 북부 방언의 경주 지역어, 서남 방언의 고흥 지역어와 제주어의 존비법의 특수성을 검토하기로 한다[24].

A. 경주 지역어의 존비법의 실상

경주 지역어의 존비법은 전통 사회에서 성장한 사람들에게는 낮춤 (해라), 보통 (하게), 높임 (하소)의 세 등급이 확인되고 반말의 범주에 드는 '-지러, -제, -지, -어'가 있다. 이 가운데서 높임의 존비법을 문체법에 따라 배열하면 다음과 같다. 어간은 편의상 동사 '하-'로 대신하되 직설법만 보이기로 한다.

(5)

평술형	의문형	명령형	제안형
하니더	하능교	하소	하시더

공통어나 딴 방언과는 달리 높임을 표시하는, 이를테면 '-ㅂ-'이나 그 변체로 보이는 어떠한 표지도 나타나지 않는다. 이는 동남 북부 방언 전역에서 확인된다 (김태엽 1999: 306). '하니더'는 회상 평술형 '하디더'와 계열 관계를 이루고 있는데 공통어의 대응형은 '합니다, 합디다'이다. 경북의 다른 지역어에는 존비법이 3등급밖에는 확인되지 않으나 같은 동남 방언군에 속하는 경남의 많은 지역어에는 4등급이 확인되며 아주높임의 존비법에서 '합니더, 합니꺼, 하시이소, 하입시더'와 같이 명령형 '하시이소'만 제외하고는 존비법 표지 'ㅂ'가 나타난다 (김영태 1977). 경남 지역어에서 높임의 존비법 표지가 나타나지 않는 것이 이 지역어 자체의 역사적 변천의 결과인지 공시적 음운 현상의 반영인지 구명하여 볼 필요가 있다.

---

24) 이 부분은 고영근 (1993: 186-190)을 바탕으로 하여 다시 썼다는 것을 밝혀 둔다.

B. 고흥 지역어의 존비법의 실상

고흥 지역어의 존비법은 경주 지역어와 같이 낮춤 (해라), 보통 (하소), 높임 (하씨오)의 세 등급이 있고 '어' 등의 반말이 있다. 보통의 존비법인 하소체는 공통어의 예사낮춤의 하게체에 해당하고 높임의 하씨오체는 높임의 존비법인 하오 · 합쇼체에 해당한다. 이 가운데서 높임의 존비법인 하씨오체를 문체법에 따라 배열하면 다음과 같다.

(6)

평술형	의문형	명령형	제안형
해요/하소	해요/하소	하씨오	합시다

고흥 지역어에서도 높임의 존비법을 표시하는 특별한 표지가 분명히 확인되지 않는다. 제안법에서만 표준어의 아주높임의 표지 '-ㅂ-'이 나타날 뿐이다. 평술법과 의문법에서는 '(으)요'와 '소'가 같은 환경에서 수의적으로 교체된다. 이는 공통어의 '-소'와 '-(으)오'의 근원을 중세어의 '-습-'과 '-(으)쇼셔'에 두고 있는 서정목 (1987) (앞에 나옴)의 가설을 뒷받침하는 한 증거가 될 수 있다. 명령형 어미 '-씨요'는 공통어의 아주높임의 존비법인 '-ㅂ시오'와 형태가 비슷한데 어떠한 표지도 보이지 않는다. 평술형과 의문형은 공통어의 예사높임과 같이 형태가 같아 어조가 문체법의 기능을 대신한다. 광주를 중심으로 한 전남 북부 지역어에 회상 평술형 '헙디다', 회상 의문형 '헙디여'가 확인되는 것을 보면 (이기갑 1982), 명령법에서는 존비법의 표지 '-ㅂ-'이 실현될 가능성이 있다. 원래는 '-ㅂ-'이 있었는데 이 지역어의 역사적 변화에 의하여 소실되었는지 아니면 해당 지역어의 특유한 음운 현상으로 말미암아 실현되지 않았는지 속단할 수 없다. 전남 북부 지역어에는 종결 첨사 '라우'가 붙어 높임의 등분을 표시하는 일이 넓게 나타나는데 (고광모 2004), 공통어의 "문장 가운데의 첨사" '요' (뒤에 나옴)와 비슷한 면이 많다.

C. 제주어의 존비법의 실상

제주어의 존비법은 낮춤 (ᄒᆞ라체), 보통 (ᄒᆞ여체), 높임 (ᄒᆸ서체)의 세 존비법으로 구성되어 있다[25]. 이밖에도 보통의 존비법에 첨사 '마씀'이 붙어 높임의 존비법을 표시하는 절차도 있다. 이 가운데서 높임의 존비법을 문체법에 따라 배열하면 다음과 같다.

(7)

평술형	의문형	명령형	제안형
함수다/ᄒᆸ네다	ᄒᆸ서	ᄒᆸ쥐	

평술형과 의문형에는 두 변종이 있다. 하나는 '-우-'를 공유하는 것이고 다른 하나는 '-ㅂ-'을 공유하는 것이다. 전자는, 위의 표에서 보는 바와 같이, 평술형과 의문형에서 어말 어미 바로 앞에

25) 고재환 (2013나: 168-457)에서는 제주어의 정동사의 존비법을 비존대형과 존대형의 두 존비법으로 나누고 있다. 이는 시제를 과거와 비과거로 나누는 방식과 같다. 이에 대하여는 제주 출신의 강정희 교수 (한남대)와 의견 교환이 있었다는 것을 밝혀 둔다.

놓이는 데 대하여 '-ㅂ-'은 어간이나 다른 선행 어미 뒤에 분포되어 있다[26]. 후자는 전자보다 분포가 넓어서 명령형과 제안형에서도 확인된다. 후자의 '-ㅂ-'은 공통어의 합쇼체의 표지와 같으므로 공존 계기 규칙으로 설명할 수 있지마는 전자의 '-우-'는 반도의 다른 지역에서는 볼 수 없는 독특한 존비법 표지다. 이런 현상은 특히 비제주 방언 화자가 제주어를 대할 때에는 동작상의 형태들과 함께 일정한 확대 규칙을 체득하지 않으면 적응이 어렵다는 것을 말한다. 높임의 존비법에 나타나는 '-우'가 공통어의 존비법 표지 '-ㅂ-'과 관련이 있는지 아니면 고대어의 어느 한 단면을 반영하는지 아니면 제주어에 특유한 동작상과 함께 자생적으로 발달하였는가 하는 문제는 아직 단언할 수 없지만 '-ㅂ-'의 다른 변종과 비교하여 볼 때, 제주어에서 옛부터 쓰여 오던 형태인 것만은 틀림없어 보인다. '마씀'은 그 기원은 어쨌든 간에[27] 기능상으로는 공통어의 문장 가운데의 첨사 '요'나 서남 방언의 '라우', 동남 방언의 '예', 충청 방언의 '유'와 비슷한 면이 있어 비제주도 화자의 적응이 어렵지 않을 수 있다.

당대어에는 특수 사회에서 사용되는 사회 방언의 성격을 띤 존비법도 눈에 띈다. 20세기 전반기에는 서울 지역에서 하층민이 상전에게 쓰는 말씨가 보이는데 '-(으)ㅂ쇼, -(으)ㅂ죠' 계열의 어미가 대표적이다. 이러한 점은 민촌과 반촌에서도 확인된다 (최명옥 1980). 군대 사회에서는 나이 어린 상사가 나이 많은 부하에게 반말이나 아주낮춤의 존비법을 사용하는 것이 관례화되어 있다. 그리고 정규 육사 출신이냐 일반대학 출신이냐를 비롯하여 근무처, 계급에 따라 존비법의 사용에 차이가 있어 그 나름의 언어 공동체를 이루고 있다는 것을 목격할 수 있다 (이정복 1994). 그리고 세대나 지역에 따라 존비법의 차이가 나는 예도 접할 수 있다. 동남 방언의 어느 지역어에는 '요' 통합형을 듣기 싫어하는 노인 세대가 있는가 하면 젊은 세대는 예사낮춤의 존비법, 곧 하게체를 싫어한다는 보고도 있으며 (황병순 1995). 사회 계층과 공대말 사용 유형간의 상관 관계를 사회언어학적 내지 인류언어학적으로 구명하는 노력도 보인다 (황적륜 1976, 왕안석 1986).

7.2.7. 문체법과 존비법 유형론

이미 언급한 바와 같이 (고영근 2013가, §6.2.6, 195-197쪽), 우리말의 정동사는 우리말과 친족관계를 맺고 있다고 믿어 온 알타이 제어와 비교할 때 공통점이 전혀 발견되지 않는다, 우리말은 어말 어미가 문장을 마무리하며 각종 문법 범주는 어말 어미에 선행한다. 우리말과 같은 언어는 Sora, Waunana, Mundari 등의 언어 밖에는 달리 찾을 수 없다. 그런 점에서 우리말은 유형론적으로 주목받는 언어임이 분명하다. 그러면 정동사에서 실현되는 두 문법 범주인 문체법과 존비법을 일본어를 비롯한 알타이 제어 및 다른 언어와 비교하여 보기로 한다.

---

26) 제주어에 나타나는 선행 어미 '-ㅁ-, -ㅅ-'은 그 나름의 동작상의 기능을 띠고 있다. 우선 현평호 (1985: 제1장)을 참고할 수 있다. 고영근 (2004/2007: 456)에서 상적 기능의 차이를 구명한 바 있다.

27) 돌아가신 현평효 박사는 필자에게 보낸 사신 (1991. 7. 25.)에서 '마씀'은 '말씀'에서 온 첨사로 다른 방언에서 쓰이는 '그래서 말입니까'의 '말입니까'에 대응하는 어법이라는 견해를 피력한 바 있다.

7.2.7.1. 문체법의 유형론

앞에서 저자는 우리말의 기본적인 문체법을 평술법, 의문법, 명령법, 제안법의 넷을 두면서 감탄법도 언급하였다. 먼저 일본어의 문체법을 보기로 한다[28].

(1) 가. John -wa ima gaQkoR-ni ik - u
John Top now school Loc go Pres

나. John-wa ima gaQkoR-ni ik-u no (ka)?
go Inter?

다. John, gaQkoR-ni ik - e
go Imp

라. John, gaQkoR-ni iQsyo-ni ik-oR
together go Prop

(1)은 '죤이 학교에 간다 (가), 죤이 학교에 가느냐, (나) 죤아, 학교에 가거라, (다) 죤아, 학교에 (같이) 가자', (라)를 일본어로 번역한 것이다. 이하 다른 언어도 같다. (가)는 어간 'ik-'에 어미 '-u'가 붙어 현재 평술법을 만들었다. (나)는 현재 평술법 'iku'에 'no (ka)'가 붙어 의문법이 된다. 우리말은 평술법 어미 '-ㄴ다'가 의문법 어미 '-느냐'와 계열 관계를 이루어 교체가 되는 데 반하여 일본어는 평술법 어미 'u'에 형식 명사 'no'를 앞세운 첨사 'ka'가 붙기도 하고 'no'만으로 쓰이기도 한다. 명령법 (다)와 제안법 (라)는 의문법과는 달리 어간에 어미 '-e'와 '-oR'가 붙었다. 형성 방식이 우리말과 공통된다.

앞에서 본 바와 같이, 중세어와 동남 방언에서는 의문법의 형태가 다름을 보았는데 당대 일본어에서는 차이가 없다.

(1') ima **doko** iku no?
now where go

(1')에는 미정어 'doko'가 왔음에도 불구하고 (1나)와 아무런 차이가 없다. 그러나 고대 및 중세 일본어에는 판정 의문법에는 'ya, ka'라는 첨사가 붙고 설명 의문법에는 'o, ka'가 붙는다는 보고가 있다.

일본어에도 감탄법을 표시하는 특수한 어미가 보인다.

(1") hana-ga takusaN sak-u naR
flowers much bloom Excl

28) 저자는 2015년 10월 28일에 일본어는 가와사키 교수 (숭실대), 만주 문어는 김주원 교수 (서울대), 몽골 문어는 유원수 교수 (서울대), 몽골 구어 (할흐방언)는 Ulzibat 강사 (한국외대). 터키어는 이용성 교수 (서울대)에게 설문지를 보내어 회신을 받아 이를 활용하였다.

위의 예는 앞의 의문법과 같이 현재형에 감탄법 첨사 'naR'가 붙었다.

다음 예는 만주 문어의 예이다.

(2) 가. John te tacikū de gene-mbi
now school DAT/LOC go-Pres.
나. John te tacikū de gene-mbi-o?
go-Pres-Inter
다. tacikū de **gene**
라. tacikū de emgi gene-ki

(2가)는 평술법인데 동사 어간 'gene'에 현재 (Pres) 표시의 어미 '-mbi'가 붙었다. 우리말의 아주 낮춤의 평술법 '-는다'와 비슷하다. (2나)의 의문법은 현재형 어미 '-mbi'에 의문 첨사 'ㅇ'가 붙었다. 일본어와 형성 방식이 비슷하다. 판정 의문법과 설명 의문법 사이에 형태상의 차이가 없다. (2다)의 명령법은 어간이 바로 명령형으로 쓰인다. (2라)의 제안법은 어간에 어미 '-ki'가 붙었다. 'ki'는 일반적으로 원망법으로 처리되지만 명령법과 제안법에 두루 쓰인다.

만주 문어에도 감탄법이 발견된다.

(2') ilha ambula ila - mbi nikai
flowers much bloom - Pres. Excl.

(2다)의 의문법과 같이 현재형 어미 '-mbi'에 첨사 'nikai'를 붙였다.

다음으로는 몽골 문어를 보기로 한다.

(3) 가. John edüge surɣaɣuli - dur - iyan yabu-mui
now school - Da/Lok - Refl Pron go - pres
나. John edüge surɣaɣuli-dur-iyan yabu-mui uu?
go-pres Inter ptl
다. John surɣaɣuli-dur-iyan yabu-ɣarai
go - Imp
라. John, surɣaɣuli-dur-iyan qamtu yabu-ya
together Prop

(3가)는 몽골 문어의 평술법인데 만주 문어와 같이 현재 평술법 어미 '-mui'가 붙는다. (3나)는 의문법인데 일본어와 만주 문어와 같이 평술형에 첨사 (ptl) 'uu'가 붙었다. 중세 몽골어에서는 설명 의문법에 의문 첨사가 거의 등장하지 않았으나 13세기 중반에는 이미 설명 의문법에 의문 첨사 'be'가 존재하였던 것으로 보인다. (3다)의 명령법은 우리말과 같이 어간에 명령법 어미 '-ɣarai'가 붙었다. (라)의 제안법도 어미 '-ya'가 붙었다.

몽골 문어에도 감탄법이 확인된다. 그러나 형성 방식이 특이하다.

(3') čečeg yeke čečegle-deg bui ǰa
flower many flower-VN hab be Aff

위에서 čečegle-는 '꽃이 피다'라는 뜻의 동사 어간이고 '-deg'은 상습적, 습관적 행위, 동작을 나타내는 동사의 명사형 어미다 (VN hab). 그러니까 계사 'bui' 뒤에 접사 (Aff)가 붙어서 감탄법이 형성되었다.

다음으로 몽골 구어인 할흐 몽골어의 문체법을 보기로 한다.

(4) 가. John odoo surguuli ruu yav-na
now school Dir go-Fin Pres (/Fin fut)

나. John odoo surguuli ruu yav-(a)h uu?
go-Irs Inter

다. John, **surguuli-d -aa** yav-aarai.
Dat/Loc-Relf go-Imper

라. John, surguuli hamt yav-ya
together go-Prop

(4가)에서 'ruu'는 향진격 (Dir)이고 어말의 '-na'는 현재 (Pres) 내지 미래 정동사 (Fin) 어미다. 만주 문어나 몽골 구어와 형성 방식이 같다. (4나)에는 동사 어간에 비현실상 (Irs) '(a)h'가 붙고 여기에 의문법 어미 'uu'가 붙어 의문법이 형성되었다. (4다)에서 **'-aa'**는 여격 (**Dat**) 내지 처격 (**Loc**) 어미이며 이는 재귀 소유 접미사 (**Relf**)이다. 동사 어간 **'yav-'**에 명령법 어미 **'aarai'**가 붙었다. (4라)에서는 동사 어간에 제안법 어미 **'ya'**가 붙었다. 앞의 몽골 문어와 형태는 물론, 형성 방식도 비슷하다. 할흐 몽골어에도 감탄법이 보이나 생략한다.

다음은 터키어의 문체법이다.

(5) 가. John şimdi okul-a gidiyor (<git-iyor)
now school-DAT go Pres.

나. John şimdi okul-a gidiyor (<git-iyor) mu
go-Pres Inter

다. John, şimdi okul-a git
go

라. John şimdi okul-a gidelim (<git-elim)
go-Prop (1P)

(5가)의 평술법은 동사 어간 'git'에 현재형 'iyor'이 붙었다. 형성 방식이 우리말, 일본어, 만주 · 몽

골어와 공통된다. (5나)의 의문법은 평술법에 의문 첨사 'mu'가 붙었다, 일본어, 만주어, 몽골 문어와 형성 방식이 비슷하다. 이용성 교수에 의하면 터키어를 비롯하여 튀르크 언어들에서는 의문문은 미정어가 들어 있는 것과 그렇지 않은 것으로 구분된다. 미정어가 들어 있으면 그 문장은 그대로 의문법이 된다. 미정어가 들어 있지 않으면 의문 어미 (또는 의문 첨사)를 사용하는데, 터키어의 경우에는 어간의 모음에 따라 'mı', 'mi', 'mu', 'mü'로 교체된다. 이들 의문법 어미는 다른 알타이어와는 달리 그 위치가 자유로워서 강조하고 싶은 말 다음에 붙이면 된다. (5다)는 어간이 그대로 명령법으로 사용되는데 만주어와 같다. (5라)의 제안법은 어간 'git'에 'elim'이 붙어 형성되는데 이는 물론 제1인칭 복수 (1P)로 쓰인다. 제안법은 우리말은 물론, 일본어, 만주어, 몽골어에서도 독자적인 형태가 확인된다. 터키어에도 감탄법이 확인되나 보류하기로 한다.

7.2.7.2. 존비법의 유형론

우리말과 같이 말 받는 상대방을 높이거나 낮추는 존비법, 흔히 말하는 "speech level"의 유형론을 펼쳐 보려고 한다. 문장 중의 인물을 높이거나 화자 자신을 낮추는 문제는 뒤의 "공대법"에서 다루기로 한다.

먼저 일본어를 보기로 한다. 일본어는 동사를 기준으로 할 때, 보통/낮춤 (plain) '(r)u', 높임 (polite) 'désu', 겸손 (deferential)의 세 존비법을 세우고 있다 (마틴 1964: 408).

(6) 가. John -wa ima gaQkoR-ni ik-u
John now school goes
나. John-wa ima gaQkoR-ni ik-i-masu
다. John-wa ima gaQkoR-ni mair-u

(6가)의 'u'는 낮춤의 평술법 현재형인데 우리말의 낮춤의 '-ㄴ다'에 대응된다. (5나)의 'masu'는 높임의 존비법인데 더 정중하게 표현하려면 'gozaimasu'를 붙인다. (5다)의 'mair-u'는 'iku'의 보충법인데 겸손형이다. 우리말에서는 화자가 자신을 겸손하게 표현할 때는 당대어는 높임의 존비법인 이른바 합쇼체에 '-오-'를 붙인 '하옵니다'를 썼는데 이는 1930년대의 서간문에서 더러 볼 수 있다.

자바어에는 일본어서와 같이 "ngoko, madya, krama"의 세 등급이 있다고 보고되어 있다 (Wikipedia 2015. 11. 6.).

(7) 가. Aku arep mangan.
'I want to eat'
나. *Kula ajeng nedha.*
다. ① *Kula badhé nadhi.*
② *Dalem badhé nedhi*

(7가)는 "ngoko"라 불리는데 비격식적 말씨 (informal speech)이며 (7나)는 "krama"라 불리는데

높임과 격식체 (the polite and formal style)의 가치를 띠고 있다. 한편 “Madya”는 “ngoko”와 “krama”의 중간체의 가치를 띤 것이다. 일본어와 비슷하여 보이나 정확한 대응은 어려워 보인다.

끝으로 지금까지 비교적 덜 알려진 중국 신강 지역의 카작어 (Kazakh)의 존비법 (speech level)을 보기로 한다. ‘Kazakh’은 한글로 ‘카자흐’ 등으로 표기되는 유목 민족인데 튀르크 어파에 속한다. 이곳에서는 김우진 (2006: 35)을 통하여 존비법의 실상을 보기로 한다. 카작족의 언어에는 다음 3단계의 존비법이 사용된다.

(8) 가. I형: siz-존칭소유 접미사-존칭술어접미사-ata
siz-존칭소유 접미사-존칭술어접미사-apa
나. I+형: siz-존칭소유 접미사-존칭술어접미사-aɣa
siz-존칭소유 접미사-존칭술어접미사-tæte
다. II형: sen-평칭소유 접미사-평칭술어접미사-이름

친척 관계에서 청자가 배우자이거나 동년배의 방계 친형제 자매 또는 손아래이면 낮춤 (평칭)인 II형을 사용한다. 청자가 손위이면서 화자의 부모 연배 이하이면 I형의 높임 표현이 사용된다. 청자가 화자의 부모보다 손위이면 I+형이 사용된다. 단 화자 자신의 친아버지에게는 〈siz-존칭소유 접미사-존칭술어접미사 ‘æke’〉형이, 친어머니에게는 ‘〈siz-존칭소유 접미사-šeše〉형이 사용된다. 위의 체계는 청자의 사회적 지위에 따라 일정한 문법 형태가 선택된다는 점에서 우리말, 일본어, 자바어와 같은 성격의 존비법으로 간주할 수 있을 것 같다.

지금까지는 존비법이 우리말, 일본어, 자바어에서 확인되는 것으로 알려져 왔으나 김우진 (2006)을 통하여 카작어에도 상대방과의 관계 여하에 따라 3단계의 존비법이 실현되는 사실이 밝혀졌다. 일본어, 자바어의 존비법을 독일어와 프랑스어의 2인칭 대명사 ‘Sie, vous’와 같이 전세계적으로 널리 분포되어 있다는 해석을 가하기도 하나 이는 잘못된 해석임이 이미 판명되었기 때문에 (고영근 2013가, 2018가: 217 각주 29), 여기에서는 더 이상 반복하지 않는다.

7.3. 화자 표시법과 대상 표시법[29] 〈형태통사부 2〉

7.3.1. 들어가기

중세어에는 당대에는 보기 어렵거나 볼 수 없는 특이한 문법 범주가 있다. 이는 전통적으로 아어형 (雅語形)으로 불려 왔던 ‘오’ 계열의 선행 어미류를 가리킨다. 위의 선행 어미류는 중세어가 연구 대상으로 등장한 20세기 전반부터 꾸준히 관심을 끌어 왔으나 아직도 그 본질을 둘러싸고 의견의 합치를 보지 못하고 있다. ‘오’ 계열의 선행 어미류에는 모음 ‘오’류를 필수적으로 선택하는

29) 이 부분은 고영근 (2010다: 345-359)의 내용을 본서의 문법 체계에 따라 수정 · 보완한 것임을 밝혀 둔다.

것이 있는가 하면 '오'를 수의로 선택하는 것도 있다. 이들의 음성적 실현 양상이 공통되기는 하여도 (고영근 1978/1999나: 18), 문법적 기능은 다르다.

(1) 가. X옴, X오ᄃᆡ
    나. ① X노라: Xᄂᆞ다 ② X노니: Xᄂᆞ니
    다. X논: Xᄂᆞᆫ

(1가)의 '오'는 후행하는 'ㅁ, ᄃᆡ'와 분리될 수 없기 때문에 유의적 단위가 될 수 없다. (1나)①에서는 '오'가 '노 (<ᄂᆞ오)라'와 같이 실현될 수도 있고 '-ᄂᆞ다'와 같이 빠질 수도 있다. 통합 관계의 기준을 만족시키기 때문에 형태소로 분리될 수 있다. ② 역시 ①과 같이 '오'가 실현될 수도 있고 빠질 수도 있다. (다)도 (나)와 같은 기준을 적용하면 '오'가 형태소로 분리될 수 있다. (나), (다)에 나타나는 '-오-'는 형태소 분석의 기준은 만족시키지만 한정된 환경에서만 나타나기 때문에 구성소로 보는 것이 온당해 보인다. '오'가 실현된 어형은 모두 어휘광에 실리는 것으로 보아도 그 성격의 일면을 알 수 있다.

문제는 (1나, 다)에 나타나는 '오'를 동질시할 것인가 아니면 이질시할 것인가로 돌아간다. 같은 모습의 형태소로 분리되는 이상, 두 경우의 '오'를 동질시하는 것이 사리에 맞는 처사일 것이다. 그러나 내용을 자세히 들여다보면 사정이 단순치 않다는 것을 알 수 있다.

다음 두 예를 비교하여 보기로 한다.

(2) 가. ① 내 (<**나** ㅣ) 이제 너ᄃᆞ려 니ᄅᆞ노 (<ᄂᆞ + 오)라 (월인석보 14, 49)
        ② 뫼햇 **새** 노래 브르ᄂᆞ다 (금강경삼가해 3, 14)
    나. ① 正音은 百姓 ᄀᆞᄅᆞ치시논 (<ᄂᆞ오) 正ᄒᆞᆫ 소리 (세종어제 훈민정음 1)
        ② 이 지븨 사ᄂᆞᆫ 얼우니며 아ᄒᆡ … (월인석보 21, 99)

(2가)의 두 예를 비교하면 구성소 '-오-'가 들어간 ①은 동작주이자 화자인 주격 보족어 명사구 '나'에 관련되어 있다. 이에 대하여 ②에는 '-오-'가 빠져 있는데 이에 발을 맞추어 동작주는 비화자이다. 그러나 (나)의 '-오-'는 성격이 다르다. 같은 구성소 '오'가 쓰였음에도 불구하고 통사 구조가 다르다. 피수식어 '正ᄒᆞᆫ 소리'에 대상역이 부여된다. (2나)①을 평술문으로 전개하면 다음과 같다.

(2) 나. ①' (왕) (百姓ᄃᆞᆯ그에) <u>正ᄒᆞᆫ 소리ᄅᆞᆯ</u> ᄀᆞᄅᆞ치시ᄂᆞ니라

이를 통하여 '-오-'는 주격 보족어 명사구가 (가)와는 달리 제3인칭 주격 보족어 명사구인 '새'임을 알 수 있다. 이에 대하여 (2나)②는 성격이 다르다. 평술문으로 전개하면 피수식어의 논항 '얼운'과 '아ᄒᆡ'는 다음과 같이 주격 보족어 명사구로 전개된다.

(2) 나. ②' <u>얼우니며 아ᄒᆡ</u> 이 지븨 사ᄂᆞ니라

위의 논법에 기대면 (2가)①의 평술 정동사에서 실현되는 구성소 '-오-'는 화자와 관련을 맺고 있

다는 점에서 화자 표시법[30]이라 부를 수 있고 (2나)①의 동명사에서 실현되는 구성소 '-오-'는 대상역을 받고 있으므로 대상 표시법이라 부를 수 있다[31]. 두 환경에 나타나는 구성소 '-오-'는 동음이의소 (異意素)의 핵 (§5.1, 82쪽)으로 보고 전자는 '-오-$_1$', 후자는 '-오-$_2$'라 불러 그 기능을 논의하기로 한다. 같은 모습의 '-오-'이면서 다른 통사 구성에서 실현되는 (1나)와 (1다)는 존경법의 선행 어미 '-(으)시-'와의 어울림에 큰 차이가 있다. 대상 표시법에서는, (2나)①의 'ᄀᆞᄅᆞ치시논'에서 보는 바와 같이, 존경법의 '-(으)시-'가 붙을 수 있으나 (2가)①에는 붙을 수 없다. 그것은 화자가 자기 자신을 높일 수 없다는 우리말 문법의 제약 때문이다.

구성소이든 형성소이든 한 형태소가 들어가고 빠지면 위와 같이 통사 구조에 영향을 미침으로써 핵의 범주에 들어오는 것이 있는가 하면 다음과 같이 의미만 덧붙이는 일도 있다.

(3) 가. 이 男子ㅣ 精誠이 至極ᄒᆞᆯᄊᆡ 보ᄇᆡᄅᆞᆯ 아니 앗기놋다 (<앗기ᄂᆞ옷다) (월인석보 1, 11)
나. 이 男子ㅣ 精誠이 至極ᄒᆞᆯᄊᆡ 보ᄇᆡᄅᆞᆯ 아니 앗기ᄂᆞ다

위의 예에서 '-옷-'이 들어간 (가)와 그것이 빠진 (나)를 비교하면 통사 구조에는 하등 변화가 없고 의미, 이를테면 "느낌"과 같은 의미만 추가될 뿐이다. (2)의 '-오-'의 기능이 통사론적이라면 (3)의 '-옷-'의 기능은 의미론적이다. 그러나 그 자체로 뚜렷한 문법 범주를 이루고 있기 때문에 핵의 범주에 넣을 수 있다.

그 사이 '-오-'의 문법적 의의를 둘러싸고 숱한 논쟁이 전개되었지만[32], 저자는 '-오-'의 출현 여부가 통사 구조에 영향을 미친다는 점을 고려하여 '-오-'의 기능을 검토하기로 한다.

7.3.2. 화자 표시법

정동사형과 부동사형에서 실현되는 화자 표시법 '-오-$_1$'은, 앞에서 언급한 바와 같이, 일반적으로 주격 보족어 명사구가 제1인칭 대명사 '나, 우리' 등의 화자일 때 나타난다. 다음 (4)는 선행 어미 '-오-$_1$'이 주격 대명사 명사구인 '나, 우리'에 일치하여 쓰인 것이다.

(1) 가. "내 ᄒᆞ마 命終호라" (월인석보 9, 36 상)
나. "내 이ᄅᆞᆯ 爲ᄒᆞ야 어엿비 너겨 새로 스믈 여듧 字ᄅᆞᆯ ᄆᆡᇰᄀᆞ노니" (훈민정음언해, 3)
다. "우리ᄃᆞᆯ히 毒藥ᄋᆞᆯ 그르 머구니 願ᄒᆞᆫᄃᆞᆫ 救療ᄒᆞ샤" (월인석보 17, 17)
라. "내 네 어미로니 (<∅로니) 오래 어드ᄫᅳᆫ ᄃᆡ 잇다니" (월인석보 21, 55)

30) 정재영 (1997: 619)에서는 "화자 일치소"라 부르고 있다. 이 표현에는 존경법의 '-(으)시-'도 포함될 가능성이 있어 합당한 개념 부여라고 하기 어렵다.

31) "화자 표시법"과 "대상 표시법"은 일정한 문법 범주를 전제로 한 명칭이고 "화자 표지"와 "대상 표지"는 구성소 자체를 가리킬 때 쓰는 말이다.

32) 구성소 '-오-'에 대한 연구사적 검토는 여러 차례 이루어졌다. 그 특기할 만한 것으로는 임동훈 (2005), 정재영 (1997), 석주연 (2014), 조용준 (2015)를 들 수 있다.

(1가)는 '-오-$_1$'이 부정 (不定) 정동사형에, (1나)는 '-오-$_1$'이 직설 부동사형에, (1다)는 '-오-$_1$'이 부정 부동사형에 나타난 것이다. 정동사형과 부동사형의 '-오-$_1$' 활용형에는, 앞에서 언급한 바와 같이, 존경법의 '-(으)시-'가 원칙적으로 나타나지 못한다. (1라)는 계사의 이형태 '∅'에 화자 표지 '-로-'가 붙은 것이다. (1)의 선행 어미 '-오-'는 화자, 곧 주격 보족어 명사구에 일치한다는 점에서 일치 (agreement)의 범주를 형성하고 있다. 이 경우 화자, 곧 주격 보족어 명사구는 일치 유발자 (agreement trigger, controller)라 하고 일치 유발자에 의하여 형태의 변이를 보이는 요소 '-오-$_1$'을 일치 담지자 (agreement bearer, target)라 부른다 (코르베트 2006: 4, 박진호 2015: 2).

정동사형과 부동사형의 '-오-$_1$'이 제1인칭 대명사 등 화자와 관련되는 명사구에 일치하여 나타난다는 것은 그렇지 않은 환경에서는 '-오-$_1$' 활용형이 확인되지 않는다는 사실에 의해 분명해진다.

(1) 가'. 이 ᄢᅴ 아ᄃᆞᆯ ᄃᆞᆯ히 아비 죽다 듣고 (월인석보 17, 21)
나'. "네 이제 能히 受苦ᄒᆞᄂᆞ니" (석보상절 9, 28)
다'. 난 닐웨예 어미 命終ᄒᆞ니 (월인석보 21, 198)

(1가'~다')는 (1)에 상응하는 부정 평술 정동사형, 직설 부동사형, 부정 부동사형인데 주격 보족어 명사구가 제2인칭과 제3인칭으로 되어 있다. (1가~다)와 같이 제1인칭이라면 '-오-$_1$'이 실현될 것이지만 그렇지 않으므로 '-오-$_1$'이 선택되지 않은 것이다. 앞의 '-오-$_1$' 출현형이 유표적이라면 이곳의 '-오-$_1$' 결락형은 무표적인 것이다.

(1가~다)는 '-오-$_1$'이 부정법과 직설법에서 나타나는 것이지만 회상법, 추측법은 물론, 확인법과 감동법에서도 목격된다.

(2)는 회상법과 추측법의 '-오-$_1$' 활용형이다.

(2) 가. "내 롱담ᄒᆞ다라" (석보상절 6, 24)
나. "내 이제 分明히 너ᄃᆞ려 닐오리라" (석보상절 19, 4)

(2가)의 회상법의 '-다-'는 '-더-'에 '-오-$_1$'이 화합된 것인데 제1인칭 대명사 보족어 명사구 '나'에 일치해 있다. (나)의 추측법은 의지, 의향, 욕구 등의 양태적 의미가 파악되는데 이는 추측법 '-(으)리-'가 제1인칭 대명사를 주어로 삼음에 따라 나타나는 의미인 것이다. 다른 서법 어미에서는 '-오$_1$-'이 후행하는데 추측법에서는 '-오-$_1$'이 추측법에 선행한다[33]. 회상 평술형과 추측 평술형에 나타나는 '-오-$_1$' 활용형과 제1인칭 주어 대명사의 관계는 '-오-$_1$' 활용형이 결여된 다음 예와 비교함으로써 분명해진다.

(2) 가'. "(須達) … 그딋 ᄯᆞᄅᆞᆯ 맛고져 ᄒᆞ더이다" (석보상절 6, 15)
나'. "내 願을 아니 從ᄒᆞ면 고ᄌᆞᆯ 몯 어드리라" (월인석보 1, 12)

33) 정재영 (1997: 622에서는 '-오-$_1$'이 '-(으)리-'에 선행하는 것은 역사적으로 동명사 어미 '-ㄹ'과 계사 '이-'가 통합되어 문법화한 것과 관련시키고 있다. 설득력 있는 견해로 보인다.

(2가')의 주격 보족어 명사구는 '수달'이다. (2나')는 '구이' (俱夷)가 '선혜' (善慧)에게 하는 말인데 '어드리라'의 주격 보족어 명사구는 이야기 전체를 살펴보면 제2인칭 대명사 '그ᄃᆡ'이다. 이들은 모두 비1인칭 명사구를 주격 보족어로 하고 있으므로 활용형에 '-오-$_1$'이 나타나지 않은 것이다.

추측법의 '-오-$_1$' 활용형은 다른 서법의 활용형과는 달리 주어가 제2인칭일 때 쓰이는 일이 있다.

(2) 나". ① 長者야 … 녀나ᄆᆞᆫ 飮食에 니르리 佛僧ᄭᅴ 받ᄌᆞᆸ디 몯ᄒᆞ야셔 몬져 먹디 마로리니 (월인석보 21, 111)

② 다시 모ᄃᆡ 안조ᄃᆡ 端正히 호리라 (몽산법어언해, 2장)

(2나")①은 '長者야'로 미루어 주격 보족어 명사구는 제2인칭임이 틀림없다. ②는 『몽산법어언해』에 나타나는데 문맥으로 미루면 역시 주격 보족어 명사구는 제 2인칭이다. 이런 예에서는 제2인칭 주격 보족어 명사구의 의도가 강하게 표출된다[34].

(3)은 확인법과 감동법의 선행 어미의 '-오-$_1$' 활용형이다.

(3) 가. "내 이제 훤히 즐겁과라" (법화경언해 2, 137)

나. "우리도 이 偈ᄅᆞᆯ 좃ᄌᆞ바 외오노소라" (월인석보 8, 100)

(3가)는 구성소인 확인법 '-거-'에 선행 어미 '-오-$_1$'이 붙은 것인데 (고영근 1981/1998/2011나: 46), 제1인칭 대명사 '나'에 일치해 있다. (나)는 구성소인 감동법의 선행 어미 '-옷-'에 '-오$_1$-'이 붙었는데 (고영근 2011나: 53), 역시 제1인칭 대명사 '우리'에 일치해 있다. 역시 같은 핵이다.

(3)의 통사 구조는 '-오-$_1$'이 결여된 다음과 같은 예와 비교하면 그 성격이 분명해진다.

(3) 가'. 安樂國이ᄂᆞᆫ … 시르미 더욱 깁거다 (월인석보 8, 101)

나'. 이 男子ㅣ 精誠이 至極ᄒᆞᆯᄊᆡ 보ᄇᆡᄅᆞᆯ 아니 앗기ᄂᆞᆺ다 (월인석보 1, 11)

(3가')의 주격 보족어 명사구는 두 가지다. 직접적인 것은 '시름'이고 간접적인 것은 '安樂國'인데 다 제3인칭이다. (나')는 '이 男子'가 주격 보족어 논항이니 역시 제3인칭이다. 이렇게 주격 보족어 명사구가 비1인칭일 때는 '-오-$_1$'이 빠진 '-거-, -ᄂᆞᆺ-'이 쓰인다.

위의 예는 '-오-$_1$' 활용형과 주격 보족어 대명사구가 직접 일치하는 것이지만 중세어에는 대명사가 표면에 나타나지 않는 일도 많다.

(4) 가. "네 이대 드르라 너 위ᄒᆞ야 닐오리라" (석보상절 13, 47)

나. "도ᄌᆞ기 … 날ᄃᆞ려 닐오ᄃᆡ '네 도로 머그라 아니옷 머그면 네 머리ᄅᆞᆯ 버효리라' ᄒᆞᆯᄊᆡ 두리여 머구니 怒ᄅᆞᆯ 잔치니라" (월인석보 10, 25)

---

34) 의미론적 접근법을 시도하는 문법가들 (오에 1958, 이숭녕 1960, 이홍식 1993)은 (2나")와 같은 예를 중시하고 통사론적 접근법을 시도하는 문법가는 (2나")를 예외로 처리한다 (허웅 1958/1975: 774-777, 유동석 1995: 189, 노동헌 1993). 허웅과 노동헌은 예외를 설명하는 방법으로 '마롤 + 이니', '홀 + 이라'와 같이 관형사형과 의존 명사 '이'의 구성으로 해석하여 자신들의 견해를 뒷받침하고 있다.

다. 먼 ᄀᆞᆺ 三多ㅅ 나조ᄒᆡ ᄡᅳᆫ 人生애 ᄒᆞᆫ 病ᄒᆞᆫ 모미로라 (두시언해 8, 62)

(4가)는 세존이 사리불에게 하는 말인데 '닐오리라'의 주격 보족어 명사구는 나타나 있지 않으나 '너'로 미루면 제1인칭 대명사구 '나'를 복원할 수 있다. (나)는 화색비구니 (華色比丘尼)가 석녀(釋女)들에게 집에 있을 때 겪었던 고생담을 이야기하는 구절의 일부분이다. '버효리라'의 주격 보족어 명사구는 '네'로 미루어 제1인칭 '나' (도ᄌᆞᆨ)가 생략되었으며 '머구니'의 주격 보족어 명사구는 '날ᄃᆞ려'로 미루어 역시 '나' (화색비구니)임이 틀림없다. (다)의 '모미로라'는 '몸이라'의 '-오-$_1$' 활용형이다 (고영근 2010다: 63). 주격 보족어 명사구는 시 (詩)의 작자인 두보이므로 역시 '나'가 생략되었다.

'-오-$_1$' 활용형에 일치하는 주격 보족어 명사구는 인칭 대명사 '나, 우리'인 것이 보통이지만 때로는 제3인칭으로 나타나기도 한다. 다음 (5)는 주격 보족어 명사구가 모두 제3인칭으로 되어 있으나 '-오-$_1$' 활용형으로 실현되어 있다.

(5) 가. "比丘ᄃᆞᆯ하 **如來** ᄯᅩ 이 ᄀᆞᆮᄒᆞ야 이제 爲ᄒᆞ야 큰 道師ㅣ ᄃᆞ외야 이셔 … 度ᄒᆞ얌직 ᄒᆞ니ᄅᆞᆯ 아노니" (월인석보 14, 78)

나. **누른 새**ᄂᆞᆫ 져기 ᄂᆞ로ᄆᆞᆯ 任意로 ᄒᆞ노라 (두시언해 20, 10)

다. **弟子**ᄂᆞᆫ 이 理ᄅᆞᆯ 아디 몯호니 願ᄒᆞᆫᄃᆞᆫ 和尙이 爲ᄒᆞ야 니ᄅᆞ쇼셔" (육조법보단경언해 상, 85-86)

라. "**妾**은 王ㅅ 義예 죽고 王ㅅ 즐교매 죽디 아니ᄒᆞ노이다" (내훈 2 상, 32)

(5가)는 도사가 된 부처가 비구들에게 하는 말인데 '如來'는 화자인 부처 자신을 가리킨다. (나)의 '누른 새'는 두보 자신을 가리킨다고 주 (註)에서 말하고 있으므로 화자가 주어로 되어 있는 것이다. (다)의 '弟子'는 화자를 가리킨다. (라)는 월희 (越姬)가 왕에게 하는 말인데 역시 화자 자신을 가리킨다. 이렇게 주격 보족어 명사구가 제3인칭이라고 하더라도 그것이 화자 자신을 가리키는 경우에는 '-오-$_1$' 활용형을 취한다. 평술 정동사형과 부동사형의 '-오-$_1$' 활용형을 흔히 1인칭법이라고 말하나 (허웅 (1958/1963: 124-197, 1975: 732-807), 주격 보족어 명사구가 제3인칭인 경우를 포괄하려면 화자 표시법이라고 하는 것이 나아 보인다. 이 절의 제목에 "인칭법"이란 용어 대신에 화자 표시법이란 말을 붙인 것이 위와 같은 사정을 고려하였기 때문이다.

'-오-$_1$' 활용형은 중주어 문장에서도 확인된다.

(6) 가. "내 지븨 이실 쩌긔 (나) 受苦호미 이러호니" (월인석보 10, 26)

나. "내 지븨 이싫 저긔 (나) 受苦ㅣ 만타라" (월인석보 10, 23)

(6)을 보면 '-오-$_1$' 활용형의 직접적 주격 보족어 명사구는 소주어 ( )가 아니고 숨어 있는 대주어 '나'라는 사실을 말해 준다. 그러나 소주어에 따라 활용하는 일도 있다. 다음의 예를 (6)과 비교하면 그런 점이 분명해진다.

(6') "우리ᄃᆞᆯ히 지븨 이싫 저긔 (우리ᄃᆞᆯㅎ) 受苦ㅣ 하더이다" (월인석보 10, 23)

'-오-$_1$' 활용형은 다음과 같이 화자를 포함한 복수적 명사구가 주격으로 나타날 경우에도 쓰인다.

(7) 가. 우리 어ᅀᅵ아ᄃᆞ리 … 주구믈 기드리노니 … (석보상절 6, 5)
나. 우리와 天人이 … 다 머리 좃ᄉᆞ와 無上尊ᄭᅴ 歸命ᄒᆞᅀᆞᆸ노이다" (법화경언해 3, 100)
다. 믄드시 서르 맛:보니 (두시언해 권23, 23장)

(7가)의 주격 보족어 명사구는 대명사 '우리'와 명사 '어ᅀᅵ아ᄃᆞᆯ'이 동격으로 나열되어 있다. (나)의 주격 보족어 명사구에는 화자 '우리'와 '天人'이 합동으로 되어 있다. (다)의 '맛 : 보니'는 '-오-$_1$'이 상성으로 실현된 것인데 동작주는 화자와 비화자의 합동이다.

'-오-$_1$' 활용형이 그렇지 않은 활용형과 대립하여 주격 보족어 명사구가 화자임을 표시하는 어미는 평술형 어미 '-다'와 접속의 부동사 어미 '-(으)니'이다. 그런데 다른 부동사형에서도 '-오-$_1$'이 쓰이는 일이 있다.

(8) 가. "내 비록 度티 몯호나 …" (능엄경언해 6, 82)
나. "내 菩薩이 … 부텻 道理 求ᄒᆞ논 야ᇰᄋᆞᆯ:본ᄃᆡᆫ" (석보상절 13, 19)

(8가)의 '-오나'는 종속적 부동사형인데[35], 주격 보족어 명사구 '나'와 일치하여 있다. (나)의 ':본ᄃᆡᆫ'은 동작 동사 '보-'에 종속적 부동사 어미 '-온ᄃᆡᆫ'이 붙음으로써 상성으로 바뀐 것인데 주격 보족어 명사구 '나'와 일치하여 있다.

'-오-$_1$' 활용형은 의문형에 쓰이는 일도 있다 (허웅 1975: 784-786).

(9) 가. "부텨 니ᄅᆞ시논 解脫을 우리도 得ᄒᆞ야 涅槃애 다ᄃᆞ론가 ᄒᆞ다소니" (석보상절 3, 43장)
나. <언제 새어든 부텨를 가 보ᅀᆞ보려뇨> (석보상절 6, 19)
다. 현마 七寶로 ᄭᅮ며도 됴타 호리잇가 (월인천강지곡기 121)

(9가)의 '-오-$_1$' 활용형은 주격 보족어 명사구 '우리'가 나타나 있어 주어가 화자임을 쉽게 알 수 있다. (나)는 수달 (須達)의 독백이므로 주어는 화자임에 틀림없다[36]. (다)는 부처의 말이 직접 인용된 것이니 주격 보족어 명사구는 역시 화자이다. 이런 경우는 '-오-$_1$'이 나타나지 않는 활용형과 대립을 이루기는 하나 그 예가 많지 않다. 다음 예도 같은 테두리에 들어온다.

(10) 世尊ㅅ 일 ᄉᆞᆯᄫᅩ리니 萬里外ㅅ 일이시나 눈에 보논가 너기ᅀᆞᄫᆞ쇼셔 (월인천강지곡기 1)[37]

---

35) 고영근 (2010다: 351)에서는 '-나'를 학교 문법의 체계에 따라 대등적인 것으로 간주하였으나 이곳에서는 종속적인 것으로 처리하는 바이다.

36) 이 예는 '보ᅀᆞᄫᆞ려뇨'의 오각 (誤刻)일 가능성도 있다.

37) 허웅 · 이강로 (1999: 2)에서는 월인천강지곡의 작자가 청자의 처지에서 말하는 직접 인용문으로 해석하고 있다.

그러나 다음의 예는 사정이 다르다.

(11) "主人이 므슴 차바ᄂᆞᆯ 손소 ᄃᆞᆫ녀 ᄆᆡᇰᄀᆞ노닛가" (석보상절 6, 13)

(11)은 수달이 호미 (護彌)에게 하는 말인데 주격 보족어 명사구 '主人'은 제2인칭에 대응되어 있다. 앞의 예들과는 달리 화자와 관련된 해석이 적용되지 않는다[38].

정동사형과 부동사형에서 나타나는 구성소로의 선행 어미 '-오-$_1$'은 주격 보족어 명사구가 제2인칭일 때 쓰이는 일이 없지 않으나 이런 경우는 매우 드물다. 주격 보족어 명사구가 화자일 때 쓰이는 것이 보편적이다. 그러나 여기에도 약간의 예외가 있다.

(12) 가. 내 네 아비 ᄀᆞᆮᄒᆞ니 ᄂᆞ외야 시름 말라 (월인석보 3, 23)
cf. 우리ᄂᆞᆫ 다 부텻 아ᄃᆞᆯ ᄀᆞᆮ호니 (월인석보 13, 32)
나. 妾은 드로니 君臣이 서르 保全호ᄆᆞᆫ 어렵다 호니 (내훈 2 하, 41)

(12가)는 주격 보족어 명사구가 제1인칭이므로 'ᄀᆞᆮ호니'가 되어야 옳다. 같은 책에 바로 쓰인 예가 나온다. (나)의 '호니'는 'ᄒᆞ니'로 되어야 옳은데 '호니'로 되어 있다.

화자 표시법의 '-오-$_1$'은 간접 인용 구문에서도 실현된다.

(13) 제 올호라 ᄒᆞ고 ᄂᆞᄆᆞᆯ 외다 ᄒᆞ야 (석보상절 9, 14)

(13)은 현대어로 옮기면 '제가 옳다고 하고 남을 그르다고 하여'와 같이 된다는 점과 관련시키면 간접 인용 구문이라고 할 수 있으나 상담적 세계에 나타나는 '-오-$_1$' 활용형이 서사적 세계에 나타났다는 것은 간접 인용 구문에 직접 인용 구문의 요소가 스며든 것이라고 해석할 수 있다. 이에 대하여는 다음과 같이 1인칭 주어 논항 '나'를 보충하기도 한다 (허웅 1975: 768-770).

(13') 제 (나) 올호라 (옳오라) ᄒᆞ고 ᄂᆞᄆᆞᆯ 외다 ᄒᆞ야

이는 현대의 소설론에서 제기되는 자유 간접화법이다. 자유 간접화법은 '올호라'의 '-오-'와 같이 상담적 세계, 곧 직접 인용 구문에 나타나는 문법적 요소가 스며든 구성을 가리킨다[39].

38) 이 예 역시 'ᄆᆡᇰᄀᆞᄂᆞ닛가'의 오각일 가능성이 많다.

39) 간접 인용 구문에 나타나는 선행 어미 '-오-'를 시점 옮기기와 관련하여 해석한 것은 석주연 (2002, 2004)에서 볼 수 있다. 이곳에서는 '-ᄋᆞ-'가 사용된 것을 시점이 불완전하게 전이되었다고 보고 있으나 이는 바로 불완전한 전이가 자유 간접화법을 이루는 것이다. 시점과 자유 간접화법에 관련 논의는 고영근 (2008가, 2011나: 312-313) 참조.

7.3.3. 대상 표시법

'-오-$_1$'에 이어 '-오-$_2$'의 기능을 검토해 보기로 한다. 앞에서 언급한 바와 같이, 동명사 구성에 나타나는 '-오-$_2$'는 존경의 선행 어미와 결합될 수 있다는 점에서 정동사형과 부동사형에 나타나는 '-오-$_1$'와 문법 범주를 달리한다고 생각한다[40].

(1) 부톄 道場애 안ᄌᆞ샤 得ᄒᆞ샨 妙法을 닐오려 ᄒᆞ시ᄂᆞᆫ가 (석보상절 13, 25)

(1)의 '得ᄒᆞ샨'의 '-샨'은 존경의 '-시-'와 '-오-$_2$'가 결합된 것이다. 앞의 화자 표시법에서는 '-시-'가 '-오-$_1$'와 결합되지 못하였는데 대상 표시법에서는 결합될 수 있다. 또 동명사형의 '-오-' 활용형은 제1인칭은 물론, 제2 · 3인칭도 주격 보족어로 등장될 수 있다는 점에서 정동사의 평술형과 부동사형에 나타나는 '-오-$_1$' 활용형과 성격이 다르다.

(2) 가. "내 이제 得혼 버술 이ᄅᆞᆯ 힘뻐 求ᄒᆞ야ᅀᅡ ᄒᆞ리로다" (월인석보 10, 14)
   나. "너희ᄃᆞᆯ히 生死ᄋᆡ ᄆᆡᆼᄀᆞ론 座애 올아 앉거늘 (석보상절 6, 30)
   다. 舍利佛이 須達ᄋᆡ ᄆᆡᆼᄀᆞ론 座애 올아 앉거늘 (석보상절 6, 30)

(2가)의 '내'는 제1인칭 대명사 '나'의 속격형인데 동명사형 '得혼'의 의미상의 주어가 되어 있다. (나)에서는 제2인칭 대명사 '너희ᄃᆞᇂ'이 주격 보족어로 나와 있고 (다)에서는 속격 어미를 취한 '수달'이 의미상의 주어가 되어 있다[41].

'ㄴ' 동명사형은 보수적인 평술 정동사형 어미 '-니라'에서 형성된 것이다 (고영근 1982/2004가: 193-203, 2010다: 155). 피수식 명사는 동명사형에 대하여 주어도 될 수 있고 목적어나 한정어도 될 수 있다. 동명사형을 정동사의 평술형으로 전개할 때 피수식 명사가 목적어나 한정어의 기능을 띠면 선어말 어미 '-오-$_2$'가 나타난다.

(3)은 피수식 명사가 동명사형의 목적어가 되는 것이다.

(3) 가. 須達ᄋᆡ 지ᅀᅮᆫ 亭舍마다 드르시며 (석보상절 6, 38)
   나. "얻논 藥이 므스것고" (월인석보 21, 215)
   다. "나랏 衆生ᄋᆡ 니불 오시 ᄆᆞᅀᆞ매 머거든" (월인석보 8, 65)

(3가)의 '지ᅀᅮᆫ'은 부정 관형사형인데 '須達이 亭舍ᄅᆞᆯ 지ᅀᅳ니라'로 전개되고 (나)의 '얻논'은 직설 관

40) 전정례 (1995), 양정호 (2003)에서는 'ㄴ, ㄹ' 동명사형에 나타나는 '-오-'뿐만 아니라 'ㅁ' 동명사형에 나타나는 '오'를 모두 동일한 형태소로 파악하여 그 기능을 명사구 내포문의 표지로 보았다. 전정례는 부동사형 어미 '-오ᄃᆡ'를 '-옴'과 같이 명사적 기능으로 볼 수 있는 가능성을 제시하였다. 양정호는 주어와 목적어를 제외한 나머지 성분을 보어로 보는 관점에 서서 '-오-' 사용의 규칙화를 시도하였으나 부동사형 어미 '-오ᄃᆡ'를 제외하고 있다 (차현실 1981) (뒤에 나옴).

41) 동명사형에 나타나는 '-오-'의 기능에 대한 통사론적 해석은 유동석 (1995: 190-191)에서 합리적으로 시도되어 있다.

형사형인데 '藥ᄋᆞᆯ 얻ᄂᆞ니라'로 전개된다. (다)의 '니불' (<*니부린)은 추측 관형사형인데 '衆生이 오ᄉᆞᆯ 니브리니라'로 전개된다[42]. (3)의 '-오-$_2$' 활용형은 '-오-'가 나타나지 않은 동명사형과 비교하면 그 통사적 특징이 분명하게 드러난다. 피수식어가 목적어가 되는 (3)과 같은 현상에 근거하여 대상 표시법이라 부르기로 한다. "대상"이라는 수식어를 붙인 것은 그 의미역이 대상이기 때문이다[43].

다음 예는 피수식 명사가 주어로 쓰인 것이다.

(3) 가'. 이 觀 지ᅀᅳᆫ 사ᄅᆞ믄 … (월인석보 8, 32)
　　나'. 머리 갓ᄂᆞᆫ 사ᄅᆞᄆᆞᆯ … (월인석보 7, 8)
　　다'. ᄒᆞ마 命終ᄒᆞᇙ 사ᄅᆞᄆᆞᆯ … (월인석보 21, 125)

(3가')의 '지ᅀᅳᆫ'은 (3가)와 같은 부정 관형사형인데 '엇던 사ᄅᆞ미 이 觀ᄋᆞᆯ 지ᅀᅳ니라'로 전개된다. (3나')의 '갓ᄂᆞᆫ'은 (3나)와 같은 직설 관형사형인데 '엇던 사ᄅᆞ미 머리ᄅᆞᆯ 갓ᄂᆞ니라'로 전개된다. 그리고 (다')의 '~ᄒᆞᇙ' (<*ᄒᆞ린)은 '*엇던 사ᄅᆞ미 命終ᄒᆞ리니라'로 전개된다. 이러한 구성에서는 원칙적으로 '-오-$_2$'가 나타나지 않는다. 곧 피수식어의 의미역이 동작주일 때에는 동명사형에 아무런 변화가 없다. 앞의 '-오-$_2$' 출현형이 유표적이라면 '-오-$_2$' 결락형은 무표적이라 할 수 있다.

피수식 명사가 분명히 목적어임에도 불구하고 '-오-$_2$'가 생략되는 일이 있다.

(4) 閻浮提ㅅ 內예 ᄆᆡᆼᄀᆞᅀᆞᄫᆞᆫ 부텻 像 (월인석보 21, 192-193)

위의 예를 서술성 구문으로 전개하면 "閻浮提ㅅ 內예 부텻 像ᄋᆞᆯ ᄆᆡᆼᄀᆞᅀᆞᄫᆞ니라"와 같다. 목적어 명사구가 '부텻 像'인 이상, 명사구로 응축하면 'ᄆᆡᆼᄀᆞᅀᆞᄫᅩᆫ'이 되어야 한 것인데 '-오-$_2$'가 생략된 'ᄆᆡᆼᄀᆞᅀᆞᄫᆞᆫ'으로 실현되었다. '부텻 像'에 대하여 화자 자신을 낮추는 겸손법 '-ᅀᆞᆸ-'이 이미 나타나 있기 때문에 잉여적이 되어 생략된 것으로 볼 수 있다.

의존 명사를 꾸며 주는 동명사형도 같이 해석된다.

(5) 가. 神力으로 ᄆᆡᆼᄀᆞᄅᆞ샨 거시 … (월인석보 18, 31)
　　나. 아노닌(아논 이ㄴ) 내 兄의 子息이오 (내훈 3, 52)
　　다. 니르고져 ᄒᆞᇙ배 이셔도 (훈민정음언해, 2)

의존 명사 가운데서 '것, 바'는 사물을 대용하고 '이'는 사람을 대용하는 일이 많다. 이렇게 본다면 (5가)의 '것', (나)의 '이', (다)의 '바'는 피수식 명사로서 이를 꾸미는 동명사형의 목적어가 된다. (가)는 '엇던 거슬 ᄆᆡᆼᄀᆞᄅᆞ시니라', (나)는 '엇던 이ᄅᆞᆯ 아ᄂᆞ니라', (다)는 '엇던 ᄉᆡᇰ각 (/바) ᄋᆞᆯ 니르고져 ᄒᆞ리니라'로 전개된다. 의존 명사의 '-오-$_2$' 동명사형도 자립 명사의 그것에 준하는 기능을 표시

---

42) 전개된 문장의 한 성분이 동명사절을 이룰 때 피수식어가 되는 현상을 "빠져 나간 매김마디"라 부르기도 하고 (허웅 2005: 108-114), 이를 이현희 (1994ㄴ: 96)에서는 "잉여성의 원리"로 설명하기도 한다.

43) 나카지마 (2002)에서는 '-오-'의 기능을 'actual한 장면에 있어서 피수식어가 수식부가 나타내는 동작의 (넓은 의미의) 대상을 나타내는 것'이라는 견해를 제안하여 대상법의 정당함을 다각도로 논증하여 보이고 있다.

한다.

(5)에 나타나는 '-오-$_2$'의 기능은 '-오-$_2$'가 나타나지 않는 다음 예와 비교하면 그 성격이 분명해진다.

(5) 가'. ᄒᆞᆫ ᄯᅡ해 난 거시며 (법화경언해 3, 13)
나'. 善 아니 行ᄒᆞᄂᆞ니와 (行ᄒᆞᄂᆞᆫ 이와) 모딘 일 行ᄒᆞᄂᆞ니와 (월인석보 21, 59-60)

(5가', 나')는 피수식 의존 명사가 동명사형에 대하여 주어가 되며 의미역으로는 대상 내지 동작주이다. (가)는 '엇던 거시 ᄒᆞᆫ ᄯᅡ해 나니라', (나)는 '엇던 이 善 아니 行ᄒᆞᄂᆞ니라'로 전개된다.

'-오-$_2$' 동명사형은 계사에서도 나타난다.

(6) 가. 내 겨지비론 (겨집이론) 젼ᄎᆞ로 (월인석보 10, 18)
나. 道理 ᄒᆞᆫ 가지론 고ᄃᆞᆯ 니르시니라 (석보상절 13, 50)
다. 부텨 부텨샨 고디 (능엄경언해 3, 111)

(6가)의 '젼ᄎᆞ'는 자립 명사이기는 하나 의존 명사로 쓰이는 일이 많다. (나, 다)의 '곧'은 의존 명사이다. 계사가 이런 명사 앞에 쓰이면 '-오-$_2$'가 실현된다. 그러나 피한정 명사가 자립 명사이면 '-오-$_2$'가 나타나지 않는다.

(6') 聖王ᄋᆞᆫ 聖人이신 王이시니 (월인석보 1, 19)

(6)의 피수식 명사는 보문 명사이고 (6')의 그것은 관계 명사로서 주어의 자리에 놓여 있다.

'-오-$_2$' 동명사형은 피수식어가 한정어일 때도 나타난다.

(7) 가. 그림 그륜 ᄇᆞᄅᆞᄆᆞᆯ … (두시언해 6, 34)
나. 옷 ᄲᆞ론 므를 먹고 (석보상절 11, 25)

(6가)는 'ᄇᆞᄅᆞ매 그리ᄆᆞᆯ 그리니라'로, (6나)는 '믈로 오ᄉᆞᆯ ᄲᆞ니라'로 전개되는데 피수식 명사는 처소역과 도구역이 부과된다.

한편 피수식 명사에 따라서는 '-오$_2$-'를 요구하지 않는 일도 있다.

(7) 가'. ᄣᅵ 무든 옷 (석보상절 6, 27)
나'. 辯說ᄒᆞ시ᄂᆞᆫ 神力 (월인석보 18, 4)

(7가')는 '오새 ᄣᅵ 무드니라'로, (7나')는 '神力으로 辯說ᄒᆞ시니라'로 전개되어 역시 처소역 및 도구역이 부여되지마는 '-오-$_2$'가 쓰이지 않았다.

피수식 명사가 한정어일 때는 같은 명사라 하더라도 '-오-$_2$'가 쓰이기도 하고 안 쓰이기도 한다.

(8) 가. 부텨 가시논 ᄯᅡ히 (월인석보 1, 1)/부텻 오래 敎化ᄒᆞ시논 ᄯᅡ (월인석보 17, 18)
나. 住혼 ᄃᆡ (법화경언해 3, 139)/사ᄂᆞᆫ ᄃᆡ (월인석보 1, 34)

(8가)의 'ᄣᅡᇂ'는 자립 명사로서 처소 한정어로 쓰인 것이고 (8나)의 'ᄃᆡ'는 의존 명사로서 역시 처소 한정어가 되어 있다. 그럼에도 불구하고 '-오-$_2$'가 나타나기도 하고 안 나타나기도 한다. 구어라면 발화 실수로 돌릴 수 있고 문어하면 적기 실수로 돌릴 수 있다.

피수식 명사 가운데는 일정한 문장 성분으로 돌이킬 수 없는 보문 명사가 있다. 보문 명사를 피수식 명사로 하는 보문 동명사형에도 '-오-$_2$'가 나타난다.

(9) 가. 本來 求ᄒᆞ논 ᄆᆞᅀᆞᆷ 업다이다 (월인석보 13, 36)/큰 法 즐기ᄂᆞᆫ ᄆᆞᅀᆞ미 잇던댄 (월인석보 13, 35)

나. 믄득 화 ᄒᆞ논 ᄒᆞᆫ 소리예 (몽산법어언해, 18)/우는 소리 (석보상절 19, 14)

다. ᄇᆞᆯ고ᄆᆞᆯ 나토려 ᄒᆞ시논 젼ᄎᆞ로 (능엄경언해 1, 79)/千聖이 다 녀시ᄂᆞᆫ 젼ᄎᆞ로 (능엄경언해 1, 50)

라. 受苦 여희논 주를 (월인석보 8, 55)/므릐 ᄆᆞᆯᄀᆞᆫ 주를 보아 (월인석보 8, 6)

(9가, 나)의 'ᄆᆞᅀᆞᆷ, 소리'는 자립 명사로서 '-오-$_2$'를 취하기도 하고 안 취하기도 한다. 이런 보문 자립 명사에는 이 밖에 '일, ᄠᅳᆮ, 힘'이 있다. (9다)의 '젼ᄎᆞ'는 의존 명사의 성격이 강한 보문 자립 명사로서 계사의 수식을 받으면 '-오-$_2$'가 선택됨을 보았는데 이 명사는 '-오-$_2$'를 취하기도 하고 안 취하기도 한다. (라)의 '줄'은 보문 의존 명사인데 역시 '-오-$_2$'의 선택이 불규칙하다. 이런 의존 명사에는 '닷, 줄, 양, 그에, ᄃᆞᆺ, 다ᄫᅵ, 조초'와 'ᄃᆞ'가 있다. 'ᄃᆞ'는 주격, 대격과 계사로 쓰이는 보편성 의존 명사인데 주격과 계사는 거의 '-오-$_2$'를 취하고 대격은 취하고 안 취하는 빈도가 비슷하게 나타난다.

(9) 다'. ① 衆生이 눈 머론 ᄃᆡ 긴 바ᄆᆡ 잇ᄃᆞᆺ ᄒᆞ니 (법화경언해 1, 170)〈주격〉

② 다ᄃᆞ디 몯혼 ᄃᆞᆯ (월인석보 14, 22)/나ᄒᆞ신 ᄃᆞᆯ 아ᄅᆞ시고 (석보상절 11, 32)〈대격〉

③ 行ᄋᆞᆯ 廢ᄒᆞ시논 ᄃᆡ 아니라 (월인석보 권17, 42장)〈주격〉

④ 첫소리ᄅᆞᆯ 어울워 ᄡᅳᇙ ᄃᆡ면 ᄀᆞᆯᄫᅡ 쓰라 (훈민정음언해, 12장)/十方無量諸佛을 보ᅀᆞᄫᆞᆫ ᄃᆡ니 (월인석보 권8, 33장)〈계사〉

'-오-$_2$' 동명사형은 피수식 명사가 관계 명사와 보문 명사일 때 쓰인다. 관계 명사라도 그것이 대격과 주격 보족어의 자리에 놓일 때만 '-오-$_2$'의 사용 여부를 결정할 수 있고[44], 한정어일 때는 쓰임이 불규칙하다. 이러한 불규칙성은 피수식 명사가 보문 명사일 때도 나타난다. 불규칙한 경우란 예외가 있을 수 없으므로 피수식 명사가 목적어와 주어로 실현될 때에만 규칙이 논의되어야 한다.

(10)은 대상 표시법이 실현되어야 할 자리에 그것이 안 나타나거나 반대의 경우를 보인 것이다.

(10) 가. 그 ᄢᅴ 敎化ᄒᆞᆫ … 衆生ᄋᆞᆫ (월인석보 14, 56-57)

---

44) 이런 점을 중시하여 허웅 (1958/1975: 810)에서는 '-오-$_2$' 관형사형을 대상 활용 또는 대상법이라 말한다. 노동헌 (1993)은 허웅 (1958)과 고영근 (1987/2010: 15장)을 바탕으로 발전시킨 것이다.

cf. 菩薩 마다 教化혼 … 衆生이 (같은 책, 48)

나. 弟子ᄋᆡ 나혼 어미ᄂᆞᆫ (월인석보 23, 96) cf. 이 몸 나ᄒᆞᆫ 어미 (같은 책, 93)

(10가)의 '教化ᄒᆞᆫ'은 피수식 명사가 목적어가 되므로 (3)에서 확인한 규칙에 따른다면 '~혼'이 되어야 옳다. 실제로 같은 책에는, 오른쪽에 보인 바와 같이, '~혼'이 쓰인 예가 나온다. (나)의 '나혼'은 피수식 명사가 주격 보족어 명사구이므로 '나ᄒᆞᆫ'이 되어야 옳다. 실제로 같은 책에 '나ᄒᆞᆫ'이 쓰여 있다. 후자보다 전자의 경우에 예외가 훨씬 많다. 이는 15세기에 이미 피수식어를 목적어로 하는 '-오-$_2$' 동명사형이 거의 무너지는 단계에 있었음을 의미한다 (뒤에 나옴).

7.3.4. 고대어의 화자 표시법과 대상 표시법, 그리고 그 변화

중세어에 넓게 분포되어 있었던 화자 표시법과 대상 표시법이 고대어에 어느 정도의 크기로 존재하여 있었던가 하는 문제를 풀어 보기로 한다. 먼저 화자 표시법부터 보기로 한다 (정재영 1997, 박진호 1998, 2015).

(1) 가. 祈以白屋尸<u>置內乎多</u> (도천수관음가 4)

나. 花肹折叱可<u>獻乎理音如</u> (헌화가 4)

(1가)의 '置內乎多'가 '두ᄂᆞ오다'를 표기한 것이 정확하다면 '內乎'는 직설법 '-ᄂᆞ'와 화자 표지의 '오'를 표기한 것으로 볼 수 있다. 중세어에는 '노'로 나타나는데 향가에서는 분리 표기되어 있다. (1나)의 '獻乎理音如'가 '(고ᄌᆞᆯ 것거) 바도림다'로 해독하는 것이 정확하다면 (김완진 1980: 70), '乎'는 수로부인에게 꽃을 바치는 노인의 말 가운데 나타난 것이므로 중세어의 화자 표지의 '-오-'의 소급형이라고 말할 수 있다. 이밖에도 의문법에서 화자 표시법을 드는 일이 있으나 쉽게 단정할 수 없어 보인다. 고려 시대의 이두에는 화자 표지가 나타나는 자료가 아직 발견되지 않고 있다

다음으로는 고려 시대의 석독 구결의 사정을 살펴보기로 한다. 석독 구결에는 화자 표지가 발견되지 않는다고 하나 다음과 같은 예는 중세어의 화자 표시법 '-오'와 관련된 것으로 보기도 한다 (박진호 1998가: 175).

(2) 吾ㄱ 今ソㄱ 先ろ 諸ㄱ 菩薩{爲}氵ホ 佛果乙 護ノ令七 因緣： 十地七 行乙 護ノ令七 因緣：ノ乙 <u>說白ㄋホ七丨</u> (니르숣옶다) (구역인왕경 상 3, 18-19)

위의 '說白ㄋホ七丨'는 '니르숣옶다'로 해독하는 것이 맞다면 'ㄋ'는 중세어의 화자 표지 '-오-'와 유관해 보인다. (1나)의 '獻乎理音如'와 같은 성격의 화자 표시법이라고 할 수 있다.

화자 표시법과는 달리 대상 표시법은 널리 반포되어 있다.

(3) 가. 二者諸佛如來尸<u>說白ノㄱ</u> (니ᄅᆞ ᄉᆞᆯ본) **甚深法**乙心ろ十常刂樂ノ聞白ノ尸ム無有[七

ㄅ]猒足ノ尸 (금광3, 03:25-04:01)

나. 汝ㄋ 解ソㅅㄱ (解ᄒᆞ논), 所ㄋ {如}ㅣソナㅣㄋ (구역인왕경 상 23)

다. 佛ㄱ 卽ㄋ 時リ去ㄋㄱㅅㄴ (쁴이거온ᄃᆞᆯ) 知ニㄅ (구역인왕경 상11, 23)

라. 䜾以支白屋尸 (빌ᄉᆞᆲ옳) 置內乎多 (도천수관음가 4)

(3가)는 피수식어 '甚深法'이 대상역을 받는 대격 보족어 명사구라는 점에서 중세어의 대상법의 (3) (§7.3.3, 456쪽)과 일치하는 예이다. (3나) 역시 대상법의 예인데 중세어의 대상법의 (5다)와 일치하는 예이다. (3다)는 보문 명사 'ㅅㄴ' (ᄃᆞᆯ)을 수식하여 준다는 점에서 중세어의 (6)과 일치하는 예이다. (라)는 중세어의 'ㄹ' 동명사의 자립적 용법 (고영근 2010다: 227)에 일치하는 예인데 의존 명사 '所'를 보충하면 이 역시 (나)와 같이 대상법으로 처리할 수 있다. 향가와 석독 구결 등의 고대어 자료에 나타나는 동명사의 선행 어미 'ノ' (오) 등은 중세어와 강한 연속선 위에 놓였다는 있다는 것을 확인할 수 있다.

앞 (§7.3.3.각주40, 456쪽)에서 저자는 전정례 (1995)에서 중세어의 부동사 어미 '-오ᄃᆡ'가 명사적 성격을 띠었음을 지적하였다고 하였는데 16세기 자료인『번역노걸대』,『번역소학』과『노걸대언해』와『소학언해』를 비교하여 보면 부동사 '-오ᄃᆡ' 구성이 동명사 '-옴' 구성으로 대체되어 양자의 공통성을 확인할 수 있는 자료가 많이 나온다. 실제로 고대어 자료에서는 '오' 다음에 'ㄴ, ㄹ'이 붙어 부동사의 기능을 띠는 예가 많이 보인다. 고려 시대의 이두에 나타나는 '乎矣'는 '온ᄃᆡ'로 해독되는데 (정재영 1997: 609), 이런 예가 바로 중세의 부동사 어미의 전대형과 관계를 맺을 수 있다. 실제로 석독 구결에는 중세어의 부동사 '-오ᄃᆡ'와 관련 지을 수 있는 'ㅎㄱ厶, ㅎ尸厶'가 많이 보인다 (전정례 2000).

(4) 가. 般若リ 空ノㄱ厶 {於}無明乙 從七 乃ㄋ 薩婆若ㄋ十 至リソナㅣ (구역인왕경 상 15: 15-16)

나. 三者 大慈大悲… 入出ノ尸厶 自在ㅎソㄅ (금광명경 3, 7-8)

(4가)는 '空혼ᄃᆡ'로 읽혀지는데 중세어의 부동사 '호ᄃᆡ'와 통사의미상으로 일치한다. (4나)는 '入出홀ᄃᆡ'로 읽혀지는데 역시 중세어의 '호ᄃᆡ'와 일치한다. 위의 구성은 통사론적 구성이다. 동명사 어미 '-ㄱ, -尸'에 의존 명사 '厶'가 붙었기 때문이다. 그런데 순독 구결 자료인 14세기의『범망경보살계』에는 '-ㅎ厶'가 보인다. 그렇다면 동명사 어미 '-ㄱ, -尸'이 탈락하여 형태론적 구성으로 바뀐 시기는 10세기 중엽으로부터 13세기 중엽에 나온 것으로 짐작되는 석독 구결시대 (남풍현 2014가: 152)와 14·15세기 초 사이라고 단정할 수 있다. 어떠한 음성적 조건 아래 '-ㄱ, -尸'이 탈락하였는가를 밝히는 문제가 해결되어야 설득력을 가질 수 있다[45].

앞에서 우리는 '-ㄴ, -ㄹ' 동명사 구성에 나타나는 '-오-$_2$'는 '-오-$_1$'과는 달리 그 사용이 매우 불규

---

45) 실제로 정재영 (1997: 605-606 각주 9)에서는 중세어의 부동사 '-오ᄃᆡ'에 대응하는 것이 석독 구결에 나타나는 'ㅎㄱ厶, ㅎ尸厶' 구성이라고 말하고 'ᄃᆞ' 명사구 보문 구성의 통합체가 문법화할 때와는 달리 'ㄱ (ㄴ), 尸 (ㄹ)'이 없어지는 것이 특이하다고 하였다.

칙하여 피수식어가 대상역을 부여받을 때만 어느 정도 규칙화가 가능하여 대상법이라는 범주를 세웠다고 하였다. 그러면 '-오-$_1$, -오-$_2$' 가 어떠한 과정을 밟아 소멸하여 당대어에서 자취를 감추는 가를 추적하여 보기로 한다.

저자는 고영근 (1978/1999나: 18)에서 '오' 계열의 어미에 대하여 그것이 형태소로 분리되건 그렇지 않건 간에 음운론적 현현 (顯現) 양상이 같으면 설사 공통된 의미를 부여할 수 없어도 형태소의 자격을 줄 수 있다는 소견을 밝힌 일이 있다. 두 형태소 '-오-'의 변화 양상을 구명함에 있어 '오'계 어미 전반을 함께 다루기로 한다. '오'계 어미는 제1단계와 제2단계에 걸쳐 소멸하였다 (정재영 1997: 629-640).

먼저 제1단계의 소멸 과정을 보기로 한다. 16세기에 간행된 자료를 보면 '오'계 어미는 먼저 동명사 어미 '-옴'에서 그 변화의 싹을 발견할 수 있다. 16세기 초의『번역소학』과 16세기 말의『소학언해』를 비교하여 보면 변화의 양상을 확인할 수 있다. 동명사형 어미 앞에 나타나는 '-오$_2$-'는 이미 15세기부터 혼란의 소용돌이 속에 싸여 있음을 보았는데 앞의 두 문헌의 대조를 통하여 그것을 분명하게 확인할 수 있다. 이를 '오'계 어미의 제1단계 소멸이라 부르기로 한다.

(5) 죽음애 니르러도 오직 네 ᄀᆞᆮᄂᆞ니라 (소학언해 5, 3)
　　비교: 주구메 니르러도 ᄒᆞᆫ 가지라 (번역소학 6, 3)[원문 생략]
(6) 가. 묻으며 홍정ᄒᆞᄂᆞᆫ 희롱이 … (소학언해 5, 9)
　　　비교: 무드며 홍정ᄒᆞ논 노ᄅᆞ시 … (번역소학 6, 10)[원문 생략]
　　나. 입에 ᄀᆞᆯ힐 말이 업스며 (소학언해 5, 13)
　　　비교: 이베 ᄀᆞᆯᄒᆡ욜 마리 업스며 (번역소학 6,13)

(5)는 같은 원문을 번역한 오른쪽의『번역소학』과 비교한 것인데『소학언해』시대에 와서는 '-옴' 동명사형의 모음 '오'가 소멸하였음을, (6)은 동명사형 어미 '-ㄴ (가), -ㄹ (나)'에 나타나는 '-오-$_2$'가 역시『소학언해』시대에 와서는 소멸하였음을 보여 주고 있다. (6)과 같은 예는 15세기에는 큰 혼란 없이 대상법을 표시하였었는데 16세기 말에는 대상법의 기능을 상실하였음을 알 수 있다.

다음은 의존 명사 구문의 '-오-$_2$' 활용형이 붕괴되는 예이다.

(7) 가. 이 졈어서 ᄇᆡ홀 이 맛당히 몬져 홀 배니라 (소학언해 5, 8)
　　　비교: 이 져믄 ᄇᆡ홀 사ᄅᆞᄆᆡ 모로매 몬져 ᄒᆞ욜 배라 (번역소학 6, 8) [원문 생략]
　　나. 몬져 모롬이 안졍ᄒᆞ고 샹심ᄒᆞ며 공슌ᄒᆞ고 조심케 홀 디니 (소학언해 5, 2)
　　　비교: 몬져 모로매 안졍ᄒᆞ고 샹심ᄒᆞ며 공경케 홀디니 (번역소학 6, 2-3) [원문 생략]

(7가)는 앞 (§7.3.3.(5), 457쪽)의 15세기의 의존 명사 구성에 나타나던 '-오-$_2$'가 16세기 말에 와서 소멸하는 예이며 (7나)는 보문 구성에 나타나는 '-오-$_2$'가 소멸되는 예이다.

다음은 '오' 계열 어미의 제2단계 소멸을 검토하기로 한다. 제2단계는 나머지 '오' 계열의 어미, 곧 평술 정동사형과 부동사형의 소멸을 가리킨다.

(8) 가. 내 그 마ᄉᆞ래 당샿긔 니ᄅᆞ니 … (번역박통사 상, 3)

나. 내 어제 ᄎᆞᆫ 술을 만히 먹으롸 (노걸대언해 하, 36)

비교: 내 어제 ᄎᆞᆫ 술을 만히 머고라 (번역노걸대 하, 40)

다. 내 드ᄅᆞ니 앏픠 길히 머흐다 ᄒᆞ더라 (노걸대언해 하, 24)

비교: 내 드로니 앏픠 길 어렵다 ᄒᆞᄂᆞ다 (번역노걸대 상, 26)

라. (나ᄂᆞᆫ) 셩이 王개니 (<王 가이니) 王 아뫼라 쓰라 (노걸대언해 하, 14)

비교: (나ᄂᆞᆫ) 셩이 王개로니 (<王 가ㅣ로니) 王 아뫼라 쓰라 (번역노걸대 하, 16)

마. 그리 ᄒᆞ마 (노걸대언해 상 23)

비교: 그리 호마 (번역노걸대 상 26)

(8가)의 '니ᄅᆞ니'는 15세기 같으면 '닐오니'가 기대되는 어형인데 화자 표지 '-오-$_1$'이 자취를 감추고 있다 (권재일 1998: 158). 16세기의 대부분의 문헌에는 접속 부동사형에는 화자 표지가 살아 있는데 (허웅 1989: 318-320), 소수이지만 위와 같이 16세기 초부터 화자 표지 '-오-$_1$'이 결락되어 있다. (8나)의 '먹으롸'는 오른쪽에 보인 16세기 초의 『번역노걸대』의 부정법 '머고라'가 소멸되면서 그 원순성을 어말 어미에 흔적을 남겨 '롸'가 되었다 (김완진 1976: 199). 이러한 현상은 『두시언해』 중간본에서도 보인다 (정재영 1997: 637). (8다)는 부동사형에서 '-오-$_1$'이 소멸된 예이다. 이를 통하여 부정법의 '-오-$_1$' 이나 '오' 계열 중 부동사 '-오ᄃᆡ'가 전이 형태 '*-오롸'나 '-오되'를 거쳐 소멸되거나 '-으되'로 변화하였음을 알 수 있다. 그러는가 하면 근대의 『박통사』와 『노걸대』의 중간 언해본에는 초간의 (8나)의 '머고라'와 같은 부정법이 '왓노라'와 같은 직설법 과거형으로 변화한 예도 보인다 (고영근 2004/2007: 389). 이상의 예를 통하여 '오' 계열의 어미는 그것이 형태소가 되건 어미의 일부분이건 음운론적 현현 양상의 공통성에 따라 같은 운명의 길을 걸어왔음을 알 수 있다. (8라)는 계사 아래에서 화자 표지 '로'가 17세기의 『노걸대언해』에서 소멸되었음을 보이는 예이다. (8마)의 약속형 'ᄒᆞ마'는 15세기부터 '-옴, -오ᄃᆡ'류와 같이 언제나 모음 '오'를 취하였는데 17세기에 들어오면서 소멸시켰다. '오' 계열 어미의 제2단계 소멸은 17세기에 이르러서는 거의 완성되었다는 것을 알 수 있다 (권재일 1998: 162). 그러나 직설법의 화자 표시법 '-노라'는 '우리의 회포를 적어 형을 영결하노라'와 같이 '자신의 동작을 장중하게 선언하거나 감동의 느낌을 나타내는 … ' (표준국어대사전) 경우에 사용되는 것을 보면 아직도 그 숨결이 남아 있음을 알 수 있다.

'오' 계열 어미의 변화를 제1단계와 제2단계로 나누어 변화의 양상을 추적하였는데 이 역시 앞에서 누누이 언급한 변화의 유형화를 가리킨다. 문법 변화도, 'ᆞ'음의 단계별 소멸과 같이 (이기문 1998: 210), 유형화를 통한 통시적 유형론을 세울 수 있음을 확인할 수 있다.

7.3.5. 화자 표시법과 대상 표시법의 유형론

중세어에는 당대어에서는 보기 힘든 화자 표시법이 있었고 당대어에서는 전혀 그 자취를 찾을 수 없는 대상 표시법이 존재하고 있었다. 우리말에 나타나는 두 문법 범주를 통언어적 관점에서 유형적 특징을 소묘하여 보기로 한다.

일찍이 중세어의 화자 표시법과 대상 표시법을 발굴하여 우리말의 형태론과 통사의미론 연구에 막중한 영향을 끼친 허웅 (1958)의 끄트머리에는 다음과 같은 구절이 적혀 있다.

(1) 李朝 初期 言語에 있어서의, 이러한 새로운 文法範疇의 發見은, 人稱 活用法을 가진 다른 言語 … 이를테면 土耳其語, 항가리語, 퉁구스語 따위 … 또는 對象 活用法을 가진 다른 言語—이를테면 항가리어 따위—와의 比較의 길을 열어 주는 興味있는 事實이다.

그런데 위의 구절은 허웅 (1958)이 수록된 허웅 (1963)에는 삭제되어 있다. 고영근 (2009가: 159, 2018가: 15 각주 46)에서 밝힌 바와 같이, 전자가 나올 당시는 알타어 어학이 붐을 이룰 때였고 후자가 나올 때에는 알타어어 비교 연구에 대하여 반성과 회의의 기운이 일어날 때여서 당시의 흐름을 고려하여 삭제한 것으로 보인다.

위에 든 허웅 (1958)의 발언 (1)을 기반으로 삼아 언어 유형론의 관점에서 화자 표시법과 대상 표시법의 유형론을 전개하여 보기로 한다. 고영근 (2009가: 158-159, 2013가)의 내용을 거두어들이는 관점에서 논의를 전개하기로 한다.

7.3.5.1. 화자 표시법

중세어에는 주격 보족어 명사구가 대명사나 아니면 화자 자신을 가리키는 제3인칭일 때는 어간과 어말 어미 사이에 '-오-'를 끼워 넣는다. 그런데 알타이 제어에서는 인칭 어미가 어말에 자리 잡는다. 먼저 퉁구스 어군부터 보기로 한다.

(2) 가. *bi hinñun hor-ǰi-m*
I you_COM go-FUR-1SG
'I will go with him.'
나. *mi sa:-ram-bi*
I know-PRS-1SNG
'I know'

(2가)는 Ewen어의 평술 정동사인데 미래, 현재 등의 시제 요소 뒤에 인칭 어미가 붙는다. 퉁구스어는 인칭 어미가 단수와 복수에 걸쳐 나타나는데 중세어와는 그 현현 (顯現) 방식이 매우 다르다. (2나)의 예는 Nanai어인데 평술형의 구성 방식이 Ewen어와 같다. 인칭 어미가 끝에 오고 그 앞에 시제 관련의 형태소가 붙는다. 몽골어에는 브리야트 방언에만 인칭 어미가 남아 있고 다른 방언에서는 모두 소멸하였기 때문에 특별히 언급하지 않는다.

다음은 튀르크 어군의 평술 정동사이다.

(3) 가. *män at-qa-m pāž-ïn-a*
I shoot-PAST-1sg head-3p. sg. POS-DAT

'I have shot at its head'

나. *kǐl-ï* *bat-tï-m*

wild animal-ACC chase-PAST-1p. sg

'I chased the wild animal'

(3가)는 중류 출름 (Middle Chulym) 방언의 예인데 퉁구스어와 같이 끝에 제1인칭 (1sg) 어미가 붙고 그 앞에 과거 (PAST) 표시의 형태소가 붙는다. 퉁구스와 차이가 없다. (3나)는 돌간어의 예인데 (3가)와 같이 시제 형태소 다음에 인칭 어미가 붙는다.

다음은 길랴크어와 일본어의 예이다.

(4) 가. *N'i magazin-doX vi-**d**'*

shop-DAT/ADD go-FIN

'I went to the shop'

나. OɣIa-gu-in čuz pitɣy-∅ jiv-ny-***d'***-ra

child-PL-LOC new book-Nom be-FUT-FIN-PTL:PRED

'Children will have new books'

다. Taro-ga hon - o yo-**mu**

John nom book acc read-pres

'John reads books'

(4가, 나)는 고아시아 어족으로 알려져 있는 길랴크어이다. (가)는 평술 정동사가 문장 종결 표지 '***d***'로 끝나 있다. 우리말의 평술법 어미 '다'와 너무나 흡사하다. (나)는 평술 정동사 어미 'd' 앞에 미래 시제 형태소가 와 있는데 이는 우리말의 선행 어미와 그 구성이 너무나 흡사하여 계통적 내지 구조적 유형론의 연구 대상이 되기도 한다. (다)는 시제 형태소 (비과거) 'mu'가 문장 끝에 와 있는데 인칭 어미가 결여된 것만 빼고는 알타이 제어와 너무나 흡사하다.

이상과 같이 알타이 제어, 길랴크어, 일본어와 비교한 결과, 우리말에 발견되는 화자 표시법의 문법 범주는 알타이 제어는 물론, 길랴크어와 일본어에서도 볼 수 없는 특이한 문법 범주임을 확인할 수 있다. 알타이 제어의 인칭은 인도·유럽어와 같이 단항형 인칭 표시법이다. 우리말의 화자 표시법도 알타이 제어와 같이 주어의 인칭만을 표시한다는 점에서 "단항형 인칭 표시법"에 속한다고 말할 수 있다[46]. 허웅 (1958)에서 화자 표시법을 알타이 제어와의 비교 가능성을 비친 것은 (2), (3)에서 실현되는 인칭 어미를 염두에 둔 발언이지만 계통적 유형론의 증거로 삼기에는 너무나 거리가 멀다. 오히려 구조적 유형론의 대상이 될 수 있다. 이를테면 단항형 인칭표시 같은 것

46) 마쓰모토 (2007)/박종후 역 (2014: 183)을 보면 인칭 표시의 유형을 "단항형-다항형-무표시형"의 셋으로 분류하였다. 라틴어나 터키어와 같은 언어는 "단항형", 아이누어와 같이 주어는 물론, 목적어니 그밖의 성분에도 인칭이 표시되는 언어를 "다항형", 일본어와 같이 아무데서도 인칭이 표시되지 않은 언어를 "무표시형"이라고 하였다.

이다. 최근 우리 어학계에서는 당대어의 자료를 중심으로 인칭과 관련되는 문법 현상, 이를테면 앞에서 검토한 존비법과 공대법 (뒤에 나옴) 자료를 중심으로 우리말의 인칭 문제를 새로운 각도에서 논의하고 이를 통언어적 관점에서 조명하려는 기운이 일고 있다는 사실 (목정수 2014)을 감안할 때, 머지않아 우리말의 인칭 범주에 대한 연구가 새로운 지평을 열게 될 가능성이 없지 않다.

7.3.5.2. 대상 표시법

허웅 (1958)에서 대상 표시법을 헝가리어와의 비교 가능성을 열어 두었다고 하였는데 이는 당시의 학문적 패러다임을 고려할 때 계통론적 비교를 전제로 한 발언으로 생각한다. 헝가리어에는 동사가 가리키는 대상이 부정적 (不定的, indefinite)이면 주어 활용을 하고 정적 (定的)이면 목적어 활용을 한다. 전자는 부정 관사와 통합되고 후자는 정관사와 통합된다는 점에서 그렇게 볼 수 있다 (고영근 2009가: 159, 2018가: 15). 예를 들면 'vár-*ok* (기다리다)'는 직설법 1인칭 주어 활용을 하는 예이고 'vár-ja'는 직설법 3인칭 목적어 활용을 하는 예이다. 허웅 (1958)에서 주장하는 주체 활용과 대상 활용은 '-오'의 삽입 여하, 곧 통합 관계에 의하여 성립되고 피수식어의 의미역에 따라 선택된다. 그러나 헝가리어의 주어 활용과 목적어 활용은 앞의 'ok'과 'ja'와 같이 계열 관계에 의한 활용형이고 목적어 논항의 "안잡힘"[不定]과 "잡힘"[定]에 의하여 선택된다는 점에서 성격이 완전히 다르다고 생각한다. 이런 점에서 두 언어를 비교의 대상으로 삼는 것은 문제가 적지 않아 보인다.

중세어의 대상 표시법의 유형론은 현재로서는 해결할 꼬투리를 찾지 못하고 있다. 사용 양상이 불규칙적일뿐만 아니라 규칙성이 어느 정도 인정되는 피수식어의 대상역에 대하여도 다른 언어에서는 그와 비슷한 예가 아직 발견되지 않기 때문이다. 대상 표시법의 유형론을 전개하려면 '-오-$_2$'의 기능을 면밀하게 구명하는 작업과 함께 변화 및 소멸 과정을 추적하는 데서 찾아야 하지 않을까 한다.

7.4. 시상법[47] <형태통사부 3>

7.4.1. 들어가기

이곳의 "시상법 (時相法)은 국제적으로는 "TAM" (tense-aspect-mood)으로 불려지는 문법 범주를 가리킨다. 시제는 큰 문제가 없지마는 서법과 동작상은 논자에 따라 그 함의가 각양각색이어서 표준적인 틀을 내세우기가 쉽지 않다. 저자는 서법에 대하여는 예스퍼슨 (1924) 이후 정형화되어 있는 "문장의 내용에 대한 화자의 심리적 태도가 일정한 형태 변화에 의하여 통일적으로 표현

47) 이 부분은 고영근 (2004/2007), 고영근·구본관 (2008: 12장)과 고영근 (2010다: 13장)의 내용을 기반으로 하되 그 이후 나온 업적을 가미하여 다시 서술한 것임을 밝혀 둔다. 고영근 (2004) 이후부터 2015년 현재까지의 시상법 연구 논저 목록에 대하여는 문숙영 교수 (서울대)와 박재연 교수 (아주대)의 도움을 받았음을 밝혀 둔다.

되는 문법 범주"를 취하고 흔히 국어학계에서 사용되고 있는 "문장 서법"은 전통적으로 쓰여 온 "문체법"으로 대신하기로 한다 (고영근 1983: 153, 160, 164; 2004/2007: 8-35; 고영근 · 구본관 2008/2018: 404-445). 그리고 요즈음 우리 학계에서 회자 (膾炙)되고 있는 "양태"는 시제, 서법, 동작상을 비롯하여 활용형과 이에 준하는 표현에서 간취되는 의미론적 양상에 국한하여 사용하기로 한다 (고영근 1986/2004가: 247-263). "문체법"으로 불리는 문장 종결법이 "문장 서법" 등으로 불리게 됨을 따라 전통적인 서법을 "동사적 서법" (verbal mood)이라 부르기도 하나 (고영근 1986/2004가: 248), 저자는 이런 절충적 태도를 취하기보다 "mood" 본래의 의미를 존중하여 "서법"이라 부르고 그 의미적 측면은 "양태"라는 의미 범주에서 다루기로 한다[48]. 그리고 "aspect"는 국내 학계에서는 "상" (相)이라 부르는 것이 보편화되어 있다. 저자는 단자 (單字) 조어가 우리말의 조어법에 맞지 않음을 알고 돌아가신 현평효 박사가 그의 박사 논문『제주어의 정동사 연구』(1974)에서 도입한 "동작상" (aspect)이란 용어를 졸저 (1981)부터 적극적으로 사용하고 있다. 1985년부터 시행된 고등학교 문법 교과서에 실용화를 시도하기도 하였으나 국내 학계에서는 여전히 "상"이란 말을 사용하고 있다[49].

"상"이란 용어의 불합리성에 대하여는 작고한 염선모 교수 (영남대)가「국어의 '상'과 시제 문제」(『인문연구』 17.1, 영남대) (1995, 1-19)에서 적실하게 지적하였다.

> 먼저 '상'이란 용어 자체가 무엇을 의미하는지 토착화자에게 와 닿는 바가 없다. 漢字 '相' 字는 〈서로, 모습, 양상, 재상〉 등으로 많이 쓰이고 그밖에도 여러 가지 뜻으로 쓰이지만, 어느 것 하나 여기서 말하는 '상'과 통하는 것은 없다. 조어상 다른 말과 복합될 때 자연스러운 조어가 되는 것이 이 '상'이다. 예컨대 완료상, 진행상 등과 같은 경우에 용어가 성립된다. 따라서 '상'이란 용어를 "동작상"이라 하는 것으로 바꾸어야 하리라 본다.

염 교수는 '相'이 '완료상, 진행상'과 같이 접미사로 쓰일 때에만 활용할 수 있는 단어 형성 요소라는 점을 간파하였다. 이곳의 '相'은 저자가 앞에서 여러 차례 도입한 "형성소" (§2.4.1, §2.4.2, §6.7.7)이다. "mood"를 뜻하는 "法"을 "敍法"으로 바꾸면서 "aspect"는 "相"으로 그대로 두는 것은 일관성 있는 용어 형성법이라 할 수 없다. 북한에서는 시제를 "시", 동작상을 "태", 서법을 "법"이라 부른다. 일음절 단위로 용어를 통일한 것은 그르다고 할 수 없으나 단자 용어는 우리말 한자어의 단어 형성법에 맞지 않기 때문에 취해서는 안 된다고 생각한다[50].

저자는 고영근 (2004/2007, 보정판)에서 앞에서 보인 서법에 대한 전통적 견해를 발판으로 하여 우리말의 시상법을 통시대적 · 통공간적으로 총체 서술한 바 있는데 지나간 10여년 동안 특히

---

48) 실제로 21세기를 전후하여 나온 시상법 관련의 문헌에는 전통적인 서법의 정의로 회귀하는 움직임을 볼 수 있다. 바트 (1999), 텀버레이크 (2007) 등에서 그런 흐름을 볼 수 있다.

49) 1991년 여름 방언 조사차 제주도를 방문하였을 때, 현평효 선생은 당신이 개발한 "동작상"을 보급시켜 줄 것을 각별히 당부한 바 있다.

50) 최근 이선웅 (2012: 395)에서는 문법상과 어휘상을 통합하는 의미로 "상"을 쓸 수 있다고 하나 후자를 동작류 (Aktionsart)라 부르면 아무런 문제가 없다고 생각한다 (고영근 1981/2011나: 5, 2004/2007: 19).

"양태성"으로 포괄되는 서법과 시제 및 동작상에 대한 연구가 봇물이 터질 듯이 쏟아져 나왔다. 그러나 문제점도 만만치 않다. 대표적으로 문숙영 (2005/2008), 박진호 (2011), 송재목 (2011)을 중심으로 문제점을 지적하기로 한다. 많은 논자들이 양태성으로 포괄되는 의미 파악에 치중한 나머지 구조적 측면을 홀시 (忽視)하는 면을 적지 않게 드러내고 있다. 첫째, 송재목은 회상법 '-더-'와 미래 시제 '-겠-', 감탄법 어미 '-네'를 모두 증거성 표지로 간주하고 있는데 이는 올바른 태도라고 할 수 없다[51]. '-더-'는 구성소에 속하고 '-겠-'은 형성소에 속하며 '-네'는 직설법 구성소 '-느-'에 하게체의 어미 '-i' (고영근 1965/1999나: 154, 254)가 붙어 융합된 것인데 이렇게 성격이 다른 요소들을 한 그릇에 담아 증거성 범주를 세우는 것이 문법 서술에 어느 정도 도움이 될지 심사숙고할 필요가 있다. 둘째, 박진호도 구조적 양상을 무시하는 것은 마찬가지다. 구성소인 '-느-'는 대부분 같은 성격의 '-더-'와 계열 관계를 이루어 서실법 (fact-mood) 범주를 형성하고 있는데 이런 구조적인 측면은 차치한 채 두 구성소를 달리 처리하는 것은 이만저만한 모순이 아니다. '-었느-'가 '-었더-'와 계열 관계를 형성하고 있다는 점에 미치면 '-느-'는 훌륭한 단위가 될 수 있다. 그럼에도 불구하고 공형태소로 보고 있는 등 형태소 식별과 의미 · 기능의 상관 관계를 올바로 파악하지 못하고 있다. 그리고 회상법 '-더-'를 중심으로 한 최근의 증거성 연구에서는 전통적으로 주목되어 온 "회상"의 기능에 대하여는 입을 다물고 있다. 사실 최근 국내외적으로 조명을 받고 있는 "증거성"이란 우리의 전통 문법에서 "경험" 내지 "목격"이라 처리하여 온 것과 차이가 없다. 구성소 '-더-'에는 경험의 의미뿐만 아니라 회상이라는 발화 방식도 동시에 고려해야 한다. 셋째, 우리말의 시상법을 다룸에 있어 많은 논자들이 상담 세계와 서사 세계에 나타나는 문법 형식을 통합하여 처리하고 있다. 우리의 어학계가 아직 벗어나지 못하고 있는 큰 폐단은 두 세계에서 생산되는 문법 형식을 섞어 다루는 것이다. 같은 과거 시제의 '-었-'이라 하더라도 세계가 다르면 기능이 다르다는 것은 널리 알려져 있는데도 불구하고 국어학계에서는 이런 방면에 너무 둔감하다. 저자는 우리말의 시상법을 총체 서술함에 있어 구조적 측면은 물론, 주로 상담 세계에서 실현되는 문법 형식을 대상으로 할 것이다. 서사 세계에서 생산되는 시상법은 통보화용부 (뒤에 나옴)에서 다룬다는 것을 밝혀 두는 바이다.

7.4.2. 공통어의 시상법

7.4.2.1. 서법

화자는 사태를 현실적으로 파악할 수도 있고 비현실적으로 파악할 수 있으며 경우에 따라서는 동작을 현실화시키고자 하는 의지를 나타낼 수 있다. 이러한 의미 특성을 **심리적 태도** (心理的 態度, psychological attitude)라고 하는데 그것이 일정한 활용 형태에 의하여 표시될 때 이를 **서법** (敍法, mood)이라고 부른다.

---

51) 송재목 (2015)에서는 '-네'의 중심 의미를 "현재직접증거성"으로 보고 의외성은 파생되어 나오는 의미로 보고 있다.

(1) 가. 너는 무엇을 보았느냐.
　나. 철수가 그걸 벌써 주었을까.
　다. 너부터 먼저 읽어라.

(1가)와 (1나)는 시제가 과거이고 문장의 종결 방식이 의문형이라는 공통성이 있지만 화자가 사태를 파악하는 태도는 다르다. 전자는 현실적으로 보았고 후자는 비현실적으로 보았다. 비현실적이라고 함은 화자가 추측이나 상념의 세계에 진입한다는 것을 의미한다.

(1가)와 같은 현실적 내지 객관적 표현 방식을 서실법 (敍實法, fact-mood), 비현실적 내지 주관적 표현 방식을 서상법 (敍想法, thought mood)이라고 한다. 한편 (1다)에는 화자가 청자의 행동을 실현시키려는 의지가 나타나 있다. 주격 보족어 명사구의 행동은 화자의 의지에 따라 실현된다. 이러한 표현 방식을 서의법 (敍意法, will-mood)이라고 한다. (1가)와 (1나)를 보면 시제는 서법 형태소에 선행하여 있다. 이는 당대어의 우리말의 시제가 서법을 토대로 하여 성립된다는 것을 의미한다. 이는 시제 없는 문장은 성립되어도 서법 없는 문장은 없다는 말과 같다.

서실법과 서상법을 "무의지적 서법"이라고 하고 서의법을 "의지적 서법"이라고 한다. 우리말의 무의지적 서법은 선행 어미에 의하여 표시되고 의지적 서법은 어말 어미에 의하여 표시된다. 무의지적 서법에는 "기본 서법"과 "부차 서법"이 있다. 기본 서법에는 직설법, 부정법, 회상법, 추측법이 있다. 부정법은 당대에는 수식적 동명사형에서만 확인된다. 부차 서법에는 원칙법과 확인법이 있다. 부차 서법은 달리 강조법이라고 부른다. 의지적 서법에는 명령법, 제안법, 약속법, 경계법이 속한다. 의지적 서법은 이미 문체법에서 다루었기 때문에 (§7.2.2.B), 이곳에서는 무의지적 서법만 다루기로 한다.

A. 기본 서법

〈직설법〉

직설법의 형태는 체계적으로 나타나지 않는다. 이는 현재 시제의 형태가 갖추어지지 않는 사실과 비슷하다 (뒤에 나옴). 아주낮춤과 예사낮춤의 의문형과 아주높임의 평술형, 의문형, 일부의 부동사형과, 수식적 동명사형에서만 유표화되어 있다 (고영근 1989/1999나: 151, 416-429).

(2) 가. 하느냐, 하는가 〈아주낮춤과 예사낮춤의 의문형〉
　나. 하네 〈예사낮춤의 평술형〉
　다. 합니다, 합니까 〈아주높임의 평술형과 의문형〉
　라. 하는데, 하는지 〈부동사형〉
　마. 하는 〈수식적 동명사형〉

(2)의 각 어형에 나타나는 '-느-'와 '-니-'가 직설법 형태이다. 이들은 회상법이 포함된 다음 각 어형과 비교하면 쉽게 분석된다.

(2) 가'. 하더냐, 하던가

나'. 하데
다'. 합디다, 합디까
라'. 하던데, 하는지
마'. 하던

예사낮춤의 평술형만 분석이 쉽지 않다. '-네'와 '-데'는 직설법 '-느-'와 회상법 '-더-'가 하게체의 평술형 어미 '-i'와 화합 내지 융합을 일으킨 것이다. 나머지 아주낮춤과 예사높임의 경우는 어말 어미 자체가 직설법을 대신하는 것으로 볼 수도 있고 무표적인 ∅를 설정하여 유표적인 경우와 대립시킬 수 있다. 이곳에서는 후자를 택하기로 한다.

앞의 형태부 (1) (§6.2.5, 187쪽)에서 언급한 바와 같이, 한 단어에 선행 어미가 나타나는 최대의 구조는 다음과 같다.

(3) 하 + 시 었 겠$_2$ 사오 ㅂ 니 ㄴ + 다
　　　1 2 3 4 5 6 7

위의 (3)을 보면 6번이 직설법이 자리잡는 곳이다. 이에 유추하면 아주낮춤의 평술형과, 예사높임의 평술형 및 의문형은 다음과 같이 6번에 나오는 '-느-'와 '∅'가 직설법을 표시한다.

(4) 가. 하 + 시 었 ∅ 느 니 + 다
　　　1 2 5 6 7
나. 하 + 시 었 겠$_2$ ∅ ∅ ∅ + 오
　　　1 2 3 5 6 7

(4가)는 해라체의 직설 원칙 평술형 '하였느니라'를 대표하고 (4나)는 하오체의 평술형과 의문형을 대표한다.

직설법은 화자가 발화 시점에서 사태를 단순히 파악할 때 사용된다.

(5) 가. 한국 농구 세계를 제패하다.
나. 지금 어디로 가느냐.
다. 자네 지금 뭘 하는가.
라. 아이들이 교실에서 열심히 책을 읽소.
마. 지금 밖에 비가 옵니까.

(5)는 직설법이 유표적 또는 무표적으로 실현되는 예이다. (5가)는 아주낮춤의 평술형, (5나)는 아주낮춤의 의문형, (5다)는 예사낮춤의 의문형, (5라)는 예사높임의 평술형, (5마)는 아주높임의 의문형이다. (5가)는 당대어에서는 일기문이나 보고문 등의 특수한 경우에만 쓰이지만 중세어에는 상황에 관계없이 모든 활용형에 걸쳐 폭넓게 사용되었다 (고영근 · 구본관 2018: 437 덧붙임5). 이를 직설법으로 처리한 것은 과거는 물론, 현재와 미래의 상황에도 쓰이기 때문이다. 곧 다음과

같이 쓰일 수 있다.

(5) 가'. ① ~ 제패하였다. (과거)
② ~ 제패한다. (현재)
③ ~ (틀림없이) 제패하겠다/제패할 것이다. (미래)

다음은 부동사형과 수식적 동명사형에 실현되는 직설법의 예이다.

(6) 가. 철수는 학교로 가는데 너는 어디로 가느냐.
나. 누가 가는지 나는 모르겠다.
다. 저기서 지금 일하는 사람이 누군지 아느냐.

위의 (5), (6)에 나타나는 직설법의 예를 가만히 읽어 보면 모두 화자가 발화 시점에서 사태를 단순히 파악하는 의미가 탐색된다. 발화시를 기준으로 한다는 것은 경험시를 기준으로 하는 회상법과 계열 관계를 이루고 있다는 것을 의미하고 단순히 파악한다는 것은 모종의 상념이나 의도가 표시되지 않았다는 뜻이다. 위의 (5)와 (6)은 대부분 직설법이 현재 시제를 나타내는 것처럼 보인다. 그러나 자세히 보면 현재 시제는 2번에 배당된 무표적인 '∅'에 기대어 표시된다. 2번은 '-었-, -ㄴ- ~ -는-, -겠-$_2$'[52]이 서로 계열 관계를 이루어 시제 범주를 형성하는 자리다 (뒤에 나옴). 직설법의 기능은 다음에서 언급할 회상법과의 비교에서 분명히 드러난다.

당대어에는 직설법의 실체가 약화되는 경향이 있다. 존비법 체계의 간소화 경향에 따라 두루낮춤과 두루높임의 이원적 체계가 자리를 잡게 되니 적어도 상담 세계에서는 직설법의 존재를 확인하기가 어렵다.

(7) 가. 아니 그래도 그렇지 않아. 비교: ~ 그렇지 않다.
나. 어머니 오늘 또 술 먹었어요. 비교: ~ 먹었습니다.

위의 (7가)는 아주낮춤의 직설법 '그렇지 않다'에 대응하고 (7나)는 아주높임의 직설법 '먹었습니다'에 대응한다. 그러나 서사 세계와 수식적 동명사형에서는 그 실체가 건재하다. 소설의 지문이라든지 교과서의 문장과 논설문 등의 격식성을 중시하는 문어$_1$에서는 동요의 징후가 거의 발견되지 않는다 (뒤에 나옴). 수식적 동명사형은 서사 세계는 물론이고 상담 세계에서도 그 실체가 조금도 변함이 없다.

〈부정법〉

당대어의 부정법은 그 체계가 반듯하지 못하다. 중세어는 평술형과 의문형은 물론, 부동사형과 수식적 동명사형에 이르기까지 고루 분포되어 있었는데 당대어에서는 수식적 동명사형에서만 확

52) 저자는 '-겠-'에 시제와 서법의 두 기능을 부여한 바 있다. 전자에 대하여는 '-겠-$_1$', 후자에 대하여는 '-겠-$_2$'로 표시한 바 있다 (고영근 2004/2007: 283-284).

인된다. 부정법이란 다음과 같이 가시적인 형태가 확인되지 않음에도 불구하고 다른 서법 형태와 계열 관계를 이룸으로써 그 나름의 기능이 부여되는 무표적인 ∅를 가리킨다.

(8) 가. 읽은 책을 또 읽느냐.
나. 저 붉은 꽃을 보아라.
다. 대학생인 철수가 그런 말을 하다니!

(8가)의 '읽은'은 '읽는, 읽던'과, (나)의 '붉은'은 '붉던'과, (다)의 '(대학생)인'은 '대학생이던'과 비교함으로써 수식적 동명사형 어미 '-(으)ㄴ'이 확인된다. 수식적 동명사형 어미 '-(으)ㄴ'은 (8가)와 같이 동사일 때에는 과거 내지 완료의 의미가, (8나, 다)와 같이 형용사와 명사일 때에는 현재 시제가 파악된다.

(8)을 앞의 (4)의 평술형의 어미 구조체에 유추하여 배당하면 다음과 같다.

(8) 가'. 읽 + $\varnothing_2$ + $\varnothing_6$ + 은 ~
나'. 붉 + $\varnothing_2$ + $\varnothing_6$ + 은 ~
다'. (대학생)이 +$\varnothing_2$ +$\varnothing_6$ + ㄴ ~

$\varnothing_6$에는 무표적인 직설법이 배당되고 $\varnothing_2$에는 시제가 배당된다. 그러나 그 성격이 완전히 같지 않다. (8가')의 시제는 과거이고 (8나', 다')는 현재이다. 따라서 (8가')만이 진정한 부정법이고 (8나', 다')는 기능상으로 앞의 직설법에 소속된다. 그러니까 직설법에는 동사에 붙는 '-는'과 형용사와 명사에 붙는 '-(으)ㄴ'이 소속되고 부정법에는 동사에 붙는 '-(으)ㄴ'만 있는 셈이다.

〈회상법〉

회상법은 직설법과는 달리 거의 모든 존비법과 동사, 형용사, 계사에 걸쳐 다 나타난다. 단 예사높임의 존비법에는 고유한 형식이 없고 대신 반말에 능침의 첨사 '요'가 붙은 두루높임의 '-데요'가 그 자리를 차지한다. 그리고 아주높임의 '-ㅂ디다'는 형식은 아주높임이지만 기능적으로는 예사높임이라는 사실을 지적하여 둔다. 회상법은 직설법과 같이 부동사형과 수식적 동명사형에서도 볼 수 있다. 부동사형에서는 직설법보다 더 넓은 환경에서 실현된다.

앞에서 비친 바와 같이, 직설법은 회상법과 비교함으로써 그 특징이 부각되고 그 역도 마찬가지다.

(9) 가. 철수는 어제 부산에 가더라. 비교: ~ 오늘 ~ 간다.
나. 철수가 어제 부산에 가더냐. 비교: ~ 오늘 ~ 가느냐.
다. 철수가 어제 부산에 가던가. 비교: ~ 오늘 ~ 가는가.
라. 철수가 어제 부산에 갑디다. 비교: ~ 오늘 ~ 갑니다.

(9)는 평술형과 의문형에 나타나는 회상법의 예이다. 설명의 편의를 위하여 같은 문장을 문체법과 존비법을 달리하여 제시하였다. (9가, 라)는 평술형, (9나, 다)는 의문형이다. 대표적으로 평술

형 (9가)와 의문형 (9나)가 어떠한 화구 (話構, discourse frame) (장석진 1972) 속에서 나타나는지 보기로 한다.

(9) 가'. (화자인 '나'는) 주격 보족어 명사구 '철수'가 경험시인 '어제' 당시 부산에 간 것이 **사실**이라고 (청자인 '너, 자네, 이 선생'에게) 회상/소급하여) 진술한다.

나'. (화자인 '나'는) 주격 보족어 명사구 '철수'가 경험시인 '어제' 당시 부산에 간 것이 사실이냐고 (청자인 '너, 자네, 이 선생'에게 회상/소급하여) 대답해 줄 것을 요청한다.

괄호로 에운 부분은 문장 바깥에 존재하는 화구의 구성 요소이다.

앞에서 우리는 직설법의 기능을 정확하게 파악하려면 회상법과의 비교에 기대어야 한다고 하였다. 오른쪽에 보인 직설법 문장을 가지고 직설법이 실현되는 화구를 보이면 다음과 같다.

(9) 가". (화자인 '나'는) 주격 보족어 명사구 '철수'가 경험시인 '어제' 당시 부산에 간 것이 **사실**이라고 (청자인 '너, 자네, 이 선생'에게) 직접 (회상/소급하지 않고) 진술한다.

나". (화자인 '나'는) 주격 보족어 명사구 '철수'가 경험시인 '어제' 당시 부산에 간 것이 **사실**이냐고 (청자인 '너, 자네, 이 선생'에게, 직접 (회상/소급하지 않고) 대답해 줄 것을 요청한다.

(9가")는 평술형에 나타나는 직설법의 기능을 풀어쓴 것이고 (9나")는 의문형에 나타나는 직설법의 기능을 풀어쓴 것이다.

위의 풀어쓴 내용을 보면 회상법은 직설법과 공통점도 있고 차이점도 있다. 회상법은 화자 또는 청자가 경험시를 기준으로 파악한 사태의 내용을 발화 당시로 회상하거나 발화 당시에서 경험 당시로 소급하는 데 대하여 직설법은 경험 내용과는 관계없이 발화시를 중심으로 사태를 직접 파악한다. 위의 풀어쓰기의 밑줄 그은 부분이 바로 그러한 차이를 가리킨다. 한편 두 서법은 사태를 사실대로 파악한다는 공통성을 지니고 있다. 이는 직설법과 회상법에는 비현실적인 상념의 세계가 아닌, 현실적이고 사실적인 세계가 투영되어 있다는 것을 뜻한다. 사람에 따라서는 '-더-'를 소급법 또는 보고법이라 부르기도 하는데 현재로는 회상법이라는 말이 많이 쓰이고 있고 실제로 의미·기능을 전달하는 데에도 회상법이 효과적이다. 회상법이란 직설법에 반대되는 개념으로서 양자가 합해져서 발화 방식, 곧 "**화식**" (話式)의 범주를 이루고 있기도 한다. 화식은 직접적 발화 방식과 회상적 발화 방식을 기반으로 성립된 문법 범주이다. 두 발화 방식은 직접적이냐 회상적이냐 하는 발화 방식의 차이가 있기는 하여도 현실적이고 사실적이라는 공통성을 지니고 있다. 풀어쓰기에서 고딕으로 표시한 '사실'이 바로 두 서법이 서실법에 속한다는 것을 가리킨다. 최근에는 인지 심리학과 언어 유형론의 영향을 받아 회상법 '-더-'를 "과거 지각" (장경희 1985: 763-770)으로 파악하기도 하고 통언어적 유형론의 영향을 받아 "증거성" (evidentiality)을 표시하는 것으로 파악하기도 한다 (송재목 2007).

정동사에 이어 부동사와 동명사에 나타나는 회상법의 예를 보기로 한다. 먼저 부동사형의 예를 보기로 한다.

(10) 가. 바람이 불더니 비가 온다.
나. 어찌나 바쁘던지 눈코 뜰 새 없었다.
다. 미음이라도 한 숟갈 들었더라면 그렇게 허기가 지지 않았을걸.

(10가)는 설명 부동사형에 회상법이 사용된 예이다. '-더-'가 회상법의 기능을 띠려면 이 자리에 직설법 '-느-'가 갈아들든지 아니면 '-더-'가 빠진 '부니'가 성립되어야 한다. 그러나 두 가지 조건을 모두 만족시키기가 어려우니 회상법의 자격을 주기가 어렵다. 사전에 회상의 의미가 풀이되어 있는 것은 중세어의 용법을 고려한 것 같으나 단정할 수 없다. 중세어에서는 '-더-'가 형태소의 자격이 충분하였다. (10나)는 형용사 '바쁘던지'의 자리에 '바쁜지'가 들어갈 수 있으므로 회상법의 자격을 갖추고 있다. (10다)는 과거 시제의 '-었-'이 빠지면 문장이 성립되지 않음을 보아 분석이 어려운 어미일 가능성이 많다. 회상의 의미가 느껴진다는 점으로는 (10가)와 비슷하다.

다음 예는 수식적 동명사형에 나타나는 회상법의 예이다.

(11) 저기서 아까 일하던 사람이 누군지 아느냐?

(11)은 (6다)의 현재 관련의 시간 부사 '지금'을 과거 관련의 시간 부사 '아까'로 바꾸고 직설 동명사형 '일하는'을 회상 수식적 동명사형 '일하던'으로 바꾼 것 밖에는 차이가 없다. '일하던'을 부정 수식적 동명사형 '일한'과 비교하면 '-더-'가 분석되는 것이 틀림없다. 더욱이 위의 수식적 동명사형 '일하던'은 다음과 같은 정동사 구문에서 응축되었음이 틀림없다.

(11') (어떤) 사람이 아까 저기서 일하더라.

(11)과 (11')의 두 예만 보면 수식적 동명사형에 나타나는 '-더-'에 대하여도 회상법이란 문법 범주를 세울 수 있다. 지금까지 많은 문법가들이 '-던'을 "회상 수식적 동명사형 어미", 곧 회상 관형사형 어미라고 부른 까닭을 이해할 수 있다.

주격 보족어 명사구가 2인칭일 때도 사정이 같다.

(12) 그것은 네가 읽던 책이다.

(12)의 밑줄 그은 동명사절은 다음과 같은 평술 정동사 구문이 응축의 과정을 거쳐 형성되었음이 틀림없다.

(12') 네가 (어떤) 책을 읽더라.

그러나 주격 보족어 명사구가 제1인칭일 때에는 사정이 다르다.

(13) 그것은 내가 읽던 책이다.

(13)의 동명사절은 다음과 같이 전개된다.

(13') *내가 (어떤) 책을 읽더라.

당대어에서는, 별표를 붙인 바와 같이, 문법적 문장으로 수용되지 않는다. 그러면 회상법은 주격 보족어 명사구가 제1인칭일 때에는 쓰이지 못하는 제약을 지니고 있다.

그러나 주격 보족어 명사구가 화자와 같아서는 안 된다는 제약은 모든 경우에 적용되지 않는다. 먼저 주격 보족어 명사구가 경험주일 때에는 적용되지 않는다.

(14) 가. (그 광경을 보니) **나도** 머리가 매우 아프더라.
나. 아버님의 친구를 뵈니 꼭 돌아가신 아버님을 뵌 듯이 느껴지더군요.

(14가)는 심리 동사절을 안고 있는 이른바 이중 주어문이다. 주격 보족어 명사구 '나'가 심리 동사의 회상법에 일치한 것이고 (14나)는 심리적 동작 동사가 괄호 안에 상정한 경험주 '나'와 일치한 것이다.

주격 보족어 명사구가 화자라 하더라도 '-었-'이나 '-겠-'이 결합되면 제약이 해소되기도 한다.

(15) 가. 나도 후보에 오르겠더라. 비교: *나도 후보에 오르더라.
나. 나도 그 책을 읽었더라. 비교: *나도 그 책을 읽더라.

오른쪽의 예와 비교하면 인칭 제약이 적용되지 않는다. 물론 오른쪽의 예문도 꿈속에서 관찰한 '나'일 것 같으면 성립한다고 하겠으나 이런 예는 논의의 대상으로 삼지 않는다.

회상법 '-더-'의 인칭 제약 현상은 당대어에서 극히 일부에서 관찰된다. 회상법은 중세어는 물론, 20세기 초까지 모든 인칭에 두루 사용되었기 때문에 국부적인 예를 가지고 '-더-'의 기능을 문제 삼는 것은 옳지 않다고 생각한다.

앞에서 검토한 회상법은, 위에서 본 바와 같이, 대화의 장면에서 실현되는 상담 세계의 예이다. 그러면 서사 세계의 대표적 상황인 지문을 보기로 한다. 다음 예는 설화를 소재로 한 옛 이야기의 지문의 한 구절이다.

(16) 갈매봉을 바라보던 그 소년은 드디어 지게를 벗어 던지고 산으로 오르기 시작하였다.

밑줄 그은 수식적 동명사형을 평술 정동사 구문으로 전개하면 다음과 같다.

(16') 그 소년은 갈매봉을 바라보더라.

(16)은 서사 세계의 지문인 만큼 그 화자는 작자일 것이 틀림없고 그렇다면 작자인 화자는 소년이 장군봉으로 오르는 모습을 경험하였을 리가 없다.

(16)의 수식적 동명사형을 전개한 (16')는 고대 소설 같은 데서만 볼 수 있는 지문의 문체로서 당대어라면 '~ 바라보았다'로 표현될 수 있다. (16)의 서술어 '시작하였다'와 같은 표현이 바로 그것이다. 당대어는 그에 대응하는 서술어 표현이 없기 때문에 분석이 문제될 수 있다. 그러나 같은 이야기 안에서 '~ 바라본, ~ 바라보는, ~ 바라볼'과 계열 관계를 맺는다는 점에서 일단은 분석하는

태도를 취하고 작자의 경험과는 거리가 멀기는 하여도 형태의 유사성에 근거하여 회상법의 범주에서 처리하기로 한다. 이 문제는 뒤에서 자세히 검토하기로 한다.

그런데 당대어에서는 상담 세계에 나타나는 회상법의 정체성이 흐려지는 경향을 발견할 수 있다.

(17) 가. (갑) 영화관에 갔다 왔어? 비교: ~ 왔더냐.
(을) 영화가 매우 재미있어. 비교: ~ 재미있데.
나. 조금 전에 이상한 전화가 걸려 왔어요. 비교: ~ 걸려 왔습디다.

위의 (17가)와 (17나)는 오른쪽의 회상법이 나타날 수 있는 자리다. 수식적 동명사형의 경우는 앞의 직설법과 같이 변함이 없다. 그러나 서사 세계에서는 특히 평술형에서는 1920년대의 문체 개혁이 계기가 되어 직설법으로 바뀌었다는 보고가 있다 (고영근 2008가, 뒤에 나옴).

〈추측법〉

당대어의 추측법은 직설법이나 회상법만큼 생산적으로 나타나지 않는다. 그러나 20세기 전반기의 우리말을 대상으로 한다면 모든 존비법에 걸쳐 그 실체를 확인할 수 있다.

(18) 가. 하리라, 하랴 〈아주낮춤의 평술형과 의문형〉
나. 하리 〈예사낮춤의 평술형〉
다. 하리다, 하리까 〈예사높임의 평술형과 의문형〉
라. 하오리다, 하오리까 〈아주높임의 평술형과 의문형〉
마. 할까 〈요-결락형〉
바. 할 〈수식적 동명사형〉

(18)은 추측법이 실현되는 정동사형과 동명사형의 예이다. 추측법은 이밖에도 '-(으)ㄹ지, -(으)려니와' 등의 부동사에서도 실현된다. (18가~라)의 예는 형태소 분석의 기준을 적용하면 '-(으)리-'가 분석되어 나온다. 수식적 동명사형 어미 '-(으)ㄹ'은 부정법 '-(으)ㄴ', 직설법 '-는', 회상법 '-던'과 비교하면 규칙형 '*-(으)린'을 재구할 수 있다. 이런 태도를 취하면 '-(으)ㄹ'은 '*-(으)린'의 보충형이다. 형태가 비슷하기 때문에 "의사 (擬似) 보충형"으로 볼 수 있다 (고영근 · 구본관 2008/2018: 413).

추측법의 중요한 의미는 화자가 발화시의 사태나 그 이후의 사태를 추측하는 것이다. 특히 "추측"이라는 행위는 시각, 청각 등 감각 기관을 거친다는 점에서 유형론에서 말하는 증거 양태에 속한다. 그러나 주격 보족어 명사구가 제1인칭일 때에는 욕구나 의향의 의미가 파악되고 또 가능의 의미가 드러나기도 한다. 이는 "동적 양태" (dynamic modality)에 속한다. 사태를 초래하는 힘이 개인의 내부에 있다는 뜻이다 (이기갑 2006).

(19) 가. 여보, 내일은 비가 오리다.
나. 이 사람들을 모셔다 드리리다.
다. 한 십만 원을 받을까.

(19가)는 예사높임의 추측 평술형인데 발화시 이후의 사태를 추측하는 것이고 (19나)는 예사높임의 평술형으로서 의향을 표시한다. (19다)는 예사낮춤 내지 두루낮춤의 추측 의문형으로서 가능의 의미가 잡혀진다.

추측법 '-(으)리-'가 과거 시제의 '-었-'과 결합되면 시제적 의미는 사라지고 추측의 의미만 파악된다. 앞의 (1나, 469쪽)가 바로 그러한 예이고 (19다)에 '-었-'을 넣어 보면 역시 같은 결과를 얻는다. 두 예를 모아서 제시하면 다음과 같다.

(20) 가. 철수가 그걸 벌써 주었을까.
　　나. 한 십만 원은 받았을까. 　비교: (19다)

이런 현상은 미래 시제의 '-겠-'이 과거 시제의 '-었-'과 결합되면 추측의 의미만 남게 되는 현상과 비슷하다 (뒤에 나옴).

추측법이 수식적 동명사형에 나타나는 예를 보기로 한다. 추측 수식적 동명사형의 구조는 다음과 같이 표시할 수 있다.

(21) 하 + $\varnothing_2$ + *(으)리$_6$ + ㄴ (> ㄹ)

'*-(으)리$_6$-'의 자리에 6번의 자리를 준 것은 그것이 무표적인 직설법 '$\varnothing_6$', 유표적인 직설법 '-느$_6$-', 회상법 '-더$_6$-'과 계열 관계를 이룬다는 것을 배려하였기 때문이다.

그러면 추측 수식적 동명사형 어미의 기능을 구체적으로 엿보기로 한다.

(22) 가. 내일 대구로 갈 사람은 손을 들어 보시오.
　　나. 네가 할 것을 이야기해 보아라.
　　다. 알 듯 말 듯한 표정을 지었다.

위의 예들은 다음과 같이 부정법, 직설법, 회상법과 계열 관계를 형성할 수 있기 때문에 추측법에 상응하는 예정, 가능성, 의도 등의 의미를 읽을 수 있다.

(22) 가'. 오늘 대구로 가는 ~/어제 대구로 간 ~
　　나'. 네가 하는 일 ~/네가 한 일 ~
　　다'. 아는 듯 마는 듯/안 듯 만 듯

추측 수식적 동명사형은 다음과 같은 추측 평술형에서 응축된 것으로 생각할 수 있다.

(22) 가". 어떤 사람이 내일 대구로 떠나리라.

추측법이 시간과 관계되는 명사나 서술성 의존 명사 앞에 쓰이면 단순한 수식적 동명사형 어미의 기능을 띤다.

(23) 가. 넘어질 때까지 힘껏 내려쳐라.
나. 해 질 무렵까지 기다리자.
다. 내동댁은 오직 젖 떼어 놓고 온 어린것만 생각할 뿐이었다.

이런 예들은 형태만 추측법이지 기능상으로는 단순한 수식적 동명사형과 차이가 없다. 그것은 위의 수식적 동명사형에 과거 시제의 '-었-'이 결합되면 추측의 의미가 전혀 파악되지 않는다는 사실에 의하여 증명된다.

(23) 가'. 넘어졌을 때 ~
나'. 해 졌을 무렵 ~
다'. ~ 생각했을 뿐이었다.

그러나 같은 형태를 공유하고 있기 때문에 추측법의 범주에서 다루기로 한다. 앞의 지문에 나타나는 회상법이 화자의 경험과는 상관이 없는 상황에 나타나도 형태의 유사성을 존중하여 회상법이라 불렀던 사실과 사정이 같다 (뒤에 나옴).

추측법은 상담 세계에서는 큰 문장에 안기는 경우를 제외하고는 거의 '-(으)ㄹ 것이 (>-(으)ㄹ게)'로 대체되어 있고 추측이나 욕구의 경우에는 미래 시제의 '-겠-'으로 대체되어 쓰인다.

(24) 가. 내일 저녁에도 모두 이렇게 모일 수 있으리라고 보증할 수 있느냐.
나. 내일은 비가 오겠어요/올게요.　비교: (20가)
다. 이 사람들을 모셔다 드리겠어요.　비교: (19나)

위에서 (24가)는 대화 가운데 안긴 추측 평술형이고 (24나)는, 오른쪽에 밝힌 바와 같이, 예사높임의 추측 평술형을 그에 상응하는 두루높임으로 바꾼 것이다. (24다)는 예사높임의 추측 평술문을 그에 상응하는 두루높임으로 바꾼 것이다.

당대어의 시 (詩) 등의 문어$_1$에는 추측법과 회상법의 합성형인 '*-(으)리더-'의 변종인 '-(으)리러-'가 나타나는 일이 있다. 남북의 우리말 사전류에 등재되어 있는 '-(으)리러-'를 들면 다음과 같다.

(25) -(으)ㄹ러라, -(으)ㄹ런가, -(으)ㄹ러니, -(으)ㄹ레, -(으)ㄹ레라

이들은 추측법 '-(으)리-'의 변종인 'ㄹ'와 회상법 '-더-'의 이형태인 '-러-'의 합성형이다, 그러나 경우에 따라서는 '-(으)ㄹ러-'가 추측법 '-(으)리-'의 변종으로 인식되기도 하여 독자적인 단위로 인정하기가 어렵다[53].

추측의 양태성은 기본 서법의 하나인 추측법에만 나타나는 것이 아니다. 수식적 동명사형과 의존 명사 '것'과의 통합형에 의해서도 표시된다 (안주호 2007: 452).

(25-1) 가. 비가 온 것 같다.

53) 이 문제에 대하여는 고영근 (2004/2007: 332, 336, 428)에서 소종래를 밝힌 일이 있다.

나. 비가 오는 것 같다.
다. 비가 올 것 같다.

(가)는 부정법에 의한 완료 내지 과거 사태에 대한 추측, (나)는 직설법에 의한 현재 사태에 대한 추측, (다)는 추측법에 의한 미래 사태에 대한 추측의 양태성이 파악된다.

B. 부차 서법

이상 언급한 직설법, 부정법, 회상법, 추측법은 시제와 밀접한 관련을 맺고 있기 때문에 "기본 서법"이라 부른다. 서법에는 기본 서법에 후행하는 부차 서법도 확인된다. 당대어의 부차 서법에는 원칙법과 확인법이 있다.

〈원칙법〉

원칙법은 직설법과 회상법에 후행하며 아주낮춤, 예사낮춤, 예사높임의 평술형에서만 확인된다. 그 양상을 보이면 다음과 같다.

(26) 가. 하느니라〈아주낮춤〉, 하느니〈예사낮춤〉, 합닌다〈아주높임〉
나. 하더니라〈아주낮춤〉, 하더니〈예사낮춤〉, 합딘다〈아주높임〉

(26가)는 원칙법이 직설법 '-느-'에 후행하고 (26나)는 원칙법이 회상법 '-더-'에 후행한다. 아주낮춤에서는 '-(으)니-'가 분석되고 예사낮춤에서는 '-(으)니-'가 어말 어미 '-이'와 융합되어 있으며 아주높임에서는 직설법 '-니-'와 회상법 '-디-' 아래에서 '-ㄴ-'으로 실현되어 있다. 아주높임의 존비법에 나타나는 원칙법은 형태만 아주높임이지 기능상으로는 거의 예사높임에 가깝다는 사실을 지적하여 둔다.

원칙법은 화자가 사태를 불변적 · 기정적인 것으로 파악하여 타이르거나 일깨워 줌으로써 그것에 주의가 집중되기를 바라는 화자의 의도가 작용할 때 쓰인다.

(27) 가. 거짓말을 해서는 못쓰느니라.
나. 수년 전에는 이 연못에 고기가 어떻게 많던지 그물을 던지면 한꺼번에 수십 마리씩 잡히더니라.

(27가)는 할머니가 손자에게 거짓말을 해서는 안 된다는 객관적 믿음을 일깨워 주면서 동시에 그런 행동을 하지 말라는 의미가 스며 있다. (26나)는 화자가 경험에 의하면 옛날에 고기가 많이 잡혔다는 사실을 알려 주면서 동시에 지금은 고기가 안 잡히니 그물을 던질 필요가 없다는 의미가 스며 있다. 곧 믿음과 시킴의 두 의미가 표리를 형성하고 있다. 전자는 인식 양태를, 후자는 의무 양태를 가리킨다 (고영근 1981/1997/2011나: 152).

그런데 원칙법은 현대어에서는 그 실제가 매우 불안정하다. 20세기 전반기 언어에서만 실체를 어느 정도 확인할 수 있고 대부분 다른 방식으로 표현된다.

(28) 가. 거짓말을 해서는 못쓴다.

나. 거짓말을 해서는 못쓰는 법이다.

(28가)는 원칙법의 '-느니라'가 해라체의 평술형으로 대체되는 예이고 (28나)는 통사론적 절차에 의존하여 원칙법이 대체된 예이다.

〈확인법〉

확인법은 그 분포가 매우 제한되어 있다. 아주낮춤의 평술법에서만 나타난다.

(29) 가. 하것다

나. 하렷다

(28가)의 '하것다'는 직설법 '하다'와 비교하면 '-것-'이 분석된다. (28나)의 '하렷다'에서는 추측법 '하리라'와 비교하면 '-엇-'을 얻을 수 있다. 확인법을 앞의 원칙법과 함께 부차 서법이라고 부르는 것은 그것이 다음과 같이 기본 서법을 바탕으로 하여 성립되기 때문이다.

(29) 가'. 하 +$\varnothing_6$ + 것$_7$ +다

나'. 하 +리$_6$ + 엇$_7$ +다

위의 (29)의 구조체를 잘 보면 (29가')는 직설 확인법, (29나')는 추측 확인법이라 부를 수 있다.

확인법은 화자가 심증 (心證)과 같은 주관적 믿음을 토대로 하여 사태에 대한 자신의 지식의 상태를 확인하는 것이다. 따라서 독백과 같은 말투에서 많이 쓰인다.

(30) 가. 그가 정말 모르것다.

나. 돈도 있것다, 힘도 있것다, 무슨 걱정이오?

다. 날씨를 보니 오후에는 눈이 오렷다.

(30가, 나)는 직설 확인법이고 (30다)는 추측 확인법이다. 전자는 발화시를 기준축으로 삼아 인정된 동작이나 상태를 확인하는 예이다. (30다)는 기상 상태 등을 통하여 갖는 심증에 의하여 발화시 이후의 사태를 추측하는 것이다.

한편 추측 확인법은 다음과 같이 명령적인 상황에서 쓰이는 일이 있다.

(30-1) 검홍아, 다시는 그리 말렷다. (이인직, 치악산)

형태는 평술형이지만 명령의 의미를 머금고 있기 때문에 강제성을 띤 추측 확인법이라고 해야 할지 모르겠다. 사극 (史劇)같은 데서 더러 들을 수 있다.

확인법은 앞의 원칙법보다 실체가 더 분명치 않다. 중세어에서는 확인법이 많은 활용형에 걸쳐 확인되는데 (뒤에 나옴), 당대어는 아주낮춤의 평술형에서만 그 자취가 남아 있다. 그러나 이것도 다음과 같이 미래 시제의 '-겠-'으로 형태가 통일되고 있다. (30가, 나)는 현실적으로 다음과 같이

쓰인다.

(30) 가'. 그가 정말 모르겠다.
　　나'. 돈도 있겠다, 힘도 있겠다, 무슨 걱정이오?

음상의 유사성이 어형 통일을 가져오게 한 직접적인 원인이 아닐까 한다.

추측 확인법은 현대에 와서 다음과 같은 방식으로 표현되는 것 같으나 확실치 않다.

(30) 다'. ① 날씨를 보니 오후에는 눈이 틀림없이 올 것 같다.
　　② 날씨를 보니 오후에는 눈이 올 것이 틀림없다.

위의 두 예는 (30다)를 고쳐 써 본 것이다. 어쨌든 확인법은 20세기 전반기에 벌써 그 마지막 숨결을 멈춘 것이 아닌가 한다. 그러나 방언에서는 '-겠-' 계통의 미래 시제와 넘나들면서 숨결을 멈추지 않고 있다 (고광모 2007).

원칙법과 확인법은 형태론적으로는 부차 서법이지만 의미론적으로는 강조법으로 묶을 수 있다. 두 서법은 기본 서법에 후행하여 사태를 경화 (硬化)시키는 공통성을 띠고 있으며 그 이면에는 상대방의 행동을 제어하는 시킴의 의미, 곧 의무 양태도 스며 있다는 것을 확인할 수 있다 (고영근 1986/2005가: 247-263).

〈서법과 양태성, 시간성, 동작성〉

저자는 지금까지 기본 서법으로 직설법, 부정법, 회상법, 추측법을, 부차 서법으로 원칙법과 확인법을 대상으로 하여 그 통사 · 의미론적 특징을 검토하여 보았다. 이들은 형태론적으로는 모두 교착적 선행 어미 내지 문장 구성소에 속한다. 이는 무의지적 서법이 제한된 분포 속에 나타나며 특히 부차 서법은 어말 어미와 융합되어 그 정체를 쉽게 가려내기 어려운 것과 관련이 없지 않다. 한편 의미론적으로는 전반적으로 화자의 사태에 대한 믿음을 표시한다는 점에서 공통성을 지니고 있다. 이곳의 '믿음'이란 사태에 대한 화자의 지식 내지 앎과 관계되며 양태성의 관점에 서면 **"인식 양태"** (認識樣態, epistemic modality)에 속한다.

직설법과 부정법, 회상법을 서실법의 범주에 넣었는데 이는 확실성을 표시한다는 뜻이다. 여기에도 정도가 있어서 회상법이 가장 강하고 다음이 직설법과 부정법이다. 회상법은 화자의 직접적인 경험이나 지각을 통한 믿음이란 점에서 확실성이 가장 강하다. 그 사이 회상법에 대하여 '무책임성'이라든가 '신빙성의 결여' 등으로 기능을 설명한 일이 없지 않으나 이는 담화 상황에서 도출되는 부차적인 의미에 지나지 않는다. 회상법에 드러나는 것과 같은 화자의 직접적인 경험 내지는 지각을 전제로 하는 양태성을 **"증거 양태"** (evidential modality)라 한다. 부정법과 직설법은 경험과는 관계없이 사태를 단순하게 바라보는 것이기 때문에 확실성이 회상법에 비하여 덜하다. 추측법이 기본 서법 가운데서 가장 확실성이 약하다. 이를 서상법 (敍想法)이라고 하는 데서도 그 기능의 일면을 짐작할 수 있다. 원칙법과 확인법은 한편으로는 믿음과 관련된 인식 양태가 파악되나 이면에는 청자의 행동에 영향을 미치는 시킴의 기능도 스며 있다. 시킴의 기능은 의무 양태

(義務樣態, deontic modality)를 가리킨다. 원래 의무 양태는 의지적 서법에서 확인되는데 강조법에서도 느낄 수 있다. 그러니까 강조법은 인식 양태와 의무 양태의 두 양태성을 겸하고 있다고 말할 수 있다. 이는 강조법이 평술형에서만 실현된다는 분포적 제약과 깊은 관련이 있어 보인다.

서법에는 크게 의지적 서법과 무의지적 서법이 있다고 하였다. 여기서는 무의지적 서법을 중심으로 서법 체계를 엮어 보기로 한다. 서법은 일차적으로는 기본 서법과 부차 서법으로 나뉜다. 기본 서법은 서실법과 서상법으로 구성되어 있고 전자는 회상법과 비회상법으로, 비회상법에는 직설법과 부정법이 포괄된다. 서상법에는 추측법이 있다. 부차 서법에는 원칙법과 확인법이 배치된다. 서실법을 회상법과 비회상법으로 나눈 것은 회상법이 유표적이라는 점 때문이다. 이를 나무그림으로 표시하면 다음과 같다.

(31)

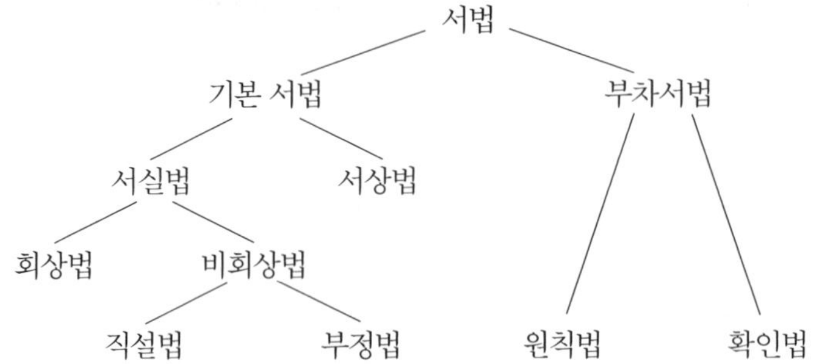

서법에는 시간성과 양태성도 부수되어 있다. 직설법과 회상법이 단독으로 사용되면 현재 시제와 함께 진행상의 의미가 파악되고 추측법이 단독으로 나타나면 미래 시제와 함께 예정상의 의미가 파악된다. 부차 서법 중에서 원칙법이 단독으로 사용되면 현재 시제와 함께 진행상의 의미가 파악된다. 그것은 원칙법이 직설법과 회상법을 바탕으로 성립되기 때문이다. 직설 확인법이 단독으로 사용되면 현재 시제와 진행상이 파악되고 추측 확인법이 단독으로 사용되면 미래 시제와 함께 예정상이 파악된다. 추측 확인법은 추측법을 바탕으로 성립하기 때문이다.

양태성은 서법 형태소에서 실현되는 것이 대부분이나 앞에서 본 문체법 (1) (§7.2.2.1.A)와 여기에 속하는 감탄형이나 문체법 (2) (§7.2.2.1.B)에서도 확인된다. 전자에는 인식 양태가, 후자에는 의무 양태가 파악되었으며 반말 어미 '-지'에도 실현되기도 하고 시제형 (뒤에 나옴)에서도 확인된다. 이른바 과거형의 복합형인 '-었$_1$었$_2$-'의 '-었$_2$-'에는 확인의 의미가 파악되는데 이 역시 시제에서 실현되는 양태성이다. 과거 추측형의 '-었$_1$겠$_2$-'에 나타나는 '-겠$_2$-'도 추측이라는 양태성을 띠고 있다. 그러니까 시제 형태소에서도 같은 형태소가 양태성을 띠는 것이다. 양태성은 도처에서 발견할 수 있으나 우리말 문법 현상과 관련된 양태성의 대표적인 것은 '-는 것이다'와 같은 수식적 동명사형과 의존 명사의 통합체이다 (고영근 1986/2004가: 259, 문병열 2007).

장경희 (1985)에서는 양태소를 그 나름대로 발견하여 체계화시키기도 하였는데 저자가 기본 서법의 회상법에 소석시킨 '-더-'에 대하여 과거 인식이라는 의미를 부여하고 취학전 아동들의 습득 문제를 다루었다 (장경희 밖에 2015: 242-245). '-더-'는 YB 언어 (여성)에서 27개월 만에 처음으로 습득되는 것으로 조사되었다. 현재 지각의 직설법 '-네'에 비하여 출현 시기도 늦고 빈도도 매우 낮았음이 판명되고 있다. 이는 동시에 직설법이 기본적이고 일차적이라는 사실과 관련이 깊은 것으로 보인다. 이는 과거형이 비과거형보다 더 일찍 습득되는 것과 밀접한 유추의 기반을 이룬다.

7.4.2.2. 시제

우리는 영어 등 외국어를 배울 때 시제란 말을 많이 듣는다. 이와 함께 완료 시제나 진행형이란 말도 동시에 듣는다. 한편 직설법, 가상법 등의 법이란 말도 많이 들었다. 종전의 영문법은 현대적인 관점이라면 시제와 동작상을 분리할 것을 통합하여 다루어 왔다. 우리말 문법도 예외가 아니다. 주시경 (1910) 이래의 문법서를 보면 동작상은 물론, 앞에서 본 서법을 시제의 범주 속에서 다루어 왔다. 영문법에서는 서법 (흔히 "법")을 시제에서 분리하여 독립된 범주로 다루고 있는 데 대하여 우리말 문법에서는 서법을 시제와 같이 서술하였다. 이 책에서는 시제, 서법, 동작상을 분리하는 관점을 취하였으며 서법은 이미 앞에서 다루었다. 그것은 우리말의 시제가 서법을 바탕으로 성립한다는 사실을 중시하였기 때문이다.

시제 (時制, 때매김, tense)는 화자가 발화시를 기준 축으로 삼아 앞뒤의 시간을 제한하는 문법 범주이다. 시제가 지시성을 띠었다고 함은 발화시를 기준으로 하여 시간을 구분하기 때문이다. '시제'를 우리말로 "때매김"이라고 부르는 이유를 알 수 있다. 다음 예를 보기로 한다.

(32) 가. 어머니는 **어제** 외가에 가셨다 (<가시었다).
　　나. 아버지는 **오늘** 집에서 쉬신다.
　　다. **내일은** 황사비가 많이 오겠다.

위의 예는 직설 평술형이다. (32가)는 주격 보족어 명사구 '어머니'가 외가에 간 때가 '어제'이니 사건시는 발화시에 선행한다. 사건시는 사건이 발생한 시간을 뜻하고 발화시란 화자가 문장을 발화한 시간을 의미한다. 라이헨바흐 (1947) 이래로 발화시, 사건시, 참조시가 시간 자질로 거론되어 왔다. 기준시를 드는 일도 없지 않으나 (남기심 1978/1996: 397), 이는 시간 자질이 아니고 시제를 결정하는 기준축이다. 참조시는 인도 · 유럽어 중심의 시간 자질이라는 것이 정론 (定論)이다. 최근에는 주제시와 상황시를 드는 일도 없지 않다. 전자는 우리말의 시제 분석에 어느 정도 적용 가능성이 있는지 탐색 중에 있다. 상황시는 전통적인 사건시보다 포괄적이나 아직도 전면적으로 적용하기에는 일러 보인다. 우리말의 시제 분석에는 발화시, 경험시, 사건시가 시간 자질로서 유효하다고 생각한다. 그러나 사건시로 부족하다고 생각할 때에는 '상황시'란 말도 더러 사용할 것이다 (고영근 2004/2007: 10-15). (32가)와 같이 사건시가 발화시에 선행하는 시제를 과거 시제라고 한다. (32나)는 주격 보족어 명사구 '아버지'가 쉬는 시간인 사건시와 발화시인 '오늘'과 일치하는 현재 시제이다. 한편 (32다)는 황사비가 올 가능성이 있는 시간이 발화시에 후행하는 '내일'이므로 미래 시제라 한다.

시제는 직설법뿐만 아니라 회상법에서도 실현된다.

(33) 가. 어머니는 외가에 가셨더라.

나. 아버지는 집에서 <u>쉬시더라</u>.

다. 오후에는 황사비가 많이 <u>오겠더라</u>.

(33가)는 (32가)와 비교하면 화자의 경험시를 기준축으로 삼을 때, 주격 보족어 명사구 '어머니'가 경험시 이전에 이미 외가에 갔다는 것을 회상하는 것이고 (33나)는 (32나)와 비교하면 경험 당시에 바로 주격 보족어 명사구 '아버지'가 집에서 쉬었다는 것을 회상하는 것이다. (33다)는 일기 예보 등의 보도를 들은 경험시를 기준 축으로 삼을 때 오후에는 황사가 많이 온다는 것을 예측한다. (33나)는 (33가)와는 반대로 경험시를 기준 축으로 삼아 시간을 앞뒤로 제한하고 있으니 회상법에도 직설법과 같이 시제가 표시된다고 할 수 있다.

우리말의 시제는 활용형으로 표시된다. 그러나 경우에 따라서는 (32)에서 보는 바와 같이 사건시를 표시하는 부사와 맞물려서 시제를 더 분명히 하는 일도 있다.

(32)와 (33)은 발화시와 경험시를 기준 축으로 삼아 시제를 결정할 수 있는 간단한 예이다. 그런데 내포문이나 복합문 등 구성이 복잡한 복합문은 발화시와 경험시만으로 시제를 결정하기 어려운 경우가 있다.

(34) 나는 조금 전에 현관에서 우편물을 <u>배달하는</u> 아주머니를 **만났다**.

(34)는 "나는 현관에서 아주머니를 만났다"라는 단문에 수식적 동명사형 '배달하는'이 붙어 복잡한 문장이 되어 있다. 앞에서 필자는 수식적 동명사형 어미에 일정한 시제가 배당되는 것을 보았다. 직설 동명사형 어미 '-는'은 직설법 '-느'에 동명사형 어미 '-(으)ㄴ'이 붙은 것인데 현재 시제는 2번에 배당된 무표적인 '$\varnothing_2$'가 표시한다.

위의 '배달하는'의 시제는 두 가지로 해석할 수 있다. 발화시를 기준축으로 삼으면 과거 시제로 해석된다. 모문의 시제가 과거 시제형 '만났다'이기 때문에 그렇게 볼 수 있다. 그러나 '배달하는'을 모문의 시제 '만났다'와 관련시키면 과거에 있어서의 현재로 해석된다. (32), (33)과 같이 발화시나 경험시를 기준축으로 삼아 결정되는 시제를 "절대적 시제" (흔히 절대시제), (34)와 같이 모문의 사건시에 의존하여 상대적으로 결정되는 시제를 "상대적 시제" (흔히 상대시제)라고 한다[54]. 절대적 시제는 정동사와 독립성이 강한 부동사에서 표시되고 상대적 시제는 수식적 동명사형과 독립성이 약한 부동사형에서 표시된다.

A. 현재 시제

현재 시제는 사건시가 발화시와 일치하는 시제이다. 현재 시제는 정동사형과 부동사형, 그리고 수식적 동명사형에서 표시된다. 현재 시제가 유표적으로 나타나는 환경은 해라체의 평술형과 감탄형 등의 일부 종결형에 그치며 나머지는 과거 시제 '-었-', 미래 시제 '-겠$_1$-'과 계열 관계를 이루어 현재 시제가 표시된다.

54) 우리말 문법에서 절대적 시제와 상대적 시제를 최초로 인식한 것은 이극로였음이 밝혀졌다 (고영근 2007: 548). 이는 당시 국제언어학회를 풍미하고 있었던 H. Paul의『언어사 원리』로부터 영향을 받은 것으로 보인다.

(35) 가. 아이들이 **지금** 도서실에서 책을 읽는다.
　　나. **이제야** 해가 돋는구나.
　　다. 이 교수는 **요즈음** 매우 바쁘다.
　　라. 조일용 박사는 **현재** 금산주식회사의 대표이다.

(35)는 아주낮춤의 직설 평술형과 직설 감탄형에 의하여 현재 시제가 표시된 것이다. (35가)의 '읽는다'는 '읽었다, 읽겠다'와 계열 관계를 이루고 있고 (35나)의 '돋는구나'는 '돋았구나, 돋겠구나'와 계열 관계를 이루고 있다. 사람에 따라서는 '(-는- ~ -ㄴ-) ∝ -는-'이 일부의 환경에서 나타난다고 하여 평술 정동사의 일부분으로 간주하기도 하나 결코 그렇지 않다. 이들은 형태소의 분석 기준을 충족시키므로 훌륭한 형태소임에 틀림없다. 현재 시제가 아주낮춤의 어미 구조체에서 차지하는 위치는 다음과 같다.

(36) *하 + 시 었 겠$_2$ ∅ 느 니 + 다
　　　1 2 3 5 6 7

곧 '-는- ~ -ㄴ-'이 2번의 자리인 '-었-'과 계열 관계를 이루어 현재 시제를 표시한다. 상태 동사와 계사는 무표적인 '$\varnothing_2$' 에 의하여 현재 시제가 표시된다. '$\varnothing_2$'는 '바빴다, 바쁘겠다', '(대표)이었다, (대표)이겠다'와 계열 관계를 이루어 현재 시제를 표시한다. (35)에는 사건시를 명시하는 시간 부사 '지금, 이제야, 요즈음, 현재'가 활용형과 공존하여 사건시가 발화시에 일치한다는 것을 분명히 해 준다. 시제는 전통적으로 활용형을 중심으로 연구되어 왔다. 그러나 생성 의미론의 대두를 계기로 하여 활용형보다는 시간 부사를 중심으로 시제를 고찰하여 왔으며 현재로는 활용형과 시간 부사의 조화에 역점을 두는 방향으로 지향하고 있다 (고영근 1981/1998/2011나: 81-82).

현재 표시의 '-는/ㄴ-'과 '-는-', 그리고 무표적인 '$\varnothing_2$'는 발화시 이후의 사건이 확정적일 때 사용되기도 한다. 미래적인 사건이라도 화자가 그에 대하여 확실성 있는 믿음을 가지고 있으면 다음과 같이 현재 시제의 형태가 사용된다.

(37) 가. 우리는 **모레** 배를 타고 제주도에 수학여행을 간다.
　　나. 우리는 **곧** 출발합니다.

현재 시제는 지시성이 결여된 상황에서도 사용된다.

(38) 가. 달은 지구를 돈다.
　　나. 사자는 짐승의 왕이다.
　　다. 부모의 은혜는 하늘보다도 높습니다.

위의 예는 시간의 제한에 제약을 받지 않는 보편적 사실을 진술하는 총칭적 구문에서 사용된다. 위의 동사는 '돌았다, 돌겠다, 왕이었다, 높았습니다'와 같은 과거나 미래 관련의 형태와 계열 관계를 이루지 못한다. 시제의 속성인 지시성이 결여되었기 때문에 직설법 형태만 허용한다. 이 문제는 뒤의 서사 시제를 논하는 자리에서 다시 언급될 것이다.

다음은 부동사형과 수식적 동명사형에 의하여 표시되는 현재 시제의 예이다.

(39) 가. 나는 학교로 가지만 철수는 도서관으로 간다.
나. 당시에는 초등학교를 다니는 사람도 많지 않았다.
다. 그들은 일하던 손을 놓고 우리를 쳐다보았다.
라. 정원에 예쁜 꽃이 많이 피었어요.
마. 나는 처음에 그분이 누구인 줄 몰랐다.

(39가)의 부동사형 '가지만'은 '갔지만, 가겠지만'과 통합 관계를 이룬다는 점에서 현재 시제임이 틀림없다. 부동사 가운데서 시제 형태 '-겠-, -었-'을 취하는 어미는 그것이 나타나지 않으면 '$\varnothing_2$'가 현재를 표시한다. (39나)는 직설법의 (2마) (§7.4.2.1.A, 469쪽)와 같은 성격의 예이다. '-는'은 직설 동명사 어미이고 현재 시제는 그 앞에 상정되는 '$\varnothing_2$'에 의하여 표시된다. (39다)의 '일하던'은 회상 수식적 동명사형으로서 직설법 '일하는'과 계열 관계를 이루며 현재 시제는 그 앞에 상정되는 '$\varnothing_2$'에 의하여 표시된다. (39라)와 (39마)는 형태는 부정법이지만 그 품사가 상태 동사와 계사인 관계로 기능적으로는 직설법이며 시제는 그 앞에 상정되는 '$\varnothing_2$'에 의하여 표시된다.

B. 과거 시제

과거 시제는 사건시가 발화시에 선행하는 시간 표현이다. 과거 시제는 항상 선행 어미 '-었-'에 기대어 표시되기 때문에 유표적이며 대부분이 무표적인 현재 시제와는 대조를 이룬다.

(40) 가. 우리는 **어제** 탄천 산책로를 걸었다.
나. 철수는 **작년**만 해도 매우 건강하였다.
다. 내가 고교 시절의 은사인 김성권 선생님을 마지막으로 뵌 것은 **지난 세기** 80년대 초였습니다.
라. 누가 그곳에 먼저 갔더냐?

(40가)는 동사의 직설법 과거 시제형이고 (40나)는 상태 동사의 직설법 과거 시제형이며 (40다)는 계사의 직설법 과거 시제형이다. 시간 부사 '어제, 작년, 지난 세기'와 조화를 이루어 사건시, 정확하게 말하면 상황시가 발화시 이전이었음을 파악할 수 있다. (40라)는 회상 의문형이 과거 시제를 취한 것이다. 사건이 일어난 시간은 경험시 이전이기 때문에 경험시 기준의 과거 시제이다.

다음 예는 부동사형에 나타나는 과거 시제이다.

(41) 가. 새벽에 떠났으니 곧 도착하리라 믿는다.
나. 아침에 광주에 갔다가 저녁에 돌아왔다.
다. 나도 백두산을 한번 구경하였으면 좋겠다.

(41가)는 발화시 기준의 과거이다. (41나)는 부동사 어미 '-다가'에 과거 시제 '-았-'이 붙은 것이다. '-다가'는 과거 시제를 필수적으로 선접하는 어미인데 그것이 결락 (缺落)되면 비문법적 문장이 되거나 의미가 달라진다[55].

(41) 나'. *아침에 광주에 가다가 저녁에 돌아왔다.

(41다)는 화자가 마음먹은 대로 일이 이루어지지 않았을 때 사용되는 관용적 표현이다. '-았-'이 결락되면 정상적 표현으로 보기가 어려우므로 앞의 (41나)와 같이 어미와 융합되어 있거나 융합되어 가는 과정에 있다고 할 수 있다.

다음 예는 수식적 동명사형에 나타나는 과거 시제이다.

(42) 가. *읽었는 책도 다시 읽자.　비교: 읽은 책도 다시 읽자.
나. 나는 어렸을 때 들었던 이야기는 잘 잊어 버리지 않는다.
다. 어릴 때 말수가 적었던 철수는 크면서 말이 많아졌다.
라. 초등학교 시절에 우등생이었던 영수는 중학교에 진학하면서부터 성적이 떨어지기 시작하였다.

(42가)는 직설 수식적 동명사형이 과거 시제를 취한 예인데 (나, 다, 라)와 비교하면 얼마든지 가능한 어형이나 당대에 와서는 동작 동사의 부정법 '읽은'으로 대체하여 버렸다. 18세기 이전에는 흔히 볼 수 있으며 지금도 동남 방언에서는 얼마든지 들을 수 있다.

(42나, 다, 라)는 회상 동명사형의 과거 시제이다. 그 의미를 파악하려면 '-었-'이 소거된 다음 예와 비교해야 한다.

(42) 나'. *나는 어렸을 때 듣던 이야기는 잘 잊어 버리지 않는다.　비교: ~ 들은 ~
다'. 어릴 때 말수가 적던 철수는 크면서 말이 많아졌다.
라'. 초등학교 시절에 우등생이던 영수는 중학교에 진학하면서부터 성적이 떨어지기 시작하였다.

(42나')는 '듣던'보다는 '들은'과 비교하는 것이 좋다. '-던'이 동작 동사에 붙으면 과거 미완, 곧 진행이나 지속의 동작상이 파악되기 때문에 과거 내지 완료의 의미를 지닌 오른쪽의 '들은'과 비교해야 한다. 이렇게 보면 (42나)에는 동작의 완결을 더 구체화시키는 의미를 줄 수 있다. (42다', 라')

55) 부동사에는 시제 형태를 취하지 못하는 것이 있는가 하면 '-었-, -겠-'을 취하는 것도 있고 '-었-'만을 취하는 것도 있다 (고영근 1975/1999나: 430-433; 2004/2007: 240-244). (41나)의 '-다가'는 '-었-'을 필수적으로 요구하는 부동사이다. 그러기 때문에 그냥 '-다가'만 쓰인 문장과는 성격이 다르다. (41나')가 문법적인 문장이 되려면 '아침'과 '저녁'을 삭제한 '광주에 가다가 돌아왔다'로 바꾸어야 한다. 그러면 교통 문제 등 여건이 허락하지 않아서 중도에서 되돌아왔다는 의미를 살릴 수 있다. 과거 많은 문법가들이 '-다가'의 의미를 파악할 때 '-었다가'와 비교하였는데 이는 우리말 문법 구조에 대한 지식이 철저하지 못하였기 때문에 일어난 잘못임을 지적하여 둔다. 관련 논의는 송창선 (2003) 참조.

는 상태 동사와 계사로 표시되는 과거의 상황을 더 구체화시킨다고 하겠다.
다음 예에 나타나는 '-었-'은 완료상 '-어 있 (다)'의 축약형으로 볼 수 있다.

(43) 인숙이는 **지금** 자리에 앉았다.

위의 '앉았다'는 '앉아 있다'로 바꾸어 쓸 수 있다. 더욱이 이 예문에는 발화시 관련의 '지금'이 공존하고 있으니 그 시제가 현재일 것은 분명하다. 결과성 완성 동사 (뒤에 나옴)에 '-었-'이 붙으면 동작이 완료되어 그 결과가 눈 앞에 나타나 있는 의미가 포착된다.

C. 미래 시제

미래 시제를 표시하는 데는 여러 가지 방식이 이용된다. 앞에서 본 추측법을 비롯하여 '-는/ㄴ-'을 비롯한 현재 시제형도 미래 시제로 사용되며 대표적으로는 전통적으로 미래 시제의 형태로 알려져 온 '-겠-$_1$'을 들 수 있다.

(44) 가. 내일도 황사가 오겠다.
나. 한번 지원해 보겠습니다.
다. 그 정도면 나도 합격하겠다.

(44)는 모두 직설법의 미래 시제형으로 사용된 것이다. 사건시가 발화시에 후행하기 때문이다. 어색하기는 하나 다음과 같은 아나운서의 일기 예보도 미래 시제의 범주에 넣을 수 있다.

(44) 가'. 오후에는 비가 오겠습니다.

그러나 이 형태소에는 단순한 미래시제 밖에 여러 가지 양태성이 결부되어 있다. (44가)에는 추측 내지 추정, (44나)에는 의지, (44다)에는 가능성의 의미가 파악된다.
그런데 서술어가 상태 동사나 계사일 때는 사정이 다르다.

(45) 가. 행동 거지로 볼 때 자기 형보다 낫겠네그려.
나. 그분은 첫 눈에 보아도 좋은 사람이겠다.

(45)는 상태 동사와 계사의 직설법 미래형인데 화자가 발화시의 사태를 추측하는 용법이 파악된다.
다음은 부동사형에 나타나는 미래 시제형이다.

(46) 가. 확실히는 모르겠지만 그분이 주인인 것 같아요.
나. 이 약이 그 병에 잘 듣겠는지 한번 물어 보아라.
다. 이번 일요일에는 중부 지방에 비가 한 차례 오겠으며 …

(46가)에는 단정을 보류하는 화자의 태도를 읽을 수 있고 (46나, 다)는 발화시 이후의 사태를 추측한다. 사실 (46다)는 일기 예보의 표현으로 그리 자연스럽지 못하다. '~ 올 것 같으며'로 바꾸는 쓰

는 것이 더 자연스럽게 느껴진다. 그러나 현재 이 표현은 거의 정형화되어 있다시피하다.

다음은 수식적 동명사형에 나타나는 미래 시제형이다.

(47) 가. ??맥주를 마시겠는 사람이 얼마나 될지 모르겠다.
　　나. ??기부금을 내겠던 사람이 얼마나 되더냐?

미래 시제의 '-겠-$_1$'이 수식적 동명사형에 출현하는 예는 매우 드물다. 말뭉치에서도 거의 발견되지 않는다. (47)은 직관에 의지하여 한번 만들어 본 예이다. (47가)는 '맥주를 마실 ~'이나 '맥주를 마시려고 하는 ~' 등과 같이 사용된다. (47나)도 '~ 내겠다고 하던, ~ 낼 것 같은 (사람)'으로 사용된다.

여기에서 놓칠 수 없는 것은 미래 시제의 '-겠-$_1$'을 추측법의 변종인 '-(으) ㄹ 것이 (>-(으) ㄹ게다'와 그 의미가 어떻게 다른가 하는 것을 검토하는 일이다.

(48) 가. 내일은 비가 올 것입니다.
　　나. 내일은 비가 오겠습니다.

이 문제에 대하여 지난 세기 7, 80년대에 격렬한 논쟁이 벌어진 바 있고 지금도 관점을 달리하여 이 문제에 매달리는 일을 종종 볼 수 있다 (고창운 2003). (48가)는 판단의 근거가 강할 때, (48나)는 판단의 근거가 약할 때 사용된다는 정도의 합의가 이루어졌지만 앞으로 새로운 시각으로 접근해 볼 필요가 있다.

미래 시제도 다른 시제 형태와 같이 미래 관련의 시간 부사와 함께 사용될 때가 많고 양태 부사와도 자연스럽게 어울린다.

(49) **내일은 틀림없이** 황사가 오지 않겠다/오지 않을게다.

'내일'은 미래 관련의 부사이고 '틀림없이'는 양태 부사이다.

과거 시제의 '-었-'과 미래 시제의 '-겠-'은 복합형으로 나타날 수도 있다.

(50) 가. 이 책은 2004년 4월에 처음 나왔었다. 6개월 뒤에는 2쇄가 나왔다.
　　나. 오늘도 서울에는 황사가 많이 왔겠습니다 (<오았겠습니다).

(50가)는 2004년 10월을 기준으로 할 때 그해 4월에 출판된 것을 더 구체적으로 확인할 때 사용되는 예문이다. 이런 경우 '나왔다'라고 표현해도 문법적으로 결함이 있는 것은 아니다. 단일형보다 복합형이 더 구체적인 내용을 전달할 수 있다. 그 사이 복합형의 기능을 둘러싸고 대과거, 대조, 단속 등 백가쟁명 (百家爭鳴)의 대안이 속출된 바 없지 않았으나 모두 과거의 상황을 구체화시키는 확인의 기능으로 포섭할 수 있다. 과거 시제 표지가 중복되어 확인 내지 단절의 기능을 표시하는 일은 세계 도처의 언어에서 발견할 수 있다 (박진호 2016). 다음 예는 사정이 다르다.

(50) 가'. 인숙이는 자리에 앉았었다.

위의 예는 (43)의 '앉았다'에 '-었-'이 붙은 것인데 '앉아 있었다'가 축약된 것으로 해석할 수 있다. 발화시 이전에 동작이 완료된 단순 과거 '앉아 있었다'의 변종이다. (50나)는 일기 예보 등을 근거로 할 때 서울에 황사가 많이 왔다고 추측할 때 쓰인다. 과거 시제 속의 추측 내지 추정이다.

(50)에 나타나는 확인과 추측은 화자의 사태에 대한 양태적 태도이다. 단일형과 복합형을 '-었$_1$-, -었$_2$-'와 '-겠$_1$-, -겠$_2$-'와 같이 구별하기로 한다. 그 배열순서는 다음과 같다.

(51) 하 + 시 었 겠$_2$ ∅ 느 니 + 다
1 2 3 5 6 7

그러니까 '-었$_1$-, -겠$_1$-'은 2번에 배치되고 '-었$_2$- -겠$_2$-'는 3번에 배치된다. 2번은 시간성을 표시하지만 3번은 양태성을 표시한다. 특히 '-겠$_2$-'는 '리' 계열의 추측법에 나타나는 양태성과 비슷하기는 하나 구조적으로 볼 때, 시제 형태와 행동을 같이한다는 점에 근거하여 일단은 시제의 범주에서 다루되 그 의미는 양태성을 갖는 것으로 간주한다.

위에서 검토한 시제는 일상어를 대상으로 한 것이다. 그러나 시제는 뒤의 동작상이나 서법과 함께 서사 텍스트 등에서는 달리 실현된다 (김민영 2012). 이 문제는 뒤의 통보화용부와 텍스트 형성에서 다루게 될 것이다,

최근에는 앞의 서법 습득과 함께 유아들의 시제 형태의 습득에 대한 연구 결과가 나와 있어 (장경희 밖에 2015: 199-227), 시상법 연구의 새로운 경지가 개척되어 가고 있다. 시제 형태는 과거형보다는 비과거형이 일찍 습득되고 출현 순서는 '∅, -었-, -는-, -었었-, -더-', '-었더-'임이 밝혀지고 있다. 수식적 동명사형은 '-은, -었을, -던, -었던'의 순서를 보여 주는 것으로 나와 있다.

7.4.2.3. 동작상

"동작상" (動作相, aspect)이란 동사의 활용형에 나타나는 진행이나 완료와 같이 개별 시제에 종속되어 있는 동작의 양상을 가리킨다. 동작상을 "상"이라 부르는 일이 있으나, 앞 (§7.4.1, 467쪽)의 (1)에서 언급한 바와 같이, "동작상"이라 부르는 것이 옳다. 영어의 진행형과 완료형이 바로 소박한 의미의 "동작상"이라고 생각하면 틀림없다. 이들은 현재, 과거, 미래에 걸쳐 다 확인된다. 동작상을 시제에 종속된 동작의 양상이라고 하는 연유를 이해할 수 있다. 동작의 양상은 끝난 모습일 수도 있고 끝나지 않은 모습일 수도 있다. 이는 화자가 동작의 양상을 보는 관점의 양상이다. 요즘 흔히 말하는 "관점상" (觀點相, viewpoint aspect)이 바로 그것이다. 앞의 것을 완료상, 뒤의 것을 미완료상이라고 한다[56]. 완료상은 원칙적으로 동작의 모습을 끝난 것으로 보는 것이지만 동작이 끝나서 그 결과가 지속되는 모습도 포함할 수 있다. 미완료상은 동작이 끝나지 않은 것으로 보는 모습이다. 일반적으로 미완료상에 진행상을 포함시키나 예정상도 포함될 수 있다. 준비나 예정의 단계도 사건 성취의 이전 단계라는 점에서 미완료상에 넣는 관점을 취한다. 그러나 예정

---

56) 한국의 국어학계에서는 완료 시제의 "perfect"와 혼동을 피한다는 뜻에서 "perfective"를 "완결상"으로 부르는 일이 보편화되고 있으나 우리말에는 영어의 "perfect"에 해당하는 시제가 없기 때문에 종전에 써 오던 "완료상"을 그대로 사용하기로 한다.

상은 특별히 다루지 않고 고영근 (2004/2007: 304)으로 미룬다.

동작상의 본질을 제대로 이해하려면 개별 동사에 내재해 있는 어휘적 의미를 올바로 이해해야 한다. 동사의 어휘적 의미는 전통적으로 게르만 어학에서 개발된 "동작류" (動作類, Aktionsart)라 불러왔다. 최근에 와서는 동작류가 명사와 부사에서도 나타난다고 하여 "상적 특성"이라 부르는 일도 없지 않다. 그러나 이는 "동작성" (aspectuality)이라는 의미범주에 포섭될 수 있으며 형태 범주인 동작상과 표리의 관계를 이룬다. 최근에는 개별 동사에서 벗어나 동사구를 중심으로 "상황 유형" (situation type)을 세우기도 하고 다시 전통적 동작류로 되돌아가는 기운도 보인다. 상황 유형이란 동사를 동사 밖의 논항과 관련시키는 동작류의 동적인 의미범주를 가리킨다. 같은 동사를 공유하고 있어도 논항의 차이에 따라 상적 특성, 곧 동작성이 다르니 그 의미가 동적인 것이다.

다음 두 예를 비교하여 보기로 한다.

(52) 가. 철수는 밥을 먹었다.
　　나. 철수는 밥을 한 공기 먹었다.

(52가)에서는 동사 '먹다'가 수량적으로 한정된 목적어를 가지고 있지 않기 때문에 비완성의 의미 [-완성성]을 줄 수 있고 있고 (52나)에서는 한정된 목적어 '한 공기'가 쓰였기 때문에 완성의 의미 [+완성성]을 줄 수 있다. 이런 방식의 의미 분석이 상황 유형에 따른 동작성이다. 이러한 방법은 아직도 탐색 단계에 있고 더욱이 중세어와 같은 문헌어의 동작상을 파악할 때에도 이용할 수 있는지 많은 문제를 내포하고 있다. 이곳에서는 한 동사의 의미를 고정적으로 파악하는 전통적이며 정적인 의미의 동작류를 중심으로 동작상을 이해하는 관점을 취한다.

동작류는 달리 수직적 동사 분류라고 말한다. 자동사, 타동사, 피동사, 사동사, 형용사, 계사는 동사의 수평적 분류이다. 이에 대하여 어휘적 특성에 의한 동사의 분류는 모든 동사를 의미적 특수성에 따라 분류한다는 점에서 수직적 분류라고 할 수 있다. 우리말의 동작류는 여러 안이 제안되어 있지만 다음 다섯 가지를 세우는 견해를 취한다.

(53) 가. 상태 동사: '높다, 낮다' 등의 일반 형용사
　　나. 과정 동사: (바람) 불다, 사랑하다, 미워하다, 걷다
　　다. 완성 동사
　　　　결과성: 닫다, 열다, 눕다, 앉다, 서다
　　　　비결과성: (편지) 쓰다, 먹다, 주다, (집) 짓다, 만들다
　　라. 순간 동사
　　　　결과성: 죽다, 가지다, (눈) 뜨다, 감다, 도착하다
　　　　비결과성: 끝나다, 이기다, 차다, 때리다, 꼬집다
　　마. 심리 동사: 그립다, 좋다. 싫다

이상과 같은 동작류에 대한 지식을 발판으로 삼아 우리말의 동작상의 실상을 보기로 한다. 우리말의 동작상은 부동사와 의존 동사의 결합에 의하여 표시되며 부동사에서도 동작상을 확인할 수

있다.

A. 완료상

완료상은 동작이 끝났거나 끝나서 그 결과가 남아 있는 모습으로 파악하는 동작의 양상을 가리킨다. 유리잔에 물이 가득 찬 상황에 비유할 수 있다.

다음 예는 자동사 '앉다'에 '-아 있다'가 붙어 완료상을 표시하는 것이다.

(54) 영수도 의자에 앉아 있다.

(54)의 의존 동사 '-아 있다'의 의미는 이를 소거한 다음 예와 비교하면 분명히 파악할 수 있다.

(54') 영수도 의자에 앉는다.

(54')는 영수가 의자에 앉는 동작을 단순하게 서술하는 데 대하여 '-아 있다'가 붙은 (54)는 동작이 완료되어 그 결과가 눈 앞에 전개되어 있는 모습을 나타낸다. 이런 경우, '~ 앉고 있다'로 바꾸어서는 그런 의미가 파악되지 않는다. 그렇게 보면 '-아 있다'는 자동사에 붙어 완료상을 표시하는 형태라고 할 수 있다. '-아 있다'의 완료상적 의미는 '앉다'가 결과성 완성 동사인 점에 연유한다. 그러니까 동작상 형태의 의미는 개별 동사의 동작류와 깊은 관계가 있음을 알 수 있다.

다음 예는 화자의 양태적 태도가 결부되어 있는 의존 동사 구성의 완료상 형태이다.

(55) 가. 못쓰는 종이는 찢어 버려라.
나. 그들은 드디어 상대방을 때려 눕히고 (야) 말았다.
다. 박경리의 토지는 어린이들 사이에도 많이 읽혀 진다.
라. 지구가 점점 더워 진다.

(55)의 의존 동사 구성의 동작상을 파악하려면 그것이 소거된 다음 예와 비교할 필요가 있다.

(55) 가'. 못쓰는 종이는 찢어라.
나'. 그들은 드디어 상대방을 때려 눕혔다.
다'. 박경리의 토지는 어린이들 사이에도 많이 읽힌다.
라'. 지구가 덥다.

(55가)의 '버리다'는 자립 형식으로 사용되면 대상의 제거를 표시하나 (55가')와 비교하면 못쓰는 종이가 부담이 되어 제거한다는 의미가 파악된다. 이러한 완료상을 "제거성 완료"라 부른다. '~ 찢어서 버려라'와 같이 후치사 '서'가 중간에 들어가면 '버리다'가 본동사라는 점을 쉬이 알 수 있다. (55나)의 '말다'는 자립 형식으로 사용되면 중단의 의미를 표시하나 (55나')와 비교하면 화자의 의도와 반대되거나 어려운 상황을 극복하여 종결시킬 때 사용된다. 이를 "극복성 완료"라 부른다. (55다, 라)는 "변화성 완료"이다. 읽히지 않거나 덥지 않은 상황이 읽히거나 더워지는 상황으로 변

할 때 사용되기 때문이다. (55가~라)의 의존 동사 구성에는 화자의 모종의 양태적 태도가 결부되어 있으나 (54)는 그러한 태도를 발견할 수 없기 때문에 "양태 중립적"이라고 말할 수 있다.

B. 진행상

진행상은 동작이 진행되고 있는 모습으로 파악하는 동작의 양상을 가리킨다. 물이 유리잔에 반쯤 찬 상황에 비유할 수 있다.

(56) 어제 나는 하루 종일 책을 읽고 있었다.

(56)의 동작상의 의미를 파악하려면 '-고 있다'가 소거된 다음 예와 비교해야 한다.

(56') 어제 나는 하루 종일 책을 읽었다.

(56)을 (56')와 비교하면 '-고 읽다'의 동작상이 분명해진다. (56')는 주격 보족어 명사구 '나'가 그 전날 하루 종일 책을 읽었다는 상황을 단순하게 서술하는 데 대하여 '-고 있다'가 붙은 (56)은 책을 읽는 동작이 그 전날 하루 종일 진행되고 있는 모습을 나타낸다. '-고 있다'의 진행상적 기능은 일시적 상태와 깊은 관련이 있다. 이는 언젠가는 진행의 의미가 소멸되고 비진행의 상태로 복귀할 수 있다는 뜻이다. '-고 있다'에 진행의 의미가 파악되는 것은 '읽다'가 과정 동사라는 사실에 연유한다. 이런 경우는 다음과 같이 동작상 '-고 있다'의 한 변종인 '-는 중이다' 또는 이의 처격형인 '-는 중에 있다'로 바꿀 수 있다.

(56") 나는 어제 하루 종일 책을 읽는 중이었다./~ 중에 있었다.

그런데 같은 '-고 있다'가 붙어도 동작류에 따라 동작의 양상이 다를 수 있다. '입다'와 같은 부착 동사는 두 가지 동작상으로 해석되어 그 의미가 중의적이다.

(57) 영순이는 지금 빨간 투피스를 입고 있다.
① 영순이는 빨간 투피스를 입고 다닌다.
② 영순이는 빨간 투피스를 입는 중이다.

(57)의 '입다'는 그 동작류에 따라 두 가지 의미로 해석된다. ①의 동작류는 결과성 완성 동사이기 때문에 '-는 중이다'가 붙을 수 없으나 ②는 비결과성 완성 동사이므로 '-는 중이다'가 붙을 수 있다.

(58) 가. *영순이는 빨간 투피스를 입는 중이다. (의미 ①)
나. 영순이는 빨간 투피스를 입는 중이다. (의미 ②)

앞에서 우리는 '-어 (아) 있다'가 자동사에 붙어 완료상을 표시한다고 언급한 바 있다. 그리고 '-고 있다'는 타동사에 붙어 진행상과 완료상의 두 가지 동작상을 표시한다고 하였다. 그런데 '-고 있다'는 자동사에 붙어 진행상을 표시하기도 한다.

(59) 아기가 방석에 앉고 있다.

(59)는 다음과 같이 진행상의 한 변종 '-는 중이다/-는 중에 있다'로 바꾸어 쓸 수 있다는 점에서 훌륭한 진행상이다.

(59') 아기가 방석에 앉는 중이다./중에 있다.

'-어 있다'는 자동사에만 붙어 완료상만 표시하는 한정된 분포를 보이지마는 '-고 있다'는 타동사에 붙어 진행상과 완료상을 표시하기도 하고 자동사에 붙어 진행상을 표시하기도 한다. 동사에 따라서는 의미의 차이 없이 '-어 있다'와 '-고 있다'가 수의로 교체되는 일이 있다.

(60) 가. 가만히 엎드려 있거라./ ~ 엎드리고 있거라.
나. 총부리가 과녁을 향하고 있다./ ~ 향하여 있다.

(60가)는 자동사 '엎드리다'가 두 형태를 수의로 선택하는 것이고 (60나)는 타동사 '향하다'가 두 형태를 수의로 선택하는 것이다.

뒤에서 보겠지만 중세어에는 '-어 잇다' (>어 있다)가 자동사는 물론, 타동사에도 자유롭게 붙었고 '-고 잇다' (>-고 있다)는 타동사에서 막 그 싹을 보이는 단계에 있었으며 근대를 거쳐 현대에 이르는 사이에 '-고 있다'가 '-어 있다'를 침식하여 결과적으로 '-어 있다'는 오늘날과 같은 한정된 환경에서 명맥을 유지하고 있다. 앞의 (60)에서 보는 바와 같이 두 형태는 분리된 것이 아니라 겹쳐진 마치 두 손을 부분적으로 포개 놓은 상태에 비유할 수 있다.

다음 예는 양태성이 결부된 진행의 의존 동사 구성이다.

(61) 가. 하늘이 점점 어두워 온다.
나. 고추가 다 말라 간다.
다. 너무 떠들어 대지 말아라.

(61)의 동작상을 정확하게 파악하려면 의존 동사가 소거된 다음 예문과 비교해야 한다.

(61) 가'. 하늘이 어둡다.
나'. 고추가 마른다.
다'. 너무 떠들지 말아라.

(61가, 나)를 (61가', 나')와 비교하면 화자가 바라는 목표점을 향하여 동작이 진행되기를 바랄 때 쓰이는 진행상임을 알 수 있다. 이를 "접근성 진행"이라고 부르기로 한다. 이 경우 '오다, 가다'를 바꾸어 쓰는 것은 허용되지 않는다.

(61) 가". *하늘이 점점 어두워 간다.
나". *고추가 다 말라 온다.

(61다)는 (61다')와 비교하면 화자가 반복되는 주격 보족어 명사구의 행위를 못마땅하게 여길 때 사용된다. "반복성 진행"이라 부른다.

진행상 형태 '-고 있다'는 양태성을 띤 나머지 의존 동사 구성에 의한 진행상 형태와 비교하면 양태성이 전혀 파악되지 않는다. 완료상 형태 '-어 있다'와 같이 양태 중립적이다.

〈동작상과 양태성〉

우리말의 동작상은 크게 완료상과 미완료상으로 나뉘고 미완료상은 진행상과 예정상으로 구분된다. 완료상과 미완료상을 비교하면 완료상이 훨씬 유표적이다. '-어 있다'가 자동사에 붙어 완료상을 표시하기 때문이다. '-고 있다'는 동작상의 형태로 정체성이 뚜렷하지 못하다. 진행상뿐만 아니라 동작류에 따라 완료상도 표시하기 때문이다.

의존 동사 구성의 동작상에는 양태 중립적인 것이 있는가 하면 모종의 양태성이 결부되는 것이 많다. '-어 있다'와 '-고 있다' 밖의 의존 동사 구성에는 여러 가지 양태성이 결부되어 있다. 최근에는 앞의 서법, 시제와 함께 유아들의 동작상의 습득 (장경희 2015: 199-227)에 관한 보고가 나와 시상법 연구에 새로운 바람을 불어 넣고 있다. 대체로 24개월부터 완료상이 보이고 진행상도 거의 같은 시기에 출현하는 것으로 보고되어 있다.

7.4.3. 중세어의 서법과 동작상

7.4.3.1. 서법

당대어는 앞에서 본 바와 같이 (§7.4.2), 시제와 서법, 그리고 동작상이 독자적 형태로 표시되지마는 중세어에서는 시제를 표시하는 형태가 따로 없고 서법 형태소에 기대어 시제가 표시된다. 동작상의 형태는 현대 국어와 큰 차이가 없다.

(1)은 당대어의 시제와 서법의 예이다.

(1) 가. 아이가 지금 밥을 먹는다.
　　나. 아이가 벌써 밥을 먹었느냐.
　　다. 아이가 곧 밥을 먹겠느냐.

(1가)의 '먹는다'는 선행 어미 '-는-'에 기대어 현재 시제가 표시된 것이고 (1나)의 '먹었느냐'는 과거 시제와 직설법이 '-었-'과 '-느-'에 기대어 나타난 것이다. (1다)의 '먹겠느냐'는 미래 시제와 직설법이 '-겠-'과 '-느-'에 기대어 표시되어 있다. 이들은 '-고 있다'와 같은 우언적인 절차에 따라 진행상을 표시할 수 있다[57].

---

57) 당대어의 "時相法"에 대하여는 남기심 • 고영근 (1985/2014: 313-330, 고영근 (1986/2004가: 235-246), 한동완 (1996), 서정수 (1994/2013: 225-356), 최동주 (1995/2015: 180-283), 허웅 (1995/2000: 1084-1230), 고영근 (2004/2007: 173-326)을 보고 중세어의 시상법은 허웅 (1975: 877-955, 1989: 354-414, 1992: 156-180),

(2)는 (1)을 중세어의 문법 규칙에 따라 중세어로 바꾼 것이다.

(2) 가. 아ᄒᆡ 이제 바ᄇᆞᆯ 먹ᄂᆞ다.
나. 아ᄒᆡ ᄒᆞ마 바ᄇᆞᆯ 머그녀.
다. 아ᄒᆡ ᄒᆞ마 바ᄇᆞᆯ 머그려.

(2가)는 (1가)에서 선행 어미 '-는-'에 기대던 현재 시제가 직설법 '-ᄂᆞ-'로 표시되는 것이고 (2나)는 (1나)에서 선행 어미 '-었-'에 기대던 과거 시제가 부정법[58]으로 표시되는 것이다. 한편, (2다)는 (1다)에서 선행 어미 '-겠-'에 기대던 미래 시제가 추측법 '-(으)리-'로 표시되는 것이다.

(1나, 다)를 보면 당대어는 직설법과 같은 서법 형태소를 바탕으로 하여 시제가 표시되고 (2)를 보면 중세어는 서법 형태소가 바로 시제를 표시한다는 사실을 알 수 있다. 중세어의 동작상은 당대어와 같이 '-어 잇다'나 '-고 잇다'와 같은 우언적 절차에 의해 표시되었다.

중세어도 서법은 기본 서법과 부차 서법으로 구성되어 있다. 전자는 시제와 관련을 맺고 있고 후자는 화자의 앎이나 느낌 등 화자의 태도와 표시한다.

(3) 이 사ᄅᆞ미 보ᄇᆡ를 뎌리도록 아니 <u>앗기놋다</u> (석보상절 6, 25-26)

(3)의 '앗기놋다'에 나타나는 '놋'은 '-ᄂᆞ-'와 '-옷-'으로 분석된다. 전자는 현재 시제와 관련 있는 직설법인데 이런 서법을 "기본 서법"이라 부르고 후자는 느낌과 관련되는 감동법인데 이런 서법을 "부차 서법"이라 부르기로 한다. 중세어도 기본 서법은 원칙적으로 부차 서법에 선행한다. 당대어와 차이가 없다.

먼저 기본 서법의 시간성과 양태성을 검토하기로 한다. 기본 서법에는 당대어와 같이 직설법, 부정법, 회상법, 추측법, 추측 회상법의 5가지가 있다[59].

A. 기본 서법

〈직설법과 현재 시제〉

중세어의 직설법 형태소는 '-ᄂᆞ-'이다. 이 형태소는 선행 어미 '-오-'와 결합되면 '-ㄴ-'로 교체되기도 하는데 정동사형의 모든 존비법은 물론, 부동사형과 수식적 동명사형에서도 확인된다. 먼저 정동사형에 나타나는 직설법의 기능을 검토하기로 한다.

(4) 가. "네 **이제** ᄯᅩ <u>묻ᄂᆞ다</u>" (월인석보 23, 97)
나. "내 **오ᄂᆞᆯ** <u>받노라</u>" (월인석보 23. 37)

고영근 (1981/1998/2011나), 최동주 (1995/2015: 39-104), 권재일 (1998: 74-84), 고영근 (2004/2007: 328-378) 참조.

58) 부정법이란 일정한 형태가 없으면서도 일정한 시제가 표시되는 경우를 가리킨다 (앞에 나옴. §7.4.2.1.A, 471쪽).

59) 중세어의 기본 서법에 대하여는 고영근 (1981/1998/2011나: 17-40, 1983/2004가: 165-193) 참조. 이와 관점을 달리한 것으로는 허웅 (1975: 878), 권재일 (1998: 75), 권용경 (1990)이 있다.

다. "스승니미 엇던 사ᄅᆞ미관ᄃᆡ 쥬벼느로 이 門ᄋᆞᆯ 여르시ᄂᆞ니잇고" (월인석보 23, 84)
라. "이제 엇뎨 羅睺羅ᄅᆞᆯ 앗기ᄂᆞ다" (석보상절 6, 9)

(4)는 모두 대화, 곧 상담적 (相談的) 상황에 나타난 것이다. (4가, 나)는 직설법의 '-ᄂᆞ- ~ -ㄴ-'가 평술형에 나타나는 것이고 (4다, 라)는 의문형에 나타나는 것이다. 이들은 회상법 '묻더라, 받다라, 여르시더니잇고, 앗기던다'와 비교하면 그 의미가 분명해진다. 발화시를 중심으로 사태를 사실적 · 객관적으로 파악하고 있다. 곧 [+사실성]의 의미가 주어진다[60]. (4)의 직설법의 예는 사건시와 발화시가 대체로 일치하는 상황에 쓰이고 있으므로 '-ᄂᆞ-'가 표시하는 시제는 현재이다. 특히 (4가), (4나), (4라)는 발화시 관련의 시간 부사 '이제, 오ᄂᆞᆯ'이 쓰였으므로 현재 시제임이 틀림없다. (4다)는 지옥문을 열고 들어가는 목련 (目連)을 보고 옥졸이 하는 말이니 사건시와 발화시는 거의 일치한다.

동작 동사에서는 직설법 '-ᄂᆞ-'에 기대어 현재 시제가 표시되지마는 상태 동사와 계사에서는 특별한 형태가 발견되지 않는다. 겉으로 보기에는 어말 어미가 시제를 표시하는 것 같지만 사실은 다른 서법 형태소와 계열 관계를 형성함으로써 나타나는 ∅ 형태가 시제를 표시한다. 이러한 형태를 "부정법 (不定法, aorist)"이라고 함은 이미 확인하였다[61].

(5) 가. "내 오ᄂᆞᆯ 實로 無情호라" (월인석보 21, 219)
나. "네 겨지비 고ᄫᆞ니여" 對答ᄒᆞᅀᆞᄫᆞᄃᆡ "고ᄫᆞ니이다" (월인석보 7, 10)
다. "眞實로 우리 즁이니이다" (월인석보 8, 94)
라. "이 大施主의 功德이 하녀 져그녀" (석보상절 19, 4)

(5가)의 '無情호라'는 상태 동사 '無情ᄒᆞ다'에 선행 어미 '-오-$_1$'이 붙은 것인데 회상법 '無情ᄒᆞ다라'와 비교하면 현재 시제임이 분명해진다. 더욱이 이 문장에는 발화시 관련의 시간 부사 '오ᄂᆞᆯ'이 사용되어 있다. (5나)의 '고ᄫᆞ니여'는 형용사 '곱다'에 의문형 어미 '-(ᄋᆞ)니여'가 붙은 것인데 회상법 '곱더니여'와 비교할 수 있다. 물음이 직설법이므로 대답도 같은 형식으로 나타난다. (5다)의 '(즁)이니이다'는 (5나)의 '고ᄫᆞ니이다'와 같이 보수성을 띤 평술형인데 회상법 '(즁)이더니이다'와 비교할 수 있다. (5라)의 '하녀, 져그녀'는 상태 동사 '하다, 적다'에 의문형 어미 '-(으)녀'가 붙은 것인데 회상법 '하더녀, 적더녀'와 비교할 수 있다.

직설법은 사건시가 발화시에 후행할 때도 쓰이고 사건시와 발화시가 무관할 때도 쓰인다.

(6) 가. "내 … 無上道애 도ᄅᆞᅘᅧ 向ᄒᆞ노이다" (월인석보 10, 33)
나. 仙人ᄋᆞᆫ 제 몸 구텨 오래 사ᄂᆞᆫ 사ᄅᆞ미니 뫼해 노니ᄂᆞ니라 (월인석보 1, 8-9)
다. 하ᄂᆞᆯ히며 사ᄅᆞᆷ 사ᄂᆞᆫ ᄯᅡᄒᆞᆯ 다 뫼호아 世界라 ᄒᆞᄂᆞ니라 (월인석보 1, 8)

60) 중세어의 직설법 '-ᄂᆞ-'에 [+사실성]의 의미가 포함된다는 사실은 이토 (1993)에서도 논증되어 있다.

61) ∅ 형태에 대한 논의는 고영근 (1981/1998/2011나: 18-20, 2004/2007: 233, 341), 최동주 (1995/2015: 64-67) 참조.

라. "如來 샹녜 우리를 아ᄃᆞ리라 니ᄅᆞ시ᄂᆞ니이다" (월인석보 13, 33)

(6가)의 '向ᄒᆞ노이다'는 이어지는 문장의 내용을 참고하면 사건시가 발화시에 후행한다. 당대어의 '나는 내일 비행기로 간다'의 '간다'와 같은 기능을 가진 것으로 생각한다. (6나, 다)는 지문의 예이다. 앞의 상담 세계에 대하여 "서사 세계"라 불린다. 지문은 대화와는 달리 지시성이 뚜렷하지 못하므로 시제를 분명히 규정하기가 어렵다. 이는 현대 소설의 서사 세계에서 현재형과 과거형을 교체하여도 시제상의 변화가 일어나지 않는 것과 비슷하다. 이 문제는 뒤에서 다시 논의된다. (6라)의 '니ᄅᆞ시ᄂᆞ니이다'는 지칭 동사가 직설법을 취한 것이다. 중세어의 인용 동사 'ᄒᆞ다'와 지칭 동사 '니ᄅᆞ다'는 직설법뿐만 아니라 부정법과 추측법을 수의로 선택하였다.

직설법에 기댄 현재 시제는 부동사형에서도 확인된다.

(7)은 부동사형에 직설법이 쓰인 것이다. 부동사형의 시제는 일반적으로 모문의 사건시를 기준으로 결정되는 상대적 시제이다.

(7) 가. "**이제** ᄯᅩ 내 아ᄃᆞᄅᆞᆯ ᄃᆞ려 가려 ᄒᆞ시ᄂᆞ니 眷屬 ᄃᆞ외ᅀᆞᄫᅡ셔 셜ᄫᅳᆫ 일도 이러ᄒᆞᆯ써" (석보상절 6, 5)

나. "내 … 새로 스믈 여듧 字ᄅᆞᆯ ᄆᆡᇰᄀᆞ노니 … 便安킈 ᄒᆞ고져 ᄒᆞᇙ ᄯᆞᄅᆞ미니라" (훈민정음언해, 3)

다. "부텨 맛나미 어려ᄫᅳ며 法 드로미 어려ᄫᅳ니 네 이제 사ᄅᆞᄆᆡ 모ᄆᆞᆯ 得ᄒᆞ고 부텨를 맛나 잇ᄂᆞ니" (석보상절 6, 10-11)

(7가)의 'ᄒᆞ시ᄂᆞ니'의 시제는 주절의 시제 (…)와 일치하고 그것은 또 발화시와 일치하므로 발화시 기준의 현재이다. 더욱이 이 문장에는 발화시 관련의 부사 '이제'가 나타나 있다. (7나)의 'ᄆᆡᇰᄀᆞ노니'는 실제적으로는 훈민정음이 완성된 뒤에 쓴 것이므로 모문의 사건시는 발화시에 선행한다. 차라리 'ᄆᆡᇰᄀᆞ로니'나 'ᄆᆡᇰᄀᆞ랫노니'가 실제의 상황에 더 어울리는 표현이다. (7다)의 '어려ᄫᅳ니'는 상태 동사인데 지시성이 희박한 구문에 쓰였으므로 시제를 정확하게 말할 수 없다. 일반적으로 상담 세계에서는 지시성이 뚜렷하여 시제가 분명하고 서사 세계에서는 그렇지 않음을 보았는데 대화와 같은 상담 세계일지라도 (다)와 같이 보편적 사실에 관련되면 사건시를 규정하기가 어렵다.

(8)은 직설법이 수식적 동명사형에 쓰인 것이다.

(8) 가. "이 지븨 사ᄂᆞᆫ 얼우니며 아ᄒᆡ며 現在 未來 百千歲中에 惡趣를 기리 여희리니" (월인석보 21, 99)

나. "다 如來ㅅ 威力이론 고ᄃᆞᆯ 아라라" (석보상절 9, 28)

다. 獸ᄂᆞᆫ 긔ᄂᆞᆫ 즁ᄉᆡᇰ이라 (월인석보 21, 113)

라. 耳ᄂᆞᆫ ᄯᆞᄅᆞ미라 ᄒᆞ논 ᄠᅳ디라 (훈민정음언해, 3)

(8가)의 '사ᄂᆞᆫ'은 모문의 사건시와 일치하기 때문에 현재 시제임에 틀림없다. (8나)의 '(威力)이론' 도 주절의 사건시와 일치하는 현재 시제로 해석된다. (8다)는 서사 세계에 사용된 예인데 시제를

규정하기 쉽지 않다. 이런 경우, 중세어에는 부정법으로 나타나는 일도 있어 형태 선택에 일관성이 없었다 (뒤에 나옴). (8라)의 'ᄒᆞ논'은 (6다)의 인용 동사 'ᄒᆞᄂᆞ니라'가 수식적 동명사형으로 바뀐 것인데 서사 세계의 수식적 동명사형에서도 역시 부정법, 추측법과 수의로 교체되었다[62].

〈부정법과 과거 시제〉

중세어에는 일정한 형태가 없이 과거 시제를 표시하는 일이 매우 넓게 확인된다[63]. 상태 동사와 계사에 어미가 붙을 때는 부정법 ∅가 회상법과 계열 관계를 형성하여 현재 시제를 표시함을 보았는데 동작 동사에서는 직설법 '-ᄂᆞ-', 회상법 '-더-'와 계열 관계를 형성하여 과거 시제를 표시한다. 먼저 정동사형에 나타나는 동작 동사의 부정법을 검토하기로 한다.

(9)는 대화, 곧 상담 세계에 쓰인 동사의 부정법이다.

(9) 가. "(世尊) … 世間애 샹녜 이셔 내 正法을 護持ᄒᆞ라 ᄒᆞ시이다" (석보상절 24, 45)
나. 주거미 닐오ᄃᆡ "내 ᄒᆞ마 命終호라" (월인석보 9, 36 상)
다. "네 아비 ᄒᆞ마 주그니라" (월인석보 17, 21)
라. ᄀᆞᇗ ᄀᆞᅀᅢ 자거늘 밀므리 사ᄋᆞ리로ᄃᆡ 나거ᅀᅡ ᄌᆞᄆᆞ니이다 (용비어천가, 67장)
마. "므스므라 오시니잇고" (석보상절 6, 3)
바. "엇던 行業을 지ᅀᅥ 惡道애 ᄡᅥ러딘다" (월인석보 21, 56)

(9가)의 'ᄒᆞ시이다'는 직설법 'ᄒᆞ시ᄂᆞ이다', 회상법 'ᄒᆞ시더이다'와 계열 관계를 이루어 과거 시제를 표시한다. 당대어의 '하셨습니다'에 해당한다. 동작 동사의 부정법도 앞의 직설법과 같이 [+사실성]의 의미가 주어진다. (9나)의 '命終호라'는 '命終ᄒᆞ-'에 선행 어미 '-오-$_1$'이 붙은 것인데 직설법 '~ᄒᆞ노라', 회상법 '~ᄒᆞ다라'와 계열 관계를 이루는 것이니 과거 시제임이 틀림없다. 더욱이 이 문장에는 과거 관련의 시간 부사 'ᄒᆞ마'가 동반되어 있다. (9다)의 '주그니라'는 동사에 보수적인 평술형 어미 '-(으)니라'가 붙은 것인데 '죽ᄂᆞ니라, 죽더니라'와 계열 관계를 형성할 수 있으므로 과거 시제임이 틀림없다. 이곳에서도 과거 관련의 시간 부사 'ᄒᆞ마'가 동반되어 있다. (9라)의 'ᄌᆞᄆᆞ니이다'는 'ᄌᆞᄆᆞ니라'의 아주높임의 존비법인데 역시 과거 시제이다. 곧 '잠겼습니다'이다. (9마)의 '오시니잇고'는 '오시ᄂᆞ니잇고, 오시더니잇고'와 비교하면 사건시가 발화시에 선행하는 과거 시제임이 분명해진다. (9바)는 (4라)와 대립되는 것인데 역시 과거 시제로 해석된다.

동사의 부정법은 사건시와 발화시가 무관한 서사 세계에서도 나타나는데 이 문제는 통보화용부(IX장)에서 종합적으로 다루기로 한다.

동작 동사의 부정법은 부동사형에서도 목격된다. 다음 (10)은 부동사형에 동작 동사의 부정법이 쓰인 것이다.

---

62) 'ᄒᆞ논'은 인용 동사 'ᄒᆞᄂᆞ니라'에서 '이라'가 떨어지고 선행 어미 '-오-$_2$'를 취하여 형성된 것이다. 이 문제는 고영근 (1982/2004가: 178), 허웅 (1975: 811) 참조.

63) 자자와 비슷한 방법으로 부정법을 세우는 업적으로는 김차균 (1987/1990), 최동주 (1995/2015: 64-66)를 들 수 있다.

(10) "내 ᄒᆞ마 發心호니 엇뎨 住ᄒᆞ며 降ᄒᆞ리잇고" (금강경삼가해 2, 4)

(10)의 '發心호니'는 '~ ᄒᆞ노니, ~ ᄒᆞ다니'와 계열 관계를 이루는 것인데 모문의 사건시 (…)에 선행한다. 모문의 사건시는 발화시 기준의 과거 시제로 해석할 수 있다. 더욱이 이곳에서는 과거 관련의 시간 부사 'ᄒᆞ마'가 나타나 있다.

(11)은 수식적 동명사형에 동작 동사의 부정법이 쓰인 것이다.

(11) 가. "鹿母夫人ᄋᆡ 나혼 고ᄌᆞᆯ 어듸 ᄇᆞ린다" (석보상절 11, 32)
나. "出家ᄒᆞᆫ 사ᄅᆞᄆᆞᆫ 쇼히 ᄀᆞᆮ디 아니ᄒᆞ니" (석보상절 6, 22)

(11가)의 '나혼'은 모문의 사건시에 선행하는 과거 시제이다. '낟논 (>난논), 나홀'과의 관계를 형성할 수 있다. (11나)의 '出家ᄒᆞᆫ'은 모문의 사건시에 선행하는 것 같지만 사실은 그렇지 않다. 상담 세계의 일절이기는 하여도 보편적 사실을 서술하는, 지시성이 희박한 구문이므로 주절의 사건시와는 무관하다. 이렇게 상담 세계의 경우라도 시제를 결정하기 어려운 경우가 있다. 수식적 동명사형은 서사 세계에서 그 나름의 질서를 유지하고 있다 (뒤에 나옴).

(12)는 동사의 부정법의 독립적 동명사형이 명사적으로 쓰인 것이다.

(12) 虞芮質成ᄒᆞᄂᆞ로 (<ᄒᆞᆫ ᄋᆞ로) 方國이 해 모ᄃᆞ나 (용비어천가, 12장)

(12)는 '우예' (虞芮)가 문왕에게 시비 (是非)를 질정한 것으로부터의 뜻이니 시제는 주절의 사건시에 선행한다.

고려 가요의 다음 예는 독립적 동명사형에 대격 어미가 붙은 것인데 상담 세계에 사용되었다는 특징이 있다.

(13) 德이여 福이여 호ᄂᆞᆯ (ᄒᆞ + 오 + ㄴ) 나ᄋᆞ라 오소이다. (악학궤범, 동동)

'~ 호ᄂᆞᆯ'은 '~하는 것을'의 뜻이다.

〈회상법과 과거 시제〉

중세어의 회상법 형태소는 '-더-'이다. 이는 구성소인 선행 어미 '-오-$_1$'과 결합되면 '-다-'로 바뀌기도 하는데 (고영근 2010다: 140), 직설법 '-ᄂᆞ-'와 마찬가지로 평술 정동사형과 부동사형에 걸쳐 확인된다.

(14)는 회상법 '-더-'가 대화에 쓰인 것이다.

(14) 가. "(須達) … 그딋 ᄯᆞᄅᆞᆯ 맛고져 ᄒᆞ더이다" (석보상절 6, 15)
나. "내 롱담ᄒᆞ다라" (석보상절 6, 24)
다. "내 지븨 이싫 저긔 受苦ㅣ 만타라" (월인석보 10, 23)
라. "네 겨집 그려 가던다" (월인석보 7, 10)

(14가)의 ‘ᄒᆞ더이다’는 화자가 주격 보족어 명사구의 행위에 대해 경험한 것을 상대방에게 회상하여 진술하고 있다. 이러한 의미는 직설법 ‘-ᄂᆞ-’와 계열 관계를 이룸으로써 나타나는 것인데 경험 사실을 회상한다는 점에서는 ‘-ᄂᆞ-’와 다르나 [+사실성]을 기반으로 하고 있다는 점에서는 공통된다. 이리하여 직설법과 회상법을 묶어 “서실법”이라고 한다. 서실법에는 부정법도 포함된다. 당대어와 조금도 차이가 없다. 그러나 (14나, 다)는 사정이 다르다. (14나)는 주격 보족어 명사구가 화자 자신일 때 ‘-더-’가 ‘-다-’로 바뀌어 실현된 것이다. 당대어에는 화자가 주격 보족어 명사구로 등장하는 문장에서는 ‘-더-’가 쓰이지 않는 일이 많다. (14다)는 형용사 ‘많다 (〈만ᄒᆞ다)’에 ‘-다-’가 붙은 것인데 역시 당대어에는 발견되지 않는다. (14나, 다) 역시 화자 자신이 과거에 경험했던 사실을 회상하여 진술하는 것이다. (14라)의 ‘가던다’는 제2인칭 의문형에 나타나는 회상법인데 상대방이 주격 보족어 명사구에 대해 경험한 사실을 회상시켜 묻고 있다[64].

회상법 ‘-더-’의 시제는 두 가지 관점에서 설명될 수 있다. 발화시를 기준으로 하면 과거 시제로 해석되고 경험시를 기준으로 하면 현재 시제가 된다. 당대어와 차이가 없다. 회상법은 지문과 같은 서사 세계에서도 나타난다 (뒤에 나옴).

(15)는 부동사형에 회상법이 나타난 것이다.

(15) “내 지븨 이셔 샹녜 環刀ㅣ며 막다히를 두르고 이셔도 <u>두립더니</u> 어제 ᄒᆞ오ᅀᅡ 무덦 서리 옛 나모 아래 이셔도 … ” (월인석보 7, 5)

위의 ‘두립더니’는 대화에 나타난 것인데 화자의 경험과 관련시킬 수 있다. 주절의 시제 (…)에 선행하므로 그 시제는 과거이다. 그러나 경험시 기준으로는 현재이다.

다음 (16)은 회상법이 수식적 동명사형에 쓰인 것이다.

(16) “내 <u>ᄒᆞ던</u> 이리 甚히 외다ᄉᆞ이다” (석보상절 24, 18)

위의 ‘ᄒᆞ던’은 대화, 곧 상담 세계에 나타난 것인데 ‘내 일을 ᄒᆞ다니라’로 전개할 수 있으므로 화자의 직접적 경험에 바탕을 두고 있다. 시제는 주절 사건시가 발화시에 선행하므로 사건시 기준의 현재이다. 그러나 발화시를 기준으로 하면 과거 시제가 된다.

〈추측법과 미래 시제〉

중세어의 추측법은 정동사형과 부동사형에서는 ‘-(으)리-’로 실현되고 수식적 동명사형에서는 ‘-(으)ㄹ’로 나타난다. 직설법 ‘-ᄂᆞᆫ’, 부정법 ‘-(으)ㄴ’, 회상법 ‘-던’과 비교해 보면 ‘*-(으)린’으로 실현되어야 할 것이나 실제 자료에서는 대부분 ‘-ㄹ’로 나타난다 (고영근 2010다: 155).

(17)은 추측법이 평술형에 나타나는 것이다.

---

64) 최동주 (1995/2015: 93-94)에서는 (14나, 다)와 같은 예를 중시하여 ‘-더-’를 통설과 같이 회상법으로 보지 않고 부정법과 함께 과거 시제의 하나로 보고 있다. 최동주는 상담 세계와 서사 세계에 나타나는 ‘-더-’를 묶어 미완료상을 나타내는 것으로 보고 중세어의 시상법을 시제와 동작상의 복합 체계로 보았다.

(17) 가. "내 願을 아니 從ᄒᆞ면 고졸 몯 어드리라" (월인석보 1, 12)
나. "이 사ᄅᆞᆷ ᄃᆞᆯ히 당다이 恭敬ᄒᆞ야 … 됴ᄒᆞᆫ 이리 하리이다" (석보상절 13, 46)
다. "내 이제 分明히 너ᄃᆞ려 닐오리라" (석보상절 19, 4)
라. "나옷 … 五百僧齋 아니ᄒᆞ단디면 … 地獄애 드로리라" (월인석보 23, 75)

(17가)의 '어드리라'는 발화시 이후에 일어날 일을 추측하는 것이다. 직설법, 부정법, 회상법은 [+사실성]이 바탕이 되어 있으나 추측법에서는 [-사실성]이 바탕이 되어 있다. 추측법을 달리 "서상법"(敍想法)이라고 한다. (17나)의 '하리이다'는 상태 동사가 추측법을 취한 것인데 발화시나 이후의 일을 추측한다. (17다)의 '닐오리라'는 '니ᄅᆞ-'에 선행 어미 '-오-$_1$'이 붙은 것인데 주격 보족어 명사구가 화자일 때는 일반적으로 의도의 의미가 파악된다. (17라)의 '드로리라'도 선행 어미 '-오-$_1$'을 취한 것인데 발화시 이후에 일어날 일을 확정적으로 표시한다. 주어가 화자이면 의도의 의미가 파악되는데 이곳에서는 그런 의미가 파악되지 않는다.

(18)은 추측법이 의문형에 나타난 것이다.

(18) 가. "ᄒᆞ마 주글 내어니 子孫ᄋᆞᆯ 議論ᄒᆞ리여" (월인석보 1, 7)
나. "네 엇던 혜ᄆᆞ로 나ᄅᆞᆯ 免케 ᄒᆞᇙ다" (월인석보 21, 55-56)

(18가)의 '~ ᄒᆞ리여'는 발화 당시의 사태의 가능성을 표시한다. (18나)의 'ᄒᆞᇙ다'도 발화 당시의 가능성을 표시한다.

(19)는 추측법이 부동사형에 나타난 것이다.

(19) 가. "이 善女人이 … 女人 잇ᄂᆞᆫ 世界예 다시 나디 아니ᄒᆞ리니 ᄒᆞᄆᆞᆯ며 ᄯᅩ 女身 受호미ᄯᆞ녀" (월인석보 21, 86)
나. "阿逸多아 그 쉰차힛 善男子 善女人의 隨喜功德을 내 닐오리니 네 이대 드르라" (석보상절 19, 2)

(19가)의 '나디 아니ᄒᆞ리니'는 (18가)와 같이 발화시 이후에 일어날 일을 추측하는 것이니 발화시 기준의 미래 시제를 표시한다. (19나)의 '닐오리니'는 '니ᄅᆞ-'에 선행 어미 '-오-$_1$'이 붙은 것인데 이런 경우는 대개 화자의 의도가 파악된다. 모문의 사건시가 발화시와 일치하므로 발화시 기준의 미래 시제가 된다.

(20)은 대화에 나타나는 수식적 추측 동명사형이다.

(20) 가. "ᄒᆞ마 命終ᄒᆞᇙ 사ᄅᆞᄆᆞᆯ 善惡 묻디 말오" (월인석보 21, 125)
나. "漸漸 無明 허롤 히미 이시리라" (몽산법어언해, 5)
다. "諸佛ㅅ 實法을 드르리 (들을이) 이시면" (법화경언해 2, 149)

(20가)의 '命終ᄒᆞᇙ'은 모문의 발화시에 후행하므로 미래 시제임에 틀림없다. 더욱이 이곳에는 미래 관련의 시간 부사 'ᄒᆞ마'가 나타나 있다. 정동사형과 부동사형에서 확인되던 추측 등의 양태적 의

미는 찾기 어렵다. (20나)의 '허롤'은 발화시 당시의 주체의 능력을 추측하는 의미가 파악된다. (20다)의 '들을'은 대화, 곧 상담 세계에 쓰이기는 했어도 지시성이 약하여 모문의 시제와 관련이 잘 맺어지지 않는다.

(21)의 '다앖'은 추측 독립적 동명사형이 명사적으로 쓰인 것이다.

(21) 내 쳔량앳 거시 다앖 업스니 (법화경언해 2, 75)

'다앖'의 'ㅅ'는, '사롧'에서 보는 바와 같이, 수식적 추측 동명사형 '-(으)ㄹ' 다음에 붙는 'ㆆ'의 표기상의 변종으로 생각한다[65]. 모문의 사건시와 관련을 맺기가 어렵다.

〈추측 회상법과 미래 시제〉

중세어에는 추측법과 회상법이 결합된 '-(으)리러-'가 나타난다.

(22) "得大勢여 … 당다이 부톄 ᄃᆞ외리러라" (석보상절 19, 33-34)

(22)는 추측 회상법이 대화에 나타난 것이다. 앞 (§7.4.2.1.A.(25), 478쪽)에서 든 당대어의 '-(으)ㄹ레라'의 직접적 소급형인데 당대어의 '-겠더-'와 큰 차이가 없다. 경험시 기준의 미래가 된다.

기본 서법에 이어 부차 서법의 양태성을 검토하기로 한다. 중세어의 부차 서법에는 확인법, 원칙법, 감동법을 둔다[66].

B. 부차 서법

〈확인법과 양태성〉

확인법은 앞 (§7.4.2.1.(29), 480쪽)에서 든 당대어의 확인의 선행 어미 '-것- ∝ -엇-'의 직접적 소급 형태를 대상으로 하는데 (고영근 1965/1999나: 163-164, 202-206), 중세어에는 '-거- ∝ -어-'로 나타나며 선행 어미 '-오$_1$-'과 결합되면 '-과-/-가-'로 교체된다 (고영근 1981/1998/2011나: 46). 확인법 형태소는 어간에 직접 붙을 수 있다. 이를 "부정 확인법"이라고 부른다. 실제로는 무표적인 ∅ 뒤에 선다.

(23)은 동사에 '-거- ∝ -어-'가 붙은 것이다.

(23) 가. 내 本來 求홀 ᄆᆞᅀᆞᆷ 업다니 오ᄂᆞᆯ이 宝藏이 自然히 니를어다. (법화경언해 2, 226장)
나. 王ㅅ 中엣 尊ᄒᆞ신 王이 업스시니 나라히 威神을 일허다. (월인석보 10, 9)

(23가)의 '니를어다'에서 '-거-' (>-어-)가 붙은 것은 '니를-'이 자동사이기 때문이고 (나)의 '일허다'에서 '-어-'가 붙은 것은 '잃-'이 타동사이기 때문이다. 확인법은 일방적 통보 기능이 강한 독백이나

65) 이런 표기는 동사 '다ᄋᆞ다'가 부정어 '없다'와 결합될 때 나타난다. 자세한 내용은 유창돈 (1964가: 123, 205) 참조.

66) 중세어의 부차 서법에 대하여는 고영근 (1981/1998/2011나: 135-214), 이승희 (1996), 김소희 (1996) 참조.

이에 준할 만한 말씨에서 흔히 나타난다. 자기 아버지의 말을 듣고 독백하는 것이다. 주격 보족어 명사구는 '보장'인데 제3인칭이다. 확인법이 동작 동사와 결합되면 동작이 발화시 직전에 완료되어 있음을 의미한다. 곧 '이르렀다' 또는 '이르러 있다'로 옮기는 것이 좋다. 이에 맞추어 (23가)에는 발화시 관련 부사 '오ᄂᆞᆯ'이 사용되어 있다. 당대어의 확인법 '-것-'은 오히려 발화시에 일치하는 시제를 표시한다. (23나)는 제석 (諸釋)들이 정반왕의 명종 (命終)을 보고 땅을 치고 슬퍼하는 말인데 역시 독백이다. 시제는 (23가) 같이 '잃었다' 정도로 옮겨진다.

(23)의 예를 검토해 보면 확인법은 심증 (心證)과 같은 화자 자신의 주관적 앎에 근거하여 사태를 확정적으로 판단하는 인식 양태의 하나이다. 따라서 이런 문장에는 화자의 주관에 관련되는 양태 부사 '반ᄃᆞ기' 등이 쓰일 수 있다.

(24)는 (23)의 '-거- ∝ -어-'에 선행 어미 '-오-$_1$'이 붙은 것이다.

(24) 가. "**오**ᄂᆞᆯ사 ᄉᆞᄉᆡ 얻과라" (월인석보 7, 9)
나. 곳 디ᄂᆞᆫ 時節에 ᄯᅩ 너를 맛보과라 (두시언해 16, 52)
다. "내 **이제** 훤히 즐겁과라" (법화경언해 2, 137)

(22)와는 달리 동사의 종류에 따른 형태의 교체는 발견되지 않는다. 타동사이건 비타동사이건 '-과-'만 실현된다. (24)도 (23)와 같이 일방적 통보 기능이 강한 독백에서 주로 나타난다. (가)는 난타 (難陁)가 기뻐하면서 스스로 하는 말이며 (나)는 두보가 이구년을 강남에서 만나게 되었음을 독백하는 것이다. (다)는 장자 (長者)가 자기 아들이 화댁 (火宅)에서 나와서 네 거리에서 사는 것을 보고 찬탄하는 말이다. (24)에서도 '-과-'가 동사에 붙으면 발화시 직전에 동작이 끝남을 의미한다. 이곳에서도 발화시 관련의 시간 부사 '오ᄂᆞᆯ'이 나타나 있다. (가)의 '얻과라'는 '얻었것다'로 해석된다. (24나)의 '맛보과라'는 동작 동사이므로 '만나 보았것다'로 해석된다. (24다)의 '즐겁과라'는 상태 동사에 '-과-'가 붙었다. 시제는 사건시와 발화시가 일치한다. '즐겁것다' 정도로 옮겨진다. (24)의 경우에도 화자가 자신의 주관적 앎에 근거하여 사태를 확정적으로 파악하므로 (23)과 같이 확인법의 테두리에 들어온다.

확인법은 정동사의 의문형, 명령형은 물론, 부동사, 수식적 동명사형에서도 발견된다.

(25) 가. 닐웻 ᄉᆞᅀᅵ예 네 快樂ᄋᆞᆯ 젼ᄎᆞᆺᄒᆞ얀다 (석보상절 24, 28)
나. 崔九의 집 알ᄑᆡ 몃 디윌 드러뇨 (두시언해 16, 52)
다. 比丘ᄃᆞᆯ하 부텻 양ᄌᆞᄅᆞᆯ 보아라 (석보상절 23, 13)
라. ① 그에 精舍ㅣ 업거니 어드리 가료 (석보상절 6, 22)
② 내 親히 저ᅀᆞᆸ고 香 퓌우ᅀᆞᆸ가니 부텻긔 信티 아니ᄒᆞᅀᆞᄫᆞ려 (월인석보 23, 88-89)
③ 길 우희 糧食 니저니 塞外北狄인ᄃᆞᆯ 아니 오리잇가 (용비어천가, 53)
마. 그 中에 ᄒᆞᆫ 長者ᄂᆞᆫ 우리 父母ㅅ 오라건 아로리러니 (월인석보 10, 24)

(25가)의 '젼ᄎᆞᆺᄒᆞ얀다'는 제2인칭 의문형인데 타동사 표지 '-어- (>야)'가 빠진 '젼ᄎᆞᆺᄒᆞᆫ다'와 비교하면 주관적 앎과 관련된 의미가 파악된다. (25나)는 제1 · 3인칭 의문형인데 '드르뇨'와 비교하면

의미가 분명해진다. '나 (두보) … (틀림없이) 들었는가', 곧 '(여러 번 틀림없이) 들었다'이다. (25다)의 '보아라'는 명령형인데 '보라'와 비교된다. (25라)는 부동사형에 확인법이 쓰인 것이다. ①의 '업거니'는 '업스니'와 비교할 수 있다. ②의 '퀴우ᅀᆞᆸ가니'의 '-가-'는 '-거-'에 '-오-$_1$'이 붙은 것인데 '퀴우ᅀᆞ보니'와 비교하면 확인의 의미가 파악된다. ③의 '니저니'는 타동사 '닞다'에 '-어니'가 붙었는데 '니즈니'와 비교하면 확인의 의미가 주어진다. 곧 '(틀림없이) 잊었으니'이다. (마)의 '오라건'은 수식적 동명사형으로서 '오란'과 비교된다.

확인법은 기본 서법의 하나인 추측법과 결합할 수도 있다. 확인법은 추측법의 뒤에 설 수도 있고 앞에 설 수도 있다. 이를 "추측 확인법"이라고 부른다.

(26)은 확인법이 추측법의 뒤에 오는 것이다.

(26) 가. ᄒᆞ마 비 <u>오려다</u> (월인석보 10, 85)

나. 그듸내 머리셔 ᄀᆞᆺ비 오난마ᄅᆞᆫ 如來ㅅ 舍利ᄂᆞᆫ 몯 <u>나소리어다</u> (석보상절 23, 54)

(26가)의 '오려다'에는 타동사 표지 '-어-'가 붙었고 (나)의 '나소리어다'에는 자동사 표지 '거 (>어)'가 붙었다. 이 환경에서는 '-거- ∝ -어-'가 불규칙하게 사용된다. (26가)는 당대어의 '(곧 비) 오렸다'의 직접적 소급 형태로서 독백이다. (26나)는 구시국왕 (拘尸國王)이 게 (偈)를 지어 신하에게 대답하는 말인데 독백의 성격이 짙다. 모두 화자 자신의 주관적 판단에 근거하여 발화시나 발화시 이후의 사태를 추측한다. 이곳에도 '틀림없이' 등의 양태 부사의 삽입이 가능하다.

(27)은 확인법이 추측법에 앞선 것이다.

(27) 살어리 살어리랏다 靑山애 <u>살어리랏다</u> (악장가사, 청산별곡)

위의 예는 경험시 이후의 사태를 역시 화자의 주관적 앎에 근거하여 추측하고 있다. 이곳에도 '틀림없이'와 같은 양태 부사가 쓰일 수 있다.

(28)은 추측 확인법이 정동사의 의문형과 부동사에 나타난 것이다.

(28) 가. 눌 더브러 무러ᅀᅡ ᄒᆞ리며 뉘ᅀᅡ 能히 <u>對答ᄒᆞ려뇨</u> (석보상절 13, 15)

나. 비ᄂᆞᆫ 사ᄅᆞᄆᆞᆯ <u>주리어니</u> ᄒᆞᄆᆞᆯ며 녀나ᄆᆞᆫ 쳔랴ᅌᅵᄯᆞ녀 (월인석보 9, 30)

(28가)는 '~ᄒᆞ료'가 쓰인 문장과 비교하면 확인의 의미를 추출할 수 있으며 (나)는 '주리니'와 비교할 수 있다. 부동사 어미 '-니' 앞에 '-거- ∝ -어-'가 쓰이면 (25라)와 함께 후행절이 반어법이 된다.

〈원칙법과 객관적 앎〉

중세어의 원칙법은 당대어와 큰 차이가 없다. 원칙법 '-(으)니-'는 직설법 '-ᄂᆞ-'와 회상법 '-더-' 아래 분포되는 것이 원칙이고 추측법과 확인법 뒤에 나타나는 일도 없지 않다.

(29)는 원칙법의 '-(ᄋᆞ)니-'가 직설법과 결합되는 직설 원칙법인데 대화에 쓰인 것이다.

(29) 가. "사ᄅᆞ미 살면 주그미 이실ᄊᆡ 모로매 <u>늙ᄂᆞ니라</u>" (석보상절 11, 36)

나. "舍利弗아 너희 부텻 마롤 고디 드르라 거츠디 아니ᄒᆞ니라" (석보상절 13, 47)

(29가)는 오백 태자가 연못가에 앉아 물 밑에 비치는 그림자를 보고 하는 말인데 일종의 집단독백(集團獨白)이다. 확인법에 미치지는 못하지만 원칙법도 일방적 통보 기능이 강하다. 사람이 늙는다는 사실을 발화 시점에서 피할 수 없는 객관적 사실로 파악하여 서로 확인하는 인식 양태이다. (나)는 부처의 법이 허망하지 아니함을 규범적인 것으로 파악하여 주의가 집중될 수 있도록 사리불에게 일깨워 주는 것으로 역시 일방적 기능이 파악된다. 확인법이 화자의 주관적 앎을 근거로 한 사태 판단이라면 원칙법은 화자는 물론, 청자도 인정하는 객관적 앎에 바탕을 둔 사태 판단이라고 할 수 있다. 의무 양태를 동반하는 인식 양태의 의미를 줄 수 있다.

(30)은 공적 상황에 쓰인 문장이다.

(30) 가. ㅋ는 엄쏘리니 快ㆆ字 처엄 펴아 나는 소리 ᄀᆞᄐᆞ니라 (훈민정음언해, 4)
나. 불휘 기픈 남ᄀᆞᆫ ᄇᆞᄅᆞ매 아니 뮐ᄊᆡ 곶 됴코 여름 하ᄂᆞ니 (용비어천가, 2장)

(30가)의 'ᄀᆞᄐᆞ니라'는 『훈민정음언해』에 나오는데 이 문헌은 세종이 백성을 대상으로 하는 공시적 (公示的) 성격을 띠고 있다. 청자인 백성의 주의가 'ㅋ'의 발음 방법에 집중되도록 하는 화자의 의도가 엿보인다. 의무 양태의 측면이 엿보인다 'ㅋ'의 발음은 누구나 인정하는 객관적 사실이다. (나)의 '하ᄂᆞ니'는 상태 동사가 동작 동사로 쓰인 것인데 반말의 평술형이다. (나)는『용비어천가』작자들이 뿌리가 깊은 나무는 바람에 움직이지 않아 꽃이 아름답고 열매가 많다는 사실을 객관적인 사실로 인정하여 그것을 백성들에게 일깨워 주는 것이다. 이 역시 의무 양태를 머금고 있다.

(31)은 회상법에 원칙법이 후행한 회상 원칙법이다.

(31) "부톄 方便力으로 三乘敎ᄅᆞᆯ 뵈요ᄆᆞᆫ 衆生이 … ᄒᆡ여 나게 ᄒᆞ다니라" (법화경언해 1, 158)

화자가 경험한 것을 상대방에게 설명함으로써 자기 이야기에 관심을 갖도록 설득시키고 있다[67]. 의무 양태의 일면을 머금고 있다.

(32)는 추측법과 추측 회상법에 원칙법이 후행한 것이다.

(32) 가. 周室이 다시 興起ᄒᆞ요미 맛당ᄒᆞ니 孔門을 당다이 ᄇᆞ료미 몯ᄒᆞ리니라 (두시언해 6, 21)
나. "내 아랫 뉘예 이 經을 바다 디녀 닐그며 외오며 ᄂᆞᆷ ᄃᆞ려 니르디 아니ᄒᆞ더든 … 三菩提ᄅᆞᆯ ᄲᆞᆯ리 得디 몯ᄒᆞ리러니라" (석보상절 19, 34)

둘 다 독백과 비슷한 장면에 나타난다. (32가)는 두보 (杜甫)가 일반 독자를 대상으로 발화시 이후에 일어날 일을 추측하는 관점에서 일깨워 준다. 역시 의무 양태를 머금고 있다. (32나)는 과거 사실의 가상을 나타낸다. 이때는 종속절이 '-더든' (…)으로 되는 것이 보통이다. 경험 당시 어떤 조

67) 회상 원칙법은 직설 원칙법과 함께 보수적인 평술형 어미와 형태상으로 구별이 되지 않는다. 이에 대한 논의는 고영근 (1982/2004가: 163-212) 참조.

건 아래에서는 사건이 일어나지 않았을 수도 있었다는 것을 일깨워 준다.

(33)은 확인법에 원칙법이 붙은 것이다.

(33) 녯 위안해 고지 절로 폣고 봄나래 새 도로 ᄂᆞᆯ어니라 (두시언해 8, 34)

고향에도 봄이 되어 꽃이 피고 새가 날아온다는 것을 스스로의 심중에 기대어 확인함으로써 독자의 주의를 환기한다[68]. 역시 의무 양태의 일면을 머금고 있다.

〈감동법과 느낌〉

감동법은 당대어에는 나타나지 않는 부차 서법이다. 감동법의 선행 어미에는 '-돗-'이 대표적이고 다소 보수적인 '-옷-'이 있다. 또 '-ㅅ-'도 확인된다 (고영근 2010다: 143, 1981/1998/2011나: 57) 감동법은 어간에 직접 붙는 일이 있다. 이를 "부정 감동법"이라 부른다.

(34)는 평술형에 감동법이 나타난 것이다.

(34) 가. "그듸 가 들 찌비 ᄇᆞᆯ셔 이도다" (석보상절 6, 35)
나. "太子ㅣ 그런 사ᄅᆞ미시면 이 이리 어렵도소이다" (석보상절 11, 19)

위의 '이도다'는 동사 '일-'에 '-도-'가 붙었다. 이때는 앞의 부정 확인법과 같이 사건시가 발화시에 선행한다. 더욱이 이곳에는 과거 관련의 시간 부사 'ᄇᆞᆯ셔'가 사용되어 있다. 이 문장은 수달의 물음에 대한 사리불의 답변인데 단순한 대화라기보다는 일방적 통보 기능이 강하다. 감동법도 앞의 확인법, 원칙법과 같이 일방적 통보 기능이 강한 세계 (상황)에서 나타난다. 수달이 들어가서 살 수 있는 집이 이루어졌음을 다행스럽게 생각하는 화자의 적극적 느낌[정감]이 추출된다. 의외성(뒤에 나옴)이 파악된다. 따라서 이 문장에는 '다행히' 등의 정감 부사를 넣을 수 있다. 적극적 느낌이란 기쁨에 관련되는 것인데 슬픔과 관련되는 소극적 느낌에 반대되는 개념이다. (나)는 '어렵도다'의 높임의 존비법이다. '어렵도소이다'는 시제 형태가 없는 부정 감동법인데 '어렵-'이 상태동사이므로 그 시제는 현재로 해석된다. 이 문장은 부왕의 중병에 눈동자와 골수를 제공하겠다는 태자의 말에 대하여 신하가 하는 말이니 소극적 느낌이 함축되어 있다. 이렇게 감동법은 화자의 적극적 내지 소극적 느낌을 표시한다.

화자의 느낌은 다소 보수적인 감동법 '-옷-'과, '-ㅅ-'에서도 확인된다.

(35) 가. 世尊이 世間애 나샤 甚히 奇特ᄒᆞ샷다 (월인석보 7, 14)
나. 우리 무ᄅᆞᆫ 스싀로 두루 ᄇᆞ터 ᄃᆞ녀 世上ㅅ 이레 제여곰 艱難ᄒᆞ소라 (두시언해 7, 26)

68) 조규태 (2002, 2017)에서는 풍부한 자료를 대상으로 지은이의 '원칙법'을 '단정법'으로 보아야 한다는 견해를 내 놓았다. 저자의 "원칙법"은 조선어학회의 『큰사전』의 정의에 뿌리를 두고 있다 (고영근 1965/1999나: 194 각주104). 한편 박진호 (2010)에서는 원칙법이 '-니-'에 의하여 표시된다는 지은이의 견해를 비판하고 직설법 '-ᄂᆞ-'에 의하여 표시된다는 견해를 내 놓기도 하였다.

(35가)의 '~ᄒᆞ샷다' (<ᄒᆞ시옷다)는 '-시-'에 '-옷-'이 붙은 것이다 (고영근 2010다: 143). 이 문장은 부처가 뜻밖에 7일 만에 아라한 (阿羅漢)을 이루어 내는 것을 보고 비구 (比丘)들이 찬탄하는 것이다. 이는 최근 유형론자들이 즐겨 사용하고 있는 "의외성" (意外性, mirativity) (가와사키 2016, 2017: 97-253)이 표현된 예이다. 부처를 대상으로 하는 말임에도 불구하고 '~ᄒᆞ샤ᄉᆞ이다'가 되지 않은 것은 그것이 독백임을 의미한다. (35나)는 다른 사람은 잘 되었는데 우리들은 어지러운 세상에서 표박하는 신세가 되었음을 한탄하는 의미가 함축되어 있다[69].

고려가요의 다음 예도 (35)에 준하여 해석할 수 있다.

(35) 가'. 三災八難이 一時 消滅ᄒᆞ샷다 (악학궤범, 처용가)
나'. 德이여 福이여 호ᄂᆞᆯ 나ᄋᆞ라 오소이다 (악학궤범, 동동)

(35가')는 처용의 덕으로 삼재팔난이 소멸되었음을 독백한 것이다. 화자의 적극적 느낌이 나타나 있다. 시제는 동사에 붙었으므로 과거이다. 곧 '소멸하시었구나'이다. 앞의 의외성 (앞에 나옴)으로 설명할 수 있다. (35나')에는 적극적 느낌이 함축되어 있고 동사에 붙었으므로 과거로 해석된다. 곧 '(바치러) 기꺼이 왔습니다'이다.

감동법은 느낌 이외의 주관적인 앎을 표시하는 일도 있다.

(36) 가. "羅卜이 롫디면 내 빗소배셔 난 아기로소이다" (월인석보 23, 86)
나. "므슴 方便ᄋᆞᆯ 브터 三摩地예 드ᄉᆞᆫ다" (능엄경언해 5, 31)
다. "ᄒᆞᆫ 大藏敎ㅣ 이 사곤 거시어시니 아래이 無ㆆ字도 사기도소니야" (몽산법어언해, 60)

(36가)는 존비법이 높임 (ᄒᆞ쇼셔체)으로 되어 있지만 일방적 통보 기능이 강하다. '-로소이다'는 '*-로ᄉᆞ이다' (<*-도ᄉᆞ이다)가 모음 동화에 의해 형성된 것이다 (고영근 1981/2011나: 55, 288-294, 2010다: 143). 이곳에는 느낌보다는 화자의 심증에 의한 주관적 믿음이 함축되어 있다. 틀림없이 나복이 자기 뱃속에서 태어난 아기라는 것이다. 의외성으로 설명할 수 있다. (36나)는 '들-'에 '-ㅅ-'와 제 2인칭 의문형 어미 '-ㄴ다'가 붙은 것인데 '틀림없이'와 같이 화자의 주관적 앎에 관련되는 부사가 삽입될 수 있다. (다)의 '사기도소니야'는 제 1·3인칭 의문형인데 '사기 + 돗 + ᄋᆞ니야 (>오니야)'로 분석된다. 시제는 동사에 붙었으므로 과거이다. 더욱이 이곳에는 과거 관련 부사 '아래'가 나타나 있다. 역시 '틀림없이'와 같은 부사를 넣을 수 있다.

직설법, 회상법, 추측법, 추측 회상법에 후행하는 감동법도 비슷한 기능을 띠고 있다.

(37)은 직설 감동법이다.

69) 중세어의 감동법 '-ㅅ-'은 앞 (§6.3.2.3.C)의 복수 첨사와 같이 통범주의 성격을 지니고 있다는 것이 판명되어 주목의 대상이 되고 있다 (가와사키 2014, 2016/2017: 31-95). 저자는 위의 '-ㅅ-'을 감동법의 하나로 처리하였었는데 (고영근 1981/2011나: 51-58, 170-211) 그것이 사실이라면 앞의 복수 첨사 (§6.3.2.3.C)와 같이 통범주적 접사의 유형에 포섭할 수 있다. 중세어의 '-ㅅ-'의 통범주적 성격이 당대어의 첨사 '들'과 시기를 달리하여 어떻게 소멸하고 산생되는가 하는 문제가 풀려야 할 것이다.

(37) 가. 이 男子ㅣ 精誠이 至極홀씩 보빅를 아니 앗기놋다 (월인석보 1, 11)
나. "西方애 聖人이 나시노소니 이 後로 千年이면 그 法이 이에 나오리로소이다" (월인석보 2, 49)
다. "우리도 이 偈를 좃즛바 외오노소라" (월인석보 8, 100)

(37가)의 '앗기놋다'는 '앗기 + ㄴ (<ᄂᆞ) + 옷 + 다'로 분석된다. 이 문장은 '俱夷 너기샤딕'에 계속되므로 독백임이 틀림없다. '놀랍게도' 등의 적극적 느낌 표시의 부사를 넣을 수 있다. 의외성이 파악된다. (나)는 부동사형에 나타나는 것인데 '나시 + ㄴ (<ᄂᆞ) + 옷 + ᄋᆞ니 (>오니)'로 분석된다. 느낌보다는 주관적 앎과 관련된다. (다)의 '외오노소라'는 '외오 + ㄴ (<ᄂᆞ) + 옷 + 오 + 라'로 분석되는데 감동법의 '-옷-'에 선행 어미 '-오-'가 붙은 것이다. 이 곳에는 '기꺼이'와 같은 적극적 정감 표시의 부사가 쓰일 수 있다. 위의 예들에서도 (35)에서 본 의외성의 의미를 파악할 수 있다.

(38)은 회상 감동법이다.

(38) 가. 우리돌히 요ᄉᆞ싀예 大師 겨신 짜홀 모ᄅᆞ다니 忉利天에 겨시닷다 (월인석보 21, 201)
나. 부텨 니르시논 解脫올 우리도 得ᄒᆞ야 涅槃애 다ᄃᆞ론가 ᄒᆞ다소니 오ᄂᆞᆳ날 이 ᄠᅳ들 몯 아ᄉᆞᄫᆞ리로다 (석보상절 13, 43)

(38가)의 '겨시닷다'는 '겨시 + 더 + 옷 + 다'로 분석된다 (고영근 2010다: 143; 1981/1998/2011나: 53). 이 문장은 여래가 곧 열반에 든다는 말을 듣고 중생들이 독백하는 것이다. '뜻밖에도'와 같은 적극적 느낌 표시의 부사가 쓰일 수 있다. 역시 의외성의 개념으로 설명할 수 있다. (38나)의 'ᄒᆞ다소니'는 'ᄒᆞ + 더 + 옷 + 오 + 니'로 분석되는데 '-옷-'에 선행 어미 '-오-'가 붙었다. '틀림없이'가 삽입될 수 있으니 주관적 앎의 의미가 파악된다.

(39)는 추측 감동법이다.

(39) 가. "父王이 오ᄂᆞᆯ … 菩提心을 어루 發ᄒᆞ시리로소이다" (법화경언해 7, 135-136)
나. "어마니ᄆᆞᆯ 아라 보리로소니잇가" (월인석보 23, 86)
다. 이 世界옌 千佛이 나시리로소니 이 劫 일후므란 賢劫이라 ᄒᆞ져 (월인석보 1, 40)

(39가)의 '~ᄒᆞ시리로소이다'는 'ᄒᆞ시 + 리 + 롯 + ᄋᆞ이다 (>오이다)'로 분석된다. 높임의 존비법(ᄒᆞ쇼셔체)로 되어 있지만 일방적 통보 기능이 매우 짙다. 이곳에는 느낌보다는 주관적 앎, 곧 인식 양태가 파악된다. (나)의 '보리로소니잇가'는 '보 + 리롯 (<리돗) + ᄋᆞ니잇가 (>오니잇가)'로 분석되는데 '틀림없이'를 삽입할 수 있다. (다)의 '나시리로소니'는 '나시 + 리 + 롯 + ᄋᆞ니 (>오니)'로 분석되는데 역시 '틀림없이'를 쓸 수 있다.

(40)은 추측 회상 감동법이다.

(40) "ᄒᆞ다가 우리 큰 法 즐길 ᄆᆞᅀᆞᄆᆞᆯ **두던댄** 부테 날 爲ᄒᆞ샤 大乘法을 니ᄅᆞ시리라ᅀᆞ이다" (법화경언해 2, 231)

‘니ᄅᆞ시리라ᄉᆞ이다’는 ‘니ᄅᆞ시 + 리러 + 옷 + ᄋᆞ이다’로 분석된다. 이 문장은 불제자들의 일방적 진술이다. 이 곳에는, (32나)의 추측 회상 원칙법과 같이, 가상의 종속절을 이끌고 있다 (진한체). 어떤 조건이 충족되었더라면 틀림없이 성취할 수 있었으리라고 아쉬워하는 의미가 파악된다.

7.4.3.2. 동작상

중세어도 당대어와 같은 동작상의 범주를 설정할 수 있다. 동작상은 의존적 부동사 어미와의 결합에 의해 표시되며 나머지 부동사형에서도 그런 기능이 파악된다. 중세어도 당대어와 같이 정동사 중심의 완료상과 진행상만 언급하고 예정상과 부동사형에서 실현되는 동작상에 대하여는 고영근 (2004/2007: 369)로 미룬다.

A. 완료상

완료상은 의존적 부동사 어미에 의한 우언적 표현에 기대어 표시된다.

(41)은 부동사 어미 ‘-어’와 상태 동사 ‘잇다/겨시다’가 결합되어 완료상을 표시하는 것이다.

(41) “迦葉比丘ㅣ 왯ᄂᆞ니여” (석보상절 23, 39)

의존 동사 ‘잇’이 자립 동사와 한 음절을 이룰 때는 다음 예와 같이 15세기에 이미 ‘ㅣ’가 탈락되는 일이 있었다.

(41') ᄒᆞ마 得ᄒᆞ얏노이다 (남명집언해 상, 53장)

(41)의 ‘왯ᄂᆞ니여’는 온 상태가 발화시를 전후하여 지속됨을 의미하는데 당대어에서도 목격된다. ‘와 있느냐’로 해석된다[70].

‘-어 잇다’의 완료상 기능은 부착 동사에 붙을 때 잘 드러난다.

(42) 가. “우리도 兵馬 뒷노소니 저티 아니호리이다” (석보상절 23, 54)
나. 眞金 소ᄂᆞ로 니버 겨신 僧伽梨衣를 아ᅀᆞ시고 (석보상절 23, 8)

(42가)의 ‘뒷노소니’는 ‘두-’에 ‘-어 잇다’가 붙은 것이다. 이런 경우는 어미 ‘-어’가 탈락되고 ‘ㅅ’만 남는다 (고영근 2010다: 134)[71]. ‘두고 있으니’로 옮겨지는데 완료된 동작의 지속을 의미한다. (42나)의 ‘니버 겨신’은 ‘입고 계신’으로 옮겨지는데 역시 완료된 동작의 지속을 의미한다. ‘두다, 입다’는 무엇이 어디에 부착되는 의미를 표시하므로 ‘-어 잇다’와 결합되면 완료상의 기능이 더 분명해지는 것이다.

중세어의 완료상 형태는 상태 동사에도 붙는다.

(43) ᄃᆞᄅᆞᆫ 이 넷 ᄀᆞ올히 블갯ᄂᆞ니라 (두시언해 8, 36)

70) 우창현 (2005)에서는 중세어의 완료상을 관점상으로 해석하고 있다.

71) 이현희 (1994나: 79)에 기대면 ‘뒷더시니’는 ‘*두우 잇더시니’에서 변한 것으로 보고 있다 (P.196).

이때에는 상태 동사 '붉다'가 자동사로 겸용되어 완료상을 취한 것으로 보인다. 곧 '밝혀져 있느니라'로 해석된다[72].

(44)는 '잇다' 이외의 의존 동사가 의존적 부동사형과 결합하여 완료상을 표시하는 것이다.

(44) 가. 발로 갌 山올 드듸니 즈믄 무듸 다 글희여 디거늘 (월인석보 23, 79)
나. 地獄올 붓아 브려 (월인석보 21, 181)
다. 제 모맷 고기롤 바혀 내는 드시 너겨 흐며 (석보상절 9, 12)

(44가)의 '디다'는 피동의 의존 동사이다. 한 상태가 끝나고 다른 상태가 시작됨을 표시하고자 할 때 쓰인다. 곧 풀어지기 전의 상태에서 풀어진 상태로 옮아 감을 의미한다[73]. (44나, 다)의 '브리다, 내다'는 당대어와 같이 완료상이다. 보유의 의존 동사 '두다, 놓다'도 모두 완료상으로 처리된다. 그런데 (44)의 예는 모두 지문에 나타나는 예이다.

B. 진행상

진행상도 보조적 부동사 어미에 의한 우설적 표현과 보통의 부동사 어미에 기대어 표시된다.

(45)는 의존적 부동사 어미 '-고'와 진행의 의존 동사 '잇다'가 결합되어 진행상을 표시하는 것이다.

(45) "네 … 내 풍류바지 드리고 됴흔 차반 먹고 이쇼듸 엇뎨 몯 듣고 몯 보노라 흐느다" (석보상절 24, 28)

당대어는 이 형태가 넓게 분포되어 있어 상태의 지속을 표시하는 경우에도 쓰이고 있으나 중세어는 그 예가 많지 않다. 직설법 '-느-'가 나타나지 않는 어미 '-오듸, -어도, -거니' 앞에 주로 나타난다[74].

다음 (46)은 완료상의 의존 동사 구성 '-아 잇다'가 진행상으로 쓰인 것이다.

(46) 王이 듣고 깃거 그 나모 미틔 가 누늘 長常 쏘아 잇더라 (석보상절 24, 42)

위의 예는 서사 세계에 나타나는 지문의 예인데 과거의 어느 시점에서 동작이 반복적으로 진행되고 있었음을 의미한다. '(항상) 쳐다보고 있었다'로 해석된다. 당대어의 '-아 있다'는 분포에 제한을 받는데 중세어에서는 분포가 넓어 진행상의 표시에도 쓰였다[75]. 이 문제는 뒤에서 다시 논한다[76].

---

72) 관련 논의는 고영근 (2004/2007: 373-374) 참조. 한편 박진호 (2006)에서는 겸용설을 부인하고 통언어적 관점에서 일시적 상태를 표시할 때 쓰인다는 견해를 내놓았다. 이는 동작상을 어떻게 규정하느냐에 따라 결정되는 문제이다 (고영근 2004/2007: 551).

73) 저자는 고영근 (1981: 162)에서 '-어 디다'를 진행상으로 처리한 바 있는데 이는 잘못이었다. 이러한 동사는 변화 동사인데 완료상에 소속된다. 저자는 위 책의 보설판 (補說版) (1987)에서 이런 점을 지적한 바 있으며 보정판 (1998: 207)과 제4판 (2911나: 222, 232)에 그대로 반영하였다.

74) '-고 있다'의 예는 이기갑 (1981), 고영근 (1981/1987/1997/2011나: 225-226), 정언하 (2006) 참조. 마지막의 정언학의 보고에 기대면 중세어에 나타나는 '-고 잇다'는 13회라고 한다.

75) 『대명률직해』에는 '-어 잇다'에 대응하는 '爲有'가 나타나는데 완료상과 진행상의 복합 범주를 형성하고 있었

〈서법과 동작상〉

중세어의 동작상의 의미는 동작상 형태에서만 나타나는 것이 아니라 서법 형태에서도 확인된다. (47)은 앞에서 살펴본 기본 서법이다.

(47) 가. "내 ᄒᆞ마 命終호라" (월인석보 9, 36 상)
나. "이제 惡趣예 이셔 至極 受苦ᄒᆞᄂᆞ다" (월인석보 21, 53)
다. "그딋 ᄯᆞᄅᆞᆯ 맛고져 ᄒᆞ더이다" (석보상절 6, 15)
라. "내 願을 아니 從ᄒᆞ면 고줄 몯 어드리라" (월인석보 1, 12)

(47가)는 동작 동사의 부정법인데 완료상으로, (47나, 다)는 직설법과 회상법인데 진행상으로, (47라)는 추측법인데 예정상으로 각각 고쳐 해석할 수 있다. 이렇게 기본 서법은 동작상의 관점에서도 해석할 수 있다.

완료상은 부차 서법의 부정법에서도 확인된다.

(48) 가. 오ᄂᆞᆯ 이 寶藏이 自然히 니를어다 (법화경언해 2, 226)
나. 잘 오도다 羅ㅏ아 (월인석보 23, 76)

(48가)는 부정 확인법인데 완료상으로, (48나)는 부정 감동법인데 역시 완료상으로 다시 해석된다.

7.4.4. 고대어의 시상법과 그 변화

7.4.4.1. 고대어의 시상법

고대어의 시상법은 자료의 부족과 해독상의 문제가 걸려 있어 그 실상을 정확하게 파악하기가 어렵다. 주로 향가 자료와 석독 구결 자료를 중심으로 구성한 고영근 (1998나, 2004/2007: 387-388)과 김영욱 (1999)의 논의 결과를 수용하면서 그 얼개를 그려 보기로 한다. 'ㅌ, ㅏ, ォ'가 중세어의 'ᄂᆞ', '노'. '(으)리'에 대응한다면 고대어에도 기본 서법이 성립되어 있었다고 말할 수 있다. 〈서동요〉와 〈풍요〉에서 '가다, 오다'로 해독되는 '去如, 來如'는 중세어의 부정법과 거의 일치한다. 서동요의 예를 들면 다음과 같다.

(1) 夜矣 卯乙 抱遣 去如

위의 '去如'는 고대어의 부정법을 대표하는 예로서 '갔다'로 해석된다 (§7.2.4.1, 431쪽).

다 (고영근 2006가).

76) 중세어의 서법에 대한 동작상적 해석은 고영근 (1981/1998/2011나: 125-126)을, 당대어의 시제, 서법에 대한 동작상적 해석은 남기심 · 고영근 (2014: 327), 고영근 · 구본관 (2008/2018: 428) 참조. 중세어의 시상 체계를 저자와 달리 파악한 대표적 업적은 최동주 (1995/2015)가 있다.

회상법은 석독 구결에서는 보이지 않고 향가에서 어느 정도 실체가 확인되어 있다. '氵, 𠂉, ㅁ'는 중세어의 부차 서법의 하나인 '아, 거'와 대응된다는 점에서 부차 서법의 소급형으로 볼 수 있다. 그러나 위와 같은 서법 형태소가 어떠한 과정을 밟아 중세어의 기본 서법과 부차 서법으로 발달하였는가 하는 문제는 앞으로 풀어야 할 과제라 하겠다. 『대명률직해』 등의 이두 자료에 보이는 '爲有'는 'ᄒᆞ야 잇다'로 읽히고 동시에 진행과 완료상의 복합 범주였다는 사실을 고려하면 (고영근 2006가), 고대어도 중세어와 같이 서법과 동작상의 이원적 체계로 구성되어 있다는 것을 확인할 수 있다.

7.4.4.2. 시상법의 변화

중세 이후의 시상법의 변화는 기본 서법, 부차 서법, 동작상의 순서로 진행된다77).

A. 기본 서법의 변화와 현재 시제형의 형성

중세어의 부정법은 정동사는 물론, 부동사와 동명사에 이르기까지 반듯한 체계를 형성하고 있었다.

(2) 가. 평술형: ᄒᆞ다 비교: ᄒᆞᄂᆞ다, ᄒᆞ더라, ᄒᆞ리라
나. 의문형: ᄒᆞ녀 비교: ᄒᆞᄂᆞ녀. ᄒᆞ더녀, ᄒᆞ려 <*ᄒᆞ리녀
다. 부동사형: ᄒᆞ니 비교: ᄒᆞᄂᆞ니, ᄒᆞ더니, ᄒᆞ리니
라. 수식적 동명사형: ᄒᆞᆫ 비교: ᄒᆞᄂᆞᆫ, ᄒᆞ던, ᄒᆞᆯ<*ᄒᆞ린

(2)는 중세어의 부정법을 정동사의 평술형과 의문형, 부동사, 동명사에 이르기까지 나열한 것이다. 평술형에는 이른바 둘째 설명법이라고 하는 '-(으)니라' 계열의 어미가 있으나 (고영근 1981/2011나: 20), 서술의 편의를 위하여 보류하기로 한다. 평술형의 'ᄒᆞ다', 의문형의 'ᄒᆞ녀', 부동사형의 'ᄒᆞ니', 수식적 동명사형의 'ᄒᆞᆫ'은 나머지 어형과 비교하면 '-∅-'가 일정한 기능, 다시 말ᄒᆞ면 '과거'와 같은 기능을 표시하는데 이를 부정법 (不定法)이라 불렀었다 (고영근 1981/1998/2011나: 18-23). 그런데 위의 네 활용형에 나타나는 부정법은 근대로 접어들면서는 완전히 소멸되었다. 다음 예를 보기로 한다.

(3) 가. (네 언제 온다) "그저 긃피: <u>오라</u>"/大前日來了 (번역 박통사 상, 51)
나. "네 언제 <u>온다</u>" (你幾時來) (그저 긃피: <u>오라</u>) (번역 박통사 상, 51)
다. (음식은 우리 뎜에 집사ᄅᆞ미) 요제 <u>나가니</u> (/新近出去了) (진실로 사ᄅᆞ미 ᄃᆞ호리 업세라) (번역노걸대 상, 68)

(고영근 2004/2007: 389)

위의 예는 16세기 초의 『번역박통사』와 『번역노걸대』의 예인데 평술 정동사와 부동사에서 부정법

---

77) 이 부분은 고영근 (2004/2007: 8장)의 내용과 부분적으로 겹친다는 것을 밝혀 둔다.

'-∅-'이 실현되어 있어 과거 시제의 기능이 주어진다는 것은 누구든지 긍정할 수 있다. 그런데 17세기 후반에 나온『박통사언해』와『노걸대언해』에는 다음과 같이 과거형으로 치환되어 있다.

(3) 가'. … 긋그적씌 왓노라 (박통사언해 상, 46)
　나'. … 인시에 낫노라 (노걸대언해 하, 64)
　다'. … 요소이 나가시니 (진실로 달홀 사ᄅᆞ미 업ᄉᆞ니) (노걸대언해 상, 61)
(고영근 2004/2007: 389)

초간본에서는 부정법 '-∅-'가 과거 시제를 표시하였었는데 17세기 후반에는 이미 과거 시제로 변하여 있었던 중세어의 완료상이 그 자리를 차지하고 있다. 이들은 완료상이 과거 시제로 변화하고 부정법이 소멸되는 연대를 측정하는 자료로 이용할 수 있다.

다음은 부정 의문법이 과거 시제로 전환하는 예이다.

(4) 가. 너희 술 어드라 갓든이 다 도라왓ᄂᆞ냐 (박통사신석언해 3)
　나. 네 언제 王京셔 떠낫ᄂᆞᆫ다 (청어노걸대언해 1, 1)
(고영근 2004/2007: 390)

위의 예는 15세기라면 '돌아온다, 써ᄂᆞ다'로 실현되는데 위의 두 문헌이 나온 18세기 후반에는 부정 의문법도 당시 이미 과거 시제화하여 있던 '-어 잇-'의 축약형 '-엣-'이 과거로 변하였음을 알려준다.

일반적으로 동사의 부정법은 과거로 해석되나 근대에 들어오면서는 미래, 곧 비과거로 해석되는 예가 보인다.

(5) 不久에 還써ᄒᆞ시다 ᄒᆞ오니 이번의 서ᄅᆞ 離別ᄒᆞ면 언제 다시 뵈올지 (인어대방 1, 35앞)

이는 당대의 '동사 어간 -다'에 의한 부정법이 직설법으로 전환하여 과거는 물론, 현재와 미래에 두루 쓰이게 된 연원이 꽤 오래되었음을 뒷받침한다고 하겠다 (곽용주 1996: 56, 고영근 2004/2007: 393).

다음 예는 중세어의 직설법 '-ᄂᆞ-'가 현재 시제 표지로 변화하는 것이다.

(6) 가히 ᄇᆡ호기를 즐긴다 닐올 디니라 (소학언해 3, 7)

(6)은 15세기 같으면 '즐기ᄂᆞ다'가 되어야 할 것이 16세기 후반에 모음 어간 아래에서 현재 시제 표지 '-ㄴ-'으로 변하는 예이다. 처음에는 (6)과 같이 모음 어간 아래에서 이런 일이 일어났으나 차츰 '먹ᄂᆞᆫ다'와 같이 자음 어간 아래에서 '-ᄂᆞᆫ-'으로 분화를 일으켰고 마침내 당대어와 같이 모문의 정동사형에까지 파급되어 당대와 같은 현재 시제 표지 '-ㄴ- ~ -ᄂᆞᆫ-'이 형성되기에 이르렀다.

(7) ᄆᆞᆯ이 쇠거름 ᄀᆞ티 즈늑즈늑 것ᄂᆞᆫ다 (노걸대언해 하, 8)

근대 후기에 들어서면 (7)과 같이 자음 어미 아래 붙는 '-ᄂᆞᆫ-'이 이미 현재 시제로 확립된 다음, 아래의 (8)과 같이 '-엇-'과 계열 관계를 이루어 시제 표지로 자리를 잡게 되었다.

(8) 두 兩 銀에 술을 먹엇다 (몽어노걸대 3, 11)

직설법 '-ᄂᆞ-'가 평술 정동사에서 '-는/ㄴ-'으로 기능 전환을 하는 반면에, 부동사 어미 '-니' 앞에서는 완전히 그 모습을 감추어 버렸다.

(9) 가. 우리 高麗ㅅ 사ᄅᆞᆷ이 아디 몯ᄒᆞ니 네 다 보람 두고 (노걸대언해 상, 58)
나. 이러면 저린 외 이시니 이제 즉제 가져오마 (노걸대언해 상, 57)

(9)를 보면 16세기 초의 초간『노걸대』에서는 '몯ᄒᆞ노니 (가), 잇ᄂᆞ니 (나)'로 나타나던 것이 중간본에서는 위와 같이 직설법 표지가 흔적도 없이 사라져 버렸다.

중세어의 회상법은 주격 보족어 명사구가 제1인칭, 곧 화자 자신일 때에는 그에 일치하여 '-다-'로 변하였는데 근대어에서는 모두 '-더-'로 통합되어 당대어와 같아졌다.

(10) 내 前年에 셔울 잇더니 갑시 다 ᄒᆞᆫ 가지로다 (노걸대언해 상, 8)

위의 '잇더니'는 16세기 초의『번역노걸대』에서는 '잇다니'로 나타나 있어 1세기 반에 걸친 기간에 회상법의 화자 일치 현상이 소멸되었음을 알 수 있다. 그러나 당대어에 보이는 비동일 주어 제약은 보이지 않는다.

중세어의 동명사는 수식적 기능이 우세하였고 독립적 기능은 드물었으며 고대어의 단계에는 독립적 기능이 수식적 기능을 압도할 정도였는데 (§6.2.4.3.C.〈동명사〉, 169쪽), 16세기부터는 독립적 기능마저 완전히 사라졌다.

(11) 가. 自枉詩ᄒᆞᄂᆞ로 已十年이오 (두시언해 11, 5)
나. 내 천량앳 거시 다ᄋᆞᇝ 업스니 (법화경언해 2, 75)

(11가)의 '~ ᄒᆞᄂᆞ로', (나)의 '다ᄋᆞᇝ'이 독립적 동명사형인데 극소수에 국한하기 때문에 뒤에 의존명사가 숨어 있는 것으로 보는 것 (허웅 1975: 644)이 문법 서술에 이득이 많아 보인다.

B. 부차 서법의 변화

부차 서법 중 원칙법은 큰 변화가 없고 확인법과 감동법만 당대어와 다르다.
다음 예는 확인법이 변화를 입는 것이다.

(12) 가. 뎡이 너를 ᄎᆞ즈라 가라 ᄒᆞᆯ 제 네 또 왓다 (몽어노걸대 4, 17)
나. 두 냥에 수를 먹엇다 (청어노걸대 7, 6)

(12)의 예는 16세기 초의『번역노걸대』에는 다음과 같이 확인법이 사용되어 있다.

(12) 가'. ~ 오나다
　　나'. ~ 머거다

근대에 와서 과거 내지 완료형으로 대치된 것은 확인법 '-거- ∝ -어-'에 완료 내지 과거적인 기능이 곁들여 있는 데 원인이 있는 것으로 보인다. 그러는가 하면 중세어의 확인법이 남아 있는 예도 보인다.

(13) 이 술위 술윗박회 밧 도리 해야 디거다 (노걸대언해 하, 32-33)

확인법이 당대에 와서 매우 소극화된 것이 태생적으로 확인 · 완료의 기능을 겸한 것과 관련이 있는지 모르겠다.

다음은 감동법의 소멸에 관련되는 노걸대류의 자료이다.

(14) 가. 이 세 낫 지즑을 너를 주니 ᄭᆞᆯ라 (노걸대언해 상, 23)
　　나. 이 직금 흉븨 비단은 蘇州셔 온 사오나온 비단이니 (노걸대언해 하, 25)
　　다. 큰형아 우리 가노라 (노걸대언해 하, 65)

(14)는 초간본에는 모두 다음과 같이 감동법이 사용되어 있다.

(14) 가'. ~ ᄭᆞᄅᆞᄉᆞ라
　　나'. ~ 비다니로소니
　　다'. ~ 도라가노소라

그러니까 위의 자료를 통하여 근대어에 들어와서 중세어의 감동법 '-ㅅ-, -롯- (<-돗-), -옷-'이 소멸되었음을 확인할 수 있다.

감동법의 소멸은 감탄법이라는 새로운 문체법을 형성하는 동기를 부여하여 주었다. 다음 예가 그러한 것이다.

(15) 가. 셜워 날을 죽게 ᄒᆞᄂᆞᆫ고나 (박통사언해 하, 26)
　　나. 草廬를 香山 우희 지엇또다 (박통사언해 중, 22)

(15)는 17세기 후반에 등장한 감탄형인데 (가)와 (나)를 비교하면 '-ᄂᆞᆫ-'이 과거 시제화한 '-엇-'과 계열 관계를 이루고 있음을 알 수 있다.

C. 동작상의 기능 변화

앞에서 저자는 중세어의 동사의 부정법이 근대에 와서 과거 시제 '-엣->-엇-'으로 변화하였다는 사실에 주목한 바 있다.

(16) 긎그적씌 왓노라 (박통사언해 상, 46)

위의 예는 중세어의 동사의 제1인칭 부정법 (3가) (513쪽)가 17세기 후반에 직설법 과거로 변한 것인데 뒤집어 보면 이는 중세어의 완료상 '-어 잇-'이 과거 시제로 변화하였음을 뒷받침하는 예로 활용할 수 있다.

중세어에는 '-어 잇-'이 대부분 완료상을 표시하나 드물기는 하나 과거를 표시하는 일도 있었고 (고영근 2004/2007: 376), 더욱이 16세기에 들어오면 '-어 잇-'이 '-엣-'으로 축약됨과 함께 과거 시제가 형성되는 예들이 조금씩 보인다.

(17) ᄯᅩ 어미 주글 제 그딋게 부쵹ᄒᆞ야 겨지비며 ᄌᆞ식도 업섯ᄂᆞ니 (이륜행실도 14)

위의 예는 16세기 전반기의『이륜행실도』에 나타나는 예인데 어머니가 죽을 때에 아내와 자식이 없었다는 내용으로서 완료상으로는 해석되지 않는다.

시대가 하강할수록 완료상을 표시하던 '-엣-'이 '-엇-'으로 형태 변화를 겪으면서 과거 시제로 변질되어 갔다.

(18) 이직을 허셧ᄶᅡ 허니 졔 조ᄉᆞ 부임을 ᄒᆞ시느닛가 (정정인어대방 5, 7)

위의 '허셧ᄶᅡ'는 '허 + 시 + 엇 + 다'로 분석되는데 존경법의 '-(으)시-'가 '-엇-'의 앞에 온다는 것은 '-엇-'이 선행 어미로 굳어졌음을 뒷받침한다. '-었-'이 중세어와 같이 완료상을 표시하였다면 그 앞에 '-(으)시-'가 올 수 없다.

완료상의 '-어 잇-'이 과거형으로 전환함에 따라 새로운 과거형이 탄생되었다. 이는 20세기를 전후하여 나온 유길준의 문법서에서 처음 보이기 시작하는 '-었었-'이다. 저자는 이 형태를 '-었$_1$었$_2$-'와 같이 분석하여 '-었$_1$-'은 과거, '-었$_2$-'는 확인이라는 양태적 의미를 부여하였었다 (§7.4.2.2, 489쪽). 이는 뒤에서 보게 될 과거 추측 '-었겠-'과 함께 19세기 중반에 형성되었을 가능성이 많다.

앞에서 저자는 중세어의 '-어 잇-'이 이두의 '爲有' 등과 관련시켜 볼 때 완료상과 진행상의 복합 범주임을 실증한 바 있다. 그런데 근대 단계에 들어서면 '-고 잇-'이 '-어 잇-'의 자리를 대신하는 일이 보인다.

(19) 呂布 … 난간 ᄀᆞ의 셔셔 기ᄃᆞ리고 잇더니 (삼역총해 1, 19)

위의 예는 진행상으로 파악되는데 근대에 들어서면 '파직즁에 잇더니'와 같이 동사성 한자어 명사에 후치사 '즁'이 붙어 진행상으로 표시하는 일도 눈에 띈다 (고영근 2004/2007: 418).

중세어에서 근대어를 거치는 사이에 시상법 중 특이한 것은 미래 시제 '-겠-'의 형성이다. 앞의 완료상 '-어 잇-'이 과거 시제 '-엇->-었-'으로 변화한 것은 의심의 여지없이 수용되어 왔고 미래 시제 '-겠-'도 앞의 완료상과 마찬가지로 예정상 형태 '-게 잇-'에서 변화하였으리라고 생각해 왔으나 현재로는 '-게 ᄒᆞ얏다'에서 음운 및 의미 변화의 과정을 거쳐 형성된 것으로 보는 것이 공인화되어 있다.

(20) … 내 아히 쟝ᄎᆞᆺ 죽게 ᄒᆞ여시니 (동국신속삼각행실도 효자도 2, 84)

위의 예는 고광모 (2002나)에서 든 예인데 겉으로는 사동 구문이지마는 추측의 미래 시제로 해석된다. 근대어에서 '-게 ᄒᆞ엿-' 구성에서 '-게엿다'를 거쳐 미래 시제 '-겟-'이 형성된 이면에는 당시 과거 시제로 변화하고 있었던 '-어 잇->엇-'의 틀에 맞춘 유추적 변화일 가능성이 많다. 그러나 여기에는 해결해야 할 많은 문제들이 쌓여 있다. 사동 구성의 '-게 ᄒᆞ다'가 과거 시제 '-엇-'을 취함으로써 무슨 까닭으로 시제 구성이 되는가 하는 문제가 풀려야 한다.

앞에서 저자는 중복된 '-었$_1$었$_2$-'의 형성을 언급하였었는데 근대에는 이와 동시에 과거 추측형 '-엇겟-'이 생성되었다. 이는 앞 (§7.4.2.2, 490쪽)에서 언급한 당대어의 '-었$_1$겠$_2$-'를 가리킨다.

(21) 자연이 변미야 아니ᄒᆞ야개ᇫᆸ (추사언간 16, 1841)

위의 '아니ᄒᆞ야개ᇫᆸ'이 '아니하였겠삽'으로 해독하는 것이 옳다면 (최동주 2002), 19세기 전반에 과거 추측형이 형성되어 있었다고 말할 수 있다. 실제로 19세기 중엽에 편찬된 프랑스 선교사들의 문법 (1881) (고영근 2004/2007: 427)에 시제의 '-겟-'과 함께 '-엇겟-'이 등록되어 있다.

중세어에는 추측법 '-(으)리-'가 우언적인 '-(으)ㄹ 것이'로 변하는 예를 볼 수 있었는데 이 현상은 그 뒤에도 꾸준히 진행되어 17세기 중엽의 『노걸대언해』에서는 초간본의 '-(으)리-'가 우언적인 것으로 바뀌고 중세어의 추측 회상법 '-(으)리러-'가 '-(으)ㄹ러-'로, 추측 감동법 '-(으)리로-'가 '-(으)ㄹ로-'로, 추측회상 감동법 '-(으)리랏다'가 '-(으)ㄹ랏다'로 변화하였다.

7.4.5. 방언의 시상법과 그 변이

지금까지 저자는 당대 공통어에서 출발하여 중세 및 고대어의 시상법을 확인한 다음, 당대에 이르는 변화의 발자취를 뒤좇아 보았다. 그러면 반도의 시상법이 각 지역에 따라 그 변이형이 어떻게 실현되는가 하는 문제를 검토하여 보기로 한다[78]. 통공태의 변이 유형을 탐색한다는 뜻이다. 우리말의 시상법은 그 실현 방식에 따라 육지어와 제주어로 갈라진다. 육지어는 서법을 바탕으로 하여 시제와 동작상이 표시되고 제주어는 서법을 바탕으로 하여 동작상이 표시된다는 점을 고려하였기 때문이다. 육지어는 동남 방언과 서남 방언을 중심으로 하되 같은 대방언권인 동북 방언과 서북 방언도 함께 언급하기로 한다.

7.4.5.1. 육지어의 시상법

일단은 기본 서법과 시제, 동작상만 다루고 부차 서법은 보류하기로 한다. 방언의 부차 서법은 아직도 조사가 되어 있지 않다. 먼저 서법, 시제, 동작상이 각 방언에 어떻게 실현되는가 하는 문제를 보기로 한다. 고영근 (2004/2007: 9장)에서는 각 방언별로 시상법을 검토하였었다.

78) 이 부분은 고영근 (2004/2007: 436-473)의 내용을 간추린 것임을 밝혀 둔다. 우리말 방언의 시상법, 특히 시제의 변이 양상에 대하여는 이기갑 (1999) 참조.

동남 방언은 경주 지역어를 대상으로 한다.

(1) 가. 간다, 가네, 가니더
나. 가나/가노, 가능가, 가시능교
다. 묵는

(1가, 나)는 직설법이 실현되는 평술법과 의문법을 경주 지역어의 낮춤, 보통, 높임의 세 존비법에 따라 배열한 것이다. (1다)는 수식적 동명사형의 직설법이다. 다음에 보이는 회상법과 비교하면 경주 지역어의 직설법은 '-니-, -ㄴ-, -느-'의 세 이형태로 성립되어 있다.

다음은 회상법이다.

(2) 가. 가더라, 가데, 가디더
나. 가다/가도, 가덩가, 가디어
다. 가던

(2나)는 앞의 (1가)와 비교하면 회상법은 '-더-, -ㄷ-, -디-'의 세 이형태로 분화되어 있다. 공통어와 차이가 없다. (나)의 '가다/가도'는 공통어의 예사낮춤의 '-던가'에 대응하는 판정 의문법과 설명 의문법이다. 부동사형에서는 '-디-'로 실현되나 이에 대응하는 직설법이 보이지 않는다. 공통어와 같다. 같은 동남 방언인 경북 동해안 지역에 주격 보족어 명사구가 제1인칭일 때 회상법이 사용되는 보고가 있는데 (최명옥 1980: 95), 이런 현상은 중세어에도 볼 수 있었다.

추측법은 '-(으)ㅀ-, -(으)ㄹ끼-, -(으)ㄹ라-' 등이 보이는데 중세어의 '-(으)리-'나 이와 관련 있는 형태들이 재구조화의 과정을 밟음으로써 형성되었을 가능성이 많다.

동북 방언도 동남 방언과 같이 공통어로 소급하는 직설법과 회상법, 추측법이 성립되어 있다. 직설법은 다른 방언과 같이 무표적인 '-∅-'에 의하여 표시되는 일이 많고 회상법도 큰 차이가 없다.

다음은 서남 방언의 기본 서법이다.

(3) 가. 간다 ~ 묵은다, 가네, 갑니다
나. 가냐 ~ 묵으냐, 간가 ~ 묵은가, 갑니껴
다. 간

(3가)는 낮춤, 보통, 높임의 존비법에 따라 배열한 것이다. 낮춤에서는 자음 어간 아래에서는 '-은-'이 선택되는 것이 공통어와 다르다. 서남 방언에서는 자음 어간 아래에 쓰이는 공통어의 현재 시제 '-는-'과 직설법의 '-느-'가 모두 '-은-'으로 실현된다. (나)의 의문형의 낮춤과 보통의 존비법에서는 직설법 '-느-'가 아예 탈락되었다. 이들은 모두 중세어의 직설법 '-ᄂᆞ-'로 소급하는데 이는 서남 방언의 특징이다 (이기갑 1999). (다)의 수식적 동명사형 '간'은 부정법과 직설법의 기능을 다 표시하고 있다. 그러니까 서남 방언에서는 '-(으)ㄴ-'의 한 형태소가 부정법과 직설법의 기능을 짊어지고 있는 셈이다. 그만큼 '-(으)ㄴ'의 기능 부담량이 크다고 할 수 있다.

다음은 회상법의 어형이다.

(4) 가. 가드라, 가데, 갑디다
나. 가드냐, 가등가, 갑디꺼
다. 가든

위의 (4)를 (3)의 직설법과 비교하면 '-드-'와 '-디-'가 분리되어 나온다.

서남 방언에는 공통어의 '-(으)리-' 계열의 추측법에 해당하는 '-(으)리-, -(으)라우, -(으)리-, (으)ㄹ라, -(으)ㄹ라' 등이 확인된다.

서북 방언도 다른 방언과 같이 직설법과 회상법을 확인할 수 있으며 '-(으)리-' 계열의 추측법을 발견할 수 있다.

반도의 제 방언은 공통어와 같이 직설법, 회상법, 추측법 등의 기본 서법을 바탕으로 시제가 표시된다.

다음 예는 동남 방언의 시제의 예이다.

(5) 가. 철수는 지금 밥 묵는다 (먹는다).
나. 그거 내가 잡앗다.
다. 영이 갓더라.
라. 일 다 마친는 (〈마쳤는) 사람은 가도 좋다.

(5가)의 '묵는다'는 공통어의 직설법 현재 시제와 같은 것이고 (나)는 직설법 과거 시제이다. 그러는가 하면 (다)는 회상법 과거 시제이고 (라)는 수식적 동명사형의 과거 시제인데 공통어 같으면 부정법 '마친'으로 실현된다.

서남 방언과 서북 방언도 시제는 서법을 기반으로 하여 성립한다.

(6) 가. 겁나게도 많이도 왔습디다.
나. 네레 다 먹갓네.

(6가)는 서남 방언의 과거 시제 '-았-'이 회상법을 바탕으로 성립됨을 보여 주는 것이고 (나)는 서북 방언의 시제 '-갓-'이 직설법을 바탕으로 형성되었음을 보이는 예이다. 서북 방언에서도 직설법, 회상법, 추측법을 확인해 낼 수 있다.

이상의 각 방언의 서법을 검토한 결과에 기대면 우리말의 시상법의 바탕에서는 부정법, 직설법, 회상법, 추측법이 깔려 있고 이를 바탕으로 하여 현재를 비롯하여 과거, 미래 시제가 형성되어 있음을 확인할 수 있다.

육지어의 동작상은 모든 방언에 걸쳐 의존 동사에 의한 우설적 구성에 의하여 표시된다. 앞(§6.2.1.3.〈방언〉, 109-111쪽)에서 저자는 반도 전역에 걸쳐 공통어의 동작상 형태 '-어 있다, -고 있다' 등의 중립적인 것과 양태성이 결부되는 '-버리다, -대다' 등의 방언별 분포 양상을 검토한 바 있다. 그 중에 몇 예를 가져온다.

(7) 가. (지금 머 하노) 지금 밥 묵고 잇다. '지금 밥 먹고 있다.'
나. 닭이 닭굴에 갇게 잇다. '닭이 닭장에 갇혀 있다.'
다. 돈을 다 써 삐리다. '돈을 다 써 버리다.'

(7가)는 진행상이 '-고 잇다'에 의하여 표시되는 예이고 (7나)는 완료상이 '-게 잇다'에 의하여 표시되는 예이며 (7다)는 '버리다'의 충남 방언형이 제거성 완료상으로 쓰이는 예이다. 공통어를 비롯하여 전 방언에 분포되어 있는 동작상 표시법은 고대어로부터 중세어를 거쳐 당대의 공통어와 방언에 분포함을 확인할 수 있다.

7.4.5.2. 제주어의 시상법

제주어는 육지어와 모습은 다르지만 역시 서법이 바닥에 깔려 있다[79].

(8) 가. 먹엇쪄, 먹엇쭈, 먹엇수다
나. 먹엄쪄, 먹엄주, 먹엄수다

위의 예는 제주어의 평술 직설법을 낮춤, 보통, 높임의 존비법에 따라 배치한 것인데 반도에서 유입된 외래적인 어형도 보이며 의문법에서도 관련 형태를 볼 수 있다. (8가)와 (8나)를 비교하여 보면 '-엇-'과 '-엄-'이 계열 관계를 이루고 있다. 나머지 '-쪄, -쭈, -수다'는 존비법에 따른 평술법 어미로 간주된다. 이런 형태론적 패러다임은 의문법에서도 확인된다.

다음은 회상법으로 간주되는 어형이다.

(9) 가. 먹어라.
나. 먹어서라.
다. 먹엄서라.

회상법에도 토착적인 것과 외래적인 것이 섞여 있다. (9가)의 '-어라'가 토착적이라면 '-더라'는 반도에서 유입된 것이 틀림없다. (9나)는 회상 평술형 '먹어라'에 완료상의 '-엇-'이 붙은 것이고 (9다)의 '먹엄서라'는 '먹어라'라는 회상 평술형에 미완료상의 '-엄ㅅ-'가 붙은 것이다. 회상 의문법 '먹엄십데다'에서도 동작상 형태 '-엄-'을 식별해 낼 수 있다[80].

제주어에도 육지어와 같이 '크'로 대표되는 추측법이 보이고 반도의 추측 회상법 '-겠더라'에 대

---

79) 제주어의 문법에 대하여는 이숭녕 (1957), 현평효 (1985), 강정희 (1988), 고재환 (2013가, 나) 등의 포괄적 서술이 있어 제주어의 문법 서술에 도움이 되는 바 많다. 본서의 서술은 위의 업적을 토대로 하였다.

80) 제주어의 '-엄-'에 대하여 현재 시제설과 동작상설이 첨예하게 대립되어 있다. 문숙영 (2004)에서는 현재 시제로, 이효상 (2006)에서는 동작상 표지로 보고 있다. 이숭녕 (1957) 등 초기의 학자들도 위의 형태를 현재 시제로 간주하였다는 것을 언급해 둔다. 반도의 영향을 계속 받으면 현재 시제로 기능하게 될지도 알 수 없다는 것을 덧붙여 둔다.

응하는 '가크라라'도 보이며 반도에서 확인되는 'ㄹ' 계열의 추측법도 보이는데 반도에서 유입되었을 가능성이 많다.

(8)과 (9)를 비교하면 제주어는 공통어만큼 반듯하지 않지마는 회상법은 직설법과 계열 관계를 이루어 서법 범주를 이루고 있음을 확인할 수 있다. 그러니까 제주어도 육지어와 같이 직설법과 회상법이 밑바탕에 깔려 있음을 알 수 있다.

그러나 동작상은 육지어와는 다르다. (8)과 (9)의 예를 면밀하게 검토하면 (8가)의 '-엇-'은 '-엄-'과 계열 관계를 이루어 완료와 미완료의 동작상을 표시하고 있으며 회상법 '-어-' 앞에서도 '-엇-'과 '-엄ㅅ-'이 계열 관계를 이루고 있다. 또 이는 명령형에서도 확인되고 부동사형에도 분포되어 있다는 점을 감안하면 동작상 표지로 보는 것이 온당하다고 생각한다[81].

요컨대 우리말의 시상법은 고대와 중세의 서법과 동작상 중심의 2원적 시상법이 근대에 들어오면서 서법, 시제, 동작상의 3원적 시상법으로 변화를 거듭하였으며 당대의 육지 사람들끼리 접촉할 때에는 서법, 시제, 동작상이 자리를 잡고 있어 특별한 확대 규칙이 필요하지 않으나 육지 사람이 제주도 사람과 접촉할 때에는 체계가 달라 일정한 확대 규칙을 몸에 익히지 않으면 안 된다. 당대의 사람들이 중세어에 접근할 때에는 확대 규칙을 몸에 익히고 있어야 하나 당대의 시상법에 뿌리를 박고 있는 서법 체계에 대한 이해가 단단하면 큰 어려움이 없이 중세어에 접근할 수 있다고 생각한다.

7.4.6. 시상법의 유형론[82]

지금까지 논의한 우리말의 시상법의 통시적 변화와 지역적 변이를 통언어적 관점에서 조명하여 보기로 한다. 앞에서 논증한 바와 같이 우리말은 고대어와 중세어는 서법과 동작상 중심의 시상법이었으며 근대를 거치는 사이에 과거 시제와 미래 시제가 생성되었다. 당대는 근대에 형성된 시제 체계가 이전의 서법과 동작상 중심의 2원적 체계에서 서법, 시제, 동작상의 3원적 체계가 자리를 잡고 있다. 이 체계는 당대의 남북한 공통어는 물론, 반도의 전 방언에 공통적으로 확인된다. 그러나 제주어는 중세어와 같이 서법과 동작상의 2원적 체계를 유지하고 있다. 동작상의 표시 방법은 달라 중세어와 반도는 우언적 구성이지마는 제주어는 활용형에 기대고 있다.

중세어의 시상법은 고대 일본어와 매우 비슷하다. 고대 일본어는 서법과 동작상 중심의 체계라는 것이 동의를 얻고 있다는 점에서 그러하다 (스타센 1997: 562). 앞 (§7.4.2.3, 494쪽)의 (59')에서 저자는 당대 우리말의 진행상이 처소적 표현으로 표시된다는 점을 지적하였는데 이러한 현상은 많은 언어에서 공통적으로 발견된다 (고영근 1980). 중세어에는 상태 동사에 '-어 잇다'가 붙으면 일시적 동작을 표시하는 현상이 보이는데 이 역시 통언어적으로 관찰된다. 동작상 형태는 어

81) 고영진 (2008)에서는 제주어의 동작상의 체계를 '-느-'에 의한 완전상, '-암시-'에 의한 불완전상, '-아시-'에 의한 완료상을 두고 있다.

82) 이 부분은 고영근 (2009가: 169-174, 2018가: 25-31)의 내용을 바탕으로 다시 서술한 것이다.

간에 가장 가까이 붙는다는 통언어적 보고 (바이비 1985: 34, 196)가 있는데 이는 우언적 구성 '-어 잇다'가 동작 동사 어간 '受苦ᄒᆞ-'에 붙어 '受苦ᄒᆞ야 잇다'가 구성되는 방식을 가리킨다.

우리말 시상법의 특징으로 일찍부터 지적되어 온 회상법 '-더-'는 과거에 "일어난/겪은"것을 "도로 생각하"는 곧 회상하는 것으로 파악하여 "도로생각때매김" (회상시제)으로 처리되는가 하면 (최현배 1937/1971: 455, 457), 옛 소련 및 북한에서는 "목격법" (고영근 1989/1999나: 223)으로 처리되었고 최근에는 경험과 목격의 개념을 "증거성" (evdentiality) (아이켄발트 2009)의 관점에서 통언어적으로 조명하는 연구가 성황을 이루고 있다 (송재목 2016, 가와사키 2016, 2017). 초기에는 회상에 중점을 두었었으나 최근에는 경험 내지 목격에 시선을 모으고 있다. '-더-'의 증거성에 대한 통언어적 조명은 터키어, 몽골어, 티벳어를 중심으로 행해지고 있다. 그러나 회상의 행위에 대하여도 고영근 (1965/1999나: 177, 1971)에서 "화식", 곧 발화 방식으로 보기도 하고 서정수 (2006: 327)에서는 "알림법"으로 보아 전달 방식에 대한 관심도 기울여 왔으나 이 역시 통언어적 조명이 필요하다. 앞으로는 '-더-'의 증거성과 함께 발화 방식에 대한 통언어적 접근에 관심을 기울일 필요가 있다.

우리말의 시상법은 원칙적으로 선행 어미에 의하여 표시되며 이점 시상법 어미가 단어의 끝에 오는 일본어나 알타이 제어와는 차별성을 지니고 있다. 터키어와 퉁구스어는 시상법이 인칭 어미 앞에 온다. 인칭 어미를 제외하면 알타이 제어는 시상법이 어말에 자리잡는다. 이미 앞 (§6.2.6, 197쪽)에서 언급한 것처럼 우리말의 시상법은 고아시아어족에 속하는 길략크어와 같이 어말 어미 앞에 자리잡는다. 우리말과 길략크와 같은 언어는 그 수효가 많지 않다. 앞으로는 지금까지 연구된 우리말의 시상법에 대한 지식을 활용하여 Sora, Waunana, Mundari 등의 제어와 통사·의미적인 관점에서 비교 연구하는 방면으로 힘을 모아야 한다고 생각한다.

앞에서 저자는 중세어와 고대어는 〈서법-동작상〉 중심의 2원적 체계이고 당대의 공통어와 반도의 방언은 〈서법-시제-동작상〉의 3원적 체계이며 단 제주어는 〈서법-동작상〉의 2원적 체계라는 점을 지적하였다. 동작상도 시대와 지역에 따라 달라 고대와 중세 및 당대의 공통어는 부동사형 어미와 의존 동사와의 우언적 구성에 기대고 제주어는 활용형에 의지하고 있다. 지구상의 언어를 보면 시제, 서법, 동작상의 세 범주가 고루 분포되어 있지 않다. 그들 중의 하나가 기본 범주라면 나머지 두 범주는 소극적으로 표시되는 일이 많다[83]. 바트 (1999)에 비추어 보면 우리말은 전 시대와 지역에 걸쳐 서법 중심의 언어 유형이라고 규정할 수 있다. 그러나 시대와 지역에 따라 변수가 보인다. 중세어는 서법이 중심을 이루고 있어도 시제와는 표리의 관계를 이루고 있으며 동작상은 실현 방식이 우언적이다. 당대의 공통어와 방언은 중세어나 고대어처럼 서법이 중심을 이루고 있어도 시제는 독자적인 요소에 의하여 표시되고 있기 때문에 시제 중심의 언어 유형으로 볼 수 있다. 제주어도 당대어와 같이 서법을 기반으로 하고 있지만 동작상이 중심이 되고 시제는 동작상에서 파생되는 기능을 가진 것으로 보고자 한다. 그러니까 우리말의 시상법은 바탕에

83) 시상법의 유형론을 중심적인 것과 그렇지 않은 것으로 나누는 문제는 바트 (1999: 5, 6장)에 자세히 언급되어 있다. 이곳에서는 시제가 중심인 언어를 "tense-prominent", 동작상이 중심인 언어를 "aspect prominent", 서법이 중심인 언어를 "mood-prominent"라고 하여 세 유형으로 분류하고 있다.

서법이 깔려 있기는 하나 중세어는 그것이 중심적 역할을 하고 당대어는 시제가 중심적이고 서법은 소극적인 데 반하여 제주어는 동작상이 중심을 이루고 서법은 소극적이라고 단언할 수 있다[84]. 저자의 작업은 한 언어의 유형적 특징을 공시적 요인은 물론, 통시적·지역적 요인에 걸쳐 확인하는, 한 예비 작업임을 밝혀 둔다.

7.5. 공대법[85] <형태통사부 4>

공대법은 남을 존경하거나 남에 대하여 자기를 낮추어 말하는 언어 예절 범주이다. 이곳의 공대법을 현행 학교 문법에서는 "높임법"이라 부르고 있고 학계에서는 "대우법, 경어법, 존대법" 등으로 불리고 있으나 저자는 이희승 (1949)에서 채택된 "공대법"을 사용하기로 한다. 예로부터 서울말에는 '공대하다'란 말을 가지고 남을 높이는 말로 써 왔다는 점을 감안하였기 때문이다 (고영근·구본관 2018: 488). "대우법"이란 말도 꽤 쓰이고 있으나 이는 수평적 친소 관계에 적합하지 수직적 존비 관계를 표시하는 우리말에는 맞지 않다. '남'은 대화 상대자인 "청자"를 가리킬 수도 있고 문장 중에 나오는 인물을 가리킬 수도 있다. 전자를 "남$_1$", 후자를 "남$_2$"로 표시하여 공대법 기술에 이용하기로 한다. 공대법에는 존경법과 겸손법이 있다. 존경법은 남$_2$가 화자에게 존경의 대상이 된다고 생각할 때 그 동사에 실현되는 문법적 절차이고 겸손법은 화자가 남$_2$에 대하여 자기를 낮출 때 실현되는 문법적 절차이다. 공대법은 언어 예절인 만큼 규범성이 강하며 일반적으로 가정 교육이나 학교 교육을 통하여 그 사용 능력을 계발 (啓發)·신장 (伸張)시킨다. 모어 화자에게는 누구든지 한 문장의 옳고 그름을 판정하는 능력이 있지만 공대법을 운용하는 능력은 배움의 절차를 밟아야 한다는 차이점이 있다. 그것은 공대법이 예절에 관련되는 언어 행위이기 때문이다[86]. 걸음을 걷는 것은 특별히 배울 필요가 없지마는 세배나 문상 (問喪), 제사 지낼 때의 절 법도는 배워야 한다는 사실에 비유할 수 있다. 이런 점을 고려하면 공대법은 통보화용부의 소관이라고 하겠으나 형성소로서 문장의 구성에 참여하는 면이 많다는 점을 고려하여 형태통사부에서 다루기로 하였다.

84) WALS의 큰 결함은 당대어를 중심으로 세계 언어 지도를 그린 점이다. 물론 작업의 편의를 고려한 점도 있지만 지구상의 모든 언어의 통시적·지역적 변화 및 변이 양상을 조감하려면 당대어만 대상으로 해서는 안 된다. 이 문제에 대하여는 저자가 라이프치히 Max-Plank 진화 인류학연구소를 방문하였을 때 Haspelmath 교수와도 의견 교환을 한 일이 있다.

85) 이 부분은 고영근 (2011다)를 기반으로 하되 고영근·구본관 (2008: 457-481)과 고영근 (2010다)의 내용을 종합하는 방향으로 진행됨을 밝혀 둔다.

86) 이런 점을 감안해서인지 남북한에서 언어 예절에 관한 책자가 나온 것이 모두 공대법의 중요성을 반영하는 증좌가 아닐까 한다. 김동수 (1988)는 언어를 주체적으로 발전시키고 인민들의 언어 생활을 개선할 목적으로 저술한 우리말 예절법이며 여증동 (1985), 박금자·장소원·신지연 (2003)은 예절에 맞는 언어 생활의 지침을 제공할 목적으로 저술한 우리말 예절 지침서이다.

7.5.1. 존경법

7.5.1.1. 공통어

존경법은 다음 예와 같이 '남$_2$'에 속하는 주격 보족어 명사구가 존경의 대상이 될 때, 그 동사에 선행 어미 '-(으)시-'가 쓰이는 문법적 절차를 가리킨다. 이 현상은 주격 보족어 명사구가 존경의 자질을 지니고 있기 때문에 일치 (一致, agreement)로 해석하는 것이 비교적 온당해 보인다 (유동석 1993/1994/1995가: 171-245, 1995나).

(1) 가. **할아버지**가 신문을 보신 (-시-) ㄴ다.
   나. **할머니**가 춘향전을 읽으십 (-으시-) ㅂ니다.

(1가)는 '-시-'가 모음 어간 뒤에 붙은 것이고 (1나)는 '-으시-'가 'ㄹ'을 제외한 자음 어간 뒤에 붙은 것이다. (1)의 주격 보족어 명사구 '할아버지, 할머니'는 화자에게 존경의 대상으로 파악되었기 때문에 그 동사에 선행 어미 '-(으)시-'가 일치하여 있다. 존경법이 성립되는 필요 충분 조건은 화자가 주격 보족어 명사구를 존경하겠다는 의도가 전제되는 것이며 그것이 일단 확정되면 동사에 '-(으)시-'가 필수적으로 첨가되어 주격 보족어 명사구와 일치 현상이 일어난다.

(1)은 존경법의 선행 어미가 동작 동사에 실현된 것이지만 상태 동사와 계사에서도 나타난다.

(2) 가. **우리 할머니**는 젊었을 적에 예쁘셨 (-시-)었습니다.
   나. **저분**이 우리 학교 교장 선생님이십 (-시-) ㅂ니다.

(2가)는 상태 동사 '예쁘-'에, (2나)는 계사 '이-'에 '-(으)시-'가 쓰여 존경의 주격 보족어 명사구 '우리 할머니, 저분'과 일치하여 있다.

(1)과 (2)는 자립 동사에 붙어 주격 보족어 명사구와 일치를 유발하는 것이지만 다음과 같이 자립 동사와 의존 동사로 구성된 예에서는 일반적으로 의존 동사에서만 일치 현상이 일어난다 (유동석 1995나: 411).

(2-1) 할머님이 (삼국지를 읽)s어 보시었다.
   비교: *할머님이 (삼국지를 읽으시)s어 보시었다.

왼쪽의 예는 '-시-'가 의존 동사에 붙는 것이고 오른쪽의 비교의 예는 자립 동사에 붙는 예이다. 이를 흔히 상위문 우선의 원리 (이현희 1994: 84)라고 한다. 그러나 특수 의존 동사 구문 (§6.2.1, 107쪽)에 붙을 때에는 보족절에만 실현되고 모문에는 실현되지 않는다.

(2-2) 할아버지께서 (X 가시)s는가 보다.
   비교: *할아버지께서 (X 가)s는가 보시다.

그것은 특수 의존 동사가 화자의 태도를 표시하는 심리 동사 (뒤에 나옴)라는 데 그 까닭이 있다.

주격 보족어 명사구가 아무리 화자에게 존경의 대상으로 비친다고 하더라도 주격 보족어 명사구보다 상위의 주격 보족어 명사구가 대화의 현장에 있으면 주격 보족어 명사구를 높일 수 없다.

(3) 할아버지, **아버지**가 지금 퇴근 하 (-Ø-) 였습니다.

전통 사회에서는 이런 경우 '아비>애비'가 쓰였으나 지금의 젊은이들은 미성년이면 '아빠', 성년이면 '아버지'를 사용한다. 이를 전통적으로 압존법 (壓尊法)이라고 불러왔는데 전통 사회에서는 잘 지켜졌으나 현재는 이런 말을 쓰는 것이 매우 부자연스럽게 느껴진다. 할아버지 앞에서도 다음과 같이 '-시-'를 붙이는 것이 더 자연스럽게 느껴진다.

(3') 할아버지, 아버지가 지금 퇴근 하 (-시-)었습니다.

그러나 이런 말씨는 가정 교육을 통해서라도 배제하는 방향으로 이끌 필요가 있다고 생각한다.

같은 주격 보족어 명사구라도 화자가 사태를 파악하는 태도에 따라 '-시-'를 붙일 수도 있고 뺄 수도 있다.

(4) 세종 대왕은 1443년에 한글을 창제하(-Ø-)였다.

(4)의 주격 보족어 명사구 '세종 대왕'은 우리 역사의 성군으로 이름난 왕인데 존경법이 사용되지 않았다. 국사 교과서나 이에 준하는 책과 같이 인정에 매이지 않고 정보를 객관적으로 전달하는 상황에서는 존경법을 사용할 필요가 없다. 그러나 화자가 세종 대왕의 후손이라든지 세종 대왕의 치적이 화자의 일을 성취하는 데 도움이 되었을 때에는 다음과 같이 존경법을 사용할 수 있다.

(4') 세종 대왕은 1443년에 한글을 창제하셨 (-시-)었다.

이렇게 보면 존경법의 '-(으)시-'는 주격 보족어 명사구에 대하여 사사로운 감정을 개입하여 존경할 때 쓰인다고 그 기능을 구체화시킬 수 있다.

존경법의 '-(으)시-'는 존경의 주격 보족어 명사구에 딸린 소유물을 높일 때에 실현된다.

(5) 가. 할아버지는 수염이 많-으시-다.
나. 할머니는 용돈이 없-으시-다.

(5)는 상태 동사절을 안고 있다. (5)는 종합적으로 해석할 수도 있고 분석적으로 해석할 수 있다. 전자의 해석을 취하면 상태 동사 '많으시다, 없으시다'의 직접적인 주격 보족어 명사구는 '수염'과 '용돈'이기 때문에 주제어 명사구 '할아버지'와 '할머니'와는 간접적으로 연결된다. 이런 점에 근거하여 (5)와 같은 존경법을 "간접 존경"이라고 한다. 반면 (1)과 같은 전체 문장의 주격 보족어 명사구를 직접 존경하는 존경법을 "직접 존경"이라고 한다.

편의상 (5가)를 가지고 성분 사이의 관계를 그림으로 표시한다.

(5) 가'. 할아버지는 수염이 많으시다.

그러나 분석적으로 보면 동사절의 상태 동사 어간 '많-'은 그 주어 보족어 명사구 '수염'과 연결되고 '-(으)시-'는 다음과 같이 전체 문장의 주어 보족어 명사구 '할아버지'와 연결된다.

(5)가". 할아버지는 수염이 많-으시-다.

이곳에서는 상태 동사절을 안은 (5)와 같은 예를 종합적으로 처리하여 간접 존경으로 보는 태도를 취한다.

존경의 대상이 되는 주격 보족어 명사구에 대하여 동사가 복합적으로 접속되어 있을 때에는 끝의 서술어에만 선행 어미 '-(으)시-'를 붙이는 것이 좋다 (고영근 2009나: 406).

(5-1) 가. 할아버님은 **소탈하고** 검박하셨다.
나. 아버지는 편지를 **받자** 곧 **회답하고** 려장을 **갖춘** 다음 무산으로 떠나셨다.

이런 경우 진하게 표시한 부분도 모두 '-(으)시-'를 붙일 수 있으나 안 붙이는 것이 좋다고 하는 북한 문법가의 서술은 과녁을 벗어나지 않은 것 같다. 이렇게 보면 존경법의 용법은 수사학의 영역에서 다루는 것이 좋을지 모르겠다. 이는 공대법이 예절 범주라는 사실과 관련이 있지 않나 한다.

존경법의 뼈대는 직접 존경과 간접 존경이다. 그런데 근래에 와서는 '-시-'가 청자와 관련하여 쓰이는 과잉 공대 현상이 많이 목격된다.

(6) 가. XX님, **약 처방** 나가십 (-시-) ㅂ니다.
나. **음악을 좋아한다는 것**은 좋은 취미세 (<이-**시**-어)요.
다. 점잖으신 어른이 이게 (**이것**이) 무슨 짓이세 (<이-**시**-어)요.

(6가)는 저자가 어느 대학 병원에서 치료를 마치고 약 처방을 받을 때 직원으로부터 들은 말을 기록하여 둔 예이다. 문면대로 보면 '약 처방'이 주격 보족어 명사구인데 이 말은 존경의 대상이 될 수 없다. 'XX님'을 통해서 보는 바와 같이, 환자 앞에서 하는 말이니 환자를 각별히 대접한다는 뜻에서 나온 특수한 예로 보고 싶다. (6나, 다)도 문면만 보아서는 진하게 표시한 말이 존경이 대상이 된다고 할 수 없다. 이 역시 청자를 면대하고 하는 말이니 청자에 대하여 각별한 관심을 기울인다는 뜻에서 '-시-'를 쓴 것으로 보인다. (6)과 같은 예를 오용 (誤用)이라고는 할 수 없지만 이런 표현은 될 수 있는 한, 안 쓰는 방향으로 계도할 필요가 있다. 이는 공대법을 언어 예절로 규정한 사실과 직접 관련이 있다. 이와 함께 목정수 (2013)에서는 '-시-'를 "주어 존대소"로 파악하는 전통적인 태도가 온건하다는 견해를 비치고 있다.

다음과 같은 예는 과잉 공대로 간주된다.

(7) 가. 소대장님께서 눈에 티가 들어가셨(-시-)었어.

비교: 소대장님 눈에 티가 들어갔어.

나. 방송에 편지가 안 나오시면 어떻게 하시려고 했습니까?

(이윤하 1989, 임동훈 2000: 59)

위의 (7가)는 오른쪽에 보인 문장으로 나타나야 한다. 우선 존경의 주격 상당의 후치사 '께서'도 잘못 쓰였고 그렇지 않다고 하더라도 '티'가 주격 보족어 명사구의 소유물이 될 수 없다는 점에서 과잉 공대 현상으로 교정 대상이 되는 예이다. (7나)도 같다. 이 예는 생방송 프로그램에서 진행자가 편지를 보낸 청취자에게 전화로 하는 말이다.

앞에서 든 예는 모두 정동사에 나타나는 존경법의 예들이다. 부동사에 나타나는 예는 들지 않았지만 정동사와 특별히 달라 보이지 않는다. 동명사절과 인용절에 나타나는 존경법의 쓰임을 보기로 한다.

(8) 가. [$_{cl}$(그분이 떠나시)$_{cf}$}는]$_{cl}$ 줄도 모르고 있었네.

나. 여기가 [$_{cl}$($_{cf}$선생님이 사시)$_{cf}$던]$_{cl}$ 고향이다.

다. [$_{cl}$(멀리 객지에 계시)$_{cf}$던]$_{cl}$ 아버님이 돌아오셨다.

(8가, 나)는 수식절의 주격 보족어 명사구가 밝혀져 있어 존경법의 '-(으)시-'가 어느 성분에 일치하는가를 쉽게 가려낼 수 있지만 (8다)는 사정이 다르다. (8다)는 동작 동사 구문이 수식절로 응축되는 과정에서 앞 자리에 있던 주격 보족어 명사구 '아버님'이 뒤로 빠져 나갔기 때문에 존경법의 주격 보족어 명사구는 핵어인 피수식어 '아버님'과 관련하여 일치 관계를 따져야 한다. 그런데 이런 경우는 일치가 다음과 같이 유보되는 일이 있다[87].

(8) 나'. 여기가 [$_{cl}$($_{cf}$선생님이 살)$_{cf}$던]$_{cl}$ 고향이다.

다음은 직접 인용절이 간접 인용절로 바뀌는 과정에서 존경법의 조정이 일어난 예이다.

(9) 가. 아버지가(께서) ($_{S}$"내가 가겠다")$_{S}$라고 말씀하였다.

나. 아버지가(께서) ($_{S}$당신이 가-시-겠다)$_{S}$고 말씀하였다.

(9가)는 직접 인용절이 모문에 안겨 있는 예인데 간접 인용절로 바뀌는 과정에서 '나'가 존경의 재귀 대명사 '당신'으로 바뀌고 이와 함께 간접 인용절에 존경법의 '-(으)시-'가 첨가되었다.

다음은 직접 인용절에 사용된 존경법이 간접 인용절에서 소거되는 예이다.

(10) 가. 철수가 나에게 ($_{S}$"벌써 보셨습니까?)$_{S}$"라고 물었다.

나. 철수가 나에게 ($_{S}$벌써 보았느냐)$_{S}$고 물었다.

---

87) 박진호 (2015)에서는 Corbett의 Agreement (2006)에 기대어 분열문과 동명사절에 나타나는 존경의 '-(으)시-'를 비롯하여 중세어 대상법의 '-오-'의 불규칙적 쓰임을 "일치의 유보" (agreement suspended)로 해석하고 있다.

(10나)에서는 화자 자신에 관한 일이므로 (10가)에 쓰인 존경법의 '-(으)시-'가 소거되었다.

존경법은 존비법에 의해서도 표시되고 조사나 접사에 의해서도 표시된다. 우선 존비법에 의해서 표시되는 존경법을 보기로 한다. 하오 · 합쇼체의 의문법, 명령법, 제안법이나 허락법, 경계법은 존경법의 공대말이 된다. 이를 표로 제시하면 다음과 같다.

(11) 하오, 합쇼체의 공대말의 문체법

문체법 / 존비법	의문법	명령법	제안법	허락법	경계법
하오체	보 (시)오?	보 (시)오.	봅시다.	보구려	떨어지리다
합쇼	보ㅂ니까	보 (시) ㅂ시오	(보시지요)	○	○

앞에서 이미 언급한 바와 같이 (§7.2.2.1 등), 예사높임의 의문법과 명령법은 범용 어미인 데다가 당대에는 존경법의 '-(으)시-'를 첨가한 형태가 보편적이라는 점을 감안하여 '-시-'를 괄호 안에 넣었으며 허락법과 경계법은 고유한 형태가 없다는 점을 고려하여 '0'으로 표시하였다. 위의 하오 · 합쇼체의 다섯 문체법은 손위의 청자로부터 정보를 요구하거나 행동 수행을 요청하는 것이기 때문에 존경법의 공대말이 된다.

다음은 주격 및 여격 상당의 후치사와 호격에 의하여 존경법이 실현되는 예이다.

(12) 가. 선생님께서는 지금 어디로 가십니까? 비교: 선생님은 지금 어디로 가십니까?
나. 영수야, 저 신문을 할아버지께 갖다 드려라.
다. 그대여, 나를 부디 잊지 마오.

(12가)의 '께서'는 첨사 '는'을 취한 오른쪽의 주격 보족어 명사구 '선생님'의 뒤에 첨가되어 그 주격 보족어 명사구를 한층 더 높이 대접하는 기능을 표시하고 (12나)의 '께'는 화자가 여격 보족어 명사구 '할아버지'를 존경하는 뜻으로 사용하였다. (12다)는 의고체 등 특수한 경우에 사용되는 호격 어미인데 중간에 존경법의 '-(으)시-'를 첨가하여 '하느님이시여'와 같이 쓸 수도 있다.

다음은 존경법이 접사에 의하여 표시되는 예이다.

(13) 가. 아버님은 무얼 드시겠습니까?
나. 이철수씨가 누구인지 손을 들어 보시오.
다. 어제 (御製), 귀사 (貴社), 옥고 (玉稿), 존형 (尊兄), 영부인 (令夫人)

(13가)의 '아버님'의 '-님'은 '아버지'에 붙어 존경을 표사하는 접미사인데 주로 며느리가 시아버지를 부를 때 쓰는 말이다. 요즈음은 백화점에서 점원이 자신의 부모뻘되는 고객을 대할 때도 많이 쓰인다[88]. '선생'에 '님'이 붙은 '선생님'은 제자나 어려운 사이의 지인 (知人)이면 남녀를 묻지 않

88) 접미사 '-님'은 존경의 자질이 부여되는 명사에 붙는데 '형수'에 대하여는 '씨'와 '님'을 같이 붙이고 제수나 계

고 사용할 수 있으나 '아버님, 어머님'은 제한을 받는다. 존경의 접미사가 붙으면 동사도 존경의 활용형을 취한다. (13나)의 '이철수씨'의 '씨'는 고유 명사에 붙어 존경법을 표시하는 예이다. 전통적으로 '님'은 보통 명사에, '씨'는 고유 명사에 붙여 써 왔으나 요즈음은 병원, 약국, 은행 등에서 화자나 고객을 부를 때 다음과 같이 '님'을 많이 사용하고 있다 (앞에 나옴, §6.7.4.3.A.(5), 338쪽). 이 경우도 (가)와 같이 존경의 활용형이 뒤따른다.

(13) 나'. 다음은 이철수님 차례이십니다.

(13다)는 존경의 접두사가 붙은 것인데 우리말 문법에서 다루는 일이 흔치 않으나 한자어도 우리말인 이상 우리말 계통의 어휘와 같이 다루는 것이 옳다고 생각한다. 최근에 들어서 한글 전용이 대세를 이루고 한자 교육이 약화됨에 따라 젊은이들 중에서 이 말을 아는 사람이 드물다. 그것은 어쨌든 이렇게 존경의 접두사가 붙으면 다음과 같이 존경의 활용형이 일치 관계를 형성한다.

(13) 다'. ① **옥고를** 주신 데 대하여 고마운 인사를 <u>드립니다</u>.
② **영부인**께서도 <u>참석하십니다</u>.

다음은 특수 어휘에 의하여 존경법이 표시되는 예이다.

(14) 가. 진지 (밥), 약주 (술), 말씀 (말), 생신 (생일), 댁 (집), 부인 (아내) …
나. 노형, 당신, 어르신네
다. 자시다 (먹다), 주무시다 (자다), 계시다 (있다), 안계시다 (없다) …
라. 손수, 몸소, 친히 (직접)

위의 어휘는 존경의 대상이 되는 사람과 관련하여 쓰인다고 하여 "공대말"이라고 하며 괄호 안의 어휘는 공대말의 대어 (對語)가 된다고 하여 "예사말"이라고 한다. (14가)의 '진지, 약주, 말씀'은 예사말 '밥, 술, 말'에 대한 공대말이다. (14나)는 합쇼체에 호응하는 대명사인데 '어르신'을 제외하고는 현재 거의 쓰이지 않는다. '당신'은 선행하는 공대 명사를 도로 가리키는 재귀 대명사이다. (14다)는 예사말 '먹다, 자다, 있다, 없다'의 공대말인데 모두 보충법에 의하여 형성되었다. 보충법은 공통된 틀을 전제로 성립한다. '자시다, 주무시다, 계시다'의 '자-, 주무-, 계-'가 보충법이 되는 것은 '-시-(다)'라는 공통된 틀 위에서 '먹-, 자-, 있-'이 보충되기 때문이다. '진지'를 '밥'의 보충법에 의한 형성이라고 말하는 일이 없지 않으나 공통된 틀이 없다는 점에서 '밥'과는 형태론적으로 아무 관련이 없는 어휘라는 것을 강조하여 둔다. (14라)는 부사 '직접'의 공대말인데 그 용법이 조금씩 다르다. 위의 예들도 그 공대성에 상응하여 활용형이나 곡용형에 존경의 문법 정보가 표시된다 (임홍빈 1990/1998다: 7-48).

수에 대하여는 '씨'를 붙이는 것이 관례로 되어 있다. '형수'는 손위이기 때문에 당연히 '님'을 붙여야 하나 '제수'나 '계수'는 손아래라는 점 때문에 공대의 느낌이 덜한 '씨'를 붙이는 것이 아닌가 한다. '조카님' 등을 고려할 때 '제수님'을 못 붙일 이유가 없어 보인다. 규범화가 절실하다.

(14) 가'. **진지** 드세요 (<*들으시어요)
나'. **어르신**부터 앉으세요
다'. 아버지**께** 먼저 **주무시라고** 여쭈세요
라'. 어머니는 **손수** 음식을 장만하신다

최근 취학 전 어린이들의 존경법 사용 빈도가 조사되어 화제를 모으고 있다 (장경희 밖에 2015: 279-293). 존경법의 선행 어미는 SJ (여성)의 경우 32개월부터 출현하기 시작한다고 보고되어 있다. 특히 '주세요'와 같은 관용 표현에서 존경법이 나타난다는 것은 '-(으)시-'가 분리적으로 습득되는 것이 아니라 통째로 종합적으로 습득된다는 사실을 알 수 있다. 후치사 '께서'는 비교적 늦게 습득되는 것으로 보고되어 있다. '계시다, 주무시다. 드시다'와 같은 어휘 형태도 선행 어미 '-(으)시-'와 같이 32개월 전후하여 습득된다고 하며 '돌아가시다'와 같은 어휘는 38개월부터 출현한다고 한다. 앞으로는 정동사형뿐만 아니라 '가시면, 가시는'과 같은 부동사형이나 수식적 동명사형을 대상으로 조사하면 '-(으)시-'의 성격이 더 분명해지리라 생각한다.

7.5.1.2. 중세어

중세어도 당대어와 같이 존경법을 세울 수 있다. 중세어의 존경법의 대표적 형태는 당대어와 같이 동사의 활용형에 선행 어미 '-시-'를 붙이는 것이다. 당대어와의 차이점은 그 '-(으)시-'가 '-어-, -오-' 계열의 모음 어미와 결합되면 '-(으)샤-'로 교체를 보이는 점뿐이다 (고영근 1997/1999나: 679).

그러면 중세어의 존경법의 면면을 당대어와 비교해 가면서 보기로 한다.

(15) "如來 太子 時節에 나롤 겨집 사무시니" (석보상절 6, 4)

(15)의 활용형에 '-시-'가 나타난 것은 이 문장의 화자인 '야수' (耶輸)에게 주격 보족어 명사구 '如來'가 존경의 대상이 되는 인물이라고 생각하기 때문이다. 동사를 기준으로 할 때, 그 주격 명사구가 화자에게 존경의 대상이 될 때, '-(으)시-'가 선택되어 앞에서 본 일치 현상이 일어난 것이다 (유동석 1995: 201-209). 이 현상은 주격 보족어 명사구에 존경의 자질이 표시되어 있기 때문에 일치로 해석하는 것이 비교적 온당하다고 생각한다.

(16)은 (15)와는 달리 지문인 서사적 세계에 나타난 예이다.

(16) 훈 菩薩이 … 나라홀 아ᅀᆞ 맛디시고 道理 비호라 나아가샤 (월인석보 1, 5)

위의 예는『석보상절』편찬자, 다시 말하면 서술자의 말이다. 주격 보족어 명사구 '훈 菩薩'이 서술자에게 존경의 대상이 되는 인물이 된다고 생각하여 활용형에 '-(으)시-'가 쓰이었다. 선행 어미 '-시-'는 주격 보족어 명사구가 서술자에게 존경의 대상으로 인식될 때 쓰인다고 말할 수 있다. 앞의 당대어의 (4')와 같은 예이다.

(15)는 자립 동사에 '-(으)시-'가 붙는 예이지만 의존 동사에 붙는 예를 보기로 한다.

(15') "太子ㅅ 모미 傷ᄒᆞ야 命이 머디 아니ᄒᆞ시이다" (월인석보 권21, 218)

위의 (15')를 통하여 존경법의 '-시-'는 당대어와 같이 원칙적으로 의존 동사에서 실현된다는 것을 알 수 있다 (이현희 1994: 148, 유동석 1995나).

『석보상절』과 같은 산문 자료에는 주격 보족어 명사구가 명시 (明示)되는 일이 많으나 운문 자료에는 그렇지 않은 일이 많다.

(17) 가. 野人ㅅ 서리예 가샤 野人이 ᄀᆞᆯ외어늘 德源 올ᄆᆞ샴도 하ᄂᆞᆶ ᄠᅳ디시니 (용비어천가, 4장)

나. 阿僧祇 前世劫에 님금 位ㄹ ᄇᆞ리샤 精舍애 안잿더시니 (월인천강지곡, 기 3)

(17가)는『용비어천가』의 예이다. '가샤, 올ᄆᆞ샴'의 주격 보족어 명사구는 표면에 나타나 있지 않다. 이 장의 배경 설화와 관련시키면 주격 보족어 명사구가 '익조' (翼祖)라는 사실을 알 수 있다.『용비어천가』에는 배경 설화를 모르면 주격 보족어 명사구를 알기 어려운 장구가 많다. (나)는『월인천강지곡』의 예인데 배경 설화와 관련시키면 주격 보족어 명사구는 (16)에서 등장한 'ᄒᆞᆫ 보살'로 잡을 수 있다.

존경법은 수식적 동명사형에서도 나타난다.

(18) 가. 우흔 다 諸佛이 머리셔 讚歎ᄒᆞ시논 마리라 (월인석보 18, 57)

나. 王이 그 이를 ᄎᆞᄌᆞ샤 鹿母夫人의 나ᄒᆞ신 ᄃᆞᆯ 아ᄅᆞ시고 (석보상절 11, 32)

다. 이 諸佛ㅅ 得ᄒᆞ샨 거실ᄊᆡ (원각경언해서, 3)

(18가)는 주격 보족어 명사구가 주격 어미에 기대어 표시되었고 (나), (다)는 속격 어미에 기대어 표시되어 있다. 후자는 이른바 "주어적 속격"의 예이다.

(19)는 피수식 명사구 '王'이 존경법의 동명사형의 주격 보족어 명사구가 된 것이다.

(19) 王ㅅ 中엣 尊ᄒᆞ신 王이 업스시니 (월인석보 권10, 9장)

'尊ᄒᆞ신 王'은 '王이 尊ᄒᆞ시니라'라는 평술 구성으로 전개된다.

존경법 '-(으)시-'는 당대어의 (5)와 같이 존경의 대상이 되는 주격 보족어 명사구에 관계되는 소유물이나 일을 주격 보족어 명사구로 갖는 동사에도 나타난다.

(20) 가. 부텻 뎡바깃ᄲᅧ 노ᄑᆞ샤 뽄머리 ᄀᆞᄐᆞ실ᄊᆡ (월인석보 8, 34)

나. 됴ᄒᆞ실쎠 菩薩이 엇던 緣으로 예 오시니잇고 (월인석보 21, 24)

다. 善慧 精誠이 至極ᄒᆞ실ᄊᆡ (월인석보 1, 10)

(20가)의 '노ᄑᆞ샤, ᄀᆞᄐᆞ실ᄊᆡ'는 '뎡바깃ᄲᅧ'의 서술어가 되어 있으나 그것이 존경의 대상이 되는 주격 보족어 명사구 '부텨'에 속하기 때문에 존경법의 활용형을 취하였다. 이런 존경법을 "간접 존경"이라고 말하는 일이 있다. 한편, (15)~(19)는 주격 보족어 명사구를 직접 존경한다고 하여 "직접

존경"이라고 한다 (이희승 1949: 129, 허웅 1975: 673, 유동석 1995: 209-222). (나)의 '됴ᄒᆞ실쎠'는 주격 보족어 명사구가 '보살'이 아니고 '보살이 온 일'이므로 존경법의 활용형을 취하였다. (다)는 주격 중출형이다. '~ ᄒᆞ실씨'의 직접 주격 보족어 명사구는 '精誠'이지만 이는 존경의 대상이 되는 주격 보족어 명사구 '善慧'와 관련되어 있다.

중세어에는 형태는 존경법의 '-(으)시-'와 같으나 기능상으로 존경법이 아닌 것이 있다 (허웅 1975: 686-691). (21)은 부동사 '-(으)니' 앞에 실현되는 '-(으)시-'의 예인데 확인법의 선행 어미 '-거/어-' 뒤에 자리 잡고 있다.

(21) 가. 이제 내 ᄒᆞ마 阿羅漢道ᄅᆞᆯ 得ᄒᆞ야 오래 病ᄒᆞᇙ 緣을 여희 얫가시니 엇뎨 오ᄂᆞᆯ 믄득 ᄆᆞᅀᆞᆷ 알포미 나거뇨 (능엄경언해 5, 72)
나. 네 … 如來ㅅ 三十二相ᄋᆞᆯ 브토라 커시니 뉘 愛樂ᄒᆞ뇨 (능엄경언해 1, 45)
다. 故園엣 버드리 이제 이어 ᄣᅥ러디거시니 엇뎨 시러곰 시릆 가온ᄃᆡ 도로 다 나ᄂᆞ니오 (두시언해 16, 51)
라. ᄒᆞ마 色과 空괘 업스면 어루 分別호미 업스려시니 비록 네 識이 이신ᄃᆞᆯ 쟝ᄎᆞ 므스게 ᄡᅳ리오 (능엄경언해 3, 35)

이 경우의 '-시-'에는 존경의 기능이 전혀 파악되지 않는다. (21가)의 주격 보족어 명사구는 제1인칭, (나)는 제2인칭, (다), (라)는 제3인칭으로서 모두 존경법의 규칙으로 설명되지 않는다. 위의 예들을 중세어의 확인법 '-거-'의 한 이형태인 '-것-'과 관련시키려는 대안이 나오고 있다 (정경재 2007). 아직도 풀어야 할 문제가 있어 (고영근 2017나), 단정하기는 어려우나 그렇게 본다면 (21)에 나타나는 '-시-'는 존경법과는 관계가 없다는 것을 알 수 있다. 고려 가요에는 제1인칭 주격 보족어 명사구에도 '-시-'가 붙는 일이 있어 이를 고려가요 특유의 시적 기법으로 해석하는 일도 있으나 (김완진 1979), 이는 뒤의 시 문법에서 종합적으로 다루기로 한다.

중세어의 존경법은 선행 어미 '-시-' 밖에 존비법과 조사, 접사에 의해서도 표시된다. 먼저 존비법에 의하여 표시되는 존경법을 보기로 한다. 높임 (ᄒᆞ쇼셔체)과 보통 (ᄒᆞ야써체)의 의문법, 명령법, 제안법은 존경법의 공대말이 된다 (고영근 · 구본관 2008/2018: 482).

문체법 / 존비법	의문법	명령법	제안법
보통	ᄒᆞᄂᆞ닛가	ᄒᆞ야써	○
높임	ᄒᆞᄂᆞ니잇가	ᄒᆞ쇼셔	ᄒᆞ사이다

위의 보통, 높임의 두 존비법은 공대의 대상이 되는 남$_1$인 청자로부터 정보를 요구하거나 공대의 대상이 되는 청자에게 행동 수행을 요구하는 것이기 때문에 존경법의 공대말이 된다. 앞에서 들었던 예를 다시 보인다.

(21) 가'. "엇뎨 부톄라 ᄒᆞᄂᆞ닛가" (석보상절 6, 16)
나'. "그 ᄠᅳ들 닐어써" (같은 책, 16-17)

(21가')는 보통의 존비법의 의문법이, (21나')는 높임의 존비법의 명령법이 공대말이 되는 예이다.

존경법은 격 어미에서도 실현된다.

(22) 가. 一切 如來ㅅ 몸과 말ᄊᆞᆷ과 ᄠᅳ뎃 業이 … (석보상절 9, 26)
나. 王ㅅ 그엔 가리라 (월인석보 7, 26)
다. 世尊ᄭᅴ 저ᅀᆸ다 ᄒᆞᆫ 말도 이시며 (월인석보 13, 36)
라. 님금하 아ᄅᆞ쇼셔 (용비어천가, 125장)

(22가~다)의 'ㅅ'는 존경의 속격 어미인데 존경의 자질이 부여되는 남$_2$인 명사구에 붙어 선행 명사를 수식어가 되게 한다. (나, 다)의 '그에, ᄭᅴ'는 부사성 의존 명사이다 (§6.3.1.1.B, 203쪽). (라)의 '-하'는 존경의 호격 어미인데 공대말 '님금'을 독립어가 되게 하는 특수격이다. 화자 또는 서술자가 존경의 대상이 된다고 생각하면 명사에 격 어미 '-ㅅ, -하'가 붙는 것이다.

존경법은 접사를 통해서도 실현된다.

(23) 가. 淨飯王ㅅ ᄆᆞᆮ아ᄃᆞ니ᄆᆞᆫ 釋迦如來시고 (<**시**고) (월인석보 2, 1)
나. 如來 뫼ᅀᆞᄫᅡ 가**시**ᄂᆞᆫ 聖人내라 (월인석보 2, 52)

(23가)의 'ᄆᆞᆮ아ᄃᆞ님'은 서술자인 화자가 'ᄆᆞᆮ아ᄃᆞᆯ'에 접미사 '-님'을 붙여 존경의 자질을 부여한 것이다. 접미사 '-님'은 활용형에도 영향을 미쳐 '-(ᄋᆞ)시-'가 나타났다. (나)의 '-내'는 존경의 자질이 부여되는 명사를 복수화하는 기능을 가지고 있는데 (§6.3.2.3.C, 237쪽), 동사에 '-시-'가 실현되어 있어 존경의 기능이 분명히 드러난다.

중세어에도 당대어와 같이 활용형과 격 어미, 접사에 의한 존경법 이외에 특수한 어휘에 의한 존경 표현이 확인된다 (유창돈 1964가: 212-218, 허웅 1975: 723-724, 윤용선 1986: 60-101).

(24)는 명사의 공대말이다.

(24) 가. 진지, 뫼, 분
나. 그듸, ᄌᆞ갸

(24가)는 명사이다. '분'은 의존 명사 '이', '진지, 뫼'는 '밥'의 공대말인데 16세기부터 나타난다. '분'은 당대어와 같이 의존 명사 '이'의 공대말이다.

(24) 가'. 文王이 ᄒᆞᆫ번 뫼 자셔<**자시**어든 (소학언해 4, 12)
王季 진지ᄅᆞᆯ 도로 **ᄒᆞ신** 후에ᅀᅡ (소학언해 4, 12)
세 분이 프ᅀᅥ리에셔 자**시**고 (월인석보 8, 93)

위의 명사들이 존경의 자질을 띠고 있다는 것은 서술어가 존경의 활용이나 존경 동사로 되어 있다는 사실로 충분한 뒷받침이 된다. 당대어와 차이가 없다.

(24나)는 대명사의 공대말이다. '그듸, ᄌᆞ갸'는 비공대의 표현으로 쓰이는 일이 없지 않으나 일반적으로 '그듸'는 '너'의 공대말로, 'ᄌᆞ갸'는 '저'의 공대말로 쓰인다.

(25)는 동사의 공대말이다.

(25) 겨시다, 좌시다

예를 들면 다음과 같다.

(25') 가. **如來** … 묏고래 수머 겨샤 (<<u>겨시</u>아) (석보상절 6, 4)
나. **부톄**라 ᄒᆞᆫ 일후미 <u>겨시</u>고 (석보상절 13, 59)
다. **菩薩** … 深山애 드러 果實와 믈와 <u>좌시</u>고 (월인석보 1, 5)

'겨시-(다), 좌시-(다)'가 존경 동사라는 것은 주격 보족어 명사구 '如來, 부텨, 菩薩'이 존경의 대상이 된다는 점을 통해서 분명히 드러난다. 당대어에서는 주격 보족어 명사구와 관련되는 말이 올 때는 '있으시다'와 같이 동사의 활용형에 의지하는데 중세어에서는 이런 경우에도 '겨시다'가 쓰이었다. (나)의 예가 그러한 것이다. 중세어에는 '잇다'의 존경법 활용형과 '겨시다'가 공존하는 경우도 있었다.

(25") 가. **大愛道** ㅣ 드르시고 ᄒᆞᆫ 말도 몯ᄒᆞ야 <u>잇더시니</u> (석보상절 6, 7)
나. **世尊**이 … 엇던 因緣으로 이런 祥端 <u>잇거시뇨</u> (석보상절 13, 15)

(25"가)는 주격 보족어 명사구를 직접 높이는 것이고 (나)는 주격 보족어 명사구에 관련된 '祥端'를 간접적으로 높이고 있는데 (25나')와 공존하고 있다.

7.5.1.3. 고대어의 존경법과 그 변화

고대어의 존경법은 이두와 향찰, 그리고 석독 구결에서 볼 수 있다. 이두와 향찰에서는 존경법이 '賜'로 적혀 있고 (이승재 1998), 석독 구결은 'ニ'나 'ホ'로 적혀 있다. 편의상 향가와 석독 구결을 대상으로 기능을 구명하기로 한다.

(26) 가. 吾肹不喩慚肹伊賜等 (헌화가 3)
나. 法界滿賜隱佛體 (예경제불가 7)

(26)은 신라 향가와 균여 향가에서 하나씩 고른 것이다. (가)는 '나ᄅᆞᆯ 안디 붓그샤ᄃᆞᆫ'으로 해독되는데 (김완진 1980: 68), 동사의 주격 보족어 명사구는 '수로부인'이다. 중세어와 당대어에서 본 직접 존경법의 예이다. (나)는 균여 향가인데 '法界 ᄎᆞ신 부텨'로 해독된다 (김완진 1980: 158), 피수식어의 명사구가 '佛體'이므로 (가)와 같이 직접 존경법의 예로 간주할 수 있다.

다음 예는 간접 존경법으로 해석된다.

(27) 가. 阿冬音乃叱好支賜烏隱 (모죽지랑가 3)

나. 魂是去賜矣 (도이장가 3)

(27가)는 'ᄆᆞᄃᆞᆷ곶 블기시온'으로 해독되는 피수식어가 4행의 '皃史' (즈ᅀᅵ)인 것을 보면 역시 간접 존경법으로 해석된다. (27나)는 주격 보족어 명사구가 두 공신의 '魂'임을 고려한다면 역시 간접 존경법으로 해석된다.

향가에 이어 석독 구결의 존경법을 보기로 한다[89].

(28) 가. **大師**刂 正法乙 建立丷{爲欲}人 方便灬 正等覺 成丿尸入乙 示現丷二二下 (유가사지론 06, 4-5)

나. 佛亅 卽彡 時刂去彡亅入乚 知二尓 (구역인완경 상 3, 13)

佛은 卽오 時이거온 ᄃᆞᆯ 아ᄅᆞ시며

(28가)의 '示現丷二二下'는 '示現ᄒᆞ시하'로 해독되는데 중세어의 '示現 ᄒᆞ샤'와 직접 이어지는 것으로 보인다. 주격 보족어 명사구 '**大師**'와 일치 관계를 형성하고 있다. (나)의 '知二二尓'는 '아ᄅᆞ시며'로 해독되는데 중세어의 '아ᄅᆞ시며'와 차이가 없어 보이며 보족절을 대격 보족어 명사구로 취하여 역시 주격 보족어 명사구 '佛'과 일치 관계를 형성하고 있다.

(28)은 모두 직접 존경법의 예이다. 향찰 자료에 간접 존경법이 나오는 것을 보아 석독 구결에도 출현 가능성을 예측할 수 있다. 다음 예는 간접 존경법으로 해석할 수 있다.

(28-1) 五眼刂 成就丷去八二亅ㅌ七 時十 見二亅乃 見彡尸 所彡 無七二尓 (구역인왕경 15, 16-18)

위의 (28-1)은 '五眼이 成就ᄒᆞ걱신ᄌᆞᆺ 時긔 보신나 보옮 바 없시며'으로 해독되는데 '五眼이 성취되신 때에 보시나 볼 바 없으시며'의 뜻으로 보면 간접 존경법으로 볼 수 있다[90]. 앞으로는 모든 석독 구결 자료의 문법 형태소의 기능적 측면을 구명하는 일에 몰두할 필요가 있다. (25'나)에서 본 바와 같이, 주격 보족어 명사구와 관계되는 사물에 대하여도 '겨시다'가 쓰임을 보았는데 석독 구결에서도 그런 현상이 있는지 밝혀야 할 것이다.

뒤에서 보겠지만 주격 보족어 존경법은 제주도를 제외하고는 각 방언의 것이 큰 차이가 없다. 중세어에는 '-시-'와 '-샤-'와 같이 이원화되어 있었던 존경법이 근대어에서 '-시-'로 일원화한 것밖에는 큰 변화가 없어 보인다. 일원화의 직접적 원인은 '-옴, -오ᄃᆡ' 등 '오' 계열 어미의 소멸에 있지 않은가 한다. 그리고 'ᄂᆞᄅᆞ샤' 등에서 간취되는 '샤'의 '셔'로의 변화도 차분히 추적할 필요가 있다. 앞에서 본 바와 같이, 중세어의 '겨시다'는 주격 명사구와 관련 있는 사물에도 사용되었다고 하였

89) 석독 구결의 존경법에 대하여는 백두현 (1995/2005: 296-340)에서 분포와 기능이 면밀하게 추구되었다.

90) 이 예는 장경준 교수 (고려대)의 도움으로 찾아 낸 것이다.

는데 언제 당대어와 같이 '잇다'로 대치되었는가 하는 문제도 구명해 볼 필요가 있다.

7.5.1.4. 방언

주격 보족어 명사구를 존경하는 선행 어미 '-시-'는 대부분의 방언에서 실현되며 그 형태도 근대에 와서 단일화한 '-시-'가 전역에 분포하고 있다. 제주어에는 전통적으로 관료층이나 식자층에서는 다음과 같이 존경법 '-시-'를 더러 사용하여 왔다.

(29) 가. 그이가 ᄉᆞ또시어 '그이가 사도시다'
나. 어느 어룬이 암행아ᄉᆞ시우꽈 '어느 어른이 암행어사십니까'
다. 저디 앚인 분이 느네 부모시구낭 '저기 앉은 분이 너의 부모시구나'
(고재환 2012/2013가: 22)

(29가)는 관료인 사또를, (나)는 어른을, (다)는 부모를 대용하는 '분'을 존경하는 것이다. 그러나 농어촌에서는 사용되지 않는다. 그에 대하여 어른을 모시지 않고 사는 제주의 가족 제도와 관련시키기도 하고[91], 한편 그보다는 공대법에 소홀했던 제주 도민의 언어 습관과 관행이 주 원인이라고 해석하기도 한다[92]. 그 이유를 면밀하게 구명해 볼 필요가 있다.

반도에서는 특히 주격 보족어 명사구를 존경할 때에는 대부분 그 동사에 '-시-'를 붙이나 서남북부 방언과 동남 방언에서는 '겨' 등이 쓰인다는 보고가 있다 (이기갑 2003: 665-668).

(30) 가. 이리 잔 와 봐게 (서남) '이리 좀 와서 보셔'
나. 할배가 먼저 봐 겼니더 '할아버지가 먼저 보셨습니다' (동남 안동)

(30)의 두 예를 가만히 보면 '-게' 내지 '-겼-'이 부동사 '아' 뒤에 와 있다. 이는 '게' 계통의 존경법 어미가 기원적으로 중세어의 의존 동사 '어/아 겨시다'가 '어 겻'으로 재구조화를 거쳐 존경법의 선행 어미로 발달하였다는 해석이 비교적 온당해 보인다. 이는 중세어의 의존 동사 '-어 잇-'이 '-엣-'으로 재구조화되고 마침내 과거 시제 '-엇->-었-'으로 발달되는 것과 병행한다.

---

91) 이는 저자가 1991년 여름에 제주도를 방문하였을 때 전 제주대학교 총장 고 (故) 현평효 선생으로부터 들은 것이다.

92) 2016년 1월 19일자로 보내온 고재환 교수의 메일에 의하였다. 그 내용을 옮겨 둔다.
"제가 체득한 바로는 옛날 제주인들은 거의가 농축업이나 어잠업을 생계로 부대껴야 하는 곤궁한 농어촌 삶이어서, 식자층이나 상전을 모시고 접하면서 예절을 익힌 사람들이면 모를까, 일반 사가에서 쓰는 어투는 언어 예절이 부족했습니다. 인칭 대명사 '나'도 낮추는 '저/제'는 안 쓰고 그냥 '나'를 썼습니다. 종결사인 경우도 예사높임인 '-습니다', '-습니까'에 대응하는 '-수다/-우다', '-수가/-수과/-우까'를 쓰는 것으로 족하고, '-사옵니다', '-사옵니까', '-시옵소서', '-시옵나이까'와 같은 극존대어는 좀처럼 안 썼습니다. 어쩌면 웃어른을 모시고 살지 않았던 것도 한 원인이 될 수 있겠지만, 전반적으로 경어법에 소홀했던 언어습관과 관행이 주 원인이라고 생각합니다. 『제주어개론』에 실린 극존대이에 대한 예시들은 일반화된 것이 아니나라, 소선시대를 거지면서 간헐적으로 극소수층의 쓰는 경우에 한정된 것입니다. 그럴 경우 그 쓰임을 중세 국어와 연관시켰을 때의 표기입니다."

7.5.2. 겸손법

겸손법은 우리말의 모든 시대와 모든 방언을 고려할 때 존경법보다 형태는 물론, 기능적으로도 상당한 변화와 변이를 보여 준다.

7.5.2.1. 공통어

겸손법은 화자가 남$_2$에 대하여 자신의 행동이나 동작을 낮추어 말할 때 사용하는 공대법의 한 가지다. 이곳의 "겸손법"은 현행 학교 문법의 "객체 높임법"이나 중세어 문법 연구에서 많이 사용되고 있는 "겸양법"을 가리킨다. 저자가 "겸양" 대신 "겸손"을 선택한 것은 역대 문헌을 보면 겸손계가 652개로 303개인 겸양계보다 배수 이상에 이른다는 점을 고려하였기 때문이다[93]. 겸양계는 일본 문법의 영향이 아닌가 한다. 중세어에는 겸손법이 선행 어미 '-숩-'에 기대어 표시되었으나 당대어에서는 의고체에서만 그 흔적이 남아 있다. 존비법, 접사, 특수 어휘, 선행 어미의 차례로 당대 공통어의 겸손법의 질서를 탐색하여 보기로 한다.

먼저 존비법에 기댄 공대말을 보기로 한다. 앞에서 저자는 하오, 합쇼체의 의문법, 명령법, 제안법, 허락법, 경계법이 존경법의 공대말이 됨을 보았는데 겸손법에서는 나머지 문체법이 겸손법의 공대말이 된다. 이를 표로 제시하면 다음과 같다.

(1) 겸손법의 공대말

문체법 / 존비법	평서법	약속법	감탄법
하오체	보오	[보리다]	보는구려
합쇼체	봅니다	[보오리다]	○

약속법에 대괄호 표시를 한 것은 보충형이란 뜻이다 (앞에 나옴). 평술법, 약속법, 감탄법은 청자에게 자기의 생각이나 느낌을 진술하는 기능을 띠고 있으므로 겸손법이 될 수밖에 없다.

다음 예는 특수 어휘에 기대어 겸손법이 표시되는 말이다.

(2) 가. ① 말씀 (말), 애비 (아버지), 저 (나), 저희 (우리)
② 졸저 (拙著), 졸고 (拙稿), 비견 (鄙見), 소생 (小生), 상서 (上書), 배상 (拜上), 소인 (小人)

나. 드리다/올리다/바치다(주다), 뵙다/뵈다(보다), 여쭙다/여쭈다/아뢰다/사뢰다(이르다), 기망하다(속이다), 모시고(데리고)

---

93) 박진호 교수의 조사 결과에 의하면 겸손계가 '겸손 (520), 謙遜 (66), 겸숀 (66)'으로 모두 652개였고 겸양계가 '謙讓 (22), 겸양 (281)'로 모두 303개였다.

(2)는 앞의 공대말에 대하여 특히 "겸사말" (흔히 낮춤말)이라고 한다. (2가)①은 고유어에서 겸사말과 예사말이 대어가 된 예이고 (2가)②는 독립된 한자어가 겸사말이 된 예이다. 특히 후자는 앞의 존경법과 마찬가지로 젊은 세대에서는 이런 말을 아는 사람이 드물어 조만간 폐어화되지 않을까 한다.

(2가)①의 '말씀'은 앞의 (14가)의 '말씀'과 음상이 같아 단어 자체만 보아서는 어느 것이 공대말이고 어느 것이 겸사말인지 분간할 수 없다. 상황이나 문맥을 고려해야 한다.

(3) **저**부터 말씀 **드리겠습니다**. 비교: **선생님**부터 먼저 말씀**하십시오**.

위의 왼쪽의 '말씀'은 겸사말 '저, 드리다'와 같이 쓰였기 때문에 겸사말임이 틀림없고 오른쪽의 '말씀'은 주격 보족어 명사구 '선생님'과 합쇼체의 명령법과 같이 쓰였기 때문에 공대말임에 틀림없다.

겸손법에도 압존법이 적용된다. (2나)의 겸사말의 동사가 그러하다. 대표적으로 '드리다'를 예로 들어 보인다.

다음 예는 부자 간의 대화이다.

(4) 갑: 철수야, 신문을 할아버지께 갖다 드려라.
을: 아버지, 신문을 할아버지께 갖다 드렸습니다.

(4)는 철수의 아버지가 철수에게 신문을 자기의 아버지이자 철수의 할아버지인 남$_2$에게 갖다 주라고 하는 상황에서 사용되었다. 여격 보족어 명사구 '할아버지'가 제일 어른이기 때문에 손자의 행동에 겸사말 '드리다'가 사용되었다.

다음 예는 웃어른인 할아버지가 손자에게 자기 아들에게 신문을 갖다 주라고 요청하는 것이다.

(5) 가. 갑: 철수야, 신문을 애비에게 갖다 주어라.
나. 을: 할아버지, 신문을 아버지에게 갖다 주었습니다.

(5가)는 웃어른인 할아버지가 남$_2$인 손자로 하여금 자기의 아들에게 신문을 갖다 주라고 하는 상황에서 사용되었다. 자기 아들이 손자에게는 어른일지라고 자기보다는 손아래이니 예사말 '주다'를 쓰지 않을 수 없다. 이런 경우 손자도 예사말 '주다'를 사용하였다. 아버지가 자기에게는 어른일지라고 할아버지에게는 손아래 사람이니 압존법에 의하여 예사말을 사용하였다. 이는 존경법의 (3) (526쪽)과 성격이 같다. 그러나 요즈음은 압존법에 반하는 다음과 같은 말이 자연스럽게 오가는 것을 볼 수 있다.

(5') 할아버지, 신문을 아버지에게 갖다 드렸습니다.

이런 말씨 역시 가정 교육이나 학교 교육을 통하여 철저히 계도할 필요가 있다. 고령화 시대를 맞고 있는 21세기는 3대 내지 4대가 얼굴을 마주 대는 일이 많을 것이기 때문이다.

다음은 겸손법의 선행 어미의 예이다. 겸손법은 1930년대의 서간문과 기도문에서 사용된 자료가 보인다. 당대어에서 사용되는 겸손법의 선행 어미에는 '-삽-'과 '-옵-' 등이 있는데 전자는 자음 어간 아래에서, 후자는 모음 어간과 'ㄹ' 어간 아래에서 선택되며 모음 어미 앞에서는 '-사오-, -(으)오-'로 교체된다. 그리고 위의 두 형태의 앞뒤에 '-시-'가 붙은 '-옵시-, -시옵-' 등의 특수한 형태도 보인다. 이들은 형성소와 구성소 중간에 자리 잡기 때문에 "중립소"로 처리한 바 있다 (§6.2.5, 188쪽).

다음 예는 1930년대의 명편 심훈의 『직녀성』에서 뽑은 것이다.

(6) 가. 불초의 자식은 각오한 바 있어 슬하를 떠나옵나이다. 이제까지 지내온 소자의 생활이 감옥살이와 같았다 하여 양위분의 탓은 아니하고자 하오나 두 번 돌아오지 못할 청춘을 언제까지나 과천 구석에서 썩히기는 너무나 애석하여 여러 해를 두고 고민하던 중에 단연히 집을 떠나고저 결심한 것이오니 소자의 고통을 통찰하여 주시옵소서. (심훈, 직녀성)
비교: 떠나나이다, 하나, 이니, 주소서

나. 이 가엾은 생명에게 건강을 주옵시고 조선의 꽃이 되고 별이 되게 하여 줍소서 (<주옵소서) (심훈, 직녀성)
비교: 주시고, 주소서

(6가)는 한림의 외아들 경직이 부모와 처자를 버리고 집을 떠나면서 남긴 편지의 일절이다. 오른쪽에 보인 어형과 비교하면 겸손의 '-옵-, -오-, -시옵-'을 쉽게 분리해 낼 수 있다. (6나) 역시 심훈의 작품에서 뽑은 것인데 기도문의 한 구절이다. 이곳에서도 오른쪽 어형과 비교하면 '-옵-'을 얻는다. (6)의 예를 통하여 보면 겸손의 '-옵-'은 남$_1$인 청자를 더 높여 주는 기능을 표시하는 것으로 간추릴 수 있다.

앞의 존경법과 함께 어린이들의 겸손법의 습득에 대한 조사가 이루어져 주목을 받고 있다 (장경희 밖에 15: 293). 당대어는 중세어와는 달리 겸손법은 어휘에 의하여 표시된다. 겸손법 표시의 대표적 어휘인 '드리다'는 42개월부터 나타나기 시작하며 빈도도 매우 낮은 것으로 조사되어 있다.

7.5.2.2. 중세어

중세어의 겸손법은 당대어에 비하여 훨씬 문법적이며 특히 '-ᄉᆞᆸ-'이란 겸손법 표지가 작동하고 있어 운용 규칙을 철저히 파악하지 않으면 안 된다. 겸손법은 주격 보족어 명사구가 가리키는 인물이 남$_2$인 대격 내지 여격 및 처소 보족어 명사구가 가리키는 인물보다 낮다고 생각될 때 실현되는 문법적 절차이다. 겸손법의 대표적 형태는 '-ᄉᆞᆸ-'인데 앞뒤의 음성적 환경에 따라 'ᄉᆞᆸ, ᄌᆞᆸ, ᄉᆞᄫ, ᅀᆞᄫ, ᄌᆞᄫ'으로 실현되기도 한다.

(7)은 상담적 세계, 곧 대화의 장면에 나타나는 예이다.

(7) "내 ᄯᆞᆯ 勝鬘이 聰明ᄒᆞ니 부텨옷 보ᅀᆞᄫᆞ면 당다이 得道ᄅᆞᆯ ᄲᆞᆯ리 ᄒᆞ리니" (석보상절 6, 40)

(7)의 활용형에 '-ᅀᆞᄫ-'이 나타난 것은 문면에 나타나지 않은 서술자인 '파사닉왕' (波斯匿王)과 '말리부인' (末利夫人)이 대격 보족어 명사구이며 남$_2$에 속하는 '부텨'보다 자기 딸 '승만'의 지위가 낮

다고 생각하였기 때문이다.

겸손법의 ‘ᄉᆞᆸ’은 앞의 존경법과는 달리 원칙적으로 자립 동사에만 실현된다 (유동석 1995: 422).

(7-1) 가. 부톄 ᄌᆞ로 니ᄅᆞ샤도 <u>從ᄒᆞᅀᆞᆸ디</u> **아니ᄒᆞ더니** (석보상절 6, 10)
나. 一萬玉女ᄂᆞᆫ 幢蓋 자바 <u>뫼ᅀᆞᄫᅡ</u> **이시며** (월인석보 2, 32)

위의 예에서 (가)는 부정 의존 동사가 실현된 예인데 겸손법이 자립 동사 ‘從ᄒᆞ-’에 붙었다. 앞 (532쪽)의 존경법 ‘-(으)시-’는 의존 동사에 붙었는데 겸손법은 이와 반대로 자립 동사에 붙었다. 하위문 우선의 원리 (이현희 1994)가 지켜진 것이다. 그러나 경우에 따라 의존 용언에 실현되기도 하고 자립 용언과 의존 용언에 동시에 붙기도 한다.

(7-2) 가. 부텨를 전혀 念티 <u>아니ᄒᆞᅀᆞ오면</u> (능엄경언해 5, 88)
나. 衆生이 … 비록 佛法을 맛나ᅀᆞ와도 그 化ᄅᆞᆯ <u>좃ᄌᆞᆸ디</u> <u>아니ᄒᆞᅀᆞᆸ고</u> (법화경언해 2, 65)

(가)는 의존 동사에 ‘ᄉᆞᆸ’이 실현된 것이고 (나)는 자립 동사와 의존 동사에 동시에 실현된 것이다. 이에 대하여 여러 가지 해석이 시도되고 있으나 (황부영 1959, 유동석 1995나), 이곳에서는 더 이상 들어가지 않기로 한다.

동사를 기준으로 할 때 주격 보족어 명사구의 사회적 지위가 이야기 속에 등장하는 대격 보족어나 여격 및 처격 보족어보다 낮다고 화자에게 파악될 때, ‘-ᅀᆞᆸ-’이 선택되어 일치 현상이 일어난 것으로 보기로 한다 (유동석 1991/1995가: 309-325).

(8)은 서사적 세계인 지문에 나타나는 예이다.

(8) 婇女ㅣ 하ᄂᆞᆳ 기ᄇᆞ로 太子ᄅᆞᆯ ᄢᅳ려 <u>안ᅀᆞᄫᅡ</u> 夫人ᄭᅴ 뫼셔 오니 ᄉᆞ믈 여듧 大神이 네모해 <u>侍衛ᄒᆞᅀᆞᆸ더라</u> (월인석보 권2, 43장)

(7)의 화자는 대화에 직접 참여하는 사람이지만 (8)의 화자는 『석보상절』의 편찬자, 곧 서술자이다. 남$_2$인 주격 보족어 명사구 ‘婇女’ (선행절)와 ‘ᄉᆞ믈 여듧 大神’ (후행절)이 대격 보족어 명사구인 ‘太子’보다 낮다고 생각하였기 때문에 활용형에 ‘-ᅀᆞᆸ-’이 사용되었다. ‘侍衛ᄒᆞᅀᆞᆸ더니’의 앞에는 선행절에 도입된 남$_2$인 대격 보족어 명사구 ‘太子’가 생략되었다.

(7), (8)을 종합할 때 선행 어미 ‘-ᄉᆞᆸ-’은 주격 보족어 명사구가 지위상으로 대격 보족어 명사구가 가리키는 인물보다 화자 또는 서술자에게 낮다고 인식될 때 쓰인다[94]. ‘겸손’이란 어휘를 택한 것은 남$_1$인 주격 보족어의 지위가 남$_2$인 대격 보족어 명사구보다 낮아 겸손의 자세를 취한다는 뜻이다[95].

---

94) 중세어의 겸손법에 대하여는 논의가 많다. 최근의 업적으로는 안병희 (1982/1992: 89-111, 125-135), 김동식 (1984), 유동석 (1991/1995가: 230-245, 309-325), 박양규 (1993), 윤석민 (1993), 국립국어연구원 (1996: 195), 권재일 (1998: 54-58), 김태우 (2018) 등 참조.

95) 서사적 세계에서는 같은 사람의 같은 사람에 대한 이야기라 할지라도 ‘-ᄉᆞᆸ-’이 나타날 수도 있고 그렇지 않을

'-ᅀᆞᆸ-'은 또 주격 보족어 명사구가 여격 내지 처격 부사어 명사구보다 낮다고 인식될 때에도 쓰인다.

(9) 가. "내 아래브터 부텻긔 이런 마ᄅᆞᆯ 몯 듣ᄌᆞᄫᆞ며" (석보상절 13, 44)
나. 그ᄢᅴ 世尊ㅅ긔 四衆이 圍繞ᄒᆞᅀᆞᆸ고 (석보상절 6, 3장)
다. 須菩提ᄃᆞᆯ히 … 法王애 갓갑ᄉᆞ와 (법화경언해 1, 114)
라. "우린 다 佛子ㅣ ᄀᆞᆮᄌᆞ오니" (법화경언해 2, 227)

(9가, 나)의 '부텻긔, 世尊ㅅ긔'는 명사에 속격 표지 '-ㅅ'와 부사성 의존 명사 '긔'가 결합하여 여격 보족어 명사구가 된 것이다. (9가)는 상담 세계인 대화의 예인데 화자인 사리불 (舍利弗)이 여격 보족어 명사구인 '부처'보다 낮다고 생각하기 때문에 활용형에 '-ᄌᆞᆸ-'이 나타났다. (9나)는 서사적 세계인 지문의 예인데『석보상절』편찬자, 곧 서술자가 주격 보족어 명사구인 '四衆'이 여격 보족어 명사구인 '世尊'보다 낮다고 생각하기 때문에 '-ᅀᆞᆸ-'이 쓰였다. (9다) 역시 서사적 세계에 나타나는 지문의 예이다. 일반적으로 주격 보족어 명사구인 '수보리' (須菩提)가 여격 내지 처격 보족어 명사구인 '法王'보다 낮다고 생각되기 때문에 '-ᅀᆞᆸ-'이 나타난 것이다. (9라)는 상담적 세계인 대화에 나타난 예이다. 화자인 '우리'가 비교의 부사어 명사구 '불자'보다 낮다고 생각되기 때문에 '-ᄌᆞᆸ-'이 나타났다.

대격 보족어나 처격 보족어 명사구가 실현되지 않는 일도 있다. 다음 예는 서사적 세계에 나타난 것이다.

(10) 가. 大瞿曇이 슬허 ᄣᅥ리어 棺애 녀ᅀᆞᆸ고 (월인석보 1, 7)
나. 威化振旅 ᄒᆞ시ᄂᆞ로 輿望이 다 몯ᄌᆞᄫᆞ나 (용비어천가, 11)

(10가)는 앞에 오는 이야기와 관련시키면 대격 보족어 명사구 '보살' (菩薩)이 설정되며 이는 주격 보족어 명사구인 '대구담'보다 지위가 낮다고 서술자에게 인식되기 때문에 서술어에 '-ᅀᆞᆸ-'이 사용되었다. (10나)는『용비어천가』의 배경 설화를 살펴보면 여격 보족어 명사구인 '李太祖'를 설정할 수 있다. 주격 보족어 명사구인 '여망' (여러 사람의 기대)은 그것이 가리키는 여러 사람의 사회적 지위가 여격 보족어 명사구보다 낮다고 서술자에게 생각되었기 때문에 동사에 '-ᄌᆞᆸ-'이 쓰였다.

겸손법은 동명사형에서도 실현된다.

(11) 無量壽佛 보ᅀᆞᄫᆞᆫ 사ᄅᆞᄆᆞᆫ 十方無量諸佛을 보ᅀᆞᄫᆞᆫ 디니 (월인석보 8, 33)

(11)의 동명사형 '보ᅀᆞᄫᆞᆫ'은 바로 뒤의 주격 보족어 명사구인 '사ᄅᆞᆷ'이 대격 보족어 명사구인 '무량수불'보다 낮기 때문에 '-ᅀᆞᆸ-'이 쓰였고 뒤에 나오는 '보ᅀᆞᄫᆞᆫ'도 같이 해석된다.

겸손법의 '-ᅀᆞᆸ-'은 공대의 자질을 띤 대격 보족어 명사구 내지 여격 내지 처격 보족어 명사구에 관련되는 물건이나 일을 서술할 때도 쓰인다.

수도 있다. 이를 시점 옮기기와 관련시켜 해석하려는 시도도 볼 수 있다 (석주연 2004). 그리하여 공대법의 사용 요인을 담화·화용론적으로 해석하기도 한다.

(12) 가. 道士돌히 … 부텻 舍利와 經과 佛像과란 길 西ㅅ 녀긔 노쏩고 (월인석보 2, 73)

나. "… 善女人이 … 無量壽弗의 나 正法 듣줍고져 發願호딕" (월인석보 9, 36)

다. 帝釋은 蓋 받고 梵王은 白拂 자바 두 녀긔 셔ᄉᆞᄫᆞ며 (월인석보 2, 39)

라. ① 一切 世間 天人 阿修羅ㅣ[**부텨** 니ᄅᆞ샤ᄆᆞᆯ<*니ᄅᆞ시]옴 듣줍고 다 ᄀᆞ장 깃ᄉᆞ와 信受ᄒᆞ야 바다 行ᄒᆞᄉᆞ오니라 (금강경언해 6, 125)

② 諸子ㅣ [아바니미 (<**아바님**) 菩提ᄅᆞᆯ 일우시]다 듣줍고 (법화경언해 3, 96)

(12가)의 '사리, 경, 불상'은 앞에 나온 수식어 명사구 '부텨'의 소유물이고 주격 보족어 명사구인 '道士'는 '부텨'보다 낮다고 서술자에게 인식되기 때문에 '-숩-'이 쓰였다. (12나)는 세존이 '문수사리' (文殊師利)에게 하는 말이다. '正法'은 '무량수불'의 소유물이며 주격 보족어 명사구 '善女人'은 여격 보족어 명사구인 '무량수불'보다 지위가 낮다고 인식되었기 때문에 '-줍-'이 나타났다. (12다)의 처격 보족어 명사구 '두 녁'은 부처의 양쪽이고 주격 보족어 명사구인 '帝釋'과 '梵王'은 부처보다 지위가 낮다고 생각하였기 때문에 자동사 '셔다'에 '-ᅀᆞᇦ-'이 사용되었다. (12라)는 절을 대격 보족어 명사구로 취하고 있는 예이다. ①은 '(부텨 니ᄅᆞ샴<*니ᄅᆞ시)옴'이라는 명사절을 (황부영 1959: 596), ②는 '(아바님 … 일우시)다'라는 인용절을 내용역 (contents)으로 안고 있는데 이는 후행 동사 '듣다'의 대격 보족어 명사구가 되어 있다. (12라)②를 예로 들면 '아바니미 菩提ᄅᆞᆯ 일우시 (다)' (아버님이 보리를 이루셨다)라는 인용절 자체가 후행하는 동사 '듣다'의 대격 보족어 명사구가 되어 있다. 그러니까 '아버님의 보리 이루셨음'이라는 남$_2$ (아버님)의 행동을 겸손한 태도로 들은 것이니 앞의 세 예와 같은 간접 겸손의 범주에 들어온다. 그 관계를 그림으로 표시하면 다음과 같다.

(12) 라'. 諸子ㅣ [$_{NP}${$_{S}$($_{cf}$아바니미 菩提ᄅᆞᆯ 일우시)$_{cf}$다}$_{S}$]$_{NP}$ 듣-줍-고

여기서 'cf'는 형성소 연쇄체이고 'S'는 내포절임을 표시하고 'NP'는 그것이 명사절임을 표시한다. 중세어에는 인용절이 명사 상당어가 되어 그것이 활용형에 표지되는 일을 볼 수 있다 (고영근 1985, 1986/1999: 10)[96].

(12) 라''. [$_{NP}${$_{S}$(ᄂᆞᆷ ᄆᆞᅀᆞᆷ ᄠᅳ들 두)cf ㄹ따}$_{S}$]$_{NP}$ ᄒᆞ야시ᄂᆞᆯ

이런 현상은 우리말뿐만 아니라 많은 언어에서 공통적으로 발견된다.

---

96) 명사절과 인용절이 대격 보족어의 기능을 띠고 있는 (12라)와 같은 예는 황부영 (1959: 595-597)과 허웅 (1975: 706)에서 접할 수 있다. 후자에서는 '아버니미 … 일우샤ᄆᆞᆯ 듣줍고'를 속뜻으로 가지고 있다고 보았다. 그런데 황부영 (1959), 유동석 (1995: 235), 박진호 (1996: 130)에서는 내포문의 주어를 높이기 위하여 '-숩-'이 사용되었다고 하였다. 이는 '-숩-'의 기능을 "높임"의 관점에서 해석하려는 데서 오는 획일적 사고의 소산이다. 모문의 동사에 '-숩-'이 쓰인 것은 명사절과 인용절의 주격 보족어 '부텨, 아바님'의 행동을 겸손한 태도로 듣는다고 생각하였기 때문이다. '니ᄅᆞ샴'의 '-시-'와 일치하는 것은 '부텨'이고 '일우시다'의 '-시-'와 일치하는 것은 '아바님'이며 '듣줍고'의 '-줍-'과 일치하는 것은 명사절과 인용절 전체의 내용역이다.

중세어의 겸손법도 존비법, 접사, 특수 어휘에 의하여 표시된다. 다음 예는 존비법에 의한 겸손법의 표시의 예다.

(13) 가. "내 그런 쁘들 몰라 ᄒᆞ댕다" (석보상절 24, 32)
　　나. "니ᄅᆞ샨 양ᄋᆞ로 호리이다" (석보상절 6, 24)

(13)은 보통의 존비법인 ᄒᆞ야써체와 높임의 존비법인 ᄒᆞ쇼셔체의 평술법이 겸손법의 공대말로 기능하는 것이다. 평술법은 청자인 남$_1$에게 자기의 생각을 진술하는 기능을 띠고 있기 때문에 겸손법이 될 수밖에 없다. 중세어에는 당대어와는 달리 감탄법에 의하여 겸손법이 표시되는 예를 찾기 어렵다. 앞에서 본 바와 같이, 중세어의 정감성은 대부분 감동법이라는 선행 어미에 의하여 표현되었다 (§7.4.3.1.B, 507쪽).

다음 예는 특수 어휘에 기댄 겸손 표현의 예이다. 먼저 명사의 예를 보기로 한다. '마ᄍᆞᄫᅵ' 정도가 확인되어 있다.

(14) 처ᅀᅥᆷ 와 傲色 잇더니 濟世英主ㅣ 실씨 마ᄍᆞᄫᅵ예 ᄆᆞᅀᆞᄆᆞᆯ 놀라니 (용비어천가, 95장)

(14)의 '마ᄍᆞᄫᅵ'는 동사 어근 '맞-'에 겸손법의 '-ᄌᆞᇦ-'이 붙고 다시 접미사 '-이'가 붙어서 된 '마지'의 겸사말이다. 당태종을 맞아 뵙는다는 뜻이니 겸사말로 해석할 수 있다[97].

다음은 겸손 동사의 예이다.

(15) 드리다, ᄉᆞᆲ다, 뫼시다, 뵈다, 저ᅀᆞᆸ다, 엳ᄌᆞᆸ다

(15)는 주격 보족어 명사구가 대격 보족어 명사구나 여격 보족어 명사구에 대하여 자기를 낮출 때 쓰이는 겸손 표현이다.

(15') 가. 摩耶夫人이 … 王ᄭᅴ 그 ᄭᅮ믈 ᄉᆞᆯᄫᆞ시ᄂᆞᆯ (월인석보 2, 23)
　　나. (耶輸ᄭᅴ)유무 드ᇙ 사ᄅᆞᆷ도 업거늘 (석보상절 6, 2)
　　다. 聖宗ᄋᆞᆯ 뫼셔 (용비어천가, 109장)
　　라. 諸天人衆이 一心으로 이대 드러 다 이에 와 無上尊을 뵈라 (법화경언해 3, 39)
　　마. (大德) … 藥師瑠璃光如來ᄅᆞᆯ 저ᅀᆞᄫᅡ 供養ᄒᆞᅀᆞᆸ고 (석보상절 9, 32)
　　바. 王ᄭᅴ 가아 말ᄆᆡ 엳ᄌᆞᆸ고 (석보상절 6, 15)

위의 동사들이 겸손법의 동사라는 것은 주격 보족어 명사구가 남$_2$인 대격 보족어 명사구가나 여격 보족어 명사구보다 사회적 지위가 낮다고 생각하였기 때문이다. (가)의 'ᄉᆞᆲ (다)'는 주격 보족어 명사구 '마야 부인'이 왕보다 지위가 낮다고 서술자에게 인식되었기 때문에 사용되었다. '드리 (다) (나), 뫼시다 (다), 뵈 (다) (라), 저ᅀᆞᆸ (다) (마), 엳ᄌᆞᆸ (다) (바)' 모두 같이 해석된다. '저ᅀᆞᆸ다, 엳ᄌᆞᆸ다'는 겸손법의 선행 어미가 붙어 겸손 동사로 어휘화한 것이다. (나)의 '드리 (다)'는 '-ᅀᆞᆸ-'이

97) 허웅 (1955: 296)에서는 '맞이', '영접'의 객체 존대어라고 하였다.

붙은 '드리숩 (다)'가 쓰이는 일도 있고 (다)의 '뫼시 (다)' 또한 '-숩-'이 붙은 '뫼시숩 (다)'가 있으며 '시'가 줄어진 '뫼숩 (다)'도 보인다. (라)의 '뵈 (다)'도 '-숩-'이 붙은 '뵈숩다'가 있다. 이렇게 '-숩-'을 덧붙임으로써 겸손의 의미를 분명히 할 수도 있다.

7.5.2.3. 고대어의 겸손법과 그 변화[98)]

고대어의 겸손법에 대하여는 앞의 존경법과 마찬가지로 이두, 향찰과 석독 구결로 나누어 고찰하기로 한다.

이두의 겸손법 '白'이 동사 '白' (숣-)이 문법화하여 겸손법의 선행 어미로 쓰인 것은 11세기의 〈淨土寺 形止記〉에서 볼 수 있다[99)]. 신라 향가에는 겸손법이 잘 보이지 않고 균여전에만 보인다. 겸손법의 '白'의 예를 검토하기로 한다 (이승재 1998: 57-58)[100)].

(16) 가. 慕呂白乎隱 **佛體**前衣 (예경제불가 2)

나. **法雨**乙 乞白乎叱等耶 (청전법륜가 4)

(16가)는 '그리숣온 부텨 알퓌'로 해독되는데 (김완진 1980: 158-159), 이곳의 선행 어미 '白'은 불자가 피수식 명사구이며 남$_2$인 '佛'에 대하여 겸손한 자세로 대할 것을 읊은 구절이다. 앞의 중세어에서 본 직접 겸손법의 예이다. (16나)는 불법의 은혜를 의미하는 대격 보족어 명사구 '法雨'에 대하여 불자가 겸손한 자세로 대할 것을 노래하였으니 이는 간접 겸손법의 예로 해석할 수 있다. 이두 자료에도 간접 겸손법의 예가 더러 보인다 (남풍현 2011).

석독 구결의 겸손법은 특이한 데가 많다.

(17) 가. 父母乙 孝事ソ𠫓ㄱ丨十ㄱ 當ハ 願入ㄱ[101)] 衆生ㄱ 善支{於} **佛**乙 事ハ白ろホ 一切乙 護ソㅎ 養ソㅎソヒ支立 (화엄경 14, 02: 20)

나. 時十 諸ㄱ 大衆ㄱ 月光王リ 十四王ラ 量 無七ㄱ 功德藏乙 歎ソニトクㄱ入乙 聞白ロソㄱ 大法利乙 得ヒハニホ (구역인왕경 11; 14~15)

다. (釋迦牟尼佛) 復ソㄱ {於}頂上ろ十ソろ 千 寶蓮花乙 出ソ白クㄱム (구역인왕경 상

98) 석독 구결의 겸손법에 대하여는 그 분포와 기능이 백두현 (1995/2005: 341-367)에서 앞의 존경법과 함께 면밀하게 추구된 바 있다.

99) 남풍현 (2011)에서는 겸손의 선행 어미 '白/숣'은 9세기 후반에 '여쭈다. 사뢰다'의 뜻으로 쓰이던 동사에서 발달하였다고 하여 그 생성 연대를 앞당겼다. 또 이곳에는 이전에는 합당법 '內/아'가 그 기능을 대신하였다고 하였다.

100) '숣-'의 문법화 과정에 대하여는 홍종선 (2017: 248)에서도 비슷한 이야기가 나온다. 앞으로 더 정밀하게 파악할 필요가 있다. 어두의 자음 'ㅅ'가 'ㅈ, ㅿ'으로 교체되고 말음의 'ㄹ'의 탈락을 거쳐 이루어졌다는 정도로만 지적되어 왔는데 (황부영 1959: 401), 최근에 와서 그 형성 과정에 대한 음성학적 동기와 문법화에 관련된 제반 문제가 심도 있게 논의되고 있다 (박진호 1998가, 고광모 2012, 2013).

101) 이는 앞의 'ㅁ尸入ㄱ'에서 'ㅁ尸'이 생략된 표기로 보아야 한다. 『화엄경소』에서는 'ㅁ尸入ㄱ'으로만 나온다. 다른 석독 구결 문헌에는 보이지 않는 표현이다.

02: 12)

라. 汝ㄱ 今ㅅ ㄱ 聽ノ尸 無ㄴ ㅅ 我ㄱ 今ㅅ ㄱ 說ノ尸 無ㄴ白ㄋㅣ (구역인왕경 상 14: 21)

(17가)는 주격 보족어 명사구 '衆生'이 남$_2$인 대격 보족어 명사구 '佛'을 겸손한 태도로 섬겨서 온갖 것을 보호하고 봉양한다는 뜻인데 중세어의 '-숩-'의 보편적 기능과 차이가 없다. (17나)는 앞의 중세어의 (12라)와 같은 예로서 인용절이 후행하는 모문 동사 '聞白ㅁㅅㄱ'의 대격 보족어 명사구가 내용역이 되어 있음을 보이는 예이다. 인용절의 내용역이 화자에게 겸손의 대상이 되는 것은 물론 인용문의 주격 명사구가 존경의 대상이 된다는 사실과 관련이 있다. 이렇게 간접 겸손법이 고대어에도 존재함을 확인할 수 있다. (17다)는 주제격 보족어 명사구 '釋迦牟尼佛'이 천보연화를 내셨다는 뜻인데 이러한 용법은 중세어에서는 볼 수 없는 예이다. 중세어 같으면 '𠃍'가 쓰여야 옳다. '白' (숣-)이 문법화하는 과정에서 존경법의 '𠃍'와 혼동을 일으켰는지 앞으로의 연구를 기다린다. (17라)는 '너는 지금 들을 것이 없으며 나는 지금 말할 것이 없다'라는 뜻인데 최상위자인 석가모니가 '汝'로 지칭되는 '月光王'에 대하여 자신의 행동을 '白'으로 표현하고 있다. 현토자의 관점이 도입되었는지 아니면 부처와 같은 절대자가 자신을 존경하는 어법으로 쓰인 것인지 앞으로 구명해 볼 만한 과제로 보인다. 존경법으로 쓰이는 '白'이 동명사 구성에 나타난다는 점도 유의할 필요가 있다 (박진호 1996).

(17라)와 같이 절대자가 자신을 존경하는 선행 어미 '白'의 기능은 중세어에서는 볼 수 없는 특수한 기능이다. 혹시 이것이 훈민정음 예의편에 나타나는 '予 는 내 ᄒᆞ숩시논 ᄠᅳ디시니라'에 나오는 '-숩시-'와 관련되는지 알 수 없다. 이는 "극존대"로 해석해 왔는데[102], 기능면에서는 (17라)와 일치된다. 그냥 '-숩-'으로 적으면 겸손의 기능과 혼동되기 때문에 존경의 '-시-'를 붙여 극존대로 사용되었는지 모르겠다. 존경법에 대하여는 '-시-'와 '-샤-'의 교체가 근대에 들어서면서 단일화된 것말고는 큰 변화가 없었다고 하였다. 그러면 겸손법의 '-숩-'을 중심으로 공대법의 변화를 추적하되 앞에서 본 존비법의 변화 (§7.2.5.1, 436쪽)와 관련시켜 가면서 작업을 진행하기로 한다.

중세어의 겸손법의 큰 변화는 화자 (서술자)가 주격 보족어 명사구가 남$_2$인 대격 여·처격보족어보다 낮다고 판단할 때 사용되던 질서가 깨어진 점이다. 이러한 변화는 16세기 후반의 『소학언해』에서부터 보인다.

(18) (∅) 효도홈으로ᄡᅥ 님금을 셤기면 튱셩이요 (소학언해 2, 31) (이현규 1985/1995: 360)

위의 '셤기면'은 주격 보족어 명사구 (∅)가 남$_2$인 대격 보족어 명사구 '님금'에 대하여 겸손한 태도로 모신다는 뜻인데 15세기 같으면 '셤기ᅀᆞᄫᅵ면'으로 나타나야 하는 예이다. 이렇게 대격 명사구에 대하여 자신을 낮추는 문법적 절차가 생략되는 것은 겸손법의 질서에 변화가 일어나기 시작하

102) 최근 『훈민정음언해』에 나오는 'ᄉᆞᄫᅵ시'가 발화 실수로 '숩시'로 변하여 "주체 덧높임"으로 발달하였다는 견해가 나오고 있으나 (고광모 2016), 우리말 어미 구조체 전반에 대한 이해가 결여된 곳이 있어 보완의 여지가 많다. 이를테면 명령법과 제안법에 나타나는 '-ㅂ시' (-ㅂ시오, -ㅂ시다)의 '시'는 명령의 요소와 관련된다는 것을 지적하여 둔다 (고영근 1967, 1974/1999나: 232, 287, 291).

였음을 뒷받침한다.

그러는가 하면 16세기 후반에는 화자가 남$_1$인 청자에 대하여 겸손한 태도로 말을 건넬 때에도 쓰이는 예가 보이기 시작한다.

(19) 가. 아ᄆᆞ려나 펴니곰 겨쇼셔 그려야 내 편히 잇ᄉᆞ오리이다 (편지 3— 송강자당 1972) (허웅 1989: 310)
　　나. 약갑ᄉᆞᆫ 술외건마ᄂᆞᆫ 보내신가 몰라 분별ᄒᆞᄋᆞᆸ네 (무덤편지 191) (허웅 1989: 310)

(19)는 송강 자당의 언간에 나오는 구절인데 (19가)의 '-ᄉᆞ오-'와 (19나)의 '-ᄋᆞᆸ-'은 모두 편지의 수신인에 대하여 겸손한 태도를 취하는 상황에서 쓰였다. (19)와 같은 예는 16세기 전반에 문자화된 『악장가사』 소재의 〈정석가〉에서도 볼 수 있다.

(20) 先王盛代에 노니ᄋᆞ와 (ᄋᆞᆸ아)지이다
(이현규 1985/1995: 101)

'-ᄋᆞᆸ-'은 노래의 흐름으로 볼 때 남$_1$인 청자에 대하여 화자가 겸손한 태도를 취하는 상황에서 사용되었다. (19)와 같은 겸손법의 공대말로 쓰였다. 이러한 기능은 조선 전기의 이두 자료에도 보인다는 보고가 있어 (박성종 2016: 379-385) 그 연원이 매우 오래되었음을 알 수 있다.

'-ᄉᆞᆸ-'이 화자가 남$_2$에 대하여 겸손의 태도로 대하는 기능을 상실하게 됨에 따라 이런 현상은 정동사뿐만 아니라 부동사에도 미쳐 나갔다. 이런 예는 17세기부터 나오기 시작한다. 우선 정동사에 '-ᄉᆞᆸ-'이 붙어 남$_1$에 대하여 겸손의 태도를 취하는 예를 보기로 한다 (이승희 2004가: 112, 116, 119, 163).

(21) 가. 니ᄅᆞ시ᄋᆞᆸᄂᆡ, ᄒᆞᄋᆞᆸ데, ᄒᆞᄋᆞᆸᄂᆞᆫ가, 근심마ᄋᆞᆸ소, 말ᄉᆞᆷᄒᆞᄋᆞᆸ새
　　나. 업ᄉᆞᆸ노이다, 혜ᄋᆞᆸ시ᄂᆞ닝잇가, 보ᄋᆞᆸ쇼셔

위의 예는 [-낮춤]의 상황에서 화자가 남$_1$에 대하여 겸손한 태도를 취할 때 '-ᄉᆞᆸ-' 등이 사용된 예이다. 여기서 [-낮춤]이란 아주낮춤의 ᄒᆞ라체가 포함되지 않는다는 뜻이다. (21가)는 예사낮춤내지 예사높임의 존비법에 '-ᄉᆞᆸ-' 등이 붙은 것인데 이로 미루어 볼 때, '-ᄉᆞᆸ-' 등은 남$_1$에 대하여 공대하는 방향으로 나가고 있었다는 사실을 알 수 있다.

'-ᄉᆞᆸ-' 등은 남$_2$에 대하여 겸손의 기능이 부여되던 부동사에서도 남$_1$의 기능을 표시하는 면으로 확대되기 시작하였다. 17세기의 이조 언간 (이유기 2001: 25, 54)에서 볼 수 있다.

(22) 형님이 일 업ᄉᆞ시ᄋᆞᆸ고 진ᄉᆞ로 닛기를 뎡ᄒᆞ앗 (얏?)ᄉᆞᆸ다가 진ᄉᆡ (<진ᄉᆞㅣ) 스믈다ᄉᆞᄉᆡ 죽ᄉᆞᆸ고 이구로 니엇ᄉᆞᆸ다가 이귀 (<이구ㅣ) 스물여ᄉᆞᄉᆡ 죽ᄉᆞ오니 긔 다 내의 적양인 줄은 ⑥아ᄋᆞᆸ건만은 일변으로 혀ᄋᆞᆸ건댄 [隔] 쇼죵 가묘 ᄋᆡᆨ운이 이런가 ᄒᆞᄋᆞᆸᄂᆞᆫ 념도 업디 못ᄒᆞ오니 … (김일근 諺簡의 硏究, 건국대학교 출판부, 資料原文 번호 122)

(22)는 고산 윤선도가 효종 8년 (1657)에 그의 형수에게 보내는 답서의 한 구절이다. 위의 글월에 나타나는 '-ᄉᆞᆸ-' 등의 요소는 15세기 같으면 남$_2$에 대하여 겸손의 태도를 취할 때 사용되었는데 17세기에 들어오면서는 남$_1$에 대하여 겸손의 태도를 취하는 상황에서 사용되었다. 특히 위의 편지에 등장하는 '진사'와 '이구'의 죽음에 대하여 '-ᄉᆞᆸ-'을 쓴 것은 어디까지나 편지 받는 고산의 형수를 대상으로 한다는 것을 알 수 있다.

근대어 자료에는 다음과 같이 겸손의 '-ᄋᆞᆸ-'에 존경의 '-시-'가 붙은 '-ᄋᆞᆸ시-'가 많이 보인다.

(23) 가. 아ᄌᆞ마님겨오셔 신년은 슉병이 다 쾌차ᄒᆞᄋᆞᆸ시다 ᄒᆞ오니 깃브와 ᄒᆞᄋᆞᆸᄂᆞ니다 (이조언간 145)

나. 그리 ᄒᆞᄋᆞᆸ소 슈고ᄒᆞᄋᆞᆸ시ᄂᆡ (첩해신어 1, 21)

(23가)의 '쾌차ᄒᆞᄋᆞᆸ시다'는 '쾌차ᄒᆞ다'라는 부정법에 겸손법의 '-ᄋᆞᆸ-'과 존경법의 '-(으)시-'가 겹친 것인데 한층 더 공대하는 의미가 부여된다고 본다 (이희승 1949). 이는 후세로 오면 그 순서가 바뀌어서 '-시압-'으로 나타나기도 한다. 이미 남$_1$에 대한 겸손으로 바뀐 '-ᄋᆞᆸ-'에 존경의 '-시-'가 붙은 것은 앞의『훈민정음 예의』의 '내 ᄒᆞᄉᆞᆸ시논'의 '-ᄉᆞᆸ시-'와 같이 극존대를 지향한 소치가 아닐까 한다 (박성종 2016: 387-388). (23나)는 예사낮춤 내지 예사높임의 '-소'에 '-ᄋᆞᆸ-'이 붙은 것인데 수신자를 공대하는 기능이 파악된다, 뒤의 '슈고ᄒᆞᄋᆞᆸ시ᄂᆡ'는 예사낮춤의 겸손법의 공대말이 된다.

근대로 들어오면서 정동사와 부동사, 동명사에 걸쳐 편재하였던 '-ᄋᆞᆸ-'은 구어에서는 (18)과 같이 남$_2$에 대하여 자신을 낮추는 기능이 사라져 가는 반면에 의고체에서는 앞의 (22)와 같이 대부분의 어미에 분포되어 있었다. 그 한 발자취가 (6)의 한글 서간문과 기도문이다. 구어체에서는 아주 높임의 존비법에서만 그 체계가 완성되어 합쇼체가 형성되기에 이른 것이다. 이는 19세기 말의 국문 보급에 부응하기 위하여 학부의 검정을 거쳐 나온 이봉운의『國文正理』(1997)의 "어토명목"의 높임의 존비법을 통하여 알 수 있다 (이승희 2004: 179).

(24) ᄒᆞ엿ᄉᆞᆷ네다<ᄒᆞ엿ᄉᆞᆸ네다 (과거), ᄒᆞ겟ᄉᆞᆷ네다<ᄒᆞ겟ᄉᆞᆸ네다 (미ᄅᆡ), ᄒᆞᆷ네다<ᄒᆞᆸ네다 (현ᄌᆡ), ᄒᆞᆸ시오 (동ᄉᆞ), 맙시오 (금지), 아니 ᄀᆞ겟ᄉᆞᆷ넷가<ᄀᆞ겟ᄉᆞᆸ네까 (반ᄉᆞ), ᄒᆞᆸ시다 (동사)

(24)는 합쇼체의 활용형을 문법 범주에 따라 배치한 것인데 모든 문법 범주에 'ᄉᆞᆸ'과 'ㅂ'이 공통되어 있다. 이는 어디까지나 합쇼체의 표지에 지나지 않는다. 이는 중세어의 평술법과 의문법에 실현되는 '-이- ∝ -잇-'과 '(ㆁ ~ ᅌᆞ) ∝ ㅅ'이 높임의 존비법인 ᄒᆞ쇼셔체와 보통의 존비법인 ᄒᆞ야써의 표지임과 병행하는 현상이다. '-(으)시-'와 '-ᄉᆞᆸ-'이 존경법과 겸손법의 표지임과 공통된다. 이를 막연히 "상대높임법"의 표지라는 종래의 기술은 지양되어야 한다. 그러나 '하옵니다'와 같은 형태는 '합니다'와 비교하면 '-오-'가 분석되어 나오는데 이는 '하오니, 하옵고' 등에 나타나는 '-오-, -옵-'과 같이 겸손법의 요소이다. 둘다 중세어의 '-ᄉᆞᆸ-'에서 변화하여 형성된 것이지만 (24)에 나타나는 'ㅂ'류는 합쇼체의 표지이고 '-오-' 등은 의고체에서 사용되는 겸손 표지라는 사실을 강조하는 바이다.

7.5.2.4. 방언

방언의 겸손법은 앞의 존비법에서 본 바와 같이 (§7.2.6.2, 441쪽), 아주높임의 존비법에서 겸손법의 표지 '-ㅂ-' 등이 실현되는 것이 보통이다[103]. 경주를 중심으로 한 동남 북부 방언에는 공통어에 실현되는 아주높임의 표지가 보이지 않는다. 이 방언에 아주높임의 표지가 나타나지 않는 까닭을 밝힐 필요가 있다. 그러나 남부 동남 방언에서는 '합니다'와 같이 '-ㅂ-'이 실현되어 중세 이래의 겸손법의 '-숩-'의 계통을 잇고 있다. 서남 남부 방언인 고흥 지역어에서는 제안형에서 '합시다'가 보여 공통어의 맥을 잇고 있다. 서북 방언에서는 아주높임의 평술, 의문, 제안법에 걸쳐 공통어의 아주높임의 표지인 'ㅂ' 계열의 표지를 볼 수 있으며 예사낮춤의 존비법에서도 비슷한 양상을 볼 수 있다 (이기갑 2003: 292, 1997). 동북 방언에서는 아주높임과 예사높임에서 공통어의 아주높임의 표지를 볼 수 있다 (같은 책 2003: 305). 육진 방언에서는 아주높임을 제외하고는 동북 방언과 큰 차이가 없다. 제주어에서는 공통어의 아주높임의 맥을 잇는 'ᄒᆸ네다, ᄒᆸ네가, ᄒᆸ쇼, ᄒᆸ줘'가 실현되는가 하면 '함수다, 함수가'와 같이 전자와는 거리가 있는 형태도 보인다. 전자는 공통어의 영향으로 형성된 것이 틀림없고 후자는 자생적인 것 같기는 하나 선불리 단정할 수 없다.

7.5.3. 공대법의 유형론

이곳에서는 앞의 존비법 (§7.2.7.2, 447쪽)에서 논의한 유형론적 사고를 거두어들이면서 지금까지 검토한 우리말의 공통어와 중세 및 고대어 그리고 방언의 존경법과 겸손법을 더하여 우리말 공대법 전반에 관한 유형론을 휘갑하여 보려고 한다.

남$_1$의 존비법이 우리말을 포함하여 일본어, 자바어, 카자크어에서 정도의 언어에서 발견된다는 것은 이미 앞에서 언급하였다.

우리말은 화자가 주격 보족어 명사구인 남$_2$를 존경하고자 할 때에는 고대와 중세에는 선행 어미 '-시- ~ -샤-'를 어간에 붙였으며 당대에는 형태가 '-시-'로 단일화된 것밖에는 기능상으로는 큰 차이가 없다. 존경법의 경우, 중세와 당대에는 간접 존경법이 확인된다. 간접 존경법이라고 함은 주격 보족어 명사구의 소유물이나 행위를 높이는 존경법을 가리킨다. 같은 공대법이 확인되는 일본어에는 우리말과 같이 주격 보족어 명사구가 존경의 대상이 될 때에는 다음과 같이 첨사 '-ni naru'가 붙는다.

(1) DaroR wa **hoN** o-yom-i-ni nar-u
'다로가 책을 읽으신다'

그러나 '가다'에 대하여는 규칙적 '??o-ik-i ni nar-u'가 선택되지 않고 보충법에 의한 'iraQsyar-u'가 선택된다.

---

103) 이 부분은 이기갑 (1999, 2003)을 참조로 하여 작성되었음을 밝혀 둔다.

우리말에는 모문의 주격 보족어 명사구가 존경의 대상이 될 때에는 다음과 같이 활용형에 존경의 선행 어미 '-시-'가 붙는데 일본어에는 그런 구별이 보이지 않는다. 다음 (2)를 비교하여 보면 두 언어의 공대법의 특징이 잘 드러난다.

(2) 가. titi-wa hoN-ga oR-i desu
'우리 아버지는 책이 많으십니다'
나. ani-wa hoN-ga oR-i desu
'우리 형은 책이 많습니다'

위의 (가)와 (나)를 비교하여 보면 우리말은 주격 보족어 명사구가 공대말 '(우리) 아버지'이냐, 아니면 예사말 '(우리) 형'이냐에 따라 동사의 활용형이 '많으십니다'와 '많습니다'와 같이 달라지는데 일본어는 그런 구별이 없음을 확인할 수 있다. 우리말과 일본어는 같은 공대법 언어라도 세부에 들어가면 차이가 있다. 이런 점 때문에 우리말의 공대법을 같은 공대법 언어인 일본어와 관련시켜 보면 비교가 안 될 정도로 복잡하다 (안병희 1982/1992: 125). 이런 점에 유의하여 두 언어의 공대법을 언어 유형론적 관점에서 다시 조명할 필요가 있어 보인다[104].

중세어에는 화자가 남$_2$에 대하여 자신을 겸손한 태도로 말을 할 때에는 앞 (§7.5.2.2, 540쪽)의 (7)과 같이 어간에 '-숩-'을 붙이는데 당대 일본어에도 비슷한 표현이 보인다.

(3) DaroR-wa titi-ni **hoN**-o yom-i su-ru
'다로가 아버지께 책을 읽어 드린다'

중세어에는 당대에는 거의 모습을 감추다시피한 겸손법이 왕성하게 실현되고 있었고 특히 고대어에는 중세어에서는 볼 수 없는 주격 보족어 명사구에 대하여 겸손법이 실현되고 있어 유형론적 접근이 쉽지 않다.

지구상의 대부분의 언어에는 공대말[105]이 존재한다. 그러나 공대법은 우리말과 함께 앞에서 든 일본어, 자바어, 카자크어 정도로 보는 것이 합리적이 아닐까 한다[106]. 같은 '拙著'라는 말이 우리

104) 이 방면의 선구적 업적은 마띤 (1964), 안병희 (1981)이 있고 최근에는 사회언어학적 관점에서 두 나라 고교생의 공대법 사용 실태를 조사 분석한 홍민표 (2011)이 있다.

105) 일본 明治書院에서 소화 49년 (1974)에 나온『世界の敬語』(敬語講座 8)에서는 한국어, 테베트어, 자바어, 베트남어, 중국어, 영어, 프랑스어, 독일어 등 9개 언어의 이른바 '敬語"를 종합적으로 다루었다. 이곳의 경어란 대체로 저자의 공대말에 해당하는데 대부분의 언어에 경어가 확인된다는 보고를 하고 있다. 위의 강좌에는 문법적 공대법뿐만 아니라 어휘적으로 구별되는 저자의 공대말을 포함하고 있어 문법 현상으로서 공대법을 논하는 저자에게는 크게 참고되지 않는다. 彭國躍,「敬語の類型論的對照研究」一 日本語, 英語 中國語お基本モデルとする 一 富山大學人文學部紀要 26. 1997, pp. 369-382에 기대면 일본어, 영어, 중국어의 공대법을 비교하여 "ダイクシス (deixis), ストラテジ (strategy), メタファ (metaphor)의 원형 (prototype)을 세워 유형론적 비교 연구를 시도하고 있는데 앞의『世界の敬語』와 같이 문법 범주로서의 공대법이 아닌 공대 표현의 비교에 그치고 있다는 것을 지적하여 둔다.

106) 이 문제에 대하여는 손호민 교수의 적절한 해석이 있다. Shibatani 교수는 공대법의 범위를 넓게 잡아 독일

말과 중국어에 다 쓰이나 중국어는 단순히 자신의 책을 상대방에 대하여 낮추는 기능만 갖지마는 우리말에서는 다음과 같이 동사의 활용형과 일치를 이루고 있다.

(4) 선생님께 **졸저** (拙著)를 드립니다.

우리말에는 앞의 '졸저'와 같이 남$_1$에 대하여 겸손한 태도를 취하거나 존경하는 태도를 취할 때에는 명사, 대명사, 동사, 부사를 적절히 선택하는 일이 있다. 앞의 (3)과 같이 겸사말과 공대말 (고영근 · 구본관 2008/2018: 484, 485-486)을 선택하면 그에 보조를 맞추어 활용형이 달라진다. 대부분의 언어에 공대말, 곧 경어가 존재한다는 견해는 수평적 친소 관계를 의미한다는 점에서 친소법이라고 불러야 할 것이다[107]. 그러나 우리말이나 일본어, 자바어, 카자크어와 같이 수직적 상하 관계를 표시하는 언어야말로 공대법 언어라고 말할 수 있다고 생각한다. 친소법은 언어 보편적이지만 존비법은 그렇지 않다는 것이 저자의 견해이다. 우리말에는 언어 보편적인 수평적 친소법과 개별 언어 특유의 수직적 존비법이 공존하면서 양손의 손가락을 마주 끼듯이 독자적인 공대법의 질서를 이루고 있다고 말할 수 있다. 머리에서도 언급한 바와 같이, "대우법"이란 용어는 친소법에 적합하지 존비법에는 맞지 않다는 것을 다시 한번 강조하는 바이다.

7.6. 격 표지와 후치사류의 격 기능 <형태통사부 5>

7.6.1. 들어가기

이곳에서는 앞 (§6.3.4, 277쪽)에서 논의된 격 형태에 대한 형태론적 사항을 기반으로 하여 우리말 격 형태와 후치사 상당의 격 형태는 물론, 후치사에서 실현되는 격 기능을 통합 · 서술함으로써 우리말의 형태통사부를 의미부와 관련시키는 문제를 휘갑하려고 한다. 그 사이 격 어미의 기능에 대하여는 전통 문법에서부터 구조 문법을 거쳐 생성 문법에 이르기까지 형태론에서부터 통사의미론에 걸쳐 크고 작은 문제들이 논의의 대상이 되어 왔다 (한국어학회 편 1999). 전통 문법에서는 격의 기능을 주어, 목적어 등의 문장 성분과 관련시키는 관점에서 탐구하여 왔으나[108], 옐름스레우 (L. Hjelmslev) (1935)와 야콥슨 (R. Jakobson) (1936)가 알려짐에 따라[109], 격의 기능

어와 프랑스어도 공대법 언어 속에 넣고 있다 (고영근 2013가/2018가: 각주 29).

107) 독일어 대명사 'Sie, du'의 용법을 보면 공대법과 친소법의 차이점을 잘 알 수 있다. 처음 만난 사람들이 이야기를 주고받을 때에는 연령이나 지위에 관계 없이 'Sie'를 사용하나 관계가 친밀해지면 'du'를 쓰는 것만 보아도 공대법과 친소법은 성격이 다르다는 것을 알 수 있다. 우리말도 처음 만났을 때에는 서로 공대말을 쓰다가 고향 친구였다든지 학교 동기 동창이라는 사실이 밝혀지면 예사말을 사용하는 것을 보아도 공대법과 친소법의 차이를 알 수 있다.

108) 이러한 경향은 문법 연구의 초기에서부터 최현배 (1937)을 거쳐 허웅 (1983: 197-204, 1995/2000: 1240-1352, 1999: 356-474)에 이르기까지 부침 (浮沈)을 거듭하면서 일관되어 있다.

109) 예름스레우 (1935)는 고영근 (1980)을 통하여 그 일부의 내용이 알려졌고 야콥슨 (1937)은 신익성 (1975)

을 문장 성분과 분리하여 다룸으로써 우리말의 격의 기능에 대한 연구가 올바른 방향을 잡기 시작하였다 (이남순 1988, 이호승 2012).

더욱이 미주 유학파들은 지난 세기 80년대부터 우리말의 격 표지를 의미역과 관련시키는 방면에 힘을 기울여 왔다 (최기용 2009). 특히 최소 주의가 생성 문법 연구의 대종 (大宗)을 이루면서부터 이 방면의 연구는 한우충동 (汗牛充棟)을 방불케 할 정도로 많은 업적을 쌓아 왔다. 대표적으로 유병래 (2013), 멜추크 (2015), 레빈 (2016)을 들 수 있다. 첫째 업적에서는 모두 16개의 격 중출 유형을 통일된 기준으로 접근하고 있으며 둘째 업적에서는 예기적 빈사법 (賓辭法, prolepses)을 격 어미 중출 현상에 적용함으로써 격 어미 중출 현상을 선명하게 조명할 수 있는 계기를 마련하였다. "예기적 빈사법"이란 장래의 사정을 예상하여 형용사 또는 명사를 빈사로 사용하는 어법을 가리킨다 (Kenkyusha's *New English-Japanese Dictionary*, Kenkyusha, 1927/1980). 셋째 업적에서는 종전의 격 이론을 전통적 격 이론으로 치부하고 의존격 이론 (dependent case theory)을 제창하였는데 특히 이중 곡용, 곧 격 중첩을 설명하는 데 강점을 보인다[110]. 이곳에서는 전통 문법과 구조 문법은 물론, 생성 문법에 이르기까지 쌓아 온 긍정적 유산을 수용하는 관점에서 우리말의 격 어미 중출 현상을 기능적 관점에서 접근하여 보려고 한다[111]. 이와 함께 종전의 학교 문법이나 구조 및 생성 문법에서 외면당하였고 오히려 역사 문법에서 첨사와 함께 어엿한 자리를 차지하였던 후치사의 기능적 측면도 함께 다루려고 한다.

격은 언어에 따라 표시 방식이 다르다. 어순에 기대기도 하고 굴절 어미에 기대기도 하며 고대에는 동사의 굴절도 격으로 처리하였었다. 그러나 문법 연구의 전통이 깊어짐에 따라 명사의 굴절법에 의하여 표시되는 명사와 명사 사이의 문법적 관계는 물론, 명사와 동사 사이에 성립하는 문법적 관계에 국한하여 격 범주를 세우고 있다. 이에 대하여는 자유 백과사전 *Wikipedia*의 다음 정의 (2016. 4. 4.)가 비교적 중립을 얻었다고 보겠다.

(1) Case is a grammatical category determined by the syntactic or semantic function of a noun or pronoun.
- nouns
- pronouns, or
- noun phrase constituents, such as adjectives and numerals

곧 격을 명사나 대명사의 통사적 내지 의미적 기능이 굴절법에 의하여 표시되는 문법 범주로 규정

의 번역이 나옴으로써 문장 성분 중심의 우리말 격 연구에 많은 영향을 미쳤다. 이보다 먼저 신익성 (1968)에서 격 표시 수단 등 격의 일반론이 평설되기도 하였다.

110) 레빈 (Th. Levin)은 2016년 11월 7, 9, 11일 3일 간에 걸쳐 서울대학교 언어학과에서 자신의 격 이론을 발표한 바 있다. 레빈의 격 이론을 이해하는 데 있어 고희정 교수와 정한별 박사의 도움이 컸었다는 것을 밝혀둔다

111) 국어학도들은 전통 문법과 구조 문법의 격 연구를 발판으로 삼되 GB 및 최소 주의 등의 생성 문법 이론과 미주 유학파들의 업적을 수용하면서 우리말의 격 체계를 다시 다듬는 작업을 수행하여 왔다. 그 대표적인 업적에는 유동석 (1993/1995: 73-167), 김귀화 (1994), 김의수 (2004/2006), 김원경 (2009) 등이 있다.

하였다.

그러면서 Wikipedia에서는 라틴어와 일본어의 예를 들어 격 표시의 방식을 들고 있다.

(2) 가. Canis hominem mordet 'Dog bites man'

나. Canem homo mordet 'Man bites dog'

(3) John ga Mary ni hon o yatta 'John gave mary a book'

(2)는 라틴어의 예인데 명사의 격 변화에 따라 의미가 달라진다. (2가)는 '개가 사람을 문다'라는 뜻인데 주격 보족어 명사구에는 'canis'와 같이 어간 'can-'에 주격 어미 'is'가 붙었고 대격 보족어 명사구에는 어간 'homi-'에 대격 어미 '-m'이 붙었다. 이에 대하여 (2나)에서는 주격 보족어 명사구는 어간이 대신하고 있고 대격 명사구 보족어는 어간 'can-'에 대격 어미 '-em'이 붙어 성립되어 있다. 격이 다르면 기능이 달라지는 것이다. 따라서 격 범주도 핵의 범주에 들어온다 (§5.1, 79쪽). 그리고 경우에 따라서는 부치사 (adposition)에 의하여 표현된 격 기능을 포함하는 데까지 이르기도 한다. 이곳의 부치사란 주로 인도·유럽어의 전치사와 알타이어의 후치사를 포괄하여 가리킨다. 부치사 역시 핵의 기능을 띠고 있다. (3)은 일본어의 예인데 (2)와는 달리 '-ga, -ni, -o'와 같은 격 표지에 의하여 표시된다. 그러니까 (2)와 (3)은 다 같이 격을 표시하고 있지마는 라틴어는 굴곡적 (flectional) 수법에 의하여, 일본어는 교착적 (agglutinative) 수법에 의존하고 있다. 문법 범주는 차이가 없지마는 표시 방식이 다르다. 일본어는 우리말과 문법 구조가 매우 유사한 만큼 일본어에 대한 언어학자들의 인식은 대부분 그대로 우리말에 적용될 수 있다.

먼저 공통어 중심의 격 체계의 형태통사적 기능을 살펴보고 이어 중세 및 고대어, 방언의 격 표시의 실상과 그 기능적 변화의 제 면모를 검토하기로 한다.

7.6.2. 구조격

앞 (§6.3.4, 277쪽)에서 저자는 구조격에 주격, 대격, 속격, 접속격, 부정격을 두었었다. 먼저 주격 어미의 기능부터 보기로 한다.

7.6.2.1. 주격

A. 단일형

주격 어미에는 단일형과 중출형이 있다. 단일형 주격 어미의 대표적 형태는 '-이 ~ -가'이다. '-이'를 기본형으로 삼아 그 기능을 검토하기로 한다.

(1) 가. ① 철수**가** 도서관에서 책을 읽는다.

② 선생님**이** 오신다.

③ 물이 얼음**이** 된다.

나. (아기가) 눈물이 그쳤다.
다. 보름달이 밝기가 대낮과 같다.
라. 다람쥐가 바위틈에서 나오지가 않는다.

(1가)①의 '-가'는 명사구 '철수'에 붙어 그것에 동작주역을 부여하며 동시에 선행어로 하여금 주어의 기능을 발휘하게 한다. 이는 주격 어미의 가장 전형적 기능이다. ②는 주격 보족어 명사구가 공대말이기 때문에 이에 일치하여 동사에 선행 어미 '-(으)시-'가 붙었다. '-(으)시-'를 일치소로 보는 데 대하여 반론이 없지 않지마는, 앞 (§7.5.1, 525쪽)에서 이미 언급한 바와 같이, 저자는 '-(으)시-'에 대하여 주격 명사구 보족어에 주격을 유발시키는 격 부여자 (case assigner)를 할당한다는 보는 견해가 타당하다고 생각한다. 더욱이 최근에 들어서서 일치 현상이 환경에 따라 유보된다는 보고 (박진호 2015)가 있음을 고려할 때, 일치소로 보아도 큰 문제가 없다고 생각한다. ③은 학교 문법에서는 보격 조사로 보고 있으나 이곳에서는 형태를 기준으로 하여 주격으로 처리한다. 일반적으로 (1가)와 같은 주격 어미는 실현되지 않을 수도 있으나 다음과 같이 의외성을 표시하는 부사 '다' 등과 같이 쓰이면 정격으로만 실현된다 (이정민 1992: 410).

(1') 가. 걔가 다 웃네.　비교: *걔 다 웃네.

(1나)의 주격 표지 '-가'는 다음과 같이 동작주가 상정되는 경우에는 목적어로 해석된다.

(1) 나'. 엄마가 (아기의) 눈물을 그쳤다.

같은 동사 '그치다'가 주어에 걸리기도 하고 목적어에 걸리기도 한다. 문법적 기능은 다르지만 의미역은 다 같이 대상역이다. 이런 동사를 능격 동사 또는 중립 동사라고 한다 (고영근 1986/1995/2004가: 131-161). (1다)의 '-가'는 명사절에 주어의 기능을 부여하고 있다. 명사절의 주격 보족어 명사구는 대상역이 주어지는 '보름달'인데 이 자리에는 다음과 같이 특수격에 속하는 주제격 '-은 ~ -는'이 올 수 없다.

(1) 가'. *보름달은 밝기가 대낮과 같다.

사람에 따라서는 위의 예가 문법에 어그러지지 않았다고 할 수 있으나 이런 용법은 다음과 같이 '그믐달'과 대조하는 상황에서만 문법적이다.

(1") 보름달은 밝기가 대낮과 같고 그믐달은 어둡기가 칠흑과 같다.

(1라)는 주격 어미 '-가'가 명사 아닌 부동사 어미 '-지'에 붙었다. 이런 예는 형태는 주격 어미를 취하고 있으나 주격 본래의 기능과는 거리가 멀다. 이 문제는 뒤의 통보화용부에서 종합적으로 다루기로 한다.

(1가, 나, 다)의 명사구에 붙는 격 어미 '-이'는 그것과 직접 관련을 맺고 있는 동사와 관련시키면 그 기능이 주어적이라고 할 수 있으나 문장 전체와 관련을 시키면 의미역이 달리 책정될 수 있다.

B. 중출형

주격 어미는 A에서 보인 바와 같이 한 문장에서 한번만 실현되는 것이 보통이지만 경우에 따라서는 두 번이나 그 이상 출현하는 일이 있다.

(2) 가. ① 철수가$_1$ 손이$_2$ 크다.
② 우리나라가$_1$ 강남이$_2$ 고층 빌딩이$_3$ 많다.
③ 신세계가$_1$ 양복이$_2$ 소매가$_3$ 길이가$_4$ 1미리가$_5$ 길다.
나. 영식이가$_1$ 화가$_2$ 났다.
다. 백화점이$_1$ 불이$_2$ 났다.
라. ① 밤송이가$_1$ 하나가$_2$ 떨어졌다.
② 인숙이가$_1$ 혼자서$_2$ 걷는다.
마. 꽃이$_1$ 장미가$_2$ 예쁘다.
바. ① 물이$_1$ 얼음이$_2$ 된다.
② 그것이$_1$ 만년필이$_2$ 아니다.

(2가)는 주격 어미가 붙은 명사구가 대소 관계로 배열된 예이다. ①은 대주어 명사구 '철수 (가)'에 소주어 명사구 '손 (이)'이 전체와 부분의 관계로 배열되어 있다. 대주어 명사구는 뒤의 소주어 명사구에 대하여 소유주의 관계를 맺고 있다. '그 사람이 마음이 착하다'를 '그 사람의 마음이 착하다'로 해석하는 주시경 (1910: 51)도 같은 예이다. ②도 ①과 같은 성격의 구성인데 '우리나라>강남>빌딩'과 같이 전체와 부분의 관계로 배열되어 있다. 특히 '우리나라'에는 처소역이 부여된다. ③은 지난 세기 60년대부터 중주어 구문의 예로 많이 거론된 것인데 5중 주어 구문을 형성하고 있다. 역시 대소 내지 전체 부분의 관계로 배열되어 있다. 대소 관계로 배열되는 이런 현상이 앞서 언급한 "예기적 빈사법"이다. (2나)는 '영식이가 화를 냈다'라는 타동 구성이 자동 구성으로 실현된 것인데 일종의 관용 표현이다. 어쨌든 주격 어미가 중출하고 있다. '영식 (이)'에는 동작주역이 부여된다. (2다)의 주격 보족어 명사구 '백화점'에는 처소역이 부여된다. (2라)는 수량어인데 ①은 물건의 수효가, ②는 사람의 수효가 소주어를 형성하고 있다. 이는 물론 대주어와 소절 (小節) 관계를 형성하고 있다 (시정곤 2006나: 30-38, 박소영 2009가). (2마)도 전체와 부분의 관계로 배열되어 있는데 '꽃'은 '꽃 중에서'의 뜻이니 처소역이 부여된다. (2바)의 두 번째 명사구는 학교 문법에서 보어로 처리되고 있는데 ①에는 결과 상태역이[112], ②에는 대상역이 부여된다. 이렇게 주격 중출형에도 일정한 의미역이 부여될 수 있다[113].

112) 조선일보 2017년 5월 9일자 A 29의 <오피니언>란에 경기도 구리시에 사는 박창원이라는 분이 '(이 아이의) 선생님 되세요'와 같은 표현은 '(이 아이의 선생님이세요'의 잘못이라는 점을 지적하였다. 그러나 현실적으로 이런 표현이 많이 쓰이는 마당에 굳이 잘못되었다고 하기가 어려워 보인다. 이런 경우의 '선생님 되세요'는 '되다'가 계사화하는 용법으로 볼 수 있고 또 상대방에 대하여 겸손의 태도를 취하는 것으로도 볼 수 있기 때문이다. 그렇게 보아도 주격 중출형임에는 틀림없다.

113) 안명철 (2015)에서는 주격 중출형을 4개의 유형으로 나누되 "귀속성"이라는 범주에 소속시키고 있다. 그러

7.6.2.2. 대격

대격 어미도 주격 어미와 같이 단일형과 중출형으로 나눌 수 있다.

A. 단일형

단일형 대격 어미에는, 이미 앞에서 본 바와 같이 (§6.3.3.2, 264쪽), '-를'과 '-을' 의 두 가지가 있다. 모음 어간 아래 실현되는 '-를'을 기본형으로 삼아 기능을 검토하기로 한다.

(3) 가. 영수는 철수를 때렸다.
　나. 광희야, 책을 읽어라.
　다. 농부들이 비가 오기를 기다린다.
　라. ① 철수가 말을 타고 있다.
　　② 나는 지금 부산을 간다.
　　③ 철수는 매일 세 시간을 걷는다.
　마. ① 영수는 아버지를 닮았다.
　　② 철수는 엊저녁에 잠을 많이 잤다.
　바. 그분이 학교에 간 줄을 알고 있다.
　사. 다람쥐가 바위틈에서 나오지를 않는다.

(3가)는 사람 이름을 가리키는 '철수'에 붙어 그것을 목적어로 만들어 주며 의미역으로는 피동작주역이 배당된다. 피동작주역이라고 함은 동작주인 주격 보족어 명사구 '영수'의 의도적인 행위에 의하여 가장 영향을 많이 받는다는 뜻이다. (3나)의 대격 어미도 명사 '책'을 목적어가 되게 한다. 그러나 이 경우는 책이 무정 명사인 만큼 대상역만 부여된다. 같은 목적어라고 하여도 유정 명사일 때에는 능동적으로 반응을 불러일으키며 때로는 두 명사구 사이에 격투도 일어날 수 있다. 이곳에는 동사 '읽다'에 타동사 표지 '어'가 붙어 있다 (고영근 1980/1999나: 444, 2014가: 7). 그러면 '어'는 '책 (을)'에 목적어를 유발시키는 격 부여자라고 규정할 수 있다. 앞의 존경법 '-(으)시-'와 성격이 비슷하다. (3다)는 명사절에 대격 어미가 붙어 목적어가 되어 있다. 명사절이 명사구 상당어가 되어 있는 것이다. (1다)와 성격이 같다. (3라)는 대격성과 거리가 먼 예이다. ①은 주격 보족어 명사구 '철수 (가)'가 대격 보족어 명사구 '말 (을)'에 대하여 동작주의 역할을 하는 것이 아니다. '마루에 앉는다'와 같은 처소역 이상의 것이 아니다. 이런 예는 표면상으로는 목적어라고 할 수 있으나 피동작주역이나 대상역이 주어지지 않기 때문에 "의사 대격 보족어"로 처리할 수밖에 없다. ②에 대하여 박승빈 (1935: 209)에서는 전후 생각할 틈도 없이 바쁠 때 쓰인다고 하면서 '부산에를'이 줄여져서 형성된 것으로 보았다. ③도 같이 해석하였다. 모두 의사 대격 보족어이다. (3마)도 마찬가지다. ①은 공격 '-와'를 취할 수 있다. 동작주 '영수'는 피동작주 '아버지'에게 아무런 영향도 미치지 않으며 오히려 반대일 수도 있다. 이런 경우의 '아버지'에는 대상역이 주어지는 것으

나 대격 중출형에 대하여는 아무런 언급이 없다.

로 보아야 한다. ②는 이른바 동족 목적어인데 ①과 마찬가지로 주격 보족어 명사구와만 관련을 맺는다. (3바)는 의존 명사 '줄'에 대격이 붙은 것인데 화자의 생각이 옳을 때 쓰인다. 그러나 화자의 생각이 그를 때는 조격 '-(으)로'가 사용된다 (뒤에 나옴), (3사)는 (3마)와 같이 활용형에 어떤 의미역도 줄 수 없다. 이런 문제는 통보화용부에서 일괄하여 다루기로 한다.

B. 중출형

다음은 앞의 주격의 경우와 같이 대격이 중출되는 예이다.

(4) 가. 영수가 영희를$_1$ 얼굴을$_2$ 보았다.
나. 민수가 영희를$_1$ 한국어를$_2$ 가르쳤다.
다. 어머니가 아들을$_1$ 의사를$_2$ 만들었다.
라. 나는 사과를$_1$ 세 개를$_2$ 샀다.
마. 내가 보고서를$_1$ 세 번을$_2$ 검토하였다.
바. 김박사가 옛 가설을$_1$ 증명을$_2$ 했다.
사. 영미가 밥을$_1$ 먹지를$_2$ 않는다.

(4)는 앞의 (2)의 주격과 같이 대격이 중출되는 예이다. (4가)는 두 대격형이 대소 내지 전체와 부분의 관계를 맺고 있다. 모두 대상역만 파악된다. '-를$_1$'은 보통 '영희의 얼굴'과 같이 속격 구성으로 실현된다. 그러나 이 경우도 사정이 단순치 않다. '내가 영이를 손을 때렸다'는 가능하나 '??내가 영이를 손을 보았다'는 어려운 것으로 보인다. '내가 영미를 손을 때렸다'는 상대방에게 해를 미치는 경우이기 때문에 가능하다는 견해도 있다 (홍기선 원고: 9). 대격도 드물기는 하지만 주격과 같이 두 번 이상 나타나는 예가 있다[114]. (4나)에서 '-를$_1$'은 처소역 'X (에게)'를 대신한 것이다. 이 경우는 주격과 반대의 해석이 가능하다. '나는 영미에게/를 책을 주었다'에서는 '에게'와 '-를'이 다 가능하나 '나는 영미에게/*를 책을 던졌다'와 같이 해를 입히는 경우에는 '에게' 구성만 가능하다 (홍기선 앞의 원고). (4다)는 동작주 '어머니'가 대상역 '아들'에게 결과 상태역의 의미역을 부여한 것이다. '의사로'와 같이 실현될 것이 대격을 취하였다. (4라)는 소절이 이중 대격을 취한 것이다. (4마)는 '세 번'과 같이 대격 없이 실현되는 것이 정상인데 '-을'이 잉여적으로 붙었다. 이런 경우는 '세 번이나'와 같이 첨사 '(이)나'가 붙는 것이 보통이다. 흔히 미주 유학파들은 '세번이'와 같이 주격형을 넣기도 하나 이는 잘못이다. (4바)는 동작성 명사 '증명'에 대격 어미가 붙은 것인데 이는 합성 동사 '증명하다'로 바꾸어 쓸 수 있다 (최기용 2009: 313). (4사)는 동작 동사의 부동사형에 대격 어미가 붙은 것인데 (3바)와 함께 통보화용부에서 일괄하여 다루기로 한다. 대격 중출형은 주격 중출형과 공통점도 있고 차이점도 있다 (유병래 2013). '그 여자가 가방이 멋있다'는 가능한데 '*나는 그 여자를 가방을 좋아한다'가 성립되지 않음을 비교하여 보면 그 일면을 알 수 있다.

---

114) 유병래 (2013: 2)에는 대격이 삼중 (三重)으로 실현되는 예로 '한스가 토끼를 귀를 끝을 잡았다'를 들고 있다. 한편 윤혜석 (2015)에서는 주격과 대격의 중출형을 "base-generated"이라고 표현하였다.

7.6.2.3. 속격

속격 어미에도 단일형과 중출형이 확인된다.

A. 단일형

속격 어미는, 앞에서 본 바와 같이, 공통어에서는 인칭 대명사는 '내 책, 네 책, 제 책, 뉘 책' (§6.3.3.(29), 255쪽)과 같이 어미가 어간과 어미가 융합되어 나타난다. 명사에 붙는 속격을 중심으로 통사·의미적 특징을 검토하기로 한다.

먼저 단일형부터 보기로 한다.

(5) 가. 그들은 (홍범도 장군**의** 부하들)이었다.
　나. 그들은 자신들을 (배달의 기수)로 자처하였다.
　다. (우주인**의** 비행)은 많은 사람들의 관심을 모았다.
　라. (문제**의** 해결)이 심상치 않다.
　마. ① 가슴에 손을 얹고 (마음**의** 소리)를 들어 보라.
　　② 세상 사람들이 (너**의** 어리석음)을 비웃지나 않을까!
　바. (나**의** 살던 고향)은 꽃 피는 산골.
　사. (시골**의** 한 마을)에서 일어난 일이었다.
　아. 그 소설은 당시의 공전**의** 베스트 셀러였다.
　자. 누가 고양이 목에 방울을 달 것인가**의** 문제로 돌아간다.

(5가)는 후행 명사구 '부하들'이 선행 명사구 '홍범도 장군'과 소속의 관계를 맺고 있음을 보이는 예이다. 그러는가 하면 '홍범도 장군∅ 부하'와 같이 비실현형으로 나타나기도 한다. 실현형에서 나타나는 속격 접미 명사의 후행 명사구에 대한 관계는 "소유, 관계, 소재" 등 여러 가지 의미를 줄 수 있다 (최현배 1971: 618-419). 그 가운데는 '*한강의 철교'처럼 정격으로 실현될 수 없는 구성도 들어 있다 (고영근 1995가: 361, 허웅 1995/2000: 1354-1356). 이런 경우는 부정격으로 처리해야 한다. '홍범도 장군의 부하들'과 같은 구성은 주로 문어$_1$에서 실현되는데 구체적 대상을 일반화시키는 면이 보이고 (김명희 1987), '홍범도 장군 부하들'과 같이 비실현형으로 나타나는 구성은 구어$_2$에서 대격 명사구와 동사가 하나의 음운 단위로 실현될 때 나타난다고 하는 해석도 있다 (신지영 2012). 대통령 선거 때마다 흔히 등장하는 '국민 모두의 대통령'에서는 '-의'가 생략될 수 없다. 정격으로만 실현된다. 부사 '모두'와 관련이 있어 보이나 속단할 수 없다. (5나)는 두 명사구 '배달'과 '기수'가 비유 관계를 구성하고 있다. 이런 경우도 정격만으로 실현된다. (5다, 라)는 피수식어가 동사성 명사이다. (5다)는 '(우주인이) 비행하다'라는 1가 동사에, (5라)는 '(문제를) 해결하다'라는 2가 동사에 뿌리를 두고 있는 동사성 명사인데 이런 경우는 정격만이 실현될 수 있다. (5마)는 앞의 (5나, 다, 라)와 같이 항상 정격으로만 실현된다. ①은 추상 명사 '마음'이 '소리'를 수식하여 주는 것인데 그런 이유 때문인지 '*마음∅소리'는 성립할 수 없다. 이런 예는 '자연의 노래, 생명의 힘, 기회의 땅, 양재 시민의 숲, 남북의 창, 삶의 공간' 등 많은 것을 들 수 있다. 같은 '날'을 공유

하는 '어린이 날, 어버이 날'은 부정격만으로 실현되는데 '스승의 날, 국군의 날'에는 정격으로 실현된다. 끝 음절이 모음으로 끝났기 때문에 부정격이 실현되는지 모르겠다. 보다 정밀한 해석이 요청된다. ②의 '어리석음'은 상태성 명사형인데 (5다, 라)의 동작성 명사와 같이 그 동작류의 특성 때문인지 정격으로만 실현된다. (5바)는, 앞에서 언급한 바와 같이, 인칭 대명사가 속격 어미와 결합되면 융합이 되어 '내 고향'과 같이 실현되나 수식적 동명사형이 개재되면 대명사의 속격형이 '나의'와 같이 정격으로만 실현된다 (김광해 1981, 1984나). (5사)는 '시골의 마을'에 부정 관형사 '한'이 삽입된 것인데 이때에는 '*시골∅한 마을'과 같이 부정격은 실현되지 않는다. (5바)와 성격이 비슷하다. (5아)는 불완전 명사 '공전' (空前)에 붙은 속격인데 (§6.3.2.2, 210쪽), 앞의 명사구에 붙은 채로 어휘광 (lexicon)에 들어 있는 것이다. '불후 (不朽)의 업적'도 같은 예이다. (5자)는 속격 '의'가 한 문장 뒤에 붙는 예인데 이런 예는 명사 상당구로 간주하는 것이 보통이다. 물론 정격만으로 실현된다.

많이 알려진 바와 같이, 속격 구성은 중의적으로 해석되는 일이 많다

(6) 형은 [어머니**의** 사진]을 많이 가지고 있다.

명사구에 속격 '-의'가 붙으면 '어머니를 찍은 사진'도 의미할 수 있고 '어머니가 가진 내지 찍은 사진'도 의미할 수 있다. 이런 경우 구어에서는 '어머니∅사진'과 같이 비실현형으로 실현될 수 있다. 그러나 '사진' 앞에 '그'와 같은 관형사가 쓰이면 '어머니의 그 사진'과 같이 정격만이 허용된다. (5바, 사)와 같은 예가 된다.

B. 중출형

다음 예는 속격이 중출하는 예이다.

(7) 가. [영수**의**$_2$ (플랑크톤의$_1$ 연구)]
나. [(영수**의**$_1$ 애인)]의$_2$ 동생]
다. [(영수**의**$_1$ 애인) **의**$_3$ (플랑크톤**의**$_2$ 연구)]

(7가)는 '영수가 플랑크톤을 연구하다'라는 문장이 압축된 것인데 동사구 '플랑크톤을 연구하다'가 명사구 '플랑크톤의$_1$ 연구'로 압축되고 주격 보족어 명사구 '영수'가 다시 '영수의'와 같은 속격 구성으로 변하여 속격이 중출되었다. (7나)는 먼저 '영수'를 '애인'과 소유 관계로 결합시키고 다음으로 동생과 결합시킴으로써 속격 중출이 발생하였다. (7다)는 (7가)와 (7나)가 혼합되어 속격이 셋 중출된 것이다 (유동석 1998나: 310-311). 비록 문어$_1$의 예이기는 하여도 이런 경우는 항상 정격만이 실현된다.

7.6.2.4. 접속격

접속격은, 앞에서 언급한 바와 같이 (§6.3.4, 277쪽), 전통 문법과 현행 학교 문법에서는 "접속조사"로 처리하여 왔다.

(8) 가. (밥과 떡)이 다 있다.
나. (연필과 붓)을 가져 오너라.
다. (산과 들)에는 온갖 꽃이 만발해 있다.
라. 그들은 (돌과 나무)로 집을 지었다.

(8가)에서 명사구 '밥과 떡'은 대상역의 '밥'과 '떡'이 공격 어미 '-과'에 의하여 같은 자격으로 병렬되어 역시 대상역이 부여되는 더 큰 명사구를 형성하고 있으며 주격 어미 '-이'와 결합함으로써 주격 명사구 보족어가 되어 있다. 주격 어미는 선행 명사구에는 탈락되고 후행 명사구에 붙어 두 명사구를 주격으로 받고 있다[115]. (8나)는 대상역의 '연필'과 '붓'이 공격 어미 '-과'에 의하여 같은 자격으로 병렬되어 있으며 기능상으로는 대격 보족어 명사구의 역할을 하고 있다. (8다)에서는 처소역이 부여되는 명사 '산'과 '들'이 역시 공격 어미에 의하여 접속됨으로써 후행 문장의 내용을 제한하는 한정어의 기능을 띠고 있다. (8라)도 (8다)와 성격이 비슷하다. 대상역이 부여되는 '돌'과 '나무'가 공격 어미 '-과'에 의하여 접속되어 역시 한정어의 자격을 띠고 있다.

이밖에도 접속격의 범주에는 후치사의 성격을 띤 접속격 상당어도 포함될 수 있다. 이 문제는 후치사의 격 기능을 탐색하는 자리에서 검토하기로 한다.

7.6.2.5. 부정격

앞 (§6.5.2, §6.5.3, 296쪽, 301쪽)에서 저자는 구조격 가운데 "부정격"을 세워 '학생들 가운데, 부산 발'과 같은 명사적 후치사를 설명하거나 '나는, 나도, 나만'을 대상으로 첨사를 세울 때에 다음과 같이 부정격 '∅'을 세운 바 있다 그 요지를 제시하면 다음과 같다.

(9) 가. ① 학생들 ∅가운데, 부산 ∅발
② 종이∅연필∅지우개를 가져오너라.
나. ① 철수∅도 간다.
② 철수는 술∅도 마신다.

(9가)에서 ①은 명사적 후치사 '가운데, 발'이 속격적 부정격 ∅에 후행함을 가리키고 ②는 명사구가 접속적 부정격 ∅를 사이에 두고 나열되어 있음을 보이고 있다. (9나)는 부정격 '∅'이 첨사 앞에 놓임을 보이는 예이다. 이런 예는 속격 비실현형과 달리 정격으로 환원될 수 없다. 이런 '∅'형을 격 어미 부재형이라 부르기로 한다. 생성 문법에서는 부정격도 격이 인가된 것으로 보고 있다 (최기용 2009: 472).

앞에서 저자는 정격을 논의할 때 부정격과 관련시키기도 하였는데 이곳에서는 앞에서 논의한 정격과 관련시키면서 당대 공통어의 부정격의 자세한 사정을 검토하여 보기로 한다. 격 어미 비실현형 가운데는 의미의 차이를 동반하면서 정격으로 대치되는 것이 있고 그렇지 않은 것이 있다.

115) 노워쓰예로프 (2014: 62-106)에서는 접속격 '-과/와'에 의한 병렬 구성에서의 격 어미 탈락 현상을 OAH (optional affix hosting)이라 불러 우리말의 접속 구성을 새로운 안목으로 보고 있다.

다음은 격 어미의 비실현형이 합성 동사를 형성하는 예이다.

(10) 가. 모교의 빛∅나는 전통을 계승하자. 비교: 수세미로 닦으니 그릇이 빛이 난다.
나. 한곳에 자리∅잡고 있어야 한다. 비교: 어서 자리를 잡아라.

(10가)는 주격 보족어 명사구 '빛 (이)'와 동사 '나다'가 결합된 것인데 주격의 비실현형을 통하여 만들어진 통사적 합성어이다 (§6.7.5.3.B, 349쪽). 오른쪽과 같이, 주격 보족어 명사구가 정격 주격을 취하면 의미가 달라져 '광택이 나다'로 바뀐다. 정격이 실현되지 않음으로써 의미의 변화가 일어난다. 곧 추상 및 비유의 의미가 파악된다 (민현식 1982: 69-70, 74). (나)는 대격 보족어 명사구 '자리 (를)'가 동사 '잡다'와 결합함으로써 격 어미의 미실현형을 통하여 만들어진 통사적 합성어이다. 그러나 정격이 실현된 오른쪽의 '자리를 잡다'와 비교하면 '정착하다'와 같이 의미가 달라진다.

(10)은 정격으로 실현된 통사적 구가 정격의 미실현을 통하여 합성어가 되는 예인데 다음 (11)은 미실현형 가운데서 정격으로 대치되지 않는 것이다.

(11) 가. 저 보신각∅ 종소리를 들어 보라.
나. 다음 역은 서울대∅ 분당∅ 병원입니다.
다. 내일은 친정∅ 어머니∅ 제삿날입니다.
라. 그곳은 학교∅ 부지였다.
마. 그들은 항상 고향∅ 생각에 들떠 있었다.
사 바. 그분은 아직 회장∅ 자격이 부족하다.
아 사. 그 대학에서는 처음으로 외국인∅ 교수를 채용하였다.
자 아. 나는 장미꽃∅ 세 송이를 샀다

(11가)는 '*보신각의 종소리가'가 불가능하다. '보신각'의 고유 명사적 성격과 관련되는지 모르겠다. '광화문∅ 네 거리'도 같은 예이다. (11나)는 전체와 부분의 관계로 배열되어 있다. '서울대'는 '분당 병원'과 전체와 부분의 관계를 맺고 있고 '분당'은 '병원'에 대하여 처소역이 부여되어 있다. (11다)에서 '친정'은 처소역, '어머니'는 대상역이 부과된다. 물론 이 경우도 '어머니' 다음에 속격을 보충하는 것이 가능하다고 하겠으나 그렇게 자연스럽지 못하다. (11라)에 정격 실현이 어려운 것은 (11가)와 같이 정확하게 말하기가 어렵다. (11마) 역시 정격이 허용되지 않는데 '생각'과 같은 추상 명사에 원인이 있는지 모르겠다. (11바)도 '자격'과 같은 추상 명사와 관련이 있을 가능성이 많다. (11사)는 두 명사가 동격 관계를 맺고 있는데 이런 경우는 정격으로의 대치가 불가능하다. 전형적 부정격이라고 처리해야 할지 모르겠다. (11아)는 소절 구성인데 대격의 미실현형이다.

다음은 (1), (3) (553, 556쪽)의 정격 실현과 짝을 이루는 예이다.

(12) 가. 책∅ 많다. 비교: 책이 많다.
나. 도시락∅ 먹는다. 비교: 도시락을 먹는다.

(12가)는 주격의 비실현형, (12나)는 대격의 비실현형이다. 19세기 말에 우리말 문법을 저술하여 우리말 문법 연구에 주춧돌을 놓았던 언더우드 (H. G. Underwood)는 주격 어미가 붙으면 영어의 정관사의 효과를, 생략되면 부정 관사의 효과를 띤다고 하였다 (고영근 1976/1983/2001가: 443). 이 이론을 (12)에 적용하면 (가), (나)의 부정격 'Ø'는 '책'과 '도시락' 일반을 함의하고 비교에 보인 정격 '이, 를'은 특정한 책과 도시락을 함의한다. 그 사이 격 어미의 미실현형의 기능에 대한 연구가 많이 나오기는 하였으나 사람에 따라 직관이 다르고 이론적 취향이 달라 만족할 만한 성과를 얻지 못하고 있다 (김선효 2005: 70). 정격은 문어$_1$에서 많이 보이는데 특히 소설의 지문이나 논설문 등에 분포되어 있고 미실현은 구어$_2$나 문어$_1$ 중의 신문 제호, 방송 매체의 자막, 광고의 표제 등에서 흔히 본다.

그런데 주격, 대격 등의 구조격은 이른바 명시어 (specifier) 아래에서는 정격으로만 실현된다 (홍용철 1994)[116].

(13) 가. *누구Ø 책을 샀니? 비교: 누구**가(>누가)** 책을 샀니?
　　나. *철수가 누구Ø 예쁘다고 생각하니? 비교: 철수가 누구**를** 예쁘다고 생각하니?
(홍용철 1994: 2, 2004: 295-304)

우리말에는 격 어미가 필수적으로 실현되지 않기도 하고 그러는가 하면 격 어미가 수의적으로 생략되기도 한다. 전자를 "격 어미 부재형"이라고 부른다면 후자는 "격 어미 비실현형", 곧 격 어미 생략형이라고 할 수 있다. 저자가 지금까지 써 왔던 'Ø'는 양자를 포괄하는 의미였으나 엄격히는 격 조사 부재형에 국한하는 것이 좋다는 것을 덧붙여 둔다.

7.6.3. 의미격

의미격은 더러 어휘격 또는 본유격이라고 하나 구조격과는 달리 동사의 어휘적 특성에 따라 배당되는 격을 의미한다. 따라서 의미격에는 일정한 의미역이 부과된다. 의미격에는 처격, 조격, 공격이 있다.

7.6.3.1. 처격

처격 어미에는 '-에'를 들 수 있다. 전통적으로 '에서'도 처격 어미로 처리하여 왔으나 이곳에서는 처격과 후치사와의 결합형에 의한 격 어미 상당형으로 보고 뒤에서 따로 논의한다.

116) 홍용철 (2004: 297-302)에서는 격 조사의 미실현을 "격조사 탈락"으로, 전형적 격 조사의 생략을 "격조사 미실현"이라고 하였다. 한편 최기용 (2007)에서는 전자를 "구조격 조사의 비출현", 후자를 "구조격의 형태적 비실현"으로 처리하였다.

(1) 가. ① 나는 하루 종일 도서관**에** 있었다.
② 철수가 밥을 고추장**에** 비볐다.
③ 순이는 그런 일**에** 어둡다.
나. ① 날씨가 너무 더워 수영장**에** 들어갔다.
② 철수는 자신의 사업**에** 혼신의 힘을 기울였다.
다. 다섯시**에** 휴게실에서 만나자.
라. 이 배 한 개**에** 얼마지요?
마. 나는 피곤**에** 못 이겨 그만 쓰러지고 말았다.
바. 규정**에** 어긋나는 행동을 해서는 못 쓴다.
사. 나는 아직 그 문제**에** 대하여 생각해 보지 못하였네.
아. 향기 좋은 꽃이기**에** 한 묶음 샀어요.

(1가)① '-에'의 가장 기본적 기능으로 전통적으로 낙착점 처소로 처리되어 왔다 (최현배 1937/1971: 621)[117]. 이러한 기능은 존재 상태 동사 '있다'의 어휘적 특성에 따라 배당되며 정태적 (static) 처소로 처리되고 있다. ②는 정격만으로 실현된다 (최기용 2009: 460). 그 까닭을 구명하여 볼 필요가 있다. ③ 역시 정격만으로 실현되는데 비유적인 예이다. 상태 동사가 후행한다는 점에서 ①과 같은 정태적 처소로 묶인다 (송석중 1993: 343). (1나)①은 '-에'가 이동 동사 '들어가다'와 함께 쓰이면 지향점 처소의 기능을 갖는다. ②는 ①과 같은 구체적인 처소 명사구에 붙던 '-에'가 추상적인 명사구 '자신의 사업'에 전용 (轉用)되는 예이다. 처소 이론의 적용을 받을 수 있다 (고영근 1980). (1다)는 '-에'가 시간 표시어 '다섯 시'에 붙었다. 시간 표시어는 개념적으로 공간 표시어와 공유하는 면이 많기 때문에 같이 처리된다. (1라)는 사물의 단위를 나타내는 단위성 의존 명사 '개'에 처격 '-에'가 붙은 것인데 낙착점 처소에서 확대된 것으로 볼 수 있다. (1마)는 전통적으로 "원인격" (이희승 1949: 49)으로 처리되던 것인데 동작 동사의 부동사형 '못 이겨'와 결합하여 원인의 의미를 표시한다. (1바)는 기준치역이 부여된다. '어긋나다'와 관련시킬 때 그렇다는 것이다. 이 역시 처소역에서 번져 나간 것으로 볼 수 있으며 (허웅 1995/2000: 1269) 정격만으로 실현된다. (1사)는 처격 어미 '-에'가 동사적 후치사 '대하여'에 의하여 인가되는 것으로서 '-에'의 기본 의미에서 많이 멀어져 있다[118]. (1아)는 처격 어미 '-에'가 '향기 좋은 꽃이기'에 나오는 동명사형 어미 '-기'와 결합하여 '-기에'라는 부동사 어미로 재구조화된 것인데 기본 의미와 인연이 거의 끊어져 있다. 격 어미와 활용 어미와의 합성에 의하여 형성된 부동사의 문장 접속 기능에 대하여는 뒤에서 다시 논의된다.

처격에도 앞의 주격, 대격과 같이 중출형을 드는 일이 있다 (홍기선 원고: 8).

(1-1) 나는 서울**에** 신림동**에** 관악산 아래**에** 산다.

---

117) 강기진 (1986/2005: 340)에서는 처격 '-에'의 기본 의미를 "접촉"으로 보고 여기서 다양한 의미가 파생되는 것으로 보았다. 이는 최현배 (1937/1971: 620)의 "낙착점"과 유관해 보인다.

118) 처격 어미 '-에'의 내재적 의미를 단일화하는 것은 쉽지 않다는 보고가 있다 (이지수 2007).

위의 예가 앞의 주격, 대격 등의 중출형과 질서를 같이하는가 하는 문제는 쉽게 단정할 수 없다. 그러나 일단 중출형으로 보아 두기로 한다.

7.6.3.2. 조격

조격으로 대표되는 격 어미 '-(으)로'는 그 의미가 매우 다의적이어서 포괄적 기술을 하기가 쉽지 않다[119]. 그러나 이런 다의적 기능은 대부분 동사의 어휘적 의미에 연유하는데 유동석 (1984나), 이광호 (1985)에 근거하여 "조격"이라는 범주 아래 통합하여 그 기능을 설명하기로 한다.

(2) 가. 톱**으로** 나무를 잘라라.
나. 밀가루**로** 빵을 만든다.
다. 철수는 오늘 감기**로** 결석하였다.
라. 오늘 저녁 KTX**로** 돌아오겠다.
마. 눈동자를 위**로** 움직여라.
바. 그분은 평교사**로** 교직을 성실하게 수행하였다.
사. 돌이는 순이를 천재로 생각했다.
아. 두 사람의 관계는 날로 험악해 갔다.
자. 그분은 불면증**으로 하여** 고생을 하고 있다.
차. 그분이 우리나라에 있는 줄**로** 알고 알고 있었는데 …
카. 나는 드디어 작곡가가 되기**로** 작정하였다.

(2가)의 '-(으)로'는 명사구 '톱'이 뒤에 오는 '나무'를 자르는 도구임을 표시한다. 이런 경우는 '-(으)로' 뒤에 후치사 '써'를 붙이기도 한다 (뒤에 나옴). 이에 대하여 (2나)의 '-(으)로'는 뒤에 오는 명사구 '빵'을 만드는 재료가 됨을 표시한다. (2다)의 '-로'는 결석함의 원인이 감기임을 표시한다. (2라)는 수단을 뜻한다. (2마)는 '-로'가 명사구 '눈동자'를 위쪽으로 향한다는 지향점 처소의 의미를 표시한다. 수단과 지향은 '트럭으로 부산으로 갔다'와 같이 같은 문장 안에 공기할 수 있으나 이런 경우에는 '트럭을 몰고 부산으로 갔다'나 '부산으로 트럭으로 갔다'로 바꿀 수 있다 (김승열 1988: 33). (2바)의 '-(으)로'는 명사구 '평교사'에 자격의 기능을 부여한다. 이런 경우, '-(으)로' 뒤에 후치사 '서'를 붙일 수 있다 (뒤에 나옴). (2사)는 소절 구성인데 인용 보족어 표지 '-라고'로 대치될 수 있다 (엄정호 2005: 184-205, 뒤에 나옴). 물론 이 경우의 '-라고'는 인용 보족어 표지 '-라고'와는 성격이 다르다. (2아)의 '(으)로'는 명사구 '날'에 통합되어 부사의 기능을 발휘한다. 이미 언급한 바와 같이, 이런 경우의 '-(으)로'는 격 어미가 아니고 중간 기능의 접사 역할을 한다 (§6.2.4.1, 164쪽, §6.7.8.2.B, 376쪽). (2자)는 동사성 후치사 '하여'를 동반하여 원인을 표시한다 (뒤에 나옴). (2가~자)의 예는 정격만으로 실현된다. 그 이유가 무엇인지 밝혀야 한다. (2차)는 의존 명사 '줄'에 조격이 붙은 것이다. 앞 (§7.6.2.2.(3바), 557쪽)에서 본 바와 같이, '줄'에 대격 '을'이 붙으면

119) 앞의 처격 어미와 같이 조격 '-(으)로'의 의미는 다의어적이라기보다 동음이의적이라는 견해도 있을 수 있다.

화자의 생각이 옳을 때 쓰이는 데 대하여 화자의 생각이 그를 때에는 조격이 붙는다. 이 문제는 일찍이 람스테트 (1939: 118)에서 지적된 것을 고영근 (1999나: 96 각주 102)에서 부각시킨 바 있고 이정민 (1978. 미간행) 등에서 "구름끼"라는 개념으로 그 사실성과 비사실성을 밝힌 바 있다. 이 현상은 우리말과 터키어, 헝가리어에도 보인다고 한다. (2카)는 조격 '-(으)로'가 동명사형 어미 '-기'와 결합하여 '-기로'라는 부동사 어미로 재구조화되었음을 보이는 예이다 (최형용 2013나: 234, 뒤에 나옴). (2)에 나타나는 조격은 미실현형으로 나타날 수 없는데 그 까닭을 사항별로 구명하여 볼 필요가 있다. 최기용 (2009: 460-462)에 이런 문제가 제기되어 있다.

조격도 앞의 처격과 같이 중출형을 두는 일이 있다 (박창해 2007: 678, 홍기선 원고: 8).

(2-1) 내가 칼**로** 과도**로** 빨간 자루의 칼**로** 사과를 깎았다.

이는 앞의 주격 중출형 (§7.6.2.1.B, 555쪽)와 같은 유형이다.

7.6.3.3. 공격

앞에서 저자는 접속격을 속격과 함께 구조격으로 처리한 바 있다 (§6.3.4, 277쪽).

(3) 가. ① 철수**와** 영이가 놀고 있다.
　　② A**와** B는 같다.
나. ① 철수가 영이**와** 놀고 있다.
　　② A는 B**와** 같다.

전통적으로 (3가)와 (3나)는 달리 처리되어 왔다. (3가)는 두 명사구 '철수'와 '영이'가 접속격 '-와'에 의하여 같은 자격으로 이어져 있다는 점에서 "접속 조사"로 처리되었고 (3나)①은 여동격, ②는 동등 비교격으로 처리되어 왔었다. 그러나 생성 문법의 표준 이론이 수용됨에 따라 (3)의 예에 대하여 모두 "접속"의 기능을 부여하였으며 (김완진 1970), 이는 80년대 중반 이후의 학교 문법에도 응용되어 있다 (남기심 · 고영근 1985/2014: 410-414). 그러나 (3가)와 (3나)를 같은 구성으로 보기에는 인식적 의미가 허용되지 않는 예가 많아 표준 이론에 근거한 생성 문법적 발상에 대하여 회의의 시선으로 보는 흐름이 눈에 띄고 있다 (남기심 1990/1996: 101). 특히 전자는 첫째 명사구와 둘째 명사구가 개별적인 데 대하여 후자는 상호적이라는 해석과 관련시킬 때 (이필영 1989), 전통적인 접속과 동반의 기능이 사실을 올바로 파악한 것으로 보인다.

(4) 그는 영어**와** 독일어를 이해한다.

위의 (4)는 (3가)①과 (3나)①에 미루면 다음과 같이 바꿀 수 있다.

(4') *그는 영어를 독일어와 이해한다.

그러나 무슨 뜻인지 이해할 수 없다. 이런 점을 보면 접속과 동반의 기능은 달리 처리되어야 한다는 것을 알 수 있다. 명사구가 격 조사 미실현형에 의하여 결합될 때에는 특히 문어$_1$에서는 다음과 같이 쉼표를 찍어야 한다 (장소원 1984: 397).

(4-1) 영이, 순이, 숙희가 모두 왔다.

저자는 전통 문법적 발상을 존중하되 언어 유형론적 사고와 균형을 유지하는 관점을 취하기로 한다. (3나)②는 전통 문법에서는 비교격으로 처리하였으나 이곳에서는 공격에서 다루기로 한다.

(5) 가. 나는 어머니**와** 함께 외가로 갔다.
나. 이유 없이 남들**과** 다투는 일이 있어서는 안 된다.
다. 학생 시절에는 인수**와** 친하게 지냈다.
라. 그의 이론은 사실**과** 맞지 않음이 실증되었다.
마. 세월은 유수**와** 같다고 말한다.
바. 인류는 불을 사용한다는 점에서 다른 동물**과** 다르다.

(5)는 (라, 마, 바)만 제외하고는 모두 동반의 의미역을 표시하고 있다. (5가)는 주격 보족어 명사구 '나'가 어머니를 동반하고 외가에 갔다는 의미를 표시한다. (5나)는 다투는 상대방이 '남들'이라는 동반 보족어 명사구를 요구한다. (5다)는 잠재적인 주격 보족어 명사구 X의 동반자가 '인수'라는 사실을 함의하고 있다. (5라)는 동반과는 거리가 먼 기준치의 의미역이 파악된다. 이런 경우는 앞 (§7.6.3.1, 563쪽)의 (1바)의 '-에'로 대치될 수 있다. 뒤에서 보겠지만 격 어미 가운데는 다른 격 어미로 대체되는 일이 흔하다. (5마, 바)는 비교역이 부여된다는 점에서 동반주역과 같이 논의하는 데 문제가 있다. 그러나 격 형태가 동반주역과 같다는 점에서 일단 여기서 다루어 두기로 한다. 이 문제는 공격 구문을 다루는 자리에서 상론하기로 한다.

7.6.4. 특수격과 독립격

앞에서 저자는 주제격을 특수격으로 처리한 바 있는데 (§6.3.4, 277쪽), 이는 '-는'이 주제격 밖에 첨사의 기능도 띠고 있다는 중의적 기능을 고려하였기 때문이다. 곧 같은 형태가 격 어미와 첨사의 기능을 이중으로 띠고 있다는 점에서 특수격이라는 명칭을 부여하였다.

7.6.4.1. 주제격

주제격은, 고영근 (§6.3.3.2, 277쪽)에서 언급한 바와 같이, 큰 문장의 외부 명사구가 주제격 어미를 취한 것을 가리킨다.

(1) 코끼리는 코가 길다.

위의 예는 앞, (§5.3.(4), 89쪽)에서 보인 바와 같이, 다음과 같은 관계를 띠고 성립되어 있다.

(1') 코끼리는 코가 길 다$_1$ 다$_2$

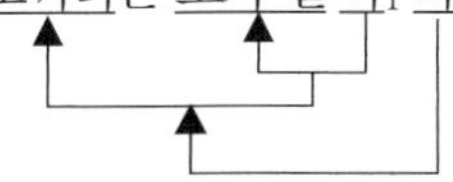

결합가 문법에 기대면 위의 문장의 중심 성분은 '길 (다)'이고 이의 직접적 보족어 명사구는 '코 (가)'이며 외부 명사구인 '코끼리 (는)'는 주제격을 취하여 평언 (評言, comment)인 '코가 크 (다)'에 대하여 제목 (theme)의 기능을 발휘한다. '길다'의 정동사 어미 '-다$_2$'는 '코끼리는 코가 길-'이라는 문장 상당어를 종결시키는 기능을 띠고 있기도 하다. 이런 경우 앞 (§2.4.3, 33쪽)에서 저자는 '-다'를 두 가지로 나누어 '-다$_1$'은 '코가 길-'이라는 형성소 연쇄체를 동사절로 만드는 보문자이고 '-다$_2$'는 문장 전체를 종결시키는 정동사 표지라고 하였다. (1)과 같은 문장 구조의 이해는 언어를 주제 중심 (theme-prominent)과 주어 중심 (suject-prominent)으로 보는 지난 세기 후반의 언어 유형론적 사고의 영향을 받아 우리말을 주제 중심의 언어로 처리한 손호민 (1980/1986: 176-198)을 바탕으로 한 것이다. 차이점은 저자는 결합가 이론에 기대어 내부 명사구를 주어로 보지 않고 보족어로 보고 있는 점이다[120]. 중세어에는 주제격은 물론, 대제격도 확인된다 (뒤에 나옴). 주제격이 주격과 주제의 통합이라면 대제격은 대격과 주제의 통합이다.

(1)과 같이 주제격으로 구성된 예를 더 들어 보면 다음과 같다. 이는 앞 (§2.4.3, 33쪽)에서 보인 (6)의 '토끼는 앞발이 짧다'와 같은 구성이다.

(2) 가. [철수**는** {키가 (크)다$_1$}다$_2$]
나. [저분**은** [책이 (많)다]$_1$}다$_2$]
다. [이 책**은** {재미가 (있)다$_1$}다$_2$]

동사의 내부 명사구, 그리고 외부 명사구와의 관계는 (1')와 같다. 그러나 중세어의 주제격은 주격과 섞여 쓰이는 예가 보인다 (뒤에 나옴).

7.6.4.2. 호격

당대 공통어의 호격은 아주낮춤의 존비법에서만 확인된다. 높임의 존비법에도 호격이 실현되는 중세어와는 대조적이다 (뒤에 나옴).

---

120) 최근 한국 언어학계에서는 문장의 모든 성분이 주제가 될 수 있다는 O. Jespersen의『문법 철학』(1924)의 명제에 기대어 주제의 개념이 주제격 어미 '-는'에 의해서만 도입되지 않으며 주제를 도입하는 다양한 장치를 가지고 있다고 주장하고 있어 (임홍빈 2007), 앞으로의 귀추가 주목된다. 저자는 900쪽이 넘는 위의 책을 읽고 2012년 5월 28일에 당사자인 임홍빈 교수에게 12개 항에 걸쳐 질의를 보낸 바 있다. 임 교수는 2014년 9월 15일과 9월 24일에 걸쳐 A4 39장의 답변을 보내 왔다. 이는 어학전문 국제학술지『형태론』16.2 (2014)에 실려 있다.

(3) 철수야, 빨리 학교에 가거라.

그러나 시문, 기도문 등의 문어적인 상황이나 대중을 상대로 한 공개적 상황에서는 '-(이)여'와 같은 호격 어미를 붙일 수 있다.

(4) 가. 형제**여** 자매**여**, 무너지는 돌탑 밑에 꿇어 앉아 읊조리는 나의 소리를 듣는가. (이광수, 님 네가 그리워)
나. 하느님**이시여**, 굽어 살피소서. (기도문의 일절)
다. 市民들**이시여** 기뻐하시라. (4.19 당시의 교수단의 구호)

호격 어미는 아주낮춤의 존비법에서 나타난다고 하였는데 여기에서 주의할 것은 예사낮춤의 존비법에서는 쓰일 수 없다, 이를테면 사회학자 '李相栢' (이상백)의 아호는 '想白'인데 음은 같아도 본명으로 부를 때에는 아주낮춤의 호격형 '상백아'라고 할 수 있어도 아호로 부를 때에는 '상백, 이리 오게'와 같이 호격이 쓰이지 않는다 (고영근 1989/2004가: 61). 이를 통해서도 당대어의 호격 어미는 아주낮춤의 존비법에 국한하여 쓰인다는 것을 알 수 있다. 그러나 반말인 '요' 결락형에서는 '상백, 여기 앉아'와 같이 쓰일 수 있다. 이는 우리말의 호격 어미가 존비법과의 호응 관계로 파악되어야 함을 시사하는 것이라고 하겠다 (유동석 1995: 280, 고성환 2003: 123).

7.6.5. 후치사류의 격 기능과 격 교체 및 격 중첩 현상

7.6.5.1. 후치사류의 격 기능

이곳에서는 종전의 격 어미 중 다음절로 구성된 격 어미와, 앞에서 저자가 세운 후치사를 통합하여 논의함으로써 당대의 격 범주를 총체적으로 조감하려고 한다.

다음은 후치사의 범주에 속하는 주격 상당 형태이다. 이곳의 후치사란 2음절이나 그 이상의 음절로 구성된, 후세에 생성된 것으로 보이는 격 어미 상당의 형태를 가리킨다.

(1) 가. **선생님**∅께서 교탁 앞에 서셨다.
나. 농구는 **우리 학교**에서 이겼다.
다. 학생들 **셋이**∅서 어깨동무를 하고 걸어온다.

(1)의 예들은 기원적으로 실사에서 문법화한 후치사이다. (1가)의 '께서'는 '겨시다'의 부동사형 '겨오셔'에서 문법화한 것이다. 후치사 '께서'는 다음과 같이 심리 동사 구문에서는 사용될 수 없다 (최기용 2009: 56).

(1) 가'. *나는 **선생님께서** 제일 만나고 싶다. 비교: 나는 **선생님이** 제일 만나고 싶다.

위의 문장에 후치사적인 '께서'가 쓰이지 못하는 것은 격 어미가 아닌 데 까닭이 있어 보인다. 후치사 기원의 격 어미 상당어는 그 나름대로의 제약이 있어 보인다. 문법 형태의 기능을 파악함에 있어 역사적 생성 과정도 고려할 필요가 있음을 웅변하는 것이라고 하겠다. (1나)의 '에서'의 '서'는 존재 상태 동사 '잇다'의 부동사형 '셔'가 붙어서 형성된 것인데 동작 동사 '이기다'의 동작주 역할을 한다. 물론 이때의 '서'는 문장 형성에 직접적으로 참여하지 못한다는 점에서 구성소의 자격밖에 없다. 일반적으로 동작주는 유정물이 되어야 하는데 '학교'와 같은 무정물이 등장하기 때문에 처리에 어려움을 느낀다. 그것은 어쨌든 '학교'에 동작주역이 부여되니 특수한 주격 표시의 후치사로 볼 수밖에 없다 (고영근 · 구본관 2008/2018: 306). 김민국 (2016)에서 비전형성을 띠었다고 본 것도 이런 사실과 관련되어 보인다. (1다)의 '서'는 '혼자**서**, 둘이**서** … 여럿이**서**'와 같은 인수 표시어에 붙어 사람의 수효를 여동적 (與同的)으로 표시하는 인수칭 주격 어미로 간주하여 왔는데 (고영근 1968/1999나: 112-125, 2018가: 266-290), 존재 상태 동사 '잇다'의 부동사형이 문법화하여 형성된 동사 기원의 후치사이다. 후치사로서의 '께서'와 '서'는 부정격 ∅에 붙는 것으로 처리한다. 이는 격 어미의 미실현형이 아니고 격 어미 부재형으로 볼 수 있기 때문이다 (뒤에 나옴).

다음은 처격 상당의 후치사이다.

(2) 가. ① 누구**에게** 주었느냐?
② 누구**에게서** 받았느냐?
나. 그것을 아버님**께** 갖다 드려라.
다. 지금 막 학교**에서** 돌아오는 길이다.
라. ① 그것은 철수**한테** 주어라.
② 그것은 철수**한테서** 받았다.
마. ① 나∅ **보고** 언니라 한다.
② 나∅ **더러** 가라고 한다.
바. ① 은행 근무 시간은 아침∅**부터** 오후 4시∅**까지**다.
② KTX로 부산 **(에)서/으로부터** 서울∅**까지** 3시간 50분 걸린다.

(2가)① 의 '에게'는 '-ᄋᆡ~의 그에'라는 격 어미와 후치사 '그에'의 통합체가 융합되어 여격 어미로 문법화한 것인데 이때의 '게'는 유정 자질의 후치사 표지로서 구성소에 지나지 않는다. ② 는 ①의 '에게'에 구성소인 후치사 '서'가 붙은 것인데 그 의미역이 도착점에서 출발점으로 바뀌었다. (나)의 '께'는 속격 '-ㅅ'과 후치사 '긔'가 융합되어 존경의 여격으로 문법화한 것이다. (다)는 도착점역의 처격 어미 '-에'에 (2가) ②와 같이 구성소인 후치사 '서'가 붙어 출발점역을 부여하였다. (2라) ①의 '한테'와 ②의 '한테서'는 근대 이후에 형성된 구어성을 띤 후치사인데 형성 방식은 (2가)와 같다. (2마)는 동작 동사의 부동사형에서 문법화를 거쳐 형성된 후치사로 부정격 '∅' 아래 실현되는 것으로 보기로 한다. 앞의 '한테'는 모든 환경에서 '에게'를 대신하여 쓰일 수 있는 반면, '더러, 보고'는 제한된 환경에서만 '에게'를 대용할 수 있다. 곧 '더러, 보고'는, (2마)에서 보는 바와 같이, 내포문에서만 '에게'를 대용할 수 있다 (이남순 1986/1998나: 171, 173). (2바)의 '부터'와 '까지'는 첨사와 격 어미의 두 기능을 지닌 것으로 알려져 왔는데 (고영근 1976/1999나: 128), 그 앞에 부정

격 ∅를 두면 후치사로 처리할 수 있다. ①과 같이 시간 표시어에 붙을 때에는 'N∅부터 N∅까지'가, 공간 표시어에 붙을 때에는 'N에서부터'나 'N로부터'가 선택된다.

다음은 조격 '-(으)로'에 후치사 '서'가 붙은 것이다.

(3) 바람이 바다**로서** 불어온다.

조격 '-(으)로'는 뒤에 동작 동사 '가다'가 오면 도착점역이 부여되는데 구성소인 후치사 '서'가 붙으면 반대의 의미역, 곧 출발점역이 부여된다. 위의 예는 당대에는 거의 사라져 버렸고 개화기 이전의 자료에 많이 보인다.

다음은 공격, 접속격 상당의 후치사이다. 물론 여기에도 그 앞에 부정격을 둘 수 있다. 이런 경우의 부정격은 격 표지 부재형으로서 전형적인 부정격이다.

(4) 가. 나∅**하고** 같이 가자.
　나. ① 네 성적은 누구∅**하고** 같으냐?
　　② 순이는 초등학교 시절에 꾀꼬리∅**처럼** 노래를 잘 불렀다.
　　③ 나도 너∅**만큼** 뛸 수 있다.
　　④ 나도 너∅**보다** 잘 뛸 수 있다.
　다. 떡∅**하고** 술∅**하고** 안주∅**하고** 가져 오너라.

(4)는 공격에 포섭되는 후치사이다. (4가)는 동반의 후치사이다. (4나)①, ②의 '하고, 처럼'은 동등 비교의, ③은 비등 비교의 후치사이다. '하고'는 동등 비교의 '-와'의 구어형인데 기능은 차이가 없다. 근대에 들어와서 '하다'의 부동사형이 후치사로 굳어진 것으로 보인다. ②는 비유법에 쓰이는 비교의 후치사다. ③은 동등 비교의 후치사다. ④는 차등 비교의 후치사이다 (최현배 1937/1971: 628-629). (4나)는 모두 근대에 와서 형성된 비교의 후치사다. (4다)는 접속격 '-과' (§7.6.2.4, 558쪽)의 구어형인데 역시 근대 이후에 생성된 것으로 보인다. 이 경우는 앞의 접속격 어미와는 달리 각 명사구에 '하고'가 붙는다.

앞 (§6.5.2, 296쪽)에서 저자는 후치사에 명사적 후치사와 동사적 후치사를 둔 바 있다. 이 가운데서 동사적 후치사는 그 격 기능이나 의미역이 격 어미나 격 상당 형태와 비슷한 것이 보인다.

(5) 가. ① 그는 인간**에 대한** 연구로 학위를 받았다.
　　② 소련 사회 전반**에 걸친** 개혁 노선은 변함이 없다.
　나. ① 그 애는 꼭 나**를 보고** 뭐 사달란다.
　　② 아이들**로 하여금** 청소를 시켰다.
　다. 가격**에 비추어 본다면** 품질이 좋지는 않다.
　라. 남원에는 광한루**를 비롯하여** 만복사지, 춘향 테마 파크 등 볼 만한 것이 많다.

(5가)①의 '인간에 대한 연구'는 '인간의 연구'로 대치할 수 있다는 점에서 격 기능으로는 속격, 의

미역으로는 대상역이 부여된다. ②도 같이 해석된다. '소련 사회 전반에 걸친 개혁 노선'은 '소련 사회 전반의 개혁 노선'으로 바꿀 수 있다는 점에서 속격의 기능이 파악되며 의미역으로는 대상역이 파악된다. (5나)는 의미역상으로는 도착점역이 파악된다, ①의 '나'는 '나에게'로 대치할 수 있고 ②의 '아이들' 역시 마찬가지다. 문병열 (2015: 62)에서는 주격의 기능을 주고 있으나 통사적 사동으로 구성되어 있다는 점을 고려하면 도착점역이 옳은 것으로 믿는다. (5다)는 기준치역이 부여된다. 앞의 (1바) (§7.6.3.1, 563쪽)와 같은 예이다. (5라)는 의미역상으로는 대상역이 부여되나 다음에 오는 접속항들을 대표하는 기능을 보인다는 점에서 접속격의 기능을 띠고 있다.

7.6.5.2. 격 어미의 교체

앞에서 우리는 구조격과 의미격을 논하는 자리에서 격 어미 상호 간에 교체가 일어남을 주목한 바 있다. 이를테면 처격 어미가 대격으로, 공격 어미가 대격으로, 대격 어미가 후치사적인 여격으로 교체되는 것이 그러하다. 교체라 하여도 직관적으로 판단할 때, 자연스러운 것이 있고 그렇지 않은 것이 있어 교체라기보다는 "대체"라고 하는 편이 현상에 어울리지 않나 한다. 그러나 관례를 따라 "교체"라는 개념으로 설명을 하되 경우에 따라서는 "대체"라는 말도 사용할 것이다. 격 어미의 교체 문제는 그 사이 특히 미주 유학파와 외국의 생성 문법가들에 의해서 많이 다루어졌으나 우리말의 격 어미의 문제를 어느 정도 사실에 맞게 구명하였는지 의심스러운 데가 많다. 저자는 국내의 전통적 문법가들을 비롯하여 미주 유학파와 외국인의 성과 (유동석 1995: 110-139, 최기용 2008: 130-304)를 종합함으로써 실상에 접근하여 보려고 한다.

먼저 의미격과 구조격 간의 교체를 보기로 한다. 다음은 여/처격과 주격 간의 교체이다.

(6) 가. ① 그 집**에** 쥐가 많다.
　　　② 그 집**이** 쥐가 많다.
　나. ① 나**에게** 걱정이 하나 있다.
　　　② 내(<나)**가** 걱정이 하나 있다.
　다. ① 그 공장**에** 불이 났다.
　　　② 그 공장**이** 불이 났다.

(6)의 예는 여격이나 처격과 주격이 교체되는 것인데 ①과 ②로 번호를 매긴 것은 자연스러움의 정도를 표시한 것이다. 곧 처격이 주격보다 자연스럽다는 뜻이다. (6가)의 '그 집'은 격 형태는 처격과 주격으로 다르지만 의미역은 처소역으로서 공통되어 있다. (6나)의 '나'는 격형은 여격과 주격으로 다르지만 의미역은 다 같이 수혜자역이 상정된다. 이곳에서 '아버님에게 돈이 필요하시다'와 같이 수혜자역의 '아버님'이 공대 명사일 때에는 존경의 선행 어미 '-(으)시-가 쓰인다. (6다)는 격형은 처격과 주격으로 교체되어 있지마는 의미역은 처소역으로 공통되어 있다.

다음은 처격 상당의 후치사와 주격이 교체되는 예이다.

(7) 가. ① 서울시**에서** 월드컵 광장을 만들었다.

② 나라**가** 큰 잔치를 벌였다.

나. ① 이 천정**에서** 물이 떨어진다.

② 이 천정**이** 물이 떨어진다.

(7)은 처격 상당의 후치사 '에서'와 주격이 교체되는 예이다. (7가)①은 고영근·구본관 (2018: 306)에서 해결의 실마리를 찾은 "서울시에서 (근무하는 공무원들이) 월드컵 광장을 만들었다"를 보면 처격임이 틀림없다. 그러나 ②보다는 ①이 훨씬 자연스럽게 느껴지기 때문에 관례대로 주격으로 간주해 둔다. 그러나 (7나)는 성격이 다르다. ①은 출발점 처소로서 이중 주격이 실현된 ②보다는 훨씬 자연스럽다.

다음은 의미격과 대격이 교체되는 예이다.

(8) 가. ① 철수가 서울**에** 다녀 왔다.

② 철수가 서울**을** 다녀왔다.

나. ① 철수가 영미**에게** 편지를 부쳤다.

② 철수가 영미**를** 편지를 부쳤다.

다. ① 영수는 학교**에서** 뛰쳐 나왔다.

② 영수는 학교**를** 뛰쳐 나왔다.

(8가, 나)는 의미격인 여·처격이 대격과 교체되는 예이다. 내부 명사구가 유정물이냐 무정물이냐에 따라 '-에'와 '-에게'가 선택된다. 물론 여·처격을 취한 형태가 자연스럽다. (8다)는 '학교를'을 박승빈 (1935) (§7.6.2.2.(3라)②, 556쪽)과 같이 '학교에를'의 준말로 보아 의사 목적어로도 볼 수 있으나 사정이 간단치 않다. 다음과 같은 예에서는 교체가 허용되지 않는다.

(8) 나'. ① 철수가 깡패**에게** 매를 맞았다.

② *철수가 깡패**를** 매를 맞았다.

(8나)에서는 여격을 대격으로 교체하면 자연스러움은 줄어든다고 하더라고 잘못되었다고 할 수 없다. 그런데 같은 구성인 (8나')②는 비문법적이다. 의미격 성분이 부가어, 곧 수의 성분이라는 점과 관련시켜 그 원인을 찾기도 하나 (최기용 2009: 78), 어느 정도 일반성이 있는지 의심스럽다. '맞다'는 '주다'와 같이 'X가 Y로부터 Z를 맞다'의 문형에 해당하는 동사로서 3항 동사로 보이기 때문이다.

다음은 구조격 상호 간의 교체를 보기로 한다. 먼저 속격과 대격 간의 교체를 보기로 한다.

(9) 가. 철수가 영미**의** 팔을 잡았다.

나. 영수가 영미**를** 팔을 잡았다.

위에서 '영미'와 '팔'은 비양도의 관계에 놓여 있다. 이런 경우는 속격을 대격으로 교체할 수 있다. (9가)는 일반적으로 '영미 팔'과 같이 부정격 'Ø'으로도 실현된다. 그러니까 부정 속격이 정격 대격과 교체된다고 말할 수 있다. (9가)를 다음의 예와 비교하면 교체의 한계를 알 수 있다.

(9') 가. 철수가 영미**의** 책을 읽었다.
　　나. *철수가 영미**를** 책을 읽었다.

(9'나)가 성립되지 않는 것은 '책'이 양도의 대상이기 때문이다.

(10) 가. 나는 영미**가** 똑똑하다고 생각한다.
　　나. 나는 영미**를** 똑똑하다고 생각한다.

(10)은 이른바 EMC (예외적 격 표지) 구문으로서 같은 문장 구성에서 주격과 대격이 교체된다. 그러나 두 문장의 구성을 다음과 같이 파악하면 실현 환경이 같다고 하기가 어렵다.

(10') 가. 나는 영미가 똑똑하다고 생각한다.
　　나. 나는 영미를 [(X 똑똑하다)고] 생각한다.

(10가)에서 주격형 '영미가'가 실현된 것은 1항 상태 동사가 왔기 때문이고 (나)에서 대격형 '영미를'이 실현된 것은 인용절을 안은 타동사 '생각한다'가 왔기 때문이다. 그렇다면 엄밀한 의미의 격 교체라고 할 수 없다 (최기용 2009: 217, 228, 291).

다음은 소망 구문에서 나타나는 주격과 대격의 교체이다.

(11) 가. 나는 사과**가** 먹고 싶다.
　　나. 나는 사과**를** 먹고 싶다.

위의 구문도 표면만 보면 앞의 (10)과 같이 주격과 대격의 교체라고 할 수 있으나 자세히 들여다보면 사정이 간단치 않다. (가)에 주격이 배당된 것은 다음과 같이 그것이 심리 동사 '싶다'의 지배를 받기 때문이다. 심리 동사는 상태 동사와 같이 1항 동사이다. 1항 동사는 주격만 취한다. 이에 대하여 (나)에서 대격이 배당된 것은 그것이 2항 동사 '먹다'의 지배를 받고 있다.

다음 구문도 격 교체로 보고 있다 (최기용 2009: 216, 273-284).

(12) 가. 철수가 손**이** 잡혔다.
　　나. 철수가 손**을** 잡혔다.

(12)도 표면상으로 보면 주격과 대격의 교체라고 할 수 있다. 그러나 자세히 들여다보면 앞의 (10), (11)과 같이 사정이 간단치 않다.

(12') 가. 철수가 손**이** 잡혔다 ('잡히었다).

나. 철수가 손을 잡혔다 (잡'히었다).

피동문인 (12'가)에는 악센트가 동사 어근 '잡-'에 걸리고 사동문인 (12'나)에는 접미사 '-히-'에 걸려 구문의 성격이 다르다는 것을 알 수 있다. 구문의 차이에 의하여 주격과 대격이 구별되니 엄격한 의미의 격 어미의 교체라 볼 수 없다.

이밖에도 의존 동사 부정문에서 '좋지가/를 않다'와 같이 주격과 대격이 교체되는 있으나 이는 통보화용부 (뒤에 나옴)에서 종합적으로 다루기로 한다.

7.6.5.3. 이중 곡용

격 어미는 겹쳐서 나타나기도 한다. 이를 유형론에서는 "double case" (플랑크 ed.) (1995: 3-110)이라 부르거니와 우리말에서도 고영근 (§6.3.3.2, 267쪽; 2017나)에서 이미 제안한 대로 "이중 곡용"이 국어학계에 보편화되고 있는 "집단 곡용" (김완진 1966, 안병희 · 이광호 1990: 323)이나 생성 문법 학계에서 선호되고 있는 "격조사 결합" (case stacking) (최기용 2009: 351)보다 현상에 알맞은 용어라 생각한다. 이중 곡용은 김민수 (1970)의 이중 내지 삼중 복합형에 가깝다.

당대어의 이중 격은 의미격과 주격, 주격 밖의 격 어미와 의미격, 의미격과 속격의 중첩으로 나눌 수 있다[121].

(13) 가. 이것은 그분**에게가** 아니라 저분에게 드려라.
나. 선배로서**가** 아니라 친구로서 충고한다.
다. 너하고**가** 아니라 다른 사람하고 같이 갈거야.

(13)은 의미격이나 그에 상당하는 후치사에 주격이 붙은 것인데 실제로는 다음과 같은 명사절에 주격이 붙은 것이다.

(13') 가. 이것은 그분**에게** (드릴 것)**이** 아니라 …
나. 선배**로서** (충고하는 것)**이** 아니라 …
다. 너**하고** (같이 갈 것)**이** 아니라 …

다음과 같이 뒤에 오는 주절의 동사를 반복하면 문법성에는 큰 문제가 없지만 표현이 반복되기 때문에 줄이고 대신 격이 중첩되었다.

(13") 가. 이것은 그분**에게** 드릴 것이 아니라 저분에게 드려라.

(13다)의 '하고'는 구어적인 공격 상당의 후치사인데 이런 경우는 문어적인 '*너와가 …'는 허용하

121) 허웅 (1999: 201-204, 462-488)에서 제시된 자료와 설명을 다소 가공하였음을 밝혀 둔다.

지 않는다. 중세어에는 '너왜'와 같이 공격 다음에 주격 'ㅣ'가 붙을 수 있었다[122] (뒤에 나옴).

다음은 주격 밖의 의미격이나 그에 상당하는 후치사가 중첩되는 것이다.

(14) 가. 우리말은 해방 뒤 다른 부문**에서와** 마찬가지로 문화 부문에서도 눈부시게 발달하였다.
　　나. 나의 머리는 아버지**에게보다** 어머니에게 더 영향을 받은 것 같다.

(14)는 의미격끼리 중첩된 것이다. (14)는 다음과 같은 명사절에 공격이 붙은 것이다.

(14') 가. 한국은 해방 뒤 다른 부문**에서 (눈부시게 발전한 것)과** 마찬가지로 문화 부문에서도 눈부시게 발달하였다.
　　나. 나의 머리는 아버지**에게 (영향을 받은 것)**보다 어머니에게 더 영향을 받은 것 같다.

(14')와 같이 표현하면 문법성에는 영향을 미치지 않으나 군더더기 표현이 되어 있다. 그것을 지우는 대가로 격의 중첩이 발생하였다[123].

다음은 속격이 다른 의미격과 중첩되는 예이다.

(15) 가. 성공**에의** 길이 멀고 멀다.
　　나. 앞**으로의** 진로를 적으시오.
　　다. 문학인**으로서의** 지조를 지켜야 한다.
　　라. 현실**과의** 일정한 거리
　　마. 미국**으로부터의** 소식

(15)는 앞의 (13), (14)와 같이 반복되는 성분을 줄이는 대신, 일어나는 격 중첩 현상이 아니고 모종의 동사를 대치하거나 삽입함으로써 발생하는 격의 중첩이다. 그 실현 과정을 보이면 다음과 같다.

(15') 가. 성공에 (이르는) 길 …
　　나. 앞으로 (향하는) 진로 …
　　다. 문학인으로서 (지켜야 할) 지조 …
　　라. 현실과 일정한 거리를 두다>현실과 일정한 거리 …
　　마. 미국으로부터 (온) 소식

다음은 주격 밖의 의미격과 후치사가 중첩되어 이중 곡용을 하는 것이다 (허웅 1999: 467-469).

---

122) 허웅 (1999: 465)에서는 '넓게 (팔 것이 아니라)'와 같은 동사의 활용형을 명사 상당어로 간주하여 같이 처리하고 있으나 이곳에서는 보류하였다.

123) 허웅 (1999: 469)에서는 '깊어서보다는'과 같이 동사의 활용형에 의미격이 붙은 것도 포함시키고 있으나 이곳에서는 보류하였다.

(16) 가. 한국은 해방 뒤 다른 부문**에서와** 마찬가지로 문화 부문에서도 눈부시게 발달하였다.
나. 나의 머리는 아버지**에게보다** 어머니에게 더 영향을 받은 것 같다.

(16가)는 의미격끼리 중첩된 것이고 (16나)는 격 어미와 후치사가 중첩된 것이다. 이는 다음과 같은 명사절에 공격이 붙은 것이다.

(16') 가. 한국은 해방 뒤 다른 부문**에서 (눈부시게 발전한 것)과** 마찬가지로 문화 부문에서도 눈부시게 발달하였다.
나. 나의 머리는 아버지**에게 (영향을 받은 것)보다** 어머니에게 더 영향을 받은 것 같다.

(16')와 같이 표현하면 문법성에는 영향을 미치지 않으나 군더더기 표현이 되어 있다. 그것을 지우는 대가로 격의 중첩이 발생하였다. (가)에서 '에서'는 '문화 부문에서도 눈부시게 발달하였다'라는 동사구의 지배를, '와'는 '눈부시게 발전한 것'을 받는 '(와) 마찬가지로'라는 공격 후치사의 지배를 받아 생성된 이중 곡용이다. (나)에서 '에게'는 '어머니에게 더 영향을 받은 것 같다'라는 동사구의 지배를, 후치사 '보다'는 군더더기 성분과 관계된다.

다음은 속격이 다른 의미격과 중첩되는 예이다.

(17) 가. 성공**에의** 길이 멀고 멀다.
나. 앞**으로의** 진로를 적으시오.
다. 문학인**으로서의** 지조를 지켜야 한다.
라. 현실**과의** 일정한 거리.

(17)은 앞의 (13), (14)와 같이 반복되는 성분을 줄이는 대신 일어나는 격 중첩 현상이 아니고 모종의 동사를 대치하거나 삽입함으로써 발생하는 격의 중첩이다. 그 실현 과정을 보이면 다음과 같다.

(17') 가. 성공에 (이르는) 길>성공에의 실
나. 앞으로 (향하는) 진로>앞으로의 진로
다. 문학인으로서 (지켜야 할) 지조>문학인으로서의 지조라. 현실과 일정한 거리를 두다>현실과 일정한 거리>현실과의 일정한 거리

위의 (17'가, 나)에서는 괄호 안의 '이르는, 향하는, 지켜야 할'과 같은 수식적 동명사형이 이와 통사적 등가성을 이루는 속격 '-의'로 대체되었다. (라)는 '현실과 일정한 거리를 두다'라는 동사구가 '현실과 일정한 거리'라는 준명사구로 단축되고 이어 속격 '-의'가 삽입되었다.

위의 (13)~(15)의 이중 곡용은 개별 격 형태에 주격, 공격, 속격과 같은 격 기능이 대응되기 때문에 참된 의미의 이중 곡용이라고 할 수 있다[124]. 그러나 다음과 같은 예는 문법성도 의심스럽고

124) 생성 문법가 가운데서 이를테면 C. T. Schütze 와 같은 사람은 허웅 (1999)와 같은 방식으로 이중 곡용의

설사 그렇지 않다고 하더라도 부동사형에 붙는 주격, 대격과 같이 통보화용부의 소관으로 보인다.

(18) 가. 학생들**에게가** 돈이 세 명에게 필요하다.
나. 순이가 학생들**에게를** 세 명에게 이야기했다.
(최기용 2009: 356)

위의 (18가, 나)에 붙는 주격과 대격은 앞의 이중 곡용처럼 각 격 어미에 그 나름의 기능이 배당되는 것이 아니라 초점을 부여한다든지 하는 비통사적 요인만 파악된다 (뒤에 나옴).

격 어미는 첨사와 결합되어 그 나름의 통사적 기능을 수행하기도 한다. 이 문제는 뒤의 첨사의 기능을 다루는 마당에서 논하기로 한다.

7.6.6. 중세어 및 고대어, 방언에 나타나는 격의 기능적 특수성과 그 변화

7.6.6.1. 중세어의 격 어미와 후치사류의 기능적 특수성

A. 구조격

중세어 주격형도 단일형과 중출형에 걸쳐 확인된다.

(1) 가. ① 내히(내ㅎ**이**) 이러 바ᄅᆞ래 가ᄂᆞ니 (용비어천가, 2장)
② 구루미 (구룸**이**) 비취여늘 (용비어천가, 42장)
나. 大愛道ㅣ 善ᄒᆞᆫ ᄠᅳ디 (ᄠᅳᆮ**이**) 하시며 (월인석보 10, 19)
다. 出家ᄒᆞᆫ 사ᄅᆞᄆᆞᆫ 쇼히 (쇼ㅎ**이**) ᄀᆞᆮ디 아니ᄒᆞ니 (석보상절 6, 22)
라. 일홈난 됴ᄒᆞᆫ 오시 (옷이) 비디 (빋**이**) 千萬**이** ᄊᆞ며 (석보상절 13, 22)

(1가)는 주격의 단일형이다. ①의 '내ㅎ'에는 대상역이 부여되는데 1항 동사 '가다'의 현재 시제절인 직설법 (고영근 1981/1998/2011나: 95-105)의 지배를 받아 주격이 선택되어 있다. ②는 앞(§7.6.2.1, 554쪽)의 (1나)와 같은 능격 동사이다. 당대의 능격 동사는 같은 동사의 형태가 격 어미를 달리 요구하지마는 중세어의 능격 동사는 격 어미와 함께 활용형에 타동사 표지 '어'를 요구하여 능격 구문임을 더 분명히 하여 준다 (김태우 2013), 동작주는 백성을 상징하는 '하늘'이다. (1나)에는 당대어와 같이 주격이 중출되어 있다. 두 번째 주격 보족어 명사구에는 1항 동사와 관련시키면 대상역이 부여된다. (1다)의 '쇼ㅎ'는 후행하는 'ᄀᆞᆮ다<ᄀᆞᇀ다'와 관련시키면 비교역이 부여된다. 당대어는 공격 '과'를 취한다. 'ᄀᆞᇀ다'의 반의어인 '다ᄅᆞ다'는 같은 의미격인 처격 '-에'를 취한다 (뒤에 나옴). (1라)는 주격이 3중으로 출현하는 예이다. 세번째 주격형 '千萬 (이)'에는 기준치역이 부여된다. (1)에서 보는 바와 같이 중세어의 주격 형태는 동사의 어휘적 자질에 따른 의미역의 부과가 당대어보다 더 다양하다.

문제를 풀려고 하였으나 (최기용 2009: 358, 예 (16)), 그 생성 과정을 올바로 풀었다고 하기가 어렵다.

중세어의 대격형도 당대어와 같이 중출형이 확인된다.

(2) 가. 내 太子를 섬기ᄉᆞ보ᄃᆡ (석보상절 6, 4)
　　나. 四海를 년글 (년ㄱ**을**)주리여 (용비어천가 20장)
　　다. 사오나온 風俗**ᄋᆞᆯ** 사ᄅᆞ미 ᄂᆞ촐 막ᄌᆞᄅᆞ고 (두시언해 15, 17)

(2가)는 대격 어미의 단일형이다. 타동사에 성분 통어되는 전형적인 대격형이다. 의미역은 피동작주이다. (2나)는 대격이 중출되는 예인데 당대어 같으면 두 번째 대격형은 '녀늬 그에'와 같은 속격과 후치사의 결합형 '-ᄋᆡ/의 그에'로 나타나야 할 것이 대격형으로 실현되어 있다. 실제로 대격형 대신 '-ᄋᆡ/의 그에'를 취하는 예도 보인다. 그것은 어쨌든 '四海'에는 대상역이, '년ㄱ에는 수혜역이 배당된다. (2다)는 대격형에 동작주역이 배당되는 예인데 당대어에는 이런 쓰임을 대하기가 어렵다. 곧 '사나운 풍속이 사람의 얼굴을 막자르고'의 뜻이다. 이런 예는 중세어에 더러 보인다.

중세어의 속격에는 '-ᄋᆡ ~ -의'와 '-ㅅ'의 두 종류가 있었다. 전자는 유정물 지칭의 예사말 [평칭]에, 후자는 무정물 지칭의 공대말 [존칭]과 무정물 지칭의 명사에 붙는다 (유창돈 1964가: 218, 안병희 1968/1992: 47-56).

(3) 가. ① 사ᄅᆞᄆᆡ (사ᄅᆞᆷ**의**) 몸 ᄃᆞ외요미 어렵고 (석보상절 9, 28)
　　　　②-1. 一切 如來**ㅅ** 몸과 말ᄊᆞᆷ과 쁘뎃 業이 … (석보상절 6, 26)
　　　　②-2. 나랏 (나라ㅅ) 말ᄊᆞ미 中國에 달아 (훈민정음 언해, 1)
　　나. ① 迦葉**의** 能히 信受호ᄆᆞᆯ (<홈ᄋᆞᆯ) 讚嘆ᄒᆞ시니라 (월인석보 13, 57)
　　　　② 우흔 다 [諸佛**ㅅ** 머리셔 讚歎ᄒᆞ시ᄂᆞᆫ] 마리시니라 (법화경언해 6, 179)
　　다. (世尊ᄋᆞᆫ 世界예 ᄆᆞᆺ 尊ᄒᆞ시닷 (다))**ㅅ** 쁘디라 (석보상절 서, 5)

(3가)는 속격 'ᄋᆡ~의'와 '-ㅅ'이 구별되는 예이다. ①은 '사ᄅᆞᆷ'이 유정물 지칭의 예사말임을 보이는 예이고 ②는 공대말과 무정물 지칭의 예이다. 1과 2로 번호를 매긴 것은 전자는 공대말임을, 후자는 무정물임을 가리키기 위한 것이다. (3나)는 명사절 (①)과 수식절 (②)에서 '-ㅅ'과 '-ᄋᆡ ~ -의'가 구별됨을 보이는 예이다. '迦葉'은 유정물 지칭의 예사말, '諸佛'은 공대말임을 가리킨다. 물론 예외가 없지 않으나 (권용경 2014: 45-49), 위의 규칙은 상당히 보편성이 있는 것으로 평가되고 있다. (3다)는 한 문장을 안은, 곧 간접 인용절인데 이런 경우도 속격 '-ㅅ'이 붙는다. 간접 인용절은 명사 상당어로서 무정물 지칭의 성격을 띤다는 견해 (안병희 1968/1992: 1부 4장)가 상당히 설득력이 있다.

다음은 접속격이다.

(4) 가. 威嚴과 德괘 (**과**ㅣ) 自在ᄒᆞ야 (석보상절 9, 19)
　　나. 天人師ᄂᆞᆫ 하ᄂᆞᆯ히며 (하ᄂᆞᆯㅎ**이며**) 사ᄅᆞᄆᆡ (사ᄅᆞᆷᄋᆡ) 스ᄉᆼ이시다 ᄒᆞᄂᆞᆫ 마리라 (석보상절 9, 3)
　　다. 날굽히 도ᄃᆞ면 뫼히여 (뫼ㅎ**이여**) 돌히여 (돌ㅎ**이여**) 다 노가디여 (월인석보 1, 48)

라. 부인도 목수미 열ᄃᆞᆯ ᄒᆞ고 닐웨 기터 겨샷다 (월인석보 2, 130)

(4가)의 '-과'는 이중 곡용을 하는 것밖에는 당대의 접속격과 차이가 없다. (4나)의 '-(이)며', (4다)의 '-(이)여'는 모두 '-와 ~ -과'로 대체하여도 의미상의 차이가 느껴지지 않지만 (4라)의 'ᄒᆞ고'는 '-와'로 대체하기가 어렵다. 당대어와 같이 뒤의 명사구를 앞의 명사구에 추가하는 의미를 더하기 때문이다. 이런 점을 보면 첨사의 기능도 지니고 있다고 말할 수 있다. 이런 예는 16세기부터 보이는데 (허원욱 2015: 55), 이런 현상은 앞에서 본 당대어의 후치사 상당의 표현 가운데서도 목격할 수 있었다.

B. 부정격

중세어에도 부정격이 확인된다. 그러나 당대인의 직관이 미치지 않기 때문에 부정격이 실현된 "부재형"인지, 아니면 정격이 실현되지 않은 "미실현형"인가를 판단하기가 쉽지 않다.

(5) 가. ① "受苦ᄅᆞᄫᆡᆫ 소릐 ∅ 업고" (석보상절 9, 10)
② 後에 普光佛 ∅ 滅度ᄒᆞ시거늘 (월인석보 1, 18)
나. ① "有情이 주으려 밥 ∅ 얻고져 ᄒᆞ야" (석보상절 9, 9)
② ᄒᆞᆫ 菩薩이 … 道理 ∅ ᄇᆡ호라 나아가샤 (월인석보 1, 5)
다. ① 고래 ∅ 히미 바ᄅᆞᆺ 무를 헤티ᄂᆞᆫ ᄃᆞᆺ ᄒᆞ도다 (두시언해 21, 8)
② 琰魔法王 ∅ 알ᄑᆡ 니거든 (석보상절 9, 30)
라. 僧祐 道宣 두 律師ㅣ 各各 譜 ᄆᆡᇰᄀᆞ로니 잇거늘 (월인석보 서, 12)

(5가)는 주격이 실현되지 않은 것이다. ①은 상담 세계인 대화에 나타난 것이고 ②는 서사 세계인 지문에 나타난 것이다. (5나)는 대격이 실현되지 않은 것이다. ①은 상담 세계의 ②는 서사 세계의 예이다. (5다)는 속격이 실현되지 않은 예이다. ①은 『두시언해』에서 뽑은 것인데 상담 세계에 준한다 (고영근 1981/2011나: 147-148). '고래'가 유정물이기 때문에 '-ᄋᆡ'가 나타날 수 있는 환경인데 실현되지 않았다. ②는 '琰魔法王'이 공대 명사이기 때문에 '-ㄱ'이나 '-ㅅ'이 나타나야 하는데 실현되지 않았다. (5라)는 '僧祐'와 '道宣' 사이에 접속격 '-와'가 나타날 수 있는 자리인데도 실현되지 않았다. 이렇게 중세어에도 접속격이 실현되지 않는 일이 상담 세계와 서사 세계에 걸쳐 확인된다.

이미 지적한 바와 같이, 중세어에도 첨사를 둘 수 있는 이상, 그 앞에 부정격 ∅을 두는 것은 필연적이다. 그러나 당대어의 부정격 실현형 (10) (§7.6.2.5, 561쪽)과 같은 예가 확보되면 중세어에도 부정격을 적극적으로 세울 수 있다. 『용비어천가』의 다음 예가 부정격의 예가 될 수 있을지 모르겠다.

(6) 가. 시름∅ ᄆᆞᅀᆞᆷ 업스샤ᄃᆡ (102장) 비교: 모맷 (몸앳) 病 업스샤ᄃᆡ
나. 周國∅大王이 豳谷애 사ᄅᆞ샤 (3장) 비교: 우리 始祖ㅣ 慶興에 사ᄅᆞ샤

(6가)는 같은 장의 대구를 이루는 바깥짝과 비교하면 분명히 부정격이 실현된 예로 간주할 수 있

다. 위의 예에는 'ᄆᆞᅀᆞᆷ'과 같은 추상 명사가 나오는데 이는 앞의 (11마) (§7.6.2.3, 561쪽)에 나오는 '고향∅생각'과 성격이 같지 않나 한다. (6나)는 고유 명사 다음에 부정격이 실현된 예인데 앞(§7.6.2.5)의 (11가) (561쪽)의 '보신각 종소리'와 같은 것이 아닌가 한다. 바깥짝은 '우리 始祖'로 되어 있다. 문제는 위의 (6)이 운문 자료라는 것이다. 운문에는 율격 관계로 격 어미가 생략되는 일이 많기 때문이다[125].

C. 의미격

중세어의 의미격도 당대어에 준하여 그 기능을 설명할 수 있다. 먼저 처격을 보기로 한다.

(7) 가. ① 菩薩이 城밧 甘蔗園**에** ᄒᆞ오ᅀᅡ 안자 잇더시니 (월인석보 1, 6)
② 남ᄀᆡ (낡**ᄋᆡ**) 쩨여 性命을 ᄆᆞᄎᆞ시니 (월인천강지곡기4)
나. 셤 안해 (안ㅎ**애**) 자싫 제 (용비어천가 67장)
다. 世尊ㅣ 象頭山**애** 가샤 (석보상절 6,1)
라. ᄒᆞᄅᆞᆺ 아ᄎᆞᄆᆡ (아ᄎᆞᆷ**ᄋᆡ**) 命終ᄒᆞ샤 (같은 책, 6,3)
마. 나랏 말ᄊᆞ미 中國**에** 달아 (훈민정음언해)
바. 뭀 盜賊**에** 도라갈 길히 업스니 (두시언해 8, 13)

(7가)는 전형적인 처격의 기능인 처소역을 받는 예이다. 아는 바와 같이 ①은 보편적 처격 어미이고 ②는 특수 명사에 붙는 처격 어미인데 형태가 속격 어미와 같다는 점을 주의할 필요가 있다 (뒤에 나옴). 모두 처소역이 부여된다. (나)는 후행하는 동작 동사와 관련시키면 '-애셔'가 나타나는 것이 옳다. 실제로 다음과 같은 후치사 상당의 '애셔'로 실현되기도 한다.

(7) 나'. 可 히 ᄃᆞᆺ온 王孫이 긼 모해셔 (모ㅎ**애셔**) 우놋다 (두시언해 8, 1)

당대어에서 'X에 산다'가 'X에서 산다'로 대체되는 현상과 비슷하다. (라)의 '-ᄋᆡ'는 (가)②와 같이 특수 명사에 붙는 처격인데 시간 표시어에 붙었다는 특징이 있다. 앞에서 본 바와 같이, 시간과 공간은 문법적으로 공유되는 측면이 많다. (마)에는 기준치역이 부여된다. '다ᄅᆞ다'는 당대어와 같이 처격 밖에 공격을 지배하기도 한다 (허웅 1975: 460). (바)는 당대어의 '바람에 나무가 쓰러졌다'와 같이 원인역이 부여된다.

다음은 조격 '-(으)로'의 기능을 보기로 한다. 중세어의 조격도 기능이 다양하여 그것을 일원화하기가 쉽지 않다. 당대어에 준하기로 한다.

(8) 가. 神通力으로 樓 우희 올아 (석보상절 6, 3)
나. ᄒᆞᆫ 발로 고초 드듸여 셔샤 (월인석보 1, 52)

---

125) 황국정 (2004)에서는『석보상절』과 석독 구결의 자료를 중심으로 격 어미의 생략 빈도를 조사한 결과,『석보상절』에서는 "목적격>주격>접속 조사>관형격>부사격"의 순서라는 점을 보고하고 있다. 본서의 용어로 대당시키면 "목적격"은 대격, "접속 조사"는 접속격. "관형격"은 속격, "부사격"은 의미격이다.

다. 제 나라ᄒᆞ로 (나라ㅎᄋᆞ로) 갈 쩌긔 … (석보상절 6, 22)

라. 나그내로 밥 머구믄 … (두시언해 7, 12)

마. 菩薩이 前生애 지순 罪로 이리 苦生ᄒᆞ시니라 (월인석보 1, 6)

바. 實로 ᄒᆡ로 變ᄒᆞ며 엇뎨 ᄒᆡ로 變홀 ᄲᅮ니잇고 (능엄경언해2, 7)

사. 제 홀 양ᄋᆞ로 ᄒᆞ게 ᄒᆞ라 (석보상절 6, 27)

아. 旃檀香 ᄀᆞᄅᆞ로 (<ᄀᆞᄅᆞ로) ᄇᆞᄅᆞ고 (석보상절 6, 38)

(8가)는 목련 (目連)이 '신통력'으로 누각 위에 올랐다는 뜻이니 도구역이 파악된다. (나)는 '발'이 서는 수단이 됨을 가리킨다. 역시 도구역이 부여된다. (다)는 자동사 '가다'의 지향점을 가리키는 것이니 도착점역이 부여된다. (라)는 크게 보면 도구역으로 처리할 수 있으나 엄격히 말하면 자격역을 주어야 할 것이다. (마)는 (7바)와 같이 원인역이 파악된다. (바)는 결과 상태역이 부여된다. (사)는 '-ᄋᆞ로'가 의존 명사 '양'에 붙어 '에 따라'를 의미하는데 부동사의 성격을 띠고 있어 정확한 의미역을 부여하기가 어렵다. 앞에서 우리는 당대어에서 '진실'과 같은 명사에 조격 '-로'가 붙어 부사화하는 예를 본 바 있거니와 (§6.3.4, 278쪽), 위의 예도 같이 처리할 수 있다. (아)는 전단향 가루를 발랐다는 뜻이니 조격에 흔히 나타나는 대상역이 파악된다.

끝으로 공격의 의미 특성을 보기로 한다.

(9) 가. 太子와 ᄒᆞ야 그위에 決ᄒᆞ라 가려 ᄒᆞ더니 (석보상절 6, 24)

나. 七寶로 이러 이쇼미 또 西方極樂世界와 ᄀᆞᄐᆞ야 (석보상절 9, 11)

(9가)는 동반주역이, (나)는 비교역이 부여된다. 앞에서 우리는 주격형에 비교역이 부과됨을 보았는데 (§7.6.6.1.A.(1다), 577쪽), 중세에는 비교역이 주격과 공격에 걸쳐 표시됨을 알 수 있다.

D. 특수격과 독립격

중세어에도 특수격과 독립격을 둘 수 있다. 당대어의 주제격은 '-는'만 확인되어 있으나 중세어에는 주격도 주제격으로 쓰인다. 당대어와 다른 점은 주제격 밖에 대제격이 확인된다는 점이다. 독립격은 호격을 의미한다. 차례로 특수격과 독립격을 검토하기로 한다.

(10) 가. 訓民正音은 百姓 ᄀᆞᄅᆞ치논 正ᄒᆞᆫ 소리라 (훈민정음언해)

나. 號ᄂᆞᆫ 일훔 사마 브르ᄂᆞᆫ 거시라 (월인석보 1, 14)

다. 報ᄂᆞᆫ 가ᄑᆞᆯ씨라 (월인석보 1, 13)

(10)의 예는 협주 가운데 나타나는 사항 (事項) 풀이인데 그것을 주석문의 제목으로 삼을 때 사용되는 문형이다. 서술부는 명사를 풀이할 때에는 계사 '이라'로, 동사는 '-(으)ㄹ씨라' 등으로 끝난다 (안병희 1977: 17). 다음과 같은 구성은 당대어와 같이 주제어가 '-ᄂᆞᆫ' 등의 형태를 취한다.

(11) 디나건 오란 劫에 弗沙佛ㅅ 時節에 두 菩薩이 겨샤ᄃᆡ ᄒᆞᆫ 일후믄 (일훔은) 釋迦牟尼시고

ᄒᆞᆫ 일후믄 (일훔은) 彌勒이러시니 (월인석보 1, 51)
그러는가 하면 주격이 다음과 같이 주제격으로 쓰이기도 한다.

(12) 그 도ᄌᆞ기 (도ᄌᆞᆨ이) 菩薩ㅅ 前世生 怨讎ㅣ러라 (월인석보 1, 6)

위의 (12)는 그 앞에 나온 '도ᄌᆞᆨ 五百이 그윗거슬 일버ᅀᅥ …'의 '도ᄌᆞᆨ 五百'이 신정보로서 도입되어 있는 만큼, 당대어 같으면 '-은'이 나타나야 한다. 그럼에도 불구하고 주격을 취하였다. 이런 용법은 중세어 자료에 널리 분포되어 있다. 따라서 중세어의 주제격에는 '-은' 등과 '-이' 두 가지가 있다고 단언할 수 있다[126].

다음 예는 대제격의 예이다. 대제격은 대격이 주제격과 융합되어 이루어진 '-(으)란'을 가리키는데 (정연찬 1984), 저자는 이를 후치사로 처리한 바 있다 (§6.5.2, 300쪽). 대제격에 대하여 주제의 표지로 보지 않고 대조의 표지로 해석하는 일도 없지 않으나 (두린린 2014: 154-177), 저자는 대격을 주제화시키는 후치사로 보는 관점을 취하는 바이다.

(13) 말란 아니ᄒᆞ고 두 솏가라글 드니 (석보상절 24, 47)

(13)에서 '란'이 대제격인데 '란'이 붙음으로써 목적어 '말'을 이 문장의 주제로 삼고 있다. 대제격 어미는 이밖에 여/처격의 자리에서도 나타난다. 대제격이 붙은 명사는 그것이 제목으로 변신하기 때문에 반드시 문장의 머리에 놓인다 (뒤에 나옴). 그러나 16세기로 접어들면 성격 변화가 목격된다 (한재영 1996: 100).

중세어의 호격은 당대어와는 달리 명사의 공대성 여하에 따라 '-아, -하'가 쓰이고 경우에 따라서는 '(ㅣ)여'도 보인다.

(14) 가. 님금하 아ᄅᆞ쇼셔 (용비어천가 125장)
나. 文殊아 아라라 (석보상절 13, 26)
다. 우는 聖女ㅣ여 슬허 말라 (월인석보 21, 21)

(14가)의 '-하'는 『용비어천가』의 작자가 앞으로 왕위에 오를 왕손들에게 주의를 환기시키는 상황에 쓰였다. 당대어의 'X이시여' 정도의 기능을 띠고 있다. (나)는 세존이 자신의 제자인 문수에게 타이르는 장면에 쓰인 것인데 낮춤의 상황에 쓰였다. 그러나 중세에는 (다)와 같이 격식적 상황에 사용되기도 하였다 (이필영 1986).

E. 후치사류의 격 기능과 격 어미 교체

중세어에는 후치사의 범주에 속하는 단어류가 많다. 그 가운데는 후치사와 격 어미, 그리고 실질 형태소 사이를 왕래하는 유동 범주도 있어 정체를 파악하기가 쉽지 않다.

126) 이러한 현상은 저자가 일찍이 고영근 (1990/2004가: 293-294)에서 지적한 바 있고 두린린 (杜林林) (2014: 42)에서 확인된 바 있다.

중세어의 후치사에는 명사성 후치사와 동사성 후치사, 부사성 후치사가 있다. 이들 후치사는 격 어미 뒤에 결합된다는 특수성과 관련하여 격적 기능을 표시하는 일이 많다. 명사성 후치사는 전통 문법의 관점에서는 의존 명사로 처리되고 있지마는 (고영근 1982/2004가: 69-94, §6.5.2, 300쪽), 알타이 문법 모형을 따르게 되면 후치사로 보지 않을 수 없다. 명사성 후치사 가운데서 앞의 격 어미의 서술과 관련이 있는 것을 보기로 한다.

(15) 가. ① 乎ᄂᆞᆫ 아모∅**그에** ᄒᆞ논 겨체 ᄡᅳᄂᆞᆫ 字ㅣ라 (훈민정음언해)

② 겨지븨 (겨집**의**) **그에** 브튼 더러ᄫᅳᆫ 이스리 업스며 (월인석보 1, 26)

③ 龍**의 그엔 (에ㄴ)** 이쇼리라 王ㅅ **그엔 (그에ㄴ)** 가리라 (월인석보 7, 26)

④ 길흘 ᄎᆞ자 부텻긔 (부텨**ㅅ 긔**)로 가ᄂᆞᆫ 저긔 (석보상절 6, 19)

나. ① 질드룐 ᄆᆡ야지 ᄀᆞ샛 ᄆᆞᆯ∅ **거긔** 위두ᄒᆞ도다 (두시언해 17, 25)

② 大衆**의 거긔** ᄂᆞᆷ 위ᄒᆞ야 ᄀᆞᆯᄒᆡ 내 (석보상절 19, 8)

③ 네 가짓 姓 … X이 如來**ㅅ 거긔** 머리 갓가 (월인석보 9, 35중)

다. ① 學無學ᄋᆞᆫ 當時로 몯 다 아라 無學∅**손ᄃᆡ** ᄇᆡ;호ᄂᆞᆫ 사ᄅᆞ미라 (석보상절 13, 3)

② 婆羅門이 글왈ᄒᆞ야 須達**ᄋᆡ 손ᄃᆡ** 보내야ᄂᆞᆯ (석보상절 6, 15)

(15가)①은 후치사 '그에'가 부정격 ∅을 사이에 두고 미정 대명사 '아모'와 결합되어 있다. '아모∅거긔'로도 나타난다. 뒤에 '아무에게'로 변하였는데 부정격 ∅는 속격 '-의'에서 변한 '-에'로 치환되었다. ②의 '그에'는 속격 '-의'를 지배한다. ③의 '그에'는 유정 명사의 속격 '-ᄋᆡ'를 지배하는 후치사이다. 이는 뒤에 나오는 공대어 지칭의 속격 '-ㅅ'를 지배하는 후치사이다. ④의 'ㅅ긔'는 ③의 '龍**의 그에**'와 짝을 이룬다. ③의 '王ㅅ 그에'는 15세기 당대에 '-ㅅ게' 로 실현되기도 하였는데 '-ㅅ긔'와 기능상의 차이를 밝힐 필요가 있다. (나)①의 '거긔'는 부정격 ∅를 매개로 하여 유정물 'ᄆᆞᆯ'에 붙었다. '거긔'는 '艱難ᄒᆞᆫ 거긔'와 같이 수식적 동명사형에 붙어 의존 명사의 기능을 표시하기도 한다. ②는 속격 '-의'를 매개로 하여 유정물 '大衆'에 붙었다. 이는 ③에서 속격 '-ㅅ'을 매개로 하여 공대성 명사 '如來'에 붙는 것과 짝을 이룬다. '그에'는 근대를 거치는 사이에 '게'로 변하여 유정물 표지로 그 흔적이 남아 있지만 '거긔'는 폐어화하였다. ③은 공대말 지칭의 속격 '-ㅅ'를 매개로 하여 '如來'에 붙은 것인데 ②와 짝을 이룬다. (다)의 '손ᄃᆡ'는 16세기까지 보이다가 그 이후는 폐어화하였다. ①은 '손ᄃᆡ'가 부정격 ∅ 아래 붙었고 ②는 속격 '-ᄋᆡ'를 매개로 하여 유정물 '須達'에 붙었다. 속격 '-ㅅ'에 붙는 예는 아직 보고되지 않았다. '-(ᄋᆡ ~ -의) 그에'와 의미 · 기능상의 차이가 큰 것 같지 않다.

다음은 동사적 후치사로서 격 어미의 서술과 관련 있는 예이다.

(16) 가. 뫼해다가 (뫼ㅎ**애다가**) 더디라 (삼강행실도 효자도, 13)

나. ① 내 너∅**ᄃᆞ려** ᄀᆞᄅᆞ쵸마 (번역박통사 상, 10)

② 世宗이 날ᄃᆞ려 (나**ㄹ ᄃᆞ려**) 니ᄅᆞ샤ᄃᆡ (월인석보 서, 11)

다. 須達이 舍利弗∅ **더브러** 무로ᄃᆡ (석보상절 6, 23)

라. ①辟支ᄂᆞᆫ 에서 닐오맨 **ᄒᆞ오ᅀᅡ∅**셔 아다 호미라 無學ᄋᆞᆫ 곧 羅漢이라 (능엄경언해 1, 29)

② 셔울**∅셔** 당다이 보면 (두시언해 15, 21)

③ 나실 나래 하ᄂᆞᆯ**로셔** 셜흔 두 가짓 祥瑞 ᄂᆞ리시며 (석보상절 6, 17)

④ 舍利 供養`**∅브터셔** 잇ᄀᆞ자ᄫᆞᆫ (석보상절 13, 54)

마. ① ᄒᆞ믈며 會中**에셔** 듣고 (석보상절 19, 5)

② 1) ᄇᆞᆰ고미 日月**애셔** 더으고 (몽산법어 65)

2) 니ᄅᆞ완디 몯호ᄆᆞᆫ 泰山**ᄋᆡ셔** 므거우니 (남명집 하, 25)

③ 이틄나래 나라ㅎ**애 이셔** 도ᄌᆞᄀᆡ 자최 바다 가아 (월인석보 1, 6)

바. ① 녀름**∅브터** 겨ᅀᅳ레 가ᄂᆞ니 (능엄경언해 1, 17)

② 일로 (이**ㄹ로브터**) 天上애 나리도 이시리니 (석보상절 9, 19)

(16가)는 '다그다'의 부동사형 '다가'가 문법화의 과정을 거쳐 후치사가 된 것인데 처격에 붙어 있으며 당대에도 목격된다. 격의 기능은 처격적이다. (나)는 동사 'ᄃᆞ리다'의 활용형 'ᄃᆞ려'가 후치사로 굳어진 것이다. 'ᄃᆞ려'는 부정격을 매개로 하여 여격의 기능을 발휘하는데 당대의 후치사 '-더러'의 직접적 소급형이다. ①은 부정격을 앞세우고 있고 ②는 대격 '-ㄹ'을 매개로 하고 있다. (다)는 동사 '더블다'의 부동사형 '더브러'가 부정격을 사이에 두고 명사에 결합되어 있다. 격의 기능은 여격적이다 (한재영 1996: 122). (라)는 상태 (존재) 동사 '이시-'의 부동사형 '이셔'에서 어간 '이-'가 탈락되고 '셔'가 후치사로 발달한 것이다. ①의 '셔'는 부정격을 사이에 두고 인수의 'ᄒᆞ오ᅀᅡ'에 결합되어 주격의 기능을 표시하고 있다. ②의 '셔'는 부정격 뒤에서 되는 곳, 곧 정처 (定處)의 처격을 표시한다. 당대에도 '서울서 왔다'와 같이 부정격을 매개로 하고 있다. ③은 개화기 자료에도 더러 보이는데 조격 '-(으)로'에 붙어 출발점 처소의 기능을 표시한다. ④는 후치사 '부터'에 후치사 '셔'가 붙어 형성된 합성 후치사이다. 출발점 처소의 기능을 표시한다. 비슷한 예로 '거긔셔, 그에셔'가 있다. (마)는 처격 '-애' 등에 후치사 '셔'가 붙음으로써 다양한 격적 기능을 표시한다. ①은 되는곳, 곧 정처를, ②는 차등 비교를 표시하는데 1)은 일반 처격형에, 2)는 특이 처격형에 붙었다. ③은 앞에서 든 단체 주격의 예이다. 이러한 기능은 16세기에도 보이는데 그냥 '나라히'와 같이 보편적 주격 형태로도 나타난다 (한재영 1996: 307, 369, 371). (바)는 동사 '븥다'의 부동사형 '브터'가 후치사가 된 예이다. ①은 '브터'가 부정격을 사이에 두고 명사에 결합되었으며 ②는 조격형 '-ㄹ로'에 붙어 출발점 처소의 기능을 표시한다. 그러는가 하면 16세기 자료에는 다음과 같이 처소역을 표시하는 예도 보인다 (한재영 1996: 133-134).

(16) 바'. ① 위두손을 사모ᄃᆡ 다 나콰 벼슬로 안치지 말라 (여씨향약언해 24)

② 吉生이 죽거늘 草葬ᄒᆞ고 아ᄎᆞᆷ나죄**로** 親히 祭ᄒᆞ더니 (속삼강행실도 열녀도 18)

다음 예는 동사의 부동사형이 후치사로 굳어진 것이다.

(16-1) 웃사ᄅᆞᆷ ∅두고 더은 양 ᄒᆞ야 (석보상절 9, 13)

위의 예는 ‘두다’의 부동사형 ‘두고’가 부정격을 매개로 하여 차등 비교의 의미를 표시하는 것인데 16세기부터는 ‘두곤, 도곤’으로 변하였으며 당대에는 폐어화하였다.

다음은 부사적 후치사이다.

(17) 가. 길 넒 사ᄅᆞᆷ**과 ᄀᆞ티** 너기시니 (석보상절 6, 5)

나. ① 眞實 工夫를 ᄒᆞ야 法∅**다빙** 參究ᄒᆞ야 (몽산법어 21)

② 實∅**다히** 信ᄒᆞ야 (월인석보 9, 48)

③ ᄀᆞᄅᆞ샨 **다빙** 奉行ᄒᆞᅀᆞ보리니 (월인석보 1, 15)

다. ① 十方에 ᄆᆞᅀᆞᆷ∅**조초** 變化ᄅᆞᆯ 봐야 佛事ᄅᆞᆯ ᄒᆞᄂᆞ니 (월인석보 8, 21)

② 그딋 ᄒᆞᆫ **조초** 잇도다 (석보상절 6, 8)

(17가)는 상태 동사 ’ᄀᆞᆮ다‘에서 유래한 후치사 ‘ᄀᆞ티’가 공격을 가운데 두고 명사 ‘사ᄅᆞᆷ’과 결합하여 동등 비교의 기능을 표시한다. ‘ᄀᆞ티’는 ‘ᄉᆞᆶ∅ ᄀᆞ티’와 같이 부정격 뒤에 놓이기도 한다. (나)의 ‘다빙’와 ‘다히’는 수의로 교체되었는데 기능상으로는 아무런 차이가 없다 이들은 ③의 ‘ᄀᆞᄅᆞ치샨 다빙’와 같이 수식적 동명사형 아래에 쓰여 의존 명사로도 쓰이는데 ②에서는 부정격을 사이에 두고 후치사로 쓰였다. 동등 비교의 의미가 파악된다. (다)는 고대어에 편재하였던 ‘좇다’의 부동사형 ‘조초’가 후치사화한 것이다 (§6.7.8.6, 386쪽). ①은 부정격 아래에, ②는 수식적 동명사형에 붙었다.

중세어에도, 당대 (§7.6.5.2, 571쪽)와 같이, 격 어미가 교체되는 현상이 보인다. 중세어의 격 어미 교체에 대하여는 황국정 (2015가, 나)이 나와 이를 중심으로 중세어의 격 교체의 양상을 보기로 한다. 중세어의 격 교체도 몇 가지 유형으로 나눌 수 있다.

먼저 구조격 상호 간의 교체를 보기로 한다

(18) 가. ① 내 … 苦惱 衆生**이** 音聲을 보아 즉재 解脫ᄋᆞᆯ 得게 ᄒᆞ노이다 ᄒᆞ시니 (법화경언해 7, 51)

② 내 … 苦惱 衆生**ᄋᆞᆯ** 音聲을 보아 즉재 버서나ᄆᆞᆯ 得게 ᄒᆞ노라 (월인석보 19, 22)

나. ① 이 威音王佛**이** 목수미 四十萬億那由他恒河沙劫이러시니 (월인석보 17, 81)

② 이 威音王佛**ㅅ** 목수미 四十萬億那由他恒河沙劫이러시니 (법화경언해 6, 76)

(18가)는 주격과 대격이 교체되어 있다. (가)는 동작주인 ‘나 (ㅣ)’가 피사동주인 ‘衆生으로 하여금 음성을 보게 하여 해탈에 이르게 한다’는 뜻의 사동문이다. 이러한 피사동주가 ①에서는 주격으로, ②에서는 대격으로 실현된 것이다. ①에서 주격이 나타난 것은 주격 보족어 명사구 ‘나’가 ‘즉재 (解脫ᄋᆞᆯ) 得ᄒᆞ-’라는 타동사에 걸리는 것으로 파악하였기 때문이고 ②에서 대격으로 나타난 것은 ‘(즉재) 버서나ᄆᆞᆯ 得게 ᄒᆞ-’라는 통사적 사동문에 걸리는 것으로 파악하였기 때문이다. (나)에서는 주격 ‘-이’와 공대성의 속격 ‘-ㅅ’가 교체되어 있다. ①에서 주격이 실현된 것은 (1나) (§7.6.6.1.A, 577쪽)와 같은 중주격형의 문장이다. 같은 구문에서 주격과 속격이 교체되었다는 점에서 (가)와 다르다. 그러나 여기에서도 교체의 원인을 밝힐 수 있다. ①에서 주격이 선택된 것은 ‘목수미 ~ 이러시니’까지에 걸리는 것으로 보았기 때문이고 ②에서 공대 속격 ‘-ㅅ’이 선택된 것은

'威音王佛ㅅ 목숨'을 한 단위의 주어 명사구로 보았기 때문이다.

다음은 구조격과 의미격의 교체이다.

(19) 가. ① 머리셔 보니 뫼히 (뫼ㅎ**이**) 비치 잇고 (금강경삼가해 3, 18)
② 눈 온 뫼해 (뫼ㅎ**애**) 힛비치 업스니 (두시언해 3, 63)
나. ① 險ᄒᆞᆫ 길헤 (길ㅎ**에**) 디날 쩨 (법화경언해 7, 58)
② 險ᄒᆞᆫ 길흘 (길ㅎ**을**) 디낧 제 (월인석보 19, 25)
다. ① 長子ㅣ 보ᄇᆡ옛 큰 술위**로** 아ᄃᆞᆯᄃᆞᆯᄒᆞᆯ 골오 주니 (월인석보 12, 33)
② 長子ㅣ아ᄃᆞᆯᄃᆞᆯᄒᆞᆯ 各各 ᄒᆞᆫ가짓 큰 술위**를** 주니 (월인석보 12, 29)
라. ① 聖聰**과** ᄀᆞᆮᄒᆞ신 히믈 더으시니 (월인석보 19, 24)
② 소리 드로매 (드롬**애**) ᄀᆞᆮᄒᆞ신 히므로 더으신 다시니 (법화경언해 7, 54)

(19가)는 주격과 처격이 교체된 것이다. ①은 앞의 (18나) ①과 같은 주격 중출형이다. ①은 같은 처소역이 부여되는 '뫼ㅎ'에 주격이 붙었고 ②는 처격이 붙었다, (나)는 같은 대상역 '길ㅎ'에 처격과 대격이 교체되어 있다. 같은 구문에서 발생하고 있으니 전형적 격 어미의 교체라 하겠다. (다)는 조격과 대격이 교체된 예이다. 구문의 성격은 차이가 나지마는 의미에 있어서는 차이가 없다. ①은 당대의 표준어에서는 접하기가 어렵고 오히려 방언에서 접할 수 있다 (뒤에 나옴). 그것은 어쨌든 전형적인 교체로 간주된다. (라)는 공격과 처격이 교체되는 예인데 중세의 'ᄀᆞᆮ다'는 주격, 처격, 공격을 수의로 취하였기 때문에 전형적 교체의 범주에 든다고 하겠다.

다음은 의미격 상호 간의 교체이다.

(20) 가. 尊者ㅅ 말 降服ᄒᆞ야 절ᄒᆞ고 하ᄂᆞᆯ해 (하ᄂᆞᆯㅎ**애**) 도라가니 (월인석보 4, 16)
나. 도로 제 양ᄌᆞ ᄃᆞ외야 尊者ᄭᅴ 절ᄒᆞ고 하ᄂᆞᆯ**로** 도라가니라 (월인석보 4, 36)

위의 (20)은 의미격끼리의 교체인데, 앞 (§7.6.5.2, 571쪽)에서 본 바와 같이, 당대에도 얼마든지 목격할 수 있는 격 어미의 교체이다.

F. 이중 곡용

앞에서 저자는 당대어에 이중 곡용 현상이 있음을 지적하고 이를 통사론적으로 분석하는 문제를 제기한 바 있다. 중세어에도 이중 곡용이 확인되지마는 당대어와는 성격을 달리한다. 이중 곡용은 구조격과 구조격의 결합, 처격과 속격의 결합의 두 유형으로 나눌 수 있다.

먼저 구조격끼리의 결합을 보기로 한다.

(21) 가. 威嚴**과** 德괘 (**과 1**) 自在ᄒᆞ야 (석보상절 9, 19)
나. 저**와** 놈**과ᄅᆞᆯ** 어즈려 (석보상절 9, 16)
다. 怨讐**와** 아ᅀᆞᆷ**과에** ᄆᆞᅀᆞ미 평등ᄒᆞ야 (월인석보 10, 31)
라. 臘은 … 새**와** 녜**와의** 交接이라 (월인석보 21, 5)

마. 몸**과** ᄆᆞᅀᆞᆷ과로 몯 아로ᄆᆞᆫ … (월인석보 9, 23)

바. 하ᄂᆞᆶ콰 (하ᄂᆞᆯㅎ**과**) ᄶᅡᇂ쾌여 (ᄶᅡㅎ괘**여**) 머리 隔ᄒᆞ리라 (금강경삼가해 2, 43)

(21가)는 '威嚴'과 '德'이 접속격 '-과'를 앞뒤에 이중으로 배치하고 여기에 주격 '-ㅣ'를 붙여 이중 곡용을 형성하고 있다. 이를 괄호로 표시하면 다음과 같다.

(21) 가'. (威嚴과 德괘 (과)) ㅣ 自在ᄒᆞ야

당대어 같으면 '威嚴과 德'과 같이 명사구와 명사구 사이에만 접속격이 붙는데 중세어에는 마지막 명사구에도 접속격을 붙이고 여기에 주격 'ㅣ'를 붙이니 결국 이중 곡용을 하는 셈이다. 물론 중세어에는 당대어와 같이 끝에 접속격을 붙이지 않은 단일 곡용형을 보이는 예도 있다 (허웅 1975: 397). (나)는 '저'와 '남'이 각각 뒤에 접속격 '-과'를 배치하고 끝에 대격을 붙여 이중 곡용을 하게 한다. (다)는 '冤讐'와 'ᄋᆞᅀᆞᆷ'이 각각 뒤에 접속격 '-과'를 배치하고 처격을 붙여 이중 곡용을 만든 것이다. (라)는 '새'와 '네'가 각각 뒤에 접속격 '과'를 붙이고 끝에 속격 '-의'를 붙여 이중 곡용형을 만들었다. 이 경우 이미 중세에는 당대어처럼 단일 곡용을 하는 예가 보인다 (허웅 1975: 397). (마)는 '몸'과 'ᄆᆞᅀᆞᆷ'을 접속격 '-과'로 결합시키고 끝에 조격 '-로'를 붙여 이중 곡용을 만들었다. (바)는 '하ᄂᆞᆯㅎ'과 'ᄶᅡㅎ'를 접속격 '과'로 연결시키고 끝에 호격 어미를 붙였으니 이중 곡용이 된 셈이다. 앞 (§6.3.3.2, 268쪽)에서도 언급한 바와 같이, 중세에서도 단일 곡용의 예가 보이며 근대를 거치는 사이에 거의 단일 곡용으로 정착되어 버렸다.

다음은 처격에 속격이 붙은 것이다.

(22) 가. 鴨江앳 (**애 ㅅ**) 將軍氣를 아모 爲ᄒᆞ다 ᄒᆞ시니 (용비어천가 39장)

나. 드트렛 (드틀**에 ㅅ**) 이리 져고ᄆᆞᆯ 아노니 (두시언해 7, 2)

다. ᄆᆞᆯ 우흿 (우ㅎ**의 ㅅ**) 龍이 江亭을 向ᄒᆞᅀᆞᄫᆞ니 (용비어천가 100장)

위의 예는 처격에 속격 '-ㅅ'가 붙어 이중 곡용을 하는 것이다. (22가)는 '압록강에 나타난 장군의 기를 …'을 뜻하니 당대어의 'N에의 N'과 같은 유형의 이중 곡용이다. (나)는 '티끌에 매어 있는' 의 뜻이니 역시 같은 유형이다. (다)는 특이 처격의 이중 곡용인데 '말 위에 타고 있는'으로 해석되니 역시 같은 유형이다.

다음 예는 공격에 의미격이 붙은 것이다.

(22-1) 가. 生과 生괘 엇뎨 無生**과로** 다ᄅᆞ리오 (남명집 상, 17)

나. 오래 슬노라 세 陜앳 나그내 다시 暮春**과로** 다ᄆᆞᆺ 期約호라 (두시언해 7, 17)

(22-1가)는 비교의 공격에 조격 '-(으)로'가 붙은 것이고 (나)는 동반의 공격에 조격 '-로'가 붙은 것이다. 이런 경우 기능상으로 볼 때 '-로'는 잉여적이 아닌가 한다 (뒤에 나옴).

다음 예는 속격과 결합한 후치사에 다시 조격 (향진)의 의미격이 붙은 것이다.

(23) 光明마다 一千化佛이 現ᄒᆞ샤 다 合掌ᄒᆞ야 摩耶ᄭᅴ로 (ㅅ긔로) 向ᄒᆞ야 ᄉᆞᆯᄫᆞ샤ᄃᆡ (석보상절 23:29)

위의 'ᄭᅴ로'는 공대의 속격 '-ㅅ'가 후치사 '긔'와 결합하여 격 어미로 문법화하고 다시 조격 '-로'가 붙었다. 이곳의 '-로'는 잉여적이다. 당대어의 'X에게로'와 같은 구성이다. (22)만 당대어와 공통되고 당대어에 보이는 군더더기 표현을 간결하게 표현함으로써 생기는 이중 곡용 (§7.6.5.3.(13), (14), 574쪽)은 보이지 않는다. 근대 후기의 문체 변동의 차이로 생겨난 현상으로 간주되어 왔으나[127], 최근의 연구 (김선효 2009/2016: 18-38)에 의하면 '에의'는 중세어의 처소 속격의 결합형 '-앳'에서 속격 '-ㅅ'의 기능이 약화됨으로써 생겨난 것으로 보기도 한다. 문법사의 연속성을 고려할 때 현재로서는 후자의 해석이 개연성이 있으나 앞으로 그 생멸 과정을 더 분명하게 구명할 필요가 있다.

7.6.6.2. 고대어와 방언에 나타나는 격 표지의 특징과 변화

저자는 앞 (§6.3.3.2.C, 268쪽)에서 고대어의 격 체계의 윤곽을 제시한 바 있는데 이를 바탕으로 하여 고대어의 격 어미의 기능적인 특수성을 그려내어 보기로 한다. 이 방면에 대하여는 이승재 (1992: 106-118, 1998; 42-50), 박진호 (1998가: 176-191)가 있어 이를 바탕으로 중세어와 차이나는 점을 중점적으로 서술하기로 한다.

주격, 대격, 속격, 접속격은 형태는 차이가 있지마는 기능에 있어서는 중세어와 큰 차이가 없다. 이 가운데서 주목할 것은 중세어와 같이 주격에 '은'과 '이'의 두 계열이 확인된다는 점이다 (최성규 2016: 64-70). 속격도 중세어와 같이 유정성과 무정성 및 공대성 여하에 따라 구별되는 두 종류가 있었다. 접속격은 '果'가 있어 그런 대로 확인되나 동반의 공격은 아직 그 실체가 보고되지 않았다. 부정격은 당대어만 그 실체를 둘러싸고 논의가 진행되고 있지만 고대어와 중세어에서는 아직 본격적으로 논의되어 있지 않다. 첨사가 격 어미 뒤에 놓인다는 격 표지 우선의 원칙 (한재영 1995)을 상기하면 마땅히 부정격이 설정되어야 한다. 다음 예는 고대어에서 격 어미가 실현되지 않은 예이다.

(24) 가. 州∅應天寺∅南禪院 化林寺叱 不多田地乙 (淸州牧官文書: 2-) (서종학 1995: 73)
나. 東京∅明期月良, 夜∅入伊遊行如可 (처용가 1행)
다. 復ソ乛 五道七 一切∅ 衆生刂 有七ナᄼ 復ソ乛 他方七 量ノ𠆾{可}七ソ乛 不矢刂ㅌ七 衆有七ナᄼ (구인 상 02: 01-02)

(24가)는 이두 자료에서 속격이 나타날 수 있는 환경에 부정격이 출현한 것이다. 다른 자료, 이를테면 경주 호장에 '州叱, 府叱'이 나오는 것을 보면 '∅'는 격 어미의 미실현이라고 할 수 있다. (24나)는 향찰 자료에 부정격이 출현한 것이다. '東京∅明期月良'는 속격이 보충될 수 있고 '夜∅入伊'는 주격이 보충될 수 있다. (24다)는 석독 구결에서 뽑은 것인데 '一切∅ 衆生'은 속격이 나타날

127) 심재기 (1979/1980: 334)에 의하면 의미격과 속격의 결합형은 1950년대부터 나타난다고 한다.

수 있는 자리이며 다음에 보게 되는 이중 곡용에서 격 표지가 실현되는 것을 보면 속격 기능의 부정격을 세울 수 있다[128]. 고대어는 중세어보다 자료가 제한되어 있는 데다가 해독상의 문제가 적지 않기 때문에 부정격을 세우는 것이 쉽지 않으나 우리말 전체의 격 체계를 고려하면 그냥 지나칠 수 없어 보인다. 앞으로 당대어, 근대어, 중세어, 고대어를 꿰뚫어 부정격의 정체성과 그 변화 과정을 면밀히게 추구할 필요가 있다.

위에서 거론한 이중 곡용은 석독 구결에 다음과 같은 예가 있어 고대 단계에도 이중 곡용의 존재를 어느 정도 확인할 수 있다.

(25) 二諦理乙 窮氵 一切之七 盡氵(=)7入灬刂ㄅ丨 (구인상 11, 1~2)

『구역인왕경 상』에서 비슷한 예를 추가할 수 있고 향찰에서도 '阿叱as, 惡之叱aɐis, 留叱los'이 나오고 있어 (남풍현 2014가: 204). 고대어의 이중 곡용의 존재를 확인할 수 있는 바탕이 어느 정도 잡혀 가고 있다. 그러나 여기에는 해독상의 문제가 가로놓여 있다는 것을 명심하지 않으면 안 된다.

먼저 구조격의 변화 양상을 보기로 한다. 주격은 모음 어간 아래 '-가'가 생성되었다는 형태론적 변화 (§6.3.4, 277쪽)와 주제격으로도 사용되었다는 정도의 기능적 차이점을 지적할 수 있다. 중세어의 대격에 수혜자역과 동작주역이 배당되는 현상은 당대에는 볼 수 없다. 두 종류의 속격 중 '-ㅅ'는 근대를 거치는 사이에 합성법의 형성에만 그 자취가 남아 있고 구 구성에서는 시대가 하강할수록 점점 쇠락의 길을 걸어 왔다 (권용경 2014). 그러나 '다욠 업시'와 같은 독립적 동명사형에 나타나는 '-ㅅ'은 석독 구결 자료와 관련하여 그 정체를 밝히는 문제가 가로놓여 있다. 저자는 중세어와 고대어에 걸쳐 당대어와 같이 부정격을 세우기는 하였으나 이 문제는 많은 자료를 바탕으로 하여 검증되어야 한다.

의미격은 중세어와 당대어 사이에 차이 나는 점이 적지 않다. 특히 처격과 속격의 관계를 우선 들 수 있다. 중세어의 처격에는 보편적인 '-애, -에, -예' 밖에 속격과 형태가 같은 '-ᄋᆡ'가 있어 이를 "特異處格" (이숭녕 1980, 1961/1981: 193) 이라 부르기도 한다. 특이 처격이라고 함은 처격 '-ᄋᆡ ~ 의'가 특수한 명사에 붙는다는 것을 의미하며 이는 그 제약 조건이 어휘적임을 뜻한다. 그러나 후세로 내려올수록 속격 '-ᄋᆡ'가 보편적인 처격 형태를 잠식하는 경향이 우세하여 양자를 묶어 "처속격"이라는 통합 범주를 세워야 한다는 논의까지 일고 있다 (이남순 1995/1998나: 197-218). 실제로 처소의 의미는 '-에'에 있다기보다는 그것이 통합되는 명사구에 있다는 견해 (왕문용 1991)를 참작할 때, 처속격이라는 통합 범주의 설정은 매우 타당해 보인다. 그렇게 보면 현행 표준말에서 두 범주를 분리하여 '의'와 '-에'로 형태를 달리하는 것은 재고의 여지가 많아 보인다. 당대의 여격의 후치사 '-에게'의 '-에'는 처격으로 인식되고 있지만 역사적으로는 속격 '-ᄋᆡ ~ -의'에 기원을 두고 있다는 것을 기억할 필요가 있다. 저자는 앞 (§6.3.3.2, 270쪽)의 (44)에서 동남 방언의 대명사

---

128) 황국정 (2004)에서는 15세기의『석보상절』과 함께 석독 구결에 나타나는 격 어미의 생략을 조사한 바 있는데『석보상절』과는 달리 주격이 대격보다 생략의 빈도가 높다고 보고하였다.『석보상절』과 석독 구결 자료에는 상담 세계인 대화와 서사 세계인 지문이 섞여 있는데 위의 통계에는 그런 면이 고려되지 않았다는 것을 지적하여 두는 바이다.

의 곡용형의 대격 자리에 조격 '-로'가 나타난다는 점을 지적한 바 있는데, 이 현상은 특히 북부 동남 방언의 경주 지역어에 폭 넓게 나타나고 향찰과 음독 구결 자료에도 확인되고 있어 고대어 단계에는 조격형 '-로'와 대격형 '-를'이 같은 형태소의 이형태가 아니겠는가 하는 추론을 이끌어 내기도 한다 (황국정 2011, 2012). 이렇게 고대의 향찰과 석독 구결 및 중세어 자료를 유기적으로 관련시키고 방언 자료의 뒷받침을 받으면 지금까지 미궁 속에 묻혀 있던 우리말 문법의 역사가 더 밝게 드러나리라 믿는다.

앞에서 저자는 개별 방언의 격 어미의 어휘적 교체 양상을 검토한 바 있는데 (§6.3.3.2.D, 269쪽), 이제는 이를 바탕으로 하여 그 기능적 특수성을 밝혀야 할 차례다. 현재는 이기갑 (2003: 29-115)를 그 개략을 짐작할 수 있고 앞에서 본 황국정 (2011, 2012)에서 조격 '-로'를 중심으로 동남 방언의 기능상의 특수성이 부분적으로 지적된 바 있다. 물론 공통어나 역사적 자료와의 관련성을 추구하는 것도 중요하지만 개별 지역어의 격 어미의 공시적 기술이 우선해야 한다. 이를테면 고재환 (2011/2013가: 135-158)과 같이 제주 방언의 격 어미에 대한 집중적인 분석은 하나의 모범적 사례가 될 수 있다.

7.6.6.3. 격 어미류와 후치사의 유형론

이곳에서는 격 어미류와 후치사의 기능을 휘갑하는 뜻에서 우리말의 격 어미와 후치사를 유형론의 관점에서 조명하여 보기로 한다[129]. 저자가 2016년 6월 20일에 보낸 일본어, 중국어, 만주·퉁구스어. 몽골어, 터키어의 격 어미에 대한 설문지를 중심으로 행해진다[130].

당대어는 물론 중세어와 고대어는 대격 언어에 속하는 것으로 알려져 있다. 그러나 그 중에는 능격 구문이 심심찮게 확인되고 있어 우리말을 일률적으로 대격 언어로 처리할 수 없으며 고대 이전의 단계에는 우리말도 능격 언어였을 가능성이 탐색되고 있다 (고영근 2015나, 2018가: 310-332). 앞에서 언급한 명사 형태부의 유형론과 중복되지 않는 범위 안에서 우리말 격 어미의 형태통사적 유형론을 조명하여 보기로 한다.

구조격은 고대로부터 당대에 이르기까지 그 나름의 격 표지가 확립되어 있었다. 주격은 알타이 제어와 달리 정격으로 실현된다. 이 점 일본어와 공통된다. 알타이 제어는 우랄어와 함께 주격이 부정격 '∅'로 실현된다 (람스테트 1952/아알토 (Bearb) (Hrsg)/김동소역 1985: 29-58). 우리말은 격 어미가 붙지 않아도 격을 표시할 수 있다. 이를 저자는 부정격이라 하여 구조격의 하나로 처리한 바 있다 (§6.3.4, 278쪽). 일본어나 알타이 제어에서도 대상을 부정확하게 가리킬 때 부정격 ∅가 사용된다는 보고가 있다 (안병희 1966). 저자는 전통 문법의 접속 조사를 격 어미의 하나로 보아 부정 접속격을 세운 바 있다 (§6.3.4, 277쪽). 당대어에는 주격 어미에 '-께서'와 같은 공대 주격

129) 격 표지 및 부치사의 통언어적 유형론 및 지역적·통시적 변이 및 변화 양상에 대하여는 말추코프·스펜서 eds. (2009: part V-VII), 아제쥬 (2010)에서 많은 정보를 얻을 수 있다.

130) 설문지 회신에 응답해 사람은 가와사키 교수 (일본어)와 그 부인 석혜매 여사 (중국어), 김동소 교수 (만주문어), 칼리나 여사 (어웡키어), 몽골 문어 (유원수 교수), 몽골 구어 (을지바트 교수), 터키어 (이용성 교수)와 같다.

후치사가 보이고 인수 표시의 주격 후치사 '서'가 확인된다.

의미격은 처격, 조격, 공격의 순서로 특수성을 보기로 한다. 당대어의 처격은 '-에'와 여기에 후치사 '서'가 붙은 '-에서'를 들 수 있는데 알타이 제어는 표시 방법이 조금씩 다르다. 우리말의 낙착점 처격 '-에'는 일본어에서는 처격 '-ni' (に)에, 만주 문어에서는 '-de'에, 어웡키어에서는 '-du'에 대응한다. 몽골 구어에서는 속격 '-n'을 지배하는 후치사 'deer'에, 튀르크어에서는 속·처격을 지배하는 '-de'에 대응한다. 우리말의 지향점 처격을 표시하는 '-에'는 일본어에서는 '-ni'에 대응하는데 앞의 낙착점 처격과 같다. 만주 문어와 어웡키어도 낙착점 처격과 같이 '-de, -du'가 대응한다. 몽골 문어는 처·여격 어미 '-dur'가 붙고 터키어에서는 여·처격 어미 '-a, -e, -ya, -ye'가 붙는다. 우리말의 정처의 처격 어미 '-에서'는 일본어에서는 '-de' (で)에 대응하고 만주 문어와 어웡키어에서는 여·처격 '-de, -du'로 표시된다. 몽골 구어에서는 속격을 지배하는 후치사 '-deer'가 대응되고 터키어에서는 속·처격의 '-da, -de, -de, -ta, -te'로 표현된다. 우리말의 출발점 처격, 곧 탈격의 '-에서'는 일본에서는 '-kara' (から)에, 만주 문어에서는 '-ci'에, 어웡키어에서는 'duləxi'에, 몽골 구어에서는 탈격의 '-eče'에, 터키어에서는 탈격의 '-dan, -den, -tan, -ten'에 각각 대응된다. 이상의 사실을 참작하면 우리말의 낙착점, 지향점, 정처의 처격은 알타이 제어와 비교하면 범위가 매우 넓다는 것을 알 수 있다. 특히 단체의 주격은 15세기에서는 처격에 후치사 '서'가 붙어 형성된 것인데 이런 일은 다른 알타이어에서는 볼 수 없는 현상이다.

다음은 조격에 결부되어 있는 자격의 대응 문제를 보기로 한다. 우리말의 '가위로 종이를 자르다'와 같은 예에 나타나는 '-(으)로'는 일본어에서는 '-de'로 대응한다. 앞에서 우리는 일본어의 '-de'에 정처의 처격 기능이 결부되어 있음을 보았다. 만주 문어에서는 '-i'로, 어웡키에서는 '-ji'로, 몽골어에서는 문어는 '-bar'로, 구어에서는 '-aar'로 대응되고 터키어에서는 후치사 'ile'와 이것이 앞의 말에 붙은 '-la, -le. -yla, yle'로 대응한다. 우리말의 '-(으)로'는 경로나 방향을 표시하기도 하고 후치사 '서'가 붙어 자격을 표시하기도 하여 그 기능이 매우 복잡하였다. 그 중 자격의 '-(으)로'를 보면 일본어에서는 '-to site'가 대응되어 대당되는 격 어미가 없다는 것을 알 수 있고 만주 문어에서는 'serengge'라는 표현이 대응하고 몽골 구어에서는 속격을 지배하는 '-(a)ar'에 대응하고 터키어에서 동사 X이 되다'를 의미하는 동사 'ol-'에 부동사 어미 'arak'이 붙은 'olarak'이 대응한다. 조격으로 대표되는 우리말의 다양한 기능의 '-(으)로'는 다른 알타이어와 대응 양상이 단순치 않다는 것을 알 수 있다. 알타이 제어의 조격 어미에 대한 철저한 분석이 요망된다.

의미격 가운데서 유형론적으로 관심의 대상이 되는 주제는 공격이다. 언어에 따라서는 공격이 접속격과 같은 경우도 있고 다른 경우도 있다[131]. 다음 예를 보기로 한다.

(26) 가. <u>책</u>**과** 연필을 가져오너라.

나. ① 영이는 <u>철수</u>**와** 같이 극장에 갔다.

---

131) 공격이 접속격과 같은 언어를 "WITH LANGUAGE", 다른 언어를 "AND LANGUAGE"라 부른다 (스타센 2000). 전자의 대표적인 언어는 우리말과 일본어가 포함될 수 있고 후자의 대표적인 언어는 영어 등의 인도 유럽어가 포함될 수 있다 (뒤에 나옴).

② 철수는 어머니**와** 많이 닮았다.
③ 이것은 저것**과** 같다/다르다.

(26)은 우리말에서 공격이 접속격과 같은 형태로 실현됨을 보이는 예이다. (26가)는 명사구를 병렬할 때에는 접속격 어미에 의존함을 보이는 예이다. 우리말의 명사구 병렬에는 후치사적인 '하고, 에다, (이)랑' 등을 더 들 수 있다. 그런데 접속격 '-과'는 공격으로도 쓰인다. (26나)가 그것이다. 앞에서 본 바와 같이, 공격은 미세한 기능상의 차이가 인식된다. ①은 전형적인 동반의 공격이다. 이런 경우 '영이와 철수가 같이 극장에 갔다'로 바꿀 수 있어 두 경우의 '-과'를 동일시할 수도 있으나 여기서는 그 기능이 다른 것으로 보기로 한다. ②와 ③은 앞에서 본 바와 같이 동등 비교의 기능이 파악된다. 그것은 어쨌든 우리말의 접속격은 동반과 비교의 공격과 형태가 같으므로 "동반 언어 (WITH language)" 유형에 속한다고 말할 수 있다. 이에 대하여 영어 등의 인도·유럽어는 사정이 다르다. 이러한 유형의 언어는 "접속 언어" (AND language)에 속한다 (스타쎈 2000). 그러면 알타이 제어와 중국어 등에는 접속과 동반 및 비교가 어떻게 표시되는가 하는 문제를 논의하여 보기로 한다.

우선 일본어는 우리말과 같이 동반 언어에 속한다고 규정할 수 있다.

(27) 가. 本と鉛筆を持って来い。
hoN - **to** eNpitu - o moQ - te koi
book and pencil acc bring conv come
나. ① ヨンイは チョルスと一緒に劇場に行った。
yoNi-wa tyorusu-**to** iQsyo-ni gekizyoR-ni iQ-ta
top with together theater to go past

(27가)는 우리말의 (26가)와 같이 명사구 접속에는 접속격 '-to'가 쓰임을 보이는 예이다. (27나)는 동반과 비교의 공격이 우리말과 같은 방식으로 표현됨을 보이는 예이다. 이런 점에서 일본어는 우리말과 함께 동반 언어에 속한다고 말할 수 있다. 동등 비교의 경우에도 우리말과 같이 '-to'를 취한다.

(27) 나. ② チョルスは 母親 と とても 似て いる。
tyorusu-wa hahaoya-**to** totemo ni-te i-ru
mother with much conv exists
③ これ は あれ と 同じだ。
kore-wa are - **to** onaji-da
this top that same-dekl

(27나)②는 동반의 공격이 접속격과 같이 'to'를 취함을 보이는 예이다. 이런 경우 일본어는 'hayaoya-**ni**' (모친에)와 같이 처격을 취하기도 한다.

중국어는 우리말이나 일본어와 같은 점도 있고 다른 점도 있다. 다음 예는 우리말의 (26가, 나)를 중국어로 옮긴 것이다.

(28) 가. 把　書　和　鉛筆　拿　過來。
acc book and pencil take come-over
나. ① 영이　和　철수　一起　去　劇院　了。
Yeong'i and Cheolsu together go theater perfect
② 철수　和　媽媽　長　得　很　像。
Cheolsu with mother grow comp very similar
③ 這個　和　那個　一樣。
his with that same

(28가)는 명사구의 접속에는 'and'를 의미하는 '和'가 쓰이는 예이다. (28나)는 같은 '和'가 'and'와 'with'에 대응함을 보이는 예이다. ①은 '和'가 접속과 동반의 두 기능을 띠었음을 보이는 예이다. 우리말에도 '영이와 철수가 같이 극장에 갔다'와 '영이가 철수와 같이 극장에 갔다'의 두 가지 표현이 가능하다. ②의 '和'에는 동등 비교의 의미가 파악된다. ③의 '和'에도 같은 기능이 파악된다.

일본어와 중국어와의 유형적 비교에 이어 알타이 제어 등과 비교를 시도하여 보기로 한다. 퉁구스어파에 속하는 만주 문어는 접속격은 ∅으로 실현되고 동반과 동등 비교격은 'i'로 표시된다. 어웡키어는 접속격은 'ɔɔcc'로, 동반격은 '-ji'로, 비교격은 '-wi, -ji'로 표시된다. 크게 보아 접속격과 동반 및 비교의 공격이 다른 유형에 속하지 않나 한다. 몽골 문어는 접속격은 '-ba'로, 동반과 비교의 공격은 '-lüge'로 표시된다. 동등 비교의 공격이라도 '다르다'를 의미하는 어휘가 오면 탈격 '-eče가 선택된다. 중세어의 'ᄀᆞᆮ (다)'와 '다ᄅᆞ (다)'의 격 지배 규칙이 다른 것과 비교의 대상이 된다. 몽골 구어에서는 접속격은 '∅'로, 동반의 공격은 '-tai'로, 비교의 공격은 '-tei'로 실현된다. '다르다'를 의미하는 동사가 오면 문어와 같이 '-ees'라는 탈격이 선택된다. 터키어도 간단치 않다. 접속격은 후치사 'ile'와 그것이 앞의 말에 붙은 형태인 '-la, -le, -yla, -yle'인데 동반의 공격은 '-ile'로 표시된다. 뒤에 '닮다'라는 의미의 동사가 올 때에는 여격 '-a, -e, ya, -yle'가, '같다'라는 의미의 동사가 오면 접속격에 쓰이는 후치사 'ile'와 이것이 앞말에 붙은 형태인 '-la. -le, -yla, -yle'가 선택되고 '다르다'라는 의미의 동사가 오면 탈격의 '-dan, -den, -tan, -ten'이 선택된다. 헝가리어의 접속사 'é'는 특정한 격을 지배하지 않는다. 주격이나 여격을 연결할 수도 있고 부사어, 곧 한정어나 서술어 또는 문장을 연결할 수도 있다. 'and'를 의미하는 'és'라는 접속사가 쓰인다. 동반의 공격에는 '-val'이 붙는다. 비교의 공격은 뒤에 오는 동사에 따라 실현 양상이 다르다. '닮다'를 의미하는 동사가 올 때에는 'hoz'를 취하고 '같다'와 '다르다'를 뜻하는 동사가 올 때에는 '-zal'과 '-tól/től'이 선택되기는 하나 이들은 격으로 보지 않는다.

끝으로 특수격과 독립격의 유형론을 논의하여 보기로 한다. 앞에서 저자는 특수격에 주제격과, 후치사적인 대제격을 둔 바 있다. 주제격은 우리말이 주제 중심의, 곧 주제가 두드러진 언어라는 사실이 알려지면서 종전에 주격 어미의 하나로 처리되어 왔던 '-는'에 대한 관심이 증대되어 '-는'의 기능을 다른 언어와 비교하는 업적이 많이 나왔다. 대표적으로 손호민 (1980/1986: 176-198)에서는 Li and Thomson의 "Subject and Topic" (1976)에 근거하여 우리말을 주제 중심의 언어로 규정하였으며 Ogawa는 말추코프 · 스펜서 (eds.) (2009: 779-788)에서 주제 중심 언어의 통언어적 유형론을 전개한 바 있다. 이 문제는 통보화용부에서 종합적으로 논의될 것이다 (뒤에 나옴). 그런데 정연찬 (1984)에서 부각된 대제격을 유형론적으로 접근하는 문제는 아직도 본격적으로 논의되지 않고 있다. 독립격인 호격은 그 나름의 특수성이 밝혀지고 있으므로 (유동석 1995: 275-289), 이에 대한 유형론적 조명이 요청된다 (말추코프 · 스펜서 eds (2009: 626-634). 대부분의 언어에 호격은 주격과 형태가 같아서 별개의 명칭을 붙이지 않는데 (예스퍼슨 1924/이환묵 · 이석무 1987: 237), 우리말은 전 시대와 전 지역에 걸쳐 호격형이 실현된다. 알타이어 가운데서 호격이 가시적으로 확인되는 언어는 우리말과 몽골어뿐이다. 몽골 구어인 할흐 방언에는 평대 명사에는 'Chulsu-**(u)u**' ('철수야')와 같이 '-(u)u'와 같은 호격 어미가 붙고 공대 명사에는 'bagsh-**aa**' ('선생님')와 같이 호격 어미 '-aa'가 붙는다. 중세어의 '부텨하'와 같이 절대자에게 붙이는 공대 호격은 따로 존재하지 않고 호격의 대상이 되는 명사의 강세 모음이 장모음 형태로 복사되거나 'minu'와 같이 제1인칭 속격 어미 '-minu'를 붙여 호격의 효과를 나타낸다고 한다 (유원수 교수의 회신). 그러나 다른 언어로 시야를 돌리면 명사의 앞이든지 뒤에 첨사를 붙여 호격을 표시하는 일이 더러 보인다 (말추코프 · 스펜서 eds 2009: 630). 우리말의 호격도 알타이어를 벗어나서 지구상의 전 언어로 시야를 들리면 뜻밖의 소득을 얻을 수 있다.

앞에서 우리는 우리말의 전 시대에 걸쳐 격 어미가 중첩되는 이중 곡용이 존재함을 확인한 바 있다. 이곳에서는 우리말의 이중 곡용을 통언어적으로 조명함으로써 우리말 격 체계의 특수성을 논의해 보려고 한다.

현재까지 알려진 바로는 알타이어 중 이중 곡용이 확인되는 언어는 몽골어와 퉁구스어파의 어웡키어 정도이다, 몽골 구어인 할흐 방언에서는 공격 뒤에 속격, 여격, 대격, 탈격, 조격이 붙어 이중 곡용을 보여 준다. 이를테면 'axa-**tai-g**'는 'der mit dem älteren Bruder ist' oder einen zusammen mit dem älteren Bruder' (형과 함께 -를) (포페 1951: 68)는 공격 '-tai'와 대격 '-g'이 결합하여 이중 곡용을 일으키는 것으로 중세어의 의미격과 의미격의 이중 곡용 (§7.6.6.1.(22-1), 586쪽)과 흡사하여 보인다[132]. 접속격도 공격의 일종으로 보는 관점을 취하면 중세어의 이중 곡용은 몽골어와 완전히 일치한다. 플랑크 (ed.) (1995)를 보면 퉁구스어의 한 분파인 어웡키어에도 이중 곡용이 확인되며 어족을 뛰어넘어 지구상의 많은 언어에 이중 곡용이 존재한다는 것이 밝혀져 있다. 우리말의 당대에 보이는 격 어미 상호 간의 결합을 비롯하여 중세 및 고대에 폭 넓게 분포되어 있는 이중 격 내지 이중 곡용에 대한 관심을 증대시킬 필요가 있어 보인다. 이중 곡용 문제를 다룰 때에는 격 어미와 첨사를 분리하여 다루지 않으면 안 된다. 당대어는 이를테면 단독의 첨사 '만'은 격 어미 뒤에도 분포하나 이는 중세어 의존 명사였던 '만'이 당대에 와서 첨사로 기능 전환을 한 데 말미암는다 (§6.5.3.2, 304쪽). 격 어미와 첨사의 중첩 문제는 통보화용부에서 종합적으로 다루기로 한다.

저자는 저 앞에서 우리말의 품사 가운데 형식사를 세워 그 가운데 후치사를 세운 바 있으며 (§4.2), 알타이 제어와 마찬가지로 명사적, 동사적, 부사적 후치사를 둔 바 있다 (§6.5.2, 296-300쪽).

---

132) 몽골어의 이중 곡용은 문어 몽골어에도 확인된다 (포페 1954/유원수 역 1992: 141-144).

그 사이 우리말 연구에서는 역사 문법가 가운데서 후치사의 설정을 강도 높게 주장하는 일이 없지 않았으나 일본 문법을 모형으로 삼은 학교 문법에서 이를 소극화시키는 통에 후치사는 설 자리를 잃게 되어 일부는 조사에, 일부는 명사에, 일부는 동사에 편입되었다. 그러나 최근 들어 언어 유형론이 제 자리를 잡기 시작하고 특히 전치사와 후치사를 아우르는 "부치사" (Adposition)에 대한 관심이 증대되면서 유동 범주인 후치사를 유형론적으로 조명하는 기운이 아제쥬 (2010)의 출현을 계기로 하여 증대되고 있다. 특히 아제쥬는 대부분의 언어의 부치사는 동사나 명사에서 유래하며 많은 언어는 부치사와 격 접사를 공유하고 있다고 하였다. 특히 우리말에서는 이성하 (1996/1997, 1998)가 나옴으로써 유동 범주로서의 후치사가 올바른 자리를 차지할 수 있는 이론적 기반을 조성하였다.

우리말의 후치사는 대부분 실사에서 유래하여 후치사로 정착되는가 하면 경우에 따라서는 격 어미로 변질되기도 하였다. 근대 이후에 탄생된 주격 상당의 공대의 '께서'는 동사 '겨시다'의 부동사형이 굳어져서 후치사로 발달하였으며 현재는 격 어미의 영역에 육박하여 있음을 알 수 있다. 인수를 표시하는 '셔'는 이미 15세기부터 후치사로 굳어지고 있었다. 여격 상당의 후치사 '-더러, -보고, -써, -부터'는 동사의 활용형이 굳어져서 후치사로 자리를 잡았으며 사람에 따라서는 격 어미로 보기도 한다. '그에, 긔'와 같은 후치사는 근대를 거치는 사이에 속격 어미와 통합되어 격 어미에 거의 육박하는 기능적 변화를 입었다. 이상의 사실을 고려하면 우리말의 후치사는 고대에서부터 당대에 이르기까지 실사에서 허사, 곧 문법화의 과정을 거쳐 왔음을 알 수 있다. 이렇게 보면 우리말의 후치사는 부치사가 유동 범주라는 통언어적 사실에 부응하는 문법 범주임을 확인할 수 있다.

지구상의 여러 언어를 비교하여 보면 시간이 흐를수록 격이 늘어나기도 하고 줄어들기도 하는가 하면 고정되어 있는 언어도 있다 (말추코프 · 스펜서 eds., 2009: 455). 앞에서 본 바와 같이, 우리말은 시대가 하강할수록 격이 늘어나는 경향을 보인다. 물론 공대의 속격처럼 소멸된 것도 없지 않으나 문법화에 의하여 실사에서 후치사가 꾸준히 생성되고 마침내는 격 접미사로 변화하는 경향을 보이기 때문이다. 격이 증가하는 증거로는 중세어에서는 볼 수 없었던 이중 곡용이 당대에서 생겨 나는 현상을 들 수 있다.

VIII. 통사부

VIII. 통사부

8.1. 통사부와 통사 단위

지금까지 저자는 우리말 문법의 기본 부문 가운데서 먼저 음성 자소부와 품사부를 세우고 문법 서술에 필요한 핵, 논항, 결합가, 대용 등의 몇 가지 기초 개념을 도입한 다음, 형태부, 단어 형성부, 형태통사부에 걸쳐 우리말의 총체적 모습을 부각시켜 보았다. 그러면서 제2장에서 도입한 형성소와 구성소의 개념을 적절히 활용하여 보기도 하였다. 형태부 중의 굴절 형태부인 동사 활용과 명사 곡용에서는 형성소의 개념을 활용함으로써 교체 양상을 투명하게 파악하는 길을 열어 보았으며 단어 형성부에서도 형성소와 구성소의 개념을 적절히 활용함으로써 단어 형성의 한계를 어느 정도 분명히 하였다. 그리고 형태통사부에서는 형성소와 구성소에 의하여 표시되는 문법 범주의 세계를 드러내어 보았다.

이제 문장의 세계를 들여다보기로 한다. 문장의 기본 단위는 문장 형성소이다. 이는 명사와 동사의 어간은 물론, 활용 어미와 곡용 어미도 문장 형성에 참여한다는 뜻이다. 앞 (§5.3)에서 언급한 바와 같이, 우리말 문장은 동사를 중심으로 보족어가 붙고 여기에 부가어가 붙어 문장이 길어진다.

(1) 가. ① 간다.
　　　② 먹는다.
　나. 따뜻하다.
　다. 책이다.

위의 (1)은 동사, 곧 동작 동사, 상태 동사, 계사로 형성된 문장이다. 물론 구어에는 수행 어조 (더러 수행 억양)가 수반되고 문어$_1$에는 위와 같이 마침표가 문장 성립의 절대적 조건이 된다. 이들 가운데서 (1가)①은 자동 동작 동사 어간 '가-'와 어미 '-ㄴ다'라는 두 형성소가 모여서 서술어가 되어 있고 ②는 타동 동작 동사 '먹-'과 어미 '-는다'라는 두 형성소가 모여 서술어가 되어 있다. (나)는 상태 동사 어간 '따뜻하-'와 어미 '-다'라는 두 형성소가 모여 서술어가 되어 있다. (다)는 계사 어간 '-이'와 어미 '-다'가 역시 형성소가 되어 보족어 '책'에 붙어 있다.

그런데 위의 (1)은 상황에 따라 주격, 대격 보족어를 취할 수 있다.

(1) 가. ①' (X) 간다.
　　　②' (X, Y) 먹는다.
　나'. (X) 따뜻하다.

다'. (X) 책이다.

(1가)①'은 '간다'가 자동 동작 동사이기 때문에 '영수'와 같은 하나의 주격 보족어 'X'를 취하고 ②'는 '먹는다'가 타동 동작 동사이기 때문에 '철수'와 같은 동작주 'X'는 물론, 밥'과 같은 대상 'Y'를 생각할 수 있다. (나')의 'X' 자리에는 '날씨'와 같은 대상을 생각할 수 있으며 (다')에서는 '그것'과 같은 보족어를 생각할 수 있다.

이미 앞 (§5.4)에서 언급한 바와 같이, 주시경 (1910: 52)에서는 밖으로 드러나지 않은 성분을 "속뜻"으로 있다고 하여 "ㅅ"으로 표시하였다. 드러나지 않은 대격 보족어와 주격 보족어는 상황에 따라 '떡, 과자' 등 먹음의 대상이 되는 명사도 올 수 있고 '철수, 영이' 등 유정 명사도 올 수 있다. 이를 다음과 같이 생각할 수 있다.

(2) 가. ① 영수가 간다.
② (철수가) (떡을) 먹는다.
나. 날씨가 따뜻하다.
다. 그것이 책이다.

이렇게 한 문장은 동사만으로 성립될 수도 있고 거기에 보족어가 붙어 길어질 수도 있다 (§5.3).

하나의 표현이 문장으로서 자족성을 갖추려면 아무리 적어도 (1)과 같이 동사 서술어는 갖추어야 한다. 앞에서 본 바와 같이, 각 동사 서술어는 그 나름의 통사적 기능을 발휘한다. 동사의 활용어미 가운데서 어떤 것은 명사, 관형사, 동사, 부사와 같은 기능을 표시하는 일이 있다. 편의상 관련 단위만 괄호로 표시한다.

(3) 가. [$_{cl}$($_{cf}$달이 밝)$_{cf}$**기**]$_{cl}$가 대낮과 같다.
나. ① [$_{cl}$($_{cf}$향기가 좋)$_{cf}$ **은**]$_{cl}$ 꽃이 많이 피었다.
② 너는 [$_{cl}$($_{cf}$철수가 결석하)$_{cf}$ ㄴ]$_{cl}$ 사실을 몰랐느냐.
다. [$_{S}${$_{cl}$토끼는 ($_{cf}$앞발이 짧)$_{cf}$다$_{1}$}$_{cl}$다$_{2}$]$_{S}$.
라. ① [$_{cl}$($_{cf}$배 없)$_{cf}$**이**]$_{cl}$ 건너기가 쉽지 않다.
② 철수가 [($_{cf}$목이 쉬)$_{cf}$게]$_{cl}$ 외쳤다.
마. ① [$_{S}${$_{cl}$($_{cf}$인생은 짧)$_{cf}$고}$_{cl}$ ($_{cf}$예술은 길)$_{cf}$다$_{1}$}$_{cl}$다$_{2}$]$_{S}$.
② [$_{S}${($_{cf}$봄이 오)$_{cf}$니}$_{cl}$ {($_{cf}$꽃이 피)$_{cf}$ ㄴ다$_{1}$}$_{cl}$다$_{2}$]$_{S}$.
바. ① [{$_{cl}$($_{cf}$입을 다물>다무)$_{cf}$ㄴ채]$_{cl}$ 말하지 말아라.
② [$_{cl}$($_{cf}$내가 안 가)$_{cf}$ 는 대신]$_{cl}$ 아들을 보내]었소.
사. ① 아버지는 [$_{NP}$("철수야 빨리 다녀오너라")$_{S}$]$_{NP}$라고 말씀하]였다.
② 아버지는 [$_{NP}$(철수에게 빨리 다녀오)$_{cf}$라]$_{NP}$고 말씀하]였다.
③ 수임은 마음 속으로 [$_{ADVP}$($_{NP}$다행이라$_{NP}$)$_{ADV}$]고 성호를 그었다.

(3)은 앞 (§2.4.(6나), 33쪽)에서 그 윤곽을 보인 바와 같이, 형성소 연쇄체가 보문자에 의하여 절

로 바뀌는 예이다 (§2.4). 'cf' (chain of formatives)가 그것을 가리킨다. 여기서 '절'이라고 함은 전통 문법에서 흔히 "마디"로 불리던 문법 단위와 비슷한데 형성소 연쇄체가 보문자에 기대어 문장의 성분으로 실현되는 것을 가리킨다. 통사부의 직접적 단위는 형성소이지만 경우에 따라서는 형성소 연쇄체가 보문자에 기대어 여러 가지 절로 변모하기도 한다[1].

(3가)의 '달이 밝-'은 형성소 연쇄체로서 보문자인 독립적 동명사형 어미 '-기'의 도움을 받아 명사절의 기능을 발휘하고 있다. 'cl' (clause)이 그것을 가리킨다. (3나)①의 '향기가 좋-'은 형성소 연쇄체로서 수식적 동명사형 어미 '-(으)ㄴ'의 도움을 받아 후행하는 명사구 '꽃'을 수식하고 있다. 이러한 절을 "수식절"이라고 하며 그 가운데서도 "관계 수식절" (뒤에 나옴)이라고 한다. ②는 '인수가 결석하-'라는 형성소 연쇄체가 보문자인 수식적 동명사 어미에 기대어 후행하는 보문 명사 '사실'을 꾸며 주고 있다. 이 역시 수식절이기는 하나 앞의 관계절과 구분하여 "보족절" 또는 "동격절" (뒤에 나옴)이라고 한다. (3다)의 형성소 연쇄체 '앞발이 짧-'은 이미 보문자 '-다$_1$'에 의하여 상태 동사절이 되어 있으며 '토끼는 앞발이 짧-'은 정동사 어미 '-다$_2$'에 의하여 자족적인 주제문으로 성립되어 있다 (§2.4.3, 31쪽). '-다'는 아래 첨자 1, 2로 구별하였지만 현실적으로는 두 형태가 같기 때문에 문장으로 실현될 때에는 단일화된다 (§2.4.3.(6나), 33쪽). 그러니까 '-다'는 '-다$_1$'로 표시한 바와 같이, 한편으로는 동사절의 표지가 된다는 뜻이고 다른 한편으로는, '-다$_2$'로 표시된 바와 같이, 문장 전체를 마무리하는 정동사의 역할을 한다는 뜻이다. (3라)①의 형성소 연쇄체 '배 없-'는 접미사 '-이'에 의하여 부동사로 전환하여 뒤의 독립적 동명사형 '건너기'를 한정하여 준다. ②는 부동사형 어미 '-게'가 '목이 쉬-'라는 형성소 연쇄체에 붙어 한정어가 되게 한다 (홍용철 2006: 1410). 앞의 명사절, 수식절, 동사절과 이곳의 한정절을 합하여 "성분절" (정인승 1949: 90)이라 부르기도 한다.

(3마)①은 '인생은 짧-'이라는 형성소 연쇄체가 접속소 '-고'에 의하여 선행절이 되고 '예술은 길-'이라는 두 형성소 연쇄체가 보문자 '-다$_1$'에 의하여 후행절이 된 다음, 정동사 어미 '-다$_2$'에 의하여 자족적인 한 문장으로 종결되어 있다. 앞 (§2.4.3)에서 저자는 형성소 연쇄체가 온전한 단위가 되려면 원칙적으로 보문자가 붙어야 한다고 하였는데 앞의 ①은 연쇄체만으로 절의 기능을 발휘하고 있다. ②는 선행절이 후행절을 한정하는 관계로 접속되어 있다. 선행절을 "하위절", 후행절을 "상위절"이라고 부르기로 한다. 먼저 '봄이 오-'라는 형성소 연쇄체는 부동사 어미 '-니'에 의하여 하위절이 되고 '꽃이 피-'라는 형성소 연쇄체는 보문자 '-ㄴ다$_1$'에 의하여 상위절이 되며 마지막으로 정동사 어미 '-ㄴ다$_2$'에 의하여 자족적 문장으로 성립한다. (3바)는 종전의 문법에서 주목되지 않았던 구성이다. 앞 (§6.3.1.1, 201-202쪽)에서 저자는 부사성 의존 명사와 기능 명사를 도입한 일이 있다. ①은 부사성 의존 명사에 의하여 형성되는 절인데 이를 "한정성 의존 명사절"이라 부르기로 한다. 먼저 '입을 다물-'이라는 형성소 연쇄체는 의존 명사 구성체 '-ㄴ 채'에 기대어 한정절이 된다. ②는 기능 명사에 의하여 형성되는 절인데 이를 "한정성 기능 명사절"이라 부르기로 한다. '내가 안 가-'라는 형성소 연쇄체에 '-는 대신'이라는 기능 명사 구성체에 의하여 한정절이 되어 있

1) 최근 절을 포함한 문법 단위에 대한 집중적 검토가 이선웅 · 이은섭 (2013), 장요한 (2007), 유현경 밖에 (2015)에서 이루어졌다. 본서는 이러한 업적을 참조하면서 저자 나름의 생각을 펼쳐 보기로 한다.

다. 위의 예는 앞의 성분절과 기능은 같으나 의존 명사와 기능 명사와의 통합에 의하여 성분절이 된다는 차이점이 있다. (3사)는 인용문이다. ①은 직접 인용이고 ②는 간접 인용이다. 피인용절을 한정절로 볼 수도 있고 명사절로도 볼 수 있다. 저자는 일단 피인용절을 중세어와 보조를 맞추어 명사절로 보는 태도를 취하기로 한다. 그러나 인용절 가운데는 부사적, 곧 한정어의 기능을 표시하는 일이 보편화되어 가고 있다. ③은 ①, ②와 같은 인용문의 성격을 띤 것이 아니다. '이렇게'로 대치될 수 있는 한정어, 곧 부사어의 역할을 한다[2]. 전자가 "참된 인용문"이라면 후자는 "거짓 인용문"이라고 말할 수 있다. 형태만 인용문의 탈을 썼지 내용은 단순한 한정어의 기능을 띠고 있기 때문이다. 앞으로 통사 구조의 설명에 있어 "참"과 "거짓"이라는 수식어를 많이 쓰게 될 것이다.

문장 형성소에는 구도 포함될 수 있다. 이곳의 "구" (句) 란 전통 문법에서 "이은말"이라 불려오던 것과 일치하기도 하는데 둘 또는 그 이상의 형성소가 모여 더 큰 형성소 역할을 하는 상당소이다[3].

(4) 가. (그리 빨리)adv 걷는 이유가 무엇이냐?
나. (저 새)adj 차를 잘 살펴보아라.
다. (너무 빨리)adv 걷지 말아라.

(4)는 같은 품사가 합쳐서 형성소 노릇을 하는 예이다. (4가)는 지시 부사와 성상 부사가 합쳐서 더 큰 형성소인 부사가 되었고 (4나)는 지시 관형사와 성상 관형사가 합쳐서 더 큰 형성소 '저 새'가 되었으며 (4다)는 양태 부사와 성상 부사가 합쳐서 더 큰 형성소인 부사가 되었다.

한편 구는 다음과 같이 명사를 수식하는 명사구를 아우를 때나 단순한 명사를 가리킬 때에도 사용할 수 있다

(5) 가. <u>단 과자가</u> 많다.
나. 철수는 <u>쓴 음식을</u> 좋아 한다.
다. <u>그 학생에게</u> 책을 주어라.

(5)에서 (가)의 '단 과자'만 구가 되나 그냥 '과자'에 대하여도 명사구라는 말을 쓸 수 있다. (5나, 다)도 모두 수식어가 붙어 있으나 그것이 빠진 '음식, 학생'에 대하여도 구를 사용할 수 있다. 그리고 (가)의 '단 과자가'와 같이 구에 격 어미나 첨사가 붙었을 때 이를 "구절"이라 부를 수 있다.

---

2) 이전에도 더러 지적되기는 하였지만 유현경 (2017가: 47-79)에서 간접 인용형 '-다고, -라고, -자고, -냐고'를 종속적 연결 어미, 곧 '부사절, 한정절'을 이끄는 어미라는 사실을 설득력 있게 주장하고 있어 주목을 받고 있다.

3) 장소원 · 김혜영 (2016)에서는 그 사이 논의가 분분하였던 "구"에 대한 견해를 종합적으로 검토함으로써 "내부에 주술 관계를 가지지 않으며 한 품사의 단어처럼 쓰이는 어군"으로 정의하였으며 구에 "명사구, 수사구, 관형사구, 부사구, 동사구, 형용사구"를 두었다.

8.2. 기본 문형

8.2.1. 기본 문형의 책정과 그 운용

우리말의 기본 문형에 대하여는 고영근 (1969/고영근 2004가: 113-130)를 계기로 하여 주로 재외 교포에 대한 우리말 교육과 외국어로서의 한국어 교육에 기여할 목적으로 많은 업적을 쌓아 왔으며 (김혜숙 1998), 최근에는 말뭉치를 대상으로 하여 기본 문형의 실현 양상을 구명하려는 노력 (신서인 2006)도 발견할 수 있다. 이곳에서는 결합가 문법에 근거하여 우리말의 기본 문형을 다음과 같이 책정하기로 한다 (고영근 2014나, 2018가: 153-154). 이는 앞 (§8.1)에서 그 뼈대를 부분적으로 보인 일이 있다.

(1) 가. 1가 동사 문형
    나. 2가 동사 문형
    다. 3가 동사 문형

각 문형에는 다음과 같은 세부 문형을 세울 수 있다.

(1) 가'. ① 자동 동작 동사문
            예: 자다 (아기)
        ② 피동 동작 동사문
            예: 산이 보이다
        ③ 상태 동사문
            예: 예쁘다 (꽃)
        ④ 소재 존재 동사문
            예: 있다$_1$ '소재' (책)
    나'. ① 타동 동작 동사문
            예: 먹다 (나, 밥)
        ② 심리 상태 동사문
            예: 즐겁다 (나, 마음)
        ③ 사동 동작 동사문
            예: 재우다 (엄마, 아기)
        ④ 소유 존재 동사문
            예: 있다$_2$ (철수, 집)
        ⑤ 계사문
            예: 이다 (그것, 책)
    다'. ① 수혜 동작 동사

예: 주다 (철수, 영이, 책)

② 사동 동작 동사

예: 먹이다 (어머니, 아기, 밥)

③ 창조 동작 동사

예: 삼다 (박사장, 김군, 사위)

④ 인용 동작 동사

예: 부르다 (철수, 영이, 여장부)

위의 기본 문형은 우리말의 모든 구체적인 문장을 대표할 수 있는 핵문 (核文)으로서 이를 중심으로 문장이 변형되고 확대되고 서로 배합되어 수많은 구체적인 문장이 만들어진다. 이곳의 "변형"은 고전 생성 문법의 변형과는 다른 것으로 "활용상의 변화"를 가리킨다. 앞에서 검토한 결어법 (§7.2, 399쪽)이 바로 활용상의 변화에 의한 문장의 생성이다. 여기에는 문체법과 존비법의 두 범주가 서로 상관 관계를 맺으면서 수많은 문장을 만들어 낸다. 문장의 확대란 앞의 기본 문형에 관형사류나 부사류와 같은 부가어가 붙어 문장이 길어지는 현상을 가리킨다.

다음 예는 기본 문형에 수식어류가 붙어 문장이 확대된 것이다.

(2) 가. 새 책이 많다.

나. 맑은 물이 흘러간다.

다. 저것은 철수의 책이다.

(2가)는 1가의 상태 동사문의 주격 보족어 명사구 '책 (이)'에 관형사 '새'가 붙었고 (2나)는 1가의 동작 동사의 주격 보족어 논항 '물'에 수식적 동명사형이 붙었으며 (2다)는 계사 '이다'의 보족어 명사구 '책'에 명사의 속격형이 붙었다.

다음 예는 기본 문형에 부사류가 붙어 문장이 확대된 것이다.

(3) 가. 비가 많이 온다.

나. 꽃이 매우 예쁘다.

다. 아이들이 놀이터에서 논다.

(3가)는 1가의 동작 동사 '오다'에 부사 '많이'가 붙었고 (나)는 1가의 상태 동사 '예쁘다'에 부사 '매우'가 붙었다. (다)는 '놀이터'의 처격형이 동작 동사 '놀다' 앞에 쓰였다.

문장의 배합은 원칙적으로 활용 어미에 의존한다. 원칙적이라고 함은 어미 아닌 다른 절차, 이를테면 우언적 (迂言的) 절차에 의존할 수 있다는 뜻이다 (뒤에 나옴). 두 개의 문장이 결합하는 경우에는 부동사 어미에 의존하고 하나의 문장이 절로 변형되어 더 큰 문장의 성분의 일부분으로 안길 때에는 수식적 동명사형에 의존한다. 부동사형 어미에 의하여 문장이 배합될 때에도 그 어미의 기능이 종속적이냐 대등적이냐에 따라 종속적 복합문, 대등적 복합문으로 나눌 수 있으며 이들이 서로 결합하게 되면 더 복잡한 문장을 이룰 수 있다 (최현배 1937/1971: 823-853, 고영근

1969/2004: 126).

8.2.2. 중세 및 고대어의 기본 문형의 특수성

중세어의 기본 문형도 당대어에 준하여 세울 수 있다. 1가 동사문, 2가 동사문, 3가 동사문이 그것이다. 그에 해당하는 예를 들면 다음과 같다.

(1) 가. 1가 동사 문형
  ① 자동 동작 동사문: 블다 (ᄇᆞᄅᆞᆷ): (ᄇᆞᄅᆞᆷ 블면)
  ② 상태 동사문: 졈다 (아비): (아비 졈고)
 나. 2가 동사 문형
  ① 타동 동작 동사문: 먹다 (나, 밥): (밥 먹디 마롬과)
  ② 심리 상태 동사문: 즐겁다 (나, ᄆᆞᅀᆞᆷ): (내 이제 훤히 즐겁과라)
  ③ 계사문: 이라 (樓, 다락): (樓는 다라기라)
 다. 3가 동사 문형
  ① 수혜 동작 동사문: 주다 (나, 나ㅎ, 아비): (내 나ᄒᆞᆯ 더러 아비ᄅᆞᆯ 주어지이다)
  ② 창조 동작 동사문: ᄆᆡᆼᄀᆞᆯ다 (汁, 沙糖): (죠히 ᄆᆞᆯ아 旗 ᄆᆡᆼᄀᆞ라)

당대어는 당대인의 직관이 미치는 만큼 동사에 따른 문형을 자유롭게 만들 수 있으나 중세어는 문헌어인 만큼 문헌 자료를 떠나서는 문형을 추려내기가 쉽지 않다. 그러나 우리가 당시의 문헌을 정확히 이해하고 규칙을 터득하면 어느 정도 당시의 문장을 대표하는 문형을 뽑아 낼 수 있다. 위의 (1)은 저자가 자료집을 통하여 뽑아 낸 대표적인 몇 개의 기본 문형이다. 그러나 세부로 들어가면 앞에서 본 바와 같이 (§7.6.5.2, 571쪽), 같은 문장 구조에서 격 어미가 교체되는 현상이 더러 나타나기 때문에 격 어미를 중심으로 기본 문형을 책정하기가 쉽지 않다.

고대어도 현전 향찰이나 이두 및 석독 구결을 대상으로 한다면 당시의 구체적인 문장을 대표하는 기본 문형을 어느 정도 뽑아 낼 수 있다. 향가에서 몇 예를 들어 보기로 한다.

(2) 가. 1가 자동사 문형: (夜矣卯乙抱遣) X 去如 (서동요)
 나. 2가 타동사 문형: X **花肹** 折叱可 (헌화가)
 다. 2가 계사문형: 脚烏伊四是良羅 (처용가)
 라. 3가 동사 문형: X Y Z 獻乎理音如 (헌화가)

(2가)의 '去-'는 X에 들어가는 선화 공주를 주격 보족어로 취하는 자동사이니 1가 문형이라고 할 수 있고 (나)의 '折-'은 주격 보족어 X (여기서는 한 노인)가 '**花**'를 '折-'한다는 뜻이니 2가 동사 문형이다. (다)는 계사 '是-'가 주격 보족어 '脚烏伊'와 계사 보족어 '四'에 걸려 있으니 2가 계사 문형이다. (라)의 '獻乎理音如'는 당대어의 '주다'와 같이 주격 보족어인 X와 여격 보족어인 Y (여기서

는 '수로부인')는 물론, 대격 보족어 Z (여기서는 '花'임)가 상정되니 3가 문형이라고 할 수 있다.

기본 문형은 유형론이 가능할까. 기본 문형의 유형론을 시도하는 일을 더러 볼 수 있으나 (송경안 · 이기갑 2008가: 435-584), 개별 언어마다 문형 책정 기준이 다른 만큼 유형론을 전개 하기가 쉽지 않다. 저자와 같이 모든 언어에 결합가 이론을 적용하면 문형 유형론의 성립 가능성을 점칠 수 있다. 이 문제는 고영근 (2014나, 2018가: 130-160)에서 자세히 다루었다.

8.2.3. 통사 구조와 운율 구조의 상관성[4]

기본 문형이 활용형에 의하여 정동사인 문체법과 존비법을 분화하고 동사나 보족어에 부가어가 붙어 문장이 길어지거나 서로 결합하여 긴 문장을 만들게 되면 여러 가지 운율적 요소가 얹히게 된다. 이를 "어조" (語調) (抑揚 , intonation)이라고 하는데 이는 문장 위에 얹히는 높낮이 (pitch pattern)의 형태이다 (이호영 1991). 이는 자소부의 구두 기호 (§3.4, 50-57쪽)에 대응되는 성격을 지녔는데 "높이, 힘주기, 끊기" 등과 함께 음성부의 문장 발음에서 다루어진다. 이를테면 최현배 (1937/1971: 102-106)의 「말소리갈」에 나오는 "소리의 가락"과 「조선 문화어 문법」 (1979: 126-167)에 나오는 "문장의 발음"을 비교해 보면 그 사정을 잘 알 수 있다. 이곳에서는 음성부의 한 영역인 어조가 구체적으로 통사 구조와 어떠한 관계를 맺고 있는가를 검토하여 보기로 한다. 지난 70여 년 동안 남북의 음성학계는 특히 어조를 비롯하여 우리말의 음성에 관한 실험 음성학적 연구를 많이 수행하여 왔다 (고도흥 편 1998, 이호영 1998). 이곳에서는 그 사이에 이루어진 남북의 운율에 대한 성과 (이호영 1996: 226-244, 강진철 1990, 강진철 밖에 1995)를 바닥에 깔고 음성부의 한 영역인 어조가 구체적으로 통사 구조와 어떠한 관계를 맺고 있는가를 검토하여 보기로 한다.

우리말 문장의 형태론적 경계 표지는, 앞 (§6.2.4.1.A, 162쪽)에서 검토한 바와 같이, 정동사 어미다. 대부분의 문장은 기능에 상응하는 정동사 표지가 있어서 어조의 부담량이 그리 크지 않다. 그러나 존비법 가운데서 예사높임인 하오체는 물론, 요-통합형과 요-결락형은 문체법에 따른 어미가 나타나지 않기 때문에 어조의 기능 부담량이 크다.

먼저 정동사의 문체법에 따른 어조 문제를 보기로 한다.

(1) 가. 철수는 책을 읽는다 ↘
나. 철수는 책을 읽느냐 ↗
다. 철수야, 책을 읽어라 ↘
라. 철수야, (나하고 같이) 책을 읽자 →
마. 철수가 벌써 책을 읽는구나 → |

4) 이 부분은 고영근 (1993: 141-144)의 내용을 중심으로 확대 · 수정한 것임을 덧붙여 둔다.

(1가)는 평술문인데 그 어조가 문장의 끝을 낮추는 "낮은수평조"이다. 이러한 형태에 감정을 개입하면 감탄문처럼 발음되고 말끝을 끌면서 높이면 의문문처럼 들리기도 한다. (1나)는 의문문인데 말끝을 높이는 "높은 수평조"이다. (1다)는 명령문인데 평술문과 같이 끝이 낮아진다. 지시나 금지를 나타낼 때에는 말끝을 급히 낮춘다. (1라)는 제안문인데 (1가)와 같이 낮은수평조이기는 하지만 마지막을 끄는 것이다. (1마)는 감탄문인데 말끝을 평평하게 끄는 것이다.

예사높임인 이른바 하오체와 요-통합형과 요-결락형의 어조를 보기로 한다

(2) 가. 지금 시작하오 ↘
나. 지금 시작하오 ↗
다. 빨리 시작하오 ↘

(2가)는 예사높임의 의문문, (2나)는 평술문, (3다)는 명령문이다. 정동사 어미가 모두 같아서 어조에 기대지 않으면 문장의 종류를 알기가 어렵다. 문어$_1$에서는 구두점으로 어느 정도 분간이 되나 구어로 나타내면 일정한 어조가 문법적 기능을 대신한다. 평술문은 낮은수평조이고 의문문은 높은 수평조이며 명령문은 낮은수평조이다. 제안문은 '시작합시다'가 있어 어조의 기능 부담량이 크지 않다.

같은 의문문이라도 다음과 같이 미지 미정어가 쓰이면 끝이 낮은수평조가 된다.

(3) 철수는 **어디**서 책을 읽느냐 ↘

그러나 '어디'가 부정 미정어이면 (1나)와 같이 끝이 올라간다.

(3') 철수는 **어디**서 책을 읽느냐 ↗

요-통합형과 요-결락형도 예사높임과 같이 어조의 부담량이 크다.

(4) 가. 지금 책 읽어 (요)? ↗
나. 책 읽어 (요) ↘
다. 빨리 읽어 (요) ↘
라. 같이 읽어 (요) →

(4)는 '요' 통합형과 '요' 결락형인데 (2)보다는 어조의 기능 부담량이 더 많다. 앞의 (2)는 제안문의 형태가 따로 존재하여 기능 부담량이 적으나 (4)에서는 제안문에서도 형태가 같기 때문에 부담량이 더 늘어난다.

부동사형으로 이어지는 복합문에도 어조가 관찰된다 (이호영 1997: 100).

(5) 여름에는 선영이와 바다에 <u>가고</u> 겨울에는 순영이와 산에 간다.

일반적으로 방송 뉴스 낭독이나 대중 상대의 연설 같은 공식적 말씨인 문어$_1$에서는 낮은수평조가 실현되고 친근한 대화인 구어에서는 그 나름의 어조가 수반된다.

주격 보족어 명사구는 서술어에 비하여 일반적으로 높게 발음된다. 그리고 다음과 같이 복합 주격 명사구가 실현될 때는 첫째 주격 명사구가 둘째 주격 명사구보다 높게 발음된다 (강진철 밖에 1995: 141).

(6) 철수와 철이는 학교로 떠났다. (각각 떠남)

그러나 두 개의 주격 명사구가 다음과 같이 한 단위로 인정될 때에는 둘째 주격 명사구는 동사 서술어보다 낮게 발음되는 것으로 보고되어 있다.

(7) 닭과 오리가 **한 곳**에 있었다. (모여 있음)

어조의 통사론적 기능은 단어의 결합 과정에서도 목격할 수 있다. 먼저 두 명사구가 접속격 어미에 의하여 결합될 때에는 중의성이 발생한다 (이호영 1991).

(8) 나는 준호와 **친구**인 순호를 만났다.

위의 (8)은 다음의 두 가지 의미로 해석된다.

(8') 가. 나는 준호를 만났는데 순호는 준호의 친구이다.
나. 나는 준호와 순호를 만났는데 순호는 나의 친구이다.

(8)이 (8'가, 나)와 같이 중의성을 띠는 것은 '준호'와 '친구인' 사이에 이른바 "말마디" 어조가 놓이느냐 그렇지 않으냐에 따라 구별된다. 어조가 놓이지 않으면 (8가)와 같이, 어조가 놓이면 (8나)와 같이 해석된다. 그것이 문어$_1$이라면 '준호와' 뒤에 반점 (흔히 쉼표)을 찍어 중의성을 해소할 수 있다.

운율과 관련되는 중의성은 의존 동사 부정문에서 많이 목격된다.

(9) 몸이 아파서 오지 않았어요.

(9)는 문어$_1$로 볼 때에는 한 가지 해석밖에 줄 수 없으나 운율이 달라지면 두 가지 의미로 해석된다 (남승호 2000, 신지영 2014).

(9) 가'. 오지 못한 이유가 몸이 아파서이다.
나'. 온 이유가 몸이 아파서는 아니다.

(9)를 '몸이/아파서//오지/않았어요'와 같이 발화하면 (9가')와 같이 해석되고 '몸이 (/) 아파서 오지//않았어요'와 같이 발화하는 경우에는 (9나')와 같이 해석된다. 물론 후자의 경우는 보통 '몸이 (/) 아파서 오진 (<오지는) 않았어요'와 같이 첨사 '-는'을 붙이면 훨씬 자연스럽다.

끝으로 양화 표현과 부정의 영향권에 의한 중의성이 운율 구조로 어떻게 실현되는가 하는 문제를 풀어 보기로 한다 (김윤한 밖에 1997).

(10) 학생들이 다 오지 않았어요.

위의 (10)은 다음 두 가지 의미로 해석된다.

(10) 가'. [학생들이 다] [오지 않았어요].
나'. [핵생들이 다 오지] 않았어요.

(10가')는 부정의 영향권이 좁게 해석되고 (10나')는 부정의 영향권이 가장 넓게 해석되는 메타 언어적 부정의 쓰임을 보이는 것이다. 음성 분석 결과를 보면 '다'와 '오지' 사이의 고저 곡선이 크게 차이가 남을 알 수 있다. (가)의 '다'와 '오지' 사이에는 구 경계 고저 곡선이 분명히 나타나는 데 대하여, (나)에서는 '다'의 모음과 '오지'의 첫 모음 '오'가 연속되어 거의 수평조를 보이고 있는데 이때 '다'의 모음 길이도 매우 짧은 것으로 확인된다.

지금까지 논의한 통사부와 어조의 상관 관계를 간추리면 다음과 같다.

(11) 통사부와 어조의 상관 관계
가. 어조는 자소부의 구두 기호와 같은 기능을 띠고 있다.
나. 예사높임과 요-통합형 및 요-결락형과 같이 문체법에 따른 독자적 정동사 어미가 없으면 어조가 문체법을 구별하는 변별적 기능을 띤다.
다. 의문문과 같이 독자적인 정동사 어미가 있다고 하더라도 그 성격이 다르면 역시 어조에 의하여 기능이 변별된다.
라. 단어를 결합하여 문장을 이어 나가는 과정에서도 어조는 문장의 의미를 분화하는 기능을 띤다.
마. 통사부는 그 나름의 자율성을 지니고 있으나 음성부 가운데의 어조에 기대어 통사적 기능을 충분히 발휘하기도 한다.

8.3. 문장 성분론

8.3.1. 성분 체계

그러면 결합가 문법에 의하여 우리말 통사 구조를 서술한다고 할 때, 문장의 성분은 몇 가지로 잡아야 할까. 물론 중심 성분은, 앞에서 언급한 바와 같이, 동사 서술어이다. 현행 학교 문법의 성분 체계는 다음과 같다.

(1) 주어, 서술어, 목적어, 보어, 관형어, 부사어, 독립어

이 가운데서 "주어/서술어/목적어/보어"는 주성분, "관형어/부사어"는 부속 성분, "독립어"는 독립

성분이라고 부른다.

한편 북한은 크게 네 동아리로 나누고 다시 〈 〉 안에 보인 바와 같이 세분하였다 (고영근 1993: 132-134).

(2) ① 맞물린 성분 〈술어, 주어, 보어, 상황어, 규정어〉
② 외딴 성분 〈호칭어, 삽입어, 감동어, 접속어〉
③ 단독 성분
④ 강조 성분 〈제시어, 총괄어〉

그러나 남북 어느쪽도 서술어, 곧 동사를 중심 성분으로 간주하는 체계는 보여 주지 않고 있다. 결합가 문법을 우리말에 적용한 한국의 독일 어학도들의 업적 (이광숙 · 홍미경 2003)을 발판으로 삼아 우리말의 성분 체계를 얽어 보기로 한다. 여기서는 저자가 고영근 (1993: 134)에서 세운 "서술어/주어/목적어/부사어/독립어"를 약간 수정하여 다음과 같은 체계를 지향하기로 한다.

(3) 우리말의 성분 체계[5]

먼저 중심 성분인 서술어의 성립부터 보기로 한다.

(4) 가. 동작 동사 서술어
나. 상태 동사 서술어
다. 계사 서술어

그에 해당하는 예를 들면 다음과 같다.

(4) 가'. ① 꽃이 핀다.
② 철수가 책을 읽는다.
나'. 꽃이 예쁘다.
다'. 저것이 연필이다.

먼저 보족어부터 세워 본다.

(5) 보족어
주격~/대격~/부정격~/여격~/탈격~/도구~/변성~/처소~/계사~/부사~/인용~/후치사~

앞의 (5)가 필수 성분이라면 이와 반대되는 성분은 수의 성분인데 이는 생성 문법의 부가어 (附加語)에 해당하며 학교 문법의 부속 성분에 해당한다. 이를 그림으로 표시하면 다음과 같다.

---

5) 위의 체계는 한국 독어학계의 연구 성과를 반영한 고영근 (2014나)와는 부분적인 차이가 있다.

(6) 우리말의 성분 체계 그림

- 문장 성분
  - 중심 성분 (서술어)
    - 동작 동사 서술어
    - 상태 동사 서술어
    - 계사 서술어
  - 필수 성분 (보족어)
    - 주격 보족어
    - 대격 보족어
    - 부정격 보족어
    - 여격 보족어
    - 탈격 보족어
    - 도구 보족어
    - 변성 보족어
    - 처소 보족어
    - 부사 보족어
    - 인용 보족어
    - 후치사 보족어
  - 수의 성분
    - 수식어
    - 한정어
  - 독립 성분
    - 감동어
    - 호격어
    - 접속어
    - 제시어

먼저 중심 성분인 서술어의 성립부터 보기로 한다.

(7) 가. 동작 동사 서술어
　　나. 상태 동사 서술어
　　다. 계사 서술어

그에 해당하는 예를 들면 다음과 같다.

(7) 가'. ① 꽃이 핀다.
　　　　② 철수가 책을 읽는다.
　　나'. 꽃이 예쁘다.
　　다'. 저것이 연필이다.

보족어는 다음과 같다.

(8) 보족어
    주격~/대격~/부정격~/여격~/탈격~/도구~/변성~/처소~/부사~/인용~/후치사~

앞 (§5.1, 79-83쪽)에서 본 바와 같이, 첨사는 핵이 아니다. 그것이 붙음으로써 문장의 구조를 바꾸지 않기 때문이다. "주격 보족어"는 주어, 대격 보족어는 목적어, "부정격 보족어"는 격 어미 부재형 ∅, 곧 부정격을 취하는 성분을 가리킨다. 여기에는 "주어, 수식어, 목적어"가 배정된다. "계사 보족어"는 독어학계의 성과를 수용하되 이름을 달리한 것이다. '책이다'의 '이다' 앞에 오는 '책'을 가리킨다. 최현배 (1956가)의 "기움말", 곧 보어에 해당한다. "후치사 보족어"는 인도·유럽어의 전치사 보족어에 대응하는 성분이다. 저자가 처음으로 세운 것이다. 'X를 데리고'의 앞에 오는 'X를'과 같은 명사구를 가리킨다.

앞의 (1)이 필수 성분이라면 이와 반대되는 성분은 수의 성분인데 이는 생성 문법의 부가어 (附加語)와 학교 문법의 부속 성분에 해당한다.

8.3.2. 성분 각론

그러면 앞의 (6)의 대분류 체계를 중심으로 우리말의 성분 체계를 앞 (§7.6, 551-595쪽)에서 세운 격 어미 및 후치사와 관련시켜 가며 그 실상을 보기로 한다. 필수 성분은 두 묶음으로 나누기로 한다.

8.3.2.1. 필수 성분 (첫째 묶음)

(1) 가. 주격 보족어
    나. 대격 보족어
    다. 부정격 보족어
    라. 여/처격 보족어
    마. 탈격 보족어
    바. 도구격 보족어
    사. 변성 보족어

(1가)의 주격 보족어에는 단일형과 중출형이 있다.

(1) 가. ① **꽃이** 핀다 (피 ㄴ다).
        ② 코끼리는 (**코가** 크다).

(1가)①은 1가 동작 동사인 '피 (ㄴ다)'의 빈 자리를 주격 보족어 명사구인 '꽃 (이)'가 채워 주고 있다. (1가)②는 중출형 주격 보족어가 실현된 문장이다. 1가 상태 동사인 '크 (다)'의 빈 자리에는 주격 명사구 보족어 '코 (가)'가 채워져서 작은 문장을 형성하고 있고 그 앞의 빈 자리에는 주제어

보족어 명사구 '코끼리 (는)'가 채워져서 문장을 완성시키고 있다. 앞 (§5.3)의 그림 (4)를 다시 가져오기로 한다.

(1) 가. ②' 코끼리는 코가 길 다$_1$ 다$_2$

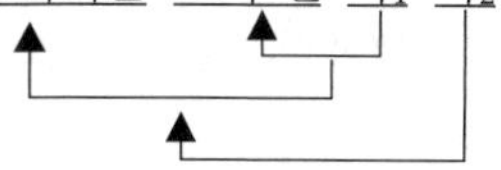

주격 보족어 명사구에는 다음과 같은 후치사류가 붙은 명사구도 포함될 수 있다 (§7.6.5.1, 568쪽).

(1) 가. ③ 1) **선생님∅께서** 들어오신다.
2) 우리 **둘이∅서** 단결하자.
3) 양궁은 **한국**에**서** 금 메달을 석권하였다.

1)은 존경의 후치사가 부정격 아래에 붙었고 2)는 인수의 후치사가 부정격 아래 붙었으며 3)은 처격 '-에'에 후치사 '서'가 붙었다[6].

다음 예는 대격 보족어이다.

(1) 나. ① 광희는 **책을** 읽었다.
② 민수가 **영희를 한국어를** 가르쳤다.

(1나)①의 '읽었다'는 2가 동작 동사인데 앞의 예와는 달리 대격 보족어 명사구인 '책 (을)'이 채워지지 않으면 안 되고 그 앞에는 주격 보족어 명사구가 와야 한다. ②는 3가 동작 동사 '가르치다'가 두 개의 논항을 요구하는 예인데 위와 같이 대격 보족어 명사구가 중출되기도 한다. 그러나 앞의 대격 보족어 명사구는 기능적으로는 여격 보족어 명사구 '영희 (에게)'로 바꾸는 것이 더 자연스럽다. 도착점의 의미역이 부여되기 때문이다.

다음은 부정격 보족어이다.

(1) 다. ① 그것은 **책상**∅ 위에 얹어 두어라.
② 그런 **사람**∅ 따위와는 상대하지 않는 것이 좋다.

(1다)①의 '위'는 부정격 ∅를 요구하는 명사적 후치사인데 (고영근 2014나, §6.5.2), 그 앞에 보충하는 말이 없으면 문장이 성립되지 않는다. ②는 종전에 의존 명사로 처리되던 것인데 역시 그 앞에 '사람'과 같은 보족어가 오지 않으면 안 된다. 의존 명사류나 의존 동사류가 그 앞의 빈 자리에 동명사형이나 부동사형을 요구하는 현상과 같다 (고영근 2014나).

다음은 여·처격 보족어이다.

(1) 라. ① **철수에게** 물을 주어라.

6) 이윤미 (2013)에서는 '-에서'와 '-에게, -로서' 등 격 어미에 후치사가 붙은 격 어미 상당 부류를 "비주격 주어"라 부르고 있다.

② **화분에** 물을 주어라.

(1라)는 3가 동작 동사 '주다'가 유정물 명사구 '철수'와 무정물 명사구 '화분'의 어디에 붙느냐에 따라 형태를 달리 취하는 예이다. ①은 처격에 유정물 표지의 후치사 '게'가 붙은 것이고 ②는 그것이 결락된 것이다. ①의 '에게'의 '-에'는 역사적으로는 속격 '이/의'였는데 당대에 이르는 사이에 처격으로 기능이 바뀌었다.

다음은 탈격 보족어로서 모두 후치사이다.

(1) 마. ① 바람이 **바다에서** 불어 온다.
② **부산으로부터/에서부터** 서울까지 몇 킬로나 되느냐.

위의 ①은 (1라)①의 '-에게'와 같이 처격 어미에 후치사 '서'가 붙어서 탈격 보족어가 된 것이다. ②는 조격 어미 '-로'에 후치사 '부터'가 붙어 탈격 보족어가 되었고 'X에서'는 처격 어미 '-에'와 후치사 '서'가 붙고 다시 '부터'가 붙어서 보족어가 되었다.

(1바)는 도구격 보족어이다. 도구격 보족어 명사구는 조격만으로 성립되기도 하지만 후치사 '써'가 덧붙기도 한다.

(1) 바. **톱으로 (써)** 나무를 썰어라.

조격 보족어는 방향, 자격을 표시하기도 한다.

(1) 바. ① 수업이 끝나자마자 **집으로** 돌아왔다.
② 그분은 한평생 **교사로** 정년하였다.

조격 보족어 명사구는 대격 보족어 명사구와 함께 그 나름의 자족적 문형을 형성하기도 한다 (유혜원 2004).

(1) 바'. 김 선생은 자기 제자를 **며느리로** 삼았다.

'삼다'와 같은 동사를 창조 동작 동사라 부르거니와 (고영근 2014나: 22, 2018가: 154), 'X -(으)로' 명사구 가운데는 수의적 성분인 부가어로 쓰이는 일도 있다 (뒤에 나옴).

(1사)는 고영근 (2014나, 2018가: 130)에 없던 성분인데 형태론적으로는 주격이지마는 통사론적으로는 변성 보족어로 처리한다.

(1) 사. 김이 물이 /비가 된다.

최현배 (1937/1971: 780-781)에서는 격 체계와 보조를 맞추어 "변성 부사어"로 보고 있으나 저자는 형태론적으로는 주격이지마는 통사론적으로는 변성 보족어로 처리한다. 북한에서는 위의 '-이 되다'를 다음과 같이 조격 '-(으)로'로 바꾸어 두 격 어미를 통합 · 서술하고 있다 (조선어문법

1970: 125, 조선문화어문법 1979: 399).

(1) 사'. 산이 온통 불바다로 되어 다람쥐마저 몸 둘 곳이 없어 … (조선어문법 1970: 125)

그러나 현실 언어를 인위적으로 바꾸는 것은 올바른 태도가 아니라고 보아 형태론적으로는 주격으로 처리하되 통사론적으로는 보족어로 처리하기로 하였다.

8.3.2.2. 필수 성분 (둘째 묶음)

필수 성분 (1)에 이어 필수 성분 (2)를 보기로 한다.

(2) 가. 처소 보족어
나. 계사 보족어
다. 부사 보족어
라. 인용 보족어
마. 후치사 보족어

(2가)의 처소 보족어는, 앞의 의미격을 검토하는 자리에서 본 바와 같이 (§7.6.3.1, 562쪽), 다의적이어서 처소나 시간 표시어를 비롯하여 여러 가지 의미를 표시한다.

(2) 가'. ① 나는 하루 종일 도서관**에** 있었다.
② 다섯 시**에** 휴게실에서 만나자.

(2나)의 계사 보족어는 그 앞에 명사구를 요구한다는 점에서 2항 동사이다.

(2) 나'. ① 그것은 책**이다**.
② 그것은 책이 **아니다**.

①의 '이다'의 부정형은 ②의 '아니다'인데 이는 역사적으로 명사 '아니'에 '이다'가 붙어 동사로 재구조화한 것이다. 그것은 어쨌든 '아니다' 역시 보족어 '책 (이)'를 취한다는 점에서 2항 동사이다. '아니다' 앞에 오는 명사구를 최현배 (1937/1971: 768-770)에서는 보어로 처리하였는데 성격은 다르지만 같은 보족어인 점은 차이가 없다.

다음은 부사 보족어이다. 부사는 대부분 수의 성분, 곧 부가어로 쓰이는데 경우에 따라 필수 성분, 곧 보족어로 쓰이는 일이 있다.

(2) 다. ① 그애는 참 예쁘게 **생겼다**.
② 철수는 귀찮게 **굴었다**.
③ 피돌이가 먹돌이를 우습게 본다.
(김지홍 1992: 166)

일반적으로 상태 동사의 부동사 어미 '-게'는 '꽃이 아름답게 **피었다**'와 같이 한정어, 곧 부가어로만 쓰이는데 위의 예에서는 그것이 없이 쓰이면 비문법적이 된다.

(2) 다'. ① *그애는 참 생겼다.
② *철수는 굴었다.
③ *피돌이가 먹돌이를 본다.

물론 ③은 문법성에 문제가 없다고 할 수 있으나 의미가 다르다는 것을 주의해야 한다. 관용구로 볼 수 있다.

다음은 인용 보족어이다.

(2) 라. 마을 사람들은 그녀를 여장부라 부르고 있다.

인용 보족어는 의미역으로는 내용역이다.

후치사 보족어는 저자가 처음 세우는 보족어이다. 후치사 보족어는 인도 · 유럽어의 전치사 보족어에 대응하는 것인데 다음을 들 수 있다. 자세한 예는 고영근 (2012나, 2018가: 176-181)에 나와 있다.

(2) 마. ① 선생∅**노릇**, 동∅**녘**; 내 (<나의) **딴**, 내 (<나의) **해** …
② 나를 **보고** 형이라고 한다.
③ 나와 **함께** 놀자.

8.3.2.3. 수의 성분 (부가어)

수의 성분은 흔히 부가어로도 불리는데 그것이 쓰이고 안 쓰이고에 관계 없이 문장의 성립에 하등 문제를 일으키지 않는 성분이다. 먼저 수식어, 곧 명사 부가어를 보기로 한다.

(3) 가. 서가에 새 **책**이 많이 꽂혀 있다.
나. 헌 **것**은 버리고 새 **것**으로 바꾸어 오너라.

(3가)의 '새'는 다음과 같이 수식어가 없어도 문장의 성립에 하등 영향을 주지 않는다. 그런 점에서 "수의 성분"이라고 한다.

(3) 가'. 서가에 **책**이 많이 꽂혀 있다.

그러나 (3나)와 같이 자립 명사 대신 의존 명사 '것'이 쓰이면 필수 성분이 된다. 의존 명사는 빈 자리 상태로는 문장의 성립에 이상을 일으킨다. 이런 경우의 부가어는 보족어가 되어 버린다.

다음은 한정어, 곧 동사 부가어를 보기로 한다.

(4) 가. 어서 **오너라**.

나. 얼굴을 (예쁘)게 교정하였다.
다. 철수가 (목이 쉬)게 외쳤다.

(4가)에서 부사 '어서'를 삭제하여도 문장의 성립에 조금도 영향을 주지 않는다. 따라서 이런 부사는 동사 부가어, 곧 한정어이다. (4나) 역시 '예쁘게'를 삭제하여도 문장의 성립에 이상을 일으키지 않는다. 한정어로 보아도 조금도 문제가 되지 않는다. '예쁘게'와 같이 같은 한정어라도 후행하는 동사의 성격에 따라 보족어가 되기도 하고 안되기도 한다. 앞의 (2다')를 보면 그런 사정을 잘 알 수 있다. (4다)는 앞 (§8.1, 604쪽)의 (3라)에서 들었던 예를 다시 가져온 것인데 부사절이 하나의 독립된 형성소로 사용된 것이다.

앞에서 저자는 명사의 조격형 'X-로'가 필수 성분으로서 자족적 문형을 형성할 수 있다는 사실을 지적한 바 있는데 그렇지 않은 예가 보인다.

(5) 철수는 도자기를 보자기로 쌌다. (유혜원 2004: 199)

도자기를 싸는 데 있어서는 반드시 '보자기'가 아니라도 가능하다. 신문지로도 쌀 수 있다. 같은 격 어미라 할지라고 경우에 따라서는 보족어도 될 수 있고 부가어도 될 수 있다.

8.3.2.4. 독립 성분

독립 성분에는 다음 넷을 둘 수 있다[7].

(6) 가. 감동어
나. 호격어
다. 접속어
라. 제시어

감동어는 앞 (§4.2, 68쪽, §6.6.2, 316쪽)에서 세운 간투사가 여기에 속한다.

(6) 가. ① 아! 저기는 단풍의 바다로구나.
② 예, 저도 가겠습니다.
③ 아서라, 그만 놀고 숙제나 하여라.

(6가)①은 감정 간투사, ②와 ③은 의지 간투사로서 모두 감동어에 속한다. 이들은 뒤에 이어지는 문장이 오지 않아도 사용에 방해를 받지 않으며 놓이는 순서도 매우 자유롭다.

(6) 가'. ① 저기는, 아!, 단풍의 바다로구나.
② 저도 가겠습니다, 예.
③ 아서라, 그런 말 해서는 못쓴다.

7) 이 부분은 고영근 · 구본관 (2008/2018: 297-301)과 부분적으로 겹친다는 것을 밝혀 둔다.

(6가')①은 문장의 가운데, ②는 문장의 끝에 놓였다. 감동어는 다음과 같이 독립된 문장이 이어지지 않아도 감정이나 의지를 전달하는 데 아무런 걸림이 없다. 이를 바깥 성분이라고 부르는 까닭을 알 수 있다.

(6) 가''. ① 아!
② 예.
③ 아서라.

(6나)의 호격어는 아주낮춤의 존비법에서는 호격 어미에 의하여, 예사낮춤부터는 명사구만으로 표시된다 (유동석 1990/1995: 275-289, 고성환 2003: 43-87).

(6) 나. ① 철수야/인숙아, 빨리 학교에 가거라.
② 박군, 여기 와서 이야기 좀 나누세.
③ 유박사, 같이 식사하러 나갑시다.
④ 선생님, 어디 불편하십니까.

그러나 존비법이 중화된 중립형, 이른바 하라체나 공개적 상황에서는 호격어가 성립되지 않는다.

(6) 나'. ① *아버지, 오늘은 비가 **오다**.
비교: 아버지, 오늘은 비가 **왔습니다**.
② *영수야, 영희가 내일 미국으로 떠나다.
비교: 영수야, 영희가 내일 미국으로 떠난다.

위의 ①은 호격어가 중립형의 직설 평술법과 호응될 수 없음을 보이는 예이다. 당대어에서는 중립형의 직설 평술문은 구체적 청자를 상정할 수 없는 일기문 등 내용의 간결성을 요구하는 문체에 주로 쓰인다. 그런 이유로 하여 호격어가 쓰일 수 없다. 위의 예는 평술문이지만 명령문에서도 같은 제약을 받는다.

(6) 나'. *학생 여러분, 많이 **참여하시라**.
비교: 학생 여러분은 많이 **참여하시라**.

위의 예는 중립형의 명령문에서는 호격어와 호응할 수 없음을 보이는 것이다. 그러나 명사가 오른쪽과 같이 주제어로 등장하면 문법적으로 바른 문장이 된다. 이밖에 비종결적인 어미도 호격어와 어울리지 못한다.

(6) 나'''. ① *아버지 비가 **왔음**.
비교: 아버지, 비가 **왔습니다**.
② *철수야, 내일 아침 일찍 **오도록**.

비교: 철수야, 내일 아침 일찍 오너라.

이밖에 호소를 의미하는 호격 어미 '-(이)여'나 이의 공대말인 '-(이)시여'가 붙은 명사구도 호격어가 될 수 있다. 그리고 호격어도 감동어와 같이 위치를 자유롭게 바꿀 수 있다 (고영근 · 구본관 2008/2018: 298).

(6다)의 접속어는 단어 접속의 '또는, 혹은, 및'을 제외한 접속사를 대상으로 설정되는 문장 성분이다.

(6) 다'. ① 정직하게 살아라. 그리고 열심히 노력해라.
② 어느 나라 사람이나 먹는 것은 다 같다. 그러나 먹는 방법이 다르다.
③ 열심히 노력해라, 그러면 언젠가는 큰 열매를 딸 것이다.

위의 접속사 '그리고, 그러나, 그러면'은 두 문장을 이어 더 큰 문장, 곧 텍스트를 형성하는 기능을 띠고 있다. 이 문제는 뒤의 통보화용부와 텍스트 형성부에서 다시 논의하게 될 것이다. 그런데 접속어 가운데는 부사를 이어 주는 기능을 띠는 것이 있다 (김승열 1988: 107).

(6) 다'. ①' 열심히 그리고 꾸준히 노력하는 사람.

이런 예는 명사 접속의 접속격 어미 '-과'와 기능에 있어 큰 차이가 없다.

(6라)의 제시어는 뒤의 내용을 대표하는 명사구를 첫 머리에 제시함으로써 상대방으로 하여금 주의를 집중토록 하는 독립 성분의 하나이다.

(6) 라'. 청춘, 이는 듣기만 하여도 가슴이 설레는 말이다.

위의 첫 머리에 보인 '청춘'이 바로 제시어이다. 제시어는 명사구로만 성립되고 특별한 격 어미나 첨사가 붙는 일이 없으며 제시어를 받는 명사구는, 위에서 보는 바와 같이, 대명사인 것이 보통이다. 문어$_1$에서는 쉼표를 사용하고 구어에서는 숨을 잠깐 멈춘다. 위의 예에서는 대명사로 받았으나 다음과 같이 같은 명사구가 반복될 수도 있다.

(6) 라". 청춘, 청춘이란 말은 듣기만 해도 피가 끓는다.

제시어의 특징을 잘 이해하려면 주제어의 구성과 비교할 필요가 있다

(6) 라'''. ① 충무공, 온 나라 사람들이 다 안다.
② 돈, 그것의 힘이 엄청나다.

위의 예는 앞의 (6라")와 같이 제시어가 사용되어 있다. 제시어 구문은 주제어 구문과 비슷하다. 위의 ①, ②에 나오는 '충무공'과 '돈'을 주제어로 볼 수 있다면 뒤의 부분은 평언으로 볼 수 있기 때문이다. (6라''')를 주제어 구문으로 바꾸어 보면 다음과 같다.

(6) 라''''. ① 충무공은 온 나라 백성들이 다 안다.
② 돈은 그 힘이 엄청나다.

그러나 두 구문 사이에는 큰 차이가 있다. 주제어 구문은 알려진 대상을 도입함으로써 그 내용을 상대방에게 확인시키는 데 대하여 제시어 구문은 새로운 정보에 관한 것이어서 정보 전달량이 많다고 할 수 있다 (김영희 1998: 355-385).

앞에서 든 문장의 성분은 한 어절로 성립된 성분이나 성분 가운데는 한 어절 이상으로 성립된 성분이 많다. 이를 최현배 (1937/1971: 790-800)에서는 "같은 자리말" (同位語, 同格語)이라 불렀었다.

(6-1) 가. 서울의 주위에는 북한산, 도봉산, 관악산이 에워싸고 있다.
나. 떡과 과일을 가져오너라.
다. 가을 하늘이 맑고 푸르다.
라. 사람과 동물의 차이는 무엇인가.
마. 나는 젊었을 때부터 동으로, 서로, 북으로 헤매었다.

(6-1가)는 주격 보족어 명사구가, (나)는 대격 보족어 명사구가, (다)는 상태 동사 서술어가, (라)는 속격 보족어 명사구가. (마)는 도구 (방향) 보족어 명사구가 붙어 있다. 이들 복합 성분은 둘 또는 그 이상의 문장이 한 문장으로 응축됨에 따라 복합 성분이 성립되었을 수도 있다. 이 문제는 뒤에서 다시 반복된다.

8.4. 중세 및 고대어의 성분 체계와 그 변화

중세어의 성분 체계도 당대어에 준하여 세울 수 있다. 필수 성분 (1), 필수 성분 (2), 수의 성분, 독립 성분이 그것이다.

8.4.1. 중세어의 성분 체계

당대어와 같이 필수 성분을 첫째 묶음과 둘째 묶음으로 나누어 보기로 한다.

8.4.1.1. 필수 성분 (첫째 묶음)

첫째 묶음의 필수 성분에는 주격, 대격, 부정격, 여격, 탈격, 도구, 변성 보족어를 들 수 있다.

(7) 가. **내히** 이러 (＜일어) (용비어천가 2장)

나. **太子ㅣ 性** 고ᄫᆞ샤 (월인석보 8, 95)

(8) 가. **내 太子ᄅᆞᆯ** 셤기ᅀᆞᄫᆞ오ᄃᆡ (석보상절 6, 4)

나. **四海ᄅᆞᆯ 년글** 주리여 (석보상절 6, 4)

(9) 海東∅六龍이 ᄂᆞᄅᆞ샤 (용비어천가 1장)

(10) 가. 나라히 **ᄂᆞᄆᆡ 그에** 가리이다 (월인석보 2, 6)

나. (X) **如來ㅅ 거긔** 머리 갓가 (월인석보 9, 35 중)

(11) 狂生이 듣ᄌᆞᄫᅡ **同里ᄅᆞᆯ브터** 오니 (용비어천가 97장)

(12) 가. **武德으로** 百姓을 救ᄒᆞ시니 (용비어천가 45)

나. 五百 도ᄌᆞ기 그윗 거슬 일버ᅀᅥ 精舍 겨ᄐᆞ로 (<**곁ᄋᆞ로**) 가니 (월인석보 1, 6)

다. **香水로** ᄡᅡ해 ᄲᅳ료ᄆᆞᆫ (<ᄲᅳ리옴) (월인석보 13, 14)

(12-1) 山ᄋᆡ 草木이 **軍馬ㅣ** ᄃᆞᄫᆡ니이다 (용비어천가 98장)

(7가)는 당대어의 (1가)① (§8.3.2.1, 616쪽)과 같이 1가 동작 동사인 '일다'의 빈자리를 주격 보족어 명사구인 '내ㅎ (이)'가 채워 주고 있다. (7나)는 주격이 중출된 것인데 상태 동사 '곱다'의 빈자리를 부정격 보족어 명사구 '性'이 채워 주고 있고 '性 곱다'라는 상태 동사절의 빈자리는 주격 보족어 명사구 '太子'가 채워 주고 있다. (8가)의 '셤기다'는 2가 동작 동사인데 그 앞의 빈자리를 대격 보족어 명사구 '太子'가 채워 주고 있다. (8나)의 '주다'는 당대어와 같이 3가 동작 동사인데 중세어에는 당대어와 달리 대격이 중출되는 것이 많았다. 물론, 뒤의 대격형은 속격과 후치사의 통합형인 '녀늬 그에'와 같이 실현되는 일도 있었다. (9)는 명사구 사이에 부정격이 실현된 것이다. 이런 예를 부정격으로 처리해야 할 것인지 아니면 속격의 미실현으로 보아야 할 것인가 하는 문제는 쉽게 다정할 수 없다. 중세어의 부정격에 대한 논의가 깊어지면 달리 해석될 수도 있다. (10)의 격 어미와 후치사의 구성은 보족어라기보다 부가어에 가깝다. (10가)의 '가다'는 1가 동작 동사이고 (10나)는 2가 동작 동사이다. 머리 깎는 행위는 스스로 이루어질 수도 있고 '如來ㅅ 거긔'와 같이 남의 힘을 빌 수도 있다. 후자라면 3가 동작 동사로 볼 수 있다. (11)의 '오다'는 1가 동사인데 '同里ᄅᆞᆯ브터'가 보족어도 될 수 있지만 부가어로도 볼 수 있다. (12)는 다의적인 조격의 예이다. (12가)는 '武德 (으로)'가 도구의 의미역을 표시하고 (12나)의 '가다'는 1항 동작 동사로서 도착점역의 조격을 지배하고 있다. (12다)의 'ᄲᅳ리다'는 2가 동작 동사인데 그 대상역이 '香水 (로)'와 같이 조격형으로 나타나 있다. 이런 현상은 고대어와 동남 방언에 편재하여 있는데[8], 성분상으로는 목적어로 처리된다. 'ᄲᅳ리다'는 2가 동작 동사로 볼 수 있다. 그렇다면 'ᄡᅡ해' (<ᄡᅡㅎ애)는 부가어로 보아야 할 것이다. (12-1)는 당대어의 (1사)의 변성 보족어의 중세 어형인데 당대어와 같이 변성 보족어로 처리된다.

8) 저자는 고영근 (2010다: 232)에서 (12다)의 의미역을 도구역으로 보았으나 그 잘못을 시정하는 바이다. 이 문제는 황국정 (2012) 등에서 지적되고 김태우 (2013)에서 확인된 것이다.

8.4.1.2. 필수 성분 (둘째 묶음)

필수 성분의 둘째 묶음을 보기로 한다.

(13) 가. 셤 **안해** 자싫 제 (용비어천가 6장)
나. **이 色香 됴ᄒᆞᆫ 藥애** 됴티 몯다 너기니라 (구결문 생략) (법화경언해 5, 156)
다. 王孫이 긼 **모해셔** 우놋다 (두시언해 8, 1)

(14) 樓는 다라기라 (**다락**이라) (석보상절 6, 1)

(15) **엇뎨** 羅睺羅ᄅᆞᆯ 앗기ᄂᆞᆫ다 (석보상절 6, 9)

(16) 댱가들며 셔방마조ᄆᆞᆯ 다 **婚姻ᄒᆞ다** ᄒᆞᄂᆞ니라 (석보상절 6, 16)

(17) **目連**이ᄃᆞ려 니ᄅᆞ샤ᄃᆡ (석보상절 6, 1)

(13가)의 '자다'는 1가 동작 동사인데 그 빈 자리를 처소 보족어 명사구 '안해 (<안ㅎ애)'가 채워 주고 있다. (13나)의 처격 보족어 명사구 '됴ᄒᆞᆫ 藥 (애)'에는 대상역이 파악된다. 앞의 (12다)와 같이 성분상으로는 목적어로 처리된다. (12다)의 '울다' 역시 1가 동작 동사인데 그 빈자리를 격 어미와 후치사의 결합형이 채워 주고 있다. (14)는 계사 '-이라'의 빈 자리를 '다락'이 채워 주고 있다. (15)는 제2인칭 의문형 '앗기ᄂᆞᆫ다'의 빈 자리를 미정 부사 '엇뎨'가 채워 주고 있다. (16)은 인용 동사 'ᄒᆞ다'의 빈 자리를 내용역인 인용절 'X … 婚姻ᄒᆞ다'가 채워 주고 있다. (17)은 후치사 'ᄃᆞ려'의 빈자리를 '目連'이 채워 주고 있다.

8.4.1.3. 수의 성분

수의 성분에는 당대어와 같이 수식어와 한정어를 둘 수 있다. 다음은 수식어가 명사구 앞에 놓인 예이다.

(18) 가. 새 구스리 (**구슬**이) 나며 (월인석보 1, 27)
나. 내 마ᄅᆞᆯ (**말**ᄋᆞᆯ) 다 드를따 ᄒᆞ야 (석보상절 6, 8)

(18가)는 명사 '새'가 명사구 '구슬'의 상태를 수식해 주고 있다. 당대어에서는 '새'가 관형사이지마는 중세에는 명사였다. (18나)는 대명사의 속격형이 명사 '말'을 수식하여 준다. 수식어가 없어도 문장이 성립된다고 보고 수의 성분으로 처리하였다.

다음은 한정어가 동사 앞에 놓인 예이다.

(19) 가. ᄇᆞᄅᆞ매 아니 **뮐씨** (용비어천가 2장)
나. 뫼해 사리 **박거늘** (월인천강지곡기 41)

(19가)에 쓰인 부정 부사 '아니'는 후행하는 동사 '뮈다'를 한정하여 준다. 그것이 없어도 문장의 성립에 지장을 일으키지 않는다. (나)의 '뫼해'는 화살이 명중하는 표적을 가리키는데 처소 보족어로도 볼 수 있다. 그렇다면 한정어로 보기가 어렵지 않은가 한다.

8.4.1.4. 독립 성분

중세어의 독립 성분에는 감동어, 호격어, 접속어를 들 수 있으며 당대어에 보이는 제시어는 아직 찾지 못하였다.

(20) 가. 아소 님하 도람 드르샤 (악학궤범, 정과정)
나. 님금하 아ᄅᆞ쇼셔 (용비어천가 125장)
다. 信力 ᄡᆞᄅᆞ미라 ᄒᆞ시니 그럴씨 모로매 信機ᄅᆞᆯ 골ᄒᆡ야 (법화경언해 2, 160)

(20가)는 간투사가, (나)는 호격어가, (다)는 접속사가 독립 성분이 된 것이다.

8.4.2. 고대어 및 방언의 성분 체계

8.4.2.1. 고대어의 성분 체계

고대어의 성분 체계를 구성하려면 이두, 향찰, 석독 구결에 대한 어느 정도 만족할 만한 해독이 이루어져야만 할 것이나 이는 먼 후대에나 바랄 수 있을 것이다. 이곳에서는 앞의 고대어의 격 체계에 대한 형태통사론과 관련시켜 가면서 고대어의 성분 체계를 얽어 보기로 한다. 고대어의 성분 체계는 자료가 적고 거기다가 해독상의 문제가 걸려 있기 때문에 『삼국유사』 소재의 향가 14수를 주로 이용하고 균여 향가를 보조적으로 이용하기로 한다. 해독은 김완진 (1980)을 주로 이용하기로 한다.

먼저 필수 성분부터 보기로 한다.

(21) 가. ① 爲賜尸知民是愛尸知古如 (안민가 4행)
② 君隱父也 (안민가 3행)
나. 吾肹不喩慚肹伊賜等 (헌화가 3행)
다. ① 千隱手叱千隱目肹 (도천수관음가 5행)
② 耆郎矣貌史是史藪邪 (찬기파랑가 5행)
라. ① 去隱春皆理米 (모죽지랑가 1행)
② 紫布岩乎邊希 (헌화가 1행)
③ 今日此矣散花唱良 (도솔가 1행)
마. ① 蓬次叱巷中宿尸夜音有叱下是 (모죽지랑가 8행)
② 夜矣卯乙抱遣去如 (서동요 6행)
바. 淨戒叱主留卜以支乃遣只 (참회업장가 6행)

(21가)는 주격 보족어 명사구, 곧 주어이다. ①은 '民是'가 주격 보족어인데 동작 동사 서술어 '愛尸'의 지배를 받고 있다. ②는 당대어나 중세어의 주제어에 해당하는데 고대어에는 주어와 주제어가 특별히 구별되지 않는다는 최근의 연구 (최성규 2016) (앞에 나옴)를 참조하여 한데 묶었다.

(21나)에서는 대격 보족어로 쓰인 예를 확인할 수 있는데 그 보족어는 후행 구절의 목적어 기능을 수행하고 있다. (21다)는 속격 보족어의 예이다. ①은 무정물 지칭의 속격형 '手叱'이 후행 구절을 수식하고 있다. ②의 '矣'는 유정물 지칭의 '耆郎'에 붙어 속격 보족어의 역할을 하고 있다. (21라)는 부정격 보족어이다. ①의 '去隱春'은 통합 관계로 볼 때, 뒤의 동사 서술어에 대하여 주어의 기능을 띠고 있다. ②의 '岩乎邊希'는 명사 '岩乎'와 명사 '邊'의 병치 구성이므로 전자는 후자에 대하여 속격의 기능을 띠고 있다. 성분상으로는 수식어이다. ③의 '散花唱良'는 목적어와 동작 동사 서술어의 구성이므로 대격 보족어, 곧 목적어라 할 수 있다. (21마)는 처소 보족어의 예이다. ①의 '巷中'의 '中'은 뒤의 자동 동작 동사 '宿' (자-)의 처격 보족어가 되어 있다. ②는 시간 표시의 처소 보족어이다. (21바)의 '留'는 지금까지 조격으로 해독해 왔는데 황국정 (2011)을 따라 대상역이 부여되는 목적어로 보기로 한다. 중세어에도 이런 용법이 있었고 이두 자료에는 조선조 후기까지 그 그루터기가 남아 있음이 확인되었다. 앞의 중세어와 같이 성분상으로는 목적어의 기능이 부여된다.

다음은 수의 성분이다. 수의 성분에는 관형사와 부사가 있다.

(22) 가. <u>於內</u>秋察早隱風未 (제망매가 5행)
　　나. <u>今日</u>此矣散花唱良 (도솔가 1행)

(22가)의 '於內'는 '어느'로 해독되는데 관형사가 수식어로 쓰인 것이고 (22나)는 '오늘'로 해독되는데 시간 부사가 한정어로 쓰였다.

다음은 독립 성분이다. 고대어의 독립 성분에는 호격어와 간투사 정도를 둘 수 있다. 제시어는 물론 접속어도 볼 수 없다.

다음은 호격어로 간주되는 예이다.

(23) 가. <u>郎也</u>地理尸心未 行乎尸道尸 (모죽지랑가 7행)
　　나. 君隱<u>父也</u> (안민가 1행)

(23가)는 해독에 문제가 있지만 호격으로 처리하는 견해를 따른다. (23나)도 호격으로 보기로 한다. 특히 (23가)는 중세어의 (20나)의 공대의 호격어에 대응하는 표현으로 보인다.

다음은 간투사가 독립 성분으로 쓰인 예이다.

(24) 가. <u>阿邪也</u> 吾良遺知支賜尸等隱 (도천수관음가 9)
　　나. <u>阿邪</u> 此身遺也置遣 (원왕생가 9행)

(24)의 두 예는 모두 간투사로서 독립 성분으로 쓰인 것이다.

8.4.2.2. 방언의 성분 체계

우리말의 방언의 성분 체계는 아직 본격적으로 논의된 바 없다. 예외가 있다면 고재환의 『제주어 개론』(상) (2011/2013 개정판)에서 "어순"이란 제목 아래 주성분, 부속 성분, 독립 성분 등을 다룬 것을 꼽을 수 있을 정도이다. 저자는 앞의 명사 형태부에서 각 방언별 격 어미의 변이 양상을 검토한 바 있고 이기갑 (2003: 29-115)에서 격 어미별로 각 지역어의 기능이 종합적으로 구명된 바 있다. 이런 작업도 중요하지마는 각 지역별로 격 어미의 체계를 세우고 그 통사의미론을 전개하는 작업이 필수적이다. 이런 작업이 이루어지려면 각 방언의 말뭉치부터 구축해야 한다. 이를테면 국립국어원에서 내는 〈지역어구술 자료 총서〉[9]와 중국 정부의 재정적 뒷받침을 받아 내고 있는 〈중국 조선어 총서〉[10]와 같은 자료집은 방언의 격 표지뿐만 아니라 문법 형태의 통사의미론을 엮는 기초 작업이 될 수 있다. 김주식 · 최명옥의 공편저인 「경주 속담 · 말 사전」 (한국문화사, 2001)은 경주 지역어의 속담과 일상 어휘의 용례를 성조까지 표기하여 언어 자료로서 손색이 없도록 만전을 기하였다.

앞 (§7.6.6.2, 590쪽)에서 저자는 황국정 (2011)에서 동남 방언인 경주 지역어의 조격 '-로'가 대상역을 표시한다는 점을 지적하였다고 하였는데 이제 그 사정을 자세히 보기로 한다. 이곳에서는 60세 이상의 제보자 22명을 선정하여 대상역을 표시하는 조격 어미 '-로'의 사용 용례를 모아 다음의 8개 구문으로 유형화하였다.

(25) 가. NP_1이 NP_2로 V 구문
나. NP_1이 NP_2로 NP_3로 V 구문
다. NP_1이 NP_2로 NP_3에 V 구문
라. NP_1이 NP_2로 NP_3로 V 구문
마. NP_1이 NP_2 NP_3로 V 구문
바. NP_1이 S기로 NP_2로 V 구문
사. NP_1이 S ㄴ 거로 V' 구문
아. NP_1 V(NP=대상) 구문

(25)의 각 유형에 해당하는 동사를 조사한 다음 그 실례를 들었다.

(25) 가'. 저 불로 끄면 이게 머라 크면 어얄꼬 시픈기라. '저불을 끄면 이게 뭐라고 하면 어찌 할꼬 싶은 것이라.'
나'. 일로 머로 시기는고 하니. '일을 무엇을 시키느냐 하면.'
다'. 종바리로 밥솥에 여어가. '종바리를 밥솥에 넣어가서.'
라'. 안강에 있는 거로 경주로 댕겨 놓이까네. '안강에 있는 거 (내 아들) 경주 (우체국으로) 데려다 놓으니까'.
마'. 경북대학생이 야로 글로 가르쳤는데. '경북대학생이 내 아들에게 글을 가르쳤는데.'
바'. 그 어른이 글로 짓기로 또 뭐로 지었노 카믄 … "花각三千이 人自去하고 金絲千里업人來라." 그래가 일등했어. 그거 지아가. '그 어른이 글을 짓기를 또 무엇을 지었나 하면 …'

---

9) 2016년 11월 현재 17권이 나와 있다.
10) 이금화의 〈의주 (심양) 지역어 텍스트/방언 텍스트〉, 역락, 2014를 들 수 있다.

사'. 수술하자 큰는 거로 내가 앤했니더. '수술하다고 하는 것을 내가 안했다.'
아'. 사돈이 붙여 보냈는 거로 이까지 왔대. '사돈이 붙여 붙여 보냈는 게 (약이) 여기 (경주까지) 왔대.'

연구자 황국정 교수는 500여 개의 동사중 조격 어미 '-로'와 관련된 200여개를 추출하여 위와 같은 8개 유형의 문형을 추출함으로써 '-로'의 기능이 표준어와는 달리 대상역을 표시한다는 점을 지적하였다.

8.5. 어순[11)]

8.5.1. 자유 어순과 그 한계

널리 알려진 바와 같이, 우리말은 "주어 - 목적어 - 동사" (SOV)에 속하는 언어이다 (남미혜 1988: 7-11). 더욱이 우리말은 문법적 관계를 표시하는 격 어미와 활용 어미가 풍부하여 자유 어순에 속하는 언어로 알려져 있다. 그러나 이 명제는 예외 없이 적용되지 않는다. 어순을 바꿀 때에는 몇 가지 제약을 받는 일이 있다.

첫째 어순을 바꿀 때에는 원칙적으로 단어 단위로 움직인다. 이곳의 "단어"란 명사에 격 어미가 붙은 곡용형과, 동사의 활용형은 물론, 관형사, 부사 등의 불변어 (§4.2, 70쪽)를 가리킨다. 학교 문법에서는 격 어미를 단어로 인정하기 때문에 "어절"이나 "구절" 단위로 움직인다고 말할 수 있으나 저자는 학교 문법의 "격 조사"를 단어로 인정하지 않기 때문에 단어 단위로 움직인다고 하였다.

다음 (1가, 나)의 예는 우리말의 어순을 대표하는 단어의 배열, 곧 어순 (語順, word order)이다.

(1) 가. 철수가 책을 읽는다.
나. 철수가 재미있는 책을 열심히 읽는다.

위와 같은 배열을 "바른 어순"이라고 부르기로 한다. 전통 문법에서는 이를 "바른 자리" (正常位置)라고 불렀다. 두 문장의 목적어에 특별히 초점을 두려면 그 순서를 바꾸어서 다음과 같이 배열할 수 있다.

---

11) 그 사이 국제적으로는 어순 연구가 다방면에서 접근이 시도되어 왔다. 송재정 (2012)이 대표적인데 어순 문제를 언어 유형론, 생성 문법, 최적성 이론, 수행 기반 이론 등 다방면에 걸쳐 접근하고 있어 어순 연구에 한 이정표를 제시하고 있다. 특히 송재정 (2009)에서는 컴퓨터에 의한 처리 기반 설명법 (processing-based explanation)을 도입하고 있어 어순 연구의 모델로 삼을 수 있다. 우리말의 어순에 대하여는 최소 주의와 HPSG 등의 생성 문법과 언어 유형론의 수용이 계기가 되어 연구가 활성화하였다. 1980년대까지 국내의 어순 연구의 흐름에 대하여는 이기갑 (1991)을 통하여 알 수 있다. 최소 주의와 HPSG에 의한 연구도 상당한 양에 달하지만 아직 그에 대한 연구사적 검토는 행해지지 않고 있다. 원래 어순은 수사학의 영역이었는데 H. Weil의 「고대어의 어순 연구」 (1844/1978)에서 문법의 영역으로 편입되었음이 밝혀지고 있다 (채완 1989).

(1) 가'. **책을** 철수가 열심히 읽는다.
나'. **재미있는 책을** 철수가 열심히 읽는다.

위와 같은 단어의 배열을 요즘 생성 문법에서는 "어순 재배치" (scrambling)라 부르며 전통 문법에서는 "거꾸른 자리" (전도 위치, 轉倒位置) (최현배 1937/1971: 788)라 불렀었다,

둘째, 문장 성분의 단위가 되는 성분절도 마찬가지다.

(2) 가. 농부들이 비가 오기를 기다린다.
나. 코끼리는 코가 길다$_1$다$_2$.
다. 향기가 좋은 꽃이 많이 피었다.
라. 진달래가 빛깔이 곱게 피었다.

(2)의 밑줄 그은 성분은 앞에서 도입한 성분절 (§8.1, 605쪽)인데 여기에는 명사절, 동사절, 수식절, 한정절을 두었었다. 성분절은 그 자리를 앞뒤로 옮길 때 다음과 같이 절 전체가 옮김의 대상이 된다.

(2) 가'. 비가 오기를 농부들이 기다린다.
나'. 코가 길다$_1$다$_2$, 코끼리는.
다'. 많이 피었다, 향기가 좋은 꽃이.
라'. 빛깔이 곱게 진달래가 피었다.

각 절이 두 개 내지 세 개의 단어로 구성되어 있다고 하더라도 절 전체가 한 단위의 문장 성분이 될 때에는 절 전체가 움직인다. 앞 (§2.4.3, 33쪽)에서 저자가 설정한 바 있는 형성소 연쇄체는 어순에서는 아무런 역할을 하지 못한다.

셋째, 하위절과 대등절이 옮김의 대상이 될 때에도 절 전체가 움직인다.

(3) 가. 봄이 오니 꽃이 핀다.
나. 달도 밝고 바람도 서늘하다.

(3가)는 하위절과 상위절[12]로 이루어진 복합문이고 (3나)는 대등절로 이루어진 복합문이다. 그 순서를 바꾸어 다음과 같이 표현하여도 절 전체가 움직이지 개별 단어 단위로 움직이지 않는다.

(3) 가'. 꽃이 핀다, 봄이 오니.
나'. 바람도 서늘하고 달도 밝다.

넷째, 의존 명사와 의존 동사 구성, 그리고 합성 서술어도 한 단위가 되어 움직인다.

12) 상위절은 전통 문법의 주절을 대치한 용어인데 국어 생성 문법에서는 "根節, 根文"이라 부르기도 한다 (임홍빈 1998나: 65-127).

(4) 가. 가시는 분이 누구냐.
　　나. 사과 세 개를 먹어 버렸다.
　　다. 영어를 공부를 한다.

(4)를 다음과 같이 순서를 바꾸어 보면 세 구성은 모두 한 덩어리가 되어 움직인다.

(4) 가'. 누구냐, 가시는 분이.
　　나'. 먹어 버렸다, 사과 세 개를.
　　다'. 공부를 한다, 영어를.

다섯째, 격 어미가 생략되면 어순이 문법적 기능을 대신한다.

(5) 가. 너 나 때렸어.
　　나. 한국팀 중국팀 드디어 제압.
　　다. 철수 영호 찾는다.
　　라. 달아맨 돼지 누운 돼지 나무란다.

(5가)는 대화에서 흔히 쓰이는 말인데 순서를 바꾸면 반대의 뜻이 되어 버린다. (5나)는 신문 기사의 제호이다. 신문 기사의 제호에서는 기사의 대의 (大意)를 효과적으로 전달하기 위하여 명사구만으로 제호를 삼는 일이 많다. (5다)도 마찬가지다. 순서를 바꾸면 '철수'가 '영호'를 찾는 것이 아니라 '영호'가 '철수'를 찾는 뜻이 되어 버린다. (5라)는 자기보다 나은 처지에 있는 사람을 빈정대는 속담인데 순서를 바꾸면 별개의 뜻이 되고 만다 (유동석 1984가: 8).

여섯째, 의미가 다른 조격이 나열될 때에는 수단의 조격이 지향의 조격에 앞서야 한다.

(6) 트럭으로 부산으로 갔다. (김승열 1988: 33)

이미 검토한 바와 같이 (§7.6.3.2, 564쪽), 동음적 조격이 반복될 때에는 어느 하나를 다른 격 어미로 바꾸든지 해야 하는데 그 순서를 다음과 같이 바꾸기가 어려워 보인다.

(6') ?부산으로 트럭으로 갔다.

우리말이 자유 어순이라고 하는 명제는 한계가 있다. 그것은 작게는 단어, 크게는 절 단위의 한계를 넘어서지 못한다는 뜻이다. 절이 아무리 여러 단어로 성립되어 있다고 하더라도 그 울타리 안에 있는 개별 단어는 이동의 대상이 되지 못한다.

8.5.2. 바른 어순

"바른 어순"이라고 함은 전통적으로 "바른 자리, 순열 (順列), 정치법 (正置法), 정상 위치 (正常位置)"로 불려져 온 단어의 배열이다. "무표 어순" 내지 "규범 어순"이라고도 한다. 우리말의 어순을 대표하는 타동사문을 보면 주어는 문장의 첫 머리에 오고 서술어는 끝에 오며 목적어는 주어와 서술어 사이에 온다. 다음 예가 이를 대변한다.

(1) 철수가 책을 읽는다.

다음 예는 주제어가 앞서는 예이다.

(2) 토끼는 앞발이 짧다.

주제어는 뒤로는 갈 수 있어도 다음과 같이 문장의 가운데는 끼지 못한다.

(2') *앞발이 토끼는 짧다.

수량어는 일반적으로 명사구 다음에 놓인다 (남미혜 1988: 55).

(3) 가. **감** 하나가 나무에서 떨어졌다.
나. **철수** 혼자서 집을 지켰다.
다. **포도**를 세 송이만 사오너라.

(3가)는 주격 보족어 '감'에 물 (物) 수사 '하나'가 후행한 것이고 (나)는 주격 보족어 '철수' 뒤에 인 (人) 수사 '혼자'가 후행하였으며 (다)는 대격 보족어 '포도' 뒤에 단위성 의존 명사 구성 '세 송이'가 와 있다.

수식어는 특별한 경우가 아니면 명사 뒤에 놓이는 일이 없다. 그러나 수식어가 겹치는 경우에는 그 나름의 순서가 있다.

(4) 저 두 새 집을 눈여겨 보아라.

(4)는 수식어가 여럿 겹쳐서 나타나는 예인데 이런 경우는 '지시 관형사-수 관형사-지시 관형사'의 순서를 지킨다. 이런 경우는 그 순서를 바꾸어 다음과 같이 표현할 수 없다.

(4') ① *새 저 두 집을 ~
② *두 저 새 집을 ~

그러나 처소 대명사 중 '여기'가 초점을 받아 '여기 이 책'과 같이 이른바 강화사로 쓰이면 지시 관형사 앞에 다른 말이 쓰일 수 있다 (홍용철 2006: 670).

다음 예도 같이 해석할 수 있다.

(5) 가. 흘러가는 맑은 냇물을 유심히 보아라.
나. 조국의 푸른 하늘이 그립지 않으냐.
다. 영광스러운 우리 모교여!

(5가)는 동작 동사의 수식적 동명사형과 상태 동사의 수식적 동명사형이 겹친 것이고 (5나)는 명사의 속격형과 상태 동사의 동명사형이 겹친 것이며 (5다)는 상태 동사의 동명사형과 대명사구의 속격의 미실현형 '우리'가 겹친 것이다. 이런 경우 순서를 바꾸면 다음과 같이 의미가 달라지거나 불완전한 문장이 된다.

(5) 가'. *맑은 흘러가는 냇물을 유심히 보아라.
나'. *푸른 조국의 하늘이 그립지 않으냐.
다'. *우리 영광스러운 모교여!

(5나')는 가능한 구성이라고 할 수 있으나 수식 관계가 다르다는 점을 유의할 필요가 있다. 물론 문어$_1$에서는 쉼표를 두고 구어에서는 휴지를 두면 가능한 배열이 되기는 하나 이는 고려하지 않는다.

보족어 중 여격 보족어는 수식어와는 달리 배열이 매우 자유롭다. 그러나 여기에도 한계가 있다.

(6) 가. 철수가 우체통에 편지를 **넣었다**.
나. 동주가 광희에게 메일을 **보냈다**.

'넣다, 보내다, 쓰다, 주다'와 같이 '송부' (送付)를 뜻하는 동사는 그 나름의 논항 구조를 가지고 있다. 이들 동사는 필수 논항인 대격 보족어 명사구와 처격 보족어 명사구를 요구한다. 이런 구문에서는 "처격 보족어 명사구-대격 보족어 명사구)의 순서를 취하는 것이 자연스럽다.

양상 부사 한정어는 일반적으로 대격 보족어 명사구 뒤에 놓인다.

(7) 가. 우리는 **점심을** 천천히 먹었다.
나. 그들은 **김 하사를** 기어이 소생시켰다.

양태 부사 보족어는 일반적으로 문장의 첫 머리에 놓인다. 다음 예가 그러하다.

(8) 가. 아마 오후에는 비가 올 것 같다.
나. 과연 영희는 예쁘게 생겼구나.
다. 확실히 김 교수는 포용력이 있는 사람이다.

부사 보족어의 위치가 자유롭다고 해서 모든 경우에 적용되는 것은 아니다. 먼저 시간과 공간 표시의 부사 보족어 명사구가 병렬될 때에는 "시간 보족어-공간 보족어"의 순서로 배열되며 문장의 첫 머리에 놓인다.

(9) 옛날에 금강산 산골짜기에 한 나무군이 살고 있었다.

그 순서를 바꾸어 다음과 같이 두 보족어를 주격 보족어 다음에 놓으면 매우 어색하거나 온전치 못한 문장이 되어 버린다.

(9') ??*한 나무군이 옛날에 금강산 산골짜기에 살고 있었다.

일반적으로 주격 보족어 명사구는 처격 보족어 명사구에 앞서지만 처격 보족어 명사구가 첨사를 취하여 주제적으로 사용될 때에는 처격 보족어 명사구가 주격 보족어 명사구에 앞선다.

(10) 가. 영수에게는 돈이 있다.
나. 우리나라에는 산이 많다.

(10)에 사용된 '있다'와 '많다'는 소유의 상태 동사인데 이런 동사는 처소 보족어 명사구가 문장의 첫 머리에 놓인다. 이런 보족어를 주격 보족어 명사구 다음으로 옮기면 매우 어색한 문장이 되어 버린다.

(10) 가'. ??조국이 학자에게는 있다.
나'. ??산이 우리나라에는 많다.

대격 보족어와 조격 및 인용 보족어가 나열될 때에는 그 나름의 순서가 있다 (유혜원 1999: 214, 고희정 2015, 서정목 2017: 289).

(11) 가. 정부는 노조를 불법단체로 판정하였다.
나. 모든 사람이 박 사장을 부자라고 생각하였다.

(11가)에서 앞의 명사구 '노조 (를)'는 대격 보족어 명사구로, 뒤의 명사구 '불법단체 (로)'는 조격 (자격) 보족어 명사구로 구성되어 있고 (11나)에서 앞의 명사구 '박사장'은 대격 보족어 명사구로, 뒤의 명사구 '부자'는 인용의 보족어로 구성되어 있다. 이들 예는 그 순서를 바꾸면 다음과 같이 비문법적 문장이 되어 버린다.

(11) 가'. *정부는 불법단체로 노조를 판정하였다.
나'. *모든 사람이 부자라고 박 사장을 생각하였다.

같은 명사구를 논항으로 취하는 보족어임에도 불구하고 순서를 바꿀 수 없는 것은 이들이 의미론적으로 볼 때 소절 (小節, small clause) (뒤에 나옴)을 구성하고 있기 때문이라고 보기도 한다. 소절이란 앞뒤의 명사구가 다음과 같은 주술 구성으로 전개할 수 있다는 데서 붙여진 범주이다.

(11) 가". 노조는 불법단체이다.
나". 박 사장은 부자다.

대격 보족어 명사구가 중출하는 능동 구문에서는 그 순서를 바꿀 수 없다 (유혜원 1999: 214-215).

(11-1) 영희가 진수를 손을 잡았다.

곧 다음과 같은 성분의 배열은 비문법적이다.

(11-1') *영희가 손을 진수를 잡았다.

'진수'와 '손'은 같은 대상의 전체와 부분의 관계를 형성하고 있다. 앞의 (2)와 비슷한 예이다.

대격 보족어 명사구와 조격 보족어 명사구가 나열되어 있을 때에도 그 순서를 함부로 바꿀 없는 경우가 있다 (김지홍 1991/2010: 302).

(11-2) 가. 철수가 장난감을 고물로 만들었다.
나. 철수가 고물로 장난감을 만들었다.

위의 (가)는 파괴 행위를 가리키지마는 (나)는 창조 행위를 가리킨다는 점에서 그 순서를 바꿀 수 없다.

한 문장에 같은 격 어미가 한번 이상 나타나면 순서를 바꿀 수 없는 것이 있다. 대표적으로 학교 문법에서 보어의 하나로 보고 있고 앞 (§8.3.2.1.(1사), 618쪽)에서 변성의 보족어 구성으로 처리한 'X이 Y이 되다' 구성이 그것이다 (한송화 2000: 153, 고영근 · 구본관 2008/2018: 283-285).

(12) 물이 얼음이 되었다.

위의 예에 나타나는 두 명사구의 순서를 다음과 같이 바꾸면 얼음이 물이 되었다고 하여 반대의 의미가 되어 버린다.

(12') *얼음이 물이 된다.

단어의 자리 바꿈은 원래의 문장과 배열이 달라진 문장의 의미가 같아야만 하는데 반대의 의미가 나오니 이는 자리바꿈을 허용하지 않는 예로 볼 수밖에 없다. 다음 문장도 같은 성격의 것이다 (조미정 1986가: 5).

(12-1) 가. 순애가 걱정이 많다.
나. 수일이 학생으로 보인다.
다. 그는 서울에서 부산으로 갔다.

위의 (가)는 주격 중출형인데 (§7.6.2.1, 555쪽), 앞의 (12)와 같이 자리를 바꿀 수 없다. (나)는 조격 보족어 명사구가 '학생처럼'의 의미로 쓰인 것인데 역시 자리를 바꿀 수 없다. (다)는 출발점역과 도착점역을 표시하는 보족어로 성립되어 있는데 역시 순서를 바꿀 수 없다 (한송화 2000: 296).

다음 예도 마찬가지다 (남기심 1993: 418-427).

(12-2) 가. 그들은 전국을 무대로 장사를 시작했다.
나. *그들은 무대로 전국을 장사를 시작했다.

'-로' 명사구 가운데는 이런 예가 많다, 그런 예 가운데는 '-로' 보족어 명사구가 단순한 명사구이기보다는 부사적 성격이 강한 사실과 관련이 있어 보인다.

정도 한정어가 양상 한정어와 겹칠 때에는 전자가 후자에 선행한다.

(13) 가. 더욱 열심히 노력하기 바란다.
나. 붓글씨는 비교적 잘 쓰는 편이다.

앞 (§6.4.2, 290쪽)에서 본 바와 같이, 부사에 의한 한정어는 "지시 한정어 - 성상 한정어 - 부정 한정어"의 순서를 지킨다.

(14) 저리 잘 안 먹는 아이는 처음 본다.

위의 예에서 양상 부사 '잘'은 부정 부사 '안'과 다음과 같이 바꿀 수 없다 (김종복 2016가: 196-197).

(14') *저리 안 잘 먹는 아이는 처음 본다.

독립 성분 중 감동어, 호격어는 순서가 매우 자유로워서 문장의 처음과 끝, 가운데에 놓일 수 있다고 하였다. 그러나 역시 정상적인 자리는 문장의 첫 머리로 알려져 있다. 독립 성분 중 제시어는 문장의 머리에 고정되어 있다. 대표적인 예 몇 가지를 들어둔다

(15) 가. 대한 청년아, 힘을 길러라. (호격어)
나. 자, 한번 해 볼까. (감동어)
다. 그러나, 정부는 민감한 문제에 대하여는 논평을 회피하였다. (접속어)
라. 이상, 우리의 청춘이 가장 많이 품고 있는 이상, 이것이야말로 무한한 가치를 가진 것이다. (민태원, 청춘예찬) (제시어)

(15가, 나)는 호격어와 감동어의 예이다. (15다)는 접속어인데 다음과 같이 문장 가운데 놓일 수 있다.

(15) 다'. ① 정부는, 그러나, 민감한 문제에 대하여는 논평을 회피하였다.
② 정부는 민감한 문제에 대하여는, 그러나, 논평을 회피하였다.

(15라)는 제시어로서 순서를 바꿀 수 없다.

8.5.3. 바뀐 어순

바뀐 어순이란 바른 어순의 반대 개념이다. 전통적으로 "도열" (倒列), "도치법" (倒置法), "전도 위치" (顚倒位置), "거꾸른 자리'와 같이 불려 왔던 어순 도치 현상이며 앞의 무표 어순에 대하여 유표 어순 (이윤하 2006: 413)이라고 한다. 앞에서 저자는 문법적 관점에서 우리말 성분의 바른 어순의 이모저모를 살펴보았다. 바른 어순에서는 그 위치가 다소 유동적이어서 순서를 바꿀 수 있는 것도 있었고 순서를 바꿀 수 없는 고정적인 것도 적지 않았다. 이곳에서는 유동적인 예를 중심으로 바뀐 배열의 몇 가지 현상을 보기로 한다.

우리말의 어순을 대표하는 타동 동사문을 대상으로 할 때 주어, 목적어, 동사 서술어는 그 자리를 바꿀 수 있다.

(1) 가. 철수가 책을 읽는다.
나. 책을 철수가 읽는다.
다. 읽는다 철수가 책을.
라. 읽는다 책을 철수가.

(1)은 순서를 어떻게 바꾸어 놓더라도 철수가 책 읽는 동작을 내용으로 하고 있다는 점에서는 변함이 없다. 상대방에게 '책'에 주의가 집중토록 하려면 (나)를 선택할 수도 있고[13] 철수의 읽는 행위에 초점이 맞추어지면 (다)를, 철수의 책 읽는 행위에 역점이 주어지면 (라)를 선택할 수 있다. 일종의 문체론적 효과를 거두기 위하여 배열을 달리한 것이라고 하겠다. 이런 현상을 "어순 재배치" 또는 "어순 뒤섞기" (scrambling)라고 하여 생성 문법, 특히 최소 주의에서 관심을 많이 기울이고 있지만 우리말의 어순의 질서를 얼마나 성공적으로 해명하였는가 하는 것은 아직 단정할 수 없다.

그러나 겹쳐진 수식어 중 수식어 명사구가 있거나 수식절을 안고 있을 때에는 그 순서를 바꿀 수 있다.

(2) 가. 저 높은 맑은 가을의 하늘을 쳐다보아라.
나. 키가 큰 저 두 신사중 한 분이 나의 삼촌이시다.

(2가)는 수식어 보족어 명사구 '가을 (의)' 앞에 관형사와 두 개의 상태 동사 동명사형이 겹쳐 있는 것이다. 이는 다음과 같이 순서를 바꾸어 놓아도 문장의 인지적 의미에는 아무런 변화를 주지 않는다. 문체론적으로 어느 성분에 초점을 두는가에 따라 배열을 달리할 수 있다.

(2) 가'. ① 저 맑은 높은 가을의 하늘 …
② 저 높은 가을의 맑은 하늘 …
③ 가을의 저 높은 맑은 하늘 …

---

13) (나)와 같이 목적어가 주어에 앞설 때 주제화로 보기도 한다 (유동석 1986).

물론 (2가')②와 ③은 '높은'과 '가을의' 다음에 **쉼표**나 **휴지**를 두어야 한다. (2나)는 수식절을 안은 겹친 수식어이다. (2나)는 다음과 같이 바꾸어 놓아도 문장의 기본 의미에 변화를 주지 않는다.

(2) 나'. ① 저 키가 큰 두 신사 중 …
② 저 두 키가 큰 신사 중 …

관형사끼리 겹칠 때에는 "지시 관형사-수 관형사-성상 관형사"의 순서를 지키는데 다른 수식어와 겹치면 순서가 달라지는 이유를 캐내기가 쉽지 않다.

앞 (§8.5.2, 634쪽)에서 송부 (送付)의 동사는 '여격 보족어-대격 보족어'의 순서로 논항을 취함을 보았었는데 다음과 같이 그 순서가 바뀌어 "대격 보족어-여격 보족어"의 순서로 실현될 수 있다.

(3) 가'. 철수가 <u>편지를</u> <u>우체통에</u> **넣었다**.
나'. 동주가 <u>메일을</u> <u>광희에게</u> **보냈다**.

이 경우는 상대방에게 대격 보족어의 논항에 주의를 기울이도록 하는 책략이 작용한 것으로 해석된다.

앞 (634쪽)에서 우리는 양태 부사 보족어가 일반적으로 문두에 놓임을 본 바 있는데 다른 위치에도 얼마든지 놓일 수 있다.

(4) 가. <u>과연</u> 오늘날의 대학 지성들이 난국에 처한 우리의 현실을 근심하고 있을까.
나. 오늘날의 대학 지성들이 <u>과연</u> 난국에 처한 우리의 현실을 근심하고 있을까.
다. 오늘날의 대학 지성들이 난국에 처한 우리의 현실을 <u>과연</u> 근심하고 있을까.

위의 예는 문장의 첫 머리에 쓰이는 양태 부사 '과연'이 주격 보족어 명사구와 대격 보족어 명사구 사이에는 물론, 대격 보족어 명사구와 서술어 사이에도 쓰일 수 있음을 보여 주는 예이다.

앞 (§8.5.2, 634쪽)에서 저자는 양상 부사 보족어가 동사 서술어 바로 앞에 놓이는 예를 보았었는데, 다음 예와 같이, 양상 부사 보족어'에 초점을 두면 그 앞으로 자리를 옮길 수 있다.

(5) 가. 우리는 <u>천천히</u> 점심을 **먹었다**.
나. 그들은 <u>기어이</u> 김 하사를 **소생시켰다**.

양상 부사가 정도 부사를 이끌고 있을 때에는 전체가 한 덩어리가 되어 움직인다 (김승열 1988: 93).

(6) ① 철수가 <u>매우 빨리</u> 달린다.
② <u>매우 빨리</u> 철수가 달린다.
③ *<u>매우</u> 철수가 <u>빨리</u> 달린다.

독립 성분의 바뀐 배열의 예를 몇 가지 들어 둔다.

(7) 가. 궐기합시다, <u>여러분</u>. (호격어)

나. 이 놈이 사람 친다, 아야. (감동어)
다. 정부는, 그러나, 민감한 문제에 대하여는 논평을 회피하였다. (접속어)
다'. 정부는 민감한 문제에 대하여는, 그러나, 논평을 회피하였다. (접속어)

8.5.4. 중세 및 고대어의 어순과 그 변화

중세어의 어순은 당대어와 큰 차이가 없어 보인다.

(1) 가. (블근 새)$_{\text{NNP}}$ (그를)$_{\text{ANP}}$ (므러)$_{\text{VP}}$ (용비어천가 7장)
가'. (太子ᄅᆞᆯ)$_{\text{ANP}}$ (하ᄂᆞᆯ히)$_{\text{NNP}}$ (ᄀᆞᆯᄒᆡ샤)$_{\text{VP}}$ (용비어천가 82장)
나. (새)$_{\text{N}}$ 구스리 나며 (월인석보 1, 7)
다. 우리 始祖ㅣ (慶興에)$_{\text{LNP}}$ 사ᄅᆞ샤 (용비어천가 3장)
다'. (뫼해)$_{\text{LNP}}$ 사리 박거늘 (월인천강지곡 41장)

(1가)는 중세어의 타동 동작 동사문으로서 당대어와 같이 SOV의 어순을 대변하는 것이다. (1가')는 (1가)의 어순에서 주격 보족어와 대격 보족어가 자리를 바꾼 것으로서 앞 (§8.5.3, 638쪽)의 당대어의 (1나)와 같은 예이다. (1나)는 명사 '새'가 부가어가 되어 주격 보족어 '구슬 (이)'을 꾸며 주고 있다. 당대어라면 관형사 '새'가 주격 보족어 명사구를 꾸며 준다고 할 수 있으나 중세어는 '새'가 명사였다 (§6.4.1.4, 285쪽). (1다)는 당대어와 같이 처격 보족어 명사구 '慶興 (에)'가 동사 바로 앞에 놓이는 예이고 (1다')는 당대어 (§8.5.3.(3), 639쪽)와 같은 예이다. 중세어도 당대어와 같이 주어와 목적어의 도치가 있었음을 확인할 수 있다. 도치의 원인은 당대어와 같이 초점이 놓이는 것으로 설명할 수 있다.
고대어의 어순도 중세어와 큰 차이가 없어 보인다.

(2) 가. (魂是)$_{\text{NNP}}$ 去賜矣 (도이장가 3)
나. (皆)$_{\text{MVN}}$佛體置然叱爲賜隱伊留兮 (상수불학가 8)
다. (膝肹)$_{\text{ANP}}$ 古召旀 (도천수관음가 1)
라. (夜入伊)$_{\text{Adv}}$游行如可 (처용가 2)

(2)는 고려 초기의 향가인 〈도이장가〉와 신라 향가에서 뽑은 것이다. (2가)의 '魂是'가 '넉시'로 해독되는 데 대하여 이의가 없으므로 자동 동작 동사를 가진 '(S)AV' 문형임에 틀림없다. (2다~라)는 신라 향가이다. (2다)의 '膝肹'이 '무르플'로 해독되는 것이 정확하다면 이는 중세어의 (1가)와 같이 타동사 문형 '(S)OV'형임이 틀림없다. 주격 보족어는 문면에 나타나 있지 않다. (다)의 '皆'는 '모ᄃᆞᆫ'으로 해독하는 데 대하여 이의가 없으므로 동사 '몯-'의 수식적 동명사형으로서 부가어적으로 사용되었다. (라)의 '夜入伊'는 '밤드리'로 해독되는 데 대하여 이의가 없으므로 후행하는 동사구 '遊行'을 한정하는 부사적 표현이다. (2)의 예를 통하여 보면 고대어도 중세어나 당대어와

같이 기본 어순에 있어서는 차이가 없음을 알 수 있다. 곧 주격 보족어는 동사 앞에, 대격 보족어는 타동 동작 동사 앞에, 수식적 부가어, 곧 수식어는 명사 앞에, 부사적 표현, 곧 한정어는 동사 앞에 놓이는 것이다.

그런데 수량어의 어순은 당대어와 차이가 있다. 중세어의 어순 중 수량어의 어순이 특이하다. 이곳의 수량어는 수사와 수 관형사는 물론, 단위성 의존 명사, 흔히 말하는 분류어 (classifier)를 포괄하는 의미로 사용한다. 당대어의 수량어는, 이미 확인한 바와 같이 (§6.3.2.3.B, 223쪽), 원칙적으로 셈의 대상이 되는 단어 뒤에 놓인다[14].

(3) 가. **학생** 셋이 나란히 걸어온다.
　　나. **학생** 세 명이 나란히 걸어온다.
　　다. **학생들** 둘이서 나란히 걸어온다.

(3가)는 수사 '셋'이 앞에 오는 명사구 '학생'을 가리키고 (나)는 수 관형사와 단위성 의존 명사 '명'이 한 단위가 되어 선행하는 명사구 '학생'의 수를 가리키고 있으며 (다)는 인수 '둘이'가 선행하는 '학생'의 수효를 가리킨다.

그런데 중세어와 고대어는 사정이 다르다.

(4) 가. ① 이 여ᄉᆞᆺ ᄆᆞ리 (<ᄆᆞᆯ이) (번역노걸대 상: 12)
　　　　② 쇼 ᄒᆞ나 사며 (박통사 상 2)
　　나. 千隱 手叱千隱目肹 (도천수관음가 5)

(4가)①의 '여ᄉᆞᆺ'은 수 관형사인데 주격 보족어 명사구 'ᄆᆞᆯ'의 앞에 놓여 있다. ②는 ①과 반대로 당대와 같이 수사가 명사구 뒤에 와 있다 (허원욱 2015: 52). (나)는 신라 향가의 예인데 수량어가 (가)와 같이 명사구 '手'와 '目' 앞에 놓여 있다. 물론 이때의 '手'와 '目'은 '손'과 '눈'으로 해독된다. 그렇다고 중세어에 수량어가 명사 뒤에 놓이는 예가 없는 것은 아니다.

(5) **弟子** ᄒᆞ나ᄒᆞᆯ (<ᄒᆞ낳ᄋᆞᆯ) 주어시든 (석보상절 6, 22)

채완 (1982)에 기대면 (5)와 같은 예는 매우 드물다고 한다. 그러니까 근대를 거치는 사이에 (3나)와 같이 수 관형사와 단위성 의존 명사의 통합형이 우세하여 현재에 이르고 있다는 것이다. 우리말의 수량어는 단위성 의존 명사가 없는 수량어구에서 단위성 의존 명사가 있는 수량어구로 바뀐 것과, 수량어와 명사구의 통합체에서 명사구와 수량어의 통합체로 변한 두 방향의 변화를 겪었다는 통시적 유형론을 세울 수 있다[15]. 이러한 점에 근거하여 우리말의 수량어구는 이른바 "Q - N" (채완 1982) 내지 "Q + N" (강보유 2009)이 기원형이라고 말하기도 한다.

---

14) 우리말 수량어의 변화 및 유형론적 문제는 채완 (1982, 1983, 1990)에서 자세히 다루어진 바 있어 이를 이용하였음을 밝혀 둔다.

15) 이승재 (2017: 115-161)를 보면 고대의 목간에 단위성 명사가 많이 출현한다는 점을 근거로 하여 통설과는 달리 서술 구조가 곧 우리말의 기원적 어순이라 주장하고 있어 주목을 끌고 있다.

8.5.5. 어순 유형론

우리말의 어순은 "SOV"에 속한다. 곧 "주어-목적어-동사"의 단어 배열형에 속한다는 뜻이다. 이 명제는 우리말의 형태적 특징이 교착적 (膠着的)이라는 점과 함께 일찍부터 알려져 있었다. R. S. Toulmin은 지구상의 어순 유형에는 다음 6개 유형이 있는 것으로 보고한 바 있다 (웨일리 L. Whaley 1997/김기혁 역 2008: 106, 송재정 2001/김기혁 역 2009: 152, 송재정 ed. 2011: 253-279).

(1) SOV/SVO/VSO/VOS/OVS/OSV

이 가운데서 가장 빈도 높은 유형은 "SOV" 유형으로 45%를 차지하고 그 다음은 "SVO" 유형으로 42%를 차지한다. 전자의 대표적인 언어는 우리말과 일본어를 포함한 우랄·알타이 어족에 속하는 언어이다. 그런데 우리말과 수천 년에 걸쳐 접촉해 온 중국어는 영어 등의 인도·유럽어와 같이 "SVO"형에 속한다고 알고 있으나 "VSO"의 측면도 보인다고 말하기도 한다. '낙화암 (落花巖), 낙성대 (落星臺)'의 '낙화'와 '낙성'은 "VS"의 구조로 성립되어 있으니 결국 "VSO" 유형에 속한다고 말할 수 있다[16].

WALS (2005: 81-91)를 보면 같은 유형의 언어라 하더라도 세부로 들어가면 차이나는 점이 적지 않다. 이를테면 같은 SOV형 언어라 하더라도 형용사를 명사 앞에 두는 언어보다는 뒤에 두는 언어가 오히려 많다. 우리말은 동명사절, 이른바 관계 관형절이 명사 앞에 놓이는데 같은 SOV에 속하는 언어라도 명사 뒤에 놓이는 언어가 많다는 것이다.

그러면 우리말과 문장 형성의 방식이 비슷한 일본어, 퉁구스어, 몽골어, 터키어의 수량어의 배열을 보기로 한다. 저자는 2016년 9월 29일에 일본어, 퉁구스어, 몽골어, 터키어와 중국어의 원어민 화자 및 전공자를 대상으로 다음과 같은 우리말 설문지를 주고 이를 관련 언어로 번역하게 하였다[17]

(2) 가. **학생** 셋이 나란히 걸어온다.
　　나. **학생** 세 명이 나란히 걸어온다.
　　다. **학생들** 둘이서 나란히 걸어온다.
　　라. 철수는 **사과** 한 개를 샀다.
　　마. 철수는 **사과** 하나를 샀다.

위의 예문을 택한 것은 우리말은, 앞에서 본 바와 같이, 중세어나 고대어는 수량어가 명사구에 선행하는 데 대하여 당대어는 명사구 뒤에 놓이기 때문이었다. (2가)는 물수사 '셋'이 명사구 '학생' 뒤에 놓이는 것이고[18] (2나)는 수 관형사 '세'와 분류사 '명'의 통합형이 명사구 뒤에 놓이는 것이

16) 이 문제는 수년 전 <언어 유형론 학회>에서 서울대학교 중문과 박정구 교수와의 대화에서 거론되었음을 밝혀 둔다.

17) 제보자는 가와사키 (숭실대 교수 박사과정, 일본어), 칼리나 (서울대 박사과정, 퉁구스어), 몽골어 (유원수 서울대 교수), 터키어 (이용성 서울대 교수), 석혜매 (서울대 박사과정)와 같다.

다. (2다)는 인수사 '둘이'가 명사구 '학생들' 뒤에 놓였고 (2라)는 수 관형사와 분류어가 통합되어, 선행하는 '사과'의 수량을 가리키고 (2마)는 물수 '하나'가 '사과' 뒤에 놓였다.

먼저 (2가)에 대응되는 5개 언어의 수량어를 보기로 한다.

(3) 가. **gakusei** saN niN-ga naraN-de arui-te ku-ru
나. elan **soragci** əmərətti algasi-cci əmə-ji-rən
다. **gurvan** oyuutan zeregcen alha-n ir-ne
라. Üç **öğrenci** yan yana yürü-y-erek gel-iyor
마. sān-ge **xuéshēng** bìngpái-zhe zǒu-guòlai

위의 예에서 진한 체는 명사구를, 밑줄 그은 부분은 수량어를 가리킨다. (3가)는 일본어인데 우리말의 (2나)와 같이 명사구 뒤에 수량어구가 온다. (3나)는 퉁구스어군의 한 분파인 어웡키어인데 중세어나 고대어와 같이 수량어구가 명사구에 앞선다. (3다)는 몽골어의 예인데 역시 어웡키어와 같다. (3라)는 터키어인데 퉁구스어와 몽골어와 같이 수량어구가 명사구에 선행한다. (3마)는 중국어의 예이다. 수량사구가 명사구에 앞서고 있다.

다음으로 (2나)에 해당하는 5개 언어의 예를 들면 다음과 같다.

(4) 가. **gakusei** saN niN-ga naraN-de arui-te ku-ru
나. elan **soragci** əmərətti algasi-cci əmə-ji-rən
다. gurvan **oyuutan** zeregcen alha-n ir-ne
라. Üç **öğrenci** yan yana yürüyerek geliyor
마. sān-ge **xuéshēng** bìngpái-zhe zǒu-guòlai

(4가)는 (3가)와 같다. 우리말은 '사람'을 가리킬 때에는 '학생 셋'이라고도 할 수 있고 '학생 세 명'이라고도 할 수 있으나 일본어에서는 모두 분류어 'niN'으로 표시된다. (4나)는 퉁구스어파의 어웡키어인데 (3나)와 같이 수사가 명사구 앞에 바로 놓인다. 중세나 고대 한국어와 차이가 없어 보인다. (4다)는 몽골어인데 어웡키어와 같이 수사가 명사구 앞에 놓인다. (4라)는 터키어인데 퉁구스어, 몽골어와 같이 수사가 명사구 앞에 놓인다. (4마)는 중국어인데 수사와 분류사의 통합형이 명사구 앞에 놓인다.

다음은 (2다)에 해당하는 5개 언어의 예이다.

(5) 가. gakusei **hutari-de** naraN-de arui-te ku-ru
나. soragci-sal **juur-ii** əmərətti algasi-cci əmə-ji-rən
다. hoyor **oyuutan** zeregcen alha-n ir-ne
라. İki **öğrenci** yan yana yürü-y-erek gel-iyor

18) 저자는 명사구가 비록 사람이라도 물건과 동일시될 때에는 물수로 처리한다고 하였다 (고영근 1968/1999나: 118).

마. <u>liǎng-ge</u> **xuéshēng** bìngpái-zhe zǒu-guòlai

(5가)는 우리말의 인수 '둘이'에 해당하는 일본어의 인수이다, 인수는 한국어, 일본어, 아이누어에서 확인된다 (§6.3.2.3. <유형론>). 다른 수량어와 같이 명사구 뒤에 놓인다. (5나)는 어웡키어의 예인데 일본어나 한국어와 같이 명사구에 후행한다. (5다)는 몽골어의 예인데 수사가 명사구 앞에 놓여 있다. (5라)는 터키어의 예인데 몽골어와 같이 수사가 명사구 앞에 놓여 있다. (마)는 중국어의 분류어 'ge'를 매개로 하여 명사구에 선행하여 있다.

다음은 (2라)에 해당하는 예이다.

(6) 가. tyorusu-wa **ring-o** <u>iQ ko</u>-o kaQ-ta
나. cɔlsu **əmən** <u>piŋguə</u>-i ga-saa.
다. Cholsu **neg širheg** <u>alim</u> av (a)-v
라. Cheolsu <u>bir</u> **elma** satın al-dı
마. Zhéxiù mǎi-le <u>yí-ge</u> **píngguǒ**

(6가)는 일본어어의 예인데 한국어와 같이 분류어를 취한 수량어가 명사구 뒤에 와 있다. (6나)는 어웡키어의 예인데 수사가 명사구 앞에 와 있다. (6다)는 몽골어의 예인데 수량어구 'neg širheg'가 명사구 'alim' 앞에 와 있다. 'širheg'는 분류어이다. 한국어와 차이가 없다. (6라)는 터키어어의 예인데 수사가 명사구 앞에 와 있다. (6마)는 중국어의 예인데 분류어 'ge'와 함께 수량어구를 형성하여 명사구에 앞서 있다.

다음은 (2마)에 해당하는 예이다.

(7) 가. tyorusu-wa **ringo** <u>hitotu</u>-o kaQ-ta
나. cɔlsu **piŋguə**-i <u>əmən</u> ga-saa
다. Cholsu <u>neg</u> širheg **alim** av (a)-v
라. Cheolsu <u>bir</u> **elma** satın al-dı
마. Zhéxiù mǎi-le <u>yí-ge</u> **píngguǒ**

(7가)는 (6가)와는 달리 기수사 'hitotu'가 명사구에 후행하고 있다. (7나)는 어웡키어의 예인데 (6나)와는 달리 수사가 명사구 뒤에 와 있다. (7다)는 (6다)와 구성이 같다. (7라)는 터키어의 예인데 (6라)와 구성이 같다. (7마)는 (6마)와 구성이 같다.

이상과 같이 우리말의 수량어의 구성과 그 배열 문제를 알타이 제어와 중국어와 비교하여 보았다. 당대 우리말의 수량어의 구성은 일본어와 비슷한 점이 많고 중세어나 고대어는 퉁구스어, 몽골어, 터키어와 비슷한 점이 많다. 분류어를 매개로 하여 명사구와 연결시키는 구성은 일본어는 물론, 중국어와 또한 비슷한 점이 많다는 것을 지적할 수 있다. 이 문제는 뒤의 수량어 구성을 논하는 자리에서 다시 거론될 것이다.

8.6. 기본 문형의 운용에 따르는 각종 구문

이곳에서는 앞에서 세운 기본 문형의 운용에 따르는 각종 통사 구문의 특수성을 논하여 보려고 한다. 이들 주제는 대부분 생성 문법의 수용 이후에 거론된 것인데 주제에 따라 깊이와 폭이 일정하지 않아 서술상의 불균형이 불가피하였다는 것을 밝혀 둔다.

8.6.1. 태

일반적으로 태 (態, voice)라 하면 능동과 피동을 포괄하나 경우에 따라서는 사동문과 능격문도 포함시킨다 (손호민 1994/2013: 300-321, Wikipedia 2016. 10. 19., 박철우 2007, 이선웅 2012: 351-363). 이런 점을 감안하여 사동문, 피동문, 능격문을 "태"의 범주에 넣어 다루기로 한다. 사동문, 피동문, 능격문은 논항, 곧 보족어가 보충되거나 교체됨으로써 문법적 기능이 달라진다는 공통성을 띠고 있다. 사동법과 피동법은 어휘적 사동법[19]과 통사적 사동법이 주류를 이루고 접사에 의한 사동법도 보인다. 어휘적 사동법은 그 형성이 불규칙한 것이 많아 단어 형성부와 겹치는 부분이 적지 않다 (§6.7.4.3.B, 338쪽). 그 형성이 불규칙적이라고 함은 어휘적 사동법을 형성하는 접사가 단어 구성소에 속한다는 것을 의미한다. 이런 점을 고려하여 사동문과 피동문을 단어 형성부의 영역에서 다루어야 한다고 주장하는 일도 없지 않으나 (송창선 1998, 2004, 서정목 2017: 140), 이곳에서는 그것이 통사부와 단어 형성부 사이를 넘나드는 교량적 존재라는 점을 감안하여 단어 형성부와 통사부의 두 군데서 다루기로 한다. 이미 저자는 단어 형성부에서 사동사와 피동사의 형성에 관련되는 문제를 다룬 바 있다 (§6.7.4.3.B, 338쪽). 사동문과 피동문을 딴 주제로 삼아 번호를 달리 줄 수도 있으나 양자는 형태가 공통된 것이 많고 역사적으로 피동문이 사동문에서 유래하였으며 시대가 하강할수록 능격문이 피동문으로 변하는 사례가 많다. 더욱이 양자는 "원인"이라는 의미를 공통 기반으로 삼고 있다는 점 (김한곤 1982, 1983)을 고려하여 사동문, 피동문, 능격문을 모두 "태"라는 상위의 범주로 묶어 다루기로 한다. 우리말의 사동, 피동, 능격과 같은 "태"에 대하여는 전통 문법의 최현배 (1937/1971: 408-443)에서 깊이 있게 다루어졌으며 특히 생성 문법이 수용된 1960년대 후반에서부터 현재까지 한우충동 (汗牛充棟)을 방불케 할 정도로 많은 관심을 가져왔다. 김홍수 (1990)에서 연구사적 검토가 가해지기도 하였으며 최소 주의가 얼굴을 내밀면서부터는 시각을 달리하여 이 방면의 연구가 줄을 잇고 있다 (박소영 2013가, 나). 최근에는 생성 어휘부 이론의 영향을 받아 사동과 피동을 어휘 · 의미론적으로 분석하기도 하여 (김윤신 2001), 그 연구 범위가 확대되고 있다.

---

19) 저자의 "어휘적 사동법"을 "형태적 사동법"이라 부르고 접사에 의한 사동법을 "어휘적 사동법"이라 부르는 일도 없지 않으나 (연재훈 2011: 90), 제6장의 형태소 교체 조건 (§6.2.3.1.각주27)의 "음성적, 어휘적"과 보조를 맞춘다는 의미에서 "어휘적"이라는 표현을 선택하였음을 밝혀 둔다.

8.6.1.1. 사동문

사동문은 2가 동작 동사 문형에 사동주 (使動主, causer)를 도입함으로써 논항이 교체되어 시킴의 의미가 부가되는 문장을 가리킨다. 당대의 우리말의 사동문은 어휘적 사동문과 통사적 사동문이 주종을 이루고 있으며 명사 어근에 접미사 '-시키다'가 붙어서도 성립된다. 사동문의 상대 범주는 주동문이다.

먼저 어휘적 사동문을 보기로 한다.

(1) 가. 철수가 동화책을 읽는다.
    나. (선생님) 철수에게 동화책을 읽힌다.

(1가)에서 주격 보족어 명사구 '철수'는 도서관에서 스스로 동화책을 읽을 수도 있고 누가 시켜서 읽을 수도 있다. 후자일 경우는 (1나)와 같이 표현할 수 있는데 (1가)에서 보이지 않던 사동주(causer) '선생님'이 도입되어 주격 명사구 보족어가 되고 이와 동시에 동작주인 '철수'는 피사동주로 바뀌어 여격 보족어 명사구의 모습으로 실현된다. 문장의 성격이 바뀜으로써 동작 동사 어근 '읽-'에는 접미사 '-히-'가 붙는다. 곧 접미사가 붙음으로써 사동주가 도입되고 대신 주격 보족어 명사구 자리에 있던 동작주 '철수'는 피사동주 (causee)로 변한다. 위에서 접사 '-히-'가 핵 (§5.1, 79쪽)인데 이의 삽입은 결합가의 증가를 가져온다. 곧 2가에서 3가로 변하였다. 새로운 논항의 도입이 결합가를 증가시키는 것이다. 이러한 사동문을 "참된 사동문"이라 부르기로 한다. 참된 사동문은 대체로 '-이-, -히-, -리-, -기-' 등의 단어 구성소가 동작 동사의 어근에 붙어 주동문을 사동문으로 바꾸는데 이런 사동문을 보통 "어휘적 사동문"이라 부른다.

그런데 우리말의 참된 사동문은 그렇게 많지 않다. '이' 계열의 접미사가 붙어 새로운 동작 동사를 파생한다고 해서 모두 사동문이 되는 것이 아니다.

(2) 가. 물이 식는다.
    나. (어머니) 물을 식힌다.

(2가)는 물에 더운 기운이 줄어드는 사태를 표현한 것이다. 한편 (2나)는 주격 보족어 명사구 '어머니'가 피동작주 보족어 명사구 '물'에서 더운 기운을 빼는 사태를 표현한 것이다. 다 같은 접미사 '-히-'가 쓰였어도 (1)에서는 피사동주를 도입하는 데 대하여 (2)에서는 대격 보족어인 피동작주가 도입되어 그 성격이 달라진다. 이런 문장을 앞의 참된 사동문에 대하여 "거짓 사동문"이라 부르기로 한다. 형태는 참된 사동문과 같으나 기능은 일반 타동 동작 동사문과 같다는 뜻이다.

다음 예도 마찬가지다.

(3) 가. 길이 넓다.
    나. (사람들) 길을 넓힌다.

위의 (3)은 앞의 (1), (2)와는 달리 상태 동사이다. (3가)는 '길'의 폭이 좁지 않은 사태를 표현한 것이고 (3나)는 좁은 길을 확장하고 있는 사태를 표현한 것이다. 동작주 '사람들'이 도입됨으로써 주격 보족어 명사구 '길 (이)'이 대격 보족어 명사구 '길 (을)'로 바뀌어 상태 동사문을 동작 동사문으로 성격을 바꾸었다.

다음은 통사적 사동문이다.

(4) 가. (선생님) 철수에게 동화책을 읽게 한다.

나. (선생님) 철수야, 물을 맑게 해라.

(4)는 흔히 간접 사동문이라고 부르는 문장이다. (4가)는 동작 동사 어간 '읽-'에 부동사 어미 '-게'와 의존 동작 동사와의 통합형 '-게 하다'가 붙은 것이다. 이 예는 임의의 사동주 '선생님'이 피사동주인 '철수'에게 동화책을 읽으라고 권유하는 상황에서 쓰이는 표현인데 다음과 같은 구성으로 성립되어 있다.

(4) 가'. [$_{S}${$_{cf2}${$_{cl}$선생님 ($_{cf1}$철수가 동화책을 읽)$_{cf1}$게}$_{cl}$하}$_{cf2}$ㄴ다]$_{S}$

(4가')는 먼저 '철수가 동화책을 읽-'라는 형성소 연쇄체가 부동사 어미 '-게'에 의하여 보족절로 안기고 사동주 '선생님'이 도입되어 통사적 사동문으로 작동하는 것이다. 물론 안기는 과정에서 동작주 '철수 (가)'는 피사동주 '철수 (에게)'로 바뀐다. 이에 대하여 (1나)는 접미사 '-히-'가 다음과 같이 '(선생님) 철수에게 ~ 읽-'에만 미칠 뿐이다.

(1) 나'. [$_{S}${$_{cf2}$(선생님) ($_{cf1}$철수에게 동화책을 읽)$_{cf1}$히}$_{cf2}$ㄴ다]$_{S}$

cf를 아래 첨자 1과 2로 구분한 것은 단순한 형성소 내지 구성소가 된다는 뜻이다. 일반적으로 어휘적 사동은 사동주와 피사동주의 내용이 하나의 동일한 사건으로 표상되는 데 대하여 통사적 사동은 두 사건이 독립적 사건으로 표상된다 (박소영 2013가). 앞의 (4가')와 (1나')의 괄호 매김을 비교해 보면 잘 알 수 있다. (4나)는 '물이 맑다'라는 상태 동사문을 타동 동작 동사화한 것인데 '맑히다'라는 타동 동작 동사가 잘 안 쓰이기 때문에 그 자리를 대신하기도 한다. 일반적으로 통사적 사동문의 경우, (4가)와 같이 서술어가 타동 동작 동사인 경우는 피사동주가 여격 보족어를 취하고 (4나)와 같이 상태 동사일 때에는 대격 보족어를 취하는데 이는 두 사동법의 의미 특성에 그 원인이 있다고 보기도 한다 (최동주 2002: 385-410).

다음은 접미사 '-하다'가 붙는 어휘와 이에 준할 만한 동작성 어근에 접미사 '-시키 (다)'를 붙여 사동문으로 만드는 것이다.

(5) 가. 관광객들은 시내 곳곳을 구경했다.

나. 가이드는 관광객들에게 시내 곳곳을 구경시켰다.

(5가)는 관광객이 자발적으로 시내를 구경할 수도 있으나 관광 안내자의 도움을 받아 구경할 수도

있다. 후자의 경우는 접미사 '-하 (다)'가 붙는 동작성 명사 어근에 접미사 '-시키다'를 대체하면 주동문이 사동문으로 변한다. 곧 사동주 '가이드'가 도입됨으로써 동작주 '관광객들'은 여격 보족어인 피사동주 '관광객들 (에게)로 바뀐다. (1), (4)와 조금도 차이가 없다. 이런 동작 동사는 한자어가 대부분을 차지하고 있고 '일, 걱정'과 같은 고유어도 있으며 '아르바이트'와 같은 외래어도 들 수 있다 (김성주 2003: 123-144).

우리말에는 다음과 같은 이중 사동법도 보인다 (연재훈 2011: 97).

(5-1) 사자를 죽이게 하였다.

위의 예에서 '죽이다'는 어휘적 사동사에 통사적 사동형 '-게 하다'가 붙었으니 이중 사동법이라 할 만하다. 괄호 매김으로 그 '죽이-'와 '-게 하 (다)의 관계를 표시하면 다음과 같다.

(5-1') X [{(사자가 죽)이}게] 하였다.

위의 예는 물론 이런 경우 다음과 같이 자동문을 사동문화할 수도 있다. 물론 자동 동작 동사에 -게 하다'가 붙은 다음 문장과는 의미가 다르다.

(5-1'') [{(사자가 죽)게} 하]였다.

이상과 같은 당대어의 사동문에 대한 인식을 바탕으로 하여 중세 및 고대어의 사동문과 그 변화 양상을 보기로 한다.

중세어의 사동문도 당대어와 같이 세 부류로 나눌 수 있다.

(6) 가. 鸚鵡ㅣ 그 穀食을 주ᅀᅥ 어ᅀᅵᄅᆞᆯ 머기거늘 (월인석보 2, 12)
  나. (道士) 브를 브티니 (월인석보 2, 24)
  다. 녀토시고 기피시니 (용비어천가 20장)
  라. ① 내 아ᄃᆞ리 목수믈 일케 ᄒᆞ야뇨 (월인석보 21, 219)
    ② 座ᄅᆞᆯ 난호아 앉긔 ᄒᆞ면 (월인석보 17, 51)
    ③ 燈 혀아 닛위여 ᄇᆞᆰ게 ᄒᆞ며 (석보상절 9, 35)
  마. 羅睺羅ᄅᆞᆯ 出家ᄒᆡ샤 (석보상절 6, 7)

(6가)는 '앵무가 그 곡식을 주워 그 어미에게 먹이거늘'의 뜻인데 그 주동문 '어ᅀᅵ 그 穀食 먹다'의 '먹다'에 접사 '-이-'를 붙임으로써 사동주 '鸚鵡'가 도입되고 동시에 동작주 '어ᅀᅵ'는 피사동주가 되었다. 앞의 (1)과 같은 참된 사동문이다. (6나)는 '브리 븥다'라는 자동 동작 동사에 접사 '-이-'를 더하여 타동 동작 동사가 되게 하였는데 (2)와 같은 예이다. (6다)는 상태 동사 '녙다, 깊다'에 접사 '-이-'를 붙여 타동 동작 동사화하였다. 거짓 사동문에 소속시킬 수 있다. (라)는 동작 동사 어간에 부동사 어미 '-긔/-게'와 의존 동작 동사 '-ᄒᆞ다'가 통합하여 형성된 통사적 사동법이다. ①은 동작 동사 '잃다'에 '-게 ᄒᆞ다'가 붙은 것인데 간접적 사동의 의미가 파악된다. ②는 '안치면'으로도 나타

나는데 (고영근 1987/2010다: 257), 그 동작이 직접적으로 파악된다. ③은 ②와 같이 간접적인 의미가 파악된다. ②와 ③은 (2), (3)과 같이 통사적 거짓 사동문으로 처리할 수 있다. (마)는 동작성 한자어 어근 '出家'에 사동 접사 '-히 (다)'가 붙은 것인데 당대어의 (5나)의 '-시키 (다)'에 대응된다. 중세어의 '-히-(다)'는 피동의 의미도 표시한다 (송창선 1998: 78-85, 뒤에 나옴).

그러면 고대어로부터 중세어를 거쳐 당대어에 이르는 사동문의 변화의 자취를 추적하여 보기로 한다. 이 방면에 대하여는 김완진 (1980), 송창선 (1998), 유성기 (1998), 서종학 (1995), 최남희 (1996), 박진호 (1998가) 등에서 깊이 있게 다루어졌으며 최동주 (2000)에서 종합화가 이루어졌다.

(7) 가. 執音乎手母牛放教遣 (헌화가 2)
나. 石塔伍層乙 成是白乎 願表爲遣 成是 不得爲乎 (정토사 석탑기 8)
다. 衆生 衆丁 聚𠂤 法乙 捨丷𠄌八 一切 智乙 成刂𠃌立立 (화엄경 14, 3: 4)
라. 信丁 諸丁 根 淨丷𠄌ホ 明利 令刂ナ彡ㄱ 信丁 力 堅固丷𠄌ホ 能支 壞𠄌ㅅ 無ナㄱ刂ㄱ (화엄 14, 10: 02)
마. 故 我丶 宣揚丷𠄌 令汝灬 但於一門𠄌 深入去丶ノ彡匕 (기림사 능엄경 4, 42ㄱ: 8)

(7가)는 신라 향가의 예인데 '놓게 하시고'로 해석하고 있다. '教'는 사동 접사 '-이-'와 존경법의 선행 어미 '-(으)시-'가 결합한 것으로 보고 있다. (7나)는 고려 시대의 이두 자료인데 '是'를 사동 접사로 보고 있다. 이들은 모두 어휘적 사동문이다. 어휘적 사동문은 석독 구결에서도 확인된다. (7다)에 나타나는 '成刂𠃌立'는 중세어의 '일우다'에 대응하는 어형이다. (7라)는 '淨ᄒᆞ야곰 名利ᄒᆞ-'로 해독되는데 그것이 사실이라면 통사적 사동문으로 볼 수 있다. 앞의 (6라)의 통사적 사동문은 14세기 말~15세기 초의 음독 구결에서 본격적으로 출현하기 시작한다. (7마)의 '去丶ノ彡匕'가 바로 중세어의 '-게 ᄒᆞ-'에 대응하는 형식이다.

원래는 어휘적 사동문만 있었으나 시대가 하강할수록 통사적 사동문이 자리를 잡기 시작하였다. 15세기에 이미 (6라)②는 '안치면'이 '앉긔 ᄒᆞ면'으로 대치된 것인데 (고영근 1961/2004가: 327) 이런 현상이 바로 그것을 대변한다. 그러면 근대어의 사동문의 양상을 보기로 한다.

(8) 가. 그 中에셔 ᄲᅡ힌 사람으로 글 외이이고 (몽어노걸대 1, 5)
나. 내 닐거 네게 들리마 (중간 노걸대언해 하, 15)
다. 네 됴히 이시라 너를 만히 受苦케 ᄒᆞ여다 (중간노걸대언해 상, 15)
라. 밧긔 나면 정히 사ᄅᆞᆷ 근심히ᄂᆞ니라 (번역박통사 상, 54)

(8가)는 당대어에서는 볼 수 없는 어휘적 사동문이다. 당대어라면 '외우게 하다'와 같이 통사적 사동법에 의존한다. (8나)는 피사동주가 중세어와 같이 속격과 후치사의 결합형인 '(너) ㅣ 게'로 나타난다. 중세어는 보통 피사동주는 대격 보족어로 실현되고 여격 보족어로 실현되는 일이 드문데 근대어에 와서는 중세어에 비하여 여격 보족어로 실현되는 일이 보편화되었다. (8다)는 중세어와 같이 통사적 사동문이 쓰인 예인데 중세어와 마찬가지로 대격 보족어 명사구를 취하였다. (8라)는 앞의 (6마)와 같이 동작성 명사에 사동 접사 '-히-(다)'가 붙어 사동문이 된 것이다. 그런데 17세기

자료인『박통사언해』에는 다음과 같이 통사적 사동문으로 바뀌고 있다.

(8) 라'. 밧긔 나가면 사름 을 <u>근심케 ᄒᆞᄂᆞ니라</u> (박통사언해 상, 48)

당대에 보이는 (5나)의 '시키다'에 의한 사동문이 언제부터 출현하는가 하는 문제도 밝힐 필요가 있다. 다음 예를 보기로 한다.

(8-1) 부톄 阿難일 <u>시기샤</u> 羅睺羅ᄋᆡ 머리 갓기시니 (석보상절 6, 10)

위의 '시기 (다)'는 당대어의 '시키다'의 직접적 소급형인데 당대어의 '일시키다'와 같이 접미사로 쓰이는 예가 있는지 탐색해 볼 필요가 있다.

15세기 후반부터 근대어 말기까지 활발하게 쓰이던 '-로 ᄒᆞ여'류의 사동문은 한문 번역 과정에서 생겨 난 의고체적인 것으로 보이는데 언간과 같은 구어체에서는 잘 쓰이지 않았다 는 보고가 있다 (최동주 2000: 324).

사동사의 방언적 변이는 이기갑 (2003: 615-628), 곽충구 (2004) 에서 주로 형태론적 관점에서 종합화가 이루진 바 있다. 앞으로는 이금화의『의주 지역어의 텍스트』(역락, 2014)와 같은 문장 내지 텍스트 자료가 갖추어지면 각 방언의 사동문 형성의 질서를 발굴하고 이를 공통어와 연결시키는 일이 가능해질 것이다.

8.6.1.2. 피동문

피동문은 2가 동작 동사 문형이 논항의 강등과 승격에 의하여 입음의 의미가 부가되는 문장을 가리킨다. 당대의 우리말의 피동문은 앞의 사동문과 같이 어휘적 피동문과 통사적 피동문, 그리고 접미사 '-되 (다), -받 (다), -당하 (다)'에 의한 세 종류를 들 수 있다. 피동문은 외국어학도들은 수동문이라고 하나 국어학계의 관례에 따라 피동문이라 부르기로 한다.

(9) 가. **철수가 동화책을** <u>읽는다</u>.
나. **동화책이 (철수에게)** <u>읽힌다</u>.

(9)는 능동문과 피동문의 문법적 관계 (톨러맨 2005: 188)가 앞의 사동문과 같이 논항의 이동에 의하여 성립됨을 보이는 예이다. (가)의 주격 보족어 명사구 '철수 (가)'는 (나)에서 여격 보족어 명사구로 "강등" (demotion)되며 일반적으로 표면에 드러나지 않는다. 대신 대격 보족어 명사구 '동화책 (을)'은 주격 보족어 명사구 '동화책 (이)'으로 "승격" (promotion)된다. 논항의 강등과 승격이라는 두 기제에 하여 피동문이 형성된다. 앞의 사동문과는 달리 피동문은 결합가가 2가에서 1가로 감소된다.

앞에서 저자는 사동문과 피동문의 접사가 같을 수 있다는 점을 지적한 바 있는데 (1나)와 (9나)를 비교하면 같은 '-히-'가 전자에서는 사동문의 핵이 되고 후자에서는 피동문의 핵이 됨을 확인할 수 있다. 우리말의 동작 동사 가운데는 같은 구성소가 사동과 피동으로 공용되는 것이 많다. '-히-'

밖에 '-이-, -리-, -기-'를 더 들 수 있다. 방언에 따라서는 액센트의 위치에 따라 두 구문이 구별되기도 하나 여기서는 이런 문제는 다루지 않기로 한다.

어휘적 피동문에도 참된 피동문과 거짓 피동문을 들 수 있다.

(10) 가. 철수는 밥을 잘 먹는다.
나. 밥이 (철수에게) 잘 먹힌다. 비교: 어머니는 철수에게 밥을 먹인다.

(10) 역시 (9)와 같이 능동문과 피동문을 짝을 지어 제시한 것이다. '읽다'는 (1나)와 (9나)를 비교하여 보면 '읽히다'로 되어 같았는데 (10)은 다르다. 이렇게 사동문과 피동문은 형태가 같은 것도 다른 것도 있는 것이다. (9)와 (10)은 논항의 이동과 결합가의 증감이 대응 관계를 형성하고 있으므로 참된 피동문이라고 할 수 있다.

그런데 피동 동작 동사가 쓰인 것으로 알려져 온 예 가운데는 논항과 결합가의 대응 관계가 성립되지 않는 예가 많다 (송창선 2004).

(11) 가. 올해는 감이 많이 열렸다. 비교: 올해는 밤이 많이 열었다.
나. 나는 여기까지 오는 데 한 시간이 걸렸다. 비교: 옷이 옷걸이에 걸렸다.
다. 날씨가 많이 풀렸다. 비교: 실이 많이 풀렸다.

(11가)의 '열렸다' 는 형태는 피동형이지만 단순한 자동 동작 동사에 지나지 않는다. 오른쪽의 자동 동작 동사와 비교하여 보면 다소 친근하고 당면적 (현실적)이라는 점밖에는 차이가 없어 보인다. 형태는 피동형이어서 피동문이라고 할 수 있으나 논항 구조나 결합가에 변화가 없다는 점에서 단순한 자동 동작 동사로 볼 수 밖에 없으며 이는 동시에 거짓 피동문으로 처리할 수밖에 없다. 지하철의 광고에서 흔히 보는 '출근길처럼 중국어가 꽉 막힌다면'과 같은 표현도 같은 범주에 든다. 형태가 같다고 하더라도 다음과 같이 논항 구조가 일정한 대응 관계를 형성하고 있으면 피동문으로 볼 수 있다.

(11) 가'. 문이 활짝 열렸다. 비교: 문을 활짝 열었다.

(11나)의 '걸리다'도 같다. 대응되는 능동문의 설정이 불가능하다. 이를테면 '시간이 걸었다'와 같은 능동문을 세울 수 없기 때문이다. 그러나 오른쪽의 예와 같이 능동문의 상정이 가능할 때에는 피동문으로 볼 수 있다.

(11) 나'. 옷을 옷걸이에 걸었다.

(11다)는 '*날씨가 풀다'라는 능동문의 설정이 불가능하다. 사람에 따라서는 동작주 '"하느님"이 날씨를 풀었다'로 해석할 수 있다고 하여 능동문의 설정이 가능하다고 말하기도 하나 이는 모든 피동문에 능동문을 대당시키려는 궁여지책에 지나지 않는다. 은유와 같은 수사법적 기능에 의하여 피동문의 기능이 확대된 것으로 파악하는 것이 좋아 보인다. 이런 피동 동작 동사를 언어 유형론

에서는 반사동 (anticausative)으로 처리하기도 하며 (백채원 2016), 김태우 (2013)에서는 기동문이라 불렀다. 그러나 같은 피동 동작 동사라 하여도, [비교]에 보인 바와 같이, 논항이 교체될 때 1:1의 대응 관계가 성립하면 참된 피동문으로 볼 수 있다[20].

어휘적 피동문에는 참된 피동문과 거짓 피동문의 중간에 자리잡는 피동문도 세울 수 있다

(12) 가. 나는 요즈음 밥이 잘 안 먹힌다.
　　나. ?내가 요즈음 밥을 잘 안 먹는다.

(12가)는 자연스러운데 이에 대응되는 (12나)는 어딘지 모르게 자연스럽지 못한 느낌을 받는다. 서정수 (2006: 1041)에서는 이를 불구 피동문으로 처리하였다. 요즘 지하철 광고를 보면 **'시원 스쿨 기초 영어: 영어로 말문이 열립니다'**와 같은 표현이 보이는데 이 역시 (12나)와 같은 불구 피동문에 들 수 있다.

피동문에도 사동문과 같이 통사적 피동문을 세울 수 있다.

(13) 가. 실이 잘 풀어진다.　비교: 실이 잘 풀린다.
　　나. 사랑채는 동쪽에 다시 지어졌다.
(남수경 2011나: 179)

(13)은 통사적 피동문이다. 통사적 피동문은 타동 동작 동사 어간에 부동사 어미 '-어'와 의존 동작 동사 '-지다'의 통합 구성 '-어 지다'에 기대어 표시된다. 그러나 모든 피동사에 '-어 지다'가 붙는 것은 아니다. (11나)의 '걸리다'는 '*걸어졌다'가 허용되지 않는다 (이선웅 2012: 353). 어휘적 사동문은 인위적 힘이 가해질 때 자연스럽고 통사적 사동문은 그보다는 자연적으로 이루어질 때 사용되는 경향이 파악된다. (13나)는 타동 동작 동사 '짓다'의 통사적 피동형인데 이에 대응되는 어휘적 피동형이 당대어에는 확인되지 않는다. 어휘적 피동형은 그 형성이 구성소에 의존하기 때문에 모든 타동 동작 동사에 적용되지 않으나 통사적 피동형은 타동 동작 동사뿐만 아니라 자동 동작 동사에도 붙는다. (13나)가 바로 그러한 예이다. '-어 지다'는 자동 동작 동사에 붙기도 하는데 그런 경우는 피동보다는 변화성 완료의 동작상이 파악된다 (§7.4.2.3, 492쪽).

당대의 피동문에는 이중 피동문이 보편화되어 가고 있다.

(14) 밥이 잘 먹혀진다.

(10나)의 '먹힌다'의 통사적 피동형은 문법적으로 볼 때, '먹어진다'가 되어야 옳으나 현실 구어$_2$에는 오래 전부터 위와 같은 이중 피동형이 보편화되어 오고 있다. (14)와 같은 이중 피동형이 생기게 된 것은 구성소 '-히-'에 의한 형태적 피동형이 어근에 밀착하여 피동사라는 인식이 흐려짐에 따라 그것을 보상하려는 심리적 동기와 관련이 있어 보인다. 사용 빈도가 높은 '잡다, 먹다, 보다, 잊다, 찢다'와 같은 어휘에서 자주 목격된다. 이 문제는 성광수 (1976)에서 거론된 바 있으며 최근

---

20) 백채원 (2017: 34)에서는 저자의 "참된 피동문"을 원형적 피동문이라 불렀다.

전영철 (2008)에서 이중 피동설을 부인하고 피동과 상태 변화의 두 가지 의미를 표시하는 것으로 대안이 나온 일이 있고 삼중, 사중의 피동도 논의되고 있어 그 정체를 명확하게 할 필요가 있다.

피동문은 앞의 사동문과 같이 접미사 '하다'가 붙는 동사성 명사 어근에 '받 (다), 되 (다), 당하 (다)' 등의 접미사가 붙어 형성되기도 한다.

(15) 가. 이선생님은 학생들로부터 늘 존경받고 있다.
비교: 학생들은 이선생님을 늘 존경하고 있다.
나. 철수는 항상 친구들에게 주목되고 있다.
비교: 친구들은 항상 철수를 주목하고 있다.
다. 그의 청원은 번번이 당국에 의하여 거절당하였다.
비교: 당국은 그의 청원을 번번히 거절하였다.

이들 접미사는 명사 어근에 내포된 의미에 따라 선택되는데 특히 '-당하다'는 부정적 양상을 나타내는 어휘에만 결합한다 (심재기 1968/1980: 211). 피동성 여부를 둘러싸고 논의가 많으나 넓은 의미의 피동문으로 간주할 수 있다 (이익섭 · 채완 1999: 301).

피동문 가운데는 피동사의 직접적 보족어 명사구가 주격을 취하지 않고 대격을 취하는 일이 있다. 이를 "목적어 있는 피동문" 또는 "피해 피동문"으로 처리하여 왔다 (연재훈 2011: 176-177).

(16) 철수는 소매치기에게 돈을 빼앗겼다.

위의 예의 능동문은 다음과 같다.

(16') 소매치기가 철수의 돈을 빼앗았다.
(16") 소매치기가 철수로부터 돈을 빼앗았다.

곧 피동문의 여격 보족어 명사구와 대격 보족어 명사구는 능동문에서 속격 구성 '철수의 돈' 또는 탈격 보족어 '철수 (로부터)'로 상승된다[21].

그러는가 하면 속격 구성이나 이중 대격으로 상승되는 것도 있다.

(17) 가. 토끼가 **개에게** 다리를 물렸다.
나. ① 개가 **토끼의 다리**를 물었다.
② 개가 **토끼를 다리를** 물었다.

(17가)는 앞의 (16)과 같은 구성의 대격 보족어 명사구를 취한 피동문인데, (17나)에서 보는 바와 같이, 속격 구성과 대격 중출형으로 상승한다.

대격 보족어 명사구를 취하는 피동사 가운데는 주격 보족어를 취하는 것도 있다.

21) 초고를 읽은 박소영 교수는 '나는 그에게 마음이 빼앗겼다'와 같은 예는 주격 보족어를 취한다는 반례를 제시하였다. 그러나 이런 예는 관용구의 성격이 강하여 달리 처리해야 하지 않을까 한다.

(18) 가. 그가 기자에게 사진을 찍혔다.
　　나. 그가 기자에게 사진이 찍혔다.

위의 (18)은 같은 '찍히다'라는 피동형이 (가)에서는 대격을, (나)에서는 주격을 취하였다. 이는 다음과 같이 대상역의 '사진'이 능동문의 속격 구성 '그의 사진'에 대응된다.

(18') 기자가 **그의 사진**을 찍었다.

앞의 (16'), (17나)①을 종합하여 보면 대격 피동문은 능동문의 속격 구성이 피동문에서 주격과 대격으로 짜개진 것으로 볼 수 있다. 짜개짐을 유발하는 요인이 무엇이며 동시에 동작 동사에 따라 어떤 것은 대격만을 허용하고 어떤 것은 주격과 대격을 다 허용하는가 하는 문제를 풀어야 한다.

대격 보족어를 가진 피동문은 이상억 (1970/1999: 224-231, 277)에서 그 현상이 지적된 이후, 연구사를 엮을 정도로 많은 업적이 쏟아져 나왔지만 어떤 까닭으로 이러한 피동문이 형성되었는가 하는 문제가 풀리지 않고 있다. 대격 보족어를 취하는 피동사는 '빼앗기다'를 비롯하여 현재까지는 50여개가 확인되어 있다. 이 중에서 '빼앗기다'를 제외하고는 주격과 대격을 같이 취한다. 대격 보족어를 학교 문법의 보조사, 저자의 첨사로 보는 것이 옳다고 보는가 하면 (송창선 2009, 유승섭 2011), 대격으로 보기도 하며 (박소영 2010), 어휘적 피동문에서는 대격이나 주격으로 나타나던 것이 통사적 피동문에서는 주격만을 허용한다는 등 (박소영 2013나) 논의가 분분하다. 대격형을 첨사로 본다고 할 때 어떤 의미를 줄 것인가 하는 문제는 그대로 숙제로 남아 있고 대격형을 목적어로 본다고 할 때 피동사 앞에서 무슨 까닭으로 대격형이 출현하는가 하는 문제도 풀어야 한다. 대격 보족어 피동문은 중세어부터 볼 수 있으므로 뒤에서 다시 논하기로 한다 (고영근 2017가).

중세어도 당대어와 같이 어휘적 피동문, 통사적 피동문, 접미사 '-히 (다)'에 의한 피동문의 셋을 둘 수 있다.

먼저 어휘적 사동문을 보기로 한다.

(19) 가. 七寶ㅣ 이러 ᄡᅡ 우희 차 두피고 (<둪이고) (월인석보 8, 18)
　　　비교: 初禪三天은 네 天下ᄅᆞᆯ 두펴 (<둪어) 잇고 (월인석보 1, 34)
　　나. 내 아ᄃᆞ리 … 나라ᄒᆞᆯ 앗이리니 (월인석보 2, 5)
　　　비교: 掠ᄋᆞᆫ 티고 ᄂᆞᄆᆡ 것 아ᅀᆞᆯ (<앗ᄋᆞᆯ)씨라 (월인석보 10, 70)

(19가)의 '두피다'는 비교에 보인 동작 타동사 어근 '둪-'에 피동 접미사 '-이-'가 붙은 피동형이다. (19나)는 당대어의 (16)의 '빼앗기다'의 소급형인데 비교에 보인 타동 동작 동사 '앗-'에 접미사 '-이-'가 붙은 것이다. 중세어도 당대어와 같이 대격을 취한다. 이를 통하여 대격 피동문의 역사가 매우 오램을 알 수 있다. 앞의 당대어의 분석에 유추한다면 타동 동작 동사의 명사구 '내 아ᄃᆞᄅᆡ 나라ㅎ'가 '내 아ᄃᆞᆯ … 나라ㅎ'로 짜개졌다고 할 수 있다. 중세어에 이런 종류의 피동사가 얼마나 되는가를 조사하여 당대어로 변하는 양상을 구명할 필요가 있다.

앞의 (16)과 (19나)를 다시 가져와서 두 시기의 목적어 있는 피동문을 비교하여 보기로 한다.

(20) 가. 철수는 **소매치기에게** 돈을 빼앗기었다.

나. 내 아ᄃᆞ리 비록 만이라도 (**ᄂᆞᆷᄋᆡ 그에**) 나라ᄒᆞᆯ 앗이리니 (월인석보 2, 5)

(20나)는 'ᅀᅡᆺ이 (다)'로도 나타나는데 표기상의 문제는 우리의 논의와 직접 관계가 없다. 이러한 예가 중세어에 얼마나 되는가 하는 것은 여기서 문제 삼지 않는다. (20)의 두 예는 비록 시대를 달리할지라도 그 구성은 차이가 없다. 이곳에서는 논의의 편의상 (가)를 대상으로 하기로 한다. 앞에서 누누이 지적한 바와 같이 '빼앗기다' 는 피동사이다. 일반적인 피동문에 유추한다면 주격 보족어 명사구 '돈 (이)'로 실현되어야 할 것인데 대격 보족어 명사구 '돈 (을)'이 실현되어 있다. 대격 보족어 명사구 '돈 (을)'은 다음과 같이 '빼앗기다'의 어근 '빼앗-'에 걸려 있는 셈이다.

(20) 가'. 철수는 불량배들에게 돈을 빼앗기었다.

이렇게 본다면 대격 논항이 선택되는 것이 자연스럽게 설명된다. 그러면 접사 '-기-'는 '돈을 빼앗다'라는 타동사구에 붙는다. 이는 우리말의 피동이나 사동 형성의 접미사는 모두 단어의 경계를 넘어서지 않는 이른바 어휘 고도 제약을 지키는데 위의 예는 이에 어긋난다. 그 관계를 다음과 같이 표시할 수 있다.

(20) 가". 철수는 블량배들에게 (돈을 빼앗)기었다.

이렇게 본다면 피동 접사는 '돈을 빼앗-'이라는 동사구에 붙는다는 사실을 알 수 있다. 접사가 동작 동사구에 붙는다는 이례적인 단어 배치는 동작주의 불가양성 소유물을 불연속 형태로 만드는 결과를 가져온 것이 아닌가 한다. 이곳의 "불가양성"은 "신체 관련 술어" (송홍규 2008)와 관련시키기도 하고 "인지적 접근성" (contiguity)으로 포괄되기도 한다 (연재훈 2011: 183). 후자의 해석이 전자보다 명시적이고 포괄적인 것으로 보인다 (고영근 2017가).

다음은 통사적 피동문이다.

(21) 즈믄 ᄆᆞᄃᆡ 다 글희여 디거늘 (월인석보 23, 79)

비교: 四肢ᄅᆞᆯ 글휠 쩨 (영가집언해 하, 50)

위의 예는 타동 동작 동사 '글희-' (비교 참조)에 피동의 의존 동작 동사 '디다'가 부동사 어미를 매개로 하여 동작 동사 어근에 붙어 통사적 피동문이 된 것이다. '디다'의 당대형 '지다'는, 앞의 (13)에서 본 바와 같이, 타동 동작 동사뿐만 아니라 자동 동작 동사와 상태 동사에도 널리 분포되어 있는데 중세어는 타동 동작 동사와 일부의 자동 동작 동사에만 붙었다. 그것은 어쨌든 중세어에도 당대어와 같이 통사적 피동문이 있다는 것을 확인할 수 있다.

앞의 (8라)에서 중세어는 동사성 명사에 접사 '-히 (다)'를 붙여 사동문을 만드는 예가 있다고 하였는데 중세어에는 같은 접사가 피동문을 만드는 예가 있어 주목을 끌고 있다 (송창선 1998: 80-81).

(22) 가. 하ᄂᆞᆯ해셔 보ᄇᆡ옛 곳비 오고 하ᄂᆞᆳ 풍류 들여 사ᄅᆞᄆᆡ ᄠᅳ디 感動ᄒᆡᆯᄊᆡ (월인석보 2, 75)
　　나. 아비 지븨 이셔 병ᄒᆞ이엿거늘 (번역소학 9, 30-31)

(22가)는 '하늘에서 꽃비가 오고 천상에서 음악 소리가 들려 사람의 마음이 감동받는다'는 뜻이니 피동문임이 틀림없고 (22나)는 '아버지가 집에 있을 때 병이 들었다'는 뜻이니 피동적 상황임이 틀림없다. 사동과 피동에 대하여 같은 형태가 사용되었다는 것은 당시의 언중에게는 사동과 피동의 개념을 구별하는 것이 중요하지 않았다고 보기도 한다. 이는 다음에서 보게 될 능격문에서도 볼 수 있다. 이 방면의 자료를 광범하게 모아 중세어의 사동법과 피동법이 정확하게 파악할 필요가 있어 보인다.

피동문의 변화 과정은 다음에 나오는 능격문의 변화와 밀접한 관련을 맺고 있기 때문에 다음 항에서 종합하여 다루기로 한다.

8.6.1.3. 능격문[22)]

자동사와 타동사로 공용되는 동작 동사를 능격 동사로 처리하는 데 대하여 반론이 많이 나왔다. 이에 대하여 저자는 고영근 (2015)에서 당대어에 국한하면 중립 동사 등으로 처리할 수 있으나 중세어나 그 이전의 우리말에서 동사의 활용에 타동사 표지가 나타나 구문의 성격을 바꾸는 기제(機制)가 확인되어 있는 이상, 능격 동사를 일관성 있게 사용하는 것이 총체 서술의 취의 (趣意)에서 벗어나지 않는다는 사실을 천명한 바 있다. 이를테면 고대어는 '-(으)ㄴ, -(으)ㄹ' 동명사 구문이 편재 (遍在)하였고 중세어에는 그것이 일부의 활용형에 남아 있으며 당대에는 거의 사라졌다고 하여 고대어 단계에는 동명사를 세우고 당대에는 이를테면 관형사형으로 처리하면 이는 총체 서술의 취의에서 벗어나는 것과 같은 논리이다. 저자는 고대, 중세, 당대어의 타동과 자동의 중간에 자리잡고 있는 동사를 종전과 같이 능격 동사로 불러 작업에 임하기로 한다.

우리말은 자동 동작 동사와 타동 동작 동사의 주격 보족어 명사구의 형태가 같아 대격 언어(accusative language)에 넣기도 한다. 그런데 경우에 따라서는 주격 논항이 대격 논항의 기능을 표시하는 일이 있다.

(23) 가. **아기의 눈물이** 그쳤다.
　　나. **영수가 늙은 이발사에게** 머리를 깎았다.

(23)에서 '그쳤다, 깎았다'는 다음과 같이 동작주가 설정되어도 동사의 형태에 아무런 변화가 없다.

(23') 가. **어머니가 아기의 울음을** 그쳤다.
　　나. **늙은 이발사가 영수를** 머리를 깎았다.

(23)에서 동작주를 세움으로써 주격 보족어 명사구 '어머니 (가)'가 (23')에서 대격 논항으로 해석

22) 이 부분은 고영근 (1986/2004가: 131-161), 고영근 · 구본관 (2018: 18, 378-382), 고영근 (2010다: 263-266)과 부분적으로 겹치며 고영근 (2015나/2018가: 310-332)의 내용을 많이 수용하였다는 것을 밝혀 둔다.

된다는 것은 우리말의 통사 구조에 능격 구성 (ergative construction)의 요소가 있다는 것을 부인할 수 없다. 능격 언어는 일반적으로 자동문의 주격 보족어 명사구와 타동사문의 대격 보족어 명사구의 격 실현 형태가 같다. 이 자리에서는 능격 동사가 사용된 문장의 특이성을 검토하여 보기로 한다. 당대어의 능격 동사는 80여개가 있는 것으로 보고되어 있다 (김태우 2013: 48).

먼저 단문에서 능격 동사가 사용된 예를 보기로 한다.

(24) 가. **자동차가** 멈추었다.
나. **광희가 자동차를** 멈추었다.

(24)의 예는 앞의 (23가)과 함께 단문에서 능격 동사가 사용된 것이다. (23가)는 주격 보족어 명사구 '눈물 (이)'이 저절로 그칠 수 있지만 일반적으로는 '어머니'와 같은 동작주의 달램으로 눈물을 그치는 것이 보통이다. (24나)는 바로 동작주가 설정된 타동문이다. 주격 보족어 명사구 '자동차 (가)'가 대격 보족어 명사구 '자동차 (를)'로 교체됨으로써 자동문이 타동문으로 바뀌었다. 주격 보족어 명사구 '자동차'는 운행 도중, 기관의 고장이나 다른 이유로 저절로 멈출 수도 있으나 일반적으로는 '광희'와 같은 동작주의 힘으로 운행이 정지되기 때문에 '광희'를 동작주로 세울 수 있다.

다음으로는 복합문에 나타나는 능격 동사의 예를 보기로 한다. '시작하다'라는 동사가 단문에 나타나면 다음과 같이 '시작하다'와 '시작되다'가 짝을 이루어 자동문과 타동사문이 형성된다.

(25) 가. 드디어 경기가 시작되었다.
나. 드디어 경기를 시작하였다.

그런데 '시작하다'가 내포문을 안고 있는 복합문에 나타날 때에는 사정이 다르다.

(26) 가. [$_{cl}$($_{cf}$학생들이 호명되)$_{cf}$기]$_{cl}$ 시작하였다.
나. [$_{cl}$($_{cf}$교사가 학생들을 호명하)$_{cf}$기]$_{cl}$ 시작하였다.

(26가)는 '시작하다'가 '학생들이 호명되다'라는 자동 동사문을 안고 있고 (26나)는 '교사가 학생들을 호명하다'라는 타동 동사문을 안고 있다. 앞의 단일문 (24)에 유추한다면 (26가)는 '시작되었다'로 나타나야 할 것인데 그렇게 되면 다음과 같이 비문법적 문장이 되어 버린다 (박승윤 1984).

(26) 가'. *학생들이 호명되기 시작되었다.

복합문에서 '시작하다'와 같은 동작 동사가 자동성과 타동성의 두 기능을 지니고 있으니 이는 앞의 (23가)와 (24)의 '그치다, 멈추다'와 같은 훌륭한 능격 동사인 것이다.

우리말의 능격문에는 목적어가 나타나는 구성도 있다 (유동석 1998가).

(27) 가. **영수가 늙은 이발사에게** 머리를 깎았다.
나. **늙은 이발사가 영수를** 머리를 깎았다.

위의 '머리를 깎았다'에 나타나는 '깎다'는 이른바 미용 동작 동사에 속한다. (27)은 앞의 (23), (24)의 (가)에 병행하는 능격 구문으로서 (27나)와 짝을 이루고 있다. 논항의 교체에 의하여 구문의 성격이 달라지고 있다. 위의 예를 통하여 우리말에는 타동사도 능격 구문에 참여할 수 있다는 것을 알 수 있다. (27가)와 같은 예는 앞의 (16)의 '빼앗기다'와 같은 성격의 예로서 동작주 '영수'와 이의 대상역 '머리'가 불연속성을 이루고 있다.

능격문은 앞에서 본 피동문과 그 구성이 비슷하다. 우선 앞에서 본 목적어를 가진 피동문 (17)과 비교하여 보기로 한다.

(28) 가. 토끼가 **개에게 다리를** 물렸다.
나. 개가 **토끼를 다리를** 물었다.

(28가)는 (28나)의 능동문이 논항의 이동을 통하여 피동문으로 바뀐 것이다. 그런데도 불구하고 능동문의 목적어가 그대로 실현되어 있다. 이런 점에서는 (27)과 차이가 없다. 차이가 있다면 (27)에서는 피동문의 동작 동사가 능동문의 동작 동사로부터 파생되어 형태가 달라졌다는 점뿐이다.

다음으로 능격문은 피동문과 의미적인 차이를 수반한다. 앞의 (26가)와 이와 비슷한 성격의 피동문과 비교하여 보기로 한다.

(29) 가. 영수가 늙은 이발사에게 **머리를** 깎았다.
나. 영수가 순경에게 **머리를** 깎이었다.

위의 두 예를 비교하면 (29가)는 능격형이고 (29나)는 피동형이다. 그럼에도 불구하고 두 구문 사이에는 의미적인 차이가 포착된다. 전자는 피동작주 '영수'가 자기 자신의 의사에 의하여 동작주 '이발사'의 행위에 적극적으로 참여한다는 느낌이 들지만 후자는 그런 의미를 느끼기가 쉽지 않다. 양상 부사 '스스로'와 '강제로'를 삽입하여 보면 그 차이가 분명히 드러난다.

(29) 가'. 영수가 늙은 이발사에게 스스로/?*강제로 **머리를** 깎았다.
나'. 영수가 순경에게 **머리를** ??스스로/강제로 깎이었다.

주격 보족어 명사구의 자발성을 나타내는 '스스로'는 (29가')에서는 자연스러우나 (29나')에서는 다소 부자연스럽게 느껴진다. 한편 자발성을 부정하는 '강제로'는 피동문인 (29나')에서는 자연스러우나 능격문인 (29나')에서는 매우 부자연스럽다. 이렇게 목적어 있는 능격문은 [자발성]을 지니고 있다고 말할 수 있다.

위에서 저자는 목적어 있는 능격문의 동사로 미용 동작 동사 '깎다'를 들었지만 이러한 종류의 미용 동작 동사에는 다음과 같은 것을 더 들 수 있다.

(30) (머리를) 손질하다, (머리를) 자르다, (머리를) 염색하다, (손톱을) 다듬었다, (때를) 밀었다.

목적어 있는 능격문은 다음과 같은 경우에도 확인된다.

(31) 가. (머리를) 수술하다, (이를) 빼다, (상처를) 깁다, (코를) 높이다
나. (사진을) 찍다, (초상화를) 그리다, (얼굴을) 그리다
다. (사주를) 보다, (신수를) 보다, (손금을) 보다

(31가)는 치료의 낱말밭에 속하는 능격 동사이고 (31나)는 신체의 전부 또는 일부를 재현하는 동사이며 (31다)는 점술과 관련되는 동사이다.

중세어도 능격 동사가 확인된다. 중세어는 피동사보다도 능격 동사가 더 많다

(32) 가. ᄉᆡ미 기픈 므른 ᄀᆞᄆᆞ래 아니 그츨ᄊᆡ (용비어천가 2장)
비교: 有情이 나랏法에 자피여 (월인석보 9, 250)
나. 술히 그처 디며 ᄢᅵ야 디거든 (구급방언해, 상, 82)

(32가)의 '긏다'가 능격 동사인데 오른쪽의 피동사 '자피다<잡히다'와 비교하면 같은 구성에서 나타난다. (32나)는 당대어의 통사적 피동문의 소급형인데 능격 동사와 공존하였다.

한편 중세어에는 능격 동사와 피동사가 공존하는 것이 있어 능격문과 피동문의 동질성을 한층 더 강하게 보증하여 준다.

(33) 가. 뫼해 사리 박거늘 (월인천강지곡기 41)
나. 발바당 그미 ᄯᅡ해 반ᄃᆞ기 바키시며 (월인석보 2, 57)

(33)에서 (가)는 능격 동사가 쓰였고 (나)는 피동 동작 동사가 쓰였다. (33가)가 전형적 능격 동사라면 (33나)는 준능격 동사라 할 수 있다. 그럼에도 불구하고 두 구문은 조금도 차이가 없다. 동사가 각각 주격 보족어 명사구 '살 (이)'과 '금 (이)'를 지배하고 있고 처소역 보족어 명사구 '뫼ㅎ' (애)과 'ᄯᅡㅎ' (애)'가 동반되어 있다.

그러는가 하면 중세어에는 타동사가 피동 동작 동사에 대한 능동사의 기능만 띠는 동사가 많이 보인다.

(34) 가. 精卒을 자ᄇᆞ시니 (용비어천가 24장)
나. 나랏 法에 자피여 ᄆᆡ여 매 마자 (석보상절 9, 8)

그런데 능격문과 피동문이 활용상의 차이를 보이는 경우가 있다.

(35) 가. 東寧을 ᄒᆞ마 아ᅀᆞ샤 구루미 비취여늘 日官ᄋᆞᆯ 從ᄒᆞ시니 (용비어천가 42장)
나. 비치 무티건 디 오라니 (두시언해 23, 39)

(35)의 '비취다'는 자동 동작 동사와 타동 동작 동사로 두루 쓰이는 능격 동사이다. 이곳에서는 주격 보족어 명사구 '구름 (이)'를 지배하고 있으므로 구문상으로는 자동문이다. 이와는 반대로 활용

형에는 타동사 표지 '어'가 나타나 있다. 그러나 이 노래의 배경 설화를 보면 '하늘ㅎ'이 동작주로 상정되고 '구룸'은 피동작주가 되어 '어'가 나타난 까닭을 설명할 수 있다. 그렇다면 '비취여늘'에 존경의 선행 어미 '-시-'가 나타나야 할 것인데 그렇지 않으니 큰 걸림돌이 된다. 그러나 일치의 유보라는 기제를 적용하면 (고영근 2015나), 하등 문제가 되지 않는다. (35가)와 같은 예는 이밖에도 더러 볼 수 있다 (고영근 2015나). 그런데 (35나)의 '무티다'는 타동사 어근 '묻-'에 접사 '-히-'가 붙어서 된 피동사이다. 피동사는 비타동사이므로 '거'가 붙는 것이 당연하다. 위의 사실을 종합해 볼 때, 능격 구문은 타동성을 띠고 있고 피동 구문은 자동성을 띠었다는 것을 알 수 있다.

(33가)와 같은 능격문은 다음 예와 비교하여 보면 그 특징이 분명히 드러난다.

(36) (悉達太子) 放光ᄒᆞ야 三千界ᄅᆞᆯ <u>비취야시ᄂᆞᆯ</u> (원각경언해서, 43)

(36)은 (33가)와 같이 능격 동사 '비취다'가 공유되어 있고 활용형에도 타동사 표지 '어'가 나타나 있다. 차이점은 피동작주가 (33가)에서는 자동사문의 주격 표지 '-이'가 나타나 있는 데 대하여 (34)에서는 대격 표지 '-ᄅᆞᆯ'이 실현되어 있다는 것이다. 활용 표지는 같지만 격 표지의 차이에 의하여 전자는 "능격적 타동 구문", 후자는 "능동적 타동 구문"으로 처리한다.

중세어의 능격문은 능격 동사뿐만 아니라 자동 동작 동사와 상태 동사에도 나타난다.

(37) 가. 淨居天 **澡絣이** 주근 벌에 <u>ᄃᆞ외야ᄂᆞᆯ</u> 보시고사 안디시 ᄒᆞ시니 (월인천강지곡기, 43)
나. 한 宗親ㅅ 알ᄑᆡ 蓮ㅅ 고ᄌᆡ 안자 뵈실ᄊᆡ **國人ㅅ 疑心이** ᄒᆞ마 <u>업서니와</u> (월인천강지곡기 137)

(37가)의 'ᄃᆞ외다'는 자동 동작 동사이기 때문에 이에 맞는 활용형은 비타동사 표지 '아~어'를 취한 'ᄃᆞ외어늘 (<*ᄃᆞ외거늘)'이 되어야 옳다. 그러나 타동사 표지 '아 (어)'를 취한 'ᄃᆞ외야ᄂᆞᆯ'이 된 것은 이 예 역시 능격문임을 의미한다. 이 노래의 배경 설화를 검토하여 보면 '조병'이 일부러 자기 몸을 벌레가 되게 하였다는 해석이 가능하다. (37나)의 '없 (다)'는 상태 동사이다. 상태 동사는 비타동사에 속하므로 '거'를 취한 '업거니와'가 되어야 옳겠으나 타동사 표지 '어'가 나타나 있다. 이 예도 배경 설화를 보면 타동성이 파악된다. 세존이 연꽃에 앉아 있을 때, 그의 아들 나운 (羅雲)이 세존에게 가니 나라의 사람들에게 나운이 세존의 아들이라는 아니라는 의심이 없어졌다는 것이다. '나운' 또는 '나운의 행동'이 동작주가 되고 주격 보족어 명사구 '疑心'은 피동작주가 되어 이 구문 역시 능격문임을 알 수 있다. 그 사이 중세어에 능격 구문이 존재한다는 저자의 견해를 비판하는 논자들은 상태 동사에 타동사 표지 '어'가 사용되는 현상에 대하여는 전혀 언급이 없다 (고영근 2015나). 숲은 보지 않고 나무만 보면 숲의 온전한 모습을 볼 수 없는 것과 다름이 없다.

(33가)와 (37)의 예들은 피동작주가 주격 어미를 취하고 또 활용형에 타동 동사 표지가 실현되어 있어 능격문임이 분명하지마는 중세어에는 동작주의 설정에 의하여 능격문임을 판정할 수 있는 예가 보인다.

(38) 가. **黑龍이** ᄒᆞᆫ 사래 <u>주거</u> (용비어천가 222장)

나. 國人ㅅ 疑心이 더욱 업ᄉᆞ니이다 (월인천강지곡기 137)

(38가)의 '죽다'는 자동 동작 동사인데 환조의 활솜씨가 동작주이며 그것이 흑룡을 죽였다는 뜻이다. (38나)는 (37나)의 짝이 되는 연인데 같은 동작주를 세울 수 있다.

(38)과 같은 구문들은, 대개『용비어천가』나『월인천강지곡』과 같이, 왕, 부처, 장군 등 비범한 인물들이 등장하는 문헌에서 나타난다. 앞의 (37)와 같이 구문의 성격에 상응하는 활용형이 나타나지 않기 때문에 능격문이 갖추어야 할 필요 충분 조건을 갖추지 못하였지만 일정한 동작주의 설정에 기대어 주격 명사구를 피동작주로 해석할 수 있기 때문에 능격문의 테두리에 넣을 수 있다.

8.6.1.4. 피동법의 변화와 방언의 변이 양상

앞의 (33)에서 저자는 중세어에는 능격 동사뿐만 아니라 같은 조건 아래에서 피동 동작 동사로 쓰이는 준능격 동사가 있음을 지적한 바 있다. 이를 다시 옮겨 오기로 한다.

(39) 가. 뫼해 사리 박거늘 (월인천강지곡기 41)
　　 나. 밠바당 그미 ᄯᅡ해 반ᄃᆞ기 바키시며 (월인석보 2, 57)

같은 시기에 능격 동사와 피동 동작 동사, 곧 준능격 동사가 공존하고 후세로 올수록 능격 동사가 줄어지고 피동 동작 동사가 늘어난다는 것은 중세 이전의 단계에는 피동 동작 동사가 없었다고 말할 수 있다. 이 문제는 저자가 이미 고영근 (1986/2004가: 131-161)에서 지적한 바 있다. 국어사의 앞 단계를 500년 간격으로 소급시켜 보면 10세기 경에는 15세기의 준능격 동사 (39나)가 능격 동사였을 가능성이 충분하고 15세기의 (34나)의 '자피다'와 같은 예는 준능격 동사였을 가능성이 충분하다. 그리고 5세기 경에는 (34나)와 같은 동작 동사마저 능격 동사였을 가능성이 충분하니 5세기 이전의 국어는 능격 언어였다고 자신 있게 말할 수 있다. 저자의 이런 가설이 단순한 추론이 아닌 것은 고대 이전의 우리말이 능격 언어였다는 유형론적 견해 (킹 1996, 보빈 2015)와 관련시켜 볼 때, 양자를 어떻게 조화시킬 것인가 하는 문제는 숙제로 남겨 둔다.

방언의 피동법에 대하여는 사동법과 마찬가지로 이제 겨우 형태론적 작업을 마무리하는 단계에 이르러 있다. 구본관 (1990)에서는 생성 형태론의 관점에서 동남 방언의 하위 방언인 경주 지역의 피동형의 생산성 문제를 다루었고 곽충구 (2004)에서는 연변 자치주의 함북 방언의 피동사에 대한 형태론을 다루었다. 그러는가 하면 이기갑 (2003: 624-628)에서는 전국 방언의 피사동 형태를 확인하는 작업을 수행하였다. 그러나 방언의 텍스트 자료를 대상으로 피동문의 성립 절차를 논의하는 작업은 아직 볼 수 없다. 앞으로 이금화의 〈의주 지역어의 텍스트〉 (역락, 2014)와 같은 구술 자료가 집대성되면 이런 작업이 가능할 것이다.

8.6.1.5. 사동문, 피동문, 능격문의 유형론

먼저 사동법의 통언어적 분포를 보면 (WALS id 110, 111, 언제훈 2011: 89-121, 쿨리코브 2011)에는 통사적 사동법을 다음 세 갈래로 나누고 있다.

(1) sequential but not purposive 35

(2) purposive but no sequential 68

(3) Both 15

우리말은 물론 (2) 유형에 속하는 것으로 나와 있다. 관련 논의는 송재정 (2015: 98-115)에 자세하다. 다음으로 우언적 사동법에 대하여는 다음과 같이 나와 있다.

(1) Neither 23

(2) morphological but no compound 254

(3) Compound but no morphological 9

(4) Both

우리말의 우언적 사동법 '-게 하다'는 물론 (2)에 속한다.

접사에 의한 사동법이 많은 언어에서 목격된다. 터키어와 일본어의 예를 들어 본다.

(40) 가. Hasan　be-ni　aga-t-ti

Hasan　me-Acc　cry-CAU-Past

나. TaroR-ga　ZiroR-ni　e-o　mi-sase-ta

Taro-nom　Ziroo-Dat　picture see-Cau-Past

(40가)는 터키어의 사동문이고 (40나)는 일본어의 그것이다. 두 언어는 '-t-, -sase-'에 의하여 사동문이 형성되는데 매우 생산적이다. Kashmir어도 생산적 사동법을 보유하고 있는 것으로 알려져 있다. 그러나 우리말의 형태적 파생법, 곧 어휘적 사동법은, 앞에서 본 바와 같이, 매우 불규칙적이어서 구성소의 성격을 벗어나지 못하고 있다. 그러나 통사적 사동법, 곧 우언적 사동법은 분포의 제약 없이 거의 모든 동사에 실현된다. 어휘적 사동법에 의하여 실현된 사동문은 예외없이 통사적 사동문으로 실현될 수 있다. 앞의 (5-1)에서 저자는 당대어에 이중 사동법이 있음을 지적한 바 있는데 딴 언어에도 비슷한 현상을 발견할 수 있다, 여기에는 세 유형이 있는데 똑 같은 접사가 두 번 사용되는 경우, 다른 접사가 사용되는 경우, 특수한 접미사를 통하여 실현되는 것이 그것이다. 다른 언어는 접사를 통하여 이중 사동이 실현되는 데 대하여 우리말은 어휘적 사동과 통사적 사동의 통합에 의하여 실현되는 점이 다르다. 어휘적 사동과 통사적 사동이 동의적인가 이의적인가 하는 문제는 이미 1970년대에 격렬하게 논의된 바 있는데 (고영근 1983: 179), 현재는 이의적 (異義的)이라는 데 대체로 동의하고 있다 (연재훈 2011: 98).

다음은 피동문의 유형론을 보기로 한다. 피동법은 논항의 강등과 승격에 의하여 성립된다. 앞에서 본 바와 같이, 우리말의 피동법도 위의 조건을 충족시키고 있으므로 통언어적 유형론의 주제로 삼을 수 있다. WALS에 의하면 지구상에서 피동법이 실현되는 언어는 162개이고 그렇지 않은 언어는 211개로 나와 있다. 이곳에서도 WALS와 연재훈 (2011: 123-167)을 중심으로 우리말 피동법의 유형론을 전개하여 보려고 한다.

앞의 (11나, 다, 651쪽)에서 능동문이 설정되지 않는 반사동이 있음을 지적한 바 있는데 이런 피동문은 세계 도처에서 발견된다.

(41) 가. Der Tisch ist deckt
the table is gedeckt
'The table is laid/covered'
나. TaroR-ga niwaka-ame-ni hurare-te komaQ-te I-ta node
sudden-rain Dat fall-Pass trouble

(41가)는 독일어의 예인데 이에 대응하는 능동문을 세울 수 없다. (41나)는 일본어의 예인데 마찬가지다. 많은 언어에서 피동문 표시의 형태소들이 피동 밖에 재귀 구문, 상호 구문, 반사동 구문 등을 아울러 가지는 일이 많다. 우리말의 피동법은 사동법에 비하면 생산적이다. 최현배 (1937/1971: 439-443)에서 피동사는 규칙적이기 때문에 사전에 올릴 필요가 없고 사동사는 환원 본동사이기 때문에 사전에 올려야 한다고 제안한 있다. 피동사는 사동사보다는 규칙적이지마는 불규칙적이기는 마찬가지다. 이런 점은 유형론적으로 특기의 대상이 된다.

앞에서 저자는 (1)과 (9)에서 우리말의 피동형과 사동형이 동일한 것이 있다고 하였는데 연재훈 (2011: 167)에 기대면 그 수효가 약 34개가 된다고 보고하고 있다. 이런 현상을 "야누스의 얼굴을 가진 동사"에 비유하기도 하는데 이 역시 통언어적으로 확인된다. 이러한 현상은 우리말과 이웃하고 있는 만주어에도 발견된다 (연재훈 2011: 172, 도정업 2016).

(42) 가. Bi inde gele-xe
I him-Dat frightened-past
나. Bi imbe gele-bu-xe
I him-Acc frightened Caus/Pass

(42가)는 주동문 내지 능동문인데 (42나)에서는 사동문과 피동문의 두 의미로 파악된다. 이는 우리말의 '읽히다'를 비롯하여 많은 예를 들 수 있다. 이런 현상은 어웡키어와 중국어, 영어 등 많은 언어에서 확인된다.

앞의 (16) (653쪽)에서 저자는 피동사가 대격 보족어를 취하는 일군의 피동사가 있었고 중세에도 그런 점이 포착되었었다. 이를 저자는 형태부와 통사부의 접면에서 일어나는 현상으로 파악하였는데 일본어에도 비슷한 현상이 지적되고 있다.

(43) John-ga Mary-ni te-o tukam-ar-ta
Nom dat hand-Acc catch-Pass-Past
"John was caught by the hand by Mary"

(43)은 우리말의 (16)과 똑 같은 구성이다. 이를 피해 피동이라고 부른다고 하였거니와 두 언어의

피해 피동은 완전히 일치하지 않는다. 우리말에는 자동사에는 피해 피동이 성립되지 않으나 일본어에는 자동사에도 존재한다는 보고가 있다 (연재훈 2011: 186)

8.6.2. 부정문

8.6.2.1. 부정의 정의

부정문 (否定文)은 앞에서 세운 기본 문형 (§8.2.1, 607쪽)의 동사를 부정형으로 바꾼 것을 가리킨다. 앞 (§4.2, 69쪽)에서 저자는 통합 관계에 따라 명사, 부사, 동사, 간투사 등에 나타나는 부정 표현을 "부정어"라는 범주에 소속시키기도 하였는데 이곳에서는 이들을 종합하는 관점에서 부정문을 논의하게 될 것이다. 일반적으로 부정 부사 '안<아니'이나 '못'을 동사 앞에 두기도 하고 동사 어간에 의존 동사가 붙어 형성되기도 한다. 우리말을 중심으로 한 부정문의 정의와 그 내용에 대하여는 한선희 (1985), 오숙화 (1994), 이은섭 (1996), 김종복 (2000, 2016가: 8장) 등에서 긍정적인 내용을 수용하였다. 특히 21세기로 접어들면서는 우리말과 영어를 중심으로 부정에 관련된 공동 저작이 김영화 (2005), 박갑용 (2005), 이정민 (2005), 장영준 (2005) 등이 김영화 밖에 (2005)에 실려 있어 우리말의 부정법을 새로이 볼 수 있는 계기를 마련하였다. 이곳에서는 주로 "부정문"이라는 용어를 사용하겠지만 경우에 따라서는 "부정, 부정형, 부정법"이란 말도 사용하게 될 것이다. "부정법 (否定法)"이라고 하면 8장에서 본 문법 범주에 소속시킬 수 있으나 기본 문형이 변형의 절차에 의하여 성격이 다른 문장으로 전환되기 때문에 부정문이라 불러 통사부에서 처리하였다. 실제로 현행 학교 문법에서는 부정법이 형태통사부에 소속되어 있다.

(1) 가. 아기가 잔다.
  나. ① 아기가 **안** 자ㄴ다.
    ② 아기가 자**지 않 (<아니하)**는다.
  다. ① 아기가 **못** 자ㄴ다.
    ② 아기가 자지 못한다 (<**못하**ㄴ다).

(1나, 다)가 긍정문인 (1가)와 짝을 이루는 부정문이다. (1나, 다)①의 부정문은 오래 전부터 "단형 부정문"으로 불려져 왔고 ②의 부정문 역시 "장형 부정문"으로 불려져 왔다. 이곳에서는 본서의 문법 체계에 맞추어 전자의 부정문은 "동사 한정 부정문". 후자의 부정문은 "의존 동사 부정문"으로 부르기로 한다. 이런 부정문을 흔히 통사적 부정법이라 부르기도 한다,

다음은 계사문의 부정문이다

(2) 가. 이것이 책이다.
  나. 이것이 책이 **아니**다.

(2)는 계사문의 긍정문과 부정문이다. (가)는 긍정 계사문, (나)는 부정 계사문이다. (2가)의 '이다'

는 앞에서 형식사의 하나로 처리한 바 있는데 (§4.2, 68쪽, §6.5.1, 293쪽), '아니다'의 '아니'는 중세어에는 분명히 명사였고 당대도 명사적 성격이 남아 있어 그 소속을 분명히 하기가 매우 어렵다. 평술문에서는 '아니라'가 아닌 '아니다'로 재구조화되어 있어 동사의 한 부류로 보기도 한다. 그렇게 본다면 여기에서 추출되는 '아니'는 동사 부정형의 '아니'와 일치한다. 문법가에 따라서는 다음에 보는 '없다'와 같은 어휘적 부정으로 보는 일도 없지 않으나 (구본관 밖에 2015: 359), 이곳에는 (1나)와 보조를 맞추어 통사적 부정으로 보기로 한다.

다음은 어휘적 부정이다.

(3) 가. ① 책상 위에 책이 있다.
② 책상 위에 책이 없다.
나. ① 철수는 돈이 있다.
② 철수는 돈이 없다.
다. ① 나는 그 사람을 잘 알고 있다.
② 나는 그 사람을 잘 모르고 있다.

(3)은 소재와 소유의 존재 상태 동사 '있다' 의 긍정형과 부정형을 짝을 지어 보인 것이다. (가)는 존재를, (나)는 소유를 의미한다 (박양규 1975). 이런 경우, 부정형을 규칙적인 '있지 않다'와 같이 바꿀 수 없는 바 아니나 '없다'가 그 자리에 보충된다. (다)도 마찬가지다. 부정형이 규칙적인 '안 알고 있다' 대신 '모르고 있다'로 대치되기 때문이다. 이런 부정형은 "어휘적 부정법"이라고 하여 일반적으로 부정법에서 제외한다.

어휘적 부정에는 한자 접두사 '不, 非, 未, 莫, 勿, 沒'이 붙은 어휘도 포함된다 (§6.7.7.4.A.(9), (10)).

(4) 가. 非禮勿視하라.
나. 그런 행위는 非教育的이다.

(4)는 다음과 같이 우리말로 옮길 수 있다.

(4) 가'. 예가 아니면 보지 말라.
나'. 그런 행위는 교육적이 아니다.

(4)는 한자어 단어 형성법에 의하여 만들어진 명사적 표현이고 (4')는 이를 우리말로 풀이한 표현이다. 전자는 단어 형성부의 소관이고 후자는 정상적인 우리말의 부정문으로서 통사부의 소관이다. (4가')는 부정 명령문이고 (4나')는 계사성 부정문이다. (4)와 같은 표현은 아무리 부정의 의미가 포함되어 있다고 하더라도 부정문의 영역에 들어올 수 없다.

우리말의 부정문은 동사 서술어의 일정한 문법적 절차에 의하여 형성된다. 설사 부정의 의미가 간취된다고 하더라도 그것이 한자어이거나 어휘적 절차에 의존하는 것은 부정문이 되기가 어렵다[23].

23) 이를테면 김영욱 (1983)에서는 한 문장에서 [부정]의 의미 자질만 검출되면 부정문으로 볼 수 있다고 하여 부

앞에서 든 (1)과 (2)는 동사 서술어가 하나인 단문의 예이다. 그러면 서술어가 둘 또는 그 이상인 복합문일 때에는 어떻게 처리해야 할 것인가. 이 문제는 북한의 한선희 (1985)에서 제기된 바 있어 이를 참조하기로 한다.

다음 예를 보기로 한다.

(5) 가. 봄이 오니 꽃이 피ㄴ다.
나. 봄이 왔지만 꽃이 피지 않는다.
다. 콩을 심으면 콩이 나지 팥이 나지 않는다.

(5)는 앞 (§8.1.(3), 604쪽)에서 들었던 복합문이다. (가)는 상위절과 하위절이 결합된 복합문이다. 상위절이 긍정 평술형으로 끝나 있기 때문에 전체의 문장은 긍정문이다. 그러나 (나)는 하위절과 상위절이 역접 관계로 이어져 있는 것을 부정의 의존 동사형 '-지 않는다'로 마무리하고 있기 때문에 문장 전체는 부정문이다. (다)도 마찬가지다. 하위절이 상위절에 이어짐과 동시에 이를 부정하는 의존 동사 구문으로 마무리하고 있기 때문에 부정문이다.

그러나 대등적으로 이어진 문장은 성격이 조금 다르다.

(6) 가. 철수는 초등 학생이고 영수는 고등학생이다.
나. 철수는 초등학생이 아니고 영수는 고등학생이 아니다.

(6가)는 대등절끼리 대등적으로 이어져서 마무리된 문장인데 앞의 (5가)와 같이 긍정문이다. 그러나 (6나)는 선행절이 부정되면 후행절도 부정되어야 함을 보이는 예이다. 만약 어느 하나만 부정되면 다음과 같이 비문법적 문장이 되어 버린다.

(6) 나'. *철수는 초등학생이 아니고 영수는 고등학생이다.
나''. *철수는 초등학생이고 영수는 고등학생이 아니다.

이런 경우는 앞의 (5나)와 같이 '-는데, -지만'과 같은 역접의 부동사로 바꾸어야 한다.

8.6.2.2. 부정문의 갈래

우리말의 부정문은 형성 방식과 부정 내용에 따라 분류할 수 있다. 형성 방식에 따른 부정문에는 앞에서 든 동사 한정 부정문과 의존 동사 부정문의 둘로 나눌 수 있다. 김동식 (1981), 이경우 (1983)를 참조하여 분류를 시도하여 보기로 한다. 부정문이 동사 한정 부정문이든 의존 동사 부정문이든 '안<아니'가 표현되어 있으면 '안' 부정문, '못'이 포함되어 있으면 '못' 부정문이라 부르기로 한다.

먼저 동사 한정 부정문부터 보기로 한다.

정문을 의미론적 관점에서 정의하고 있는데 이는 문법론의 부정문이라고 하기가 어렵다는 것을 분명히 해 둔다.

(7) 가. ① 비가 **안** 온다.
② 철수는 학생이 아니다.
나. 철수가 학교에 **못** 갔다.

(7가)는 동사 한정 부정문이다. ①은 부정 부사 '안' (<아니)이 동작 동사 '오다' 앞에 놓임으로써 동작 동사 서술어 '오다'를 부정하였다. 부정 부사 '안'을 접두사로 보는 일이 없지 않으나 (박재희 · 박정규 2012), 좀더 깊이 생각해 볼 필요가 있다. ②는 계사문 '철수는 학생이다'의 부정문이다. "단순 부정문"이라고 부를 수 있다. (7나)는 부정 부사 '못'이 동작 동사를 한정함으로써 부정문이 되었다. 이를 흔히 "능력 부정문"이라고 부른다.

다음은 의존 동사 부정문이다.

(8) 가. ① 비가 오**지 않**는다.
② ??철수는 학생이**지 않**다.
나. 철수가 학교에 가**지 못하**였다.

(8)은 앞의 (7)에 대하여 흔히 장형 부정문이라 불리는 것인데 (8가)①은 동작 동사의 예이다. ②는 계사의 의존 동사 구문으로 상정되는 예인데 불가능한 것은 아니나 그렇게 보편적인 것은 아니다. (8나)는 (7나)의 능력 부정문의 의존 동사 부정문이다.

동사 한정 부정문과 의존 동사 부정문은 그 의미가 같은가 아니면 다른가. 이 문제는 생성 문법의 표준 이론과 생성 의미론이 기세를 떨치던 지난 세기 70년대를 앞뒤로 하여 격렬한 논쟁이 벌어졌었다 (이기용 1979, 고영근 1983: 143-146). 이는 19세기 전반기부터 후반기까지 독일을 중심으로 전개된 처소론자와 반처소론자, 그리고 준처소론자의 논의의 재현 (再現)이었다고 말할 수 있다 (고영근 1980, 고영근 1983: 180). 관련 예문을 다시 가져오기로 한다.

(9) 가. 비가 안 온다.
나. 비가 오지 않는다.
(10) 가. 철수가 학교에 못 갔다.
나. 철수가 학교에 가지 못하였다.

(9가)와 (10가)는 일반적으로 스스럼 없는 구어$_2$나 메모 등에서 자연스럽고 (9나), (10나)는 교과서의 설명문이나 신문의 기사 등의 문어$_1$에서 자연스럽다. 사용역 (register) 차이에 따른 선택이라고 하면 그 형식적 의미가 다르다고 하기가 어렵다. 어린이의 언어 습득에서 동사 한정 부정문이 의존 동사 부정문보다 먼저 습득된다는 보고 (김영화 밖에 2005: 121)도 이런 사실과 관련이 있어 보인다.

한편 부정문은 부정 내용에 따라 다음 몇 가지로 나눌 수 있다.

(11) 가. 단순 부정문

나. 의도 부정문
다. 능력 부정문
라. 거짓 부정문
마. 극성 부정문
바. 상위언어 부정문 (수사 부정문)

(11가)의 단순 부정문은 앞의 (7가)①과 같이 주격 보족어 명사구가 보통 무정물일 때 실현된다. 그리고 계사 부정문 (7가)②도 단순 부정문에 속한다.

그러나 다음 예와 같이 주격 보족어 명사구가 유정물일 때에는 주어의 의도만 파악된다.

(11) 나'. ① 나, 그 일 **안** 할래.
② 나는 너를 놓치고 싶**지는 않**아.
③ 마음이 **안** 내킨다.

(11나')①은 '*… 못 할래'와 같이 능력 부정은 허용되지 않는다. ②는 소망을 표시하는 의존 상태 동사 '싶다' 에도 '*놓치고 싶지는 못해'와 같이 능력 부정문이 허용되지 않으며 ③과 같은 숙어적 표현에도 '*못 내킨다'와 같이 능력 부정문이 성립되지 않는다. 의도 부정의 '아니'라고 하여 모든 동사에 다 붙지 못한다.

(11) 나''. *너는 왜 그 일을 **안** 견디고 나왔니?

이럴 때에는 '못' 만이 허용된다. '견디다'와 같은 동작 동사는 동작주의 의지나 의도 등이 포함되어 있기 때문에 동작주의 의도를 표시하는 '아니'가 쓰이지 못한다는 견해 (이경우 1983)가 설득력이 있어 보인다. 가능성의 여부를 측정할 수 없는 동사의 경우에도 능격 부정이 성립되지 않는다[24].

의도 부정문에는 명령문과 제안문에 나타나는 '-지 말다' 형도 포함시킬 수 있다. 종래의 문법에서는 "'말다' 부정문"이라고 하여 따로 다루기도 하고 (남기심 · 고영근 1985/2014: 379-383, 남기심 2001: 321-323), '말-'에 의지와 제어 가능성의 의미를 주기도 하였으나 (이정민 1977: 105-114), 이곳에서는 '-지 말 (다)'에 나타나는 '말-'이 '않-'의 보충법에 의한 이형태란 점을 고려하여 (§6.2.3.1.B, 132쪽), 양자를 통합하여 다루기로 한다.

(12) 가. ① 여기에 앉아라.
② 여기에 앉**지 말**아라.
나. ① 여기에 앉자.

24) 서정목 (2017: 320)에는 다음과 같이 가능성 여부를 측정할 수 없는 동사의 경우는 능력 부정이 성립되지 않는다는 예를 들고 있다.
이제 비가 (안, *못) 온다,
오늘은 공부가 (안, *못) 된다.
지리산이 한라산보더 (안, *못) 높다.

② 여기에 앉**지 말**자.

평술문과 의문문에서는 동사 한정 부정문과 의존 동사 부정문의 두 갈래가 공존하고 있으나 명령문과 제안문에서는 '-지 말-'로 단일화되어 있다.

(11다)의 능력 부정문도, (7나) (8나)에서 본 바와 같이, 동사 한정 부정문과 의존 동사 부정문의 두 갈래가 공존하고 있다. 그러나 능력 부정문은 의도 부정문에 비하여 제약이 많다.

(13) 가. ① 영희는 변하였다.
② *영희는 **못** 변하였다.
나. ① 날씨가 춥다.
② *날씨가 못 춥다.

(13가)의 '변하다'는 동작 동사인데도 불구하고 능력 부정이 성립되지 않는다. ①과 ②를 비교하여 보면 그 일면을 알 수 있다. (13나)는 형용사 '춥다'에 '못'이 붙지 못하는 예이다. 그런데 같은 상태 동사라도 '좋다. 넉넉하다, 아름답다'와 같이 변화를 요구하는, 상향성을 띤 상태 동사에는 쓰일 수 있다. '성적이 좋지 못하다'와 같은 예가 그것인데 이는 특이한 용법이다. 그러나 '이 아이는 게으르지 못합니다'와 같이 평가 기준이 하향적이어서 변화를 요구할 필요가 없는 상태 동사는 '못'을 취하지 못한다 (에카르트 1923: 88; 고영근 1983: 231). (11라)의 거짓 부정문은 부정소가 실현되어 있어서 겉으로는 부정문처럼 보이나 실제로는 부정문이 아닌 부정문을 가리킨다. 이에 대하여 반론도 없지 않으나 (구종남 1992: 174-199, 박정규 2002: 201-232), 여기서는 김동식 (1981/1983: 65-82)의 견해를 수용하기로 한다.

(14) 가. 영이가 먹었지 **않**니?
나. 영이가 가지 **않**을까 걱정이다.

(14가)에는 부정소 '안'이 들어 있으나 화자가 영이가 먹었다는 것을 거의 확정적으로 전제하고 이 내용을 청자도 알고 있으리라는 가정 아래 그것을 확인하는 의문문이다. 영어의 부가 의문문 (tag-question)을 방불케 하는 의문문으로 참된 부정문이 아닌 문자 그대로의 "거짓 의문문"이다. (14나)도 거짓 의문문이다. 여기에는 (14가)와 같이 '안'이란 부정소가 도입되어 있으나 의문문이라기보다는 회의의 느낌이 든다. 여기에는 두 가지 의미를 파악할 수 있다. 하나는 영이가 가기를 바라는 것이 화자의 마음인데 그 일이 일어나지 않는 것이 걱정스럽다는 뜻이고 다른 하나는 영이가 가지 말기를 바라는데 그런 일이 일어날까 걱정스럽다는 뜻이다. 어느 의미를 택하여도 참된 부정문과 거리가 먼 "회의문"임에 틀림없다 (김동식 앞의 논문: 73). 한편 윤수원 (2013)에서는 전통적으로 써 오던 "expletive negation"란 대신에 "evaluative negation"이란 말을 채택하고 있다[25].

(11마)는 극성 부정문이다. 극성 부정문이란 극성어 (極性語, polarity item)가 나타나는 부정문

---

25) 이 문제는 윤수원 박사와 메일로도 확인한 바 있다 (2016. 12. 9.).

을 가리킨다. "극성어"를 "극어"라고 번역하기도 하나 (이환묵 1977, 구종남 2012: 55-75), 우리말의 조어법에 어긋난다고 보아 "극성" (極性)에 접미사 '어' (語)를 붙인 "극성어" (김영희 1998/2005: 205-237, 박정규 2002: 58)를 택하기로 한다.

부정 극성어란 한 문장에서 부정의 표현이 반드시 수반되어야 하는 다음과 같은 표현을 가리킨다 (남승호 1999: 239)[26].

(15) 가. 영수는 **아무것도** 먹지 않았다.
나. *영수는 아무것도 먹었다.

위의 (15가)에서 의존 동사 부정형 '-지 않-'을 제거하면 (15나)와 같이 비문법적 문장이 되어 버린다. 우리말은 다른 언어와 마찬가지로 극성어가 발달하여 있다. 우리말의 극성어는 몇 가지 관점에서 분류할 수 있다. 구종남 (2012: 14-22)의 자료를 중심으로 본서의 문법 체계에 따라 다시 분류를 시도하여 본다.

(16) 가. ① 아무 (것, 데)도
② 아무런, 별다른
③ 전혀, 도무지, 미처, 결코, 절대로 …
④ N∅밖에, N (는)커녕
나. ① 숨 한번도, 한 치도, 한 순간도, 조금도, 티끌만큼도, 다시는
② 머리카락 하나 (도), 꿈쩍 (도)
③ 보잘 것, 더 이상

(16가)는 단어형 극성어이다. ①은 미정 대명사인데 첨사 '도'가 필수적으로 붙는다. 이를 통하여 첨사 '도'의 기능의 한 면을 엿볼 수 있다 (뒤에 나옴). ②는 관형사이고 ③은 부사이다. 극성어 가운데는 부사가 가장 많다. ④의 '밖에'는 공간 기원의 후치사 '밖에'가 부정격을 가운데 두고 명사에 붙은 것이고 '커녕'은 단독으로, 혹은 첨사 '는'을 매개로 하여 이루어진 이중 첨사이다. (16나)는 숙어의 성격을 띤 극성어이다. ①은 첨사 '도'와 '는'을 거의 필수적으로 요구하며 ②는 '도'를 수의적으로 요구한다. ③은 그 자체로서 익은 표현이 되어 극성의 문맥에 사용된다.

극성 부정어는 다음과 같은 긍정 문맥에서도 쓰일 수 있다.

(17) ?그 약속은 **절대로** 지켜야 한다.

위의 예에 나타나는 '절대로'는 (16가)③에서 본 바와 같이, 부정 문맥에서 나타나야 자연스러우나 긍정 문맥에 나타나면 어딘지 모르게 걸리는 데가 있다. 그렇다고 완전히 비문법적이라고도 할 수 없다. 이때의 '절대로'를 '반드시'로 해석하면 그런 대로 수용할 수 있다.

부정 극성어는 중출될 수 있다.

---

26) 장영준 (2005: 163), 김영희 (2005: 205), 이정민 (2005: 185) 등에서도 이 문제가 다루어져 있다.

(18) 가. 미자는 진호를 **차마 더 이상** 붙잡을 수 없었다.
나. 철수밖에 **아무도** 그를 **눈꼽만큼도** 미워하지 않았다.

(18가)에는 '차마'와 '더 이상'이라는 극성어가 중출되어 있고 (18나)에는 '아무도'와 '눈꼽만큼도'가 중출되어 있다. 화자가 자신의 주장을 강조할 필요가 있다고 생각할 때에는 극성어를 이중으로 사용할 수 있다. 이렇게 보면 극성어의 사용은 수사적 (修辭的인) 면이 강하다는 것을 알 수 있다. 이는 화자의 마음과 현실적 발화 상황을 문법에 통합시키려고 하는 저자의 문법관 (§1.3, 9쪽)을 뒷받침하는 한 예이기도 한다.

(11바)의 상위 언어적 부정문은 일종의 수사 부정문이다. 이정민 (2010, 2015)를 중심으로 그 성격을 규명하여 보기로 한다.

(19) 가. 아무도 안 왔다./오지 않았다.
나. 미아가 **보통** 예쁜 것이 아니야./미아가 **보통** 예쁘지 않아.

(19가)는 앞의 (7가)와 같이 기술적 부정 (descriptive negation, [DN])이다. 기술적 부정이라고 함은 '아무-도'의 '아무'에 의하여 허가되는 부정을 가리킨다. 그러나 (19나)의 '보통'은 '여간'과 함께 상위 언어적 부정에 의하여 허가된다. 따라서 그 의미도 기술적 부정과는 달리, '매우 예쁘다'라는 반의적이고 수사적 의미를 함축하고 있다. 상위 언어적 부정문은 기술적 부정문과는 달리 '보통'이나 '여간'과 같은 부사의 첫 음절에 초점 강세가 놓이고 두 번째 연접지인 '예쁜'에서 '엄청나게'와 같은 강한 긍정의 함축이 부여된다. 기술적 부정 극성문은 상위 언어적 부정의 부사류와 공기하지 못하는데 상위 언어적 부정문에서는 함축된 정도가 보통 정도를 벗어나는 긍정적 함축을 표시한다. (19)의 (가)와 (나)를 비교하면 (가)는 단순 부정임에 대하여 (나)는 강한 긍정을 함축한다는 점에 의하여 그 차이점을 알 수 있다. 이런 현상은 일본어에도 보이는 것으로 보고되어 있다. 다음과 같은 이중 부정문도 강한 긍정을 함축한다는 점에서 상위언어 부정문이라고 할 수 있다.

(20) 영이가 학교에 **안** 가지 않았다.

이중 부정문은 일반적으로 의존 동사 부정문에 동사 한정 부정어가 붙어 성립한다. 흔히 이중 부정이라고 하면 강한 긍정을 함축한다고 알려져 왔으나 반드시 그렇지 않다. (20)은 '영이가 학교에 가기는 갔는데 그리 열심히 공부를 하지 않는다' 정도의 의미가 파악되는 것으로 볼 수 있다 (박정규 2002: 210).

8.6.2.3. 부정의 범위와 중의성

부정의 중의성은, 앞에서 언급한 바와 같이, 지난 세기 70년대를 전후하면서부터 앞의 피동·사동법과 함께 우리 언어학계의 주요 쟁점으로 떠올랐던 주제였다. 중의성 문제는 현재도 관점을 달리하여 논의되고 있나. 구종남 (1990, 1992), 박종갑 (2001가, 2001나) 등은 전제와 관련하여 중의성 문제를 다루었으며 박철우 (2013가, 나)에서는 특히 작용역의 문제를 정보 구조와 관련하여 논의하고 있다. 이곳에서는 주로 후자에 기대어 중의성의 문제를 정보 구조와 관련하여 해석하는 문제를 제기하여 보기로 한다.

일반적으로 부정문의 중의성은 의존 동사 부정문을 대상으로 논의되고 있다.

(20) 가. 철수는 밥을 **안** 먹고 갔다.

나. 철수는 밥을 먹고 가지 않 (<아니하)았다.

(20가)의 동사 한정 부정문은 '안'이 동작 동사 '먹-'만을 부정하는 데 대하여 (20나)는 '안'이 '먹-'과 '가-'에 걸리는 것으로 해석할 수 있다. 그러나 (20나)도 상황에 따라 강세 등이 주어지면 다음과 같이 여러 가지 의미로 해석될 수 있다.

(20) 가'. ① 밥을 안 먹고 간 것은 철수였다.

② 철수가 안 먹고 간 것은 다른 것이 아니라 밥이었다.

③ 철수는 먹지 않고 갔다.

위의 (20)의 예를 출발점으로 삼아 정보 구조에 입각한 부정문의 중의성 문제를 논의하여 보려고 한다. 정보 구조란 현재의 화자에게 바로 전에 제공된 문맥을 측정해 봄으로써 그 구조화를 예측할 수 있고 그것이 형태 및 통사적 절차나 운율적 방법으로 현실화하는 것이다. 여기서 가능한 문맥과 그에 대응하는 정보 구조룰 상정하여 보면 다음과 같이 여러 가지 상황을 가정하여 볼 수 있다 (박철우 2013나).

(21) 내가 그를 권총으로 쏘았다.

가. [초점 내가 그를 권총으로 쏘았다] (← 무슨 일인가)

나. [전제 내가][초점 내가 그를 권총으로 쏘았다] (← 네가 무엇을 어떻게 했는가

다. [전제 그를] [초점 내가 권총으로 쏘았다] (← 그가 어떻게 되었는가/그를 누가 어떻게 했는가)

라. [전제 권총으로][초점 내가 그를 쏘았다] (← 권총으로 누가 무엇을 했는가)

(21)은 '내가 그를 권총으로 쏘았다'라는 네 성분을 가진 문장을 전제와 초점으로 분절할 수 있는 가능성만을 제시한 것이다. (20)에 대하여는 강세와 같은 운율적 요소의 기능만 고려하였으나 (21)은 정보 구조의 성분 가운데 전제와 초점을 도입함으로써 다중적 함축의 발생 가능성을 체계적으로 표상할 수 있음을 보여 주고 있다.

8.6.2.4. 부정법의 통시태와 방언의 부정법의 실현 양상

이곳에서는 앞에서 검토한 당대 공통어의 부정문에 관한 논의를 발판으로 삼아 중세어 및 고대어와 방언의 부정법의 실현 양상을 검토하기로 한다. 이 방면에 대하여는 일찍이 남풍현 (1976), 고영근 (1987/2010다: 241-248)에서 실마리를 잡은 바 있고 최근에 와서는 이태욱 (2000, 2001),

이기갑 (2003), 허재영 (2002), 박형우 (2004), 이지영 (2008) 등의 중후한 업적이 나와 많은 도움을 입었다.

중세어의 부정법도 당대어에 준하여 실상을 파악할 수 있다.

(22) 가. ① ᄒᆞ나 아닌(**아니**ㄴ) 거긔 … (월인석보 8, 30)
② 불휘 기픈 남ᄀᆞᆫ ᄇᆞᄅᆞ매 **아니** 뮐ᄊᆡ (<u>뮈</u>ㄹᄊᆡ) (용비어천가, 2장)
③ 耶輸ㅣ ᄉᆞᄌᆡ 듣**디 아니ᄒᆞ**시고 (석보상절 6, 7)
③-1. 그듸내 ᄠᅳ디 **아니** 舍利ᄅᆞᆯ 뫼시다가 供養ᄒᆞᅀᆞ보려 ᄒᆞ시ᄂᆞ니 (석보상절 23, 46)
④ **아니** <u>여러</u> ᄆᆞᆯ (번역노걸대 상, 27)
나. ① 五年을 改過 몯**ᄒᆞ**야 (용비어천가 12장)
② 믈읫 됴티 (<**디**) 몯**ᄒᆞᆫ** 이리 다 업서 (석보상절 9, 24)

(22가)는 단순 의도 부정문이다. ①은 명사 부정문이다. 중세어의 부정어 '아니'가 명사였음은 이미 여러번 지적하였다, ②는 부사로서의 '아니'가 동사 '뮈-'를 한정하고 있다. ③은 ②와는 달리 의존 동사 부정문이다. ③-1은 홍종선 (2017: 561)에서 주목된 예인데 동작 동사구 'ᄒᆞ니ᄂᆞ니' 앞에 와야 할 것이 주격 명사구와 대격 명사구 사이에 자리를 옮겼다. 이를 수사적으로 문제로 다루어야 할지 문법적 문제로 보아야 할지 더 많은 예를 확보할 필요가 있다 (고영근 2018나). ④는 관형사 부정문인데 (허원욱 2015: 27). 당대에는 볼 수 없는 부정문이다. 중세어에도 두 부정문이 당대어와 같이 공존하고 있었으나 상황에 따라 달리 선택되는 면을 포착할 수 있다. 동사 한정 부정문은 주로 시가와 일상 대화에 보편적이고 의존 동사 부정문은 산문이나 언해서에 보편적이었다[27].

16세기도 비슷한 경향을 포착할 수 있다. 다음 예는 동사 한정 부정문이다. 이태욱 (2001)의 자료를 이용하여 그 실상을 보기로 한다.

(23) 가. 네 오ᄂᆞᆯ 엇디 ᄒᆞᆨ당의 **아니** 간다 (<u>가</u>ㄴ다) (번역박통사 상 49)
나. 내 이 패옷 **몯** 이긔면 사오납거닛ᄃᆞᆫ ᄆᆞᆯ도 밤여믈 몯 어드면 (번역박통사 상 23)
다. 나리 서ᄅᆞᆯᄒᆞ니 긔오니 **아니** 알ᄑᆞᆫ (<u>앒</u>ᄋᆞᆫ)ᄃᆡ 업ᄉᆞ니 (순천김씨 간찰 37)

동사 한정 부정문은『번역 박통사』와『번역 노걸대』및 〈순천 김씨간찰〉에서 많이 나타난다.

다음 예는 의존 동사 부정문이다.

(24) 가. 드레 믈 ᄌᆞᆷ<u>디 아니</u>ᄒᆞᄂᆞ니 (번역노걸대 상, 32) (이태욱 2001, 21)
나. 北京의 갈가 가<u>디 몯</u>ᄒᆞᆯ가 (번역노걸대 상, 2) (이태욱 2001, 32)

그런데 사서언해류에는 거의 의존 동사 부정문으로 일관되어 있다.

---

27) 이지영 (2008: 51-68)에서는 관형사, 부사, 서술어 앞에 놓이는 부사 '아니'에 대하여 특이한 예를 들고 있으나 이는 정동사나 그에 준하는 부정 표현을 지향하는 저자의 체계에서는 수용되지 않는다는 것을 밝혀 둔다.

(25) 文王이 이믜 沒ᄒᆞ시니 文ㅣ 이예 잇**디 아니**ᄒᆞ냐 (논어언해 178) (이태욱 2001: 146)

이러한 경향은 시대가 하강할수록 심하여진다고 보고하고 있으나 문헌의 성격도 깊이 고려해야 한다.

중세어의 부정법은 대체로 당대어에 준하여 그 특징을 설명할 수 있으나 중세어 특유의 부정법이 보이지 않는 것은 아니다.

(26) 가. 일즉 글월 앗고 ᄆᆞᅀᆞ매 서늘히 너기**디 아니**ᄒᆞᇙ **아니**ᄒᆞ노라 (未嘗不廢書寒心ᄒᆞ노라) (내훈 서, 6) (이지영 2008: 107)

나. 夫人이 아ᄆᆞ라토 (<**아ᄆᆞ랗도**) 아니ᄒᆞ더시니 (월인석보 2, 26)

(26가)는 '아니ᄒᆞ-'의 'ㄹ 동명사형'의 속격형에 부정 동작 동사 '아니ᄒᆞ-'가 통합된 것인데 '아닌게 아니라 책을 폐하고 마음에 시원하게 여기지 않을 수 없다'라는 뜻이니 이중 부정임에 틀림없다. (나)는 '아무렇지도 않게 생각하시더니'라는 뜻의 극성어로 볼 수 있다 (허재영 2001).

중세어에도 이중 부정법이 보인다.

(27) 가. 諸天이 護持 아니티 몯ᄒᆞ리라 (법화경언해 5, 55) (허재영 2002: 111)

나. 이 ᄯᅩᄒᆞᆫ 威호ᄃᆡ 猛티 **아니**호미 아니가 (논어언해 4, 71) (허재영 2002: 139)

(27가)의 15세기 문헌에는 '아니'와 '못'이 이중 부정을 형성하고 있는데 뒤의 (27나)에는 같은 부정어 '아니'가 중복되어 있다. 중종조의 『번역소학』과 선조조의 『소학언해』를 비교하면 전자의 '아니~, 없-'이 후자에 와서 모두 '아니'로 치환되고 있는데 그 까닭을 구명해 볼 필요가 있다.

중세어의 부정법에 대한 지식을 발판으로 삼아 고대어의 부정법과 그 변화 양상을 보기로 한다

고대어의 부정법은 우선 다음 예를 들 수 있다.

(28) 若此事失 天大罪得敍 若國不安大亂世 可容行誓之。

위의 구절은 임신서기석 (壬申誓記石) (AD 552 또는 612)의 한 구절인데 우리말의 어순에 따라 한자를 배열한 텍스트이다. 밑줄 그은 '若國不安大亂世'을 '나라가 편안치 않고 크게 나라가 어지러우면 가히 모름지기 충도를 행할 것을 맹세한다'와 같이 해석된다. 이곳의 '不安'은 '아니 평안하고'로 읽혀지는데 이를 동사 한정 부정문'으로 해석한 박형우 (2004: 50-51)의 견해는 비교적 정곡을 맞추었다고 할 수 있다. 그렇다면 우리말의 가장 오래된 부정 표현은 동사 한정 부정문이라고 할 수 있다. 실제로 향가를 비롯한 고대어 자료에는 동사 한정 부정문만 보인다,

(29) 가. 吾肹**不喩**慙肹伊賜等 (헌화가 3)

나. **毛冬**居叱沙哭屋尸以憂音 (모죽지랑가 3)

(29가)에 나오는 '**不喩**'는 대체로 '안디'로 읽고 있는데 그렇다면 이는 다음에 오는 동작 동사를 한정하는 의도 부정문으로 해석할 수 있다, (나)에 나오는 '**毛冬**'은 '모ᄃᆞᆯ'로 읽고 있는데 그렇다면 이

는 능력 부정문으로 해독할 수 있다.

다음으로는 균여전의 부정법을 보기로 한다.

(30) 가. 佛影**不冬**<u>應爲賜下呂</u> (청불주세가 10)

나. **毛等**<u>盡良</u>白乎隱乃兮 (칭찬여래가 10)

(30가)의 '不冬'은 대부분 '안둘'로 해독되는데 그렇다면 중세어의 의도 부정 '아니'의 소급형이라고 할 수 있다. (나)의 '毛等'은 '모둘'로 해독되는데 '다ᄋᆞ라'로 읽혀지는 후행하는 '盡良'을 한정하는 능력 부정이다.

다음은『대명률직해』의 부정법의 예이다.

(31) 가. ① <u>時急事</u> **不喩**是於 (17, 5) (박형우 2004: 77)

② 車馬等乙 馴習 **不冬** <u>令是於</u> (12, 2) (박형우 2004: 78)

나. 有傷爲 使用**不得**<u>爲在乙良</u> (16, 1) (박형우 2004: 92)

(31가)①의 '不喩'는 명사 '時急事'의 부정이고 ②의 '不冬'은 '시키며'로 해독되는 '**是於**'의 동사 부정이다 (남풍현 1976: 69). (나)는 "사용 못거든'으로 해독되는데 그렇다면 이는 뒤의 '爲在乙良'을 한정하는 능력 부정으로 볼 수 았다.

근년에 발견된『구역인왕경 상』을 비롯한 석독 구결에서도 별반 차이가 없다.

(32) 가. 相續假法 ᄀ 一 **非 ⽮** 3 異 **非 ⽮** 3 ソ ナ | (구역인왕경 상 14, 7)

나. 五 淨信 乙 遠離 ソ ᄀ 入 乙 由 3 常 ㅣ 修能 **不ハソ 㢱** (유가사지론 10, 21-22)

(32가)에서는 '안디'로 해독되는 '非 ⽮'가 명사 부정인데 부정 대상은 '一'과 '異'이다. (32나)의 '不ハソ 㢱'은 '닦음을 능히 못하며'로 해독하는 것이 옳다면 (박형우 2004: 94), 명사의 능력 부정으로 볼 수 있다.

조선조에 와서 문자로 정착되기는 하였으나 고려가요에는 모두 동사 한정 부정문만 보인다 (박형우 2004: 85-89)

(33) 가. **아니**시며 거츠르신둘 아으 (정과정)

나. 선ᄒᆞ면 **아니** 올 <u>(오)</u>ㄹ세라 (가시리)

(33가)는 생략된 사실을 부정하는 명사 부정문이고 (33나)는 동사 '오-'를 부정하는 한정 부정문이다. 이러한 전통은 신라 향가서부터 자리잡아온 시가의 부정법이다.

의존 동사 부정문은 향가에서는 전혀 보이지 않고 이두와 석독 구결 자료에 부분적으로 보이기 시작한다. 이를 통하여 보면 우리말의 원형적인 부정법은 동사 한정 부정법이며 의존 동사부정법은 불경 등의 경전을 번역함에 따라 생성된 것이 아닌가 한다. 당대의 부정법을 보면 동사 한정 부정법은 구어$_2$와 어린이의 말씨 등에 보편적이고 의존 동사부정법은 문어$_1$ 등에 보편적이라고 하였는데 이는 고대로부터 중세까지의 부정법의 발달과 같은 선상에 있다는 것을 알 수 있다.

이상과 같은 부정문에 관한 당대어 및 고대 이래의 변화 양상을 바닥에 깔고 우리말 방언에 나타나는 부정법의 모습을 형상화하여 보기로 한다. 이곳에서는 이기갑 (2003: 517-566), 구종남 (2012: 33-54)를 중심으로 방언의 부정법의 실현 양상을 검토하기로 한다.

방언도 부정 부사 '안'과 '못'에 의한 동사 한정 부정문과 의존 동사 부정문으로 나눌 수 있다. 부정어 부사 '안'은 '안, 아~이, 안, 아이' 등 조금씩 형태를 바꾸어 가면서 전 지역에 분포되어 있다.

(34) 가. 남할라 **아이** 갔 (가았)다. '나무 하러 안 갔다.' (동북)
나. ① 그런 말으 우리 써 **아이** 봤소. '그런 말은 우리 써 보지 안 했소.' (동북)
② 뵈덜 **않**게 생겼어. (충남 보령)
③ 가도 **않**고. (동남)

(34)는 공통어의 안-부정법, 저자의 동사 한정 부정법에 대응하는 예이다. (가)는 의도 부정이고 (나)는 공통어의 의존 동사부정법에 대응하는 구성이다. ①은 '써 보다'라는 의존 동사 구성 사이에 부정 부사가 쓰인 것이다. 공통어 같으면, 옆의 번역에서 보인 바와 같이, '안 써 봤소'나 '써 보지 아니했소'로 옮겨진다. 동북 방언에서는 부정소가 자립 동사와 의존 동사 사이에 끼인다. 다른 방언에도 이런 현상이 있는지 조사할 필요가 있다. ②는 자립 동사와 부정의 의존 동사 '않-'이 결합한 것인데 '덜'은 동사 어간에 부동사 어미 '-더'가 붙고 여기에 부정의 의존 동사가 붙은 것이다. '-ㄹ'은 부동사 어미 아래 흔히 붙는 첨사 'ㄹ'이다. ③은 '가도'의 중간에 부동사 어미 '-지' 내지 '-디'가 생략된 어형인데 중세어에도 더러 볼 수 있었다.

다음은 부정 부사 '못'에 의한 부정문이다. '못'은 지역에 따라라 '못, 뭇, 몬, 모' 등 조금씩 변이를 일으켜 가면서 모든 방언에 분포되어 있다.

(35) 가. 말도 **몬** 하게 잘 뀐다. (경남 거제)
나. ① 알아 듣덜 **뭇** 허구 섰는디. (충남, 태안)
② 듣도 보도 **뭇** 하구. (강원 강릉)

(35)는 당대 공통어의 '못-부정문'의 동남 및 동부 방언형이다. (가)의 '몬'은 능력 부정 부사 '못'의 동남 방언형이다. (나)는 공통어의 의존 동사 부정문의 방언적 실현형이다. ①은 (34나)②와 같이 어간 '듣-'에 부동사 어미 -'더'가 붙고 여기에 첨사 'ㄹ'이 붙은 것이다. ②는 부동사 '-지'가 생략된 형태에 부정 부사 '뭇'이 붙은 것이다.

앞 (132쪽)에서 저자는 명령문과 제안문에 나타나는 '말다'의 '말-'은 평술문과 의문문에 실현되는 '않다'의 '않-'의 이형태로 보고 특별히 취급하지 않았다. 그런데 서남 방언과 제주 방언의 그 나름의 특수성이 간취된다.

(36) 가. 쥐가 들오**지 마라**고 구녁을 다 막아 놨디 '쥐가 들어오지 않도록 구멍을 막아 놓았다. (서남)

나. 느가 독을 숢아신지 **말**아신지 몰르켜 '네가 닭을 삶았는지 삶지 않았는지 모르겠다. (제주)

(36가)는 서남 방언의 '말-'의 특이 용법이다. 주격 보족어 명사구가 '쥐'와 같은 유정물일 때에는 '~ 않도록'으로 나타나는데 서남 방언에서는 '말다'가 쓰인다. (36나)도 번역을 보면 공통어의 '안' 부정법이 실현되는 환경이다.

다음은 서남 방언에 나타나는 극성어이다 (구종남 2012: 33-54).

(37) 가. 미자뿐이 (밖에)**안** 왔다.

나. 은주는 그것을 영아에게뿐이 (밖에) **안** 주었다.

(37)의 예는 공통어라면 괄호안의 '밖에'가 쓰일 것이 '뿐이'로 실현된 것이다. (가)는 명사에 붙었고 (나)는 여격 상당의 후치사 '에게'에 붙었다. 모두 의도의 부정 부사 '안'에 의하여 허가된다는 점에서는 공통어와 차이가 없다.

방언의 부정법도 공통어와 큰 차이가 없다. 그러나 (34나)①과 같이 부정 부사가 자립 동사와 의존 동사 사이에 끼어드는 일도 있어 개별 방언 특유의 문법이 없지 않다. 위의 (37)도 마찬가지다. 다른 문법 현상도 그러하겠지만 개별 방언의 특정 지역 중심의 부정법을 정밀하게 파악하여 그런 바탕 위에서 성립하는 부정법만이 우리말의 부정법의 온전한 모습을 가시화할 수 있는 길이 아닌가 한다. 인근 제어와의 비교 연구에 있어서 개별어의 충실한 연구가 비교 연구의 바탕이 되는 것과 밀접한 유추의 기반을 이룬다.

8.6.2.5. 부정문의 유형론

여느 언어도 부정문은 긍정문을 바탕으로 성립된다. 이는 부정문이 기반이 되어 긍정문이 형성되지 않는다는 뜻이다. 우리말의 부정문의 특징은, 앞에서 본 바와 같이, 같은 내용의 긍정문이 동사 한정 부정과 의존 동사 부정의 두 가지 방식으로 실현되고 명령문과 제안문의 부정형이 평술문과 의문문의 부정형과 다르다는 것이다.

(38) 가. 철수가 학교에 간다.

나. ① 철수가 학교에 **안** 간다.

② 철수가 학교에 가**지 않**는다.

(38가)의 긍정문에 대하여 그 부정문은 (38나)①에서는 동사 한정의 방식으로, (38나)②에서는 의존 동사의 방식으로 표현된다. 역사적으로 보면 전자가 후자보다 먼저 생성되었음이 밝혀지고 있다 (앞에 나옴). 영어를 비롯한 많은 언어에는 다음과 같이 한 가지 방식의 부정문만 보인다.

(38') 가. John goes to school.

나. John dosn't(<does **not**) go to school.

명령문과 제안문은 우리말에서 다음과 같이 '않-'의 보충형 '말-'이 쓰인다. 편의상 명령문만 든다.

(39) 가. 철수야, 학교에 가거라.
나. 철수야. 학교에 가**지 말**아라.

그런데 영어는 다음과 같이 평술문과 형태가 같다.

(39') 가. John, go to school
나. John, don't (<does **not**) go to school

이상의 두 사실을 기반으로 삼아 부정문의 유형론을 펼쳐 보려고 한다. 부정 현상의 유형론은 국제적으로 지난 세기 후반부터 새 천년 벽두에 이르기까지 엄청난 양의 업적을 쌓아 왔다. 지난 세기의 업적으로 P. Kahrel & R. van den Berg (ed.)의 *Typological Studies in Negation* (1993)에서 16개 언어의 부정법이 분석된 바 있고 새천년에 와서는 L. R. Horn의 *The Expression of Negation* (2010)이 나옴으로써 부정법의 유형론이 다각도로 조명을 받았으며 특히 책의 끝에는 새 천년에 이루어진 부정법 업적이 망라되어 있어 참고되는 바 많다. 저자의 우리말 부정법에 대한 서술은 이런 업적을 바닥에 깔고 진행된다는 것을 밝혀 둔다.

이곳의 부정법 유형론은 중국어, 일본어, 몽골어, 터키어를 중심으로 전개된다[28].

먼저 개별 언어의 동사 부정문의 유형론을 먼저 보고 이어 명사 부정문을 보기로 한다.

다음은 일본어의 평술문의 긍정문과 부정문이다. 예문은 앞의 (38)을 번역한 것이다.

(40) 가. Tyorusu-wa gaQkoR-ni <u>ik-u</u>
'Tyorusu Top school to goes'
나. Tyorusu-wa gaQkoR-ni <u>ik</u>-a-**nai** '철수는 학교에 가지 않는다'
'Tyorusu go not'

우리말에는 능력 부정으로 두 가지가 있는데 일본어는 단일화되어 있다. (40가)는 긍정문, (40나)는 부정문이다, 일본어의 부정문은 우리말과는 달리 문말에 부정소 'nai'가 'a'를 매개로 하여 붙어 있다. 우리말의 동사 한정 부정과 비교하여 보아도 완전히 상치된다. 다음은 명령문의 부정문이다.

(40') 가. Tyorusu, gaQkoR-ni ik-e
school to go Imp
나. Tyorusu, gaQkoR-ni <u>ik</u> - u **na**
go Prop not

---

28) 저자는 2016년 12월 5일에 부정법의 유형론을 전개하기 위하여 가와사키 (일본어), 석혜매 (중국어), 유원수 (몽골 문어), 이용성 (터키어) 등 여러분들에게 설문지를 보내어 수합하였으며 기타 관련 언어의 문법서도 참고하였다.

명령문의 부정형은 'u'를 매개로 하여 어간 'ik-'에 부정소 'na'가 붙어 있다. 평술문과 공통된다. 제안문에서는 'Tyorusu, gaQkoR-ni ik-u no-wa yame-yoR'가 되어 부정소가 나타나지 않는다. 제안문에 문제가 있기는 하지만 일본어도 영어와 같이 평술문과 명령문의 부정형이 같다고 말할 수 있다.

둘째로 일본어의 명사문의 부정법을 보기로 한다.

(41) 가. sore-wa hoN-da
that Top book
나. sore-wa hoN-de-wa nai
instr not exist

(41가)의 긍정형은 '-da'로, 부정형은 'de-wa nai'이다. 제보자인 가와사키 교수는 (가)의 '-da'는 '-de aru'에서 기원한 것으로, (나)의 부정형은 'de-wa nai'라고 제보하였다. 그렇게 본다면 일본어의 명사문의 긍정형은 존재 동사 'aru'와 그 부정형 'nai'로 구성되어 있다고 말할 수 있다. 계사 '이다'와 명사 부정어 '아니다'에 의존하는 우리말과는 성격이 매우 다음을 알 수 있다.

다음은 중국어 동사의 평술문의 긍정형과 부정형이다.

(42) 가. Zhéxiù qù xuéxiào (哲秀去学校)
철수 간다 학교에
나. Zhéxiù **bú** qù xuéxiào (哲秀不去学校)
not

(42가)는 평술 궁정문이고 (나)는 평술 부정문이다. 중국어도 일본어와 같이 의도 부정문은 단일화되어 있다, 능력 부정문은 능력의 'néng' (能)과 부정의 bú'를 합하여 표시되고 있으며 모두 단일화되어 있다. 다음 예가 그것이다.

(42) 나'. Zhéxiù **bù** néng qù xuéxiào (哲秀不能去学校)
not can

다음은 중국어의 명령문의 긍정형과 부정형이다.

(43) 가. Zhéxiù, qù xuéxiào ba. (哲秀, 去学校吧)
go school particle (emphasis)
나. Zhéxiù, **bié** qù xuéxiào le (哲秀, 别去学校了)
not particle

(43가)의 긍정형의 동사 'qù' 앞에 부정의 'bié'를 놓고 끝에 강조의 첨사 'ba'를 붙여 부정 명령문 (나)를 형성한다.

다음은 중국어의 제안문의 긍정형과 부정형이다.

(44) 가. Zhéxiù, zánmen qù xuéxiào ba (哲秀, 咱们去学校吧)。
we particle
나. Zhéxiù, zánmen **bié** qù xuéxiào le (哲秀, 咱们别去学校了)
not

중국어의 긍정 제안문은 'zánmen … ba'가 통합하여 구성된다, 부정문은 통합형 'bié … le' 에 의존한다. 고립어인 탓인지 영어와 같이 대명사. 부정어, 첨사에 의해 형성된다. 형성 방식에 있어 우리말과는 물론, 일본어와도 공통성이 없고 오히려 영어와 닮았다.

동사 부정문에 이어 명사 부정문을 보기로 한다.

(45) 가. nà shì shū (那是书)
it is book
나. nà bú shì shū (那不是书)
not

중국어의 명사문 긍정과 부정은 영어와 차이가 없다. 긍정문은 (45가)와 같이 계사 'shì'로 실현되어 있고 부정문은 이에 부정사 'bú'가 붙어 성립한다.

다음은 몽골 문어의 부정법이다. 먼저 동사의 평서문의 긍정형과 부정형을 보기로 한다.

(45') 가. čolsü surɣaɣuli-dur-iyan oči-mui
Cholsu school-DL-RP go-PII
나. čolsü surɣaɣuli-dur=iyan **očiqu-ügei**
Cholsu school-DL-RP goVNF-Neg

일본어와 같이 한 가지만 보인다. (45'가)의 'oči-mui'는 현재 미완료 직설법인데 (나)의 'očiqu-ügei'가 부정형이다. 부정소 'ügei'가 미래 동명사형 (VNF)에 붙어 부정형을 형성한다. 부정소가 문장의 끝에 오는 현상은 앞의 일본어 (41나)와 같다. 능력 부정문과 의도 부정문과 같이 한 가지 유형만 보인다. 저 앞에서 저자는 몽골어의 정동사 구조가 일본어와 비슷하다는 점을 지적하였는데 (고영근 2013가/2018가: 216, §6.2.6, 196쪽), 부정소의 위치 또한 마찬가지다.

다음은 몽골어의 명령문과 제안문의 부정법을 보기로 한다.

(46) 가. čolsü-ü surɣaɣuli-dur-iyan oči
voc school DL RP go-Imp
나. čolsü-ü surɣaɣuli-dur-iyan **büü** oči

(46가)는 '철수야, 학교에 가거라' 란 의미의 긍정 명령문인데 끝의 'oči'가 '가거라'를 의미하는 명령형이다. 'RP'는 재귀 소유 표시다. (나)는 부정소 'büü'가 'oči의 첨가에 의하여 부정형이 형성된

다. 다음은 몽골 문어의 제안문의 부정법이다.

(47) 가. čolsü surɣaɣuli-dur-iyan oči-ya
go Vol
나. čolsü-ü surɣaɣuli-dur-iyan **büü** oči-ya
Proh

몽골 문어의 제안 부정형은 긍정형에 금지 (prohibitive)의 요소를 붙이고 자발형 (voluntative) 첨사 '-ya'를 붙임으써 성립한다. 우리말의 '-자'와 같은 정연한 체계는 볼 수 없다. 'büü'가 명령형과 제안형에 공통적으로 나타나는 것은 두 문체법이 넓은 의미의 명령문에 속하는 데 이유가 있어 보인다.

몽골 문어의 명사 부정문을 보기로 한다.

(48) 가. tere nom
that book
나. tere nom busu
that book Neg

(48가)는 명사문의 긍정형이고 (나)는 부정형이다. 부정 명사문은 'busu'라는 부정소가 붙음으로써 성립한다.

끝으로 터키어의 부정문을 보기로 한다. 먼저 동사의 평술문의 긍정형과 부정형을 보기로 한다.

(49) 가. Cheolsu, okul-a gidiyor (<git-iyor)
Cheolsu school-dat go-present
나. Cheolsu, okul-a gimiyor (<git-**me**-iyor)
Cheolsu school-dat go-neg-present

(49나)의 부정문은 긍정문 (가)에 '-me-'라는 부정소를 붙임으로써 형성된다. 우리말과 달리 부정문에 두 유형이 확인되지 않는데 이는 지금까지 살펴본 일본어, 중국어, 몽골어에 공통되는 현상이었다. 이점 능력 부정문도 마찬가지다.

다음으로는 명령문과 제안문의 부정형을 보기로 한다.

(50) 가. Cheolsu, okul-a git
school-dat go
나. Cheolsu, okul-a git-me
school-dat go-neg

위의 (50)은 긍정 명령문과 부정 명령문을 짝 지어 놓은 것인데 (나)의 부정형은 (가)의 긍정형에 부정소 '-me'를 붙여서 형성된다. 앞에서 우리는 일본어와 몽골어에서 부정소가 문말에 놓이는 것을 보았는데 터키어도 마찬가지다. 터키어에서는 동사 어간과 2인칭 단수 명령형이 같다. 아래 예는 제안문의 긍정형과 부정형이다.

(51) 가. Cheolsu, okul-a gidelim (<git-elim)
let's
나. Cheolsu, okul-a git-me-y-elim
go-neg-connective vowel-let's

(51나)는 (가)의 긍정 제안형 'git-elim'에 부정소 'me'를 붙여 형성되어 있다. 우리말은 명령문과 제안문의 부정소 (말-)가 평술문의 부정소와 형태 (않<아니하)가 다른데 터키어는 같다. 이점 영어나 일본어. 중국어도 마찬가지가 아닌가 한다.

다음으로는 명사문의 부정형을 검토하기로 한다.

(52) 가. O, kitap- (tır)
that book-3P.Sn
나. O, kitap değil- (dir)
not- 3P.Sn

(52나)의 명사문의 부정형은 (가)의 명사 뒤에 부정소 'değil'를 붙여 형성된다. 동사 부정문과 아무런 공통성이 없다.

지금까지 저자는 우리말의 부정문에 두 유형이 있고 평술문, 의문문과 명령문 및 제안문의 형태가 다르고 명사문의 부정형 또한 그 나름의 특수성을 지니고 있다는 점에 유의하여 알타이 제어와 중국어와의 유형론적 비교를 시도하여 보았다. 불과 몇 언어에 불과하지만 우리말의 두 유형의 부정법과 명령·제안문 및 명사문의 형태상의 특수성은 유형론적으로 볼 때 매우 유니크한 현상이었다. 앞으로는 통언어적 자료를 널리 수집하여 우리말에 나타나는 두 현상에 대한 유형론적 사고를 심화시킴으로써 우리말의 부정법의 유형론적 특징을 선명히 부각시킬 필요가 있다는 것을 강조하는 바이다.

8.6.3. 형식사 구문

저자는 앞에서 우리말의 품사에 크게 큰 범주, 작은 범주, 바깥 범주의 세 범주를 세우고 그 중 작은 범주에는 계사, 첨사, 후치사를 두었으며 이를 달리 형식사라 부른 일이 있다 (§4.2, 68쪽). 이곳에서는 형식사 중의 계사와 후치사의 통사 구조를 밝혀 보기로 한다.

8.6.3.1. 계사문과 명사문

계사 (繫詞, copula)는 전통 문법 시대에는 단어의 한 부분으로 보는가 하면 "잡음씨" (指定詞) 또는 "풀이자리토씨" (서술격 조사)라 하여 단어로 처리되기도 하였으며 1985년부터 시행된 학교 문법에서는 "서술격 조사"를 채택하되 단어로 보는 태도를 취하고 있다. "계사"란 '이것이 책이다'에 나타나는 '이다'를 가리킨다. 앞 부분은 명사에 기대야만 쓰일 수 있고 뒷 부분은 활용을 하여 동사와 같은 성격을 띠고 있다. 이른바 수륙 양서 (水陸兩棲) 동물과 같이 조사로 처리해도 문제가 생기고 동사로 처리해도 문제가 생긴다. 지정사로 처리하면 동사에 편입된다는 뜻인데 자립성이 있는 동작 동사, 상태 동사 등과 균형이 맞지 않고 격 조사로 처리하게 된다면 조사가 활용한다는 문제점을 드러낸다. 이곳에서는 앞의 품사부에서 시도한 바에 따라 계사로 처리하여 그 통사적인 특수성을 밝혀 보기로 한다. 계사의 통사 구조에 대하여는 최현배 (1956ㄴ, 1963)를 비롯하여 김광해 (1984ㄱ), 남기심 (1986/1996: 36-51), 안명철 (1995), 목정수 (2003: 75-133), 양정석 (1986, 1997, 2001)에서 언급된 것이 있어 이를 참조하면서 저자 나름대로의 계사 구문의 모습을 구성해 보기로 한다.

우리말의 계사는 의존 형식과 자립 형식이 있다. 의존 형식에 의한 계사는 그 형식이 규칙적이고 자립 형식에 의한 계사는 불규칙적이다. 먼저 의존 형식에 의한 규칙적인 계사의 통사 구조를 검토하기로 한다.

규칙적 계사문을 형성하는 계사에는 '이다'가 있는데 다음 예를 보면 2가 동사이다 (고영근 2014ㄴ: 153).

(1) **그것**이 책<u>이</u>다.

(1)에서 '이다'의 '이'가 계사인데 이는 '그것'과 '책'이라는 두 개의 논항을 요구한다. (1)의 계사는 주격 보족어 명사구와 계사 보족어 명사구를 동일시하여 두 명사구를 이어 주는 역할을 한다. 보통 '이다'를 계사라 부르는 것은 두 개념을 이어 주어 동일시한다는 점을 중시하기 때문이다. 전통 문법의 "지정사" (잡음씨)도 큰 차이가 없다. 그러나 다음 예는 사정이 조금 다르다.

(2) **사과**는 과일<u>이</u>다.

(2)의 '사과'는 종개념이고 '과일'은 유개념이다. 계사는 이렇게 종개념을 유개념에 포섭할 때에도 사용된다. (1)과 (2)와 같은 계사문을 "참된 계사문"이라 부르기로 한다. 참된 계사문에는 같은 사물에 대하여 명칭을 바꾸어 가리킬 때에도 적용할 수 있다.

(3) ① **두루미**는 <u>학</u>이다.
② **학**은 두루미다 (<<u>두루미</u>이다).

그러나 다음 예는 성격이 좀 다르다.

(4) 영희는 여우다 (<여우<u>이</u>다).

(4)는 영희의 성격이 여우처럼 교활하다는 것을 은유적으로 표현할 때 사용된다. 이런 동사를 "준계사문"으로 처리하고자 한다. 이런 경우는 다음과 같은 직유적 표현으로 실현되기도 한다.

(5) 영희는 여우 같다.

그러는가 하면 계사 '이다'는 접사처럼 쓰이기도 한다.

(6) 그것은 매우 실용적이다.

'이다'는 '실용적'이라는 명사 상당어에 붙어 이를 상태 동사와 같이 만들어 준다. 상태 동사라 함은 (6)과 같이 '실용적이다' 앞에 부사가 옴을 통하여 잘 알 수 있다. 이런 경우는 "거짓 계사문"이라 부르기로 한다. 이런 구성을 남지순 (2007: 66, 360-368)에서는 '이다' 파생 형용사로 처리한 바 있다. 다음 예도 거짓 계사문이다.

(6-1) 난 커피다 (<커피이다).

(6-1)은 '너는 뭘 시키겠니'라는 물음에 답변이라고 보면 이는 벗어나는 답변이기 때문이다. 이 문제는 뒤의 통보화용부에서 자세히 다루기로 한다.

위의 사실을 기반으로 삼아 계사 '이다'의 부정문을 만들어 보기로 한다. 이에 대하여는 이미 부정법을 논하는 자리에서 부분적으로 언급한 바 있다 (§8.6.2.1, 664쪽). 이와 관련시키면서 앞에서 든 세 종류의 계사문의 부정문을 만들어 보기로 한다. 앞에서 언급한 바와 같이, '이다'의 부정형은 명사 '아니'가 어미와 결합하여 동사로 재구조화된 것이다. 정동사에는 재구조화의 기제 (機制)가 적용될 수 있지만 부동사에 눈이 미치면 일반 명사와 질서를 같이하는 일이 많이 그 소속을 분명히 하기가 어려운 일이 많다. 이를테면 '그것이 책이 아니라면'은 '그것이 책이라면'과 차이가 없다.

(1)의 부정문은 다음과 같다.

(1') 그것이 책이 아니다.

긍정문 (1)의 계사 '이다'가 '아니다'로 바뀌고 '책'은 주격 '이'를 취하였다. 긍정문과 마찬가지로 부정문도 두 개의 논항으로 성립되어 있다. (2)와 (3)도 같은 절차를 밟아 부정문이 성립된다.

(2') 사과는 과일이 아니다.

'과일'인 '사과'를 부정하였으니 사태에는 맞지 않으나 문법적으로는 결함이 없다.

(3)도 같은 논리가 적용된다.

(3') ① 두루미는 학이 아니다.
② 학은 두루미가 아니다.

(4)를 부정형으로 바꾸면 긍정형일 때와 의미가 다르다.

(4') ??영희는 여우가 아니다.

위와 같이 되면 (4)가 함축하고 있던 '교활하다'라는 의미가 사라지고 문자 그대로의 (4)의 단순한 부정형이 되어 사태에 맞지 않은 부적격한 문장이 되어 버린다. 만약 (4)를 다음과 같이 바꾸면 적격한 표현이 된다.

(4") 정희는 여우 같지 않다.

이런 점을 감안하여 "준부정문"이라고 부르기로 한다.

(6)의 부정문은 다음과 같다.

(6') 그것은 매우 실용적이 아니다.

앞에서 저자는 '실용적이다' 앞에 부사가 옴을 중시하여 상태 동사의 성격을 띠었다고 하였는데 위와 같이 부정문으로 바꾸어도 차이가 없다. 상태 동사의 성격을 띠었으면 그 부정형이 다음과 같이 동사 한정 부정형이나 의존 동사 부정형이 와야 한다.

(6") 가. *그것은 안 실용적이다.
나. 그것은 실용적이 아니다.
다. 그것은 실용적이지 않다.

(6"가)는 비록 그것이 상태 동사적이라고 할지라도 동사 한정 부정형은 허용하지 않음을 보이는 예이다, (나)는 (1')와 같이 명사 부정문을 따르고 그에 못지 않게 의존 동사 부정형 (다)도 사용된다. (다)와 같이 의존 동사 부정문이 명사 부정문에 뒤지지 않게 성립한다는 것은 (6)이 계사문의 성격을 잃고 거짓 부정문의 영역에 이르렀음을 방증한다고 하겠다.

(6)과 같이 거짓 부정문을 형성하는 어휘에는 다음과 같은 것을 들 수 있다.

(7) 가. 계획이다, 생각이다, 사형이다, 반대다, 최고다, 안달이다, 열심이다, 마찬가지다
나. 다행이다, 엉망이다
다. 오후에는 비가 올께다 (<올 것이다).
라. 나는 책을 읽을 따름이었다.

(7)은 부정형의 양상이 조금씩 다르다. (7가)는 명사 부정문에서만 나타나는 것으로 보인다.

(7) 가'. 계획이 아니다, 생각이 아니다, 사형이 아니다 … 반대가 아니다 … 최고가 아니다 … 열심이 아니다 …마찬가지가 아니다

그러나 (7나, 다)는 사정이 조금 다르다.

(7) 나'. ① … 다행이 아니다, … 엉망이 아니다

② … 다행이지 않다, … 엉망이지 않다

'반대, 최고, 열심'과 같이 한자어라는 의식이 비교적 강한 어휘일수록 명사 부정형을 취하고 고유어의 속성이 강한 '다행'과 같은 어휘이거나 고유어가 분명한 경우일수록 의존 동사 부정형을 취하는 것이 아닌가 한다.

(7다)는 의존 명사 '것'이 추측법의 '-(으)ㄹ'과 합쳐서 재구조화의 과정을 거쳐 '-ㄹ 것이-'라는 추측법의 양태적 요소로 변모한 것이다 (고영근 2004/2007: 156). 그 부정형은 동사 한정 부정형과 의존 동사 부정형이 다 허용된다.

(7) 다. … 비가 안 올께다./비가 오지 않을께다.

(7라)는 의존 명사에 계사 '이다'가 붙은 것인데 그 부정문은 동사 한정 부정형과 의존 동사 부정형을 다 허용한다.

(7) 라'. 나는 책을 읽지 않을 따름이었다./ … 안 읽을 따름이었다.

규칙적인 부정형에 이어 불규칙적인 부정문을 보기로 한다. 앞에서 저자는 형식사의 형태론을 논하는 자리 (§6.5.1, 295쪽)에서 긍정 동사로 '아니다'에 대응하는 '기다'를 들었고 '이다'에 대응하는 부정 동사로 '미다'를 든 일이 있다. 앞에서 든 예를 가지고 통사적 특수성을 밝혀 보기로 한다.

다음은 자립 형식으로서의 '기다'와 이의 부정형인 '아니다'의 예이다.

(8) 도대체 기다, 아니다 무슨 말이 있어야 할 것이 아닌가.

사전에는 '기다'를 '그것이다'의 준말로 보고 있으나 재구조화된 독자적인 긍정 계사로 보는 것이 옳아 보인다. '기다'의 '기-'가 긍정 계사의 긍정형이기는 하여도 쓰임이 제한되어 있고 활용도 '기면, 기지'에 한정되어 있기 때문에 그 통사적 특성을 포괄적으로 서술하기가 쉽지 않다. 다음으로는 언급할 것은 부정형 '미다'이다. '미다'는 다음과 같은 표현에서만 목격된다.

(9) 꿈인지 생신지 긴가 (<기ㄴ가) 민가 (<미ㄴ가) 하다.

(9)의 '가-'는 앞의 (8)에 나타나는 긍정 계사이고 '미-'는 (8)의 '아니다'의 '아니-'와 형태론적 조건으로 제약된 부정 계사이다. 이 역시 특별한 어미 앞에서만 실현되기 때문에 포괄적 서술을 하기가 쉽지 않다. 당대 공통어와 방언에는 '기다'란 긍정 계사와 '미다'란 부정 계사가 있어 그 나름의 긍정문과 부정문을 형성하고 있다는 사실을 지적하는 장도에 머물고자 한다.

8.6.3.2. 후치사 구문

후치사에는 명사적 후치사와 동사적 후치사를 두었었다 (고영근 2012나, 179쪽, §6.5.2, 296쪽). 먼저 명사적 후치사의 통사적 처리 문제를 논하기로 한다.

(10) 가. ① 교문∅앞으로 오세요. ② 1동과 2동∅ 사이에 오솔길이 있다.
　　나. ① 저녁∅무렵에 … ② 수업∅ 중에 …
　　다. ① 내것 (<나의 것) … ② 네 (<너의) 해 …

(10)은 명사적 후치사이다. (10가)는 공간 표시의 후치사가 부정격 ∅를 매개로 하여 명사에 붙었는데 뒤에 오는 동사나 동사절을 제한하는 한정어의 기능을 수행하고 있다. (10나)는 의존 명사류가 부정격을 사이에 두고 명사와 결합함으로써 역시 한정어의 기능을 수행하고 있다. (10다)는 속격 지배의 의존 명사가 명사에 붙어 후치사의 기능을 발휘하는 것인데 대부분의 성분으로 두루 쓰일 수 있다.

다음은 동사적 후치사이다.

(11) 가. 인숙이는 나를 보고 언니라 한다.
　　나. ① 문제 (1)**에** 대한 해답을 작성하시오.
　　　　② 이리 데려 오너라.

(11가)의 '보고'는 동사 기원의 후치사인데 '(나)에게'로 바꾸어도 좋으니 한정어로 볼 수 있다. 비록 대격을 취하기는 하였으나 문법화의 정도가 높아 여격의 기능을 띠고 있으니 타동성이 낮을 수 밖에 없다. (11나)는 활용이 제한되어 있어 불완전 동사로 처리한 바 있다 (남기심 · 고영근 2014: 128). ①은 후행하는 '해답'에 대하여 수식어의 기능을 발휘하고 있고 ②는 '오너라'에 대하여 한정어의 기능을 수행하고 있다. 전자의 '대하다'는 처격을 지배하고 있는데 이런 경우일수록 타동성이 낮다는 결과가 나와 있다 (임근석 2016). 동사적 후치사에서 이런 경향이 두드러져 보인다.

다음은 부사적 후치사이다.

(12) 가. 나**와** 함께 도서관에 가자.
　　나. 너**와는** 달리 운전을 못한다.

(12가)의 '함께'는 공동격 '-와'를 지배하는 부사인데 뒤의 동사구에 대하여 한정어 노릇을 한다. (12나)의 '달리'는 어휘 고도 제약을 어기는 부사 파생법이다 (§6.7.4.3.D, 342쪽). 그것은 곧 선행하는 논항 '너'를 성분 지휘하는 기능을 띠고 있다는 뜻이다.

8.6.3.3. 중세어의 형식사 구문과 그 변화

중세어의 형식사 구문도 당대어에 준하여 설명할 수 있다. 이곳에서는 앞의 형식사의 형태부에서 논의한 사실을 기반으로 삼아 중세 및 고대어의 계사 구문의 특수성을 검토하기로 한다.

(13) 가. 求名菩薩ᄋᆞᆫ 그딋 모미 (**몸**이) 긔오 (<그ㅣ**오**) (석보상절 13, 36)
　　나 國ᄋᆞᆫ 나라히라 (<나라ㅎ**이라**) (훈민정음언해 1)
　　다. 밀므리 (<밀**믈**이) 사ᄋᆞ리로ᄃᆡ (사ᄋᆞᆯ**이로**ᄃᆡ) (용비어천가 67장)

라. 아마도 福이 조ᄉᆞᄅᆞᄫᅵ니 아니 심거 몯 ᄒᆞᆯ 꺼시라 (<몯ᄒᆞᇙ 것**이라**) (석보상절 6, 37-38)

마. 날로 ᄡᅮ메 便安킈 ᄒᆞ고져 ᄒᆞᇙ ᄯᆞᄅᆞ미니라 (<ᄯᆞᄅᆞᆷ**이니라**) (훈민정음언해)

(13가)의 '-ㅣ (라)'는 당대어의 (1)과 같이 후행하는 '그'를 선행하는 '몸'과 동일시하고 있다. (13나)에서 '이 (라)'는 주제어 '國'의 뜻을 풀이하는 구문으로 당대어의 (3)과 같은 성격의 계사문이다. (13다)는 '밀물이 사흘 동안 들지 않았다는 뜻이니 당대어의 (7)과 같은 예로 보인다. (13라)는 당대어의 (7다)와 같은 예이다. 이런 경우, 중세어에서는 보통 추측법 '-(으)리라'로 실현되는데 이미 15세기 중엽부터 재구조화한 '-(으) ㄹ 것이-'가 등장하기 시작하였다. 16세기 전반의『번역소학』에도 보인다. 당대어의 모형에 맞추어서 이해할 수 있다.

그런데 중세어에는 명사구에 첨사가 붙기도 하고 명사구만으로 문장을 형성하는 일도 있어 당대어의 직관으로는 예사롭지 않은 예가 많다. 먼저 명사구에 첨사가 바로 결합되는 예를 보기로 한다.

(14) 가. ① 얻논 藥이 **므스것**고 (월인석보 21, 215)

② 이 ᄠᅳ리 너희 좋**가** (월인석보 8, 94)

나. ① 究羅帝여 네 **命終ᄒᆞᆫ**다 (월인석보 9, 7)

② 비론 바ᄫᆞᆯ 엇데 **좌시ᄂᆞᆫ**가 (월인천강지곡 122)

(14가)는 첨사 '고' (①)와 '가' (②)가 명사구 '므스것, 좋'에 붙은 것이고 (14나)는 첨사 '나'와 '가'가 수식적 관형사형 '命終ᄒᆞᆫ, 좌시ᄂᆞᆫ'에 붙은 것이다.

그런데 중세어에는 명사구만으로 계사문이 되는 예가 발견된다 (이현희 1991나).

(15) 가. 이는 根과 塵괘 根源이 ᄒᆞᆫ 가지ᄅᆞᆯ 頌ᄒᆞ시니라 (능엄경언해 5,10).

나. 대궐의 나들옴이 스무남ᄋᆞᆫ ᄒᆡ예/出入禁闕二十餘 年애 (소학언해 9, 33)

다. 녀느 부인냇 아ᄃᆞᆯ 네히 照目과 聽目과 調伏象과 尼樓왜 다 어디더니 (월인석보 2, 45)

라. 일홈과 數왜 靈覺애 微塵이 大淸에 ᄀᆞᆮᄒᆞ니/名數之於靈覺애 猶媚塵之語大淸ᄒᆞ니 (금강경삼가해 5, 16)

(15)는 'NP_1이 NP_2' 자체가 명사문의 성격을 띠었음을 보이는 것이다. 곧 '아못거시 아못것'에 해당한다. (15가)에서는 '根과 塵 (괘)'이 주어부, '根源이 ᄒᆞᆫ 가지'가 서술부이다. (15나)는 '스무남ᄋᆞᆫ ᄒᆡ'가 앞의 동명사 주어부에 대하여 서술부가 되어 있다. (15다)에서는 '照目과 聽目과 調伏象과 尼樓'가 '… 아ᄃᆞᆯ 네ㅎ (이)'에 대하여 서술부가 되어 있다. (15라)에서는 '일홈과 數'가 뒤의 '靈覺'에 대하여 주어부의 역할을 하고 있다. 당대에도 표어 '우리의 소원은 통일'과 같은 예가 보인다고 생각하면 별로 신기하지 않다고 하겠으나 중세어에는 이런 표현이 번역문뿐만 아니라『석보상절』과 같은 산문 자료에도 보인다는 점에서 그 특이성에 주목할 필요가 있다. 이런 계사 구문은 14세기의 순독 구결 자료인『범망경보살계』(梵網經菩薩戒)에도 보이는 것으로 보고되어 있다 (정재영 1996다, 149, 김정아 2001: 320).

고대어에도 중세어와 마찬가지로 계사문이 확인된다.

(16) 脚烏伊<u>四是良羅</u> (처용가 4)

(16)은 전통적으로 '네히러라'로 해독되어 왔는데 이곳에 나오는 '是'가 바로 중세어의 계사 '이'를 적은 것이다.

고대어에도 중세어와 같이 첨사가 확인된다.

(17) 가. 誰支上**焉**<u>古</u> (처용가 6행)

나. 慈悲也**根**<u>古</u> (도천수관음가 10행)

(17가)는 '누기핸고'로 해독되는데 (김완진 1980: 93), '누기핸'을 대명사 '누기'와 의존 명사 '해'의 수식적 동명사형으로 볼 수 있다면 중세어의 (14나)②와 같은 구성으로 볼 수 있다. '누구것인고'로 해석된다. (17나)는 전통적으로 '자비여 큰고'로 해독하여 왔는데 역시 중세어와 같이 동명사형에 첨사가 붙은 것이다.

고대어와 중세어에 분포되어 있었던 명사문이 어떠한 과정을 밟아 당대에 와서 계사문으로 바뀌어졌는가 하는 문제가 밝혀져야 한다.

8.6.3.4. 방언의 형식사 구문

형식사 중 계사는 적어도 형태론적으로는 방언 간의 차이가 심하지 않다 (§6.5.1, 293쪽). 그러나 그것이 통사론적으로도 그렇다는 것은 아니다. 앞으로는 각 방언의 계사 구문을 정밀하게 조사하여 그 지역적 유형론을 세워야 한다. 후치사에 대하여는 현재 그 형태론적 특성만 어느 정도 부각되어 있고 통사론적인 문제는 생심도 못하고 있다. 이미 언급한 바와 같이, 중세어와 고대어에 편재하여 있었던 명사문이 어떻게 계사문으로 변하는가 하는 문제를 탐색할 필요가 있다. 이곳에서 언급할 것은 방언의 명사문이다.

앞에서 중세와 고대에 첨사에 의한 명사문이 편재하여 있었다고 하였는데 방언에 따라서는 그러한 잔재가 확인되기도 한다. 그 대표적인 것이 의문 첨사에 의한 명사문의 형성이다. 이러한 구문은 동남 방언과 제주 방언에 널리 분포하고 있다 (이기갑 2003: 169-172).

(18) 가. 그럼 니가 **사람**<u>가</u>. (경남 거제)

나. 영수야 그게 뭐고 (<**뭣**<u>고</u>). (경북 영덕)

(18가)는 중세어의 (14가)②와 완전히 일치한다. (18나)는 중세어의 (14가)①과 일치한다.

이러한 현상은 다음 서북 방언에서도 볼 수 있다.

(19) 가. 이거 무순 **새**<u>가</u>. (평북방언사전: 1)

나. 야, 너두 **사람**<u>이가</u>. (위와 같음)

동남 방언과는 달리 서북 방언에서는 판정 의문형과 설명 의문형의 대립이 없다.

다음은 제주어의 첨사에 의한 명사문이다.

(20) 가. 그거 **붓갠** ᄒᆞ여라. '그것이 붓이냐고 하더라.' (박용후 1988: 63)
나. **무신거곤** ᄒᆞ여라. '무엇이냐고 하더라.'

위의 예는 제주 방언에서 첨사 '가/고'가 반도 방언과는 달리 내포문 안에서도 쓰일 수 있음을 보이는 예이다 (이기갑 2003: 172).

8.6.3.5. 형식사 구문의 유형론

앞에서 저자는 형식사의 형태론적 유형론을 전개한 바 있고 (§6.5.5, 308쪽), 그리고 부정문을 다루는 자리에서 계사문의 부정형을 일본어, 중국어, 터키어 등과 비교하면서 계사문의 긍정형을 언급한 바 있다. 이를 바닥에 깔면서 먼저 계사문의 유형론을 펼쳐 보려고 한다. 계사가 발달되지 않은 언어가 많다는 통언어적 사실을 고려할 때 (예스퍼슨 1924/이환묵 · 이석무 1987: 161), 우리말의 전 시대 전 지역에 걸쳐 계사가 발달되어 있다는 것은 유형론적으로 주목의 대상이 된다.

우리말 계사는 긍정형에 '이 (다)'가, 부정형에 '아니 (다)'가 짝을 이루고 있다. 먼저 일본어부터 보기로 한다. 아래 예는 우리말의 '그것은 책이다'를 부정형 '그것은 책이 아니다'와 짝을 지어 제시한 것이다.

(21) 가. sore-wa hoN-da 비교: sore-wa hoN-de-wa **na-i**
나. nà shì shū 비교: nà **bú** shì shū.
다. tere nom ∅ 비교: tere nom **busu**
라. O, kitap-(tır) 비교: O, kitap **değil**-(dir)

(21가)는 일본어의 계사문인데 명사 'hoN'에 계사 'da'를 붙였고 부정형은 여기에 'wa nai'를 붙였다. 긍정형은 'sore-wa hoN-de aru'로도 실현되는데 이곳의 'aru'는 존재의 의미를 표시한다. 일본어는 존재 동사로써 계사를 표시하기도 한다. 만주 문어의 'bi'는 일본어와 같이 계사와 존재 동사의 두 기능을 포괄하고 있다 (김주원 1994). 우리말만 존재 동사와 계사가 분화되어 있고 알타이제어를 비롯하여 많은 언어가 통합되어 있다 (§6.5.5, 308쪽). (21나)는 중국어의 예인데 부정형은 계사 'shì' 앞에서 부정소 'bú'를 얹었다. (21다)는 몽골 문어인데 계사 표지가 보이지 않는다. 퉁구스어의 한 분파인 어웡키어에도 계사 표지가 보이지 않는다. 부정형은 일본어와 같이 끝에 부정소를 붙이고 있다. 터키어는 계사가 '-dir, -dir, -dur, -dür, -tır, -tir, -turm, -tür'인데 필수적이 아니다. 그 부정형 계사 앞에 부정소 'değil'를 붙인다. 우리말도 중세에는 계사 없이 명사문을 형성하는 것을 앞 (§8.6.3.3.(15))에서 보았거니와 몽골어와 터키어에도 그런 현상이 보인다. 앞에서 저자는 중세어와 동남 방언의 의문문이 명사에 첨사가 붙어 형성되는 일이 있음을 지적한 바 있는데 몽골어에도 비슷한 현상이 있음이 지적되고 있다 (고영근 2012나, 2018가: 185).

8.6.4. 심리 동사 구문

8.6.4.1. 심리 동사 구문과 회상법

앞 (§4.2, 64쪽)에서 저자는 동사를 크게 동작 동사, 상태 동사, 심리 동사의 세 범주로 나눈 일이 있다. 이곳에서는 우리말의 심리 동사 구문의 통사적 특징을 드러내고 그것이 우리말의 통사 구조 해명에 기여하는 바가 무엇인지 논의하여 보고자 한다. 우리말의 심리 동사에 대하여는 많은 업적을 쌓아 왔다. 일찍이 나진석 (1964: 150)에서는 '반갑다. 춥다, 미안하다'를 "주관성 형용사", '착하다, 예쁘다, 어리석다'를 "객관성 형용사"라 처리하여 회상법 '-더-'의 기능 구명에 원용(援用)한 일이 있다. 그 뒤를 이어 이정민 (1976)이 기폭제가 되어 김흥수 (1989), 김세중 (1994), 남지순 (1993)과 같은 묵직한 업적이 얼굴을 내밀었으며 이정민 (2013)에서 종합화가 이루어졌다. 그러나 대부분의 심리 동사 논자들은 의미론적 관점을 취하였기 때문에 통사 구조에 중점을 두는 본서의 취지와는 어긋나는 점이 많아 이곳에서는 통사론적 관점에서 분류를 시도한 유현경 (1998, 2004가, 2017나)의 상태 동사 분류를 발판으로 삼되 우리말의 심리 동사 구문의 특수성을 회상법을 중심으로 논의하여 보기로 한다.

다음 두 예문을 비교하여 보기로 한다.

(22) 가. 나는/나에게는 고향집이 그립 (다).
　　나. 나는 고향집을 그리워 한다<하 (ㄴ다).

(22)는 직설 평술문이다. (22가)의 '그립다'가 흔히 말하는 심리 동사인데 경험주는 화자로서 주제어 '나 (는)'으로도 나타나고 '나에게는'과 같이 여격 보족어 명사구로도 실현된다 (목정수 · 이상희 2016). 굳이 의미를 말하라면 '그립다'는 주정 (主情) 심리동사라 할만하다. 그러나 (22나)는 '그립다'라는 심리 동사가 '그리워 하다'라는 타동사문으로 바뀐 것인데 문장의 인지적 의미는 다르다고 할 수 없으나 통사 구조가 바뀜으로써 의미역이 경험주역에서 동작주역으로 바뀌었다. 많은 사람들은 (22)의 두 예를 심리 동사에 포괄하여 같이 다루고 있으나 저자는 양자를 구별하는 유현경 (2004가, 2017나)의 견해가 온당하다고 보고 이를 따라 우선 당대 우리말의 심리 동사 구문의 특수성을 논의하기로 한다.

한 문장에 경험주가 상정되는 형용사를 전통적으로 주관성 형용사에 넣어 다루었으며 저자의 체계 (§4.2)에 의하면 모두 심리 동사에 포괄된다. 심리 동사에는 다음과 같은 감각과 판단에 관련되는 동사도 포함된다.

(23) 가. 헐레벌떡 뛰어왔더니 (나는/나에게는) 숨이 매우 가쁘다.
　　나. 그 사람과 같이 이야기하는 것이 (나는/나에게는) 매우 거북하였다.

위의 (23)은 앞의 (22)와 같은 직설 평술문으로서 감각과 관련되는 심리 동사 구문이다. (23가)의 '가쁘다'는 앞의 (22가)와 같이 의미역이 경험주인 화자로 상정되며 (23나)의 '거북하다'도 마찬가지다. 다음은 판단과 관련되는 심리 동사이다.

(24) 가. 그 정도의 돈이라면 (나는/나에게는) 괜찮다.
　　나. 요즈음 작업 분위기가 (나에게) 참 좋다.

결국 심리 동사의 영역에는 주정, 감각, 판단에 관련되는 동사가 포함된다[29].

심리 동사 구문은 그 나름의 통사적 특징을 간직하고 있다. 앞에서 든 예는 모두 경험주가 화자인 제1인칭이다. 제2인칭인 청자도 다음과 같이 경험주로 쓰일 수 있다. 다음 세 예문은 앞의 직설 평술문을 직설 의문문으로 바꾼 것이다

(22) 가'. (너는/너에게는) 고향이 그리우냐?
(23) 가'. (너는) 헐레벌떡 뛰어와서 숨이 매우 가쁘냐?
(24) 가'. 그 정도의 돈이라면 (너는/너에게는) 괜찮으냐?

그러나 제3인칭에서는 (22나)에서 보는 바와 같이 주격 내지 여격 보족어 명사구는 동작주 논항으로 바뀌고 동사도 동작 동사 '그리워 한다'로 바뀐다.

이미 나진석 (1964)에서 지적되고 고영근 (1965/1999나: 178-193)에서 확인된 바와 같이, 심리 동사 구문은 회상법에서 인칭 제약을 받는다.

(25) 가. **나**는 어제 본 그 영화가 참 좋더라.
　　나. **너**도 어제 본 그 영화가 참 좋더냐.
　　다. **철수**는 어제 본 영화를 참 좋아 하더라.

(25가)는 (24가)와 짝을 이루는 구문인데 경험주가 '나'로 공통된다. (25나)는 (24나)와 짝을 이루는 구문인데 경험주가 '너'로 공통되어 있다. (25다)는 (22나)와 짝을 이루는 타동문인데 동작주가 '철수'와 같이 공통되어 있다. 그러나 이 경우는 다음과 같이 심리 동사 구문은 허락하지 않는다.

(25) 다'. *철수는 어제 본 영화가 좋더라.

앞의 예는 회상법만 대상으로 하였지만 직설법에서도 문체법에 따라 얼마간의 제약을 발견할 수 있고 (고영근 1965/1999나: 171), 회상법에서는 문체법과 시제 요소와의 결합 사정에 따라 더 많은 제약이 발견된다 (같은 책, 182-186). 앞으로 이 문제를 다각도로 관찰하여 심리 동사 구문의 정체가 올바로 드러나기를 바란다.

심리 동사의 회상법에 나타나는 인칭 제약은 피동 구문에서도 발견된다.

(26) 가. ① 나는 피아노 소리가 잘 들리더라.
　　　② 너도 피아노 소리가 잘 들리더냐.

29) 이영경 (2007: 77-78)에서는 저자의 심리 동사를 "정서적"인 것과 "감각적"인 것의 둘로 나누고 있다.

③ 철수도 피아노 소리를 잘 듣더라.

나. ① 나는 그 옷이 좋게 느껴지더라.

② 너도 그 옷이 좋게 느껴지더냐.

③ 철수도 그 옷을 좋게 느끼더라.

(26가)는 피동사가 앞의 심리 동사와 같은 인칭의 제약을 받는 예이다. ①은 회상 평술법이 화자인 경험주와 어울리는 예이고 ②는 회상 의문법이 청자인 경험주와 어울리는 예이다. ③은 앞의 (22나)와 같은 타동문이다. (26나)는 통사적 피동문인데 역시 같은 제약을 받는다. '-되다, -당하다'와 같은 접미사가 붙어 형성되는 피동문도 같은 제약을 받는다 (고영근 1965/1999나: 180). 이렇게 피동사 내지 그 상당 구성이 심리 동사와 같은 제약을 받는다는 것은 두 구문이 같은 자연군에 속한다고 말할 수 있음을 뒷받침한다고 하겠다.

위의 예들은 모두 정동사 구문을 상대로 한 것이다. 그러면 수식적 동명사 구성에서는 어떻게 실현되는가 하는 문제를 제기하여 보기로 한다.

우선 다음 예를 보기로 한다.

(27) 가. 철수는 고향을 그리워 한다.

나. ① 고향을 그리워 하는 철수 …

② 고향이 그리운 철수.

(27가)는 타동사문인데 이를 수식적 동명사 구문으로 바꾸면 (27나)①, ②의 두 가지 형태로 바꿀 수 있다. 그러나 말뭉치를 보면 비슷한 구문이 다음과 같이 심리 구문으로 실현되는 것이 보통이다.

(28) 줄넘기를 잘 하고 싶은 아이.

위의 예는 <특공미술 미금무예원>의 선전 문구인데 비슷한 문구로 '키가 크고 싶은 아이, 특공무술을 배우고 싶은 아이'가 보인다. 이들은 '줄넘기를 잘 하고 싶어하는 아이' 등으로 나타나야 할 것이 어찌하여 심리 동사 '싶다'만으로 실현되는지 하는 문제를 풀어 볼 필요가 있다. 이것이 수식적 동명사절에서 일치가 유보된다는 박진호 (2015)의 해석과 관련되는지 속단할 수 없다.

8.6.4.2. 심리 동사의 동작류

심리 동사는 그 나름의 상적 특성을 지니고 있다. 이 문제는 이정민 (1994), 이익환 (1994), 이민행 · 이익환 (2005)에서 다루어진 바 있지마는 심리 동사에 있어 저자와 견해를 달리하는 점이 많아 그대로 수용하기가 어렵다. 그러나 저자의 관점에서 취사선택하여 심리 동사의 동작성 (aspectuality)을 논의하여 보기로 한다.

저자는 앞 (§7.4.2.3.(53), 491쪽)에서 우리말의 동작류를 상태, 과정, 완성, 순간, 심리 동사의 5개 부류로 나눈 일이 있다. 이 분류안과 관련시키면서 심리 동사[30]의 동작성의 일면을 검토하기로 한다.

(29) 가. 나는 개가 <u>무섭다</u>.
나. 나는 개 **한 마리**가 <u>무섭다</u>.

(29나)는 (29가)의 동작성이 개별화된 것인데 완성 (accomplishment)으로 해석되지 않는다. 이는 다음과 같은 과정 동사와 비교하여 보면 그 특수성이 완연해진다.

(30) 가. 나는 <u>걸었다</u>.
나. 나는 **5km**를 <u>걸었다</u>.

과정 동사가 쓰인 (30가)는 완성 해석을 받지 않지만 개별화된 (30나)는 완성 해석을 받는다 (이민행 · 이익환 2005: 44). 이런 한 가지 사실만 놓고도 심리 동사의 자족적 성격을 알 수 있다. 그것은 심리 동사의 동작류가 상태성을 지니고 있다는 데 연유하는 것 같다.

다음 예도 (29)에 준하여 설명할 수 있다.

(31) 가. 아이들이 호랑이가 <u>무섭다</u>.
나. 아이들에게 호랑이가 <u>무섭다</u>.

(31가)는 직접 지각이고 (31나)는 간접 지각이 우선해 보인다 (이민행 · 이익환 앞의 책, 80). 그것은 경험주가 여격으로 나타난 것에 연유하는 것 같다. 저자가 규정한 좁은 의미의 심리 동사도 어휘에 따라 동작성이 차이가 나고 용례에 따라 조금씩 의미가 달리 파악된다. 앞으로 이 방면에 대한 연구를 심화시켜 우리말 심리 동사의 동작성이 완연하게 드러나기를 바란다.

8.6.4.3. 중세어의 심리 동사와 그 변화, 그리고 방언의 심리 동사

중세어의 심리 동사는 당대어에 비하여 연구가 활성화되어 있지 않다. 이곳에서는 이현희 (1994: 227-288), 이영경 (2007: 77-125)를 중심으로 당대어와 비교하여 특수성을 논의하여 보기로 한다. 중세어의 심리 동사 구문의 연구에서도 심리 동사와 타동사를 섞어서 논하고 있으나 당대어에 준하여 처리하기로 한다.

다음은 동작 동사와 짝을 이루고 있는 심리 동사 구문이다.

(32) 가. 그 지비 <u>두리워</u> (其舍ㅣ 恐怖ᄒᆞ야) (법화경언해 2, 114)
비교: 그 ᄯᆞ니미 몯 보던 한 사ᄅᆞᆷ ᄆᆞᆯ <u>두리여</u> ᄒᆞ더시다 (석보상절 11, 29)
나. 燈火ㅣ ᄌᆞ모 ᄀᆞ장 <u>깃브니</u> (두시언해 15, 56)

30) 우리말의 심리 동사의 목록은 남지순 (1994/1996/2007: 497-503), 김세중 (1994: 106-114)에서 작성된 것이 있다. 이민행 · 이익환 (2005: 346-380)에서는 김홍수 (1988), 김세중 (1994)를 중심으로 심리 술어의 목록 (LR9)을 작성한 바 있고『연세한국어사전』에서 심리 술어의 용례를 뽑아 제시하였으며 (LR 10),『21세기 세종 계획전자사전팀 홍재성 2004』에서 사건 구조 (흔히 "격틀")와 용례를 뽑아 정리한 것이 있다. 그러나 이들 자료는 심리 동사의 범위를 넓게 잡았기 때문에 심리 동사의 통사 구조를 파악하는 데는 어려움이 많다는 것을 지적하여 둔다.

비교: 法을 깃글 씨라 (월인석보 8, 57)

다. 人生 즐거ᄫᅳᆫ ᄠᅳ디 업고 (석보상절 6, 5)

비교: 二十億 菩薩이 法 듣ᄌᆞ보ᄆᆞᆯ 즐기더니 (석보상절 13, 32)

라. 솘소리 슬프니 (松悲) (두시언해 23, 1)

비교: ᄆᆞᅀᆞᄆᆞᆯ 슬허 우노이다 (월인석보 8, 93)

(32)의 예는 전형적 심리 동사의 예이다. (32가)는 오른쪽의 타동문의 '두리다'와 비교하면 접사 '-ㅂ-'이 어근에 붙어 심리 동사가 되었다. (32나)의 '깃브다' 역시 오른쪽의 타동사의 어근 '깄-'에 접사 '-ㅂ-'가 붙었다. (32다)의 '즐겋-'은 오른쪽의 타동사 '깃그-'와 비교하면 접사 '-엏-'이 붙었고 (32라)의 '슬프다' 역시 오른쪽의 타동사 '슳-'와 비교하면 접사 '-브-'가 붙었다. 당대어는 심리 동사가 타동사로 쓰일 때에는 앞의 (22나)와 같이 어간에 -어 하다'가 붙는데 중세어는 동작 동사의 어간이 바로 타동사의 기능을 발휘한다.

위와 같은 타동사 구문이 당대와 같은 '-어 ᄒᆞ다'와 같은 방식으로 형성되는 것은 15세기 중엽부터 얼굴을 내밀기 시작한다.

(33) 가. 善慧 듣ᄌᆞᆸ고 깃거 ᄒᆞ더시다 (월인석보 1, 18)

나. 내 이제 ᄠᅳ들 엇뎨 슬허 도라보고 건너셔 ᄒᆞ올로 답답ᄒᆞ야카뇨 (<답답ᄒᆞ야 ᄒᆞ가니오 (원문생략) (두시언해 16, 3)

다. 알파 ᄒᆞ시며 ᄀᆞ라와 ᄒᆞ심애 공경ᄒᆞ야 딥퍼 보며 ᄀᆞᆲᄉᆞ오며 (소학언해 2, 3)

(33가)는 15세기 중엽의 예이다. (33나)는 15세기 후반의, (33다)는 16세기 후반의 예이다. 당대에 와서 (22나)와 같이 '-어 하다'에 의한 타동문이 자리를 잡은 것은 15세기 중엽부터 서서히 진행된 단어 형성법의 변화에 말미암은 결과로 보인다[31]. 위와 같은 단어 형성법의 변화도 그 기복이 순탄치 않았을 것이다. 이 방면에 대한 통시적 유형론의 연구가 활성화되면 방언 간의 지역적 유형론과의 접점도 가능해질 것이다 (고영근 2016가. 93-109).

이상과 같은 중세어 심리 동사에 대한 지식을 발판으로 삼아 심리 동사 구문의 통사적 특징을 검토하기로 한다.

(34) 가. 내 지븨 이셔 샹녜 環刀ㅣ며 막다히ᄅᆞᆯ 두르고 이셔도 두립더니 이제 ᄒᆞ오ᅀᅡ 무덦 서리옛 나모 아래 이셔도 두려부미 업소니 (월인석보 7, 5)

나. 내 니ᄅᆞ던 究羅帝 眞實로 그러터녀 (<그렇더녀) (월인석보 9, 39중)

다. 어마니미 太子ㅅ 우희 업더디여 슬흐시더라 (석보상절 11, 21-22)

(34가)의 '두립더니'의 '-더니'는 접속의 부동사 어미인데 이는 다음과 같이 정동형 어미 '-더라'로 바꿀 수 있다. 접속의 부동사 어미는 주격 보족어 명사구가 '나'이기 때문에 그 동사는 '두립다니'

31) 이영경 (2007: 124-125)에서는 '-어 ᄒᆞ다'에 의한 타동사가 16세기부터 나타난다고 하였으나 이미 15세기 중반부터 보인다는 사실 (이현희 1994: 259)을 지적하여 두는 바이다.

로 되어야 옳으나 여기서는 '두립더니'로 실현되어 있다. 접속의 부동사 회상법은 정동사로 바꾸어도 기능상의 차이가 없다 (고영근 2011나: 110-111), 이를 다음과 같이 바꿀 수 있다.

(34) 가'. 내 (<나ㅣ) … 지븨 이셔 샹녜 環刀ㅣ며 막다히를 두르고 이셔도 두립더라 …

이렇게 바꾸면 위의 예는 당대어의 (25가)와 일치한다. 경험주 '나'를 공유하는 심리 동사로서 두 시기의 동질성을 보증하는 예이다.

(34나)의 '그렇다'는 지시 상태 동사이기 때문에 상황에 따라서는 심리 동사로 대용할 수 있다. 이 역시 당대어의 (25나)와 일치한다. (34다)는 당대어와는 성격이 다르다. 당대어는 서술어가 타동 동작 동사 '슬퍼 하더라'와 같이 되어야 하는데 '슬흐시더라'로 실현되었다. 앞에서 본 바와 같이, 중세어에도 다음과 같이 '슬허 ᄒᆞ다'란 타동사가 실현되고 있어 당시는 심리 동사와 타동사가 교체되는 시기였음을 알 수 있다.

(34) 가". 須達이도 그 말 듣고 슬허 ᄒᆞ더라 (석보상절 6, 38)

8.6.4.4. 방언의 심리 동사 구문

방언의 심리 동사 구문은 전혀 손을 대지 않고 있다. 저자는 2017년 1월 13~17일 사이에 동남, 서남, 중부, 육진, 제주 방언[32]에 걸쳐 다음과 같은 예를 주고 해당 방언의 실현형을 제보해 달라고 부탁하였었다.

(35) 가. 나는 철수가 싫다/나는 철수가 싫더라.
나. 너도 철수가 싫으냐/너도 철수가 싫더냐.
다. 철수는 너를 싫어 한다/철수는 너를 싫어 하더라.

(35)에서 (가)는 제1인칭 직설 평술법과 회상 평술법을, (나)는 제2인칭 직설 의문법과 회상 의문법을, (다)는 제3인칭의 직설 평술법과 회상 평술법을 각각 짝을 지었다. 그런데 심리 동사 구문은 육진에서부터 제주도에 이르기까지 공통어와 전혀 차이가 없었다. 저자는 (35다)의 경우는 중세어처럼 심리 동사가 출현할 것을 기대하였었는데 당대에는 아직 그런 흔적을 찾을 수 없었다.

8.6.4.5. 심리 동사 구문의 유형론

저자는 알타이 제어의 심리 동사 구문을 조사할 목적으로 2017년 1월 12~17일 사이에 일본어, 몽골어, 터키어를 모어로 하고 있다거나 전공하는 학자들[33]에게 다음과 같은 우리말 예문을 주고 이를 관련 언어로 번역하여 달라고 메일로 요청하였다.

---

32) 제보자는 임석규 (동남 북부), 최명옥 (동남 남부), 이기갑 (서남), 박경래 (중부), 곽충구 (육진), 고재환 (제주) 교수들이다.

33) 제보자는 가와사키 교수 (일본어), 유원수 교수 (몽골어), 이용성 교수 (터키어)와 같다.

(36) 가. ① 나는 고향이 그립다.
② 나는 고향이 그립더라.
나. ① 너도 고향이 그리우냐.
② 너도 고향이 그립더냐.
다. ① 철수는 고향을 그리워 한다.
② 철수는 고향을 그리워 하더라.

다음은 일본어 대응 예이다.

(37) 가. watasi-wa kokyoR-ga natukasi-i/watasi-wa kokyoR-ga natukasi-kaQ-ta yo
나는 고향-이 그립다 / 나는 고향이 그립-게 있-었다 終助詞
나. kimi-mo kokyoR-ga natukasi-i ka?/kimi-mo kokyoR-ga natukasi-kaQ-ta ka?
너도 고향이 그리우냐 終助詞/ 너-도 고향-이 그립-게있-었다 終助詞
다. tyorusu-wa kokyoR-o natukasi-gaQ-te i-ru
철수는 고향을 그립어 하고 있다
yorusu-wa kokyoR-o natukasi-gaQ-te i-ta yo
철수는 고향을 그립어 하고 있었다

회상법에 직접 대응하는 형태소가 없는 것을 제외하고는 통사 구조가 우리말과 완전히 일치한다. 적어도 당대 일본어에는 중세어에 보이는 심리 동사 구문은 발견할 수 없다는 것을 알 수 있다.

다음은 몽골 구어의 대응 예이다.

(38) 가. Bi-ø nut(a)g-ø-aa sana-j bai-na
I-Nom hometown Acc-주어귀속 long for-conv copula-nonpast
Bi-ø nut(a)g-ø-aa sana-v bai-v
나. Chi ch nut(a)g-ø-aa sana-na uu?/Chi-ø bas nut(a)g-ø-aa sana-j
bai - na uu?
다. Cholsu-ø nut(a)g-ø-aa sana-dag/Cholsu-ø nut(a)g-ø-aa
sana-dag bai-v

몽골어는 인칭과 관계 없이 대격을 지배하는 동사 'sana'가 사용되어 있다. 우리말이나 일본어의 제3인칭문과 같은 구성을 보여 준다. 우리말의 회상법에 대응하는 문법 형태는 특별히 없고 비과거형이 대신한다.

터키어도 몽골어와 차이가 없다. 편의상 제1인칭문의 직설법과 회상법 대당 예만 들기로 한다

(39) Ben memleket-i-m-i özlüyorum
I hometown-connective vowel-poss, 1p, Sn-acc miss-pres-1P. sn

/Ben memleket-i-m-i özle-di-m
miss-Past-1P. Sn

(39)의 앞의 직설 평술문의 예는 '나는 나의 고향을 그리워한다'이고 뒤의 회상 평술문의 예는 '나는 나의 고향을 그리워했다'이다. 뒤의 회상 평술문에 나오는 '-di-'는 우리말의 회상법과 비교되는 형태소인데 제1인칭에 사용되는 현상은 중세 국어와 공통된다. 이 현상은 중세어의 회상법과 일치된다고 지적되고 있다 (휘쎄인 2002). 우리말은 당대어는 화자에 관련하여서는 쓰이기가 어려운데 중세어에는 제1인칭, 곧 화자 자신이 직접 성찰한 사건에 대하여도 사용할 수 있다 (고영근 1981/1998/2011나: 105-113).

8.6.5. 수량어 구문[34)]

앞의 명사 형태부에서 저자는 수 (數)와 관련되는 단위성 의존 명사, 곧 분류어 (§6.3.1.2, 206쪽), 수사 (§6.3.2.3, 223쪽), 수 관형사 (§6.4.1.2, 282쪽)를 비롯하여 명사나 주격 보족어 명사구의 복수성을 표시하는 문법적 장치를 검토한 바 있고 형태통사부 (§7.6.2.1.B, 555쪽, §7.6.2.2.B, 557쪽)에서 격 어미가 수사에 붙는 현상에 주목한 바 있으며 어순을 검토하는 자리 (§8.5.4, 640쪽)에서는 수량 표시어의 어순의 시대적 특수성도 논의한 일이 있다. 앞에서 논의된 수와 양 표시어를 "수량어" 속에 포괄하여 그 통사적 특수성을 종합하기로 한다. 앞의 품사론 (§4.2)에서는 복수 표시를 포함하지 않았으나 이곳에서는 복수 표시 장치 (§6.3.2.3.C, 233쪽)도 포괄하여 수량어 구문의 검토 대상으로 삼기로 한다. 생성 문법 수용 이후, 특히 최소 주의가 얼굴을 내밀게 되자 수량어 구문에 대한 관심이 미주 유학파들 사이에서 특히 수량어의 이동 (Floating) 현상에 대한 연구가 봇물을 이루듯이 쏟아져 나오고 있다. 이곳에서는 이들 업적을 종합하여 우리말의 수량어 구문의 특수성을 논의하여 보고자 한다. 저자가 많이 참고한 업적은 강범모 (2002), 김광섭 (2010), 김광해 (1990), 김영희 (1984/2006), 박금자 (1985), 박소영 (2009가), 유동석 (1988), 최기용 (2011), 이남순 (1982, 1995) 등이다.

8.6.5.1. 수량어 구문의 갈래

수량어 구문에는 세 종류가 있다. 기본 수사 구문, 서수사 구문, 분류어에 의한 수량 구문이 그것이다. 먼저 기본 수사 구문과 서수사 구문을 보기로 한다.

(1) 가. 나는 **사과** <u>하나</u>를 사 왔다.
나. **입상자** 가운데서 <u>첫째</u>가 철수이고 <u>둘째</u>가 현철이다.
(남기심 · 고영근 1985/2014: 79)

34) 이 부문의 집필에 있어서는 김광섭 (한국외대), 김종복 (경희대), 강범모 (고려대) 교수 등 여러분들과의 메일 교환을 통하여 많은 도움을 받았음을 밝혀 둔다.

전통적으로 (1가)의 '하나'와 (1나)의 '첫째'는 다음과 같이 문장 안의 선행 명사구 '사과', '입상자'를 가리킨다는 점에서 수사라는 품사 범주에 소속시켜 왔다.

(1) 가'. 나는 사과 하나를 사 왔다.

나'. 입상자 가운데서 첫째가 철수이고 둘째가 현철이다.

같은 수사라 하여도 서수사는 문장 가운데의 명사구의 차례만 가리키지 수량을 가리키지 않는다는 점에서 수량어 구문에서 제외된다 (박금자 1985: 13).

셋째로 분류어로 구성된 수량어 구문을 보기로 한다. 현행 학교 문법에서는 수 관형사와 수사를 그 분포와 형식상의 특징을 고려하여 구별하고 있으나 사람에 따라서는 수 관형사를 인정하지 않고 수사에 통합하여 다루기도 한다. 이곳에서는 앞의 형태부 (3) (§6.4.1.2, 283쪽)의 처리를 따라 품사상으로는 구별하되 기능상으로는 동일시하여 수량어에 넣기로 한다. 이 문제는 이미 앞 (§4.2)에서 단어를 의미 · 기능적 공통성에 따른 어류의 분류에서도 논한 바 있다.

(2) 가. 나는 **사과** 한 개를 사 왔다. 비교: 나는 사과 하나를 사 왔다.
나. 나는 **사과** 여섯 개를 사 왔다. 비교: 나는 사과 여섯을 사 왔다.

(2)에서 (가)의 '한'이 관형사인데 오른쪽의 수사 '하나'와 비교하면 '한'으로 바뀐 것밖에는 통사 구조상의 차이가 전혀 없다. 더욱이 (나)는 관형사와 수사의 형태가 같다. 한 문장이 수사로 구성되었건 관형사와 분류어로 구성되었건 간에 통사 구조면으로는 차이가 있다고 하기가 어렵다. 이런 점에서 수 관형사는 적어도 통사론적 관점에서는 수사와 그 기능이 같다는 것을 알 수 있다. 그러면 수량어 구문은 몇 가지로 유형화할 수 있는가를 검토하기로 한다. 앞에서 든 예 중 수량어 구문에 참여하는 두 구문을 가져오기로 한다.

(3) 가. 나는 **사과** 하나를 사 왔다.
나. 나는 **사과** 한 개를 사 왔다.
다. 나는 사과 여섯을 사 왔다.
라. 나는 **사과** 여섯 개를 사 왔다.

(3가, 다)는 수사 '하나, 여섯'이 맨 몸으로 선행하는 명사의 수를 가리키고 (3나, 라)는 수 관형사 '한'과 '여섯'이 분류어 '개'와 함께 명사구를 이루어 선행하는 '사과'를 가리키고 있다. 이런 구성을 "수량어 후행 구성"이라 부르기로 한다.

그런데 (3)의 밑줄 그은 수량어구는 다음과 같이 속격 '-의'를 대동하여 명사 앞으로 이동 할 수 있다.

(3) 가'. 나는 하나의 **사과**를 사 왔다.

나'. 나는 한 개의 **사과**를 사 왔다.
다'. ?나는 여섯의 사과를 사 왔다.
라'. 나는 여섯 개의 사과를 사 왔다.

위와 같은 구성을 앞의 수량어 후행 구성에 대하여 "수량어 선행 구성"이라 부르기로 한다. 그런데 모든 수량어 구성이 다 이동할 수 없다. (3가')는 그렇게 문제 될 것이 없으나 다음과 같이 둘 이상은 어렵거나 불가능해 보인다.

(4) 가. ??나는 둘의 사과를 사 왔다.
나. *나는 열의 사과를 사 왔다.

그러나 (3나', 라')와 같이 수사-분류어 구성에 속격 '-의'가 붙으면 이동이 가능하다. 문제는 (3나', 라')의 구성이 (3나, 라)의 구성과 의미가 같다고 할 수 있겠는가. 이 문제를 둘러싸고 현재까지 많은 논의가 속출하였지만 신통한 대안이 나오지 않고 있다. (3나)와 (3나')를 비교하면 두 구문의 의미가 다르다고 하기가 어렵다.

그러나 그렇지 않은 예가 있다는 데 문제가 있다 (신근영 2009: 136-138).

(5) 가. 우리 둘이 (서) 그 일을 하였다.
나. 그것 두 개가 말썽이다.

(5가)는 인수 '둘이'에 후치사 '서'가 생략된 어형이다 (§6.3.2.3.B.〈공통어〉, 225쪽). 그것은 어쨌든 수사가 명사구 '우리' 뒤에 왔으니 이는 수량어 후행 구성에 속한다. 그런데 이 구성은 수량어 선행 구성으로 바뀌어지지 않는다. (나)도 같다. 다음 예를 보면 그 성격을 알 수 있다.

(5) 가'. *둘이의 우리가 그 일을 했다.
나'. *두개의 그것이 말썽이다.

다음 예도 마찬가지다 (김지홍 1994/2010: 87, 234).

(5-1) 가. 마음 하나 굳게 먹고 열심히 하렴.
나. *한 마음 굳게 먹고 열심히 하렴.
(5-2) 가. 한 마음으로 정성을 다 하자.
나.*마음 하나로 정성을 다 하자.

다음 예를 보기로 한다.

(6) 가. 이번 사건으로 다섯 학교가 문을 닫았다.
나. 철이가 두 손을 들고 섰다.

(6)은 수량어 선행 구성인데 모두 후행 구성으로 바뀌어지기 어렵거나 바뀌어지지 않는다.

(6) 가'. ??이번 사건으로 학교가 다섯이 문을 닫았다.
나'. *철이가 손 둘을 들고 섰다.

(6가')는 수량어 후행 구성이 불가능함을 보이는 예이다. 그런데 '… 한 손을 들고 섰다'는 가능하여 보이는데 그 이유를 캐 볼 필요가 있다. 현실적으로 '손'과 '학교'가 분류어로 쓰이지 않는 사실과 관계가 있는지 모르겠다.

앞의 예들은 수량어 후행 구성이 수량어 선행 구성으로 이동하는 "floating" 현상인데 수량어 구성에서는 뒤섞기 (Scrambling) 구성도 보인다 (고희정 2005, 32-39).

(7) 가. 학생들이 세 명 맥주를 마시었다.
나. *학생들이 맥주를 세 명 마시었다.

(7가)는 수량어 후행 구성인데 그 앞에 대격 보족어 명사구가 오면 (나)와 같이 비문법적이 되어 버린다. 그러나 다음과 같이 화자의 확신에 가득찬 양태 부사 '분명히'를 수량어 후행 구성 사이에 넣으면 문법적이 된다.

(7) 나'. 학생들이 *분명히* 맥주를 세 명 마시었다.

사실 위의 예는 다음과 같은 평술문으로 바꾸어 쓸 수 있다.

(7) 나". 학생들이 맥주를 마신 것이 분명하다.

그러는가 하면 수량어를 문두로 옮긴 다음 문장은 성립되지 않는다 (김종복 2013: 193).

(7-1) 가. 정말 포도주가 냉장고에 세 병 있네.
나. *세 병 정말 포도주가 냉장고에 있네.

(8)의 예를 통하여 수량어 후행 구성은 문두로는 그 자리를 옮길 수 없다는 것을 알 수 있다,

8.6.5.2. 복수 구문

앞 (§6.3.2.3.C, 233쪽)에서 우리말의 복수 구문의 특수성을 명사구와 통범주에 걸쳐 소묘한 바 있다. 이곳에서는 앞의 서술 내용과 부분적으로 중복시키면서 복수 구문의 특수성을 통사론적 관점에서 지적해 보고자 한다. 다 아는 바와 같이, 우리말의 복수 범주는 가산 명사구와 명사구 밖의 성분에 붙어 주어 명사구가 복수임을 지시하는 두 가지 장치가 있다.

(8) 가. 사람은 이성적 동물이다.
나. 사람이 왔다.

다. 사람들이 왔다.

(이남순 1982: 120)

(8)에는 보통 명사 '사람'이 세 군데 사용되었다. 그러나 그 쓰임이 같지 않다. (8가)는 유개념으로서의 '사람'을 가리킨다. 이런 경우는 셀 수 없는, 곧 "불가산" (不可算)의 명사로서 다음과 같이 복수 접미사가 붙을 수 없다.

(8) 가'. *사람들은 이성적 동물이다.

그러나 (8나)는 다르다. 종개념으로서의 '사람'을 뜻하기 때문에 "가산" (可算)의 대상이 될 수 있으며 (8다)와 같이 복수 접미사 '-들'이 붙을 수 있다. 이런 경우는 단수와 복수의 범주 설정이 가능하다.

가산 명사라고 하여도 복수 접미사가 필수적으로 붙지 않는다.

(9) 가. 우리집 서가에는 책이 많이 쌓여 있다.
나. 책을 에코백에 넣어 들고 가겠다

(9가)에는 '서가'라는 책 진열 장치가 있는 이상, '책'이 복수의 대상임을 알 수 있고 더욱이 '많이'라는 복수를 뜻하는 부사가 쓰여 있다. (9나)에는 '에코백' (ecobag)이라는 친환경 가방이 쓰여 있으니 다수의 책이 들어갈 것임이 틀림없다. 이런 경우는 복수 접미사를 붙이면 오히려 어색해진다.

(9) 가'. ?우리집 서가에는 책들이 많이 쌓여 있다.
나'. ?책들을 에코백에 넣어 들고 가겠다.

이상의 사실을 감안하면 우리말의 명사구는 대명사와는 달리 접미사 '-들'이 수의적으로 붙어 복수가 표시됨을 확인할 수 있다. 가산 명사에 복수 어미가 필수적으로 붙는 인도·유럽어와는 대조적임을 확인할 수 있다.

그러나 우리말에도 복수 범주가 규칙적으로 표시되는 일이 없지 않다. 앞 (§6.3.2.3.C.(45가), 233쪽)에서 든 다음 예를 보기로 한다.

(10) **그 사람**이 왔다: **그 사람**들이 왔다.

위의 예는 지시 관형사 '그'를 선접한 명사구인데 복수 접미사 '-들'의 부착 여부가 단·복수를 결정하여 주기 때문에 '-들'의 부착이 앞의 (9)의 명사와는 달리 필수적이다.

이밖에도 '집집이, 알알이, 마디마디, 구석구석, 나날이' 등 파생법에 의존하는 복수적인 형성에 대하여 복수의 개념을 주기도 하나 (이남순 1982: 133), 이는 굴절법에 의한 복수 표시가 아니기 때문에 복수 범주로 보지 않기로 하였다.

다음은 통 (通)범주적 복수 표시법을 보기로 한다.

(11) (너희들) 물들을 많이 떠 오너라.

위의 (11)의 '물들'에 나타나는 '-들'이 통범주적 복수 표지다. 이는 통범주적 접사법 (cross-categorial affixation)이라 부르기도 하는데 (윤혜석 1995), 종전의 생성 문법에서 복사로 보는 등 그 처리가 구구불일 (區區不一)하였었다. 그러니까 주어 명사구에 붙어 있던 접사 '-들'이 '물'과 같은 불가산 명사를 건너지른다는 뜻인데 매우 매력적 처리로 보인다.

지금까지 복수 접미사 '-들'이 의존 형식으로 간주되어 왔는데 박금자 (1985: 32)에서 다음과 같은 예를 제시함으로써 그 자립성이 부각되기도 하였다.

(12) 가. 들, 드세요.
나. 들, 앉지 그러니.
다. 들, 왜 그래요?

(12)는 구어$_2$에서 자연스럽게 들을 수 있으며 이는 주어 명사구에 붙어 있던 '-들'이 이동한 것으로 보기도 하고 (박금자 1985: 29), 복사로 보는 송석중 (1993: 32-37)의 견해를 뒷받침한다고 보기도 한다. 아무튼 우리말의 전 시대에 걸쳐 나타나는 복수 표시법을 하나의 통합된 방법으로 접근하는 길이 열리기를 바란다.

8.6.5.3. 격 어미와 수량어

앞 (§7.6.2.1, 555쪽)에서 수량어에 격 어미나 그에 상당하는 후치사가 붙는 현상을 지적한 바 있다. 다음 예가 그것이다.

(13) 가. 밤송이가 하나가 떨어졌다.
나. 인숙이가 혼자서 걷는다.

(13가)의 '하나가'는 물수 '하나'에 주격 '가'가 붙었고 (나)의 '혼자서'는 후치사 '서'가 부정격 ∅를 매개로 하여 인수 '혼자'에 붙었다. 그런데 격 어미 가운데는 수량어를 취할 때, 정격을 취하느냐 부정격을 취하느냐에 따라 수량의 성격을 달리하는 일이 많다[35].

(14) 가. 며칠∅ 동안 묵으면서 독서를 많이 하였다.
나. 이 산에는 거의 반년∅ 동안 눈이 쌓여 있다.

위의 두 예는 보편 양화를 표시하는 것으로 알려져 있다. 그러나 정격이 실현된 다음 예는 존재 양화를 표시한다.

(14) 가'. 며칠 동안(*에, 을) 묵으면서 독서를 많이 하였다.
나'. 이 산에는 거의 반년∅ 동안(*에, 을) 눈이 쌓여 있다.

---

35) 이 부분은 전적으로 유동석 (1988: 171-178)의 내용을 옮겨 왔음을 밝혀 둔다.

양화 관계에 따라 격 어미 '-에'와 '-을'이 선택되는 이러한 양상은 시간 표시의 한자어 의존 명사 '간' (間)과 이의 고유어 '사이'에서도 확인된다.

(15) 가. 10분 간 {을,*에} 비가 왔다.
　　나. 밤 사이 {*을, 에} 비가 왔다.

(15가)에서 보편 양화 관계를 갖는 '간' 구성 다음에는 대격 '-을'은 실현될 수 있어도 처격 '-에'는 실현될 수 없음을 보여 준다. 그런데 (15나)는 반대로 존재 양화를 갖는 '사이' 구성 다음에는 처격 '-에'는 실현될 수 있으나 대격 '-을'은 실현될 수 없다.

'-에'와 'Ø'의 대립이 양화 관계를 표시하는 일은 시간 표시어뿐만 아니라 공간 표시어에도 확인된다.

(16) 가. 아이들이 벽에 {온통, 조금} 낙서를 하였다.
　　나. 아이들이 벽을 {온통, *조금} 낙서를 하였다.

(16)은 '벽 (에)'와 '벽 (을)'을 대비하여 의미 차이를 보인 것인데 처소역의 (가)는 한정어 '온통, 조금'과 공기할 수 있으나 대상역 (나)는 한정어 중 보편 양화적인 '온통'만 공기할 수 있음을 보여 준다. 따라서 '벽'이 지시하는 공간 영역과 낙서한 행위가 미친 영역 사이에 (16가)는 존재 양화를, (16나)는 보편 양화를 보인다고 할 수 있다. 이는 홍재성 (1986/1987: 173-195)의 교차 장소보어 구문과 맥을 같이한다,

'가다' 등의 이동 동사에 통합되는 공간어에서도 비슷한 현상을 발견할 수 있다.

(17) 가. 그는 바다에 간다.
　　나. 그는 바다를 간다.

(17)은 처격과 대격이 교체되어 있다. (가)의 '바다'는 처소역으로 해석되고 (나)의 '바다'는 대상역으로 파악된다. 이미 홍윤표 (1978)에서 도식화된 바 있지마는 전자에는 장소의 이동이 도달점으로 해석되는 데 대하여 후자는 바다를 대상으로 삼아 이동한다는 의미가 파악된다. 전자는 존재 양화로 해석되는 데 대하여 후자는 바다가 지시하는 전 영역을 포괄하는 행위로 볼 수 있어 보편 양화적 해석을 내릴 수 있다.

8.6.5.4. 수량어 구문의 유형론

수량어 구문의 유형론은 앞 (§8.5.5, 641쪽)의 어순을 다루는 마당에서 일본어를 비롯한 알타이 제어와 중국어를 대상으로 종합한 것이 있어 특별히 추가할 것이 없다. 앞에서 논의된 것을 종합하면 당대 우리말의 수량어의 구성을 일본어와 비슷한 점이 많고 중세어나 고대어는 퉁구스어, 몽골어, 터키어와 비슷한 점이 많다. 분류어를 매개로 하여 명사구와 연결시키는 구성은 일본어와 중국어와 또한 비슷한 점이 많다는 것을 지적할 수 있다. 현재는 생성 문법가들 사이에서 특히 일

본어와의 비교를 통하여 세부적인 면에 있어 유형론적 비교가 시도하고 있다는 것 (고희정 2014: 30-68)을 지적하는 선에서 마무리를 지으려고 한다.

8.6.6. 미정어 구문

이곳에서는 앞의 품사부 (§4.3.(9), 68쪽)에서 도입한 의미상의 공통성에 따른 어휘류, 다시 말하면 어휘의 통합적 분류 체계에서 도입한 "미정어" (未定語)에 의하여 성립되는 구문의 특수성을 부각시켜 보려고 한다. 미정어란 종전의 의문사 (疑問詞)와 부정사 (不定詞)를 통합하여 붙인 이름인데 이런 구문을 "미정어 (未定語) 구문"이라 부르기로 한다. 미정어 구문에는 "미지 미정어 구문, 부정 미정어 구문, 미지·미정어 공용 구문"의 셋을 둘 수 있다. 이 방면에 대하여는 지난 세기 후반부터 많은 업적을 쌓아 왔으며 21세기에 들어서면서는 최소 주의의 영향을 받아 관련 업적이 많이 나왔다. 그런데 개별 미정어의 의미적 측면을 드러내는 업적이 주축을 이루고 있어 미정어 구문의 참된 모습을 파악하기가 어렵다. 이곳에서는 고성환 (1987), 구종남 (2012), 김광해 (1983, 1984가), 양명희 (2005), 장소원 (1998) 등의 국어학도들과 김종복 (2013), 베크·김 (1997), 박명관 (2013), 시정곤 (1997/2006나: 344-376, 1997/2006나: 377-409), 정대호 (2012), 최기용 (1998) 등의 생성문법학도들의 업적을 종합함으로써 우리말의 미정어 구문의 실체에 접근해 보고자 한다.

8.6.6.1. 미지 미정어 구문

미지 미정어 구문이란 미지의 X항에 대한 정보를 요구하는 구문으로 지시 대명사 (§6.3.2.3.A), 지시 관형사 (§6.4.1), 지시 부사 (§6.4.2)와 '어떠하다, 아무렇다' 등으로 대표되는 지시 상태 동사, '어찌하다' 등으로 대표되는 지시 동작 동사를 들 수 있다 (양명희 2005: 261).

다음은 의문 대명사가 미지어 구문을 형성하는 예이다.

(1) 가. **누** (<누구)가 결석하였느냐?
나. **어디**서 놀았느냐?

(1가)에는 '사람'을 대신하는 미지어가 쓰였어도 적어도 공통어의 어미에는 하등 변화가 없다. 중세어 (§7.2.2.2.A, 412쪽)와 동남 방언 (§7.2.6.1, 439쪽)에는 이 경우 '오' 계열의 어미가 붙는다. (나)도 마찬가지다.

(1)과 같은 예는 직접 의문문이지만 다음과 같은 예는 영문법의 "sluicing" (간접 의문 축약 구성)의 영향을 받아 주목된 간접 의문 축약 구성이다[36].

(2) 그는 누군가(<u>누구</u>이ㄴ가)를 닮았는데 **누구**인지 모르겠다.

36) 우리말의 "sluicing"은 김종복 (2013)에서 주목되었는데 그 번역어 "간접 의문 축약 구성"은 김 교수가 저자에게 제안한 것이다. 이 현상에 대한 연구가 진척되면 보다 나은 역어가 나올 가능성이 없지 않다.

위의 예에는 인칭 대명사 '누구'가 두 군데 사용되어 있다. 앞의 '누구'는 부정어이고 뒤의 '누구'는 미지어이다. 전자는 계사 '-이 (다)'에 의문법 어미 '-ㄴ가'가 통합되어 있고 (장소원 1998), 후자는 계사 '-이 (다)에 의심의 부동사 어미 '-ㄴ지'가 붙어 있다. 위의 예를 통하여 간접 의문 축약 구성은 미지어에 의심의 부동사 어미 '-ㄴ지'가 붙고 부정어에는 의문법 어미 '-ㄴ가'가 붙는다는 것을 확인할 수 있다.

이런 현상은 모든 미지어에 걸쳐 확인된다.

(3) 가. 철수는 영희가 **무엇**을 샀는지 몰랐다.
　나. 친구들과 함께 어디를 갔는데 그곳이 **어디**인지 생각이 나지 않는다.
　다. 눈이 온다고 (언제ㄴ가) 들었는데 **언제**인지 모르겠다.
　라. 서울의 한 대학에 다니는 학생을 만났는데 **어떤** 대학인지 모르겠다.
　마. 미아가 책을 몇 권 샀는데 나는 그것이 정확하게 **몇** 권인지 모른다.
　바. ① (넥타이 하나를 사기는 샀는데) 마음에 들지 **어떨지** (<*어떠하린지) 모르겠어요.
　　② 선물을 받아 놓고 **어찌할** 줄 모르고 있었다.

(3가)의 '무엇'은 사물 표시의 지시 대명사의 미지어이다. 여기에서는 부정어 (不定語)가 나타나지 않았으나 '무엇을 사기는 샀는데'와 같은 부정어 구문을 상정할 수 있다. (3나)는 장소 표시의 지시 대명사의 미지어인데 그 앞에 부정어가 나와 있다. (3다)는 시간 지시 부사 '언제'가 실현되어 있다. 여기에는 '언젠가'대신 '언제인지'가 쓰였다. (3라)는 지시 관형사의 미지어 '어떤'이 쓰였는데 선행절의 '한'에 대하여 부정어의 역할을 한다. (3마)의 '몇'도 지시 관형사인데 앞의 예들과 성격이 같다. 선행절의 '몇'은 부정어이고 후행절의 '몇'은 미지어이다. (3바)①은 성상 형용사를 대신하는 미지어이다. ②는 동작 동사를 대신하는 미지어인데 이 경우는 다른 미지어 구문과는 달리 '-ㄹ 줄'을 취할 뿐, '-ㄹ지<*-린지'는 취하지 않는다.

(3) 바. ②' *선물을 받아 놓고 **어찌할지** 모르고 있었다.

간접 인용 축약 구문도 동작 동사만은 예외적 구성을 보여 주고 있다. 앞으로 그 이유를 밝혀야 할 것이다. 그러나 다음과 같이 '어찌해야 하다'와 결합되면 간접 의문 축약 구성이 가능하다.

(3) 바'. 선물을 받아 놓고 어찌해야 할지 (<**어찌해야 하**ㄹ지) 모르고 있었다.

이는 '어찌하다'를 '어찌해야 하다'로 바꾸어 씀에 따라 결과되는 현상인지 모르겠다.

8.6.6.2. 부정 미정어 구문

부정 미정어에는 '아무' 계열의 어휘만 확인된다. '아무' 계열의 부정 미정어 구문은 앞 (§8.6.2.2.(15), 670쪽)에서 든 부정 극성어 구문과 부분적으로 겹치기도 한다. 앞 (§6.3.2.3.A.(8다), 216쪽)에서 들었던 부정어 구문의 예를 들어 구문상의 특수성을 검토하기로 한다.

(4) 가. 집에는 **아무∅도** 없었다.
나. 그 집에는 **아무∅나** 들어갈 수 없다.
다. 이 문은 **아무에게도** 개방한다.
라. 이 문제는 김 **아무개** 박사에게 물어보면 알 수 있을 것이다.

(4가, 나)의 '아무∅도, 아무∅나'는 첨사가 격 어미 뒤에 붙는다는 격 조사 우선의 원칙과 (4다)와 같은 후치사 구성의 예를 참고하면 부정격 ∅ (§7.6.2.5, 560쪽)이 상정된다. 이점을 고려하면 부정 미지어는 '도, 나'와 같은 특수한 첨사만 취한다. 생성 문법가들은 부정어 '아무'가 어휘적 부정어 '없다'에 의하여 허가 (또는 확인, 통제)된다고 말한다 (시정곤 1997/2005나: 359). 그러나 부정 미지어가 (4라)와 같이 접사 '-개'가 붙으면 '김 아무개가/를/만/뿐/이다' 등 대부분의 격 어미나 계사 및 첨사와 결합될 수 있다. 접사의 붙음이 제약을 풀어 주는 역할을 한다. 생성 문법가들은 '아무'를 변항으로 보고 '도'와 같은 첨사는 이를 결속하는 운용자로 보기도 한다 (최기용 1998: 316).

다음 예는 부정어 '아무'에 의존 명사 '것, 데'가 붙은 것이다.

(5) 가. **아무∅것이나** 가리지 말고 가져가거라.
나. **아무∅데나** 버리지 말라.

(5)의 '아무것'과 '아무데'도 앞의 (4가, 나)와 마찬가지로 부정격을 둘 수 있다. 의존 명사는 보통 수식적 동명사형, 곧 관형사형을 취한다는 사실을 참고하면 충분히 수긍할 수 있다. 제약은 (4)와 차이가 없다.

다음 예는 명사구 앞에 부정어가 쓰인 것이다.

(6) 그 상태로는 **아무∅** 역할도 할 수 없다.

(6)은 대명사 '아무'가 부정격을 매개로 하여 뒤의 명사구를 꾸며 주는데 기능상으로는 (5)와 차이가 없다.

다음은 '아무렇다'의 동명사형과 부동사형의 활용형이다.

(7) 가. 그 상태로는 **아무런** 역할도 할 수 없다.
나. **아무렇게나** 처리할 수 없다.
다. 나는 **아무렇지도** 않다.

(7가)는 상태 동사 '아무러하다'의 수식적 동명사형인데 제약 관계는 앞의 부정어와 아무런 차이가 없다. (7나, 다)는 부동사형인데 제약 관계는 앞의 예들과 차이가 없다. 활용형에 붙는 첨사도 '나, 도'에 한정된다.

8.6.6.3. 미지·부정어 공용 구문

저자는 앞 (§6.3.2.3.A.(8), 216쪽)에서 대명사를 미정어와 부정어로 나누되 강세의 유무에 의하여 판별하는 문제를 제기하였고 바로 위의 (2)와 (3)에서 같은 대명사가 미지어와 부정어로 사용되는 예를 든 바 있다. 이제 이 문제를 종합적으로 검토하기로 한다. (2)의 예를 다시 가져오기로 한다.

(8) 그는 누군가 (누구이ㄴ가)를 닮았는데 **누구**인지 모르겠다.

(8)은 부정어와 미지어가 같은 문장에 나타나는 예이지만 많은 경우, 두 어휘는 별개로 사용된다. 양명희 (2005)에서 정리한 부정 미정어를 중심으로 미지어와 부정어를 짝을 지어 보이기로 한다.

먼저 대명사에 나타나는 미지 · 부정어의 짝을 (가), (나)로 보인다.

(9) 가. 너는 누가 (<**누구**가) 제일 마음에 드니?
　나. **누구**든지 응시할 수 있게 문화가 개방되어 있다.
(10) 가. 너는 **무엇**을 원하느냐?
　나. 그 속에 중요한 **무엇**이 있는 것 같다.
(11) 가. **어디**가 좋으냐?
　나. **어디**든지 가리지 않고 가겠다.

(9)는 인칭 대명사 '누구'가 미지어와 부정어로 짝을 이루었고 (10)은 사물 표시의 지시 대명사 '무엇'이 짝을 이루었으며 (11)은 장소 표시의 지시 대명사 '어디'가 짝을 이루었다.

다음은 지시 관형사가 미지어와 부정어로 짝을 이룬 것이다.

(12) 가. **어느** 학교를 택하려고 하느냐?
　나. **어느** 학교든지 가리지 않겠다.
(13) 가. **어떤** 색깔을 좋아하느냐.
　나. **어떤** 색깔이라도 좋다.
(14) 가. **무슨** 좋은 일이 있었느냐?
　나. **무슨** 직업이든지 가리지 않겠다.
(15) 가. **몇** (사람)이나 모였느냐?
　나. 아직도 **몇** (사람)이 더 필요하다.

(12)는 지시 관형사 '어느'가, (13)은 지시 관형사 '어떤'이, (14)는 지시 관형사 '무슨'이 짝을 이루어 미지 구문과 부정 구문을 구성하였다. (15)의 '몇'은 괄호 안의 명사를 생략하면 수사 미정 구문으로도 쓰인다.

다음은 지시 부사가 미지어와 부정어로 짝을 이룬 것이다.

(16) 가. **언제** 가느냐?
　나. **언제**라도 좋다.
(17) 가. 값이 **얼마**냐?

나. 값이 **얼마**라도 좋다.

여러번 지적한 한 바와 같이, 같은 문장에 미정어가 쓰였을 때에는 강세의 유무에 의하여 미지어 구문과 부정어 구문이 구별된다. 미정어에 강세가 주어지면 끝이 내려가서 설명 의문문이 되고 대신 끝이 올라가면 판정 의문문이 된다.

8.6.6.4. 중세 및 방언의 미지어 구문

당대에는 같은 미정어가 미지어와 부정어로 사용되는데 중세어와 방언에는 어떻게 실현되는가 하는 문제를 검토하기로 한다.

중세어에도 당대어와 같이 미지어 구문이 확인된다.

(18) 가. 눌 (<**누**ㄹ) 더브러 무러사 ᄒᆞ리며 뉘사 (<**누**ㅣ 사) 能히 對答ᄒᆞ려뇨 (석보상절 13, 15)
나. 내 ᄆᆞᄉᆞ거시 (<**ᄆᆞᄉᆞ것**이) 不足ᄒᆞ료
다. 이 ᄯᅡ히 **어드메**잇고 (월인석보 8, 94)

(18가)의 '누'는 인칭 대명사의 미지어이고 (나)의 'ᄆᆞᄉᆞ것'은 지시 대명사의 미지어이며 (다)의 '어드메'는 장소 표시의 미지어이다. 이에 맞추어 어미가 모두 '오' 계열의 설명 의문형이 일치하여 있다.

다음은 관형사, 부사에 나타나는 미지어이다.

(18-1) 가. 그듸 子息 업더니 **ᄆᆞᄉᆞᆫ** 罪오 (<고) (월인석보 1, 7)
나. 부텻 法이 精微ᄒᆞ야 져믄 아ᄒᆡ **어느** 듣ᄌᆞᄫᆞ리잇고 (석보상절 6, 11)

(18-1가)는 지시 관형사 'ᄆᆞᄉᆞᆫ'에 일치하여 어미가 '오' 계열로 바뀌는 미지어 구문이다. (18-1나)는 지시 부사 '어느'에 일치하여 어미가 '오' 계열로 바뀌는 예이다. 이런 현상은, 앞에서 더러 언급한 바와 같이, 당대의 공통어에는 볼 수 없고 동남 방언에만 남아 있다.

다음 예는 당대어의 (3바)의 상태 동사와 동작 동사의 미정어의 소급형으로 보인다.

(19) 가. 나라 니ᄉᆞ리ᄅᆞᆯ 굿게 ᄒᆞ시ᄂᆞ니 **엇더ᄒᆞ**니잇고 (석보상절 6, 7)
나. 분토에 제ᄒᆞ시고 도라오실가 **엇디ᄒᆞ**실고 (번역박통사 상, 64)

(19가)는 상태 동사의 미지어 '엇더ᄒᆞ-'에 설명 의문법 어미가 일치하여 있고 (나)는 동작 동사 '엇디ᄒᆞ-'에 역시 의문법 어미가 일치하여 있다

중세어에도 당대의 부정어 전용 미정어 '아모'가 보인다. 그러나 당대어와는 그 기능이 같지 않다.

(20) 가. 아뫼어나 (<**아모**ㅣ 어나) 와 내 머릿바기며 … 도라ᄒᆞ야도 (월인석보 1, 13)
나. 鴨江앳 將軍旗를 **아모** 爲ᄒᆞ다 ᄒᆞ시니 (용비어천가 39장)
다. **아모**∅ 사ᄅᆞ미나 이 良醫의 虛妄ᄒᆞᆫ 罪ᄅᆞᆯ 能히 니ᄅᆞ려 몯 니ᄅᆞ려 (월인석보 17, 22)
라. 담 우희 ᄒᆞᆫ 비화를 **아모**도 잡디 몯ᄒᆞ는 거셔 이ᄂᆞᆫ 전갈 … (번역박통사 상41)

(20가)의 '아모'는 당대어의 '아무개'의 뜻인데 당대어 같으면 (4가, 나)에서 확인한 바와 같이, 뒤에 첨사 '도'나 '나'를 동반하여 부정 구문으로 바뀌는데 중세어는 (4라)의 당대의 '아무개'와 같이 제약을 받지 않는다. (20나)의 '아모' 역시 '아무개'의 뜻이다. (20다)의 '아모'는 부정격을 사이에 두고 명사구 '사름'과 결합하였는데 '누구든지'나 '어떤 사람이나'의 뜻으로서 부정어로 사용되었다. (20라)는 16세기의 자료인『번역 박통사』에 나타나는 예인데 당대어의 (4가) (707쪽)와 같은 성격의 부정 구문이다. 그러니까 16세기초부터 '아무'가 첨사 '도'나 '나'와 결합하여 부정 동작 동사의 인가를 받기 시작하였다고 볼 수 있지 않을까. 더 많은 자료의 확보가 요청된다.

다음 예문은 당대어의 (7)의 '아무렇다'의 직접적 소급형이다.

(21) 가. 菩薩이 ᄃᆞ니시며 셔 겨시며 안ᄌᆞ시며 누ᄫᅳ샤매 夫人이 아ᄆᆞ라토 (<**아ᄆᆞ랗**도) 아니 ᄒᆞ더시니 (월인석보 2, 26)

나. 아ᄆᆞ란 (<***아ᄆᆞ랗**은) ᄆᆞᅀᆞᆯ히거나 자시어나 … (석보상절 9, 40)

(21가)에는 첨사 '도'가 동반되어 있다. 이는 (7다)와 같은 성격의 구문이다. (21나)는 당대의 '아무런'과 차이가 큰 것 같지 않다.

중세어의 미정어 구문은 대부분 미지어 구문이고 부정어 구문은 동작 동사와 상태 동사에만 부분적으로 보일 뿐이다. 그러나 16세기에 접어들면 회화체 자료인『번역박통사』에서 당대와 같은 부정어 구문이 나타나기 시작한다. 앞으로 어떠한 과정을 밟아 당대와 같은 부정어 구문이 전 미지어에 걸쳐 일어나는가 하는 문제를 풀어야 할 것이다. 방언의 미정어 구문에 대하여는 아직 손도 못대고 있다. 저자가 세운 미정어 구문의 체계를 개별 방언에 적용하면 우리말의 미지어와 부정어의 세계는 물론, 이 두 어휘에 의하여 구성되는 구문의 세계가 밝게 드러나리라 믿는다.

8.6.6.5. 미정어 구문 유형론

미정어 구문은 어느 언어에나 확인된다. 특히 미지어 구문이 그러하다. 우리말과 오래 동안 교섭해 온 중국어와, 계통적 친근성이 운위되고 있는 일본어, 퉁구스어, 몽골어, 터키어와의 비교를 통하여 우리말의 미정어 구문의 특징을 확인하여 보고자 한다.

우리말 미정어 구문의 유형론적 특징으로는 우선 중세어와 동남 방언에서 설명 의문법과 판정 의문법이 형태론적으로 구별되는 점을 들 수 있다. 그리고 같은 미정어가 미지어와 부정어의 두 기능을 짊어지고 있다는 것도 유형론적인 특징이다. 저자는 2017년 2월 8~10일 사이에 일본어, 퉁구스어군의 어웡키어, 몽골어, 터키어를 모어로 하고 있다거나 전공하는 학자들[37]에게 설명 의문문과 판정 의문문 및 미지어와 부정어에 대한 다음과 같은 우리말 예문을 주고 이를 해당어로 번역하게 하여 회신을 받은 바 있다.

1. 가. 너 어디 가니?

37) 제보자는 가와사키 교수 (일본어), Kalina 여사 (퉁구스 어웡키어), 유원수 교수 (몽골 문어), Ulzibat (몽골 구어), 이용성 교수 (터키어)이다.

나. 지금 학교 가니?

2. 가. 누가 키가 제일 크니?

나. 밖에 누가 왔다.

3. 가. 어디 가겠느냐? (Where will you go?)

나. 어디 가겠느냐? (Will you go somewhere?)

4. 가. 언제 떠나느냐?

나. 언젠가 (<언제ㄴ가) 만난 적이 있다.

5. 가. 몇 사람이 왔느냐?

나. 몇 사람 더 와야 한다.

위의 우리말 자료에 대한 회신을 중심으로 의문문의 유형과 미지어 및 부정어 구문의 통언어적 양상을 검토하기로 한다.

먼저 의문문의 두 유형, 곧 설명 의문과 판정 의문의 구별을 보기로 한다.

일본어는 설명 의문문과 판정 의문문은 당대의 우리말과 같이 미지어만 쓰일 뿐이고 어미에는 아무런 차이가 없다.

(22) 가. doko ik-u no?/doko ik-u Nda?

어디 가는 것/어디 가는 것이다

나. ima gaQkoR ik-u no?

지금 학교 가는 것?

다음은 미지어 구문과 부정어 구문의 예이다.

(23) 가. ① dare-ga itibaN se-ga {taka-i?/taka-i no?/taka-i Nda?}

누가 가장 키가 {높다?/높은 것?/높은 것이다?}

② soto-ni dare-ka ki-ta

밖에 누가 오-았다

나. ① doko ik-u no?/doko ik-u Nda?

어디 가는 것?/어디 가는 것이다?

② doko-ka ik-u no?

어디-인가 가는 것?

일본어는 '누구'와 '어디'를 뜻하는 'dare'와 'doko'가 우리말과 같이 미지어 구문과 부정어 구문에 공통으로 쓰인다. '언제'를 뜻하는 'itu', '몇'을 뜻하는 'nanin'은 부정 구문에서는 첨사 'ka'를 덧붙이는 정도의 차이밖에 없다.

다음은 퉁구스이군의 이웽기이의 예이다.

(24) 가. si ilə uli-ndi?
you where go(from · destination)-2SG
나. əsi tasxo-du nin-ji-ndi gi?
now school-DATL go(to · destination)-PROG-2SG INT

위에서 (24가)는 설명 의문문, (24나)는 판정 의문문인데 후자에는 'gi'라는 첨사가 붙어 판정 의문문이 형성되고 있다. 미지어 구문과 부정어 구문은 '누구'만 차이가 있고 나머지는 차이가 없다. 'go'에 대하여 'uli'와 'ji'와 같이 형태가 다른 것은 어웡키어에 왕래발착의 동사가 다양하게 발달되어 있기 때문이다.

(25) 가. ① ago miŋ godda-nin?
who most tall-3POSS
② tullə bəi əm-səə.
outside person come-3PAST
나. ① ilə uli-ndi?
where go(from · destination)-2SG
② ilə uli-ndi?
where go(from · destination)-2SG

(25가)는 미지어와 부정어 사이에 차이가 나고 (25나)는 두 구문 사이에 차이가 나지 않는다. 우리말처럼 강세의 유무에 의하여 구별이 될 가능성이 많다. 대부분 우리말처럼 미지어가 부정어로 사용된다.

다음은 몽골어의 예이다.

(26) 가. či qamiɣasi ban yabuju bayimui (직역: 너 어디로 가고 있니?)
či qamiɣasi-ban yabu-ju bayi-mui
you(Nom) whither-RP go-CVI be-PF
나. edüge surɣaɣuli uruɣu ban yabuju bayimui yuu (직역: 너 학교로 가고 있니?)
edüge surɣaɣuli-uruɣu-ban yabu-ju bayi-mui yuu
now school-DIR-RP go-CVI be-PF YNQ

(26가)는 설명 의문문인데 미지어 'qamiɣasi'가 쓰여 설명 의문문을 표시하고 있다. (26나)는 '있다'의 어미 구조체 'bayi-mui'에 판정 의문첨사 'yuu'가 붙은 것밖에는 차이가 없다. 몽골어는 설명 의문문은 미지어의 사용에 의하여, 판정 의문문은 첨사에 의하여 표시된다.

미지어와 미정어는 형태가 같은 것도 있고 다른 것도 있다. '누구'의 경우, 미지어에는 'ken'이, 부정어에는 '사람들'을 뜻하는 'kümün'이 사용된다. '어디'의 경우도 다른 단어가 대용된다. 그러나 '언제, 몇 '등은 미지어와 부정어에 공용된다.

다음은 터키어의 예이다.

(27) 가. Sen nere-ye gidiyorsun (<git-iyor-sun) 'Where do you go?'

you (SN) where-Dat go-Pres-2SN

나. Şimdi okul-a mı gidiyorsun (<git-iyor-sun)

now school-Dat Inter go-Pres-2SN

미지어 '어디'의 사용밖에는 차이가 없다. 이는 우리말에서 이를테면 요-통합형이나 요-결락형에서 미지어의 사용 여부에 따라 판정 의문과 설명 의문이 구별되는 현상과 같다. 미정어와 부정어는 모두 다른 말로 표현된다.

다음은 중국어의 예이다.

(28) 가. Nĭ qù năr? 'you go where'

나. Xiànzài qù xuéxiào ma?

now go school particle

설명 의문문은 미지어 'năr'의 사용에 의하여 성립하고 판정 의문문은 첨사 'ma'의 부착에 의하여 성립한다. 미지어와 부정어는 '누구, 어디'의 경우는 다르고 '언제, 몇'은 공통된다.

지금까지 저자는 우리말의 의문문과 미정어 구문의 유형적 특징을 우리말과 계통적 친연성이 있다고 하는 일본어, 퉁구스어 (어웡키어), 몽골어, 터키어와, 계통을 달리하는 중국어와 비교하여 보았다. 중세어와 동남 방언에 나타나는 설명 의문문과 판정 의문문의 형태론적 구별은 아무데서도 공통된 유형을 찾을 수 없었다. 당대의 우리말의 미정 구문은 미지어와 부정어가 공용되고 있는데 일본어만 공용되었고 다른 언어는 그렇지 않았다. 퉁구스계의 어웡키어는 '누구'를 제외하고는 공통되었으며 몽골어는 '언제, 몇'만 공통되고 나머지는 그렇지 않았다. 터키어는 모두 달랐으며 중국어는 '몇'을 제외하고는 모두 달랐다. 이상과 같은 비교를 통하여 중세어와 동남 방언의 두 의문문의 형태·통사론적 구별과 당대어의 미지어와 부정어의 공용 현상은 다른 언어와의 유형론적 비교가 진척되면 국제 언어학계의 주목을 받을 수 있다고 믿는다.

8.6.7. 분열 구문

분열 구문은 생성 문법가들에 의하여 발굴된 우리말의 통사 구조의 하나이다. 영어의 분열 구문은 원래 예스페르센 (O. Jespersen)의 "cleft sentence"의 영향을 받아 발전된 주제였는데 영어의 분열문이 우리말과 유사한 데가 많아 주로 생성 문법에 기울어진 언어학자들이 이 방면에 많은 업적을 남겼다. 그러나 국어학자 가운데서도 임규홍 (1986)은 생성 문법가들에 앞서서 우리말 분열문연구의 단초를 열었다. 이곳에서는 임규홍의 선구적인 업적과 남길임 (2006)을 비롯하여 최윤지 (2007, 2016가: 233-265, 2016나) 등의 국어학도들과 생성 문법가들의 업적을 종합하여 우리말 분열문의 실상을 가시화해 보고자 한다. 중세어에도 당대어와 형태는 다르지만 분열문이 논의되고 있어 두 시기의 분열 구문을 종합적으로 논의하기로 한다.

8.6.7.1. 분열 구문의 성립

우리말에서 처음으로 분열문을 드러낸 임규홍 (1986)에서는 다음 (1)의 문장을 중립문으로 간주하고 초점을 나타내는 방법을 여러 가지로 제시하였다.

(1) 철수가 어제 다방에서 순자를 만났다.

위의 예에서 화자의 초점이 '순자'에게 있다고 할 때 이를 나타내는 방법으로 다음 네 가지 방법으로 초점화할 수 있다.

(1) 가'. 철수는 어제 다방에서 순자를 만났다. (강세)
나'. 순자를, 철수가 어제 다방에서 만났다. (이동)
다'. 철수가 어제 다방에서 만난 것은 순자이다. (분열문)
라'. 순자는, 철수가 어제 다방에서 만난 사람이다. (주제화)

이 가운데서 화자가 의도하는 정보를 초점화하는 가장 특징적인 것은 다음 (1다')이다.

(1) 다'. [(철수가 어제 다방에서 만나) ㄴ 것]은 순자였다.

의존 명사 '것'은 일반적으로는 '물건'을 대신하지마는 위에서는 '사람'을 대신하여 쓰이기도 하였다. 이러한 '것'을 "경명사" (최윤지 2007: 8) 내지 "강조 구문"으로 보는 견해 (염재일 2014)를 경청할 필요가 있다. 위와 같이 중립문 (1)을 분열문으로 쪼개어 놓으면 이는 영어의 'It was a banana that she was eating'과 일치하는 점이 많기 때문에 영어와 같이 우리말에도 분열문을 세울 수 있다고 말한다. '것' 분열문은 대화보다는 문어$_1$, TV나 학술 논문에서 많이 나타나는데 (최윤지 2016가: 264), 이런 점을 보면 분열문은 어순 뒤섞기 내지 어순 재배치에 속한다고 볼 수 있어서 문법의 영역이라기보다 수사학의 성격이 강하다. 그러나 특히 최소 주의에서는 수사학을 문법의 영역으로 편입하는 일이 많다는 것을 유의해 둘 필요가 있다.

분열문은 '것'의 해석 여하에 따라 관계절도 될 수 있고 보족절도 될 수 있다. 위의 (1다')의 '것'은 경명사 '사람'을 의미하기 때문에 관계절의 속성도 어느 정도 띠고 있다고 할 수 있으나 성격이 다르다.

(2) (내가 철수를 만난) 것은 모든 사람들에게 알려졌다.

위의 '것'이 수식적 동명사절 아래 쓰였다는 점으로는 앞의 (1다')와 차이가 없으나 그 의미가 '사실'로 파악되므로 관계절 아닌 보족절로 해석된다. 위의 (2)는 보편적인 보족절이지만 분열문은 긴 보족절 구성[38]에서 자주 목격된다 (이남근 2008: 28). 다시 말하면 (2)는 다음과 같이 바꾸어 쓸 수 있다.

(2') [(내가 철수를 만났다)는 것]은 모든 사람들에게 알려졌다.

중립문이 분열문으로 초점을 받아 짜개질 때에는 명사성이 강할수록 분열 가능성이 높다고 알려져 있다 (임규홍 1986: 162, 박철우 2008: 80). 분열될 때에는 초점을 받는 명사구의 격 어미가 외현될 수도 있고 잠적할 수도 있다. 앞의 (1다')는 중립문의 '다방에서'를 분열시킨 것인데 이런 경우는 처격 어미 '에서'가 실현되어 있다. 그러나 다른 성분을 초점화하여 분열시킬 때에는 사정이 다르다.

(3) 가. <u>철수</u>가 어제 다방에서 만난 것은 순자였다.
　　나. 어제 다방에서 <u>순자</u>를 만난 것은 철수였다.

(3가, 나)의 '철수'와 '순자'는 중립문에서는 주격 보족어와 대격 보족어로 나타나는 나던 것이 격 어미가 모두 잠적하여 버린다.

중립문이 분열문으로 바뀔 때에는 여격, 출발점 처소, 탈격, 향진 및 자격 보족어는 그 격 표지가 실현되어 이중 곡용형을 만들기도 한다 (§7.6.5.3, 574쪽). (1)에서는 출발점 처소만 들었지만 나머지 예를 들어 보이기로 한다.

(4) 가. 내가 돈을 준 것은 <u>철수에게였다</u>.
　　나. 우리가 출발한 것은 <u>부산으로부터였다</u>.
　　다. ?우리가 목표로 삼은 곳은 <u>순천으로였다</u>.
　　라. 김선생이 철수를 충고한 것은 <u>선배로서였다</u>.
(박철우 2008: 80)

(4가, 나)는 앞의 (1다)와 같은 예인데 사실 '철수였다. 부산이었다'로도 실현될 수도 있다. 특히 (4다)는 격 어미가 나타나는 것이 오히려 어색하게 들린다. '그냥 순천이었다'라고 표현하여도 나무랄 데가 없다[39]. (4라)는 '로서'를 생략하면 비문법적 문장이 된다.

그러나 접속의 부동사 어미중 의존 동사의 활용형 -고 나서'는 앞의 격 어미와는 달리 필수적으로 실현되어야 한다.

(5) 가. 내가 이러는 것은 다 너를 위해서다 (<<u>위해서이다</u>). (박철우 2008: 89)
　　나. 죤이 메어리를 만난 것은 식사를 하고 <u>나서이다</u>. (김종복 2016나: 98)

---

38) 학교 문법에서는 "긴 관형절" (고영근 · 구본관 2008/2018: 334, 남기심 · 고영근 2014: 391)이라 부르고 생성 문법에서는 "장거리 의존 구문" (long distance depenedency)이라 부른다.

39) 홍재성 (1985/1987: 101)에는 대칭 구문이 분열문이 될 때에는 '철수가 그날 다툰 것은 영희와였다'로 되어 격 어미가 실현된다고 하였으나 이는 옳지 않다. 격 어미가 실현되는 것은 (4)와 (5)의 예에 국한된다.

(5가)는 동사구에서 '이러는 것'을 생략한 것인데 앞의 명사절에 그것이 나타나 있기 때문이다. (5나)에서는 이미 앞의 명사절에 '만나다'가 나와 있기 때문에 생략한 것이다.

앞에서 저자는 명사성이 강할수록 분열문이 될 가능성이 많다고 하였는데 부사 같은 것은 분열문의 초점 자리에 놓일 수 없다 (홍재성 1987: 127).

(5-1) *철수는 영이와 헤어진 것은 서로였다.

8.6.7.2. 분열문의 갈래와 실현 양상

생성 문법가들은 우리말의 분열문을 영문법의 그것에 준하여 설정하고 있으나 여기서는 남길임 (2006), 최윤지 (2016가, 나)를 따라 분류 문제를 논의하여 보기로 한다. 우리말의 전형적인 분열문은 앞에서 든 (1다')의 구문이다. 이를 다시 끌어 오면 다음과 같다.

(6) [$_{NP}${$_{cl}$($_{sf}$철수가 어제 순자를 만나)$_{sf}$ ㄴ}$_{cl}$ 것]$_{NP}$은(다방에서였다)$_{VP}$

앞에서 언급한 바와 같이, 우리말의 분열문은 의존 명사, 곧 경명사 '것'을 대동한 수식적 동명사절, 곧 보족절이 계사에 의한 동사구와 이가 물렸을 때 성립한다. 이런 분열문을 "참된 분열문"이라 부르고자 한다.

참된 분열문에는 다음과 같은 것도 포함시킬 수 있다 (최윤지 2016가: 256-265).

(7) [('산아제한'을 강조해 오던 정부가 '출산 장려'로 정책 방향을 완전히 바꾼) 게 (<것)]$_{NP}$이) 2004년, 올해로 꼭 10년째가 됩니다.

(7)은 TV 뉴스에서 나오는 앵커의 첫 발화로 문장 전체를 초점화하고 있다. 보통 (6)과 같이 주제격을 취하지 않고 주격 어미를 취하면 앞의 (6)과는 달리 여러 가지 상대적 정보 구조[40]를 표시하는 데 기여한다. 여기서 "상대적 정보 구조"라고 함은 '것은' 분열문은 항상 '것' 절이 주제이고 분열된 성분이 초점인 반면에, '것이' 분열문은 '것' 절이 주제나 초점도 될 수 있다는 뜻이다. 이를테면 '철수가 좋아하는 것은 사과다'에서는 '철수가 좋아하는 것'이 주제이고 '사과'가 초점인 데 대하여 '철수가 좋아하는 것이 사과다'라고 하면 정보 구조가 고정되어 있지 않고 맥락에 따라 다르다. 곧 '철수가 좋아하는 것'이 화제일 수도 있고 초점일 수도 있다는 것과 같다.

분열문 가운데는 다음과 같은 구문도 포함될 수 있다 (남길임 2006: 344).

(8) 가. 제일 먼저 도착한 사람은 진우였다.
나. 성리학의 의리 실천이 아닌 그 이론적 탐구가 한국적 특색을 독특하게 띨 만큼 본격

40) "상대적 정보 구조"에 대하여는 다음 최윤지 (2016가: 1) 참조.
"정보 구조란 의사소통에서 화자가 발화를 통해 전달하려는 정보가 청자에게 새로운 것인지 아니면 주어져 있는 것인지에 대한 화자의 가정을 반영하는 언어적 양상이다. 즉, 어떤 개념이나 의미를 화자가 청자에게 언어로 소통할 때 말하고자 하는 내용뿐만 아니라 해당 내용이 청자에게 어떠한 정보적 지위로 존재하는지가 언어에 표현된다는 점에 주목한다."

화된 것도 16세기에 와서의 일이다.

앞의 (6)과 (7)이 전형적인 분열문이라 한다면 (8)은 분열문의 형식에 약간의 변형이 가해진 것이다. (8가)는 의존 명사 '것' 대신에 '사람'이라는 경명사가 쓰여 '~ 사람은 ~ 이다' 구성을 나타낸다. (8나)는 '이다'에 선행하는 초점 성분의 명사구가 '~ 의 일이다'라는 형식을 띰으로써 분열문 이전의 본래의 문장으로 되돌리기 어렵다.

(8) 나'. ① 16세기에 와서의 일은, 성리학의 의리 실천이 아닌 그 이론적 탐구가 한국적 특색을 독특하게 띨 만큼 본격화하였다.
② 16세기에 와서, 성리학의 의리 실천이 아닌 그 이론적 탐구가 한국적 특색을 독특하게 띨 만큼 본격화하였다.

(8나')는 (8나)를 분열문 이전의 문장 형식으로 되돌리기 어렵다는 것을 보여 준다. (8나')①에서의 '일'을 제외하면 오히려 자연스럽게 느껴진다. (8)의 (가), (나)는 본래 문장에서 강조를 위하여 특정 성분을 쪼개서 계사 '이다' 앞으로 이동·재배열하였다는 점에서 분열문과 유사하나 분열문의 조건을 위배하고 있기 때문에 "거짓 분열문" 내지 "유사 분열문"으로 처리할 수 있다.

거짓 분열문에 속하는 예를 더 들어 보면 다음과 같다.

(9) 가. 제일 먼저 도착한 <u>사람</u>은 진우였다.
나. 전자 눈이 80% 성공 단계에 있다고 보도된 것은 재작년 <u>일</u>이다.

(9가)는 '사람'이라는 보통 명사가, (나)는 '이다' 앞에 '일'이라는 초점 성분이 추가되어 본래의 문장으로 되돌리기가 어렵다.

분열문은 문어$_1$에서 주로 확인된다고 하였는데 실제로 말뭉치를 보면 그런 점이 확인된다. 그것은 구어$_2$에서는 담화 기능상의 강조를 위한 장치, 이를테면 성분의 재배열이나 강세나 고저와 같은 비통사론적 장치가 다양하게 나타난다. 다음 예를 보기로 한다.

(10) 아니 지금 문제가 뭐냐면 어~ 작년부턴가 연세춘추 기자 못 뽑아 가지구 난리 치고 그러잖아. 그 전까지만 해두 기자들을 뽑구 그랬다구. (자유 대화)

위의 예는 '~이 무엇 (뭐) + 이 + 냐면'의 형태로 (6)과 같은 참된 분열문의 구조와는 다르지만 강조하고자 하는 성분을 맨 뒤로 이동시켜 강조의 기능을 수행한다는 점에서는 참된 분열문과 기능이 다르다고 할 수 없다.

8.6.7.3. 중세어의 분열문

중세어에도 당대와 같이 분열문을 둘 수 있다 (이현희 1994: 79-89). 중세어의 분열문에는 계사 '-이 (라)'에 의한 것과 한정어 'ᄒᆞ-' 구성에 의한 것으로 나눌 수 있다.

(11) 가. 眞實로 보아 울워ᅀᆞ옴도 ᄒᆞᆫ갓 이 ᄆᆞᅀᆞᄆᆞᆯ 어데니 (<<u>언어ㅣ니</u>) (능엄경언해 2, 21)

나. 이 句 블러 내샤ᄆᆞᆫ 사ᄅᆞ미 알에코져시니 (<<u>알에 ᄒᆞ고져ㅣ시니</u>) (남명집 상, 2)

(11)은 부동사 어미 '-어' (가)와 '-고져' (나)에 계사 '-ㅣ' (라)가 붙어 분열문이 된 것인데 당대어의 (5)와 비슷한 예이다. 당대어에는 부동사 '어'에 후치사 '서'가 붙어서 형성된 '-어서'에 계사가 붙는데 중세어에는, (11가)에서 보는 바와 같이, 부동사형 어미 '-어'에 직접 붙었다. (11나)는 의도의 부동사형 어미 '-고져'에 붙은 것인데 당대에는 볼 수 없다.

다음 예는 명사구가 계사와 직접 통합된 것이다.

(12) 가. 모다 나미 實로 잉어긔로다 (<<u>잉어긔∅로다</u>) (宗生實於此) (두시언해 16, 66)

나. ᄡᅡ해셔 버ᅀᅳ로미 <u>七多羅樹ㅣ어니</u> (월인석보 18, 78)

(12가)는 대명사구 '이어긔'에, (12나)는 '七多羅樹'에 계사가 붙었다. 분열문으로 바뀌기 전에는 (12가)는 '이어긔∅', (12나)는 '七多羅樹ᄅᆞᆯ'와 같이 여러 가지 격 어미를 취할 수 있었을 것이다. 그런데 문제는 (12가)와 같이 한시의 원문을 그대로 번역한 예를 진정한 우리말의 분열문으로 볼 수 있는가이다. 한시를 직역한 (12가)가 분열문이라면 한시도 분열문으로 보아야 하기 때문이다. 분열문뿐만 아니라 모든 언해문이 한문을 번역한 것인데 이를 가지고 중세어의 분열문을 논의하는 것은 신중한 태도를 취하여야 한다. 지금까지는 언해문이 그대로 참된 우리말이라 생각하고 작업에 임하였으나 앞으로는 이런 문제에 주의를 기울여 참된 우리말과 한어화한 우리말을 가려내는 지혜의 창출이 필요하다.

이밖에도 중세어에는 다음과 같이 사동 형성의 부동사형 뒤에 의존 동사 'ᄒᆞ-'가 와서 동작주의 행위를 강화하는 예가 보인다.

(13) 金으로 ᄡᅡ해 ᄉᆞ로ᄆᆞᆯ 쁨 <u>업게 ᄒᆞ면</u> (석보상절 6, 24)

위의 예는 '쁨 업게 金으로 ᄡᅡ해 ᄉᆞᆯ면'의 정도의 비분열문에서 분열문으로 고쳐 쓴 것이다. 이런 예는 더 들 수 있으나 비분열문을 상정하기가 쉽지 않아 이 정도에서 그치고 관심이 있는 사람은 이현희 (1994: 83-89)를 보기 바란다.

8.6.7.4. 분열 구문의 유형론

앞에서 저자는 우리말의 분열문이 영문법으로 인연하여 주목되었다고 하였다. 특히 '-는 것은'이나 '-는 것이'와 같은 틀의 문형을 분열문으로 비정 (批正)한 것은 영어의 분열문과의 대조를 통하여 착안된 것이었다. 그러나 우리말의 분열 구문은 영어의 분열문에서는 보이지 않는 특징이 지적되기도 한다 (손근원 2000, 김종복 2016나). 앞의 (12가)에서 중국 고전 한시가 중세어에서 분열문으로 언해된 것을 보았는데 그렇다면 고전 한문에도 분열 구문이 존재하였음을 확인할 수 있다. 우리말의 분열문을 의사 분열문 내지 준분열문으로 다루기도 하는데 (김종복 2016나, 최윤지 2016나), 이런 문제도 분열문에 대한 유형론적 연구가 깊어지면 어느 정도 해결의 실마리를 찾을 수 있을 것이다.

지금까지는 우리말의 분열문을 인도·유럽어와 비교하는 문제를 거론하였으나 앞에서 든 고전 한문은 물론, 당대 중국어와의 비교도 가능하고 일본어나 다른 알타이어와의 비교도 얼마든지 가능하다. 일본어에서도 우리말과 같이 영문법의 분열 구문의 영향을 받아 분열 구문이 연구되고 있다. 우리말과 같이 우리말의 '것'에 해당하는 'no' (の)에 의하여 짜개지는 문장을 분열문으로 다루고 있는 것 (나카무라 2014)은 두 언어의 분열문이 비슷하다는 것을 증명한다. 실제로 일본어의 분열 구문을 보면 중립문의 격 표지가 잠적하기도 하고 실현되기도 한다. 실제로 조성대 밖에 (2008)에서는 두 언어의 분열문이 비교되고 있다. 차이점도 있고 공통점도 있다는 것이다. 알타이어의 하나인 몽골어에 대해서도 바오리나 (2014)에서 속격 주어 인가 체계를 중심으로 몽골어의 분열문이 조명되고 있어 다른 알타이어에도 분열문이 확인될 가능성이 없지 않다.

8.6.8. 비교 구문

비교 구문은 그 사이 다른 주제에 비하여 상당히 늦게 주목되었다. 비교에 관련되는 문법 형태는 "견줌자리토씨" (최현배 1937/1971: 627-629, 허웅 1999: 402-416)이라는 이름 아래 단순 처리하는 것이 예사였는데 김승곤 (1987)에서 당대의 비교 구문이 조명되기 시작하였으며 김정아 (1993/1998)에 와서는 중세어의 비교 구문에까지 그 기운이 확산되었고 홍윤표 (1976/1994: 561-603), 김규하 (1995)에서는 비교 구문의 변화에 대한 인식의 발자취를 볼 수 있다. 이들 업적을 계기로 하여 그 사이 별로 주목받지 못하던 비교 구문에 관심이 일기 시작하였다 (오경숙 2003). 이와 함께 최소 주의 등의 생성 문법에 기댄 연구도 활성화하였다 (장세은 1994, 2001, 박소영 2009나, 김종복·셀스 2010, 김종복 밖에 2010).

지금까지의 이 방면에 대한 연구는 생성 문법에 근거한 몇몇 업적을 제외하고는 비교 구문의 통사 구조보다는 비교 구문에 참여하는 후치사의 의미를 밝히는 방면에 치우친 측면이 적지 않다. 이곳에서는 지금까지의 연구 성과를 기반으로 하되 우리말의 통사 구조 서술에 도움이 되는 성과를 가려 당대와 중세의 비교 구문의 모습과 역사적 변화 및 지역적 변이의 양상을 조감하기로 한다. 지금까지 최현배 (1937/1971)을 비롯하여 대부분의 업적들은 '-과'와 같은 단음절성 공격 어미를 비교 구문에서 처리하여 왔으나 저자는 앞에서 세운 격 체계의 공격 체계 (§7.6.3.3, 565쪽)에 따라 다음에 이어지는 공격 구문에서 다루기로 한다.

8.6.8.1. 비교 구문의 성립

당대어의 비교 구문은 비교의 후치사 '처럼, 같이, 만큼, 보다' 구성을 대상으로 한다[41]. 위의 네

41) 최현배 (1937/1971: 628)에서는 '대로'를 비교격 조사로 보았으나 임동훈 (2006: 139)에서는 비교의 후치사에 넣지 않았다. 그러나 '대로'의 중세 어형 '다비'와 관련시킬 때 비교의 후치사로 보는 것이 옳아 보인다 (뒤에 나옴). 그리고 '큰 개 만한 범 …'에 나타나는 '만'을 보통 비교격으로 보고 있으나 처리가 단순치 않아 (고

후치사는 단순한 명사구에 붙는 것이 있는가 하면 생략된 보족절과 '것' 보족절 뒤에 놓이기도 한다.

(1) 가. **영이**는 종달새처럼 즐겁게 노래를 불렀다.
나. **날**이 낮같이 밝다.

위의 (1)은 직유법에 의한 동등 비교의 예인데 후치사 '처럼, 같이'는 모두 주격 보족어 명사구 '영이'와 '날'을 '종달새'와 '낮'에 직유의 방식으로 비교하고 있다. 단순 한정어의 범위를 넘어선다고 하기가 어렵다. 이때에는 '마치'와 같은 한정어가 붙어 의미를 분명히 할 수 있다.

그러나 다음 예는 조금 사정이 다르다.

(2) 가. 나도 너만큼 뛸 수 있다.
나. 너도 나처럼 뛸 수 있다.
다. 너는 나보다 잘 뛸 수 있다.

(2)는 주절에 나타나는 동사구 보족절이 생략된 것이다. 이런 예를 생성 문법가들은 구형 비교 구문 (phrasal comparative)이라 부른다.

(2) 가'. 나도 (너 … 뛰다>는) 만큼 뛸 수 있다.
나'. 너도 (나 … 뛰다>는) 처럼 뛸 수 있다.
다'. 너도 (나 … 뛰다>는) 보다 잘 뛸 수 있다.

다음 예는 '것' 보족절 뒤에 후치사 '만큼, 처럼, 보다'가 붙은 것이다.

(3) 가. 나도 (네가 뛴 것 만큼) 뛸 수 있다.
나. 나도 (네가 뛰는 것처럼) 뛸 수 있다.
다. 나도 (네가 뛰는 것보다) 더 뛸 수 있다.

위의 예는 영문법의 지식이 갖추어진 생성 문법가들에 의하여 주목된 우리말의 비교 구문의 예인데 이를 "절형 비교 구문" (clausal comparative)이라 부른다. '처럼' 명사구 앞에는 '마치'라는 한정어가, '만큼' 명사구 앞에는 '거의'와 같은 한정어가, '보다' 명사구 앞에는 '더'나 '덜'과 같은 한정어가 와서 비교의 의미를 분명히 할 수 있다 (김승곤 1987: 126, 김봉모 1990: 43). 그러는가 하면 최상급을 표시할 때에는 '가장'이나 '제일'과 한정어가 쓰일 수 있다.

(1나)의 '같이'는 중세어의 상태 동사 'ᄀᆞᆮᄒᆞ-'의 부사 파생형 내지 활용형에서 문법화한 것이다. (2나)의 '처럼'은 명사구에 격 어미 '-로'가 붙은 '體로'에서 문법화하였고 (뒤에 나옴), (3가)의 '만큼'은 중세어의 '맛감'이 문법화하여 형성된 후치사이다 (김민수 밖에 편 1997). (2다)의 '보다'는 동사의 활용형 '보다 (가)'가 굳어진 것으로 보고 있다. 당대어의 비교의 후치사는 위와 같이 실질

영근 1989/1999나: 511-512), 이곳에서는 보류하기로 한다. 저자는 이를 후치사로 처리할 수 있는 복안을 가지고 있다.

형태소에서 문법화를 거쳐 형성되었다는 알 수 있다. 물론 구형 비교 구문을 형성하는 후치사 앞에는 부정격 ∅가 설정된다 (§6.5.2, 297쪽).

당대의 우리말의 절형 비교 구문에는 다음과 같은 예도 포함할 수 있다 (박신순 1991: 31, 하길종 1999: 73, 76, 78).

(4) 가. 인호는 ($_{NP}$현명하기보다) 영리하다.
나. 인호의 키는 ($_{NP}$크다기보다) 작다.
다. 인호는 ($_{NP}$웃느니보다) 웃어라.

우리말의 차등 비교는 처격을 지배하는 불완전 동사 '비하여'에 의해서도 표시될 수 있다 (하길종 1999: 79).

(5) 인호는 나이<u>에 비하여</u> 젊다.

위의 검토 결과를 보면 당대의 우리말의 비교의 후치사는 구형 비교 후치사와 절형 비교 후치사가 있는 것을 확인할 수 있다. 다시 말하면 구형 비교 구문과 절형 비교 구문을 둘 수 있다.

8.6.8.2. 중세어의 비교 구문

중세어의 비교 구문도 당대어에 준하여 세울 수 있다. 중세어의 비교 구문의 성립에 논의될 수 있는 비교의 후치사에는 동등 비교의 'ᄀᆞ티, 다ᄫᅵ, 마'[42]와 차등 비교의 '라와, 그에, 두고' 등[43]이 있다.

먼저 동등 비교 구문부터 보기로 한다.

(6) 가. ① 恩惠ᄅᆞᆯ 니ᄌᆞ샤 親近히 아니ᄒᆞ샤 <u>路人ᄋᆞᆯ ᄀᆞ티</u> ᄒᆞ시니 (월인천강지곡기 141)
② 사ᄃᆞᆺ 마시 <u>ᄠᆞᆯ ᄀᆞ티</u> ᄃᆞᆯ오 (월인석보 1, 42)
나. ① 太子ㅅ <u>ᄠᅳᆮ 다ᄫᅵ</u> 호리이다 (월인석보 21 216)
② 닐온 <u>말다히</u> 修行ᄒᆞ라 (석보상절 19, 43)
다. 비록 사ᄅᆞᄆᆡ 무레 사니고도 <u>즁ᄉᆡᇰ마</u>도 몯호이다 (석보상절 6, 5)

(6가)①의 'ᄀᆞ티'는 대격을 지배하고 있고 ②는 부정격 ∅ 아래에 쓰였다. (6나)의 '다ᄫᅵ'와 '다히'는 대체로 당대어의 '대로'에 대응하는데 (앞에 나옴), 그렇게 보면 역시 비교의 후치사로 볼 수 있다. 위의 두 예는 후행하는 동사를 한정하는 데 그치기 때문에 당대어의 '같이, 처럼'과 같이 단순 한정어로 볼 수 있으므로 구형 비교 구문으로 처리할 수 있다. (6가)②와 같이 부정격 아래 붙는 후치사로 볼 수 있다. (6다)의 '마'는 당대어의 '만큼'의 소급형인데 역시 부정격 아래 쓰인 후치사이다.

---

42) 김정아 (1998: 182-200)에는 '만'을 동등 비교의 예로 들었으나 앞의 각주 (41)에서 언급한 당대어의 '만 (하다)'과 같이 아직 풀어지지 않는 면이 있어 보류하기로 한다.

43) 김정아 (1998)에는 어미 '-ᄃᆞᆺ' 내지 의존 명사 구성 '-ᄂᆞᆫ ᄃᆞᆺ' 등도 비교 구문에 넣고 있으나 이곳에서는 편의상 제외하기로 하였다.

다음은 차등 비교 구문이다.

(7) 가. 光明이 ᄒᆡᄃᆞᆯ두고 더으니 (월인석보 1, 26)
　나. 食欲엣 브리 이 블라와 더으니라 (월인석보 10, 14)
　다. 이 소리는 우리나랏 소리예서 열ᄫᅳ니 (훈민정음언해 15)

(7가)의 '두고' 접미 명사구 'ᄒᆡᄃᆞᆯ두고'는 당대어의 (2다)의 '보다' 구문에 대응되는 명사구이다. (7나)의 '라와' 접미 명사구 '블라와' 역시 당대어의 '보다' 구문에 대응하는 것인데 '두고'와 함께 지금은 모두 폐어가 되었다. (7다)의 '예서' 는 처격 '예'에 후치사 '셔'가 붙어 형성된 것이다. 중세어에는 처격 어미가 단독으로 혹은 후치사 '셔'와 함께 차등 비교에 쓰이는 일이 흔하였다. 이들 비교 명사구는 모두 구형 비교 구문이라고 할 수 있다. 중세에는 당대에 보편화되고 있는 절형 비교 구문은 아직 보고되지 않았다. 차등 비교 구문으로 '롯, 록, 론' 등의 '로' 계열을 들기도 하나 (홍윤표 1994: 593-596), 이곳에서는 생략하기로 한다.

중세어에는 절대적 차등 비교를 표시하는 표현이 더러 보인다 (김정아 1998: 251-255).

(8) 가. 여러 아ᄃᆞᆯ 中에 ᄆᆞᆺ ᄉᆞ랑티 아니ᄒᆞ더니 (석보상절 24, 11)
　나. 龍이 부텨 보ᅀᆞᆸ고 ᄀᆞ장 깃그며 (월인석보 7, 32)

(8가)의 'ᄆᆞᆺ'은 당대어의 '가장'에 해당하는 부사이며 (8나)는 당대어의 '가장'과 같다. 이런 문제는 문법론의 소관이라기보다는 어휘론의 소관이다.

8.6.8.3. 비교 구문의 역사적 변화와 지역적 변이

이곳에서는 앞에서 든 당대어와 중세어의 비교 구문을 바탕으로 하여 비교 구문의 변화와 방언의 비교 구문을 검토하기로 한다.

먼저 동등 비교의 후치사 구문의 변화 양상부터 보기로 한다. 중세어의 '마' 계열의 동등 비교의 후치사는 근대어의 '만콤'을 거쳐 당대의 '만큼'에 이르렀고 '만큼'의 변이형으로 보이는 '마치'는 부사였는데 17세기 후반부터 '만치'라는 형태로 동등의 후치사로 변질되었다. 앞에서 언급한 바와 같이, 당대어의 '처럼'은 '톄 (體로)'에서 문법화 과정을 거쳐 형성된 후치사인데 '쳐로, 처로'를 거쳐 19세기 말경에 당대의 '쳐럼/처럼'으로 바뀌었다.

다음은 차등 비교의 후치사 구문의 변화 양상을 보기로 한다. 중세어의 처격과 후치사 '셔'의 합성형인 '-애 (애, 예)셔'는 18세기를 거쳐 19세기에까지 잔존하여 있었다. '두고'와 '두곤'은 18세기까지 사용된 예를 볼 수 있다. 그러는가 하면 새로운 후치사 '보다'가 18세기부터 얼굴을 내밀기 시작하였다. 18세기는 '라와' 구문과 '보다' 구문이 경쟁하는 시기였는데 19세기부터 '보다' 구문이 기선 (機先)을 잡아 당대에 이르고 있다.

비교 구문의 역사적 변화에 이어 지역적 변이 양상을 보기로 한다. 우리말의 방언 연구는 음운론과 형태론에 치우쳐 있었고 통사론에 대하여는 생심조차 내지 않았었는데 최근 들어 이기갑

(2003: 88-101)에서 공격 구문을 포함하여 전국 방언의 비교격 후치사가 정리됨에 따라 방언 비교 구문 연구의 새 장을 마련할 수 있게 되었다. 공통어의 공격 어미와 함께 '보다, 처럼, 만큼'에 해당하는 방언의 비교의 후치사가 정리되어 앞으로 방언 비교 구문을 서술할 수 있는 토대가 마련되었다. 그 중에서 동남 방언에 나타나는 차등 비교의 '카마'가 눈에 띈다. 이혁화 (2015)에서는 차등 비교 후치사 '카마'의 예를 다각도로 수집하여 공통어와의 비교를 시도하였다. 후치사 '카마'는 동남 방언 특유의 동사 '(-고) ᄒᆞ->*ㅋ->', '카-'에 조건의 기능을 수행하는 '-(으)마'가 결합된 활용형에 기원을 둔 것으로 상정하였다. 후치사 '카마'는 전국적으로 분포되어 있는 후치사 '보다'와 기능적으로 공통되는 점도 있고 다른 점도 있다는 것이다.

먼저 공통어의 후치사 '보다'와의 공통점을 찾아 보기로 한다. 다음은 '보다' 구문과 같이 구형 구문과 절형 구문의 예이다.

(9) 가. 대국 베실로 <u>조선 베실카마</u> 가당찮이 더 많이 했다 카데. (경북 경주)
  나. 보통 이거 <u>농군들 농사짓는 거카마</u> 소출이 더 난다 카는 기라. (경남 밀양)

(9가)는 공통어의 (1), (2)와 같이 구형 비교 구문이고 (9나)는 공통어의 절형 비교 구문이다. 앞의 것은 '조선 벼슬보다'의 뜻이니 구형이고 뒤의 것은 '농군들 농사 짓는 것보다'의 뜻이니 절형이다.

다음으로 공통어와의 기능적 차이점을 보기로 한다.

(10) 가. <u>생각보다</u> 시험 문제가 더 에렵다.
  나. ??<u>생각카마</u> 시험 문제가 더 에렵다.
(이혁화 2015: 72)

(9)에서 본 바와 같이, 동남 방언의 '카마'는 공통어의 '보다'에 대응하는데 (10)의 경우는 (가)의 '보다' 자리에 '카마'를 대치하면 자연스럽지 못하다. 이런 예를 통하여 동남 방언의 '카마' 구문은 그 나름대로 특수성을 지니고 있음을 알 수 있다.

후치사 '카마'에 의한 구성은 후치사 '보다'가 수행하는 비교의 기능을 수행할 수 있다. 그러나 비교 대상과 비교 기준의 층위가 다르거나 간접 인용 구성과 관련되는 경우에는 후치사 '보다'만 사용될 뿐이고 '카마'는 제약을 받는다는 사실을 알 수 있다. 설사 공통어와 형태가 같다고 하더라도 지역에 따라 개인에 따라 기능적인 차이가 생기기 마련이니 이런 점에 유의하여 방언 통사론을 전개하면 공통어 중심의 비교 구문 연구에서 지나칠 수 있는 뜻밖의 소득을 얻을 수 있다고 믿는다.

8.6.8.4. 비교 구문의 유형론

지금까지의 비교 구문의 유형론은 주로 영어 비교 구문과의 비교를 주축으로 삼아 왔다. 박소영 (2009나)를 통하여 알 수 있는 것처럼 우리말의 비교 구문에서 구형 비교 구문과 절형 비교 구문을 발견한 것도 영어의 구형 비교 구문과 절형 비교 구문에 대한 인식이 크게 작용하였다. 한상룡 (2001)에서는 우리말과 일본어의 동등 비교 구문에 사용되는 '만큼'과 'hodo' (ほど), 'gurai' (ぐらい)를 비교하여 두 언어의 비교 형태가 동작 동사 및 상태 동사와 맺는 관계를 밝히고 있다. 현재까지는

영어와 일본어 정도에 머물고 있지마는 영어 밖의 다른 인도 · 유럽어와도 비교가 가능하며 만주 · 퉁구스와 몽골, 터키 등의 알타이어의 비교 구문과도 얼마든지 비교가 가능할 것이다. 이러한 과정을 차근차근 밟아 나가면 우리말의 비교 구문의 특성이 한층 더 밝게 드러나리라 믿는다.

8.6.9. 공격 구문

이곳에서는 앞의 격 체계에서 의미격의 한 범주로 설정한 공격 (§6.3.4, 277쪽)에 의하여 수행되는 구문을 동류, 동반, 대칭, 상호, 경쟁으로 나누어 각 구문의 특수성을 드러내어 보기로 한다. 동류 구문은 그 사이 비교격을 다루는 자리에서 통합적으로 거론되었고 저자도 격 어미의 형태통사론을 다루는 자리 (§7.6.3.3, 565쪽)에서 언급되었지만 나머지는 그렇게 연구된 것이 많지 않다. 단 홍재성 (1987)에서 공격 관련의 구문을 집중적으로 다룬 것이 있어 이를 주로 이용하기로 한다.

8.6.9.1. 동류 구문

동류 구문이라 함은 이희승 (1949: 49)에서 동류격으로 처리된 구문인데 앞의 격 어미의 형태통사론을 다루는 자리 (565쪽)에서 이미 언급한 일이 있다. 서술의 균형을 취한다는 의미에서 앞에서 논한 내용의 요지를 반복하기로 한다.

(1) 가. ① 철수**와** 영이가 놀고 있다.
② A**와** B는 같다/다르다.
나. ① 철수가 영이**와** 놀고 있다.
② A는 B**와** 같다/다르다.

전통적으로 (1가)와 (1나)는 달리 처리되어 왔다. (1가)는 두 명사구 '철수'와 '영이'가 접속격 '와'에 의하여 같은 자격으로 이어져 있다는 점에서 "접속 조사"로 처리되었고 (1나)①은 여동격, ②는 동등 비교격으로 처리되어 왔었다. 그러나 생성 문법의 표준 이론이 수용됨에 따라 (1)의 두 예를 "접속"의 기제로 설명하여 왔으며 이는 80년대 중반 이후의 학교 문법에도 응용되어 있다. 그러나 (1가)와 (1나)를 같은 구성으로 보기에는 인식적 의미가 허용되지 않는 예가 많아 표준 이론에 근거한 생성 문법적 발상에 대하여 회의의 시선으로 보는 흐름이 눈에 띄고 있다. 특히 앞의 것은 첫째 명사구와 둘째 명사구가 개별적인 데 대하여 뒤의 것은 상호적이라는 해석과 관련시실 때 (이필영 1989, 이선웅 2002, 박호관 2002), 전통적인 접속과 동반의 기능이 사실을 올바로 파악한 것으로 보인다.

다음 두 예를 비교하여 보기로 한다.

(2) 가. 철수와 영희가 싸웠다.

나. 철수와 영이가 같다/다르다.
다. 철수와 영이가 키가 크다.

위의 (2)는 다음과 같이 뒤섞기를 할 수 있다.

(2') 가. 철수가 영이와 싸웠다.
나. 철수가 영이와 같다/다르다.
다. *철수가 영이와 (키가) 크다.

(2다)가 성립되지 않는다는 한 가지 사실만 보더라도 접속격 구문과 동류격 구문을 동일시할 수 없다는 것을 알 수 있다.

동류 구문은 (1나)②의 비교 밖에 다음과 같은 비유의 경우에도 사용된다 (안주호 2007).

(3) 그 아이의 두 눈은 반짝반짝 빛나는 것이 샛별과 같았다.

중세어의 동류 구문은 당대와 다른 점이 많다 (홍윤표 1976/1994: 561-603, 김정아 1998: 95, 130-134).

먼저 동등 동류 구문부터 보기로 한다

(4) 가. 出家ᄒᆞᆫ 사ᄅᆞᄆᆞᆫ 쇼히 ᄀᆞᆮ디 아니ᄒᆞ니 (석보상절 6, 22)
나. 이 解ᄅᆞᆯ 짓ᄂᆞ닌 곧 無情과 ᄀᆞᆮᄒᆞ샤 (육조법보단경언해 중, 4)
다. 이리 古德에 ᄀᆞᆮ호ᄃᆡ (<ᄀᆞᆮᄒᆞ오ᄃᆡ) (원각경언해서, 74)

중세어의 동등 동류 구문은 당대어와는 달리 상태 동사 'ᄀᆞᆮ-'이 지배하는 격 어미가 다양하다. (4가)는 주격 표지 '-이'를, (4나)는 공격 표지 '-과'를, (4다)는 처격 표지 '-에'를 각각 지배한다.

다음 예는 'ᄀᆞᆮ-'의 반의어인 차등 동류 구문의 예이다.

(5) 가. 心과 形괘 用이 달오ᄃᆡ (<다ᄅᆞ오ᄃᆡ) (능엄경언해 10, 81)
나. 이 ᄆᆞ리 西天ㅅ 믈와 다ᄅᆞ디 아니ᄒᆞ니 (육조법보단경언해 상, 19)
다. 나랏말ᄊᆞ미 中國에 달아 (<다ᄅᆞ아) (훈민정음언해 1)

(5가)는 (4가)와 같이 상태 동사 '다ᄅᆞ-'가 주격을 지배하는 것이고 (5나)는 (4나)와 같이 '다ᄅᆞ-'가 공격을 지배하는 것이며 (5다)는 (4다)와 같이 처격을 지배하는 것이다. 차등 구문의 상태 동사 '다ᄅᆞ-'는 대체로 동등 구문의 동사 'ᄀᆞᆮ-'과 병행하지마는 동등 구문만큼 사용 예가 다양하지 못하다. 중세어의 동류 구문은 동사의 격 지배가 위의 주격, 공격, 처격뿐만 아니라 조격과 부정격에 미치고 있다. 그러나 동류 구문을 형성한다는 기능적 측면은 차이가 없는 것으로 보인다.

앞 (§7.4.2.1)에서 저자는 당대어의 기본 서법이 양태성을 논하면서 수식적 동명사형과 의존 명사 '것'과의 통합형 '-(으)ㄴ 것 같-(다)'에서 양태성이 포착된다는 사실을 지적한 바 있었다 (§7.4.2.1.A.

기본 서법(25-1), 478쪽). 중세어의 'ᄀᆞᆮ (다)' 구문에서는 비교나 이에서 번져 나간 비유의 의미만 포착되었는데 근대에 들어오면서 '-(으) ㄴ가 시브 (다)'와 같은 구성에 의하여 추측의 양태성이 표현되었으며 근대 후기의『텬로력정』(1895)에 와서야 '-(으) ㄴ 것 같 (다)'에 의한 양태성의 표현이 보인다고 보고되어 있다 (안주호 2007: 461-462). 그러나 이 문제는 그리 선불리 단정하기가 어렵지 않은가 한다. 폭 넓은 자료 조사가 뒷받침되면 그 연대를 올려 잡을 가능성이 많다.

8.6.9.2. 동반 구문과 대칭 구문

동반 구문은 (1나)①에서 든 다음 예문을 대상으로 한다. 이를 다시 가져 오기로 한다.

(6) 철수가 <u>영이와</u> (같이) **놀고 있**다.

(6)에는 동반의 의미역이 결부되어 있기 때문에 "동반 구문"이라고 한다. 이런 경우는 동반의 의미를 표시하는 부사 '같이'가 사용될 수 있다. 그러나 같은 공격이 실현되어 있어도 다음 구문은 성격이 다르다.

(7) 철수는 <u>영이와</u> **자리를 (서로) 바꾸었다**.

(7)에는 교체의 의미역이 결부되어 있기 때문에 "대칭 구문"이라고 하며 교체를 뜻하는 부사 '서로'가 쓰일 수 있다.

두 유형의 구문에서 공격 명사구는 모두 분열문의 초점 자리에 놓일 수 있다.

(6') 철수와 놀고 있는 것은 **영희**였다. (동반 구문)
(7') 철수와 자리를 바꾼 것은 **영희**였다. (대칭구문)

홍재성 (1987: 101-102)에서는 위의 초점 부분의 계사 앞에 '영희와였다'와 같이 공격 '와'를 두고 있으나 이는 우리말 사용자의 직관에 맞지 않다고 보아 위와 같이 계사만 오는 것으로 보았다.

동반 구문과 대칭 구문은 공격이 삭제될 수 없다.

(8) *철수는 <u>영희</u> 놀고 있다.
(9) *철수는 <u>영이</u> 자리를 바꾸었다.

이런 예를 통하여 격 어미의 미실현, 곧 생략의 한계를 짐작할 수 있다.

동반 구문과 대칭 구문은 다른 점도 있다. 앞에서 본 바와 같이, 동반의 부사 '함께'와 교호의 부사 '서로'는 바꿀 수 없다.

(10) *철수는 영희와 서로 놀고 있다.
(11) *철수는 영이와 자리를 같이 바꾸었다.

8.6.9.3. 상호 구문과 대칭 구문

대칭 구문의 기능을 올바로 이해하려면 상호 구문과의 관계를 올바로 파악하여야 한다. 다음은 상호 구문이다.

(12) 철수는 영희와 (서로/*함께) (믿었다).

이런 경우는 부사 '서로'를 생략할 수 없다. 필수적 한정어이다.

8.6.9.4. 경쟁 구문과 대칭 구문

대칭 구문과 성격이 비슷한 것으로 "경쟁 구문"을 들 수 있다.

(13) 철수는 영희와 함께 **서로** 서울에 가려고 한다.

위의 (13)이 경쟁 구문인데 부사 '서로'가 필수적으로 실현되어야 한다. 이런 점에서는 대칭 구문과 비슷하다고 할 수 있으나 동사에 의도의 부동사 어미 '-(으)려고'가 따라야 한다는 점은 대칭 구문과 다르다.

8.6.10. 의존 구문, 연속 동사 구문, 경동사 구문

저자는 앞 (§5.2)에서 의존 명사와 의존 동사가 결합가 상으로 볼 때 다 같이 빈 자리를 요구한다는 점에서 같은 부류로 묶일 수 있다는 가능성을 비친 바 있는데 이곳에서는 의존 명사와 의존 동사를 포함한 의존 구문의 특수성을 논의하고 이와 함께 연속 동사 구문과 경동사 구문도 다루어 보고자 한다.

8.6.10.1. 의존 구문

의존 구문에는 의존 명사 구문과 의존 동사 구문이 있다[44]. 의존 명사 구문은 그 사이 형태론에서 많이 다루어져 왔고 통사론적인 차원에서는 관심이 적었는데 이곳에서는 고영근 (1970/1999나: 63-125)에서 다루어진 내용을 거두어들이는 관점에서 그 통사론적 면모를 드러내 보고자 한다. 의존 동사 구문도 대부분 동작상에 관련되는 의미론적 측면에 대한 연구가 중심을 이루어 왔으나 통사론적 접근도 없지 않아 이들을 수렴하는 관점에서 구문상의 특수성을 논의하여 보고자 한다.

---

44) 김영희 (1998: 420-421)에서는 의존 명사 구문과 의존 동사 구문이 보족질 포유문 구조로 성립되어 있다는 점을 중시하여 양자의 공통성을 인정하면서도 두 구문을 포괄할 수 있는 상위 범주는 세우지 않았는데 저자는 양자를 "의존 구문" 속에 넣었다는 차이점이 있다.

A. 의존 명사 구문

의존 명사 구문은 수식적 동명사형이나 격 어미 내지 첨사와의 통합 관계에 따라 보편성, 현재성, 미래성 의존 명사로 분류되기도 하고 보편성, 주어성, 서술성, 부사성 의존 명사로 분류되기도 한다 (고영근 1970/1999나: 87-104, §6.3.1.1, 199-200쪽). 통사론 서술에서 직접 관련을 맺는 것은 의존 명사와 수식적 동명사형의 통합이고 격 어미 중에서는 대격과 조격, 처격과의 통합이다. 위의 의존 명사 구문에는 최근 논의되고 있는, 앞 (§6.3.1.1, 202쪽)에서 도입한 기능 명사 (이영제 2013, 2016)도 포함된다.

먼저 수식적 동명사형과의 통합 문제를 논의하기로 한다.

(1) 가. (저기 서 계시)는 분이 철수의 아버님이시다.
나. (내 하)는 대로 따라 해라.
다. (여기 오)ㄴ 지가 벌써 두 달이다.
라. (그저 앉아만 있)을 따름이었다.
마. ① [(머리가 아픈 <아프)] ㄴ 때문에 일찍 가야겠다.
② [(머리가 아프)]기 때문에 일찍 가야겠다.

(1)은 수식적 동명사형 어미 '-는, -ㄴ, -을'이 의존 명사 앞에 놓여 있다. 위에서 (1가)만 관계절이고 나머지는 보족절이다. 앞의 것은 피수식어 '분'이 '사람'을 대신하는 의존 명사이나 뒤의 것은 그런 관계가 성립되지 않기 때문에 보족절로 보지 않을 수 없다 (§8.1, 605쪽). (1다)도 '지'를 시간의 길이로 본다면 관계절로 볼 수 있다. (1마)의 두 형태 ①의 '-(으)ㄴ'과 ②의 '-기'는 전통 문법에서는 관형사형 어미, 명사형 어미 등으로 구분하였으나 생성 문법에서는 다 같은 보문자로 본다.

의존 명사가 대격, 조격, 처격과 결합하는 예를 보기로 한다.

다음 예는 대격과 조격을 취하는 예이다.

(2) 가. (철수가 학교에 간) 줄을 알고 있다.
나. (철수가 학교에 간) 줄로 알고 있다.

(2가)는 의존 명사 '줄'이 대격을, (나)는 조격을 취하였다. 이미 앞 (§7.6.2.2, §7.6.3.2)에서 언급한 바와 같이, 대격을 취하면 화자의 생각이 "옳음"을, 조격을 취하면 화자의 생각이 "그름"을 표시한다. 이밖에도 의존 명사 가운데는 '아는 **체**를 한다. 먹는 **둥** 마는 **둥**을 했지요.'와 같이 대격이 붙을 수도 있으나 이때의 '를'은 격과는 거리가 멀다 (뒤에 나옴).

다음 예는 의존 명사가 처격과 결합하는 예이다.

(3) 가. (X 잔소리하)는 바람에 아무것도 하지 못했다.
나. (X 떠드)는 통에 아무 일도 못했다.
다. (X 기다리)던 차에 아무 일도 못했다.

위의 의존 명사 '바람, 통, 차'는 특정한 수식적 동명사형과 처격이 결합되어 하나의 부동사와 같은 역할을 하고 있다. 일찍부터 알려져 있지마는 (람스테트 1939: 123), 의존 명사는 종속절을 이끌어 주절에 결합시키는 기능을 띠고 있다. 특히 부사성 의존 명사에 그런 기능이 두드러져 보인다. 이런 구문은 접속문 (뒤에 나옴)에서 종합적으로 다루기로 한다.

의존 명사 가운데는 화자의 양태적 태도를 표시하는 데 쓰이는 일이 더러 보인다. '수, 듯, 체 양, 뻔' 등이 그러하다. 특정한 통합 관계에 놓이면 "능력, 추측, 가식" 등의 의미를 줄 수 있다.

다음은 자립 명사이기는 하여도 앞의 의존 명사와 같이 그 통합 관계가 제약되어 있어 의존 명사와 같은 기능을 띠는 일이 많다.

(4) 가. (그가 범인이라)는 사실은 명백하다.
　나. ① (서울로 떠나)기 전에 한번 들르겠다.
　　　비교: 그 전에 한번 들르겠다.
　　② (서울로 떠나)ㄴ 후 (뒤)에는 소식을 모른다.
　　　비교: 그 후 (뒤)에는 소식을 모른다.

(4가)의 '사실'은 그 앞에 긴 동명사절을 요구하고 (나)의 '전'과 '후'는 자립 명사이기는 하여도 그 앞에 반드시 보족절 요구한다.

B. 의존 동사 구문

앞 (§6.2.1, 103쪽)에서 저자는 의존 동사를 확인하는 기준을 명시하고 이를 보통 의존 동사와 특수 의존 동사로 나눈 바 있다. 전자는 의존 동사의 실현이 통사 구조에 영향을 미치지 않는 것이고 후자는 통사 구조에 영향을 미치는 것이다. 앞에서 들었던 예를 가져와서 양자의 차이를 다시 한번 확인하여 보기로 한다.

(5) 가. 민족 경제가 발전하고 있다.　비교: 민족 경제가 발전한다 (<발전하ㄴ다).
　나. 나는 죽이 먹고 싶다.　비교: 나는 죽을 먹는다.

(5가)는 직설법 현재형 '발전한-'을 직설법 현재 진행형으로 바꾼 것인데 통사 구조는 그대로 있고 동작상만 달라졌다. (5나)는 직설법 현재형 '먹는-'을 의존 상태 동사 '-고 싶-'으로 바꾼 것인데 이와 함께 대격 보족어 '죽 (을)'이 주격 보족어 '죽 (이)'로 격의 교체가 일어났다.

의존 동사 구문은 대부분 위의 (5가)와 같이 동작상을 바꾼다든지 (5나)와 같이 통사 구조의 변환과 함께 모종의 양태성을 부과하는 역할을 하고 있다.

먼저 앞의 (5가)와 같이 동작상을 부과하는 보통 의존 동사의 예를 들어 보기로 한다 (고영근 2004/2007: 302-314). 작업의 편의상 정동사의 평술형에 국한한다.

(6) 가. 아기가 지금 방석에 앉아 있다.　비교: ~ 앉는다.
　나. 아기가 지금 방석에 앉고 있다.　비교: ~ 앉는다.

다. 아기가 방석에 앉게 된다.　비교: ~ 앉는다.

(6)은 오른쪽의 현재형을 기준으로 할 때, (가)는 현재 완료상, (나)는 현재 진행상, (다)는 현재 예정상이다. 이들은 모두 '앉는다'라는 현재형을 완료상, 진행상, 예정상으로 바꾼 것이다.

다음 예는 동작상에 양태성이 결부되는 예이다.

(7) 가. 헌옷은 (훨훨) 벗어 버려라 (<버리어라).　비교: ~ 벗어라.
나. 빨래가 (다) 말라 간다.　비교: ~ 마른다.

(7)은 완료상을 표시함과 함께 양태성이 결부되어 있는 예이다. (가)는 "제거성 완료"를, (나)는 "접근성 완료"를 표시한다. 현재형과의 차이점은 동사의 양태성에 걸맞게 '훨훨, 다'와 같은 부사가 사용될 수 있다.

다음 예는, 앞 (§6.2.1, 103쪽)에서 이미 거론한 바와 같이, 양태성의 결부와 함께 통사 구조를 변환시키는 특수 의존 동사이다.

(8) 가. 금강산에 가고 싶다.　비교: 금강산에 간다.
나. 저 건물이 동대문인가 보다.　비교: 저 집이 동대문이다.
다. 학교에 갔는가 싶다.　비교: 학교에 갔다.

(9가)는 주격 보족어 명사구가 화자일 때 사용된다. 비교에 보인 예는 인칭의 제약을 받지 않는다. (나, 다)는 이른바 SEA (sentence ending + auxiliary) 구문 (엄정호 1990/2005: 17)인데 의문 정동사 어미 뒤에 의존 상태 동사가 붙은 것이다. (가)는 오른쪽의 '~ 간다'와 비교하면 1가 동사에서 심리 동사인 2가 동사로 바뀌었다. (나)는 2가 동사인 계사가 같은 2가 동사인 심리 동사로 바뀌었다. (다)는 (가)와 같이 1가 동사에서 2가 동사인 심리 동사로 바뀌었다.

8.6.10.2. 연속 동사 구문

A. 연속 동사 구문의 성립

통사부의 다른 주제들과 같이 연속 동사 (serial verb)가 우리말 문법의 연구 대상으로 부각된 것은 생성 문법과 언어 유형론의 수용이 계기가 작용하였다. 우리말의 연속 동사에 대하여는 지난 세기 90년대에 이숙희 (1992), 정태구 (1993), 남미혜 (1996), 강현화 (1998) 등의 업적이 나와 관심을 증대시켰고 새 천년에 들어와서는 딕슨 · 아이켄발트 (2006) 등의 언어 유형론에 근거를 둔 이선웅 (2011)과 최소 주의 이론을 바닥에 깐 박소영 (2014다) 등의 업적이 얼굴을 내밂으로써 그 실체가 더 뚜렷이 드러나고 있다. 이곳에서는 이상의 업적을 등에 업고 우리말의 연속 동사 구문을 조감해 보고자 보고자 한다.

우리말에 연속 동사 구문을 둘 수 있는가에 대하여는 여러 견해가 속출하고 있으나 저자는 단어 형성론에서 든 합성 동사 (§6.7.5.3, 349쪽)와 바로 앞 (§8.6.10.1.B)에서 세운 의존 동사는 물론, 뒤에서 다룰 접속문과 구별되는 연속 동사 구문을 세울 수 있다고 보고 다음과 같은 확립 기준을 제시하는 바이다.

다음은 후치사 '서'[45]의 분리 여부가 합성어와 접속 구조를 구별하는 한 기준이 된다.

(9) 가. 철수는 공금을 <u>떼어먹었다</u>.
나. 철수는 빵을 <u>떼어</u> <u>먹었다</u>.

(9가)의 '떼어먹었다'는 (공금)을 착복하였다는 뜻인데 이런 경우는 중간에 후치사 '서'를 끼워 넣을 수 없다. 그러나 (9나)는 빵이 너무 커서 부분적으로 떼어서 먹었다는 뜻이니 중간에 후치사 '서'를 끼워 넣을 수 있다.

(9) 가'. 철수는 공금을 *<u>떼어서</u> <u>먹었다</u>.
나'. 철수는 빵을 <u>떼어서</u> <u>먹었다</u>.

위의 (9'가)는 '서'가 삽입될 수 없으니 합성 동사이고 (나)는 후치사 '서'가 삽입될 수 있으니 접속 구성이다.

후치사 '서'가 붙을 수 없다고 하여 모두 합성 동사가 되는 것은 아니다, 의존 동사 구성에서는 후치사 '서'를 삽입할 수 없다.

(10) 가. 책을 책상 위에 <u>얹</u>어 두었다.
나. 책을 책상 위에 <u>얹</u>었다.

위의 (10가)의 어간 '얹-'을 (10나)의 어간 '얹-'과 비교하면 다 같이 책을 책상 위에 얹는다는 동작 자체에는 변함이 없다. 차이점이 있다면 의존 동사 '두-'가 사용된 것인데 그 의미는 보유성 완료상 (고영근 2004/2007: 320)이라는 동작의 양상만 달라진다. 그러나 다음과 같이 가운데 후치사 '서'를 삽입하면 (10가)로 쓰일 때와는 뜻이 달라져 버린다.

(10) 가'. 책을 책상 위에 얹어서 두었다.

곧 책을 '책상 위에 얹어 가지고 바로 놓았다'라는 뜻을 지니게 되니 (9가)와는 성격이 다르다는 것을 확인할 수 있다.

동사 연속 구성 가운데는 후치사 '서'를 삽입할 수 없는 것이 많이 발견된다. 우선 대표적으로 '주다' 동사를 예로 들어 보기로 한다.

(11) 철수는 동생에게 동화책을 읽어 주었다.

위의 예에서 2가 동사인 '읽-'은 대격 보족어 명사구 '동화책 (을)'을 선택하고 3가 동사인 '주다'는

---

45) 저자는 고영근 (1975/1999나: 419-420)에서 부동사 '-어, -고'에 붙는 '서'와 '다가'를 분석하지 않았고 고영근 (2012나)에서는 이 문제를 다루지 않았는데 앞 (§6.5.2, 296쪽)에서 이를 모두 후치사로 다루었음을 밝혀 둔다.

'동화책 (을)'은 물론, 여격 보족어 명사구 '동생 (에게)'을 동시에 성분 지휘한다. 이를 그림으로 표시하면 다음과 같다.

(11') 철수는 동생에게 동화책을 읽어 주었다.

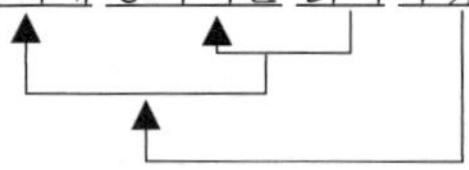

그러니까 2가 동사와 3가 동사가 연속되어 있을 때에는 2가 동사는 먼저 대격 보족어에 걸리고 3가 동사인 '주다'는 대격 보족어와 여격 보족어에 걸리는 것이다.

위와 같은 경우는 후치사 '서'가 끼어들 수 없다.

(11'') *철수는 동생에게 동화책을 읽어서 주었다.

만약 위와 같은 구성이 가능하다고 가정한다면 이는 철수가 책을 읽은 다음에 그것을 동생이 읽으라고 주었다는 뜻을 갖게 되니 본래의 의미가 완전히 사라져 버린다. 물론 이런 경우의 '주다'는 의존 동사로서의 '주다'와는 구성을 달리한다.

(12) 철수는 동생을 도와 주었다. 비교: 철수는 동생을 도왔다.

위의 예에서는 오른쪽과 같이 의존 동사 '주-'를 제거해도 "봉사"라는 양태적인 의미가 제거된다는 점밖에는 기본적인 의미는 차이가 없다.

당대의 우리말에는 후치사 '서'와 같이 타동사에 붙어 접속 구문을 만드는 또 하나의 절차가 있다.

(13) 술을 데워다가 드리겠어요.

위의 '데워다가'는 타동사의 어미 '-어' 아래 붙어 동작을 그대로 가지고 옮기는 뜻을 지니고 있는데 (고영근 1975/1999나: 419), 앞의 '-어서'로 대치할 수 있다. 이 경우의 '다가'도 앞의 '서'와 같이 후치사로 처리할 수 있다.

이상의 사실을 감안할 때, 후치사 '서'가 삽입될 수 없는 '-어'에 의한 부동사형의 구성이 연속 동사 구문이 될 수 있는 충분한 조건을 갖추었음을 알 수 있다[46].

B. 연속 동사 구문의 유형

우리말의 연속 구문 유형은 앞에서 든 '-어' 계열과 '-고' 계열을 들 수 있다 (남미혜 1996: 88-105).

먼저 '-어' 계열부터 보기로 한다. 여기에는 동심 구조, 내심 구조, 외심 구조가 있다. 다음은 동

46) 톨러맨 (2005: 88)에는 연속 동사의 조건으로 다음 넷을 들고 있다.

1. 연속 동사는 단일 서술어에 속한다.
2. 연속 동사는 같은 주어를 취한다.
3. 전체 연속 동사 구성에서 부정소 표지는 한 군데만 표시된다.
4. 연속 동사는 시제, 동작상 또는 서법과 같은 문법 범주는 독립적으로 표시될 수 없다.

심 구조의 예이다. 동심 구조란 두 동사의 결합가가 같은 동사의 구조를 가리킨다.

(14) 가. ① 낡아 끊어지다, 얼어 죽다, 녹아 내리다 …
② 다투어 달아나다, 뛰어 도망가다 …
나. 거두어 들이다. 거슬러 올라가다, 씹어 먹다 …
다. 그려 넣다, 새겨 넣다. 쏟아 붓다 …

(14가)는 1가 동사가 결합된 예이다. ①은 이른바 비대격 동사에 의한 것이고 ②는 이른바 비능격 동사에 의한 구성이다. (14나)는 2가 동사에 의한 연속 구성이고 (14다)는 3가 동사의 연속 구성이다.

다음은 내심 구조의 예이다. 내심 구조란 두 동사의 결합가가 달라서 앞의 동사에 의해 실현되는 구조를 말한다. 따라서 내심 구조에는 뒤의 동사에 성분 지휘될 수 없는 문장 성분이 나타나게 된다.

(15) 가. 맞아 죽다, 안겨 자다 …
나. 말아 먹다, 찍어 먹다 …

(15가)에서는 앞의 동사는 2가, 뒤의 동사는 1가이다. (15나)에서는 앞의 동사가 3가, 뒤의 동사가 2가이다.

다음은 외심 구조의 예이다. 외심 구조란 두 동사의 결합가가 다른 것 중에서 뒤의 동사에 의해 실현되는 구조를 말한다. 따라서 내심 구조와 달리 외심 구조에서는 앞의 동사에 성분 지휘될 수 없는 문장 성분이 나타나게 된다.

(16) 가. 토끼가 산으로 <u>놀라</u> <u>달아났다</u>.
나. 영이가 철수의 이름을 <u>소리쳐</u> <u>불렀다</u>.

(16가)는 주격 보족어 명사구 '토끼 (가)'가 연속 동사의 앞 동사에 공유된 성분이고 조격 보족어 명사구 '산 (으로)'는 뒤의 명사구 '달아났다'의 향진 보족어 명사구이다. (16나)에서 연속 동사의 앞 부분 '소리쳐'는 주격 보족어 '영이 (가)'을 성분 지휘하고 '불렀다'는 대격 보족어 명사구 '이름 (을)'을 성분 지휘한다[47].

두 번째로 '-고'에 의한 연속 동사구를 보기로 한다. 이곳에서도 동심 구조, 내심 구조, 외심 구조로 나누어 살펴보기로 한다.

(17) 가. 마르고 닳다 (도록), 모이고 흩어지다, 피고 지다 …
나. 모르고 자라다, 타고 다니다 …

47) (14), (15)에서 든 예들을 남미혜 (1996)을 따라 연속 동사로 처리하기는 하였으나 의아스런 점이 많다. 후치사 '서'가 쓰일 수 있기 때문이다. 그렇지 않은 예를 확보할 필요가 있다.

(17가)는 1가 동사끼리 연속 동사구를 형성하고 있으니 동심 구조를 형성하고 있다. (17나)는 두 동사의 결합가가 다른 내심 구조를 형성하고 있다. '모르고 자라다'는 2가와 1가의 결합이고 '타고 다니다'도 마찬가지다. 이밖에 외심 구조를 들기도 하나 (남미혜 1996: 103), 예가 적격하지 않아 생략하기로 한다.

C. 중세어의 연속 동사 구문

중세어에 과연 당대에 보는 바와 같은 연속 동사 구문이 있었는가는 아직 속단할 수 없다. 그러나 다음과 같은 예가 나오는 것을 보아서 어느 정도 그 가능성을 예측할 수 있다.

(18) 가. 座ᄅᆞᆯ ᄂᆞᆫ호아 ᄂᆞᆷ 勸ᄒᆞ며 (월인석보 17, 510)
　　나. 舍利弗이 虛空애 올아 거르며 … 누ᄫᅳ며 ᄒᆞ고 (석보상절 6, 33)
　　다. 아ᄃᆞᄅᆞᆯ 소겨 닐아 (월인석보 23, 64장, 월인천강지곡기 505)

(18가)는 '나누어서 남에게 권하며'의 뜻이니 두 개의 절을 이어 주는 부동사형임이 틀림없다. (18나)는 당대 같으면 '(허공에) 올라서 걸으며'로 해석되니 역시 접속문으로 볼 수 있다. 그러나 이런 유형이 많이 발견되면 연속 동사 구성으로 볼 가능성도 없지 않다. (18다)도 '속여서 일러'로 해석하면 접속문으로 볼 수 있으나 중세어의 부동사 어미 '-어셔'에 대한 연구가 진척되면 사정이 달라질 수 있다. 중세어에는 당대와 같이 부동사 어미 '-고'에 의하여 문장을 이어 주는 장치는 덜 발달되어 있다. 앞으로는 당대어에서 본 연속 동사 구문이 어떠한 과정을 밟아 형성되었는가 하는 문제를 풀어야 할 것이다. 그렇게 되면 당대어는 물론, 중세어의 연속 동사 구문의 실체가 더 분명해질 것이다.

D. 연속 동사 구문의 유형론

앞에서 저자는 후치사 '서'의 삽입 여부가 합성 동사와 접속 구성을 구별할 수 있고 접속 구성과 연속 동사 구성을 구별할 수 있는 기준이라고 하였다. 중요한 것은 연속 동사 구성과 접속 구성의 구별이었다. 저자는 우리말의 연속 동사의 특징으로 후치사 '서, 다가'에 의한 분리 여부였다. 그 사이 특히 미주에서 수학한 언어학도들이 우리말의 연속 동사 구문을 다룰 때에 이 문제는 다루지 않았는데 앞으로는 이런 점을 부각시켜 통언어적 사실과 관련시키는 작업을 수행해야 할 것이다.

8.6.10.3. 경동사 구문

A. 경동사 구문의 성립

명사 가운데는 격 어미가 붙을 수 있다는 점으로는 명사로 볼 수 있으나 접미사 '-하다'나 '-되다'가 붙는다면 동사의 성격을 띠는 한 무리의 어휘가 있다. 이 문제는 이미 명사의 논항 구조를 설명하고 (§5.2), 명사를 분류할 때 도입한 일이 있다 (§6.3.2.1, 208쪽). 중복이 되지만 논의의 편의를 위하여 예를 끌어 오면 다음과 같다.

(19) 가. 입학 (入學), 독립 (獨立), 합류 (合流) …
나. 성실 (誠實), 곤란 (困難), 공평 (公平) …

위의 (19)에서 (가)는 동작성 명사이고 (나)는 상태성 명사이다. 양자를 합하여 "서술 명사" (김종복 2004: 182)라 부르기도 한다. 이들은 동사성 접미사 '-하다, -되다'가 붙으면 다음과 같이 동작 동사 및 상태 동사가 될 수 있다. 간편을 위하여 동사성 명사인 '입학'과 상태성 명사인 '곤란'을 예로 들기로 한다.

(19) 가'. 영숙이는 S대학교에 겨우 입학하였다.
나'. 영신이는 학교 생활이 매우 성실하였다.

이런 경우 접미사 상당 요소 '하다'를 생략하고 명사 어근만으로도 사용될 수 있다.

(19) 가". 영숙이는 S대학교에 **겨우** <u>입학</u>.
나". 영신이는 학교 생활이 **매우** <u>성실</u>.

그러면서 그 앞에는 동사로 사용되었을 때와 같이 부사가 올 수 있다. 이는 두 명사의 의미역이 처소역과 대상역의 보족어 명사구를 지배하면서 동시에 동작 동사와 상태 동사의 기능을 띠고 있다는 것을 의미한다.

그러는가 하면 '입학'과 '성실'에는 격 어미가 붙을 수 있다.

(20) 가. ① S 대학교 <u>입학</u>**이** 쉽다.
② 누구든지 S 대학교 <u>입학</u>을 원한다.
나. ① <u>성실</u>이 나의 생활 신조이다.
② 누구든지 <u>성실</u>을 모토로 삼고 살아야 한다.

위의 사실을 종합하면 서술 명사는 한편으로는 동작 동사와 상태 동사의 속성을 띠고 있고 다른 한편으로는 명사의 속성을 띠고 있어서 동사와 명사를 연결시켜 주는 중간자의 역할을 한다고 할 수 있다. 이는 동시에 양자가 단일 어휘 항목으로서 통합적으로 분석되어야 함을 의미하기도 한다 (채희락 1996). 명사의 성격이 드러날 때에는 경명사 내지 기능 명사로 처리할 수 있고 동사의 성격이 드러날 때에는 기능 동사 (verb support) (홍재성 1999) 또는 경동사 (light verb) (박재희 2011)이라 부를 수 있다는 뜻이다.

B. 경동사 구문의 유형

박재희 (2011: 106)에서는 우선 기능 동사가 부착되는 명사를 기능 명사라 부르고 기능 명사와 기능 동사와 결합 유형을 다섯 개의 유형으로 나누면서 기능 동사와의 결합 상황을 도표화하고 있다. 이곳의 기능 동사에는 앞서 언급한 '하다'와 '되다'를 두고 있으며 '하다'에는 존재 ('be')와 행위 ('do')의 두 가지를 두었다.

(21) 기능 명사의 유형

가. 제1유형: 전화, 운동, 숙제, 컴퓨터, 드라이
*행위의 '하'만 붙음

나. 제2유형: 마비, 호전, 종식, 고립, 과열
*'되'만 붙음

다. 제3유형: 깨끗, 문란
*존재의 '하'만 붙음

라. 제4유형: 감퇴/감소, 상승, 붕괴, 정지, 악화, 둔화, 부식
*행위의 '하'만 붙음

마. 제5유형: 연구, 계속, 기억, 번역, 회복, 낭비, 계산
*행위의 '하다'만 붙음

바. 제6유형:
타동사: 파괴, 실현, 완성, 연장
*행위의 '하'만 붙음
자동사: 복구, 소멸, 종료, 가동, 작동
*'되다'만 붙음

경동사와의 결합에서 문제점이 없지는 않다. 이를테면 제6유형 (바)의 타동사인 '파괴'는 '-하'만 붙는다고 하였으나 '도시가 파괴되었다'와 같이 '-되다'도 붙을 수 있다고 판단된다. 그것은 어쨌든 위의 유형화는 우리말의 경동사 구문을 가시화할 수 있는 기초 작업으로 평가된다.

C. 중세 및 고대어의 경동사 구문

당대어의 경동사가 한자어 내지 영어 등의 서양 외래어의 어근에 '-하다' 내지 '-되다' 가 붙어 성립되듯이 한문의 번역문이 대종을 차지하고 있는 중세 내지 고대, 특히 석독 구결에도 비슷한 현상이 보인다. 먼저 'ᄒᆞ-'가 붙은 예를 보기로 한다.

(22) 가. ᄒᆞ마 주글 내어니 子孫ᄋᆞᆯ 議論ᄒᆞ리여 (월인석보 1, 7)
나. 精誠이 至極ᄒᆞ단디면 (월인석보 1, 7)

(22가)는 동작성 어근 '議論'에 'ᄒᆞ-'가 붙었고 (나)는 상태성 어근 '至極'에 'ᄒᆞ-'가 붙었다.
다음 예의 'ᄃᆞᄫᆡ-'는 당대어 '되다'의 '되-'의 소급형이다.

(23) 가. 山ᄋᆡ 草木이 軍馬ㅣ ᄃᆞᄫᆡ니이다 (용비어천가 98장)
나. 疑心ᄃᆞᄫᆡᆫ 고디 잇거든 (월인석보 서, 20)

(23가)는 당대의 '되-'에 소급하는 예이고, (나)는 한자어 명사 어근 '疑心'에 접미사 상당형인 'ᄃᆞᄫᆡ-'가 붙은 것이다.

다음은 석독 구결에 'ソ'가 붙은 것이다.

(24) 가. 是七ソ1 時十 世界七 其地1 六種灬 <u>震動</u>ソロ七丨 (구역인왕경 상, 02, 18)
　　나. 人王 梵王氵ノ令㇇{之} <u>守護</u>ソ㇋ <u>恭敬</u>ソ㇋ <u>供養</u>ソ㇋ノ尸 所乙 得𢒑 (화엄경 14:2: 03-06)

(24가)에는 '震動'이라는 한자어 어근에 동사성 접미사 'ソ' (ᄒᆞ-)가 붙은 것이고 (24나)에는 '守護, 恭敬, 供養'이라는 한자어 어근에 접미사 상당의 'ソ'가 붙은 것이다.

중세어의 'ᄃᆞᄫᅵ'에 대응되는 예는 확인하지 못하였으나 나타날 가능성이 없지 않은 것 같다. 앞으로의 연구를 기다린다.

D. 경동사 구문의 유형론

기능 동사 내지 경동사는 많은 언어에서 확인된다. 일본어와는 물론, 영어, 독어, 프랑스어 등의 인도 유럽어에도 우리말에서 발견되는 현상을 발견할 수 있다. 특정 언어의 기능 동사의 존재를 확인하면 이는 해당 언어의 형태통사론적 면면을 밝히는 길로 이어진다는 점에서 그 연구의 중요성을 다시금 확인할 수 있다. 홍재성 (1999)의 우리말의 기능 동사 연구는 이 방면 연구의 선편을 쥐었다고 할 수 있으며 박재희 (2011)은 그 나름대로 우리말의 경동사 내지 기능 동사의 일면을 밝혔다고 할 수 있다. 앞으로 당대어에 대한 경동사 연구가 어느 정도 자리가 잡히면 중세 및 고대어의 그것에까지 시야를 넓힐 수 있을 것이다. 한 가지 아쉬운 점은 국외에서 이루어진 우리말 문법에 대한 연구에서는 국내의 연구 성과를 참고하지 않는다는 점이다. 앞으로는 이런 면에 주의를 기울이는 자세가 절대적으로 요망된다.

8.6.11. 소절

8.6.11.1. 소절의 성립

"소절" (小節, small clause)은 정동사가 포함되지 않은 의미상의 주술 표현을 가리킨다. 이는 원래 O. Jespersen에 의하여 착안되어 N. Chomsky의 지배와 결속 이론에서 생성 문법에 접목됨으로써 문법가들의 주의를 끌게 되었다 (임홍빈 2004). 우리나라에서도 이런 국제적 영향을 받아 소절 문제가 국어 문법 연구에 도입되어 그 성립 가부를 둘러싸고 현재 논의가 계속되고 있다. 현재는 조은 (1998), 유현경 (2004나), 임홍빈 (2004, 2005가) 등의 부정론자와, 남기심 (2001), 박소영 (2009가), 고희정 (2015) 등의 긍정론자들의 견해가 첨예하게 맞서 있다. 앞에서 저자는 주격과 대격, 그리고 조격의 형태통사부를 전개하는 마당 (§7.6.3.2, 564쪽)에서 소절을 더러 흘려 놓은 바가 있었는데 이곳에서는 이 문제를 종합함으로써 우리말 문법에서 소절을 세우는 것이 문법 서술에 이득이 많다는 점을 밝혀 보려고 한다.

다음 예를 보기로 한다.

(1) 가. 마법사는 **물을** 포도주로 만들었다.
　　나. 나는 **그의 사진을** 기념으로 간직하고 있다.

(1)은 대격 보족어 명사구와 조격 보족어 명사구가 주술 관계로 서로 이웃하고 있다. 이들은 다음과 같은 정동사문으로 바꿀 수 있다.

(1') 가. 물이 포도주다.
　　나. 그의 사진이 기념이다.

그러니까 (1)은 (1')의 정동사 표현이 대격과 조격 보족어 명사구로 바뀐 것이다.
다음 예도 같이 해석할 수 있다.

(2) 가. **학생** 하나가 나를 찾아왔다.
　　나. **학생** 세 명이 찾아 왔다.

(2)도 (1)과 같이 평술 정동사문으로 고쳐쓸 수 있다.

(2') 가. 학생이 하나다.
　　나. 학생이 세 명이다.

(2)는 (2')의 평술 정동사문이 소절 구성으로 변환한 것이다.
다음 예는 성격이 조금 다르다

(3) 가. 아버지는 **콩을** 가루로 빻았다.
　　나. 마법사는 **물을** 포도주로 만들었다.

(3)의 대격 보족어 명사구와 조격 보족어 명사구는 다음과 같이 평술 정동사문으로 바꿀 수 있다. 전자는 주격 보족어가 되고 후자는 서술어가 된다.

(3') 가. 콩이 가루다.
　　나. 물이 포도주다.

다음 예는 성격이 또 다르다.

(4) 철수는 **바닥을** 하얗게 칠했다.

(4)의 대격 보족어 명사구 '바닥 (을)'에 후행하는 '하얗게'는 동작 동사 '칠하다'를 한정하는 부가어도 될 수 있고 다음과 같이 정동사의 서술어도 될 수 있다.

(4') 바닥이 하얗다.

이 역시 소절이 될 수 있다. 우리말의 부동사 어미 '-게'는 동작 동사에 붙으면 부동사의 기능을 띠기도 하고 상태 동사에 붙으면 한정어의 역할을 한다. 위의 (4)는 다음과 같이 바꾸어 쓸 수 있다.

(5) 철수는 바닥이 하얗게 칠했다.

그러면 '-게'는 '바닥이 하얗-'이라는 문장에 붙어 동사 '칠하다'를 한정하는 한정절을 만들어 준다 (§8.1, 605쪽).

소절의 구성 성분은 뒤섞기를 허용하지 않는다.

(6) 가. *포도주로 마법사는 물을 만들었다. 비교: (1가)
  나. *기념으로 나는 그의 사진을 간직하고 있다. 비교: (1나)

수량어구와 부동사구도 마찬가지다.

(7) 가. *둘이 학생이 나를 찾아왔다. 비교: (2가)
  나. *하얗게 철수는 벽을 칠하였다. 비교: (4)

소절 구성원이 분리될 수 없다는 것은 그 자체가 한 덩어리로 행동함을 의미한다. 한 덩어리로 구성된 구는 비록 정동사가 없다고 하더라도 의미상으로는 주술 구성을 이루고 있으니 소절 구성으로 볼 수 있다.

8.6.11.2. 중세어의 소절

중세어에 당대에 보는 바와 같은 소절이 존재하는가 하는 것은 쉽게 단정할 수 없으나 다음과 같은 예는 중세어에도 소절 구성을 세울 수 있음을 보여 준다.

(8) 가. 王子 기르ᅀᆞ온 **어미** ᄒᆞ나 아닐씨 (법화경언해 3, 97)
  나. 父母ㅅ 顔色ᄋᆞᆯ 바다 **손바ᄅᆞᆯ** 부르게 ᄃᆞ니고 (두시언해 21, 33)

(8가)는 (2가)에, (8나)는 (4)에 대응되는 중세어의 예인데 당대와 마찬가지로 소절로 해석할 수 있다.

8.6.11.3. 소절 유형론

소절에 대한 유형론적 연구는 영어, 독일어 등과의 비교를 통하여 수행되고 있다. 영어와의 유형론은 고희정 (2015)를 비롯한 많은 영어학 전공자에 의하여, 독일어와의 유형론은 최명원 (1997, 2010)에 의하여 수행되어 왔다. 영어와 독일어의 소절에는 유사점도 있고 차이점도 확인된다. 정동사를 매개로 하지 않고 주술 관계를 이룬다는 점은 유사점이다. 우리말에서는 '-게' 등의 부동사 어미가 의무적으로 나타나는데 영어와 독일어에서는 그런 현상을 볼 수 없다. 한국어에서는 결과적 소절이 비결과적 소절과 달리 주격을 받을 수 있으며 격 선택 등도 영어나 독일어에서는 볼 수 없다.

8.6.12. 동격 구문

우리말의 동격 구문은 일찍이 최현배 (1937/1971: 790-791)에서 착안되기는 하였으나 성분의 병치에 국한하여 "같은 자리말" (同位語, 同格語)이란 이름으로 처리한 일이 있다. 그러나 이는 앞에서 이미 논한 바 있는 성분 병치의 영역이다 (§8.3.2.4.(7), 624쪽). 그러다가 지난 세기 90년대부터 생성 문법 이론의 영향을 받으면서 서정수 (1994)에서 연구의 필요성이 인식되어 그 사이 많은 성과를 거두어 왔다. 지금까지는 동격 구문이 문어$_1$ 중심으로 이루졌으나 최근에 와서는 구어$_2$ 중심의 연구가 이루어지고 있어 이곳에서는 문어$_1$과 구어$_2$를 아우르는 우리말 동격 구문의 실상을 검토하기로 한다.

8.6.12.1. 동격 구문의 성립

현재 우리의 학계에서는 동격 구문의 정체성을 둘러싸고 많은 대안이 나오고 있다. 먼저 다음 예를 보기로 한다.

(9) <u>일석</u> **이희승** <u>선생</u>은 국어학자이자 수필가이다.

위의 예에서 '일석'은 '이희승'의 아호이고 '이희승'은 본명이다. 그리고 '선생'은 남을 경대하여 부르는 말로서 '김 선생, 의사 선생'과 같이 흔히 성이나 직함 아래 붙이어 쓰는 접미사적인 명사이다. 접미사적 명사라 함은 품사는 명사이되 그 쓰임이 접미사에 가깝다는 뜻이다. 더러 '선생'과 같은 말을 동격 명사로 처리하는 일도 없지 않으나 이는 옳지 않다. 동격 명사는 앞의 '일석'과 같이 성명과 동일시할 수 있으되 성명에 대한 별칭이어야 한다. 이런 경우는 다음과 같이 수식적 동명사형으로는 쓰일 수 없다.

(9') *일석인 이희승 선생은 국어학자이자 수필가이다.

그런데 다음 예는 사정이 조금 다르다

(10) 나는 <u>아름다운 섬</u>, **제주도**를 잊어 본 적이 없다.

위의 '아름다운 섬'은 한국의 아름다운 섬 중 하나에 속한다는 뜻인데 이를 홍용철 (2016)에서는 "속성 동격 구문"이라고 하였다. 그런데 위의 (10)의 동격 명사구는 앞의 (9)와는 달리 수식적 동명사로 바꾸어 쓸 수 있다.

(10') 나는 <u>아름다운 섬인</u> **제주도를** 잊어 본 적이 없다.

(9)와 (10)을 비교하여 볼 때, (9)는 수식적 동명사형으로 바꾸어 쓸 수 없고 (10)은 바꾸어 쓸 수 있다. 전자를 참된 동격 구문[48]이라고 한다면 후자는 거짓 동격 구문이라고 부를 수 있다. 그

---

48) 이선웅 (2007)에서는 저자의 참된 동격 구문과 거짓 동격 구문을 "완전 동격 명사구"—"부분 동격 명사구"라

리고 거짓 동격 구문일 때에는 문어$_1$에서는 반드시 쉼표를 붙여야 한다. 이런 데서도 쉼표 등 문장 부호의 언어학적 중요성을 깨달을 수 있다 (장소원 1984).

동격 구문은 구어$_2$에서도 확인된다 (서반석 2012: 52-68).

(11) 가. 아가씨들 **큰 소리로 휴대폰 통화하는 사람들** 정말 용서할 수가 없어.
나. 언플러그드 호러 무비, 즉 **꾸며진 공포에 반기를 들고 만들어진 공포 영화**다.

(11가)는 밑줄 그은 보통 명사 '아가씨들'이 '큰 소리로 … 사람들'과 같이 동격의 자격으로 부연·설명되고 있는데 문어$_1$ 같으면 쉼표가 찍힐 곳이며 실제 발화에서는 휴지가 올 것이 틀림없다. 이를 참된 동격 구문으로 보아야 할지 단정하기가 어렵다. (11나)는 접속사 '즉 …'으로 보아 고유명인 영화 이름 '언플러그드 호러 무비'를 설명하는 것이니 거짓 동격 구문임에 틀림없다. '… 공포 영화인 …'과 같이 수식적 동명사화가 가능하기 때문이다.

8.6.12.2. 중세어의 동격 구문

중세어에도 참된 동격 구문과 거짓 동격 구문을 많이 발견할 수 있다 (강보유 2000: 54).

(12) 가. 太子 **羅睺羅** 나히 ᄒᆞ마 아호빌씨 (석보상절 6, 3)
나. 如來ㅅ 아ᅀᆞ **難陀** ㅣ 出家ᄒᆞᆫ 功德으로 … (월인석보 7, 13)

(12가)는 앞의 (9)의 '일석 이희승'과 같이 동일 인물에 대한 이칭 (異稱)이므로 참된 동격 구문이라 할 수 있다. 그러니 (나)는 (10)과 같이 '難陀'는 여래의 아우 가운데 하나로 생각할 수 있으므로 거짓 동격문인 것이다.

당대어에서는 '나 이승만, 너 박정희'와 같이 대명사가 고유 명사 앞에 나타나는 일이 흔한데 이 점 중세어도 마찬가지다 (이현희 1994: 39).

(13) 가. 나 **釋迦牟尼佛**은 娑婆國土애 阿 … 三菩提ᄅᆞᆯ 일웻ᄂᆞ니라 (월인석보 14, 53)
나. 너 **大龍王**아 疑心곳 잇거든 무를 양ᄋᆞ로 무르라 (월인석보 10, 86)

(13가)의 '나'는 '**釋迦牟尼佛**'과 동일 인물로서 참된 동격 구문이고 (나)의 '너'는 '大龍王'과 동일 인물로서 역시 참된 동격 구문이다.

8.6.12.3. 동격 구문의 유형론

동격 구문은 어느 언어에나 다 있다. 단 그 실현 방식이 다르다는 것뿐이다. 이를테면 영어의 동격 구문 'John, my son is a good boy'에서 동격 표지는 고유 명사 'John' 다음에 쉼표나 휴지를 두어야 한다는 정서법 내지 발성상의 특징밖에는 다른 언어의 동격 구문과 차이가 없다. 그러나 우리말의 경우, 참된 동격 구문은 수식적 동명사형으로 바꾸어 쓸 수 없는 데 대하여 거짓 동격 구

불렀다.

문은 수식적 동명사형으로 바꾸어 쓸 수 있다는 등의 차이점을 들 수 있다. 앞으로 이런 방면에 주의를 기울이면서 동격 구문의 유형론을 전개할 필요가 있다. 그리고 불경 언해에 동격적 표현이 많이 나오는 것은 한문의 영향이 크다. 다음은『두시언해』와 그 원문에 나오는 동격 구문이다.

(14) 슬프다 <u>너</u> **남진 아니 어른 겨집ᄃᆞᆯ히** ᄆᆞᅀᆞᆷ 자보ᄆᆞᆯ 鬱結ᄒᆞ야 시름ᄒᆞ놋다/嗟汝未家女 秉心 鬱忡惚 (두시언해 11, 24)

위의 (14)는 참된 동격 구문인데 오른쪽의 한시 원문 역시 같은 구성으로 되어 있다.

8.7. 문장의 배합

이곳에서는 현상학적 관점에서 소묘한, 각 시대에 걸친 우리말의 동사 활용 체계 (§6.2.4, 161-186쪽, 2018가: 194-205쪽)에 기대어 그 기능적 측면을 검토해 보고자 한다. 앞 (§8.2, 607-608쪽)에서 저자는 우리말의 기본 문형을 결합가 이론에 따라 셋으로 책정하고 다시 이를 13개의 세부 문형으로 나눈 바 있으며 뒤이어 §8.6 (645쪽)에서는 기본 문형의 운용에 따라 생산되는 특수 구문의 면면을 살펴보았다. 이곳에서는 기본 문형이 서로 배합하여 큰 문장으로 속으로 내포되거나 긴 문장으로 접속시켜 나가는 문제를 다룸으로써 통사부를 마무리하려고 한다. 저자는 단어 형성부 (§6.7, 321쪽)에서 제2장 (§2.4, 24쪽)에서 도입한 형성소와 구성소의 개념을 활용한 바 있는데 이곳에서도 위의 두 개념을 바닥에 깔고자 한다. 먼저 작은 문장이 큰 문장 속에 안기는 내포의 기제(機制)를 다루고 이어 더 긴 문장으로 이어나가는 접속의 질서를 탐색하려고 한다. 먼저 당대의 공통어를 중심으로 내포와 접속의 문장 배합의 질서를 탐색하고 이어 중세어 및 고대어와 그 변화 및 방언의 실상을 검토하기로 한다.

최현배 (1937/1971)을 중심으로 한 전통 문법은 한 문장의 의미는 고정되어 있다고 보고 구조를 분석하고 이를 도해 (圖解)하는 방법을 제시하였으나 이전의 주시경 (1910)은 한 문장의 의미는, 당대의 생성 문법가들과 같이, 화자의 태도와 사태의 성격에 따라 달라질 수 있다는 관점에 서서 도해를 하였다. 이곳에서는 주시경과 생성 문법가들의 문법관을 바닥에 깔되 최현배 등의 전통 문법가들의 견해도 경청하는 태도를 취하고자 한다. 문장의 배합에 대하여는 지난 100여년에 걸쳐 주시경 (1910: 84-87), 최현배 (1937/1971: 290-323, 823-853), 윤평현 (1989: 13-159, 2005), 서정수 (1994/2013: 1101-1322), 이상태 (1995: 51-287), 장경희 (1995), 허웅 (1999: 859-1050), 박창해 (2007), 이지은 (2017가, 나) 등이 나와 있어 이들 업적도 두루 참조하는 태도를 지니면서 우리말의 문장 배합의 질서를 탐색하고자 한다.

8.7.1. 내포소에 의한 문장의 배합

한 문장이 더 큰 문장 속으로 내포되는 절차로는 앞 (§8.1, 604쪽)에서 든 독립적 동명사형과 정동사형, 그리고 어휘 고도 제약을 지키지 않는 부동사형 상당의 접미사와 의존 명사 및 기능 명사의 통합을 들 수 있다. 앞에서 들었던 예를 구체적으로 활용하면서 내포에 의하여 문장이 형성되는 절차를 살펴보기로 한다. 내포에 참여하는 형성소를 "내포소"라 불러 그 사정을 검토하기로 한다.

8.7.1.1. 명사절 내포에 의한 문장의 형성

명사절 내포소에 의한 문장의 형성은 다음과 같은 과정을 밟는다.

(1) 달이 밝기가 대낮과 같다.

위의 문장은 다음과 같은 과정을 밟아 형성된다.

(1') [{$_{cl}$($_{cf}$달이 밝-)$_{cf}$기}$_{cl}$가 + ($_{cf}$X 대낮과 같)$_{cf}$다$_{1}$}다$_{2}$]

위에서 '달이 밝-'이라는 형성소 연쇄체는 보문자인 독립적 동명사형 어미 '-기'의 도입에 의하여 명사절이 되고 다음과 같이 X의 자리를 보충하여 (1)과 같은 완성된 문장을 형성한다.

(1") [{달이 밝-) + (X가 대낮과 같)다$_{1}$}다$_{2}$]
⇓
'-기'의 도입

한 문장을 명사절로 만들어 주는 내포소에는 앞의 '-기' 밖에 같은 동명사형 어미 '-(으)ㅁ'도 들 수 있고 수식적 동명사형 어미와 의존 명사 '것'의 통합형을 들 수 있다. 번잡을 피하기 위하여 특별히 형성소 연쇄체와 절을 구별하지 않는다.

(2) 나는 (철수가 이미 돌아왔<오았)음을 확인하였다.

위의 내포소는 다음과 같이 동명사 어미와 의존 명사의 통합 구성으로도 바꿀 수 있다.

(3) 나는 (철수가 이미 돌아온 것)을 확인하였다.

두 종류의 내포소는 그 쓰임이 상보적이어서 서로 치환할 수 없다.

(3) 가. *달이 밝음이 대낮과 같다. 비교: (1)
나. *나는 철수가 이미 돌아왔기를 확인하였다. 비교: (2)

'-기' 명사절은 '길다, 어렵다, 기다리다'와 같은 동사가 후행할 때 석격하고 '-(으)ㅁ'이나 '것' 명사절은 '드러나다, 기억하다, 어리석다' 등의 동사가 따를 때 자연스럽다. 그러는가 하면 동사에 따라서는 두 명사형 또는 세 명사형을 다 취할 수도 있다 (남기심 · 고영근 1985/2014: 385-389). 이는 두 동명사형의 의미 차이에 기인하는 것 같기도 하나 반드시 그렇지도 않은 면이 있어 앞으로 그 까닭을 밝힐 필요가 있다.

8.7.1.2. 수식절 내포에 의한 문장의 형성

수식절 내포에 참여하는 절을 수식절 (§8.1, 605쪽)이라 불렀었다. 이는 학교 문법의 관형절에 해당되는데 학교 문법의 관형어를 수식어로 부르게 됨에 따라 취한 조처이다. 수식절에는, 앞에서 본 바와 같이, 관계 수식절과 보족절이 있다. 흔히 쓰는 "보문절"을 취하지 않고 "보족절"을 취한 것은 문장 성분으로서의 "보족어"와의 관계를 고려하였기 때문이다. 앞에서 든 예를 다시 가져오기로 한다.

(4) 향기가 좋은 꽃이 많이 피었다.

위의 예는 다음과 같은 두 형성소 연쇄체가 수식적 동명사 어미 '-은'에 의하여 결합된 것이다.

(4') [{$_{cl}$($_{cf}$꽃이 향기가 좋-)$_{cf}$}은]$_{cl}$ + [{$_{cl}$($_{cf}$그런 꽃이 많이 피었)$_{cf}$었다$_{1}$}다$_{2}$]

위의 두 절 (cl)에는 "꽃"이라는 두 논항이 공통되어 있다. 논항이 공통되어 있다는 것은 동일 지시성을 지녔다는 뜻이다 (이필영 1981: 20). 이렇게 공통된 논항을 분모로 하여 확대되는 문장을 관계 수식절이라고 한다. 이 과정에서 '그런'과 같은 지시 관형사는 생략될 수도 있다. 관계 수식절에 참여하는 성분은 주격과 대격 보족어 명사구이고 사격 명사구는 논항의 성격에 따라 제약을 받는 일이 많다 (김민국 2010: 140). 앞으로는 번잡을 피하여 간략하게 표기한다.

관계 수식절에 참여하는 동명사 어미에는 부정법 '-(으)ㄴ' 밖에 직설법 '-는' 회상법 '-던', 추측법 '-(으)ㄹ'이 있다. 그 예를 하나씩 들어 분석의 절차를 밟아 보기로 한다[49].

다음은 직설 동명사 어미 '-는'에 의하여 관계 수식절이 형성되는 예이다.

(5) 담배를 피우는 학생들이 점점 줄어들고 있다.

(5)는 다음과 같은 과정을 밟아 수식절로 바뀐다.

(5') ($_{S_1}$학생들이 담배를 피운다)$_{S_1}$ + ($_{S_2}$(그런) 학생들이 점점 줄어들고 있다)$_{S_2}$

전개된 두 문장을 수식 구문으로 응축하면 동사 구문의 시제는 그에 대응하는 동명사형으로 바뀌고 공통된 논항 중 S_1의 주격 보족어 논항은 소거되고 피수식어만 남는다. 전개된 문장에서 '그런'

49) 관계 수식절을 언더우드 (1890)에서 "participle"로 처리하였다고 하였는데 최근 채희락 (2012)에도 같은 견해를 볼 수 있다. 후자에서는 관계 수식절의 활용형이 정동사가 아니기 때문에 분사로 보아야 한다고 그 근거를 대고 있다. 그러나 우리말의 관계 수식절은 역사적으로 볼 때 대 서술성 구문에서 첨사의 탈락을 거쳐 형성되었다는 점을 기억할 필요가 있다. 관련 논의는 고영근 (1982/2004가: 201) 참조.

이라는 지시 관형사를 넣은 것은 바로 그 자리에 수식 구성이 온다는 뜻이다. 동명사 구문을 정동사 구문으로 전개하는 과정에서 논항이 공유되는 현상을 "관계 수식절" 내지 "관계절"이라고 한다.

다음 예는 회상법과 추측법에 의한 관계 수식절의 예이다.

(6) 가. 여기는 내가 동무들과 <u>놀던</u> 곳이야.
나. 다음에 <u>내릴</u> 사람은 벨을 눌러 주세요.

(6가)의 '… 놀던'은 다음과 같은 동사 구문으로 전개할 수 있다.

(6) 가'. *여기는 내가 동무들과 놀더라.

그러나 이런 구성은 성립되지 않는다. 당대에는 주격 보족어 명사구가 제1인칭, 곧 화자이면 '나는 배가 몹시 고프더라'와 같은 심리 동사 구문이 아니면 용인되지 않는다. 그러나 근대어, 정확히는 19세기 말까지 인칭 제약 없이 사용되었다는 보고 (이지영 1999, 고영근 2004/2007: 402-403)를 접하면 인칭 제약은 큰 문제가 되지 않는다고 하겠다. (6나)의 '내릴'도 이에 대응됨직한 정동사형을 찾기가 어렵지만 중세어까지만 소급해도 추측법과 관련되는 예를 찾을 수 있다 (고영근 1981/2011나: 114-122).

관계절 가운데는 공통된 논항의 탐색이 불가능한 것이 보인다.

(6-1) <u>낙엽 타는</u> **냄새**가 구수하게 풍겼다.

위의 예는 앞의 (4)와 같은 구성의 수식절인데 다음과 같은 분해가 성립되지 않는다.

(6-1') ① *냄새가 낙엽 탄다.
② *냄새를 낙엽 탄다.

앞의 (4), (5)가 참된 관계절이라고 할 것 같으면 (6-1)은 거짓 관계절이라고 부를 수 있다[50]. 이런 예를 포함하여 수식절 구성에 대한 포괄적 해석이 요망된다.

문장의 내포에는 보족절에 의한 내포도 포함시킬 수 있다.

(7) 가. 너는 [(인수가 결석하) ㄴ] **사실**을 몰랐느냐.
나. 우리는 [(X 급히 부대로 돌아오)라는 (<라고 하는)] **명령**을 받았다.

(7가)는 앞의 관계 수식절과는 달리 수식절의 내용과 피수식어 '사실'의 내용이 같음을 가리키는 보족절, 곧 동격절이다. 이런 경우에는 앞의 관계 수식절과는 달리 동명사 어미도 '-ㄴ'으로 제한되어 있다. (7나)는 학교 문법에서 긴 관형절이라고 하는데 피수식어의 성격에 따라 보통의 수식

---

50) 김종복 (2004: 279), 최준수 (2012: 487)에서는 "의사 관계절 구문", "빈자리가 없는 관계절" (gapless relative clause) 등으로 부르고 있다.

절을 취하기도 하고 긴 수식절을 취하기도 한다 (남기심 고영근 1985/2014: 391). 그리고 보족절에 대한 의미 해석도 중요한 과제가 될 수 있다 (장경희 1987).

관계절과 보족절의 형성에 참여하는 내포소 보문자에는 동명사형 어미 '-(으)ㄴ, -는, -던, -(으)ㄹ'이 있음을 확인할 수 있다. 수식 관계절에는 '((X 입고 있는 옷)이 멋진) 신사'와 같이 관계절이 이중으로 실현되는 구성도 적지 않아 그것이 이중 주격 구성에서 유도되느냐 그렇지 않으냐를 둘러싸고 공방이 벌어지고 있어 앞으로의 귀추가 주목된다 (한충혜 · 김종복 2004, 윤정미 2011: 158-193).

8.7.1.3. 동사절 내포에 의한 문장의 형성

한 문장 가운데는 동사절이 한 문장의 성분의 기능을 띠기도 한다.

(8) [토끼는 (앞발이 짧)$_{S_1}$]다]$_{S_2}$

위의 (8)에서 '앞발이 짧-'은 상태 동사절인데 이를 학교 문법에서는 서술절이라 부르고 있다. 서술절의 설정은 옳지 않다. 서술절은 주어로 쓰이는 명사절과 대립적으로 쓸 때만이 유효한 개념이다. 최현배 (1937/1971: 742)에서 "풀이마디 (用言節)"이란 이름을 붙인 것도 그런 사정을 고려하였기 때문이다. 저자는 전통적인 "用言"을 "동사" 로 대치하고 그 아래 "동작 동사, 상태 동사, 심리 동사" (§4.2, 63쪽)를 두었기 때문에 동사절이란 용어를 쓰기로 하였다. 동사절의 보문자 내포소는 앞 (§2.4.3.(6), 33쪽)에서 비친 바와 같이, '-다$_1$'이라 규정할 수 있다.

동사절의 유형에는 다음과 같은 것이 있다. 동사절은 앞의 주격 어미 중출형 (§7.6.2.1, 555쪽)에서 들기도 하였던 것인데 동사절에 맞추어 다시 정리하기로 한다.

(9) 가. [{철수가 (손이 크)다$_1$}다$_2$]
　나. (나는 {(고향이 그립)다$_1$}다$_2$)
　다. ({백화점이 (불이 났 <나)았)다$_1$}다$_2$)]
　라. ① [물이 {(얼음이 되)다$_1$}다$_2$]
　　② [그것은 {(책이 아니)다$_1$}다$_2$]

(9가)는 앞의 (4)와 같은 구성의 상태 동사절을 안고 있는데 그 관계를 다음과 같이 표시할 수 있다.

(9) 가'. [{철수가 (손이 크)다}$_1$다$_2$]

(9나)는 심리 동사절 '고향이 그립-'이 '나는 … 다'라는 큰 문장의 울타리 속에 안겨 있는 것인데 그 관계를 다음과 같이 표시할 수 있다.

(9) 나'. [나는 {(고향이 그립)다$_1$}다$_2$]

(9다)는 자동적 동작 동사 '나-(다)' 에 평술형 어미의 과거형 '-았다'가 붙어 자동적 동작 동사절을 구성하고 있다. 그 관계를 다음과 같이 표시할 수 있다.

(9) 다'. [{백화점이 (불이 나았)다$_1$}다]$_2$

다음 예들은 주격이 중출되고 있는데 역시 동사절로 볼 수 있다.

(9) 라'. ① [물이 {(얼음이 되) ㄴ다$_1$}ㄴ다$_2$]
② [그것은 {(책이 아니) 다$_1$}다$_2$]

8.7.1.4. 한정절 내포에 의한 문장의 형성

다음은 한정절이 한 성분이 되어 큰 문장 안에 내포된 예이다.

(10) 가. [cl(cf배 없)cf이]cl 건너기가 쉽지 않다.
나. 철수가 [cl(cf목이 쉬)cf게]cl 외쳤다.

(10)의 예는 이미 앞 (§8.1, 604쪽)에서 들었던 예이다. (10가)는 '배 없-'이라는 형성소 연쇄체가 보문자 '-이'와 결합하여 부사처럼 쓰였고 (10나)는 '목이 쉬-'라는 형성소 연쇄체가 보문자인 부동사 어미 '-게'와 결합되어 부사처럼 쓰였다. 접미사 '-이'가 한 문장을 부사와 같이 만들어 줌으로써 부사절 형성의 내포소가 되었다.

다음 예도 성격이 비슷하다.

(11) 그는 [(몸살이 나)$_{cf}$도록]$_{cl}$ 공사에 열을 올렸다.

(11)은 '몸살이 나-'라는 동사적 형성소 연쇄체가 부동사 어미 '-도록'과 결합하여 부사처럼 쓰였다. 일반적으로 종속적 부동사 어미는 종속절의 내용을 주절에 접속시켜 주는 기능을 띠고 있는데 (10), (11)의 예들은 완전히 부사화하여 후행하는 동사를 한정하여 준다. 앞 (§8.1, 604쪽)에서 든 (3라)②도 같은 예이다.

끝으로 인용 구문을 처리하기로 한다.

(12) 가. 아버지는 "철수야 빨리 다녀오너라"라고 말씀하였다.
나. 아버지는 철수에게 빨리 다녀오라고 말씀하였다.

위의 두 문장은 직접 인용과 간접 인용인데 피인용문을 부사절, 곧 한정절로 보기도 하고 명사절로 보기도 한다. 여기서는 고영근 (1985/1999나: 3-14)에 기대어 명사절로 보는 태도를 취하여 다음과 같이 처리하는 바이다.

(12) 가'. 아버지는 철수야 [$_{NP}$($_S$빨리 다녀오너라)$_S$]$_{NP}$라고 말씀하였다.
나'. 아버지는 [$_{NP}$(철수에게 빨리 다녀오라)$_S$]$_{NP}$고 말씀하였다 .

이 문제는 중세어의 인용 구문을 나루는 마당에서 다시금 논의된다.

8.7.2. 접속에 의한 문장의 배합

접속에 의한 문장 배합은 부동사 어미와 의존 명사 및 기능 명사의 동명사 어미와의 통합체에 의하여 형성된다. 부동사 어미 가운데는 단어 접속과 문장 접속의 두 접속소가 있다. 이곳에서는 대등 접속과 종속 접속을 인정하는 최현배 (1937/1971: 817-853)를 바탕으로 하되[51], 최근에 나온 김건희 (2012, 2014), 이정훈 (2008나, 2015)과 관련시키면서 접속에 의한 문장의 배합 문제를 다루어 보려고 한다.

8.7.2.1. 대등 접속소

우리말의 부동사 어미는 문장을 접속시키는 것이 보통이지마는 단어를 접속시키는 것도 있다. 이들을 접속소라 불러 문장 접속과 단어 접속의 질서를 탐색해 볼까 한다. 이 문제는 일찍이 저자가 고영근 (1975/1999나: 404-410)에서 당시까지의 연구 성과를 바탕으로 하여 현상을 기술한 바 있고 최근에 주지연 (2015)에서 이 문제를 병렬 구성의 관점에서 논의함으로써 접속소에 대한 가시적 접근이 가능하게 되었다. 먼저 문장 접속소부터 보기로 한다.

A. 문장 접속소

대등적 접속소에는 '-고, -(으)며'만 들기로 한다. 이밖에도 '-(으)면서, -자, -자마자'도 들기도 하나 종속적 접속소와 넘나드는 일이 많아 보류하기로 한다[52].

다음 예는 대등적 접속소 중에서 대등성이 가장 강한 것이다.

(1) 가. [{(형은 책을 읽)$_{cf1}$고 (동생은 그림책을 보)$_{cf2}$}ㄴ다]$_S$
　　나. [{(인생은 짧)$_{cf1}$고 (예술은 길)$_{cf2}$}다]$_S$
　　다. [{(이것은 책이)$_{cf1}$고 (저것은 연필이)}다]$_S$

(1가)는 접속소 '-고'가 두 개의 동작 타동문 상당의 형성소 연쇄체를 접속하였고 (나)는 두 개의 상태 동사문 상당의 형성소 연쇄체를 접속하였으며 (다)는 두 개의 계사문 상당의 연쇄체를 접속하였다. 이들이 대등적 접속문이라는 것은 순서를 바꾸어 놓아도 의미를 크게 바꾸어 놓지 않기 때문이다. 그런 경우 도상성에는 약간 차이가 나도 문장으로서 흠이 크게 나지 않는다.

다음은 '-(으)며'의 예이다.

(2) 가. [$_S${(X 밥을 먹)$_{cf1}$으며 (X 책을 보)$_{cf2}$며 (X 이야기를 듣)$_{cf3}$}는다]$_S$
　　나. [$_S${(꽃은 붉)$_{cf1}$으며 (잎은 푸르)$_{cf2}$며 (모래는 희$_{cf3}$)}다]$_S$
　　다. [$_S${(그는 영웅이)$_{cf1}$며 (X 학자이)$_{cf2}$며 (X 종교인이)$_{cf}$}$_3$}다]$_S$

51) 저자는 고영근 (1995가: 430)에서 최현배의 문장 형성론이 변동사론 및 보어론과 함께 외솔 문법의 가장 돋보이는 부분이라고 평가한 바 있다.

52) 이런 문제는 고영근 (1975/1999나: 422, 419, 422)에서 찾아 볼 수 있다.

위의 (2)는 구어에서보다도 교과서의 지문, 법 조문 등 문어$_1$에 많이 쓰인다. (2가)는 접속소 '-(으)며'가 세 개의 타동문 상당의 형성소 연쇄체를, (나)는 세 개의 상태 동사문 상당의 연쇄체를, (다) 역시 세 개의 계사문 상당의 형성소 연쇄체를 각각 대등하게 이어 주어 마지막으로 정동사 어미 '-다'에 의하여 한 문장으로 마무리 짓는다. (2)의 '-(으)며'에 의한 대등문은 다음과 같이 (1)의 접속소 '-고'로 바꾸어 놓아도 의미에는 아무런 차이가 없다.

(2) 가'. [{(X 밥을 먹)고 (X 책을 보)고 (X 이야기를 듣)}는다]$_S$
나'. [{(꽃은 붉)고 (잎은 푸르)고 (모래는 희)}다]$_S$
다'. [(그는 영웅이)고 (X 학자이)고 (X 종교인이)]다]$_S$

그러나 '-(으)며'는 '-고'와는 달리 문체법에서 제약이 많다 (윤평현 2005: 31-32).

접속소 '-고'와 '-(으)며'가 한 문장 안에서 이어날 때에는 '-고 -(으)며'의 순서로 배치되는 것이 자연스럽다 (고영근 1999나: 411).

그런데 같은 접속소 '-고'에 의한 연결이라도 주종 관계로 이어지는 일이 있다.

(3) 봄이 가고 여름이 온다.

위의 (3)은 시간적으로 보면 선후가 있어도 그 순서를 바꾸어 놓으면 논리적 파탄을 초래한다.

(3') *여름이 오고 봄이 간다.

시간적인 선후 배열임에도 불구하고 대등소 '-고'에 후치사 '서'가 붙는다든지 하는 일은 없다. '보고하고 토론하고 결정하였다'도 시간적 배열임에도 불구하고 '서'가 붙지 못한다.

위의 예를 통하여 논리와 문법의 세계는 일치하지 않는다는 사실을 알 수 있다. 아무리 논리적으로 선후가 있는 계기적 사건의 발생이라도 언어로 표현될 때에는 등시적 사건과 같이 표현된다는 것을 알 수 있다. 그러나 대부분의 계기적 사건은 등시적 사건과 다른 문법적 장치를 지니고 있다 (뒤에 나옴).

(1), (2)와 같은 접속문이 대등성 (coordination)을 지녔다면 (3)은 대종성 (cosurbodination)을 지닌 복합문으로 볼 수 있지 않을까 한다[53].

문장이 결합하여 복잡한 문장이 되면 그 나름의 어조가 얹힌다. 낮은 수평조는 공식적 말씨에 주로 사용되고 낮내림조와 가운데 수평조는 친근한 대화체에서, 오름조와 내리오름조는 청자에

---

53) 송재정 교수 (Otago)는 2017년 4월 15일자 메일에서 다음과 같이 회신을 보내오면서 저자의 견해에 반론을 제기하였다.

I need to think more about this, but I don't think (2) and (3) are instances of subordination. Probably both are cases of cosubordination, in Foley and Van Valin's clause linkage theory. Many years ago, I published an article using their theory in Language Research (SNU). In that article, I provide a summary of the theory, which you may like to look up. The details are: Song, J.J. 1988. "Clause linkage in Korean periphrastic causative and purposive constructions." Language Research 24: 583-606.

게 친절하게 설명할 때 사용된다 (이호영 1996: 243-244). 북한에서도 복합문에 그 나름의 "이음 억양"의 어조를 세우고 있다 (리승구 1985: 253-285).

B. 단어 접속소

단어 접속소에는 반의 대립을 위한 접속과 강세를 위한 접속이 있다. 자세한 목록은 고영근 (1999나: 406-411)로 미루고 몇 가지 예만 들어 접속의 성격을 검토하기로 한다.

다음은 반의 대립을 위한 접속이다.

(4) 가. (X 가)거나 (X 말)거나 상관하지 말아라.
나. (X 주)거니 (Y 받)거니 이야기가 끝이 없었다.
다. 철수는 (X 가)다가 (X 오)다가 한번씩 들른다.

(4가)의 '-거나 -거나'에 나타나는 '거'는 당대에는 분석이 어렵다. 주격 보족어 명사구는 'X'로서 동일하다. '가-'와 그 부정어 '말-'의 단순한 접속으로도 볼 수 있고 아니면 'X'라는 명사구를 공유하는 두 문장이 불택 (不擇, '안가림')의 의미로 접속되어 있다고 볼 수도 있다. 두 문장의 접속으로 보기보다는 반의 관계에 있는 두 동작 동사가 결합하여 부가어의 기능을 갖는 것으로 보기로 한다.

다음은 강세를 위한 접속이다.

(5) 가. 철수는 (X 멀)고 먼 (X 멀>머)은 하늘 나라로 가 버렸다.
나. (X 기)나 긴 (X<길) ㄴ 겨울도 지나가 버리고 꽃 피고 새 우는 봄이 왔다.

위의 예도 앞의 (4)와 같이 처리할 수 있다. (5가)는 주격 보족어 명사구로 '하늘 나라'를 채울 수 있는 두 문장의 결합으로도 볼 수 있으나 앞의 (4)와 같이 합성어적인 부가어로 보는 것이 타당해 보인다 (남기심 · 고영근 2014: 217).

8.7.2.2. 종속 접속소

종속 접속소에는 접속 부동사 어미와 의존 명사 및 기능 명사는 물론, 명사형 어미와 격 어미의 통합체, 종결 첨사에 의한 것의 세 가지 절차가 있다[54].

A. 접속 부동사 어미

종속 접속소에도 문장 접속과 단어 접속을 둘 수 있다. 그러나 그 사정이 단순치 않다. 우리말의 종속 접속소에는 저자가 조사한 바로는 합성형 (고영근 1975/1999나: 427-428)을 제외하고 문장

54) 현재 한국의 국어학계에는 종속절을 부사절로 보기도 하고 심지어는 대등절도 인정하지 않는 기운이 일고 있다. 그 가운데는 람스테트 (Ramstedt)가 체계 세운 알타이어의 부동사 (Konverbum)를 부사형으로 오인하여 부사절을 세우는 일도 있어 저자가 비판한 바 있다 (고영근 2004나). 람스테트의 부동사는 정동사와 동명사를 제외한 대등과 종속에 사용되는 비정동사 (non-finite verb)를 가리킬 때 쓴다는 것을 지적하여 둔다 (Wikipedia Free Dictionary, 2017. 00. 14.).

접속소만 대상으로 하여도 80개가 넘는다[55]. 종속적 접속소는 한 어미에 여러 기능이 결부되어 있고 반대로 비슷한 기능을 여러 어미가 공유하는 것도 많아 그 의미·기능을 체계적으로 설명하기가 쉽지 않다. 어미와 의미 기능의 이러한 착종 현상을 은유와 환유로 설명하기도 한다 (박재연 2014).

이곳에서는 수 많은 종속 접속소를 다 다룰 여유도 없거니와 그럴 필요도 없다. 여기에서는 후치사 '서, 다가'가 붙는 '-고, -어'를 중심으로 우리말의 대등 접속과 종속 접속을 판별하는 한 기준을 제시하고 지금까지 거의 주목을 받지 못하던 의존 명사와 기능 명사에 의한 문장 접속을 부각시켜 보고자 한다.

앞에서 저자는 등시적 사건의 나열과 계기적 사건의 배치가 같은 문법적 장치에 의존한다는 점을 지적한 바 있다. 그 예를 다시 가져오기로 한다.

(5) [{(봄이 가)cf_1고 (여름이 오)cf_2}ㄴ다]

위의 예는 대등 접속 형성소 '-고'가 두 개의 자동사문 상당의 형성소 연쇄체를 이어 주고 있다. 봄이 가고 여름이 온다는 사실은 분명히 계기적 사건임에도 불구하고 대등 접속소 '-고'가 붙어 있다. 그런데 같은 계기적 사건인 다음 예는 후치사 '서'나 그 상당형인 '(-고) 나서'가 붙을 수 있다.

(6) 가. (철수는 빵과 우유만 먹)고 (서) (X 학교에 갔다<가)았다.
　나. (철수는 빵과 우유만 먹)고 (나서) (X 학교에 갔다<가)았다.

(6가)는 (5)와 똑 같은 계기적 사건인 데도 불구하고 후치사 '서'를 수의로 취하고 있다. 이 자리에는 '서'의 상당형인 '-고 나서'가 붙을 수 있다. 계기적 사건이라고 하여 모두 '-고 나서'가 붙는 것은 아니다 (유현경 2017가: 20).

(6-1) 나. *환웅은 무리 3000명을 거느리고 나서 신단수 아래로 내려왔다.

이때는 '… 거느리고서'는 가능하나 '… 거느리고 나서'는 성립되지 않는다. '-고서'와 '-고 나서'의 상적 속성과 관련이 있어 보인다.

같은 구성으로 '-어 (서)'가 있는데 그 예를 들면 다음과 같다.

(7) 철수는 잉어를 낚아 (서) 통발에 넣어 (서) 집으로 가져 왔다.

(7)은 모두 계기적 사건인데 후치사 '서'가 수의로 붙기도 하고 탈락하기도 한다. '-어서'가 상태 동사에 붙으면 원인의 의미를 표시한다.

(7-1) 물가가 <u>비싸서</u> 살기가 어렵다.

한편 접속소 '-어'는 후치사 '다가'를 매개로 하여 타동 동작 동사 어간에 붙기도 한다.

---

55) 북한의 통계에 의하면 접속소, 그들의 "이음토"가 173개로 나와 있다 (장광군 1999: 26).

(8) 철수는 순이를 업어다가 침대 위에 눕혔다.

이런 경우, '업어서'로 바꿀 수 있는데 그렇다면 동의문으로 간주할 수 있다. 그러나 모든 타동 동작 동사에 '-어다가'가 대치되지 않는다. 타동 동사 중에서도 '업다'와 같이 동작의 결과로 남기는 것에 한하여 접속될 수 있다. '(밥을) 먹어다가'가 안 되는 것은 밥이 남지 않고 없어지기 때문이다(큰사전 1957, 연세한국어사전 1998). 어쨌든 '다가'는 '서'와 같은 후치사에 속한다[56].

(8-1) 가. 선생님께 갖다 드려라.
나. 학교까지 데려다 주마.

위의 (8-1)의 (가)의 '갖다'는 '가져다'의 준말로서 '가지 + -어다' 로 분석되고 (나)는 데려다가 의 준말이다. 그런데 위의 두 예에는 '*가져서, *데려서'로 대치되지 않는다. 이를 통하여 보면 후치사 '서'와 '다가'는 동의적인 면도 있고 이의적 면이 있다는 사전의 풀이는 정곡을 얻었다고 할 수 있다.

B. 의존 명사 및 기능 명사에 의한 통합체

종전의 의존 명사 연구에서는 의존 명사를 분류할 때 그것이 문장에서 차지하는 기능에 따라 주어성, 서술성, 부사성 등으로 나누는 것이 보통이었는데 (§6.3.1.1, 200쪽), 최근에 와서는 전통적 단순 접속소는 물론, 부사적 성격을 띤 의존 명사와 기능적 자립 명사까지 합하여 절 연결 (clause linking)의 의미론적 유형을 다시 세우고 있어 (손호민 2009/2013: 258-287), 문장 접속에 대한 인식을 새로이 할 수 있다. 그러나 이곳에서는 의존 명사와 기능 명사를 분리하는 관점에서 문장 접속의 질서를 구명하여 보려고 한다.

(9) 가. (입을 다무 (<다물))ㄴ 채 말하지 말아라.
나. (X 야단하)는 바람에 기를 못 쓴다.
다. (X 기다리)던 차에 자네가 왔다.

(9)에 나오는 '채, 바람, 차'는 모두 "부사성 형식 명사" (고영근 1989/1999나: 103)인데 그 기능은 앞의 부사절 내포에 의한 문장 형성과 큰 차이가 없다. 이를 앞에서 한정성 의존 명사절 (§8.1, 605쪽)이라고 불렀었다. 일찍이 람스테트 (1939: 123)에서는 의존 명사의 기능이 하위절을 이끌어 상위절에 결합시키는 것이 중요 기능이라고 설파한 일이 있고 저자도 이미 고영근 (1970/1999: 106)에서 그런 사실을 지적한 바 있는데 바로 위의 (9)가 그러한 예이다. 사실 (9)와 같은 예에 대하여

---

56) 그런데 윤소연 (2013)에서는 '-어다가'를 '-어서'와 함께 연속 동사 (serial verbs)로 처리한다. '-어서'와 '-어다가'는 다음과 같이 두 동사 사이에 다른 성분이 끼어들 수 있기 때문에 종속 접속소로 보아야 한다. 우리말의 연속 동사에 대하여는 앞 (§8.6.10.2, 730쪽)에서 자세히 베풀었다.

고기를 구워서/다가 (석쇠에 구워) 먹었다.

위의 논문에는 '쳐다보다, 내려다보다, 들여다보다, 건너다보다, 바라다보다, 올려다보다' 등도 같이 다루고 있으나 '치-, 내리-, 들이-, 건너-, 바라-, 올리-'는, 이미 단어 형성법 (§6.7.5.3.B, 350쪽)에서 논한 바와 같이, 어근에 지나지 않는다.

“준연결 어미”라 부르기도 하는데 이밖에도 많은 예를 추가할 수 있다 (고영근 2009나: 190).

다음은 기능 명사가 의존 명사와 같이 한정절을 형성하는 예이다.

(10) 가. (내가 안 가)$_{cf}$<u>는 대신</u> 아들을 보내었소.
　　나. (철수가 나가)cf<u>ㄴ 다음에</u> 영희가 들어왔다.
　　다. (해수욕장으로 향하)cf<u>는 동안</u> 그는 한 마디 말이 없었다.
　　라. (그 약품은 약효가 빨라서 좋)cf<u>은 반면에</u> 사용상의 주의를 요한다.
　　마. (아버지를 보)cf<u>는 순간</u> 나는 그만 숨이 막히고 현기증이 일었다.

(10)은 기능 명사 ‘대신’ (가), ‘다음’ (나). ‘동안’ (다), ‘반면’ (라), ‘순간’ (마)가 수식적 동명사 어미와 통합하여 한정절 기능을 수행하는 것이다. 사실 (9), (10)은 자립성 여부에 따라 나누기는 하였으나 기능에 있어서는 차이가 거의 없다는 것을 알 수 있다.

C. 명사적 동명사 어미와 격 어미에 의한 통합체

다음은 성격이 좀 다르다.

(10-1) 가. (향기가 좋은 꽃이)$_{cf}$<u>기에</u> 한 묶음 샀어요.
　　나. 나는 (드디어 작곡가가 되)$_{cf}$<u>기로</u> 작성하였다.

위의 예는 격 어미와 명사적 동명사 어미의 합성에 의하여 형성된 통합체이다. (가)는 앞 (§7.6.3.1, 563쪽)에서 든 예인데 보문자인 명사형 어미에 처격 어미가 붙어 한정절을 형성하였다. (나)는 보문자에 조격 어미가 붙어 역시 한정절을 형성하였다 (§7.6.3.2, 565쪽). 종속 접속소에는 접속 부동사뿐만 아니라 의존 및 기능 명사에 의한 통합체와 명사적 보문자와 격 어미에 의한 통합체를 세울 수 있다.

D. 종결 첨사

다음은 종결 첨사 (§6.5.3.1, 303쪽)에 의한 문장의 접속이다 (『연세한국어사전』 641쪽).

(10-2) 가. (봄이 왔다)<u>마는</u> 돈이 없구나.
　　나. (그 여자 내력이야 우리가 어찌 알까)<u>마는</u> 혼자 있는 젊은 것이 돈이 많으면 얼마나 많을까?
　　다. (여러분도 이미 아시는 일입니다)<u>마는</u> 제가 일전에 중국에 갔을 때입니다.
　　라. (미안합니다)<u>마는</u> 말씀을 좀 묻겠습니다.
　　마. (아이들이 한번 아스크림을 먹더니)<u>마는</u> 자꾸 사 달라고 한다.

(가)는 평술 정동사형 아래, (나)는 의문 정동사형 아래, (다)는 (가)와 같이 평술 정동사형 아래, (라)는 아주 높임의 평술 정동사형 아래, (마)는 회상 접속의 부동사 아래 실현되어 있다. 그 접속

의 기능을 면밀하게 파악할 필요가 있다.

8.7.2.3. 명사구와 동사구 접속

접속에는 명사구 접속과 동사구 접속이 있다. 먼저 명사구 접속을 보기로 한다.

(11) 가. 가게에 **감**과 **배**가 많이 쌓여 있다.
나. 잔치상에 **떡**하고 **술**하고 많이 차려 놓았다.
다. 화실에는 **종이**에다 **먹**에다 모두 갖추어 놓았다.

(11)은 명사구가 접속격 어미와 후치사에 의하여 대등적으로 이어진 것이다. (11가)는 '감'과 '배'를 특별히 구별하지 않고 묶어서 쌓여 있는 사태를 표현하였다고도 볼 수 있고 따로따로 쌓여 있는 것을 한 문장으로 표현하였다고도 할 수 있다. 화자의 사태 파악의 관점에 따라 단순문도 될 수 있고 복합문도 될 수 있다. (11나)는 후치사 '하고'가 부정격 '∅'를 사이에 두고 '떡'과 '술'을 접속하여 주고 있다. (11다)는 격 어미 '-에'에 후치사 '다' (<다가)가 붙은 것인데 화자의 사태 파악의 태도에 따라 단순문도 될 수 있고 복합문도 될 수 있다. 주시경은 일찍이 그의 명저『國語文法』(1910)에서 한 문장의 의미는 화자의 태도에 따라 달리 해석된다고 하였다 (고영근 1982/1983; 297-298, 2014나: 134, 155-156).

동사구 접속에는 앞의 (5)에서 든 다음 예가 이에 해당한다[57].

(11-1) 가. 철수는 (X 멀)고 먼(X 멀)은 하늘 나라로 가 버렸다.
나. (X 기)나 긴 (X 길) ㄴ 겨울도 지나가 버리고 꽃 피고 새 우는 봄이 왔다.
다. (X 자)나 (X 깨)나 아들 생각에 잠겨 있다.

고영근 (1975/1999나: 407)에서는 위의 예를 강세로 처리하였지만 관점을 달리하면 동사구 접속이라고 할 수 있다[58].

8.7.2.4. 문장의 배합에 따르는 통사 기제

한 문장이 큰 문장 안에 내포되거나 문장끼리 만나 서로 접속되어 더 긴 문장을 만들다가 보면 성분이 숨기도 하고 다른 말로 대치되기도 한다.

(12) 가. 저 사람이 노래하면서 가오.
나. 한 사람이 낚시를 들고 내에 와서 고기를 잡으오.

---

57) 저자는 고영근 (1975/1999나: 425-426)에서 전통 문법의 부사형 '-어, -게, -지, -고'와 '-곤, -어야'를 종속적 단어 접속으로 간주하였으나 이들은 부동사 어미로 보는 것이 옳다고 보고 이곳에 넣지 않았다.

58) 저자는 고영근 (1975/1999나: 406-407)에서 단어 접속소를 "반의 대립을 위한 접속"과 "강세를 위한 접속"으로 나누고 후자에는 앞의 '-고, -나'와 '-디'를 두었었다. 그런데 남기심 · 고영근 (1985/2014: 218)에서는 김창섭 (1981)에 근거하여 모두 형용사 합성법으로 다룬 바 있으나 전자는 어미로 보는 것이 옳은 것 같아 이곳에서는 단어 접속소에 넣었다. 그러나 단정하기가 어려워 보인다.

위의 (12)는 주시경의『國語文法』(1910)에서 뽑은 것인데 다음과 과정을 밟아 형성된다고 하였다.

(12) 가'. 저 사람이 노래하면서 (저) (사람) (이) 가오.
나'. 한 사람이 낚시를 들고 (그) (사람) (이) 내에 와서 (그) (사람) (이) 고기를 잡으오.

(12가')는 겉으로 보면 동사가 '노래하-'와 '가-'의 두 개라고 생각할 수 있으나 뒤의 동사 '가-'에도 앞의 동사와 같이 주격 보족어 명사구 '저 사람 (이)'를 상정할 수 있다, 그러니까 뒤의 동사 앞에는 괄호 안의 성분이 숨어 있는 것으로 볼 수 있다. 앞 (§5.4)에서 언급한 바와 같이, 주시경은 이런 경우 성분이 "숨은 뜻"으로 존재한다고 보고 있다. 주시경의 "숨은 뜻"은 현대 생성 문법의 공백화 (gapping)과 완전히 일치한다. (12나')도 마찬가지로 두 후행절의 동사 앞에는 선행절의 주격 보족어 명사구가 숨어 있는 것을 복원시켜 놓은 것이다. 복원하는 과정에서는 선행절의 '한 사람 (이)'라는 부정 관형사로 된 주격 보족어 명사구는 후행절에 와서는 모두 한정적인 명사구 '그 사람 (이)'으로 바뀌어 버린다.

다음은 문장의 배합 과정에서 재귀화 현상이 일어나는 예이다.

(13) 가. 어머니는 아들을 (자기가 원하)는 학과에 보냈다.
나. 영수는 (자기의 비밀이 탄로났)음을 알았다.
다. 영수는 (자기가 교수이)고 (자기 아내는 가정 주부이)다.

(13가)는 모문의 주격 보족어 명사구 '어머니'가 수식절에서 재귀 대명사로 바뀌는 예이고 (13나)는 모문의 주격 보족어 명사구 '영수'가 명사절에서 재귀 대명사로 바뀌었다. (13다)는 모문의 주격 보족어 명사구 '영수'가 앞뒤 대등절에서 모두 재귀 대명사로 바뀌는 예이다. 이밖에도 김종록 (1993: 14-188)을 보면 문장의 배합 과정에는 주어 및 주제화 제약, 보조사와의 제약, 부정법과 문체법의 제약이 있음을 들고 있다.

접속소는 그 나름의 의미가 있어서 절을 잇는 데 있어서 제약이 발생하는 일이 있다.

(14) 가. 비가 와서 길이 질다.
나. 길이 지니까 비가 온 것이 틀림없다.
다. 팥을 심으면 팥이 나지 콩이 나지 않는다.
라. 비가 그치거든 가거라/가자.

(14가)가 가능한 것은 비가 온 것이 길이 질게 된 원인이 될 수 있기 때문이다. 이에 대하여 선행절과 후행절을 바꾼 다음 문장은 성립되지 않는다 (남기심 · 고영근 1985/2014: 405-407).

(14) 가'. *길이 질어서 비가 왔다.

길이 진 것이 비가 온 원인이 될 수 없기 때문이다. (14나)에서 '-(으)니까'는 원래 주론하여 이유를 따지는 뜻을 표시하므로 뜻이 통하는 문장이 되었다. (14다)는 하위절에 접속소 '-지'가 오면 상위절이 부정형으로 실현되는 예이다. (14라)는 하위절에 접속소 '-거든'이 오면 상위절에 반드시 명령형이나 제안형 어미가 와야 함을 보이는 예이다.

다음 예는 상위절과 하위절의 주격 보족어 명사구가 같을 때에 사용된다.

(15) 가. 사람들이 싸움 구경을 하느라고 X 저렇게 모여 있습니다.
　　나. 나는 어제 그 소식을 듣고서 곧 떠날 준비를 하였다.
　　다. 무엇 하려고 X 여기에 왔느냐.

이런 문제는 앞 (§8.7.2.2, 750쪽)의 종속 접속소는 물론, 의존 명사 및 기능 명사의 통합체에 의한 문장 접속까지 포괄하는 관점에서 논의하면 지금까지 보지 못하던 우리말의 접속의 세계가 밝게 드러날 것이다.

8.7.3. 중세어와 고대어의 문장 배합과 그 변화

8.7.3.1. 중세어의 문장 배합

중세어의 문장 배합도 당대어에 준하여 설명할 수 있다. 중세어의 문장 배합에 대하여도 특히 접속소를 중심으로 한 허웅 (1975: 521-627), 김송원 (1990), 장요한 (2008, 2011, 2014) 등의 업적을 참고하되 주로 고영근 (2010다: 365-383)과 관련시켜 가면서 문장 배합의 질서를 찾아 보려고 한다.

다음 예는 명사절, 수식절, 동사절, 한정절이 큰 문장에 내포된 예이다

(1) 가. ① (부텨 授記ᄒᆞ샤미<*ᄒᆞ시)옴이 글 쓰미 ᄀᆞᆮ고 (월인석보 8, 96)
　　　② (ᄂᆞᆷ ᄆᆡᄫᆞᆫ ᄠᅳ들 둘따s)$_{NP}$ ᄒᆞ야시ᄂᆞᆯ (월인석보 2, 64)
　　나. ① (므레 비췬<취)ㄴ ᄃᆞᆯ (월인석보 2, 55)
　　　② (불휘 기픈>프)ㄴ 남ᄀᆞᆫ ᄇᆞᄅᆞ매 아니 뮐ᄊᆡ (용비어천가 2장)
　　다. 이 東山ᄋᆞᆫ (남기 됴<ᄒᆞ)ㄹᄊᆡ (석보상절 6, 24)
　　라. (돈 업시<없)이 帝里예 살오 (두시언해 20, 37)

(1가)①은 앞 (§8.7.1.1.(1))과 같이 '부텨 授記ᄒᆞ시-'라는 형성소 연쇄체가 독립적 동명사형 어미 '-옴'에 의하여 명사절이 되어 있다. ②는 피인용절인 내포문이 동시에 명사구가 되고 따라서 그 동사에 타동사 표지 '야' (<어)가 일치하여 있으니 작은 괄호 안의 S는 명사구임에 틀림없다 (고영근 1985/1999나: 3-14). 이로써 우리말의 피인용절은 전 시대에 걸쳐 명사구임이 실증된 것이다. (1나)①은 이른바 "빠져나간 매김마디" (허원욱 2015: 161)로서 'ᄃᆞ리 므레 비취-'의 주격 보족어 명사구가 수식절의 핵으로 이동한 예이다. ②는 '불휘 깊-'이라는 한 문장이 앞 (§8.7.1.2)의 (4) (744쪽)와 같이 수식적 동명사형 어미 '-ㄴ'에 의하여 수식절이 되어 있다. (1다)는 '남기 둏-'이라는 형성소 연쇄체가 앞 (§8.7.2.2)의 (7-1) (751쪽)과 같이 '-ㄹᄊᆡ'라는 부동사 어미에 의하여 상태

동사절이 되어 있다. (1라)는 앞 (§8.7.1.4)의 (10) (747쪽)과 같이 '-이'라는 굴절성을 띤 접사에 의하여 한정절이 되어 있다.

중세어가 당대어와 다른 점은 당대에 널리 쓰이고 있는 독립적 동명사형 어미 '-기'가 드물다는 것이다. 그 대신 심리 동사 '어렵-, 슳-, 둏-'는 당대의 명사형 어미 '-기'에 대응하는 '-디'를 취하였다.

(2) 가. 내 겨지비라 (X 가져 가)디 어려ᄫᅳᆯ씨 (월인석보 1, 13)

이는 당대에서 '어렵-'이라는 심리 동사가 명사형 어미 '-기'를 취하는 것과 조금도 차이가 없다. 동명사형 어미 '-디'는 정도성을 가진 감정 표시의 동사 중 일부 '둏-, 어렵-, 슳-'와 같은 상태 동사를 서술어로 갖는 일부 동사에 분포한다는 견해가 있음을 덧붙여 둔다 (홍종선 2017: 655).

문장의 내포에 이어 문장의 접속을 보기로 한다.

(3) 가. [{(方丈山이 다 므레 니셋고<니ᅀᅥ 잇)고 (天台山이 다 구루메 비취엿<옛)}도다] (원시 생략) (두시언해 16, 44)
나. [{(곶 됴코 <둏)고 (여름 하)}ᄂᆞ니] (용비어천가 1장)
다. [{(子ᄂᆞᆫ 아ᄃᆞ리<아ᄃᆞᆯ이)오 (孫ᄋᆞᆫ 孫子ㅣ)}니] (월인석보 1, 7)

위의 (3)은 형성소 연쇄체가 부동사 어미 중 접속소 '-고'에 의하여 이어지고 다시 정동사 어미에 의하여 한 개의 문장으로 마무리된 것이다. (3가)는 동작 동사의 완료상이, (3나)는 상태 동사가, (3다)는 계사가 대등 접속소 '-고'에 의하여 이어지고 마지막으로 '-도다'에 의하여 한 문장으로 마무리된 것이다. 앞 (§8.7.2.1.A, 748쪽)의 당대어의 (1)의 직접적 소급형으로 아무런 차이가 없다.

중세어의 대등적 접속소로 쓰이는 부동사에는 다음과 같은 것이 있다.

(4) 가. [(또 玉女ᄃᆞᆯ히 虛空애셔 온가짓 풍류ᄒᆞ)며 (굴근 江이 ᄆᆞᆰ고 흐르디 아니ᄒᆞ)며 … (온가짓 病이 다 됴ᄒᆞ)며 (一切 즘겟 神靈이 다 侍衛ᄒᆞᅀᆞᆸ)]더라 (월인석보 2, 32-33)
나. [(그 사ᄅᆞ미 ᄒᆞ다가 病ᄒᆞ면 ᄡᅳᆫ 마시 잇)곡 (병 업슨 사ᄅᆞᄆᆞᆫ 져기 ᄃᆞᆫ 觸이 이시리)]니 (원문 생략) (능언경언해 3, 9)

(4가)의 '-며'는 당대의 (2) (§8.7.2.1, 748쪽)와 같은 예인데 당대어와 같이 접속소 '-고'로 대치할 수 있다. (4나)의 '-곡'은 앞의 (3가)와 같은 기능을 하는 '-고'의 수의적 변체로 보인다.

대등 접속에 이어 종속 접속의 부동사 어미를 보기로 한다. '-고'가 앞의 (3)에서는 대등 접속소의 기능을 띠고 있지마는 여기에 후치사 '셔, 다가'가 붙거나 첨사 '도, ᅀᅡ'가 붙으면 종속 접속소로 전환된다.

(5) 가. (X 비록 사ᄅᆞᄆᆡ 무레 사니)고도 (즁ᄉᆡᇰ마도 몯호<ᄒᆞ오)이다 (석보상절 6, 5)
나. (X ᄡᆞ러 封ᄒᆞ)고셔 端午애 進賀ᄒᆞᄂᆞᆺ다 (원문 생략) (두시언해 25, 48)
다. (X 眷屬 ᄃᆞ외ᅀᆞᄫᅡ셔<ᅀᆞᆸ)아셔 셜ᄫᅳᆫ 일도 이러ᄒᆞᆯ쎠 (석보상절 6,5)
라. (X 日月ᄋᆞᆯ 자바다가<잡)아다가 (X 귀옛 구슬 호리라<ᄒᆞ오리)라) (석보상절 13, 10)

마. (X 재조 겻구)<u>고ᅀᆞ</u> (須達이와 舍利弗왜 精舍ᄅᆞᆯ 짓)더니 (석보상절 6, 35)

(5가)는 대등 접속소에 첨사 '도'가 붙은 것인데 이때에는 기능이 달라져 양보의 의미가 파악된다. 이는 일찍이 허웅 (1975: 569)에서 지적된 바 있고 저자도 당대어의 부동사 어미를 체계 세우는 마당 (고영근 1975/1999나: 420-423)에서 이런 사실을 지적한 바 있다. (5나)의 '-고셔'는 대등 접속의 부동사형 어미 '-고'에 후치사 '셔'가 붙은 것인데 역시 대등의 기능을 종속으로 변화시킨다. (5다)의 '-아셔'는 대체로 비타동사 아래에 쓰이는데 종속성의 부동사 어미 '-아'에 후치사 '셔'가 붙은 것이다. (5라)의 '-아다가'의 '다가'는 '셔'와 같은 후치사로서 전자가 타동 동작 동사에 붙는다면 후자는 자동 동작 동사에 붙는 것으로 보인다. 당대어에 비하여 (§8.7.2.2.A, 748쪽), 규칙이 엄격한 것 같으나 예가 많지 않아 단정을 불허한다. (5마) 역시 (5가)와 같이 대등소 '-고'에 첨사가 붙은 것인데 대등성을 종속성으로 바꾸었다.

그러나 중세어에는 대등적 접속소 '-고, -(으)며'가 종속적으로 쓰이기도 하여 (장요한 2008: 28), 당대어와 같이 대종문을 세울 수 있어 보인다.

(6) (太子ㅣ 술위 ᄐᆞ시)<u>고</u> (X 東山에도 가시)<u>며</u> 아자바닚긔도 가샤 (석보상절 3, 7)

그러는가 하면 (5다, 라)처럼 종속 접속의 후치사 '셔, 다가'가 붙는 것을 보면 그렇게 선불리 단정하기가 어려워 보인다.

중세어도 당대어와 같이 주절의 주격 보족어 명사구가 종속절의 그것과 같으면 주절에서 숨는 이른바 공백화 현상이 일어난다.

(7) 聖子ㅣ 出家ᄒᆞ시면 (X 正覺ᄋᆞᆯ 일우시리로소이다) (월인석보 2, 23)

주절의 자리에 있는 X가 바로 종속절에서 주격 보족어 명사구가 숨어 있는 것이다.

다음은 당대어의 재귀 대명사 (§8.7.2.4, 755쪽)과 같이 재귀 대명사로 바뀌는 것이다.

(8) 가. (**廣熾** 깃거) (제<<u>저</u>ㅣ 가져 가아) (월인석보 2, 9)

나. (**淨飯王**이 깃그샤) (X 부텻 소ᄂᆞᆯ 손소 자ᄇᆞ샤 ᄌᆞ걋<<u>ᄌᆞ갸</u> ㅅ) 가ᄉᆞ매 다히시고 (월인석보 10, 9)

(8가)는 종속절의 '**廣熾**'가 주절에서 '저'로 대치되었고 (8나)는 종속절의 '**淨飯王**'이 주절에서 'ᄌᆞ갸'로 대치되었다.

중세어에도 당대와 같이 종속절의 접속소가 주절에 제약을 가하는 일이 있다.

(9) 가. 아래 가신 八綵女도 **니거시니** ᄆᆞᄉᆞ기 <u>썰ᄇᆞ리잇고</u> (월인석보 8, 93)

나. ᄒᆞ나ᄒᆞᆫ 比丘ㅣ 큰 戒ᄅᆞᆯ 디녀 잇거든 比丘尼 가 正法ᄋᆞᆯ **ᄇᆡ호디ᄫᅵ** 업시우믈 <u>말</u>씨오 (석보상절 13, 49)

다. 내 니마해 ᄇᆞᆯ론 香이 몯 **ᄆᆞᆯ랫거든** 도로 <u>오나라</u> (월인석보 7, 7)

(9가)는 확인법의 선행 어미 '-거-'가 선행절에 오면 후행절인 주절이 의문법으로 끝나는 예이다. (9나)는 앞 (§8.7.2.1)의 당대어의 (14다, 755쪽)의 직접적 소급형인데 중세어도 주절에 부정 동작 동사 '말-'이 온다. (9다)는 앞 (§8.7.2.4, 755쪽)의 당대어의 (14라)의 직접적 소급형인데 명령형이 일치하고 있다.

중세어에도 당대어 (§8.7.2.3.(11), 753쪽)과 같이 명사구 접속을 둘 수 있다.

(10) 가. (王) … 果實와 믈와 좌시고 (월인석보 1, 5)
나. 二儀ᄂᆞᆫ 두 양ᄌᆡ니 하ᄂᆞᆯ과 ᄯᅡ콰ᄅᆞᆯ 니르니라 (석보상절 19, 13)

(10가)는 왕이 '果實'과 '믈'을 따로 먹는다고 하기보다 한꺼번에 먹는다고 생각하면 '果實'과 '믈'이 접속격 '-와'에 의하여 이어진 것으로 볼 수 있다. (10나)의 '二儀'는 '하늘'과 '땅'이 떨어져서는 이룰 수 없는 개념이므로 역시 명사구 접속으로 보지 않을 수 없다.

중세어에도 당대어의 '기나 긴'과 같은 동사구 접속이 확인된다 (서형국 2005: 101-123). 간단히 해당 예만 든다.

(11) 볼가 몯 홀가, 볼동말동, 외니 올ᄒᆞ니, 오라고 먼, 나져 바며, 크락져그락, 펴락쥐락 …

8.7.3.2. 고대어의 문장 배합

이곳에서는 앞 (§6.2.4.3.B, 168쪽)에서 확인한 고대어의 동사 활용 체계 중 부동사와 동명사를 중심으로 고대어의 문장 배합의 질서를 탐색해 보려고 한다.

먼저 동명사형에 의한 문장의 내포를 보기로 한다. 동명사형 어미에는 '-n, -l'의 두 가지가 있으며 구조적으로는 '-n'으로 단일화할 수 있다 (고영근 1981/2011나: 30-34, 1982/2004: 201). 먼저 '-n' 동명사부터 보기로 한다.

(12) 가. 諸佛如來ア 說白ノ1 (니르ᅀᆞᄫᆞᆫ) **甚深法**ㄴ 心氵十… (금강명경3, 22-24)
나. 當願衆生 大悲 … 熏ノ1 (ᄒᆞᆫ) **所** (바)刂罒 (바이라) (화엄 7, 14-17)

(12가)는 당대어나 중세어의 수식적 동명사형과 같은 기능을 하는 동명사 구문이다. 그것은 다음과 같이 평술문으로 전개하였을 때, 공통된 논항 '**甚深法**'을 복원할 수 있기 때문이다. 작업의 편의상 중세어로 전개한다.

(12) 가'. … **甚深法을 니르ᅀᆞᄫᆞ니라**.

(12나)도 마찬가지다. '**所**' (바)도 의존 명사 '것'과 같이 자립 명사구를 대용할 수 있는 의존 명사구이다. 위의 구문은 훈민정음 서문의 '니르고져 홇 배 이셔도'의 구문과 일치하는 것이다.

다음 예는 동명사형의 독립적 용법이다.

(13) 定法ㄴ 聽聞丷1ラ (청문ᄒᆞᆫ의) (청문한 이의) 得ノ1 所七 … (유가 6, 7~13)

위의 구문은 다음과 같이 전개할 수 있다. 중세어로 전개한다.

(13') 定法을 聽聞ᄒᆞ니라 (<ᄒᆞᆫ이라)

위에서 첨사 탈락 규칙 (고영근 1982/2004가: 201)을 적용하면 '聽聞ㄩ ㄱ'이라는 독립적 동명사형이 형성되고 이와 함께 뒤에 속격 어미 'ㄋ'가 붙는 것이 설명된다. 위의 예는 고대어에 동명사형의 독립적 용법이 편재 (遍在)하여 있었음을 뒷받침하는 자료가 된다.

다음 예는 독립적 동명사형이 문장 접속소의 기능을 발휘하는 것이다.

(14) 가. 何ㄩ ㄱ ㄴ 十一刂 丨 ノ 令 ㅁ 謂ㄱ (이른바, 이르니) 思所成慧 … (유가 11, 12-14)
나. 菩薩刂 三昧 ㄷ 中ㄋ ㄒ 住在ㄩ ㄋ ㄩ ㄱ (주재한즉, 주재하니) 種種 ㄷ 自在 灬 衆生ㄴ 攝ㄩ ナ 令 ㅊ (화엄 17, 4~10)

위의 (14가)는 'n' 동명사가 문장 접속소의 기능을 발휘하는 것이다. 당대어나 중세어는 이런 경우 '바'와 같은 의존 명사가 붙었는데 고대어는 그 자체로써 문장 접속소의 기능을 하였다. (나)의 '住在ㄩ ㄋ ㄩ ㄱ'은, 괄호 안에 보인 바와 같이, 그것이 붙음으로서 뒤의 상위절을 한정하는 하위절의 역할을 한다.

다음은 'l' 동명사형의 수식적 용법이다.

(15) 菩薩摩訶薩ㄕ 初發心ㄱ 名ノ 妙寶起 ㅗ ノ ㄕ (묘보기라고 하는) **三摩提**刂 攝受ㄩ ㄱ ㅅ 灬 得ㄋ ㄲ 生ㄩ ㄅ (금강명경 8, 16-25)

위의 예는 'ㄕ' 동명사형의 수식적 예이다. 이를 평술문으로 전개하면 다음과 같다. 당대어로 전개한다.

(15') **三摩提를** 妙寶起라고 한다.

여기에는 앞의 (12가)와 같이 공통된 논항 '三摩提'를 추출할 수 있다.

다음 (16)은 (12나)와 같이 의존 명사 'ㅊ' (디)를 수식하는 것이다.

(16) 行道 ㄷ 勝利ㄴ ㄩ ㄕ ㅊ (행도의 승리를 하는 것이) 是 波羅蜜義刂 ㄅ … (금강명경 5, 8~15)

다음 (17)은 독립적 동명사 어미 'ㄕ'에 대격 어미 'ㄴ'이 통합된 것이다. 이런 현상은 중세에서도 볼 수 없는 바 아니나 고대어에 널리 분포되어 있었다.

(17) 若十地ㅊ 十自在ㅊ ノ ㄕ ㄴ (십자재라고 하는 것들을) 獲ㄋ ㄲ (화엄 13, 21~24)

다음 (18)은 'ㄹ (丨)' 동명사가 접속소의 기능을 하는 것이다.

(18) 爾時ㄒ 文殊師利菩薩ㄱ 智首菩薩ㄴ 告ㄩ ㄋ 言ㄲ ㄕ (이르시되) 善ナ ㄱ 佛子ㅊ (화엄 2,

10~11)

이상과 같이 고대어의 'n, l' 동명사는 중세어와 같이 수식적 용법도 있었으나 자립적 용법이 우세하여 비정동형, 이를테면 동명사형과 부통사형에 널리 퍼져 있음을 확인할 수 있다.

8.7.3.3. 문장 배합과 명사구 접속의 질서 변화

A. 문장 배합의 질서 변화

이곳에서는 고대어로부터 당대까지 문장 내지 단어 배합의 질서가 어떻게 변화하였는가를 추적하여 보기로 한다. 우리말의 문장이 내포소와 접속소에 의하여 한 문장이 큰 문장 안에 안겨들고 문장끼리 결합하여 더 긴 문장으로 확대되는 일은 예나 지금이나 큰 차이가 없었다. 이곳에서는 세부적인 변화 양상을 중점적으로 적어 보기로 한다.

가장 중요한 변화는 향가와 석독 구결에 널리 퍼져 있는 'n, l' 동명사가 중세어에 와서 매우 소극화되었다는 것이다. 문제는 이런 소극화 현상이 어떠한 과정을 거쳐 중세에 와서 일부의 예에만 남아 있는가 하는 문제를 풀어 내어야 할 것이다.

석독 구결과 향찰을 비롯한 고대어 자료를 유심히 검토하여 보면 수식적 용법밖에 독립적 용법이 우세하여 문장 접속에 자유롭게 운용되고 있었다. 중세어에는 이런 현상이 매우 소극적으로 관찰되는데 고대어에는 폭 넓게 실현되었다. 이런 변화의 과정이 적나라하게 밝혀지려면『대명률직해』를 비롯한 고려 시대의 이두 (이승재 1992)와 조선조 초기의 이두 자료 (박성종 2006, 2016)에 대한 세심한 관찰이 수반되어야 가능해 보인다.

둘째로는 중세어의 설명 · 인용의 부동사 '-오딕'에 대응하는 석독 구결의 예가 다음 예에서 보는 바와 같이 'ノ ㄱ ム' (*-온딕)로 나타난다. 경우에 따라서는 'ㅎ ㄱ ム'나 'ア' 로도 나타난다

(19) 가. 二乙 求ノㄱム 得ろクㅎ{可}ヒソㄱ 不矢ㅅ (구역인왕경 15, 4-5)

나. 亦 憂慮ソろホ 謂ア 我ラ 我ㄱ 今ㅂ{者} {爲}何所ろ十 (유가 22, 20-23)

이 문제는 전정례 (1995)에서 지적되기는 하였으나 'ㄱ, ア'이 왜 탈락되었는가 하는 문제가 아직도 풀리지 않고 있다. 중세어에는 앞의 '-오딕'와 비슷한 의미의 어미가 있어 이들과의 관계를 밝히는 문제도 심상치 않다 (장윤희 2010).

셋째로는 향가에 나오는 부동사 어미 '-遣'의 해독이다. 이 글자는 부동사로만 쓰이는데 1950년대 중반에 '-遣'의 훈인 '보내다'의 '보'로 읽는 시도도 없지 않았으나 지나친 비약이었는지 별로 관심을 끌지 못하였다. 그러나 석독 구결이 나타남이 계기가 되어 '*견'으로 읽어 선행 어미 '-겨-'와 동명사 어미의 통합형으로 보는 일도 있었다 (황선엽 2002: 167-170).

넷째로는 'ㄱ ㄴ'의 해독이다. 석독 구결에는 문장 접속소로 어간 뒤에 'ㄱ ㄴ'이 붙는 예가 많이 나타난다 (남미정 2004). 이는 동명사형 어미 'ㄱ'[n]에 대격 어미가 붙은 것으로 보고 있다. 그러는가 하면 여기에 동사 표지 'ㅎㅁろ'가 붙기도 한다. 중세어에는 'ㄱ ㄴ에 대응되는 어미는 직접 어간에 붙지 못하는데 고대어에는 '住ソ 二 ㄱ 乙' (구인 11, 3-6)과 같이 선행 어미 '二' (시)나 어간

에 바로 붙기 때문에 ‘乙’을 독립된 어미로 보지 않을 수 없다 (이용 2003: 79-80). 그렇게 본다면 고대어의 ‘乙’과 ‘等’에 대한 인식을 새로이 할 필요가 있다. 중세어의 ‘-거 ∝ -어 (늘)’, ‘-거 ∝ -어 (든)’과 관련시킬 때 고대어에는 ‘去 ∝ 良’가 모든 환경에 걸쳐 훌륭한 형태소의 기능을 띠고 있었다고 말할 수 있어 보인다. 그렇게 본다면 처용가에 나오는 ‘奪良乙’과 청산별곡에 나오는 ‘혀겨를’ (‘늘’의 잘못)도 전통적인 해석과 같이 ‘빼앗는 것을’, ‘켜는 것을’로 해석하는 것이 옳을지 모른다. 저자는 고영근 (1985/2004가: 318-321)는 위의 구성을 접속 구성으로 해석하였던 것이다.

다섯째로는 당대어의 ‘X기 전 (前)’의 변화이다 (장윤희 2008). 당대에는 기능 명사 ‘전’의 앞에는 ‘학교에 가기 전’과 같이 명사형 어미 ‘-기’가 오는데 중세나 고대로 올라가면 사정이 간단치 않다.

다음은 15세기 문헌이다.

(20) 녯 부텨 몯 **나 겨실** <u>前</u>에 얼의여 ᄒᆞᆫ 相이 두렵더니 (구결문 생략) (금강경삼가해 1, 9)

당대 같으면 ‘겨시기’와 같이 명사형 어미가 와야 할 자리에 수식적 동명사형 어미 ‘-ㄹ’이 와 있다. 그런데 고대어 자료를 보면 속격 구성으로 나타난다.

(20-1) 幻諦七 法ㄱ 佛リ 出世ソ白ㄋ尸 **無七ニㄱㅌ七** <u>前ㄋ十</u> 名字 無七ㅎ 義七 名無七 ㅎソケ (구역인왕경 14, 2-3)

속격 구성으로 볼 수 있는 것은 ‘無七ニㄱㅌ七’이 ‘업신 ㄷ’으로 해독되기 때문이다. 그런데 근대에는 ‘前’ 앞에 수식적 동명사형이 오고 17세기부터는 당대와 같이 명사형 ‘-기’를 취하였다.

(21) 가. **出家티 아닌** <u>前</u>은 生來에 胎裡에셔 素서ᄅᆞᆯ 먹고 (오륜전비언해 5, 22)
나. 아ᄃᆞᆯ ᄌᆞ식도 글 **ᄇᆡ호기** <u>젼</u>은 어미게 잇ᄂᆞ니 (계녀서 288)
다. 더옥 글ᄌᆞ **쓰기** <u>젼</u>의 앗길지니 (경신록언해 64)

(21가)의 『오륜전비언해』는 18세기 전반기 (1721)의 문헌이고 (21나)의 『계녀서』는 17세기 문헌이다. (21나)와 같이 17세기부터 독립적 동명사가 싹을 보이면서 한동안 수식적 동명사형 (21가)와 경쟁하다가 19세기 후반에 나온 (21다)의 『경신록언해』에 와서는 당대와 같이 독립적 동명사형이 자리를 잡은 것으로 보인다.

B. 명사구 접속의 질서 변화

앞에서 저자는 당대와 중세에 이중 곡용 (§7.6.5.3, 574쪽, §7.6.6.1.F, 586쪽)이 있음을 지적한 바 있다. 특히 중세어의 이중 곡용은 특히 명사구를 접속할 때 맨 끝에 구조격 어미나 첨사를 붙이는 일이 있다. 서형국 (2005: 155, 188-261)에서는 이중 곡용형을 “폐쇄 연쇄형”이라 부르고 “이중 곡용형”이 실현되지 않는 접속 구성을 “개방 연쇄 접속 구성”이라 불렀다.

8.7.4. 방언의 문장 배합

이곳에서는 앞에서 세운 방언의 부동사와 동명사의 체계에 따라 각 지역어의 문장 배합의 질서를 탐색해야 할 것이나 작업의 편의상 경상남도 창원 지역어에 국한하여 방언의 문장 배합의 질서를 탐색하고자 한다. 자료는 김정대 (2007)의『경남 창원 지역의 언어와 생활』(지역어 구술자료 8-1) '내 고향 용강'을 아시나요?'의 부분을 텍스트로 삼아 창원 지역어의 문장 배합의 질서를 탐색해 보고자 한다. 괄호 안의 숫자는 책의 쪽수를 가리킨다.

(22) 가. ① (내 사라나온 거)로 새앙카모 '내가 살아나온 것을 생각하면 (46)
② 그 짜주 간 때미레 (<때밀에) '거기에 자주 간 때문에 (46)
나. (그때는 정기도 안드롹)꼬 (호롱불 씨)고 (그 또 자)고 … (38)
다. (그날 그 나무로 파라<팔)아 가지고 (싱냥 한 도배기라도 안 사 가)모 … '그날 그 나무를 팔아서 식량 한되라도 안 사가지고 가면(52)

(22가)①은 의존 명사 '거'에 의한 명사절이다. 방언에는 공통어의 동명사형 어미 '-(으)ㅁ, -기'와 같은 명사절에 의하여 작은 문장이 큰 문장에 안기는 예는 경북 동해안을 대상으로 한 최명옥 (1980: 117-113)을 제외하고는 보고된 것을 접하지 못하였다. ②는 앞 (§8.6.10.1.A, 728쪽)에서 본 공통어 동명사형과 의존 명사의 통합체와 같은 방언의 예이다. (22나)는 '-고'에 의한 대등 접속 구성인데 당대의 공통어나 중세어 및 고대어와 차이가 없다. (22다)는 당대 공통어의 '-어서, -다가' (§8.7.2.2.A, 751쪽), 중세어의 '-고, -고셔, -어셔, -어다가, -고ᄉᆞ'와 같은 종속 접속 구성인데 이 지역어에는 후치사 '-서'는 보이지 않고 대신 '-아/어 가지고'라는 동사성 후치사가 널리 분포되어 있다. 그러니까 경남 창원 지역에는 종속절의 표지가 후치사 '-어 가지고'임을 알 수 있다. 물론 공통어에도 이런 현상이 있다.

8.7.5. 문장 배합의 유형론

지금까지 논의된 우리말의 문장 배합의 유형론을 지역적·통시적·통언어적 관점에서 전개해 보려고 한다. 통언어적 방면은 송경안 (2008ㄴ), 이건한 (2008)이 나와 작업을 훨씬 수월하게 만들어 주고 있으며 그밖에도 임동훈 (2009), 주지연 (2015) 등도 참고 대상이 된다.

우리말의 내포절은 명사절, 수식절, 한정절, 동사절, 인용절이 있는데 그 가운데서 인용절은 특히 중세어에서는 활용형에 타동사 표지가 실현되고 있어 인용절이 명사절이라는 통언어적 사실을 뒷받침해 주고 있다, 수식절 가운데는 관계절과 보족절이 확인되고 있어 이 역시 통언어적 뒷받침을 받는다.

명사구의 접속에 있어서도 그 나름의 특징이 있다. 지구상의 언어 가운데는 명사구와 동사구의 접속의 형태가 같은 언어도 있고 다른 언어도 있는데 우리말은 다른 언어 유형에 속한다. 물론 후치사적 성격을 띤 'X하고' 같은 예는 동사의 활용형과 기원을 같이하는 점이 있어 예외가 있기는 하다.

앞에서 저자는 문장의 접속에서 대등 접속과 종속 접속을 두었었는데 공통어에서는 후치사 '서, 다가'의 첨가 여하에 따라 양자가 구별되는가 하면 같은 접속소가 대등문과 종속문으로 쓰이기도 하여 우리말의 접속문을 대종성을 띤 것으로 볼 수 있는 측면도 없지 않았다고 하였다. 경남 방언에서는 공통어의 후치사 '서' 자리에 역시 같은 후치사 '(어) 가지고'가 사용되고 있어 통방언적 유형론의 성립을 가능케 하였다. 통시적으로는 중세어에도 대종문을 세울 수 있는 증거가 잡혀지고 있으며 고대어도 접속의 틀은 중세어와 큰 차이가 없어 통시적 유형론의 성립도 가능하다는 것을 알 수 있다. 종속 접속 가운데는 부사성이 짙어 경우에 따라서는 부사절, 곧 한정절로도 볼 수 있는 것이 더러 있다. 이 현상 역시 다른 언어와 공통되는 점이기도 하다. 저자는 종속절을 대등절과 함께 알타이어의 "converbum"에 넣었다. converbum은 정동사와 동명사를 제외한 활용형을 가리키지 부사절을 뜻하는 것이 아님을 거듭 강조하는 바이다.

우리말의 'n, l' 동명사절은 당대는 모두 수식성을 띠고 있고 중세어도 물론 수식성을 띠고 있으나 부분적으로 독립성을 띠고 있는 것이 보이며 고대어에는 접속소로 쓰일 만큼 그 범위가 매우 넓었었다. 이렇게 보면 동명사형에 대한 통시적 유형론도 가능하다고 생각한다. 이미 앞 (§6.2.6, 197쪽)에서 언급한 바와 같이, 몽골어에는 동명사형이 서술어로도 쓰일 만큼 그 범위가 넓은데 이는 문장 접속으로 쓰이는 우리말과의 통언어적 비교를 가능하게 한다.

IX. 통보화용부와 텍스트 형성부

IX. 통보화용부와 텍스트 형성부

9.1. 사태, 화자 및 화자의 태도

9.1.1. 말, 일, 마음

이곳에서는 총론 (§1.3, 10쪽)에서 기본 문법부의 외곽에 점선으로 배치하였던 **통보화용부**와 **텍스트 형성부**를 문법에 통합시키는 문제를 제기하여 보고자 한다[1).

주시경은 그의 『국어 문법』의 "짬듣갈"의 끝에 다음과 같은 말을 하고 있다.

(1) **말**로 그 **뜻**을 밝게 풀어 내기가 어려운 것은 **그림**으로 풀고 **그림**으로도 밝게 하기 어려운 것은 **말**로 풀고 이 두 가지로 다 풀 수 없는 것은 그 **일의 뜻**을 **마음으로 살피어** 풀어야 할 것이다 (주시경 1910/고영근 · 이용 · 최형용 (2010/2011: 67)).

(1)은 우리말 연구의 개척자였던 주시경 (1876~1914)이 『그의 國語文法』 (1910)의 <짬듣갈>의 말미 (末尾)에서 피력 (披瀝)한 어록이다. 이곳에서 "말"은 언어 기호를, "그림"은 도해 (圖解)를 가리킨다. 한편 "일"은 지칭 대상을, "마음"은 화자의 태도를 가리킨다. "일의 뜻"은 지칭 개념을, "마음으로 살피"는 문장의 의미에 대한 해석 행위를 가리킨다.

위의 내용은 모리스 (Morris) (1939)의 기호론의 관점에서 해석한 것인데 (고영근 1979, 1982/1983: 268-310), 주시경은 벌써 1910년에 서양인들보다 30년이나 앞서서 언어 기호[말] 사이의 관계를 다루는 통사론, 언어 기호 ("말")와 지칭 대상 ("일")와의 관계를 다루는 의미론, 지칭 개념 ("일의 뜻")과 해석 행위 ("마음으로 살핌")를 다루는 화용론을 체계화하였던 것이다. 그러는가 하면 주시경은 문장 ("듬") 구조의 입체적 형성과 그 의미 해석을 가하는 선에서 통사부를 마무리지었으며 문장 위의 단위이자 당대의 "Text"에 해당하는 "미"에 대하여는 단위만 세워 놓고 더 나아가지 못하였다. 주시경의 가장 충실한 문하생의 한 사람이었던 최현배는 27년 뒤에 나온 그의 『우리말본』 (1937)에서 "Text"에 해당하는 단위로 "글월"을 세우기는 하였으되 이는 수사학의 대상이라고 하여 그의 문법에서 제외하였다. 그런데 최현배가 학문적으로 빚을 많이 진 일본 문법가 야마타 (山田孝雄) (1873~1958)는 그의 『日本文法論』 (1908: 1496-1500)에서 텍스트 형성을 "修辭的文結合"이라고 하여 문법의 대상으로 삼았다. 저자는 주시경이 단위만 설정해 놓고 더 이상 진전시키지 못한 "미"의 개념을 앞의 화용론적 유산과 함께 당대의 텍스트 과학과 관련시키면서 우

---

1) 이 부분은 고영근 (2017다)에서 논의되었던 내용을 많이 거두어들였음을 밝혀 둔다.

리말 문법의 총체적 모습을 얽는 작업을 마무리하고자 한다.

9.1.2. 문장, 텍스트, 담화

앞의 8장에서는 기본 문형을 중심으로 구체적인 문장의 형성에 따르는 각종 통사적 현상의 비밀을 캐어 내는 작업을 수행하여 왔다. 이곳에서는 문장이 모여서 텍스트를 형성하는 질서를 탐색하고자 한다. 앞 (§2.5, 34쪽)에서 저자는 우리말 문법의 단위로 문장 위의 단위로 "텍스트"(Text)를 세운 바 있다. 현행 학교 문법 (교육부 1985, 남기심 · 고영근 1985: 404)에서는 문장 위의 단위로 "이야기"라는 고유어를 택하고 있으나 이곳에서는 국제적인 관례에 따라 "Text"을 소리대로 적은 "텍스트"를 사용하기로 한다.

다음 예를 보기로 한다.

(1) 불이야.

위의 (1)은 표면상으로 보면 앞 (§8.2.1, 607쪽)의 기본 문형 중의 2가 문형에 해당한다고 할 수 있으나 사정이 단순치 않다. '불'을 보고 어떻게 부르는지 몰라 묻는 어린이의 말이라면 '(그것이) 불이야'가 2가 문형을 형성한다고 말할 수 있으나 그런 경우는 매우 드물고 보통 화재가 났을 때 부르짖는 간투사로 쓰이는 표현이다. 도둑이 집에 들어왔을 때 부르짖는 '도둑이야'도 마찬가지다. (1)은 하나의 단어가 그대로 한 텍스트가 된다. 이를 다음과 같이 적기로 한다.

(1') $[_T$불이야!$]_T$

이를 문자로 적을 때에는 느낌표를 붙여야 한다 (장소원 1984). 교실에서 교사가 출석을 부를 때 사용하는 '김철수'와 같은 호명은 한 단어가 텍스트가 되고 대답하는 '예'도 마찬가지다. 다음은 통보 방식이 다르다.

(2) 가. 세종 대왕은 1443년에 훈민정음을 창제하였다.
 나. ① "철수야, 빨리 오너라."
  ② "네, 그러지요."

(2가)는 역사 교과서 같은 데서 글쓴이가 독자인 학생들을 상대로 역사적 사실을 일방적으로 알려줄 때 쓸 수 있는 통보 행위다. 그런데 (2나)는 대화의 현장에서 화자와 청자가 주고받는 통보 행위다. ①은 청자에게 행동을 요구하는 것이고 ②는 그에 대한 응대적 행위다. 컴퓨터에서 메일을 주고 받거나 휴대폰으로 문자를 주고 받는 행위도 모두 양방적 통보 행위에 속한다. 이와 같이 통보 행위의 일방성과 양방성을 관장하는 부문을 **통보부** (kommunikative Komponente)라 부르기로 한다.

다음 예는 성격이 약간 다르다.

(3) 비가 자주 오니 풀이 잘 자란다.

위의 (3)은 하위절과 상위절로 구성된 복합문이다. 일반적으로 하위절인 '비가 자주 오니'가 상위절인 '풀이 잘 자란다'를 한정하여 준다고 보고 있으나 주시경은 비가 오지 않아도 풀이 자랄 수 있기 때문에 상위절에 나오는 부사 '잘'을 한정하여 준다고 해석하였다. 이를 그림으로 표시하면 다음과 같다.

(3') 비가 자주 오니 풀이 잘 자란다.

문장의 의미를 파악할 때에는 지칭 대상 ("일")뿐만 아니라 지칭 개념 ("일의 뜻")을 잘 살펴야 한다는 뜻으로 이해할 수 있다.

다음 예는 성격이 조금 다르다.

(4) 철수는 마음이 착하다.

위의 (4)는 화자의 마음, 곧 심리적 태도에 따라 "마음"을 상태 동사 서술어 '착하다'를 한정하는 보족어로도 볼 수 있고 '철수의 마음'과 같이 '마음'을 철수의 소유물로도 볼 수 있다. 이를 그림으로 표시하면 다음과 같다.

(4') 가. 철수는 마음이 착하다.

나. 철수는 마음이 착하다.

위와 같이 사태 ("일")의 지칭 개념 ("일의 뜻")이나 "마음으로 살피"는 화자의 태도에 따라 의미가 달라진다. 이렇게 지칭 개념이나 화자의 해석 행위를 관장하는 문법의 부문을 화용부 (話用部) (pragmatische Komponente)라 부르기로 한다. 저자의 "통보화용부"에 중간점을 치지 않은 것은, 총론 (§1.3, 11쪽)에서도 밝힌 바 있지만, 두 부문이 모두 비가시적인 언어 외적 소관으로서 한 부문으로 묶일 수 있음을 뜻한다. 그러나 하나는 "일의 뜻", 하나는 "마음으로 살피"는 행위와 관련된다는 점을 고려하면 분리할 수도 있다. 일단은 두 부문이 언어 외적 요인에 의하여 묶일 수 있지만 필요에 따라서는 분리될 수 있음을 함의할 수 있다. 사실 위의 부문은 전통 문법에서는 품사론의 여기저기에서 다루어져 왔고 생성 문법에서는 통사의미부에서 많이 언급되었다. 실제로 본서에서도 형태부는 물론, 형태통사부에서도 정도의 차이는 있지만 화용론적 접근이 적지 않았다.

통보화용부에 이어 텍스트 형성부의 기본 문법부와의 관계를 확인하여 보기로 한다. 앞 (§4.2.(9), 68쪽)에서 저자는 대명사, 상태 동사, 관형사, 부사에 걸쳐 '이, 그, 저' 계열의 어휘를 대상으로 지시어를 세운 바 있었는데 이곳에서는 그 기능을 종합적으로 논의해 보기로 한다.

(5) 가. 비가 온다. 그러나 나는 떠나겠다.

나. 철수는 나에게 **이순신전**을 한 권 선물하였다. 나는 그 책을 소중히 보관하였다.

다. ① 갑: 이 책보다 그 책이 어때?

② 을: 아니, 이 책보다 저 책이 맘에 들어.

(5가)에서 접속사 '그러나'는 앞뒤의 두 문장을 이어 더 큰 문장인 텍스트를 형성하고 있다. (5나)는 지시어 '그'가 앞 문장에 나오는 '명사구' '이순신전'을 전술 언급하는 기능을 띠고 있다 (장석진 1984/1985: 81-111, 장경희 1980: 283-305). (5다)는 같은 공간에 자리잡고 있는 책을 놓고 갑 (①)과 을 (②)이 이야기하는 장면이다. 대상과 화자와의 거리에 따라 '이'가 선택되기도 하고 '저, 그'가 선택되기도 한다.

다음과 같은 주고 받는 말, 곧 대화도 텍스트로 처리할 수 있다 (노석기 1990: 101, 고영근 1999다: 2-3. 2011가: 2-3, 박용익 2001/2014: 39-40). 사람에 따라서는 대화를 텍스트와 같은 자리에 놓는 일도 없지 않으나 저자는 대화를 텍스트의 하위 단위로 보는 견해를 따른다.

(6) 가. "너 어제 어디 갔었니?"

나. "도서관에 있었지."

위의 (가), (나)는 주고 받는 문답의 예이다. 물음과 대답이 한 쌍이 되어야 비로소 원만한 의사 소통이 이루어질 수 있다.

다음 예는 첨사가 두 문장을 이어 하나의 텍스트를 만드는 예이다.

(7) (경수**가** 출발하였다.) 영수**도** 출발하였다.

(7)의 '영수도'에 첨사 '도'가 붙은 것은 그 앞에 괄호 안의 문장이 전제되어 있어야만 온전한 표현이 될 수 있다.

첨사와 의존 동사 가운데는 화자의 함축적 태도가 스며드는 것이 있다.

(8) 가. 말단 직원**도** 해고되었다.

나. 휴지를 휴지통에 던져 버렸다 (<**버리**었다).

(8가)는 앞의 (7)과는 달리 '말단 직원'은 무사하리라고 생각하였었는데 뜻밖에 해고되었을 때 쓸 수 있다. (8나)의 '버리다'는 부동사 어미 '-어'와 함께 동작의 완료를 표시하는데 정신적 부담을 제거하는 양태적 의미도 표시한다. (8가)와 같은 지칭 개념으로 해석할 수 있다.

다음은 담화 문법에서 드는 담화 표지의 예이다.

(9) 인자 살기가 곤란허먼 먹, 붓, 종우 인자 고렁 것 갖고 … (이기갑 2015: 72)

위의 예에 나타나는 '인자'는 앞의 문어$_1$과는 달리 담화의 중간중간에 입버릇처럼 끼어들어 이른바 메움말의 기능을 갖는 전남 방언의 담화 표지다. "메움말"보다 사전에 실려 있는 "디딤말"이 적절해 보인다 (뒤에 나옴).

그러면 (1)~(9)에서 제기된 주제를 중심으로 기본 문법부를 지원할 수 있는 텍스트 및 대화의 형성과 화용론적 문제들을 논의하여 보기로 한다.

9.2. 텍스트의 형성 기제

9.2.1. 공통어

당대 공통어의 텍스트 형성 기제 (機制)로 가장 보편적인 것은 앞의 (5)에서 든 접속사와 지시어이다. 먼저 접속사에 의한 텍스트 형성을 보기로 한다. 이를 다시 가져 오기로 한다.

(1) 비가 온다. 그러나 나는 떠나겠다.

먼저 (1)을 중심으로 접속사에 의한 텍스트 형성의 양상을 보기로 한다. 이를 고영근 (1999/2011가: 108)에서는 "통사론적 응결 장치"라 하였거니와 이곳에서는 앞의 접속사 (§6.6.1, 311쪽)에서 다룬 '이, 그' 계열의 접속사를 중심으로 텍스트 형성의 기능을 살펴보기로 한다.

(1)은 역접이다. 선행문과 후행문의 명제의 내용이 반대이기 때문이다. 그 텍스트 형성 과정을 그림으로 보이면 다음과 같다.

(1') $[_T$(비가 온다)$_S$. 그러나 (나는 떠나겠다)$_S]_T$

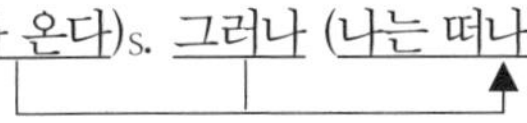

그러니까 역접의 접속사 '그러나'가 앞 뒤 두 문장을 접속하여 더 큰 문장을 만들어 주고 있다.

다음은 순접과 인과 관계의 접속이다.

(2) 가. 부지런히 읽어라. 그리고 열심히 써라.
나. 비가 온다. 그러니까 빨리 가거라.

위에서 (가)는 순접의 '그리고'가 앞뒤 두 문장을 접속하고 있다. (나)는 인과 관계의 접속사 '그러니까'가 앞뒤 두 문장을 접속하고 있다. 앞 (§6.6.1, 311-314쪽)에서 본 바와 같이, 접속사에는 개별 어휘 자체가 접속사의 기능을 띠기도 하고 부사가 접속사의 기능을 띠는 것이 없지 않으나 문장과 문장을 이어 더 큰 문장, 곧 텍스트를 만드는 수단으로는 위의 세 접속사가 대표적이다. '이러나 저러나'와 같은 표현이 있기는 하나 이는 화제를 딴 데로 돌리는 단순한 양상 부사에 지나지 않는다.

이밖에 최근에는 문어$_1$에서 활용형 '-자면'으로 끝나는 일련의 접속사 상당어를 텍스트 표지로 간주하는 일 (김정남 2017)도 볼 수 있다.

(2-1) 사실을 고백하자면 나는 그리 투쟁적인 인간이 되지 못한다. 겁이 많고 조심스러울뿐

만 아니라 교활하기까지 하다.

위에서 '고백하자면'은 "언급성"의 의미를 갖는데 언급성 동사는 텍스트 표지의 기능을 수행한다. 이런 예는 '*고백하자고 하면'과 같이 본래의 형태로 환원되지 않을 뿐만 아니라 일반적인 접속사들과 달리 앞의 내용을 언급하는 것이 아니라 뒤에 이어질 내용이 '고백'이라는 것을 미리 알려주는 메타적인 기능을 수행한다. 텍스트가 어떻게 전개될 것인지를 미리 알려주는 표지라는 점에서 텍스트 표지라 이름 붙일 수 있다.

다음 예는 부사의 성격을 띤 시간적 접속 부사 '그때'가 앞 뒤 두 문장을 이어 주는 것이다.

(3) 바람이 휘몰아 쳤다. 그때 철수는 잠에서 깨어났다.

이런 성격의 접속사는 중세어에 흔하다 (뒤에 나옴). 당대에는 접속사로 '그' 계열밖에 보이지 않으나 중세어에는 '이' 계열의 접속사도 나타난다 (뒤에 나옴). 다시 말하면 '*이리고, *이러나; *저리고, *저러나'와 같은 접속사는 없다는 뜻이다.

다음은 문장 사이에서 대용 현상이 일어나는 예이다.

(4) 철수는 나에게 **이순신전**을 한 권 선물하였다. 나는 그 책을 소중히 보관하였다.

(4)는 관형사성 지시어 '그'가 앞 문장에 나오는 명사구 '이순신전'을 대용하는 기능을 띠고 있다. 이런 현상을 "전술 언급" (前述言及, anaphora) 또는 "전방 조응", "순행 대용"이라고 한다. 이를 그림으로 표시하면 다음과 같다.

(4') 철수는 나에게 **이순신전**을 한 권 선물하였다. 나는 그 책을 소중히 보관하였다.

이런 경우 '그' 대신 '이'는 쓰일 수 있으나 '저'는 허용되지 않는다. 이에 대하여 후술 언급 (後述言及, cataphora)도 있다.

(5) 세상에 이런 일도 다 있네. ($_{NP}$형제간끼리 유산 문제로 법정 소송을 벌인 사건)$_{NP}$이었네.

위의 예는 앞의 (4)와 달리 지시어가 먼저 나오고 언급되는 명사구가 뒤에 나오는 것이다.

다음 예는 대화에서 지시어가 교체되는 예이다.

(6) 가. 갑: 이 책보다 그 책이 어때?
나. 을: 아니, 이 책보다 저 책이 맘에 들어.

(6)은 전통 문법에서 "근칭, 중칭, 원칭"으로 불러 오던 지시어 '이, 그, 저'가 사용된 예이다. (6가)의 (갑)의 말에서 '이'가 쓰인 것은 지시되는 대상이 (갑)에게 가까이 있기 때문이고 '그'가 쓰인 것은 지시되는 대상이 (갑)에게는 멀고 (을)에게는 가깝기 때문이다. 그리고 (을)의 말에서 '저'가 쓰인 것은 지시되는 책이 화자와 청자로부터 비슷한 거리로 멀리 떨어져 있기 때문이다 (남기심 · 고

영근 1985/2014: 431). 앞에서 든 예는 모두 수식어성 지시어인데 이는 범주 지시의 기능 (장경희 1989)과 명사를 한정하는 기능 (장경희 1980)도 띠고 있다. 이는 지시어 전부에 파악되는 기능이 아니다. 이곳의 지시어는 '이, 그, 저'를 공통 분모로 갖는 네 계열의 어휘 (§4.2, 68쪽)를 가리킨다.

9.2.2. 중세어 및 고대어, 방언

저자는 앞 (§2.5, 34쪽)에서 당대는 물론이거니와 중세어에도 텍스트 단위의 설정 필요성을 비친 바 있다. 중세어의 텍스트 형성 기제도 당대어와 큰 차이가 없으나 세부로 들어가면 복잡한 면이 보인다. 먼저 접속사에 기댄 텍스트 형성을 보기로 한다.

(1) 가. 諸佛 잘 ᄒᆞ시논 이리 이어긔 **ᄆᆞᄎᆞ니라** 그러나 니ᄅᆞ샨 妙法이 麤를 앗고 … (월인석보 11, 13)

나. 녀나ᄆᆞᆫ ᄆᆞᅀᆞᆷ 일흐니ᄂᆞᆫ … 비록 또 歡喜ᄒᆞ야 … 病 고툐ᄆᆞᆯ **救ᄒᆞ야도** 그러나 藥ᄋᆞᆯ 주어 늘 먹디 슬히 너기니 (월인석보 17, 20)

(1)은 앞 (§9.2.1, 772쪽)의 당대 공통어의 (1)과 같은 역접의 접속사이다. (1가)에서는 '그러나'가 당대어와 같이 평술 정동사형 'ᄆᆞᄎᆞ니라' 다음에 놓였다. (1나)는 같은 접속사가 부동사형 '救ᄒᆞ야도' 다음에 나타난 예이다. 중세어의 접속사는, 고영근 (1990/2004가: 265-311)에서 밝혀진 것처럼, 정동사형뿐만 아니라 독립성이 강한 부동사형 아래에도 분포되어 있었다. 위의 예는 모두 서사적 상황, 곧 지문에 나타나는 예인데 상담적 상황, 곧 대화에서도 큰 차이가 없어 보인다.

중세어에는 당대어의 '그리고'와 같은 순접 접속사는 보이지 않고 (§6.6.1.3, 315쪽), 대신 '그러면'만 보인다.

(2) 가. 具夷 니ᄅᆞ샤ᄃᆡ "내 願ᄋᆞᆯ 아니 從ᄒᆞ면 고ᄌᆞᆯ 몯 어드리라" 善慧 니ᄅᆞ샤ᄃᆡ "그러면 네 願ᄋᆞᆯ 從호리니 … 布施ᄒᆞ논 ᄆᆞᅀᆞᄆᆞᆯ 허디 말라" (월인석보 1, 12)

나. 일후미 無明滅이니 그러면 行ᄋᆞ롯 아래 아니 滅ᄒᆞ리 업스리니 (월인석보 2, 22)

인과 관계의 접속사로는 '그럴ᄊᆡ'와 '이럴ᄊᆡ'가 동시에 보인다.

(3) 가. ᄒᆞ오ᅀᅡ 일후믈 入이라 **ᄒᆞ니라** 그럴ᄊᆡ 六根을 닐오ᄃᆡ 賊媒라 ᄒᆞᄂᆞ니 (월인석보 2, 21)

나. 둘흔 根境이 다 識의 드논 배니 (<바 ㅣ **니**) 이럴ᄊᆡ 經듣해 十二入이라 일홈 지ᄒᆞ니라 (월인석보 2, 21)

위에서 (3가)의 '그럴ᄊᆡ'는 평술 정동사형 아래 붙었고 (3나)의 '이럴ᄊᆡ'는 부동사형 아래 붙었다. '그' 계열 및 '이' 계열의 접속사가 '이, 그' 계열의 지시어와 기능상으로 관련이 있는가 하는 문제는 거론하지 않기로 한다. 이런 현상은 시간적 접속사에서도 발견된다.

(4) 가. 나랏 사ᄅᆞ미 굴그니여 혀그니여 우디 아니ᄒᆞ리 **업더라** 그ᄣᅴ 부텻 威光이 더욱 顯ᄒᆞ샤 一萬 히 ᄒᆞᆫᄣᅴ 도ᄃᆞᆫ ᄃᆞᆺᄒᆞ더니 (월인석보 10, 12)

나. 子息ᄃᆞᆯ히 … ᄡᅡ해 **그우더니** 이ᄣᅴ 그 아비 지븨 도라오니 (월인석보 17, 16~17)

(4)는 앞의 당대어의 (3) (772쪽)과 같은 예이다. (4가)는 시간적 접속어 '그ᄣᅴ'가 평술 정동사형 아래에 쓰인 것이고 (4나)는 역시 같은 시간적 접속사가 부동사형 아래에 쓰인 것이다. 두 어휘가 지시어에 의해 형성된 것인데 기능상의 차이가 있는가 하는 문제는 논하지 않기로 한다.

다음은 앞 (§9.2.1, 772쪽)의 당대어의 (4)와 같은 전술 언급의 예이다.

(5) 가. "내 이ᄅᆞᆯ 爲ᄒᆞ야 어엿비 너겨" (훈민정음언해 2)

나. 耶輸ㅣ 그 긔별 드르시고 (석보상절 6, 1)

(5가)의 '이'는 앞에서 언급된 내용, 곧 백성들이 마음대로 자기들의 의사를 표현하지 못하는 사실을 지시하고 (5나)는 부처가 그의 아들 '라후라' (羅睺羅)를 데려다가 사미 (沙彌)로 삼으려 한다는, 그 앞에 언급된 내용을 가리킨다. 중세어에도 당대와 같이 '이, 그'는 전술 언급의 기능을 띠고 있다. (5가)는 화자가 자기 자신의 말을 언급하는 것이고 (5나)는『석보상절』의 편찬자, 곧 서술자가 남이 한 말을 언급하는 것이다 (고영근 1987/2010다: 393).

중세어도 당대와 같이 세 계열의 지시어 '이, 그, 뎌'가 확인된다.

(6) 가. "이 道士ㅣ 精誠이 至極ᄒᆞ단디면" (월인석보 1, 7)

나. "出家ᄒᆞᆫ 사ᄅᆞᄆᆞᆫ 쇼히 ᄀᆞᆮ디 아니ᄒᆞ니 그에 精舍ㅣ 업거니 어드리 가료" (석보상절 6, 22)

다. "우리 모다 ᄌᆡ조ᄅᆞᆯ 겻고아 뎌옷 이긔면 짓게 ᄒᆞ고" (석보상절 6, 26)

(6)은 모두 대화에서 나타나는 지시어의 예이다. (6가)에서 '이'가 쓰인 것은 그것이 가리키는 대상, 곧 죽은 보살의 피가 화자 '대구담' (大瞿曇) 앞에 놓여 있기 때문이다. (6나)는 '수달' (須達)이 세존에게 자기 나라에 오라고 한 말에 대하여 세존이 대답하는 말인데 청자인 수달의 나라를 가리키니 '그에'가 쓰였다. 이 말을 수달이 하였다면 '그에' 대신 '이에'가 실현되어야 할 것이다. (6다)는 나라의 육사 (六師)가 왕에게 하는 말이다. '뎌'는 수달을 가리키는데 수달은 화자와 청자 (이곳에서는 '우리'로 표현됨) 모두에게 거리를 두고 있다. 이미 언급한 바와 같이 (§6.3.2.3.A, 220쪽), '뎌'는 중세어에서 3인칭 대명사로 쓰였다. 당대라면 '그 (사람)' 정도가 나타날 자리인 것이다 (고영근 1987/2010다: 392).

고대어에 중세어의 '이, 그, 뎌'에 대응하는 지시어가 있었는가 하는 문제는 자료가 부족하여 단언할 수 없으나 '此'가 '이'로 해독되고 '彼, 伊'가 '뎌'로 해독되는 것을 보면 (김완진 1980), 근칭과 원칭은 존재하였음이 틀림없다. 중칭의 '그'에 대응하는 자료는 찾기가 어렵지만 조선 시대에 한글로 정착된 고려 가요에 '그 바미 우미 도다' (정석가), '그 뎔 主人' (쌍화점)과 같은 예가 나오는 것을 보면 고대어 단계에도 중세어와 같은 3원적 체계가 존재하였을 가능성이 충분하다.

방언의 지시어 체계는 아직까지 보고된 바 없다. 공통어와 같이 3원적 체계일 가능성이 많다.

육지와 떨어진 제주어의 체계가 3원적 (고재환 2013가: 129, 190, 200)임을 볼 때 그러하다.

9.2.3. 텍스트 형성의 유형론

텍스트 유형론은 텍스트 응결성과 응집성은 물론, 텍스트 생산과 텍스트 이해에 이르기까지 시도되고 있으나 (슈타르크 2001, 슈노츠 2001), 이곳에서는 지시어를 중심으로 한 텍스트 형성의 유형론을 전개하여 보려고 한다. 이 문제에 대하여는 이기갑 (1994, 2015: 43-78)과 WALS (on line, 2013)가 있어 도움을 많이 입었다.

앞에서 본 바와 같이, 우리말의 지시어는 전 시대와 전 지역에 걸쳐 근칭 (이), 중칭 (그), 원칭 (뎌>저)의 3원적 체계였다, 이 가운데서 '이'와 '그'는 전술 언급과 후술 언급의 기능도 지니고 있었다. 지시어는 언어에 따라 그 종류가 다양하다. WALS에 의하면 2원적 체계를 가진 언어가 127개로 가장 많고 다음이 3원적 언어가 88개이다. 그 밖에 4개 내지 5개를 가진 언어도 있고 아예 없는 언어도 있다. 동북아에서는 우리말과 일본어가 3원적 체계를 보여 주고 있으며 중국어, 아이누어와 알타이 제어는 2원적 체계이다. 많은 언어에서 우리말처럼 지시어가 전술 및 후술 언급으로 쓰이고 있다는 사실도 지적할 수 있다.

9.3. 대화의 형성 기제

9.3.1. 대화의 구조

앞 (§2.5, 35쪽, §9.1.2, 768쪽)에서 저자는 다음과 같은 예를 들어 주고 받는 말, 대화도 텍스트로 간주할 수 있다고 하였다. 그 예를 다시 가져오기로 한다.

(1) 가. 갑: "너 어제 어디 갔었니?"
　　나. 을: "도서관에 있었지."

(1)은 (가)만으로는 원만한 의사 소통의 단위가 되 수 없다. 답변하는 (나)와 한 짝을 이루어야만 자족적 텍스트가 될 수 있다. 그 관계를 다음과 같이 표시해 본다.

(1') $[_T$(S_1너 어제 어디 갔었니)S_1 + (S_2도서관에 있었지)$S_2]_T$

우리말의 대화에 대한 연구는 지난 세기 90년대 중반부터 지속적으로 이루어져 왔으며 그 가운데서도 박성현 (1996/2008), 박용익 (1997/2014), 장경희 (1999) 등은 우리말의 대화를 그 구조적 측면에서부터 응용적 측면에 이르기까지 깊이 있는 연구를 수행하여 왔다. 한편 미주 지역에서도 문법과의 접면에 관심을 기울이면서 대화 연구에 노력을 기울여 왔다. 텍스트가 일정한 구조를 갖고 있듯이 대화도 그 나름의 구조를 지니고 있다.

발화의 교환 행위는 다음 (2)와 같이 표시할 수 있다.

(2) E → αUa (x) ⇔ βUa (y) (장경희 1999)

위에서 E는 교환 (exchange), ⇔는 대화 참여자들의 역할 교대, Ua는 발화 행위 (utterance act), x, y는 두 명의 화자, α와 β는 화자들의 언표 내적 행위인 요구 화행과 응대 화행을 가리킨다.

대화는 "시작 + 전개 + 종결"의 구조를 갖는데 특히 전개에서는 여러 대화가 접속될 수도 있고 한 대화가 큰 대화 속에 안길 수도 있다.

먼저 접속에 의하여 대화가 확장되는 현상을 보기로 한다.

(3) 철수: 순이가 공부를 잘해.
영이: 네.
철수: 순이가 이번에도 일등을 했어.
영이: 네.

위의 (3)은 비슷한 화제가 되풀이되는 것이니 이는 문장의 대등 접속과 비슷하다 (§8.7.2.1.A, 748쪽). 이를 괄호 매김으로 표시하면 다음과 같다.

(3') 철수: [$_{T1}$ ($_{S}$순이가 공부를 잘해)$_{S}$
영이: ($_{t}$네)$_{t}$]$_{T1}$
철수: [$_{T2}$ ($_{S}$순이가 이번에도 일등을 했어)$_{S}$
영이: ($_{t}$네)$_{t}$]$_{T2}$

위의 (3')는 T_1과 T_2의 병렬이니 대등적 대화 접속이라 할만하다. 'T'는 두 사건의 대화를 하나의 텍스트로 묶었다는 뜻이고 't'는 간투사 '네'를 가리킨다. (3')를 가로로 나열하면 다음과 같다.

(3") [$_{T1}$ ($_{S}$순이가 공부를 잘해)$_{S}$ ($_{t}$네)$_{t}$]$_{T1}$[$_{T2}$ ($_{S}$순이가 이번에도 일등을 했어)$_{S}$ ($_{t}$네)$_{t}$]$_{T2}$

다음은 큰 대화 속에 성격이 다른 대화가 안기는 예이다.

(4) 철수: 순이 어디 있니?
영이: 왜 물어?
철수: 이 돈을 전달해야 돼.
영이 그래애. 도서관에 갔어.

두 번째의 '영이'의 말과 세 번째의 '철수'의 말이 큰 대화 속에 안겨 들었다고 할 수 있다. 대화 속의 내포 대화는 이야기를 하다가 잠시 옆길로 들어서거나 깊이 있는 이야기를 할 때 마치 큰 문장 속에 작은 문장이 내포되는 현상과 비슷하다.

(4') 철수$_1$: $[_T$ (s_1순이 어디 있니?)s_1

영이$_1$: $[_{t'}$ ($s_{1''}$왜 물어?)$s_{1''}$

철수$_2$: ($s_{2''}$이 돈을 전달해야 돼)$s_{2'}]_{t'}$

영이$_1$: (s_1그래애. 도서관에 갔어)$s_1]_T$

(4')를 가로로 나열하면 다음과 같다.

(4") $[_T$ (s_1순이 어디 있니?)s_1 + $[_{t'}$ ($s_{1'}$왜 물어?)$s_{1'}$ ($s_{2'}$이 돈을 전달해야 돼)$s_{2'}]_{t'}$ + (s_1그래애 도서관에 갔어)$s_1]_T$.

위에서 't'"는 큰 'T' 속에 안겨 있는 작은 텍스트란 뜻이다.

대화에는 앞의 (3), (4)와 같은 자연 대화. 회의와 토론에서 주고 받는 대화. 소설이나 희곡 같은 데 나오는 다듬어진 대화, 곧 구어$_1$을 들 수 있다. 최근에는 의사와 환자 사이에 주고받는 의료 커뮤니케이션이 화두로 떠오르고 있다. 어떠한 종류의 대화이건 간에 대화 참여자는 말차례를 가질 수 있고 말차례 가지기에는 그 내용이 대화의 화제에 적정한 것이 아니면 안 된다.

최근에는 대면 대화에 나타나는 부동사형 어미를 중심으로 억양의 구조를 실험 음성학적으로 분석하는 연구 결과 (김해연 1996)도 나오고 있다. 이러한 움직임은 정동사 어미는 물론, 앞의 오미라 (2008)와 같이 명사구와 격 어미 및 첨사 사이에서 일어나는 억양 문제에 대하여도 관심을 기울일 필요가 있다.

9.3.2. 중세어와 고대어의 대화

중세어의 대화는 『석보상절』의 대화 부분이나 『노걸대』, 『박통사』류의 언해를 통하여 그 모습을 볼 수 있다. 특히 뒤의 두 문헌은 중국어 회화서의 번역이기는 하나 당시의 우리말 대화의 생생한 모습을 보여 준다는 점에서 귀중한 자료라 생각한다 (정광 2014: 175-217).

(1) 가. 선수: 究羅帝 이제 어듸 잇ᄂᆞ뇨

마을 사람: (X) ᄇᆞᆯ쎠 命終ᄒᆞ니라

나. 선수: (X) 므슴 病으로 命終ᄒᆞ뇨

마을 사람: (X) ᄇᆡ 브르니라

다. 선수: (X, Y) 엇데 送葬ᄒᆞ뇨

마을 사람: (X, Y) ᄀᆞᆯᄉᆞᄎᆞ로 ᄆᆡ야 무덦 서리예 긋어다가 두니라

(월인석보 9, 36 상)

위의 대화는 선수와 마을 사람의 대화인데 (가)는 구라제의 거처, (나)는 사망 원인, (다)는 장례 방식이 계기적으로 접속되어 있다. 처음 대화가 시작될 때에는 주격 보족어 명사구 '究羅帝'가 실

현되어 있으나 그 이하의 대화에서는 주격 보족어 명사구 (X)는 물론, 대격 보족어 명사구 (Y)도 숨어 있다. 이처럼 대화에서도 반복되는 성분은 숨어 버린다.

중세어에도 작은 대화가 큰 대화 속에 안겨 드는 현상이 보인다. 다음 예는 16세기 초 (1610?)에 나온『번역 박통사』에서 뽑은 것이다.

(2) 가. ① 뎜에 뎐피 사라 가져 '점에 전피를 사러 가자'
② 어느 뎜에 가료 '어느 점에 갈 것인가'
③ 산셔점에 가져 '산서점(山西店)에 가자'
나. ① 뎐피 사 므슴 호려 ᄒᆞᄂᆞᆫ다 '전피를 사서 무엇 하려 하느냐'
② 아잣쌔와 걸남나개 호리라. 이 두가짓 거슬 밍ᄀᆞᆯ면 뎐피 여스슬 ᄡᅳ리로다 '깔개와 걸낭을 만들겠다. 이 두 가지것을 만들려면 전피 여섯을 쓸 것이다'
다. ① 뎐피 팔리야 됴ᄒᆞᆫ 뎐피 잇ᄂᆞ녀 '전피를 파는 사람아, 좋은 전피 있느냐'
② 어듸 가 사오나오니 가져오료 다 됴ᄒᆞ니라 '어디 가서 나쁜 것을 가져오겠는가. 다 좋으니라'
라. ① 너 며츨 호려 ᄒᆞᄂᆞᆫ다 '너 몇 개를 사려 하느냐'
② 여스슬 호려ᄒᆞ노라 '여섯을 사려 한다'

(장숙영 옮김 2008: 64-65, 부분 수정)

위의 대화는 '전피'를 사러 가자는 대화를 전부 옮긴 것인데 모두 4개의 텍스트로 구성되어 있다, 이 중 (나)는 전피의 사용 목적에 대하여 묻고 대답하는 것이다. 전피 사는 과정에 끼어든 것이다. 그 관계를 표시하면 다음과 같다.

(2') 가. (${}_{T_1}$①②③)$_{T_1}$ + (나) (${}_{t'}$①②)$_{t'}$ + (다) (${}_{T_2}$①②)$_{T_2}$ + (라) (${}_{T_3}$①②)$_{T_3}$

텍스트 (나)를 't'로 표시한 것은 큰 텍스트 (가), (다), (라)에 안겨 있다는 뜻이다.

근대어의 대화는 앞의 (2)의 18세기 중엽의 자료인『박통사신석언해』를 통하여 알 수 있다. 박통사는 17세기 중엽에도 번역된 바 있어 3세기에 걸친 대화 유형의 변천 양상을 확인하는 중요한 자료가 된다. 이곳에서는 장숙영 (2008 옮김)을 참조하여 대화 유형의 변천 양상을 검토하기로 한다.

(3) ① 큰 형아 어ᄃᆡ 가ᄂᆞᆫ다.
② 店에 뎐피 사라 가노라.

위의 (3)은 (2가)①의 '뎜에 뎐피 사라 가져' 앞에 추가한 것인데 이는 원문에 없는 부분이다. (2가)①의 제안문 '점에 전피를 사러 가자'로 시작해도 의사 소통에 장애가 되지 않는 바 아니나 (3)과 같이 제2인칭 의문문으로 묻고 (①), 제1인칭 평술문으로 답변하는 (②) 것이 당시의 의사 소통의 유형에 알맞다고 생각한 것이 아닌가 한다. 회화 자료를 중심으로 대화 유형이 시대에 따라 어떻게 변하는가 하는 문제를 논의해 볼 필요가 있다.

고대어의 대화에 대한 연구는 당분간 어려워 보인다. 향가는 시가이기 때문에 화자와 청자가 양방적으로 주고받는 대화 자료를 얻기가 어렵다. 석독 구결도 이를테면『화엄경』,『금강명경』,『구역인왕경』 같은 자료에는 대화가 보이나 부처의 일방적인 설법이 대부분이다. 현재로는 앞의 (1), (2)와 같은 양방적인 대화 자료를 발견하기 전에는 고대어의 대화 텍스트를 구성하기가 어렵지 않은가 한다[2].

9.3.3. 방언의 대화

박경리의 토지 ② (솔, 1993: 37쪽)를 중심으로 방언의 대화를 검토하기로 한다.

(1) 가. 강포수
나. 자네 호랑일 잡은 일이 있는가?
다. 하모요, 잡고 말고요.
라. 몇 마리나?
마. 두어 마리 잡았십다
바. 음. 옛적에 우리 대숲에서 포수가 호랑이를 잡은 일이 있었다더군.
사. 대숲에서?
아. 음 … 들은 얘기니 사실이 그러했던지 … 노루를 쫓아서 내려왔던 모양이야.

위의 (1)은 치수가 강 포수에게 전에 죽은 늙은 종에게서 들은 이야기를 들려 주는 이야기의 한 토막이다. (1가~마)는 계기적으로 이어나가는 대화이다. 그런데 (바)에 와서는 화제가 달라져 어렸을 때 들은 이야기가 끼여든다. 한 대화에 다른 이야기가 끼여드는 현상은 문화적 차이와 관계 없이 보편적으로 목격되는 수사법이 아닌가 한다.

9.3.4. 대화 유형론

대화 유형론은 "관계 중심적 대화, 과제 중심적 대화, 행위 동반적 대화"와 같이 대화의 종류를 가리키는 뜻으로 사용되기도 하나 (박용익 1997/2001/2014: 175-181), 이곳에서는 앞의 텍스트와 같이 대화의 구성 방식에 따른 언어적 · 문화적 차이에 따른 공통점과 차이점에 국한하기로 한다.

앞에서 검토한 대화의 계기적 접속과 내포적 형성은 우리말의 시대와 지역에 걸쳐 확인되는 보편적 현상이다. 뿐만 아니라 이러한 현상은 통문화적으로 확인되는 현상이기도 한다. 그러는가 하면 언어나 문화에 따라 대화 문법의 방식이 달라지는 현상도 목격할 수 있다. 대표적인 것이 부정 의문문에 대한 답변이다 (남기심 · 고영근 1985/2014: 434).

2) 이 문제에 대하여는 고려대학교의 장경준 교수의 도움을 크게 입었음을 밝혀 둔다.

(1) 영수 안 갔니?

위의 부정 의문문에 대하여는 다음 두 가지 답변이 가능하다.

(1') 가. 예, 안 갔어요.
　　나. 아니요, 갔어요.

영어 등의 인도 · 유럽어에서는 (1')와 같이 나타난다.

(1") 가. No, she didn't (go)
　　나. Yes, she did (go)

그런데 우리말의 부정 의문문에도 영어와 같은 대답 유형을 발견할 수 있다 (장경희 1982).

(2) 갑: 이 소나무 꼭 산호 같지 않니?
　을: (가) 예, 정말 산호 같아요.
　　(나) 아니요, 산호 같지 않아요.

(2)의 갑의 말은 표면상으로는 부정 의문문이지만 화자의 머리 속에는 그 소나무가 산호같이 생겼다는 가정을 지니고 있는 확인 의문문이다. 이런 경우에는 영어와 같이 긍정할 때에는 '예'로 나타나고 부정할 때에는 '아니요'로 나타난다. 을의 말에서 그것이 확인된다. 이런 때에는 화자의 마음속에 있는 가정에 대답을 하는 것이다.

가부 (可否)의 답변을 얻기 위하여는 긍정 의문문과 부정 의문문을 사용할 수 있지만 이야기의 상황이나 내용과 관련하여 선택되는 일도 있다. 긍정의 내용이 함축되어 있을 때에는 긍정 의문문이 사용되고 부정의 내용이 함축되어 있을 때에는 부정 의문문이 사용되는 것이 그러하다.

(3) 갑: (지금 밥 먹고 있음)
　을: (가) 식사 하세요?
　　(나) *식사 안 하세요?
(4) 갑: (밥을 안 먹고 앉아 있음)
　을: (가) 식사 안 하세요?
　　(나) *식사 하세요.

(3)에서 보듯이 밥을 먹고 있는 사람을 보고 하는 질문으로서는 (3가)의 긍정 의문문이 자연스럽고 (4)에서 보듯이 밥을 먹고 있지 않은 사람을 보면서 하는 질문으로서는 (4가)가 자연스럽다. 이런 현상이 통언어적으로 어떻게 실현되는가 하는 문제를 풀어 볼 필요가 있다.

9.4. 주제와 초점

이곳에서는 앞의 명사 형태부 (§6.3.4, 277쪽)와 격 어미의 형태통사부 (§7.6, 566쪽)에서 흘려 놓은 주제격 및 대제격과 격 어미 및 첨사의 통보화용론적 기능을 부각시킴으로써 통보화용부가 기본 문법부를 어떻게 뒷받침하고 있는가 하는 문제를 논의해 보고자 한다.

9.4.1. 주제어와 대제어

최현배 (1937/1971: 616-617, 638-639)에서는 '-은 ~ -는' (앞으로는 '-는'을 대표형으로 삼아 사용함)을 주격의 격 기능과 보조사, 곧 첨사의 두 기능을 부여하고 다음과 같은 예를 들었다. 설명의 편의상 예문을 보편성 있는 것으로 교체한다.

(1) 가. 저 애는 학교에 가는데 너는 어데로 가니?
   나. 코끼리는 코가 길다.

(1가)에서 '는'은 주격 보족어 명사구 '너'의 가는 곳을 '저애'와 대조하여 묻는 예이고 (1나)는 명사구 '코끼리'를 "말함의 제목", 곧 화제로 삼을 때 쓰인다고 설명하고 있다. 전자를 먼저 들고 후자를 뒤에 든 것을 보면 전자를 원초적 기능으로, 후자를 부차적 기능으로 본 것 같다. 저자에게는 전자는 첨사 (§6.5.3, 301쪽), 후자는 격 어미로 처리되지마는 최현배는 모두 "조사"라는 독립된 범주에 소속시키고 있다. (1가)와 같이 대조의 기능을 띨 때에는 초점 (focus)이 놓이고 (1나)의 경우는 화제로 등장하는 만큼 초점이 소거되는 것으로 봐 두기로 한다 (뒤에 나옴)[3]. 화제가 되는 명사구는 앞 (§7.6.4.1, 566쪽)에서 도입한 바 있는 주제격 '-는'이 붙어 성립하기 때문에 "주제어"이고 나머지는 이에 대한 "평언" (評言) (comment)이다. 주제어란 알려진 정보이기 때문에 문장의 머리에 나타나면 자연히 텍스트 내지 담화 분석의 대상이 될 수밖에 없다. 주제격이 붙으면 뒤에 오는 문장이나 문장의 총체를 지배할 수 있는 능력이 부여된다고 볼 수 있다 (박승윤 1986). (1나)의 주제어와 평언 사이의 관계를 그림으로 표시하면 다음과 같다. 앞 (5.3)에서 보인 그림을 가져오기로 한다.

(1) 나'. 코끼리는 **코가 길 다**$_1$ **다**$_2$

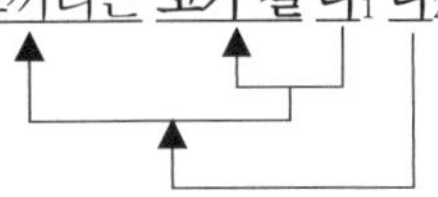

위의 예에서 밑줄 그은 '코끼리 (는)'이 주제어가 되고 나머지 '코가 길 (다)'는 평언이 된다. 평언은

3) 전영철 (2006)에서는 두 기능을 관련시키지 않고 독립적으로 보기도 하지만, 이곳에서는 통시적 유형론의 관점에 설 때 대조를 일차적인 것으로, 주제를 파생된 것으로 보는 편에 선다.

주격 보족어 명사구 '코 (가)'와 상태 동사 서술어 '길-'과 '-다$_1$'로 성립되어 있고 다시 다$_2$에 의하여 주제문이 형성된다.

일반적으로 주제어는 한정성 (definiteness)과 총칭성 (genericness)을 지니고 있다 (채완 1979, 이정민 1992). 총칭적 표현은 일반적으로 특정한 개체를 표현하는 것이 아니라 그 자신이 속한 유(類) 전체를 대표한다. 앞에서 든 (1나)의 '코끼리 (는)'는 일반적으로 코가 긴 속성을 지니고 있다. 다음과 같이 비한정적인 미정어 명사구에 주제격 어미가 붙지 못한다는 사실을 통하여 주제어와 한정성과의 관계를 알 수 있다.

(2) 가. *웬 사람은 찾아왔다.
　　나. *무엇은 먹고 싶니?

위와 같이 '웬'과 '무엇'과 같은 미정어에 주제격이 붙지 못한다는 것을 통하여 주제어의 한계를 짐작할 수 있다. 그러나 우리말의 주제어는 일률적으로 그 성격을 재단 (裁斷)하기가 어려운 면이 많아 그에 대한 연구도 끊임없이 이어져 왔다 (최규수 1999, 오충연 2001, 임홍빈 2007). 이곳에서는, 앞 (§7.6.4.1, 566쪽)에서 이미 언급한 바와 같이, 손호민 (1980)에서 확인된 '-는' 접미 명사구나 그에 상당하는 표현을 주제어로 보는 관점을 취한다.

(3) 모나리자는 얼굴이 예쁩니다.

위에서 '모나리자 (는)'이 주제어인데 이 때에는 초점의 길이가 짧아진다고 보고하고 있다. 앞으로는 주제어뿐만 아니라 모든 문장 성분에 대하여 실험 음성학적 접근을 시도할 필요가 있다고 생각한다.

우리말의 주제를 가장 잘 나타내는 전형적인 표지는 '-에 대하여'이다 (박승윤 1986: 11). 이는 앞의 (1나)를 위의 표지로 바꿀 수 있다는 점에 의해서도 잘 알 수 있다.

(4) 코끼리에 대해서 말하자면 코가 길다.

위의 예를 통하여 주제어 성립의 필요 충분 조건은 문장의 머리라는 사실을 알 수 있다. 이는 흔히 **"대하여성"** (aboutness)이라고 부른다.

앞 (§7.6.4.1)에서 지적한 바와 같이, 당대에는 '-는'이 주제격의 기능을 발휘하고 있고 중세에는 '-란'이 대제격의 기능을 띠고 있었다.

(5) 가. ① 文은 글와리라 (훈민정음언해 1)
　　　② 長子ᄂᆞᆫ 위두ᄒᆞᆯ씨니 姓도 貴ᄒᆞ며 벼슬도 노ᄑᆞ며 가ᄉᆞ멸며 싁싁ᄒᆞ며 므싀여ᄫᅳ며 百姓이 브터 열 가짓 이리 ᄀᆞᄌᆞᅀᅡ **長子**ㅣ라 ᄒᆞ니라
　나. ① 여슷 아ᄃᆞᆯ란 ᄒᆞ마 갓 얼이고 (석보상절 6, 5)
　　　② 臣下란 忠節을 勸ᄒᆞ시고 (월인석보 8, 29)
　다. 님금ᄭᅴ란 아니 가고 회광ᄋᆡ 아ᄃᆞᆯ 최의게 ᄃᆞ라가 닐어늘 (삼강 충17a) (한재영 1996: 101)

라. <u>죵ᄃᆞᆯ히게ᄂᆞᆫ</u> 訢訢ᄐᆞᆺ 호ᄃᆡ 오직 삼가ᄒᆞ더라 (소학 6, 78a) (위와 같음)

(5가)①의 '文 (은)'은 주제격 '-는'이 명사구에 붙어 주제어가 되었다, 중세어의 협주에서는 주제어는 주제격 '는'으로 표시된다 (박금자 1997: 190). ②는 주제어가 서술부에서 되풀이되는 예인데 (김정대 1985, 박금자 1997: 211-216), 짧은 문장에서보다도 긴 문장에서 흔히 볼 수 있다. 요즈음도 말이 길어지면 앞에 나온 말을 뒤에서 반복하는 일이 있는데 같은 현상으로 보인다. (5나)는 대제격 '-(으)란'이 명사구에 붙어 목적어 내지 한정어가 되게 하였다. ①은 대제격 '-(으)란'이 명사구 '여슷 아ᄃᆞᆯ'에 붙어 대격 보족어가 되었다. ②는 대제격 '-(으)란'이 명사구 '臣下'에 붙어 여격 보족어가 되게 하였다. 그러니까 중세어는 대제격이 붙음으로써 목적어뿐만 아니라 한정어의 기능도 띠고 있었다. (5다)는 16세기 후반의 자료인데 후치사 '(ㅅ)긔'에 대제격이 붙은 것이다. 그러던 것이 시대가 하강함에 따라 대제격이 표시하던 목적어와 한정어의 기능이 점차로 쇠퇴하게 된 것으로 보인다. (5라)가 그러한 예이다. 고대어에 대제격이 있었는가 하는 문제는 자료의 제약으로 쉽게 단정할 수 없다. 그러나 향가에 나오는 '城叱肹良望良古'는 대제격일 가능성이 많다 (하귀녀 2005: 63).

(5)를 통하여 중세어에는 주제어와 대제어가 있었음을 확인할 수 있다. 주제어가 주격과 화제(Topic)의 합성이라면 대제어는 대격과 화제의 합성이라고 하겠다. 중세에 실재하였던 대제어는 근대에 접어들면서 목적어로 기능 변화가 일어난 것으로 보인다. 주제어를 "Subject-Topic"이라 부른다면 대제어는 "Object-Topic"이라 부를 수 있다.

앞 (§7.6.6.3, 590쪽)의 격 어미의 유형론을 논의하는 마당에서 언급한 바와 같이, 우리말은 유형론적으로 볼 때, 주제 중심의 언어라고 하였다. 그러나 중세어를 고려하면 그 범위를 넓혀야 한다고 믿는다. 당대어는 분명히 주제 중심의 언어이다. 이는, 위에서 언급한 바와 같이, 중세어는 대격에도 주제가 표시되므로 **주대제 언어** (Subject-Object Topic Lanaguage)라 표현할 수 있지 않을까. 우리말은 중세와 고대로 올라갈수록 주제적 요소보다도 주어적인 요소가 두드러졌다. 후세로 내려올수록 주제 중심으로 변화하였으며 다른 면으로 중세에서 근대로 내려올수록 중세에 퍼져 있었던 대제적 측면이 소멸되기 시작한 것은 통시적 유형론의 과제가 될 수 있다.

9.4.2. 첨사와 초점

앞에서 저자는 첨사 '는'이 대조의 기능을 지닐 때에는 초점이 놓인다고 하였는데 이 현상은 거의 대부분의 첨사에 적용된다. 우리말의 첨사는, 앞 (§6.5.3, 301쪽)에서 논의한 바와 같이, 다음 네 부류로 난뉜다.

(1) 가. 어디에<u>들</u> 가느냐.
　 나. 나<u>도</u> 지금 학교 간다.
　 다. 오늘 날씨가 참 좋아<u>요</u>.

라. ① 오늘 날씨가 참 좋아요. 참 좋구먼그래.
② 경치가 참 좋습니다그려.

(1가)의 '들'은 통범주적 복수 표지로서 이미 명사구 형태부에서 그 성격을 자세히 논의하였기 때문에 (§6.3.2.3.(C), 233쪽), 여기서는 보류하기로 한다. (1나)는 학교 문법의 보조사로서 일찍부터 자매 항목이란 개념으로써 텍스트 형성의 기능이 밝혀진 바 있고 (고영근 1976/1999나: 126-140), 남기심 · 고영근 1985/2001 4: 424). 북한의 김동찬 (2002: 243-276)의 "련관성" 개념과 최규련 (2005: 351)의 "관련성 이론"도 크게 보면 자매 항목과 관련이 있다. (1다)는 전통적으로 "눙침"의 조사로 처리되어 왔으나 당대에는 문말은 물론, 문중에도 자유롭게 분포되어 있어 텍스트 형성에서 중요한 자리를 차지하고 있다. (1라)의 '그래, 그려'는 비록 그 분포가 배타적이지만 공통적으로 감동의 기능이 부여한다. 당대에는 20세기 전반기 언어에만 보이고 지금은 거의 폐어가 되다시피 하였지만 그런 대로 감동의 기능을 부여할 수 있다. 차례대로 첨사의 텍스트 형성 기능을 논의하기로 한다.

9.4.2.1. 첨사와 자매 항목

자매 항목이 설정되는 첨사에는 '는, 만, (이)나' 등을 비롯하여 '도, 까지, 조차, 마저' 등 많은 것을 들 수 있다 (남기심 · 고영근 1985/2014: 423). 주시경과 함께 우리말 문법의 연구에 많은 업적을 쌓은 박승빈 (1935: 352)에서는 전자는 표별 (表別)로, 후자는 협수 (協隨)로 그 기능을 구별하였으며 이근용 (1982)에서는 현대인의 언어 감각에 맞는 "선택"과 "포함"으로 바꾸었다. '는'의 주제격 성격은 고대에는 물론, 중세에도 그렇게 두드러지지 못하였었는데 (§7.6.6.2, 588쪽), 당대로 내려옴에 따라 주제격으로 굳어진 것으로 보인다. 최현배 (1937/1971)에서 '는'의 기능 중 "차이" 내지 "대조"를 원초적 기능으로 간주한 것 (앞에 나옴)이 이런 사실과 관련이 있을 가능성이 많다. 자매 항목이 설정되는 우리말의 첨사는 20세기 후반 생성 의미론 연구의 성황과 함께 조명된 연구 주제로서 그 사이 양인석 (1973/1993: 221-272), 채완 (1993), 최동주 (1997), 홍사만 (2002), 이영주 (2004), 최규련 (2005: 4, 5장) 등의 업적이 나와 그 목록이 정비되고 그 기능을 새로운 관점에서 조명할 수 있게 되었다.

다음 예에서 밑줄 그은 명사구 '고래 (는)'은 유개념으로서의 일반적 '고래'를 의미한다.

(2) 고래는 포유 동물이다.

이럴 때에는 '는'이 주제격으로 처리되기 때문에 앞에 '-'를 붙인다. 그러나 다음 예는 기능이 다르다.

(3) 고래는 포유 동물이지마는 상어는 포유 동물이 아니다.

위의 (3)에서 '고래'와 '상어'는 자매 항목으로서 서로 대조되는 처지에 있다. 선행절의 명사구 '고래'는 후행절의 '명사구 '상어'와 대조 내지 차별화되기 때문에 첨사로 처리된다. 이런 예는 첨사이기 때문에 앞에 '-'를 붙일 필요가 없다. 같은 형태에 대하여 두 가지 기능을 하나하나 밝히기가 성가시기 때문에 '(-)는'으로 표기하기로 한다. '(-)는'의 대조의 기능은 그것이 붙은 명사구가 초점을 받음으로써 발생하는 것이다.

첨사 가운데서 그 기능이 다의적인 것은 '단독'의 '만'이다. '만'은 『연세국어사전』 (1998: 653)을 보면 '만$_5$'이라는 표제어 아래 다음 넷을 두고 있다.

(4) 가. 그들은 집안을 샅샅이 뒤져 본 뒤에 **어머니**만 끌고 갔다.
나. 딱 **한 잔**만 하세요.
다. 도시 허황한 **거짓말**만 **같다**.
라. 내가 여기서 **자꾸**만 이러한 이야기를 하는 이유를 아시겠습니까.

(4)에는 이른바 보조사, 저자의 용어로는 첨사가 명사구나 부사에 붙기는 하였어도 그 기능이 같지 않다. (4가)는 예상되는 자매 항목 가운데서 '어머니'가 단독으로 선택되었다는 의미를 표시하고 있다. (4나)는 수량어구 '마실 것'을 여러 잔 중에서 '한 잔'에 한정시키는 의미를 표시한다는 점에서 (4가)와 거리가 멀지 않다. (4다)는 '~ 만 같다'의 형식으로 쓰여 '~인 것과 꼭'과 같이 비교의 뜻을 나타낸다고 풀이하고 있으나 (4가)에서 번져 나간 기능으로 보인다. (4라)는 첨사가 부사에 붙어 강조를 뜻하는 것으로 풀고 있다. 사실 '만'은 첨사 중에서도 그 기능이 다의적이어서 한 가지 의미로 단일화하기가 쉽지 않으나 깊이 생각해 보면 (4가)에서 번져 나간 것으로 생각된다.

(4가)와 같이 정확하게 단독의 기능이 파악되는 경우라도 그 작용역이 자매 항목만 가리킬 수도 있고 명제를 가리킬 수도 있다 (최재웅 1996).

(5) 가. 나는 **너**만 좋아해.
나. **너**만 만나면 되는 일이 없어.

(5가)는 앞의 (4가)와 같이 '너'라는 명사구를 작용역으로 삼아 그 명사구가 지시하는 개체만을 한정해 주고 있다. 그러나 (5나)는 '너를 만나다'라는 명제를 작용역으로 삼아 그 명제가 표상하는 사건을 한정해 주고 있다. 문병열 (2009)에서는 전자를 **개체 한정**, 후자는 **사건 한정**이라 불렀다. 이곳의 "한정"이란 전통 문법의 "단독"을 명시적으로 표현한 것이다. 저자는 앞에서 주제격과 대조의 '(-)는'이 운율에 있어 차이가 난다는 실험 음성학적 결과를 원용하기도 하였는데 '만'에 대하여도 그런 실험 결과가 나와 있다 (최재웅 밖에 1999). 이곳에서는 초점이 주어질 때에는 일반 격어미와 첨사 '만' 사이에 차이가 드러나나 초점이 주어지지 않을 때에는 차이가 없다고 보고하고 있다.

당대에는 부사 '좀'이 첨사로 넘어가는 과도기의 양상을 보이기도 한다 (목정수 2001).

(5-1) 가. 소금 좀 주시겠어요?
나. 영화 좀 보러 갈까.

위의 두 예는 명사구 아래 쓰여 상대방이 예상하지 못한 발화를 할 때 사용되는 것으로 보고 있다.

'좀'이 부사와 첨사의 두 기능을 지니고 있다. 이런 예는 부사가 첨사로 문법화되어 가는 과정에 있는 것으로 해석하고 있다.

중세어에는 당대에 사용되는 개체 한정의 첨사 '만'은 보이지 않고 대신 지금은 폐어가 된 'ᄆᆞᆺ, ᄇᆞᆺ'과 '곳' 그리고 'ᄲᅮᆫ'이 단독의 '만'의 자리를 차지하고 있다.

(6) 가. ① ᄀᆞ장 ᄀᆞᄂᆞᆫ 그림제ᄆᆞᆺ 後ㅅ 無明을 ᄒᆞ야 ᄇᆞ려 (월인석보 2, 62)
② ᄉᆞᆷᄇᆞᆺ 아니면 어느 길헤 다시 보ᅀᆞᄫᆞ리 (월인석보 8, 82)
나. ① 오직 魔王곳 제 座애 便安히 몯 안자 시름ᄒᆞ야 ᄒᆞ더라 (월인석보 2, 42)
② 나옷 (<곳) 王 ᄃᆞ욇 사ᄅᆞ미면 兵甲이 自然히 오리라 (석보상절 24, 12)
다. ① 하ᄂᆞᆯ 우콰 하ᄂᆞᆯ 아래 나ᄲᅮᆫ 尊호라 (월인석보 2, 38)
② 내 너교ᄃᆡ 다ᄆᆞᆫ 佛乘ᄲᅮᆫ 讚嘆ᄒᆞ면 衆生이 고디 듣디 아니ᄒᆞ야 (석보상절 14, 58)

(6가)는 단독의 'ᄆᆞᆺ, ᄇᆞᆺ'에 의한 한정의 예이다. 당대어의 (4가)와 같은 개체 한정의 예로 볼 수 있다. ①은 여러 자매 항목 중 '그림제'만 '후의 무명'을 헐어 버린다는 뜻이니 개체 한정이라고 할 수 있다. ②는 (5나)와 같이 조건절에 쓰였으니 사건 한정이라 할 수 있다. (6나)의 '곳'은 중세어의 단독의 첨사 중에서 흔히 볼 수 있는 첨사인데 ①은 자매 항목 중 '魔王'만 자기 자리에 앉지 못한다고 하였으니 개체 한정의 예로 볼 수 있다. ②는 조건절에 쓰였으니 사건 한정이라고 할 수 있다. (6다)는 당대의 단독의 첨사 '만'에 대응하는 것인데 ①과 ② 모두 개체 한정으로 해석하고 있다 (문병열 2009).

중세에는 당대의 단독의 첨사 '만'의 직접적 소급형은 없고 (6)의 'ᄆᆞᆺ, ᄇᆞᆺ, 곳, ᄲᅮᆫ'이 단독의 첨사에 대용되고 있다. 그러면 당대의 단독의 첨사 (5)는 어떻게 형성되었을까. 중세어에서 앞의 당대어의 (4)와 같이 '만'이 쓰인 예를 문병열 (2009: 149)에서 골라 보기로 한다.

(7) 가. 燈마다 술위 ᄢᅵ만 크긔 ᄒᆞ야 (석보상절 9, 32)
나. 블 퓌엿ᄂᆞᆫ 숫글 ᄀᆞ라 수레 ᄒᆞᆫ 술만 프러 머그라 (구급간이방 6, 18)
다. ① ᄒᆞᆫ ᄃᆞᆯ나마 밥 아니 먹고 물만 마시거늘 (삼강행실도 동경대본 35)
② 사오나온 밥과 믈만 먹고 ᄂᆞᄆᆞᆯ와 과실을 먹지 아니ᄒᆞ며 (번역소학 7, 11)
③ 나ᄂᆞᆫ 당시 숨만 니어 잇거니와 (순천김씨간찰 127: 2)
라. 이 施主ㅣ 오직 衆生의게 一切 즐거ᄫᅳᆫ 것만 주어도 功德이 그지 업스리어늘 (월인석보 17, 48)

(7가)는 당대어의 '만큼'으로 번역되는, "정도"를 의미하는 명사적 후치사이다. (7나)는 당대어의 (4나)의 소급형으로 단독의 개체 한정으로 볼 수 있다. (7다)는 (4가)와 같이 단독의 개체 한정의 첨사이다. 이런 기능의 첨사는 16세기 후반의 문헌 (번역소학, 순천김씨간찰)부터 보이기 시작한다. (7라)의 '만'은 당대어의 사건 한정의 (5나)와 같은 예이다. 그런데 이런 기능은 앞 (§6.3.1.1.B, 204쪽, §6.5.3.1, 302쪽)에서 언급한 바와 같이, 다음과 같은 의존 명사로 실현됨이 보통이다. 문병열 (2009)에서는 '만'을 모두 같은 기능을 띠는 것으로 보았으나 저자는 구별하는 태도를 취하였다

(박진호 1994, 하귀녀 2005, 박용찬 2006).

(7) 라'. 이 施主ㅣ 衆生ᄋᆡ 그에 一切 즐거ᄫᅳᆫ 것 <u>布施홀</u> **만** ᄒᆞ야도 功德이 그지 업스니 (석보상절 19, 4)

그 내용을 반복하면 '이 시주가 중생에게 일체 즐거운 것을 보시하기만 하여도 공덕이 그지 없으니 …'와 같으니 의존 명사 '만'에 "단독"의 명제 한정의 기능이 파악된다. 15세기에는 명제 한정의 '만'이 의존 명사로도 나타나고 당대와 같이 첨사로 변질되는 과도기가 아니었던가 한다.

15세기에 단독을 표시하는 첨사 (6가)의 'ᄆᆞᆺ, ᄇᆞᆺ', (6나)의 '곳'. (6다)의 'ᄲᅳᆫ'이 폐어가 됨에 따라 15세기부터 싹을 보이던 첨사로서의 '만'이 세력을 넓혀 간 것으로 보인다. 선조 14 (1581)의 동경대학 소장본인『삼강행실도』중간본에 나오는 다음 예는 단독의 의존 명사 '만'이 개체 한정으로 해석됨을 보이는 예로 이용할 수 있다.

(7) 라". ᄒᆞᆫ ᄃᆞᆯ나마 밥 아니 먹고 믈**만** 마시거늘 (삼강행실도 동경대본 열녀도 34) (문병열 2009: 149에서 재인용)

그런데 위의 구절은『삼강행실도』(세종~세조초) (시부 1990: 355)에는 다음과 같이 나와 있다.

(7) 라"'. ᄒᆞᆫ ᄃᆞᆯ나마 밥 아니 먹고 믈**ᄲᅳᆫ** 먹거늘

그러니까 15세기에는 단독의 의미가 (7라')와 같이 의존 명사에 기댈 수도 있고 당대와 같이 첨사 '만'으로 나타날 수도 있었으며 (7라"), (7라"')와 같이 첨사 'ᄲᅳᆫ'으로 나타나다가 16세기 후반에 이르러는 (7라")와 같이 당대어처럼 '만'으로 굳어진 것이 아닌가 한다.

문병열 (2009)에 의하면 중세어의 "단독"의 '곳'은 대부분 종속절에서 사건 한정의 기능을 띠고 있었고 17세기에는 조건절과의 공기 빈도가 우세하였으며 19세기까지 명맥을 유지해 오다가 15세기부터 싹을 보이던 '만'이 그 자리를 대신해 온 것으로 파악하였다. 단독의 'ᄲᅳᆫ'은 중세에서는 주로 단문에서 개체 한정으로 쓰였고 17세기에 오면 주로 대등절에 분포되어 있었다. 19세기도 큰 차이가 없고 '복음ᄲᅳᆫ 아니오'와 같이 부정 계사 '아니다'와의 공기 빈도가 높게 나타났다.

9.4.2.2. 문장 가운데의 첨사와 담화 표지

"문장 가운데의 첨사"란 앞 (§6.5.3.1, 302쪽)에서 든 눙침의 첨사 '요'를 가리킨다. '눙치다'란 말은 말을 부드럽게 한다는 뜻인데 현재는 정동사형이나 부동사형에 붙어 상대방을 높이는 뜻으로 쓰인다. 앞 (§7.2.3.1.B, 424쪽)에서 본 바와 같이, 정동사형에 붙는 '요'를 '요-'통합형이라 하여 존비법의 2원적 체계의 하나로 처리한 바 있다. 그런데 '요'는 문장의 끝, 곧 정동사에서만 실현되는 것이 아니고 문장 가운데에 자유자재하게 놓여 일종의 "디딤말"의 역할을 한다. 이곳에서는 이상복 (1976), 이정민 · 박성현 (1991), 윤석민 (1994), 임창구 · 도바시 (2016)을 중심으로 '요'의 텍스트 형성의 기능을 검토하기로 한다.

첨사 '요'는 대부분의 문장 성분에 붙는다.

(8) 가. 어떤 **꼬마애가**요 **저한테**요 **돌맹이를**요 **막**요 **던지면서**요.
나. ① **그래서**요 **앞으로**는요 그런 짓을요 해서는요 안돼요.
② 책 **또는**요 연필.
③ **토끼는**요 앞발이 짧아요.
다. ① *물이 **얼음이**요 돼요.
② *그것은 **책이**요 아니예요.
③ 1) *그요 사람은 **많은** 책이 있어요.
2) *예쁜 요 꽃들이 많이요 피었어요.
3) *공을 던져요 버렸어요.

(8가)는 첨사 '요'가 주격, 여격적 후치사, 대격 보족어 명사구는 물론, 부사와 부동사형에 붙는 예이다. 물론 '꼬마애∅요'와 같이 부정격 아래에도 붙는다. 그러는가 하면 처소 대명사는 위치에 따라 허용되지 않는 일도 있다 (임창국 · 도바시 2016).

(8) 가'. *가방이 바로 여기요 있어요.

그러나 위의 '바로 여기'가 끝에 놓이면 허용되기도 한다.

(8) 가''. 가방이 있어요 바로 여기요.

그러는가 하면, (8나)에서 보는 바와 같이, '요'는 접속사는 물론, 주제어에도 붙을 수 있다. 그러나 (8다)에서 보는 바와 같이, 학교 문법의 보어 (①, ②)는 물론, 관형사 1) 및 관형사형 2), 의존 동사 구성 3)에는 붙지 못한다. 이렇게 보면 '요'는 음운론적 단어 (§2.3, 24쪽)인 어절에 붙는다고도 할 수 있으나 (8가')와 같은 예가 나오는 것을 보면 일률적으로 재단하기가 어려워 보인다. 부착 조건을 더 구체화할 필요가 있다.

사실 '요'의 자리에는 '말이야'가 대치할 수 있어 양자의 기능이 같지 않겠는가 하는 생각을 가질 수 있다. (8가)의 예의 '요'를 대치하여 보기로 한다.

(8) 가''. ① 어떤 **꼬마애가**말이야 **나한테**말이야 **돌맹이를**말이야 **막**말이야 **던지면서**말이야

위의 예를 통하여 보면 첨사 '요'는 상대방의 지위가 화자보다 높을 때, '말이야'는 낮을 때 쓰는 첨사라는 것을 알 수 있다. '요'는 (9가)와 같이 정동사 어미에는 붙을 수 있어도 (9나)와 같이 '말이야'는 붙을 수 없다.

(9) 가. 철수는 지금 학교에 가 (<아)요.
나. *철수는 지금 학교에 가말이야.

'말이야'가 정동사형에 붙으려면 '간단말이야'와 같이 특수 어미 (고영근 1989/1999나: 107)에 의존해야 한다. '있잖아'도 '철수도 있잖아 …'와 같이 비슷한 기능을 띠고 있다 (홍기선 원고: 28).

앞의 (8가)만 보면 문장 가운데의 '요'도 문장 끝의 '요'와 같이 존경법의 공대말이 됨을 쉽게 알 수 있다. 그러나 문장 가운데의 '요'는 문장 끝의 '요'와는 기능이 같지 않다는 것을 알 수 있다. 다음 두 예를 비교하여 보기로 한다 (이정민 · 박성현 1991).

(10) 우리반에서두요 애들이요 이제 도서관 같은 걸 두어서 책 같은 걸요 빼 갈 때요 줄을 안 서구 막 그래가자구 막 신경질 날 때가 많아.

위의 예는 문장 가운데만 '요'가 끼여들고 문장 끝에는 '요'가 삭제되어 있어 공대법의 질서를 어겨 규범에 어그러지는 말씨가 되어 버렸다.

그런데 위에서 '요'를 제거한 다음 예는 공대법의 질서를 지키고 있다.

(10') 우리반에서두 애들이 이제 도서관 같은 걸 두어서 책 같은 걸 빼 갈 때 줄을 안 서구 막 그래가자구 막 신경질 날 때가 많아<u>요</u>.

위의 (10')에서는 (10)에 나타났던 문장 가운데의 '요'가 삭제되어도 하등 규범에 어그러졌다는 느낌이 들지 않는다. 이는 문장 가운데의 '요'가 이야기를 얼버무리거나 눙치는 디딤말이나 담화 표지로 보는 견해 (이정민 · 박성현 1991, 윤석민 1994)가 비교적 과녁을 맞춘 것으로 보인다. 그리고 '요'에 대한 운율적 연구 (김미란 · 임창국 2014)는 '요'의 기능을 분명히 할 수 있다는 점에서 이 방면의 연구의 필요성을 절감할 필요가 있다.

문장 가운데의 '요'가 디딤말 내지 담화 표지의 기능을 표시하듯이, (8가")①에서 든 '말이야/-ㄴ단말이야'도 '요'와 짝을 이루는 디딤말의 표지임이 틀림없다. "디딤말"은『표준국어대사전』에 의하면 "말이 막힐 때 다음 말을 잇기 위하여 뜻 없이 나오는 말"로 설명되어 있다[4].

9.4.2.3. 문장 끝 첨사와 정감성

앞 (§6.3.2.3.C, 233쪽, §6.5.3.1, 301쪽)에서 저자는 학교 문법의 통범주적 복수 표지의 형태론적 특징과 기능을 검토한 바 있고 이어 당대어의 첨사 범주를 세우고 (§6.5.3, 301쪽), 그 가운데서 '요'에 대하여는 바로 위 (§9.4.2.2, 788쪽)에서 그 기능을 검토한 바 있는데 이곳에서는 종결 첨사인 '그려'와 '그래'의 기능을 검토하여 보려고 한다.

먼저『연세한국어사전』의 예문과 설명을 중심으로 '그려'의 기능을 검토하기로 한다.

(11) 가. 허허 자네 제법 나라 걱정하네<u>그려</u>.
나. 이렇게 와 주셔서 고맙습니다<u>그려</u>.

---

4) '열차와 승강장 사이는 생각보다 멀리 있지 말입니다'에 나타나는 '-시 말입니다'와 같은 발노 일종의 디딤말이다. 이를 문법에 맞지 않는 말이라고 하는 사람도 있으나 (한글새소식 543, 2017. 11., 13쪽) 이런 말도 디딤말로 볼 수 있다.

다. ① 나쁜 놈이라고 비난하지는 말게그려.
② 자 어서 들어갑시다그려.

(11가)는 예사낮춤의 존비법 '-네'에 첨사 '그려'가 붙은 것이다. 원래 예사낮춤의 감탄법은 '-는구면'이나 여기에 첨사 '그래'가 붙은 '-는구먼그래'가 쓰임이 보통인데 위의 (11가)와 같이 평술형에 첨사 '그려'가 붙는 예도 보인다. (11나)는 아주높임의 평술형에 붙었다. (11가)의 '-네그려'는 '-구면'의 자리에 보충된 것으로 보인다. 전자가 후자에 비하여 친근한 느낌을 주는 것 같다. (11나)는 당대에서 아주높임의 감탄법의 부재 (不在) (고영근 1989/1999나: 277)를 보충하는 형태로 보인다. (11다)는 예사낮춤의 명령법 (①)과 예사높임의 제안법 (②)에 '그려'가 붙은 것인데 친근성을 더 해주는 기능을 띤 것으로 보인다.

다음으로 '그래'의 기능을 검토하여 보기로 한다.

(12) 가. 그가 공산주의자라니 이해가 안 가는구먼그래.
나. 자네 얼굴이 좋구먼그래.

종결 첨사 '그래'는 예사낮춤의 '-구면, -(으)ㄴ데, -(으)ㄴ걸'에 붙는데 앞의 '그려'와 같이 친근한 느낌을 주고자 할 때 쓰이는 것으로 볼 수 있다. 문법 형태의 기능을 파악할 때에는 직관에 의존하기보다 정동사 어미의 전체 체계를 유의할 필요가 있다.

위의 종결 첨사 '그려'와 '그래'에 공통적으로 추출되는 '친근성'은 앞 (§7.4.3.1.B, 507쪽)의 중세어에서 확인되는 정감성의 범주로 통합될 수 있다. 중세어는 정감성이 양태성과 함께 선행 어미에 의하여 표시되었는데 당대어의 정감성은 어말 어미와 종결 첨사에 의하여 표시되었다는 것을 확인할 수 있다. 당대어의 '그려'와 '그래'는 주로 20세기 전반기 자료에서 많이 확인되고 후반기부터는 점차 자취를 감추고 있다는 것을 지적할 수 있다.

저자는 공통어에도 '요, 말이야'와 같은 담화 표지로서의 디딤말이 확인되고 이밖에도 '아니[5], 그냥, 좀'도 추가할 수 있다. '좀'은 부사로 쓰일 때와 첨사 (앞에 나옴)로 쓰일 때의 두 기능이 파악된다. '그래서, 그런데 (근데), 그러니까' 등은 문어$_1$에서는 접속사로 기능하지마는 구어$_2$에서는 담화 표지의 기능을 지니고 있다 (신지연 1998: 195-227). 전남 방언에서도 그런 담화 표지가 발견된다는 사실을 지적한 바 있는데 (§9.1.2, 770쪽) 이곳에서는 동남 방언에 나타나는 담화 표지를 검토하여 보기로 한다 (황병순 2010).

(13) 가. 아이가 (이), 그래 가지고는 아무것도 못한다.
나. 오전에느 학교 있었다 아이가.

---

5) '아니'의 담화 표지에 대하여는 송병학 (1994)에서 지적되었다.
"동궁마마"
"아니? 김춘추 대감이 아니시오"
위의 예에 나타나는 '아니'는 바로 앞의 '동궁마마'를 환영함과 아울러 후행 문장과 접속시키는 담화 표지로 보고 볼 수 있다.

(13)을 보면 같은 '아이가'가 (가)에서는 간투사로 쓰였는데 (나)에서는 담화 표지로 쓰였다. 공통어의 '아니냐'에 대응하는데 그 긍정형은 '이가'이다.

동남 방언에는 '마'라는 특이한 담화 표지가 보인다 (임규홍 2009).

(13-1) 가. <u>고마</u> 그대로 가마이 있을 거 아니가.
나. <u>마</u> 그대로 가마이 있을 거 아이가.

(13-1나)의 '마'는 (13-1가)의 '고마'가 문법화되어 형성된 것이라고 하는데 "우선 멈춤"과 후행 정보를 강조하는 기능이 부여된다고 한다.

담화 표지는 짜임새 없는 구어$_2$에 분포되어 있는 것도 있고, 앞에서 본 바와 같이, 개별 방언에 분포되어 있는 것도 있다. 앞의 동남 방언과 서남 방언의 담화 표지는 개별 방언의 것이다. 앞의 이기갑 (2007)에서는 담화 표지 '그저'가 지역에 분포되는 양상이 조사되어 있다. 동부 방언권에서 '그저'가 빈번히 사용되고 있고 그 가운데서도 동북 방언인 함경도 방언과 이의 변종인 중앙 아시아의 고려말에서 사용 빈도가 높고 남으로 갈수록 덜 사용한다는 점이 지적되어 있다. 이기문 · 김완진 (편집주간) (1993)과 이익섭 · 전광현 · 이광호 편 (2008)을 보면 음운과 어휘 지도는 마련되어 있으나 담화 표지 지도는 시도되어 있지 않다. 앞으로는 이 방면에도 관심을 기울일 필요가 있다.

9.4.3. 격 어미, 첨사와 의존 동사의 초점

9.4.3.1. 격 어미와 초점

격 어미 가운데서 주격, 대격 표지는 의존 동사구의 자립 동사의 부동사형에 붙기도 한다.

(1) 가. 다람쥐가 구멍에서 **나오지**<u>가</u> 않는다.
나. 다람쥐가 구멍에서 **나오지**를 않는다.

위의 예는 비대격 동사 (자동사)의 부정법 형성의 부동사 '-지' 아래 주격과 대격이 동시에 붙는 것이다. 같은 비대격 동사라 하여도 다음과 같은 경우에는 대격 표지만 붙고 주격 표지는 붙을 수 없다.

(2) 가. 철수가 학교에 **가지**를 않는다.
나. *철수가 학교에 **가지**가 않는다.

(2나)를 (1나)와 비슷한 상황에 놓아도 마찬가지가 아닌가 한다.

(2) 나'. ??철수가 방안에서 **나오지가** 않는다.

(2나)보다는 낫기는 하나 그래도 쉽게 받아들여지지 않는다. 같은 유정불이라도 하여도 피동적인 미물 (微物)이냐, 능동적인 인간이냐에 달린 것으로 볼 수 있다. 그것은 어쨌든 이런 경우의 주격

과 대격 표지는 일반 첨사와 같이 선행 자립 동사구를 초점화한다.

다음은 대격 표지만 붙는 예이다.

(3) 가. 철수는 숟가락으로 **먹지**를 않는다.
    나. 철수야, 반찬을 젓가락으로 **먹어**를 보아라.
    다. 철수에게 빨리 학교에 **가게**를 하였다.

(3)은 자립 동사의 부동사형 어미 '-지 (가), -어 (나), -게 (다)'에 대격이 붙은 것인데 이런 경우는 주격 표지는 붙을 수 없다. 이 역시 선행 동사구를 초점화하고 있다.

다음은 비대격 동사, 곧 상태 동사의 부동사 어미 '-지'에 주격과 대격 표지가 동시에 붙은 것이다 (최기용 2009: 288).

(4) 가. 영철이는 **똑똑하지**가 않다.
    나. 영철이는 **똑똑하지**를 않다.

위의 예는 상태 동사, 곧 비대격 동사에 주격과 대격 표지가 붙은 것이다.

다음은 대격 표지가 처격과 여격 상당의 후치사에 붙는 예이다.

(5) 가. 철수는 부산**에**를 가고 있다.
    나. 나는 철수에**게**를 가고 있다.

(5가)는 보통 '… 부산을 …'로 실현된다 (§7.6.2.2.A, 556쪽). (5)의 예는 처격과 여격 상당의 후치사에 붙어 선행 처격 내지 여격 상당의 명사구를 초점화하고 있다.

다음은 대격 표지가 부사에 붙는 예이다.

(6) **빨리**를 가거라.

부사라고 하여 대격 표지가 다 붙는 것은 비슷한 의미의 '어서'는 붙지 못한다.

(6') *어서를 가거라.

지금 우리말 연구에서는 '이~가'와 '을~를'을 저자와 같이 격 표지와 첨사로 구분하지 않고 모두 보조사, 저자의 용어로는 첨사로 처리하는 일도 있다 (유동석, 1984, 임홍빈 1987, 홍기선 원고). 전자는 전통적 견해이고 후자는 통보화용부를 문법 체계에 통합시키는 흐름에 영향을 받아 제기된 견해이다. 저자는 전통적 견해에 따라 명사구에 붙는 '이~가', '을~를'은 격 표지로 간주하고 같은 형태라 하더라도 비명사구에 붙는 것은 초점 기능의 첨사로 보는 태도를 취하였다.

다음은 의존 명사에 대격 표지가 붙는 예이다.

(6-1) 가. 너무 아는 **체**를 하지 말아라.
      나. 바빠서 먹는 둥 마는 **둥**을 했지요.

위의 예는, 앞 (§8.6.10.1.A, 728쪽)에서 언급한 바와 같이, 초점 부여의 기능을 가진 것으로 보기로 한다.

비명사구에 주격 및 대격 표지가 붙는 현상이 역사적으로 언제부터 출현하는가 하는 문제를 풀어 볼 필요가 있다[6].

비명사구에 대격 표지가 붙는 예는 전통 시대에는 고대 소설류에서, 개화기에는 <독립신문>에서 용례를 찾을 수 있다.

먼저 고대 소설류에 나타나는 예를 보기로 한다.

(7) 가. 목이 미여 **먹지**를 못ᄒᆞ더라. [쇼학젼 구활자본 고소설전집 7권.txt (111)]
　나. 곽씨부인 ᄉᆡᆼ각ᄒᆞ니 ᄌᆞ긔의 알난 병세 **살지**를 못ᄒᆞᆯ 쥴 알고 [심청전,정명기소장 낙51장본.txt (82)]

(7가)는 당대의 (3가)와, (7나)는 (2가)와 같은 예인데 고대 소설류에는 근대어에서부터 '-를'이 비명사구에 붙었음을 알 수 있다. 그러나 주격 표지가 붙는 예는 아직 보고되지 않았다,

다음 예는 <독립신문>에 나타나는 격 표지의 예이다.

(8) 가. 그 쇠덩이가 물 밋ᄒᆡ 나려 **가지**<u>를</u> 아니ᄒᆞ고 [1896 대죠션독립협회회보.txt (78)]
　나. ᄇᆡᆨ셩은 공연이 돈만 내고 그 돈 효험은 **보지**를 못ᄒᆞᄂᆞᆫ지라 [1896 독립신문.txt (488)]

<독립신문>도 고대 소설류와 같은 양상을 보여 준다.

『천로역정』과 <독립신문> 등에는 이전에는 보이지 않던 형용사, 곧 비대격 동사에 주격 표지가 붙는 예가 보인다.

(9) 가. 엇지 신롱 씨를 ᄃᆡᄒᆞ야 **붓그럽지**<u>가</u> 아니ᄒᆞ리요 [1896 독립신문.txt (1123)]
　나. 긔독도의 살던 쟝망셩에셔 **머지**<u>가</u> 아니ᄒᆞᆫ 고로 [<12a>, 1894 텬로력뎡1.txt (324)]

문제는 원래 명사구에 붙던 격 어미가 무슨 사유로 비명사구에 붙게 되었으며 그것도 주격만 취하는가 하면 대격도 취하며 경우에 따라서는 두 격 표지를 수의로 취하게 되었는가를 밝힐 필요가 있다.

9.4.3.2. 첨사의 초점

앞 (§9.1.2)의 (8) (770쪽)에서 든 예를 다시 가져오기로 한다.

(10) 가. 말단 직원**도** 해고되었다.
　나. 휴지를 휴지통에 던져 버렸다 (<**버리**었다).

---

6) 이 자료는 박진호 교수가 제공하였음을 밝혀 둔다.

(10가)는 '말단 직원'이 뜻밖에 해고되었을 때 쓸 수 있고 (10나)의 '버리다'는 지저분한 것이 귀찮아서 정신적 부담을 제거하는 함축적 의미가 파악된다.

(10가)와 같은 함축적 의미는, 이미 고영근 (1976/1999나: 126-140)에서 밝힌 바와 같이, 포함 계열의 첨사 '까지, 마저, 조차'에서 뚜렷이 드러난다.

(11) 가. 아이들은 물론 **할머니들**<u>까지</u> 눈물을 흘려 가며 들으셨다.
나. 관용 차량을 개인 소유로 착각 공무 이외에도 막 타고 다니는가 하면 **부녀자들**<u>까지</u> 태워 주말이면 유원지를 누비고 다니는 경우를 흔히 본다.
다. 저 불쌍한 어린 것들이 있는데 어떻게 **아침**<u>까지</u> 굶이지 않았느냐.

(11가)는 앞의 (10가)에서 든 '도'로 대치할 수 없는 바 아니나, '까지'를 대체하면 생각하지 않았던 할머니들이 눈물을 흘려가며 듣는 태도를 긍정하는 의미가 함축되어 있다. (11나)는 화자가 부녀자들의 관용 차량의 승용 행위를 부정적으로 보는 의미가 함축되어 있다. (11다)는 어린 것들을 생각해서라도 당연히 밥을 지어 놓았으리라고 기대했었는데 그렇지 않은 데 대하여 마땅찮게 보고 있다.

다음 예는 앞의 '까지'와 같은 포함 계열의 첨사이다. 그러나 함의 내용에 차이가 있다.

(12) 가. 나는 손에 든 **부채**<u>마저</u> 떨어뜨린 채 숙면에 빠지고 말았다.
나. 우리가 더욱 놀란 것은 어미니가 솥에 이미 **뜸**<u>마저</u> 들여 놓으셨던 것이다.
다. 인제 늙어 **걸음**<u>마저</u> 제대로 걸을 수 없었다.

(12가)의 예도 앞의 (10가)의 '도'로 바꿀 수 없는 바 아니나 '마저'로 대치하면 끝까지 들고 있어야 할 '부채'를 떨어뜨린 것을 애석해 하는 의미가 함축되어 있다. (12나)의 '마저'는 (11가)의 '까지'로 바꾸어도 좋은 의미를 내포하고 있다. 주격 보족어 명사구 '어머니 (가)'가 화자가 기대하지 않았던 일을 해 준 데 대하여 찬의를 표하고 있다. (12다)는 주격 보족어 명사구가 최후까지 지탱해 오던 걸음을 걸을 수 없음에 대하여 애석해 하고 있다.

위의 '까지, 마저, 조차'는 모두 (10가)의 같은 포함의 범주에 속하는 '도'로 바꾸어도 좋다. 그러나 함축적 의미에는 차이가 있다. '까지, 마저'는 극단적 · 긍정적 행동이, '조차'는 극단적 · 부정적 행동이 함축될 때 선택되는 면이 있다 (고영근 1976/1999나: 139의 그림 참조).

9.4.3.3. 의존 동사의 초점

첨사에 나타나는 함축적 의미는 (10나)에서 본 의존 동사에서도 관찰할 수 있다. 이 문제는 일찍이 이기동 (1976, 1993: 107-267), 남기심 · 고영근 (1985/2014: 428-430)에서 다루어진 바가 있어 이를 참고하기로 한다.

앞 (§7.4.2.3, 490-495쪽)에서 저자는 의존 동작 동사에서 표시되는 진행상, 완료상 등의 동작상을 살펴본 바 있거니와 이곳에서는 의존 동작 동사에서 표시되는 함축적 의미를 검토하기로 한다. 함축적 의미가 결부되는 의존 동사에는 '버리다, 지다, 내다, 놓다, 주다' 등을 들 수 있다. '쌓다'를 의존 동작 동사에 넣기도 하나 (이기동 1976), 뒤의 방언에서 다루도록 한다.

(13) 가. 철수는 고향으로 떠났다.
　　나. 철수는 (기어이) 고향으로 떠나 버렸다 (<**버리**었다).

(13가)의 '떠나다'는 철수가 단순히 고향으로 떠났음을 진술하는 데 대하여 (13나)는 가지 말라고 그렇게 만류하였는데도 기어이 떠나서 섭섭해 하는 의미가 함축되어 있다. 이는 앞에서 본 첨사 '까지' 등에 함축되어 있는 의미와 같은 계열의 양태성이다.

'지다'는 흔히 통사적 피동법의 형성에 쓰이는데 (§8.6.1.2, 652쪽), 다음과 같이 화자의 양태성이 결부될 때 쓰이기도 한다.

(14) 가. 수서와 부산 · 목포 사이에 새로운 고속 전철 SRT가 놓였다.
　　나. 수서와 부산 · 목포 사이에 새로운 고속 전철 SRT가 놓여졌다.

(14가)는 단순한 어휘적 피동문인데 (14나)는 통사적 피동문이다. '놓아졌다'보다 이중 피동법인 '놓여졌다'가 더 자연스럽게 느껴진다. (14가)는 고속 전철이 부설된다는 것을 단순하게 진술하는 것이지만 (14나)는 어렵고 힘든 과정을 거쳐 건설되었다는 의미가 함축되어 있다. '내다, 놓다, 주다'의 양태성도 위와 같은 방법으로 양태성을 구명할 수 있다.

(15) 가. 철수는 하루 저녁에 A4 100장의 원고를 쓴다.
　　나. 이 꽃나무는 그대로 심어라.
　　다. 나는 학생들에게 독일어를 가르쳤다.

(15)를 다음과 같이 의존 동사 구성으로 바꾸면 역시 모종의 양태성이 결부된다.

(15) 가'. 철수는 하루 저녁에 A4 100의 원고를 써 낸다.
　　나'. 이 꽃나무는 그대로 심어 놓아라.
　　다'. 나는 학생들에게 독일어를 가르쳐 주었다.

(15가')의 '-(어) 내다'에는 어려운 과정을 이겨 낸다는 의미가 함축되어 있고 (15나')에는 한 상태에서 딴 상태로 옮길 때, 곧 심기 전 상태에서 심은 상태로 옮겨질 때 사용된다. (15다')에는 학생들에게 독일어를 가르쳐 줌으로써 혜택을 주었다는 의미가 파악된다.

앞의 (15나')에 쓰인 '놓다'는 동작주의 힘으로 제어할 수 없는 상황에서 쓰이기도 한다. 아래의 속담에 같은 의존 동사인 '두다'를 대치하면 어색해지는 것도 이러한 이유 때문이다.

(16) 쏘아 놓은/$^{?}$둔 살이 되고 엎질러 놓은/$^{?}$둔 물이로다.

활에서 일단 벗어난 화살은 동작주의 힘밖에 있는 것이다.

방언에는, 앞 (§6.2.1.3, 109쪽)에서 본 바와 같이, '삐다, 비리다, 쌓다' 등의 의존 동작 동사가 확인되지마는 동남 방언을 제외하고는 함축된 의미를 찾아 내기가 쉽지 않다. 동남 방언은 그 지역 태생인 저자의 직관에 비추어 볼 때, 적어도 '삐다'는 공통어와 같이 부담을 제거하는 의미가 파악된다. 이기동 (1976)에서는 '쌓다'의 함축적 의미를 논하고 있으나 그 자료가 어느 방언 화자로부터 채취하였는가 하는 문제가 풀리기 전에는 자료로서의 타당성을 논하기가 어려워 보인다.

9.4.3.4. 주제와 첨사의 유형론

이곳에서는 앞에서 검토한 주제와 첨사의 유형론을 전개하여 보려고 한다. 의존 동사의 형태론적 유형론에 대하여는 앞 (§6.2.1.4, 111쪽)에서 논한 바 있고 이곳에서는 화용론적 유형론을 전개해야 하나 이 방면의 정보를 얻지 못하여 주제와 첨사의 유형론만 전개하기로 한다.

먼저 주제의 유형론을 전개해 보려고 한다. 대상 언어는 일본어, 중국어, 어웡키어, 몽골어, 터키어이다[7]. 우리말에는 당대에는 주제어만 있으나 중세에는 주제어 (subject-topic)와 대제어 (object-topic)가 있었다. 그러면 주제 및 대제가 알타이어와 중국어에 어떻게 나타나는지 보기로 한다.

(17) 가. 사람은 만물의 영장이다.
 나. hito-wa baNbutu-no reityoR dearu
  human being top all creation Gen lord be
 다. ① niyalma oci tumen jaka i da
   person TOP ten_thousand thing GEN chief
  ② bəi bi-kki tumən godac-ni əjin
   person be-CONV ten.thousand creation-GEN lord
 라. kümün bol bükü amitad-un eǰen mön
  human being top all living creatues-Genitive lord is
 마. İnsan, bütün yaratık-lar-ın en üstün ol-an-ı-dır
  human all creature-PL-GEN most superior be-participle-POSS.3P-3P.S
 바. rénlèi shì wàn wù zhī líng
  human be Lord of creation

(17나)는 우리말과 문법 구조가 비슷한 일본어의 예이다. 일본어에는 우리말의 '(-)는'에 대응하는 'wa'가 있어 우리말과 같은 주제 우세 언어라고 말할 수 있다. (17가)와 비교하면 두 언어의 주제문 구조가 비슷하다는 것을 알 수 있다. (17다)①은 만주 문어의 예인데 'oci'가 주제 기능을 갖는다. ②는 어웡키어의 예인데 주제어는 존재의 부동사 'kki'에 의하여 표시된다. 만주 문어와 다르다. 그러는가 하면 '코끼리는 코가 길다'라는 문장의 '코끼리는'은 속격으로 표시되고 있어 주제어 표시의 특별한 장치가 없다는 것을 알 수 있다. (17라)는 몽골 문어의 예인데 'bol'이 주제 표시

7) 질의 대상 언어와 제보자는 다음과 같다 (경칭 생략).
일본어 (가와사키), 중국어 (석혜매), 만주 문어 (김주원), 어웡키어 (칼리나), 몽골문어 (유원수), 터키어 (이용성).

로 기능하나 '두루미는 목이 길다'와 같은 예는 다음과 같이 주어가 'inu'로 표시된다.

(17) 라'. toɣoruu inu küǰügü inu urtu
crane 3PPS neck 3PPS long

그러니까 몽골 문어에서는 'bol'과 'inu'로 나타나고 있어 우리말이나 일본어과 달리 그 실현 방식이 규칙적이 아님을 알 수 있다. (17마)는 터키어의 예인데 주제를 위한 특별한 표지가 보이지 않는다. '두루미는 목이 길다'는 '두루미의 목이 길다'와 같이 속격 구성으로도 나타난다. 이를 통하여 보면 터키어에도 몽골어, 어웡키어와 같이 주제를 위한 특별한 문법적 장치가 없음을 알 수 있다. (17바)는 중국어의 예인데 영어와 같이 총칭 명사구와 동사구를 연결시키는 계사 'shi'에 의하여 표시된다. 중세어에 확인되는 대제어는 적어도 알타이어와 중국어에는 확인되지 않는다는 알 수 있다.

주제 표지에 이어 자매 항목을 요구하는 '(-)는, 도, 만'의 유형론적 특징을 검토하여 보기로 한다. 저자가 제시한 우리말 예는 다음과 같다.

(18) 가. 인생은 짧고 예술은 길다.
나. 나는 말걸리도 좋아한다.
다. 철수는 막거리만 마신다.

(18가)의 '(-)는'은 대조, (나)는 역동, (다)는 단독 내지 한정의 첨사이다. 일본어만 우리말과 비슷하게 독립적 형태가 구비되어 있고 다른 언어는 부사나 다른 어휘적 수단으로 표시된다. 단 만주 문어는 주제와 형태가 같은 'oci'가 붙는다.

(18) 가'. ziNsei-wa mizika-ku geizyutu-wa naga-i
나'. watasi-wa maQkori-mo suki-da
다'. tyorusu-wa maQkori-dake nom-u

(18가')는 (17나)의 주제 표지와 형태가 같다. 우리말의 주제 표지는 대조 표지의 기능에서 초점이 거세되어 형성된 것으로 보았는데 (§9.4.2.1, 784-785쪽), 일본어도 그러한가 하는 것도 구명하여 볼 필요가 있다. 일본어에도 우리말의 '도, 만'에 대응되는 'mo' (も), 'dake' (だけ)가 확인된다. 특히 'dake'의 경우는 이른바 명제 한정으로도 쓰이고 있어 두 언어의 첨사의 기능을 면밀하게 구명할 필요가 있다.

다음으로 알타이어와 중국어를 보기로 한다. 대조의 경우는 어웡키어, 몽골어, 튀르크어, 중국어 모두 어휘의 대조적 나열로 대조를 표시한다. 역동의 경우는 어웡키어와 몽골어는 모두 여처격형과 대격형에 '역시'를 뜻하는 부사를 붙이고 있으며 단독의 경우는 모두 '오직'을 뜻하는 부사를 붙이고 있다. 우리말도, '나도 (역시), 나만 (오직)'을 통해서 알 수 있는 바와 같이. 해당 첨사에 같은 의미의 부사가 붙이기도 하고 그냥 부사만 쓰이기도 한다 (최규련 2005: 4, 5장). 어쨌든 자매 항목을 요구하는 첨사는 매개 변인에 의하여 첨사나 부사와 같은 중첩형에 기대기도 하고 부사로도 표시됨을 볼 수 있다.

우리말에는 구어$_2$나 방언에는 디딤말로 포괄할 수 있는 담화 표지가 많이 나타남을 보았었는데 이런 현상은 모든 언어에서 다 확인된다. 다시 말하면 담화 표지 유형론의 전개가 가능하다는 것이다. 중세로 거슬러 올라가면 당대어의 담화 표지와 비슷한 기능을 띠고 있는 텍스트 표지가 많이 보인다. '화설'과 같은 발어사 (發語詞), '차설, 그ᄢᅴ' 등의 화두 전환사 (이명구 1992, 고영근 1999/2011가: 194) 등이 모두 텍스트 표지에 속한다. 공간적으로는 지역어 간의 담화 표지의 분포 양상을 다루는 지역적 유형론과 고대나 중세로부터 당대에 이르는 텍스트 표지의 역사적 변화 양상을 다루는 통시적 유형론도 가능하다.

9.4.4. 격 어미 · 첨사 통합형과 첨사 통합형의 의미론

우리말에는 격 어미끼리 통합되는 일이 있는가 하면 격 어미와 첨사끼리는 물론, 첨사끼리 통합되는 일이 많다. 격 어미끼리 통합되는 현상에 대하여는 "격 조사 결합" (case stacking) 이름 아래 생성문법가들에게 주목되어 많은 업적을 쌓아 왔으며 (최기용 2009: 351-397), 저자가 앞 (§7.6.6.1.F, 586쪽)에서 내세운 "이중 곡용"은 그 사이의 연구 성과를 종합한 것이다. 그러나 격 어미와 첨사의 통합과 첨사끼리의 통합에 대하여는 그 형태론적 배열 양상에만 관심을 기울였고 (이극로 1935/1948: 56, 조규설 1963, 삿세 1975), 결합에 따르는 의미론적 문제에 대하여는 거의 손을 대지 못하고 있다. 이곳에서는 격 어미와 첨사의 상호 통합과 첨사의 상호 통합에서 발생하는 의미상의 특수성을 구명하여 보고자 한다.

9.4.4.1. 격 어미와 첨사의 통합

먼저 격 어미와 첨사의 통합에 따르는 의미 문제를 앞 (§6.5.4, 304쪽)에서 본 격 어미 · 첨사 통합형을 중심으로 논의하여 보기로 한다. 여기에는 두 유형을 둘 수 있다. 하나는 격 조사 우선의 원칙 (한재영 1995)에 준하는 <격 어미-첨사>의 배열과 다른 하나는 이에 반하는 <첨사-격 어미>의 배열이 그것이다.

다음 예를 보기로 한다.

(1) 가. 철수가 학교에**는/도/만** 가지 않았다.
　　나. 철수가 학교로**는/도/만** 가지 않았다.
　　다. ① 아버지**께서는/도/만** 참석하지 않으셨다.
　　　　② 철수 혼자서**는/도/만** 가지 않았다.
　　　　③ 철수에게**는/도/만** 가지 않았다.

(1)은 격 어미구와 격 어미 상당의 후치사구에 첨사 '는, 도, 만'이 붙어 격 어미 우선의 원칙을 지

키는 예이다. (1가)는 세 첨사 '는, 도, 만'이 처격을 매개로 하여 명사구에 붙은 것이고 (1나)는 같은 첨사가 조격 어미를 매개로 하여 붙었다. (가), (나) 모두 '학교' 밖에 '도서관, 독서실, 커피숍' 등 다른 자매 항목이 전제되어 있다. 첨사가 단독으로 명사구에 붙을 때와 큰 차이가 없다. (1나)는 조격 명사구에 첨사가 붙은 것인데 (1가)와 마찬가지로 같은 자매 항목과 관련을 맺고 있다. (1다)는 격 어미 상당의 후치사에 첨사가 붙은 것인데 ①은 '어머니, 할머니' 등의 자매 항목과 관련을 맺고 있다. ②는 인수 '둘이, 셋이' 등 자매 항목을 세울 수 있다. ③은 여격 상당의 후치사 명사구 '철수 (에게)'에 첨사가 붙은 것인데 역시 '인수 (에게)' 등의 자매 항목을 상정할 수 있다. <격 어미-첨사>와 그에 준하는 후치사구에서도 명사구에 바로 붙을 때와 마찬가지로 자매 항목을 세울 수 있다.

다음은 <첨사-격 어미> 배열이다.

(2) 가. ① 철수**만**이 회의에 참석하였다.
② 영수는 철수**만**을 좋아한다.
③ 너**만**의 생각을 이야기 해 보아라.
나. ① 빵**만**에 의지해서는 안된다 (황화상 2003). 비교: 빵**에**만 의지해서는 안된다.
② 빵**만**으로는 살 수 없다.

(2가)는 첨사 '만'에 구조격이 붙었는데 ①에는 주격 '-이'가, ②에는 대격 '을'이 붙었으며 ③에는 속격 '의'가 붙었다. (2가)①, ②는 그 앞에 부정격 ∅을 상정하면 (§6.3.4, 277쪽) 주격과 대격은 잉여적이다. ③은 부정격을 상정하면 속격 역시 잉여적이라고 할 수 있다. 그러나 (2나)는 사정이 다르다. ①과 ②는 첨사 '만'이 처격 '-에'에 선행하여 격 조사 우선의 원칙을 위반하고 있다. 이는 물론 중세어에서 '만'이 의존 명사였던 것과 직접 관련이 있다 (§6.5.3.2, 304쪽). ①은 물론 오른쪽에 보인 바와 같이, 같은 '만'이 격 어미에 후행하기도 한다. ②는 첨사 '만' 뒤에 조격이 붙고 이어 '는, 도' 등의 첨사가 붙을 수 있다. (2나)의 예 역시 그 위치와는 관계 없이 자매 항목의 설정을 통하여 관련성 이론의 적용을 받을 수 있다.

9.4.4.2. 첨사끼리의 통합

당대어에는 첨사끼리 통합되는 예가 많이 나온다. 여기에는 두 부류가 있다. 첨사 가운데서 극단성을 표시하는 '까지, 부터'는 딴 첨사와의 결합에 제약을 크게 받지 않는 데 대하여 '만, 마저, 조차'는 제약을 받는다.

우선 앞의 유형을 보기로 한다.

(3) 가. 인수**까지** 는/도/만 울었다.
나. 인수**부터** 는/도/만 들어와도 좋다.

(3)은 명사구 '인수까지'에 일음절 첨사 '는, 도, 만'이 붙었다. (3가)의 첨사 '까지'는 원래 '인수'가 온 일이 화자에게 이로울 때 쓰이는데 여기에 '는'이 붙으면 대조의 의미가. '도'가 붙으면 역시 같

이 행동하는 의미가, '만'이 붙으면 한정하는 의미가 파악된다. (3나)의 첨사 '부터'는 '먼저'의 의미를 표시하는데 여기에 '는'이 붙으면 대조의 의미가, '도'가 붙으면 '역시' 같이 행동하는 의미가, '만'이 붙으면 한정하는 의미가 파악된다. 앞의 예와 같이 관련성 이론의 적용을 받을 수 있다.

다음 예는 딴 첨사와의 결합에 제약을 받는 것이다.

(4) 가. 그 책**만**은 읽지 말아라.
  나. 인수**마저**도 배반하였다.
  다. 인수**조차도** 가지 않았다.

(4가)의 '만' 명사구에는 대조의 첨사 '은'만 붙을 수 있고 다른 첨사 '도, 까지, 부터'는 붙을 수 없다. (4나)의 '마저' 명사구에는 '도'만 붙을 수 있고 '는, 만'은 붙을 수 없다. (4다)는 '도'만 붙고 '는, 만'은 붙을 수 없다. (4) 역시 한정과 극단의 의미를 표상하는 명사구의 자매 항목의 존재를 전제하는 관련성 이론의 적용을 받는다고 말할 수 있다.

앞에서 저자는 격 어미에 첨사가 붙거나 첨사끼리 통합될 때에도, 부정격이나 다른 격 어미에 붙는 첨사와 같이, 마지막 첨사 명사구에 자매 항목이 전제되는 관련성 이론의 적용을 받을 수 있음을 확인하였다.

9.4.4.3. 중세 및 고대어와 방언의 첨사 통합형의 의미론

이곳에서는 중세어와 고대어 및 방언의 첨사 결합형에 대한 의미론을 전개하여 보려고 한다. 다음은 격 어미에 첨사가 붙은 예인데 당대어의 (1)과 같은 예이다.

(5) 가. 뒤헤는 (<뒤ㅎ에는) 모딘 도ᄌᆞᆨ 알ᄑᆡᄂᆞᆫ (<앒ᄋᆡᄂᆞᆫ) 어드ᄫᅳᆫ 길헤 업던 번게를 하ᄂᆞᆯ히 발기시니 … (용비어천가 30)
  나. 車匿이 蹇特이ᄂᆞᆫ ᄒᆞᆫ 날애 나ᅀᆞ ᄫᅳᆯ씩 이둘흘ᅀᅡ (<둘ㅎ을ᅀᅡ) 더브르시니 (월인천강지곡기 52)
  다. 오직 舍利弗ㅅ 알ᄑᆡ옷 (<앒ᄋᆡ옷) ᄇᆞ리 업슬씩 (석보상절 6, 33)

(5)는 첨사 '는~ᄂᆞᆫ'이 처격형 '뒤헤'와 '알ᄑᆡ'를 자매 항목으로 취하여 '대조'라는 관련성 범주를 형성하고 있다. (5나)는 대격형 '이 둘흘'에 첨사 'ᅀᅡ'가 붙어 특별히 태자가 차닉과 건특만 동행시켰다는 뜻이다. (5다)는 처격형 '알ᄑᆡ'에 '옷 (<곳)'에 붙어 관련성 범주를 형성하고 있다. 당대어로 해석하면 '오직 서리불 앞에만 불이 붙지 않았기 때문에 …'로 해석된다.

당대어에는 앞의 (2)의 '만'과 같은 예는 첨사로서 격 어미 앞에 붙기도 하는데 중세어에는 의존명사였다. 앞에서 여러번 언급한 바와 같이, 당대어의 '만'은 중세어의 단독의 첨사 '곳'이 폐용됨에 따라 의존 명사였던 '만'이 그 자리를 채우게 되니 두 성격을 겸하게 되어 격 어미에 앞서기도 하고 뒤서기도 하였던 것이다. 당대어는 (3), (4)와 같이 '까지, 마저, 조차, 부터'와 같은 첨사는 딴 첨사와 결합되는 일이 적지 않게 보이는데 중세어에는 그런 용법이 보이지 않는다. 이두나 구결에서는 격 어미끼리 어울리는 예는 찾기가 어렵고 격 어미에 첨사가 붙거나 첨사끼리 어울리는 예는 더욱 찾기가 어렵다 (박용찬 2005, 하귀녀 2005). 그리고 방언에서도 첨사 단독으로 사용되는 예만 제시하였으나 공통어의 (2), (3), (4)와 같은 예를 고려하면 충분히 발견될 수 있다고 보인다.

9.5. 서사 시상법의 공시태와 통시태

시제, 동작상, 서법, 곧 시상법 (TAM: Tense · Aspect · Mood/modality)은 텍스트 유형에 따라 그 기능이 달라진다. 이를테면 환영사와 설교문, 성명서, 진정서와 총칭적 구문 (§7.4.2.2.(38), 485-486쪽)에서는 직설법 현재형이 많이 쓰이고 독후감에서는 직설법 과거형이 우세하며 일기 예보문에서는 직설법 미래형이 절대적이다 (김민영 2012: 131-183). 그런데 소설의 지문 (地文)은 시대에 따라 차이가 난다. 당대는 보통 직설법이 주축을 이루고 있고 개화기나 초기 근대 소설에서는 직설법과 회상법이 공존하였으며 근대 및 중세로 소급할수록 회상법이 주축을 이루고 있었다. 같은 지문이라도 직설법 현재형과 과거형이 교체되고 있어 그 질서를 파악하기가 쉽지 않다. 이곳에서는 염상섭의 장편 소설『三代』를 기준으로 하여 역사적 변화 양상과 지역적 변이 양상을 구명하여 보고자 한다. 역사적으로는 근대로부터 중세를 거쳐 고대까지 거슬러 올라가며 지역적으로는 북한은 물론, 중국 조선족과 옛 소련 경내의 고려인들의 문학 작품과, 각 지역에 전래되는 민담도 대상으로 한다. 이곳의 내용은 고영근 (2008/2011나: 301-367)의 내용을 주축으로 하되 내용을 보완한다는 점을 밝혀 둔다. 이곳에서는 시제형의 교체가 함의하는 화용론적 문제는 언급하지 않기로 한다.

9.5.1. 서사 시상법의 공시태

앞 (§.7.4.2.2.(38), 485쪽)에서 보류해 둔 서사 시상법의 면면을 보기로 한다. 당대의 서사 시상법의 직접적 뿌리는 염상섭의『三代』(1932)에서 찾을 수 있다.

(1) 가. 있는 사람을 따라 다니며 얻어먹기도 싫다. … 덕기는 자기를 빗대 놓고서나 하는 말 같아서 듣기 싫었다. 그뿐 아니라 언제든지 뺏어 먹고 쓰고 할 것은 다 하면서 게걸대고 입바른 소리를 툭툭하는 것이 밉살맞기도 하였다. 있는 사람의 통성으로 자기에게 좀 고분고분하게 굴어 주었으면 좋았다. (1959년 민중서관 〈한국문학전집〉3, 10쪽)

나. 덕기는 일어서며 하품 섞인 소리로 대답을 한다. 아내도 뒤따라 들어와서 부리나케 자리를 개 얹는다. 안방 식구는 내다보지도 않는다. 안방식구란 덕기의 서조모 (庶祖母) 식구다 (이다). 말하자면 서시어머니가 안방에 있을 터이나 덕기의 모친은 건너가 보려고도 아니하고 나어린 시어머니는 주를 차려서 들어와 보려니 하고 버티고 앉았는지 내다보지도 않는다. (같은 책, 19쪽)

(1가)에는 4개의 평술 정동사형이 나와 있다. 처음은 직설법 현재형이고 나머지 셋은 직설법 과거형이다. 그러니까 과거형이 무표적이고 처음의 '싫다'는 유표적이다. (1나)에는 직설법 현재형으로 일관되어 있다. 대부분의 소설이 (1가)와 같이 직설법 과거형이 무표화되어 있고 현재형은 유표화되어 있다. 작가에 따라서는 현재형으로 일관하다가 끝에 가서는 과거형으로 바꾸는 일도 없지 않다.

염상섭의 〈三代〉와 같은 평술 정동사형 시제의 배치는 20세기 중반에 나온 황순원의 단편 〈소나기〉와, 20세기 말엽에 나온 최명희의 〈혼불〉에도 볼 수 있다.

(2-1) 가. 소녀는 소년이 개울둑에 앉아 있는 걸 아는지 모르는지 그냥 날쌔게 물만 움켜 낸다. 그러나 번번이 허탕이다. 그대로 재미있는 양, 자꾸 물만 움킨다. 어제처럼 개울을 건너는 사람이 있어야 길을 비킬 모양이다. (〈소나기〉 306쪽)

나. 산마루께로 올라갔다. 맞은편 골짜기에 오순도순 초가집이 몇 모여 있었다. 누가 말한 것도 아닌데 바우에 나란히 걸터앉았다. 별로 주위가 조용해진 것 같았다. 따가운 가을 햇살만이 말라가는 풀냄새를 퍼뜨리고 있었다. (〈소나기〉 309쪽)

(2-1가)는 전체가 직설법 현재형으로, (2-1나)는 직설법 과거형과 과거 완료형 및 과거 진행형으로 일관하고 있다. (2-1가)를 모두 '내었다, (허탕)이었다, 움켰다, (모양)이었다'로 바꾸어도 독자들은 이의를 제기하지 않는다. 서사 문법의 한 국면을 확인할 수 있다. (2-1나) 역시 '올라간다, 모여 있다, 걸터앉는다. 같다, 퍼뜨리고 있다'로 교체하여도 작품 이해에 조금도 걸림돌이 되지 않는다. 이러한 시제 배치법은 20세기 말경에 나온 다음 최명희 〈혼불〉에서도 볼 수 있다.

(2-2) 가. 그다지 쾌청한 날씨는 아니었다. 거기다가 대숲에서는 제법 바람 소리까지 일었다. 하기야 대숲에서 바람 소리가 일고 있는 것이 굳이 날씨 때문이랄 수는 없었다. 청명하고 별발이 고른 날에도 대숲에서는 늘 그렇게 소소(蕭蕭)한 바람이 술렁이었다. (한길사판『혼불』I, 11쪽)

나. 인월댁은 드디어 북을 놓는다. 그리고 허리를 편다. 두두둑, 허리에서 잔뼈 부서지는 소리가 나며 갑자기 전신에 힘이 빠진다. 그네는 오른손 주먹으로 왼쪽 어깨를 힘없이 몇 번 두드려 보다가 허리를 받치고 있는 부테의 끈을 말코에서 벗긴다.… 그것은 이 방이 북향 뒷방이기 때문인지도 몰랐다. (같은 책 2, 11-12쪽)

(2가)는 직설법 과거형으로 일관되어 있고 (2나)는 한참 동안 직설법 현재형으로 나가다가 끝 부분에 가서 과거형으로 바뀐다. 전자는 과거형이 무표적, 후자는 현재형이 무표적, 과거형이 유표적이라 하겠다.

(1), (2)에서 보는 시제형의 배치는 북한의 작품에도 목격된다.

(3) 어디를 바라보나 눈길이 모자라는 검푸른 바다였다. 수백만대군이 추켜든 창끝마냥 하늘을 찌르고 일어선 상록수밀림이 사방천리 아득한 하늘밑에까지 완만한 기복을 이루며

밀려 가 있다. 숲머리를 덮은 백설은 창끝에 불린 서리마냥 장엄한 기상우에 위험을 더 보태여준다. (1989년 황토 영인본『한 자위단원의 운명』, 3쪽)

위의 (3)은 첫 문장은 직설법 과거형이고 나머지는 현재형이다. (2-2나)와 같이 섞이는 것도 있고 (2-2가), 현재형과 과거형으로 일관되는 배치도 적지 않다.

다음은 중국 조선족의 작품과 옛 소련의 고려인의 작품이다.

(4) 가. 상훈이는 깨달았다. 五十 만이 아니라 바로 五億 인민이 한 태양 모주석을 받들고 나간다. 한마음 한뜻으로 일체의 장애를 박차고 나아간다. 인류의 가장 아름다운 리상을 향하여 씩씩하게 팔을 걷고 나아간다. 자기도 이 五억 인민 대렬 속의 한사람이다. (「행복을 아는 사람들」,『20세기 중국조선족 문학자료 전집』(중국조선민족문화예술출판사, 2003) 401-402쪽).

나. 혼자 왜놈들과 싸운다는 것은 사실상 무의미한 일이나 다름없는 것이다. 범도 자신도 이를 깨닫지 못한 것은 아니다. 그러나 범도가 생각한 바를 고려한다면 또 그렇게 무의미한 일도 아니었다. (신학문사판, 김세일, 장편소설『홍범도』1, 133쪽)

(4가)는 연변 조선족 작가 김창걸의 작품인데 처음만 과거형으로 되어 있고 이하는 현재형으로 일관되어 있다. (4나)는 앞은 현재형, 끝은 과거형으로 되어 있다. 당대 반도의 남북과 재외 교민들의 소설에서 이용되고 있는 정동사 평술형의 시상법은 모두 직설법을 기반으로 하여 현재형과 과거형이 표시되고 있다. 이는 직접적으로는 그 뿌리가 염상법의 〈三代〉로 거슬러 올라간다. 앞에서 저자는 초기 근대 소설에서는 직설법과 회상법이 공존되고 있었다고 하였는데 한국 최초의 근대 장편소설 이광수의 〈無情〉이 바로 그것이다.

(5) 형식은 말이 막혔다. 우선은 남의 폐간을 꿰들어볼 듯한 두 눈으로 형식의 얼굴을 유심하게 들여다 본다. 형식은 눈이 부신 듯이 고개를 숙인다. (1979년 우진사판,『定本 〈無情〉』13쪽)

위의 (5)는 직설법 과거형과 현재형이 교체되는 예인데 앞의 (3)과 같은 예이다. 처음은 직설법 과거형, 뒤의 두 어형은 직설법 현재형이다.

그런데 〈無情〉에는 다음과 같이 회상법이 보이기도 한다.

(6) 가. 그날 저녁때에 대동강에서 낚시질하던 배가 시체 하나를 얻었다. 그것은 월화더라. … 평양 일부 김윤수의 아들은 '미친년!' 하고 자기의 희롱거리 없어짐을 한탄하더라. (106쪽)

나. 형식은 다음번 오는 전차를 탔다. 신호수가 푸른 등을 두르니 … 전차는 구부러진 데를 돌아간다. … 형식은 전차를 잘못 탔다. … 형식의 얼굴은 과연 몹시 붉게 되었너라. (112쪽).

(6가)에는 '얻었다'와 '월화더라, 한탄하더라'에서 보는 바와 같이 직설법 과거형과 회상법 현재형 및 회상법 과거형이 공존하고 있다. 위의 예를 참고로 하여 우리말의 서사 시제의 시상법이 어떤 과정을 밟아 회상법 중심에서 직설법 중심으로 변화하여 왔는가 하는 문제를 풀어 보기로 한다.

9.5.2. 중세어의 서사 시상법과 그 변화

중세어의 서사 시상법에 대하여는 고영근 (1981/1998/2011나: 84-92, 96-102, 1983/2004가: 165-210)에서 전면적으로 다루었고 고영근 (1987/2010다: 273, 276-277, 280, 284-285)에서 간간이 흘려 놓은 바 있다. 이곳에서는 앞 (§7.4.2.2.(38))에서 보류해 둔 서사 시상법이 통보화용부의 통보부에 속하는 것으로 보고 종합하기로 한다. 중세어의 서사 시상법은 직설법과 회상법이 공존하였다.

다음 예는 직설법이 서사 시상법으로 쓰이는 예이다.

(1) 仙人은 제 몸 구텨 오래 사는 사ᄅᆞ미니 뫼해 노니ᄂᆞ니라 (월인석보 1, 8-9)

위의 예는 동작 동사 '노니다'에 보수적 평술형 직설법 어미 '-ᄂᆞ니라'가 붙은 것인데 사건시는 발화시와 무관하다. 당대 같으면 '논다'로 나타날 것이다.

다음 예는 회상법이 서사 시상법으로 쓰이는 예이다.

(2) ᄠᅳ데 몯 마ᄌᆞᆫ 이리 다 願 ᄀᆞ티 ᄃᆞ외더라 (월인석보 10, 30)

위의 예는 형태만 회상법일 뿐이고 과거 사실에 대한 단순한 진술이다. 당대어 같으면 '되었다'로 나타날 것이다. 이 경우 다음과 같이 보수성을 띤 '-더니라'로도 실현된다.

(2') 諸天을 아니 다 니를샨뎡 實엔 다 왜쩌니라 (석보상절 13, 7)

중세어에는 추측법이 서사 시상법에 나타나는 예가 보인다.

(3) 光有聖人이 五百弟子 ᄃᆞ려 겨샤 … 敎化ᄒᆞ더시니 그 數ㅣ 몯내 혜리러라 (월인석보 8, 89-90)

(3)은 추측 회상법이 지문에 나타나는 예인데 당대의 말로 번역하기가 쉽지 않다. '헤아릴 수 없었다' 정도로 바꿀 수 있다.

『석보상절』과 『월인석보』를 대상으로 하면 부정법과 직설법에서는 보수적인 구형 평술 정동사형 (둘째 설명법) 'ᄒᆞ니라'가 강세이고 회상법에서는 신형 평술 정동사형 (첫째 설명법)인 'ᄒᆞ다'가 강세였다. 추측법에서는 구형과 신형이 모두 약세였다.

정동사에 이어 수식적 동명사에 나타나는 서사 시제의 면면을 보기로 한다.

(4) 가. 獄ᄋᆞᆫ 罪 지ᅀᅳᆫ 사ᄅᆞᆷ **가도ᄂᆞᆫ** ᄯᅡ히니 (월인석보 1, 28)
나. 獸는 긔ᄂᆞᆫ 즁ᄉᆡᆼ**이라** (월인석보 21, 113)
다. 이ᄂᆞᆫ 菩薩 行ᄒᆞ던 衆生ᄋᆞᆯ **니르시니라** (석보상절 13, 51)
라. 그 지 셔 차반 밍ᄀᆞᆯ 쏘리 **워즈런ᄒᆞ거늘** (석보상절 6, 16)

(4가)는 '獄'의 뜻을 매긴 예인데 이미 죄 지은 사람을 가두는 곳이라는 모문 (진한 체)의 시제보다 앞선다고 할 수 있으나 보편적 사실에 대한 진술이므로 정확한 시제를 부여하기가 어렵다. 이렇게 보면 '짓ᄂᆞᆫ'으로도 바꿀 수 있다. 이미 죄를 짓지 않은 사람, 현재 죄를 짓거나 지을 사람도 투옥의 대상이 될 수 있기 때문이다. (4나)는 '獸'라는 글자의 뜻풀이인데 동명사형의 시제는 모문의 시제와 아무 관련이 없다. (가), (나) 모두 총칭적 구문이다. (4다)는 일반적 사실과 관련이 있고 더욱이 '니르다'가 지칭 동사라는 점에서 지시성이 미약하기 때문에 부정법 '行ᄒᆞᆫ', 직설법 '行ᄒᆞᄂᆞᆫ'으로 바꿀 수 있다. (4라)는 의미상으로는 사건시가 모문의 시제에 일치한다고 할 수 있다. 그렇다면 '밍ᄀᆞᄂᆞᆫ'이 되어야 할 것이나 서술자가 일반적인 음식 만드는 소리로 생각하였다면 모문의 시제와 무관할 것이다. 이런 경우 중세어는 형태 선택에 일관성이 없었다. 중세어의 수식적 동명사형의 서사 시제는 당대어와 근본적 차이가 없었다. 차이가 있다면 당대어와는 달리 다른 형태와 수의로 교체되어 형태 선택에 일관성이 없었다는 점을 지적할 수 있다.

이상과 같은 중세의 서사 시상법은 그 나름의 틀을 형성하면서 조선조 말기까지 존속되어 왔다. 17세기 문헌인 <병자일기> (1636~1640)에서는 일기문에 'ᄒᆞ다' 어형이 나타나기 시작하였으며 평술 정동사형의 신형 'ᄒᆞ다'와 구형 'ᄒᆞ니라'가 공존하는가 하면 신형 회상법만이 나타나는 문헌도 없지 않았다. 춘향전류에는 직설법이 지배적이고 고대 소설류에는 회상법이 많이 보인다. 19세기 중엽의 신재효 판소리 사설집을 보면 부정법, 회상법, 추측 회상법에서 직설법 위주로 개편되고 있음을 알 수 있다.

앞에서 우리는 이광수의 <무정>에 직설법과 회상법이 공존하는 예를 보았는데 이런 현상은 신소설부터 그 싹이 보이기 시작하였다[8].

(4-1) 가. 얼굴은 돋아 오는 반달같이 탐스럽더라. (鬼의 聲)
나. 삼학산 그림자가 창을 점점 가리면서 방안이 우중충하여지는데, 부인도 생각을 잊으며 잠이 들었더라. (같음)
다. 김승지 맹세가 거짓말 맹세가 아니라 종무소주한 마음에 참말로 한 병세일러라. (같음)

(4-1가)는 회상법 현재형, (나)는 회상법 과거형, (다)는 추측 회상법이다. 그러는가 하면 위의 작품에는 앞 (§9.5.1)의 <무정> (5) (803쪽)에서 본 직설법의 과거형과 현재형이 보이기도 한다.

(5) 가. 강동지의 마누라가 웃통 벗고 넓은 속곳 바람으로 한걸음에 뛰어왔다.
나. 다시 안방으로 향하고 강동지를 부른다

8) 자세한 자료상의 서지와 쪽수는 고영근 (2011나: 331) 참조.

〈무정〉에 보이는 직설법과 회상법의 공존 상태는 바로 이전의 신소설인 〈鬼의 聲〉의 직접적 유산이며 이것이 징검다리가 되어 김동인의 〈약한 자의 슬픔〉 (1909)에서 직설법 중심의 시상법이 확립되었다.

9.5.3. 고대 및 민담의 서사 시상법

앞의 중세어의 시상법에 이어 고대어와 방언의 서사 시상법을 검토하여 보기로 한다. 고대어의 서사 자료는 쉽게 발견되지 않는다. 현전 석독 구결 자료 『구역인왕경 상』, 『화엄경』, 『화엄경소』, 『금강명경』, 『유가사지론』 중에서 『구역인왕경 상』만 제외하고는 지문을 발견하기가 쉽지 않다. 그러나 『구역인왕경 상』만은 제1단락과 제3단락이 지문으로 구성되어 있고 제2단락은 대화로 구성되어 있다[9].

다음은 제1단락에 나오는 지문의 예이다.

(1) 他方セ 大衆: 及ハ 以ホ 化衆: {此}リ 三界セ 中ろセ 衆:ノア 十二 大衆ㄱ 皆セ來ソろホ 集會ソろ 九劫 蓮花座ろ十 坐ソ白クㄱム 其 會セ 方廣ㄱ 九百五十 里リㄱ乙 大衆リ 僉然亐 而灬 <u>坐ソヒハニ|</u> (구인 上; 02:07-09).

위의 예에 나오는 '坐ソヒハニ|'는 '坐ᄒᆞᄂᆞᆨ시다'로 해독되고 있는데 '大衆이 僉然히 앉아 계신다'의 뜻으로 직설법 현재형으로 해석된다. 그렇다면 이는 중세어의 'ᄒᆞᄂᆞ다'에 대응하는데 중세어와의 연속성이 별로 인정되지 않는다.

다음 예도 제1단락에 나타나는 직설법 현재형으로 간주된다.

(2) 復ソㄱ {於}頂上ろ十ソろ 千 寶蓮花乙 出ソ白クㄱム 其 花ㄱ 上ソㄱ 非想非非想天ろ十 至ゑ 光刀 亦ソㄱ 復ク 爾セゑソニか 乃シ 他方 恒河沙セ 諸ニㄱ 佛セ 國土ろ十 至<u>リソヒハニ|</u> (〈구인 上; 02:12-14)

위의 예는 '니르리 ᄒᆞᄂᆞᆨ시다'로 해독되는데 앞의 (1)과 같은 직설법 현재형이다.

다음 예도 제1단락에 나오는데 형태가 조금 다르다.

(3) 是セソㄱ 時十 世界セ 其 地ㄱ 六種灬 <u>震動ソロヒ|</u> (구인 上; 02:18)

위의 예는 '震動ᄒᆞ고ᄂᆞ다'로 해독되는데 앞의 (1), (2)와는 형태가 약간 다르지만 역시 직설법 현재형으로 볼 수 있다.

석독 구결에 나타나는 (1), (2)의 '*-ᄂᆞᆨ시다'와 (3)의 '*-고ᄂᆞ다'는 형태는 조금 다르지만 고대어 단계의 서사 시상법의 직설법으로 등록될 수 있다. 해독 관계인지는 모르나 석독 구결 자료에는

---

9) 이 문제에 대하여는 장경준, 박진호 교수의 도움을 입었다.

회상법은 전혀 보이지 않는다. 중세 이후 5세기 동안 활발하게 사용되었던 회상법에 의한 서사 시상법이 고대 단계에 보이지 않는 것은 자료의 한계일 가능성이 많다.

이두문은 본질적으로 실용문인 만큼 서사 시상법 자료를 찾아 낸다는 것은 연목구어 (緣木求魚)나 다름이 없다. 그러나 실용문도 단독적 장면에 나타나는 만큼 서사문과 공통되는 점이 없지 않다. '之'는 문장 종결사로 우리말의 평술 정동사 어미 '-다'를 적은 것으로 알려져 있다 (남풍현 2005/2009: 190-212).

(4) 가. 雖有富足之者 亦不得擅買 其有違令 賣者刑<u>之</u> 買人制令守墓 (광개토대왕비)
나. 開元十三年乙丑 三月八日 鐘成記<u>之</u> (상원사 鍾銘)

(4가)는 고구려 자료이고 (4나)는 신라 자료이다.

다음은 조선조 16세기 중엽의 〈安氏治家法制〉에 나오는 정동사의 평술형 어미로 보인다 (박성종 2016: 456-457).

(4-1) 私耕段 作介給 餘 田畓以 平均 <u>分給爲有齊</u>

'齊'는 15세기만 하더라도 부동사 어미였는데 위의 예는 평술 정동사형으로 쓰였다는 것이다. 위의 밑줄 그은 부분은 '分給ᄒᆞ아 잇제'로 해독된다 (고영근 2006가). 그것이 평술형임이 분명하다면 다음에 나오는 제주어의 평술형과 비슷한 면이 있다.

다음은 민담에 보이는 서사 시상법의 예이다.

(5) 이 고인돌은 옛날 인지 명나라 태조 주원장이 <u>있잖아</u>, 주원장이. 주원장이가 본래는 인지 한국 사람<u>이다</u>. 한국 사람인데 이태조하구 둘이서 인지 조끔 임금 노릇을 할라다가, 주원장이는 이 조끄만 나라에서 임금 노릇할 꺼 없이 큰나라에, 중국을 그 때 '대국 대국' <u>하지</u> <u>않았어</u>. 대국에 가서, 대국 천자를 해야지 여기 조그만 나라에서 뭐 임금 노릇할 필요 <u>없다구</u>, 중국에 건너 가가지구서 거기 삼천 명을 데리구서 인지 처음에 기병 (起兵)을 해가주구서, 이 그 쪽에 원나라를 쳐 가지구서 인지 이 명태조가 <u>됐다</u>.

위의 민담은 한국의 각 지역에 유포되어 있는 주원장의 설화를 고인돌의 유래와 관련시켜 형성된 민담이다. 위의 텍스트는『韓國口碑文學大系』1 (서울 도봉구편)에 실려 있는 텍스트의 앞 부분을 인용한 것이다. 밑줄 그은 부분에서 드러나는 바와 같이, 모두 직설법으로 일관되어 있다. 표준어의 기층인 서울 방언의 민담인 데도 불구하고 개화기까지 마지막으로 쓰였던 회상법에 의한 시상법은 전혀 보이지 않는다.

당대 우리말 민담의 서사 시상법은 방언에 따라 그 방언의 특유의 서사 시상법을 준수하고 있다.

다음은 저자 고향인 진주시 이반성면 대천리 앞 들판에 서 있는 선돌에 대한 전설이다.『한국구비문학대계』8-4 (1981: 414-415)에 실려 있는 앞 부분을 옮기면 다음과 같다.

(6) 시방은 (지금은) 대천리 (大川里)지만 이전에는 한골<u>이라</u>. 한골, 한골 쿠는 동네가 인자

이반성에 있는데 그 선돌이라고 있어예, 말이 선돌이지, 선돌인지 그게 선돌. 선돌이라고 쿨 (할) 만도 하고 선돌이라고 쿨 만도 하고 들 가운데 돌이 두 개 있으니께네 말이지, 안 그런가베? 게네 말이지 ….

밑줄 그은 '이라'는 계사의 평술형, '있어예'는 부동사형 '있어'에 담화 표지인 디딤말이 붙은 것으로 보이며 마지막 문장의 '이지'는 서상법의 평술형으로 보인다.

위의 (6)은 방언 냄새가 그렇게 심하게 나지 않으나 제주 방언의 서사 시상법은 방언 특유의 정동사형이 쓰였다. 다음은 삼성혈 신화의 앞 부분이다 (고재환 2013가: 450-451).

(7) 영주엔 태초 사름이 읏엇저. 홀연이 시 신인이 한락산/한로상 북녘 기슥이서 솟아나난 모웅렬 (毛興血)이렌 ᄒᆞ엿저. 장 (長)은 고을나 (高乙那)고 차 (次라)는 양을나 (良乙那)고 삼 (三)은 부을나 (夫乙那)여 (<이여). 그덜 모냥은 장대하고 도량이 넙언 인간사훼엔 엇 (읏)는 (은) 모습이엇주. 그들은 가죽옷을 입곡 궤길 먹으명 ᄒᆞᆼ상 시농ᄒᆞ명 살앗주만 가업을 일루지 못ᄒᆞ엿저.

위의 '읏엇저, ᄒᆞ엿저, 못ᄒᆞ엿저'에 나타나는 '-저'는 공통어의 평술형 어미 '-다'에 대응하는 어미이고 '(모습)이엇주'에 나타나는 '-주'는 공통어의 반말의 서상법 '-지'에 대응한다고 하였다 (2017. 7. 26. 고재환 교수의 회신에 의함). 위의 (7)을 통하여 제주어에는 방언 특유의 서사 시상법이 엄존함을 알 수 있는데 이는 (5)에서 본 16세기 중엽의 이두의 '齊'와 음상과 기능이 일치하고 있어 흥미롭게 느껴진다.

9.6. 한국시의 문법과 어순의 특이성

한국시는 신라 · 고려 초기의 향가, 곧 사뇌가. 고려 시대의 별곡, 조선 시대의 시조 및 가사 류가 있고 개화기 이후로는 신체시, 서정시, 자유시 등 많은 갈래를 들 수 있다. 이 많은 갈래의 시 문법을 구성하는 것은 본서의 성격에 맞지도 않을뿐더러 그럴 능력도 없다[10]. 시 문법은 일탈 (逸脫) 문법이다. 일탈의 문법이라 함은 정상적인 문법에서 벗어났다는 뜻이다. 일탈은 통사 · 형태 ·

10) 한국의 시에 대하여는 지난 세기 70년대 중반에 구조 문법이나 생성 문법에 기댄 연구가 반짝 얼굴을 내밀었으며 (김태옥 1976, 심재기 1976, 배석범 1987), 지난 세기 90년대 중반에 텍스트 언어학/텍스트 과학이 상륙됨에 따라 한국시 전반에 관한 연구가 활성화하기 시작하였으며 김홍수 (2016)은 최근에 거두어진 시어에 언어학적 분석이다. 고려가요에 대한 최근의 연구는 고영근 · 남기심 공편 (1997/2014: 425-474). 김완진 (2000: 189-415), 유동석 (2002, 원고), 임석규 (2001), 악장과 시조에 대하여는 고영근 (1996, 1999/2011가: 308-320), 고영근 밖에 (2002), 이희승 (1949/2009), 이희승 (2004), 가사에 대하여는 신지연 (1996)을 들 수 있다. 현대시에 대하여는 장경희 (2001), 장소원 (2007), 이석규 (2007: 317-439) 등을 들 수 있고 특히 끝의 책 (443-457)에는 텍스트 이론을 우리의 한시에 대하여도 적용하고 있다. 이희승의 연구는 텍스트언어학과는 관련 없이 수행된 것이나 결과적으로는 그 취향이 서로 비슷하다는 점에서 같이 넣었다.

어휘 · 음운 · 어휘에 걸쳐 질서를 유지하면서 그 나름의 문법을 구성하고 있다 (배석범 1987). 이곳에서는 앞 (§7.5.1.2, 533쪽)에서 잠깐 흘려 놓은 고려 가요의 시적 기법과 우리말의 어순 (§8.5)의 규칙을 기준으로 삼아 그 특이성을 지적하기로 한다.

9.6.1. 고려 가요의 문법

고려 가요에는 주격 보족어 명사구가 분명히 제1인칭에도 불구하고 존경의 선행 어미 '-(으)시-' 붙는 일이 있고 무정 명사에 호격이 붙는 예가 보인다. 이 문제는 오래 동안 해결의 실마리를 찾지 못하다가 김완진 (1975/1279: 1-28)에서 한 대안이 제시되었다. 이 문제를 논의하여 보기로 한다.

대부분의 예는 중세어의 존경법으로 설명되나 다음과 같이 주격 보족어 명사구가 화자에 일치하는 '-(으)시-'에 대하여 고려 가요의 특이한 기법으로 설명하고 있다. 우선 관련 자료를 검토하여 보기로 한다.

(1) 가. 믄 ᄒᆡᄅᆞᆯ 외오곰 녀신ᄃᆞᆯ 信잇ᄃᆞᆫ 그츠리잇가 (서경별곡)
나. 여ᄒᆡ므론 질삼뵈 ᄇᆞ리시고 괴시란ᄃᆡ 우러곰 좃니노이다 (서경별곡)
다. 아니시며 거츠르신ᄃᆞᆯ 아으 殘月曉星이 아ᄅᆞ시리이다 (정과정)

(1가)의 주격 보족어 명사구는 화자로 상정된다. (1나)도 마찬가지다. 정동사 '좃니노이다'에 화자 표지의 '-오₁-'이 개입되어 있다는 점에서도 화자가 주격 보족어 명사구라는 사실이 분명하다. (1다)는 널리 알려진 바와 같이 작자 정서 (鄭敍) 자신의 결백을 표백하는 것이니 화자가 주격 보족어 명사구임에 틀림없다.

그런데 다음 예는 사정이 약간 다르다.

(2) 가. 雙花店에 雙花 사라 가고신ᄃᆡᆫ (쌍화점)
나. 그 바미 우미 도다 삭나거시아 (정석가)

(2가)에 보이는 '시'가 존경법일 것 같으면 '-곤ᄃᆡᆫ'이란 어미가 실재해야 하는데 그렇지 않으니 '-시-'가 분석될 수 없다. (2나)는 고영근 (1981/1998/2011나: 170), 정경재 (2008), 가와사키 (2016), 고영근 (2017나)에서 중세어의 비타동사 표지 '거'와 감동법 'ㅅ'의 혼효형이라는 견해가 나오고 있는 이상, 제외해야 할 것이다.

다음은 무정 명사에 붙는 호격 어미다.

(3) 몸하 ᄒᆞ올로 녈셔 (동동)

'몸'은 양도할 수 없는 화자 자신의 신체의 일부인데 존경의 호격 어미를 붙였으니 앞의 (1)과 같이 화자 자신과 관련되어 있다. 송강의 사미인곡의 "이 몸 삼기실제 하늘조차 삼기시니"의 '시'도 화자에 관련되어 있다. (3)에 나오는 '몸'과 같을 가능성이 없지 않다[11].

(1)과 (3)을 종합하여 보면 고려 가요에는 사설자가 자기 자신을 제3인칭으로 의인화하여 존경법의 선행 어미와 호격 어미를 사용하는 수사법이 있었다는 것을 그런 대로 확인할 수 있다. 이것이 사실이라면 우리의 고전 가요에도 화자가 자신을 객관화하는 시적 기법이 있었다는 것을 확인할 수 있다. 이러한 견해가 설득력을 가지려면 고전 시가는 물론이고 당대의 각종 시와 민요류에서도 관련 수사법을 발견해야 할 것이다.

9.6.2. 고시조의 문법

앞 (§8.5, 632, 637쪽)에서 언급한 바른 어순과 바뀐 어순은 일상 언어 생활에서 사용되는 문어$_1$과 구어$_1$ 자료를 대상으로 하였다. 그런데 시 창작에서는 어순을 의도적으로 바꾸어 운율적 효과를 거두는 일이 많다. 이 역시 일탈 문법의 하나인데 이러한 구성을 "특별한 배열"이라고 부르기로 한다.

시조는 우리의 고유한 정형시다. 3장 6구로 성립되어 있으며 종장은 3-5-4-3으로 구성되어 있고 4음보를 원칙으로 하며 44·5자 내외로 성립되어 있다. 종장 첫째 구의 둘째 어절은 5자나 그 이상이 되어야 한다. 이 규칙을 지키지 않으면 시조가 아니다. 종장을 제외한 어느 한 장이 길어지면 "엇시조", 두 장 이상이 길어지면 "사설 시조"라 부른다.

다음은 평시조이다.

(1) 가. 어저 내 일이여 그릴 줄을 모르더냐
나. 있으라 하더면 가랴마는 제 구태여
다. 보내고 그리는 정은 나도 몰라 하노라

위의 시조는 작자가 황진이로서 인구 (人口)에 널리 회자 (膾炙)되고 있다. 초장 (가)와 종장 (다)는 그런 대로 바른 배열을 지켰다고 하겠으나 중장은 일탈이 크게 일어났다. 부사 '구태여'가 제 자리를 벗어났기 때문이다. 바른 배열이라면 다음과 같이 되었을 것이다.

(1) 나'. 있으라 하더면 제 구태여 가랴마는

그러나 이렇게 배열하여서는 갈 수 없다는 시적 자아의 부정 진술이 전달될 수 없었을 것이다. (1다)는 첫째 구가 대격적 보족어 명사구인데 바른 배열이라면 다음과 같이 되었을 것이다.

(1) 다'. 나도 보내고 그리는 정을 몰라하노라.

이렇게 배열하면 시조 문법의 철칙인 3-5-4-3의 운율을 파괴하여 시조 아닌 일상어가 되고 말았을

11) 이 문제는 일찍이 김완진 교수가 구두 발표할 때 저자가 질의한 일이 있고 김 교수는 이를 김완진 (1975/1979: 11)에서 언급한 일이 있다.

것이다. 단순 대격 보족어 명사구를 주제화 구성 '보내고 그리는 정은'으로 바꾸어 문두에 놓음으로써 시조 문법을 지킨, 흠없는 작품으로 승화시킨 것으로 보인다.

다음 역시 평시조이다.

(2) 가마귀 싸호는 골에 백로야 가지 마라
성낸 가마귀 흰 빛을 새오나니
청파에 좋이 씻은 몸 더러일까 하노라.

위의 작품은 고려말의 충신 정몽주의 모친의 작품으로 알려져 있다. 초장 첫째 구는 '백로야'라는 호격어인데 정상적인 단어의 배열이라면 다음과 같은 어순으로 배열해야 할 것이다.

(2') 백로야 가마귀 싸호는 골에 가지 마라

그렇게 되면 일상어의 성분 배열이지 시라고 하기가 어렵다. 작자에게는 '가마괴'가 싸우는 '골'에 초점을 두기 때문에 '백로야'가 앞서면 그런 효과를 기대할 수 없다.

다음 김상헌 (1570~1652)의 시조도 같은 구성이다.

(3) 가노라 삼각산아 다시 보자 한강수야
고국산천을 떠나고자 하랴마는
시절이 하 수상하니 올똥 말똥 하여라

초장에서 호격어가 후치되어 있다. 이를 바른 어순으로 바꾼 다음과 같은 구성은 올바른 시조 문법이라고 할 수 없다.

(3') *삼각산아 가노라 *한강수야 다시 보자

도치가 가능한 것은 '삼각산'과 '한강수'의 의인화에 원인이 있지 않나 한다.

9.6.3. 당대시의 문법

다음은 당대의 명시 김소월의『진달래꽃』의 마지막 연이다.

(1) 나보기가 역겨워
가실 때에는
죽어도 아니 눈물 흘리오리다.

앞에서 본 바와 같이, 일상어에서는 부사는 동사 바로 앞에 놓여야 하는데 (§8.2.1, 608쪽), 위의 (1)에서는 '아니'가 대격 보족어 명사구 '눈물'을 뛰어 넘어 앞쪽으로 가 있다. 이러한 수사법은 시에서나 볼 수 있는 탈문법적 어순 배치다. 위와 같은 부정 부사의 배열은 소월의 고향인 평안도 방언의 일상적인 부사 배열이라고 말하는 일도 없지 않으나 표준 공통어 사용자에게는 받아들일 수 없는 배열이 아닌가 한다.

다음은 김동환 (1901~?)의 서사시 〈국경의 밤〉의 제4연의 머리 부분이다. 서사시는 서정시만큼 심하지는 않지만 바뀐 배열을 더러 목격할 수 있다.

(2) 가. 불이 보인다 새빨간 불빛이
　　나. 저리 강 건너
　　다. 대안 (對岸)의 파수막 (把守幕)에서
　　라. 옥수수 태우는 빠알간 불빛이 보인다
　　마. 까아맣게 타오르는 모닥불 속에
　　바. 호주 (胡酒)에 취한 순경들이
　　사. 훨훨 이 태백을 부르면서

전 7행을 번호를 매겨 시에서 바뀐 배열이 어떻게 실현되는지를 보기로 한다.

우선 (2가) 행에서 도치가 일어났다. 이를 바른 배열로 바꾸면 다음과 같다.

(2) 가'. (불이) 새빨간 불빛이 보인다.

괄호 안의 '불이'는 뒤 구절의 주격 보족어 명사구와의 중복을 피하기 위하여 표시한 것이다.

(2나)~(라)도 바른 배열이라고 하기가 어렵다. (2나)는 부동사절로서, (2다)는 처소 보족어로서 주격 보족어구 앞에 자리를 잡고 있기 때문이다. 바른 배열로 바꾸어 그 부분을 밑줄로 표시하면 다음과 같다.

(2) 나'~라'. 옥수수 태우는 빠알간 불빛이 저리 강 건너 대안 (對岸)의 파수막 (把守幕)에서 보인다.

(2) 마~사도 도치가 일어났다. 이를 바른 배열로 바꾸면 다음과 같다.

(2) 마'~사'. 호주 (胡酒)에 취한 순경들이 까아맣게 타오르는 모닥불 속에 월월 이 태백을 부르면서 …

그런데 위의 연에서는 서술어가 생략되었다. 앞에서 나온 '파수막'과 관련시킬 때 '파수를 서고 있다' 정도의 서술어를 재구할 수 있다.

바른 배열로 바꾼 (3가'~사')를 다음에 다시 정리해 본다.

(3) (불이) 새빨간 불빛이 보인다
　　옥수수 태우는 빠알간 불빛이

저리 강 건너 대안(對岸)의
파수막(把守幕)에서 보인다.
호주(胡酒)에 취한 순경들이
까아맣게 타오르는 모닥불 속에
월월 이 태백을 부르면서
(파수를 서고 있다)

이는 시도 아니고 그렇다고 산문이라고 할 수 없는 어정쩡한 단어의 배열로밖에 볼 수 없다. 이를 통하여 우리는 바뀐 배열, 곧 어순 도치가 시에서 어느 정도 운율적 효과를 거두는지 확인할 수 있다. 이런 점에서 시에 대한 어순 배치의 질서를 잘 파헤칠 필요가 있다.

다음은 정지용의 〈향수〉의 앞 부분이다. 이를 편의상 (가~라)의 4행으로 구분하여 보기로 한다.

(4) 가. **넓은 벌 동쪽 끝으로**
나. <u>옛 이야기 지즐대는 실개천이</u> 회돌아 가고
다. 얼룩배기 황소가 해설피 금빛 게으른 울음을 우는 곳
라. -그 곳이 참하 굼엔들 잊힐리야.

(4나)는 주격 보족어구로서 향진 보족어구인 진한 체의 (4가)와 어순이 바뀌어 있다. 이를 바른 어순으로 바꾸면 다음과 같다.

(4') 옛 이야기 지즐대는 실개천이
넓은 벌 동쪽 끝으로 회돌아 가고

그렇게 되면 일상어와 같은 배열이 되어 시라는 느낌이 전혀 들지 않는다. 어순 도치의 예를 가지고 한국의 시조와 현대시 사이에 성립하는 일탈의 문법이 그 나름의 통시적 유형론이 성립되고 있음을 확인하였거니와 이런 일탈의 문법은 다른 언어에서도 얼마든지 찾을 수 있을 것이다. 그것이 가능하다면 통문학적(cross-literary), 곧 통시가적(cross-poetry) 유형론도 한번 도전해 볼 만하다.

『우리말 문법, 그 총체적 모습』

고영근 (高永根)
(서울대학교 명예교수)

이 책은 서울 중심의 현대 표준 공통어의 문법 현상을 주축으로 하되 문헌어 및 방언의 문법 현상과 통합하는 총체 서술의 방법을 취하였다. 이 과정에서 공통 구어는 물론, 평양 중심의 북한의 문화어와 재외 교민의 우리말의 문법 현상도 통합하는 태도를 취하였다. 방언에는 구비 설화의 문법 현상도 포함하였다. 이곳의 재외 교민이라 함은 주로 중국의 동북 삼성 및 옛 소련 지역의 연해주와 카자흐 등 중앙 아시아의 교민들을 가리킨다. 다시 말하면 통속적으로는 "우리말"로 대표되는 "전 민족어"의 문법을 대상으로 하되 이웃 언어나 기타 외국어와 비교하는 유형론적 관점을 바닥에 깔았다. 문법 체계는 문법의 가장 핵심 부문인 형태부와 형태통사부는 물론, 자소부 및 음성부와 통보화용부를 문법 체계 안에 통합 (統合, integration)하였다. 본인이 이러한 문법 체계를 세우기까지는 원칙적으로 독일어 사용 지역에서 발전한 문법 이론, 이를테면 자소론, 자연성 이론, 결합가 이론, 텍스트 이론, 언어 유형론을 바닥에 깔았다. 이렇게 우리말 문법의 제 현상을 위에서 언급한 문법 체계의 틀 속에 통합 · 서술한 결과, 시간과 공간 (계층과 상황도 포함)에 따른 변이 양상도 한 그릇에 담을 수 있었고 우리말 문법의 유형적 특징도 선명히 드러낼 수 있었다.

본인이『우리말 문법, 그 총체적 모습』에서 수행한 목차를 보이면 다음과 같다.

Ⅰ. 총론-서술 방법론의 모색
Ⅱ. 우리말 문법의 단위: 형태소, 형성소, 구성소, 텍스트
Ⅲ. 음성 · 자소부와 그 유형론
Ⅳ. 품사부와 그 유형론
Ⅴ. 몇 가지 기초개념: 핵, 결합가, 논항, 대용
Ⅵ. 형태부
　형태부 (1): 동사 형태부
　　의존동사와 자립동사
　　동사 어간과 어미의 변이
　　동사 활용
　　선행 어미

동사 형태부의 유형론
형태부 (2): 명사 형태부
의존 명사와 자립명사
명사 어간과 어미의 변이
형태부 (3): 관형사와 부사와 그 유형론
형태부 (4): 형식사
계사, 첨사, 후치사와 그 유형론
형태부 (5): 접속사, 감탄사와 그 유형론
형태부 (6): 단어 형성 체계, 파생법, 합성법, 파생 합성법, 한자어 형성법, 단어 형성법의 유형론

Ⅶ. 형태통사부와 그 유형론
(1) 결어법: 문체법과 존비법
(2) 인칭법과 대상법
(3) 시상법
(4) 공대법
(5) 격 범주와 후치사

Ⅷ. 통사부와 그 유형론
(1) 통사 단위
(2) 기본 문형
(3) 문장 성분론
(4) 중세 및 고대어의 성분 체계
(5) 어순
(6) 기본 문형의 운용에 따르는 각종 구문
태, 부정법, 형식사, 심리 동사, 수량어, 미정어, 분열문, 비교 구문, 공격 구문, 의존 구문, 연속 동사 구문, 경동사 구문, 소절, 동격
(7) 문장의 배합과 유형론: 내포와 접속

Ⅸ. 통보화용부와 텍스트 형성부
(1) 통보화용부와 텍스트 형성의 기제
(2) 텍스트 형성의 기제
(3) 대화 형성의 기제
(4) 주제와 초점
(5) 서사 시상법의 공시태와 통시태
(6) 한국시의 문법과 어순의 특이성

German Abstract

Die Grammatik des Koreanischen: ein ganzheitlicher Ansatz*

Yong-Kun Ko
(Emeritus Professor, Seoul National University)

Dieses Buch verfolgt den Ansatz einer Gesamtbeschreibung der grammatikalischen Phänomene des Koreanischen mit Schwerpunkt auf der Seouler Standardsprache, wobei aber auch Literatursprache und Dialekte Berücksichtigung finden. Mitabgehandelt werden ebenso die gesprochene Sprache, die auf dem Pyeongyang-Dialekt basierende nordkoreanische Standardsprache ("Kultursprache") sowie die Sprache ausgewanderter Koreaner mit Schwerpunkt auf den drei Nordostprovinzen Chinas, der Küstenregion der ehemaligen Sowjetunion, sowie Zentralasien, d.h. Kasachstan etc. Die Grammatik mündlicher Erzählungen dialektaler Regionen wird ebenfalls mitbehandelt. In anderen Worten, dieses Buch zielt darauf hin ab, die Gesamtheit der Phänomene "Unserer Sprache" (Urimal) zu beschreiben und dabei eine methodologische Perspektive einzunehmen, die den Vergleich mit benachbarten und anderen Fremdsprachen erleichtert.

Das Grammatiksystem dieses Buches zielt hin auf eine Integration der grammatikalischen Kernbereiche: Morphologie und Morphosyntax, aber auch graphemophonemischer und kommunikativpragmatischer Elemente. Zur Errichtung solch eines grammatikalischen Systems greife ich weitestgehend auf Grammatiktheorien zurück, die im deutschsprachigen Raum entwickelt worden sind, zum Beispiel Graphemik, Natürlichkeitstheorie, Valenztheorie, Textlinguistik, und Sprachtypologie. Auf diese Weise können im Rahmen des so skizzierten Models die grammatischen Phänomene des Koreanischen integrativ beschrieben, Aspekte zeitlicher und räumlicher Variation (einschließlich sozialer Klasse und situativer Umstände) einheitlich erfasst, und die typologischen Merkmale der koreanischen Grammatik klar herausgestellt werden.

Die Strukturierung dieses Buches gestaltet sich wie folgt:

Ⅰ. Einleitung: Auf der Suche nach einer deskriptiven Methodologie

* Dieses Buch wurde mit Unterstützung der Korean Research Foundation (2013-2017) sowie der Alexander von Humboldt Stiftung (2009 und 2013) verfasst.

II. Die grammatischen Einheiten des Koreanischen:
Morpheme, formative Elemente, Konstituenten, Text

III. Der phonetischgraphemische Bereich und seine Typologie

IV. Die Wortarten und ihre Typologie

V. Einige grundlegende Konzepte:
Kopf, Valenz, Argument und Substitution

VI. Morphologie:

(1) Verbalmorphologie:
Abhängige Verben und freie Verben, Alternationen von Verbstämmen und Verbendungen
Verbale Konjugation
Präfinale Verbendungen
Die morphologische Typologie der Verben

(2) Nominalmorphologie
Abhängige Nomen und freie Nomen
Nominalstämme und die Alternation von Nominalendungen

(3) Morphologie der Pränomen und Adverben sowie ihre Typologie

(4) Formalelemente:
Kopula, Partikel, Postpositionen und ihre Typologie

(5) Konjunktionen und Interjektionen sowie ihre Typologie

(6) Das System der Wortbildung:
Derivation, Komposita, derivationale Komposita; sino-koreanische Wortbildung; Typologie der Wortbildung

VII. Morphosyntaktische Komponenten und ihre Typologie

(1) Finite Verbendungen und ihre Funktion
Abschließende Funktion finaler Verbendungen und ihre soziative Verwendung

(2) Syntaktische Funktion von Personalendungen und der Theme- markierung

(3) Tense, Aspekt und Modus (TAM)

(4) Höflichkeitsformen

(5) Kasusmarkierung und Postpositionen

VIII. Die syntaktischen Komponenten und ihre Typologie:

(1) Die syntaktischen Komponenten und ihre Einheiten

(2) Grundlegende Satzmuster

(3) Satzkonstituenten

(4) Satzteil der Mittelkoenaischen und Ihre Abwandelung

(5) Wortstellung

(6) Spezielle syntaktische Konstituenten:

Diathese; Negation; Formalelemente; Psycho-Verben; Quantifikatoren; Indefinitausdrücke; Spaltsätze; Komparative Sätze und Komitative Sätze; Abhängige Teilsätze; Serialverbkonstruktionen; Funktionsverben; Kurze Teilsätze; Appositionen

(7) Schachtelsätze und deren Typologie; Einbettung und Verknüpfung.

IX. Kommunikativpragmatische Komponenten und Textkonstituenten

(1) Die kommunikativpragmatische Komponente und der Mechanismus der Textbildung

(2) Mechanismen der Textbildung

(3) Mechanismen der Dialogbildung

(4) Thema and Fokus

(5) Synchrone und diachrone Betrachtung von TAM in Narration

(6) Grammatik koreanischer Lyrik sowie Wortstellungscharakteristiken

English Abstract

Korean Grammar: A Holistic Approach**

Yong-Kun Ko
(Emeritus Professor, Seoul National University)

This book takes a global descriptive approach to the Korean languages, centering around the Korean standard common language and including the written language and dialects. This approach includes the common spoken language, North Korea's 'Cultured Language' centered on Pyongyang speech, and grammatical phenomena of the language of Korean populations resident abroad. The grammar of oral narratives from regional dialects is also included. 'Korean populations resident abroad' here indicates mainly Koreans in the three Northeastern provinces of China, the Maritime Province of Russia, and Koreans in former Soviet Central Asia, including Kazakhstan, etc.

In other words, this book aims at a description of the grammatical phenomena of "Urimal" (Our language = Korean), conceived of both holistically and globally, on the basis of a typological approach that facilitates comparison with neighbouring and other languages. The grammatical system aims to integrate the core components of morphology and morpho-syntax, as well as the graphemo-phonetic and communicative-pragmatic components. In establishing the above grammatical system I have adopted primarily grammatical theories developed in German-language scholarship—for example: graphemics, naturalness theory, valence theory, text theory and linguistic typology.

In this way, all Korean grammatical phenomena have been integrated into the framework of the above-mentioned grammatical systems so as reveal as clearly as possible the typological features of Korean. Moreover, aspects of variation across both space and time are treated under the same aegis.

The contents of the books are as follows:

Ⅰ. Introduction: In Search of a Descriptive Methodology

Ⅱ. The Grammatical Units of Korean:
Morphemes, Formatives and Constitutives, Text

** This book was written with the support of the Korean Research Foundation (2013~2017) and a Renewal Scholarship of the Alexander von Humboldt Foundation (2009 and 2013).

Ⅲ. The Phonetico-Graphemic Component and its Typology

Ⅳ. The Parts of Speech Component and its Typology

Ⅴ. Some Basic Concepts: Head, Valence, Argument and Substitution

Ⅵ. The Morphological Component

Morphological Component (1): The Verbal Component

Dependent Verbs and Free Verbs

Alternations of Verbal Stems and Endings

Verbal Conjugation

Prefinal Endings

The Morphological Typology of Verbs

Morphological Component (2): The Nominal Component

Dependent Nouns and Free Nouns

Alternations of Nominal Stems and Endings

Morphological Component (3): Prenouns, Adverbs, and their Typology

Morphological Component (4): Formals:

The Copula, Particles, Postpositions, and their Typology

Morphological Component (5): Conjunctions, Interjections, and their Typology

Morphological component (6): Word Formation System

Derivation, Compounding, Sino-Korean Word Formation, Typology of Word Formation

Ⅶ. The Morphosyntactic Component and its Typology

(1) Finite Verb Markers and their Functions

Conclusive Functions of Finite Verbal Endings and their Social Values

(2) Syntactic Functions of Person Markers and Theme Markers

(3) Semantics of Tenses, Moods and Aspects

(4) Honorifics

(5) Case Markers and Postpositions

Ⅷ. The Syntactic Component and its Typology

(1) The Syntactic Component and its Units

(2) Basic Sentence Patterns

(3) Sentence Constituents of Contemporary Korean

(4) Sentence Constituents of Middle Korean and Ancient Korean

(5) Word Order

(6) Special Syntactic Constituents

Voice; Negation, Formals; Psychological Verbs; Quantifiers;

Indefinites; Cleft Sentences; Comparatives; Comitatives;

Dependent Clauses; Serial Verb Patterns; and Light Verbs;
Small Clauses; Appositives

(7) Combinations of Sentences and their Typology: Embedding and Conjoining

IX. The Communicativepragmatic Component and the Component of Text Formation

(1) The Communicativepragmatic Component and the Mechanism of Text Formation

(2) The Mechanism of Text Formation

(3) The Mechanism of Dialogue Formation

(4) Topic and Focus

(5) Synchrony and Diachrony in Narrative TAM

(6) Grammar of Korean Poetry and its Word Order Characteristics

참고 논저

▦ 주의 사항 ▦

1. 우리 학자와 외국인 학자의 논저를 구별하지 않고 가나다 순서로 배열하였다.
   단 지역에 따라 표기 방식을 조금씩 달리하였다. 일본인들은 일본어의 발음대로 적고 괄호 안에 한자명을 병기하였다.
   예: 고노 (河野六郎) (1951),「中期朝鮮語め時稱體系に就いて」,『東洋學報』34, 1-4.
   중국인들은 우리 발음으로 적고 괄호 안에 원명을 적었다.
   예: 장광군 (張光軍) (1999),『한국어 연결어미의 표현론』, 月印.
   단 우리 학자가 원래 한자로 성명과 논저명을 적었을 때에는 성명의 경우는 일단 먼저 한글로 적고 괄호 안에 한자를 적었다.
   예: 이희승 (李熙昇) (1955),『國語學概說』, 민중서관.
2. 서양인들은 성을 한글로 적되 괄호 안에 원명을 적었다. "Ramstedt"는 "람스테트 (G. J. Ramstedt)"라 적고 그 아래 발행 연대와 서명, 출판사를 적었다.
   예: 람스테트 (G. J. Ramstedt) (1939), *A Korean Grammar*, Helsinki: Suomalais-Ugrilainen.
   한자 공용 국가의 저서는『　』, 논문은「　」로 표시하고, 알파벳 사용 지역의 저서는 이탤릭으로, 논문은 , "　"로 표시하였다.
3. 많이 알려진 학술지는 발행 기관을 생략하였다. 이를테면 '한글, 어학연구, 언어, 언어학, 형태론, 텍스트언어학' 등.
4. 원명이 한글과 한자로 되어 있는 경우는 식별에 도움을 준다는 의미에서 원래의 표기대로 적음을 원칙으로 하였으나 그렇지 않은 것도 있다.
5. 홍길동 (2011/2018: 20-50)에서 빗금 앞의 연대는 그 논문이 처음 발표된 연대를 가리키고 뒤의 연대와 숫자는 단행본의 출판 연대와 실린 쪽수를 가리킨다. 〈참고 논저〉에는 단행본의 서지 사항만 밝히고 처음 발표된 학술지는 밝히지 않았다. 처음 발표된 논문의 서지 사항을 알려면 인터넷을 이용하거나 졸저『한국어와 언어 유형론』(2018)의 "참고 논저"를 이용할 수 있다.

가와사키 (河崎啓剛) (2011), 「"어기설"과 중세 한국어 동사 활용」, 『형태론』 13.2, 245-265.
________ (2014), 「소위 감동법 '-ㅅ-'에 대하여」, 『국어사연구』 19, 233-260.
________ (2016), 「중세한국어 감동법 연구: '깨달음'과 '복수성'」, 서울대학교 국어국문학과 박사논문.
______________ (2017) 『중세한국어 감동법이란 무엇인가』, 신구문화사.
간노 (菅野裕臣) (譯註) (1971), 「蘇聯의 韓國語學」, 『亞細亞研究』 14.2, 187-126.
____ (1993가), 「한글과 정서법」, 『國語學』 23, 381-407.
____ (1993나), 「'훈민정음'과 다른 문자 체계의 비교」, 『國語史 資料와 國語學의 研究』, 安秉禧先生 回甲紀念論叢, 문학과지성사, 650-659.
강기진 (2005), 『國語學論考』 (제1권 문법론), 역락.
강길운 (2012), 『한국어 계통론』, 한국문화사.
강범모 (1983), 「한국어 보문명사 구문의 특성」, 『語學研究』 19.1, 53-73.
______ (1998), 「문법과 언어 사용」, 『國語學』 31, 165-203.
______ (2002), "Categories and Meanings of Korean Floating Quantifiers-with some Reference to Japanese", *Journal of East Asian Linguistics* 11, 375-398.
______ (2007), 「복수성과 복수 표지」, 『언어학』 47, 3-31.
______ (2008), 「두 가지 복수형의 의미 차이」, 『언어와 정보』 12.2, 115-137.
강보유 (2000), 『한국어의 관형구조 연구』, 태학사.
______ (2009), 「15세기 수량사구에 대한 통사-의미론적 고찰」, 윤평현 (편) (2016다), 363-379.
강복수 (1961), 「문장의 문법학적 고찰」, 『論文集』 4, 청구대학, 5-13.
강상호 (1964), 「현대조선어의 서사형에 대하여」, 『조선어학』 3, 10-16.
______ (1989), 『조선말입말체연구』, 사회과학출판사.
강성일 (1972), 「중세국어 조어론 연구」, 『東亞論叢』 9, 동아대학교, 213-332.
강신항 (1978), 「安東方言의 敍述法과 疑問法」, 『언어학』 3, 9-27.
______ (1990), 『訓民正音研究』 (增補版), 성균관대학교 출판부.
강윤호 (1969), 「개화기의 교과용도서문장에 나타난 종지법어미에 대하여」, 『論叢』 14, 이화여자대학교 한국문화원, 7-50.
강은국 (1993), 『조선어 접미사의 통시적 연구』, 서광학술지료사.
강정희 (1988), 『제주 방언 연구』, 한남대학교 출판부.
강진철 (1990), 「문화어 억양의 높낮이선에 대하여」, 고도홍 (편저) (1998), 37-48.
강진철 · 김성근 · 김수길 (1995), 『조선어 실험 음성학 연구』, 과학백과사전출판사, (1996), 한국문화사 복사본.
강창석 (1992), 「15世紀 音韻理論의 研究: 借字表記 傳統과의 관련성을 중심으로」, 서울대학교 국어국문학과 박사논문.
강현화 (1998), 『국어의 동사 연결 구성에 대한 연구』, 한국문화사.
고광모 (2000가), 「16세기 국어의 명령법 어미 '-소/오/조'의 기원에 대하여」, 『언어학』 (사) 27, 3-19.

_____ (2000나), 「일부 방언들의 주체 높임법에 나타나는 '-겨-'의 역사 (1) — 과거 시제 어미 '-어겼'의 형성」, 『한글』 250, 189-225.
_____ (2001), 「반말체의 등급과 반말체 어미의 발달에 대하여」, 『언어학』 (사) 30, 3-27.
_____ (2002가), 「명령법 어미 '-게'의 기원과 형성 과정」, 『한글』 257, 129-165.
_____ (2002나), 「'-겠-'의 형성 과정과 그 의미의 발단」, 『國語學』 39, 27-47.
_____ (2004), 「"전남 방언의 상대높임법 조사 '-(이)라우, -(이)람닌짜, -(이)람니야, -(이)랑가'와 '-이다'의 기원과 형성 과정"」, 『언어학』 38, 3-42.
_____ (2006), 「'-게 ᄒᆞ-'로부터 발달한 종결어미들」, 『언어학』 (사) 42, 61-79.
_____ (2007), 「방언들의 미정법 어미 '-겄-, -갔-'의 형성에 대하여」, 『언어학』 (사), 165-180.
_____ (2012), 「15세기 국어의 종성 /ㅅ/에 대하여 — 종성 /t/을 확인하고 선어말 어미 {-삽-}의 교체를 설명함」, 『國語學』 64, 3-34.
_____ (2013), 「중세 국어의 선어말 어미 '-숩-'의 발달에 대하여」, 『언어학』 (사) 65, 39-59.
_____ (2014), 「주격 조사 '-가'의 발달」, 『언어학』 (사), 68, 93-118.
_____ (2015), 「추측을 나타내는 '-은가 보-, -은가비-, -은갑-'과 보조 허용사 구문 '을까 보-'의 발달」, 『언어학』 (사) 73, 3-33.
_____ (2016), 「주체높임을 나타내는 어미 '-(으)ㅂ시-'의 발달」, 『언어학』 (사) 76, 57-85.
고노 (河野六郎) (遺稿) (2013),「動詞形態論 · 動詞接辭要說」(上), 『韓國語學年報』 9, 1-198.
____ (遺稿) (2014), 「動詞形態論 · 動詞接辭要說」(下), 『韓國語學年報』 10, 199-401.
고도홍 (편) (1998), 『북한의 음성학 연구』, 한국문화사.
고렐로바 (L. M. Gorelova) (ed.) (2002), *Manchu Grammar*, Leiden: Brill.
고성환 (1987), 「의문의 문답관계에 대한 연구」, 『國語研究』 75.
_____ (1998), 「문장의 종류」, 『문법 연구와 자료』, 태학사, 395-434.
_____ (2002), 「서평: H. G. Underwood: An introduction to the Korean spoken language (1890)」, 『형태론』 4.2, 393-401.
_____ (2003), 『국어의 명령문에 대한 연구』, 역락.
고영근 (高永根) (1966), 「現代 正書法의 몇 가지 問題」. 『국어국문학』 33, 61-73.
_____ (1968), 「主格助詞의 한 種類에 대하여」, 李崇寧博士頌壽紀念論叢, 을유문화사, 17-30.
_____ (1971), 「국어 서실법에 나타나는 '話式'의 범주에 대하여 — 이른바 회상의 '-더-'를 중심으로」, 『金亨奎博士頌壽紀念論叢』, 일조각.
_____ (1980), 「處所理論과 動作相」, 『蘭汀南廣祐博士華甲紀念論叢』, 일조각, 531-541.
_____ (1982가), 「주시경의 문법이론에 대한 형태 · 통사적 접근」, 『國語學』 11, (1983), 289-310에 실림.
_____ (1982나), 「관형사형어미와 서술성어미의 상관관계에 대한 연구」, 『冠嶽語文研究』 7, 而凡崔鶴根敎授華甲紀念論叢, 31-86.
_____ (1981), 『中世國語의 時相과 敍法』, 탑출판사.

______ (1983), 『國語文法의 硏究』, 탑출판사.
______ (1985), "Zum Verhälnis zwischen morphologische Merkmalen und syntaktischen Strukturen," SAIS *Arbeitsberichte* 8, 83-94.
______ (1986), 「능격성과 국어의 통사 구조」, 『한글』 192, 43-76, 고영근 (2004나), 131-161.
______ (1990가), 「텍스트이론과 국어통사론연구의 방향」, 『배달말』 15, 배달말학회, 1-31.
______ (1990나), 「문장과 이야기의 관련성에 관한 연구」, 『冠嶽語文硏究』 15, 1-47.
______ (1991), 「언어의 문자화에 관련된 문제」, 『국어의 이해와 인식 — 갈음』, 김석득교수 회갑기념논문집, 한국문화사, 89-98.
______ (1992), 「형태소란 도대체 무엇인가」, 『南沙李覲洙博士還曆紀念論叢』, 간행위원회, 457-471, 이병근 밖에 (공편) (1993, 11-25).
______ (1993), 『우리말의 총체서술과 문법 체계』, 일지사.
______ (1994), 『통일시대의 어문문제』, 길벗.
______ (1995가), 『최현배의 학문과 사상』, 집문당.
______ (1995나), 「주시경 <국어문법>의 형성에 얽힌 문제」, 『大東文化硏究』 30, 233-277.
______ (1995다), 「문법 용어와 문법 체계」, 『韓日語學論叢』, 南鶴李鍾徹先生回甲紀念論叢, 국학자료원, 29-64.
______ (1996), 「윤선도 <오우가>의 텍스트 분석」, 『李基文先生停年退任記念論文集』, 신구문화사, 27-44.
______ (1997), 「若泉의 國語學과 文法硏究」, 『語文硏究』 25. 3.
______ (1998가), 『한국어문운동과 근대화』, 탑출판사.
______ (1998나), 「석독구결의 국어사적 가치」, 『口訣硏究』 3, 1-28.
______ (1999가), 『북한의 언어문화』, 서울대학교 출판부.
______ (1999나), 『국어형태론연구』 (증보판), 서울대학교 출판부.
______ (1999다), 『텍스트 이론』 (대우학술총서 448), 아르케.
______ (1999라), 「<연세한국어사전>에 대한 평가」, 『사전편찬학연구』 9, 7-12.
______ (2001가), 『역대한국문법의 통합적 연구』, 서울대학교 출판부.
______ (2001나), 『한국의 언어 연구』, 역락.
______ (2004가), 『단어 · 문장 · 텍스트』 (補正版), 한국문화사.
______ (2004나), 「국어문법교육의 방향 모색 — 현행 고등학교 『문법』을 검토하면서」, 『우리말연구』 15, 23-51.
______ (2005), 「형태소의 교체와 형태론의 범위」, 『國語學』 46, 19-51.
______ (2006가), 「시상법의 변천에 대한 연구사적 검토」, 임용기 · 홍윤표 (편) 『국어사 연구 — 어디까지 와 있는가』, 태학사.
______ (2006나), 「해설: 유시욱」, 『朝鮮文典』, 역락.
______ (2007), 『한국어의 시제 서법 동작상』 (보정판), 태학사.

_____ (2008가), 「민족문학작품과 서사시제」, 『冠嶽語文硏究』 33, 55-108.
_____ (2008나), 『민족어의 수호와 발전』, 제이앤씨.
_____ (2008다), 「助詞의 文法的 特性 — 人數稱 主格助詞의 설정과 관련하여」, 『現代國語學의 開拓者 心岳 李崇寧誕辰100周年紀念論集, 태학사, 591-616, 고영근 (2018), 266-297에 다시 실림.
_____ (2009가), 「언어 유형론과 개별 언어의 문법 기술」, 『冠嶽語文硏究』 34, 147-189.
_____ (2009나), 『북한의 문법연구와 문법지식의 응용화』, 한국문화사.
_____ (2010가), 「민족어 보존책의 한 방안」, 『형태론』 12.2, 301-306.
_____ (2010나), 『민족 어학의 건설과 발전』, 제이앤씨.
_____ (2010다), 『표준 중세국어문법론』 (제3판), 집문당.
_____ (2010라), 『어휘부는 잡동산이인가 — 최명옥 (2008)을 중심으로』, 『형태론』 12.2, 255-270.
_____ (2010마), 「연희 동산의 세 문법서」, 『형태론』 12.1, 147-167.
_____ (2011가), 『텍스트 과학』, 집문당.
_____ (2011나), 『중세국어의 시상과 서법』 (제4판), 집문당.
_____ (2011다), 「현행 학교문법의 "높임법"에 대한 비판과 그 대안」, 『형태론』 13.1. 147-154.
_____ (2012가). 「언어 유형론 노트(1)」, 『형태론』 14.1, 91-105.
_____ (2012나), 「민족어의 격 어미 및 부치사, 첨사 범주와 그 유형론적 함의」, 『國語學』 65, 73-108.
_____ (2012다), 「민족어 대명사의 복수 표지와 그 유형적 특징」, 『형태론』 14.2, 171-183.
_____ (2013가), 「민족어의 동사 형태부와 그 유형론적 함의」, 『형태론』 15.1, 1-34.
_____ (2013나), 「자연성 이론과 문법 서술 — 언어 유형론 노트 (2)」, 『형태론』 15.1, 115-132.
_____ (2013다), 「민족어의 논항 구조와 그 유형론적 특징 — 언어 유형론 노트 (3)」, 『형태론』 15.2, 242-257.
_____ (2013라), 「The Korean Language (1999)에 대한 소견」, Studies in Korean Linguistics and Language Pedagogy — Festschrift for Homin Sohn, edited by Song-Ock Sohn, Sungdae Cho & Seok Hoon You, Korean University Press, 452-466.
_____ (2013마), 「문장 부호와 각주 배치 및 문단 잡기 등에 대한 소견」, 『새국어생활』 23.4, 139-158.
_____ (2014가), 「민족어의 타동성과 형태통사부 — 유형론적 접근」, 『언어와 정보 사회』 21, 1-22.
_____ (2014나), 「민족어 의존·결합가 문법과 그 유형론적 접근 — 언어 유형론 노트 (4)」, 『독어학』 29, 1-34.
_____ (2014다), 「민족어 문법에서 "語基"란 과연 필요한 개념일까」, 『형태론』 16.1, 89-106.
_____ (2014라), 「민족어의 통시 유형론을 어떻게 읽을 것인가 — 언어 유형론 노트 (5)」. 『형태론』 16.2, 282-297.
_____ (2015가), 「한자어 형성에 있어서의 구성소와 형성소 — 언어 유형론 노트 (6)」, 『한글』 308, 5-30.

_____ (2015나), 「민족어에는 정말 능격 구문이 없을까」. 『형태론』 17.1, 159-168.
_____ (2015다), 「Lexicon이란 도대체 무엇인가」, 『형태론』 17.2, 336-357.
_____ (2016가), 「통시적 유형론과 지역적 유형론의 접점을 위한 테제」, 『형태론』 18.1, 99-113, 고영근 (2018), 93-109에 다시 실림.
_____ (2016나), 「우리말 문법의 통사부와 통보화용부의 서술 방안」, 『형태론』 18.2, 311-326.
_____ (2017가), 「구형 파생법에 대하여 — '빼앗기다'류를 중심으로」, 『형태론』 19.1, 72-79.
_____ (2017나), 「고대 · 중세어의 어미 구조체에 대하여」, 제53회 구결학회 전국학술대회 발표집.
_____ (2017다), 「화용론 및 텍스트 과학의 자율성과 기본 문법 부문과의 관계」, 한국텍스트언어학회 2017년 가을 발표회 발표집.
_____ (2018가), 『한국어와 언어 유형론』, 월인.
_____ (2018나), 「서평: 홍종선 『국어 문법사』 아카넷, 2017」, 『형태론』 20.1.
_____ 박에 (2001), 『한국 텍스트 과학의 제과제』, 역락.
_____ 박에 (2002), 『문법과 텍스트』, 서울대학교 출판부.
_____ · 구본관 · 시정곤 · 연재훈 (2004), 『북한의 문법연구와 문법교육』, 박이정.
_____ (편) (2001), 『북한 및 재외 교민의 철자법 집성』, 역락.
_____ (편) (2010), 『우리말 문법에 대한 궁금증 115 가지』. 박이정.
_____ · 박금자 · 고성환 · 윤석민 (2003), 『월인천강지곡의 텍스트 분석』, 텍스트언어학총서 5, 집문당.
_____ · 김경욱 · 볼프 (N. R. Wolf) (2003), 「한국어와 독일어의 음식물 섭취동사의 결합가 대조 연구, 결합가 비교 연구」, 『언어와 언어학』 32, 한국외국어대학교.
_____ · 남기심 (공편) (1983), 『국어의 통사 · 의미론』, 탑출판사.
_____ · 남기심 (공편) (2014), 『중세어 자료 강해』 (보정판), 집문당.
_____ · 구본관 (2018), 『우리말 문법론』 (개정판), 집문당.
_____ · 이용 · 최형용 (교감) (2010), 『주시경 국어문법의 교감과 현대화』, 박이정.
_____ (2011), 『주시경, 국어문법』, 박이정.
고영진 (2008), 「제주도 방언의 형태론적 상 범주의 체계화를 위하여」, 『한글』 280, 101-127.
고윤석 · 김영주 (2013), 「북한이탈 청년의 화용 능력 연구 — 거절, 요청, 사과 화행을 중심으로」, 『한국어 의미학』 40, 357-384.
고재환 (2013가), 『제주어 개론』 (상) (개정판), 보고사.
_____ (2013나), 『제주어 개론』 (하) (개정판), 보고사.
_____ (2017), 『제주어 나들이』, 보고사.
고창운 (2003), 「'-겠-'과 '-ㄹ 것이-'의 용법」, 『건국語文學』 15 · 16, 595-614.
고희정 (Ko, Heejeong) (2005), *Syntactic Edges and Linealization*, PhD Dissertation, MIT.
_____ (2014), *Edges in Syntax: Scrambling and Cyclic Linealization*, Oxford University Press.
_____ (2015), "On the Typology of Small Clauses, Studies in Generative Grammar" 25.2, 347-375.

교육부 (1985), 『고등학교 문법』, 성균관대학교 대동문화연구원, 『歷代韓國文法大系』 (이하 '歷文'으로 줄임말을 씀), ② 1-170.
과학원 언어문학연구소 (1960), 『조선어문법』 (1), 조선민주주의 인민공화국 과학원.
곽숙영 · 신지영 (2012), 「문장 유형에 따른 점진 강하 실현 양상 연구」, 『國語學』 55, 65-102.
곽용주 (1996), 「'동사 어간 -다' 부정법의 역사적 고찰」, 『國語硏究』 138.
곽충구 (1980), 「18세기 국어의 음운론적 연구」, 『國語硏究』 43.
_____ (1990), 「북한의 방언연구」, 『북한의 국어국문학 연구』, 지식산업사.
_____ (1991), 「함경북도 육진 방언의 음운론」, 서울대학교 국어국문학과 박사논문.
_____ (1994), 「系合 內에서의 단일화에 의한 語幹 再構造化」, 『南川朴甲洙先生 華甲紀念論文集』, 태학사, 549-586.
_____ (2001), 「함북 방언의 비자동적 교체 어간과 그 단일화 방향」, 『21세기 國語學의 과제』, 월인, 1123-1166.
_____ (2004), 「함북 방언의 피사동사」, 『語文學』 85, 1-36.
_____ (2010), 「중앙아시아 고려말의 음운 변이」, 『최명옥선생 정년퇴임기념 國語學논총』, 태학사, 51-85.
곽혜선 · 이미선 (2010), 「한국어 전칭 양화사 — 부정어 구문의 중의성 해석에 나타나는 작용역 선호 양상」, 『언어』 35.3, 531-542.
구본관 (1990), 「경주 방언 피동형에 대한 연구」, 『國語硏究』 100.
_____ (1998), 「15세기 국어 파생법에 대한 연구」, 『國語學叢書』 30, 태학사.
_____ (1999), 「축소 접미사에 대한 연구」, 『國語學』 34, 109-141.
_____ (2001가), 「수사와 수관형사의 형태론」, 『형태론』 3.2, 265-284.
_____ (2001나), 「컴퓨터 통신 대화명의 조어 방식에 대한 연구」, 『텍스트언어학』 10, 293-318.
_____ (2002), 「동사어간+아/어+동사어간 합성동사 형성의 원리」, 『문법과 텍스트』, 서울대학교 출판부, 173-193.
_____ (2007), 「접미사 {둘}의 이형태에 대한 통시적 연구」, 『우리말연구』 21, 135-175.
_____ · 박재연 · 이선웅 · 이진호 (2016), 『한국어 문법 총론』 II, 집문당.
____________________ · 황선엽 (2015), 『한국어 문법 총론』 I, 집문당.
구에바라 (E. Guevara) · 스칼리스 (S. Scalise) (2009), "Searching for universals in compounding," *Universals of language today Springer*, 101-128.
구종남 (具鍾南) (1990), 「부정문의 통사 구조와 의미」, 『韓國言語文學』 28, 403-423.
_____ (1992), 「국어 부정문 연구」, 전북대학교 박사논문.
_____ (2012), 『국어의 부정 극어』, 경진.
國立國語硏究院 (1996), 『국어의 시대별 변천실태 연구』 1, 중세국어, 국립국어원.
국어사연구회 (1997), 『國語史硏究』, 태학사.
국어사정위원회 (1988), 『조선말 규범집』, 사회과학출판사.

국어연구소 (1988), 『표준어 규정 해설』.
권경근 (2002), 「음운론과 형태론의 인접 현상」, 『문법과 텍스트』, 서울대학교 출판부, 113-135.
_____ (2008), 「음운론적 유형론과 한국어」, 『한글』 282, 35-59.
권시현 (2008), 「'ㅎ' 말음 용언 어간의 방언 간 대응에 대한 연구」, 서울대학교 국어국문학과 박사 논문.
권용경 (1990), 「15세기 국어 서법의 선어말 어미에 대한 연구」, 『國語硏究』 101.
_____ (2014), 『사이시옷의 역사적 연구』, 삼경문화사.
권인한 (權仁翰) (1990), 「倭學書類의 音節末 'ㅅ', 'ㄷ' 表記法 硏究」, 『震檀學報』 70, 125-149.
_____ (1997), 「현대국어 한자어의 음운론적 고찰, 『國語學』 29, 243-260.
권재일 (1982), 「어미 체계와 통사 기술」, 『언어학』 (사) 5, 3-12, 175-191.
_____ (1985), 「현대국어의 의존 명사 연구」, 『素堂千時權博士華甲紀念 國語學論叢』, 형설출판사, 89-112.
_____ (1994), 『한국어 문법의 연구』, 박이정.
_____ (1998), 『한국어 문법사』, 박이정.
_____ (2004), 『구어 한국어의 의향법 실현 방법』, 서울대학교 출판부.
_____ (2006), 『남북 언어의 문법 표준화』, 서울대학교 출판부.
_____ (2010), 『중앙아시아 고려말의 문법』, 서울대학교 출판원.
_____ · 김윤한 · 문양수 · 남승호 · 전종호 (1997), 「통사 구조와 운율 구조의 상관성 연구 — 중의성 해소 양상을 중심으로」, 『언어학』 (사) 20, 59-112.
권종성 (1987), 『문자학개요』, 과학, 백과사전출판사
_____ (1992), 『조선어 정보처리』, 과학, 백과사전출판사, (1996), (영인), 한국문화사.
귄터 (Hartmut Günther) · 루드비히 (Otto Ludwig) (Hg.) (1994), (1), (1996), (2), *Schrift und Schriftlichkeit: ein interdisziplinäres Handbuch internationaler Forschung* (HSK 10), 2Bd. W. de Gruyter.
그보즈다노비츠 (J. Grozdanovic) (ed.) (1999), *Numeral Types and Changes Worldwide*, Mouton de Gruyter.
그린버그 (J. H. Greenberg) (1978), "Generalization about numeral systems," in: J. H. Greenberg, (ed.) *Universals of Human Language*, Stanford University Press, 249-295.
기주연 (奇周衍) (1994), 『近代國語 造語論 硏究』, 태학사.
김건희 (2012), 「부사절의 수식과 접속」, 『한글』 297, 161-203,
_____ (2014), 「대등과 종속에 관한 일고찰」, 『인문논총』 71.3, 117-157.
김경아 (2016), 『국어 음운론 연구』, 한국문화사.
김경훈 (1977), 『국어 부사 수식 연구』, 『國語硏究』 37.
_____ (1996), 「현대국어 부사어 연구」, 서울대학교 국어국문학과 박사논문.
김계곤 (1996), 『현대국어의 조어법 연구』, 박이정.

김광섭 (Kim, Kwang-sup) (2010), "On the Syntax and Semantics of Korean Classifier Constructions," *Studies in Generative Grammar*, 20.1, 349-368.
김광해 (金光海) (1981), 「{-의}의 分布에 대한 調査 硏究」, 『金亨奎博士 古稀紀念論叢』, 서울대학교, 81-106.
_____ (1984), 「繫辭論」, 『蘭臺李應白博士回甲紀念論文集』, 보진재, 1-11.
_____ (1983), 「國語의 疑問詞에 대한 硏究」, 『國語學』 12, 101-136.
_____ (1984가), 「國語疑問詞의 發達에 대한 硏究」, 『국어교육』 49 · 50, 249-272.
_____ (1984나), 「{의}의 의미」, 『문법연구』 5, 161-228.
_____ (1990), 「量化表現」, 『國語硏究 어디까지 왔나』, 311-318.
_____ (1994), 「한자 합성어에 대하여」, 『南川朴甲洙先生華甲紀念論文集』, 태학사.
김광희 (1998), 「국어 논항구조 문법의 수립에 관한 연구」, 『國語學』 31, 205-244.
_____ (2011), 「대용 표현 연구의 이론과 논점」, 유현경 박에 (편) (2011), 『한국어 통사론의 현상과 이론』, 태학사, 269-335.
김귀화 (1994), 『국어의 격 연구』 한국문화사.
김규남 (1991), 「전북 방언의 ㅂ 불규칙 활용과 재구조화」, 『어학』 18, 전북대 語學硏究所, 95-124.
김규철 (1980), 「한자어 단어형성에 관한 연구」, 『國語硏究』 41.
_____ (1997), 「漢字語 單語形成에 대하여」, 『國語學』 29, 261-308.
김규하 (1995), 「국어의 비교구문에 대한 역사적 연구」, 경상대학교 박사논문.
김귀화 (2014), 『국어의 격 연구』, 한국문화사.
김기혁 (1995), 『국어 문법 연구』, 박이정.
김남미 (2006), 「/Xㅸ-/계 어간의 재구조화와 음운과정」, 『國語學』 48, 77-99.
김동소 (1998), 『한국어 변천사』, 형설출판사.
김동수 (1988), 『조선말 례절법』, 과학, 백과사전출판사.
김동식 (1981), 「부정 아닌 부정」, 『언어』 6.2, 고영근 · 남기심 (공편) (1983), 65-82에 재수록.
_____ (1984), 「객체 높임법의 '숩'에 대한 검토」, 『冠嶽語文硏究』 9, 81-99.
김동찬 (1987가), 『조선어리론문법』 (단어조성론), 고등교육도서출판사.
_____ (1987나), 「단어조성이 수단과 관련한 기초적 문제」, 『조선어문』 2, 36-41.
_____ (2002), 『조선어 실용문법』 (조선어학총서 31), 박이정.
_____ (2005), 『조선어 단어 조성론』, 사회과학출판사.
김두봉 (1916), 『조선말본』, 신문관, 歷文 [1] 22.
김명광 (2014), 「파생어」, 『서정목 선생 정년 퇴임 기념 논총』, 역락, 583-693.
김명희 (1987), 「{의}의 의미 기능」, 『언어』 12.2, 248-260.
김무림 (1998), 「고대 국어 음운」, 『고대국어』 (국어의 시배별 변천 연구 3), 국립국어원.
_____ (1999), 「助詞의 音韻論的 硏究」, 한국어학회 (1999), 249-263.
김미란 · 임창국 (2014), 「문중/문말 'yo'에 대한 음성적 특성 연구」, 『언어와 정보』 18. 27-50.

김미선 (2001), 「접속부사의 텍스트언어학적 연구」, 중앙대학교 박사논문.
김미형 (1990), 「국어 대명사의 발달과 체계에 관한 연구」, 한양대학교 박사논문.
김민국 (2010), 「핵어 명사의 관계화 전략에 대한 연구」, 『한국어학』 47, 131-161.
______ (2011), 「파생 접사의 사용 양상과 생산성」, 『형태론』 13.1, 53-84.
______ (2016), 「한국어 주어의 격 표지 연구」, 연세대학교 박사논문.
김민수 (1960), 『國語文法論研究』, 통문관, [1] 98에 실림.
______ (1970), 「國語의 格에 대하여」, 『국어국문학』 49 · 50, 25-45.
______ (1971), 『國語文法論』, 일조각.
______ (1986), 「1세기 반에 걸친 韓國文法研究史」, 『歷代韓國文法大系』 별책부록 (總索引).
______ (1989), 「서평: 정렬모, 『신편고등국어문법』(1946)」, 『주시경학보』 4, 199-207.
______ · 최호철 · 김무림 (편) (1997), 『우리말 語源辭典』, 태학사.
______ · 남광우 · 유창돈 · 허웅 (1960), 『새 고교 문법』, 동아출판사, 김민수 밖에 (공편), [1] 95에 실림.
김민영 (2012), 「텍스트 유형에 따른 한국어의 시제 기능 연구」, 한국외국어대학교 박사논문.
김방한 (1983), 『韓國語의 系統』 (대우학술총서 1), 민음사.
______ · 김주원 · 정제문 (1986), 『몽골어와 퉁구스어』, 민음사.
김병일 (2005), 「한자 합성어의 구조와 형성애 대한 연구」, 『국어교육』 118, 319-362..
김봉국 (金鳳國) (2002), 「江原道 南部地域 方言의 音韻論」, 서울대학교 국어국문학과 박사논문.
김봉모 (1990), 「국어 견줌말 연구」, 『한글』 209, 33-58.
김상태 (2005), 「15세기 국어의 자소체계 연구 —『훈민정음』 (訓民正音)을 중심으로」, 『한국어학』, 26, 1-23.
______ (2012), 「훈민정음 제자 원리와 한자 육서의 자소론적 연구」, 『國語學』 63, 105-128.
김선영 (2004), 「'그리고'류의 문법 범주의 판별에 대하여」, 『형태론』 6.2, 355-366.
김선효 (2004), 「어휘화한 관형사의 특성과 그 유형」, 『형태론』 6.2, 339-366.
______ (2005), 「관형격 조사 '의'의 격 지위와 기능」, 『우리말 연구 서른 아홉 마당』, 태학사, 65-84.
______ (2011), 『한국어 관형어 연구』, 역락.
______ (2016), 『한국어와 한국어 교육 연구』, 역락.
김선희 (1985), 「체언 수식 부사의 의미 분석」, 『한글』 187, 123-139.
______ (1994), 「감탄사와 담화표지의 관련성」, 『우리말연구』 1, 265-283.
김성규 (1987), 「어휘소 설정과 음운현상」, 『國語研究』 77.
______ (1989), 「活用에 있어서의 化石形」, 『周時經學報』 3, 159-165.
______ (2000), 「불규칙 활용에 대한 몇 가지 논의」, 『형태론』 2.1, 121-128.
______ (2008), 「중세국어 음운론의 쟁점」, 『국어사연구』 9, 41-68.
______ · 정승철 (2013), 『소리와 발음』 (개정판), 한국방송통신대학교 출판부.
김성주 (2003), 『한국어의 사동』, 한국문화사.

김성화 (1992), 「삽입모음 '으'의 기능」, 『國語學』 22, 87-157.
김세중 (1994), 「국어 심리술어의 어휘의미구조」, 서울대학교 언어학과 박사논문.
김세환 (2010), 「양양 지역어의 'ㅅ, ㄷ, ㅂ' 불규칙 활용 어간의 재구조화」, 『崔明玉先生 停年紀念 國語學論叢』, 태학사, 87-104.
_____ (2012), 「청송 지역어 용언 어간의 통사적 변화 연구」, 서울대학교 국어국문학과 박사논문.
김소희 (1996), 「16세기 국어의 '거/어' 연구」, 『國語研究』 142.
김송원 (1990), 「접속어미의 통어론적 특징 — 15세기 국어의 접속월을 중심으로」, 『중원인문논총』 9, 27-42.
김수경 (金壽卿) (1947), 「龍飛御天歌 插入子音考」, 『震檀學報』 15, 114-131.
_____ (1949), 「"龍飛御天歌"에 보이는 插入 字母의 本質」, 『조선어연구』 1. 2, 12-205.
김수영 (2014), 「현대국어 어간말 자음군 연구」, 『國語研究』 245.
김수태 (1999), 『인용월 연구』, 부산대학교 출판부.
_____ (2005), 『마침법 씨끝의 융합과 그 한계』, 박이정.
김승곤 (1987), 「견줌월」, 『한글』 196, 195-218.
김승열 (金承烈) (1988), 『國語語順研究』, 한신문화사.
김시나 (Kim, Shina) (1990), *Koreanische Wortbildung-Eine wortsyntaktische Untersuchung im verbalen Bereich*, Peter Lang.
김아름 (2011), 「모음 조화의 변화 양상 연구」, 『國語研究』 226.
김영기 (Young Key Kim) (ed.) (1994), *Theoretical Issues in Korean Linguistics*, Center for the Study of Language and Information, CSLI Publications for the Stanford Linguistics Society.
김영배 (金英培) (1982), 「Ross 목사의 저작과 평안 방언」, 『한국방언학』 2, 1-12.
_____ (1984), 『平安方言研究』, 동국대학교 출판부.
_____ (1997), 『增補 平北方言研究』, 태학사.
_____ (편저) (1992), 『南北韓의 方言研究』 경운출판사.
김영석 (1990), 「어휘부의 조직」, 『語學研究』 26. 1, 239-246.
김영욱 (1983), 「國語 否定文의 類型」, 『先淸語文』 14 · 15 (合).
_____ (1989), 「中世國語의 尊卑法에 대한 研究」, 『國語研究』 89.
_____ (1994), 「불완전 계열에 대한 형태론적 연구」, 『國語學』 24, 87-109.
_____ (1999), 「전기 중세국어의 시상과 서법」, 『先淸語文』 27, 719-751.
_____ (2003), 「서평: S. E. Martin, *Korean Reference Grammar* (1992)」, 『형태론』 5-1, 155-172.
김영태 (1977), 「경남 방언 종결어미의 경어법 연구」, 『논문집』 4, 경남대학교, 김종운 (편저) (1984), 『국어 경어법연구』, 집문당, 591-609에 실림.
김영화 (2005), 「부정어의 구조 · 의미적 분석」, 김영화 밖에 (2005), 1-183.
_____ 밖에 (2005), 『부정과 부정어』, 한국문화사.

김영희 (1998), 『한국어 통사론을 위한 논의』, 한국문화사.
______ (2005), 『한국어 통사론 현상의 의의』, 역락.
______ (2006), 『한국어 셈숱화 구문의 통사론』, 한국학술정보 ㈜.
김옥영 (2006), 「강릉 지역어의 음운 탈락 현상 연구」, 서강대학교 박사논문.
김옥화 (2001), 「부안 지역어의 음운론적 연구」, 서울대학교 국어국문학과 박사논문,
김완진 (金完鎭) (1957), 「n, l 動名詞의 統辭論的 機能과 發達에 대하여」, 『國語硏究』 2.
______ (1966), 「集團 曲用 (Group Declension), 『東亞文化』 6, 224-225.
______ (1970), 「文 接續의 '와'와 句 接續의 '와'」, 『語學硏究』 6-2, 남기심 밖에 (공편) 『現代國語文法』 (論文選) 계명대학교 출판부, 133-144.
______ (1976), 『老乞大의 諺解에 대한 比較硏究』 (韓國硏究叢書 31), 한국연구원.
______ (1979), 『文學과 言語』, 탑출판사.
______ (1980), 『鄕歌解讀法硏究』, 서울대학교 출판부.
______ (1983), 「韓國語 文體의 發達」, 李基文 밖에 (1983), 229-254.
______ (1995), 「노걸대언해에서의 의도형의 붕괴 재론」, 『韓國文化』 16, 1-30.
______ (1996), 『음운과 문자』, 신구문화사.
______ (2000), 『향가와 고려가요』, 서울대학교 출판부.
______ (2006), 「대조적 관점에서의 제주도 방언에 대한 연구」, 『학술원논문집』 45 (인문사회과학), 277-313.
______ · 이병근 (1979), 『고등학교 문법』, 박영사, 歷文 [1] 56.
김용하 (2012), 「한국어 형용사 범주 설정의 문제」, 『현대문법연구』 69, 21-38.
김우진 (2006), 「중국 신강지역 카작족의 존대말의 구조와 사용 유형」, 서울대학교 인류학과 석사논문.
김웅배 (1981), 「전라남도 방언의 접미사에 대한 연구」, 『논문집』 2, 목포대학교.
김원경 (2009), 『한국어의 격』, 박문사.
김윤경 (1959), 「말의 발달의 방향과 씨가름」, 『한글』 125.
김윤식 (1985), 『한국근대소설사연구』, 을유문화사.
김윤신 (2001), 「파생동사의 어휘의미구조」, 서울대학교 언어학과 박사논문.
김윤환 · 권재일 · 김윤한 · 문양수 · 남승호 (1997), 「통사 구조와 운율 구조의 상관성 연구 — 중의성 해소 양상을 중심으로」, 『언어학』 20, 59-112.
김의수 (2002), 「언어단위로서의 명사 상당어 (相當語)」, 『형태론』 4.1, 81-101.
______ (2006), 『한국어어의 격과 의미』 (國語學叢書 55), 태학사.
______ (2013), 「어휘부와 통사론」, 『國語學』 66, 415-443.
김인균 (2003), 「국어의 명사 연결 구성 연구」, 서강대학교 박사논문.
김일병 (金鎰炳) (2000), 『국어 합성어 연구』, 역락.
김일환 (2000), 「어근적 단어의 형태 · 통사론」, 『國語學』 11, 213-226.

김정남 (1991), 동사와 문장구조의 관련성에 대한 연구」, 『國語硏究』 102.
_____ (2003), 「'aa-하다' 형용사의 형태 · 의미론적 특징」, 『형태론』 5.2, 225-295.
_____ (2005), 「복수 관련 형태 '-들'에 대하여」, 『우리말 연구 서른 아홉 마당』, 태학사, 85-107.
_____ (2016), 「의미 투명성과 관련한 국어의 제현상에 대하여」, 윤평현 (편) (2016가), 35-58.
_____ (2017), 「담화 표지로서의 '-자면'」, 한국텍스트언어학회 2017년 가을철 학술대회 발표논문.
김정대 (1983), 「{요} 청자 존대법 (聽者尊待法)에 대하여」, 『加羅文化』 2, 경남대학교 가라문화연구소, 129-167.
_____ (1985), 「화용 양상에서 통사 양상으로」, 『새결박태권선생회갑기념논총』, 간행위원회, 401-421.
_____ (1993), 「한국어 비교구문의 통사론」, 계명대학교 박사논문.
_____ (2005), 「계사 '이-'의 기원형 '*일-'을 찾아서」, 『우리말글 연구』 35, 1-41.
_____ (2006), 「개별 방언의 자료 정리와 경어법 연구」, 『방언학』 4, 85-117.
_____ (2007), 『경남 창원 지역의 언어와 생활』 (지역어 구술자료 8-1), 태학사.
김정수 (1984), 『17세기 한국말의 높임법과 그 15세기부터의 변천』, 정음사.
김정아 (1984), 「15세기 국어의 대명사에 대한 연구」, 『國語硏究』 62.
_____ (1985), 「十五世紀國語의 '-ㄴ가' 의문문에 대하여」, 『국어국문학』 94, 281-301.
_____ (1998), 『중세국어의 비교구문 연구』, 태학사.
_____ (2001), 「'이-'의 문법적 특성에 대한 통시적 고찰」, 『國語學』 37, 309-376.
김정우 (1994), 「음운 현상과 비음운론적 정보에 관한 연구」, 서울대학교 국어국문학과 박사논문.
김정은 (1998), 「한자어의 단어 형성법 연구」, 『국어국문학』, 75-96.
김종록 (1993), 「국어 접속문의 통사론적 연구」, 경북대학교 박사논문.
김종복 (Kim, Jong-Bok) (2000), *The Grammar of Negation — A constraint-based approachm*, Standford: CSLI Publications.
_____ (2004), 『한국어 구 구조문법』, 한국문화사.
_____ (2013), "The Korean Sluicing. As am Family of Constructions," *Studies in Generative Grammar* 23.1, 103-130.
_____ (2016가), *The Syntactic Structures of Korean: A Construction-based Perspective*, Cambridge University Press.
_____ (2016나), "Copula Constructions and Asymmetries in the Specificational PseudoCleft Constitutions in Korean," *Language and Linguistics* 17.1, 89-112.
_____ · 셀스 (P. Sells) (2010), "A Phrasal Anaysis Comparatives," *Studies in Generative Grammar* 20.2, 179-205,
_____ · 양재형 (Jaehyung Yang) · 송상훈 (Sanghoun Song) (2010), "Parsing Korean Comparative Constructions in a Typed-Feature Structure Grammar," *Language and Information* 14.1, 1-24.
김종택 (1981), 「국어대우법체계를 재론함」, 『한글』 172, 3-28.

김주원 (Kim, Juwon) (1994), 「알타이 제어의 계사」, 『주시경학보』 13, 102-115.

______ (2011), *A Grammar of Ewen* (Altaic Languages Studies 6), SNU PRESS.

______ · Ko Dongho · Chaoke D. O · Han Youfeng · Piao Lianyu, Boldyrev (2008), *Materials of Spoken Manchu* (Altaic Languages Series 1), SNU PRESS.

김지오 (2012), 「均如傳 鄕歌의 解讀과 文法」, 동국대학교 박사논문.

김지홍 (1992), 「국어 부사형 구문과 논항구조에 대한 연구」, 서강대학교 박사논문.

______ (2010), 『국어 통사 · 의미론의 몇 측면』, 경진.

______ (2014), 『제주 방언의 통사 기술과 설명』, 경진.

김진수 (1987). 『국어 접속조사와 어미 연구』, 탑출판사.

김진형 (1990), 「서평: 정렬모, 『신편고등국어문법』 (1946)」, 『형태론』 1. 1, 167-174.

______ (1995), 「중세국어 보조사에 대한 연구」, 『國語硏究』 136.

김차균 (1990), 『우리말 시제와 상의 연구』, 태학사.

______ (1999), 『우리말 방언 성조의 비교』, 역락.

______ (2003), 『영남방언 성조 비교』, 태학사.

김창섭 (1981), 「現代國語의 複合動詞硏究」, 『國語硏究』 47.

______ (1984), 「形容詞 派生 接尾辭들의 機能과 意味」, 『震檀學報』 58, 145-161.

______ (1991), 「북한의 '말다듬기' 이론과 '다담은 말'」, 『周時經學報』 7, 1-27.

______ (1996가), 『국어의 단어 형성과 단어 구조 연구』 (國語學총서 21), 태학사.

______ (1996나), 「국어 파생어의 통사론적 문제들」, 『李基文敎授 停年退任紀念論文集』, 신구문화사, 156-181.

______ (1997), 「합성법의 변화」, 『國語史硏究』, 815-840.

______ (1999), 『국어 어휘 자료 처리를 위한 한자어의 형태 · 통사적 연구』, 연구 보고서, (1999), 국립국어원, 1-5.

______ (2008), 『한국어 형태론』, 태학사.

______ (2010), 「조사 '이서'에 대하여」, 『國語學』 58, 3-27.

______ (2011), 「부접어의 설정과 부접 구성」, 『國語學』 62, 48-72.

김태엽 (1999), 『우리말의 높임법 연구』, 대구대학교 출판부.

김태옥 (1976), 「詩의 언어학적 소고」, 『언어』 1. 1, 218-236.

김태우 (2013), 「중세한국어 자 · 타 양용동사에 대한 기능 · 유형론적 연구」, 『國語硏究』 239.

______ (2018), 「{숩}의 기능 변화에 대한 연구」, 서울대학교 국어국문학과 박사논문.

김하수 (1989), 「언어 행위와 듣는 이의 신호에 관한 화용론적 분석 시도」, 『말』 14, 1-16.

김한곤 (Kim, Hankon) (1982), "'CAUSE' as a Deep Semamtic Source of So — called Causative and Passive," *Language Research* 18. 1, 171-195.

______ (1983), 「이른바 '-이' 사역 · 피동의 화용론적 조건」, 『한글』 180, 35-52.

김해연 (Haeyeon Kim) (1996), "The Structure of the Intonation Unit and Verbal Affixes in Ko-

rean Conversation," *Discourse and Cognition,*『담화와 인지』2, 47-74.
김현 (2013가),「장애음 뒤 경음화에 대한 통시론적 고찰」,『국어교육』141, 1-29.
____ (2013나),「15세기 겸양법 선어말 어미 결합에서의 경음화」,『국어사연구』17, 197-217,
____ (2013다),「어휘부와 국어음운론,『國語學』66, 335-359.
김형철 (1983),「인칭 대명사 '저'에 대하여」,『文學과 言語』4, 1-32.
김혜리 (Kim, Stephanie Hyeri) · 김규현 (Kim, Kyu-Hyun) (2015), "Conversational Anaysis: in, 브라운 · 연재훈 (eds.) (2015), 271-286.
김혜숙 (1998),「한국어의 기본 문형 설정에 대하여」,『국어국문학』122, 13-47.
김혜영 (2004),「통영 방언의 불규칙 활용 연구」,『형태론』6. 1, 25-42.
김홍수 (1989),『현대국어 심리동사 구문 연구』(國語學叢書 15), 탑출판사.
______ (1990),「심리동사」,『國語硏究 어디까지 왔나』, 동아출판사, 331-344.
______ (2016),「詩의 言語 分析 試論」,『글의 문의를 찾아서』(김홍수 선생 정년기념논총), 서해문집, 59-87.
김희상 (1909),『초등국어어전』, 유일서관, 김민수 밖에 (공편),『약문』1̅16에 실림.
꼰체비치 (엮음)/김영일 (옮김) (2000),『러시아에서의 현대 한국어 연구』, 사람.
나카무라 (Nakamura Masanori) (2014), "On Cleft in Japanese,"『人文科学年報』44, 專修大学人文科学研究所, 143-170.
나카지마 (中島仁) (2003), "中期朝鮮語の「-오-」について — 連體形の場合,"『朝鮮語硏究』1, 朝鮮語硏究會, 65-107.
________ (2003),「중세 한국어 ㅸ, ㅿ 불규칙활용의 처리 방법」,『형태론』5. 2, 367-377.
나진석 (羅鎭錫) (1964),「形容詞의 時制 硏究」,『陶南趙潤濟博士回甲紀念論文集』, 新雅社.
______ (1971),『우리말의 때매김 연구』, 과학사.
남광우 (南廣祐) (1991),「中世國語 漢字語에 대한 基礎的 硏究」,『한국어문』1, 한국정신문화연구원, 87-135.
______ (편) (1997),『敎學 古語辭典』, 敎學社.
남기심 (1993),『국어 조사의 용법』, 박이정.
______ (1996),『국어문법의 탐구』1, 태학사.
______ (2001),『현대국어 통사론』, 태학사.
______ (엮음) (1998),『국어 문법의 탐구』IV, 태학사.
______ 밖에 (2006),『왜 다시 품사론인가』, 커뮤니케이션북스.
______ · 國語學 (2014),『표준국어문법론』(4판), 박이정.
남길임 (2006),「말뭉치 기반 분열문 연구」,『형태론』8. 2, 339-360.
남미정 (2004),「'ㄱ ㄷ'에 대한 考察」,『口訣硏究』12, 157-187.
남미혜 (南美惠) (1988),「國語 語順 硏究」,『國語硏究』86.
______ (1996),「국어의 연속 동사 구성 연구」, 서울대학교 국어국문학과 박사논문.

______ (2006),「四字成語의 類型과 文法」,『語文硏究』143, 81-104.
남성우 (1991),「十五世紀 國語에서의 漢字語間의 同義關係」,『언어와 언어학』17, 한국외국어대학교 언어연구소, 47-61.
남수경 (2011가),『한국어 피동문 연구』, 월인.
______ (2011나),「'-어 지다' 意味 考察에 대한 試論」,『語文硏究』39-3, 175-202.
남승호 (1999),「부정과 부정 극어」,『형식 의미론과 한국어 기술』, 한신문화사, 206-262.
______ (2000),「한국어 이동동사의 논항구조와 사건구조」, 이정민 밖에『의미구조의 표상과 실현』, 小花, 229-281.
남지순 (1993),「한국어 형용사 구문의 통사적 분류를 위하여 — 심리 형용사 구문」,『語學硏究』29-1, 75-105.
______ (2007),『한국어 형용사 어휘문법』, 한국문화사.
남찬원 (2014),「현대 미디어 서사의 구술문학적 성격 연구」, 경희대학교 박사논문.
남풍현 (南豊鉉, Nam, Pung-Hyun) (1976),「國語 否定法의 發達」,『문법연구』3, 55-81.
______ (1997),「訓民正音의 創製目的」,『國語學연구의 새 지평』, 태학사.
______ (1999),『國語史를 위한 口訣 硏究』, 태학사.
______ (2000),『吏讀 硏究』, 태학사.
______ (2009),『古代韓國語硏究』, 시간의 물레.
______ (2011),「古代韓國語의 謙讓法 助動詞 '白/숣'과 '內/아'의 發達」,『口訣硏究』26, 131-165.
______ (2012), "Old Korean," in, N. Tranter (ed.), *Languages of Japan and Korea*, (Routledge): 41-72.
______ (2014가),『古代韓國語論攷』, 태학사.
______ (2014나),『國語史硏究』, 태학사.
노대규 (1996),『한국어의 입말과 글말』, 국학자료원.
노동헌 (1993),「선어말 어미 '-오-'의 분포와 기능」, 서울대학교 국어국문학과 석사논문.
노마 (野間秀樹) (2002),『한국어 어휘와 문법의 상관 구조』, 태학사.
노명희 (2004),「어기의 범주를 바꾸는 접두 한자어」,『韓國言語文學硏究』54, 123-152.
______ (2005),『현대국어 한자어 연구』(國語學叢書 49), 태학사.
______ (2008),「한자어의 구성 성분과 의미 투명도」, 윤평현 (편) (2016가), 255-279.
______ (2009),「語根類 漢字語의 문법적 특성」,『語文硏究』31.2, 73-95.
노석기 (1990),「우리말 담화의 결속 관계 연구」,『한글』208, 92-129.
노워쓰옐로프 (Georgij Nowossjelow) (2014), *Optional Affix Hosting in Korean Coordinate Structures*, PhD Dissertation Universität Konstanz.
니콜스 (J. Nichols) (1986), "Head-marking and dependent-marking, *Language* 62, 56-119.
니콜스키, 엘. 베. (1958),「현대한국어의 <불완전 명사>에 대하여」, 꼰쩨비치 (엮음)/김영일 (옮김) (2000), 366-390.

대니엘 (D. Daniel) (2013), "Plurality in independent pronouns," in, WALS.
대한민국 학술원/National Academy of Korea (1993), 『한국 언어 지도집』/*Language Atlas of Korea*, 성지문화사/Sungjimunhwasa, Seoul.
도수희 (1987), 『國語 代用言의 硏究』(國語學硏究選書 10), 탑출판사.
_____ (2007), 「고구려어로 착각한 전기 백제어에 대하여」, 『한글』 276, 5-32.
_____ (2010), 『한국지명新연구』, 제이앤씨.
도재학 (2014), 「우언적 구성의 개념과 유형에 대하여」, 『國語學』 71, 259-304.
도정업 (2007), 「어간말 'ㄹ' 탈락에 대한 통시적 고찰」, 서울대학교 언어학과 석사논문.
_____ (2016), 「만주어의 사동문과 피동문의 문법관계 교체」, 『2016년 한국알타이학회 전국학술대회 발표논문집』, 161-177.
도키에다 (時枝誠記) (1954), 『日本文法』(口語編), 岩波全書.
두린린 (杜林林) (Linlin) (2014), 「중세 한국어의 정보구조 — 조사 '-이'. '-는', '-(으)란', '-ᅀᅡ'를 중심으로」, 서울대학교 국어국문학과 박사논문.
뒤르샤이트 (Ch. Dürscheid) (2002/2004/2006)/김종수 (역) (2007), 『문자 언어학』(Einführung in die Schriftlinguistik), 유로.
_________ (2006)/김종수 (역) (2007), 『문자언어학』(Einführung in die Schriftlinguistik), 유로.
드레슬러 (W. Dressler) (1985), "On the predictiveness of Natural Morphology," *Linguistics* 21, 321-337.
_______ (2005), "Towards a natural morphology of compounding," *Linguistics* 45, 29-30.
_______ (2006), "Compounds," in, G. Libben and G. Jarema, *The representation and processing of compounds words*, Oxford, 23-44.
_______ (ed.) (1987), *Leitmotifs in natural morphology*, Amsterdam: Benjamins.
디스터헤프트 (D. Disterheft) (1990), "The Role of Adaptive Rules in Language Change, *Diachronica* Ⅶ. 2.: 181-198.
디 시울로 (A-M. Di Sciullo) · 윌리암스 (E. Williams) (1988), *On the definition of word*, The MIT Press.
딕슨 (R. M. W. Dixon) (2006), *Serial verbs constructions in typological perspectives*, Oxford University Press.
___ · 아이켄발드 (A. Y. Aikhenvald) (2002), *Word: a typological framework*, Cambridge University Press,
라이온스 (J. Lyons) (1965), "Towards a National," Theory of the 'Part of Speech', *Journal of Linguistics* 2, 209-236.
_______ (1968), *Introduction to Theoretical Linguistics*, Cambridge University Press.
라이헨바흐 (1947), *Element of Symboloc Logic*, New York: The Free Press.
람스테트 (G. J. Ramstedt) (1903), "Über die Konjugation des Khalkha-Mongolischen,"

MSFO19. ?

_______ (1939), *A Korean Grammar*, Helsinki.

_______ /아알토 (P. Aalto) (Bearb/Hrsg), (1952), *Einführung in die altaischen Sprachwissenschaft* II, Formenlehre, 김동소 (역) (1985), 『알타이어개론』, 민음사.

래드포드 (A. Radford) (1988)/서정목 · 이광호 · 임홍빈 (공역) (1988), *Transformational Grammar: A First Course*, Cambridge University/변형문법, 을유문화사, (1990).

레빈 (Theodore Levin) (2016), "Successive-cycle case assignment: Korean nominative case stacking," *Natural Language and Linguistic Theory* 35. 2, 447-498

렴종률 (1980), 『문화어 형태론』, 김일성종합대학출판사.

로비츠 (M. I. Robbeets) (2005), "Is Japanese Related to Korean, Tungusic," *Mongolic and Turkic*? Wiesbaden: Otto Harrasowitz.

로쓰 (J. Ross) (1877), *Korean Primer*, 歷文 ② 02.

뢸케 (1997), *Sprachtypologie des Deutschen*, Berlin: W. de Gruyter.

리극로 → 이극로

리근영 (1985), 『조선어리론문법-형태론』, 과학, 백과사전출판사.

리델 (F. Ridel) (1881), *Grammaire Coréenne*, Yokohama, 김민수 밖에 (공편), ② 19에 실림.

리승구 (1985), 「복합문의 구성단위로서의 풀이단위와 그의 호상관계」, 『언어학론문집』 6, 과학, 백과사전출판사, 253-285.

리의도 (1983), 「띄어쓰기 방법의 변해온 발자취, 『한글』 192, 195-221.

_____ (1990), 『우리말 이음씨끝의 통시적 연구』, 어문각.

리정룡 (1990), 「현대 조선말 본문에서 글자분포의 통계적 특성」, 『언어학론문집』 8, 과학, 백과사전출판사, 281-312.

리크호프 (J. Rijkhoff) (2007), "Word Classes," *Language and Linguistics Compass* 1/6, 709-726.

림옥녀 (1991), 「조선어 합성에 대한 연구」, 『언어학론문집』 10, 53-90.

마쓰모토 (松本克己) (2006), 『世界言語への視座』, 三省堂.

_______ (2007), 『世界言語のなかの日本語』, 三省堂, 박종후 (역) (2014), 『언어유형지리론과 환태평양 언어권, 역락.

_______ (2010), 『世界言語の人稱代名詞とその系譜』, 東京: 三省堂.

_______ (2007)/박종후 (역) (2014), 『언어유형지리론과 환태평양 언어권』, 역락.

마이에르트할러 (M. Meyerthaler) (1980), "Morphologische Ikonismus," *Zeitschrift für Semiotik* 2, 19-37.

___________ (1981), *Morphologische Natürlichkeit*, Wiesbaden: Athenäum/Eng. trans, by J. Seidler (1988), *Morphological Naturalness*, Ann, Arbor: Karoma.

마틴 (S. E. Martin) (1964), "Speech Levels in Japan and Korea," in, Dell Hymes (ed.), *Culture*

and Society, Harper & Row, New York.
___ (1992), *A Korean Reference Grammar*, Tokyo: Tuttle.
___ et al. (1968), *New Korean English Dictionary*, 민중서관.
말추코프 (A. Malchukov) · 스펜서 (A. Spencer) (eds.) (2009), *The Oxford Handbook of CASE*, Oxford University Pres.
매린슨 · 블레이크 (G. Mallinson/J. Blake) (1981), *Linguistic Typology*, Amsterdam: North-Holland.
___ (1984), *Flexionsmorphologe und Natürlichkeit*, Studia Grammatica 21, Akademie Verlag.
멜추크 (I. A. Mel'čuk) (2003), 'Levels of dependency in linguistic description: concept and problems', in, *HSK* 25.1, Berlin: de Gruyter, 188-222.
___ (2015), "Multiple Subjects" and "Multiple Direct Objects" in Korean, *Language Research* 51.3, 485-516.
목정수 (2001), 「{좀}의 기능과 문법화」, 윤평현 (편) (2016나), 219-248.
___ (2003), 『한국어 문법론』, 월인.
___ (2008), 「일본어 형용사와 형용동사의 유형론적 함의」. 『언어연구』 25.3, 경희대학교 언어연구소, 『한국어, 문법 그리고 사유』, 태학사, 352-371에 다시 실림.
___ (2010), 「한국어 구어 문법의 정립 — 구어와 문어의 통합 문법을 지향하며」, 『우리말연구』 28, 57-98.
___ (2013), 「선어말 어미 '-시-'의 기능과 주어 존대」, 『國語學』 67, 63-105.
___ (2014), 『한국어 — 그 인칭의 비밀』, 태학사.
___ (2015), 『목정수 교수의 색다른 한국어문법 강의』, 한국문화사.
___ · 이상희 (2016), 「문두 여격어 구문의 정체 — 여격 주어 설정은 타당한가」, 『형태론』 18.2, 217-241.
문교부 (1988), 『한글맞춤법 해설』, 국어연구소.
문병열 (2007), 「한국어 보문 구성의 양태 표현에 대한 연구」, 『國語研究』 193.
___ (2009), 「중세 국어 한정 보조사의 의미 · 기능과 그 변화 양상」, 『國語學』 54, 137-164.
___ (2015), 「한국어 조사 상당 구성에 대한 연구」, 서울대학교 국어국문학과 박사논문.
문숙영 (2004), 「제주 방언의 현재 시제 형태소에 대하여」, 『형태론』 6.2, 293-316.
___ (2008), 『한국어의 시제 범주』 (國語學叢書 66), 태학사.
문현수 (2017), 「周本 華嚴經 點吐釋讀口訣의 解讀研究」, 고려대학교 박사논문.
문화어문법규범 (초고) (1972), 『김일성종합대학』 출판사.
민현식 (1982), 「現代國語의 格에 대한 研究 — 無標格의 정립을 위하여」. 『國語研究』 49.
___ (1988), 「중세국어의 어간형 부사에 대하여」, 『先淸語文』 16 · 17 (합집), 254-266.
___ (1998), 『국어 문법 연구』, 역락.
민병곤 · 김종철 · 구본관 · 박성석 · 박종관 (2016), 『다문화 시대 이주민의 한국어 의사소통』, 집문당.
바오리나 (包. 麗娜) (2014),「モンゴル語における分裂文の研究」,『日本語・日本文化研究』24, 24-35.
바우어 (L. Bauer) (2009), "Typology of compounds," in, R. Lieber & P. Štekauer (eds.). *COMPOUNDING*, Oxford Universiy Press, 343-356.
바이비 (L. Joan Bybee) (1985), *Morphology*, Benjamins.
바체크 (J. Vachek) (1966), *The Linguistic School of Prague*, Indiana University Press.
______ (1973), *Written Language: General Problems and Problems of English*, Mouton.
바트 (D. N. S. Bhat) (1999). *Prominence of tense, aspect and mood*, Benjamins.
____ (2004), *Pronouns*, Oxford Unversity Press.
박갑용 (2005),「한국어 부정문의 구조」, 김영화 밖에 (2005: 119-161)
박근배 (2013),「경남 방언 '가지-'의 문법화 연구」, 경남대학교 박사논문.
박금자 (1985),『국어의 量化詞 研究』,『國語研究』64.
______ (1997),『15세기 언해서의 협주 연구』(텍스트언어학총서 3), 집문당.
______ · 장소원 · 신지연 (1995),『언어 예절』, 한국방송통신대학교 출판부.
박명관 (2013), "On *amwuto* 'anyone' and its Kin in Korean-Their Status and Licening as a Fragment Answer," *Studies in Generative Grammar* 23.3, 586-602.
박병선 (1998),「국어의 격 중출 구성에 대하여」,『國語學』31, 307-337.
______ (2003),「국어 부사 연구의 계량적 접근을 위하여」,『돈암어문학』15, 돈암어문학회, 149-177.
______ (2004),「한국어 지시 관형사의 사용 양상 연구」,『언어과학연구』28, 61-78.
박병수 · 윤혜석 · 홍기선 (편저) (1999),『문법이론』(신영어학총서 11), 한국문화사.
박병수 (Byung-Soo) · 김종복 (Jong-Bok) (2004), *Perspectives on Korean case and case marking*, Thaehaksa.
박부자 (2000),「14 · 15세기 선어말 어미 통합 순서에 대한 연구」, 한국정신문화연구원 석사논문.
______ (2005가),「선어말 어미 '-습-' 통합순서의 변화」,『國語學』46, 227-254.
______ (2005나),「한국어 선어말 어미 통합순서의 역사적 변화에 대한 연구」, 한국학중앙연구원 박사논문.
박상철 (2010),「음운 현상의 통시적 변화에 작용하는 형태론적 제약」, 서울대학교 언어학과 석사논문.
박선옥 · 양경모 (2008),「일본어의 품사」, 송경안 · 이기갑 밖에 (2008가), 9-52.
____________ (2008가),「일본어의 품사」, 송경안 · 이기갑 밖에 (2008가), 9-52.
____________ (2008나),「일본어의 보조동사」, 송경안 · 이기갑 밖에 (2008가), 350-361.
____________ (2008다),「일본어의 재귀구문」, 송경안 · 이기갑 밖에 (2008나), 385-395.
박석문 (1991),「중세국어 파생부사 형성방법과 그 제약에 대하여」,『반교어문연구』3, 67-86.
박성종 (1998),「고내 국어 어휘」,『국어의 시대별 변전연구』3 (고대국어), 국립국어연구원.
______ (2006),『朝鮮初期 古文書 吏讀文 譯註』, 서울대학교 출판부.

_____ (2016),『朝鮮前期 吏讀硏究』, 역락.

박성현 (2008),『한국어 대화 화제와 말 차례 체계』(텍스트언어학총서 7), 집문당.

박소영 (Park, So-Young) (2006), "The So-called Plural Marking -*Tul* and Distributivity," In S. Kuno et al. (eds.) *Harvard Studies in Korean Linguistics* XI, 697-710.

_____ (2009가),「수량사 구성의 형태·통사론적 분석」,『형태론』11.1, 1-27.

_____ (2009나), "Three Types of Korean Comparative," *Japanese/Korean Lnguistics* 16, 407-421.

_____ (2010),「한국어 소유 피동문의 두 유형」,『國語學』59, 67-101.

_____ (2013가),「한국어 사동문의 의미 해석과 통사 구조」,『한국어학』59, 169-201.

_____ (2013나),「한국어 피동문에 나타나는 격 교체의 비대칭성에 대하여」,『國語學』67, 195-222.

_____ (2014가),「한국어 속격 '의'의 실현과 DP 가설」,『생성문법연구』24.3, 613-629.

_____ (2014나),「'이다'와 초점 구문에 대하여,『國語學』71, 3-32.

_____ (2014다),「한국어 동사 연쇄 구성과 형태-통사론의 접면」,『언어』39.4, 773-795.

_____ · 김혜미 (2012),「한국어 통합 합성어 형성 원리 재고」,『언어학』(사) 64, 77-108.

박승빈 (1935),『조선어학』, 朝鮮語學硏究會, 김민수 밖에 (공편), 歷文 1 48.

박승윤 (1984),「'시작하다' 동사의 타동성 예외」,『언어』9.2, 279-303.

_____ (1986),「담화의 기능상으로 본 국어의 주제」,『언어』11-1, 1-15.

박신순 (1991),「현대국어의 정도어와 비교구문의 연구」, 동덕여자대학교 석사논문.

박양규 (1975),「所有와 所在」,『國語學』3, 93-117.

_____ (1991),「국어 경어법의 변천」,『새국어생활』1, 323-337.

_____ (1993),「존대와 겸양」,『國語史 資料와 國語學硏究』, 문학과지성사.

박영섭 (1998),『국어 한자어 연구』, 박이정.

박용익 (2014),『대화 분석론』, 현문사.

박용찬 (2006),「15세기 연결 어미와 보조사의 통합형 연구」, 서울대학교 박사논문.

박용후 (1988),『제주 방언 연구』(고찰편), 과학사.

박재연 (2014),「한국어 연결어미 의미 확장에서의 환유와 은유」, 윤평현 (편) (2014다), 151-186.

박재용 (1985),『일반언어학』, 평양: 과학, 백과사전출판사.

박재희 (Jaehee Bak) (2011), *The Light Verb Construction in Korean*, PhD Dissertation of University Toronto.

_____ · 박정규 (2012),「우리말 단형 부정문을 형성하는 '안'의 문법 범주에 대하여」,『우리말연구』31, 112-142.

박정규 (2002),『국어 부정문의 체계적 연구』, 보고사.

박종갑 (2001가),「국어 부정문의 중의성에 대하여」(1),『한민족어문학』38, 163-183.

_____ (2001나),「국어 부정문의 중의성에 대하여」(2) — 중의적 의미 해석과 관련된 인식적 편향성을 중심으로,『語文學』74, 1-20.

박종홍 (1972),『韓國思想史』, 서문당.

박진호 (1994), 「통사적 결합 관계와 논항 구조」, 『國語硏究』 123.
_____ (1995), 「현대국어 '만', '뿐', '따름'과 중세국어 '만', '쑨', 'ᄯᆞ름'의 문법적 지위에 대하여」, 『국어학논집』 2, 135-143.
_____ (1996), 「借字表記 資料에 대한 통사론적 검토」, 『새국어생활』 7.4, 117-143.
_____ (1998가), 「고대국어 문법」 (국어의 시대별 변천 연구 3), 국립국어연구원, 123-205.
_____ (1998나), 「보조용언」, 『문법연구와 자료』, 태학사, 139-163.
_____ (2000), 「형태론의 제 자리 찾기」, 『형태론』 1.2, 319-340.
_____ (2006), 「중세국어에서 형용사와 결합하는 '-어 이시'의 의미」, 『口訣硏究』 17, 227-241.
_____ (2007), 「유형론적 관점에서 본 한국어 대명사 체계의 특징」, 『國語學』 50, 115-146.
_____ (2008), 「鄕歌 解讀과 國語 文法史」, 『國語學』, 313-338.
_____ (2010), 「先語末語尾 '-ᄂᆞ-' 다시 보기」, 『崔明玉先生 停年退任紀念 國語學論叢』, 太學社, 763-778.
_____ (2011), 「시제, 상, 양태」, 유현경 밖에 (2011), 『한국어 통사론의 현상과 이론』, 태학사, 173-224.
_____ (2015), 「일치의 유보」, 『언어유형론연구』 1, 1-23.
_____ (2016), 「'-었었-'의 단절과거 용법에 대한 재고찰 — 함축의 관습화와 유형론의 관점에서」, 『한글』 311, 89-121.
박찬우 (1987), 「19세기 후반기~1925년 조선말의 말과 글의 일치에 관한 연구」, 『언어학논문집』 7, 과학, 백과사전출판사, 256-281.
박창원 (1989), 「음운 규칙과 단어 형성의 층위」, 『而靜鄭然粲先生回甲紀念論叢』, 탑출판사, 143-162.
_____ (2001), 「남부 동남 방언」, 『方言學事典』, 태학사, 64-69.
박창해 (1990), 『한국어 구조론 연구』, 탑출판사.
_____ (2007), 『현대 한국어 통어론 연구』, 연세대학교 출판부.
박철우 (1998), 「한국어 정보구조에서의 화제와 초점」, 서울대학교 박사논문.
_____ (2003), 『한국어 정보구조에서의 화제와 초점』, 역락.
_____ (2007), 「국어의 태 범주」, 『한국어학』 11, 207-228.
_____ (2008), 「국어 분열문의 통사 구조」, 『한말연구』 22, 77-96.
_____ (2013가), 「부정의 작용역에 대하여」, 『한국어학』 61, 145-171.
_____ (2013나), 「부정문의 중의성 재고」, 『國語學』 68, 135-165.
박형우 (2004), 『국어 부정문의 변천 연구』, 한국문화사.
박호관 (2002), 「국어 접속 명사구의 통사 구조와 의미」, 『우리말연구』 24, 23-39.
발머 (Th. Ballmer) (1978), *Logical Grammar*, North Holland.
방언 연구회 (2001), 『方言學事典』, 태학사.
방향옥 (方香玉) (2011), 『한국 한자어와 중국어의 파생어 대조』, 역락.
배석범 (1987), 「詩에 나타난 逸脫의 類型」, 서울대학교 국문과 석사논문.

배주채 (1998), 『고흥 방언 음운론』 (國語學총서 32), 태학사.

_____ (2003), 「漢字語의 구조와 頭音法則」, 『語文硏究』 31.3, 31-50.

_____ (2008), 『국어 음운론의 체계화』, 한국문화사.

_____ (2009), 「'달라, 다오'의 어휘론」, 『國語學』 56, 191-220.

_____ (2013), 『한국어의 발음』 (개정판), 삼경문화사.

배진영 · 최정도 · 김민국 (2013), 『구어 문어 통합 문법 기술』 (1), 박이정.

백두현 (2005), 『석독구결의 문자체계와 기능』, 한국문화사.

백문식 (2002), 『한국어 형태소 사전』, 박이정.

_____ (2004), 『우리말 파생어 사전』, 삼광출판사.

백채원 (2016), 「중세 한국어 피동 표지의 다의성과 그 변화」, 『國語學』 78, 221-250.

_____ (2017), 「한국어 피동문의 역사적 연구」, 서울대학교 국어국문학과 박사논문.

백춘범 (1992), 『단어결합과 어울림 연구』, 사회과학출판사, 한국문화사 영인 (1994).

범기혜 (2012), 「한자어 접두사의 설정과 사전적 처리」, 『한국어 의미학』 37, 213-243.

베루필라이 (V. Velupillai) (2013), *An Introduction to Linguistic Typology*, Benjamins.

베이커 (C. L. Baker) (1975), "The Role of the Part of Speech Distinctions in Generative Grammar," *Theoretical Linguistics* 2: 114-131.

베이커 (M. Baker) (2003), *Lexical Categories*, Cambridge University Press.

베처 (H. Wetze) (1996) *The Typology of Adjectival Predication*, W. de Gruyter.

베크 · 김 (S. Beck & S. Kim) (1997), "On WH- and Operator Scope in Korean," *Journal of East Asian Linguistics* 6, 339-384.

보겔 (P. M. Vogel) · 콤리 (B. Comrie) (eds.) (2000), *Approaches to the typology of word classes*, Berlin: Mouton de Gruyter.

보빈 (A. Vovin) (2015), 「원시 시베리아 언어로서의 한국어」/"Korean as a Paleosiberian Language," 정광 밖에, 한국어의 좌표 찾기-계통론과 유형론을 넘어서, 역락, 15-36, 235-253.

보이즈 (G. Booij) (2005), *The Grammar of Words*, Oxford University Press.

볼린저 (D. L. Bolinger) (1946), "Visual Morphemes," *Language* 22, 334-340.

볼프 (H. Wolf) (1992), 「북한문법의 "토"에 대한 연구」, 『國語硏究』 106.

볼프 (N. R. Wolf) (2003a), "Ebenen der Valenzbeschreibung: syntaktische Ebene," in *Dependenz und Valenz*, W. de Gruyter, 404-410.

____ (2003b), *Skript zum Sprachwissenschaftlichen Seminar*, Institut fuer deutsche Philologie, Uni. Würzburg.

부르첼 (Wofgang U. Wurzel) (1970), "Studien zur deutsche Lautstruktur," *Studia Grammatica* 8, Akademie Verlag.

_____ (1977), "Zur Stellung der Morphologie im Sprachsystem," *Linguistische Studien Reihe* A, 40, 130-165.

______ (1978), "Grammatik und Nationalsprache," in, *Studia Grammatica* 17, 131-148.

______ (1984), *Flexionsmorphologie und Natürlichkeit, Studia Grammatica* 21, Berlin: Akademie-Verlag.

______ (1994), *Grammatische initiitierte Wandel* <Sprachdynamik, Auf dem Weg zu einer Typologie sprachlichen Wandel>, Band 1>, Bochum: Brockmeyer.

______ /쉥케 (Manfred Schentke) (trans.) (1989), *Inflectional morphology and naturalness*, Dordrecht: Kluwer Academic Publishers.

분더리히 (D. Wunderlich) (1974), *Grundlage der Linguistik*, Rohwohlt.

________ (1980), "Methodological Remarks on Speech Act Theory," in, Searle et al. (eds.) 291-312.

브라운 (L. Brown) · 연재훈 (Jaehoon, Yeon) (eds.) (2015), *The Handbook of Korean Linguistics*, Blackwell.

브로흘로스 (E. Brochlos) (1986), *Untersuchungen zur Rektion koreanischen Verben*, (masch4), Diss der W. von Humboldt-Universität Berlin.

브링커 (K. Brinker) et al. (Hg.) (2000), *Text-und Gesprächlinguistik/Linguistics of Text and Conversation* 1. Halbband/Volume 1, Berlin: de Gruyter.

비에르비쉬 (M. Bierwisch) (1967), "Syntactic Features in Morphology General Problems of So-called Pronominal Inflection in German," in, *To Honor Roman Jacobson*, Moutin: 239-270.

_________ (1972), "Schriftstruktur und Phonologie," *Probleme und Ergebnisse der Psychologie* 43, 21-44.

_________ (1976), "Social Differentiation of Language Structure," in: a. Kasher (ed.) *Language in Focus, Foundations, Methods and Systems*, Reidel: 407-456.

비에르비츠카 (A. Wierbitzka) (1988), *The Semantics of Grammar*, Benjamins.

비켈 (B. Bickel) · 니콜스 (J. Nochols) (2008), "Inflectional morphology," in, 쇼펜 (2008), 169-240.

샤흐터 (P. Schachter) (1985), "Part-of-speech systems," in, T. Schopen (ed), *Language typology and syntactic description*, Cambridge University Press, 3-61.

삿세 (H-J. Sasse) (1993) "Syntactic Categories and Subcategories," in J. Jacobs, Arnim von. Stechow, Wolfgang Sternefeld and Theo Vennemann (eds.), *Syntax: The International Handbook of Contemporary* Research, Berlin: Mouton de Gruyter, 646-686.

삿세 (W. Sasse) (1975), "Zur sequentiellen Ordnung der Nominalendungen, *VOAS* 11, 153-166.

____ (2000), "Die Anfänger der koreanischen Sprachforschung," *Geschichte der Sprachwissen-schaften.* 1, Berlin: W. de Gruyter, 63-71.

서경숙 (2004), 「현대국어의 조사 상당어에 대한 연구」, 서울대학교 국어국문학과 석사논문.

서반식 (2012), 「한국어 명사구 동격 구성 연구」, 『國語硏究』 234.

서상규 · 구현정 (2002), 『한국어 구어 연구』, 한국문화사.

서울대학교 國語研究회 (편) (1990), 『國語研究 어디까지 왔나』, 동아출판사.

서울대학교 언어연구소 (2011), 『조동사/보조동사 유형론』, 언어 유형론 워크샵 발표 자료.

서재극 (1974), 『新羅鄕歌의 語彙 研究』, 계명대 출판부.

서정목 (1984), 「후치사 '-서'의 의미에 대하여」, 『언어』 9.1, 155-186.

_____ (1987), 『국어의문문연구』, 탑출판사.

_____ (1994), 『국어 통사 구조 연구 I』, 서강대학교 출판부.

_____ (1998), 『변형과 제약』. 태학사.

_____ (2000), 『문법의 모형과 핵 계층』, 태학사.

_____ (2015), 「발화와 사유」, 『國語學』 73, 3-34.

_____ (2017), 『한국어의 문장 구조』, 역락.

서정수 (1979), 「사회구조 변동과 한국어 경어법의 추이」, 『省谷論叢』 10, 186-221.

_____ (1989), 「분석체계와 종합적 체계의 재검토」, 『周時經學報』 4: 81-103.

_____ (1990), 『국어문법의 연구 Ⅱ』, 한국문화사.

_____ (1994), 『국어문법』, 뿌리깊은나무.

_____ (1995), 「의존 명사의 새로운 고찰」, 『우산이인섭교수 화갑기념논문집』, 간행위원회, 195-224.

_____ (1996), 『국어문법』, 한양대학교 출판원.

_____ (2005), 『한국어의 부사』, 서울대학교 출판부.

_____ (2006), 『국어문법』 (한세본), 도서출판 한세본.

_____ (2013), 『국어문법』, 집문당.

서종학 (1982), 「15세기 국어의 후치사 연구」, 『國語研究』 53.

_____ (1995), 『吏讀의 歷史的 研究』 (인문과학연구총서 7), 영남대학교 출판부,

서태룡 (1996), 「國語 語尾의 音素 目錄과 音韻史」, 『李基文教授停年退任紀念論叢』, 신구문화사.

서형국 (2005), 「국어 접속 구성의 문법사적 연구」, 고려대학교 박사논문.

_____ (2010), 「국어 관형사의 문법사 연구 시론」, 『국어사연구』 10, 199-231.

석주연 (1995), 「근대국어 파생형용사의 형태론적 연구」, 『國語研究』 132.

_____ (2002), 「중세국어의 인용문과 선어말 어미 '오'」, 『형태론』 4.1, 1-10.

_____ (2004), 「서술의 시점과 국어문법 현상의 이해」, 『國語學』 43, 1-10.

_____ (2009), 「국어 분류사의 수량화 기능에 대한 일고찰」, 『우리말글』 47, 25-46.

_____ (2014), 「선어말 어미 '-오-'의 연구 성과와 쟁점」, 『국어사연구』 19, 7-29.

성광수 (1976), 「국어 간접피동에 대하여」, 『문법연구』 3, 159-182.

_____ (2001), 『국어의 단어 형성과 의미 해석』, 월인.

성균관대학교 대동문화연구원 (1985가), 『문법』, 문교부, 『歷文』 1 170, 박이정.

__________________________ (1985나), 『문법』 (교사용 지도서), 문교부, 『歷文』 1 171, 박이정.

성기철 (2007가), 『한국어 문법 연구』, 글누림.

_____ (2007나), 『한국어 대우법과 한국어 교육』, 글누림.

성환갑 (成煥甲) (1972), 「접두사 연구」, 중앙대학교 석사논문.
성환갑 (1983), 「固有語의 漢字語 代替에 대한 硏究」, 중앙대학교 박사논문.
세레브레니코프 (B. A. Serébrennikow) (Hg.) (1973), *Allgemeine Sprachwissenschaft* I (Deutsche Übers.), Fink.
소쉬르 (F. de Saussure) (1916)/김현권 (역) (2012), 『일반언어학 강의』 (Cours de linguistique générale), 지식을 만드는 지식.
소신애 (2004), 「어간 재구조화의 진행과정」 (1), 『語文硏究』 32.4, 117-139.
_____ (2005), 「어간 재구조화의 진행과정」 (2), 『國語學』 45, 41-67.
_____ (2008), 「중세국어 음절말 유음의 음가와 그 변화」, 『國語學』 53, 33-64.
손근원 (2000), 「분열구문에서의 후치사 생략과 회복 가능성 원리」, 『언어학』 8.3, 140-153.
손남익 (1995), 『국어 부사 연구』, 박이정.
손대영 (2008), *Conditions on Verbal Serialization: Evidence from Korean*, 서울대학교 언어학과 석사논문.
손세모돌 (1996), 『국어 보조용언 연구』, 한국문화사.
손호민 (Homin Sohn) (1980), "Theme-prominence in Korean," *Korean Linguistcs* 1, 1-19.
_____ (1986), *Linguistic Expeditions*, Seoul Hanshin.
_____ (1994), *Korean*, London: Routledge.
_____ (1999), *The Korean Language*, Cambridge University Press.
_____ (2013), *Topics in Korean Language and Linguistics*, Korea University Press.
_____ (2013가), *Korean* (KLEAR-RILI Studies in Korean Language and Linguistics), 고려대학교 출판부 (Reprint of *Korean*, 1994, ① London: Routledge).
_____ (2013나), *Topics in Korean Language and Linguistics*, Korea University Press.
송경안 (2008가), 「품사의 유형론」, 송경안 · 이기갑 밖에 (1) (2008), 9-52.
_____ (2008나), 「접속 표현」, 송경안 · 이기갑 밖에 (2) (2008), 483-570.
_____ · 이기갑 밖에 (2008가), 『언어유형론』 (1), 월인.
__________ (2008나), 『언어유형론』 (2), 월인.
__________ (2008다), 『언어유형론』 (3), 월인.
송기중 (宋基中) (1993), 「現代國語 漢字語 形態論」, 『形態』 (國語學講座 3), 태학사.
송병학 (1994), 「담화 불변화사 '아니'」, 『우리말 연구의 샘터』, (연산 도수희 선생 화갑기념 논총), 간행 위원회, 384-401.
송상조 (1991), 「제주 방언의 접미 파생어 연구」, 동아대학교 박사논문.
송석중 (Song, Seok Choong) (1976), 「박승빈: 『朝鮮語學』 小考」, 『語學硏究』 12-1, 고영근 (편) 『國語學硏究史』, 학연사, 355-376에 실림.
_____ (1988), *Explorations in Korean Syntax and Semantics*, *Berkeley*: Institute of East Asian Sdudies, University of Califonia.

_____ (1993), 『한국어 문법 새 조명』, 지식산업사.
송원용 (2002가), 『국어 어휘부와 단어 형성』, 태학사.
_____ (2002나), 「문장형 고유명의 형태론」, 고영근 밖에 (2002), 277-294.
_____ (2005), 「다중 어휘부 구조 가설의 실험심리학적 검증 — 생산적 접사 '-개, -질, -적'을 중심으로」, 『형태론』 7.2, 257-276.
_____ (2007), 「국어의 단어형성체계 재론」, 『震檀學寶』 104, 105-126.
_____ (2009), 『국어 선어말 어미의 심리적 실재성 검증』, 『국어국문학』, 104, 83-102.
_____ (2010), 『형태론 연구의 쟁점과 전망: 유추론자와 규칙론자의 논쟁을 중심으로』, 『한국어학』 48, 1-44.
_____ (2011가), 「불규칙적 고유어 어근의 심리적 실재성」, 『국어국문학』 159, 5-30.
_____ (2011나), 「한자계 어근 분류 방식의 심리적 실재성」, 『형태론』 13.2, 225-244.
송재목 (2007), 「증거성과 주어 제약의 유형론」, 『형태론』 9.1, 1-23.
_____ (2011), 「한국어 증거성 표지의 중복 실현」, 『비교문화연구』 22, 경희대 비교문화연구소, 355-375.
_____ (2015), 「한국어 종결어미 '-네'의 의미 기능」, 『國語學』 76. 123-159.
_____ (2016), 「증거성과 한국어」, 『국어학회 제43회 전국학술대회 발표집』, 149-173.
송재정 (Song, Jae Jung) (2001)/김기혁 (역) (2008), 『언어 유형론』 (Linguistic Typology), 소통.
_____ (2009), "Word Order Patterns and Principles: An Overview," *Language and Linguistic Compass* 3/5, 1328-1341.
_____ (2012), *Word Order*, Cambridge University Press.
_____ (2015), "Causatives," in, 브라운 · 연재훈 (eds.) (2015) 98-115. (ed.) (2011), *The Oxford Handbook of Linguistic Typology*, Oxford University Press.
송정근 (2007), 「현대국어 감각형용사의 형태론적 연구」, 서울대학교 국어국문학과 박사논문.
송창선 (1998), 『국어 사동법 연구』, 홍문각.
_____ (2003), 「접속어미 '-다가, -거든, -(으)면'에 통합되는 '-었-'의 기능」, 『문학과 언어』 25, 47-66.
_____ (2004), 「현대국어 피동접미사의 특성」, 『국어교육연구』 36 (국어교육학회), 129-148.
_____ (2009), 「피동문에 나타나는 '을/를'의 문법적 기능」, 『한글』 284, 107-130.
송철의 (1987), 「十五世紀 國語의 表記法에 대한 音韻論的 硏究」, 『國語學』 16, 325-360.
_____ (1992), 『國語의 派生語形成 硏究』 (國語學叢書 18), 태학사.
_____ (1997), 「파생법의 변화」, 국어사연구회 (1997), 841-876.
_____ (2008), 『한국어 형태음운론적 연구』, 태학사.
_____ (2015), 「현대국어 1: 음운론, 형태론」, 『학문연구의 동향과 쟁점 — 국어학, 국문학, 중어중문학, 영어영문학』, 대한민국 학술원, 149-177.
송현주 (2010), 「한국어 합성어에 나타난 동기화 양상」, 『한글』 289, 125-150.
송홍규 (Song, Hongkyu) (2005), *Causatives and Resultatives in Korean*, Hankook Publishing

Com.

_____ (2008), 「신체 관련 술어의 피동 표현」, 『어문논집』 58 (민족어문학회), 고려대, 67-90.

쇼펜 (T. Shopen) (ed.) (1985), *Syntactic typology and syntactic description* III, Cambridge University Press (ed.), 2nd edition (2008).

쉬타네스쿠 (S. Stănescu) (Hg.) (2004), (Hg.) (2004), *Die Valenztheorie: Bestandaufnahme und Perspektiven*, Frankfurt am Main: Peter Lang.

슈노츠 (W. Schnotz) (2001), *Textproduktion-und Textverstehensforschung*, 하스펠마트 et al. (2001), 154-162.

슈타르크 (E. Stark) (2001), "Textkohäsion," in, 하스펠마트 et al. (2001), 634-656.

스차보 (Z. Szabó) (1970), "Some characteristics of agglutinative type in derivation," in, L. Deszó and P. Hajdu (eds.), *Theoretical problems of typology and the Northern Eurasian language*, Joint edition (Grüner/Kiado).

스타센 (L. Stassen) (1997), *Intransitive predication*, Oxford: Clarendon Press.

_____ (2000), "AND-languages and WITH-languages," *Linguistic typology* 4, 1-54.

스텀프 (G. T. Stumpe) et al. (2001), *Inflectional Morphology A Theory of Paradigm Structure*, Cambridge, University Press.

시바타니 (M. Shibatani) · 鄭聖汝 (2017), 「機能類型論講義 — 體言化를 중심으로」, 韓國言語類型論學會.

시부 (志部昭平) (1989), 「文語の成立と言語模觸, 民族接觸 一北の觀點かろ」, 早稲田大學 北方言語 · 文化硏 究會, 六興出版, 61-71.

____ (1990), 『諺解三綱行實圖』, 東京: 汲古書院.

____ (1993), 「중세 한국어의 의문법어미에 대한 覺書」, 國語史資料와 國語史硏究, 문학과지성사, 426-442.

시올로 (Di Sciullo) · 윌리암스 (E. Williams) (1988), *On the Definition of Word*, MIT Press.

시정곤 (Shi, Chong-Kon) (2001), 「명사성 불구어근의 형태 · 통사홍적 연구」, 『한국어학』 14, 205-234.

_____ (2006가), 『현대국어 형태론의 탐구』 (시정곤의 국어학 세계 1), 월인.

_____ (2006나), 『현대국어 통사론의 탐구』 (시정곤의 국어학 세계 2), 월인.

_____ (2006다), 『응용국어학의 탐구』 (시정곤의 국어학 세계 3), 월인.

_____ (2006라), 「사이버 언어의 조어법 연구, 『한국어학』 31, 215-244.

_____ (2015), "Word formation," in, *The Handbook of Korean Linguistics* edited by L. Brown and Jaehoon Yeon (Blackwell), 61-78.

_____ · 고광주 · 유혜원 · 김미령 (2000), 『논항구조란 무엇인가』, 월인.

신구현 (1957), 「주시경선생의 생애와 활동」, 『조선어문』 6, 『주시경학보』 2, 1988에 조판하여 다시 실음.

신근영 (Keun Young Shin) (2009), "Numeral Quantifier: NP Modifiers and Relational Quantitiy Nominals," *Language Research* 45. 1, 131-156.
신서인 (2006), 「구문 분석 말뭉치를 이용한 한국어 문형 연구」, 서울대학교 국어국문학과 박사논문.
신선경 (1993), 「'것이다' 구문에 대하여」, 『國語學』 23, 119-158.
_____ (1994), 「보조용언 구문의 구조와 보조 용언의 통사적 위치」, 『국어학논집』 2, 서울대학교 국어국문학과, 145-156.
_____ (2002), 『'있다'의 어휘 의미와 통사』 (國語學叢書 42), 태학사.
신수송 (1976), 「현대 독어학의 Dependenz Grammatik」, 『語學硏究』 12. 1, 73-90.
신승용 (2007), 「사전 (lexicon)과 복수 기저형 및 활용형」, 『한국어학』 37, 75-104.
_____ (2013), 단어 형성의 공시성 · 통시성과 음운 현상의 공시성 · 통시성, 『國語學』 67, 145-165.
신익성 (1968), 「격에 관하여」, 『한글 141, 237-254.
_____ (번역) (1975), 「격의 일반론」, 『한글』 156, 308-348.
신중진 (1998가), 「현대국어의 의성어 · 의태어 연구」, 『國語硏究』 154.
_____ (1998나), 「말음 첨기의 생성과 발달에 대하여」, 제18회 구결학회 공동연구회 발표논문집.
신지연 (1988), 「국어 간투사의 위상연구」, 『國語硏究』 83.
_____ (1989), 「간투사의 화용론적 특성」, 『周時經學報』 3, 165-169.
_____ (1996), 「속미인곡의 텍스트언어학적 분석」, 김완진 밖에, 『문학과 언어의 만남』, 신구문화사, 고영근 밖에 (2001), 113-131에 다시 실림.
_____ (1998가), 『국어 지시용언 연구』 (國語學叢書 28), 태학사.
_____ (1998나), 「대용어」, 『문법연구와 자료』, 태학사, 665-688.
_____ (1999), 「구어의 텍스트 형성에 대하여」, 『텍스트언어학』 7, 209-227.
_____ (2001), 「감탄사의 의미 구조」, 『한국어 의미학』 8, 241-259.
_____ (2006), 「접속부사 '그러나'의 의미」, 윤평현 (편) (2014가), 377-403.
_____ (2008), 「국어 대명사의 품사론」, 『한국어학』 38, 33-56.
신지영 (2014), 「구어 연구와 운율」, 『한국어 의미학』 44, 119-139.
신현숙 (1989), 「담화대용표지의 의미 연구」, 『國語學』 19, 427-451.
심인현 (1991), 「현대조선어의 말차림범주애 대한 연구」, 『언어학론문집』 10, 215-261.
심재기 (1976), 「映山紅의 詩文法的 構成」, 『언어』 1. 2, 1-17.
_____ (1980), 『國語 語彙論』, 집문당.
_____ (1989), 『國語 語彙論 硏究』, 집문당.
_____ (1994), 「숨어 있던 복합어에 대하여」, 『우리말 연구의 샘터』, 연산 도수희선생 회갑기념논총, 태학사, 402-414.
쓰노다 (角田太作) (2012), 「人魚構文と名詞の文法化」, 『國語硏究所, プロジェクトレビュ-』/*NINJAL Project Review* 7, 3-11.
쓰지무라 (N. Tsujimura) (1996), *An Introduction to japanese Linguistics*, Blackwell, 126-141.

아겔 et al. (V. Agel) (Hg.) (2003), *Dependenz und Valenz/Dependency and Valency* [HSK 25.1], Berlin: W. de Gruyter.

아미로바 (T. A. Amirova) et al. (1980), *Abriß der Geschichte der Linguistik*, VEB.

아바솔로 (R. Abasolo) (1982), "Korean Funtional Noun," in, *Linguistics in Morning Calm: Selected Papers from SICOL*-(1981), Hanshin Publishing Co, 293-306.

아이젠베르크 (P. Eisenberg) (1986), *Grundriß der Deutschen Grammatik*, Metzler.

아이치슨 (2006), "Whose morphology? clashes between linguists and psychologists, speakers and hearers," Ko, Yong-kun et al. (eds.) 『21세기, 형태론 어디로 가는가』/ *Whither Morphology in the New Millenium*, '박이정/Pagijong', 53-73.

아이켄발트 (A. Y. Aikhenvald) (2000), *Classifiers*, Oxford University Press.

_________ (2008), "Typological distinctions in word-formation," in, 쇼펜 (ed.) (2008), 1-65.

_________ (2009), *Evidentiallity*, Oxford University Press.

_________ · 딕슨 (R. M. W. Dixson) (2006), *Serial Verb Constructions: A Cross-linguistic Typology*, Oxford University Press.

아이힝어 (L. Eichinger) · 에롬즈 (H-W. Eroms) (Hg.) (1995), *Dependenz und Valenz*, Hamburg: Buske.

아제쥬 (C. Hagège) (2010), *Adpositions*, Oxford University Press.

아크마쟌 (Akmajian) et al. (2001), *Linguistcs: An Introduction to Language and 293-Communication*, MIT Press.

________ (2008), 「중국어의 격」, 송경안 · 이기갑 밖에 (2008나), 77-89.

안기섭 · 송진희 (2008), 「중국어의 재귀구문」, 송경안 · 이기갑 밖에 (2008나), 396-408.

안명철 (1985), 「補助助詞 '서'의 意味」, 『國語學』 14, 478-506.

______ (1995), 「'이'의 문법적 성격 재고찰」, 『國語學』 25, 29-49.

______ (2015), 「한국어 주격 중출 구문과 보어 구문」, 『國語學』 73, 35-67.

안병희 (1958), 「중기어의 부정어 '아니'에 대하여」, 『국어국문학』 20, 72-78.

______ (1962), 「中世國語 動詞 'ᄒᆞ-'의 語幹交替에 대하여」, 『文湖』 2, 건국대학교 국어국문학과, 18-24.

______ (1965), 「15세기 국어 공손법의 한 연구」, 『국어국문학』 28, 117-126.

______ (1966), 「不定格의 定立을 위하여」, 『東亞文化』 6, 남기심 밖에 (편) (1975), 『現代國語文法』 (論文選), 계명대학교 출판부에 다시 실림.

______ (1977), 『中世國語 口訣의 硏究』, 일지사.

______ (1967가), 「우리나라의 방언과 국문학」, 『成大文學』 13, 김민수 밖에 (공편) (1983), 『國語와 民族文化』, 집문당, 103-107.

______ (1967나), 「文法史」 (韓國語發達史 中), 『韓國文化史大系』 V, 高麗大學校 民族文化硏究所, 165-261.

_____ (1968), 『국어의 문장구조의 현대화에 대한 연구』, 문교부학술연구보고서.
_____ (1977), 『中世國語 口訣의 研究』, 일지사.
_____ (1978), 『15세기 국어의 활용 어간에 대한 연구』 (國語學選書 2), 탑출판사.
_____ (1981), 「敬語の對照言語學的考察」, 『講座日本語學』 9 (敬語史), 明治書院.
_____ (1983), 「한자문제에 대한 정책과 제설」, 李基文 밖에 (1983), 78-115.
_____ (1990), 「훈민정음의 제자원리에 대하여」, 『國語學論文集 — 姜信沆教授 回甲紀念』, 태학사.
_____ (1992), 『國語史研究』, 문학과지성사.
_____ · 이광호 (1990), 『中世國語文法論』, 학연사.
안상철 (1998), 『형태론』, 민음사.
안소진 (2003), 「한자어 접두사에 대한 연구」, 『國語研究』 175.
_____ (2005), 「'한자어의 경음화'에 대한 재론」, 『國語學』 45, 69-92.
_____ (2014), 『심리 어휘부에 기반한 한자어 연구』 (國語學叢書 69), 태학사.
안주호 (1997), 『한국어 명사의 문법화 현상 연구』, 한국문화사.
_____ (2000), 「'그러-'계열 접속사의 형성 과정과 문법화」, 『語文學』 76, 1-21.
_____ (2002), 「'그러-'계열 접속사의 형성 과정과 문법화」, 『國語學』 35, 113-141.
_____ (2006), 「현대국어의 의존 명사 목록에 대하여」, 『語文學』 93, 한국語文學회, 57-79.
_____ (2007), 「용언 '같-' 구문의 공시성과 통시성」, 『새국어교육』 77, 441-465.
안효경 (1993), 「현대국어 접두사 연구」, 『國語研究』 119.
_____ (2001), 『현대국어의 의존 명사 연구』, 역락.
알시나 (A. Alsina) (2006), "Argument structure," *The encyclopedia of Language and Linguistics* 2, 461-468.
앤더슨 (S. R. Anderson) (1977), "Where's Morphology," *Linguistic Inquiry* 11, 571-621.
_____ (1985가), "Inflectional morphology," in, 쇼펜 (T. Shopen) (ed.) (1985), 150-201.
_____ (1985나), "Typological distinctions in word formation," 쇼펜 (T. Shopen) (ed.) (1985), 3-56.
앤더슨 (John M. Andrson) (2000), "Auxiliary," in *Morphologie* (HSK 17.1), 808-820.
앤데르센(H. Andersen) (1973), "Abductive and Deductive Change," Language 49.4, 763-793.
앤워드 (J. Anward) · 모라브스시크 (E. Moravcsik) · 스타센 (L. Stassen) (1997), "Parts of speech: A challenge of typology," *Linguistic Typology* 1, 167-183.
야콥슨 (R. Jakobson) (1936), "Beitrag zur allgemeinen Kasuslehre," TCLP 240-288, in, *Readings in Linguistics* II, 51-89, 신익성 (역), 「격의 일반론」, 『한글』 175, 308-348.
얀후넨 (J. A. Janhunen) (2012), *Mongolian*, Benjamins.
양동휘 (1989), 『지배 결속 이론의 기초』, 新雅社.
_____ (1995), 『문법론』, 한국문화사.
_____ (2003), 『최소주의 가설』, 한국문화사.
양명희 (1998), 『현대국어 대용어에 대한 연구』 (國語學叢書 33), 태학사.

______ (2005), 「국어 부정칭의 의미」, 『우리말 연구 설흔 아홉마당』, 태학사, 252-269.
______ (2008), 「二音節 漢字語 뒤에 오는 一音節 漢字語에 대하여」, 『語文研究』 31.3, 63-85.
양병선 (2006), "The Study of Subject Honorific Marker-(u)si-in RRG," *The Linguistic Association of Korean Journal* 14.3, 95-115.
양인석 (Yang, In-Seok) (1972), *Korean Syntax*, 백합출판사.
______ (1993), *Linguistic explorations: Syntax, semantics, pragmatics*, Hanshin Puub. Co.
양정석 (1986), 「'이다'의 의미와 통사」, 『연세어문학』 19, 5-25.
______ (1997), 「'이다' 구문의 의미 해석」, 『동방학지』 91, 99-133.
______ (2001), 「'이다'의 문법 범주와 의미」, 『國語學』 37, 337-366.
______ (2007), 「보조동사 구문의 구조 기술 문제」, 『한국어학』 35, 65-120.
______ (2010), 『한국어 통사구조론』 (개정판), 한국문화사.
______ · 시정곤 (2001), 「'이다'의 문법 범주와 의미」, 『國語學』 37, 337-366.
양정호 (2003), 『동명사 구성의 '-오-' 연구』 (國語學叢書 44), 태학사.
양주동 (1942), 『朝鮮古歌研究』, 박문서관.
______ (1954), 『麗謠箋注』, 을유문화사.
어휘 연구실 (사회과학원 언어학연구실) (1974), 『단어 만들기 연구』, 사회과학출판사.
언더우드 (1890), 『韓英文法』/*An Introduction to the Korean Spoken Language*, Yokohama: Kelly & Walsh, Lt., 歷文 [2] 11.
언어학연구실 (1960), 『조선어문법-어음론 형태론』, 조선민주주의 인민공화국 과학원언語文學연구소.
엄정호 (2005), 『국어의 보문과 보문자』, 태학사.
에리히 (K. Ehlich) (1986), *Interjektionen*, Tübingen: Niemeyer Verlag.
에카르트 (P. A. Eckardt) (1923), *Koreanische Konversations-Grammatik mit Lesestücken und Gesprächen*, Heidelberg: Julius Gross, 歷文 [2] 23.
엥엘 (U. Engel) (1988), *Deutsche Grammatik*, Heidelberg.
엥엘 · 멜리스 (M. Meliss) (2004), *Dependenz und Wortstellung*, München: Iudicium.
옌드라쉐크 (Gerd Jendraschek) · 신용민 (Yong-Min Shin) (2012), "Korean converbs between coordination and subordination," 서울대학교 언어연구소 월례발표논문.
여영택 (1971), 「말만들갈」, 『한글학회 50돌 기념논문집』, 한글학회.
여증동 (呂增東) (1985), 『韓國家庭言語』, 시사문화사.
『歷代韓國文法大系』 (歷文), [탑출판사, 1977~1976 (제1판)]. 제2판 [박이정, 2009], II, [1] 44-70, [2] 45-53 [박이정, 2015].
연규동 (2014), "Meanings of Writing," 『언어학』 68, 175-196.
연재훈 (Jaehoon Yeon) (2003), *Korean Grammatical Constructions: Their Form and Meaning*, London: Saffron.

_____ (2011), 『한국어 구문 유형론』, 태학사.

염재일 (2014), 「소위 강조구문과 "것"의 의미」, 『언어와 정보』 18.2, 103-122.

예들리쓰카 (A. Jedlicka) (1964), "Zur Prager Theorie der Schriftsprache," *TCLP* 1, 47-58.

_________ (1978) *Die Schriftsprache in der heutigen Kommunikation* (dts. Übers.), VEB.

예름스레우 (L. Hjelmslev) (1935), *La catégorie des cas*, versehne Auflage der Ausgabe Kopenhagen (1937), München: Wielhelm Fink Verlag.

예스퍼슨 (O. Jespersen) (1924)/이환묵 · 이석무 (역) (1987), 『문법 철학』 (The Philosophy of Grammar), 한신문화사.

오경숙 (2003), 『한국어의 비교 구문 연구』, 박이정.

오규환 (2008), 「현대 국어 조사 결합형의 단어화에 대한 연구」, 『國語硏究』 197.

오미라 (2008), 「운율과 정보구조: 한국어 초점과 음성적 실현」, 『음성과학』 15.2, 7-19.

오민석 (2017), 「한국어 수식 불허 명사 연구」, 서울대학교 국어국문학과 박사논문.

오숙화 (1994), 「현대국어 부정문 연구」, 『國語硏究』 127.

오승신 (1995), 「국어의 간투사 연구」, 이화여자대학교 박사논문.

_____ (2006), 「감탄사」, 남기심 밖에 (2006), 407-437.

오에 (大江孝男) (1958), 「中期朝鮮語の오~우 語幹に就いて」, 『朝鮮學報』 12, 123-140.

오종갑 (2007), 「부사형 어미 '아X'의 음운론적 변화와 영남 방언의 위상」, 『語文學』 95, 133-202.

오창환 (1930), 『高麗文典』, 원동변강인민교육부, 歷文 2 86.

오충연 (2001), 『주제 구조론』, 월인.

왕문용 (1988), 『근대국어의 의존 명사 연구』, 한샘.

_____ (1991), 「중세국어의 조사 '의'와 '에'」, 『國語學의 새로운 認識과 展開』, 민음사, 472-488.

_____ (2001), 「의존 명사의 新生」, 『국어연구의 이론과 실제』 (이광호교수 회갑기념논총), 태학사, 141-161.

왕안석 (1986), 「국어 청자 존대어 체계의 기술을 위한 방법론적 검토」, 『語學硏究』 22.3, 351-373.

_____ (2007), 『또 다른 한국어』, 교문사.

_____ (2009), 『한국의 언어민속지 1』 서편, 교문사.

_____ (2010), 『한국의 언어민속지』, 전라남북도편, 서울대학교 출판문화원.

_____ (2012), 『한국의 언어민속지』, 경상남북도편, 서울대학교 출판문화원.

우창현 (2005), 「중세국어에서의 상 해석에 대하여 — '-아/어 잇다'를 중심으로」, 『한국어학』 29, 137-157.

우형식 (1994), 「동사의 결합가 기술에 대한 방법론적 접근」, 『한글』 225, 84-108.

_____ (2001), 『한국어 분류사의 범주화 기능 연구』, 도서출판 박이정.

_____ (2015), 「이윤석의 Classifiers in Korean (2014), 『형태론』 17.1, 123-141.

운터베크 (B. Untebeck) (1992), "Einhundert Jahre Aufzeichnungen zur Numeralklassifikation des Koreanuschen," (Hg,) B. Jeßing, *Arbeitspapiere des Projektes "Prinzipien des*

Sprachwandels" (Arbeitpapiere Nr. 9), FB Sprach-u. Literaturwissenschaften an der Universität Essens.
_______ (1994), "Korean classifiers," in, 김영기 (Kim, Y.) (1994), 367-385.
웨일리 (L. Whaley) (1997)/김기혁 역(2008),『언어 유형론』, 소통.
웨처 (H.arrie Wetzer) (1996), *The typology of adjectival predication*. Empirical Approaches to Language Typology 17, Berlin: Mouton de Gruyter.
유동석 (1984가),「양태조사의 통보기능에 대한 연구」,『國語研究』60.
_____ (1984나),「{로}의 異質性 극복을 위하여」,『國語學』13, 119-144.
_____ (1986),「國語의 目的語移動과 主題化」,『國語學新研究』, 일조각, 199-211.
_____ (1987),「十五世紀 國語의 繫辭의 形態 交替에 대하여」,『宇海李炳銑博士回甲紀念論叢』, 서정목 (편),『文法』II, 121-134에 다시 실림.
_____ (1988),「時間語에 대한 量化論的 解釋과 助詞 {에}에 대하여」,『周時經學報』1 (주시경연구소), 153-181.
_____ (1989),「서평: 언語文學연구실, 조선어문법 (형태론)」,『周時經學報』4, 241-250.
_____ (1995가),『국어매개변인문법』, 신구문화사.
_____ (1995나),「보조용언구문의 높임법」,『李基文教授停年退任紀念論叢』, 간행위원회, 407-429.
_____ (1998가),「국어의 목적어 있는 능격구성에 대한 연구」,『언어과학』51, 105-123.
_____ (1998나),「국어의 격 중출 구성에 대하여」,『國語學』31, 307-337.
_____ (2002),「문법을 통해 본「동동」의 화자 문제」, 고영근 밖에 (2002)
_____ (원고),「고려 가요의 새 풀이」, 585-605.
유목상 (1990),「서평: 朝鮮文法研究(1947)」,『주시경학보』5, 150-164.
유민호 (2014),「고대 한국어 처격, 속격 조상의 형태와 의미 기능에 대한 연구」, 고려대학교 박사논문.
유병래 (Byoung-Rae Ryu) (2013), "Multiple case marking constructions in Korean revisited," Language and Information 17.2, 1-27.
유성기 → 류성기 (1998),『한국어 사동사 연구』, 홍문각.
유송영 (1994),「국어 청자 대우법에서의 힘(power)과 유대(solidarity) (I) — 불특정 청자 대우를 중심으로」,『國語學』24, 291-317.
유승섭 (2007),「국어 접미파생 사동문의 논항 형성 고찰」,『한글』276, 77-103.
_____ (2011),「국어 접미파생 피동문의 논항 형성과 구조에 대하여」,『한글』303, 77-113.
_____ (2014),「국어 접미파생 피동문의 논항 형성과 구조에 대하여」,『한글』303, 77-113.
유영미 (1994), "Verbal Compounds in Korean," in, 김영기 (Kim, Y). (ed.) (1994), 29-44.
유시욱 [아호 春溪] (1947),『朝鮮文典』(프린트판), 사할린, 역락 (영인) (2006), 歷文 2 95.
유시종 (1995),「한국어 보소용언 연구: 원형 이론적 접근」, 서울대학교 언어학과 박사논문.
유원수 (2009),『몽골의 언어와 문화』, 소나무.

유원수 밖에 (YOO, Wonsoo, KWON Jae-il, SHIN Yong-kwon), Bayarmend BORJIGIN, Luvsandorj BOLD.
_____ (2008), *A Study of the TACHENG DIALECT of the DAGUR LANGUAGE*, SNU Press, Altaic Languages Series 2.
유창돈 (劉昌惇) (1962), 「雙形語幹의 配分活用 考察」, 『亞細亞硏究』 5. 2, 185-217.
_____ (1964가), 『李朝國語史硏究』, 선명문화사.
_____ (1964나), 『李朝語辭典』, 연세대학교 출판부.
_____ (1971), 『語彙史硏究』, 선명문화사.
_____ (1980), 『國語變遷史』. 통문관.
유필재 (2001), 「서울 지역어의 음운론적 연구」, 서울대학교 국어국문학과 박사논문.
_____ (2004), 「'말다 (勿)' 동사의 음운론과 형태론」, 『國語學』 43, 97-118.
_____ (2006), 『서울 방언의 음운론』, 월인.
_____ (2007), 「후기중세국어 부사파생접미사 '-이'의 형태음운론」, 『國語學』 49, 3-32.
_____ (2010), 「중세국어 이전 시기의 ㄷ 不規則 用言」, 『崔明玉先生停年紀念國語學論叢』, 태학사, 517-530.
유하라 (2006), 「현대국어 조사의 배열 양상」, 성균관대학교 박사논문.
유현경 (1998), 『국어 형용사 연구』, 한국문화사
_____ (2004가), 「한국어에 심리타동사가 있는가」, 『배달말』 34, 27-49.
_____ (2004나), 「국어 소절 (Small Clause) 구성의 복합술어 분석」, 『國語學』 44, 133-158.
_____ (2008), 「관형사 '한'에 대한 연구」, 『國語學』 53, 65-86.
_____ (2017가), 『형태 중심 한국어 통사론』, 역락.
_____ (2017나), 「한국어 용언의 인칭 제약에 대한 연구」, 『國語學』 83, 65-92.
_____ 밖에 (2011), 『한국어 통사론의 현상과 이론』, 태학사.
_____ · 안예리 · 손혜옥 · 김민국 · 전후민 · 김계림 · 이찬영 (2015), 『한국어의 문법 단위』, 보고사.
_____ · 강현화 · 구본관 · 김성규 · 김홍범 · 이병규 · 이정택 · 이진호 · 한재영 · 황화상 · 이운영 · 유혜원 (책임 편집) (2017), 『표준 국어 문법 개발 최종 보고서』, 국립국어원.
유혜원 (1999), 「'-을/를'이 나타나는 피동문 연구」, 『한국어학』 9, 205-227.
_____ (2004), 「'N-로'를 필수 논항으로 취하는 타동사 연구」, 『한국어학』 24, 189-220.
윤동원 (尹東遠) (1986), 「形容詞派生 接尾辭 {-스럽-}, {-롭-}, {-답-}의 硏究」, 서울대학교 국어교육과 석사논문.
윤석민 (1998), 「문장 종결법」, 『문법연구와 자료』, 태학사, 362-393.
_____ (1993), 「-시-, -습-의 의미 · 화용론적 고찰」, 『국어학논집』 1, 149-160.
_____ (1994), 「'요'의 담화 기능」, 『텍스트언어학』 2, 459-484.
_____ (2000), 『현대국어의 문장종결법 연구』 (텍스트언어학총서 4), 집문당.
_____ (2016), "A Prosodic account of -yo attachment in Korean," *Journal of East Asian*

Linguistics 25.3, 213-241.

윤소연 (Soyeon Yoon) (2013), "The Korean Serial Verb Constructions," *Korean Journal of Linguistics*, 38.2, 413-449.

윤수원 (Suwon Yoon) (2013), "Parametric Variation in surbordinate evaluative negation," *Korean/Japanese versus others, J. East Asian Linguist* 22, 133-166.

윤용선 (1986), 「中世國語 敬語法 硏究」, 『國語硏究』 71.

_____ (1989), 「名詞句 補文의 補文字選擇制約에 대한 硏究 — 依存名詞를 中心으로」, 『국어국문학』 101, 281-303.

윤정미 (Jeong-Me Yoon) (2011), "Double Relativization in Korean — An Explanation Based on the Processing Approach to Island Effects," *Korean Journal of Linguistics* 36.1, 157-193.

윤평현 (1989), 『국어의 접속어미 연구』, 한신문화사.

_____ (2005), 『현대국어 접속어미 연구』, 박이정.

_____ (편) (2016가), 『국어 의미론의 탐색 — 국어 의미론의 새로운 인식과 전개』 1 (윤평현 선생 정년퇴임기념논총), 역락.

_____ (2016나), 『국어 의미론의 탐색 — 국어 의미론의 새로운 인식과 전개』 2 (윤평현 선생 정년퇴임기념논총), 역락.

_____ (2016다), 『국어 의미론의 탐색 — 국어 의미론의 새로운 인식과 전개』 3 (윤평현 선생 정년퇴임기념논총), 역락.

윤혜석 (Yoon, James H) (1995), "Nominal, Verbal and Cross-Categorial Affixation in Korean," *Journal of East Asian Linguistics* 4, 325-356.

_____ (2015), "Double Nominative Double Accusative Construction," in, 브라운 (L. Brown) · 연재훈 (Jaehoon, Yeon) (2015), 79-97.

_____ · 김지혜 (Ji-Hye Kim) (2009), "Long-distance bound local anaphors in Korean — An empirical study of the Korean anaphor *caki-casin*," *Lingua* 139, 733-755.

이건식 (1995가), 「고려시대 석독구결의 조사에 대한 연구」, 단국대학교 박사논문.

_____ (1995나), 「鄕札과 釋讀口訣의 訓讀末音添記에 대하여」, 『國語史와 借字表記』 (小谷南豊鉉先生화 甲紀念論叢, 태학사, 133-160.

이건한 (2008), 「한국어의 접속표현」, 송경안 · 이기갑 밖에, 571-581.

_____ · 송경안 (2008), 「한국어의 품사」, 송경안 이기갑 밖에 1, 53-65.

이경우 (李敬雨) (1981), 「派生語 形成에 있어서의 意味 變化」, 『국어교육』 39 · 40, 215-255.

_____ (1983), 「否定素 '아니'와 '못'의 意味」, 『국어교육』 44 · 45, 387-301.

_____ (1998), 『최근세 국어 경어법 연구』, 태학사.

이경은 (2009), 「법률전문용어의 어휘론적 연구」, 서울대학교 국어국문학과 석사논문.

이광숙 (Kwang-sook Lie) · 홍미경 (Mi Kyoung Hong) (2003), "Kontrastive Fallstudie: Dependenz

und Valenz," In, *HSK* 25.1, 1303-1308.
이광정 (李光政) (1983), 「15世紀 國語의 副詞形 語尾 '-게'와 '-이'에 대하여」, 『국어교육』 44 · 45 (합병호), 207-220.
이광호 (李珖鎬) (1985), 격조사 '로'의 기능 통합을 위한 시론, 『羨烏堂金炯基先生八耋紀念 國語學論叢』, 창학사, 이병근 · 서태룡 · 이남순 (편) (1991), 『文法』 1, 태학사, 115-145에 다시 실림.
_____ (1988), 『國語 格助詞 "을/를" 硏究』, 탑출판사.
_____ (2001), 『국어문법의 이해』 1, 태학사.
이광호 (2009), 『국어 파생접사의 생산성과 저지에 대한 계량적 연구』 (國語學叢書 65), 태학사.
이규철 (1991), 「아랍어의 문어체와 구어체의 음운론적 연구」, 서울대학교 언어학과 박사논문.
이극로 (리극로) (1932), 「조선말의 사투리」, 『東光』 1, (1948), 國語學論叢, 정음사에 다시 실림.
_____ (1935), 「조선말 임자씨의 토 (1)」, 『한글』 3.1 (통권 20호).
_____ (1948), 『國語學論叢』, 正音社.
_____ (1957), 「조선말의 력점 연구」, 과학원 5주년 논문집, 과학원출판사.
_____ (1966), 「조선어 조 연구」, 사회과학원출판사.
이근용 (1982), 「국어 특수조사 연구」, 국민대학교 석사논문.
이금화 (李錦花) (2007가), 「平壤 地域語의 音韻論的 硏究」, 서울대학교 국어국문학과 박사논문.
_____ (2007나), 『평양 지역어의 음운론』, 역락.
이기갑 (1978), 「우리말 상대높임법체계의 변천연구」, 서울대학교 언어학과 석사논문.
_____ (1981), 「씨끝 '-아'와 '-고'의 역사적 교체」, 『語學硏究』 17.1, 고영근 · 남기심 (공편) (1983, 1984)에 실림.
_____ (1982), 「전남북부방언의 상대높임법」, 『언어학』 5, 143-162.
_____ (1986), 『전라남도의 언어지리』, 탑출판사.
_____ (1990가), 「한국어 어순 연구사」, 김방한 (편), 『언어학 연구사』, 서울대학교 출판부, 467-492.
_____ (1990나), 「한국어의 어절 구조」, 『언어연구』 2, 1-10.
_____ (1994), 「지시어의 유형론」, 『언어와 문화』 9.
_____ (1997), 「한국 방언들 사이의 상대 높임법 비교」, 『언어학』 (사) 21, 185-217.
_____ (1999), 「국어 방언의 시상 체계 — 그 분화의 역사」, 『언어학』 (사) 25, 185-209.
_____ (2003), 『국어방언문법』, 태학사.
_____ (2005가), 「전남방언의 파생접미사 (1)」, 『언어학』 (사) 41, 159-193.
_____ (2005나), 「전남방언의 파생접미사 (2)」, 『인문논총』 54 (서울대 인문학연구원), 197-225.
_____ (2006), 「한국어의 양태 (modality) 표현」, 담화 인지 언어학회 발표 논문.
_____ (2007), 「지역에 따른 '그저'의 분포」, 『담화와 인지』 14.3, 105-130.
_____ (2008), 「조동사의 유형론」, 송경안 · 이기갑 밖에 (2008다), 309-337.
_____ (2015), 『국어담화문법』, 태학사.
이기동 (Keedong Lee) (1976), 「조동사의 의미 분석」, 『문법연구』 3, 고영근 · 남기심 (공편) (1983),

234-251 재수록.
______ (1993), A Korean Grammar on Semantic-pragmatic Principles, 한국문화사.
李基文 (李基文) (1962), 「中世國語의 特殊 語幹 交替에 대하여」, 『震檀學報』 23, 121-153.
______ (1963), 「國語 表記法의 歷史的 硏究」, 韓國硏究院.
______ (1971), 「語原 數題」, 『金亨奎博士頌壽紀念論叢』, 일조각, 431-439.
______ (1972), 『國語 音韻史 硏究』, 서울대학교 한국문화硏究所.
______ (1978), 「國語의 人稱代名詞」, 『冠嶽語文硏究』, 3, 326-337.
______ (1981), 「한국어 표기법의 변천과 원리」, 李基文 밖에 (1981), 47-77.
______ (1998), 『國語史槪說』 (新訂版), 태학사.
______ · 강신항 · 김완진 · 안병희 · 남기심 · 이익섭 · 이상억 (1983), 『韓國語文의 諸問題』, 일지사.
______ · 김완진 (편집주간) (1993), 『한국 언어 지도집』, 성지문화사.
이기용 (1979), 「두 가지 否定文 의 同義性 與否에 대하여」, 『國語學』 8, 59-94.
이남덕 (1963), 「국어문법의 단위문제」, 『국어국문학』 26, 141-151.
이남근 (2008), 「한국어 분열구문의 유형과 특성: HPSG 분석」, 『언어연구』 25.1, 25-38.
이남순 (1982), 「單數와 複數, 『國語學』 11, 117-141.
______ (1995), 「數量詞 구성의 몇 문제, 『애산학보』 16, 43-67.
______ (1988), 『國語의 不定格과 格 助詞 省略』, 탑출판사.
______ (1998가), 『時制 · 相 · 敍法』, 월인.
______ (1998나), 『格과 格 標識』, 월인.
이동석 (2006), 『국어 음운 현상의 공시성과 통시성』, 한국문화사.
이득춘 (편) (2001), 「조선어 력사언어학연구」, 김영황 교수 논문집, 역락.
이명구 (1992), 「鮮 · 明代 小說의 比較文學的 硏究」, '자산 이상비박사 화갑기념논총', 3-61.
이문규 (2007), 「국어 성조 체계 간 성조 현상의 대응 양상」, 『언어과학연구』 41, 21-43.
______ (2011), 「국어 방언 성조의 성격과 성조 체계 기술의 기본 단위」, 『國語學』 60, 68-98.
______ (2017), 「형태소 성조형 중심의 국어 성조론」, 한국문화사.
이민행 · 이익환 (2005), 『심리동사의 의미론: 영어, 한국어, 독일어의 대조 연구』, 역락.
이병규 (1998), 「잠재 논항의 개념 정립」, 남기심 (편), 『국어문법의 탐구』 (IV), 태학사, 123-174.
______ (2009), 『한국어 술어명사문 문법』, 한국문화사.
이병근 (1981), 「유음 탈락의 형태론과 음운론」, 『한글』 173 · 174, 223-246.
______ 밖에 (공편) (1993), 『형태』, 태학사.
이병기 (2008), 「중세 국어 '파생접미사'와 '보조용언'의 상관성」, 『國語學』 53, 87-111.
이병모 (1995), 『의존 명사의 형태론적 연구』, 學文社.
이병운 (2002), 「방언의 월 끝 억양의 유형」, 『음성과학』 9.2, 49-58.
이병천 (1991), 「의존문법의 이론」, 『인문논총』, 서울대학교, 26, 57-76.
이상규 (1999), 『경북 방언 문법 연구』, 박이정.

이상규 (2004), 「현대국어 한자어의 구성 단위와 구조 연구」, 한양대학교 박사논문.
이상복 (1976), 「'요'에 대한 연구」, 『연세어문학 7 · 8 (연세대학교), 209-229.
이상신 (2010가), 「南部 方言의 '달라'와 '다오'」, 『語文研究』 38.3, 59-77.
_____ (2010나), 「'달라'와 '다오'의 방언형과 그 분포」, 『崔明玉先生停年紀念 國語學論叢』, 태학사, 303-317.
이상억 (1999), 『국어의 사동 피동 연구』, 집문당.
_____ (2007), 『한국어 체언의 음변화 연구』 (서울대학교 한국학연구 총서 14), 서울대학교 출판부.
_____ (2017), 『조선시대어 형태 사전』, 서울대학교 출판원.
_____ · 김영석 (1994), 『현대형태론』, 학연사.
이상철 (2010), 「음운 현상의 통시적 변화에 작용하는 형태론적 제약」, 서울대학교 언어학과 박사논문.
이상춘 (1925), 『朝鮮語文法』, 송남서관, 김민수 밖에 (공편), 1 37에 실림.
이상태 (1995), 『국어 이음월의 통사 · 의미론적 연구』, 형설출판사.
이석규 (2007), 『언어의 예술』, 글누림.
이선영 (1992), 「중세국어 비통사적 복합동사의 특성」, 『주시경학보』 10, 121-126.
_____ (2006), 『중세국어 어간 복합어 연구』 (國語學叢書 53), 태학사.
이선웅 (2000), 「국어의 한자어 '관형명사'에 대하여, 『한국문화』 26, 35-58.
_____ (2002), 「'와/과'의 통사와 의미에 관한 몇 가지 문제」, 『聖心語文論集』 24, 5-29.
_____ (2004), 「未知의 한자어 의존 명사에 대하여, 『형태론』 6.2, 251-276.
_____ (2005), 『국어 명사의 논항 구조 연구』, 월인.
_____ (2007), 「국어 동격 명사구의 개념과 유형」, 『語文學』 98, 159-183.
_____ (2011), 「언어 유형론적 관점에서 본 연속동사 구문」, 『언어연구』 27.1. 165-182.
_____ (2012), 『한국어 문법론의 개념어 연구』, 월인.
_____ (2014), 「韓國語 名詞類語의 名詞性 檢證」, 『語文研究』 42.1 (통권 161), 37-62.
_____ · 이은섭 (2013), 「이론문법의 관점에서 본 학교문법, 『국어국문학』 163, 249-277.
이성하 (1997), *Semantics of Verbs and Grammaticalization: The development in Korean from a cross-linguistics perspectives*, HANKUK PUBLISHER.
_____ (1998), 『문법화의 이해』, 한국문화사.
_____ (2004), "Grammaticalization of Spatio-Temporal Postpositions in Korean," 『언어과학연구』 31, 169-188.
이수연 (2016), 「한국어 반복구성 연구」, 서울대학교 국어국문학과 박사논문.
이숙희 (1992), *The Syntax and Semantics of Serial Verb Constructions*, PhD Dissertation, University of Washington.
이숭녕 (李崇寧) (1953), 「格의 獨立品詞是非」, 『국어국문학』 3, 49-51.
_____ (1954), 『古典文法』, 을유문화사, 김민수 밖에 (편), 『歷文』 1 88.

______ (1957), 「제주도 방언의 형태론적 연구」, 『동방학지』 3, (1985), 國語學選書 5, 탑출판사.
______ (1958), 「주격 '가'의 발달과 그 해석」, 『국어국문학』 19, 53-57.
______ (1960), 「Volitive form으로서의 Prefinal ending 'o/u'의 개재에 대하여」, 『震檀學報』 21, 107-178.
______ (1961), 『中世國語文法』, 을유문화사.
______ (1966), 「助詞 設定의 再檢討」, 『東洋文化』 5 (대구대학 동양문화연구소), (2011), 『心岳 崇寧全集』 6, 한국 학술정보에 실림.
______ (1980), 「中世國語의 特異處格 '-이, -의'에 대하여」, 『학술원논문집』 19, 101-136.
______ (1981), 『中世國語文法』 (개정증보판), 을유문화사.
이승욱 (李承旭) (1957), 「國語의 포스트포지선에 대하여」, 『李熙昇先生頌壽紀念論叢』, 이승욱 (1973) 101-116에 다시 실림.
______ (1973), 『國語文法體系의 史的 硏究』, 일조각.
______ (1997), 『國語形態史硏究』, 태학사.
이승재 (1980), 「남부방언의 형식명사 '갑'의 문법 — 구례지역어를 중심으로」, 『방언』 4, 한국정신문화연구원, 고영근 · 남기심 (공편), 『국어의 통사 · 의미론』, 탑출판사, 373-395에 다시 실림.
______ (1987), 「屬格 形態 'ㅅ'의 形成過程」, 『성심어문논집』 10, 79-93.
______ (1989), 「차자표기 연구와 훈민정음의 문자론적 연구에 대하여」, 『國語學』 19, 203-239.
______ (1992), 『高麗時代의 吏讀』 (國語學叢書 11), 탑출판사.
______ (1996), 「고려 중기 구결자료의 주체 경어법 선어말 어미 '𠂇' (겨)에 대하여」, 『李基文先生停年退任記念論文集』, 신구문화사, 517-556.
______ (1998), 「고대국어의 형태」, 『국어의 시대별 변천 연구 3』, 국립국어연구원, 41-75.
______ (2000), 「釋讀口訣의 數詞에 대하여」, 『21세기 국어학의 과제』, 월인.
______ (2001), 「周本 『華嚴經』 卷22 角筆 符號口訣에 대하여」, 『口訣硏究』 7, 7-32.
______ (2002), 「부호의 자형 (字形)과 제작 원리」, 고영근 밖에 (2002), 『문법과 텍스트』, 서울대학교 출판부, 61-78.
______ (2016), 漢字音으로 본 고구려 음운체계, 일조각.
______ (2017), 『木簡에 기록된 古代 韓國語』, 일조각.
이승희 (1996), 「중세국어 감동법 연구」, 『國語硏究』 139.
______ (2004가), 「국어의 청자 높임법에 대한 통시적 연구」, 서울대학교 국어국문학과 박사논문.
______ (2004나), 「명령형 종결어미 '-게'의 형성에 대한 소견」, 『國語學』 44, 109-131.
______ (2005), 「形容詞 命令文에 대한 考察」, 『國語學論叢』, 태학사, 553-565.
______ (2007), 『국어 청자 높임법의 역사적 변화』 (國語學叢書 59), 태학사.
이양혜 (2000), 『국어의 파생 접사화 연구』, 박이정.
______ (2005), 「한국어 '법이다', '마련이다'의 의미 용법」, 『언어과학연구』 32, 269-284.
이영경 (1992), 「17세기 국어의 종결어미에 대한 연구」, 『國語硏究』 108.

_____ (1993), 「국어 문법화의 한 유형」, 『국어학논집』 2, 서울대학교 국어국문학과, 145-156.
_____ (2003), 「중세국어 형용사의 동사적 용법에 대하여」, 『형태론』 5.2, 273-295.
_____ (2007), 『중세국어 형용사 구문 연구』 (國語學叢書 57), 태학사.
이영제 (2013), 「한국어 기능 명사 연구」, 고려대학교 박사논문.
_____ (2016), 『한국어 기능명사 연구』 (국어학총서 72), 태학사
이영주 (2004), *The Syntax and Semantics of Focus Particles*, MIT Dissertation.
이완응 (1929), 『中等敎科朝鮮語文典』, 朝鮮語研究會, 김민수 밖에 (공편), [1] 40에 실림.
이용 (2003), 『연결 어미의 형성에 관한 연구』, 역락.
____ (2016), 「助詞 表記字로 본 吏讀의 發達」, 『아시아 諸民族의 文字 (2)』 (口訣學會創立20周年 국제학술대회 발표논문집).
이용성 (LI Yong-Song) (2013), "The Names for Small Cattles in Modern Turkic Languages," in: Kim, Juwon and Dongho Ko (eds.) *Current Trends in Altaic Linguistics*, Altaic Society of Korea, Seoul: 547-598.
_____ · LEE Ho-Young · CHOI Hyong-won · KIM Geon Sook · LEE Dong Eun · Mehmet Ölm (2008), *A Study of the Middle Chulym Dialect of the Chulym Language* (Altaic Languages Series 3), SNU PRESS.
이원표 (1993), 「의지 감탄사, "예, 글쎄, 아니"의 담화 분석」, 『인문과학』, 연세대학교: 69/70, 139-186.
이유기 (2001), 『중세국어와 근대국어 문장종결 형식의 연구』, 역락.
_____ (2012), 「서술문 종결형식의 발전 과정」, 『국어사 연구』 14, 29-63.
이윤미 (2013), 「한국어의 비주격 주어에 대한 연구」, 연세대학교 석사논문.
이윤석 (2014), *Classifiers in Korean*, München: LINCOM. EUROPA.
이윤재 (1932), 「변격 활용의 예」, 『한글』 3.2.
이윤하 (1989), 「{께서}의 문법」, 『제효이용주박사 회갑기념논문집』, 한샘, 461-491.
_____ (1991), 「서평: 김동찬(1986), <조선어리론문법(단어조성론)>」, 『주시경학보』 7, 196-296.
_____ (2001), 『現代國語의 待遇法 研究』, 역락.
_____ (2006), 「文章成分, 論項 그리고 補語」, 『國語學論叢』, 태학사, 391-427.
_____ (2011), 「북레뷰: 김동찬 (2005), 『조선어단어조성론』 (조선어학전서 30)」, 『형태론』 13.1, 195-209.
이은경 (2000), 『국어의 연결 어미 연구』, 태학사.
이은섭 (1996), 「현대국어 부정문의 통사 구조」, 『國語研究』 140.
_____ (2005), 『현대국어 의문사의 문법과 의미』 (國語學叢書 51), 태학사.
_____ (2014), 「단어와 문장의 형성 요소와 어휘부 모형에 대하여」, 『國語學』 69, 31-67.
이은희 (2000), 『텍스트언어학과 국어교육』 (국어교육연구소 연구총서 19), 서울대학교 출판부.
이익섭 (1975), 「국어 조어법의 몇 문제」, 『東洋學』, 단국대학교 5, 155-164.
_____ (1983), 「한국어 표준어의 제문제」, 李基文 밖에 (1983), 7-46.

______ (1992), 『국어표기법의 역사적 고찰』, 서울대학교 출판부.
______ · 채완 (1999), 『국어문법론강의』, 학연사.
______ · 전광현 · 이광호 · 이병근 · 최명옥 (편) (2008), 『한국 언어지도』, 태학사.
이익환 (1994), 「국어 심리 동사의 상적 특성」, 『애산학보』 15, 25-21.
이장희 (2011), 「겸양대명사 '저'의 생성의 과정」, 『嶺南學』 19, 471-501.
이정민 (1976), "Cases for Psychological verbs in Korean," 『언어』 1.1, 256-296.
______ (1977), 「부정 명령의 분석」, 『語學硏究』 13.2, 105-114.
______ (1978), 「'알다'라는 말의 분석」, 『마음』 1, 사유회, 60-65.
______ (1992), 「(비)한정성/(불)특정성 대 화제 (Topic)/초점」, 『國語學』 22, 397-424.
______ (1994), 「심리술어의 상에 관한 문제」, 『애산학보』 15, 1-23.
______ (2005), 「부정 극성: 양보에 기저를 둔 척도성」, 김영화 밖에 (2005), 185-224.
______ (2010), 「두 가지 부정 및 부정극성과 다른 상위언어적 부정의 부사어 고찰」, 『언어』 35.3, 817-836.
______ (2013), "Psycho-preducates: 1st person and evidentiality," Procedia-Social and Behavoral Sciences 97, 414-421.
______ (2015), 「否定의 모습: 상위언어적 부정은 실험상 어떻게 다른가?」, 『언어와 정보』 19.2, 127-153.
______ 미간행, 『의미 통사 구조와 인지』, 서울대학교 출판부.
______ · 박성현 (1991), 「'요' 쓰임의 구조와 기능」. 『언어』 16.2, 361-389.
이정복 (1994), 「계급 집단의 경어법 사용에 대한 분석」, 『사회언어학』 2, 한국사회언어학회, 193-224.
______ (2003), 『인터넷 통신 언어의 이해』, 월인.
이정애 (2011), 「NSM에 기초한 국어 간투사의 의미 기술」, 『한국어 의미학』 36, 313-333.
이정택 (2003), 「관형사의 품사 설정 문제」, 『한말연구』 13, 167-187.
이정훈 (2008가), 『조사와 어미, 그리고 통사구조』, 태학사.
______ (2008나), 「한국어 접속문의 구조」, 『생성문법연구』 18.1, 115-135.
______ (2012), 『발견을 위한 한국어 문법론』, 서강대학교 출판부.
______ (2015), 「접속어미의 통사와 접속문의 통사구조」, 『한국어학』 66, 49-85.
이종근 (2015), 「한국어 속격 표지 '의'의 분포와 속격의 본질」, 『생성문법연구』 25.1, 277-306.
이주행 (2009), 『한국어 의존 명사 연구』, 한국문화사.
이준환 (2010), 「중세국어 ㅎ말음 체언의 음운론」, 『口訣硏究』 24, 163-199.
이지수 (2007), 「부사격 조서 '에'와 '로'에 대한 연구」, 『國語硏究』 194.
이지양 (1998나), 「문법화」, 서태룡 밖에 (1998), 『문법연구와 자료』, 태학사, 801-818.
______ (1998나), 『국어의 융합 현상』 (國語學叢書 22), 태학사.
이지영 (1999), 「선어말 어미 '-더-'의 통시적 연구」, 『國語硏究』 159.
______ (2008), 『한국어 용언 부정문의 역사적 변화』 (國語學叢書 61), 태학사.

이지은 (Lee, Ji-eun) (2017가), *Relativization in Korean: Formal Restrictions and Functional Solutions*, PhD Disseertation, University of Otago.
_____ (2017나), "Rethinking the Relativization of Topic NPs," 『형태론』 19.2, 198-217.
_____ (2017다), "The-nuntey Clause: Non-RC Strategy to RC Meaning /Function," 『언어』 42.4, 827-883.
이진호 (1997), 「의존 명사의 분류 방법」, 『국어학논집』 2, 서울대학교 국어국문학과, 155-195.
_____ (1999), 「중세국어 어간말 유성 마찰음의 설정 여부, 『형태론』 1.2, 371-376.
_____ (2000), 「다시 찾는 두 어학자」, 『형태론』 2.2, 345-355.
_____ (2002), 「화석화된 활용형에 대하여」, 『국어국문학』 130, 27-57.
_____ (2005), 『통시적 음운 변화의 공시적 기술』, 삼경문화사.
_____ (2014), 「형태소 교체의 규칙성에 대하여」, 『國語學』 69, 3-29.
이케가미 (Y.Ikegami) (池上嘉彦) (1978), "How Universal is a Localist Hypothesis," Reproduced by L.A.U.T (LInguistic Agency University of Trier), Also in R.Fawcett et al. (eds.) *Semiotics and Language and Culture*, London, 1984.
_______ (1992)/이기우 (譯) (1994), 『詩學과 文化記號論』, 한국문화社.
이태영 (1988), 『국어 동사의 문법화 연구』, 한신문화사.
이태욱 (2000), 『15세기 국어 부정법 연구』, 보고사.
_____ (2001), 『16세기 국어 부정법 연구』, 보고사.
이토 (伊藤英人) (1993), 「중세한국어의 직설법의 용법에 대하여」, 『국어학논집』 1, 서울대학교 국어국문학과, 83-93.
___ (2009), 「유형론 및 언어접촉의 관점에서 본 한국어와 일본어 — 일본어 화자 대상 한국어 교육의 입장에서」, 伊藤智ゆき編, 『朝鮮語史』, 東京外國語大學アジア・アフリカ 言語文化硏究所.
이필영 (1981), 「國語의 關係冠形節에 대한 硏究」, 『國語硏究』, 48.
_____ (1986), 「呼格 및 感歎助詞에 대한 硏究」, 유목상 박에 편 (1986), 『國語學新硏究』 I, 탑출판사, 387-399.
_____ (1989), 「'와'의 접속 기능과 격 표시 기능에 관하여」, 『수련어문논집』, 16, 부산여대, 21-26.
_____ (1993), 『국어의 인용구문 연구』, 탑출판사.
_____ (1994), 「속격 및 수량사 구성의 격 중출에 대하여」, 『南川朴甲洙先生華甲紀念論文集』, 태학사, 193-228.
이해영 (1994), 「담화표지 '글쎄'의 담화기능과 사용의미」, 『이화어문논집』 13, 129-150.
이혁화 (2005), 「'버리-' (棄)의 방언형과 분포」, 『방언학』 2, 355-378.
_____ (2015), 「경상 방언의 조사 '카마'에 대하여」, 『語文學』 130, 63-84.
이현규 (1985), 「선어말 어미 '-숩-'의 변화」, 이현규 1995: 347-378.
_____ (1995), 『국어 형태변화의 원리』, 영남대학교 출판부.
이현희 (李賢熙) (1985), 「'ᄒᆞ다' 동사의 성격에 대하여」, 『한신논문집』 2, 한신대학교, 221-248.

______ (1986), 「中世國語의 用言語幹末 'ㅎ-'의 性格에 대하여」, 『國語學新研究』, 37-378.
______ (1991가), 「중세국어 명사문의 성격」. 『國語學의 새로운 認識과 展開』, 민음사, 504-536.
______ (1991나), 「국어 문법사 기술의 몇 문제」, 『한국어문』 2, 57-77.
______ (1994가), 「계사 '(이)이-'에 대한 통시적 고찰」, 『주시경학보』 13.
______ (1994나), 『中世國語 構文研究』, 신구문화사.
______ (1996), 「중세국어 부사 '도로'와 '너무'의 내적 구조」, 『李基文教授 停年退任紀念論文集』, 신구문화사, 644-659.
______ (1997), 「중세국어 강세 접미사에 대한 고찰」, 『한국어문학논고』, 태학사, 707-724.
______ (2002), 「중세 · 근대 국어의 형태론의 몇 문제」, 고영근 밖에 (2002: 139-155).
______ (2006가), 「중세국어의 형태론과 관련된 몇 문제」, 고영근 밖에, 『21세기 형태론 어디로 가는가』, 박이정, 223-237.
______ (2006나), 「'멀리서'의 통시적 문법」, 『冠嶽語文研究』 31, 25-93.
______ (2009), 「'조초'의 문법사」, 『震檀學報』 107, 129-175.
______ (2010), 「근대 한국어의 잉여적 파생접미사; 덧붙음 현상」, 『한국문화』 52, 3-21.
이현희 (2015), 「구어의 특성을 고려한 감탄사의 범주 전형성 연구」, 『우리말연구』 40, 33-63.
이호승 (2012), 「국어 격범주의 성격과 격 체계의 설정」, 『語文學』 117, 39-67.
이호영 (1990), *The Structure of Korean Prosody*, Ph.D. Thesis, University of London.
______ (1991), 「한국어의 억양체계」, 『언어학』 (사) 13, 129-152.
______ (1996), 『국어음성학』, 태학사.
______ (1997), 『국어 운율론』, 재단법인 한국연구원.
______ (1998), 「북한의 운율연구」, 『한글』 242, 145-170.
이홍배 (2002), 『최소주의 통사론』 (개정판), 한국문화사.
이홍식 (1993), 「'-오-'의 기능 구명을 위한 서설」, 『국어학논집』 1, 서울대학교 국어국문학과, 태동, 95-104.
______ (2004), 「외래어 동사의 논항 구조」, 『언어과학연구』 31, 229-246.
이환묵 (1977), 「국어의 극어와 화용상의 가정」, 『語學研究』 13.2, 115-127.
______ (1999), 『영어전통문법론』 (대우학술 453), 아르케.
이효상 (Hyosang Lee) *Tense, aspect and modality*, PhD Dissertation of UCLA (2006), 「제주 방언의 현재 시제 형태소에 대하여, 『형태론』 8.1, 129-138.
이희두 (2003), 「'르' 변칙 활용의 음운론적 고찰」, 『韓國言語文學』 51, 211-231.
이희승 (1949), 『초급국어문법』, 박문출판사 (김민수 밖에 공편 1 85에 실림).
______ (1955), 『國語學概說』, 민중서관, 이희승 2000에 다시 실림.
______ (1956), 『중등문법』, 박문출판사, 김민수 밖에 (공편), 1 86에 실림.
______ (2000), 『一石李熙昇全集』 (권1), 서울대학교 출판부.
______ (2004), 『고시조와 가사 감상』, 집문당.

_____ (2008), 『이희승전집』 (전자책), 서울대학교 출판부.
_____ (2009), 「시조 감상의 일수」, 고영근 밖에, 『한국문학작품과 텍스트 분석』 (텍스트언어학총서 1), 집문당, 151-164.
_____ · 안병희 · 한재영 (2010), 『한글맞춤법통일안 강의』, 신구문화사.
이희자 (1994), 「'~이다'와 발화문」, 『주시경학보』 13, 63-86.
임규홍 (1986), 「국어 분열문에 관한 연구」, 『語文學』 11, 155-175.
_____ (2009), 「경상 방언 담화 표지 '마'에 대한 연구」, 『배달말』 48, 1-33.
임근석 (2005), 「문법적 연어의 개념정립을 위하여」, 『형태론』 7.2, 277-302.
_____ (2010), 『한국어 연어 연구』, 월인.
_____ (2014), 「타동성 논의에 포함될 필요가 있는 문법적 연어의 특징에 대하여」, 『언어와 정보사회』 21, 서강대학교, 135-161.
_____ (2016), 「타동성의 관점에서 살펴본 '-을/를, 에 대해, -을/를 가지고' 비교 연구」, 『언어학』 (사), 75, 113-143.
임동훈 (1991가), 「격 조사는 핵인가」. 『주시경학보』 8, 119-129.
_____ (1991나), 「현대국어 형식명사 연구」, 『國語硏究』 103.
_____ (2000), 『한국어 어미 '-시-'의 문법』 (國語學叢書 37), 태학사.
_____ (2004), 「한국어 조사의 하위부류와 결합 유형」, 『國語學』 43, 119-154.
_____ (2005), 「'-오-' 논의의 쟁점들」, 임홍빈 밖에, 『우리말연구 서른아홉마당』, 태학사.
_____ (2006), 「'만큼, 처럼, 보다'가 격조사인가」, 『國語學』 48, 125-143.
_____ (2008), 「다시 격조사는 핵이다」. 『형태론』 10.1, 287-297.
_____ (2009), 「한국어 병렬문의 문법적 위상」, 『國語學』 56, 87-130.
_____ (2016), 「한국어의 주제와 통사 분석 (2007)의 질의에 대한 답변」, 『형태론』 16.2, 298-352.
임석규 (林錫圭) (2001), 「청산별곡의 텍스트언어학적 고찰」, 고영근 밖에 2001: 171-191.
_____ (2007가), 「다음절 어간에서의 방언권별 부사형 어미 실현 양상」, 『한국 언어문학』 123-143.
_____ (2007나), 「Xi + əY의 방언권별 형태음운과정」, 『우리말글』 40, 175-199.
_____ (2007다), 「慶北北部 地域語의 音韻論的 硏究」, 서울대학교 국어국문학과 박사논문.
임유종 (1999), 『한국어의 부사 연구』, 한국문화사.
_____ (2005), 『수식언의 문법』, 경진문화사.
_____ · 박동호 · 홍재성 (Chai Song Hong) (2001), 「접속부사의 구문론적 특성」, 『언어학』 28, 177-209.
임지룡 (2010), 「어휘 의미론과 인지 언어학」, 윤평현 (편) (2016), 11-42.
임창국 (Im, Changguk) · 도바시 (Y. Dobashi) (2016), "A prosidic account of -yo attachment in Koreanm," *Journal of East Asian Lnguistics* 25.3, 213-241.
임홍빈 (Im, Hong Pin) (1987), 『國語의 再歸辭 硏究』, 신구문화사.
_____ (1989), 「통사적 파생에 대하여」, 『語學硏究』 25.1, 167-196.

______ (1997), 『북한의 문법연구』, 한국문화사.
______ (1998가), 『국어문법의 심층』, 1, 태학사.
______ (1998나), 『국어문법의 심층』, 2, 태학사.
______ (1998다), 『국어문법의 심층』, 3, 태학사.
______ (2004), 「예스퍼슨의 연계와 소절 분석의 문제」, 『오토 예스퍼슨 (Otto Jespersen)』, 229-293, 한국문화사.
______ (2005가), "On Small Clauses Hypothesis and Restructuring," 『우리말 연구-서른 아홉 마당』, 태학사.
______ · 이홍식 (2002), 『한국어 구문 분석 방법론』, 한국문화사.
______ · 장소원 (1995), 『國語文法論』 I, 한국방송통신대학교.
장경준 (2016), 「『유가사지론』 점토구결의 몇 가지 특징」, (아시아 諸民族의 文字 (2)), 『口訣學會 20 周年 국제학술대회 발표논문집』/『口訣研究』 38 (2017), 83-108.
______ · 오민석 · 문현수 · 허인영 (지음)/백진순 (감수) (2015), 『유가사지론 권 20의 석독구결 역주』, 역락.
장경현 (1995), 「국어의 명사 및 명사형 종결문에 대한 연구」, 서울대학교 국어국문학과 석사논문.
______ (2003), 「문어/문어체 · 구어/구어체 재정립을 위한 시론」, 『한국어 의미학』 13, 143-165.
______ (2006), 「국어 문장 종결부의 문체 특성 연구」, 서울대학교 국어국문학과 박사논문.
______ (2010), 『국어 문장 종결부의 문체』, 역락.
장경희 (1977), 「17세기 국어의 종결어미 연구」, 『사대논총』 16, 서울대학교, 113-144.
______ (1980), 「지시어 '이, 그, 저'의 의미 분석」, 『語學研究』 16.2, 고영근 · 남기심 공편 (1983), 283-305에 실림.
______ (1982), 「國語 疑問法의 肯定과 否定, 『國語學』 11, 89-115.
______ (1985), 『現代國語의 樣態範疇 研究』, 탑출판사.
______ (1987), 「국어의 完形補節의 해석」, 『國語學』 16, 487-519.
______ (1988), 「국어의 간접표현」, 『周時經學報』 1, 130-152.
______ (1989), 「지시사 '이, 그, 저'의 범주 지시」, 『인문논총』 17 (한양대학교), 5-27.
______ (1990), 「照應表現」, 서울대학교 국어연구회 (편) (1990), 270-289.
______ (1991), 「주시경의 언어이론과 현대언어학」, 『周時經學報』 8, 264-270.
______ (1995), 「국어 접속 어미의 의미 구조」, 『한글』 227, 151-174.
______ (1996), 「'-는데'로 표현되는 배경과 모습 관계의 특성」, 『한양어문연구』 13, 1103-1122.
______ (1997), 「대화 텍스트의 결속 구조」, 『언어와 문학의 새 연구』, 한양대학교 국어국문학과, 고영근 (편) (2009), 『한국문학작품과 텍스트 분석』 (텍스트언어학총서 1), 집문당.
______ (1999), 「대화의 접속과 내포」, 『텍스트언어학』 7, 141-177.
______ (2001), 「김광균의 〈外人村〉에 나타난 회화성과 상징성」, 고영근 밖에 (2001), 91-112.
______ (2004), 「국어 지시 표현의 유형과 성능, 『한국어 의미학』 15, 51-70.

_____ (2009), 「구어 연구의 현황과 전망」, 『한국어학』 45, 1-26.
_____ 밖에 (2015), 『취학전 아동의 문법 능력 발달』, 역락.
_____ (1999), 『한국어 연결어미의 표현론』, 月印.
장석진 (張奭鎭) (1972), 「Deixis의 生成的 考察」, 『語學硏究』 8.2, 18-31.
_____ (1974), 「보이나 안들리는 '나'와 '너'」, 『語學硏究』 10.2, 54-65.
_____ (1984), 「국어의 부가 의문문」, 『언어』 9.2, 259-277.
_____ (1985), 『話用論 硏究』, 탑출판사.
_____ (1993), 『정보기반 한국어 문법』, 언어와 정보.
_____ (1994), 『統合文法論』, 서울대학교 출판부.
_____ (2012), 「話行의 統合文法的 記述」. 『학술원 논문집』 51,1 (인문 · 사회과학편), 37-87.
_____ (1987, 1990) (편저), 『오스틴 -話行論-』 (대학고전총서 3), 서울대학교 출판부.
_____ 밖에 (1994), 『현대언어학 — 지금 어디로』, 한신문화사.
장세은 (S. Jhang) (1994), *Headed Nominalization in Korean: Relative Clauses, Cleft, and Comparatives*, PhD dissertation, Simon Fraser University (Published by Hankook Publishers in 1995).
_____ (2001), "Comparative Constructions in Korean," *Comparative Korean Studies* 9, 1-18.
장소원 (So-wonn Tchang) (1984), 「국어 구두점 문법 연구서설」, 『冠嶽語文硏究』 8: 387-403.
_____ (1986가), 「문법기술에 있어서의 문어체연구」, 『國語硏究』 72.
_____ (1986나), 「문법연구와 문어체」,『韓國學報』 12.2. (통권 43): 191-212.
_____ (1991), *Coréen parlée et coréen écrit: Description contrastive auniveau syntaxique*, Ph. D. Dissertation, Université Paris V.
_____ (1994), 「현대국어의 소형발화 연구」, 『텍스트언어학』 2, 261-285.
_____ (1998), 「국어 의문사의 어휘의 실제적 용법 연구」, 『언어』 23.4, 691-708.
_____ (2005), 「*Grammaire coréenne*의 재조명」. 『형태론』 7.2, 489-505.
_____ (2007), 「한국 현대시를 통해 본 상호 텍스트성」, 고영근 밖에 (2009), 165-182.
_____ (2011), 『한국어 문법론』, 서울대학교 온라인 한국어교원 양성과정, 서울대학교 평생교육원, 언어교육원, 한국문학연구소, 국어교육연구소, 46-112.
_____ · 김혜영 (2016), 「구의 개념 정립과 그 분류」, 『國語學』 80, 194.
장숙영 옮김, (2008), 『박통사언해류』, 한국문화사.
장영준 (2005), 「척도 이론과 부정 극어의 생성」, 김영화 밖에 (2005), 163-183.
장요한 (2007), 「문장의 확장에 대한 소고」, 『시학과 언어학』 14, 191-220.
_____ (2008), 「15세기 국어 접속문 연구」, 서강대학교 박사논문.
_____ (2011), 「중세국어 접속어미 '-디옷'의 문법에 대하여」, 『國語學』 61, 389-415.
_____ (2014), 「국어 '-ㄴ뎡'류 접속어미의 통시적 연구 — 중세국어 '-ㄴ뎡' 접속어미의 문법을 중심으로」, 『國語學』 72, 235-263.

장윤희 (2002가), 「現代國語 '르-' 末音 用言의 형태사」. 『語文研究』 114, 61-83.
_____ (2002나), 「國語 動詞史의 諸問題」, 『한국어 의미학 10』, 97-140.
_____ (2002다), 『중세국어 종결어미 연구』 (國語學叢書 41), 태학사.
_____ (2005), 「현대국어 문법 요소와 통시적 정보」, 『國語學』 45, 313-336.
_____ (2006가), 「중세국어 비통사적 합성동사와 관련된 문제」, 『國語學論叢』, 태학사, 623-641.
_____ (2006나), 「고대국어 파생접미사 연구」, 『國語學』 47, 91-144.
_____ (2008), 「'전 (前)의 內包文 構成의 文法史」, 『語文研究』 36.1, 85-104.
_____ (2010), 「中世國語 連結語尾 形成의 文法史」, 『語文研究』 38.2, 61-90.
전광현 (1992), 「近代國語 漢字語에 대한 基礎的 研究」, 『한국어문』 1, 한국정신문화원, 137-189.
전병선 (1988), 「문장 이상의 언어적 단위인 문장군에 대하여」, 『조선어연구』 2, 연변사회과학원 언어학연구소, 157-181.
전상범 (1995), 『형태론』, 한신문화사.
전영옥 (2009), 「말뭉치를 바탕으로 한 한국어 감탄사 연구」, 『텍스트언어학』 27, 245-274.
전영철 (2006), 「대조 화제와 대조 초점의 표지 '는'」, 『한글』 274, 171-200.
_____ (2008), 「소위 이중 피동문에 대하여」, 『언어학』 (사) 52, 79-101.
_____ (2013), 『한국어 명사구의 의미론』, 서울대학교 출판부.
_____ (2015), 「한국어 집합 명사와 복수 표지 '들'」, 『語學研究』 51.3, 793-814.
전정례 (1989), 「『國語文法』의 "듬" 과 格 範疇」, 『周時經學報』 4, 169-178.
_____ (1995), 『새로운 '-오-'연구』, 한국문화사.
_____ (2000), 「'-온딕/-올딕>-오딕' 연구」, 『한말연구』 6, 183-200.
전혜정 (1987), 『문맹퇴치경험』, 사회과학출판사.
정경재 (2008), 「{-겠-}의 발달에 따른 {-것-}의 역사적 변화」, 고려대학교 석사논문.
_____ (2015), 「한국어 용언 활용 체계의 통시적 변화」, 고려대학교 박사논문.
정광 (2011), 『삼국시대 한반도의 언어 연구』, 박문사.
____ (2009), 『몽고자운 연구』, 박문각.
____ (2014), 『조선시대의 외국어 교육』, 감영사.
정대호 (Daeho Chung) (2012), "Is amwu (N)-to an negative Quantifier?," *Linguistic Research* 29.3, 541-562.
_____ (2013), "Dummy Plural Marker -TUL in Korean," *Studies in Modern Grammar* 72, 67-84.
정렬모 (1928), 「언어와 문자, 『한글』 2.1, 2-4.
_____ (1946), 『신편고등국어문법』, 한글문화사, 歷文 [1] 61.
정문용 (1994), 「동사의 의미역과 논항구조」, 『西芮 이병찬교수 정년기념논총』, 간행위원회.
정민영 (鄭旼泳) (1994), 「國語 漢字語의 單語 形成 研究」, 충북대학교 박사논문.
정상철 (2011), 일본어의 조동사와 보조용언 (동사), 서울대학교 언어연구소 조동사/보조동사 유형론 워크샵 발표 자료.
정순기 (1988), 『조선어의 보조적 단어에 대한 연구』, 사회과학출판사.
______ (2005), 『조선어형태론』, (조선어학전서 26), 사회과학출판사.
정승철 (2013), 『한국의 방언과 방언학』, 태학사.
정언학 (2006), 『상 이론과 보조 용언의 역사적 연구』, 태학사.
정연주 (2015), 「'하다'의 기능에 대한 구문 기반 연구」, 고려대학교 박사논문.
정연찬 (1980), 「경남 방언 음운의 몇 가지 문제」, 『方言』 4, 정신문화연구원, 23-47.
______ (1984), 「中世國語의 한 助詞 '-으란'에 대하여」, 『國語學』, 13, 1-31,
정영주 (1989), 「셈숱매김씨의 의미 연구」, 『霽曉李庸周博士回甲紀念論文集』, 한샘, 690-706.
정용호 (1963), 「조선민족어의 형성에 관하여」, 『조선어학』, 2, 37-43.
정우영 (2015), 「訓民正音 解例本의 '例義篇' 구조와 '解例編'과의 상관관계」, 『國語學』, 72, 103-153.
정우택 (1993), 「金壽卿 (1947. 1949)의 '插入字母'說 再考, 『국어학논집』 1, 13-23.
정유진 · 김일환 · 강범모 · 김흥규 (2013), 『신문의 언어 사용 통계』, 소명출판.
정원수 (1992), 『국어의 단어 형성론』, 한민문화사.
정인상 (1982), 「統營地域語의 用言 活用에 대한 音韻論的 考察」, 『方言』 6, 한국정신문화연구원, 58-79.
______ (1991), 「國語資料의 電算處理 方案에 대한 硏究」, 서울대학교 국어국문학과 박사논문.
정인승 (1938), 「어감 표현상 조선어의 특징인 모음상대법칙과 자음가세법칙」, 『한글』 6.9, 『건재 정인승 전집』 4, 박이정에 다시 실림.
______ (1949), 『표준 중등말본』 아문각, 歷文 [1] 49.
______ (1956), 『표준 고등말본』, 신구문화사, 歷文 [1] 83.
______ (1968), 『표준문법』, 계몽사, 歷文 [2] 1-152.
정재영 (1995), 「前期中世國語의 疑問法」, 『國語學』 25, 221-264.
______ (1996가), 「終結語尾 '-立'에 대하여」, 『震檀學報』 81, 195-214.
______ (1996나), 『依存名詞 'ㄷ'의 文法化』 (국어학총서 23), 태학사.
______ (1996다), 「順讀口訣資料 梵網經菩薩戒에 대하여」, 『口訣硏究』 1, 127-234.
______ (1997), 「'-오-'의 변화」, 『국어사 연구』, 태학사, 601-643.
______ (2000), 「고대국어 선어말 어미 '-ᄂᆞ-'와 그 변화」, 『형태론』 2.1, 73-106.
______ (2001), 「國語 感歎文의 變化」, 『震檀學報』 92, 293-325.
______ (2002), 「선어말 어미 '-ナ-' (겨)에 대하여」, 『문법과 텍스트』, 서울대학교 출판부, 335-361.
정준영 (1995), 「朝鮮 後期의 身分 變動과 청자 존대법의 體系의 變化」, 서울대학교 사회학과 박사논문.
정철 (1989), 「경북 의성 방언의 음운론적 연구」, 서울대학교 국어국문학과 박사논문.
정태구 (1993), *Argument Structure and Serial Verbs in Korean, PhD dissertation, University of Texas at Austin.*

______ (2001), 『논항 구조와 영어 통사론』. 한국문화사.
정한데로 (2014), 「국어 등재소의 형성과 변화 연구」, 서강대학교 박사논문.
정향란 (2010), 『연변 방언의 곡용과 활용』, 한국학술정보.
정희자 (2001), 『담화와 문법』, 한신문화사.
조규설 (趙奎卨) (1963), 「所謂 助詞類의 連結考」, 『語文學』 10, 62-77.
조규태 (2002), 「현대국어 안맺음 씨끝의 '-니-'에 대하여」, 『한글』 258, 83-102.
______ (2017), 「다시 '-으니-'를 논함」, 『한글』 316, 37-70.
조남호 (2001), 『두시언해 한자어 연구』, 태학사.
조동일 (2005), 『한국문학통사』 5 (제4판), 지식산업사.
조미정 (1986가), *Fixed Word Order and the Theory of the Preverbal Forcus Position in* Korean, PhD Dissrtation, University of Washington.
______ (1986나), 「작은 움직씨 마디(V')와 작은 그림씨마다 (A')」, 『한글』 193, 79-104.
『조선어문법』 (1970), 김일성종합대학 출판사.
『조선문화어문법』 (1979), 과학, 백과사전출판사.
조선어문연구회 (김수경) (1949), 『조선어문법』, 평양: 조선어문연구회.
조선어문연구회 (1950), 『朝鮮語新綴字法』, 고영근 (편) (2000), 『북한 및 재외교민의 철자법 집성』, 역락.
조성대 (Sungdai Cho) · 휘트맨 (John Whitman) · 야나기다 (Yuko Yanagida) (2008), "Clefts in Japanese and Korean," *Chicago Linguistic Society* (CLS) 44, 61-77.
조용준 (2015), 「선어말 어미 '-오-' 연구사」, 전정예 엮음, 『선어말 어미 '-오-' 연구』, 박이정, 11-38.
조원형 (2013), 「언어학자 계봉우」, 『러시아의 한국학과 북우 계봉우』 (인하대학교 동아시아학술총서), 인하대학교, 95-156.
조윤경 (Yoon-Kyoung Joh) (2010), "Embedded Distribution," *Language and Distribution*, 14.2: 17-32.
조은 (1998), 「"제한 소절"의 논항 구조」, 남기심 (엮음) (1998), 39.
___ (1995), 「중세국어 추상화 뒷가지 연구」, 『한글』 228, 7-30.
___ (2011), 『파생법의 변천』, 등대지기.
조일규 (1995), 「중세국어 추상화 뒷가지 연구」, 『한글』 228, 7-30.
조재형 (趙宰亨) (2014), 「古代國語의 文法形態素의 再構」, 『語文研究』 42.2, 31-54.
주경희 (1992), 「국어 대명사의 담화분석적 연구」, 서울대학교 국어교육과 박사논문.
주시경 (1908), 『國語文典音學』, 박문서관, (김민수 밖에 공편, [1] 10에 실림).
______ (1910), 『國語文法』, 박문서관, (김민수 밖에 공편, [1] 11에 실림).
______ (1914), 『말의 소리』, 신문관, (김민수 밖에 공편, [1] 13에 실림).
______ (1910)/고영근 · 이용 · 최형용 (교감), (2011), 『주시경의 국어문법』, 박이정.
주지연 (2015), 「한국어 병렬구성 연구」, 서울대학교 국어국문학과 박사논문.

지광신 (2001), 「독일어와 한국어 동사의 화용론적 결합가의 비교 연구」, 『독일문학』 79, 423-445.
차현실 (1981), 「중세국어 응축 보문 연구」, 이화여자대학교 박사논문.
_____ (1990), 「『朝鮮語學』의 화용론적 관점에 대한 고찰」, 『주시경학보』 5, 75-93.
채완 (1979), 「話題의 意味, 『冠嶽語文研究』 4, 205-227.
___ (1982), 「國語數量詞句의 通時的 考察」, 『震檀學報』 53 · 54, 155-169.
___ (1983), 「國語數詞 및 數量詞句의 類型的 考察」, 『語學研究』 19. 1, 19-34.
___ (1986), 『國語 語順의 研究』 (國語學叢書 10), 탑출판사.
___ (1989), 「Weil의 言語理論」, 『而靜鄭然粲先生 回甲紀念論叢』, 탑출판사, 938-956.
___ (1990), 「國語 語順의 技能的 考察」, 『同大論叢 20, 이병근 · 서태룡 · 이남순 (편), 『文法』 I, 태학사, 147-170.
___ (1993), 「특수조사 목록의 재검토」, 『國語學』 23, 69-72.
___ (2003), 『한국어의 의성어와 의태어』 (한국의 탐구), 서울대학교 출판부.
채현식 (1994가), 「형식 명사의 동요 상황에 대하여」, 『국어학논집』 2, 191-208.
_____ (1994나), 「국어 어휘부의 등재소에 대한 연구」, 『國語研究』 120.
_____ (2003), 『유추에 의한 복합명사 형성 연구』 (國語學叢書 460), 태학사.
_____ (2005), 「규칙과 유추의 틀」, 『國語學論叢』, 태학사.
_____ (2010), 「정보의 처리와 표상의 측면에서 본 괄호매김역설」, 『한국 언어문학』 74. 147-169.
_____ (2013), 「어휘부란 무엇인가」. 『國語學』 66, 307-333.
채희락 (1996), "Light Verb Constructions and Structural Ambiguity," *Language, Information and Computation* (PACLIC 11), 99-107.
_____ (2007), 「접어와 한국어 품사 분류 — 품사 재정립 및 띄어쓰기 재고」, 『언어』 32.4, 803-826.
_____ (2012), 「한국어에 과연 관계절이 존재하는가: 분사절 분석」, 『언어』 17.4, 1043-1065.
체루빔 (D. Cherubim) (Hg.) (1975), *Sprachwandel*, Gruyter.
촘스키 (N. Chomsky) (1965)/이승환 · 임영재 (역), (1975), 『생성문법론』 (*Aspects of Theory of Syntax*), 범한서적 주식회사.
_____ (1981)/이홍배 (역) (1987), 『지배 결속이론』 (*Lectures on Government and Binding*), 한신문화사.
최규련 (2005), 『국어의 초점사 연구』, 한국문화사.
최규수 (1999), 『한국어 주제어와 임자말 연구』, 부산대학교 출판부.
최기용 (1998), 「한국어 부정 극어 '아무'에 대하여」, 『생성문법연구』 8.2, 313-341.
_____ (2006), 『최소주의의 최근 동향』, 한국문화사.
_____ (2007), 「구조격 조사의 비출현: 구조격의 형태적 비실현」, 『생성문법연구』, 17.2, 199-228.
_____ (2009), 『한국어 격과 조사의 생성 통사론』, 한국문화사.
_____ (2011), "On the Nature of the Dependency between a Numeral and a Classifier," *Linguistic Research* 23.8, 517-541.

최남희 (1996), 『고대국어 형태론』, 박이정.
최동권 (2009), 「대용어 비교 연구 — 한국어 '것', 몽골어 'yum', 만주어 'ngge'」, 『몽골학』 27, 205-228.
최동주 (1995가), 「국어 선어말 어미 배열순서의 역사적 변화」, 『언어학』 17. 317-334.
_____ (1995나), 「國語 時相體系의 通時的 變化에 관한 硏究」, 서울대학교 언어학과 박사논문.
_____ (1997), 「현대국어의 특수조사에 대한 통사적 고찰」, 『國語學』 30, 201-234.
_____ (1996), 「중세 국어 문법」, 『국어의 시대별 변천 · 실태 연구 1 — 중세 국어』, 국립국어연구원.
_____ (2000), 「국어 사동구문의 통시적 변화」, 『언어학』 27, 303-327.
_____ (2002), 「'-게 하다' 사동문의 피사동주에 대한 고찰」, 『문법과 텍스트』, 서울대학교 출판부, 385-410.
_____ (2006), 「선어말 어미의 배열순서와 분포의 광협」, 『형태론』 8.2, 383-391.
_____ (2015), 『국어 시상 체계의 통시적 연구』 (國語學叢書 27), 태학사.
최명옥 (1976), 「현대국어의 의문법연구 — 서부경남 방언을 중심으로」, 『論文集』 15, 대한민국 학술원, 145-174.
_____ (1978), 「'ㅸ, ㅿ'와 동남방언」, 『語學硏究』 14.2: 185-194.
_____ (1980), 『경북 동해안 방언연구 — 영덕군 영해면을 중심으로』, 영남대학교 민족문화연구소.
_____ (1982), 『月城 地域語의 音韻論 硏究』, 영남대학교 출판부.
_____ (1985가), 「존 로쓰의 *Corean Primer* 『한국어 초보』와 평북 의주 지역어」, 『素堂千時權博士華甲紀念 國語學論叢』, 703-724.
_____ (1985나), 「서북방언의 문서술어에 대한 형태론적 연구」, 『방언』 8, 56-98.
_____ (1985다), 「변칙동사의 음운현상에 대하여: p, s, t 변칙동사를 중심으로」, 『國語學』 14, 149-188.
_____ (1989), 「서평: 언어문학연구실, 조선어문법 (199) — 어음론」, 『周時經學報』 4, 232-240.
_____ (1992), 「19世紀 後期 國語의 硏究」, 『한국문화』 13, 55-89.
_____ (1997), 「동남방언과 동북방언의 대조연구」, 『국어학 연구의 새 지평 (성재 이돈주 선생 화갑기념), 태학사, 585-630면, [최명옥 (1998가), 469-516면에 「東南方言과 東北方言의 對照硏究」라는 제목으로 재수록].
_____ (1998가), 『한국 方言연구의 실제』, 태학사.
_____ (1998나), 『국어 음운론과 자료』, 태학사.
_____ (2000), 「現代 韓國語의 子音群 單純化에 대한 對照方言學的 硏究」, 『세계 속의 조선어 대비 국제학술토론회 론문 특집』, 료녕민족출판사, 110-132.
_____ (2004), 『국어음운론』, 태학사.
_____ (2008), 『현대국어의 공시형태론』, 서울대학교 출판부.
_____ (2015), 『한국어의 방언』, 세창 출판사.
_____ · 곽충구 · 배주채 · 전학석 2002), 『함북 북부 지역어 연구』, 태학사.
최명원 (1997), 「한국어와 독일어의 소절 (Small Clause) 분석」, 『독일문학』 62, 387-406.

_____ (2010), "How small is Small Clause? — 결과적 소설 (SC) 분석을 중심으로," 『독어학』 22, 197-222.

최석규 (1979), 「우리말의 총괄기술과 언어 · 방언 · 개인어의 재정의」, 『제1회 한국학 국제학술회의 회의록』, 한국 정신문화연구원, 895-899.

최석재 (2015), 「복합명사 구성의 결합 분포와 품사 구조 연구」, 『우리말연구』 40, 5-31.

최성규 (2016), 「차자표기 자료의 격 조사 연구 — 삼국시대부터 고려시대까지를 중심으로」, 서울대학교 국어국문학과 박사논문.

최운호 (2005가), 「한국어 처리에서 '구묶음'을 우한 명사의 특성 연구」, 서울대학교 언어학과 박사논문.

_____ (2005나), 「관형절+일반명사' 구성의 접속 기능에 대한 계량적 연구」, 『한글』 269, 136-160.

_____ (2015), 「한국어 '용언 어간 + 어미' 결합의 양상」, 『언어학』 (사) 71, 17-47.

최윤지 (2007), 「한국어 분열문의 의미 연구 — 정보 구조를 중심으로」, 『國語硏究』 202.

_____ (2013), 「파생과 합성, 다시 생각하기」, 『國語學』 66, 265-305.

_____ (2016가), 「한국어 정보구조 연구」, 서울대학교 국어국문학과 박사논문.

_____ (2016나), 「구어에서 유의미하게 나타나는 어떤 통사 구성에 대하여」, 『國語學』 79, 187-237.

최재웅 (1996), 「'-만'의 작용역 중의성」, 『언어』 21.1/2, 673-692.

_____ · 전윤실 · 장윤 · 박순복 · 김기호 (1999), 「특수조사 '-만'에 연계된 초점의 음향음성학적 특성」, 음성과학 5.2, 77-91.

최재희 (1991), 『국어의 접속문 구성 연구』, 탑출판사.

최전승 (2004), 『한국방언의 공시적 구조와 통시적 변화』, 역락.

최준수 (2012), 「우리말 관형절 갈래와 생김새」, 『생성문법연구』 22.2, 459-495.

최태호 (1957), 『중학말본 1』, 사조사, 김민수 밖에 공편, [1] 92에 실림.

최학근 (崔鶴根) (1964), 「國語 數詞와 Altai 語族 數詞와의 어느 共通點에 대하여」, 『陶南趙潤濟博士回甲紀 念論文集』, 일조각. 571-599.

_____ (1971), "On the Numeral Terms of the Korean Language," 『金亨奎博士頌壽紀念論叢』, 일조각, 751-756.

최현배 (1930), 「조선어품사분류론」, 『延禧專門學校 文科論文集』 1 (朝鮮語文硏究), 김민수 밖에 (공편) [1] 44에 실림.

_____ (1932), 「불완전한 이름씨에 대하여」, 『한글』 1.4, 151-155, 1.5, 210-213.

_____ (1937), 『우리말본』, 연희전문학교 출판부, 김민수 밖에 (공편), [2] 47에 실림.

_____ (1956가), 『고등말본』, 정음사, 歷文 [2] 1-125.

_____ (1956나), 「잡음씨의 세움」, 『한글』 120, 21-55.

_____ (1963), 「잡음씨에 대하여」, 『연세논총』 2, 1-66.

_____ (1971), 『우리말본』 (네번째고침), 정음문화사. 1-66.

최형용 (1997가), 「형식명사 · 보조사 · 접미사의 상관관계」, 『國語硏究』 148.

_____ (1997나), 「국어의 파생과 굴절애 대한 一考察」. 『국어학논집』 3, 서울대학교 국어국문학과, 223-242.
_____ (1999), 「서평: Wolfgang U. Wurzel, *Fexionmorphologie und Natûrlichkeit* (Studia Gram-mtica 21), Berlin: Akademie Verlag.
_____ (2003), 『국어 단어의 형태와 통사』, 태학사.
_____ (2006), 「다시 '지붕'의 '-웅'에 대하여」, 『형태론』 8.1, 49-63.
_____ (2012), 「유형론적 관점에서 본 한국어의 품사 분류 기준에 대하여」, 『형태론』 14.2, 233-263.
_____ (2013가), 「어휘부와 형태론」, 『國語學』 66, 362-413.
_____ (2013나), 『한국어 형태론의 유형론』, 박이정.
_____ (2016), 『한국어 형태론』, 역락.
츠비키 (A. Zwicky) (1985), "Heads," *Journal of Linguistics* 21, pp. 1-29.
카도오카 (K. Kadooka) (2005), "Japanese onomatopoeia and sequential voicing," 『형태론』 7.2, 365-386.
카이어 (J. Kaier) · 신지영 (2012), 「목적격조사 생략구현상에 대한 운율적 해석」, 『한국어학』 57, 331-355.
카탐바 (F. Katamba) (2006)/김진형 · 김경란 (역) (2008), 『형태론』 (Morphology), 한국문화사.
칸기서 (S. Kangießer) (1972), *Aspekte der synchronen und diahronen Linguistik*, Niemeyer.
_____ (1976가), "Saracherklärungen und Sprachbeschreibungen," in: D. Wunderlich (Hg.), *Wissenschaftstheorie der Linguistik*, Athenäum, 106-172.
_____ (1976나), "Sprachlichen Universalien und diachronen Prozesse," in: K. Apel (Hg.), *Sprachpragmatik und Philosophie*, (Suhrkamp), (1976), 273-393.
코르베트 (G. Corbett) (2006), *Agreement*, Cambridge University Press.
코베트 · 프레저 (N. Fraser) · 매클래샨 (S. McGlashan) (eds.) (1993), *Heads in Grammatical Theory*, Cambridge University Press.
코세리우 (E. Coseriu) (1979), *Sprache: Strukturen und Funktionen*, Narr.
_______ (1988), *Einführung in die allgemeine Sprachwissenschaft*, UT.
콤리 (1993), "Argument Structure," Syntax 1, *HSK* 9.1, de Gruyter, 905-914.
___ (2005). "Numeral bases," in, WALS.
___ (mimeo), *Typology of Numeral Systems*.
쿼크 (R. Quirk) · 그린바움 (S. Greenbaum) · 리취 (G. Leech) · 스바트비크 (J. Svartvik) (1972), *A Grammar of Contemporary English*, Seminar Press.
쿠르마스 (F. Coulmas) (1996), "The Typology of Writing System," in. G. Günther und O. Ludwig (Hg.), *Schrift und Schriftkeit* (HSK 10), Berlin: de Gruyter.
쿨리코브 (L. Kulikov) (2011), "Voice Typology," in, *The Handbook of Linguistic Typology*, Oxford University Press, 368-339.

_______ · 파터 (L. Kulikov/H. Vater) (1998), *Typology of Verbal Categories* (Linguistc Arbeiten 382), Tübingen: Niemeyer.

크로프트 (W. Croft) (1990), *Typology and Universals*, Cambridge University Press.

_______ (2000), "Part of speech as language universals and as language-particular," in: Vogel/Comrie, Vogel Petra M and Bernard Comrie (eds.) *Approaches to the typology of word classes*, Mouton de Gruyter, 65-102.

_______ (2003), *Typology and universals*, (2nd edition), Cambridge University Press.

키퍼 (F. Fiefer) (1970), *Swedish Morphology*, Scriptor.

___ (1973), *Generative Morphologe des Newfranzösischen*, Niemeyer.

___ (1975), Die morphologische Komponente, in: F. Kieger (Hg.), *Morphologie und generative Grammatik*, Athenaion: VII~XIV.

킹 (R. King) (1996), "Towards a History of Transitivity" (MS).

테니에르 (L. Ténière) (1959), *Éléments de syntaxe structurale*, Paris: Klincksieck.

텍스트언어학회 (2004), 『텍스트언어학의 이해』, 박이정.

톨러맨 (M. Tallerman) (1998)/최숙희 · 김양순 (2000), 『통사론의 이해』 (Understanding Syntax), 동인.

_____ (2005), *Understanding Syntax* (2nd ed.), Hodder Arnold.

트라울센 (Thorsten Traulsen) (2012), *Die lexikologischen Grundlagen und phonologischen Grundlagen der inneren Rekonstruktion im Mittelkoreanischen*, PhD Dissertation, Unoversität Hamburg.

티카넨 (B. Tikkanen) (1995), "converb," Haspelmath, M./E. König (eds.) in, *Converbs in cross-linguistic perspective: structure and meaning of adverbial verb forms: adverbial participles, gerunds*, Berlin: M. de Gruyter.

팀버레이크 (Timberlake, A) (2007), "Aspect, tense, mood," In: Timothy Shopen (ed.) *Language Typology and Syntactic Description*, Cambridge University Press, 280-333.

파울 (H. Paul) (1916~1920), *Deutsche Grammatik*, Tübingen: Niemeyer.

___ (1968), *Prinzipien der Sprachgeschichte*, Tübingen: Niemeyer.

팔머 (2001), *Mood and Modality*, Cambridge University Press.

페르슈렌 (J. Verschuren) (1999), *Understanding Pragmatics*, London: Arnold.

포페 (N. Poppe) (1951), *Khalkha-Mongolische Grammatik*. Wiesbaden: Franz Steiner Verlag GMBH.

___ (1952), "Plural Suffixes in the Altaic Languages," *UAJ* 24, 65-83.

___ (1954/1992) (유원수 역), 『몽골 문어문법』 (Grammar of Written Mongolian) (대우학총서 · 번역 52), 민음사.

퓌예 (J. Feuillet) (1993), *Grammaire structurale de l'allemand*, Berne: Peter Lang.

플런지언 (V. A Plungian) (2001), "Agglutination and Flection," in, Haspelmath & König, *Language Typology and Language Universals* (HSK 20.1), Ber,in: de Gruyter: 669-678.

프롬킨 (V. Fromkin) et al. (2011)/성낙일 · 박의재 역, 『현대영어학개론』 (An introduction to Linguistics 9th edition, CENGAGE Learning), 센게이지 러닝코리아㈜,

플랑크 (F. Plank) (ed.) (1995), *Double Case: Agreement by Suffixaufnahme*, Oxford University Press.

하귀녀 (2005), 「국어 보조사의 역사적 연구」, 서울대학교 국어국문학과 박사논문.

______ · 황선엽 · 박진호 (2009), 「중세국어 보조사 '으란'의 기원」, 『형태론』 11.1, 29-42.

하길종 (1999), 「비교격에 관하여」, 『국어의 격과 조사』 (월인), 797-819.

하르베크 (R. Harweg) (1966), "Das Phänomen der Schrift als Problem der historischverg-leichenden Sprachforschung," Kratylos 11: 33-48.

________ (1973), "Phonematik und Graphemik," in: W, Koch (Hg.), *Perspektiven der Linguistik* I, 37-64.

________ (1989), "Schrift und sprachliche Identität: Zur konnotativen Funktion von Schriftzeichen und Orthographien," in, 아이젠베르크 · 귄터 (Hg.) (1989), 137-161.

하세가와 (Y. Hasegawa) (2015), *Japanese: A linguistic introduction*, Cambridge University Press.

하스펠마트 (M. Haspelmath) (2001), "Word Classes and Parts of Speech," in, Baltes, Paul B. & Neil J. Smelser (eds.), *International Encyclopedia of the Social and Behavioral Sciences*, Amsterdam: Pergamon, 16538-16545.

_________ (2002), *Understanding Morphology*, London: Arnold.

_________ (2007), "Coordination," in, T. Shopen (ed.) *Language Typology and Syntactic Description*, Cambridge University Press.

_________ (2011), "The interminacy of word segmentation and the nature morphology and syntax," *Folia Lnguistica* 45.1, 31-81.

_________ · 심스 (H. D. Sims) (2010), *Understanding Morphology*, London: Hodder Education.

_________ · 쾨니히 (E. König) (eds.) (1995), *Converbs in Cross-Linguistic Perspective*, Berlin: W. de Gruyter.

_________ et al. (eds.) (2001), *Language typology and language universals* (HSK 20), W. de Gruyter.

_________ et al. (eds.) (2005/2013), *The world atlas of languages*, revised. (ed.) Oxford University Press/On line.

하이네 (B. Heine) (1993), *Auxiliaries*, Oxford University Press.

하이네만 (W. Heinemann) (2008), "Textpragmatische und kommunikative Ansatze," in, N. Janich (Hg.), *Textlinguistik*, Tübingen: Narr.

하이돌프 (K. E. Heidolph) et al. (1981), *Grundzüge einer deutschen Grammatik*, Berlin: Akademie Verlag.

하치근 (1989), 『국어파생형태론』, 남명문화사.

_____ (2010), 『우리말 파생형태론』 (증보판), 경진.

학교문법 (1985), 『고등학교 문법』, 성균관대학교 대동문화연구원.

한국어학회 (편) (1999), 『국어의 격과 조사』, 월인.

한국텍스트언어학회 (2004), 『텍스트언어학의 이해』, 박이정

한글학회 (1992), 『우리말 큰사전 (옛말 및 이두)』, 어문각.

한길 (2002), '『현대 우리말의 높임법 연구』, 역락.

___ (2004), 『현대 우리말의 마침씨끝 연구』, 역락.

한동완 (1995), 『한국어의 시제 연구』 (國語學叢書 24), 태학사.

한상룡 (韓相龍) (2001), 「동등 비교 구문상에서의 서술어 제약」, 『일본문화학보』 10, 153-169.

한선희 (1985), 「부정문에 대한 연구」, 『언어학론문집』 6 (과학, 백과사전출판사), 216-252.

한선희 (1993), 「국어의 운율구조」, 『음성 · 음운 · 형태론 연구』 제1집, 129-141.

한성우 (2003), 「의주 방언의 음운론적 연구」, 서울대학교 국어국문학과 박사논문.

한송화 (2000), 『현대국어 자동사 연구』, 한국문화사.

한영균 (1994), 「후기 중세국어의 모음 조화 연구」, 서울대학교 국어국문학과 박사논문.

한영목 (2008), 『충남 방언 문법』, 집문당.

한용운 (2003), 『언어 단위, 변화와 조사화』, 한국문화사.

한재영 (1995), 「조사 중첩의 원리의 모색」, 『이기문교수정년퇴임기념논문집』, 신구문화사.

_____ (1996), 『十六世紀 國語構文의 硏究』, 신구문화사.

_____ (1997), 「어간 교체형의 변화」, 『國語史硏究』, 태학사, 777-813.

_____ (1999), 「중세국어의 복합 동사의 구성에 대한 연구」, 『語學硏究』 35.1, 123-147.

_____ (2016), 『國語의 歷史的 硏究』, 신구문화사.

한정한 (2003), 「격 조사는 핵이 아니다」, 『한글』 260.

_____ (2010), 「다시 격조사는 핵이 아니다」,. 『형태론』 12.2, 281-288.

한정혜 (Chung-hye Han) · 김종복 (Jong-Bok Kim) (2004), "Are There Double Relative Clauses in Korean," *Linguistic Inquiry* 35.1, 315-337.

한충혜 · 김종복 (Chung-hye Han · Jongbok Kim) (2004), "Are there "Double Relative Clauses in Korean?," *Linguistic Inquiry*, 35.2, 315-337.

한케 (Thomas Hanke) (2005), "Bildungsweisen von Numeralia-Eine typologische Untersuchung" (Berliner Beiträge zur Linuistik Band 3), Berlin: Weißensee Verlag.

한학성 (2002), 『생성문법론』 (수정판), 태학사.

함희진 (2010), 「국어 합성동사의 형상과 발전」, 고려대학교 박사논문.

허드슨 (R. A. Hudson) (1987), "Zwicky on heads," *Journal of Linguistics* 23, 109-132.

허웅 (許雄) (1958), 「插入母音考」, 『서울大學校 論文集 — 인문사회과학』 7, 83-152.
____ (1963), 『言語學概論』, 정음사.
____ (1965), 『國語音韻學』, 정음사.
____ (1975), 『우리 옛말본』, 샘문화사.
____ (1983), 『국어학』, 샘문화사.
____ (1989), 『16세기 우리 옛말본』, 샘문화사.
____ (1992), 『15, 16세기 우리 옛발본의 역사』, 샘문화사.
____ (1995), 『20세기 우리말의 형태론』, 샘문화사.
____ (1999), 『20세기 우리말의 통어론』, 샘문화사.
____ (2000), 『20세기 우리말의 형태론』 (고친판), 샘문화사.
____ · 이강로 (1999), 『주해 월인천강지곡』, 신구문화사.
허원욱 (2005), 『15세기 국어 통어론』, 한국학술정보.
______ (2015), 『중세국어 통어론』, 한국학술정보.
허재영 (2001), 「중세국어 부정극성어 '아무라타' 연구」, 『언어학』 28, 239-261.
______ (2002), 『부정문의 통시적 연구』, 역락.
현평효 (1974), 「제주 방언의 정동사 어미 연구」, 동국대학교 박사논문.
______ (1985), 『제주 방언 연구』, 이우출판사.
헬비히 (G. Helbig) (1992), *Probleme der Valenz-und Kasustheorie*, Niemeyer.
______ · 부샤 (J. Buscha) (1987), *Deutsche Grammatik*, VEB.
______ (2001), *Deutsche Grammatik*, Langenscheid.
호광수 (2003), 『국어 보조용언 구성 연구』, 역락.
호정은 (扈正殷) (2008), 「依存名詞의 範疇 연구 — 概念的 特性을 통한 範疇 辨別을 중심으로」, 『語文研究』 36.1, 131-157.
홀로도비치 (A. A. Xolodovich) (1954), *ОЧерк Грамматики койскго языка* Moskau, 歷文 [2] 90, 91.
홀로도비치 (ホロドーヴィチ) (A. A. Xolodovich (1954)/菅野裕臣 飜譯.
_________ (2009), 「朝鮮語文法概要(上)」 『韓國語學年譜』 5 (神田外語大學 韓國語學會), 21-140.
_________ (2010), 「朝鮮語文法概要(下)」, 『韓國語學年譜』 6 (神田外語大學 韓國語學會), 63-150.
홍기선 (2014), 「한국어의 격 중출 구문과 다화 구조」, 『언어』 39-3, 677-699.
______ 원고, 「한국어의 격과 문법 기능」.
홍민표 (2011), 「한일 경어법의 대조사회언어학적 고찰」, 『사회언어학』 15.1, 187-209.
홍사만 (2002), 『국어 특수조사의 신연구』, 역학.
홍석준 (2015), 「국어 색채 형용사의 어휘형태적 연구」, 서울대학교 국어국문학과 박사논문.
홍순성 (2005), 『한국어 대명사의 조응 현상』, 영한.
홍용철 (1994), 「융합 이론과 격 조사 분포」, 『생성문법연구』 4.1, 1-43.

______ (2004), 「한국어의 격조사 탈락과 격조사 부재」. 『프랑스어문교육』 18, 295-314.
______ (2006), 「한국어의 명사 확장 범주」, 『언어』 31.4, 657-684.
______ (2013), 「소유격 표시 '의'의 분포와 본」, 『생성문법연구』 23.3, 321-345.
______ (2016), 「한국어 속성 동격 구문: Chomsky (2013)의 명칭 결정 알고리즘 (labeling algorithm)의 한 증거」, 『생성문법연구』 26.3, 257-278.
홍윤표 (1969), 「十五世紀 國語의 格 硏究」, 『國語硏究』 21.
______ (1978), 「方向性 表示의 格」, 『國語學』 6, 고영근 · 남기심 공편 1983, 48-64 실림.
______ (1984), 「現代國語의 後置詞 '가지고'」, 『東洋學』 14, 25-40.
______ (1994), 『근대國語硏究』 (1), 태학사.
______ · 심경호 (1993), 『15세기 한자어 조사 연구』, 국립국어연구원.
홍재성 (1987), 『현대 한국어 동사구문의 연구』, 탑출판사.
______ (1999), 「기능동사 구문 연구의 한 시각」, 『인문논총』 41 (서울대학교), 135-173.
______ (2009), 「동북단 아시아 제어 계사 구문의 유형론적 대조 연구」, 한국 언어학회 2008~2009 겨울학술대회 특강 자료.
______ (2010), 「프랑스어와 한국어 계사 구문의 유형론적 대조 연구」, 『학술원논문집 — 인문사회과학 편』) 49.1, 29-89.
______ (2015), 「'give' 행위의 어휘 · 형태 유형론, 우리 時代의 言語의 學際的 硏究」, 제42호, 大韓民 國學術院 주최 大韓民國學術院, 325-366.
______ 밖에 (2002), 『21세기 세종 계획 — 전자 사전 개발』, 문화관광부.
홍종선 (2017), 『국어 문법사』, 아카넷.
______ (편) (2000가), 『현대국어의 형성과 변천 1 (음운 형태)』, 박이정.
______ (2000나), 『현대국어의 형성과 변천 2 (통사)』, 박이정.
______ (2000다), 『현대국어의 형성과 변천 2 (문체 · 어휘 · 표기법)』 박이정.
______ 밖에 (2003), 『한국어 문법론의 연구현황과 과제』, 박이정.
______ · 이봉원 (2002), 『북한 언어의 운율 특성 비교 연구』, 『인문과학논집』 6 (강남대학교 인문과학연구소), 337-363.
홍택규 (2000), 「서평: Xolodivich, 『한국어문법개요』 (1954)」, 『형태론』 2.2, 383-390.
______ (2004), 「서평: Mazur, 한국어문법 — 이론화과정(2001)」, 『형태론』 6.1, 195-203.
황국정 (2001), 「석독구결의 동사 구문」, 『한국어학』 26, 379-404.
______ (2002), 「현대국어 선어말 어미의 형태 기능 변화, 홍종선 (편) (2000가), 149-206.
______ (2004), 「중세국어의 격조사 생략에 대한 고찰 — 석보상절과 석독구결 자료를 중심으로」, 『민족 문화연구』 41, 131-155.
______ (2008), 『국어 동사 구문 구조의 통시적 연구』, 제이앤씨.
______ (2011), 「경주 지역어의 대상성 "-로" 구문에 관한 연구 — 조사 "-로"와 "-을"이 기원적으로 이형태 관계였을 가능성에 대한 논의를 중심으로」, 『한국어학』 50, 261-288.

______ (2012), 「현대국어의 필수적 '-로' 논항의 실현 원인」, 『國語學』 64, 341-360.
______ (2015가), 「중세국어 '에/를' 교체 구문에 관한 연구」, 『언어와 정보』 24, 191-222.
______ (2015나), 「15세기 국어 격 교체의 유형과 통사적 특성」, 『인문사회과학연구』, 부경대, 16.1, 81-110.
황문환 (2001), 「이인칭대명사 '자내'의 기원」, 『國語學』 37, 197-217.
______ (2002), 『16 · 17世紀 諺簡의 相對敬語法』 (國語學叢書 35), 태학사.
황병순 (1995), 「청자 대우 표현의 사회 규범과 문법」, 『배달말』 20, 19-49.
______ (2004), 『한국어 문장 문법』, 한국문화사.
______ (2010), 「담화 표지 연구에 드러난 몇 가지 의문」, 『배달말』 47, 114-135.
황부영 (1959), 『15세기 조선어 존칭 범주의 연구』, 과학원출판사.
황선엽 (2002), 「국어 연결어미의 통시적 연구」, 서울대학교 국어국문학과 박사논문.
황적륜 (1976), 「韓國語待遇法의 社會言語學的 硏究」, 『言語와 言語學』 4, 291-317.
황화상 (2001), 『국어 형태 단위의 의미와 단어 형성』, 월인.
______ (2003), 「조사의 작용역과 조사 중첩」, 『國語學』 42, 117-140.
______ (2012가), 「'쯤'의 분포와 기능, 그리고 문법 범주」, 『國語學』 65, 377-406.
______ (2012나), 『국어 조사의 문법』, 지식과 교양.
______ (2013), 「형태 단위와 그 범주 설정에 대하여」, 『국어국문학』 169, 85-110.
휘쎄인 (2002), 「터키어와 한국어의 시제 · 동작상 · 서법의 유형적 연구」, 『형태론』 4.1, 103-128.
WALS, *The world atlas of languages* (2012), See, 하스펠마트 et. al. (2012).

찾아보기

| 색인₁ | 사항 - 우리말

ㄴ

ㄷ

ㄹ

ㅁ

ㅂ

ㅅ·ㅿ

ㅇ

ㅈ

ㅊ

ㅍ

ㅎ

| 색인1 | 사항 - 유럽어

| 색인$_2$ | 문법 형태 등 - 한글 자료

ㄱ

ㄴ

ㄷ

ㅂ

ㅅ

ㅿ

ㅇ

ㅈ

ㅊ

ㅋ·ㅌ·ㅍ

ㅎ

| 색인$_2$ | 문법 형태 - 차자(借字) 자료: 이두, 향찰 (한자), 석독구결

이두

향찰 (한자)

석독구결

고영근 (高永根)

1936년 경남 진양군 (현재 진주시)에서 태어나 서울대학교 국어국문학과와 대학원을 거쳐 같은 대학교 국어국문학과 교수를 역임하였다. (문학박사). 홈볼트 초빙교수로 독일 라이프치히 소재 막스플랑크 연구소, 만하임 소재 독일어 연구소, 보훔, 콘스탄츠, 함부르크, 뷔르츠부르크 대학에서 이론문법과 텍스트 과학을 연구하였다. 현재 서울대학교 명예교수로 있으며 어학전문 국제학술지 「형태론」의 편집고문과 〈이극로박사 기념사업회〉 회장을 맡고 있다.

▸ 전자우편 (e-mail): komorph@hanmail.net

komorph@snu.ac.kr

▸ 홈페이지 (homepage): http://www.komorph.com

〈짓고 엮은 책〉

한국어와 언어 유형론 (2018), 한국어의 시제 서법 동작상 (2004/2007 보정판), 중세국어의 시상과 서법 (1981/1986/1998/2011 제4판), 우리말의 총체서술과 문법체계 (1993), 국어형태론연구 (1989/1999 증보판), 텍스트이론 (1999), 텍스트 과학 (2011), 단어·문장·텍스트 (1995/2004 보정판), 표준 중세국어문법론 (1997/2009 개정판/2010 제3판), 역대한국문법의 통합적 연구 (2001), 한국의 언어연구 (2001), 국어문법의 연구 (1983), 민족어의 수호와 발전 (2008), 민족어학의 건설과 발전 (2011), 한국어문운동과 근대화 (1998), 북한의 언어문화 (1999), 북한의 문법연구와 문법지식의 응용화 (2008), 최현배의 학문과 사상 (1995), 통일시대의 語文問題 (1994), 표준국어문법론 (공저) (1985/1993 개정판/2014 제4판), 북한의 문법연구와 문법교육 (공저) (2004), 한국텍스트 과학의 제과제 (공저) (2001), 문법과 텍스트 (공저) (2002), 월인천강지곡의 텍스트분석 (공저) (2003), 우리말 문법론 (2008/2018 개정판), 중세어자료 강해 (공편) (1997), 歷代韓國文法大系 111책 (1977~2015). 제1, 2, 3, 4차 국정단일통일 문법. 주시경의 국어문법 (공동교감) (1986), 歷代韓國文法大系 111책 (공편) (1977~2015) 등 50여 종

〈수상〉

세종문화상 (1996) ,일석국어학상 (2004), 삼일문화상 (2008)